# Audi A4
# Gör-det-själv handbok

A K Legg LAE MIMI & Spencer Drayton

**Modeller som behandlas** *(3717-312/3575)*

Audi A4 sedan & kombi (Avant)

1595 & 1781cc 4-cylindriga bensinmotorer och 1896cc 4-cylindrig dieselmotor (inklusive turbo)

*Behandlar inte S4, V6 (bensin/diesel) eller Quattro modeller (4x4)*



ABCDEF
GHIJ

En bok i **Haynes serie Gör-det-själv handböcker**



ISBN **978 1 78521 325 0**

**British Library Cataloguing in Publication Data**
En katalogpost för denna bok finns att få från British Library.

Tryckt i USA

**Haynes Publishing Nordiska AB**
Box 1504, 751 45 UPPSALA, Sverige

**Haynes Publishing**
Sparkford, Nr Yeovil, Somerset BA22 7JJ, England

**Haynes North America, Inc**
861 Lawrence Drive, Newbury Park, California 91320, USA

*Printed using 33-lb Resolute Book 65 4.0 from Resolute Forest Products Calhoun, TN mill. Resolute is a member of World Wildlife Fund's Climate Savers programme committed to significantly reducing GHG emissions. This paper uses 50% less wood fibre than traditional offset. The Calhoun Mill is certified to the following sustainable forest management and chain of custody standards: SFI, PEFC and FSC Controlled Wood.*

# Innehåll

## DIN AUDI A4

# Innehåll

## REPARATION OCH RENOVERING

### Motor och tillhörande system



### Kraftöverföring



### Bromsar och fjädring



### Kaross och utrustning



## REFERENSER



### Register

De Audi A4-modeller som behandlas i den här handboken introducerades i februari 1995. Mekaniskt sett är de i grunden lika VW Passat, men med raka i stället för tvärställda motorer. Sedan- och kombimodeller (Avant) finns tillgängliga med flera olika motorstorlekar. Den här handboken behandlar 4-cylindriga bensin- och dieselmotormodeller, både med turbo och utan turbo. Den minsta motorn är bensinmotorn 1600 med enkel överliggande kamaxel. Dessutom finns det 1781cc bensinmotorer med dubbla överliggande kamaxlar. Alla dieselmotorer är turboladdade med enkel överliggande kamaxel.

Modellerna har helt individuell främre fjädring, med komponenterna kopplade till en kryssrambalk, och den bakre fjädringen är halvt individuell med en torsionsaxel och hjälparmar.

En femväxlad manuell växellåda är standard på alla modeller.

Ett stort utbud av standard- och extrautrustning erbjöds i modellserien, inklusive låsningsfria bromsar och luftkonditionering.

För hemmamekanikern är en A4 en enkel bil att underhålla, och de flesta komponenter som behöver regelbunden tillsyn är lätt åtkomliga.

**Audi A4 sedan, bensinmotor**

**Audi A4 kombi (Avant), dieselmotor**

## Din handbok till Audi A4

Syftet med den här handboken är att hjälpa dig att få så stor glädje av din bil som möjligt. Det kan göras på flera sätt. Boken är till hjälp vid beslut om vilka åtgärder som ska vidtas (även då en verkstad anlitas för att utföra själva arbetet). Den ger även information om rutinunderhåll och service, och föreslår arbetssätt för ändamålsenliga åtgärder och diagnos om slumpmässiga fel uppstår. Förhoppningsvis kommer handboken dock att användas till försök att klara av arbetet på egen hand. Vad gäller enklare jobb kan det till och med gå snabbare att ta hand om det själv än att först boka tid på en verkstad och sedan ta sig dit två gånger, för att lämna och hämta bilen. Och kanske viktigast av allt, en hel del pengar kan sparas genom att man undviker de avgifter verkstäder tar ut för att kunna täcka arbetskraft och drift.

Handboken innehåller teckningar och beskrivningar som förklarar de olika komponenternas funktion och utformning. Arbetsförfarandena är beskrivna och fotograferade i tydlig ordningsföljd, steg för steg. Bilderna är numrerade efter det avsnitt och den punkt som de illustrerar. Om det finns mer än en bild per punkt anges ordningsföljden mellan bilderna alfabetiskt.

Hänvisningar till "vänster" eller "höger" avser vänster eller höger för en person som sitter i förarsätet och tittar framåt.

## Tack till...

Tack till Champion Spark Plug som bidragit med bilderna på tändstift i olika skick och till Duckhams Oils som bidragit med uppgifter om smörjning. Ett stort tack även till Draper Tools Limited som tillhandahöll vissa specialverktyg, samt till alla på Sparkford som har hjälpt till med denna handbok.

Den här handboken är inte en direkt ombearbetning av tillverkarnas uppgifter, och publiceringen av den innebär inte att något tekniskt medgivande från fordonstillverkare eller importörer har givits.

**Vi är stolta över tillförlitligheten i den information som ges i den här boken, men biltillverkare modifierar och gör konstruktionsändringar under pågående tillverkning om vilka vi inte alltid informeras. Författarna och förlaget kan inte ta på sig något ansvar för förluster, skador eller personskador till följd av fel eller ofullständig information i denna bok.**

## Demonstrationsbilar

Den bil som användes mest under förberedelserna av den här handboken, och som finns med på flera av bilderna, var en 1997 års Audi A4 sedanmodell med 1.8 liters bensinmotor. En 1998 års kombimodell med 1.9 liters turbodieselmotor användes också.

Att arbeta på din bil kan vara farligt. Den här sidan visar potentiella risker och faror och har som mål att göra dig uppmärksam på och medveten om vikten av säkerhet i ditt arbete.

# Allmänna faror

### Skållning

• Ta aldrig av kylarens eller expansionskärlets lock när motorn är het.
• Motorolja, automatväxellådsolja och styrservovätska kan också vara farligt varma om motorn just varit igång.

### Brännskador

• Var försiktig så att du inte bränner dig på avgassystem och motor. Bromsskivor och -trummor kan också vara heta efter körning.

### Lyftning av fordon

• Vid arbete nära eller under ett lyft fordon, använd alltid extra stöd i form av pallbockar eller använd ramper. ***Arbeta aldrig under en bil som endast stöds av en domkraft.***

• När muttrar eller skruvar med högt åtdragningsmoment skall lossas eller dras, bör man lossa dem något innan bilen lyfts och göra den slutliga åtdragningen när bilens hjul åter står på marken.

### Brand och brännskador

• Bränsle är mycket brandfarligt och bränsleångor är explosiva.
• Spill inte bränsle på en het motor.
• Rök inte och använd inte öppen låga i närheten av en bil under arbete. Undvik också gnistbildning (elektrisk eller från verktyg).
• Bensinångor är tyngre än luft och man bör därför inte arbeta med bränslesystemet med fordonet över en smörjgrop.
• En vanlig brandorsak är kortslutning i eller överbelastning av det elektriska systemet. Var försiktig vid reparationer eller ändringar.
• Ha alltid en brandsläckare till hands, av den typ som är lämplig för bränder i bränsle- och elsystem.

### Elektriska stötar

• Högspänningen i tändsystemet kan vara farlig, i synnerhet för personer med hjärtbesvär eller pacemaker. Arbeta inte med eller i närheten av tändsystemet när motorn går, eller när tändningen är på.

• Nätspänning är också farlig. Se till att all nätansluten utrustning är jordad. Man bör skydda sig genom att använda jordfelsbrytare.

### Giftiga gaser och ångor

• Avgaser är giftiga. De innehåller koloxid vilket kan vara ytterst farligt vid inandning. Låt aldrig motorn vara igång i ett trångt utrymme, t ex i ett garage, med stängda dörrar.
• Även bensin och vissa lösnings- och rengöringsmedel avger giftiga ångor.

### Giftiga och irriterande ämnen

• Undvik hudkontakt med batterisyra, bränsle, smörjmedel och vätskor, speciellt frostskyddsvätska och bromsvätska. Sug aldrig upp dem med munnen. Om någon av dessa ämnen sväljs eller kommer in i ögonen, kontakta läkare.
• Långvarig kontakt med använd motorolja kan orsaka hudcancer. Bär alltid handskar eller använd en skyddande kräm. Byt oljeindränkta kläder och förvara inte oljiga trasor i fickorna.
• Luftkonditioneringens kylmedel omvandlas till giftig gas om den exponeras för öppen låga (inklusive cigaretter). Det kan också orsaka brännskador vid hudkontakt.

### Asbest

• Asbestdamm kan ge upphov till cancer vid inandning, eller om man sväljer det. Asbest kan finnas i packningar och i kopplings- och bromsbelägg. Vid hantering av sådana detaljer är det säkrast att alltid behandla dem som om de innehöll asbest.

# Speciella faror

### Flourvätesyra

• Denna extremt frätande syra bildas när vissa typer av syntetiskt gummi i t ex O-ringar, tätningar och bränsleslangar utsätts för temperaturer över 400 °C. Gummit omvandlas till en sotig eller kladdig substans som innehåller syran. *När syran väl bildats är den farlig i flera år. Om den kommer i kontakt med huden kan det vara tvunget att amputera den utsatta kroppsdelen.*
• Vid arbete med ett fordon, eller delar från ett fordon, som varit utsatt för brand, bär alltid skyddshandskar och kassera dem på ett säkert sätt efteråt.

### Batteriet

• Batterier innehåller svavelsyra som angriper kläder, ögon och hud. Var försiktig vid påfyllning eller transport av batteriet.
• Den vätgas som batteriet avger är mycket explosiv. Se till att inte orsaka gnistor eller använda öppen låga i närheten av batteriet. Var försiktig vid anslutning av batteriladdare eller startkablar.

### Airbag/krockkudde

• Airbags kan orsaka skada om de utlöses av misstag. Var försiktig vid demontering av ratt och/eller instrumentbräda. Det kan finnas särskilda föreskrifter för förvaring av airbags.

### Dieselinsprutning

• Insprutningspumpar för dieselmotorer arbetar med mycket högt tryck. Var försiktig vid arbeten på insprutningsmunstycken och bränsleledningar.

***Varning: Exponera aldrig händer eller annan del av kroppen för insprutarstråle; bränslet kan tränga igenom huden med ödesdigra följder***

## Kom ihåg...

### ATT

• Använda skyddsglasögon vid arbete med borrmaskiner, slipmaskiner etc, samt vid arbete under bilen.

• Använda handskar eller skyddskräm för att skydda händerna.

• Om du arbetar ensam med bilen, se till att någon regelbundet kontrollerar att allt står väl till.

• Se till att inte löst sittande kläder eller långt hår kommer i vägen för rörliga delar.

• Ta av ringar, armbandsur etc innan du börjar arbeta på ett fordon - speciellt med elsystemet.

• Försäkra dig om att lyftanordningar och domkraft klarar av den tyngd de utsätts för.

### ATT INTE

• Ensam försöka lyfta för tunga delar - ta hjälp av någon.

• Ha för bråttom eller ta osäkra genvägar.

• Använda dåliga verktyg eller verktyg som inte passar. De kan slinta och orsaka skador.

• Låta verktyg och delar ligga så att någon riskerar att snava över dem. Torka upp olje- och bränslespill omgående.

• Låta barn eller husdjur leka nära en bil under arbetets gång.

Följande sidor är tänkta att vara till hjälp vid hantering av vanligt förekommande problem. Mer detaljerad information om felsökning finns i slutet av boken, och beskrivningar av reparationer finns i bokens olika huvudkapitel.

## Om bilen inte startar och startmotorn inte går runt

- ☐ Om bilen har automatväxellåda, se till att växelväljaren står på P eller N.
- ☐ Öppna motorhuven och kontrollera att batterifästena är rena och sitter fast ordentligt.
- ☐ Slå på strålkastarna och försök starta motorn. Om strålkastarljuset försvagas mycket under startförsöket är batteriet troligen urladdat. Lös problemet genom att använda startkablar (se nästa sida) och en annan bil.

## Om bilen inte startar trots att startmotorn går runt som vanligt

- ☐ Finns det bränsle i tanken?
- ☐ Finns det fukt i elsystemet under motorhuven? Slå av tändningen och torka bort synlig fukt med en torr trasa. Spraya vattenavvisande medel (WD-40 eller liknande) på tändningens och bränslesystemets elektriska kontaktdon som visas nedan. Var extra noga med tändspolens kontaktdon och tändkablarna. (Observera att fukt sällan är ett problem i dieselmotorer.)

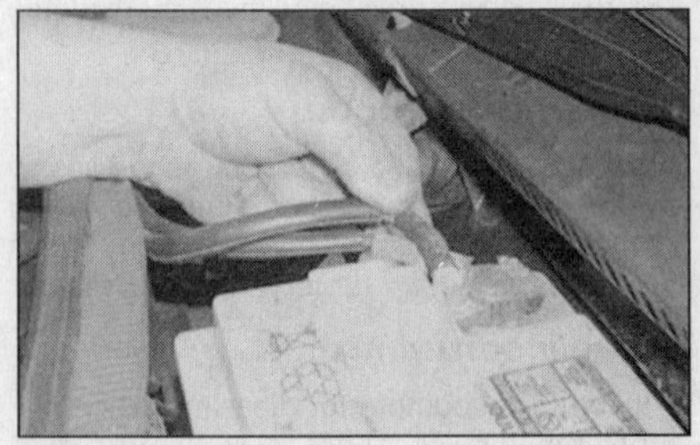

A Kontrollera batterianslutningarnas skick och att de är ordentligt åtdragna.

B Kontrollera att kablarna till bränsleinsprutningssystemets luftflödesmätare sitter ordentligt.

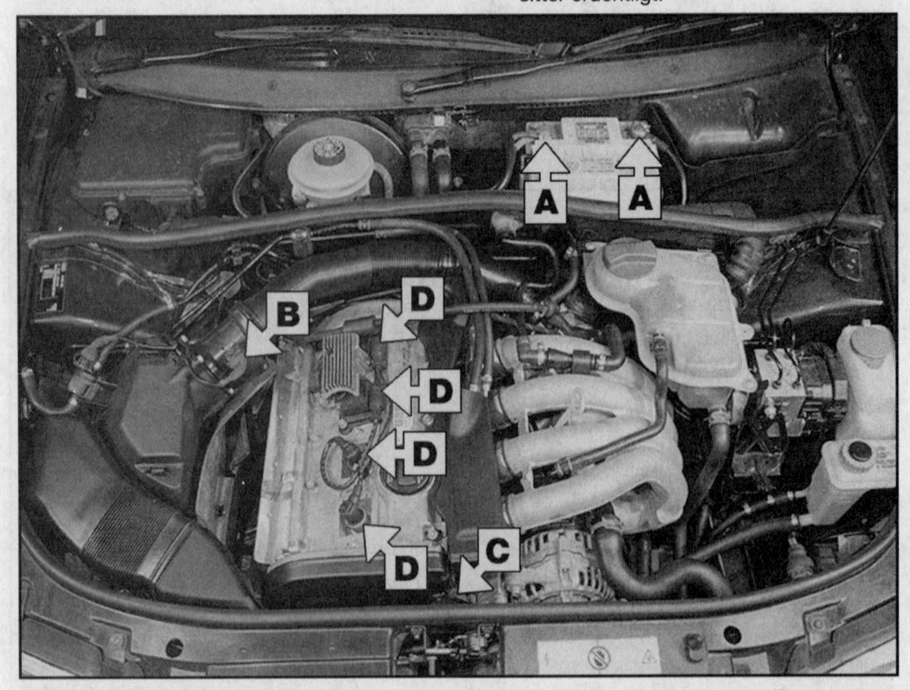


Kontrollera att alla elektriska kopplingar sitter ordentligt (med tändningen avstängd) och spraya dem med vattenavvisande medel av typen WD-40 om problemet misstänks bero på fukt.

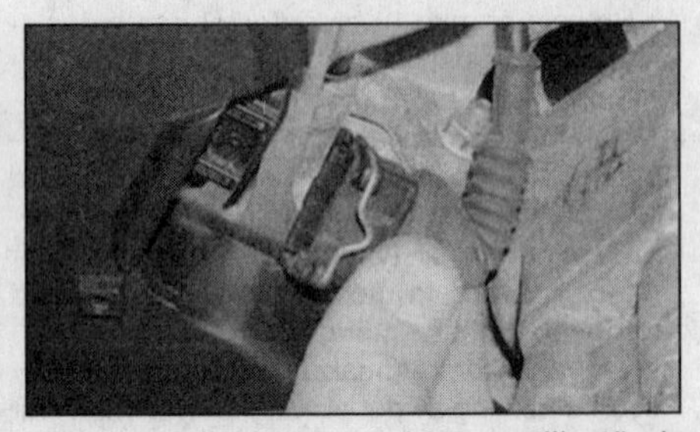

C Kontrollera att kablarna till tändsystemets Hallgivare sitter ordentligt.

D Kontrollera att tändkablarna är ordentligt kopplade till tändstiften (bensinmotorer). För att kunna göra det måste du först ta bort motorns toppkåpa.

## Starthjälp

***Start med startkablar löser ditt problem för stunden, men det är viktigt att ta reda på vad som orsakar batteriets urladdning. Det finns tre möjligheter:***

***1 Batteriet har laddats ur efter ett flertal startförsök, eller för att lysen har lämnats på.***

***2 Laddningssystemet fungerar inte tillfredsställande (generatorns drivrem slak eller av, generatorns länkage eller generatorn själv defekt).***

***3 Batteriet är defekt (utslitet eller låg elektrolytnivå).***

Tänk på följande när du startar en bil med hjälp av ett laddningsbatteri:

✔ Se till att tändningen är avstängd innan laddningsbatteriet ansluts.

✔ Se till att all elektrisk utrustning är avstängd (strålkastare, värme, vindrutetorkare etc.).

✔ Följ eventuella säkerhetsanvisningar på batteriet.

✔ Kontrollera att laddningsbatteriet har samma spänning som det urladdade batteriet.

✔ Om batteriet startas med hjälp av ett batteri i en annan bil får bilarna INTE VIDRÖRA varandra.

✔ Se till att växellådan är i friläge (parkeringsläge vid automatväxellåda).

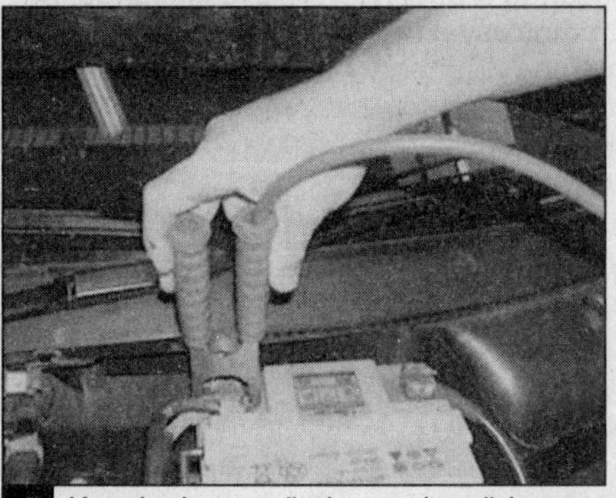

**1** Koppla den ena änden av den röda startkabeln till det urladdade batteriets pluspol (+).

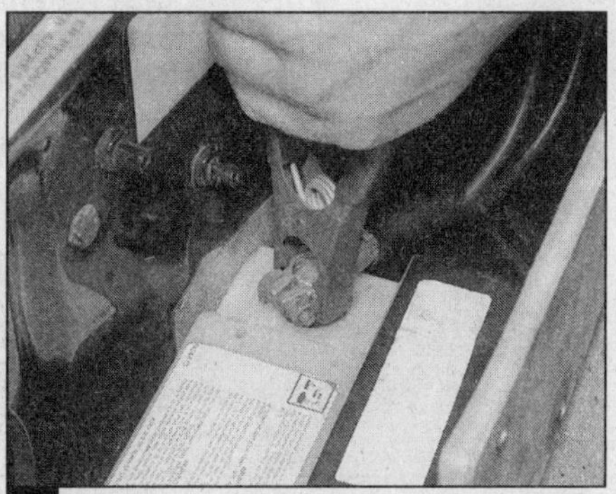

**2** Koppla den andra änden av den röda startkabeln till laddningsbatteriets pluspol (+).

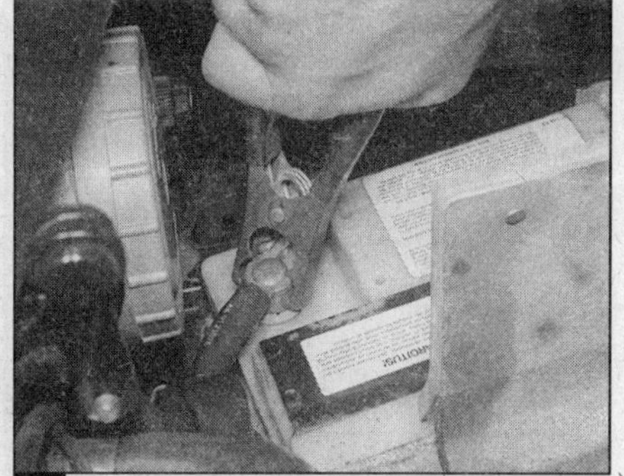

**3** Koppla den ena änden av den svarta startkabeln till laddningsbatteriets minuspol (-).

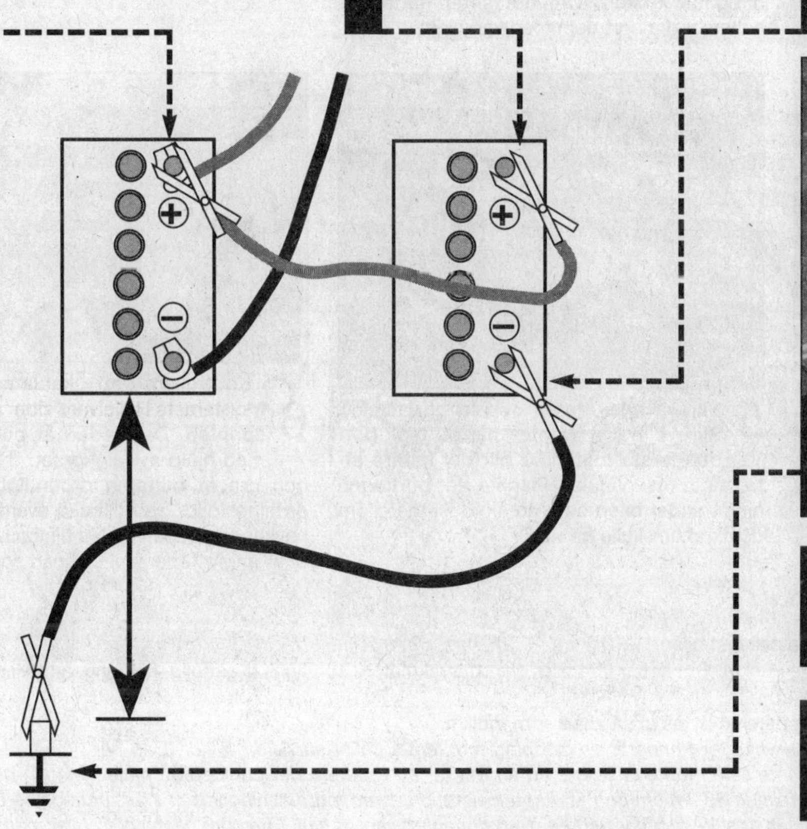

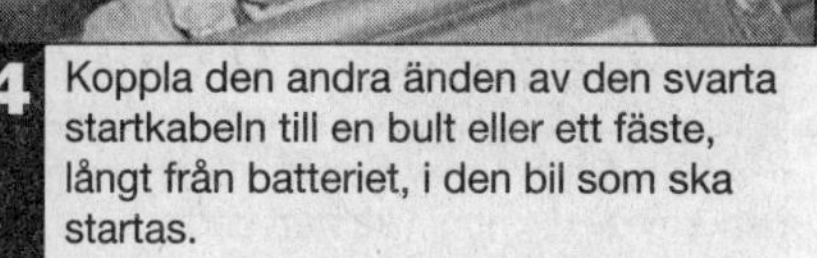

**4** Koppla den andra änden av den svarta startkabeln till en bult eller ett fäste, långt från batteriet, i den bil som ska startas.

**5** Se till att startkablarna inte kommer åt fläkten, drivremmarna eller andra rörliga delar i motorn.

**6** Starta motorn med hjälp av laddningsbatteriet och kör den på tomgång. Slå på strålkastarna samt bakfönstrets avimning och värmefläkt, koppla sedan loss startkablarna i omvänd ordning från anslutningen. Stäng av strålkastarna etc.

# Hjulbyte

Vissa av de detaljer som visas här varierar beroende på modell. Till exempel sitter inte reservhjulet och domkraften placerade likadant på alla modeller. Grundprinciperna är dock desamma för alla bilarna.

***Varning: Byt aldrig hjul om du befinner dig i en situation där du riskerar att bli påkörd av ett annat fordon. Försök att stanna i en parkeringsficka eller på en mindre avtagsväg om du befinner dig på en högtrafikerad väg. Håll uppsikt över passerande trafik när du byter hjul - det är lätt att bli distraherad av arbetet med hjulbytet.***

## Förberedelser

- ☐ Vid punktering, stanna så snart det är säkert för dig och dina medtrafikanter.
- ☐ Parkera om möjligt på plan mark där du inte hamnar i vägen för annan trafik.
- ☐ Använd varningsblinkers om det behövs.
- ☐ Använd en varningstriangel (obligatorisk utrustning) för att göra andra trafikanter uppmärksamma på din närvaro.
- ☐ Dra åt handbromsen och lägg i ettan eller backen ("P" på automatväxellåda).
- ☐ Blockera det hjul som sitter diagonalt mitt emot det hjul som ska tas bort – några stora stenar kan användas till detta.
- ☐ Om underlaget är mjukt, använd en plankstump eller liknande för att sprida tyngden under domkraften.

## Hjulbyte

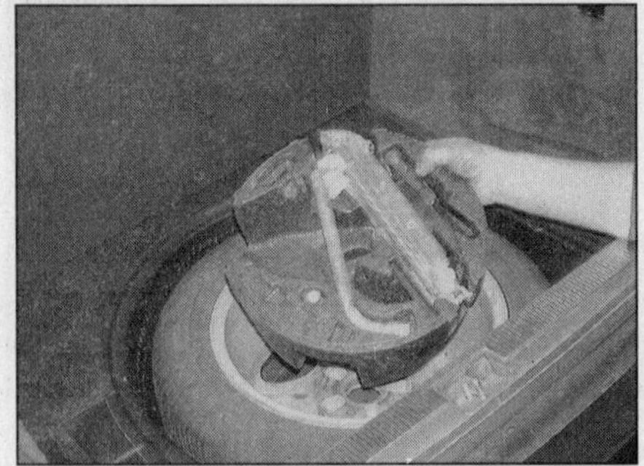

1 Reservhjulet är placerat under bagageutrymmets golvklädsel. Domkraften och verktygslådan är placerade i reservhjulet. Skruva loss bulten och ta bort verktygslådan, lyft sedan ut reservhjulet.

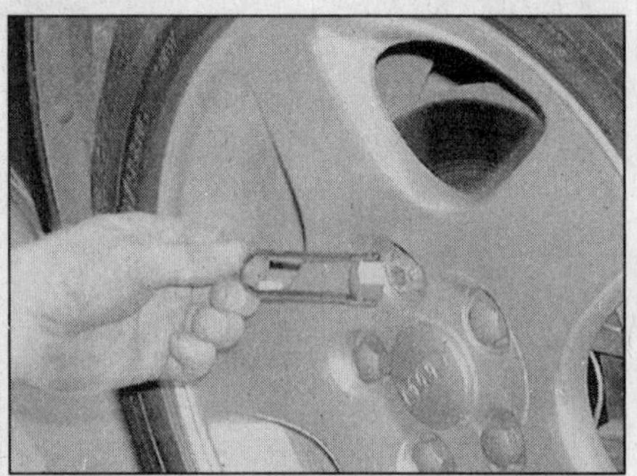

2 Bänd loss eventuell navkapsel/hjulsida med hjälp av en skruvmejsel i skåran. Dra bort eventuell fälgring från hjulet med den bifogade kroken. Om det sitter hattar på bultarna, dra bort dem med verktyget.

3 Lossa varje hjulbult ett halvt varv med hylsnyckeln.

4 Placera domkraftshuvudet under den förstärkta stödpunkten närmast det hjul som ska bytas. Stödpunkten är märkt med en rutersymbol i kanten under bilen. Vrid handtaget för att lyfta hjulet från marken.

5 Skruva ur bultarna och ta bort hjulet. Skruva in styrsprinten när du tagit bort den första bulten så blir det lättare att passa in reservhjulet. Placera det borttagna hjulet under bilen som en skyddsåtgärd om domkraften skulle ge vika.

6 Montera reservhjulet och ta bort styrsprinten. Dra sedan åt bultarna något med hjälp av fälgkorset. Sänk ner bilen och dra åt bultarna ordentligt, i diagonal ordningsföljd. Sätt tillbaka eventuell fälgring/navkapsel. Observera att hjulbultarna ska dras åt till angivet moment så snart som möjligt.

## Slutligen...

- ☐ Ta bort hjulblockeringen.
- ☐ Lägg tillbaka domkraft och verktyg på sina platser i bilen.
- ☐ Kontrollera lufttrycket på det nymonterade däcket. Om det är lågt eller om en tryckmätare inte finns tillgänglig, kör långsamt till närmaste bensinstation och kontrollera/justera trycket.
- ☐ Se till att det skadade däcket eller hjulet repareras/bytas ut så snart som möjligt.

**Observera:** *Om ett "utrymmessparande" reservhjul för temporär användning monterats gäller särskilda villkor. Den här typen av reservhjul är endast avsett att användas i nödfall. Det ska inte sitta monterat längre tid än det tar att reparera det punkterade hjulet. Medan det temporära reservhjulet används ska hastigheten inte överskrida 80 km/tim och kraftig acceleration, tvära inbromsningar och tvär kurvtagning bör undvikas. Observera att det temporära reservhjulet både är smalare och har mindre diameter än ett vanligt hjul. Eftersom bilens höjd över marken därför blir mindre än normalt bör försiktighet iakttagas vid körning över gropigt underlag.*

# Att hitta läckor

Pölar på garagegolvet (eller där bilen parkeras) eller våta fläckar i motorrummet tyder på läckor som man måste försöka hitta. Det är inte alltid så lätt att se var läckan är, särskilt inte om motorrummet är mycket smutsigt. Olja eller andra vätskor kan spridas av fartvinden under bilen och göra det svårt att avgöra var läckan egentligen finns.

⚠ ***Varning: De flesta oljor och andra vätskor i en bil är giftiga. Vid spill bör man tvätta huden och byta indränkta kläder så snart som möjligt***

***Lukten kan vara till hjälp när det gäller att avgöra varifrån ett läckage kommer och vissa vätskor har en färg som är lätt att känna igen. Det är en bra idé att tvätta bilen ordentligt och ställa den över rent papper över natten för att lättare se var läckan finns. Tänk på att motorn ibland bara läcker när den är igång.***

## Olja från sumpen

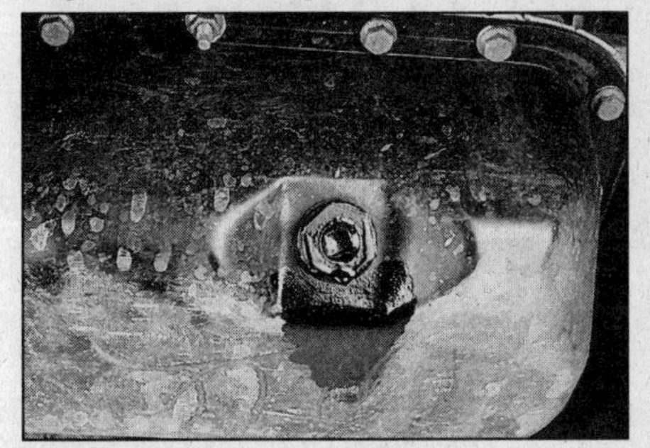

Motorolja kan läcka från avtappnings-pluggen . . .

## Olja från oljefiltret

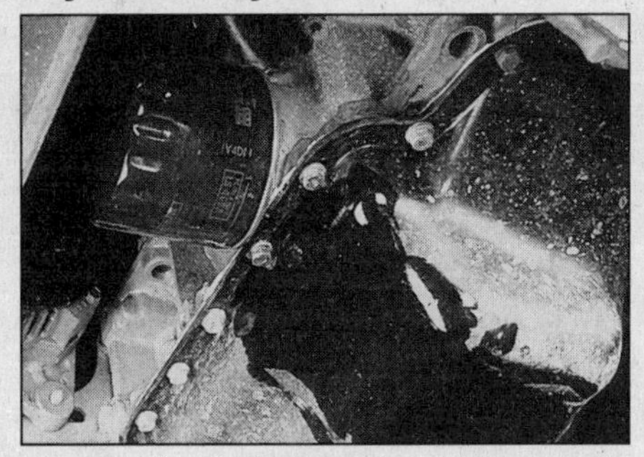

. . . eller från oljefiltrets packning.

## Växellådsolja

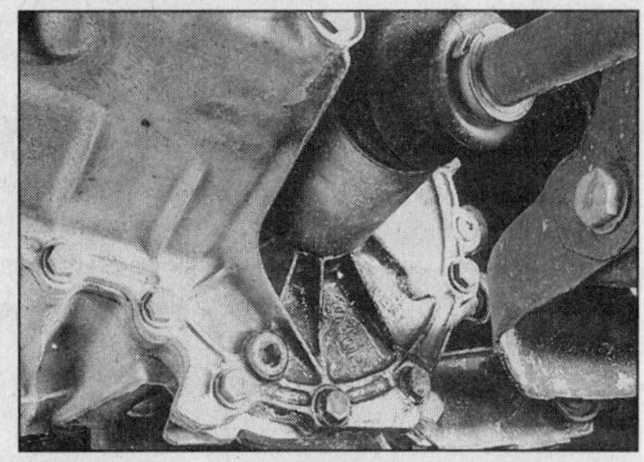

Växellådsolja kan läcka från tätningarna i ändarna på drivaxlarna.

## Frostskydd

Läckande frostskyddsvätska lämnar ofta kristallina avlagringar liknande dessa.

## Bromsvätska

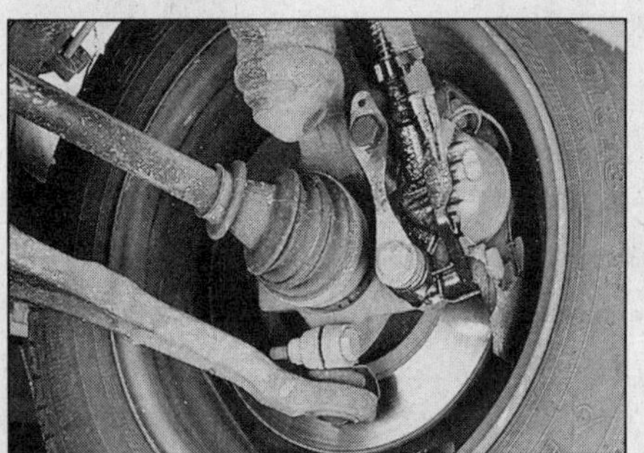

Läckage vid ett hjul är nästan alltid bromsvätska.

## Servostyrningsvätska

Servostyrningsvätska kan läcka från styrväxeln eller dess anslutningar.

# Bogsering

När ingenting annat hjälper kan du behöva bli bogserad hem - kanske är det du som får hjälpa någon annan med bogsering, hur som helst underlättar det om du vet hur man går tillväga. Bogsering längre sträckor bör överlåtas till verkstäder eller bärgningsfirmor. Vad gäller kortare sträckor går det utmärkt med bogsering av en annan privatbil, men tänk på följande:

☐ Använd en riktig bogserlina - de är inte dyra.

☐ Slå alltid på tändningen när bilen bogseras så att rattlåset släpper och kör-riktningsvisare och bromsljus fungerar.

☐ En bakre bogseringsögla sitter monterad under stötfångarens högra sida. Den främre bogseringsöglan sitter monterad bakom kåpan på den främre stötfångarens högra sida. Dra försiktigt i plastfliken för att lossa kåpan.

☐ Lossa handbromsen och lägg växellådan i friläge innan bogseringen börjar.

☐ Observera att du behöver trycka hårdare än vanligt på bromspedalen när du bromsar eftersom vakuumservon bara fungerar när motorn är igång.

☐ På modeller med servostyrning behövs även större kraft än vanligt för att vrida ratten.

☐ Föraren av den bogserade bilen måste vara noga med att hålla bogserlinan spänd hela tiden för att undvika ryck.

☐ Försäkra er om att båda förarna känner till den planerade färdvägen innan ni startar.

☐ Bogsera aldrig längre sträcka än nöd-vändigt och håll lämplig hastighet (högsta tillåtna hastighet vid bogsering är 30 km/h). Kör försiktigt och sakta ner mjukt och långsamt innan korsningar.

☐ För modeller med automatväxellåda gäller särskilda föreskrifter. Undvik bogsering vid minsta tveksamhet, annars kan växellådan skadas.

⚠ ***Varning: Undvik att bogsera eller putta igång en bil med bensin-motor i mer än 50 meter, annars kan katalysatorn skadas. Använd om möjligt startkablar (se Starthjälp).***

## Inledning

Det finns ett antal mycket enkla kontroller som endast tar några minuter i anspråk, men som kan bespara dig mycket besvär och stora kostnader.

Dessa *veckokontroller* kräver inga större kunskaper eller specialverktyg, och den korta tid de tar att utföra kan visa sig vara väl använd:

☐ Att hålla ett öga på däckens lufttryck förebygger inte bara att de slits ut i förtid utan det kan också rädda liv.

☐ Många motorhaverier orsakas av elektriska problem. Batterirelaterade fel är särskilt vanliga och genom regelbundna kontroller kan de flesta av dessa förebyggas.

☐ Om bilen får en läcka i bromssystemet kanske den upptäcks först när bromsarna slutar fungera. Vid regelbundna kontroller av oljenivån upptäcks sådana fel i god tid.

☐ Om olje- eller kylvätskenivån blir för låg är det till exempel betydligt billigare att laga läckan direkt, än att bekosta dyra reparationer av de motorskador som annars kan uppstå.

## Kontrollpunkter i motorrummet

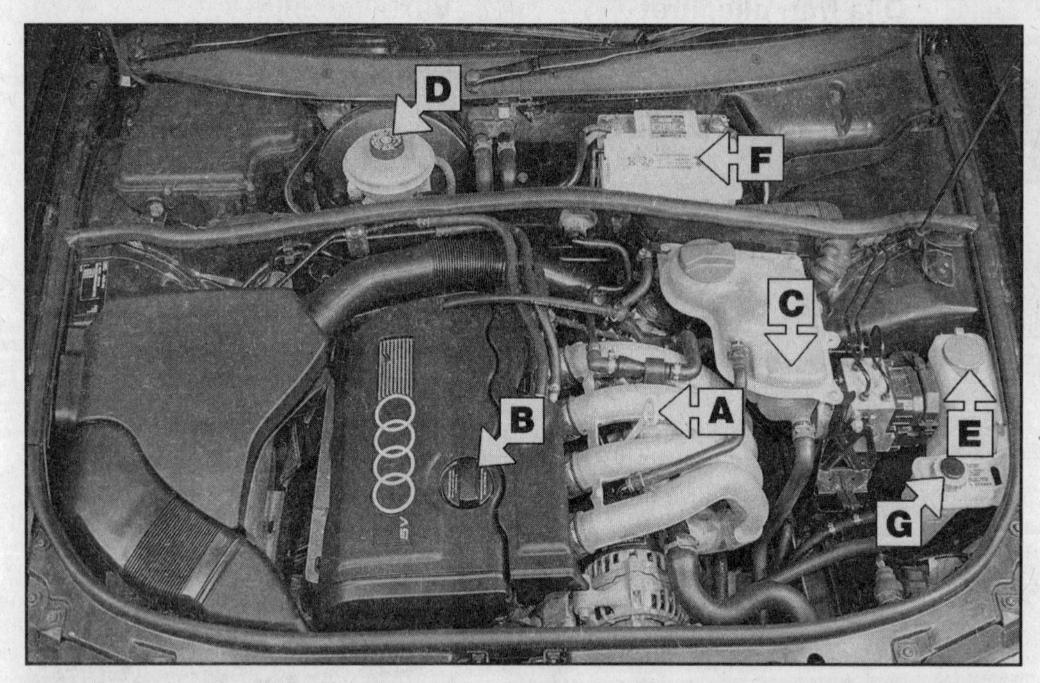


**◄ 1.8 liters bensinmotor**

**A** *Mätsticka för motorolja*
**B** *Påfyllningslock för motorolja*
**C** *Kylsystemets expansionskärl*
**D** *Bromsoljebehållare*
**E** *Spolarvätskebehållare*
**F** *Batteri*
**G** *Behållare för servostyrningsolja*

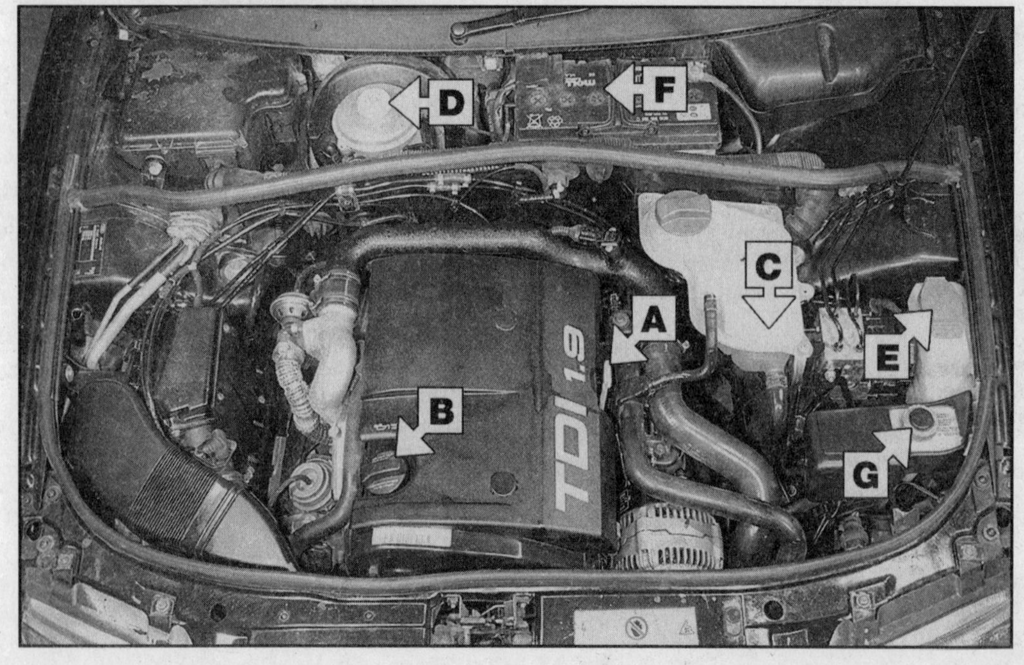


**◄ 1.9 liters dieselmotor**

**A** *Mätsticka för motorolja*
**B** *Påfyllningslock för motorolja*
**C** *Kylsystemets expansionskärl*
**D** *Bromsoljebehållare*
**E** *Spolarvätskebehållare*
**F** *Batteri*
**G** *Behållare för servostyrningsolja*

# Motoroljenivå

## Innan arbetet påbörjas

✔ Se till att bilen står på plan mark.

✔ Oljenivån måste kontrolleras innan bilen körs, eller tidigast 5 minuter efter det att motorn stängts av.

***Om oljenivån kontrolleras omedelbart efter körning kommer det att finnas olja kvar i motorns övre utrymmen, vilket ger en felaktig nivå på oljestickan!***

## Korrekt oljetyp

*Moderna motorer ställer höga krav på oljans kvalitet. Det är mycket viktig att man använder rätt typ av olja till sin bil (se Smörjmedel och vätskor).*

## Bilvård

● Om oljan behöver fyllas på ofta bör bilen kontrolleras med avseende på oljeläckor. Lägg ett rent papper under motorn över natten och se om det finns fläckar på det på morgonen. Finns där inga läckor kan det hända att motorn bränner olja.

● Oljenivån ska alltid vara någonstans mellan oljemätstickans övre och nedre markering (se bild 3). Om oljenivån är för låg kan motorn ta allvarlig skada. Oljetätningarna kan gå sönder om man fyller på för mycket olja.

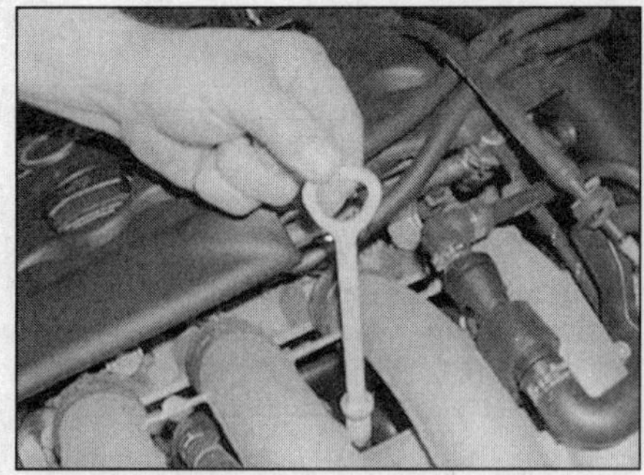

1 Mätstickan sitter på motorns vänstra sida (se *Kontrollpunkter i motorrummet* för information om exakt placering). Dra upp mätstickan.

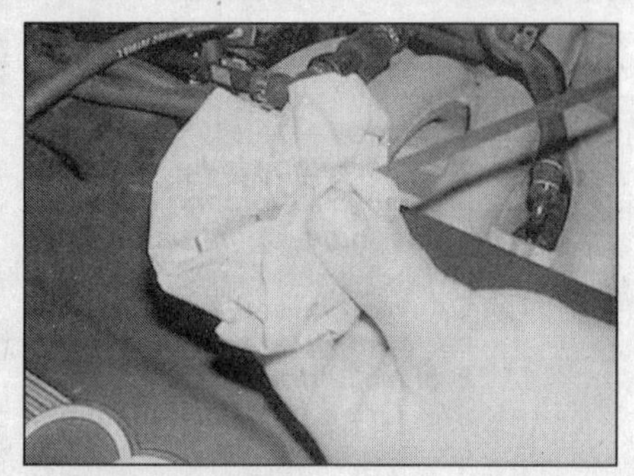

2 Torka av oljan från mätstickan med en ren trasa eller en bit papper. Stick in den rena mätstickan i röret och dra ut den igen.

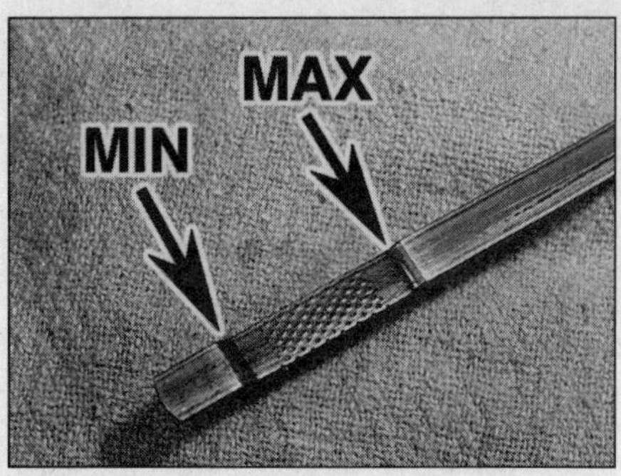


3 Observera oljenivån på mätstickans ände, som ska vara mellan den övre och den nedre markeringen. Det skiljer ungefär en liter olja mellan min- och max-nivån.

4 Oljan fylls på upptill på motorn. Vrid locket motsols ett fjärdedels varv och ta bort det. Fyll på olja – använd en tratt för att minimera oljespillet. Häll i oljan långsamt och kontrollera på mätstickan så att behållaren fylls med rätt mängd. Fyll inte på för mycket.

# Kylvätskenivå

***Varning: Skruva aldrig av expansionskärlets lock när motorn är varm – det finns risk för brännskador. Kylätskan är giftig, så låt aldrig behållare stå öppna obevakade.***

## Bilvård

● Ett slutet kylsystem ska inte behöva fyllas på regelbundet. Om kylvätskan ofta behöver fyllas på har bilen troligen en läcka i kylsystemet. Kontrollera kylaren, alla slangar och fogytor efter stänk och våta märken och åtgärda eventuella problem.

● Det är viktigt att frostskyddsvätska används i kylsystemet året runt, inte bara under vintermånaderna. Fyll inte på med enbart vatten, då sänks koncentrationen av frostskyddsvätska.

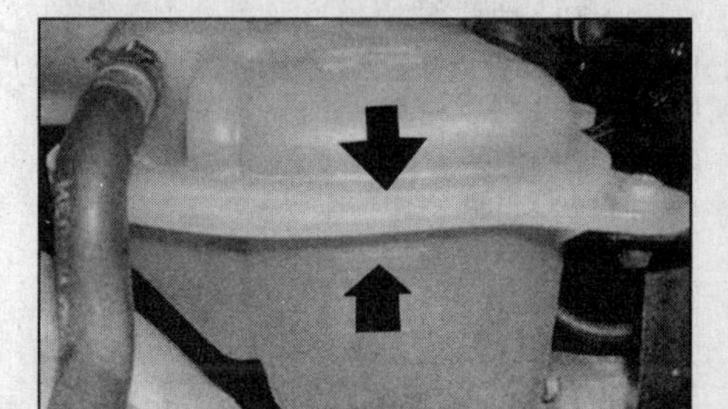

1 Kylvätskenivån varierar med motorns temperatur. Om motorn är kall ska kylvätskenivån ligga mellan MIN- och MAX-markeringarna.

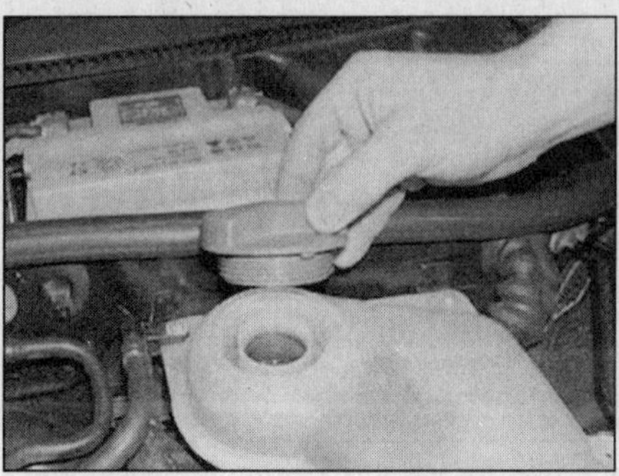

2 Vänta med att fylla på kylvätska tills motorn är kall. Skruva av locket långsamt så att eventuellt övertryck i kylsystemet först släpps ut, ta sedan av locket helt.

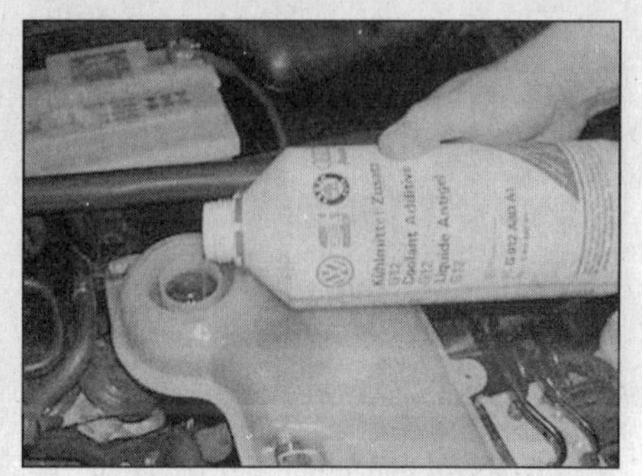

3 Häll en blandning av vatten och frostskyddsvätska i expansionskärlet tills kylvätskenivån når MAX-markeringen.

# Broms- och kopplingsoljenivå

***Varning:***

***●Var försiktig vid hantering av bromsolja eftersom den kan skada dina ögon och bilens lack.***

***●Använd inte olja ur kärl som har stått öppna en längre tid. Bromsolja drar åt sig fuktighet från luften vilket kan försämra bromsegenskaperna avsevärt.***

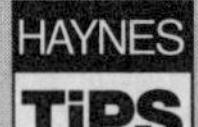


***• Se till att bilen står på plan mark.***

***• Nivån i oljebehållaren sjunker en aning allt eftersom bromsklossarna slits. Nivån får dock aldrig sjunka under MIN-markeringen.***

## Säkerheten främst!

● Om bromsoljebehållaren måste fyllas på ofta har bilen fått en läcka i bromssystemet. Detta måste undersökas omedelbart.

● Vid en misstänkt läcka i systemet får bilen inte köras förrän bromssystemet har kontrollerats. Ta aldrig några risker med bromsarna.

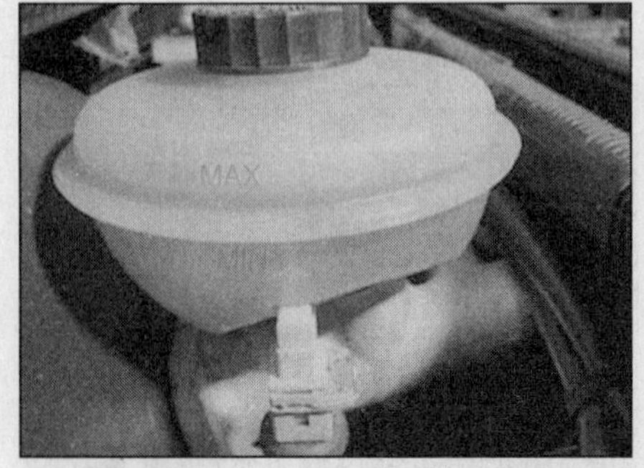


1 Det finns en MAX- och en MIN-markering på behållaren. Oljenivån måste alltid hållas mellan dessa två markeringar.

2 Om bromsoljan behöver fyllas på ska området runt påfyllningslocket först rengöras för att förhindra att smuts kommer in i hydraulsystemet. Skruva loss locket.

3 Fyll på olja försiktigt. Var noga med att inte spilla på omgivande komponenter. Använd bara angiven olja. Om olika typer blandas kan systemet skadas. Avsluta med att skruva på locket ordentligt och torka bort eventuellt spill. Slå på tändningen. Kontrollera bromsoljenivåns varningslampa genom att låta en medhjälpare trycka ner knappen ovanpå behållarens lock.

# Servostyrningsoljans nivå

## Innan arbetet påbörjas

✔ Se till att bilen står på plan mark.

✔ Med motorn igång, vrid ratten långsamt fram och tillbaka från spärr till spärr 2 eller 3 gånger och rikta sedan hjulen rakt fram. Stäng av motorn.

✔ För att kontrollen ska bli korrekt måste motorn ha arbetstemperatur. Styrningen får inte vridas efter det att motorn har stängts av.

## Säkerheten främst!

● Om servostyrningsoljan behöver fyllas på ofta betyder det att systemet läcker. Undersök och åtgärda detta omedelbart.

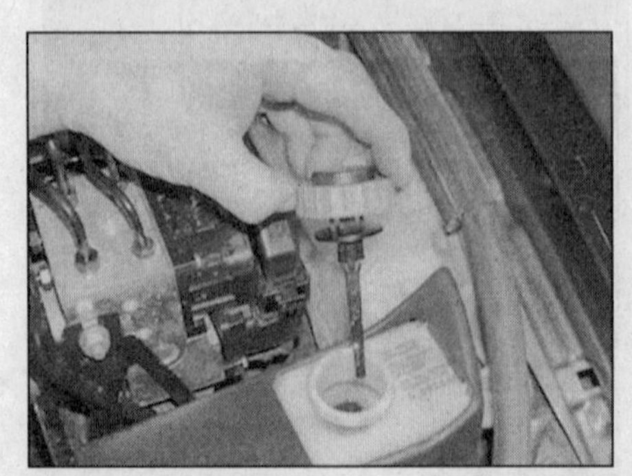

1 Styrservobehållaren är placerad till vänster i motorrummet. Skruva försiktigt bort locket, som även är försett med en mätsticka.

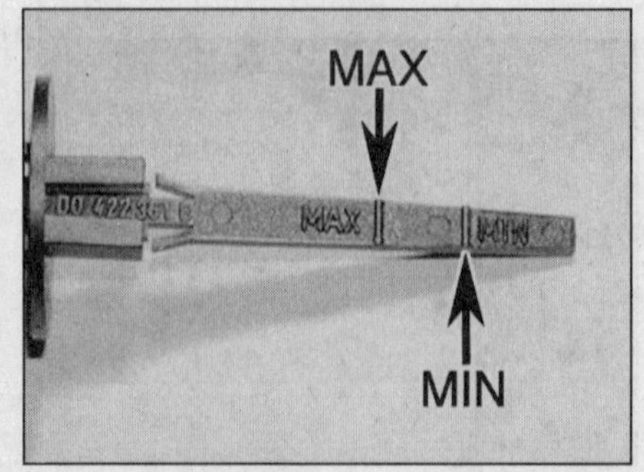


2 Kontrollera att oljenivån är mellan MIN- och MAX-märkena på mätstickan, gärna i närheten av MAX-märket. Om så behövs, torka av mätstickan med en ren trasa, stick ner den i hålet och ta upp den igen.

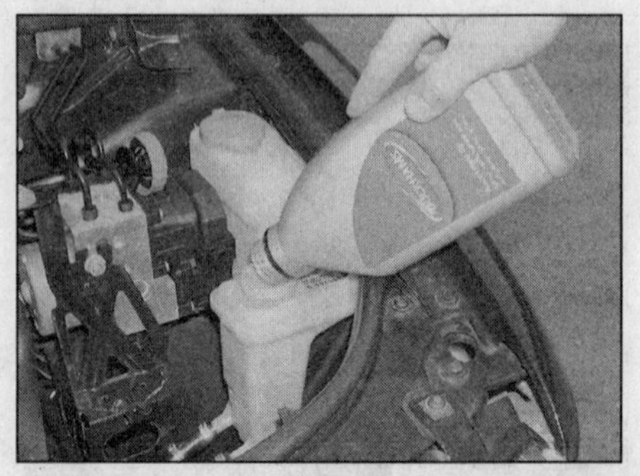

3 Fyll vid behov på behållaren med angiven oljetyp tills nivån når MAX-märket. Avsluta med att sätta tillbaka och dra åt locket.

## Batteri

***Varning: Läs "Säkerheten främst" i början av boken innan några som helst arbeten utförs på startbatteriet.***

✔ Se till att batterilådan är i gott skick och att klämman sitter ordentligt. Rost på plåten, hållaren och batteriet kan tas bort med en lösning av vatten och bikarbonat. Skölj noggrant alla rengjorda delar med vatten. Alla rostskadade metalldelar ska först målas med en zinkbaserad grundfärg och därefter lackeras.

✔ Kontrollera regelbundet (var tredje månad) batteriets skick enligt beskrivning i kapitel 5A.

✔ Om batteriet är urladdat och du måste använda starthjälp, se *Reparationer vid vägkanten.*

1 Batteriet är placerat på torpedväggen i motorrummets bakre del.

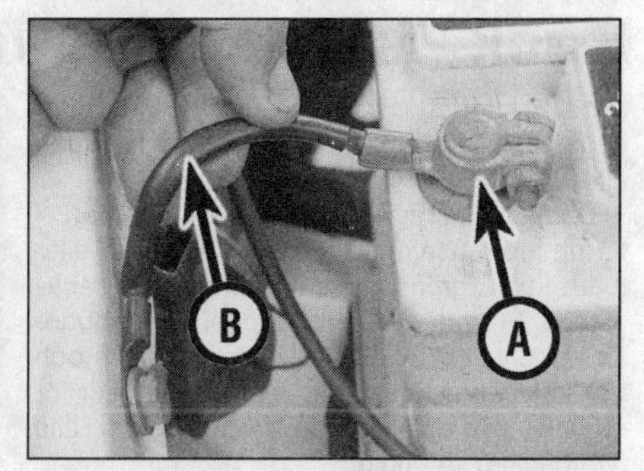


2 Kontrollera att batteriklämmorna (A) sitter ordentligt för bästa ledareffekt. Det ska inte gå att rubba dem. Undersök också varje kabel (B) efter sprickor eller fransade ledare.

***Korrosion på batteriet kan minimeras genom att man lägger lite vaselin på batteriklämmorna och polerna när man dragit åt dem.***

3 Om korrosion finns, ta bort kablarna från batteripolerna, rengör dem med en liten stålborste och sätt tillbaka dem. Hos tillbehörsbutiker kan man köpa ett särskilt verktyg för rengöring av batteripoler. . .

4 . . . och batteriets kabelklämmor

## Elsystem

✔ Kontrollera alla yttre lampor och signalhornet. Se aktuella avsnitt i kapitel 12 för närmare information om någon av kretsarna inte fungerar.

✔ Se över alla tillgängliga kontaktdon, kablar och kabelklämmor så att de sitter ordentligt och inte är skavda eller skadade på annat sätt.

***Om körriktningsvisare och bromsljus måste kontrolleras när du är ensam, backa upp mot en vägg eller garageport och slå på ljusen. Det reflekterade skenet visar om de fungerar eller inte.***

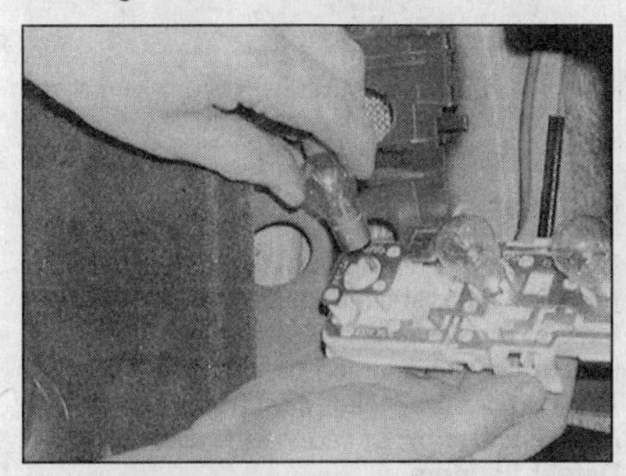

1 Om enstaka körriktningsvisare, bromsljus eller strålkastare inte fungerar beror det antagligen på en trasig glödlampa som behöver bytas ut. Se kapitel 12 för mer information. Om inget av bromsljusen fungerar är det möjligt att bromsljuskontakten som styrs av bromspedalen är defekt. Se kapitel 9 för mer information.

2 Om mer än en körriktningsvisare eller strålkastare inte fungerar har troligen en säkring gått eller ett fel uppstått i kretsen (se kapitel 12). Huvudsäkringsdosan sitter under en kåpa på förarsidans ände av instrumentbrädan. Ytterligare säkringar finns i motorrummet. På dieselmodeller sitter glödstiftssäkringen placerad i utjämningskammaren i motorrummets bakre del.

3 Dra ut den trasiga säkringen från sin plats i säkringsdosan. Sätt dit en ny säkring av samma typ. De finns att köpa i tillbehörsbutiker.

# Däck - skick och tryck

Det är viktigt att däcken är i bra skick och att de har rätt lufttryck – däckhaverier är farliga i alla hastigheter.

Däckens slitage påverkas av körstilen – hårda inbromsningar och accelerationer eller tvära kurvtagningar orsakar snabbare däckslitage. Framdäcken slits i regel ut snabbare än bakdäcken. Axelvis byte mellan fram och bak kan jämna ut slitaget, men om detta är för effektivt kan du komma att behöva byta alla fyra däcken samtidigt.

Ta bort spikar och stenar som fastnar i däckmönstret innan de orsakar punktering. Om det visar sig att däcket är punkterat när en spik tas bort, sätt tillbaka spiken för att märka ut platsen för punkteringen. Byt sedan omedelbart ut det punkterade däcket och lämna in det till en däckverkstad för reparation.

Kontrollera regelbundet däcken med avseende på skador i form av rispor eller bulor, särskilt på däcksidorna. Ta loss hjulen med jämna mellanrum för att rengöra dem invändigt och utvändigt. Undersök hjulfälgarna efter rost, korrosion eller andra skador. Lättmetallfälgar skadas ofta av trottoarkanter vid parkering men även stålfälgar kan få bucklor. Är ett hjul väldigt skadat är ett hjulbyte ofta den enda lösningen.

Nya däck ska balanseras när de monteras men de kan också behöva balanseras om i takt med att de slits eller om motvikten på hjulfälgen ramlar av. Obalanserade däck slits ut snabbare än balanserade och orsakar dessutom onödigt slitage på styrning och fjädring. Vibrationer är ofta ett tecken på obalanserade hjul, särskilt om vibrationerna förekommer vid en viss hastighet (oftast runt 70 km/h). Om vibrationerna endast känns genom styrningen är det troligen bara framhjulen som behöver balanseras. Om vibrationerna däremot känns i hela bilen är det antagligen bakhjulen som är obalanserade. Balansering av hjul ska utföras av en däckåterförsäljare eller en verkstad.

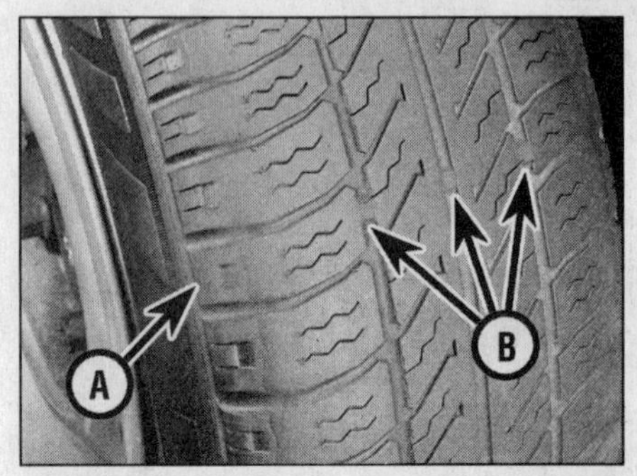


**1 Mönsterdjup - visuell kontroll**
Originaldäcken har slitagevarningsband (B), som blir synliga när mönsterdjupet slitits ner till ca 1,6 mm. Bandens lägen anges av trekantsmarkeringar på däcksidan (A).

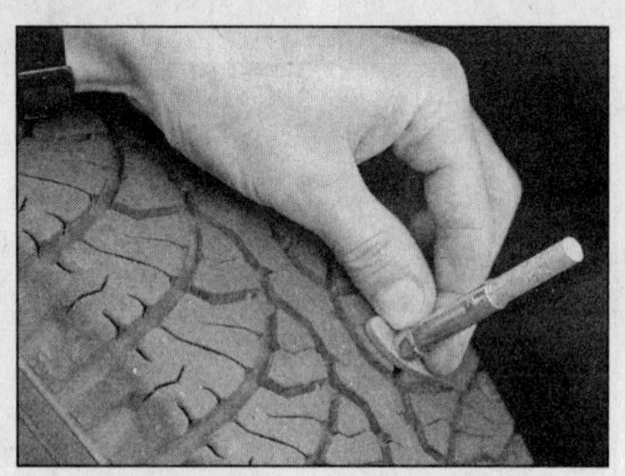

**2 Mönsterdjup - manuell kontroll**
Mönsterdjupet kan också kontrolleras med hjälp av en enkel och billig mönsterdjupsmätare.

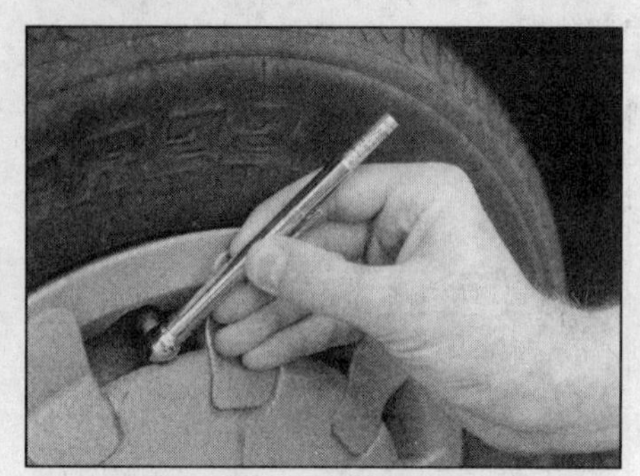

**3 Däcktryck - kontroll**
Kontrollera däcktrycket regelbundet när däcken är kalla. Justera inte däcktrycket omedelbart efter att bilen har använts, det kommer att resultera i felaktigt tryck.

# Däckslitage

### *Slitage på sidorna*

**Lågt däcktryck (slitage på båda sidor)**
Är trycket i däcken för lågt kommer däcket att överhettas på grund av för stora rörelser och mönstret kommer att ligga an mot underlaget på ett felaktigt sätt. Det bidrar till sämre fäste och överdrivet slitage och risken för punktering på grund av upphettning ökar.
*Kontrollera och justera trycket*
**Felaktig cambervinkel (slitage på en sida)**
*Reparera eller byt ut fjädringen.*
**Hård kurvtagning**
*Sänk hastigheten!*

### *Slitage i mitten*

**För högt däcktryck**
För högt lufttryck orsakar snabbt slitage av mittersta delen av däcket, dessutom minskat väggrepp, stötigare gång och risk för stötskador i korden.
*Kontrollera och justera trycket*

*Om däcktrycket ibland måste ändras till högre tryck avsett för maximal lastvikt eller ihållande hög hastighet, glöm inte att minska trycket efteråt.*

### *Ojämnt slitage*

Framdäcken kan slitas ojämnt som följd av felaktig hjulinställning. De flesta biläterförsäljare och verkstäder kan kontrollera och justera hjulinställningen till en rimlig kostnad.
**Felaktig camber- eller castervinkel**
*Reparera eller byt ut fjädringsdetaljer*
**Defekt fjädring**
*Reparera eller byt ut fjädringsdetaljer*
**Obalanserade hjul**
*Balansera hjulen*
**Felaktig toe-inställning**
*Justera framhjulsinställningen*
**Notera:** *Den fransiga ytan i mönstret, ett typiskt tecken på toe-förslitning, kontrolleras bäst genom att man känner med handen över däcket.*

# Spolarvätskenivå

Spolarvätskekoncentrat rengör inte bara rutan utan fungerar även som frostskydd så att spolarvätskan inte fryser under vintern. Fyll inte på med enbart vatten eftersom spolarvätskan då späds ut och kan frysa.

***Använd aldrig kylvätska i spolarsystemet. Det kan missfärga eller skada lacken.***

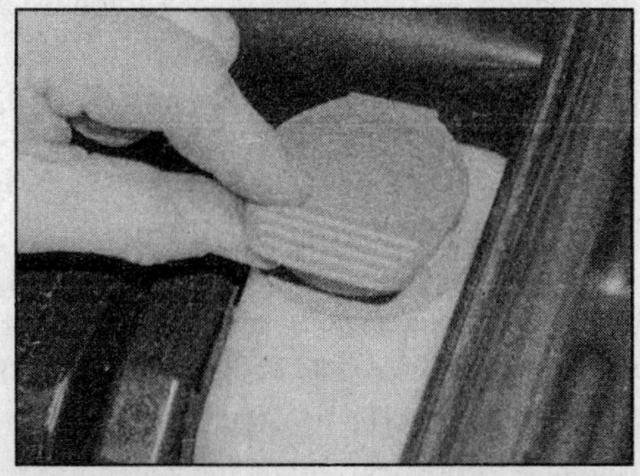

1 Spolarvätskebehållaren för vindrutans och strålkastarnas spolarsystem är placerad till vänster i motorrummets främre del.

2 Använd spolarvätska i spolarsystemet i den koncentration som anges på flaskan.

# Torkarblad

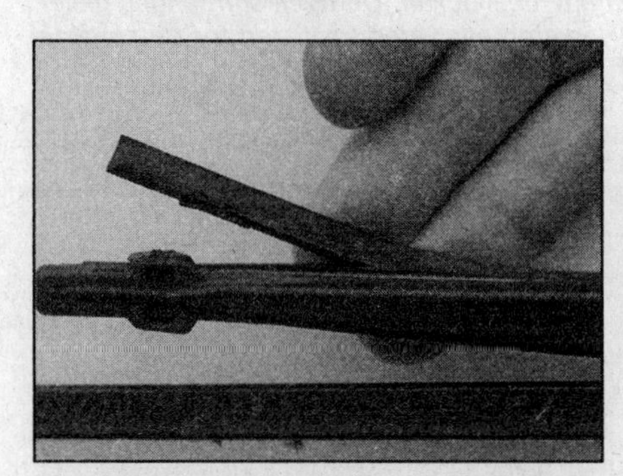

1 Kontrollera torkarbladens skick. Om de är spruckna eller ser gamla ut, eller om rutan inte torkas ordentligt, ska de bytas ut. Torkarblad bör bytas en gång om året för bästa sikt.

2 Böj ut torkararmen så långt från rutan det går innan den spärras. Vrid bladet 90°, tryck sedan ner låspiggen med en skruvmejsel eller med fingrarna.

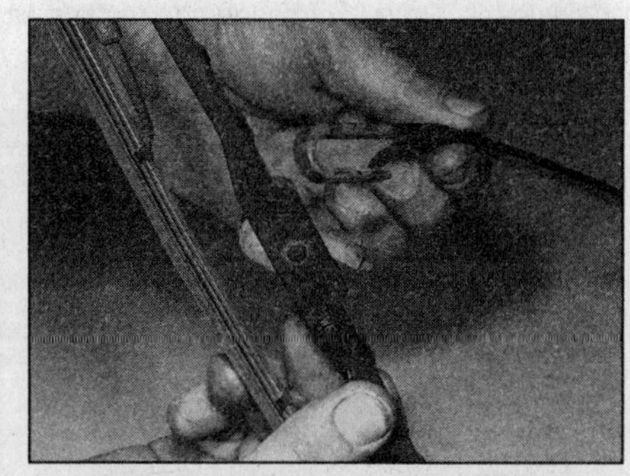

3 Dra ut torkarbladet ur torkararmens böjda ände och låt armen glida ut genom hålet i bladet. När du monterar ett nytt blad, se till att bladet fäster ordentligt i armen och att det är korrekt riktat.

## Smörjmedel och vätskor

| | |
|---|---|
| **Motor** | |
| Bensinmotor | Motorolja VW 500 00 eller VW 501 01, viskositet SAE 10W-30 till 15W-50 *(Duckhams Hypergrade Petrol Engine Oil eller Duckhams QXR Premium Petrol Engine Oil)* |
| Dieselmotor | Motorolja VW 500 00 eller VW 505 00, viskositet SAE 10W-30 till 15W-50 *(Duckhams Hypergrade Diesel Engine Oil eller Duckhams QXR Premium Diesel Engine Oil)* |
| **Kylsystem** | Frostskyddsvätska VW G 011 V8C eller TL-VW 774 C *(Duckhams Antifreeze and Summer Coolant)* |
| **Manuell växellåda** | Syntetisk växellådsolja G50, viskositet SAE 75W-90 |
| **Automatväxellåda** | Dexron II type ATF *(Duckhams ATF Autotrans III)* |
| **Slutväxel (automatväxellåda)** | Syntetisk växellådsolja G50, viskositet SAE 75W-90 *(Duckhams Hypoid Gear Oil 75W-90 GL-4)* |
| **Bromssystem** | Hydraulolja till DOT 4 *(Duckhams Universal Brake and Clutch Fluid)* |
| **Servostyrningssystem** | Audi/VAG hydraulolja G 002 000 |

## Däcktryck

**Observera:** *Det rekommenderade däcktrycket för varje bil anges på en etikett fäst vid insidan av tankluckan. De tryck som anges gäller originaldäck. De rekommenderade trycken kan variera om andra däck används. Kontakta tillverkaren eller återförsäljaren för de senaste rekommendationerna.*

# Kapitel 1 Del A:
# Rutinunderhåll och service – modeller med bensinmotor

## Innehåll

## Svårighetsgrader

| | | | | | | | | | |
|---|---|---|---|---|---|---|---|---|---|
| **Enkelt,** passar novisen med lite erfarenhet |  | **Ganska enkelt,** passar nybörjaren med viss erfarenhet |  | **Ganska svårt,** passar kompetent hemmamekaniker |  | **Svårt,** passar hemmamekaniker med erfarenhet |  | **Mycket svårt,** för professionell mekaniker |  |

| **Smörjmedel och vätskor** | Se slutet av *Veckokontroller* |
|---|---|

## Volymer

| | |
|---|---|
| **Motorolja (inklusive filter)** | |
| 1595cc motorer (ADP, AHL) | 3,3 liter |
| Alla övriga motorer | 3,9 liter |
| **Kylsystem** | |
| Bensinmodeller | ungefär 6,0 liter |
| **Växellåda** | |
| Manuell växellåda | 2,25 liter |
| Automatväxellåda | |
| Första påfyllning | 5,5 liter |
| Oljebyte | 3,5 liter |
| Automatväxellådans slutväxel | 1,0 liter |
| **Servostyrning** | |
| Alla modeller | 1,5 liter (ungefär) |
| **Bränsletank** | |
| Alla modeller (ungefär) | 62 liter |

## Motor

| | |
|---|---|
| Oljefilter | Champion C149 |

## Kylsystem

| | |
|---|---|
| Frostskyddsblandning | |
| 40 % frostskydd | Skydd ner till -25° C |
| 50 % frostskydd | Skydd ner till -35° C |

## Bränslesystem

| | |
|---|---|
| Luftfilter | Champion U567 |
| Bränslefilter | Champion L206 |

## Tändsystem

| | |
|---|---|
| Tändningsinställning | Se kapitel 5B |
| Tändstift | Champion RC8VTYC4 |
| Tändstiftens elektrodavstånd | Ej justerbart |

## Bromsar

| | |
|---|---|
| Minsta tjocklek på främre bromsklossarna (inklusive stödplatta) | 7,0 mm |
| Minsta tjocklek på bakre bromsklossarna (inklusive stödplatta) | 7,0 mm |

## Drivrem

| | |
|---|---|
| Spänningsjustering: | |
| Huvuddrivrem | Automatisk justering |
| Kylvätskepumpens drivrem | Ej justerbar |
| Luftkonditioneringskompressorns drivrem | Dra åt den sexkantiga bulten på spännarhuset till 25 Nm |

## Åtdragningsmoment

| | **Nm** |
|---|---|
| Automatväxellådans inspektionsplugg (01N) | 15 |
| Automatväxellådans överfallsrör (01N) | 2 |
| Hjulbultar | 120 |
| Kylvätskepumpens avtappningsplugg | 30 |
| Oljepåfyllnings-/nivåplugg till automatväxellådans slutväxel | 25 |
| Påfyllnings-/nivåplugg till manuell växellåda | 25 |
| Servostyrningspumpens fäste | 25 |
| Sumpens avtappningsplugg: | |
| Motorkod ADP, AHL | 30 |
| Motorkod ADR, AFY, APT, APW, AEB, AJL | 50 |
| Tändstift | 30 |

Underhållsintervallen i denna handbok förutsätter att arbetet utförs av en hemmamekaniker och inte av en verkstad. Detta är de maximala intervall som vi rekommenderar för fordon som körs varje dag. Om bilen konstant ska hållas i toppskick bör vissa moment utföras oftare. Vi rekommenderar regelbundet underhåll eftersom det höjer bilens effektivitet, prestanda och andrahandsvärde.

Alla Audi A4 modeller är utrustade med en servicedisplay på instrumentbrädan. Varje gång motorn startas tänds panelen under ett par sekunder, och visar något av följande:

**Modeller fram till 1997**

*OIL – dags för 15 000 km service*

*In 1 – dags för 12 månaders, 30 000 km eller 60 000 km service, beroende på körsträcka*

*In 2 – dags för 24 månaders service*

**Modeller fr.o.m. 1997**

*Service OIL – dags för 15 000 km service*

*Service INSP – dags för 12 månaders, 30 000 km, 60 000 km, 120 000 km eller 24 månaders service, beroende på körsträcka*

Detta är helt enkelt en påminnelse om att det är dags för service. Audis mekaniker avslutar ett oljebyte med att programmera om displayindikatorn så att den visar OEL när ytterligare 15 000 km har tillryggalagts. När det är dags för service anger displayen detta 1000 km eller 10 dagar i förväg.

**Observera:** *Ett serviceschema för "lång livslängd" kom i slutet av 1999 och gäller endast modeller från 2000 och framåt. Fullständiga detaljer angående serviceschemat fanns inte tillgängliga i skrivande stund. Kontakta en VAG-återförsäljare för ytterligare information.*

## Var 400:e km eller en gång i veckan

☐ Se *Veckokontroller*

## Var 15 000:e km

**"OEL" eller "service OIL" visas på servicedisplayen**

☐ Byt motorolja och filter (avsnitt 3)

**Observera**: *Täta olje- och filterbyten är bra för motorn. Vi rekommenderar att oljan byts oftare än vad som anges här, eller minst två gånger om året.*

☐ Kontrollera främre bromsklossarnas tjocklek (avsnitt 4)
☐ Kontrollera drivremmens skick (avsnitt 5)
☐ Kontrollera kamremmens skick (avsnitt 6)
☐ Återställ servicedisplayen (avsnitt 7)

## Var 12:e månad

**"In 1" eller "service INSP" visas på servicedisplayen**

☐ Kontrollera funktionen hos spolaren för vindrutan/bakrutan/strålkastarna (avsnitt 8)
☐ Kontrollera däckens slitage (avsnitt 9)
☐ Smörj alla gångjärn och lås (avsnitt 10)
☐ Kontrollera batteriets elektrolytnivå (avsnitt 11)
☐ Kontrollera eventuella felkoder i den elektroniska styrenhetens minne (avsnitt 12)
☐ Undersök alla komponenter och slangar under motorhuven med avseende på läckage (avsnitt 13)
☐ Kontrollera frostskyddsvätskans koncentration i kylsystemet (avsnitt 14)
☐ Kontrollera bromsslangarnas och -rörens skick (avsnitt 15)
☐ Kontrollera tjockleken på de bakre bromsklossarna/-backarna (avsnitt 16)
☐ Undersök avgassystemet och dess fästen (avsnitt 17)
☐ Kontrollera styrningens och fjädringens komponenter med avseende på skick och säkerhet (avsnitt 18)
☐ Utför ett landsvägsprov (avsnitt 19)

## Var 30 000:e km

**"In 1" eller "service INSP" visas på servicedisplayen**

**Observera:** *Utför följande arbete utöver det som beskrivs för intervallet var 12:e månad.*

☐ Byt bränslefilter (avsnitt 20)
☐ Byt pollenfilter (avsnitt 21)
☐ Kontrollera underredestätningen (avsnitt 22)
☐ Kontrollera den manuella växellådans oljenivå (avsnitt 23)
☐ Kontrollera strålkastarinställningen (avsnitt 24).

## Var 60 000:e km

**"In 1" eller "service INSP" visas på servicedisplayen**

**Observera:** *Utför följande arbete utöver det som beskrivs för intervallen var 12:e månad och var 30 000:e km.*

☐ Byt luftfilter (avsnitt 25)
☐ Byt tändstift. Observera: Vart 3:e år om körsträckan understiger 60 000 km (avsnitt 26)
☐ Kontrollera slutväxelns oljenivå och fyll på om det behövs (automatväxellåda) (avsnitt 27)
☐ Byt automatväxellådans olja. Observera: Vart 4:e år om körsträckan understiger 60 000 km (avsnitt 28)
☐ Byt kamrem (avsnitt 29)

***Observera:** *Tillverkaren rekommenderar att kamremmen byts ut vid 120 000 km. Vi rekommenderar dock att den byts ut vid 60 000 km, särskilt om bilen i huvudsak används för korta resor eller stadstrafik. Det är upp till den enskilde ägaren att avgöra hur ofta remmen bör bytas, men med tanke på hur allvarliga motorskador som kan uppstå om remmen går sönder under körning, rekommenderar vi att hellre byta för ofta än för sällan.*

## Var 120 000:e km

**"In 1" eller "service INSP" visas på servicedisplayen**

☐ Byt drivrem/-remmar (avsnitt 30)

## Vartannat år (oberoende av körsträcka)

**"In 2" eller "service INSP" visas på servicedisplayen**

☐ Byt bromsolja (avsnitt 31)
☐ Byt kylvätska (avsnitt 32)
☐ Kontrollera avgasutsläppen (avsnitt 33)

## Översikt över motorrummet på en 1.8 liters 20-ventils bensinmotormodell med dubbla överliggande kamaxlar (kod ADR)

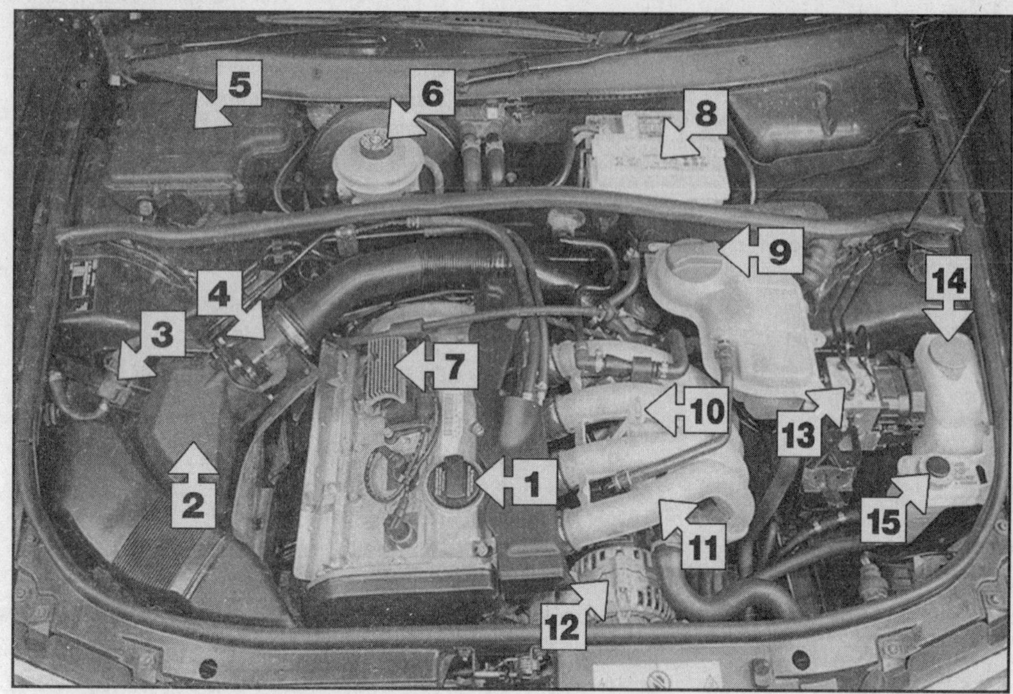


1 *Påfyllningslock för motorolja*
2 *Luftrenare*
3 *Kolfiltrets solenoidventil*
4 *Luftflödesmätare*
5 *Motorstyrningens elektroniska styrenhet*
6 *Bromsoljebehållare*
7 *Tändspole*
8 *Batteri*
9 *Kylsystemets expansionskärl*
10 *Mätsticka för motorolja*
11 *Insugsgrenrör*
12 *Generator*
13 *ABS-enhet*
14 *Spolarvätskebehållare*
15 *Behållare för servostyrningsolja*

## Översikt över det främre underredet på en 1.8 liters 20-ventils bensinmotormodell med dubbla överliggande kamaxlar (kod ADR)

1 *Avgassystemets främre rör*
2 *Växellådans fäste*
3 *Främre fjädringsarm*
4 *Drivaxel*
5 *Krängningshämmare*
6 *Kryssrambalk*
7 *Motorfäste*
8 *Motorns främre kardanstag*
9 *Motorsumpens oljeavtappningsplugg*
10 *Servostyrningspump*
11 *Kylarens nedre slang*

## Översikt över det bakre underredet på en bensinmotormodell

1 Mellanliggande avgasrör
2 Bakfjädringens krängningshämmare
3 Bakaxelbalk
4 Bakre avgasrör och ljuddämpare
5 Bränsletank
6 Handbromsvajrar
7 Bränslefilter

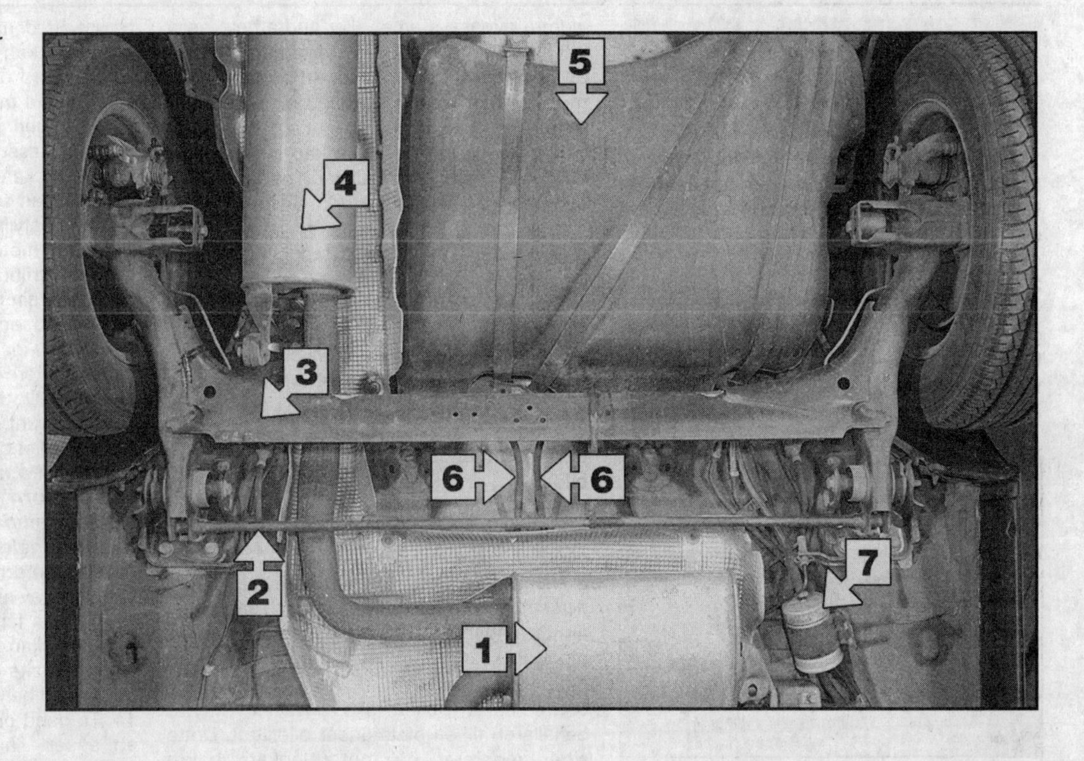


## 1 Inledning

Detta kapitel är utformat för att hjälpa hemmamekanikern att underhålla sin bil så att den ska ge god säkerhet och driftsekonomi, lång tjänstgöring och topprestanda.

Kapitlet innehåller ett underhållsschema som följs av avsnitt som i detalj behandlar åtgärderna i schemat. Kontroller, justeringar, byte av delar och annat nyttigt är inkluderat. Se de tillhörande bilderna av motorrummet och underredet vad gäller de olika delarnas placering.

Underhåll av bilen enligt schemat för tid/körsträcka och de följande avsnitten ger ett planerat underhållsprogram, som bör resultera i lång och pålitlig tjänstgöring för bilen. Planen är heltäckande, så om man väljer att bara underhålla vissa delar, men inte andra, vid angivna tidpunkter går det inte att garantera samma goda resultat.

Under arbetet med bilen kommer det att visa sig att många arbeten kan – och bör – utföras samtidigt, antingen på grund av arbetets art eller för att två annars orelaterade delar råkar finnas nära varandra. Om bilen t.ex. lyfts upp av någon anledning, kan kontroll av avgassystemet utföras samtidigt som styrning och fjädring kontrolleras.

Första steget i detta underhållsprogram är att vidta förberedelser innan arbetet påbörjas. Läs igenom relevanta avsnitt, gör sedan upp en lista på vad som behövs och skaffa fram verktyg och reservdelar. Om problem dyker upp, rådfråga en specialist på reservdelar eller vänd dig till återförsäljarens serviceavdelning.

## 2 Rutinunderhåll

**1** Om underhållsschemat följs noga från det att bilen är ny, och om vätske- och oljenivåerna och de delar som är utsatta för stort slitage kontrolleras enligt denna handboks rekommendationer, hålls motorn i bra skick och behovet av extra arbete minimeras.

**2** Ibland går en motor dåligt på grund av brist på regelbundet underhåll. Risken för detta ökar naturligtvis om bilen är begagnad och inte fått tät och regelbunden service. I sådana fall kan extra arbeten behöva utföras, utöver det normala underhållet.

**3** Om motorn misstänks vara sliten ger ett kompressionsprov (se relevant del av kapitel 2) värdefull information om de inre huvudkomponenternas skick. Ett kompressionsprov kan användas för att avgöra omfattningen på det kommande arbetet. Om provet avslöjar allvarligt inre slitage är det slöseri med tid och pengar att utföra underhåll på det sätt som beskrivs i detta kapitel, om inte motorn först renoveras.

**4** Följande åtgärder är de som oftast behövs för att förbättra prestandan hos en motor som går dåligt:

### *Primära åtgärder*

*a) Rengör, undersök och testa batteriet ( se Veckokontroller).*
*b) Kontrollera alla motorrelaterade oljor och vätskor (se Veckokontroller).*
*c) Kontrollera drivremmarnas skick (avsnitt 5 och 30).*
*d) Byt ut tändstiften (se avsnitt 26).*
*e) Kontrollera tändsystemets komponenter (kapitel 5B).*
*f) Kontrollera luftfiltrets skick och byt ut det om det behövs (avsnitt 25).*
*g) Kontrollera bränslefiltret (avsnitt 20).*
*g) Kontrollera skicket på samtliga slangar och leta efter läckor (avsnitt 13).*

**5** Om ovanstående åtgärder inte har någon inverkan, utför följande:

### *Sekundära åtgärder*

Alla åtgärder som anges under Primära åtgärder, samt följande:

*a) Kontrollera laddningssystemet (kapitel 5A).*
*b) Kontrollera tändsystemet (kapitel 5B).*
*c) Kontrollera bränslesystemet (kapitel 4A).*
*d) Byt tändkablarna (se kapitel 5B)*

## Var 15 000:e km

### 3 Motorolja och filter – byte

**1** Täta olje- och filterbyten är det viktigaste förebyggande underhåll hemmamekanikern kan utföra själv. När motoroljan åldras blir den utspädd och förorenad, vilket leder till förtida motorslitage.

**2** Innan arbetet påbörjas, plocka fram alla verktyg och material som behövs. Se till att ha gott om trasor och gamla tidningar för att torka upp spill. Motoroljan ska helst vara varm, eftersom den då rinner ut lättare och även tar med sig slam. Se dock till att inte vidröra avgassystemet eller andra heta delar vid arbete under bilen. Använd handskar för att undvika skållning och för att skydda huden mot irritationer och skadliga föroreningar i begagnad motorolja. Det går att komma åt bilens undersida om bilen kan lyftas, köras upp på en ramp eller ställas på pallbockar (se *Lyftning och stödpunkter)*. Oavsett vilken metod som används, se till att bilen är plan eller, om den lutar, att oljeavtappningspluggen befinner sig på den lägsta punkten. Ta bort motorrummets undre skyddskåpa (om det är tillämpligt).

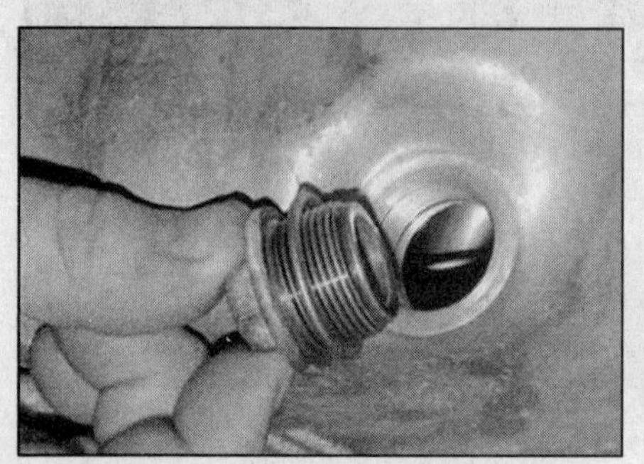

**3.3 Avtappningspluggen tas bort från sumpen**

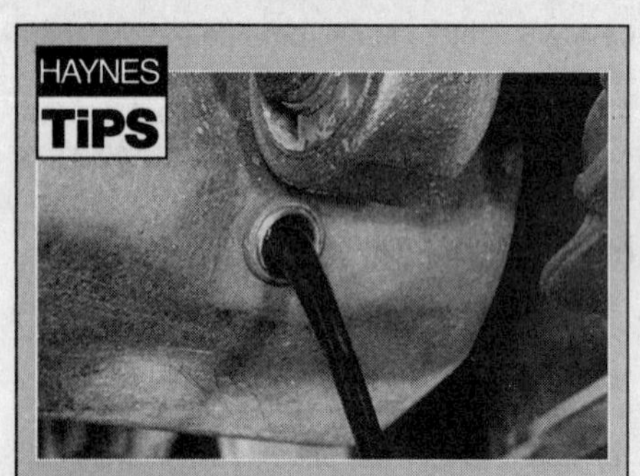


***Dra snabbt undan avtappningspluggen när den släpper från gängorna, så att oljan som rinner ut från sumpen hamnar i kärlet och inte i tröjärmen!***

**3** Använd en hyls- eller ringnyckel och lossa pluggen ungefär ett halvt varv. Placera avtappningskärlet under pluggen och skruva ur pluggen helt **(se Haynes tips).** Ta loss tätningsringen från avtappningspluggen **(se bild).**

**4** Ge oljan tid att rinna ut. Observera att det kan bli nödvändigt att flytta avtappningskärlet när oljeflödet minskar.

**5** När all olja tappats av, torka av avtappningspluggen med en ren trasa och sätt på en ny tätningsbricka. Rengör området kring pluggen, skruva in den och dra åt den ordentligt.

**6** Om filtret också ska bytas ut, flytta behållaren till en plats under oljefiltret. Detta sitter monterat på motorblockets bakre vänstra sida.

**7** Lossa filtret med ett oljefilterverktyg om det behövs och skruva sedan loss det för hand **(se bild).** Töm ut oljan från filtret i behållaren.

**8** Torka bort all olja, smuts och slam från filtrets tätningsyta på motorn med en ren trasa. Undersök det gamla filtret för att se till att inte någon del av gummitätningen sitter fast på motorn. Om någon del av tätningen fastnat ska den försiktigt avlägsnas.

**9** Applicera ett tunt lager ren motorolja på det nya filtrets tätningsring. Skruva sedan fast filtret på motorn. Dra åt filtret ordentligt, men endast för hand – använd **inte** något verktyg.

**10** Ta bort den gamla oljan och verktygen från bilens undersida. Montera den undre skyddskåpan och sänk sedan ner bilen.

**11** Dra ut mätstickan och skruva loss oljepåfyllningslocket från ventilkåpan **(se bild).** Fyll motorn med olja av rätt klass och typ (se *Smörjmedel och vätskor*). En oljekanna eller tratt kan minska spillet. Börja med att hälla i halva den angivna mängden olja och vänta några minuter så att den hinner sjunka ner i sumpen. Fortsätt fylla på små mängder i taget till dess att nivån når det nedre märket på mätstickan. Påfyllning med 1,0 liter höjer nivån till den övre markeringen på mätstickan. Montera påfyllningslocket.

**12** Starta motorn och låt den gå på tomgång i ett par minuter. Leta efter läckor runt oljefiltertätningen och sumpens avtappningsplugg. Observera att det kan ta ett par sekunder innan oljetryckslampan släcks sedan motorn startats första gången efter ett oljebyte. Detta beror på att oljan måste cirkulera runt i kanalerna och det nya filtret innan trycket byggs upp.

***Varning: På modeller med turboaggregat ska motorn lämnas på tomgång tills varningslampan för oljetryck slocknar. Om motorvarvtalet ökas när varningslampan är tänd kommer turboaggregatet att skadas!***

**13** Stäng av motorn och vänta ett par minuter så att oljan får rinna tillbaka till sumpen. När den nya oljan har cirkulerat runt motorn och fyllt filtret ska oljenivån kontrolleras igen, fyll på mer vid behov.

**14** Ta hand om den använda motoroljan på ett säkert sätt. Se *Allmänna reparationsanvisningar* i avsnittet *Referenser* i slutet av boken.

### 4 Främre bromsklossarnas tjocklek – kontroll

**1** Dra åt handbromsen och lossa framhjulsbultarna. Lyft upp framvagnen och stöd den på pallbockar (se *Lyftning och stödpunkter*). Demontera framhjulen.

**2** Om en fullständig kontroll ska utföras bör bromsklossarna demonteras och rengöras. Kontrollera även okens funktion och undersök bromsskivornas skick. Se kapitel 9 **(se Haynes tips).**

**3** Om belägget på någon kloss är slitet till angiven minimitjocklek eller tunnare *måste alla fyra klossarna bytas.*

**3.7 Oljefiltret tas bort på en ADR-motor (visas med motorn på en arbetsbänk)**

**3.11 Oljepåfyllningslocket tas bort från ventilkåpan (ADR-motor)**

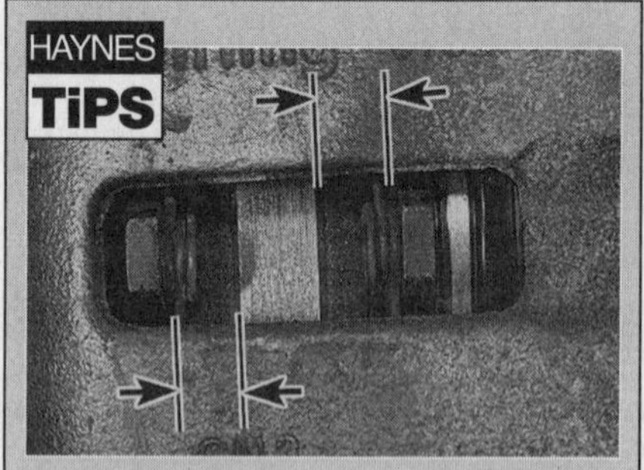


***En snabbkontroll av bromsklossarnas tjocklek kan göras genom inspektionsöppningen i bromsokshuset***

### 5 Drivremmens skick och spänning – kontroll

**1** Beroende på bilens specifikation och typ av motor kan en, två eller tre drivremmar finnas monterade. Huvuddrivremmen driver generatorn, fläkten med viskoskoppling samt servostyrningspumpen. Om bilen är utrustad med luftkonditionering drivs luftkonditioneringskompressorn av en sekundär drivrem från vevaxelns remskiva. På alla motorer utom AHL finns en tredje drivrem från en extra remskiva på servostyrningspumpen, som driver kylvätskepumpen.

**2** Dra åt handbromsen och lyft upp framvagnen på pallbockar för att lättare komma åt drivremmarna (se *Lyftning och stödpunkter*). Ta bort stänkskyddet från motorn undersida. Ta även bort motorns övre kåpa om det är tillämpligt.

**3** Undersök hela drivremmarna efter tecken på skada och slitage i form av repor, nötning, fransning och sprickbildning. En spegel och eventuellt en ficklampa underlättar arbetet. Motorn kan vridas med en skiftnyckel på vevaxelns remskiva för att alla delar av remmen ska kunna kontrolleras.

**4** Om en drivrem måste bytas, se kapitel 2A för information om demontering, montering och justering.

### 6 Kamremmens skick – kontroll

**1** Lossa fjäderklämmorna och ta bort den övre kamremskåpan från motorns främre del (Se kapitel 2A, avsnitt 4).

**2** Undersök kamremmen efter tecken på slitage, fransning, sprickbildning eller skada. Leta även efter spår av olja som kan ha kommit från en defekt oljetätning. Kamremmens hela längd bör kontrolleras genom att motorn vrids med en skiftnyckel på vevaxelns remskivebult.

**3** Avsluta kontrollen med att montera den övre kamremskåpan.

### 7 Återställning av servicedisplay

**1** När allt underhåll som krävs har utförts, måste den relevanta servicedisplaykoden återställas.

**2** Displaykoden återställs med ett speciellt elektroniskt instrument som kopplas till bilens diagnostikkontakt. Liknande verktyg finns dock att köpa från motorhandlare eller biltillbehörsaffärer.

**3** Efter varje service omprogrammeras displayen att visa följande enligt listan i början av detta kapitel.

# Var tolfte månad

### 8 Vindrutans/bakrutans/strålkastarnas spolarsystem – kontroll

**1** Kontrollera att spolarmunstyckena inte är igentäppta och att varje munstycke ger ifrån sig en kraftig stråle med spolarvätska. Munstyckena ska vara riktade så att strålarna hamnar på en punkt något ovanför mitten av vindrutan/strålkastaren. Om vindrutans spolarmunstycke ger ifrån sig två strålar ska en av strålarna riktas något ovanför mitten av vindrutan och den andra något nedanför, för att garantera att hela vindrutan täcks. Justera munstyckena med en nål om så behövs.

**2** Undersök torkarbladen. Leta efter flisor och sprickor på svepytan och byt ut dem om det behövs. Kontrollera att torkarna rengör effektivt i hela rörelsen. Om någon del av det torkade området inte har torkats ordentligt kan det bero på defekta torkarbladsgångjärn som hindrar bladen från att följa vindrutans/lyktglasets konturer. Kontrollera att torkarbladen inte sticker ut utanför kanten på vindrutan/lyktglaset i slutet av rörelsen och att bladen parkeras korrekt när torkaren stängs av. Om så inte är fallet eller om torkarbladen överlappar varandra i mitten av svepet, kan det bero på att de är felmonterade (kapitel 12).

### 9 Däckslitage – kontroll

**1** Lyft upp relevant sida av bilen och stöd den ordentligt för att kunna kontrollera däcken. Se *Lyftning och stödpunkter*.

**2** Vrid däcket långsamt för hand och kontrollera det enligt beskrivningen i *Veckokontroller (Däck – skick och tryck)*.

### 10 Smörjning av gångjärn och lås

**1** Smörj gångjärnen på motorhuv, dörrar och baklucka med en tunn smörjolja. Smörj också alla reglar, lås och låsgrepp. Kontrollera samtidigt funktionen hos alla lås och justera dem om det behövs (se kapitel 11).

**2** Smörj motorhuvens låsmekanism och låsvajer med lämpligt fett.

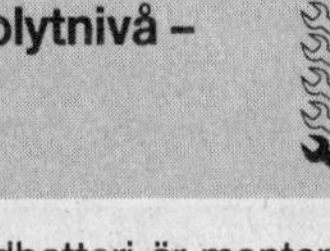

### 11 Batteriets elektrolytnivå – kontroll

**1** Om ett vanligt standardbatteri är monterat, kan elektrolytnivån kontrolleras och vid behov fyllas på. På vissa batterier finns MIN- och MAX-markeringar tryckta på sidan av batteriet. Nivån kan då kontrolleras utan att locken tas bort från battericellerna. Om det inte finns några yttre markeringar, ta bort locken från cellerna och kontrollera att elektrolytnivån är ungefär 2 eller 3 mm ovanför plattorna. Vissa batterier har en inbyggd nivåindikator av plast.

**2** Om så behövs, fyll på battericellerna med destillerat eller avjoniserat vatten.

**3** Sätt tillbaka locken.

### 12 Motorstyrningssystemets elektroniska styrenhet – felkodskontroll

Den här kontrollen kan endast utföras av en Audi/VAG-mekaniker eller en verkstad med tillgång till nödvändig utrustning. Om en felkod visas måste problemet åtgärdas för att motorn ska fungera effektivt.

### 13 Komponenter och slangar under motorhuv/underrede – läckagekontroll

**1** För att kunna komma åt både motorns över- och underdel, ta bort motorns övre skyddskåpa. Lyft sedan upp framvagnen på pallbockar (se *Lyftning och stödpunkter*) och ta bort den undre skyddskåpan. Undersök motorns fogytor, packningar och tätningar efter tecken på vatten- eller oljeläckage. Var extra uppmärksam på områdena runt kamaxelkåpans, topplockets, oljefiltrets och sumpens fogytor. Tänk på att det med tiden är naturligt med en viss genomsippring i dessa områden. Leta efter tecken på allvarligt läckage **(se Haynes tips).** Om ett läckage påträffas, byt den defekta packningen eller tätningen enligt beskrivning i relevant kapitel i denna handbok.

**2** Kontrollera även åtdragning och skick för alla motorrelaterade rör och slangar. Se till att alla kabelklämmor eller fästklämmor sitter på plats och är i gott skick. Trasiga eller saknade klämmor kan leda till skavningar på slangar, rör eller kablage, vilket kan leda till allvarligare fel i framtiden.

*Kylvätskeläckage visar sig vanligen som vita eller rostfärgade, porösa avlagringar i området runt läckan.*

**3** Undersök noga alla kylar- och värmeslangar utmed hela deras längd. Byt ut alla slangar som är spruckna, svällda eller åldrade. Sprickor är lättare att se om slangen trycks ihop. Var extra uppmärksam på slangklämmorna som håller fast slangarna vid kylsystemets komponenter. Slangklämmor kan punktera slangarna, med läckor i kylsystemet som följd.

**4** Undersök alla delar av kylsystemet (slangar, fogytor, etc.) vad gäller läckor. Kylvätskeläckage visar sig vanligen som vita eller rostfärgade avlagringar i området runt läckan. Om läckor förekommer ska den drabbade komponenten eller dess packning bytas ut enligt beskrivningen i kapitel 3.

**5** Om så är tillämpligt, undersök om automatväxellådans oljekylarslangar visar tecken på defekter eller läckor.

**6** Ställ bakvagnen på pallbockar och undersök bensintanken och påfyllningsröret efter tecken på läckor, sprickor eller andra skador. Anslutningen mellan påfyllningsröret och tanken är speciellt kritisk. Ibland läcker ett påfyllningsrör av gummi eller en slang beroende på att slangklämmorna är för löst åtdragna eller att gummit åldrats.

**7** Undersök noga alla gummislangar och metallrör som leder från tanken. Leta efter lösa anslutningar, åldrade slangar, veckade ledningar och andra skador. Var extra uppmärksam på ventilationsrör och slangar som ofta är lindade runt påfyllningsröret och kan bli igensatta eller veckade. Följ ledningarna till bilens främre del och undersök dem noga längs hela deras längd. Byt ut skadade delar vid behov.

**8** I motorrummet ska alla anslutningar för bränsleslangar och rör kontrolleras. Se också till att inga bränsle- eller vakuumslangar är veckade, skavda eller åldrade.

**9** Kontrollera skicket på servostyrningens slangar och rör, om det är tillämpligt.

**10** När du är klar, sätt tillbaka motorns undre och övre skyddskåpa och sänk ner bilen.

## 14 Kylsystemets frostskydd – kontroll av koncentration

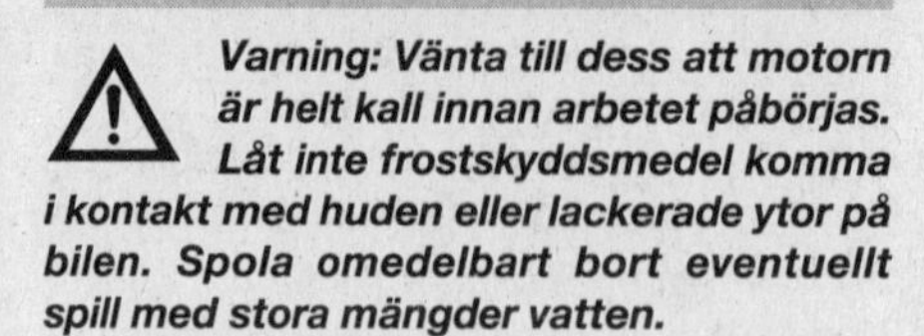

***Varning: Vänta till dess att motorn är helt kall innan arbetet påbörjas. Låt inte frostskyddsmedel komma i kontakt med huden eller lackerade ytor på bilen. Spola omedelbart bort eventuellt spill med stora mängder vatten.***

**1** Observera att ett kontrollverktyg kommer att behövas för att kontrollera kylvätskans koncentration. Sådana verktyg kan köpas relativt billigt i de flesta biltillbehörsbutiker.

**2** Kontrollera att motorn är helt kall. Skruva sedan loss påfyllningslocket från kylvätskans expansionskärl. Följ instruktionerna som följer med kontrollverktyget och mät om kylvätskeblandningens koncentration är tillräckligt hög för att ge skydd vid temperaturer långt under nollpunkten. Om kylvätskan har bytts ut regelbundet bör detta inte vara ett problem. Om kylvätskeblandningen inte är tillräckligt stark för att ge bra skydd måste kylsystemet tömmas och kylvätskan bytas ut (se avsnitt 32).

**3** När koncentrationen är rätt ska kylvätskenivån kontrolleras (se *Veckokontroller*). Dra sedan åt expansionskärlets lock ordentligt.

## 15 Bromsslangarnas och bromsrörens skick – kontroll

**1** Se avsnitt 12 och undersök alla slangar och metallrör i bromssystemet efter tecken på skada eller åldrande. Alla defekta rör/slangar måste bytas ut (se kapitel 9).

## 16 Bakre bromsklossbeläggens tjocklek – kontroll

**1** Klossa framhjulen ordentligt och lägg i första växeln eller PARK. Hissa upp bakvagnen och ställ den på pallbockar (se *Lyftning och stödpunkter*). Demontera bakhjulen.

**2** Vid en snabb kontroll kan bromsklossens tjocklek uppskattas via inspektionshålet på bromsokets baksida. Mät tjockleken på bromsklossbeläggen, inklusive stödplattan, med en stållinjal. Den uppmätta tjockleken får inte vara mindre än vad som anges i specifikationerna.

**3** Genom bromsokets inspektionshål kan man grovt uppskatta hur bromsklossarna ser ut. Vid en ingående kontroll måste bromsklossarna demonteras och rengöras. Kontrollera även okens funktion och undersök bromsskivornas skick. Kapitel 9 innehåller en detaljerad beskrivning av hur bromsskivan ska kontrolleras med avseende på slitage och/ eller skador.

**4** Om belägget på någon kloss är slitet till angiven minimitjocklek eller tunnare *måste alla fyra klossarna bytas.* Se kapitel 9 för mer information.

**5** När du är klar, sätt tillbaka hjulen och sänk ner bilen.

## 17 Avgassystemets och fästenas skick – kontroll

**1** Se till att motorn är kall. Undersök sedan hela avgassystemet ända från motorn till avgasröret. Avgassystemet kontrolleras enklast med bilen upplyft eller placerad på pallbockar. Då är avgassystemets komponenter tydligt synliga och lätta att komma åt.

**2** Kontrollera om avgasrör eller anslutningar visar tecken på läckage, allvarlig korrosion eller andra skador. Kontrollera att alla fästen och fästbyglar är i gott skick samt att alla relevanta muttrar och bultar sitter ordentligt. Läckage i någon fog eller annan del visar sig vanligen som en sotfläck i närheten av läckan.

**3** Skaller och andra missljud kan ofta härledas till avgassystemet, speciellt fästen och upphängningar. Om komponenterna kan komma i kontakt med karossen eller fjädringen ska systemet säkras med nya fästen. Sära annars på fogarna (om möjligt) och vrid rören så mycket som behövs för att få större spelrum.

## 18 Styrning och fjädring – kontroll av komponenternas skick och säkerhet

### Kontroll av framvagnens fjädring och styrning

**1** Lyft upp framvagnen och ställ den på pallbockar.

**2** Undersök spindelledernas dammskydd och styrväxelns damasker. De får inte vara skavda, spruckna eller ha andra defekter. Allt slitage på dessa komponenter leder till dålig smörjning, vilket tillsammans med intrång av vatten och smuts leder till snabbt slitage av styrväxel eller spindelleder.

**3** På bilar med servostyrning ska slangarna till denna kontrolleras vad gäller skavning och allmänt skick. Kontrollera även att inte rör- eller slanganslutningar läcker. Kontrollera också att det inte läcker olja ur styrväxelns damasker när den är under tryck. Det indikerar i så fall blåsta oljetätningar inne i styrväxeln.

**4** Ta tag i hjulet längst upp och längst ner och försök rucka på det **(se bild).** Ett ytterst litet spel kan märkas, men om rörelsen är stor krävs en närmare undersökning för att fastställa orsaken. Fortsätt rucka på hjulet

**18.4 Leta efter tecken på slitage i navlagren genom att greppa hjulet upptill och nedtill och försöka rucka på det**

medan en medhjälpare trycker på bromspedalen. Om spelet försvinner eller minskar markant är det troligen fråga om ett defekt hjullager. Om spelet finns kvar när bromsen är nedtryckt rör det sig om slitage i fjädringens leder eller fästen.

**5** Greppa sedan hjulet på höger och vänster sida och försök rucka på det igen. Märkbart spel beror antingen på slitage på hjullager eller styrstagets spindelleder. Om den inre eller yttre spindelleden är sliten kommer den synliga rörelsen att vara tydlig.

**6** Använd en stor skruvmejsel eller ett plattjärn och leta efter glapp i fjädringsfästenas bussningar genom att bända mellan relevant komponent och dess fästpunkt. En viss rörelse förekommer alltid eftersom bussningarna är av gummi, men större slitage syns tydligt. Kontrollera även skicket på synliga gummibussningar, leta efter bristningar, sprickor eller föroreningar i gummit.

**7** Ställ bilen på marken och låt en medhjälpare vrida ratten fram och tillbaka ungefär ett åttondels varv åt vardera hållet. Det ska inte finnas något, eller bara ytterst lite, spel mellan rattens och hjulens rörelser. Om spelet är större måste spindellederna och fästena som beskrivs ovan undersökas noga. Dessutom måste rattstångens kardanknutar undersökas efter tecken på slitage och styrväxeln bör också kontrolleras.

### *Fjäderben/stötdämpare – kontroll*

**8** Leta efter tecken på oljeläckage kring fjäderbenet/stötdämparen eller gummidamasken runt kolvstången. Om det finns spår av olja är fjäderbenet/stötdämparen defekt och ska bytas. **Observera:** *Fjäderben/stötdämpare ska alltid bytas parvis på samma axel.*

**9** Fjäderbenets/stötdämparens effektivitet kan kontrolleras genom att bilen gungas i varje hörn. I normala fall ska bilen återta planläge och stanna efter en nedtryckning. Om den höjs och återvänder med en studs är troligen fjäderbenet/stötdämparen defekt. Undersök även om fjäderbenets/stötdämparens övre och nedre fästen visar tecken på slitage.

### *Drivaxlar*

**10** Hissa upp bilen och stöd den på pallbockar. Vrid ratten till fullt utslag och snurra sedan långsamt på hjulet. Undersök den yttre drivknutens gummidamasker genom att klämma på dem så att vecken öppnas. Leta efter tecken på sprickor, delningar och åldrat gummi som kan släppa ut fett och släppa in vatten och smuts i drivknuten. Kontrollera även damaskernas klämmor vad gäller åtdragning och skick. Upprepa dessa kontroller på de inre drivknutarna. Om skador eller slitage påträffas bör damaskerna bytas enligt beskrivningen i kapitel 8, avsnitt 3.

**11** Kontrollera samtidigt drivknutarnas skick genom att först hålla fast drivaxeln och försöka snurra på hjulet. Håll sedan fast innerknuten och försök vrida på drivaxeln. En märkbar rörelse indikerar slitage i drivknutarna, slitage i drivaxelspåren eller att drivaxelns fästmutter är lös.

## 19 Landsvägsprov

### *Instrument och elutrustning*

**1** Kontrollera funktionen hos alla instrument och den elektriska utrustningen.

**2** Kontrollera att instrumenten ger korrekta avläsningar och slå på all elektrisk utrustning i tur och ordning för att kontrollera att den fungerar korrekt.

### *Styrning och fjädring*

**3** Kontrollera om bilen uppför sig onormalt med avseende på styrning, fjädring, köregenskaper eller ”vägkänsla”.

**4** Kör bilen och var uppmärksam på ovanliga vibrationer eller ljud.

**5** Kontrollera att styrningen känns positiv, utan överdrivet ”fladder” eller kärvningar, lyssna efter fjädringsmissljud vid kurvtagning och körning över gupp.

### *Drivaggregat*

**6** Kontrollera hur motorn, kopplingen (om tillämpligt), växellådan och drivaxlarna fungerar.

**7** Lyssna efter ovanliga ljud från motorn, kopplingen och växellådan.

**8** Kontrollera att motorn går jämnt på tomgång och att den inte tvekar vid acceleration.

**9** Om tillämpligt, kontrollera att kopplingen fungerar smidigt och progressivt, att drivkraften tas upp mjukt och att pedalvägen inte är för lång. Lyssna även efter missljud när kopplingspedalen är nedtryckt.

**10** På modeller med manuell växellåda, kontrollera att alla växlar går i mjukt utan missljud, och att växelspakens rörelse inte är onormalt vag eller ryckig.

**11** På modeller med automatväxellåda, kontrollera att alla växlingar är ryckfria och mjuka och att inte motorvarvet ökar mellan växlar. Kontrollera att alla lägen kan väljas när bilen står stilla. Om problem föreligger ska dessa tas om hand av en Audi/VAG-verkstad.

### *Kontroll av bromssystemets funktion och prestanda*

**12** Kontrollera att bilen inte drar åt ena hållet vid inbromsning, och att hjulen inte låser sig för tidigt vid hård inbromsning.

**13** Kontrollera att ratten inte vibrerar vid inbromsning.

**14** Kontrollera att parkeringsbromsen fungerar ordentligt utan för stort spel i spaken, och att den kan hålla bilen stilla i backe.

**15** Testa bromsservon (om det är tillämpligt) enligt följande. Stäng av motorn, tryck ner bromspedalen 4 eller 5 gångor för att häva vakuumet. Håll bromspedalen nedtryckt och starta motorn. När motorn startar ska pedalen ge efter märkbart medan vakuumet byggs upp. Låt motorn gå i minst två minuter och stäng sedan av den. Om pedalen nu trycks ner ska ett väsande ljud höras från servon. Efter fyra eller fem nedtryckningar ska väsandet upphöra och motståndet i pedalen ska öka.

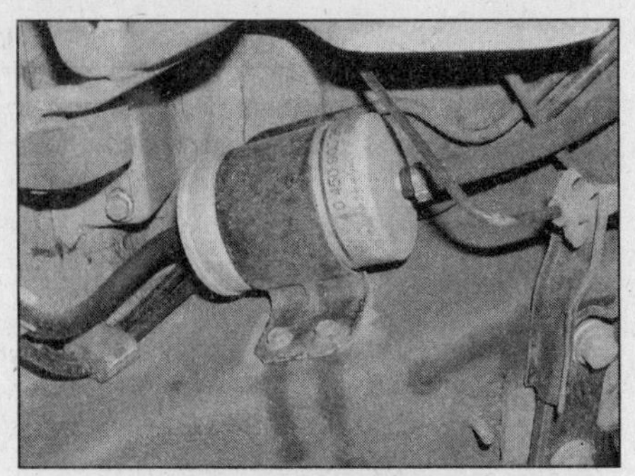

20.1 Bränslefilter

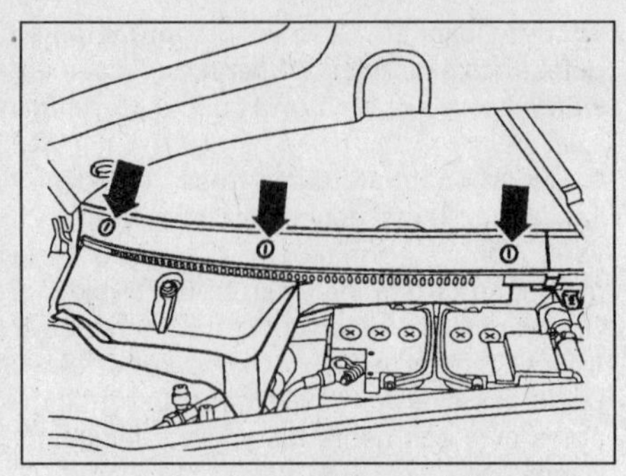

21.3 Lossa ventilkåpans hållare (vid pilarna)

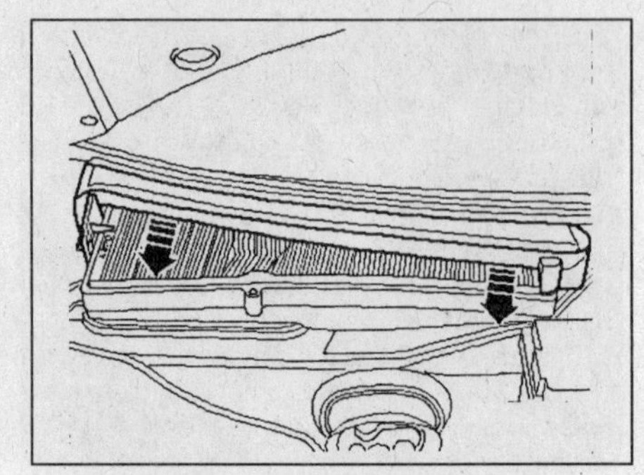

21.4 Ta loss tätningen från överdelen av motorrummets torpedvägg

# Var 30 000:e km

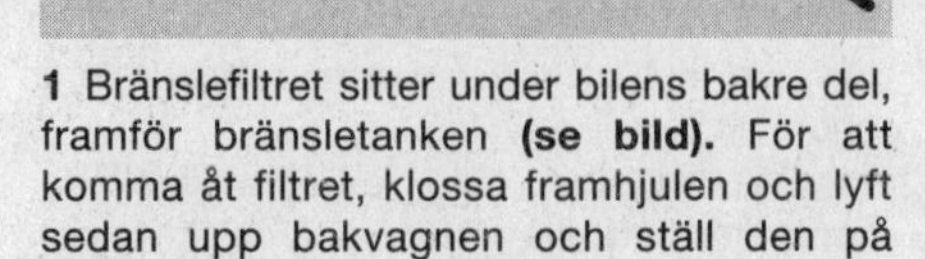

## 20 Bränslefilter – byte

**1** Bränslefiltret sitter under bilens bakre del, framför bränsletanken **(se bild).** För att komma åt filtret, klossa framhjulen och lyft sedan upp bakvagnen och ställ den på pallbockar.

**2** Tryckutjämna bränslesystemet enligt beskrivningen i avsnitt 9.

**3** Om sådana finns tillgängliga, sätt tillfälligt på slangklämmor på filtrets inmatnings- och utloppsslangar. Dessa är inte absolut nödvändiga, men även om systemet är tryckutjämnat kommer en viss mängd bränsle att finnas kvar i rören (och det gamla filtret), och denna kommer att rinna ut när rören kopplas loss. Även med klämmor påsatta kommer det gamla filtret att innehålla en viss mängd bränsle, så ha några trasor till hands att suga upp utspillt bränsle med.

**4** Lossa slangklämmorna och ta loss slangarna från filtret. Om klämmor som kläms ihop används, kasta dem och använd sådana som skruvas ihop vid återmonteringen. Om bränsleslangarna visar tecken på åldrande eller sprickor, särskilt vid ändarna eller där de går in i metallskoningen, måste de bytas.

**5** Innan filtret demonteras, notera eventuella flödesriktningsmarkeringar på filterhuset, och jämför med det nya filtret. Pilen ska peka i bränslets flödesriktning (mot bilens front).

**6** Det kan vara möjligt att dra loss filtret från fästet i detta läge, men om det sitter hårt, skruva då loss fästet från underredet och ta loss filtret på en arbetsbänk.

**7** Sätt det nya filtret på plats, med flödesriktningspilen rättvänd. Med filtret i fästet, sätt i och dra åt fästbultarna.

**8** Återanslut bränsleslangarna, med nya klämmor om så behövs. Se till att smuts inte kommer in i slangarna eller filteranslutningarna. Ta bort de tillfälliga slangklämmorna.

**9** Starta motorn, och tänk på att det kan ta lite längre tid än normalt eftersom trycket i systemet måste byggas upp och filtret fyllas med bränsle. Låt motorn gå i flera minuter och leta samtidigt efter läckor, stäng sedan av den.

***Varning: Ta hand om det gamla filtret på ett säkert sätt. Det är mycket brandfarligt och kan explodera om det eldas upp.***

## 21 Pollenfilter – byte

**1** Pollenfiltret (i förekommande fall) sitter under vindrutans luftintagspanel, till höger på vänsterstyrda modeller och till vänster på högerstyrda modeller.

**2** Slå på vindrutetorkarna. Slå sedan av tändningen när torkarna är i mitten av svepet, så att de parkeras vertikalt på vindrutan.

**3** Lossa ventilkåpans hållare genom att vrida dem så mycket som behövs **(se bild).**

**4** Ta loss gummitätningen från relevant ände av torpedväggens övre del **(se bild).**

**5** Lyft pollenfiltret från dess hus **(se bild).**

**6** Torka rent filterhuset och montera det nya filtret. Fäst filtret ordentligt och montera kåpan. Se till att markeringen "OBEN" på det nya filtret är riktad uppåt.

**7** Resten av monteringen sker i omvänd ordningsföljd.

21.5 Lyft bort pollenfiltret från huset

## 22 Underredestätning – kontroll

Lyft upp bilen och ställ den på pallbockar (se *Lyftning och stödpunkter*). Använd en ficklampa eller liknande och undersök hela bilens undersida. Var extra uppmärksam på hjulhusen. Leta efter skador på underredesbehandlingen. Den kan spricka eller flagna med tiden vilket leder till korrosion. Kontrollera även att hjulhusens innerskärmar (där tillämpligtl) sitter ordentligt fästa med alla klämmor. Om de lossnar kan smuts komma in bakom skärmarna så att de motverkar sitt syfte. Om underredesbehandlingen är skadad eller om korrosion förekommer måste detta åtgärdas innan problemet blir för allvarligt.

## 23 Manuell växellåda – kontroll av oljenivå

**1** Oljepåfyllnings-/nivåpluggen sitter på växellådans vänstra sida, nedanför hastighetsmätarens givare. På vissa modeller kan den vara dold av en värmesköld **(se bild).** Pluggen kan vara antingen 17 mm av insextyp, eller ha flerkilsfäste.

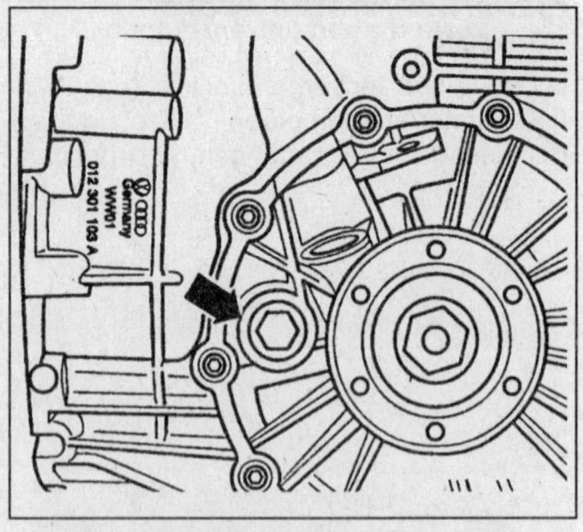

23.1 Oljepåfyllnings-/nivåpluggens placering på 012 manuell växellåda

**2** Dra åt handbromsen, lyft upp framvagnen och bakvagnen och ställ bilen på pallbockar (se *Lyftning och stödpunkter*). Bilen måste stå på plant underlag för att kontrollen ska ge ett rättvisande resultat.
**3** Skruva loss påfyllnings/-nivåpluggen.
**4** Kontrollera att oljenivån ligger 7,0 mm under påfyllningshålets nedre kant. Använd en bit vinklad metall, t.ex. svetsstång.
**5** Fyll på angiven olja i påfyllnings-/nivåhålet om det behövs. Om systemet ständigt måste fyllas på, leta efter läckage och reparera dessa.
**6** Montera pluggen och dra åt till angivet moment. Sänk sedan ner bilen.

## 24 Strålkastarinställning

### *Halogenstrålkastare*

**1** Korrekt inställning av strålkastarna kan endast utföras med optisk utrustning och ska därför överlåtas till en VAG-verkstad eller en annan lämpligt utrustad verkstad.
**2** Strålkastarna kan justeras med justerskruvarna som man kommer åt via strålkastarnas överdelar (se bilderna i kapitel 12, avsnitt 9).
**3** Vissa modeller är utrustade med ett elmanövrerat strålkastarinställningssystem som styrs via en brytare på instrumentbrädan. På dessa modeller, se till att brytaren är satt i grundläget 0 innan strålkastarna justeras.

### *Strålkastare med bågljuslampor*

**4** Strålkastarens räckvidd styrs dynamiskt av en elektronisk styrenhet som läser av chassits höjd över marken via givare som sitter monterade på den främre och bakre fjädringen. Strålkastarinställningen kan endast utföras med VAG testutrustning.

# Var 60 000:e km

## 25 Luftfilter – byte

**1** Ta bort luftrenarkåpan och luftkanalen. Bänd sedan upp fästklämmorna och lyft bort den övre kåpan från luftrenarhuset. Ta tillfälligt bort kolfiltrets solenoidventil från kåpan om det behövs **(se bilder).** Observera att luftflödesmätaren sitter fäst vid den övre kåpan.
**2** Ta bort luftrenarfiltret och notera åt vilket håll det ska sitta **(se bild).**
**3** Torka rent huset och montera det nya luftfiltret. Se till att det placeras åt rätt håll.
**4** Montera den övre kåpan och säkra den med fästklämmorna.

## 26 Tändstift – byte

**1** Det är av avgörande betydelse att tändstiften fungerar som de ska för att motorn ska gå jämnt och effektivt. Det är ytterst viktigt att monterade tändstift är av rätt typ för den aktuella motorn (se början av detta kapitel). Om denna typ används och motorn är i bra skick ska tändstiften inte behöva åtgärdas mellan schemalagda byten. Rengöring av tändstift är sällan nödvändig och ska inte utföras utan specialverktyg, eftersom det är lätt att skada elektrodernas spetsar.
**2** Ta först bort motorns övre skyddskåpa. För motorkoderna ADR, AFY, APT, AEB och AJL gäller att även tändspolen (spolarna) ska tas bort enligt beskrivningen i kapitel 5B. Om markeringarna på tändkablarna inte är synliga, märk kablarna med 1 – 4 efter vilken cylinder de leder till (cylinder 1 är på motorns kamremssida). Dra loss tändkablarna från stiften genom att dra i tändhatten, inte i kabeln eftersom detta kan bryta av ledaren.
**3** Det är klokt att rengöra tändstiftsbrunnarna med ren borste, dammsugare eller tryckluft innan tändstiften tas bort, så att smuts inte kan falla ner i cylindrarna.
**4** Skruva loss tändstiften med en tändstiftsnyckel eller passande hylsnyckel **(se bild).** Håll hylsan rakt riktad mot tändstiftet – om den tvingas åt sidan kan porslinsisolatorn brytas av. När ett stift skruvats ur ska det undersökas enligt följande.

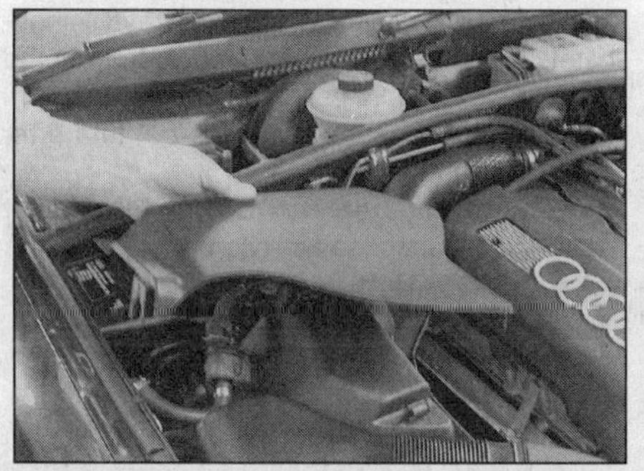

**25.1a Ta bort luftrenarkåpan . . .**

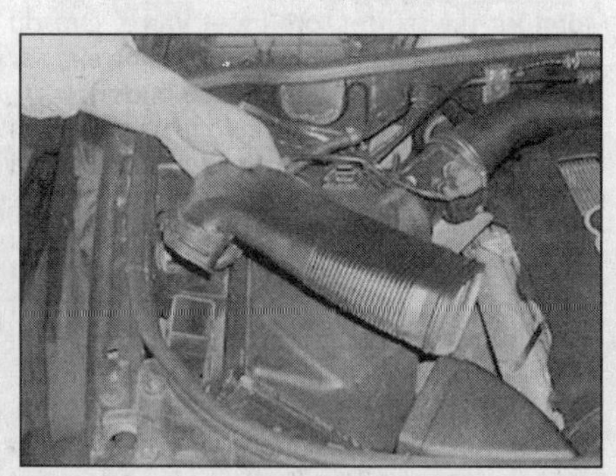

**25.1b . . . och luftkanalen . . .**

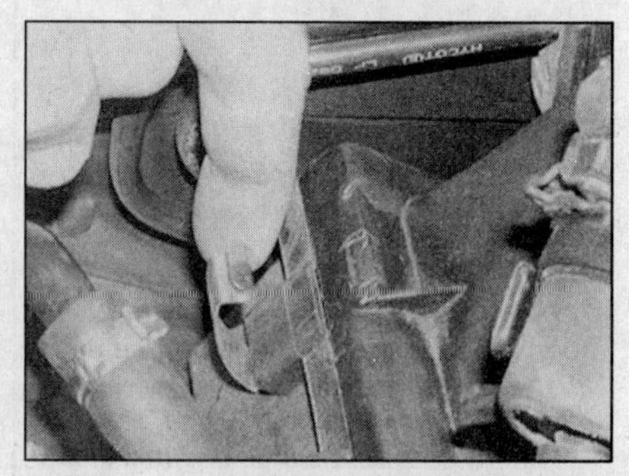

**25.1c . . . och bänd sedan upp kåpans klämmor**

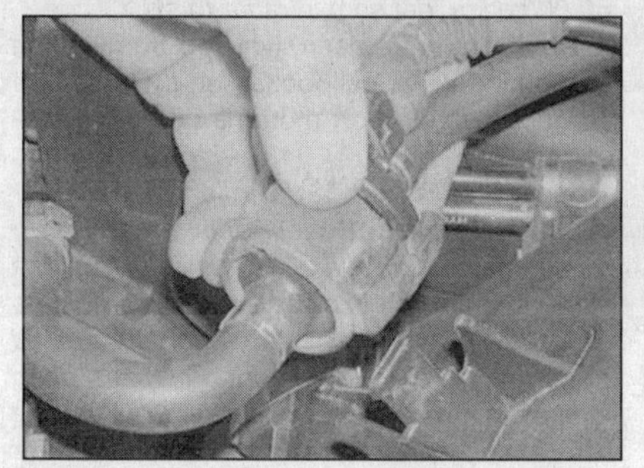

**25.1d Ta bort kolfiltrets solenoidventil från kåpan om det behövs**

**25.2 Luftfiltret tas bort**

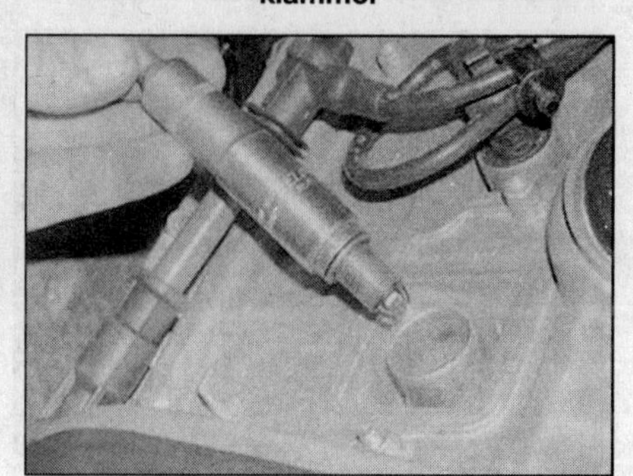

**26.4 Tändstiften tas bort (motorkod ADR)**

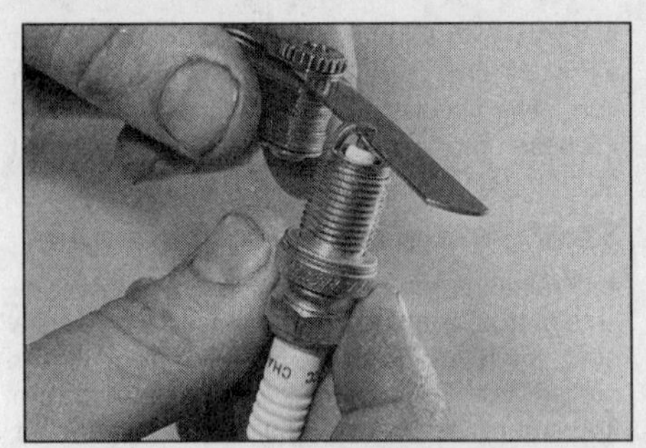

26.9a Om tändstift med enkla elektroder är monterade, kontrollera elektrodavståndet med ett bladmått . . .

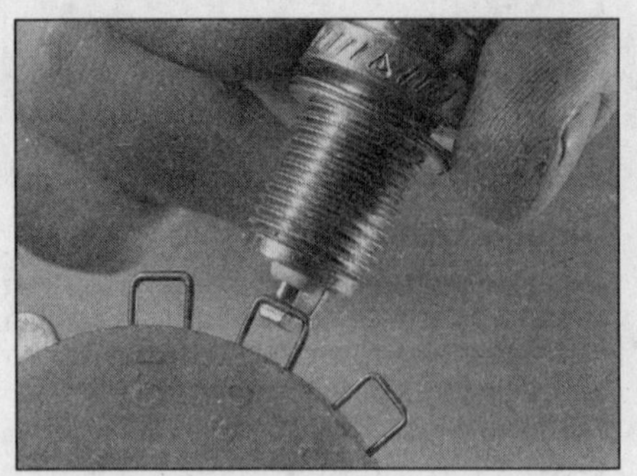

26.9b . . . eller en trådtolk . . .

26.10 . . . och justera vid behov gapet genom att böja elektroden

**5** En undersökning av tändstiften ger en god indikation av motorns skick. Om isolatorns spets är ren och vit utan avlagringar, indikerar detta en mager bränsleblandning eller ett stift med för högt värmetal (ett stift med högt värmetal överför värme långsammare från elektroden medan ett med lågt värmetal överför värmen snabbare).

**6** Om isolatorns spets är täckt med en hård svartaktig avlagring, indikerar detta att bränsleblandningen är för fet. Om tändstiftet är svart och oljigt är det troligt att motorn är ganska sliten, förutom att bränsleblandningen är för fet.

**7** Om isolatorns spets är täckt med en ljusbrun till gråbrun avlagring, är bränsleblandningen korrekt och motorn är troligen i bra skick.

**8** Tändstiftets elektrodavstånd är av avgörande betydelse, eftersom ett felaktigt avstånd påverkar gnistans storlek och effektivitet negativt. På motorer som använder tändstift med flera elektroder, rekommenderas att tändstiften byts istället för att man försöker justera avstånden. För andra tändstift gäller att elektrodavståndet ska justeras till det värde som tillverkaren anger.

**9** Man justerar avståndet genom att mäta det med ett bladmått och sedan bända den yttre elektroden uppåt eller inåt tills rätt avstånd uppnås. Centrumelektroden får inte böjas eftersom detta kan spräcka isolatorn och förstöra tändstiftet, om inget värre. Om du använder bladmått är avståndet korrekt när bladet har snäv glidpassning **(se bilder).**

**10** Speciella tändstiftsverktyg finns att köpa i de flesta tillbehörsaffärer och från vissa tändstiftstillverkare **(se bild).**

**11** Innan tändstiften monteras, försäkra dig om att tändstift och gängor är rena och att gängorna inte går snett. Det är ofta svårt att skruva i nya tändstift utan att dra dem snett. Detta kan undvikas med ett stycke gummislang **(se Haynes tips).**

**12** Ta bort gummislangen (om en sådan använts) och dra åt stiftet till angivet moment med hjälp av en tändstiftshylsa och en momentnyckel **(se bild).** Upprepa med de resterande tändstiften.

**13** Återanslut tändkablarna och montera om tillämpligt tändspolen (spolarna) enligt beskrivningen i kapitel 5B.

**14** Montera motorns övre skyddskåpa.

HAYNES TIPS

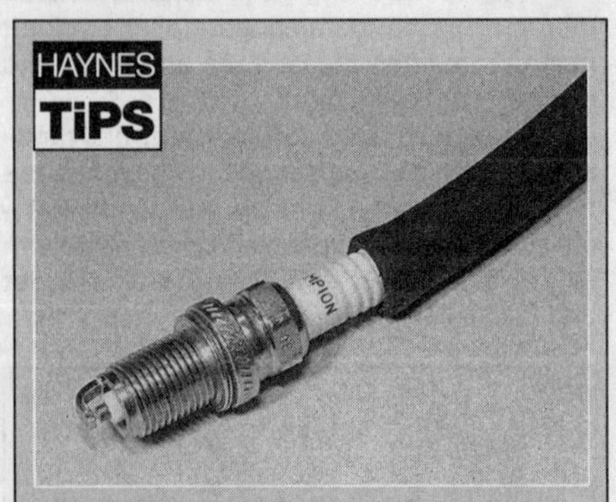

***Det är ofta svårt att placera tändstift i sina hål utan att felgänga dem. Undvik detta genom att sätta en kort bit gummislang över änden på tändstiftet. Slangen fungerar som universalgäng och hjälper till att rikta tändstiftet efter hålet. Om tändstiftet håller på att bli felgängat kommer slangen att glida ner över nederdelen och förhindra att gängorna förstörs***

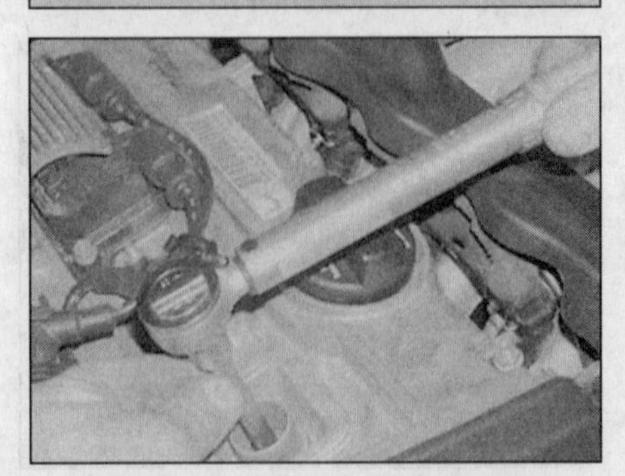

26.12 Tändstiften dras åt med en momentnyckel

## 27 Slutväxel – kontroll av oljenivå och påfyllning av olja (automatväxellåda)

**1** Slutväxelns oljepåfyllnings-/nivåplugg sitter på automatväxellådans vänstra sida, bakom den vänstra drivaxelns inre knut **(se bild).** Dra åt handbromsen och ställ framvagnen på pallbockar (se *Lyftning och stödpunkter*). Ta bort motorns undre skyddskåpa. Bilen måste stå på plant underlag för att kontrollen ska ge rättvisande resultat.

**2** Skruva loss påfyllnings-/nivåpluggen och kontrollera att oljenivån ligger vid påfyllningshålets undre kant. Om det behövs, fyll på med angiven olja genom påfyllnings-/nivåhålet. Om systemet ständigt måste fyllas på, leta efter läckage och åtgärda dessa.

**3** Montera pluggen och dra åt till angivet moment. Sänk sedan ner bilen.

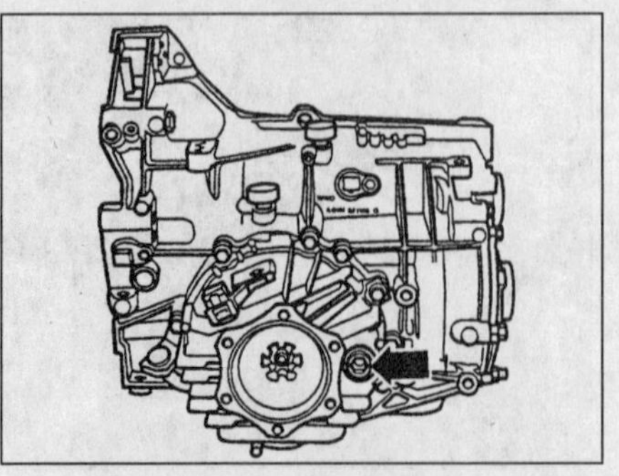

27.1 Påfyllnings-/nivåpluggens placering på automatväxellådan

## 28 Automatväxellåda – byte av olja

**Observera:** *Byt olja vart 4:e år eller var 60 000:e km, det som inträffar först.*

**1** Dra åt handbromsen, lyft upp framvagnen och ställ den på pallbockar (se *Lyftning och stödpunkter*). Ta bort motorns undre skyddskåpa.

**Observera:** *För att få rätt oljenivå använder Audis mekaniker ett elektroniskt testverktyg som ansluts till växellådans elektroniska system, och som kontrollerar att bränslets temperatur ligger mellan 35°C och 40°C. Med detta i åtanke rekommenderar vi att bilen lämnas in till en Audiverkstad för att få arbetet utfört. Följande moment kan utföras under förutsättning att nivån kontrolleras av en Audimekaniker när arbetet avslutats.*

**2** Observera att växellådan måste fyllas på från bilens undersida. Se därför till att bilen står plant.

**3** Placera en lämplig behållare under växellådan. Rengör oljetråget. Skruva sedan loss inspektionspluggen följt av överfallsröret från botten av oljetråget **(se bild)**. Låt oljan rinna ner i behållaren.

**4** Montera överfallsröret och dra åt till angivet moment.

**5** Ta bort tätningslocket och pluggen från påfyllningsröret som sitter fäst vid sidan av oljetråget. **Observera:** *Tätningslocket och pluggen ska bytas ut varje gång de tas bort.*

**6** Häll olja i oljetråget tills det rinner ut ur överfallsröret.

**7** Ställ växellådan i läge P och kör motorn på tomgångshastighet tills den får normal arbetstemperatur. Fyll på med mer olja om det behövs, tills den rinner ut ur överfallsröret.

**8** Tryck ner bromspedalen. Gå sedan igenom alla lägen med växelspaken. Håll kvar växelspaken tre sekunder i varje läge. Sätt tillbaka växelspaken i läge P.

**9** På det här stadiet ansluter Audimekanikern testaren för att kontrollera att oljetemperaturen ligger mellan 35°C och 40°C.

**Observera:** *Om oljenivån kontrolleras när temperaturen är för låg kommer för mycket olja att fyllas på. Om oljenivån kontrolleras när temperaturen är för hög kommer för lite olja att fyllas på.*

**10** Låt motorn gå på tomgång och låt all överflödig olja rinna ut genom överfallsröret.

**11** Slå av motorn. Montera sedan inspektionspluggen tillsammans med en ny tätning och dra åt till angivet moment.

**12** Sätt ett nytt tätningslock och en ny plugg på påfyllningsröret.

**13** Sänk ner bilen.

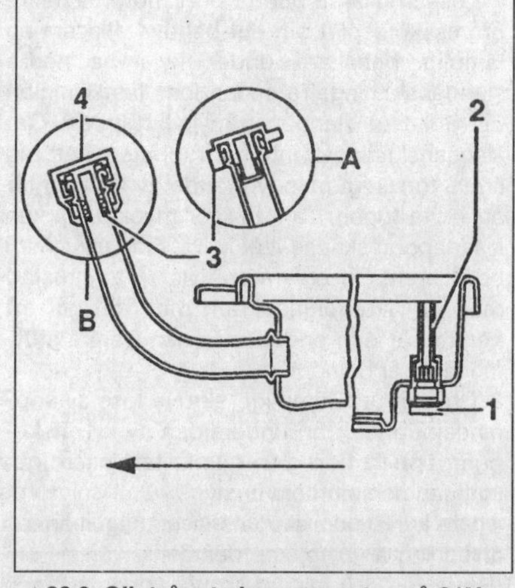


**28.3 Oljetrågets komponenter på 01N automatväxellåda**

*1 Inspektionsplugg*
*2 Överfallsrör*
*3 Tätningslock och plugg*
*4 Tätningslocket B måste bytas ut efter demontering*
*A Tidigt tätningslock*
*B Senare tätningslock*

### 29 Kamrem – byte

Se kapitel 2A, avsnitt 4.

**Observera:** *Tillverkaren rekommenderar att kamremmen byts ut vid 120 000 km. Vi rekommenderar dock att den byts ut vid 60 000 km, särskilt om bilen i huvudsak används för korta resor eller i stadstrafik. Det är mycket upp till den enskilde ägaren att avgöra hur ofta remmen bör bytas, men med tanke på hur allvarliga motorskador som kan uppstå om remmen går sönder under körning, rekommenderar vi att hellre byta för ofta än för sällan.*

# Var 120 000:e km

### 30 Drivrem – byte

Se kapitel 2A, avsnitt 6.

# Vartannat år (oberoende av körsträcka)

### 31 Bromsolja – byte

***Varning: Bromsolja kan skada ögonen och bilens lack, så var ytterst försiktig vid hanteringen. Använd aldrig olja som stått i ett öppet kärl under någon längre tid eftersom den absorberar fukt från luften. För mycket fukt i bromsoljan kan medföra en livsfarlig minskning av bromseffekten.***

**1** Arbetet liknar i stort sett det som beskrivs för luftning i kapitel 9. Bromsoljebehållaren måste tömmas genom sifonering med en ren bollspruta eller liknande innan arbetet påbörjas, samt att det måste lämnas plats för den gamla olja som töms ut vid luftning av en del av kretsen.

**2** Arbeta enligt beskrivningen i kapitel 9 och öppna den första luftningsskruven i ordningen. Pumpa sedan försiktigt på bromspedalen tills nästan all gammal olja runnit ut ur huvudcylinderbehållaren.

**3** Fyll på ny olja till MAX-markeringen och fortsätt pumpa tills endast den nya oljan återstår i behållaren och ny olja kan ses rinna ut från luftningsskruven. Dra åt skruven och fyll på behållaren upp till MAX-markeringen.

***Gammal hydraulolja är ofta mycket mörkare än ny olja, vilket gör att det är enkelt att skilja dem åt.***

**4** Gå igenom de återstående luftningsskruvarna i rätt ordningsföljd tills det kommer ut ny olja ur dem. Var noga med att alltid hålla behållarens nivå över strecket MIN, i annat fall kan luft komma in i systemet vilket leder till att arbetet tar längre tid.

**5** Avsluta med att kontrollera att alla luftningsskruvar är ordentligt åtdragna och att deras dammskydd sitter på plats. Tvätta bort allt spill och kontrollera oljenivån en sista gång.

**6** Kontrollera att bromsarna fungerar innan bilen körs igen.

### 32 Kylvätska – byte

#### Avtappning av kylsystemet

***Varning: Vänta till dess att motorn är helt kall innan arbetet påbörjas. Låt inte frostskyddsmedel komma i kontakt med huden eller lackerade ytor på bilen. Spola omedelbart bort eventuellt spill med stora mängder vatten. Lämna aldrig frostskyddsmedel i ett öppet kärl eller i en pöl på uppfarten eller garagegolvet. Barn och husdjur kan attraheras av den söta doften och frostskyddsmedel kan vara livsfarligt att förtära.***

**1** Se till att motorn är helt kall. Täck över expansionskärlets lock med en trasa och vrid locket långsamt moturs så att systemet tryckutjämnas (normalt hörs ett väsande ljud). Vänta tills systemet är helt tryckutjämnat, skruva sedan loss locket helt.

2 Lossa hållarna och ta bort motorns nedre bromssköldsplåt om det behövs. Placera en lämplig behållare under kylarens nedre slanganslutning. Ta sedan loss fästklämman och lirka ut slangen från kylartappen. Om slanganslutningen inte har rubbats på ett tag krävs försiktigt manövrerande av slangen för att bryta fogen. Ta inte i för mycket, då kan kylartappen skadas. Låt kylvätskan rinna ner i behållaren. Observera att kylaren är utrustad med en avtappningskran, men det går att komma åt den endast när den främre stötfångaren är demonterad.

3 Om det är tillämpligt, skruva loss avtappningspluggen från undersidan av kylvätskepumpen. Ta bort den gamla tätningen från pluggen och montera en ny.

4 Om kylvätskan tappats ur av någon annan anledning än byte, kan den återanvändas om den är ren och mindre än två år gammal och det inte finns något annat alternativ. Detta är dock inte att rekommendera.

5 När all kylvätska är avtappad, återanslut slangen till kylaren och fäst den på sin plats med fästklämman. Om det är tillämpligt, montera kylvätskepumpens avtappningsplugg (med den nya tätningen monterad) och dra åt den till specificerat åtdragningsmoment.

### Spolning av kylsystemet

6 Om kylvätskebyte inte utförts regelbundet eller om frostskyddet spätts ut, kan kylsystemet med tiden komma att förlora i effektivitet p.g.a. att kylvätskekanalerna sätts igen av rost, kalkavlagringar och annat sediment. Kylsystemets effektivitet kan återställas genom att systemet spolas ur.

7 För att undvika förorening ska kylsystemet spolas oberoende av motorn.

#### Spolning av kylare

8 Spola kylaren genom att koppla loss den övre och nedre slangen samt andra relevanta slangar från kylaren. Se kapitel 3.

9 Stick in en trädgårdsslang i det övre kylarinloppet. Spola in rent vatten i kylaren och fortsätt spola till dess att rent vatten rinner ur kylarens nedre utlopp.

10 Om det efter en rimlig tid fortfarande inte kommer ut rent vatten kan kylaren spolas ur med kylarrengöringsmedel. Det är viktigt att tillverkarens anvisningar följs noga. Om kylaren är svårt förorenad, stick in slangen i nedre utloppet och spola ur kylaren baklänges.

#### Spolning av motor

11 När motorn ska spolas ska termostaten tas bort enligt beskrivningen i kapitel 3. Sätt sedan tillbaka termostatkåpan tillfälligt.

12 Lossa övre och nedre kylarslangarna från kylaren och stick in trädgårdsslangen i övre kylarslangen. Spola in rent vatten och fortsätt att spola till dess att rent vatten rinner ur nedre slangen.

13 När spolningen är avslutad, montera termostaten och anslut slangarna enligt beskrivning i kapitel 3.

### Påfyllning av kylsystemet

14 Kontrollera att alla slangar och slangklämmor är i gott skick och att klämmorna är väl åtdragna innan systemet fylls på. Observera att frostskyddsblandning måste användas året runt för att förhindra korrosion på motorns komponenter (se följande underavsnitt).

15 Lossa klämman och dra ut värmeenhetens tillförselslang från tappen på torpedväggen (se kapitel 3) tills luftningshålet i slangens överdel inte täcks av tappens yta. Koppla inte loss slangen helt från tappen.

16 Ta bort fästskruvarna och koppla loss expansionskärlet från motorrummet. Lyft upp den ungefär 100 mm ovanför motorrummet och stöd den med en bit trä eller med ståltråd.

17 Skruva upp expansionskärlets lock. Fyll sedan systemet långsamt genom att sakta hälla ner kylvätskan i expansionskärlet så att inte luftlås uppstår.

18 Om kylvätska fylls på, börja med att hälla i ett par liter vatten följt av rätt mängd frostskyddsvätska. Fyll sedan på med mer vatten.

19 Fortsätt fylla på tills kylvätska börjar rinna från luftningshålet i värmeslangen. Montera slangen och dra åt klämman ordentligt när detta inträffar.

20 När nivån i expansionskärlet börjar höjas, tryck ihop kylarens övre och nedre slang för att hjälpa till att trycka ut eventuella luftbubblor ur systemet. När all luft är ute, fyll på kylvätskenivån till MAX-markeringen. Sätt sedan på expansionskärlets lock och montera expansionskärlet vid karossen.

21 Starta motorn och låt den gå på snabb tomgång i ungefär tre minuter. Låt därefter motorn gå på normal tomgång tills den nedre slangen blir varm.

22 Leta efter läckor, särskilt runt komponenter som flyttats. Kontrollera kylvätskenivån i expansionskärlet och fyll på om det behövs. Observera att systemet måste vara kallt innan korrekt nivå visas i expansionskärlet. Om expansionskärlets lock tas bort medan motorn fortfarande är varm ska locket täckas över med en tjock trasa och sedan långsamt skruvas upp för att systemet ska tryckutjämnas gradvis (normalt hörs ett väsande ljud). Vänta tills systemet är helt tryckutjämnat. Skruva sedan loss locket helt. Ta aldrig bort locket medan motorn fortfarande är riktigt het.

### Frostskyddsblandning

***Varning: Modeller fram till juni 1996 fylldes med kylvätska innehållande frostskyddsvätska VAG artikelnummer G011A8C (grönaktig färg). Modeller från och med juni 1996 fylldes med kylvätska innehållande frostskyddsvätska VAG artikelnummer G012A8D (rödaktig färg). BLANDA INTE dessa två olika typer av frostskyddsvätska i någon mängd, det kan leda till allvarliga skador på motorn. Om kylvätskan i expansionskärlet är brunfärgad är det möjligt att kylsystemet har fyllts på med kylvätska innehållande fel typ av frostskyddsvätska. Om du är osäker på vilken typ av frostskyddsmedel som använts eller misstänker att flera sorter kan ha blandats, är det bäst att tömma och spola ur kylsystemet och sedan fylla på det igen.***

23 Frostskyddsmedlet ska alltid bytas regelbundet enligt de angivna intervallen. Detta inte bara för att bibehålla de frostskyddande egenskaperna utan även för att förhindra korrosion som annars kan uppstå allteftersom korrosionshämmarna gradvis förlorar effektivitet.

24 Använd endast etylenglykolbaserat frostskyddsmedel som är lämpat för motorer med blandade metaller i kylsystemet. Mängden frostskyddsmedel och olika skyddsnivåer anges i specifikationerna.

25 Innan frostskyddsmedlet hälls i ska kylsystemet tappas ur helt och helst spolas igenom. Kontrollera också att alla slangar är i gott skick och sitter säkert.

26 När kylsystemet fyllts med frostskyddsmedel är det klokt att sätta en etikett på expansionskärlet som anger frostskyddsmedlets typ och koncentration, samt datum för påfyllningen. Varje efterföljande påfyllning ska göras med samma typ och koncentration av frostskyddsmedel.

27 Använd inte motorfrostskyddsmedel i vindrutans/bakrutans/strålkastarnas spolarvätska, eftersom den skadar lacken.

## 33 Avgasutsläpp – kontroll

Den här kontrollen ingår i tillverkarens underhållsschema och inbegriper kontroll av avgasutsläppet med hjälp av en avgasanalyserare. Det är inte nödvändigt att utföra den här kontrollen om inte något misstänks vara fel, men observera att tillverkarna rekommenderar att den utförs. Kontroll av avgasreningssystemet ingår i bilbesiktningen.

# Kapitel 1 Del B: Rutinunderhåll och service – modeller med dieselmotor

## Innehåll

## Svårighetsgrader

**Enkelt,** passar novisen med lite erfarenhet 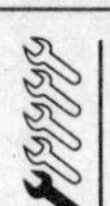

**Ganska enkelt,** passar nybörjaren med viss erfarenhet 

**Ganska svårt,** passar kompetent hemmamekaniker 

**Svårt,** passar hemmamekaniker med erfarenhet 

**Mycket svårt,** för professionell mekaniker 

**Smörjmedel och vätskor** ........ Se slutet av *Veckokontroller*

## Volymer

**Motorolja (inklusive filter)**

| | |
|---|---|
| Alla modeller | 3,5 liter |

**Kylsystem**

| | |
|---|---|
| Alla modeller | 7,5 liter (ungefär) |

**Växellåda**

| | |
|---|---|
| Manuell växellåda | 2,25 liter |
| Automatväxellåda | |
| Första påfyllning | 5,5 liter |
| Oljebyte | 3,5 liter |
| Automatväxellådans slutväxel | 1,0 liter |

**Servostyrning**

| | |
|---|---|
| Alla modeller | 1,5 liter (ungefär) |

**Bränsletank**

| | |
|---|---|
| Alla modeller (ungefär) | 62 liter |

## Motor

| | |
|---|---|
| Oljefilter | Champion C150 |

## Kylsystem

| | |
|---|---|
| Frostskyddsblandning | |
| 40 % frostskydd | Skydd ner till -25° C |
| 50 % frostskydd | Skydd ner till -35° C |

**Observera:** *Kontakta tillverkaren av frostskyddsvätska för de senaste rekommendationerna.*

## Bränslesystem

| | |
|---|---|
| Luftfilter | Champion U567 |
| Bränslefilter | Champion L144 |
| Glödstift | Champion CH171 |

## Bromsar

| | |
|---|---|
| Minsta tjocklek på främre/bakre bromsklossar (inklusive stödplatta) | 7,0 mm |

## Drivrem

| | |
|---|---|
| Spänningsjustering: | |
| Huvuddrivrem | Automatisk justering |
| Luftkonditioneringskompressorns drivrem | Dra åt sexkantsbulten på spännarhuset till 25 Nm |

| Åtdragningsmoment | Nm |
|---|---|
| Automatväxellådans inspektionsplugg (01N) | 15 |
| Automatväxellådans överfallsrör (01N) | 2 |
| Hjulbultar | 120 |
| Kylvätskepumpens avtappningsplugg | 30 |
| Oljepåfyllnings-/nivåpluggen till automatväxellådans slutväxel | 25 |
| Påfyllnings-/nivåplugg till manuell växellåda | 25 |
| Servostyrningspumpens fäste | 25 |
| Sumpens avtappningsplugg | 30 |

Underhållsintervallen i denna handbok förutsätter att arbetet utförs av en hemmamekaniker och inte av en verkstad. Detta är de längsta intervall som vi rekommenderar för fordon som körs varje dag. Om bilen konstant ska hållas i toppskick bör vissa moment utföras oftare. Vi rekommenderar regelbundet underhåll eftersom det höjer bilens effektivitet, prestanda och andrahandsvärde.

Alla Audi A4 modeller är utrustade med en servicedisplay på instrumentbrädan. Varje gång motorn startas tänds panelen under ett par sekunder, och visar något av följande.

**Modeller fram till 1997:**

*OEL – dags för 15 000 km service*

*In 1 – dags för 12 månaders, 30 000 km eller 60 000 km service, beroende på körsträcka*

*In 2 – dags för 24 månaders service*

**Modeller fr.o.m. 1997:**

*Service OIL – dags för 15 000 km service*

*Service INSP – dags för 12 månaders, 30 000 km, 60 000 km, 120 000 km eller 24 månaders service, beroende på körsträcka*

Detta är helt enkelt en påminnelse om att det är dags för service. Audis mekaniker avslutar ett oljebyte med att programmera om displayindikatorn så att den visar OEL när ytterligare 15 000 km har tillryggalagts. När det är dags för service anger displayen detta 1000 km eller 10 dagar i förväg.

**Observera:** *Ett underhållsschema för "lång livslängd" introducerades mot slutet av 1999, som bara gäller bilar som byggts från modellåret 2000 och framåt. Fullständiga detaljer angående serviceschemat fanns inte tillgängliga i skrivande stund. Kontakta en VAG-återförsäljare för ytterligare information.*

## Var 400:e km eller en gång i veckan

☐ Se *Veckokontroller*

## Var 15 000:e km

**"OEL" eller "service OIL" visas på servicedisplayen**

☐ Byt motorolja och filter (avsnitt 3)

**Observera**: *Täta olje- och filterbyten är bra för motorn. Vi rekommenderar att oljan byts oftare än vad som anges här, eller minst två gånger om året.*

☐ Kontrollera de främre bromsklossarnas tjocklek (avsnitt 4)
☐ Kontrollera drivremmens skick (avsnitt 5)
☐ Kontrollera kamremmens skick (avsnitt 6)
☐ Återställ servicedisplayen (avsnitt 7)
☐ Töm ur vattnet från bränslefiltret (avsnitt 8)

## Var 12:e månad

**"In 1" eller "service INSP" visas på servicedisplayen**

☐ Kontrollera funktionen hos spolarna för vindrutan/bakrutan/strålkastarna (avsnitt 9)
☐ Kontrollera däckslitaget (avsnitt 10)
☐ Smörj alla gångjärn och lås (avsnitt 11)
☐ Kontrollera batteriets elektrolytnivå (avsnitt 12)
☐ Kontrollera eventuella felkoder i den elektroniska styrenhetens minne (avsnitt 13)
☐ Kontrollera alla komponenter och slangar under motorhuven och leta efter läckage (avsnitt 14)
☐ Kontrollera frostskyddsvätskans koncentration i kylsystemet (avsnitt 15)
☐ Kontrollera skicket på alla bromsslangar och rör (avsnitt 16)
☐ Kontrollera tjockleken på de bakre bromsklossarna/backarna (avsnitt 17)
☐ Undersök avgassystemet och dess fästen (avsnitt 18)
☐ Undersök styrningens och fjädringens komponenter med avseende på skick och säkerhet (avsnitt 19)
☐ Utför ett landsvägsprov (avsnitt 20)

## Var 30 000:e km

**"In 1" eller "service INSP" visas på servicedisplayen**

**Observera:** *Utför följande arbete utöver det som beskrivs för intervallet var 12:e månad.*

☐ Byt bränslefilter (avsnitt 21)
☐ Byt pollenfilter (avsnitt 22)
☐ Kontrollera underredestätningen (avsnitt 23)
☐ Kontrollera den manuella växellådans oljenivå (avsnitt 24)
☐ Kontrollera strålkastarinställningen (avsnitt 25)

## Var 60 000:e km

**"In 1" eller "service INSP" visas på servicedisplayen**

**Observera:** *Utför följande arbete utöver det som beskrivs för intervallen var 12:e månad och var 30 000:e km.*

☐ Byt luftfilter (avsnitt 26)
☐ Kontrollera slutväxelns oljenivå och fyll på om det behövs (automatväxellåda) (avsnitt 27)
☐ Byt automatväxellådans olja. **Observera:** *Vart 4:e år om körsträckan understiger 60 000 km* (avsnitt 28)
☐ Byt kamrem och spännrulle (avsnitt 29)*

***Observera:** *Tillverkaren rekommenderar att kamremmen byts ut efter 80 000 km. Vi rekommenderar dock att den byts ut efter 60 000 km, särskilt om bilen i huvudsak används för korta resor eller stadstrafik. Det är mycket upp till den enskilde ägaren att avgöra hur ofta remmen bör bytas, men med tanke på hur allvarliga motorskador som kan uppstå om remmen går sönder under körning, rekommenderar vi att hellre byta för ofta än för sällan.*

## Var 120 000:e km

**"In 1" eller "service INSP" visas på servicedisplayen**

☐ Byt drivrem/-remmar (avsnitt 30)

## Vartannat år (oberoende av körsträcka)

**"In 2" eller "service INSP" visas på servicedisplayen**

☐ Byt bromsolja (avsnitt 31)
☐ Byt kylvätska (avsnitt 32)
☐ Kontrollera avgasutsläppen (avsnitt 33)

## Översikt över motorrummet på en modell med 1.9 liters turbodieselmotor (kod AFN)

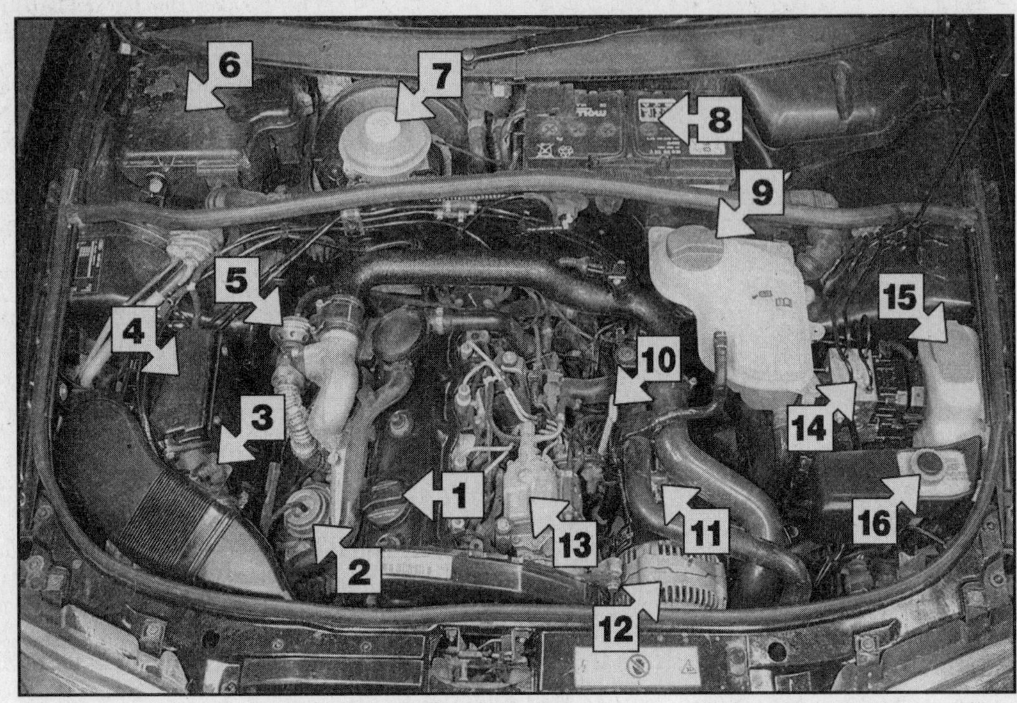


1. *Påfyllningslock för motorolja*
2. *Turboaggregatets övertrycksventil*
3. *Luftflödesmätare*
4. *Luftrenare*
5. *Avgasåterföringsventil (EGR)*
6. *Motorstyrningens ECU*
7. *Bromsvätskebehållare*
8. *Batteri*
9. *Kylsystemets expansionskärl*
10. *Mätsticka för motorolja*
11. *Bränslefilter*
12. *Generator*
13. *Bränsleinsprutningspump*
14. *ABS-enhet*
15. *Spolarvätskebehållare*
16. *Behållare för servostyrningsolja*

## Främre underredet på en modell med 1.9 liters turbodieselmotor (kod AFN)

1. *Främre avgasröret*
2. *Växellådans fäste*
3. *Främre fjädringsarm*
4. *Drivaxel*
5. *Krängningshämmare*
6. *Kryssrambalk*
7. *Motorfäste*
8. *Motorns främre kardanstag*
9. *Luftkonditionerings-kompressor*
10. *Motoroljesumpens avtappningsplugg*
11. *Servostyrningspump*
12. *Mellankylare*
13. *Kylarens nedre slang*

## Översikt över det bakre underredet på en dieselmotormodell

1 *Bakfjädringens krängningshämmare*
2 *Bakaxelbalk*
3 *Avgasrör och ljuddämpare*
4 *Bränsletank*
5 *Handbromsvajrar*
6 *Bromsrör*

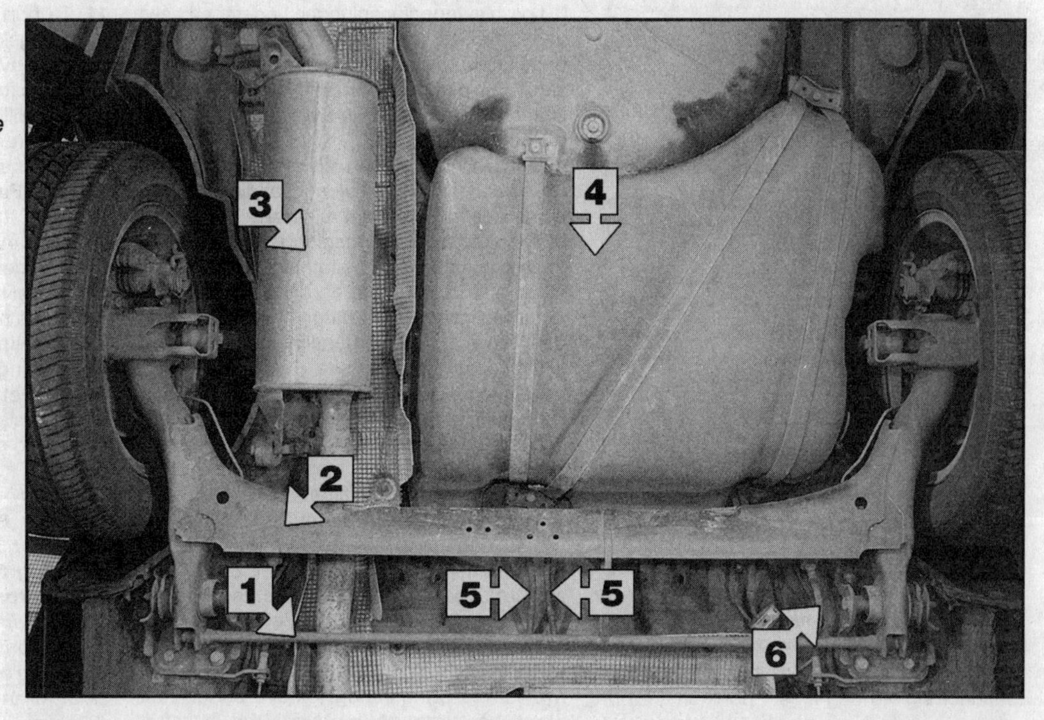


### 1 Inledning

Detta kapitel är utformat för att hjälpa hemmamekanikern att underhålla sin bil så att den ska ge god säkerhet och driftsekonomi, lång tjänstgöring och topprestanda.

Kapitlet innehåller ett underhållsschema som följs av avsnitt som i detalj behandlar åtgärderna i schemat. Kontroller, justeringar, byte av delar och annat nyttigt är inkluderat. Se de tillhörande bilderna av motorrummet och underredet vad gäller de olika delarnas placering.

Underhåll av bilen enligt schemat för tid/körsträcka och de följande avsnitten ger ett planerat underhållsprogram, som bör resultera i lång och pålitlig tjänstgöring för bilen. Planen är heltäckande, så om man väljer att bara underhålla vissa delar, men inte andra, vid angivna tidpunkter går det inte att garantera samma goda resultat.

Under arbetet med bilen kommer det att visa sig att många arbeten kan – och bör – utföras samtidigt, antingen på grund av arbetets art eller för att två annars orelaterade delar råkar finnas nära varandra. Om bilen t.ex. lyfts upp av någon anledning, kan kontroll av avgassystemet utföras samtidigt som styrning och fjädring kontrolleras.

Första steget i detta underhållsprogram är att vidta förberedelser innan arbetet påbörjas. Läs igenom relevanta avsnitt, gör sedan upp en lista på vad som behövs och skaffa fram verktyg och reservdelar. Om problem dyker upp, rådfråga en specialist på reservdelar eller vänd dig till återförsäljarens serviceavdelning.

### 2 Rutinunderhåll

**1** Om underhållsschemat följs noga från det att bilen är ny, och om vätske- och oljenivåerna och de delar som är utsatta för stort slitage kontrolleras enligt denna handboks rekommendationer, hålls motorn i bra skick och behovet av extra arbete minimeras.

**2** Ibland kan motorn gå dåligt på grund av bristande underhåll. Risken för detta ökar om bilen är begagnad och inte fått tät och regelbunden service. I sådana fall kan extra arbeten behöva utföras, utöver det normala underhållet.

**3** Om motorn misstänks vara sliten ger ett kompressionsprov (se relevant del av kapitel 2) värdefull information om de inre huvudkomponenternas skick. Ett kompressionsprov kan användas för att avgöra omfattningen på det kommande arbetet. Om provet avslöjar allvarligt inre slitage är det slöseri med tid och pengar att utföra underhåll på det sätt som beskrivs i detta kapitel, om inte motorn först renoveras.

**4** Följande åtgärder är de som oftast behövs för att förbättra prestanda hos en motor som går dåligt:

#### *Primära åtgärder*

*a) Rengör, kontrollera och testa batteriet ( se Veckokontroller).*
*b) Kontrollera alla motorrelaterade oljor och vätskor (se Veckokontroller).*
*c) Kontrollera drivremmarnas skick (avsnitt 5 eller 30).*
*d) Kontrollera luftfiltrets skick och byt vid behov (avsnitt 26).*
*e) Byt bränslefilter (avsnitt 21).*
*f) Kontrollera skicket på samtliga slangar och leta efter läckor (avsnitt 14).*

**5** Om ovanstående åtgärder inte har någon inverkan skall följande åtgärder utföras:

#### *Sekundära åtgärder*

Allt som anges under *Primära åtgärder*, samt följande:

*a) Kontrollera laddningssystemet (se kapitel 5A).*
*b) Kontrollera förvärmningssystemet (se kapitel 5C).*
*c) Kontrollera bränslesystemet (se kapitel 4B).*

## Var 15 000:e km

### 3 Motorolja och filter – byte

**1** Täta olje- och filterbyten är det viktigaste förebyggande underhåll hemmamekanikern kan utföra själv. När motoroljan åldras blir den utspädd och förorenad, vilket leder till förtida motorslitage.

**2** Innan arbetet påbörjas måste alla verktyg och material som behövs plockas fram. Se till att ha gott om trasor och gamla tidningar för att torka upp spill. Motoroljan ska helst vara varm eftersom den då rinner ut lättare och även tar med sig slam. Se dock till att inte vidröra avgassystemet eller andra heta delar vid arbete under bilen. Använd handskar för att undvika skållning och för att skydda huden mot irritationer och skadliga föroreningar i begagnad motorolja. Det går att komma åt bilens undersida om bilen kan lyftas, köras upp på en ramp eller ställas på pallbockar (se *Lyftning och stödpunkter*). Oavsett vilken metod som används, se till att bilen är plan eller, om den lutar, att oljeavtappningspluggen befinner sig vid den lägsta punkten. Ta bort motorrummets undre skyddskåpa (om det är tillämpligt) medan bilen är upphissad.

HAYNES TIPS

***Dra snabbt undan avtappningspluggen när den släpper från gängorna, så att oljan som rinner ut från sumpen hamnar i behållaren och inte i tröjärmen!***

**3** Lossa avtappningspluggen ungefär ett halvt varv med en hyls- eller ringnyckel. Ställ behållaren under avtappningspluggen och skruva ur pluggen helt **(se Haynes tips).** Ta loss tätningsringen från avtappningspluggen **(se bild).**

**4** Ge den gamla oljan tid att rinna ut, och observera att det kan bli nödvändigt att flytta behållaren när oljeflödet minskar.

**5** Torka av avtappningspluggen med en ren trasa och sätt på en ny tätningsbricka när all olja runnit ut. Montera en ny tätningsbricka, rengör området kring pluggen och skruva in den. Dra åt pluggen ordentligt.

**6** Om filtret också ska bytas ut, flytta behållaren till en plats under oljefiltret. Detta sitter baktill på motorblockets vänstra sida.

**7** Lossa filtret med ett oljefilterverktyg om det behövs, skruva sedan loss det för hand **(se bild).** Töm ut oljan från filtret i behållaren.

**8** Torka bort all olja, smuts och slam från filtrets tätningsyta på motorn med en ren trasa. Kontrollera det gamla filtret för att se till att inte någon del av gummitätningen sitter fast på motorn. Om någon del av tätningen fastnat ska den försiktigt avlägsnas.

**9** Applicera ett tunt lager ren motorolja på det nya filtrets tätningsring, skruva sedan fast filtret på plats på motorn. Dra åt filtret ordentligt, men endast för hand – använd **inte** något verktyg.

**10** Ta bort den gamla oljan och verktygen från bilens undersida, montera sedan den undre skyddskåpan och sänk ner bilen.

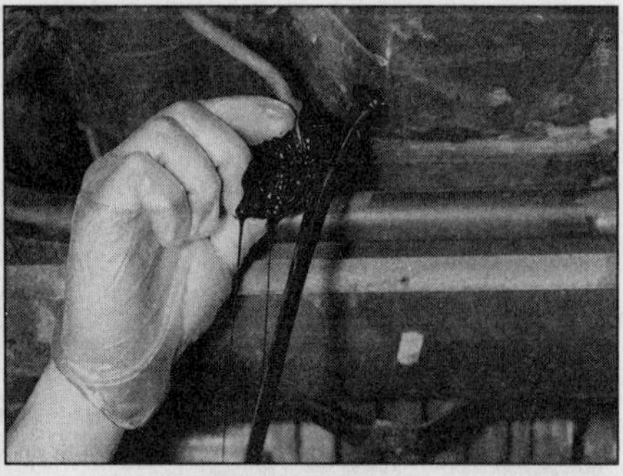

**3.3 Ta bort avtappningspluggen och tappa ur motoroljan**

**11** Ta bort mätstickan och skruva loss oljepåfyllningslocket från ventilkåpan. Fyll motorn med olja av rätt klass och typ (se *Smörjmedel och vätskor*). En oljekanna eller tratt kan minska spillet **(se bilder).** Börja med att hälla i halva den angivna mängden olja och vänta några minuter så att den hinner sjunka ner i sumpen. Fortsätt fylla på små mängder i taget till dess att nivån når det nedre märket på mätstickan. Påfyllning med 1,0 liter höjer nivån till den övre markeringen på mätstickan. Montera påfyllningslocket.

**12** Starta motorn och låt den gå på tomgång i ett par minuter. Leta efter läckor runt oljefiltertätningen och sumpens avtappningsplugg. Det kan ta ett par sekunder innan oljetryckslampan släcks sedan motorn startats första gången efter ett oljebyte. Detta beror på att oljan cirkulerar runt i kanalerna och det nya filtret innan trycket byggs upp.

***Varning: Eftersom ett turboaggregat är monterat, måste motorn lämnas på tomgång tills oljetryckslampan slocknar. Om motorvarvtalet ökas när varningslampan är tänd kommer turboaggregatet att skadas!***

**13** Stäng av motorn och vänta ett par minuter så att oljan får rinna tillbaka till sumpen. När den nya oljan har cirkulerat runt motorn och fyllt filtret ska oljenivån kontrolleras igen, fyll på mer vid behov.

**14** Ta hand om den använda motoroljan på ett säkert sätt. Se *Allmänna reparationsanvisningar* i avsnittet *Referenser* i denna handbok.

### 4 Främre bromsklossarnas tjocklek – kontroll

**1** Dra åt handbromsen ordentligt, lossa framhjulsbultarna, lyft upp framvagnen och ställ den på pallbockar (se *Lyftning och stödpunkter*). Demontera framhjulen.

**2** Om en fullständig kontroll ska utföras bör bromsklossarna demonteras och rengöras. Kontrollera även okens funktion och undersök bromsskivornas skick. Se kapitel 9 **(se Haynes tips).**

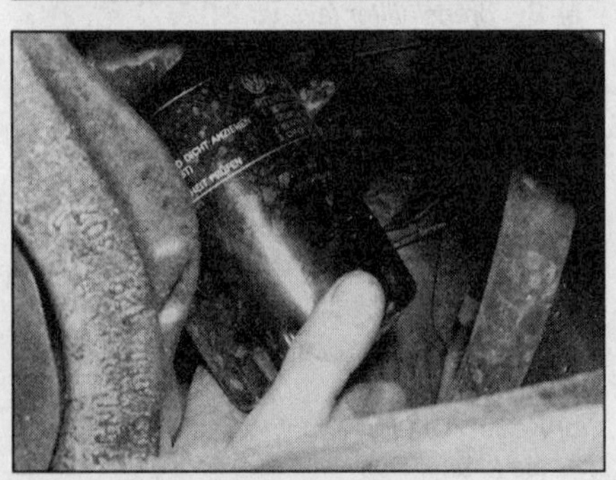

**3.7 Ta bort oljefiltret**

**3.11a Skruva loss oljepåfyllningslocket**

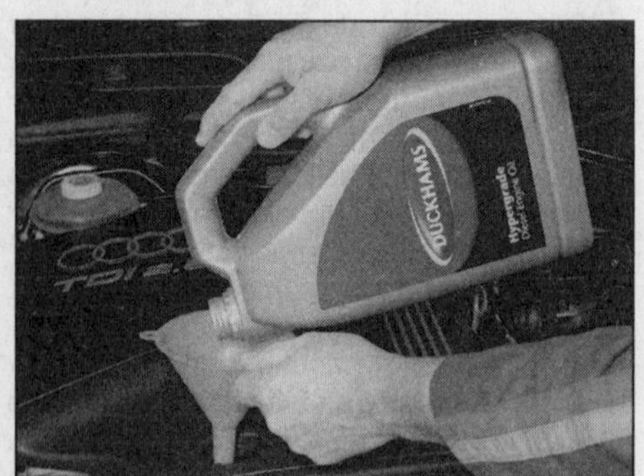


**3.11b Använd en tratt när du fyller på olja i motorn**

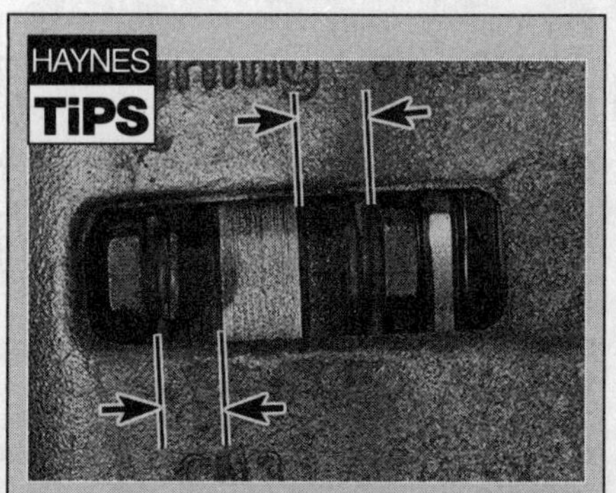


*En snabb kontroll av bromsklossarnas tjocklek kan göras genom inspektionsöppningen i bromsokshuset*

**3** Om belägget på någon kloss är slitet till angiven minimitjocklek eller tunnare *måste alla fyra klossarna bytas.*

## 5 Drivremmens skick – kontroll

**1** Det finns en huvuddrivrem som driver generatorn, fläkten med viskoskoppling, servostyrningspumpen och kylvätskepumpen. På modeller med luftkonditionering drivs luftkonditioneringskompressorn av en separat drivrem. Båda drivremmarna drivs från remskivor som sitter på främre delen av vevaxeln, och båda drivremmarna är av den ribbade typen.

**2** För att komma åt drivremmarna, dra åt handbromsen och lyft upp framvagnen och ställ den på pallbockar (se *Lyftning och stödpunkter*). Ta bort stänkskyddet från motorns undersida. Ta även bort motorns övre kåpa om det är tillämpligt.

**3** Undersök hela drivremmarna och leta efter tecken på skada och slitage i form av repor, nötning, fransning och sprickbildning. En spegel och eventuellt en ficklampa underlättar arbetet. Motorn kan vridas med en skiftnyckel på vevaxelns remskiva för att alla delar av remmen ska kunna kontrolleras.

**4** Om en drivrem måste bytas, se kapitel 2B för information om demontering, montering och justering.

**8.1 Bränslefiltret sitter på vänster sida av motorn**

## 6 Kamremmens skick – kontroll

**1** Lossa fjäderklämmorna och ta bort den övre kamremskåpan från motorns främre del (se kapitel 2B, avsnitt 4).

**2** Undersök kamremmen och leta efter tecken på slitage, fransning, sprickbildning eller skador. Leta även efter spår av olja som kan ha kommit från en defekt oljetätning. Kamremmens hela längd bör kontrolleras genom att motorn vrids med en skiftnyckel på vevaxelns remskivebult.

**3** Mät kamremmens bredd på flera ställen med en stållinjal eller ett skjutmått. Om den är mindre än 22,0 mm på något ställe måste kamremmen bytas enligt beskrivningen i kapitel 2B .

**4** Montera avslutningsvis tillbaka den övre kamremskåpan.

## 7 Nollställning av servicedisplay

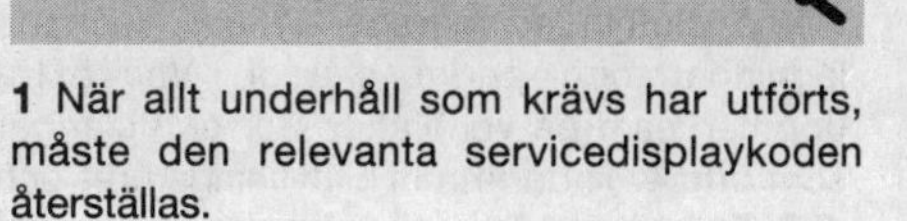

**1** När allt underhåll som krävs har utförts, måste den relevanta servicedisplaykoden återställas.

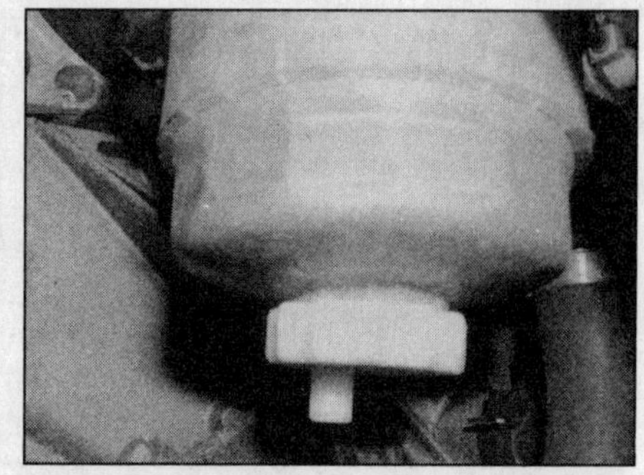

**8.4 Vattenavtappningsventil i botten på oljefiltret**

**2** Displaykoden återställs med ett speciellt elektroniskt instrument som kopplas till bilens diagnostikkontakt. Liknande verktyg finns dock att köpa från grossister eller biltillbehörsaffärer.

**3** Efter varje service omprogrammeras displayen att visa följande enligt listan i början av detta kapitel.

## 8 Tömma ut vatten ur bränslefiltret

**1** Bränslefiltret sitter på vänster sida av motorn, bakom generatorn **(se bild).** Rengör först filtrets utsida för att förhindra att föroreningar tränger in i bränslesystemet.

**2** Ställ en lämplig behållare under bränslefiltret. Förbättra åtkomligheten genom att ta bort tryckluftskanalen från mellankylaren. Gör detta genom att lossa klämmorna och skruva bort fästbulten.

**3** Lossa luftningsskruven ovanpå filtret och anslut en gummislang till avtappningsventilen på undersidan av filtret. Stoppa i slangen i behållaren.

**4** Lossa avtappningsventilen och töm ur ungefär 1 dl vatten och bränsle **(se bild).** Dra åt avtappningspluggen och ta loss gummislangen. Ta bort behållaren.

**5** Dra åt luftningsskruven ovanpå filtret.

**6** Starta motorn och leta efter läckor.

# Var tolfte månad

## 9 Vindrutans/bakrutans/strålkastarnas spolarsystem – kontroll

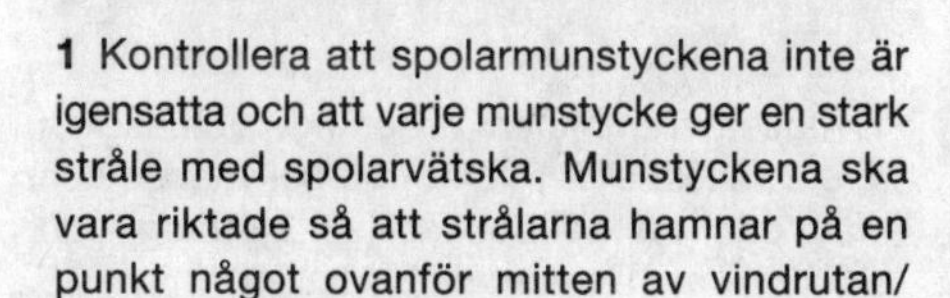

**1** Kontrollera att spolarmunstyckena inte är igensatta och att varje munstycke ger en stark stråle med spolarvätska. Munstyckena ska vara riktade så att strålarna hamnar på en punkt något ovanför mitten av vindrutan/strålkastaren. Om vindrutan har spolarmunstycken som ger ifrån sig två strålar ska en av strålarna riktas något ovanför mitten av vindrutan och den andra riktas något nedanför, för att garantera att hela vindrutan täcks. Justera munstyckena med en nål om det behövs.

**2** Undersök torkarbladen. Leta efter flisor och sprickor på svepytan och byt ut dem om det behövs. Kontrollera att torkarna rengör effektivt i hela rörelsen. Om någon del av området inte torkats ordentligt, kan det bero på defekta torkarbladsgångjärn som hindrar bladen från att följa vindrutans/lyktglasets konturer. Kontrollera att torkarbladen inte sticker ut utanför kanten på vindrutan/lyktglaset i slutet av rörelsen och att bladen parkeras korrekt när torkaren stängs av. Om så inte är fallet, eller om torkarbladen överlappar varandra i mitten av svepet, kan det bero på att de är felmonterade (se kapitel 12).

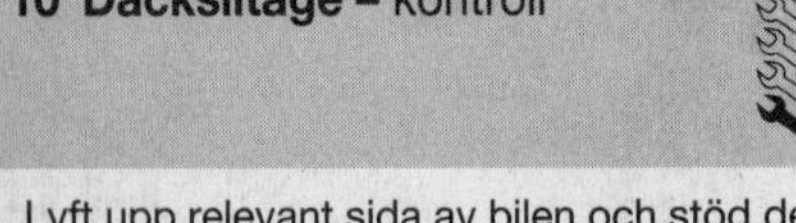

### 10 Däckslitage – kontroll

**1** Lyft upp relevant sida av bilen och stöd den ordentligt för att kunna kontrollera däcken. Se *Lyftning och stödpunkter.*

**2** Vrid däcket långsamt för hand och utför de kontroller som beskrivs i *Veckokontroller.*

### 11 Smörjning av gångjärn och lås

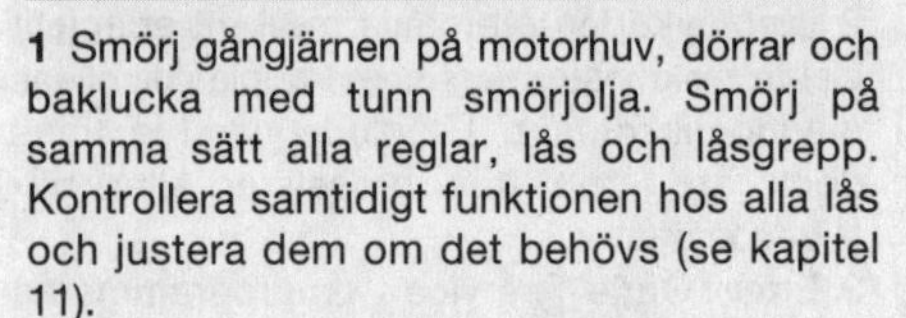

**1** Smörj gångjärnen på motorhuv, dörrar och baklucka med tunn smörjolja. Smörj på samma sätt alla reglar, lås och låsgrepp. Kontrollera samtidigt funktionen hos alla lås och justera dem om det behövs (se kapitel 11).

**2** Smörj motorhuvens låsmekanism och låsvajrar en aning med lämpligt fett.

### 12 Batteriets elektrolytnivå – kontroll

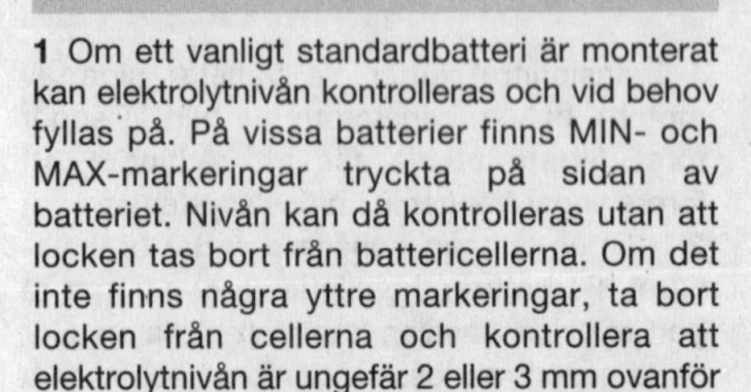

**1** Om ett vanligt standardbatteri är monterat kan elektrolytnivån kontrolleras och vid behov fyllas på. På vissa batterier finns MIN- och MAX-markeringar tryckta på sidan av batteriet. Nivån kan då kontrolleras utan att locken tas bort från battericellerna. Om det inte finns några yttre markeringar, ta bort locken från cellerna och kontrollera att elektrolytnivån är ungefär 2 eller 3 mm ovanför plattorna. Vissa batterier har en inbyggd nivåindikator av plast.

**2** Fyll på battericellerna med destillerat eller avjoniserat vatten om det behövs.

**3** Sätt tillbaka locken på cellerna.

### 13 Motorstyrningssystemets elektroniska styrenhet – felkodskontroll

Den här kontrollen kan endast utföras av en Audi/VAG-mekaniker eller en verkstad med tillgång till nödvändig utrustning. Om en felkod visas måste problemet åtgärdas för att motorn ska fungera effektivt.

### 14 Komponenter och slangar under motorhuven – läckagekontroll

**1** För att kunna komma åt både motorns över- och underdel, demontera motorns övre skyddskåpa. Lyft sedan upp framvagnen och ställ den på pallbockar (se *Lyftning och stödpunkter*) och demontera den undre skyddskåpan. Undersök motorns fogytor, packningar och tätningar efter tecken på vatten- eller oljeläckage. Var extra uppmärksam på områdena runt kamaxelkåpans, topplockets, oljefiltrets och sumpens fogytor. Tänk på att det med tiden är naturligt med en viss genomsippring i dessa områden. Leta efter tecken på allvarligt läckage **(se Haynes tips)**. Om ett läckage påträffas, byt den defekta packningen eller tätningen enligt beskrivning i relevant kapitel i denna handbok.

**2** Kontrollera även åtdragning och skick för alla motorrelaterade rör och slangar. Se till att alla kabelklämmor eller fästklämmor sitter på plats och är i gott skick. Om klämmor saknas eller är trasiga kan det leda till skavningar på slangar, rör eller kablage. Detta kan orsaka allvarligare fel i framtiden.

**3** Undersök noga alla kylar- och värmeslangar utmed hela deras längd. Byt ut alla slangar som är spruckna, svällda eller åldrade. Sprickor är lättare att se om slangen trycks ihop. Var extra uppmärksam på slangklämmorna som håller fast slangarna vid kylsystemets komponenter. Slangklämmor kan punktera slangarna med läckor i kylsystemet som följd.

**4** Undersök alla delar av kylsystemet (slangar, fogytor, etc.) och leta efter läckor. Kylvätskeläckage visar sig vanligen som vita eller rostfärgade avlagringar i området runt läckan. Om några läckor förekommer ska den drabbade komponenten eller dess packning bytas ut enligt beskrivningen i kapitel 3.

**5** Om så är tillämpligt, undersök om automatväxellådans oljekylarslangar visar tecken på åldrande eller läckage.

**6** Ställ bakvagnen på pallbockar och undersök bränsletanken och påfyllningsröret och leta efter tecken på läckor, sprickor eller andra skador. Anslutningen mellan påfyllningsröret och tanken är speciellt kritisk. Ibland läcker ett påfyllningsrör av gummi eller en slang beroende på att slangklämmorna är för löst åtdragna eller att gummit åldrats.

**7** Undersök noga alla gummislangar och metallrör som leder från tanken. Leta efter lösa anslutningar, åldrade slangar, veckade ledningar och andra skador. Var extra uppmärksam på ventilationsrör och slangar som ofta är lindade runt påfyllningsröret och kan bli igensatta eller veckade. Följ ledningarna till bilens främre del och kontrollera dem noga längs hela deras längd. Byt ut skadade delar vid behov.

**8** I motorrummet ska alla anslutningar för bränsleslangar och rör kontrolleras. Kontrollera även att inga bränsle- och vakuumslangar är veckade, skavda eller åldrade.

**9** Kontrollera skicket på servostyrningens slangar och rör, om det är tillämpligt.

**10** Avsluta med att montera tillbaka undre och övre skyddskåpor och sänk sedan ner bilen.

HAYNES TiPS

***Kylvätskeläckage visar sig vanligen som vita eller rostfärgade porösa avlagringar i området runt läckan.***

### 15 Kylsystemets frostskydd – kontroll av koncentration

***Varning: Vänta till dess att motorn är helt kall innan arbetet påbörjas. Låt inte frostskyddsmedel komma i kontakt med huden eller lackerade ytor på bilen. Spola omedelbart bort eventuellt spill med stora mängder vatten.***

**1** Observera att ett testverktyg kommer att behövas för att kontrollera kylvätskans koncentration. Sådana verktyg kan köpas relativt billigt i de flesta biltillbehörsbutiker.

**2** Kontrollera att motorn är helt kall och skruva bort påfyllningslocket från kylvätskans expansionskärl. Följ instruktionerna som följer med testverktyget och mät om kylvätskeblandningens koncentration är tillräckligt hög för att ge skydd vid temperaturer långt under nollpunkten. Om kylvätskan har bytts ut regelbundet bör detta inte vara ett problem. Om kylvätskeblandningen inte är tillräckligt stark för att ge bra skydd måste kylsystemet tömmas och kylvätskan bytas ut (se avsnitt 32).

**3** När koncentrationen är rätt ska kylvätskenivån kontrolleras (se *Veckokontroller*). Sätt sedan tillbaka expansionskärlets lock ordentligt.

### 16 Bromsslangarnas och bromsrörens skick – kontroll

**1** Undersök bromssystemets alla slangar och rör och leta efter tecken på skada eller åldrande enligt beskrivningen i avsnitt 14. Alla defekta rör/slangar måste sedan bytas ut (se kapitel 9).

### 17 Bakre bromsklossbeläggens tjocklek – kontroll

**1** Klossa framhjulen ordentligt och lägg i första växeln eller P. Lyft upp bakvagnen och ställ den på pallbockar (se *Lyftning och stödpunkter*). Demontera bakhjulen.

**2** Bromsklossens tjocklek kan snabbkontrolleras via inspektionshålet på bromsokets baksida. Mät tjockleken på bromsklossbeläggen, inklusive stödplattan, med en stållinjal. Tjockleken får inte vara mindre än vad som anges i specifikationerna.

**3** Genom bromsokets inspektionshål kan man bara grovt uppskatta hur bromsklossarna ser ut. Vid en ingående kontroll ska bromsklossarna demonteras och rengöras. Kontrollera även okens funktion och undersök bromsskivornas skick. Kapitel 9 innehåller en detaljerad beskrivning av hur bromsskivan kan undersökas med avseende på slitage och/eller skador.

**4** Om belägget på någon kloss är slitet till angiven minimitjocklek eller tunnare *måste alla fyra klossarna bytas.* Se kapitel 9 för mer information.

**5** Avsluta med att montera tillbaka hjulen och sänka ner bilen.

## 18 Avgassystemets och fästenas skick – kontroll

**1** Se till att motorn är kall, undersök sedan hela avgassystemet ända från motorn till avgasröret. Avgassystemet kontrolleras enklast med bilen upplyft på en lyft eller placerad på pallbockar. Då är avgassystemets komponenter tydligt synliga och lätta att komma åt.

**2** Kontrollera om avgasrör eller anslutningar visar tecken på läckage, allvarlig korrosion eller andra skador. Kontrollera att alla fästen och fästbyglar är i gott skick samt att alla relevanta muttrar och bultar sitter ordentligt. Läckage i någon fog eller annan del visar sig vanligen som en sotfläck i närheten av läckan.

**3** Skaller och andra missljud kan ofta härledas till avgassystemet, speciellt fästen och upphängningar. Om komponenterna kan komma i kontakt med karossen eller fjädringen måste systemet säkras med nya fästen. Sära annars på fogarna (om möjligt) och vrid rören så mycket som behövs för att få större spelrum.

## 19 Styrning och fjädring – kontroll av komponenternas skick och säkerhet

### Kontroll av framvagnens fjädring och styrning

**1** Lyft upp framvagnen och ställ den på pallbockar.

**2** Undersök spindelledernas dammskydd och styrväxelns damasker. De får inte vara skavda, spruckna eller ha andra defekter. Allt slitage på dessa komponenter leder till dålig smörjning, vilket tillsammans med intrång av vatten och smuts leder till snabb utslitning av styrväxel eller spindelleder.

**19.4 Leta efter tecken på slitage i navlagren genom att greppa hjulet upptill och nedtill och försöka rucka på det**

**3** På bilar med servostyrning ska slangarna till denna kontrolleras vad gäller skavning och allmänt skick. Kontrollera även att inte rör- eller slanganslutningar läcker. Kontrollera också att det inte läcker olja ur styrväxelns damasker när den är under tryck. Det indikerar i så fall blåsta oljetätningar inne i styrväxeln.

**4** Ta tag i hjulet upptill och nedtill och försök rucka på det **(se bild).** Ett ytterst litet spel kan märkas, men om rörelsen är stor krävs en närmare undersökning för att fastställa orsaken. Fortsätt rucka på hjulet medan en medhjälpare trycker på bromspedalen. Om spelet försvinner eller minskar markant är det troligen fråga om ett defekt hjullager. Om spelet finns kvar när bromsen är nedtryckt rör det sig om slitage i fjädringens leder eller fästen.

**5** Fatta sedan tag i hjulet på sidorna och försök rucka på det igen. Märkbart spel beror antingen på slitage på hjullager eller styrstagets spindelleder. Om den inre eller yttre spindelleden är sliten kommer den synliga rörelsen att vara tydlig.

**6** Leta efter glapp i fjädringsfästenas bussningar genom att bända mellan relevant komponent och dess fästpunkt med en stor skruvmejsel eller ett plattjärn. En viss rörelse förekommer alltid eftersom bussningarna är av gummi, men större slitage syns tydligt. Kontrollera även skicket på synliga gummibussningar, leta efter bristningar, sprickor eller föroreningar i gummit.

**7** Ställ bilen på marken och låt en medhjälpare vrida ratten fram och tillbaka ungefär ett åttondels varv åt vardera hållet. Det ska inte finnas något, eller bara ytterst lite, spel mellan rattens och hjulens rörelser. Om spelet är större måste spindellederna och fästena som beskrivs ovan undersökas noga. Kontrollera också om rattstångens kardanknutar är slitna och undersök även själva styrväxeln.

### Kontroll av fjäderben/stötdämpare

**8** Leta efter tecken på oljeläckage kring fjäderbenet/stötdämparen eller gummidamasken runt kolvstången. Om det finns spår av olja är fjäderbenet/stötdämparen defekt och ska bytas. **Observera:** *Fjäderben/stötdämpare måste alltid bytas parvis på samma axel.*

**9** Fjäderbenets/stötdämparens effektivitet kan kontrolleras genom att bilen gungas i varje hörn. I normala fall ska bilen återta planläge och stanna efter en nedtryckning. Om den höjs och återvänder med en studs är troligen fjäderbenet/stötdämparen defekt. Undersök även om fjäderbenets/stötdämparens övre och nedre fästen visar tecken på slitage.

### Drivaxlar

**10** Lyft upp bilen och stöd den på pallbockar. Vrid ratten till fullt utslag och snurra sedan långsamt på hjulet. Undersök den yttre drivknutens gummidamasker genom att klämma på dem så att vecken öppnas. Leta efter tecken på sprickor, delningar och åldrat gummi som kan släppa ut fett och släppa in vatten och smuts i drivknuten. Kontrollera även damaskernas klamrar vad gäller åtdragning och skick. Upprepa dessa kontroller på de inre drivknutarna. Om skador eller slitage påträffas bör damaskerna bytas enligt beskrivningen i kapitel 8, avsnitt 3.

**11** Kontrollera samtidigt drivknutarnas skick genom att först hålla fast drivaxeln och försöka snurra på hjulet. Håll sedan fast innerknuten och försök vrida på drivaxeln. En märkbar rörelse indikerar slitage i drivknutarna, slitage i drivaxelspåren eller att drivaxelns fästmutter är lös.

## 20 Landsvägsprov

### Instrument och elutrustning

**1** Kontrollera funktionen hos alla instrument och den elektriska utrustningen.

**2** Kontrollera att instrumenten ger korrekta avläsningar och slå på all elektrisk utrustning i tur och ordning för att kontrollera att den fungerar korrekt.

### Styrning och fjädring

**3** Kontrollera om bilen uppför sig normalt med avseende på styrning, fjädring, köregenskaper och ”vägkänsla”.

**4** Kör bilen och var uppmärksam på ovanliga vibrationer eller ljud.

**5** Kontrollera att styrningen känns positiv, utan överdrivet ”fladder” eller kärvningar, lyssna efter missljud från fjädringen vid kurvtagning och körning över gupp.

### Drivaggregat

**6** Kontrollera hur motorn, kopplingen (om tillämpligt), växellådan och drivaxlarna fungerar.

**7** Lyssna efter ovanliga ljud från motorn, kopplingen och växellådan.

**8** Kontrollera att motorn går jämnt på tomgång och att den inte tvekar vid acceleration.

**9** Kontrollera att kopplingen, om tillämpligt, fungerar smidigt och progressivt, att drivkraften tas upp mjukt och att pedalvägen inte är för lång. Lyssna även efter missljud när kopplingspedalen är nedtryckt.

**10** På modeller med manuell växellåda, kontrollera att alla växlar går i mjukt utan missljud och att växelspakens rörelse inte är onormalt vag eller ryckig.

**11** På modeller med automatväxellåda, kontrollera att alla växlingar är ryckfria, mjuka och fria från ökning av motorvarvet mellan växlar. Kontrollera att alla lägen kan väljas när bilen står stilla. Om problem föreligger ska dessa tas om hand av en Audi/VAG-verkstad.

### Kontroll av bromssystemets funktion och prestanda

**12** Kontrollera att bilen inte drar åt ena hållet vid inbromsning, och att hjulen inte låser sig för tidigt vid hård inbromsning.

**13** Kontrollera att ratten inte vibrerar vid inbromsning.

**14** Kontrollera att handbromsen fungerar ordentligt utan för stort spel i spaken, och att den kan hålla bilen stilla i en backe.

**15** Testa bromsservon på följande sätt. Stäng av motorn, tryck ner bromspedalen 4 eller 5 gånger för att häva vakuumet. Håll bromspedalen nedtryckt och starta motorn. När motorn startar ska pedalen ge efter märkbart medan vakuumet byggs upp. Låt motorn gå i minst två minuter och stäng sedan av den. Om pedalen nu trycks ner ska ett väsande ljud höras från servon. Efter fyra eller fem nedtryckningar ska väsandet upphöra och motståndet i pedalen ska öka.

# Var 30 000:e km

## 21 Bränslefilter – byte

**1** Bränslefiltret sitter på vänster sida av motorn, bakom generatorn. Rengör först filtrets utsida för att förhindra att föroreningar tränger in i bränslesystemet.

**2** Ställ en lämplig behållare under filtret. Förbättra åtkomligheten genom att ta bort tryckluftkanalen från mellankylaren. Gör detta genom att lossa klämmorna och skruva bort fästbulten.

**3** Skruva loss klämmuttern och lyft bort bränslefiltret från fästbygeln tillsammans med slangarna.

**4** Anslut ett filterverktyg till bränslefiltret, håll sedan emot filterhuvudet med en 17 mm fast nyckel på insexdelen längst ner på avtappningsskruven. Skruva loss filtret från huvudet. **Observera:** *Håll inte fast huvudet med en tång, eftersom filtret kan börja läcka om det skadas.*

**5** Ta loss plastinsatsen från det gamla filtret och skjut den på plats på det nya.

**6** Applicera lite dieselolja på det nya filtrets gummitätning, fyll sedan filtret med dieselolja. Detta gör att motorn startar snabbare.

**7** Skruva på filtret samtidigt som du håller emot huvudet, och dra endast åt för hand.

**8** Sätt i filtret i fästbygeln och fäst det genom att dra åt klämmuttern.

**9** Starta motorn och leta efter läckor.

## 22 Pollenfilter – byte

Se informationen i kapitel 1A, avsnitt 21.

## 23 Underredestätning – kontroll

Lyft upp bilen och ställ den på pallbockar (se *Lyftning och stödpunkter*). Använd en ficklampa eller liknande och undersök hela bilens undersida. Var extra uppmärksam på hjulhusen. Leta efter skador på underredesbehandlingen. Den kan spricka eller flagna med tiden vilket leder till korrosion. Kontrollera även att hjulhusens innerskärmar (där tillämpligtl) sitter ordentligt fästa med alla klämmor. Om de lossnar kan smuts komma in bakom skärmarna och motverka deras syfte. Om underredesbehandlingen är skadad eller om korrosion förekommer måste detta åtgärdas innan problemet blir för allvarlig.

## 24 Manuell växellåda – kontroll av oljenivå

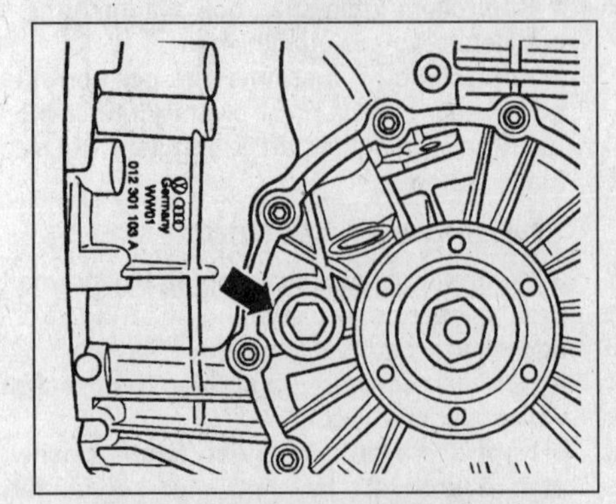

**24.1 Oljepåfyllnings-/nivåpluggens placering på 012 manuell växellåda**

**1** Oljepåfyllnings-/nivåpluggen sitter på växellådans vänstra sida, nedanför hastighetsmätarens givare. På vissa modeller kan den vara dold av en värmesköld **(se bild).** Pluggen kan vara antingen 17 mm av insextyp, eller ha flerkilsfäste.

**2** Dra åt handbromsen, lyft sedan upp framvagnen och bakvagnen och ställ bilen på pallbockar (se *Lyftning och stödpunkter*). Bilen måste stå plant för att kontrollen ska ge ett rättvisande resultat.

**3** Skruva loss påfyllnings-/nivåpluggen.

**4** Kontrollera att oljenivån ligger 7 mm under påfyllningshålets nedre kant. Gör detta med hjälp av en bit vinklad metall, som t.ex. en svetsstång.

**5** Fyll på angiven olja i påfyllnings-/nivåhålet om det behövs. Om systemet ständigt måste fyllas på, leta efter läckage och åtgärda detta.

**6** Montera pluggen och dra åt till angivet moment. Sänk sedan ner bilen.

## 25 Strålkastarinställning

### Halogenstrålkastare

**1** Korrekt inställning av strålkastarna kan endast utföras med optisk utrustning och ska därför överlåtas till en VAG-verkstad eller en annan lämpligt utrustad verkstad.

**2** Strålkastarna kan justeras med justerskruvarna som man kommer åt via strålkastarnas överdelar (se bilderna i kapitel 12, avsnitt 9).

**3** Vissa modeller har ett elmanövrerat strålkastarinställningssystem som styrs via en brytare på instrumentbrädan. På dessa modeller, se till att brytaren är satt i grundläget 0 innan strålkastarna justeras.

### Strålkastare med bågljuslampor

**4** Strålkastarens räckvidd styrs dynamiskt av en elektronisk styrenhet som läser av chassits höjd över marken via givare som sitter på den främre och bakre fjädringen. Strålkastarinställningen kan endast utföras med VAG-testutrustning.

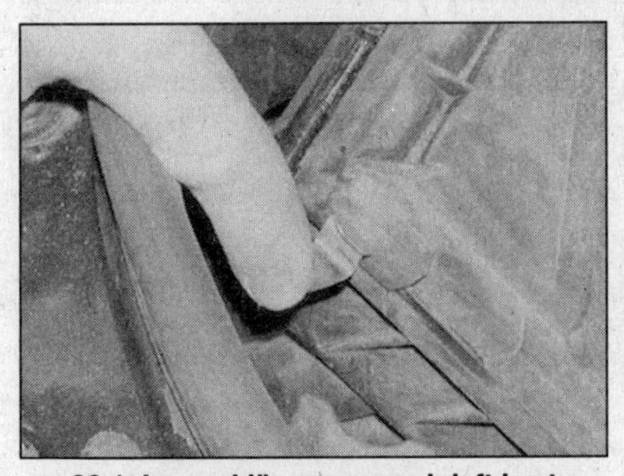
26.1 Lossa klämmorna och lyft bort luftrenarkåpan

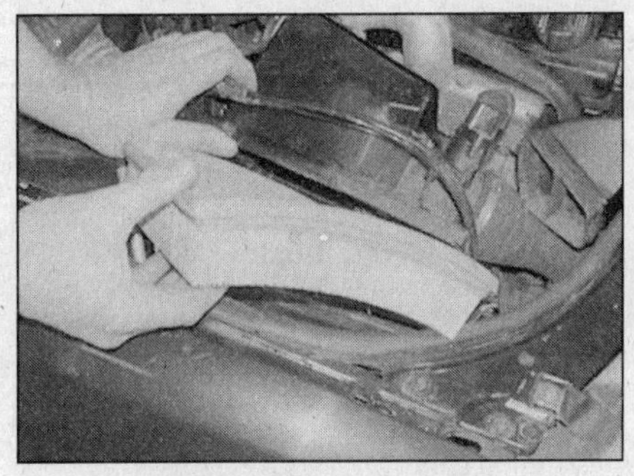
26.2 Luftfiltret tas bort

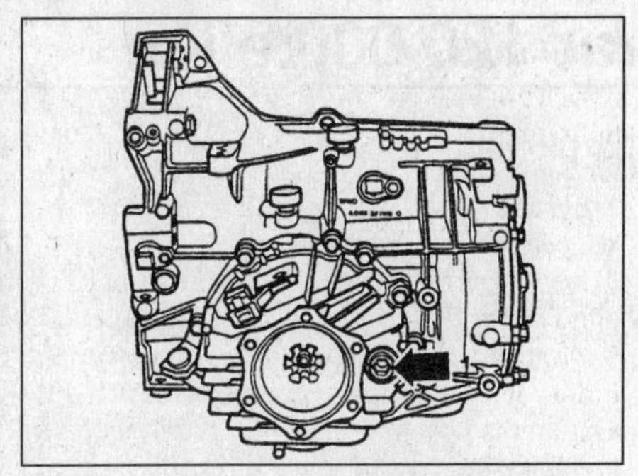
27.1 Påfyllnings-/nivåpluggens placering på automatväxellådan

# Var 60 000:e km

## 26 Luftfilter - byte

**1** Ta bort luftrenarkåpan och luftkanalen, lossa sedan fästklämmorna och lyft bort den övre kåpan från luftrenarhuset **(se bild).** Observera att luftflödesmätaren sitter fäst vid den övre kåpan.

**2** Ta bort luftfiltret och notera hur det sitter monterat **(se bild).**

**3** Torka rent huset och montera det nya luftfiltret. Se till att det sitter åt rätt håll.

**4** Sätt tillbaka den övre kåpan och fäst den med fästklämmorna.

## 27 Slutväxel - kontroll av oljenivå och påfyllning av olja (automatväxellåda)

**1** Slutväxelns oljepåfyllnings-/nivåplugg sitter på automatväxellådans vänstra sida, bakom den vänstra drivaxelns inre drivknut **(se bild).** Dra åt handbromsen och lyft upp framvagnen och ställ den på pallbockar (se *Lyftning och stödpunkter*). Ta bort motorns undre skyddskåpa. Bilen måste stå på plant underlag för att kontrollen ska ge ett rättvisande resultat.

**2** Skruva loss påfyllnings-/nivåpluggen och kontrollera att oljenivån ligger vid påfyllningshålets undre kant. Om det behövs, fyll på med angiven olja genom påfyllnings-/nivåhålet. Om systemet ständigt måste fyllas på, leta efter läckage och reparera detta.

**3** Sätt i pluggen och dra åt till angivet moment. Sänk sedan ner bilen.

## 28 Automatväxellåda - byte av olja

**Observera:** *Byt olja var 4:e år eller var 60 000:e km, beroende på vad som inträffar först.*

**1** Dra åt handbromsen och lyft upp framvagnen och ställ den på pallbockar (se *Lyftning och stödpunkter*). Ta bort motorns undre skyddskåpa.

**Observera:** *För att få rätt oljenivå använder Audis mekaniker ett elektroniskt testverktyg som ansluts till växellådans elektroniska system, och som kontrollerar att bränslets temperatur ligger mellan 35°C och 40°C. Med detta i åtanke rekommenderar vi att bilen lämnas in till en Audiverkstad för att få arbetet utfört. Följande moment kan utföras under förutsättning att nivån kontrolleras av en Audimekaniker när arbetet avslutats.*

**2** Observera att växellådan måste fyllas på från bilens undersida. Se därför till att bilen står plant.

**3** Ställ en lämplig behållare under växellådan. Torka rent oljetråget, skruva sedan loss inspektionspluggen, följt av överfallsröret, från undersidan av oljetråget **(se bild).** Låt oljan rinna ner i behållaren.

**4** Montera tillbaka överfallsröret och dra åt till angivet moment.

**5** Ta bort tätningslocket och pluggen från påfyllningsröret som sitter fäst vid sidan av oljotråget. **Observera:** *Tätningslocket och pluggen ska bytas ut varje gång de tas bort.*

**6** Häll olja i oljetråget tills det rinner ut ur överfallsröret.

**7** Lägg växeln i läge P och kör motorn på tomgång tills den når normal arbetstemperatur. Fyll på med mer olja om det behövs, tills den rinner ut ur överfallsröret.

**8** Tryck ner bromspedalen. Gå sedan igenom alla lägen med växelspaken. Håll kvar växelspaken tre sekunder i varje läge. Ställ sedan tillbaka växelspaken i läge P.

**9** På det här stadiet ansluter Audimekanikern testaren för att kontrollera att oljetemperaturen ligger mellan 35°C och 40°C.

**Observera:** *Om oljenivån kontrolleras när temperaturen är för låg kommer för mycket olja att fyllas på. Om oljenivån kontrolleras när temperaturen är för hög kommer för lite olja att fyllas på.*

**10** Låt motorn gå på tomgång och låt all överflödig olja rinna ut genom överfallsröret.

**11** Stäng av motorn, montera tillbaka inspektionspluggen tillsammans med en ny tätning och dra åt till angivet moment.

**12** Sätt ett nytt tätningslock och en ny plugg på påfyllningsröret.

**13** Sänk ner bilen.

## 29 Kamrem och spännrulle - byte

Se kapitel 2B, avsnitt 4 (kamrem) och 5 (spännrulle).

**Observera:** *Tillverkaren rekommenderar att kamremmen byts ut efter 120 000 km. Vi rekommenderar dock att den byts ut efter 60 000 km, särskilt om bilen i huvudsak används till korta resor eller i stadstrafik. Det är mycket upp till den enskilde ägaren att avgöra hur ofta remmen bör bytas, men med tanke på hur allvarliga motorskador som kan uppstå om remmen går sönder under körning, rekommenderar vi att hellre byta för ofta än för sällan.*

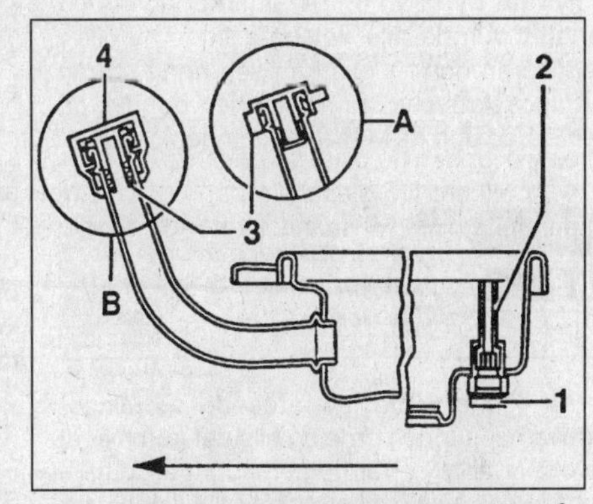


28.3 Komponenter för oljeavtappning på 01N automatväxellåda

*1 Inspektionsplugg*
*2 Överfallsrör*
*3 Tätningslock och plugg*
*4 Tätningslocket B måste bytas ut efter demontering*
*A Tidigt tätningslock*
*B Senare tätningslock*

# Var 120 000:e km

### 30 Drivrem - byte

Se kapitel 2B, avsnitt 6.

# Vartannat år (oberoende av körsträcka)

### 31 Bromsolja - byte

***Varning: Bromsolja kan skada ögonen och bilens lack, så var ytterst försiktig vid hanteringen. Använd aldrig olja som stått i ett öppet kärl under någon längre tid eftersom den absorberar fukt från luften. För mycket fukt i bromsoljan kan medföra livsfarlig minskning av bromseffekten.***

**1** Arbetet liknar i stort sett det som beskrivs för luftning i kapitel 9. Bromsoljebehållaren måste tömmas genom sifonering med en ren bollspruta eller liknande innan arbetet påbörjas, och man måste lämna plats för den gamla olja som töms ut vid luftning av en del av kretsen.

**2** Arbeta enligt beskrivningen i kapitel 9 och öppna den första luftningsskruven i ordningen, pumpa sedan försiktigt på bromspedalen tills nästan all gammal olja runnit ut ur huvudcylinderbehållaren.

**3** Fyll på ny olja till MAX-markeringen och fortsätt pumpa tills det bara finns ny olja i behållaren och ny olja kan ses rinna ut från luftningsskruven. Dra åt skruven och fyll på behållaren upp till MAX-markeringen.

***Gammal hydraulolja är ofta mycket mörkare än ny olja, vilket gör att det är enkelt att skilja dem åt.***

**4** Gå igenom de återstående luftningsskruvarna i tur och ordning tills det kommer ut ny olja ur allihop. Var noga med att alltid hålla behållarens nivå över strecket MIN, i annat fall kan luft komma in i systemet vilket leder till att arbetet tar längre tid.

**5** Avsluta med att kontrollera att alla luftningsskruvar är ordentligt åtdragna och att deras dammskydd sitter på plats. Tvätta bort allt spill och kontrollera oljenivån en sista gång.

**6** Kontrollera att bromsarna fungerar innan bilen körs igen.

### 32 Kylvätska - byte

#### *Avtappning av kylsystemet*

***Varning: Vänta till dess att motorn är helt kall innan arbetet påbörjas. Låt inte frostskyddsmedel komma i kontakt med huden eller lackerade ytor på bilen. Spola omedelbart bort eventuellt spill med stora mängder vatten. Lämna aldrig frostskyddsmedel i ett öppet kärl eller i en pöl på uppfarten eller garagegolvet. Barn och husdjur kan attraheras av den söta doften och frostskyddsmedel kan vara livsfarligt att förtära.***

**1** Se till att motorn är helt kall. Täck över expansionskärlets lock med en trasa och vrid långsamt locket moturs så att systemet tryckutjämnas (normalt hörs ett väsande ljud). Vänta tills systemet är helt tryckutjämnat. Skruva sedan loss locket helt.

**2** Om det behövs, lossa hållarna och ta bort motorns nedre stänkskydd. Placera en lämplig behållare under kylarens nedre slanganslutning. Lossa sedan fästklämman och lirka ut slangen från kylartappen. Om slanganslutningen inte har rubbats på ett tag krävs försiktigt manövrerande av slangen för att bryta fogen. Ta inte i för mycket, då kan kylartappen skadas. Låt kylvätskan rinna ner i behållaren. Observera att kylaren är utrustad med en avtappningskran, men det går att komma åt den endast när den främre stötfångaren är demonterad.

**3** Om det är tillämpligt, skruva loss avtappningspluggen från undersidan av kylvätskepumpen. Ta bort den gamla tätningen från pluggen och montera en ny.

**4** Om kylvätskan tappats ur av någon annan anledning än byte, kan den återanvändas om den är ren och mindre än två år gammal, och det inte finns något annat alternativ. Detta är dock inte att rekommendera.

**5** Återanslut slangen till kylaren och fäst den på sin plats med fästklämman när all kylvätska är urtappad. Om det är tillämpligt, montera kylvätskepumpens avtappningsplugg (med den nya tätningen monterad) och dra åt den till specificerat åtdragningsmoment.

#### *Spolning av kylsystemet*

**6** Om kylvätskebyte inte utförts regelbundet eller om frostskyddet spätts ut, kan kylsystemet med tiden komma att förlora i effektivitet p.g.a. att kylvätskekanalerna sätts igen av rost, kalkavlagringar och annat. Kylsystemets effektivitet kan återställas genom att systemet spolas ur.

**7** För att undvika förorening bör man spola kylsystemet oberoende av motorn.

#### Spolning av kylare

**8** Börja med att koppla loss den övre och nedre slangen samt andra relevanta slangar från kylaren, enligt beskrivningen i kapitel 3.

**9** Stick in en trädgårdsslang i det övre kylarinloppet. Spola in rent vatten i kylaren och fortsätt spola till dess att rent vatten rinner ur kylarens nedre utlopp.

**10** Om det efter en rimlig tid fortfarande inte kommer ut rent vatten kan kylaren spolas ur med kylarrengöringsmedel. Det är viktigt att tillverkarens anvisningar följs noga. Om kylaren är svårt förorenad, stick in slangen i nedre utloppet och spola ur kylaren baklänges.

#### Spolning av motor

**11** Om motorn ska spolas måste termostaten tas bort enligt beskrivningen i kapitel 3. Återmontera sedan termostatkåpan tillfälligt.

**12** Lossa de övre och nedre kylarslangarna från kylaren och stick in en trädgårdsslang i den övre kylarslangen. Spola in rent vatten i motorn och fortsätt att spola till dess att rent vatten rinner ut ur den nedre slangen.

**13** När spolningen är avslutad, montera tillbaka termostaten och anslut slangarna enligt beskrivning i kapitel 3.

#### *Påfyllning av kylsystemet*

**14** Kontrollera innan påfyllningen inleds att alla slangar och slangklämmor är i gott skick och att klämmorna är väl åtdragna. Observera att frostskyddsblandning måste användas året runt för att förhindra korrosion på motorns komponenter (se följande underavsnitt).

**15** Lossa klämman och dra ut värmeenhetens tillförselslang från tappen på torpedväggen (se kapitel 3) tills luftningshålet i slangens överdel inte täcks av tappens yta. Ta inte loss slangen helt.

**16** Skruva loss fästskruvarna och koppla loss expansionskärlet från motorrummet. Lyft upp det ungefär 10 cm ovanför motorrummet och stöd det med ett träblock eller med hjälp av ståltråd.

**17** Skruva loss expansionskärlets lock, fyll sedan systemet långsamt genom att sakta hälla ner kylvätskan i expansionskärlet så att inte luftlås uppstår.

**18** Om kylvätska fylls på, börja med att hälla i ett par liter vatten följt av rätt mängd frostskyddsvätska. Fyll sedan på med mer vatten.

**19** Fortsätt fylla på tills kylvätska börjar rinna ut från luftningshålet i värmeslangen. Montera sedan slangen och dra åt klämman ordentligt.

**20** När nivån i expansionskärlet börjar stiga, kläm ihop kylarens övre och nedre slangar för att hjälpa till att trycka ut eventuella luftbubblor ur systemet. När all luft är ute, fyll på kylvätskenivån till MAX-markeringen. Sätt sedan på expansionskärlets lock och montera expansionskärlet vid karossen.

**21** Starta motorn och låt den gå på snabb tomgång i ungefär tre minuter. Låt därefter motorn gå på normal tomgång tills den nedre slangen blir varm.

**22** Leta efter läckor, särskilt runt komponenter som tagits loss. Kontrollera kylvätskenivån i expansionskärlet och fyll på om det behövs. Observera att systemet måste vara kallt innan korrekt nivå visas i expansionskärlet. Om expansionskärlets lock tas bort medan motorn fortfarande är varm, måste locket täckas över med en tjock trasa och sedan långsamt skruvas upp för att systemet ska tryckutjämnas gradvis (normalt hörs ett väsande ljud). Vänta tills systemet är helt tryckutjämnat, skruva sedan loss locket helt. Ta aldrig bort locket medan motorn fortfarande är riktigt het.

## Frostskyddsblandning

***Varning: Modeller fram till juni 1996 fylldes med kylvätska innehållande frostskyddsvätska VAG artikelnummer G011A8C (grön färg) som nya. Modeller från och med juni 1996 fylldes med kylvätska innehållande frostskyddsvätska VAG artikelnummer G012A8D (röd färg) som nya. BLANDA INTE dessa två olika typer av frostskyddsvätska i någon mängd, det kan leda till allvarliga skador på motorn. Om kylvätskan i expansionskärlet är brunfärgad är det möjligt att kylsystemet har fyllts på med kylvätska innehållande fel typ av frostskyddsmedel. Om du är osäker på vilken typ av frostskyddsmedel som använts eller misstänker att flera sorter kan ha blandats, är det bäst att tömma och spola ur kylsystemet och sedan fylla på det igen.***

**23** Frostskyddsmedlet ska alltid bytas regelbundet med angivna intervall. Detta inte bara för att bibehålla de frostskyddande egenskaperna utan även för att förhindra korrosion som annars kan uppstå därför att korrosionshämmarna gradvis förlorar effektivitet.

**24** Använd endast etylenglykolbaserat frostskyddsmedel som är lämpat för motorer med blandade metaller i kylsystemet. Mängden frostskyddsmedel och olika skyddsnivåer anges i specifikationerna.

**25** Innan frostskyddsmedlet hälls i ska kylsystemet tappas ur helt och helst spolas igenom. Samtliga slangar ska kontrolleras beträffande skick och tillförlitlighet.

**26** När kylsystemet fyllts med frostskyddsmedel är det klokt att sätta en etikett på expansionskärlet som anger frostskyddsmedlets typ och koncentration, samt datum för påfyllningen. Varje efterföljande påfyllning ska göras med samma typ och koncentration av frostskyddsmedel.

**27** Använd inte motorfrostskyddsmedel i vindrutans/bakrutans/strålkastarnas spolarvätska – den skadar lacken.

## 33 Avgasutsläpp – kontroll

Den här kontrollen ingår i tillverkarens underhållsschema och inbegriper kontroll av avgasutsläppet med hjälp av en dieselavgasanalyserare. Det är inte nödvändigt att utföra den här kontrollen om inte något misstänks vara fel, men observera att tillverkarna rekommenderar att den utförs. Kontroll av avgasreningssystemet ingår i bilbesiktningen.

# Kapitel 2 Del A:
# Reparationer med motorn kvar i bilen – bensinmotorer

## Innehåll



## Svårighetsgrader

**Enkelt,** passar novisen med lite erfarenhet 

**Ganska enkelt,** passar nybörjaren med viss erfarenhet 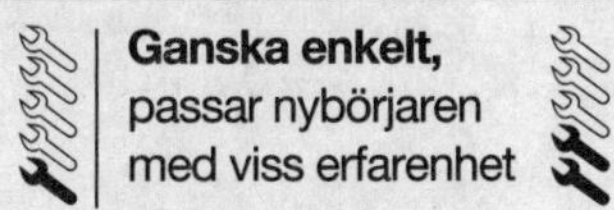

**Ganska svårt,** passar kompetent hemmamekaniker 

**Svårt,** passar hemmamekaniker med erfarenhet 

**Mycket svårt,** för professionell mekaniker 

## Specifikationer

### Allmänt

| | |
|---|---|
| Motorkod* | |
| 1595cc, Bosch Motronic 3.2 insprutning, 74 kW (100 hk) | ADP |
| 1595cc, Simos, 74 kW (100 bhp) | AHL |
| 1781cc, Bosch Motronic insprutning, 92 kW (124 hk) | ADR |
| 1781cc, Bosch Motronic insprutning, 88 kW (119 hk) | AFY |
| 1781cc, Bosch Motronic insprutning, 92 kW (124 hk) | APT |
| 1781cc, Bosch Motronic insprutning | APW |
| 1781cc, Bosch Motronic insprutning, 110 kW (149 hk) | AEB |
| 1781cc, Bosch Motronic insprutning, 132 kW (178 hk) | AJL |

*** Observera:** *Se "Bilens identifikationsnummer" i slutet av den här handboken för information om kodmärkningens placering på motorn.*

| | |
|---|---|
| Lopp: | |
| ADP, AHL, ADR, APT, APW, AFY, AEB, AJL | 81,0 mm |
| Kolvslag: | |
| ADP, AHL | 77,4 mm |
| ADR, APT, APW, AFY, AEB, AJL | 86,4 mm |
| Kompressionsförhållande: | |
| ADP | 10,3 : 1 |
| AHL | 10,2 : 1 |
| ADR | 10,3 : 1 |
| APT | 10,3 : 1 |
| APW | 10,3 : 1 |
| AFY | 9,2 : 1 |
| AEB | 9,5 : 1 |
| AJL | 9,5 : 1 |
| Kompressionstryck (slitagegräns): | |
| ADP, AHL, ADR, AFY | 7,5 bar |
| AEB, AJL, APT, APW | 7,0 bar |
| Maximal skillnad mellan cylindrar | 3,0 bar |
| Tändföljd | 1 – 3 – 4 – 2 |
| Cylinder nr 1 placering | Kamremsänden |

### Smörjsystem

Oljepump, typ:
- ADP, ADR, APT, APW, AFY, AEB, AJL: Monterad på oljesumpen, drivs indirekt från mellanaxeln
- AHL: Monterad på oljesumpen, kedjedriven från vevaxeln

Oljetryck (oljetemperatur 80°C):
- ADP, ADR, APT, APW, AFY, AEB, AJL:
  - Vid tomgång: 1,0 till 3,5 bar
  - Vid 3000 varv per minut: 5,0 till 7,0 bar
- AHL:
  - Vid tomgång: 2,0 bar minimum
  - Vid 2000 varv per minut: 3,0 till 4,5 bar

Oljepumpens dödgång: 0,2 mm (slitagegräns)
Oljepumpens axialspel: 0,15 mm (slitagegräns)

### Åtdragningsmoment — Nm

Automatisk kamaxeljustering, bult (motor med dubbla överliggande kamaxlar): 10
Avgasrör till grenrör: 30
Bultar mellan motor och växellåda:
- M10: 45
- M12: 65

Drivplattans fästbultar:
- Steg 1: 60
- Steg 2: Vinkeldra 90°

Fläkt med viskoskoppling: 45
Hallgivare till topplock: 10
Hallgivarens rotor till insugskamaxeln (motorkod ADR, AFY, AEB, AJL): 25
Insugsgrenrör:
- Alla motorkoder utom AHL, ADP: 10
- Motorkod AHL, ADP: 20

Insugsgrenrörets fästbygel: 20
Kamaxeldrev
- Alla motorkoder utom AHL, ADP: 65
- Motorkod AHL, ADP: 100

Kamaxelkåpa: 10
Kamaxellageröverfall:
- Alla motorkoder utom AHL, ADP: 10
- Motorkod AHL, ADP: 20

Kamremmens bakre skydd: 20
Kamremsspännare (motorkod ADP): 25
Kamremsspännarens mutter (motorkod AHL): 15
Kylvätskepumpens remskivehalvor: 25
Luftkonditioneringskompressorns drivremsspännare: 20
Mellanaxeldrev:
- Alla motorkoder utom ADP: 65
- Motorkod ADP: 80

Mellanaxelns fläns: 25
Motorfäste till kryssrambalk: 25
Oljemunstycken: 27
Oljepump:
- Motorkod ADP, ADR, AFY, AEB, AJL: 25
- Motorkod AHL: 15

Oljepumpkåpa (motorkod ADP, ADR, AFY, AEB, AJL): 10
Oljesump:
- Motorkod ADP:
  - Korta bultar i två steg till: 20
  - Långa bultar (vid svänghjulets/drivplattans ände): 45
- Motorkod ADR, AFY, AEB, AJL:
  - Korta bultar mellan oljesump och motorblock i två steg till: 15
  - Långa bultar mellan oljesump och motorblock: 45
  - Bultar mellan oljesump och växellåda
    - M8: 25
    - M10: 45
- Motorkod AHL:
  - Korta bultar i två steg till: 15
  - Långa bultar (vid svänghjulets/drivplattans ände): 45

## Åtdragningsmoment (fortsättning)

| | Nm |
|---|---|
| Oljeupptagningsventil | 8 |
| Ramlageröverfallens bultar: | |
| Alla motorkoder utom AHL: | |
| Steg 1 | 65 |
| Steg 2 | Vinkeldra ytterligare 90° |
| Motorkod AHL: | |
| Steg 1 | 40 |
| Steg 2 | Vinkeldra ytterligare 90° |
| Svänghjulets fästbultar: | |
| Steg 1 | 60 |
| Steg 2 | Vinkeldra 180° (eller 2 x 90°) |
| Topplocksbultar: | |
| Alla motorkoder utom AHL: | |
| Steg 1 | 60 |
| Steg 2 | Vinkeldra 180° (eller 2 x 90°) |
| Motorkod AHL: | |
| Steg 1 | 40 |
| Steg 2 | Vinkeldra 180° (eller 2 x 90°) |
| Tändspole (motorkod AEB, AJL) | 10 |
| Vevaxeldrev: | |
| Steg 1 | 90 |
| Steg 2 | Vinkeldra 90° |
| Vevaxelns bakre oljetätningshus: | |
| M6-bultar | 10 |
| M8 bultar | 20 |
| Vevaxelns främre oljetätningshus: | |
| M6-bultar | 10 |
| M8-bultar | 25 |
| Vevstaksöverfallens bultar/muttrar: | |
| Steg 1 | 30 |
| Steg 2 | Vinkeldra ytterligare 90° |

## 1 Allmän information

### *Hur detta kapitel används*

Kapitel 2 är indelat i tre delar; A, B och C. Reparationer som kan utföras med motorn kvar i bilen beskrivs i del A (bensinmotorer) och del B (dieselmotorer). Del C beskriver demonteringen av motorn/växellådan som en enhet samt behandlar motorns isärtagning och renovering.

I del A och B förutsätts att motorn är monterad i bilen med alla hjälpaggregat anslutna. Om motorn har demonterats för renoveringen kan isärtagningsbeskrivningen som inleder varje moment hoppas över.

Åtkomligheten till motorrummet kan förbättras genom att motorhuven tas bort enligt beskrivningen i kapitel 11.

### *Beskrivning av motorn*

I detta kapitel anges motortyperna med tillverkarens motorkoder snarare än med deras volym. I specifikationerna i början av kapitlet finns en lista över de motorer som behandlas tillsammans med deras respektive motorkoder.

Motorerna är vattenkylda med enkla eller dubbla överliggande kamaxlar, fyra raka cylindrar och motorblock av gjutjärn samt topplock av aluminiumlegering. Alla är monterade längsgående framtill i bilen, med växellådan fäst på motorns bakre del.

Vevaxeln har fem lager och tryckbrickor sitter monterade på det mittersta ramlagret för att reglera vevaxelns axialspel.

Kamaxeln drivs av en kuggad kamrem från vevaxeldrevet. På ADR, APT, APW, AFY, AEB och AJL motorer med dubbla överliggande kamaxlar driver kamremmen avgaskamaxeln. Insugskamaxeln drivs av avgaskamaxeln via en kedja i kamaxlarnas bakändar. En hydraulisk spännare sitter på kedjan och på ADR, AFY och APT motorer består denna av en mekanisk kamaxeljusterare som automatiskt justerar insugskamaxelns ventilinställning.

På ADP, ADR, AFY, APT och APW motorer driver kamremmen också mellanaxeln som i sin tur används för att driva oljepumpen och, på vissa motorer, fördelaren. Ventilerna styrs från kamaxeln via hydrauliska ventillyftare och ventilspelen justeras automatiskt.

Topplocket håller den enkla eller de dubbla kamaxlarna som drivs av en kuggad kamrem. Topplocket innehåller även insugs- och avgasventilerna, som stängs via enkla eller dubbla spiralfjädrar, och som går i styrningar som är inpressade i topplocket. Kamaxeln aktiverar ventilerna direkt via hydrauliska ventillyftare som sitter monterade i topplocket. Topplocket innehåller inbyggda smörjkanaler som smörjer ventillyftarna.

På alla motorer utom AHL pumpas motorns kylvätska runt med en pump som drivs av en drivrem från vevaxelns remskiva. På vissa modeller drivs pumpen indirekt från servostyrningspumpens remskiva. På AHL motorer drivs kylvätskepumpen av kamremmen. Se kapitel 3 för ytterligare information om kylsystemet.

Smörjmedel pumpas runt under tryck av en pump som antingen drivs av en kedja från vevaxeln (AHL) eller från mellanaxeln (ADP, ADR, APT, APW, AFY, AEB, AJL). Olja dras från oljesumpen genom en renare och tvingas sedan genom ett externt, utbytbart filter. Därifrån fördelas den till topplocket, där den smörjer kamaxeltapparna och de hydrauliska ventillyftarna, samt till vevhuset där den smörjer ramlagren, vevstakarnas vevlager, kolvtapparna och cylinderloppen. En oljetryckskontakt sitter placerad på oljefilterhuset och verkar vid 1,4 bar. På AHL, ADR, APT, APW, AFY, AEB och AJL motorer sitter en oljekylare fäst ovanpå oljefiltret. Oljekylaren förses med kylvätska från kylsystemet för att kyla ner oljan innan den pumpas in i motorn igen.

### *Reparationer som kan utföras med motorn monterad i bilen*

Följande moment kan utföras utan att motorn tas bort från bilen:

*a) Drivremmar – demontering och montering.*
*b) Kamaxel (-axlar) – demontering och montering.*
*c) Kamaxelns oljetätning – byte.*
*d) Kamaxeldrev – demontering och montering.*

2.4 ÖD-markeringar på den nedre kamremskåpan

e) *Kylvätskepump – demontering och montering (se kapitel 3).*
f) *Vevaxelns oljetätningar – byte.*
g) *Vevaxeldrev – demontering och montering.*
h) *Topplock – demontering och montering.**
i) *Motorfästen – kontroll och byte.*
j) *Mellanaxelns oljetätning (utom AHL motorer) – byte.*
k) *Oljepump och oljeupptagare – demontering och montering.*
l) *Oljesump – demontering och montering.*
m) *Kamrem, drev och kåpa – demontering, kontroll och montering.*

**Topplockets isärtagning beskrivs i kapitel 2C, med information om demontering av kamaxel och hydrauliska ventillyftare.*

**Observera:** *Det går att ta bort kolvarna och vevstakarna (efter att topplocket och sumpen demonterats) utan att demontera motorn. Detta rekommenderas dock inte. Arbete av den här typen blir betydligt enklare att utföra och får bättre resultat om de utförs med motorn på en arbetsbänk enligt beskrivningen i kapitel 2C.*

## 2 Motorns ventilinställningsmärken – allmän information och användning

### Allmän information

**1** Vevaxelns, kamaxelns och (förutom på AHL motorer) mellanaxelns drev drivs av kamremmen och roterar i fas med varandra. När kamremmen tas bort vid service eller reparation kan axlarna rotera oberoende av varandra, och den korrekta fasningen går då förlorad.

2.5 Tändinställningsmarkeringar på kamaxeldrevet och kamremmens inre kåpa

**2** De motorer som behandlas i det här kapitlet är utformade så att kolven kommer att komma i kontakt med ventilen om vevaxeln vrids när kamremmen är demonterad. Därför är det viktigt att fasningen mellan kamaxeln, vevaxeln och mellanaxeln (om tillämpligt) bevaras medan kamremmen är borttagen. Detta uppnås genom att motorn sätts i ett referensläge (även kallat övre dödpunkt eller ÖD) innan kamremmen tas bort, och att skaften sedan hindras från att rotera tills remmen har återmonterats. Om motorn har tagits isär för renovering kan den också sättas till ÖD under hopsättningen, för att den korrekta axelfasningen ska återställas. **Observera:** *På AHL motorer drivs kylvätskepumpen också av kamremmen, men pumpinställningen är inte kritisk. På bilar med motorkod ADR, APT, APW, AFY, AEB eller AJL driver mellanaxeln endast oljepumpen, så dess inställning med vevaxeln och kamaxeln är inte kritisk.*

**3** ÖD är det högsta läge en kolv når i respektive cylinder. I en fyrtaktsmotor når varje kolv ÖD två gånger per cykel; en i kompressionstakten och en i avgastakten. Normalt avses med ÖD cylinder nr 1 i sitt kompressionsslag. Observera att cylindrarna är numrerade ett till fyra med början från motorns kamremsände.

**4** Vevaxelns remskiva har en markering som, när den är i linje med referensmarkeringen på kamremskåpan, anger att cylinder nr 1 (och således även cylinder nr 4) är i ÖD **(se bild)**.

**5** Kamaxeldrevet (avgaskamaxeln på motorer med dubbla överliggande kamaxlar) är också utrustat med ett tändinställningsmärke **(se bild)**. När märket är i linje med ett märke på den lilla övre kamremskåpan eller kamaxelkåpan är cylinder nr 1 i ÖD.

**6** Dessutom har svänghjulet/drivplattan ÖD-markeringar som kan ses om skyddskåpan tas bort från balanshjulskåpan. Observera dock att märkena inte kan användas om växellådan har tagits bort från motorn för reparation eller renovering.

### Inställning av ÖD på cylinder nr 1

**7** Se till att tändningen är avslagen innan arbetet påbörjas.

**8** Om så är tillämpligt, ta bort motorns övre skyddskåpa.

**9** På ADP motorer, observera hur tändkabel nr 1 sitter placerad på fördelarlocket. Ta sedan bort locket och gör ett märke på fördelardosan som motsvarar placeringen av segment nr 1 i locket. Detta gör det lättare att avgöra när kolv nr 1 är i ÖD.

**10** Ta bort alla tändstift enligt beskrivningen i kapitel 1A.

**11** Vrid motorn medurs med en skiftnyckel på vevaxelns remskiva. Använd en lämplig gummiplugg över tändstiftshål nr 1 för att avgöra när kolv nr 1 är i sin kompressionstakt (trycket känns genom tändstiftshålet). På motorer med fördelare når rotorarmen märket som gjordes i punkt 9.

**12** Fortsätt vrida motorn medurs tills ÖD-märket på vevaxelns remskiva eller svänghjulet/drivplattan är i linje med motsvarande märke på kamremskåpan eller växelhuset. Gör en extra kontroll genom att ta bort den övre yttre kamremskåpan för att komma åt ÖD-markeringarna på kamaxeldrevet.

## 3 Kompressionsprov

**1** Om motorns prestanda sjunker eller om misständningar uppstår som inte kan hänföras till tändning eller bränslesystem, kan ett kompressionsprov ge en uppfattning om motorns skick. Om kompressionsprov tas regelbundet kan de ge förvarning om problem innan några andra symptom uppträder.

**2** Motorn måste vara uppvärmd till normal arbetstemperatur, batteriet måste vara fulladdat och alla tändstift måste vara urskruvade (se kapitel 1A). Dessutom behövs en medhjälpare. Demontera motorns övre skyddskåpa om det är tillämpligt.

**3** På motorer med fördelare, sätt tändsystemet ur funktion genom att koppla loss tändspolens ledning från fördelarlocket och jorda den på motorblocket. Använd en startkabel eller liknande för att få god anslutning. På motorer utan fördelare, koppla loss kablaget från tändspoleenheten (se kapitel 5B).

**4** Sätt bränsleinsprutarna ur funktion genom att koppla loss kablaget från dem.

**5** Montera ett verktyg för kompressionsprov till tändstiftshålet för cylinder nr 1. Det är bäst att använda den typ av verktyg som skruvas fast i hålet.

**6** Låt en medhjälpare hålla gasspjället helt öppet. **Observera:** *Vissa senare modeller är utrustade med en gaspedalgivare i stället för en vajer. Gasspjället fungerar då inte förrän tändningen slås på.* Dra runt motorn på startmotorn i flera sekunder. Efter ett eller två varv bör kompressionstrycket byggas upp till maxvärdet och sedan stabiliseras. Anteckna den högsta avläsningen.

**7** Upprepa testet på återstående cylindrar och notera trycket på var och en. Håll gasspjället vidöppet.

**8** Alla cylindrar ska ha liknande tryck. Om skillnaden mellan två av cylindrarna överstiger 3 bar är det ett tecken på att något är fel. Observera att kompressionen ska byggas upp snabbt i en väl fungerande motor. Om kompressionen är låg i det första kolvslaget och sedan ökar gradvis under följande slag, är det ett tecken på slitna kolvringar. Lågt tryck som inte höjs är ett tecken på läckande

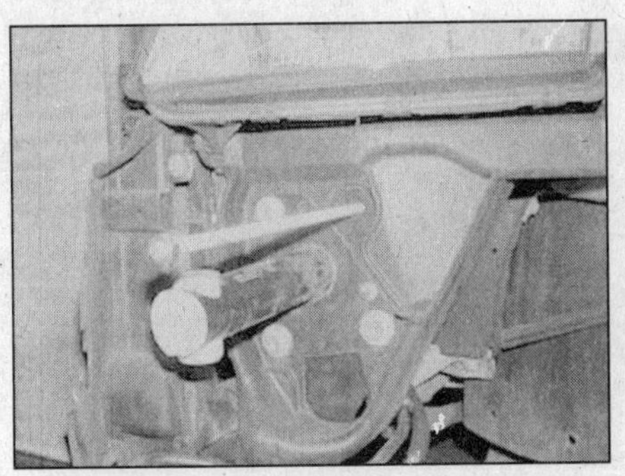
4.4a Använd gängade stag för att stödja låshållaren

4.4b Skruva loss servostyrningens oljekylare . . .

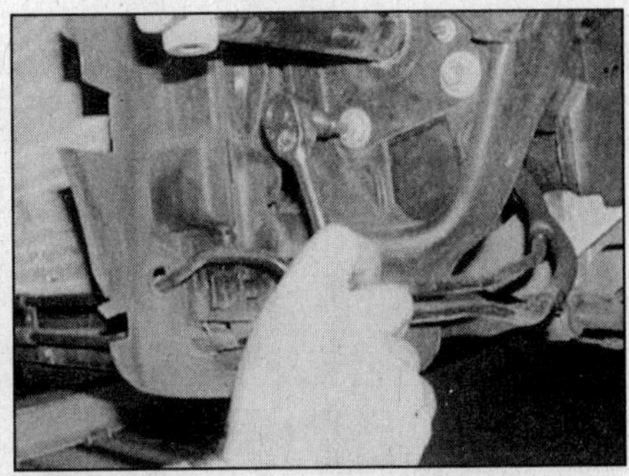
4.4c . . . skruva sedan loss fästbultarna . . .

ventiler eller trasig topplockspackning (eller ett sprucket topplock).

**9** Se specifikationerna i detta kapitel och jämför de uppmätta kompressionsvärdena med värdena från tillverkaren.

**10** Om trycket i en cylinder är mycket lägre än i de andra kan följande kontroll utföras för att hitta orsaken. Häll i en tesked ren olja i cylindern genom tändstiftshålet och upprepa provet.

**11** Om tillförsel av olja tillfälligt förbättrar kompressionen är det ett tecken på att slitage på kolvringar eller lopp orsakar tryckfallet. Om ingen förbättring sker tyder det på läckande/brända ventiler eller trasig topplockspackning.

**12** Ett lågt värde från två intilliggande cylindrar beror nästan alltid på att topplockspackningen mellan dem är sönder.

4.4d . . . och dra bort låshållaren från bilens främre del

**13** Om en cylinder har ett värde som är 20 % lägre än de andra cylindrarna, och motorns tomgång är något ojämn, kan en sliten kamnock på kamaxeln vara orsaken.

**14** Avsluta kontrollen med att montera tändstiften, tändkablarna, bränsleinsprutarkablaget och den övre kåpan.

## 4 Kamrem – demontering, kontroll och montering

### Allmän information

**1** Den kuggade kamremmens primära funktion är att driva kamaxeln (-axlarna). Om remmen slirar eller går sönder när motorn är igång kommer ventilinställningen att rubbas och kolven kommer att komma i kontakt med ventilen. Detta leder till allvarliga motorskador. Därför är det viktigt att kamremmen är korrekt spänd och att den kontrolleras regelbundet efter tecken på slitage eller åldrande.

### Demontering

**2** Koppla loss batteriets minusledning (jord) innan arbetet påbörjas (se kapitel 5A).

**3** Dra därefter åt handbromsen, lyft upp framvagnen och ställ den på pallbockar (se *Lyftning och stödpunkter*). Om så är tillämpligt, ta bort stänkskyddet från motorrummets undersida.

**4** Man kommer åt kamremmen genom att flytta hela den främre panelen (låshållaren) så långt som möjligt från bilens framvagn utan att koppla loss kylarslangarna eller det elektriska kablaget. Gör på följande sätt: Ta först bort stötfångaren enligt beskrivningen i kapitel 11. Skruva sedan loss de tre klämmorna från ljudisoleringen och skruva loss luftkanalen mellan låshållaren och luftrenaren. Skruva loss servostyrningens oljekylare från kylarens nederdel. Lossa kablaget från klämmorna på kylarens vänstra sida. Skruva loss bultarna som fäster låshållaren vid underredets kanaler. Skruva sedan loss de övre sidobultarna bakom strålkastarenheterna. Ta hjälp av en medhjälpare och dra bort hela enheten så långt som möjligt från bilens framvagn. Audimekaniker använder specialverktyg för att hålla enheten, men det går att tillverka stödstag av gängad metall som skruvas in i underredets kanaler **(se bilder)**.

**5** Ta bort drivremmen (-remmarna) enligt beskrivningen i avsnitt 6. Skruva även loss spännaren från motorns främre del med hjälp av en insexnyckel **(se bilder)**.

**6** Demontera fläkten med viskoskoppling enligt beskrivningen i kapitel 3, avsnitt 5. Den tas bort med en insexnyckel bakifrån, medan enheten hålls på plats med en bult som temporärt stuckits in bakifrån och som vilar på motorblocket **(se bilder)**.

4.5a Skruva loss bultarna . . .

4.5b . . . och ta bort spännaren

4.6a Skruva loss bulten . . .

4.6b . . . och ta bort den viskösa fläkten

4.7a Lossa klämmorna . . .

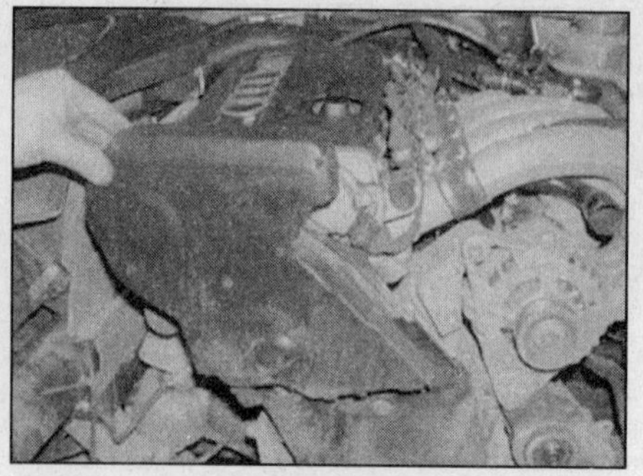
4.7b . . . och ta bort kamremmens övre, yttre kåpa

**7** Lossa och ta bort kamremmens övre, yttre kåpa **(se bilder)**.

**8** Om kamremmen ska återmonteras, märk ut remmens rotationsriktning med en krita eller en märkpenna.

**9** Ställ motorn i ÖD enligt beskrivningen i avsnitt 2. **Observera:** *Kontrollera att **alla** ÖD-markeringar är exakt i linje. Ibland kan märket på kamaxelkåpan vara något snett vilket kan leda till förvirring när kamremmen sätts tillbaka. Om en något sned inriktning förekommer, gör ett tillfälligt andra märke för att använda vid återmonteringen.*

**10** Skruva loss och ta bort bultarna som fäster remskivan (eller vibrationsdämparen) vid drevet medan vevaxeln hålls fast med en hylsnyckel på remskivans mittbult. Dra bort remskivan/vibrationsdämparen **(se bilder)**.

**11** Skruva loss bultarna och demontera kamremmens nedre yttre kåpa från motorblocket **(se bilder)**.

### Motorkoder ADP, ADR (t.o.m. 07/97), AFY (t.o.m. 07/97), AEB, AJL, APT, APW

**12** Använd en Torxnyckel och lossa bulten som fäster spännrullens nav vid spännararmen. Tryck spännarnavet medurs för att minska spänningen på kamremmen **(se bild)**.

### Motorkod ADR (fr.o.m. 08/97) och AFY (fr.o.m. 08/97)

**13** Stick in en 8,0 mm insexnyckel i hålet i spännarens nav. Vrid sedan spännaren långsamt moturs för att trycka ihop spännarfjädern. Rikta in de små hålen i spännarens överdel och den inre kolven. Stick in en 2,0 mm spiralborr för att hålla spännarfjädern ihoptryckt **(se bild)**. Lossa **inte** några av spännarbultarna.

### Motorkod AHL

**14** Skruva loss den mittre muttern på den halvautomatiska spännaren så att den släpper all spänning från kamremmen.

### Alla motorer

**15** Dra bort kamremmen från vevaxelns, kamaxelns och mellanaxelns eller kylarens drev och ta bort den från motorn **(se bild)**. Böj **inte** kamremmen tvärt om den ska återanvändas.

## *Kontroll*

**16** Undersök först om remmen är förorenad av kylvätska eller smörjmedel. Om så är fallet måste källan till föroreningen hittas innan arbetet återupptas. Kontrollera också om remmen är sliten eller skadad. Kontrollera

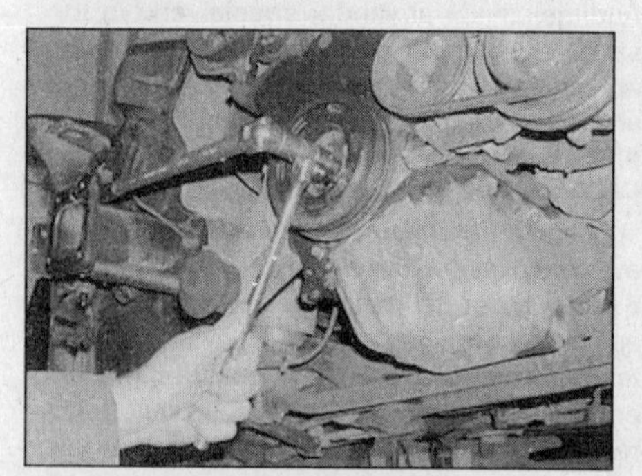
4.10a Skruva loss bultarna . . .

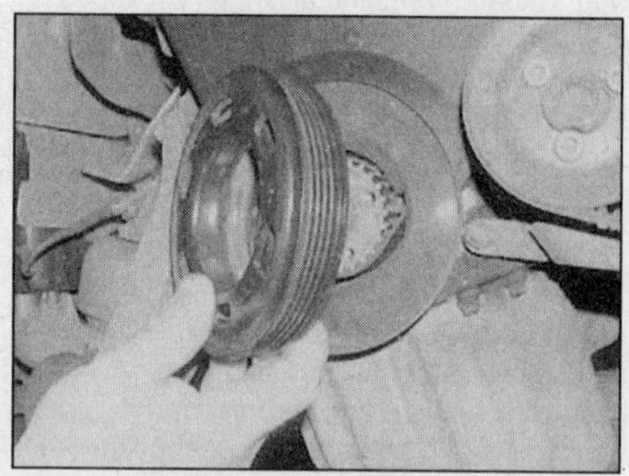
4.10b . . . och dra bort remskivan/vibrationsdämparen

4.11a Skruva loss bultarna . . .

4.11b . . . och ta bort kamremmens nedre yttre kåpa

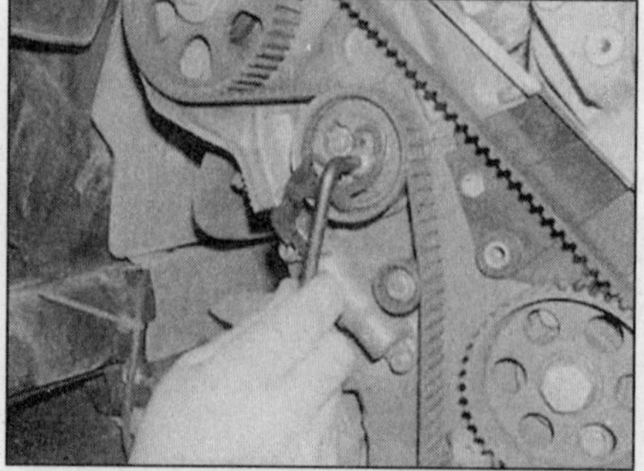
4.12 Använd en torxnyckel för att lossa navbulten till kamremsspännarens rulle

4.13 Använd en insexnyckel och vrid spännarhjulet moturs. Stick sedan in borren för att hålla det (ADR motor)

extra noga runt remkuggarnas framkanter. Byt ut remmen om det råder minsta tvivel om dess skick. Kostnaden för rembyte är försumbar i jämförelse med den potentiella kostnaden för de motor-reparationer som skulle behövas om remmen gick sönder vid körning. Remmen måste bytas ut om den har avverkat den körsträcka som angivits av tillverkaren (se kapitel 1A). Det är dock klokt att byta ut den tidigare, oavsett dess skick, som en försiktighetsåtgärd. **Observera:** *Om kamremmen inte ska återmonteras på ett tag kan det vara klokt att fästa en varningslapp på ratten för att påminna dig själv (och andra) om att inte starta motorn.*

## *Montering*

### Motorkoder ADP, ADR (t.o.m. 07/97), AFY (t.o.m. 07/97), AEB, AJL, APT, APW

**17** Se till att tändinställningsmärket på kamaxeldrevet är korrekt i linje med motsvarande ÖD-märke på kamaxelkåpan. Se avsnitt 2 för närmare information.

**18** Montera tillfälligt den nedre kamremskåpan. Placera sedan den ribbade drivremmens remskiva på vevaxeldrevet med två av fästskruvarna. Observera att fästhålens förskjutning endast tillåter ett visst läge. **Observera:** *Det finns ett visst spelrum i remskivans bulthål, så remskivan bör monteras mitt i.* Se till att ÖD-märkena är korrekt i linje. Ta sedan bort remskivan och kamremskåpan.

**19** Dra kamremmen löst under vevaxeldrevet. Notera den markerade rotationsriktningen om den gamla kamremmen återmonteras.

**20** På motorkod ADP, montera tillfälligt remskivan på vevaxeldrevet. Kontrollera sedan att tändinställningsmärkena på vevaxelns remskiva och mellanaxeldrevet är korrekt inriktade. Strecket på vevaxelns remskiva måste vara i linje med **punkten** på mellanaxeldrevet. Observera dock att markeringen **OT** på mellanaxeldrevet inte har någon betydelse i det här fallet. Kontrollera att fördelarens rotorarm är i linje med märket för cylinder nr 1 på fördelardosan. Ta bort remskivan när kontrollen är utförd.

**21** Haka i kamremskuggarna på vevaxeldrevet. Lirka sedan in remmen på sin plats över mellanaxelns och kamaxelns drev **(se bild)**. Observera markeringarna för rotationsriktning på remmen.

**22** För den plana sidan av remmen över spännrullen. Undvik att böja eller vrida remmen mer än vad som behövs under arbetet. Se till att den främre delen av remmen är spänd – d.v.s. att allt spelrum befinner sig i den del av remmen som passerar över spännrullen.

**23** Spänn remmen genom att vrida spännarnavet moturs och den fjäderbelastade armen medurs. Det finns ett hål och en uppstickande tapp som är avsedda för detta. En kraftig rätvinklig låsringstång kan användas i stället för det korrekta AUDI/VAG-verktyget. Vrid spännaren tills den fjäderbelastade inre

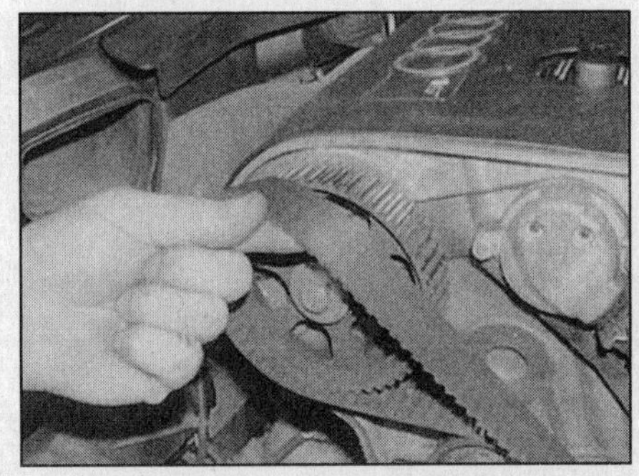

**4.15 Kamremmen tas bort (ADR motor)**

kolven är fullt utskjuten och den yttre kolven lyfter ungefär 1,0 mm. Dra sedan åt låsbulten. Kontrollera att det fasade området A sammanfaller med den övre änden av den yttre kolven **(se bilder)**. Lossa låsbulten och justera om spännaren om det behövs. Avståndet från överdelen av den yttre kolven till överdelen av den inre kolvens fästhål måste vara mellan 25,0 och 29,0 mm. **Observera:** *När den nya kamremmen är monterad kommer det excentriska navet att gradvis rotera moturs en tid på grund av att kamremmen sträcks. Detta får till följd att den övre änden av den yttre kolven vilar i området B. Om den yttre kolven vilar i området C är det troligt att antingen kamremmen eller spännarens komponenter är mycket slitna.*

**24** På motorer med motorkod ADP, montera tillfälligt vevaxelns remskiva och kontrollera att mellanaxelns ÖD-märken är korrekt inriktade mot märkena på remskivan. Ta bort remskivan.

### Motorkod ADR (fr.o.m. 08/97) och AFY (fr.o.m. 08/97)

**25** Se till att tändinställningsmärket på kamaxeldrevet är korrekt i linje med motsvarande ÖD-märke på den inre kamremskåpan. Se avsnitt 2 för närmare information. Dra

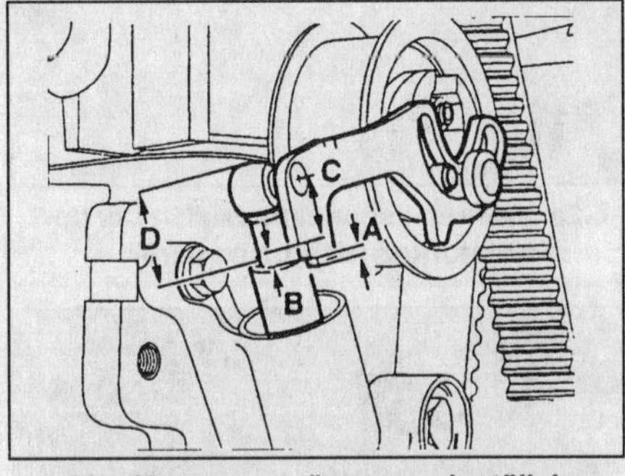


**4.23a Kamremsspännarens inställning**

*Motorkoder:*
*ADP, ADR till och med 07/97*
*AFY till och med 07/97*
*AEB, AJL, APT, APW*
*A Inställningsområde*
*B Slitagezon*
*C Justering krävs eller spännaren är sliten*
*D 25,0 till 29,0 mm*

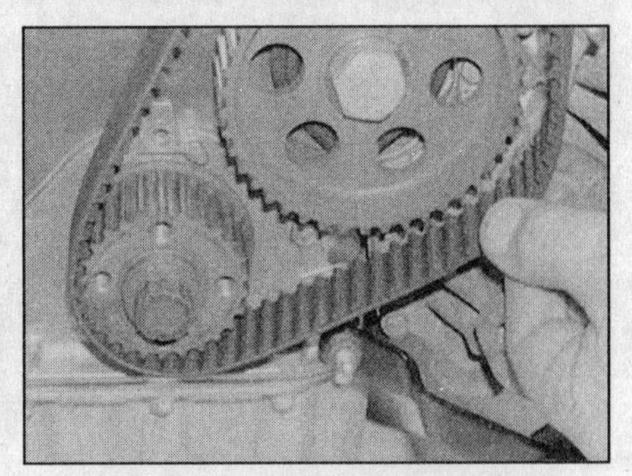

**4.21 En ny kamrem monteras på mellanaxeldrevet**

kamremmen löst under vevaxeldrevet. Notera den markerade rotationsriktningen om den gamla kamremmen återmonteras.

**26** Montera tillfälligt den nedre kamremskåpan och den ribbade drivremmens remskiva på vevaxeldrevet (använd två av fästskruvarna). Observera att fästhålens förskjutning endast tillåter ett läge.

**27** Kontrollera att tändinställningsmärkena på vevaxelns remskiva och den nedre kamremskåpan är i linje med varandra. Förhållandet mellan mellanaxeln och vevaxeln är oväsentlig eftersom mellanaxeln endast driver oljepumpen.

**28** Haka i kamremskuggarna på vevaxeldrevet. Lirka sedan in remmen på sin plats över mellanaxelns och kamaxelns drev. Observera rotationsriktningsmarkeringarna på remmen.

**29** För den plana sidan av remmen över spännrullen. Undvik att böja eller vrida remmen mer än vad som behövs. Se till att den främre delen av remmen är spänd – d.v.s. att allt slack befinner sig i den del av remmen som passerar över spännrullen.

**30** Använd en 8,0 mm insexnyckel. Vrid spännrullen moturs. Ta sedan bort borren och lossa rullen för att spänna kamremmen.

### Motorkod AHL

**31** Se till att tändinställningsmärket på kamaxeldrevet är korrekt i linje med motsvarande ÖD-märke på den inre kamremskåpan. Se avsnitt 2 för närmare information.

**32** Dra kamremmen löst under vevaxeldrevet. Notera den markerade rotationsriktningen om den gamla kamremmen återmonteras.

**4.23b Kamremsspänningen justeras (ADR motor till och med 07/97)**

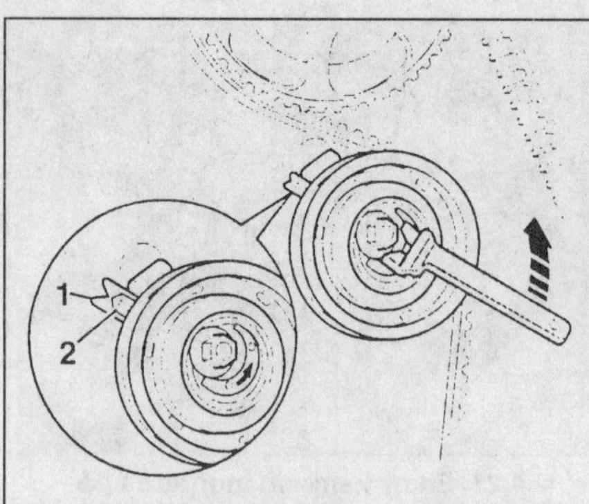

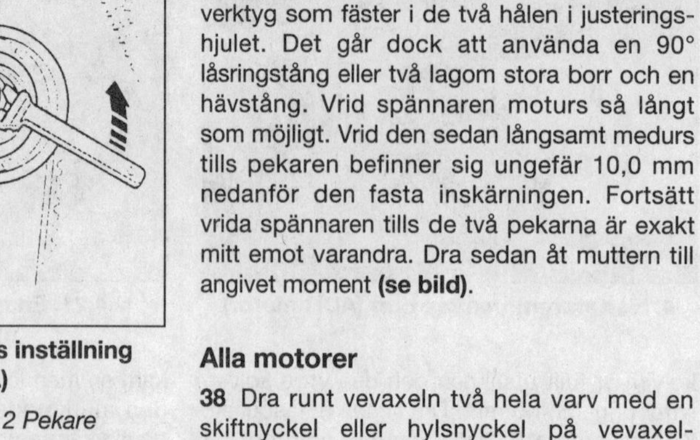

**4.37 Kamremsspännarens inställning (motorkod AHL)**

*1 Inskärning* *2 Pekare*

**33** Montera tillfälligt den nedre kamremskåpan och den ribbade drivremmens remskiva på vevaxeldrevet (använd två av fästskruvarna). Observera att fästhålens förskjutning endast tillåter ett visst läge.

**34** Kontrollera att tändinställningsmärkena på vevaxelns remskiva och den nedre kamremskåpan är i linje med varandra.

**35** Haka i kamremskuggarna på vevaxeldrevet. Lirka sedan in remmen på sin plats över kylvätskepumpens och kamaxelns drev. Observera den markerade rotationsriktningen.

**36** För den plana sidan av remmen över spännrullen. Undvik att böja eller vrida remmen mer än vad som behövs under arbetet. Se till att den främre delen av remmen är spänd - d.v.s. att allt spelrum befinner sig i den del av remmen som passerar över spännrullen. Kontrollera att fliken på spännarens bakre plåt är fäst i skåran i topplocket.

**37** Audimekaniker använder ett specialverktyg som fäster i de två hålen i justeringshjulet. Det går dock att använda en 90° låsringstång eller två lagom stora borr och en hävstång. Vrid spännaren moturs så långt som möjligt. Vrid den sedan långsamt medurs tills pekaren befinner sig ungefär 10,0 mm nedanför den fasta inskärningen. Fortsätt vrida spännaren tills de två pekarna är exakt mitt emot varandra. Dra sedan åt muttern till angivet moment **(se bild)**.

## Alla motorer

**38** Dra runt vevaxeln två hela varv med en skiftnyckel eller hylsnyckel på vevaxelremskivans mittbult. Ställ tillbaka motorn i ÖD-läge på cylinder nr 1 enligt beskrivningen i avsnitt 2. Kontrollera att vevaxelremskivans och mellanaxel- och kamaxeldrevens tändinställningsmärken är korrekt inriktade. Kontrollera kamremsspänningen ännu en gång och justera den om det behövs.

**39** Montera den nedre delen av den yttre kamremskåpan. Montera sedan remskivan. Sätt slutligen i fästbultarna och dra åt dem.

**40** Montera kamremmens övre, yttre kåpa.

**41** Montera fläkten med viskoskoppling enligt beskrivningen i kapitel 3. Montera sedan drivremmsspännaren och dra åt bultarna. Montera drivremmen (-remmarna) enligt beskrivningen i avsnitt 6.

**42** Montera tillbaka låshållaren i omvänd ordningsföljd mot demonteringen.

**43** Montera stänkskyddet under motorrummet. Sänk sedan ner bilen.

**44** Återanslut batteriets minusledning (jord) (se kapitel 5A).

# 5 Kamremsspännare och drev – demontering, kontroll och montering

## Demontering

**1** Ta bort kamremmen enligt beskrivningen i avsnitt 4. Skruva loss den inre kåpan från motorblocket om det behövs **(se bild)**.

### Spännare/rulle

**2** Spännarfjädern på motorer med motorkod ADP, ADR (till och med 07/97), AFY (till och med 07/97), AEB, AJL, APT eller APW tas bort på följande sätt: Skruva loss den nedre fästbulten och bulten som fäster enheten vid rullens nav **(se bilder)**. Rullens nav kan sedan tas bort från justeringsbulten genom att fästbulten skruvas loss och justeringsbulten skruvas loss från topplocket. På motorer med motorkod ADR och AFY, skruva loss bulten och ta bort överföringsrullen från spännarhuset.

**3** Ta bort spännrullen och fjädern på motorer med motorkod ADR (fr.o.m. 08/97) eller AFY (fr.o.m. 08/97) på följande sätt: Se till att fjädern hålls fast ordentligt med borren (se avsnitt 4). Skruva sedan loss bulten från det excentriska navet. Skruva loss spännarens fästbultar, inklusive den på navet, och dra bort fjäderenheten och rullen från motorns främre del **(se bild)**. Ta loss lagerhylsan.

**4** Den halvautomatiska spännaren på AHL motorer tas bort genom att fästmuttern skruvas loss och spännaren och plattan dras bort från styrstiftet. Observera att spännarplattan fäster i ett hål i topplocket.

### Kamaxeldrev

**5** Skruva loss kamaxeldrevets bult medan drevet hålls på plats med hjälp av ett verktyg på det sätt som visas. Ta bort bulten, brickan (om monterad), drevet och (om tillämpligt) kilen **(se bilder)**.

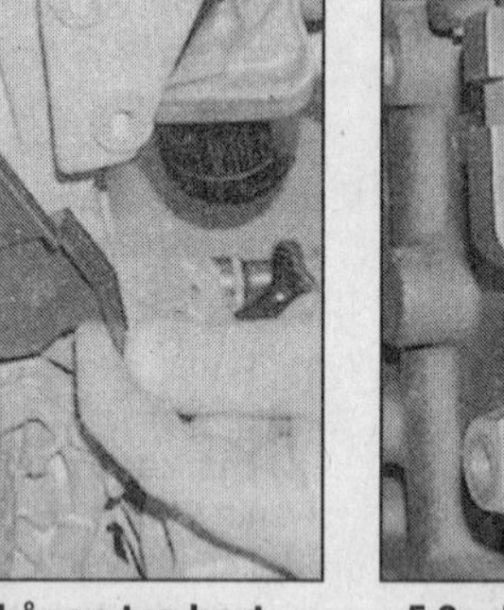

**5.1 Den inre kamremskåpan tas bort (motorkod ADR)**

**5.2a Kamremsspännaren/rullen tas bort (motorkod ADR t.o.m. 07/97)**

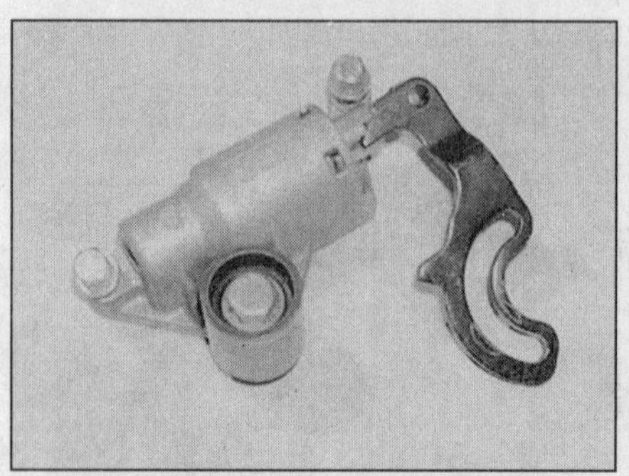

**5.2b Kamremsspännaren borttagen (motorkod ADR t.o.m. 07/97)**

**5.3 Kamremsspännare (motorkod ADR fr.o.m. 08/97)**

**5.5a Ett hemgjort verktyg används för att hålla fast kamaxeldrevet**

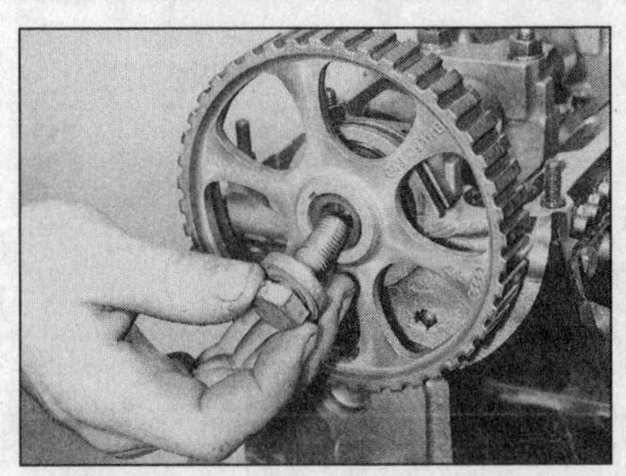
5.5b Kamaxeldrevets bult tas bort

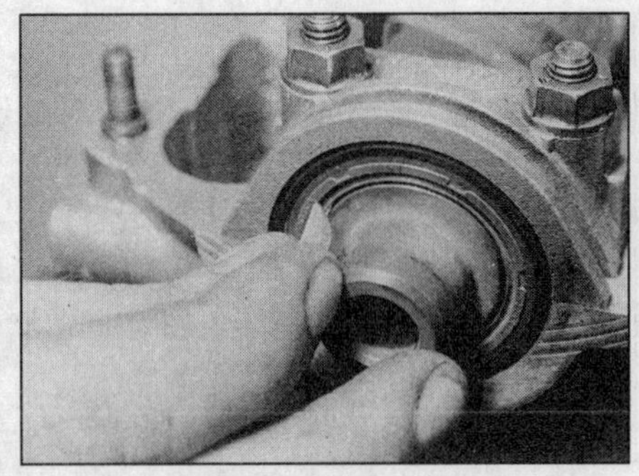
5.5c Woodruffkilen tas bort

5.6a Ta bort bulten . . .

### Mellanaxeldrev (alla motorkoder utom AHL)

**6** Skruva loss mellanaxeldrevets bult medan drevet hålls på plats med verktyget som visas i punkt 5. Ta bort bulten, drevet och (om tillämpligt) kilen **(se bilder)**. Observera att drevet är monterat med ÖD-markeringen och den mindre kanten framåt.

### Vevaxeldrev

**7** Skruva loss vevaxeldrevets bult och ta bort drevet **(se bilder)**. Bulten sitter mycket hårt, och vevaxeln måste hållas still. På modeller med manuell växellåda, lägg i den högsta växeln och trampa ner bromspedalen ordentligt. På modeller med automatväxellåda, skruva loss växellådans främre kåpa. Använd en bredbladig skruvmejsel i startkransen för att hålla vevaxeln still.

## *Kontroll*

**8** Rengör dreven och kontrollera om de är slitna eller skadade. Vrid spännrullen och kontrollera att den rör sig smidigt.

**9** Undersök spännaren efter tecken på slitage och/eller skador och byt ut den om det behövs.

## *Montering*

### Vevaxeldrev

**10** Placera drevet på vevaxeln. Dra sedan åt bulten till angivet moment medan vevaxeln hålls still med den metod som användes vid demonteringen. **Observera:** *Vrid inte vevaxeln eftersom kolvarna kan komma i kontakt med ventilerna.*

**11** Montera kamremmen enligt beskrivningen i avsnitt 4.

### Mellanaxeldrev (alla motorkoder utom AHL)

**12** Placera kilen på mellanaxeln och montera drevet och bulten. Dra åt bulten till angivet moment medan drevet hålls fast med samma metod som användes vid demonteringen.

**13** Montera kamremmen enligt beskrivningen i avsnitt 4.

### Kamaxeldrev

**14** Placera kilen på kamaxeln och montera drevet, brickan (i förekommande fall) och bulten. Dra åt bulten till angivet moment medan drevet hålls fast med samma metod som användes vid demonteringen. Observera att på motorer med motorkod ADR och AFY måste drevet monteras med den smala kanten framåt.

**15** Montera kamremmen enligt beskrivningen i avsnitt 4.

### Spännare/rulle

**16** Montera spännrullen och fjäderenheten i omvänd ordningsföljd.

**17** Montera kamremmen enligt beskrivningen i avsnitt 4.

# 6 Drivremmar – demontering och montering

**1** Beroende på bilens specifikation och typ av motor kan en, två eller tre drivremmar finnas monterade. Huvuddrivremmen driver generatorn, fläkten med viskoskoppling samt servostyrningspumpen. Om bilen är utrustad med luftkonditionering drivs luftkonditioneringskompressorn av en sekundär drivrem från vevaxelns remskiva. På alla motorer utom AHL finns en tredje drivrem från en extra remskiva på servostyrningspumpen som driver kylvätskepumpen.

**2** Huvuddrivremmen och luftkonditioneringens drivrem är ribbade, medan kylvätskepumpens drivrem som finns på alla modeller utom AHL, är av kiltyp.

**3** På alla motorer justeras huvuddrivremmen automatiskt av ett fjäderbelastat överföringsdrev. Luftkonditioneringskompressorns drivrem (i förekommande fall) justeras med en momentnyckel på överföringsrullen. För alla motorer utom AHL motorer gäller att kylvätskepumpens drivrem inte justeras.

**4** Om drivremmarna ska demonteras, dra åt handbromsen, lyft upp framvagnen och ställ den på pallbockar (se *Lyftning och stödpunkter*). Ta bort den undre skyddskåpan från motorrummets undersida.

## *Demontering*

**5** Om drivremmen ska återanvändas måste dess rotationsriktning markeras, så att den kan monteras tillbaka åt samma håll.

**6** Man kommer åt drivremmen bäst genom att flytta hela den främre panelen (låshållaren) så långt som möjligt från bilens framvagn, utan att koppla loss kylarslangarna eller det elektriska kablaget. Gör på följande sätt: Ta först bort stötfångaren enligt beskrivningen i

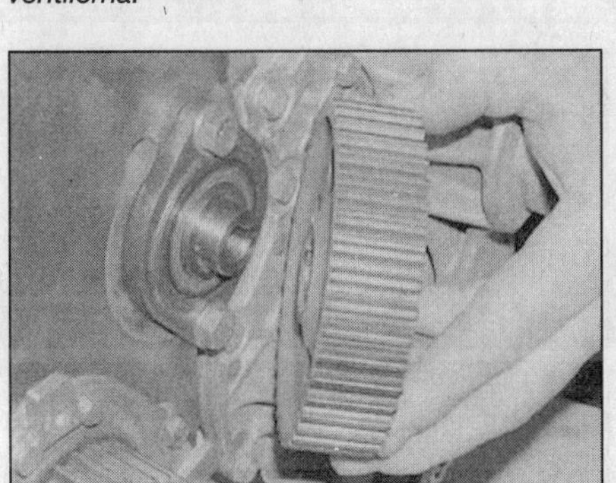
5.6b . . . och mellanaxeldrevet

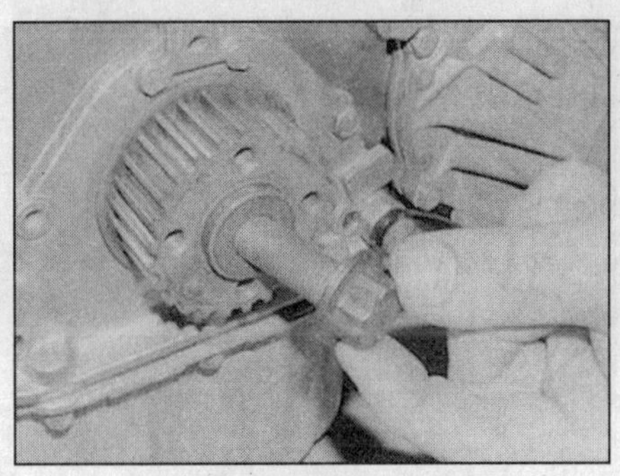
5.7a Skruva loss bulten . . .

5.7b . . . och ta bort vevaxeldrevet

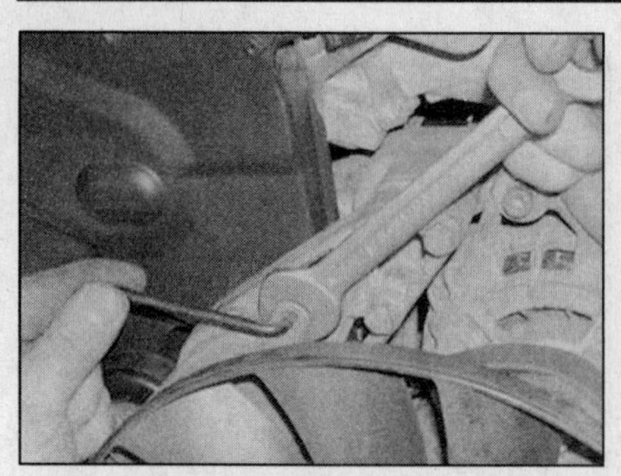

**6.8a Flytta spännaren medurs med en skiftnyckel. Stick sedan in ett metallstag som spärr**

kapitel 11. Skruva sedan loss de tre klämmorna från ljudisoleringen och skruva loss luftkanalen mellan låshållaren och luftrenaren. Lossa kablaget från klämmorna på kylarens vänstra sida. Skruva loss bultarna som fäster låshållaren vid underredets kanaler. Skruva sedan loss de övre sidobultarna bakom strålkastarenheterna. Ta hjälp av en medhjälpare och dra bort hela enheten så långt som möjligt från bilens framvagn. Audimekaniker använder specialverktyg för att hålla enheten, men det går att tillverka stödstag av gängad metall som skruvas in i underredets kanaler.

**7** På modeller med luftkonditionering, lossa styr- och spännbultarna. Flytta spännrullen uppåt för att minska spänningen på drivremmen. Dra bort drivremmen från vevaxeln, kompressorn och spännarremskivorna.

**8** För att huvuddrivremmen ska gå att ta bort måste den automatiska spännaren lossas och hållas med ett lämpligt verktyg. Använd en skiftnyckel på de plana ytorna. Flytta spännaren medurs tills sprinthålen är i linje. Stick sedan in ett metallsag, en bult eller borr för att hålla fast spännaren i sitt lossade läge. Ta bort drivremmen från vevaxelns, generatorns, viskosfläktens och servostyrningspumpens remskivor **(se bilder)**.

**9** Ta bort kylvätskepumpens drivrem (gäller alla motorer utom AHL) på följande sätt: Håll först servostyrningspumpens remskiva på plats med hjälp av en skruvmejsel som sticks in från pumpens baksida. Skruva sedan loss bultarna som fäster remskivan vid kylvätske-

**6.8b Huvuddrivremmen tas bort från vevaxelns remskiva**

pumpen. Ta bort drivremmen och remskivans båda halvor **(se bild)**.

**Observera:** *Innan drivremmen tas bort, kontrollera om remmen sträckts ut så mycket att slacket är för stort. Byt ut remmen om det behövs eftersom det inte går att justera den vid återmonteringen.*

## *Montering*

**10** På alla motorer utom AHL, placera kylvätskepumpens drivrem på servostyrningspumpens remskiva. Montera därefter remskivans båda halvor och drivremmen på kylvätskepumpen löst och sätt fästbultarna löst på plats. Tryck samman remskivans båda halvor medan remskivorna roteras. Dra sedan åt fästbultarna stegvis. Remmen får inte hamna i kläm mellan remskivans båda halvor. Avsluta med att dra åt bultarna till angivet moment.

**11** Placera huvuddrivremmen på remskivorna. Börja sedan vrida spännaren medurs och ta bort fästsprinten. Lossa spännaren för att spänna drivremmen. Se till att den är korrekt placerad i alla remskivespåren.

**12** På modeller med luftkonditionering, placera drivremmen på kompressorns och vevaxelns remskivor. Se till att den är korrekt placerad i remskivornas spår. Flytta spännarremskivan nedåt och fäst drivremmen i remskivans spår. Spänn drivremmen genom att dra åt den sexkantiga bulten på spännarhuset till ett moment på 25 Nm. Håll det här momentet och dra sedan åt juster- och styrbultarna.

# 7 Kamaxelkåpa – demontering och montering

## *ADP och AHL motorer (enkel överliggande kamaxel)*

### Demontering

**1** Ta bort motorns övre skyddskåpa.

**2** Ta bort klämman och koppla loss vevhusventilationens slang från kamaxelkåpan. Ta loss O-ringstätningen.

**3** Lossa och ta bort den övre kamremskåpan enligt beskrivningen i avsnitt 4.

**4** Skruva loss muttrarna som fäster kamaxelkåpan vid topplocket. Notera hur kamremmens inre skydd och den lilla fästbygeln sitter monterade. Ta sedan bort förstärkningsremsorna.

**5** Lyft kamaxelkåpan från topplocket och ta loss packningen.

**6** Ta bort oljeavskiljaren från kamaxelkåpan.

### Montering

**7** Rengör ytorna på kamaxelkåpan och topplocket. Montera sedan oljeavskiljaren.

**8** Arbeta på topplockets baksida. Applicera lämpligt tätningsmedel på kanterna till de halvcirkulära utskärningarna i topplocket.

**9** Arbeta på topplockets framsida. Applicera lämpligt tätningsmedel på de två punkter där kamaxellageröverfallet är i kontakt med topplocket.

**10** Lägg packningen försiktigt på topplocket. Montera sedan kamaxelkåpan tillsammans med förstärkningsremsorna, kamremmens inre skydd och den lilla fästbygeln. Dra åt muttrarna stegvis till angivet moment.

**11** Montera den övre kamremskåpan och fäst med klämmorna.

**12** Anslut vevhusventilationsslangen tillsammans med en ny O-ringstätning och fäst med klämman.

**13** Montera motorns övre skyddskåpa.

## *ADR, AFY, APT och APW motorer (dubbla överliggande kamaxlar)*

### Demontering

**14** Ta bort motorns övre skyddskåpa.

**15** Kontrollera att tändningen är avstängd.

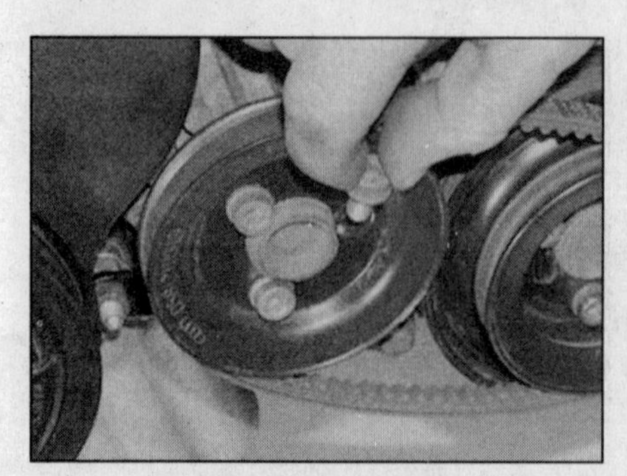

**6.9a Skruva loss bultarna . . .**

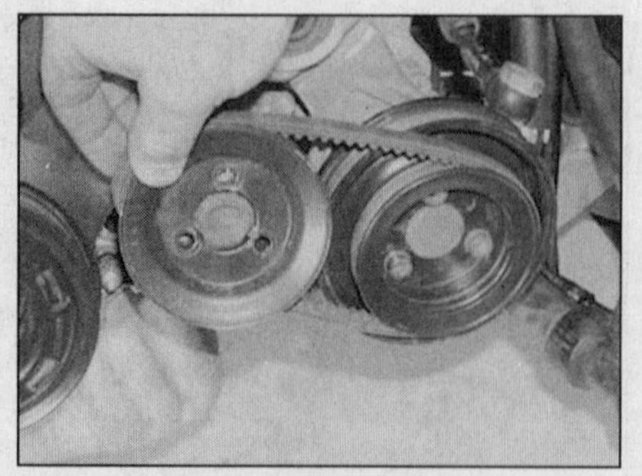

**6.9b . . . ta bort kylvätskepumpens drivrem och den yttre remskivehalvan . . .**

**6.9c . . . ta sedan bort den inre remskivehalvan**

**7.19a Skruva loss muttrarna och bultarna och ta bort värmeskölden**

**7.19b Kamaxelkåpan lyfts bort**

**7.19c Ta bort tändstiftshylspackningen**

Koppla sedan loss tändkablarna från tändstift nr 1 och 2. Koppla även loss kablaget från tändspolen på kamaxelkåpan.

**16** Skruva loss muttern och koppla loss jordkabeln från tändspolen.

**17** Skruva loss fästmuttrarna och ta bort tändspolen tillsammans med tändstiftskablarna. Ta loss packningen.

**18** Demontera den övre kamremskåpan.

**19** Notera värmesköldens placering. Skruva loss muttrarna och bultarna från kamaxelkåpan och ta bort värmeskölden. Lyft sedan bort kamaxelkåpan från topplocket. Ta loss huvudpackningen och den centrala tändstiftshylspackningen. Ta också loss oljeavskiljaren **(se bilder)**.

### Montering

**20** Rengör ytorna på kamaxelkåpan och topplocket. Montera sedan oljeavskiljaren.

**21** Arbeta på topplockets baksida. Applicera lämpligt tätningsmedel på de två punkter där den hydrauliska spännaren/kamaxeljusteraren kommer i kontakt med topplocket **(se bild)**. Applicera på samma sätt tätningsmedel på de två punkter på topplockets främre del där kamaxelns dubbla lageröverfall är i kontakt med topplocket.

**22** Lägg försiktigt huvudpackningen och tändstiftshylspackningen på topplocket. Montera sedan kamaxelkåpan tillsammans med värmeskölden **(se bild)**. Dra stegvis åt fästmuttrarna och bultarna till angivet moment.

**23** Montera den övre kamremskåpan och fäst med klämmorna.

**24** Montera tändspolen tillsammans med en ny packning. Se till att tändkablarna är helt nedtryckta över tändstiften. Dra åt fästmuttrarna till angivet moment.

**25** Montera motorns övre skyddskåpa.

## *AEB och AJL motorer (dubbla överliggande kamaxlar, turbo)*

### Demontering

**26** Ta bort motorns övre skyddskåpa (kåpor).

**27** Lossa klämman som fäster vevhusventilationens slang vid ventilröret på motorns framsida. Skruva loss fästbultarna (placerade på kamaxelkåpan och topplocket) och koppla loss ventilröret från slangen. Flytta röret åt sidan.

**28** Lossa och ta bort den övre kamremskåpan.

**29** Koppla loss kablaget från tändspolarna ovanpå kamaxelkåpan.

**30** Skruva loss bulten och koppla loss jordkabeln på kamaxelkåpans framsida.

**31** Skruva loss fästbultarna och ta bort tändspolarna från kamaxelkåpan samtidigt som de kopplas bort från tändstiften. Ta loss O-ringstätningarna och byt ut dem om så behövs.

**32** Skruva loss muttrarna. Lyft sedan bort kamaxelkåpan från topplocket. Ta loss huvudpackningen och den centrala tändstiftshylspackningen. Ta också loss oljeavskiljaren.

### Montering

**33** Rengör ytorna på kamaxelkåpan och topplocket. Montera sedan oljeavskiljaren.

**34** Arbeta på topplockets baksida. Applicera lämpligt tätningsmedel på de två punkter där den hydrauliska spännaren kommer i kontakt med topplocket. Applicera på samma sätt tätningsmedel på de två punkter på topplockets främre del där kamaxelns dubbla lageröverfall är i kontakt med topplocket.

**35** Lägg försiktigt huvudpackningen och tändstiftshylspackningarna på topplocket. Montera sedan kamaxelkåpan tillsammans med värmeskölden. Dra stegvis åt fästmuttrarna och bultarna till angivet moment.

**36** Montera tändspolarna tillsammans med O-ringstätningarna. Se till att de är korrekt placerade på tändkablarna. Dra åt fästbultarna till angivet moment.

**37** Återanslut kablaget till tändspolarna.

**38** Montera jordkabeln och dra åt bulten.

**39** Montera den övre kamremskåpan.

**7.21 Tätningsmedel appliceras på topplockets fogytor**

**40** Återanslut vevhusventilationsröret till ventilationsslangen. Fäst sedan ventilröret vid kamaxelkåpan och dra åt bultarna.

**41** Montera motorns övre skyddskåpa.

## 8 Kamaxelns oljetätning – byte

## *ADP och AHL motorer (enkel överliggande kamaxel)*

**1** Demontera kamaxeldrevet enligt beskrivningen i avsnitt 5.

**2** Borra två små hål, diagonalt mitt emot varandra, i den befintliga oljetätningen. Skruva in två självgängande skruvar i hålen. Dra sedan i skruvskallarna med tänger för att dra ut oljetätningen. Var mycket noga med att inte borra igenom tätningshuset eller kamaxelns tätningsyta.

**3** Rengör tätningshuset och kamaxelns tätningsyta genom att torka med en luddfri trasa. Ta bort eventuella borrspån som kan orsaka tätningsläckage.

**4** Smörj läppen och ytterkanten på den nya oljetätningen med ren motorolja. Tryck den sedan över kamaxeln tills den sitter placerad ovanför sitt hus.

**5** Driv in tätningen rakt in i huset med hjälp av en hammare och en hylsa av lämplig storlek. **Observera:** *Välj en hylsa som endast greppar på tätningens hårda yttre yta, inte på den inre läppen som lätt kan skadas.*

**6** Montera kamaxeldrevet enligt beskrivningen i avsnitt 5.

**7.22 Kamaxelkåpan monteras**

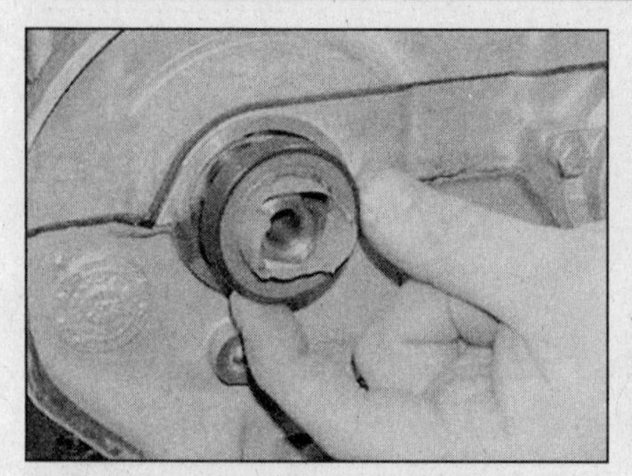

**8.15 Kamaxelns nya oljetätning monteras**

**8.16 Kamaxelns nya oljetätning drivs in i huset**

### *ADR, AFY, AEB och AJL motorer (dubbla överliggande kamaxlar)*

**7** Avgaskamaxelns oljetätning tas bort enligt beskrivningen i punkt 1 till 6. Följande punkter beskriver demontering av insugskamaxelns oljetätning.

**8** Ta bort drivremmen (-remmarna) enligt beskrivningen i avsnitt 6. Lossa dessutom spännaren från motorns främre del med en insexnyckel.

**9** Koppla loss kablaget från Hallgivaren som sitter på insugskamaxelns främre del.

**10** Lossa och ta bort den övre kamremskåpan.

**11** Skruva bort fästbulten och dra bort Hallgivaren från topplocket.

**12** Notera hur Hallgivarens rotor och konvexa bricka sitter monterade. Skruva loss mittbulten och ta bort brickan och rotorn. Rotorn sitter fäst i springan i änden av insugskamaxeln.

**13** Borra två små hål, diagonalt mitt emot varandra, i den befintliga oljetätningen. Skruva in två självgängande skruvar i hålen. Dra sedan i skruvskallarna med tänger för att dra ut oljetätningen. Var mycket noga med att inte borra igenom tätningshuset eller kamaxelns tätningsyta.

**14** Rengör tätningshuset och kamaxelns tätningsyta genom att torka med en luddfri trasa. Ta bort eventuella järnfilspån eller gjutrader som kan orsaka tätningsläckage.

**15** Smörj läppen och ytterkanten på den nya oljetätningen med ren motorolja. Tryck den sedan över kamaxeln tills den sitter placerad ovanför sitt hus. Vira lite självhäftande tejp runt änden av kamaxeln för att undvika skador på tätningsläpparna **(se bild)**.

**16** Använd en hammare och en hylsa av lämplig storlek. Driv in tätningen rakt in i huset **(se bild)**. **Observera:** *Välj en hylsa som endast greppar på tätningens hårda yttre yta, inte på den inre läppen som lätt skadas.*

**17** Placera Hallgivarens rotor på änden av insugskamaxeln. Se till att den fäster i springan. Montera den konvexa brickan och bulten och dra åt till angivet moment.

**18** Placera Hallgivarenheten på topplocket. Fäst den med bulten åtdragen till angivet moment.

**19** Montera den övre kamremskåpan. Se till att den fäster korrekt i den undre kåpan. Fäst med klämmorna.

**20** Återanslut Hallgivarens kablage.

**21** Montera spännaren på motorns främre del och dra åt bultarna till angivet moment.

**22** Montera drivremmen (-remmarna) enligt beskrivningen i avsnitt 6.

## 9 Mellanaxelns oljetätning – byte

**1** Ta bort mellanaxeldrevet enligt beskrivningen i avsnitt 5.

**2** Borra två små hål, diagonalt mitt emot varandra, i den befintliga oljetätningen. Skruva in två självgängande skruvar i hålen. Dra sedan i skruvskallarna med tänger för att dra ut oljetätningen. Var mycket noga med att inte borra igenom och in i tätningsflänsen. En alternativ metod är att skruva loss flänsen, ta bort den inre O-ringen från den inre fogen och trycka ut tätningen.

**3** Rengör tätningsflänsen och tätningsytan på kamaxeln genom att torka med en luddfri trasa. Ta bort eventuella borrspån som kan orsaka tätningsläckage.

**4** Smörj läppen och ytterkanten på den nya tätningen med ren motorolja. För in den i huset för hand till en början och se till att tätningens slutna ände är riktad utåt.

**5** Driv in tätningen rakt in i huset med hjälp av en hammare och en hylsa av lämplig storlek. **Observera:** *Välj en hylsa som endast greppar på tätningens hårda yttre yta, inte på den inre läppen som lätt skadas.*

**6** Byt ut O-ringen om flänsen har tagits bort. Montera sedan flänsen och dra åt bultarna till angivet moment.

**7** Montera tillbaka mellanaxeldrevet enligt beskrivningen i avsnitt 5.

## 10 Vevaxelns oljetätningar – byte

### *Vevaxelns främre oljetätning*

**1** Ta bort kamremmen och vevaxeldrevet enligt beskrivningen i avsnitt 5.

**2** Tätningen kan bytas ut utan att huset tas bort. Borra två små hål diagonalt mitt emot varandra. Skruva in självgängande skruvar i hålen och dra i skruvarna med tänger **(se bild)**. Skruva alternativt loss huset (inklusive relevanta oljesumpsbultar) och ta bort packningen. Ta bort packningen och bänd sedan ut oljetätningen på bänken **(se bild)**. På motorer med motorkod ADP, ADR, AFY, AEB eller AJL kan mellanaxeldrevet också tas bort, om det behövs för att åtkomligheten ska förbättras. Om oljesumpspackningen skadas när huset tas bort måste oljesumpen demonteras och en ny packning monteras. Montera dock sumpen *efter* det att huset monterats.

**3** Doppa den nya tätningen i motorolja. Driv sedan in den i huset med en träkloss eller en hylsa tills den är i nivå med kanten **(se bild)**. Kontrollera att tätningens slutna ände är riktad utåt.

**10.2a Vevaxelns främre oljetätning tas bort**

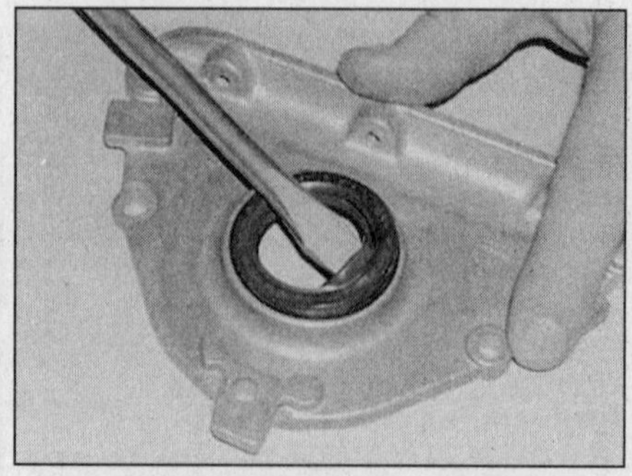

**10.2b Vevaxelns främre oljetätning bänds ut ur huset med en skruvmejsel**

**10.3 Vevaxelns främre oljetätning drivs in i huset med hjälp av en hylsa och en klubba**

10.4a Placera en ny packning på blocket . . .

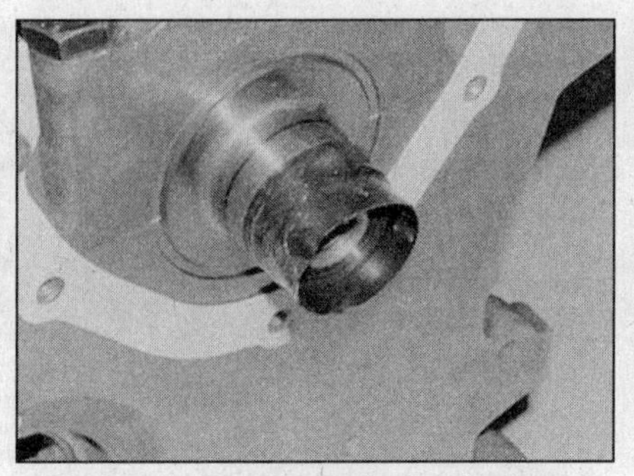

10.4b . . . vira sedan tejp runt änden av vevaxeln . . .

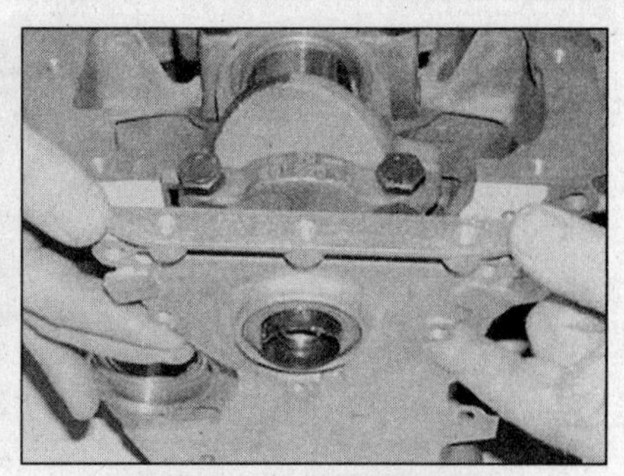

10.4c . . . montera huset . . .

**4** Montera huset tillsammans med en ny packning. Dra åt bultarna jämnt i diagonal ordning. Vira lite tejp runt änden på vevaxeln för att undvika skador på tätningen vid monteringen **(se bilder)**.

**5** Montera kamremmen och vevaxeldrevet enligt beskrivningen i avsnitt 5.

## Vevaxelns bakre oljetätning (svänghjuls-/drivplatteänden)

**Observera:** *Undersök om det går att få tag på oljetätningen separat från huset innan arbetet påbörjas. På senare motorer sitter tätningen inbyggd i huset och kan inte köpas separat.*

**6** Ta bort svänghjulet/drivplattan enligt beskrivningen i avsnitt 13.

**7** Om det går att köpa oljetätningen separat från huset kan den bytas ut utan att huset behöver tas bort. Borra två små hål diagonalt mitt emot varandra. Skruva in självgängande skruvar och dra ut tätningen genom att dra i skruvarna med tänger **(se bild)**. Skruva alternativt bort huset (inklusive relevanta oljesumpsbultar) och ta bort packningen. Ta bort packningen och driv sedan ut oljetätningen på bänken. Om sumppackningen skadas när huset tas bort måste oljesumpen demonteras och en ny packning monteras. Montera dock sumpen *efter* det att huset monterats. När den gamla tätningen är borttagen, doppa den nya tätningen i motorolja och driv in den i huset med en träkloss eller en hylsa tills den är i nivå med kanten. Kontrollera att tätningens slutna ände är riktad utåt.

**8** Om oljetätningen endast går att köpa färdigmonterad i huset, skruva loss och ta bort huset (inklusive relevanta oljesumpsbultar) och ta bort packningen. Om sumppackningen skadas när huset tas bort måste oljesumpen demonteras och en ny packning monteras. Montera dock sumpen *efter* det att huset monterats.

**9** Nya oljetätningar levereras med ett monteringsverktyg för att förhindra skador på oljetätningen när den monteras. Montera först den nya packningen. Placera sedan verktyget på änden av vevaxeln **(se bilder)**.

**10** Montera huset och oljetätningen. Dra åt bultarna jämnt i diagonal ordning till angivet moment. Ta sedan bort verktyget **(se bild)**.

**11** Montera svänghjulet/drivplattan enligt beskrivningen i avsnitt 13.

## 11 Topplock – demontering och montering

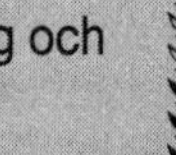

**Observera:** *Isärtagning och renovering av topplocket behandlas i kapitel 2C.*

## Demontering

**1** Koppla loss batteriets minusledning (jord) innan arbetet påbörjas (se kapitel 5A).

**2** Dra åt handbromsen. Lyft upp framvagnen och ställ den på pallbockar (se *Lyftning och stödpunkter*).

**3** Ta bort motorns övre skyddskåpa/-kåpor efter tillämplighet.

**4** Ta bort kamremmen enligt beskrivningen i avsnitt 4. Det här momentet innebär att man måste demontera den främre stötfångaren och flytta undan den främre låshållaren från bilens framvagn.

**5** Tappa ur kylsystemet enligt beskrivningen i kapitel 1A.

**6** Koppla loss det främre avgasröret från avgasgrenröret enligt beskrivningen i kapitel

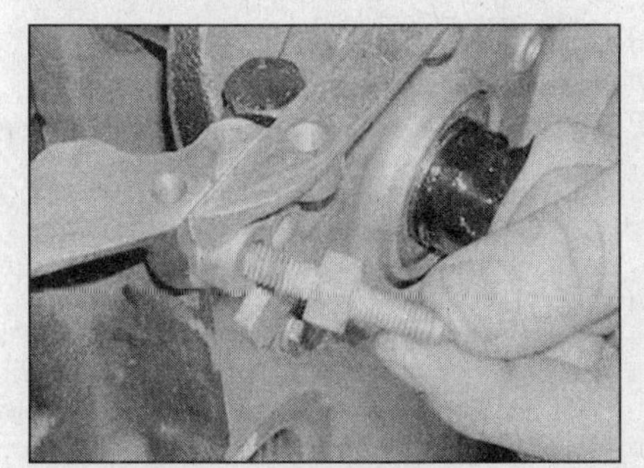

10.4d . . . och sätt i bultarna

10.7 Vevaxelns bakre oljetätning tas bort

10.9a Montera den nya packningen . . .

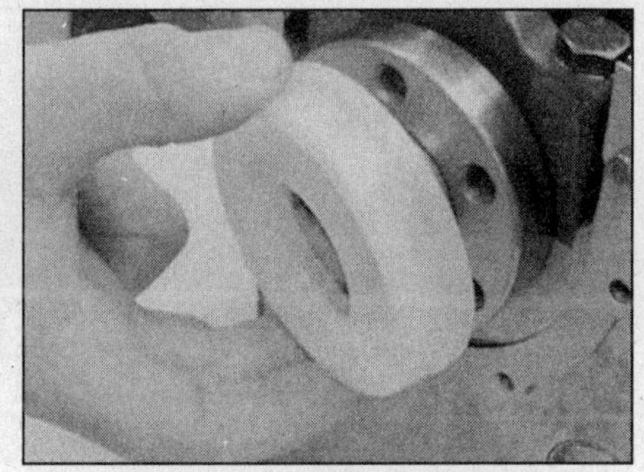

10.9b . . . placera sedan monteringsverktyget på vevaxeln

10.10 Huset och oljetätningen monteras över monteringsverktyget

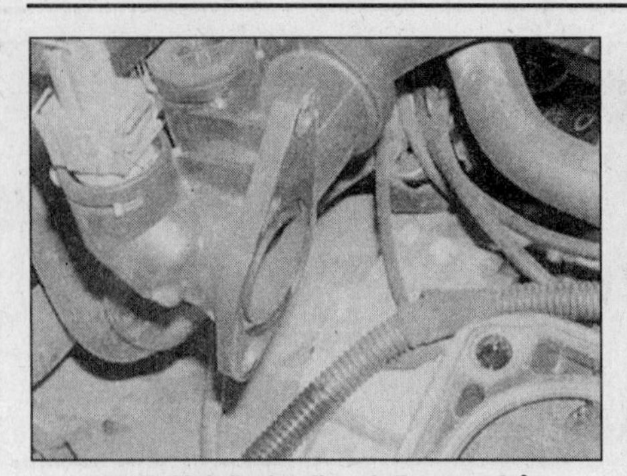

**11.17 Kylvätskeröret isärtaget från topplockets baksida**

**11.19 Oljestänkskyddet tas bort (ADR motor)**

**11.20a Topplocksbultarna skruvas loss**

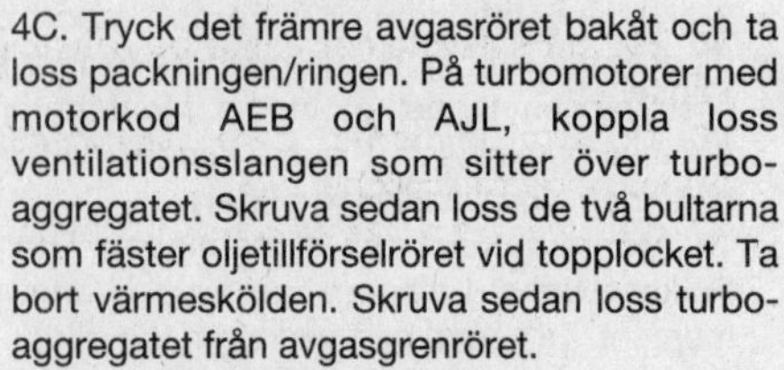

4C. Tryck det främre avgasröret bakåt och ta loss packningen/ringen. På turbomotorer med motorkod AEB och AJL, koppla loss ventilationsslangen som sitter över turboaggregatet. Skruva sedan loss de två bultarna som fäster oljetillförselröret vid topplocket. Ta bort värmeskölden. Skruva sedan loss turboaggregatet från avgasgrenröret.

**7** Ta bort luftrenaren tillsammans med luftflödesmätaren enligt beskrivningen i kapitel 4A. Ta även bort luftkanalen mellan luftrenaren och gasspjällhuset.

### Motorkoder ADP, ADR, AFY, AEB, AJL

**Observera:** *På motorer med motorkod ADP, ADR, AFY, AEB eller AJL tas topplocket bort tillsammans med avgasgrenröret, men utan insugsgrenröret.*

**8** Demontera insugsgrenröret enligt beskrivningen i kapitel 4A.

**9** Om det är tillämpligt, koppla loss kablaget från den automatiska kamaxeljusteraren.

### Motorkod AHL

**Observera:** *På motorer med motorkod AHL tas topplocket bort tillsammans med både insugs- och avgasgrenröret.*

**10** Lossa klämmorna och koppla loss kylarens nedre slang från både kylaren och motorn. Ta sedan bort kylarens expansionskärl. Koppla dessutom bort den övre slangen från kylvätskeröret.

**11** Lossa anslutningarna och koppla loss bränsletillförsel- och returledningarna. **Observera:** *Placera en trasa över ledningen innan anslutningen lossas eftersom bränslet kan vara under tryck.*

**12** Koppla loss gasvajern från gasspjällhuset (se kapitel 4A). Koppla sedan loss vakuumslangarna från kolfilterventilen och bromssystemets vakuumservo.

**13** Koppla loss kablaget från insprutarna, gasspjällets givare (på gasspjällhuset) samt kamaxelgivaren (motorns främre vänstra sida). Koppla sedan loss kablaget från insugsluftens temperaturgivare på insugsgrenröret. Koppla även loss kablaget från oljetemperaturgivaren på topplockets baksida.

**14** Skruva loss insugsgrenrörets fästbyglar från grenröret och motorns vänstra sida.

### Alla motorer

**15** På torpedväggen bakom motorn, lossa lambdasondens kontaktdon från hållaren. Koppla sedan loss kablaget.

**16** Koppla loss värmeslangen från kylvätskeledningens krök på topplockets baksida. Koppla sedan loss kablaget från kylvätsketemperaturgivaren på kröken. På motorer med motorkod ADR, AFY, AEB och AJL ska även kablaget till den sekundära kylvätskegivaren på topplockets baksida kopplas loss.

**17** På motorer med motorkod ADR eller AFY, koppla loss slangarna från överdelen av kylvätskeröret på vänster sida av topplocket. Skruva loss de bakre fästbultarna. Lossa sedan endast den främre fästbulten (rörets fästbygel är skårad). Flytta röret bakåt och ta bort det från motorn **(se bild)**.

**18** På motorer med motorkod ADP eller AHL, koppla loss tändkablarna från tändstiften och lägg kablarna åt sidan.

**19** Ta bort kamaxelkåpan enligt beskrivningen i avsnitt 7. I det här momentet ingår demontering av tändspolen och tändkablarna på alla motorer utom ADP och AHL motorer. På ADR motorer, ta bort oljestänkskyddet **(se bild)**.

**20** Använd en räfflad hylsnyckel. Skruva loss topplocksbultarna med ett varv i taget i omvänd ordning mot åtdragningsföljden **(se bild 11.28a eller 11.28b)** och ta bort dem tillsammans med brickorna **(se bilder)**. **Observera:** *Topplocksbultarnas skallar har ändrats från flerkilstyp till Ribe-typ. Därför kan två typer av nycklar behövas, en för demontering av de gamla bultarna och en för montering av de nya.*

**21** Lyft upp topplocket från motorblocket tillsammans med avgasgrenröret när alla bultar är demonterade **(se bild)**. Knacka loss det med en träklubba om det sitter fast. Bänd inte i packningsfogen.

**22** Ta bort topplockspackningen från motorblocket **(se bild)**.

**23** Ta bort avgasgrenröret från topplocket om det behövs, enligt beskrivningen i kapitel 4C. På AHL motorer ska även insugsgrenröret tas bort enligt beskrivningen i kapitel 4A.

## *Montering*

**24** Rengör topplockets och motorblockets fogytor noga. Tvätta också bort eventuell olja eller kylvätska från bulthålen i motorblocket. Om detta inte görs kommer åtdragningsmomenten att bli inkorrekta och det finns risk

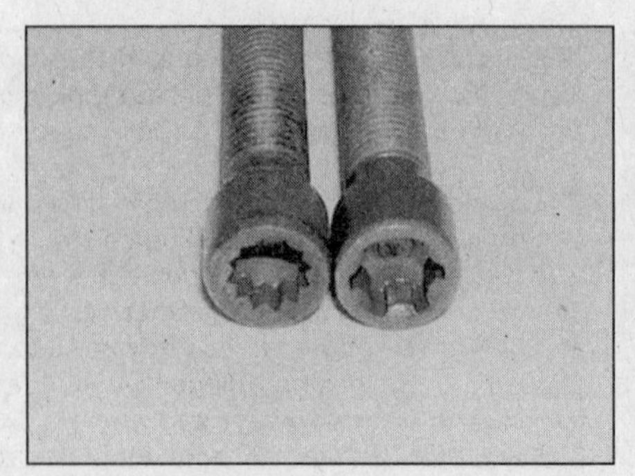

**11.20b De två typerna av topplocksbultar**

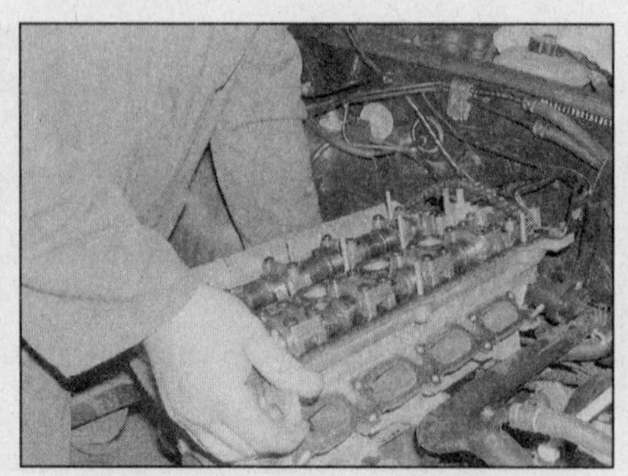

**11.21 Topplocket lyfts bort från motorblocket (ADR motor)**

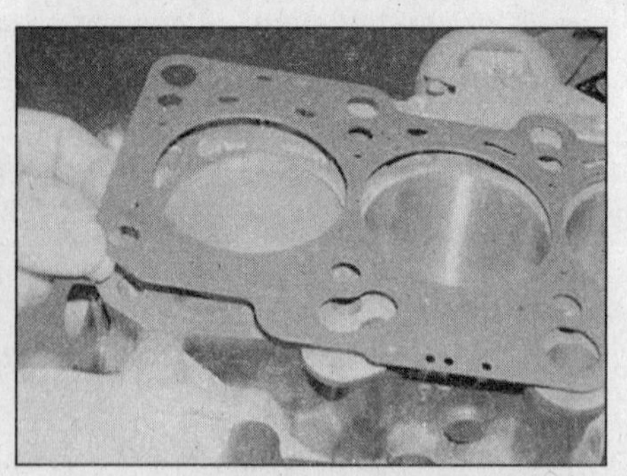

**11.22 Topplockspackningen tas bort**

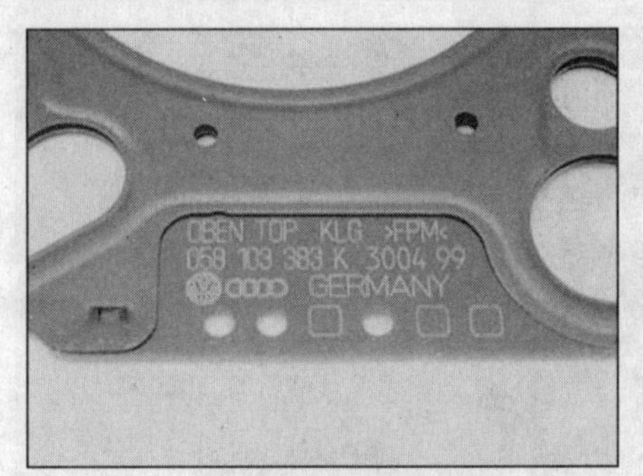


11.26 Topplockspackningens markeringar

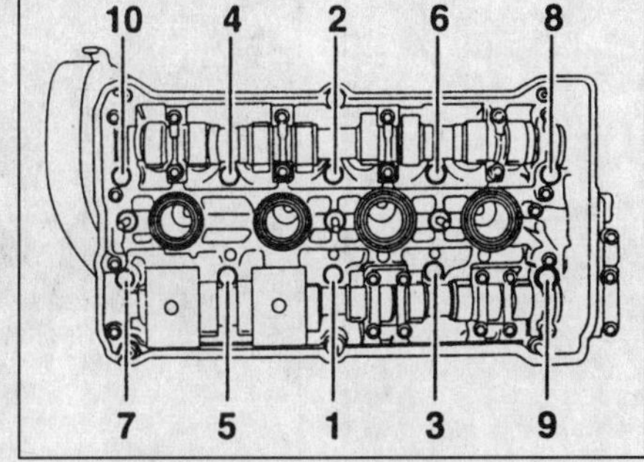


11.28a Topplockets åtdragningsordning (ADR, AFY, AEB och AJL motorer)

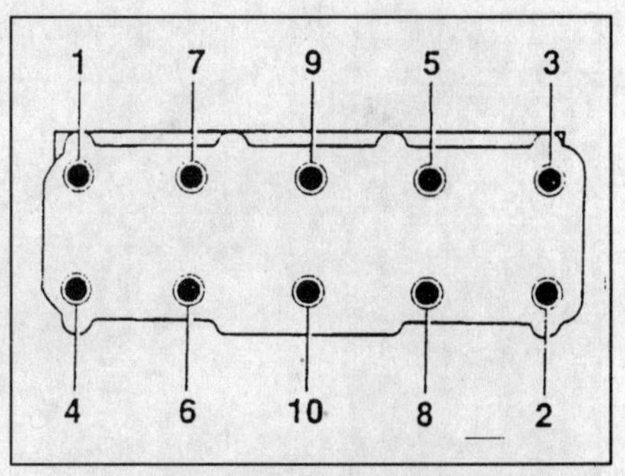


11.28b Topplockets åtdragningsordning (ADP och AHL motorer)

för att motorblocket skadas. Topplocksbultarna måste bytas ut varje gång de demonteras (se anmärkningen i punkt 19).

**25** Montera avgasgrenröret på topplocket tillsammans med en ny packning, enligt beskrivningen i kapitel 4C. På AHL motorer, montera insugsgrenröret enligt beskrivningen i kapitel 4A.

**26** Placera en ny packning på motorblocket med artikelnumret eller orden "OBEN TOP" riktade uppåt **(se bild)**. Se till att styrstiften är på plats. Audi rekommenderar att packningen inte tas fram ur sin förpackning förrän strax innan den ska monteras.

**27** Sänk försiktigt ner topplocket på motorblocket. Se till att det fäster ordentligt på styrstiften. Använd ingen tätningsmassa på topplockets fogyta. Stick in de nya topplocksbultarna tillsammans med brickorna. Skruva först åt dem för hand med en räfflad hylsnyckel.

**28** Arbeta i den ordningsföljd som visas **(se bilder)** och dra åt alla bultar till åtdragningsmomentet för steg 1 som anges i specifikationerna.

**29** Vinkeldra bultarna i samma ordningsföljd till vinkeln som anges för steg 2 **(se bild)**.

**30** Montera kamaxelkåpan enligt beskrivningen i avsnitt 7.

**31** På motorer med motorkod ADP eller AHL, återanslut tändkablarna till tändstiften.

**32** På ADR och AFY motorer, montera det övre kylvätskeröret till topplockets vänstra sida. Dra åt fästbultarna och återanslut slangarna.

**33** Återanslut värmeslangen till kylarkröken på topplockets baksida. Återanslut sedan kablaget till kylvätsketemperaturgivaren på kröken. På motorer med motorkod ADR, AFY, AEB och AJL, återanslut kablaget till den sekundära kylvätskegivaren på topplockets baksida.

**34** Återanslut lambdasondens kablage. Placera den sedan i hållaren.

## Motorkod AHL

**35** Montera insugsgrenrörets fästbyglar och dra åt bultarna.

**36** Återanslut kablaget till bränsleinsprutarna, gasspjällgivaren (på gasspjällhuset) och kamaxelgivaren (motorns främre vänstra sida). Återanslut även kablaget till insugsluftens temperaturgivare som sitter placerad på insugsgrenröret. Återanslut kablaget till oljetemperaturgivaren på topplockets baksida.

**37** Återanslut gasvajern till gasspjällhuset (se kapitel 4A). Återanslut sedan vakuumslangarna till kolfilterventilen och bromssystemets vakuumservo.

**38** Återanslut bränsletillförsel- och returledningarna och dra åt anslutningarna.

**39** Montera kylvätskans expansionskärl och återanslut den övre slangen till kylvätskeröret. Montera sedan kylarens nedre slang och dra åt klämmorna.

## Motorkoder ADP, ADR, AFY, AEB, AJL

**40** Om det är tillämpligt, återanslut kablaget till den automatiska kamaxeljusteraren.

**41** Montera insugsgrenröret enligt beskrivningen i kapitel 4A.

## Alla motorer

**42** Montera luftrenaren tillsammans med luftflödesmätaren enligt beskrivningen i kapitel 4A. Montera sedan luftkanalen mellan luftrenaren och gasspjällhuset.

**43** Återanslut det främre avgasröret tillsammans med en ny packning enligt beskrivningen i kapitel 4C. På turbomotorer med motorkod AEB eller AJL, montera turboaggregatet till avgasgrenröret tillsammans med värmeskölden. Fäst oljetillförselröret med två bultar. Återanslut sedan ventilationsslangen som sitter placerad över turboaggregatet.

**44** Montera kamremmen enligt beskrivningen i avsnitt 4.

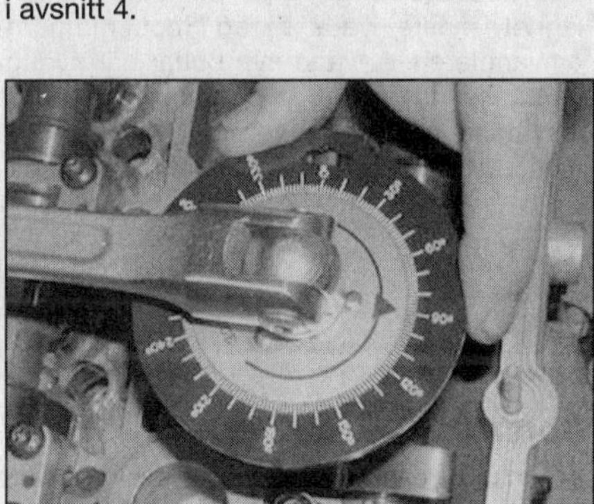

11.29 Topplocksbultarna vinkeldras

**45** Fyll på kylsystemet enligt beskrivning i kapitel 1A.

**46** Montera motorns övre skyddskåpa (kåpor), efter tillämplighet.

**47** Sänk ner bilen. Återanslut sedan batteriet (se kapitel 5A).

## 12 Hydrauliska ventillyftare – funktionskontroll

***Varning: Vänta i minst 30 minuter (eller helst över natten) efter det att de hydrauliska ventillyftarna monterats innan motorn startas, så att ventillyftarna får tid att sätta sig. Annars kommer ventilhuvudena att slå i kolvarna.***

**1** De hydrauliska ventillyftarna är självjusterande och kräver ingen tillsyn vid drift.

**2** Om ventillyftarna blir för högljudda kan deras funktion kontrolleras enligt beskrivningen nedan.

**3** Kör motorn tills den når normal arbetstemperatur. Slå av motorn och demontera sedan kamaxelkåpan enligt beskrivningen i avsnitt 7.

**4** Vrid kamaxeln genom att vrida på vevaxeln med en hylsnyckel tills den första kamloben över cylinder nr 1 pekar uppåt.

**5** Pressa ventillyftaren nedåt med ett verktyg som inte är av metall. Kontrollera sedan glappet med ett bladmått. Om glappet blir större än 0,2 mm innan ventilen börjar öppnas ska ventillyftaren bytas ut.

**6** Demontering och montering av hydrauliska ventillyftare beskrivs som en del av topplocksrenovering. Se kapitel 2C för närmare beskrivning.

**7** Om de hydrauliska ventillyftarna regelbundet ger i från sig oljud vid kortare sträckor ska oljeupptagningsventilen i den bakre delen av oljefilterhuset bytas ut. Oljefiltret måste tas bort. Skruva sedan loss huset från motorblocket och ta loss packningen. Använd en lämplig nyckel för att skruva loss ventilen. Dra åt den nya ventilen till angivet moment. Montera huset tillsammans med en ny packning.

13.3a Verktyg för att hålla svänghjulet/drivplattan stilla

13.3b En svänghjulsbult tas bort

## 13 Svänghjul/drivplatta – demontering, kontroll och montering

### Demontering

**1** På modeller med manuell växellåda, demontera växellådan (se kapitel 7A) och kopplingen (se kapitel 6).

**2** På modeller med automatväxellåda, demontera automatväxellådan enligt beskrivningen i kapitel 7B.

**3** Svänghjulets/drivplattans bultar sitter oregelbundet för att de inte ska gå att montera fel. Skruva loss bultarna medan svänghjulet/drivplattan hålls stilla. Sätt tillfälligt i en bult i motorblocket och använd en skruvmejsel till att hålla svänghjulet/drivplattan stilla, eller tillverka ett specialverktyg på det sätt som visas **(se bild)**.

**4** Ta bort svänghjulet/drivplattan från vevaxeln **(se bild)**. Om en drivplatta ska tas bort, notera hur mellanlägget (bredvid vevaxeln) och mellanläggsbrickan är placerade.

### Kontroll

**5** Undersök svänghjulet/drivplattan och leta efter tecken på slitage eller skada. Undersök om startkransens tänder är slitna. Om drivplattan eller startkransen är skadade

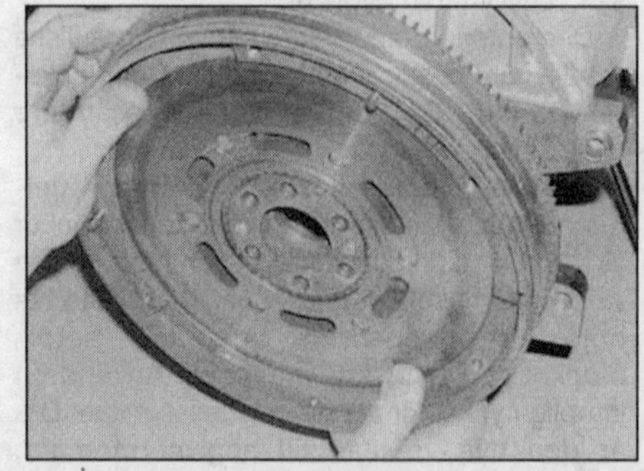

13.4 Svänghjulet tas bort

måste hela drivplattan bytas ut. Svänghjulets startkrans kan bytas ut separat från svänghjulet, men detta arbete bör överlåtas till en Audi/VAG-mekaniker. Om kopplingens friktionsyta är missfärgad eller mycket repad kan det gå att slipa om den. Även detta arbete bör överlåtas till en Audi/VAG-mekaniker.

**6** När svänghjulet är demonterat, kontrollera om nållagret i änden av vevaxeln är slitet genom att vrida det med ett finger. Om det finns tecken på kraftigt slitage eller om lagret har torkat måste det bytas ut. Använd en lageravdragare som fäster i lagrets bakre ände. Driv in det nya lagret på plats tills den yttre änden är 1,5 mm nedanför vevaxeländen. **Observera:** *Ett nållager får inte monteras på vevaxeln på modeller med automatväxellåda.*

### Montering

**7** Montering sker i omvänd ordningsföljd. På modeller med automatväxellåda ska drivplattan monteras temporärt med de gamla bultarna åtdragna till 30 Nm. Kontrollera sedan att avståndet mellan blockets baksida och momentomvandlarens *fästyta* på drivplattan är 27 mm ± 1 mm. Om det behövs, demontera drivplattan och sätt en mellanläggsbricka bakom den för att få rätt mått. Den upphöjda piggen på det yttre mellanlägget måste vara riktad mot momentomvandlaren. Använd nya bultar när svänghjulet eller drivplattan återmonteras. Applicera låsvätska på bultgängorna innan bultarna monteras. Dra åt dem till angivet moment.

## 14 Motorfästen – kontroll och byte

### Kontroll

**1** Om bättre åtkomlighet behövs, lyft upp framvagnen och ställ den på pallbockar. Demontera sedan den undre skyddskåpan om det är tillämpligt.

**2** Kontrollera om fästgummina är spruckna, förhårdnade eller har lossnat från metallen på någon punkt. Byt fästet om det är skadat eller slitet.

**3** Kontrollera att fästets alla fixturer sitter fast ordentligt. Använd en momentnyckel om det är möjligt.

**4** Undersök om fästet är slitet genom att försiktigt bända det med en stor skruvmejsel för att kontrollera eventuellt fritt spel. Där detta inte är möjligt, låt en medhjälpare vicka på motorn/växellådan framåt/bakåt och i sidled, medan du studerar fästet. Ett visst spel är att vänta även från nya delar medan ett större slitage märks tydligt. Om för stort spel förekommer, kontrollera först att fixturerna är ordentligt åtdragna, byt sedan ut slitna komponenter enligt beskrivningen nedan.

### Byte

#### Främre kardanstag (modeller utan luftkonditionering)

**5** Dra åt handbromsen, lyft upp framvagnen och ställ den på pallbockar (se *Lyftning och stödpunkter*). Ta bort den undre skyddskåpan om det är tillämpligt.

**6** Skruva loss bultarna och ta bort kardanstaget och gummistoppet från motorblockets framsida. Gummistoppet finns tillgängligt separat om det behövs **(se bild)**.

**7** Skruva loss fästbygeln från den främre tvärbalken.

**8** Montera det nya kardanstaget och fästbygeln i omvänd ordningsföljd mot demonteringen.

#### Främre kardanhållare (modeller med luftkonditionering)

**9** Dra åt handbromsen. Lyft upp framvagnen och ställ den på pallbockar (se *Lyftning och stödpunkter*). Ta bort den undre skyddskåpan, om det är tillämpligt.

**10** Skruva loss bultarna och ta bort stoppet från fästbygeln på motorns framsida. Flytta fästbygeln över gummit. Bänd sedan loss gummit från korsröret och ta bort fästbygeln.

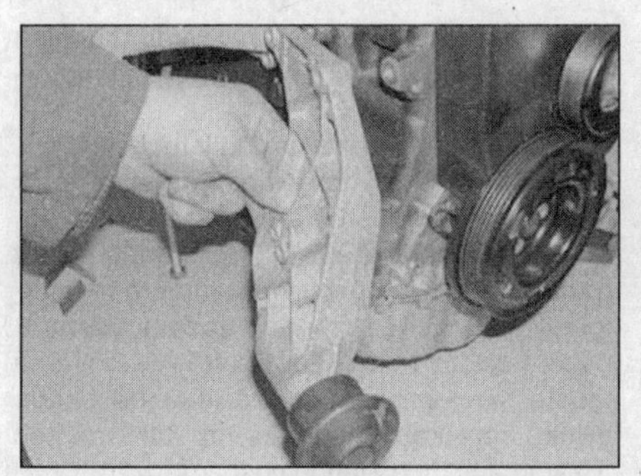

**14.6 Det främre kardanstaget tas bort från motorn**

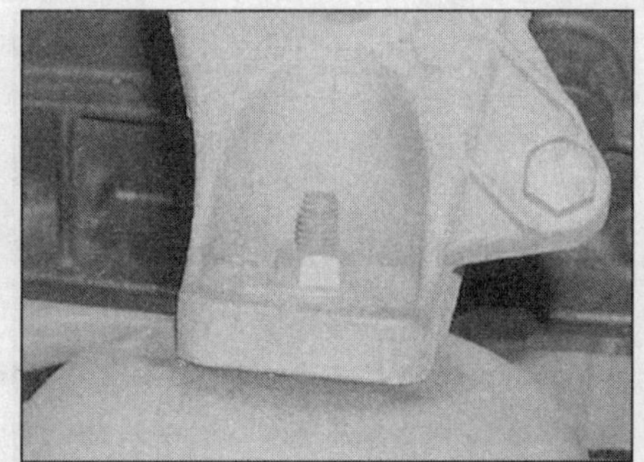

**14.15a Övre fästmutter**

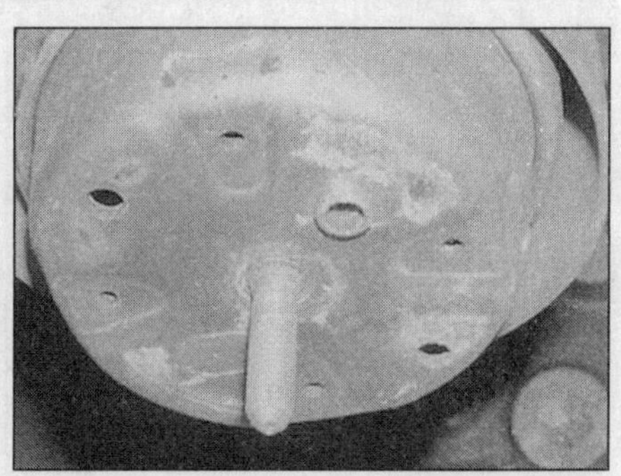

**14.15b Det vänstra motorfästet tas bort**

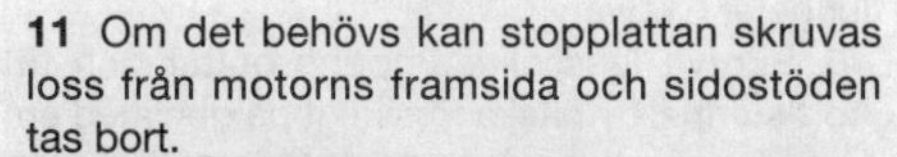

**11** Om det behövs kan stopplattan skruvas loss från motorns framsida och sidostöden tas bort.

**12** Montera det nya gummit och fästbygeln i omvänd ordningsföljd.

### Höger eller vänster motorfäste

**13** Dra åt handbromsen. Lyft upp framvagnen och ställ den på pallbockar (se *Lyftning och stödpunkter*).

**14** Stöd motorns vikt med en lyft. Använd alternativt en garagedomkraft och en bit trä under oljesumpen.

**15** Skruva loss fästmuttrarna. Hissa sedan upp motorn och dra bort fästet från motorns fästbygel och kryssrambalk **(se bilder)**. Observera att fästet har en inbyggd hydrofunktion för att ta upp rörelser från motorn och förhindra oljud från motorn eller växellådan.

**16** Skruva loss fästbygeln från sidan av motorblocket om det behövs **(se bild)**.

**17** Montera det nya fästet i omvänd ordning mot demonteringen.

## 15 Oljesump – demontering och montering

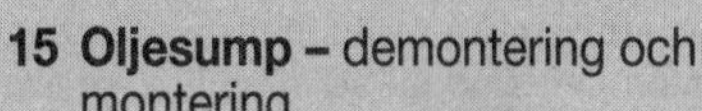

### *Demontering*

**1** Dra åt handbromsen. Lyft upp framvagnen och ställ den på pallbockar (se *Lyftning och stödpunkter*).

**2** Skruva loss och ta bort den undre skyddskåpan från motorns främre del.

**3** Placera en behållare under sumpen. Skruva sedan loss avtappningspluggen och töm ut motoroljan. Rengör pluggen och byt ut brickan om det behövs. Montera pluggen när all olja runnit ut och dra åt den **(se bild)**. Ta bort mätstickan från motorn.

### Motorkod ADP

**4** På modeller med luftkonditionering, märk ut den normala rotationsriktningen på kompressorns drivrem. Skruva sedan loss spännrullen och ta bort drivremmen.

**5** På modeller utan luftkonditionering, skruva loss den främre kardanhållaren från tvärbalken.

**6** På modeller med luftkonditionering, skruva loss det längsgående benet. Skruva sedan loss kardanstödet och hållaren från motorn.

**7** Ta loss startmotorkablarna från motorns undersida genom att skära loss kabelfästena av plast.

**8** Skruva loss och ta bort muttrarna från nederdelen av motorfästena.

**9** Skruva loss bultarna som fäster kylvätskans expansionskärl vid motorrummets vänstra sida. Koppla sedan loss kablaget från kontakten till varningslampan för låg kylvätskenivå. För kärlet åt sidan, men lämna alla slangar anslutna till tanken.

**10** Ta bort motorns övre skyddskåpa. Ta sedan bort vevhusventilationens slang och luftintagstrumma från motorns bakre del.

**11** Lossa lambdasondens kablage från klämman på torpedväggen

**12** Fäst en lämplig lyft vid motorn. Hissa upp motorn så högt som möjligt utan att skada eller sträcka kylvätskeslangarna och kablaget. Kontrollera att fläkten med viskoskoppling inte är i kontakt med kylaren. Flytta fläkten enligt beskrivningen i kapitel 3, avsnitt 5 om det behövs, och placera den i kylarens kåpa.

**13** Skruva loss insugsgrenrörets fästbygel från motorn och växellådan.

**14** Skruva loss fästbultarna och ta bort fästbygeln mellan motorn och växellådan.

**15** Skruva loss och ta bort oljesumpens bultar.

**16** Ta bort oljesumpen och packningen. Knacka försiktigt på den med en klubba om det behövs för att få loss den.

### Motorkod ADR, AFY, AEB och AJL

**17** På modeller med luftkonditionering, märk ut den normala rotationsriktningen på kompressorns drivrem. Skruva sedan loss spännrullen och ta bort drivremmen.

**18** På modeller utan luftkonditionering, skruva loss den främre kardanhållaren från tvärbalken.

**19** På modeller med luftkonditionering, skruva loss det längsgående benet. Skruva sedan loss kardanstödet och hållaren från motorn.

**20** Ta loss startmotorkablarna från motorns undersida genom att skära loss kabelfästena.

**21** På AEB och AJL motorer, lossa klämman och koppla loss turboaggregatets slang vid luftkanalen i låshållaren.

**14.16 Motorns fästbygel på sidan av motorblocket**

**22** Skruva loss och ta bort muttrarna från nederdelen av motorfästena.

**23** Ta bort motorns övre skyddskåpor.

**24** Fäst en lämplig lyft vid motorn. Hissa upp motorn så högt som möjligt utan att skada eller sträcka kylvätskeslangarna och kablaget. Se till att fläkten med viskoskoppling inte är i kontakt med kylaren. Om så behövs, flytta fläkten enligt beskrivningen i avsnitt 5 i kapitel 3 och placera den i kylarens kåpa.

**25** Stöd vänster och höger kryssrambalk med en garagedomkraft och en plankbit. Markera kryssrambalkarnas placering för att garantera korrekt återmontering och hjulinställning. Skruva sedan loss kryssrambalkarnas fästbultar. De två främre bultarna måste skruvas ur först, därefter de bakre bultarna. Sänk ner kryssrambalkarna till marken tillsammans med krängningshämmaren.

**26** På modeller med manuell växellåda,

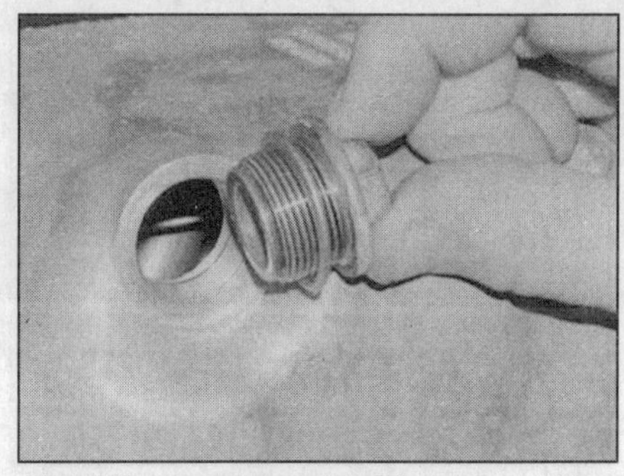

**15.3 Oljesumpens avtappningsplugg sätts tillbaka (ADR motor)**

**15.30a De bakre sumpbultarna tas bort (svänghjulet demonterat)**

**15.30b Flytta urtagen i svänghjulet så att det går att komma åt de bakre oljesumpsbultarna**

skruva loss växellådans vänstra fästmutter tills den är i nivå med änden på bulten (ungefär fyra varv).

**27** På modeller med automatväxellåda, lossa den bakre bulten på det vänstra växellådsfästet några varv. Skruva sedan bort den främre bulten.

**28** På alla modeller, lossa den bakre bulten på det högra växellådsfästet några varv. Skruva sedan loss den främre bulten.

**29** På AEB och AJL motorer, skruva loss flänsbultarna och koppla loss turboaggregatets oljereturledning från oljesumpen. Ta loss packningen.

**30** Skruva loss och ta bort oljesumpens bultar. Observera att på modeller med manuell växellåda kommer man åt de två bakre bultarna genom ett hål i svänghjulet. Vrid svänghjulet efter behov för att komma åt bultarna **(se bilder)**.

**31** Ta bort oljesumpen och packningen. Knacka försiktigt loss den med en hammare om den sitter fast **(se bilder)**.

### Motorkod AHL

**32** Man kommer åt motorns främre del genom att flytta hela den främre panelen (låshållaren) så långt som möjligt från bilens framvagn, utan att koppla loss kylarslangarna eller det elektriska kablaget. Gör på följande sätt: Ta först bort stötfångaren enligt beskrivningen i kapitel 11. Skruva sedan loss de tre klämmorna från ljudisoleringen och skruva loss luftkanalen mellan låshållaren och luftrenaren. Lossa kablaget från klämmorna på kylarens vänstra sida. Skruva loss bultarna som fäster låshållaren vid underredets kanaler. Skruva sedan loss de övre sidobultarna bakom strålkastarenheterna. Ta hjälp av en medhjälpare och dra bort hela enheten så långt som möjligt från bilens framvagn. Audimekaniker använder specialverktyg för att hålla enheten, men det går att tillverka stödstag av gängad metall som skruvas in i underredets kanaler.

**33** På modeller med luftkonditionering, märk ut den normala rotationsriktningen på kompressorns drivrem. Skruva sedan loss spännrullen och ta bort drivremmen.

**34** Demontera drivremmen enligt beskrivningen i avsnitt 6.

**35** Ta bort fläkten med viskoskoppling enligt beskrivningen i avsnitt 5 i kapitel 3. Den tas bort med en insexnyckel som sticks in bakifrån, medan enheten hålls på plats med en bult som temporärt stuckits in bakifrån och som vilar på motorblocket.

**36** Skruva loss kardanstagets fästbygel från motorns främre del.

**37** Ta loss startmotorkablarna från motorns undersida genom att skära loss kabelfästena av plast.

**38** Skruva loss insugsgrenrörets fästbygel från insugsgrenröret och oljesumpen.

**39** Skruva loss muttern från överdelen av det vänstra motorfästet.

**40** Observera hur motorfästena är placerade på sidorna. Skruva sedan loss och ta bort de undre muttrarna.

**41** Koppla en lämplig lyft till motorn. Lyft sedan motorn tills den bakre luftkanalen kommer i kontakt med torpedväggen i motorrummets bakre del.

**42** Ta bort det vänstra motorfästet helt.

**43** Stöd vänster och höger kryssrambalk med en garagedomkraft och en plankbit. Markera kryssrambalkarnas placering för att garantera korrekt återmontering och hjulinställning. Skruva sedan loss kryssrambalkarnas fästbultar. De två främre bultarna måste skruvas ur först, därefter de bakre. Sänk ner kryssrambalkarna till marken tillsammans med krängningshämmaren.

**44** Skruva loss växellådans vänstra fästmutter tills den är i nivå med änden på bulten (ungefär fyra varv).

**45** Skruva loss oljesumpens bultar och ta bort sumpen. Knacka försiktigt på den med en klubba om det behövs för att få loss den. Det finns ingen packning monterad eftersom tätningsmedel används.

## *Montering*

**46** Rengör sumpens och motorblockets fogytor noga. På AHL motorer rekommenderas att en roterande stålborste används för att få bort tätningsmedlet.

### Motorkod AHL

***Varning: Använd inte för mycket tätningsmedel bara för att tätningen ska hålla bättre. Om för mycket tätningsmedel används kan överflödet hamna i sumpen och blockera oljepumpssilen.***

**47** Lägg en 2 till 3 mm sträng lämpligt silikontätningsmedel på sumpens fogyta. Smörj tätningsmedlet runt insidan av bulthålen. Var extra noga med att hålla tätningsmedlet nära oljesumpens innerkant vid dess bakre del. Sätt oljesumpen på plats omedelbart och dra åt fästbultarna för hand. Om motorn är demonterad från bilen, se till att oljesumpens bakre kant är i nivå med motorblockets bakre kant. Dra stegvis åt oljesumpens bultar till angivet moment. Se tätningsmedelstillverkarens rekommendationer angående hur lång tid tätningsmedlet behöver för att stelna. Normalt bör man vänta i minst 30 minuter innan man fyller motorn med olja. Om bilen ska lämnas utan olja i sumpen ett tag, se till att batteriet är urkopplat så att ingen kan försöka starta motorn.

***Underlätta inpassningen av oljesumpen genom att skaffa två eller tre M6 pinnbultar och skruva in dem några varv på motsatta sidor av motorblockets/vevhusets fogyta. Montera sedan oljesumpen över pinnbultarna. Sätt därefter i de återstående bultarna och dra åt för hand. Ta bort pinnbultarna och sätt i resten av sumpbultarna.***

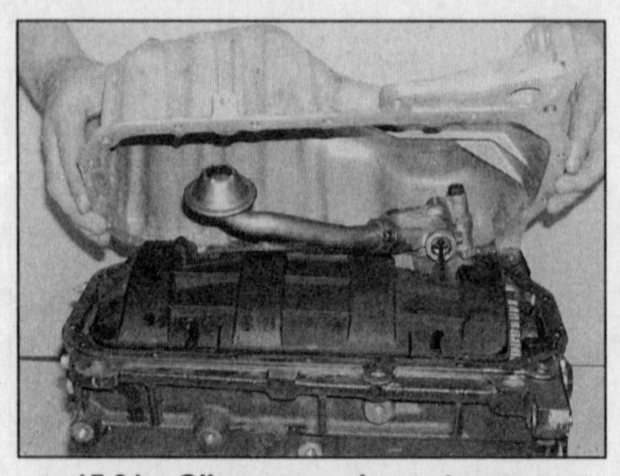

**15.31a Oljesumpen demonteras. . .**

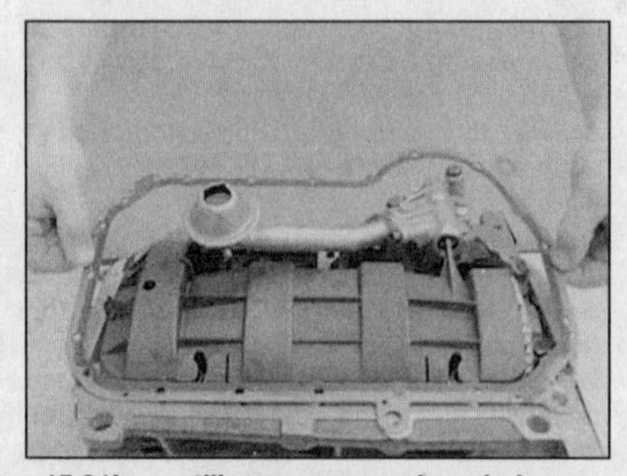

**15.31b . . . tillsammans med packningen**

**15.48 Lägg tätningsmedel på fogytorna till vevaxelns främre och bakre hus**

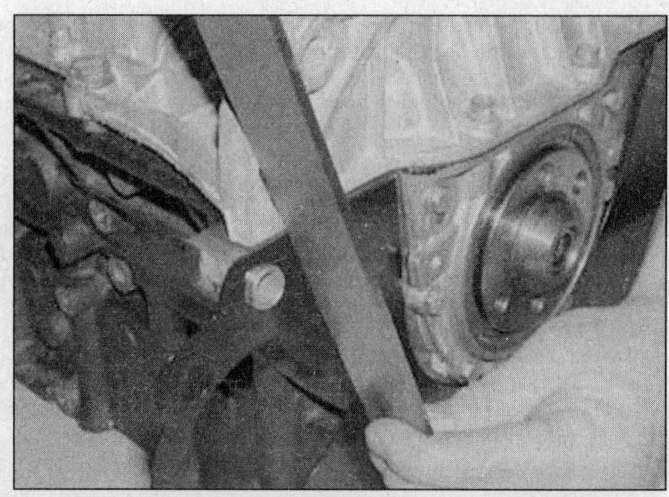

**15.50 En stållinjal används för att rikta in oljesumpen mot motorns bakre del**

### Alla motorkoder utom AHL

**48** Lägg lite tätningsmedel på de fogytor där vevaxelns främre och bakre oljetätningshus kommer i kontakt med motorblocket **(se bild)**.

**49** Sätt en ny packning på oljesumpen. Passa sedan in oljesumpen mot motorblocket och sätt i bultarna. Använd ingen tätningsmassa. Dra åt bultarna till angivet moment i diagonal ordningsföljd.

**50** Montera tillbaka fästbygeln mellan motorn och växellådan och dra åt bultarna. **Observera:** *Om oljesumpen monteras med motorn demonterad från bilen och växellådan borttagen, se till att änden av stödfästet sitter jäms med mellanplattan. Om mellanplattan har demonterats, räkna med en tjocklek på plattan på 0,8 mm och montera fästet så att 0,8 mm sticker ut från baksidan av motorblocket* ***(se bild)****.*

### Alla motorkoder

**51** Resten av monteringen sker i omvänd ordningsföljd. Dra åt muttrarna och bultarna till angivet moment i specifikationerna. Avsluta med att fylla motorn med korrekt mängd olja enligt beskrivningen i kapitel 1A.

## 16 Oljepump och oljeupptagare – demontering, kontroll och montering

### *Demontering*

**1** Ta bort sumpen enligt beskrivningen i avsnitt 15.

### Motorkoder ADP, ADR, AFY, AEB, AJL

**2** På modeller med motorkoderna ADP, ADR, AFY, AEB och AJL drivs oljepumpen från mellanaxeln

**3** På modeller med motorkod ADP, stöd den vänstra och högra främre kryssrambalken med en garagedomkraft och ett träblock. Markera kryssrambalkarnas placering för att garantera korrekt återmontering och hjulinställning. Skruva sedan loss kryssrambalkarnas fästbultar. De två främre bultarna måste skruvas ur först, därefter de bakre. Sänk ner kryssrambalkarna tillsammans med krängningshämmaren till marken.

**4** Lossa och ta bort skvalpskottsplåten från vevhusets underdel.

**5** Använd en insexnyckel. Skruva loss bultarna och ta bort sugröret från oljepumpen. Ta bort O-ringstätningen.

**6** Skruva loss oljepumpens stora fästbultar. Ta sedan bort pumpen från motorblocket. Tryck ner kryssrambalken om det behövs för att få tillräckligt med utrymme för att ta bort oljepumpen.

**7** Skruva loss de två bultarna och lyft bort kåpan. Observera att kåpan innehåller övertrycksventilen.

### Motorkod AHL

**8** På modeller med motorkod AHL drivs oljepumpen av en kedja från den främre delen av vevaxeln.

**9** Lossa och ta bort skvalpskottsplåten från vevhusets underdel.

**10** Skruva loss de tre fästbultarna och lossa oljepumpen från styrstiften i vevhuset. Lossa oljepumpens drev från kedjan och dra bort oljepumpen och sugröret från motorn. Observera att spännaren spänner kedjan och att det kan vara nödvändigt att använda en skruvmejsel för att hålla den lös medan oljepumsdrevet lossas.

**11** Skruva loss flänsbultarna och ta bort sugröret från oljepumpen. Ta loss O-ringstätningen. Skruva loss bultarna och ta bort kåpan från oljepumpen.

**12** Undersök om drivkedjan är sliten eller skadad. Kamremmen måste tas bort (se avsnitt 4) och vevaxelns främre oljetätningshus lossas från motorblocket innan drivkedjan kan demonteras. Skruva loss kedjespännaren när huset är demonterat. Lossa sedan kedjan från drevet på vevaxelns främre del.

### *Kontroll*

**13** På modeller med motorkod ADP, ADR, AFY, AEB och AJL, rengör komponenterna och undersök dem efter tecken på slitage och skador. Kontrollera dödgången mellan kuggarna med hjälp av ett bladmått och jämför det med vad som anges i specifikationerna. Kontrollera på samma sätt kugghjulens axialspel med en stållinjal över pumpens ändyta. Om de angivna gränserna överskrids måste pumpen bytas ut. Montera annars kåpan och dra åt bultarna.

**14** På modeller med motorkod AHL, rengör pumpen noga och undersök om kuggarna är slitna eller skadade. Det krävs en lämplig avdragare för att ta bort drevet från vevaxelns främre del. Observera dock att det måste värmas upp till 220°C i 15 minuter vid monteringen. Observera att drevets breda krage är riktad mot motorn. Ta bort drevet från oljepumpen genom att skruva loss fästbulten och dra bort det. Observera att det bara kan monteras på ett sätt. Undersök om dreven är slitna eller skadade. Byt ut oljepumpen om det behövs.

### *Montering*

**15** Prima pumpen med olja genom att hälla olja i sugrörets öppning medan drivaxeln roteras.

### Motorkoder ADP, ADR, AFY, AEB, AJL

**16** Rengör fogytorna. Montera sedan kåpan på oljepumpen och dra åt bultarna till angivet moment.

**17** Rengör oljepumpen och blocket. Montera sedan oljepumpen, sätt i fästbultarna och dra åt dem till angivet moment.

**18** Montera en ny O-ringstätning på änden av sugslangen. Montera slangen på oljepumpen. Sätt sedan i bultarna och dra åt dem.

**19** På modeller med motorkod ADP, montera kryssrambalkarna och dra åt fästbultarna till angivet moment (se kapitel 10).
**20** Montera sumpen enligt beskrivningen i avsnitt 15.

## Motorkod AHL

**21** Montera kåpan på oljepumpen och dra åt bultarna ordentligt.
**22** Om drivkedjan, vevaxeldrevet och spännaren har demonterats, ska de inte sättas tillbaka förrän oljepumpen har monterats på motorblocket. Om de inte har demonterats kan en skruvmejsel användas för att pressa spännaren mot fjädern, så att kedjan blir tillräckligt lös för att oljepumpen ska kunna monteras.
**23** Placera oljepumpen på styrstiften. Montera sedan de tre fästbultarna och dra åt dem till angivet moment. Fäst nu oljepumpsdrevet i kedjan om det är tillämpligt.
**24** Om det är tillämpligt, montera drivkedjan, vevaxeldrevet och spännaren i omvänd ordningsföljd mot den som användes vid demonteringen.
**25** Montera vevaxelns främre oljetätningshus och kamremmen om det är tillämpligt. Lägg lämpligt tätningsmedel på det främre oljetätningshuset innan det monteras.
**26** Montera skvalpskottsplåten följt av sumpen enligt beskrivningen i avsnitt 15.

# Kapitel 2 Del B:
# Reparationer med motorn kvar i bilen – dieselmotorer

## Innehåll



## Svårighetsgrader

**Enkelt,** passar novisen med lite erfarenhet 
**Ganska enkelt,** passar nybörjaren med viss erfarenhet 
**Ganska svårt,** passar kompetent hemmamekaniker 
**Svårt,** passar hemmamekaniker med erfarenhet 
**Mycket svårt,** för professionell mekaniker 

## Specifikationer

### Allmänt

| | |
|---|---|
| Motorkod: * | |
| Elektronisk direkt bränsleinsprutning, turbo, 66 kW (90 hk) | 1Z |
| Elektronisk direkt bränsleinsprutning, turbo, 81 kW (110 hk) | AFN |
| Elektronisk direkt bränsleinsprutning, turbo, 55 kW (75 hk) | AFF |
| Elektronisk direkt bränsleinsprutning, turbo, 66 kW (90 hk) | AHU |
| Elektronisk direkt bränsleinsprutning, turbo, 66 kW (90 hk) | AHH |

* **Observera:** *Se "Bilens identifikationsnummer" för information om var motorns kodmärkning sitter.*

| | |
|---|---|
| Cylinderdiameter | 79,5 mm |
| Slaglängd | 95,5 mm |
| Kompressionsförhållande | 19,5 : 1 |
| Kompressionstryck (slitagegräns) | 19,0 bar |
| Tändföljd | 1 – 3 – 4 – 2 |
| Placering för cylinder 1 | Kamremsänden |

### Smörjsystem

| | |
|---|---|
| Oljepump, typ | Monterad på oljesumpen, drivs indirekt från mellanaxeln |
| Normalt oljetryck (oljetemperatur 80°C): | |
| Vid 3 000 varv per minut | 3,0 till 5,0 bar |
| Vid 2 000 varv per minut | Minst 2,0 bar |
| Oljepumpens dödgång | 0,2 mm (slitagegräns) |
| Oljepumpens axialspel | 0,15 mm (slitagegräns) |

### Drivremsspänning

| | |
|---|---|
| Generator/fläkt m viskoskoppling/servostyrningspump/kylvätskepump | Automatiskt justerad av spännaren |
| Luftkonditioneringskompressor | Applicera 25 Nm på spännarhuset |

### Åtdragningsmoment

| | Nm |
|---|---|
| Bultar mellan motor och växellåda: | |
| M10 | 45 |
| M12 | 65 |
| Drivplatta (automatväxellåda): | |
| Steg 1 | 60 |
| Steg 2 | Vinkeldra ytterligare 90° |
| Drivremsspännare | 45 |

| **Åtdragningsmoment (forts.)** | **Nm** |
|---|---|
| Fästbygel för luftkonditioneringskompressorns drivrem | 45 |
| Generator | 25 |
| Generatorfästbygel till motorblock | 25 |
| Hastighetsgivare till vevaxel: | |
| Steg 1 | 10 |
| Steg 2 | Vinkeldra ytterligare 90° |
| Insprutningspumpens drev till nav (motorkod AHH): | |
| Steg 1 | 20 |
| Steg 2 | Vinkeldra 90° |
| Kamaxeldrevets bult | 45 |
| Kamaxelkåpa | 10 |
| Kamaxellageröverfall | 20 |
| Kamremmens mindre övre överföringsrulle | 25 |
| Kamremskåpa | 10 |
| Kamremsspännare | 20 |
| Kardanstag och stopp | 25 |
| Klämma till bromsvakuumpump | 20 |
| Kylvätskepumpens remskiva | 25 |
| Längsgående ben: | |
| Till fästbygel | 25 |
| Till motorfäste | 20 |
| Mellanaxelns flänsbultar | 25 |
| Mellanaxeldrevets bult | 45 |
| Motorfäste till kryssrambalk | 25 |
| Nedre kamremskåpa | 10 |
| Oljefilterhus till block | 25 |
| Oljemunstycken: | |
| Motorer fram till och med 06/96 | 7 |
| Motorer från och med 07/96 | 27 |
| Oljepumpens fästbult | 25 |
| Oljepumpens kåpa | 10 |
| Oljereturrör till motorblock | 30 |
| Oljesump | 18 |
| Oljetillförselrör till turboaggregat | 25 |
| Ramlageröverfallets bultar: | |
| Steg 1 | 65 |
| Steg 2 | Vinkeldra ytterligare 90° |
| Servostyrningspumpens remskiva | 25 |
| Sugrör till oljepump | 10 |
| Svänghjul (manuell växellåda): | |
| Steg 1 | 60 |
| Steg 2 | Vinkeldra ytterligare 180° |
| Topplocksbultar*: | |
| Steg 1 | 40 |
| Steg 2 | 60 |
| Steg 3 | Vinkeldra ytterligare 90° |
| Steg 4 | Vinkeldra ytterligare 90° |
| Vevaxeldrevets bult: | |
| Steg 1 | 90 |
| Steg 2 | Vinkeldra ytterligare 90° |
| Vevaxelns bakre oljetätningshus: | |
| M6 bultar | 10 |
| M8 bultar | 20 |
| Vevaxelns främre oljetätningshus: | |
| M6 bultar | 10 |
| M8 bultar | 25 |
| Vevaxelns remskiva/vibrationsdämpare till drev: | |
| Med styrkekapacitet 8,8 | 25 |
| Med styrkekapacitet 10,9 | 35 |
| Vevstaksöverfallets bultar/muttrar: | |
| Steg 1 | 30 |
| Steg 2 | Vinkeldra ytterligare 90° |
| Fläkt med viskoskoppling | 45 |

**Använd nya muttrar/bultar* — *Använd nya muttrar/bultar

## 1 Inledning

### Hur detta kapitel används

Kapitel 2 är indelat i tre delar; A, B och C. Reparationer som kan utföras med motorn kvar i bilen beskrivs i del A (bensinmotorer) och del B (dieselmotorer). Del C beskriver demonteringen av motorn/växellådan som en enhet samt behandlar motorns isärtagning och renovering.

I del A och B förutsätts att motorn är monterad i bilen med alla hjälpaggregat anslutna. Om motorn har demonterats för renoveringen kan isärtagningsbeskrivningen som inleder varje moment hoppas över.

Åtkomligheten till motorrummet kan förbättras genom att motorhuven demonteras enligt beskrivningen i kapitel 11, samt låshållaren (främre panelen) enligt beskrivningen i avsnitt 4.

### Beskrivning av motorn

I detta kapitel anges motortyperna med tillverkarens motorkoder istället för med deras effekt. En lista över de motorer som tas upp, inklusive deras beteckningar, finns i specifikationerna i början av detta kapitel.

Motorerna är vattenkylda, raka fyrcylindriga motorer med enkel överliggande kamaxel. Motorblocken är i gjutjärn och topplocken av aluminiumbaserad lättmetallegering. Alla är monterade längsgående i främre delen av bilen, med växellådan fäst på motorns bakre del.

I topplocket sitter kamaxeln, som drivs med en kuggad kamrem. I topplocket sitter även insugs- och avgasventilerna, som stängs med dubbla spiralfjädrar och löper i styrningar som är inpressade i topplocket. Kamaxeln aktiverar ventilerna direkt via hydrauliska ventillyftare som sitter monterade i topplocket. Topplocket innehåller inbyggda smörjkanaler som smörjer ventillyftarna.

Motorerna är av direktinsprutningstyp. Till skillnad från insprutningsmotorer där topplocket innehåller virvelkammare, är kolvkronorna formade till förbränningskammare.

Vevaxeln bärs upp av fem ramlager och axialspelet regleras av tryckbrickor på var sida om det mittersta ramlagret (nr 3).

Motorerna har en kamremsdriven mellanaxel som driver bromsservons vakuumpump och oljepumpen.

Motorns kylvätska drivs runt med en pump som drivs av drivremmen. Se kapitel 3 för ytterligare information om kylsystemet.

Motorns smörjmedel drivs runt under tryck av en pump som drivs av mellanaxeln. Olja dras från sumpen genom en renare, och tvingas sedan genom ett externt, utbytbart filter. Från filtret fördelas oljan till topplocket där den smörjer kamaxelns lager och ventillyftarna, liksom till vevhuset där den smörjer ramlager, vevstakslager, kolvtappar och cylinderlopp. Motorerna har oljemunstycken monterade längst ner i varje cylinder som sprutar olja på kolvarnas undersidor för att förbättra kylningen. En oljekylare, som matas med motorkylarvätska och sitter på oljefilterhuset, sänker oljans temperatur innan den går tillbaka in i motorn.

### Reparationer som kan utföras med motorn monterad i bilen

Följande moment kan utföras utan att motorn tas bort:

*a) Drivremmar – demontering och montering.*
*b) Kamaxel – demontering och montering.**
*c) Kamaxelns oljetätning – byte.*
*d) Kamaxeldrev – demontering och montering.*
*e) Kylvätskepump – demontering och montering (se kapitel 3)*
*f) Vevaxelns oljetätningar – byte.*
*g) Vevaxeldrev – demontering och montering.*
*h) Topplock – demontering och montering.**
*i) Motorfästen – kontroll och byte.*
*j) Mellanaxelns oljetätning – byte.*
*k) Oljepump och oljeupptagare – demontering och montering.*
*l) Oljesump – demontering och montering.*
*m) Kamrem, drev och kåpa – demontering, kontroll och montering.*

**Topplockets isärtagning beskrivs i kapitel 2C, inklusive detaljer kring demontering av kamaxel och hydrauliska ventillyftare.*

**Observera:** *Det går att demontera kolvar och vevstakar (sedan topplock och sump demonterats) utan att lyfta ur motorn från bilen. Detta rekommenderas dock inte. Arbete av denna typ är mycket enklare att utföra med motorn på en arbetsbänk, enligt beskrivningen i kapitel 2C.*

## 2 Motorns ventilinställningsmärken – hitta ÖD på cylinder nr 1

### Allmän information

**1** Vevaxeln, kamaxeln, mellanaxeln och insprutningspumpens drev drivs av kamremmen. Vevaxel- och kamaxeldreven rör sig synkront för att försäkra korrekt ventilinställning.

**2** De motorer som behandlas i det här kapitlet är utformade så att kolven kommer att komma i kontakt med ventilen om vevaxeln vrids när kamremmen är demonterad. Därför är det viktigt att rätt synkronisering mellan kamaxeln och vevaxeln bibehålls när kamremmen är demonterad. Detta uppnås genom att motorn sätts i ett referensläge (även kallat övre dödpunkt eller ÖD) innan kamremmen tas bort, och att skaften sedan hindras från att rotera tills remmen har monterats tillbaka. Om motorn har tagits isär för renovering kan den också sättas till ÖD under hopsättningen, för att den korrekta axelfasningen ska återställas.

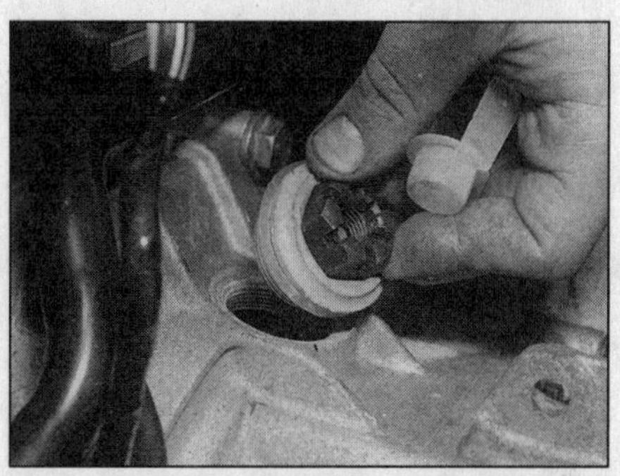

**2.5a Skruva loss proppen från balanshjulskåpan med hjälp av en stor mutter**

**3** ÖD är det högsta läge en kolv når i sin cylinder. I en fyrtaktsmotor når varje kolv ÖD två gånger per cykel – en i kompressionstakten och en i avgastakten. Normalt avses med ÖD cylinder nr 1 i sitt kompressionsslag. Observera att cylindrarna är numrerade ett till fyra med början från motorns kamremsände.

### Inställning av ÖD på cylinder nr 1

**4** Demontera kamaxelkåpan och drivremmarna enligt beskrivningen i avsnitt 6 och 7. Demontera även kamremmens övre yttre kåpa enligt beskrivningen i avsnitt 4. Demontera glödstiften enligt beskrivningen i kapitel 5C, så blir det lättare att vrida runt motorn.

**5** Om det finns en inspektionspropp på balanshjulskåpan, ta bort denna. Använd vid behov en stor mutter för att skruva loss den **(se bilder)**. Vrid vevaxeln medurs med en hylsnyckel, eller en skiftnyckel, tills tändinställningsmärket på kanten av svänghjulet/drivplattan står mitt emot markeringen på balanshjulskåpan **och** inställningshålet på bränsleinsprutningsdrevet står mitt emot hålet på stödfästet. **Observera:** *På motorkod AHH måste en utskärning på den inre delen av drevet passas in mot ett hål på stödfästet.*

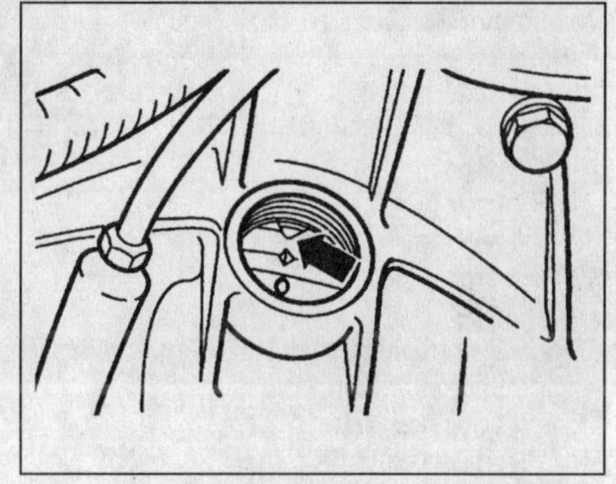

**2.5b Tändinställningsmärket på kanten av svänghjulet (vid pilen) står mitt emot markeringen på balanshjulskåpan (manuell växellåda)**

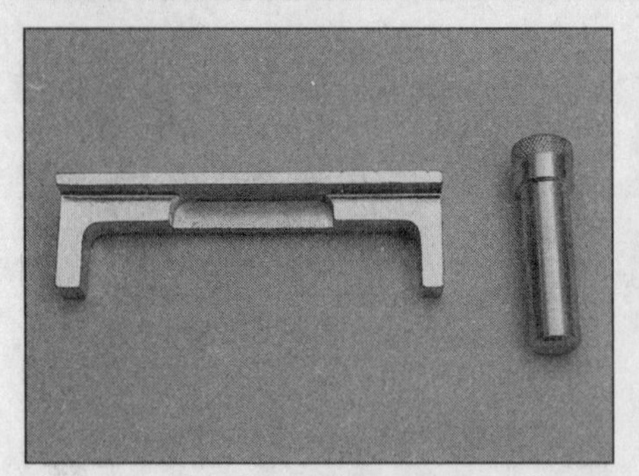

2.6 Motorlåsverktyg

2.7 Sätt låsbalken i skåran på kamaxeln

2.9 Kamaxeln centrerad och låst med hjälp av låsbalk och bladmått

**6** För att låsa motorn i ÖD-läge måste kamaxeln (inte drevet) och insprutningspumpen låsas i ett referensläge med speciella låsverktyg. Improviserade verktyg kan tillverkas, men p.g.a. de exakta mått som krävs rekommenderas det starkt att en uppsättning låsverktyg antingen lånas eller hyrs från en Audi/VAG-verkstad, eller köps från en bra verktygstillverkare **(se bild).**

**7** Sätt låsbalken i skåran på kamaxelns ände **(se bild).**

**8** Vrid kamaxeln något med låsbalken på plats (vrid vevaxeln medurs, som tidigare), så att låsbalken tippas åt ena sidan så att dess ena ände vidrör topplocket. Mät sedan mellanrummet mellan balken och topplocket i låsbalkens andra ände med ett bladmått.

**9** Vrid tillbaka kamaxeln något och dra ut bladmåttet. Sedan ska låsbalken ställas i nivå genom att två bladmått, vart och ett med *halva* tjockleken av det ursprungligen uppmätta mellanrummet, sticks in på var sida av kamaxeln, mellan låsbalkens ände och topplocket. Detta centrerar kamaxeln och ställer ventilsynkroniseringen till referensläget **(se bild).**

**10** Stick in låssprinten genom justeringshålet i bränsleinsprutningspumpens drev (eller utskärning), och in i stödfästet bakom drevet. Detta låser bränsleinsprutningspumpen i ÖD-referensläget **(se bilder).**

**11** Motorn är nu satt till ÖD på cylinder nr 1.

## 3 Kompressionsprov

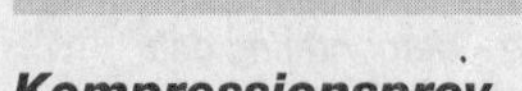

### *Kompressionsprov*

**Observera:** *Till detta prov behövs en kompressionsprovare speciellt avsedd för dieselmotorer.*

**1** Om motorns prestanda sjunker eller om den misständer, kan ett kompressionsprov ge ledtrådar till motorns skick. Om kompressionsprov tas regelbundet kan de ge förvarning om problem innan några andra symptom uppträder.

**2** En kompressionsprovare speciellt avsedd för dieselmotorer måste användas eftersom trycket är högre. Provaren är ansluten till en adapter som är inskruvad i glödstifts- eller insprutningshålet. Det är inte troligt att det är ekonomiskt försvarbart att köpa en sådan provare för sporadiskt bruk, men det kan gå att låna eller hyra en. Om detta inte är möjligt, låt en verkstad utföra kompressionsprovet.

**3** Såvida inte specifika instruktioner som medföljer provaren anger annat, ska följande iakttagas:

a) *Batteriet ska vara väl laddat, luftfiltret måste vara rent och motorn ska hålla normal arbetstemperatur.*

b) *Alla insprutningsventiler eller glödstift ska tas bort innan provet påbörjas. Om insprutningsventilerna skruvas ur ska även flamskyddsbrickorna tas bort, i annat fall kan de blåsas ut.*

c) *Stoppsolenoiden och bränslemätarens kablage måste kopplas loss, så att inte motorn startar eller bränsle sprutas in.* ***Observera:*** *Som ett resultat av att sladdarna kopplats loss kommer felkoder att lagras i styrenhetens minne. Dessa måste raderas efter kompressionsprovet.*

**4** Det finns ingen anledning att hålla gaspedalen nedtryckt under provet, eftersom en dieselmotors luftintag inte är strypt.

**5** Tillverkarna anger en slitagegräns för kompressionstryck – se specifikationerna. Rådfråga en Audi/VAG-verkstad eller dieselspecialist om du är tveksam om ett avläst tryck är godtagbart.

**6** Orsaken till dålig kompression är svårare att fastställa på en dieselmotor än en bensinmotor. Effekten av att tillföra olja i cylindrarna (vått prov) är inte entydig, eftersom det finns en risk att oljan sätter sig i urtagen på kolvkronorna i stället för att ledas till kolvringarna. Följande kan dock användas som en grov diagnos.

**7** Alla cylindrar ska ha liknande tryck. En skillnad på mer än 5,0 bar mellan två av cylindrarna indikerar ett fel. Observera att

2.10a Insprutningspumpens drev låst med låssprinten (1Z, AHU, AFN, AFF motorer)

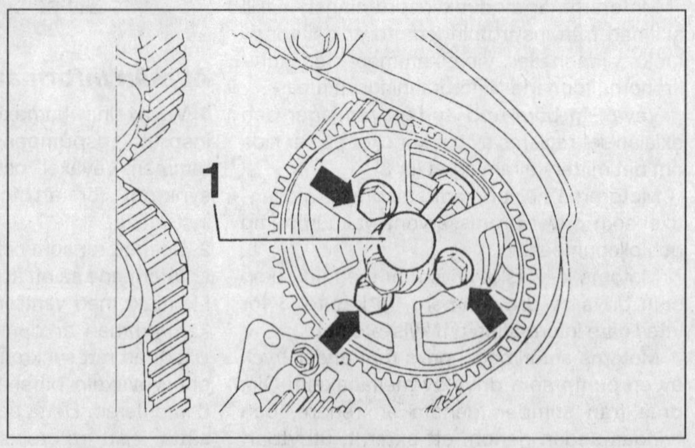


2.10b Verktyg (1) för låsning av insprutningspumpens drev (AHH motor)

trycket ska byggas upp snabbt i en väl fungerande motor. Lågt tryck i första slaget följt av ett gradvis stigande tryck är ett tecken på slitna kolvringar. Lågt tryck som inte höjs är ett tecken på läckande ventiler eller trasig topplockspackning (eller ett sprucket topplock).

**8** Lågt tryck i två angränsande cylindrar är nästan helt säkert ett tecken på att topplockspackningen mellan dem är trasig. Förekomst av kylvätska i oljan bekräftar detta.

### Tryckförlusttest

**9** Ett tryckförlusttest mäter hur snabbt tryckluft som förs in i cylindern går förlorad. Det är ett alternativ till kompressionsprov som på många sätt är överlägset, eftersom den utströmmande luften anger var tryckfallet uppstår (kolvringar, ventiler eller topplockspackning).

**10** Den utrustning som krävs för tryckförlusttest är som regel inte tillgänglig för hemmamekaniker. Om dålig kompression misstänks måste detta prov därför utföras av en verkstad med lämplig utrustning.

## 4 Kamrem – demontering, kontroll och montering

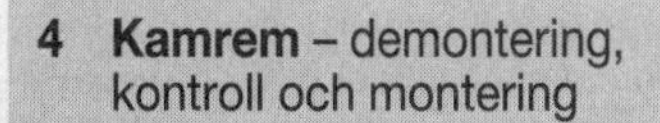

### Demontering

**1** Den kuggade kamremmens huvudsakliga funktion är att driva kamaxlarna, men den driver även bränsleinsprutningspumpen och mellanaxeln. Om remmen slirar eller brister med motorn igång, rubbas ventilsynkroniseringen. Detta kan leda till kontakt mellan kolvar och ventiler och åtföljande allvarliga motorskador. Därför är det viktigt att kamremmen är korrekt spänd och att den undersöks regelbundet efter tecken på slitage eller åldrande.

**2** Observera att demontering av den *inre* delen av kamremskåpan beskrivs som en del av demonteringen av topplocket. Se avsnitt 11 i detta kapitel.

**3** Koppla loss batteriet (se kapitel 5A), och demontera sedan motorns övre skyddskåpa.

4.10 Demontera vevaxelns drivremsskivor

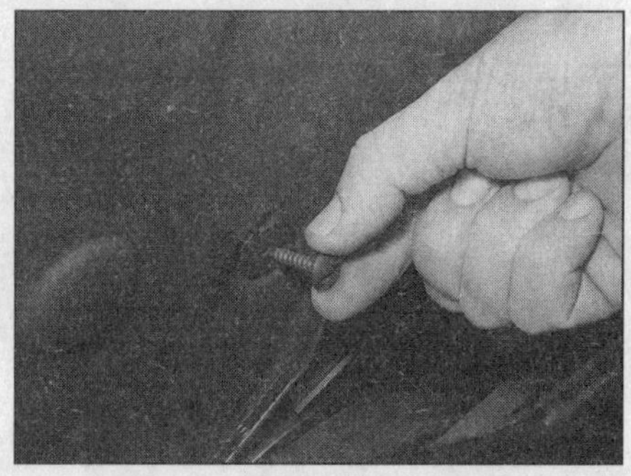

4.11a Skruva loss skruvarna . . .

**4** Dra åt handbromsen, lyft upp framvagnen och ställ den på pallbockar (se *Lyftning och stödpunkter*). Om det är tillämpligt, ta bort stänkskyddet från motorrummets undersida.

**5** Man kommer åt kamremmen genom att flytta hela den främre panelen (låshållaren) så långt som möjligt från bilens framvagn utan att koppla loss kylarslangarna eller det elektriska kablaget. Gör på följande sätt: Ta först bort stötfångaren enligt beskrivningen i kapitel 11. Skruva sedan loss de tre klämmorna från ljudisoleringen och skruva loss luftkanalen mellan låshållaren och luftrenaren. Lossa kablaget från klämmorna på kylarens vänstra sida. Skruva loss bultarna som fäster låshållaren vid underredets kanaler. Skruva sedan loss de övre sidobultarna bakom strålkastarenheterna. Ta hjälp av en medhjälpare och dra bort hela enheten så långt som möjligt från bilens framvagn. Audimekaniker använder specialverktyg för att hålla enheten, men det går att tillverka stödstag av gängad metall som skruvas in i underredets kanaler.

**6** Demontera drivremmen/remmarna enligt beskrivningen i avsnitt 6. Skruva även loss spännaren från motorns främre del med hjälp av en insexnyckel.

**7** Ta bort fläkten med viskoskoppling enligt beskrivningen i avsnitt 5 i kapitel 3. I korta drag tas den bort på följande sätt: Stick in en insexnyckel bakifrån medan enheten hålls fast med ett saxliknande verktyg som hakas i två av hålen i remskivan. Om Audiverktyget inte finns tillgängligt kan ett liknande verktyg tillverkas av två bitar metall försedda med bultar som fästs i hålen.

**8** Skruva loss den lilla kåpan från kamremskåpans högra sida, och flytta sedan laddtrycksstyrningens solenoidventil åt sidan, men låt slangarna vara anslutna.

**9** Ställ motorn till ÖD för cylinder nr 1 med hjälp av inställningsmarkeringarna enligt beskrivningen i avsnitt 2. Denna procedur innefattar demontering av kamaxelkåpan och låsning av bränsleinsprutningspumpens drev.

**10** Skruva loss fästskruvarna, ta sedan bort remskivan för den ribbade drivremmen (tillsammans med luftkonditioneringskompressorns remskiva om en sådan finns) från vevaxeldrevet **(se bild)**. Avsluta med att kontrollera att motorn fortfarande står i ÖD.

***För att förhindra att drivremmens remskiva vrids runt när fästskruvarna lossas, lägg i den högsta växeln i (endast för modeller med manuell växellåda) och låt en medhjälpare trampa hårt på fotbromsen. Alternativt kan remskivan hållas fast med en oljefilternyckel eller något liknande verktyg.***

**11** Lossa den översta delen av kamremskåpan genom att skruva loss skruvarna, ta bort inläggen (där tillämpligt) och lossa fjäderklämmorna av metall **(se bilder)**. Lyft sedan av kåpan från motorn.

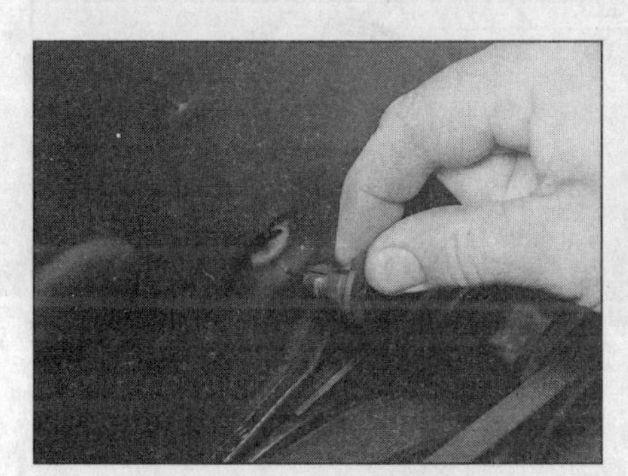

4.11b . . . ta bort inläggen . . .

4.11c . . . lossa fjäderklämmorna . . .

4.11d . . . och lyft av kamremskåpan från motorn

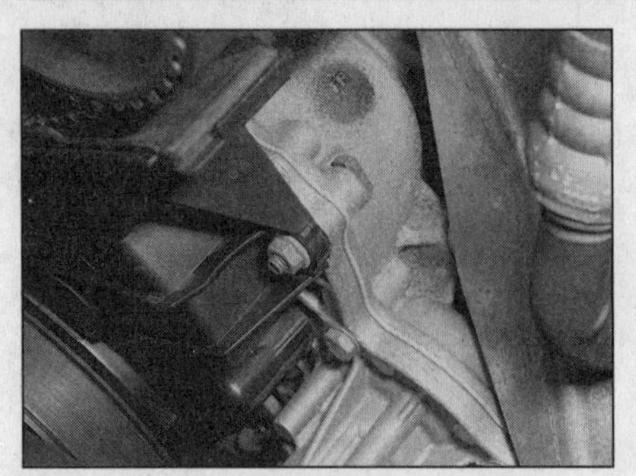
4.12 Nedre kamremskåpan

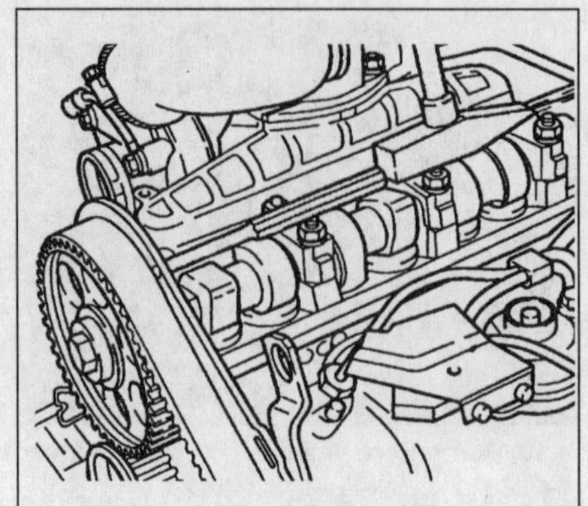
4.20 Lossa kamaxeldrevet från konan med hjälp av en pinndorn

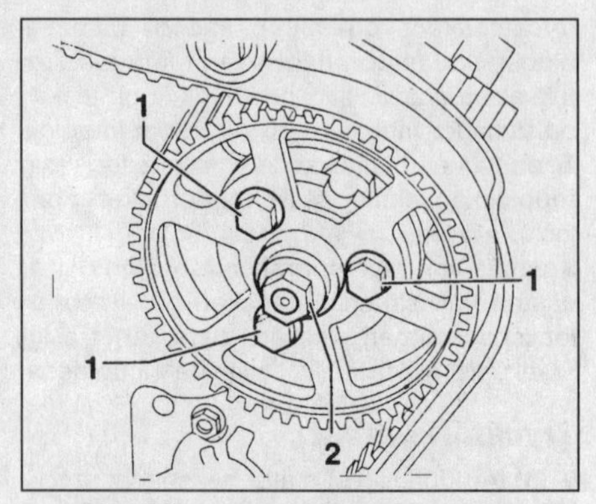

4.21 På en AHH motor, skruva loss insprutningspumpens navbultar (1). Lossa inte mittbulten (2)

**12** Skruva loss fästskruvarna och lossa klamrarna eller muttrarna, och lyft av den nedre kamremskåpan **(se bild)**.

**13** Släpp spänningen på kamremmen genom att lossa spännarens fästmutter något och vrida bort spännaren från remmen, enligt beskrivningen i avsnitt 5.

**14** Undersök om det finns märken för rotationsriktning på kamremmen. Om sådana saknas, gör egna med TippEx eller en färgklick – man får inte på något sätt skära i eller skåra remmen.

***Varning: Om remmen ser ut att vara i bra skick och därmed kan återanvändas, är det viktigt att den monteras i samma rotationsriktning, annars slits den ut och går sönder mycket snabbare.***

**15** Dra av remmen från dreven. Se till att inte vrida eller böja remmen för mycket om du tänkt återanvända den.

## Kontroll

**16** Undersök remmen och se om den är förorenad av kylvätska eller smörjmedel. Om så är fallet måste källan till föroreningen hittas innan arbetet återupptas. Undersök om remmen är sliten eller skadad. Kontrollera extra noga runt remkuggarnas framkanter. Byt ut remmen om det råder tvivel om dess skick. Kostnaden för rembyte är försumbar i jämförelse med den potentiella kostnaden för de motorreparationer som skulle behövas om remmen gick sönder vid körning. Remmen måste bytas om den har gått 100 000 km, men även om den gått mindre är det en god idé att byta den, oavsett skick, för säkerhets skull.

**17** Om kamremmen inte ska monteras omedelbart är det en god idé att sätta en varningslapp på ratten, för att påminna dig själv och andra om att inte starta motorn.

**18** På motorkod AHH måste bultarna som håller fast insprutningspumpens drev till navet bytas varje gång de lossats, så se till att skaffa tre nya bultar innan du börjar återmonteringen. Bultarna är av stretchtyp som måste vinkeldras, och det är av denna orsak de inte kan återanvändas om de skruvats loss. Audi anger att pumpdrevet **måste** återjusteras varje gång kamremmen tas bort. Det går inte att bara montera tillbaka remmen på drevet utan att utföra en justering.

## Montering

**19** Kontrollera att vevaxeln och kamaxeln fortfarande står i ÖD för cylinder nr 1, enligt beskrivningen i avsnitt 2.

**20** Lossa kamaxeldrevets bult ett halvt varv enligt beskrivningen i avsnitt 5. Håll **inte** fast kamaxeln med låsbalken. Den måste demonteras innan drevbulten lossas. Lossa drevet från kamaxelkonan genom att försiktigt knacka på det med en dorn i mjuk metall instucken i hålet i den inre kamremskåpan **(se bild)**.

**21** På motorkod AHH, skruva loss de tre bultarna från insprutningspumpens drev och sätt i de nya (se punkt 18), dra bara åt för hand än så länge **(se bild)**. Sätt det yttre drevet mitt i de avlånga hålen.

***Varning: Lossa inte mittbulten, då kommer insprutningspumpens grundinställning att rubbas, och den måste då återställas av en Audi/VW-verkstad eller annan bränsleinsprutningsspecialist.***

**22** Dra kamremmen löst runt vevaxeldrevet. **Observera:** *Notera markeringarna för rotationsriktning på remmen.*

**23** Låt kamremmens tänder greppa i vevaxeldrevet och sätt sedan remmen på plats runt mellanaxelns remskiva. Lägg sedan remmen över insprutningspumpens och kamaxelns drev och runt spännarremskivan. Se till att tänderna hakar i korrekt på dreven. Den övre delen av remmen måste ligga under den lilla övre valsen. **Observera:** *En smärre justering av kamaxeldrevets läge kan krävas för att uppnå detta.* Undvik att böja remmen bakåt eller att vrida den för mycket när du gör detta **(se bilder)**.

**24** Se till att allt slack i remmen ligger i den del som går över spännarrullen.

**25** Vrid spännarremsskivan medurs med hjälp av ett passande verktyg i de två hålen i spännarens nav, tills inskärningen och den upphöjda kanten på remskivan och navet står mitt emot varandra **(se bild)**. Spännaren är halvautomatisk och kommer att ge kamremmen rätt spänning om inskärningen och kanten står mitt emot varandra.

4.23a Kamremmen på plats över spännarrullen . . .

4.23b . . . och under den övre valsen

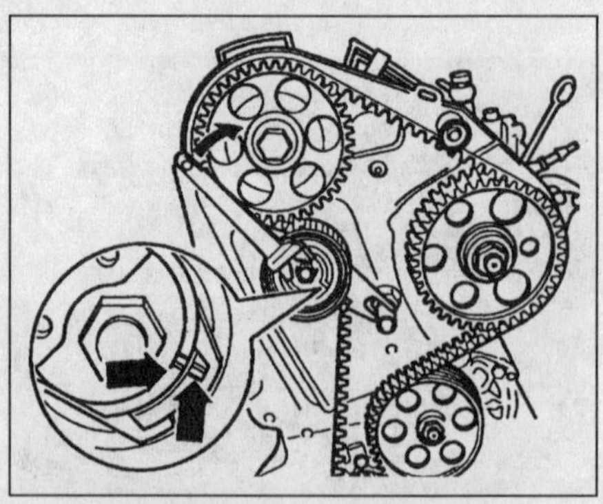
4.25 Inställningsmarkeringar på den automatiska spännarens remskiva och nav

**Observera:** *Om spännaren vrids för långt medurs, måste den lossas helt innan den spänns igen.*

**26** Dra åt spännarens låsmutter till angivet moment när spännarens markeringar är inpassade mot varandra. Kontrollera spännarens funktion genom att trycka hårt på kamremmen med tummen och se efter att visarna rör sig bort från varandra. När du släpper remmen ska visarna hamna i linje igen.

**27** Ta bort låssprinten från bränsleinsprutningspumpens drev (se avsnitt 2).

**28** Ta bort kamaxelns låsbalk (se avsnitt 2).

**29** På motorkod AHH, dra åt insprutningspumpens nya drevbultar till 20 Nm samtidigt som det yttre drevet hålls på plats med ett lämpligt verktyg. Se till att inte rubba inställningen mellan drevets inre och yttre delar. En sista åtdragning av bultarna görs efter kontroll av insprutningspumpens dynamiska inställning.

**30** Kontrollera nu att vevaxeln och insprutningspumpen fortfarande står i ÖD för cylinder nr 1 (se avsnitt 2). På motorkod AHH, om låssprinten inte kan stoppas in, lossa tillfälligt de tre drevbultarna, flytta navet så mycket som behövs och dra sedan åt bultarna till 20 Nm.

**31** Dra sedan åt kamaxeldrevets bult till angivet moment samtidigt som den hålls på plats med specialverktyget, enligt beskrivningen i avsnitt 5.

**32** Dra runt vevaxeln två hela varv med en skiftnyckel eller hylsnyckel på vevaxelremskivans mittbult. Ställ tillbaka motorn i ÖD-läge för cylinder nr 1 enligt beskrivningen i avsnitt 2, och kontrollera att insprutningspumpdrevets låssprint och kamaxelns låsbalk fortfarande kan stickas in.

**33** Montera tillbaka kamaxelkåpan med en ny packning enligt beskrivningen i avsnitt 7.

**34** Montera tillbaka kamremmens nedre kåpa och fäst den med klämmorna och skruvarna. Montera även tillbaka den övre kåpan och fäst den med klämmorna och trycknitarna.

**35** Montera tillbaka vevaxelremskivan och dra åt fästskruvarna till angivet moment, med samma metod som vid demonteringen. Observera att hålen i remskivan sitter så att skivan bara kan monteras på ett sätt.

**36** Montera tillbaka laddtrycksstyrningens solenoidventil och den lilla kåpan på kamremskåpans högra sida, och dra åt bultarna.

**37** Montera tillbaka fläkten med viskoskoppling enligt beskrivningen i kapitel 3.

**38** Montera tillbaka spännaren på framsidan av motorn, sätt sedan tillbaka drivremmarna enligt beskrivningen i avsnitt 6.

**39** Montera tillbaka låshållaren i omvänd ordningsföljd mot demonteringen.

**40** Montera stänkskyddet under motorrummet och sänk ner bilen. Sätt även tillbaka motorns övre skyddskåpa.

**41** Återanslut batteriets minusledning (jord) (se kapitel 5A).

**42** Avsluta med att kontrollera bränsleinsprutningspumpens synkronisering enligt instruktionerna i kapitel 4B.

**43** På motorkod AHH, demontera den övre kamremskåpan, dra sedan åt insprutningspumpdrevets bultar till angiven vinkel. Avsluta med att montera tillbaka den övre kamremskåpan.

## 5 Kamremsspännare och drev – demontering och montering

**1** Koppla loss batteriet (se kapitel 5A).

**2** För att komma åt de komponenter som beskrivs i detta avsnitt, demontera först drivremmarna enligt beskrivningen i avsnitt 6.

### *Kamremsspännare*

#### Demontering

**3** Följ beskrivningarna i relevanta punkter i avsnitt 2 och 4 och ställ motorn i ÖD för cylinder nr 1. Demontera sedan den övre delen av den yttre kamremskåpan.

**4** Lossa fästmuttern vid spännarremskivans nav och låt enheten rotera moturs, så att spänningen på kamremmen minskar. Skruva loss muttern och ta bort brickan.

**5** Dra loss spännaren från pinnbulten.

**6** Torka ren spännaren, men använd inga lösningsmedel som kan förorena lagren. Snurra spännarens remskiva på navet med handen. Kärv rörelse eller stort spel indikerar att spännaren inte kan åtgärdas utan måste bytas.

#### Montering

**7** Skjut på spännaren på pinnbulten.

**8** Sätt tillbaka spännarens bricka och fästmutter, men dra inte åt muttern helt än.

**9** Montera tillbaka och spänn kamremmen enligt beskrivningen i avsnitt 4.

**10** Montera tillbaka kamremskåporna enligt beskrivningen i avsnitt 4.

**11** Montera tillbaka drivremmarna (del 6) och återanslut batteriet (kapitel 5A).

### *Kamaxeldrev*

#### Demontering

**12** Ställ motorn i ÖD-läge för cylinder nr 1 enligt beskrivningen i avsnitt 2 och 4, demontera sedan den övre delen av den yttre kamremskåpan.

**13** Demontera kamaxelkåpan enligt beskrivningen i avsnitt 7.

**14** Lossa fästmuttern vid spännarremskivans nav och låt enheten rotera moturs, så att spänningen på kamremmen minskar. Dra loss kamremmen från kamaxeldrevet.

**15** Kamaxeldrevet måste hållas fast medan fästbulten lossas. Om specialverktyget från Audi/VAG inte finns tillgängligt, kan ett enkelt hemmagjort verktyg tillverkas **(se Haynes tips).** Håll **inte** fast kamaxeln med låsbalken. Den måste demonteras innan drevbulten lossas.

***Använd två bitar bandstål, 6 mm tjocka, 30 mm breda och 600 respektive 200 mm långa, för att göra ett verktyg att hålla fast kamaxeldrevet med (alla mått är ungefärliga). Skruva ihop de två bitarna så att de formar en gaffel, men utan att dra åt bulten så att det kortare bandet kan vridas runt. Fäst en bult med mutter och låsmutter vid vardera ände på gaffelns ben. Dessa ska fungera som stödpunkter och ska kopplas ihop med hålen i drevet, och de bör sticka ut ungefär 30 mm.***

**16** Håll fast kamaxeldrevet med det egentillverkade verktyget och lossa fästbulten ett halvt varv. Lossa drevet från kamaxelkonan genom att försiktigt knacka på det med en dorn i mjuk metall'instucken i hålet i den inre kamremskåpan.

**17** Skruva loss bulten och ta bort kamaxeldrevet från kamaxeländen **(se bild).**

**18** När drevet tagits bort, undersök om kamaxelns oljetätning läcker. Om det behövs, byt den enligt beskrivningen i avsnitt 8.

**19** Torka rent drevets och kamaxelns fogytor.

#### Montering

**20** Sätt drevet på kamaxeln och sätt i fästbulten, men dra bara åt den för hand än så länge.

**21** Kontrollera att motorn fortfarande står i ÖD på cylinder nr 1 enligt beskrivningen i avsnitt 2 och 4, montera sedan tillbaka kamremmen och spänn den.

**22** Montera den övre kamremskåpan och kamaxelkåpan, montera sedan tillbaka drivremmen/-remmarna (avsnitt 6) och anslut batteriet (kapitel 5A).

**5.17 Ta bort kamaxeldrevet**

5.28a Sätt i vevaxeldrevets bult . . .

5.28b . . . dra åt till momentet för steg 1 . . .

5.28c . . . och sedan till vinkeln för steg 2

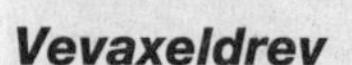

### *Vevaxeldrev*

#### Demontering

**23** Ta bort kamremmen och de övre och nedre ytterkåporna enligt beskrivningen i avsnitt 4. Om kamremmen ska återanvändas måste dess rotationsriktning märkas ut.

**24** Vevaxeldrevet måste hållas fast medan dess fästmutter lossas. Om inte specialverktyget från Audi/VAG för låsning av svänghjulet/drivplattan finns till hands, låses vevaxeln i läge genom att startmotorn demonteras, enligt beskrivningen i kapitel 5A, så att startkransen syns. Låt en medhjälpare hålla en bredbladig skruvmejsel mellan startkransens kuggar och balanshjulskåpan medan drevets fästbult lossas.

**25** Dra ut bulten, ta loss brickan och lyft av drevet.

**26** När drevet tagits bort, undersök om vevaxelns oljetätning läcker. Om så behövs, byt den enligt beskrivningen i avsnitt 10.

**27** Torka rent drevets och vevaxelns fogytor.

#### Montering

**28** Sätt på drevet på vevaxeln, så att tappen på insidan av drevet passar in i urholkningen i änden av vevaxeln. Sätt i fästbulten och dra åt den till angivet moment för steg 1, samtidigt som vevaxeln hålls stilla enligt beskrivningen för demonteringen. Dra sedan åt bulten till angiven vinkel **(se bilder).**

**29** Följ beskrivningarna i avsnitt 2 och 4. Kontrollera att motorn fortfarande är i ÖD på cylinder nr 1. Montera sedan kamremmen och spänn den. Montera de yttre kamremskåporna. Montera sedan drivremmarna (avsnitt 6) och återanslut batteriet (kapitel 5A).

### *Mellanaxeldrev*

#### Demontering

**30** Demontera kamremmen och de övre och nedre ytterkåporna enligt beskrivningen i avsnitt 4. Om kamremmen ska återanvändas måste dess rotationsriktning märkas ut.

**31** Mellanaxeldrevet måste hållas fast medan fästbulten lossas. Om inte specialverktyget från Audi/VAG finns tillgängligt, kan ett enkelt hemmagjort verktyg tillverkas enligt beskrivningen för demontering av kamaxeldrevet. Eller så kan drevet hållas stilla genom att ett metallstyrstift eller en hylsnyckel sticks in genom ett av hålen i drevet **(se bild).**

**32** Skruva loss fästbulten och dra loss drevet från mellanaxelns ände. Ta ut woodruffkilen ur kilspåret.

**33** När drevet tagits bort, kontrollera om mellanaxelns oljetätning läcker. Om det behövs, byt tätningen enligt beskrivningen i avsnitt 9.

**34** Torka rent drevets och axelns fogytor.

#### Montering

**35** Sätt i woodruffkilen i kilspåret med den plana ytan upp. Passa in drevet mot axeln så att spåret i drevet greppar kring kilen.

**36** Sätt i och dra åt drevets fästbult till angivet moment, och håll drevet stilla på samma sätt som vid demonteringen.

**37** Kontrollera att motorn fortfarande står i ÖD på cylinder nr 1 enligt beskrivningen i avsnitt 2 och 4, sätt sedan tillbaka kamremmen och spänn den. Montera tillbaka de yttre kamremskåporna, sätt därefter tillbaka drivremmarna (avsnitt 6) och anslut batteriet (kapitel 5A).

### *Bränsleinsprutningspumpens drev*

**38** Se kapitel 4B.

5.31 Håll fast mellanaxeldrevet med en hylsnyckel medan bulten lossas

## 6 Drivremmar – demontering, montering och spänning

### *Allmän information*

**1** Det finns en huvuddrivrem som driver generatorn, fläkten med viskoskoppling, servostyrningspumpen och kylvätskepumpen. På modeller med luftkonditionering drivs luftkonditioneringskompressorn av en separat drivrem. Båda drivremmarna drivs från remskivor som sitter på främre delen av vevaxeln, och båda drivremmarna är av den ribbade typen **(se bild).**

**2** Huvuddrivremmens spänning justeras automatiskt av en fjäderbelastad överföring. Luftkonditioneringskompressorns drivrem (i förekommande fall) justeras med en momentnyckel på överföringen.

**3** Om drivremmarna ska demonteras, dra först åt handbromsen och lyft sedan upp framvagnen och ställ den på pallbockar (se *Lyftning och stödpunkter*). Demontera den undre skyddskåpan från motorrummets undersida.

### *Demontering*

**4** Om en drivrem ska återanvändas måste dess rotationsriktning markeras, så att den kan monteras tillbaka åt samma håll.

**5** Man kommer åt drivremmen bäst genom att flytta hela den främre panelen (låshållaren) så långt som möjligt från bilens framvagn utan att koppla loss kylarslangarna eller det elektriska kablaget. Gör på följande sätt: Ta först bort stötfångaren enligt beskrivningen i kapitel 11. Skruva sedan loss de tre klämmorna från ljudisoleringen och skruva loss luftkanalen mellan låshållaren och luftrenaren. Lossa kablaget från klämmorna på kylarens vänstra sida. Skruva loss bultarna som fäster låshållaren vid underredets kanaler. Skruva sedan loss de övre sidobultarna bakom strålkastarenheterna. Ta hjälp av en medhjälpare och dra bort hela enheten så långt som möjligt från bilens framvagn. Audimekaniker använder specialverktyg för att hålla enheten, men det går att tillverka stödstag av gängad metall som skruvas in i underredets kanaler.

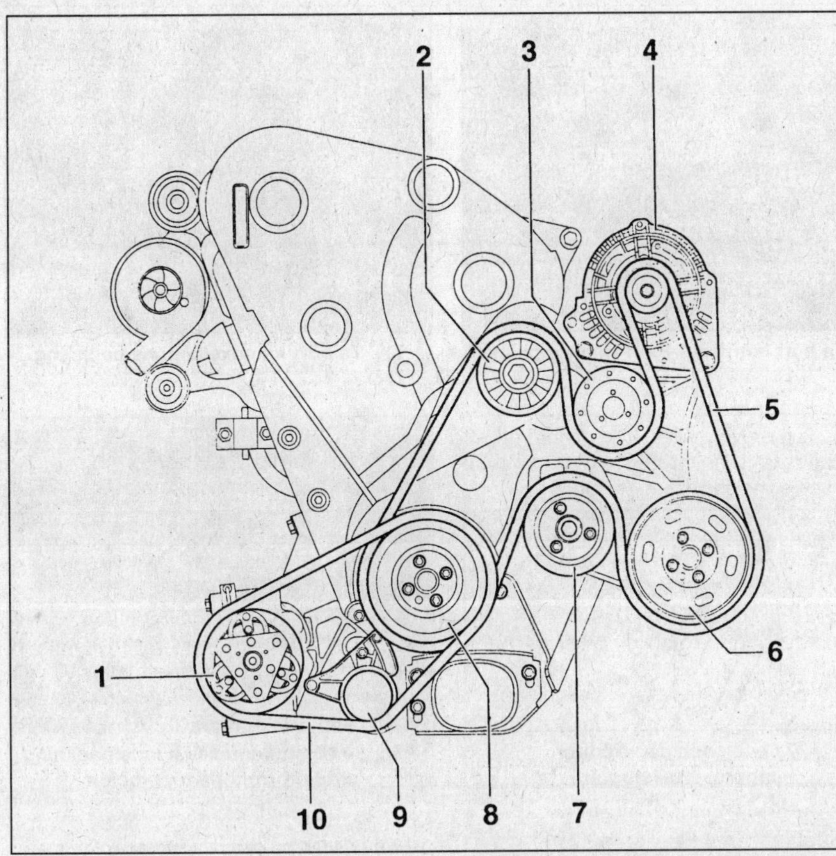


6.1 Drivremmar

1 *Luftkonditioneringskompressor*
2 *Huvuddrivremmens spännare*
3 *Viskösa fläktens remskiva*
4 *Generator*
5 *Huvuddrivrem*
6 *Servostyrningspump*
7 *Kylvätskepump*
8 *Vevaxelns remskiva/vibrationsdämpare*
9 *Luftkonditioneringskompressorns spännare*
10 *Luftkonditioneringskompressorns drivrem*

**6** På modeller med luftkonditionering, lossa styr- och spännbultarna. Flytta spännarrullen uppåt för att minska spänningen på drivremmen. Dra bort drivremmen från vevaxeln, kompressorn och spännarremskivorna.

**7** Om huvuddrivremmen ska demonteras, notera först hur den sitter runt de olika remskivorna så att den kan monteras tillbaka korrekt. Observera särskilt att drivremmens plana yttre kant ligger an mot viskosfläktens remskiva. Den automatiska spännaren måste lossas med en 15 mm ringnyckel på mittbulten. Släpp spänningen genom att vrida bulten moturs, och ta sedan loss drivremmen från spännarens, generatorns, den viskösa fläktens, servostyrningspumpens och vevaxelns remskivor. **Observera:** *Bulten är vänstergängad, så den kommer inte att lossna av att vridas moturs.* Släpp spännaren när drivremmen tagits bort.

### Montering

**8** Sätt på drivremmen på generatorns, viskosfläktens, servostyrningspumpens och vevaxelns remskivor, och se till att alla ribbor sitter ordentligt i spåren på remskivorna. Vrid den automatiska spännaren moturs och sätt på drivremmen på remskivan, släpp sedan spännaren för att spänna drivremmen.

**9** På modeller med luftkonditionering, sätt på drivremmen på kompressorns och vevaxelns remskivor, och se till att alla ribbor hamnar ordentligt i spåren på remskivorna. Flytta spännarremskivan nedåt och fäst drivremmen i remskivans spår. Spänn drivremmen genom att dra åt sexkantsbulten på spännarhuset till ett moment på 25 Nm. Håll detta moment och dra åt spänn- och styrbultarna.

7.1c . . . och ta bort motorns övre kåpa

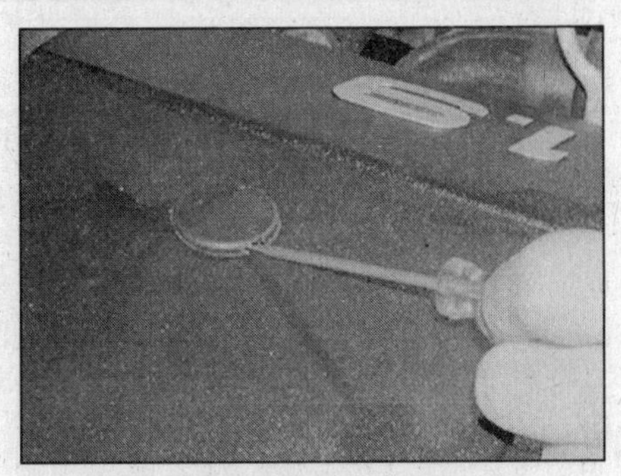

7.1a Bänd loss locken . . .

7.1b . . . skruva loss muttrarna . . .

## 7 Kamaxelkåpa – demontering och montering

### Demontering

**1** Skruva loss motorns övre skyddskåpa och koppla sedan loss vevhusets ventilationsslang och regulatorventil från kamaxelkåpan och ta loss muffen **(se bilder).**

**2** Ta bort hattarna och skruva loss kamaxelkåpans tre fästmuttrar. Ta bort brickorna och tätningarna och notera i vilken ordning du tagit bort dem **(se bild på nästa sida).**

7.1d Vevhusventileringens regulatorventil och slangar

7.2 Kamaxelkåpans fästmutter

7.3 Ta bort kamaxelkåpan från topplocket

7.4 Ta bort kamaxelkåpans packning

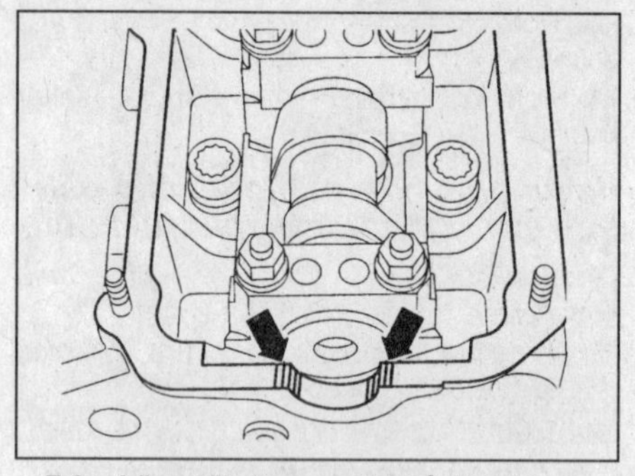
7.6a Lägg tätningsmedel på den bakre halvcirkelformade utskärningen . . .

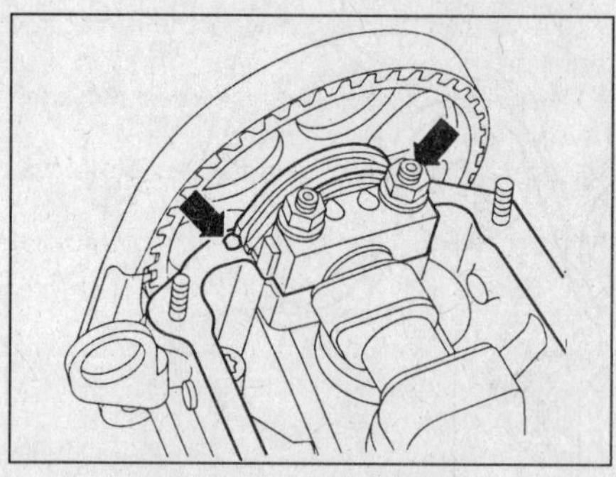
7.6b . . . och den främre lageröverfallsfogen

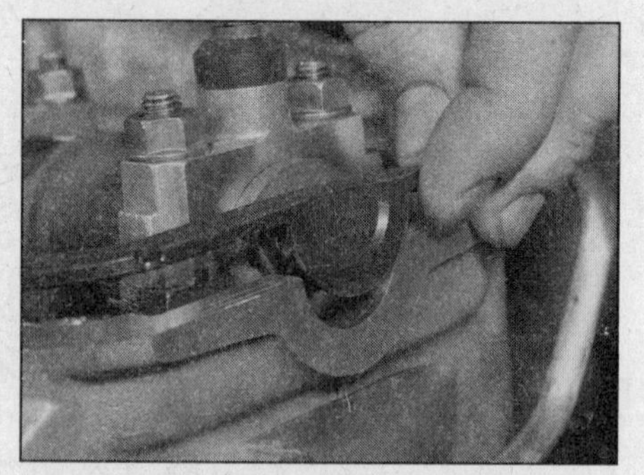
7.6c Se till att kamaxelkåpans packning sitter korrekt på topplocket

**3** Ta bort kamaxelkåpan från topplocket **(se bild).** Om den sitter fast, försök inte bända loss den – lossa den istället genom att knacka lätt runt kanterna med en gummiklubba.

**4** Ta loss kamaxelkåpans packning **(se bild).** Undersök packningen noga och byt ut den om den visar tecken på skador eller slitage.

**5** Rengör fogytorna på topplock och kamaxelkåpa noga, ta bort alla spår av olja och gammal packning, och var noga med att inte skada ytorna.

### Montering

**6** Montera tillbaka kamaxelkåpan i omvänd ordningsföljd mot demonteringen, och tänk på följande:

a) *Innan kamaxelkåpan monteras tillbaka, applicera lämpligt tätningsmedel på de övre kanterna av den halvcirkelformade utskärningen på den bakre delen av topplocket. Lägg också tätningsmedel på de två punkter på topplockets främre del där kamaxelns lageröverfall kommer i kontakt med topplocket* ***(se bilder).***

b) *Se till att packningen sitter korrekt på topplocket, och var noga med att inte rubba den när kamaxelkåpan sänks på plats* ***(se bild).*** *Observera att på tidiga modeller har packningen fyra styrtappar som passar in i hål i topplocket.*

c) *Dra åt kamaxelkåpans fästmuttrar till angivet moment.*

8.5 Montera tillbaka kamaxellageröverfallet

## 8 Kamaxelns oljetätning – byte

**1** Demontera drivremmarna enligt beskrivningen i avsnitt 6.

**2** Demontera kamremsspännaren och kamaxelns och insprutningspumpens drev enligt beskrivningen i avsnitt 5.

**3** Skruva loss den inre kamremskåpan.

**4** Demontera kamaxelkåpan enligt beskrivningen i avsnitt 7.

**5** Se relevant avsnitt i kapitel 2C, och gör följande:

a) *Skruva loss muttrarna och ta loss lageröverfallet för kamaxel nr 1, dra sedan av den gamla kamaxeloljetätningen.*

b) *Smörj ytan på den nya kamaxeloljetätningen med ren motorolja och trä den på kamaxeländen.*

c) *Lägg ett tunt lager lämpligt tätningsmedel på lageröverfallets fogyta, sätt sedan tillbaka det och se till att oljetätningen ligger korrekt mot huvudet och överfallet* ***(se bild).*** *Dra åt fästmuttrarna stegvis till angivet moment.*

**6** Montera tillbaka kamaxelkåpan enligt beskrivningen i avsnitt 7.

**7** Montera tillbaka den inre kamremskåpan och dra åt bultarna.

**8** Sätt tillbaka kamaxelns och insprutningspumpens drev samt kamremsspännaren, enligt beskrivningen i avsnitt 5.

**9** Montera drivremmarna enligt beskrivningen i avsnitt 6.

## 9 Mellanaxelns oljetätning – byte

**1** Demontera mellanaxeldrevet enligt beskrivningen i avsnitt 5.

**2** Demontera mellanaxelns fläns enligt beskrivningen i kapitel 2C och byt axelns och flänsens oljetätningar.

**3** Montera tillbaka mellanaxeldrevet enligt beskrivningen i avsnitt 5.

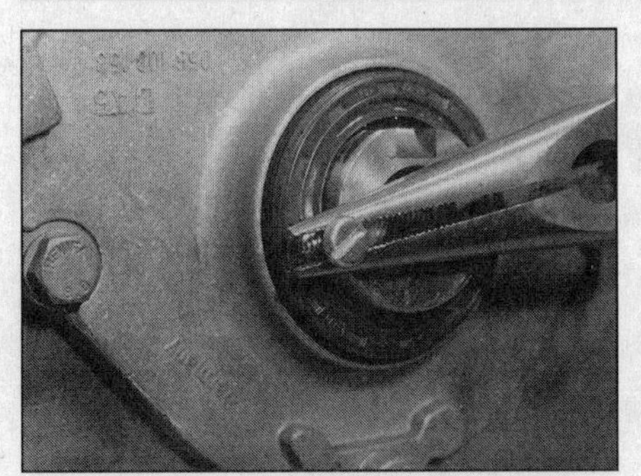
10.2 Ta bort vevaxelns främre oljetätning med hjälp av självgängande skruvar

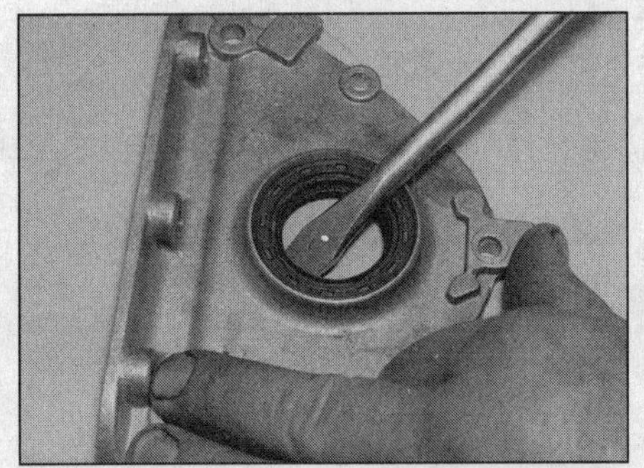
10.13 Bänd loss den gamla oljetätningen från vevaxelns främre oljetätningshus

10.15 Sätt på en ny packning för vevaxelns främre oljetätningshus

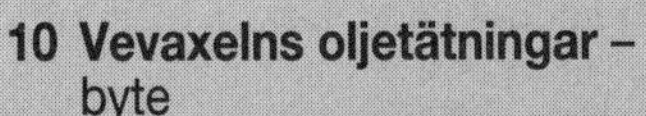

## 10 Vevaxelns oljetätningar – byte

### Vevaxelns främre oljetätning

**1** Demontera vevaxeldrevet enligt beskrivningen i avsnitt 5.

**2** Borra två små hål, diagonalt mitt emot varandra, i den befintliga oljetätningen. Skruva i två självgängande skruvar i hålen och dra ut oljetätningen med två tänger **(se bild).** Var noga med att inte borra hål i tätningshuset eller kamaxelns lageryta.

**3** Rengör tätningshuset och vevaxelns tätningsyta genom att torka av dem med en luddfri trasa – undvik lösningsmedel som kan komma in i vevhuset och påverka smörjningen. Ta bort filspån eller borrskägg som kan orsaka att tätningen läcker.

**4** Smörj den nya tätningens läpp med ren motorolja och placera den över huset.

**5** Driv in tätningen rakt in i huset med hjälp av en hammare och en hylsa av lämplig storlek. **Observera:** *Välj en hylsa som endast ligger an mot tätningens hårda yttre yta, inte på den inre läppen som lätt skadas.*

**6** Montera vevaxeldrevet enligt beskrivningen i avsnitt 5.

### Vevaxelns främre oljetätningshus – byte av packning

**7** Demontera vevaxeldrevet enligt beskrivningen i avsnitt 5.

**8** Skruva loss kardanfästbygeln från motorns framsida.

**9** Demontera oljesumpen enligt beskrivningen i avsnitt 15.

**10** Lossa stegvis och skruva ur oljetätningshusets fästbultar.

**11** Lyft bort huset från motorblocket tillsammans med oljetätningen. Vrid lite så att det blir lättare att dra tätningen längs axeln.

**12** Ta loss den gamla packningen från tätningshuset på motorblocket. Rengör husets och blockets ytor.

**13** Om det behövs, bänd loss den gamla oljetätningen från huset med en skruvmejsel **(se bild).**

**14** Torka rent tätningshuset och se efter om det finns spår av skevhet eller sprickor. Lägg huset på en arbetsyta med fogytan nedåt. Om den gamla tätningen tagits bort, tryck in den nya tätningen med en träkloss så att den nya tätningen går in rakt i huset.

**15** Smörj vevhusets fogyta med fett och lägg den nya packningen på plats **(se bild).**

**16** Linda vevaxelns ände med tejp för att skydda oljetätningen när huset monteras.

**17** Smörj den inre läppen på vevaxelns oljetätning med ren motorolja. Passa sedan in tätningen och dess hus på änden av vevaxeln. För tätningen längs skaftet med en vridande rörelse tills huset är helt i nivå med vevhuset **(se bild).**

**18** Sätt i bultarna och dra åt dem stegvis till angivet moment.

**19** Montera tillbaka oljesumpen enligt beskrivningen i avsnitt 15.

**20** Montera tillbaka momentupptagningsfästbygeln till framsidan av motorn och dra åt bultarna.

**21** Montera tillbaka vevaxeldrevet enligt beskrivningen i avsnitt 5.

### Vevaxelns bakre oljetätning och hus (svänghjuls-/drivplatteänden)

**Observera:** *Oljetätningen sitter ihop med huset och allt måste bytas i ett stycke.*

**22** Demontera växellådan enligt beskrivningen i kapitel 7A eller 7B.

**23** Demontera svänghjulet (manuell växellåda) eller drivplattan (automatväxellåda) enligt beskrivningen i avsnitt 13 i detta kapitel.

**24** Demontera mellanplattan från styrstiften på motorblocket.

**25** Demontera oljesumpen enligt beskrivningen i avsnitt 15.

**26** Lossa stegvis och skruva ur oljetätningshusets fästbultar.

**27** Lyft bort huset från motorblocket tillsammans med oljetätningen. Vrid lite så blir det lättare att dra loss tätningen från axeln.

**28** Ta loss den gamla packningen från motorblocket, torka sedan rent blocket innan du sätter på den nya oljetätningen och det nya huset.

**29** Smörj blockets fogyta med fett och lägg den nya packningen på plats **(se bild).**

**30** En skyddande plastkåpa medföljer vevaxeloljetätningar från Audi/VAG. Om denna placeras över vevaxeländen skyddar den mot skador på tätningens inre kant vid monteringen **(se bild).** Om denna kåpa saknas kan tejp viras runt vevaxelns ände.

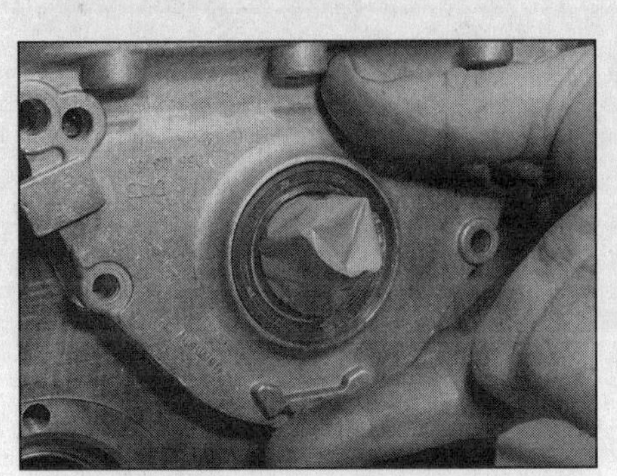
10.17 Passa in tätningen och dess hus på änden på vevaxeln

10.29 Sätt på en ny packning för vevaxelns bakre oljetätningshus

10.30 En skyddande plastkåpa medföljer vevaxeloljetätningar från Audi/VAG

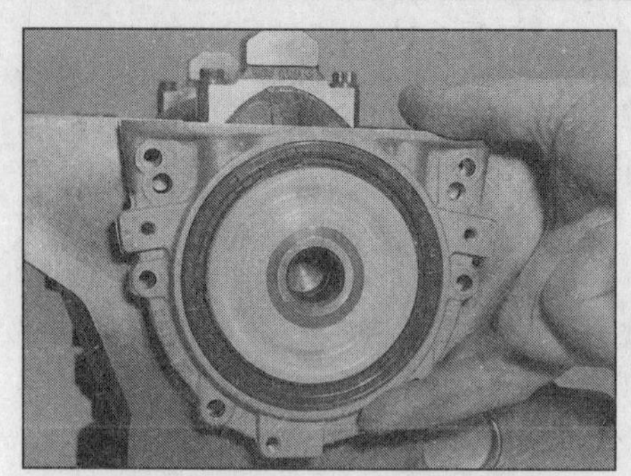
10.31 Oljetätningshuset monteras över den skyddande plastkåpan

10.32 Dra åt fästbultarna till vevaxelns bakre oljetätningshus

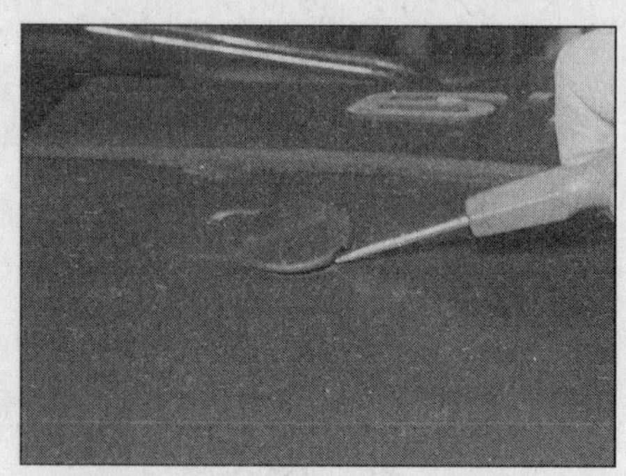
11.17a Bänd loss plastlocken . . .

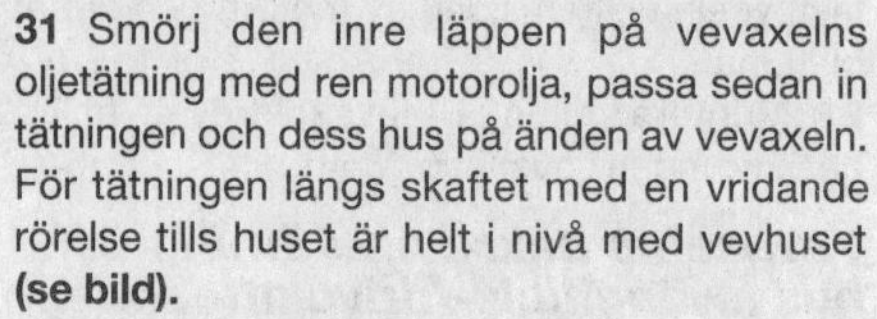
**31** Smörj den inre läppen på vevaxelns oljetätning med ren motorolja, passa sedan in tätningen och dess hus på änden av vevaxeln. För tätningen längs skaftet med en vridande rörelse tills huset är helt i nivå med vevhuset **(se bild)**.

**32** Sätt i fästbultarna och dra åt dem stegvis till angivet moment **(se bild)**.

**33** Montera tillbaka sumpen enligt beskrivningen i avsnitt 15.

**34** Montera tillbaka mellanplattan på motorblocket och sätt sedan i och dra åt fästbultarna.

**35** Montera tillbaka svänghjulet (manuell växellåda) eller drivplattan (automatväxellåda) enligt beskrivningen i avsnitt 13 i detta kapitel.

**36** Montera tillbaka växellådan enligt beskrivningen i kapitel 7A eller 7B.

## 11 Topplock – demontering och montering

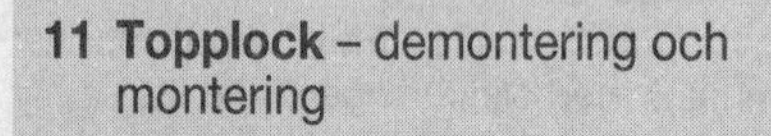

**Observera:** *Isärtagning och renovering av topplocket behandlas i kapitel 2C.*

### Demontering

**1** Lossa batteriets jordledning (minuspolen) (se kapitel 5A).

**2** Tappa av motoroljan enligt beskrivningen i kapitel 1B.

**3** Tappa av kylsystemet enligt beskrivningen i kapitel 1B.

**4** Demontera drivremmarna enligt beskrivningen i avsnitt 6. Denna procedur inbegriper att flytta hela den främre panelen (låshållaren) bort från bilens front så mycket att det går att komma åt att arbeta på motorns framsida.

**5** På modeller med luftkonditionering, lossa styr- och spännbultarna och flytta spännrullen uppåt för att minska spänningen på drivremmen. Dra bort drivremmen från vevaxelns, kompressorns och spännarens remskivor. Skruva loss luftkonditioneringskompressorn från dess fästbygel och häng den åt sidan utan att koppla loss kylkretsen.

**6** Demontera fläkten med viskoskoppling enligt beskrivningen i kapitel 3, avsnitt 5. I korta drag tas den bort på följande sätt: Stick in en insexnyckel bakifrån medan enheten hålls fast med ett saxliknande verktyg som hakas i två av hålen i remskivan. Om Audiverktyget inte finns till hands kan ett liknande verktyg tillverkas av två metallbitar försedda med bultar som kan fästas i hålen.

**7** Demontera luftrenaren enligt beskrivningen i kapitel 4B.

**8** Koppla loss slangen från turboaggregatets tryck-/vakuumenhet på höger sida av motorn.

**9** Skruva loss de bultar/muttrar som håller fast turboaggregatet till katalysatorn. Lossa det främre avgasrörets klämma och skjut klämman bakåt, koppla sedan loss avgasröret och katalysatorn från turboaggregatet. **Observera:** *Se till att inte skada den flexibla fogen i avgasröret.*

**10** Lossa klämmorna och ta bort höger luftintagskanal som leder från luftrenaren till turboaggregatet.

**11** Om ett sådant finns, skruva loss turboaggregatets stödfäste.

**12** Skruva loss anslutningsbulten och koppla loss turboaggregatets oljereturrör från motorblocket.

**13** Lossa klämman och koppla loss den övre slangen från topplockets vänstra sida. Koppla även loss den lilla avluftningsslangen från kylvätskeexpansionskärlets ovansida. Flytta slangen åt sidan.

**14** Lossa anslutningsmuttrarna och ta bort insprutningsventilerna i ett stycke.

**15** Koppla loss kablarna från glödstiften.

**16** Lossa klämman och koppla loss kylslangen från topplockets nedre vänstra sida.

**17** Demontera motorns övre skyddskåpa, demontera sedan kamaxelkåpan enligt beskrivningen i avsnitt 7 **(se bilder)**.

**18** Ställ motorn i ÖD för cylinder nr 1 enligt beskrivningen i avsnitt 2.

**19** Demontera kamremsspännaren och kamaxelns och insprutningspumpens drev enligt beskrivningen i avsnitt 5.

**20** Skruva loss den inre kamremskåpan från motorblocket **(se bilder)**.

**21** Demontera luftintagsröret från baksidan av motorn. Gör detta genom att lossa klämmorna och koppla loss de korta slangarna från turboaggregatet och insugsgrenröret, och sedan koppla loss EGR-slangarna och kablaget och dra ut röret.

**22** Demontera kamremmen enligt beskrivningen i avsnitt 4, och kamaxeldrevet enligt beskrivningen i avsnitt 5.

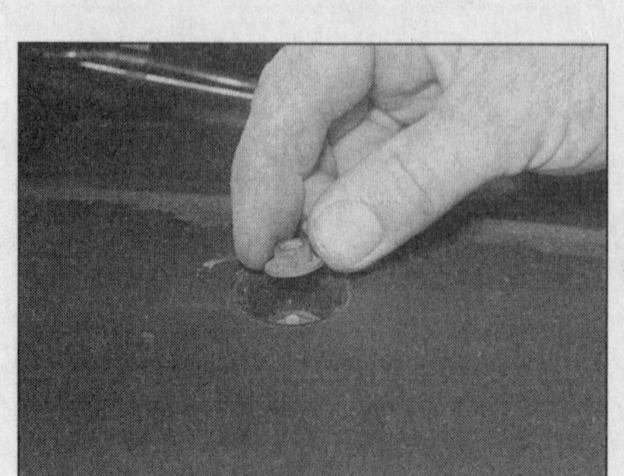
11.17b . . . skruva loss muttrarna . . .

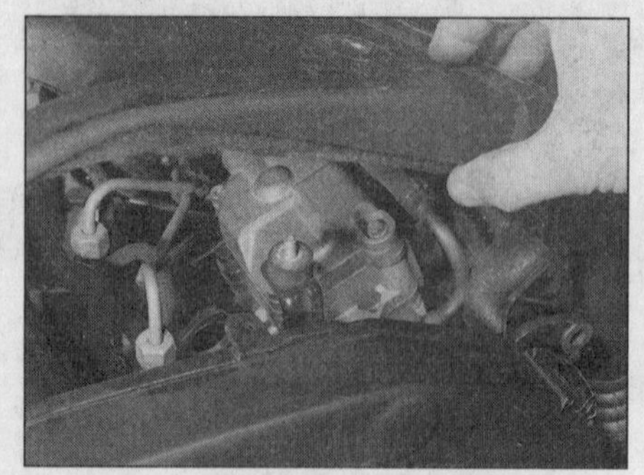
11.17c . . . och ta bort motorns övre skyddskåpa

11.20a Skruva loss fästbultarna . . .

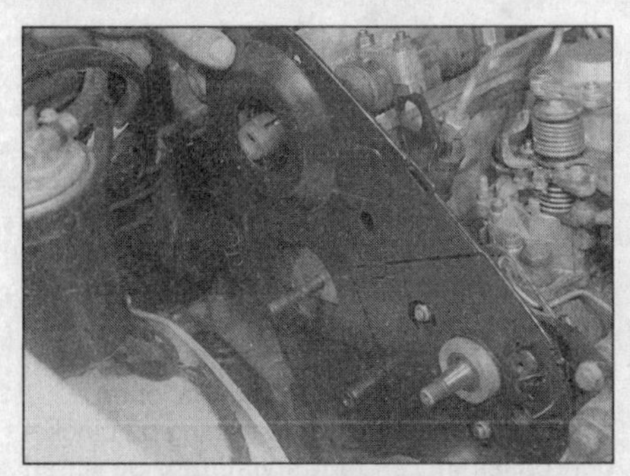

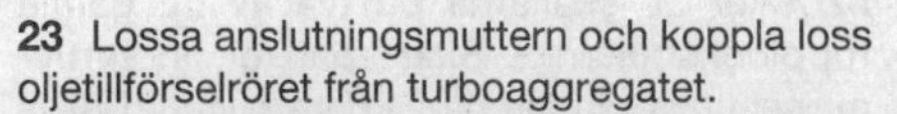

**11.20b . . . och lyft av den inre kamremskåpan**

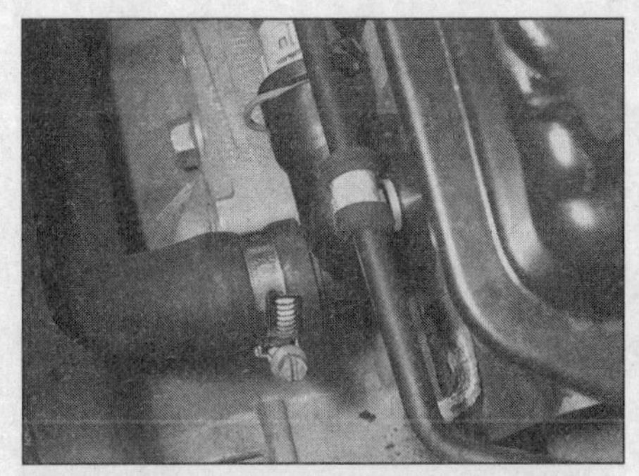

**11.24 Slang för värmeenhetens utlopp på den bakre delen av topplocket**

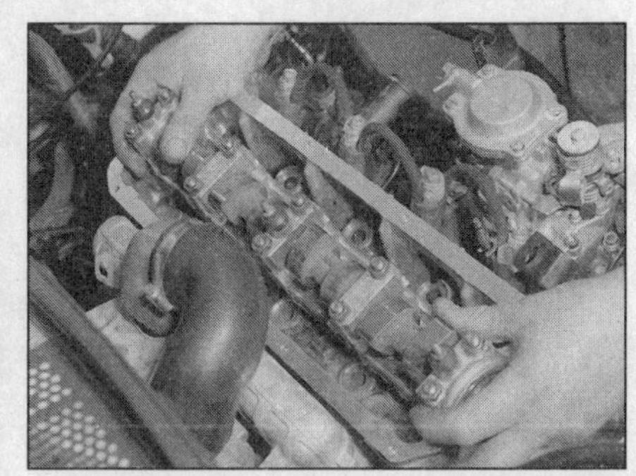

**11.29 Lyft av topplocket från blocket**

**23** Lossa anslutningsmuttern och koppla loss oljetillförselröret från turboaggregatet.

**24** Lossa klämman och koppla loss värmeenhetens utmatningsslang från vinkeln på den bakre delen av topplocket **(se bild).**

**25** Om det är tillämpligt, koppla loss kablaget från de tre värmeelementen på vinkeln på baksidan av topplocket.

**26** Koppla loss returbränsleslangen från insprutningsventilerna.

**27** Koppla loss kablaget från den övre kåpans fästbygel på topplockets framsida.

**28** Lossa topplocksbultarna stegvis i motsatt ordning mot vid monteringen **(se bild 11.57a),** ett halvt varv i taget tills alla bultar kan skruvas ur för hand. Kasta bultarna – nya måste användas vid ihopsättningen.

**29** Kontrollera att ingenting sitter kvar på topplocket och lyft av det från motorblocket. Ta om möjligt hjälp av någon, eftersom topplocket är tungt, speciellt som det lyfts ur komplett med grenrör **(se bild).**

**30** Ta bort packningen från motorblockets översida, notera styrstiften. Om dessa sitter löst, dra ut dem och förvara dem tillsammans med topplocket. Kasta inte packningen än – den behövs för identifiering.

**31** Om topplocket ska tas isär för översyn, se kapitel 2C.

## *Demontering och montering av grenrör*

**32** Lägg topplocket på en arbetsbänk och demontera turboaggregatet enligt beskrivningen i kapitel 4B.

**33** Demontera EGR-ventilen enligt beskrivningen i kapitel 4C.

**34** På motorkod AZ, AFF och AHU, skruva loss muttrarna och ta bort den lilla värmeskölden från avgasgrenrörets framsida **(se bild).**

**35** Skruva stegvis loss fästbultarna och ta bort insugsgrenröret från topplocket. Ta loss packningen och kasta den.

**36** Om det behövs, skruva loss oljetillförselröret och fästbygeln från avgasgrenröret.

**37** Skruva stegvis loss fästmuttrarna och ta bort avgasgrenröret från topplocket. Ta loss packningarna och kasta dem. Kasta de självlåsande fästmuttrarna och skaffa nya.

**38** Kontrollera att fogytorna på insugs- och avgasgrenrören är helt rena. Montera tillbaka avgasgrenröret med nya packningar och muttrar. Kontrollera att packningarna är rättvända, i annat fall kommer de att sitta i vägen för insugsrörets packning. Dra åt avgasgrenrörets fästmuttrar till angivet moment (se kapitel 4C) **(se bilder).**

**39** Om det behövs, montera tillbaka oljetillförselröret och fästbygeln till avgasgrenröret och dra åt bulten.

**40** Sätt på en ny insugsgrenrörspackning på topplocket och lyft insugsgrenröret på plats. Sätt i fästbultarna och dra åt dem till angivet moment (se kapitel 4B) **(se bilder).**

**41** Sätt tillbaka värmeskyddet på pinnbultarna på grenröret, sätt sedan tillbaka och dra åt fästmuttrarna.

**42** Montera EGR-ventilen enligt beskrivningen i kapitel 4C.

**43** Montera turboaggregatet på insugs- och avgasgrenrören enligt beskrivningen i kapitel 4B.

**11.34 Ta bort värmeskölden från avgasgrenröret**

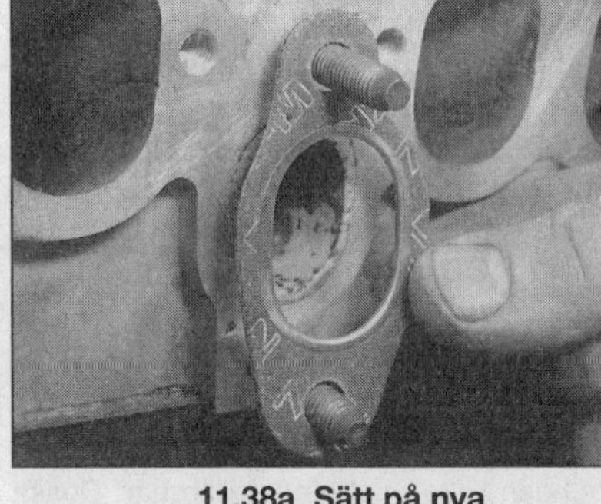

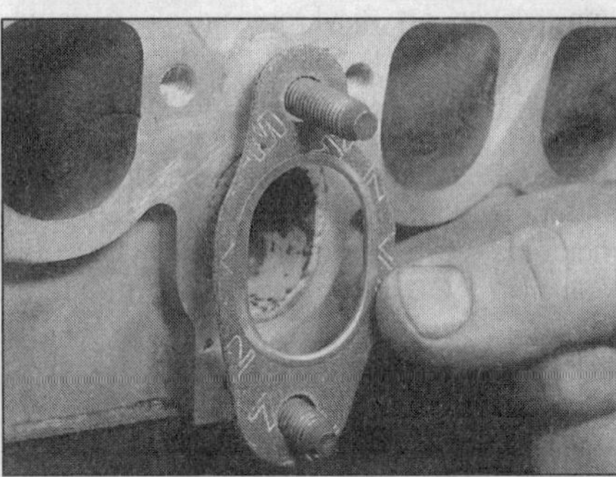

**11.38a Sätt på nya avgasgrenrörspackningar . . .**

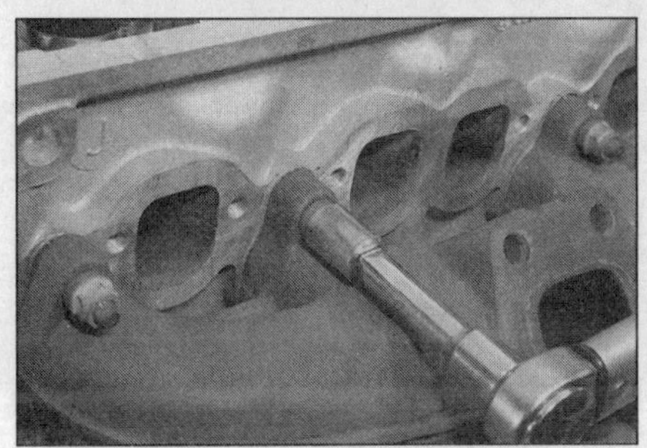

**11.38b . . . och sätt sedan tillbaka avgasgrenröret och dra åt muttrarna till angivet moment**

**11.40a Sätt på den nya insugsgrenrörspackningen på topplocket . . .**

**11.40b . . . och sätt insugsgrenröret på plats**

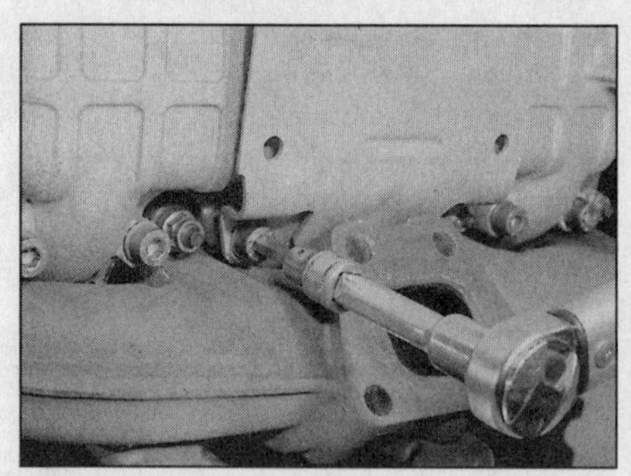

11.40c Dra åt insugsgrenrörets fästbultar

## Förberedelser för montering

**44** Fogytorna mellan topplocket och motorblocket måste vara noggrant rengjorda innan topplocket monteras. Använd en skrapa av hård plast eller trä och ta bort alla packningsrester och allt sot, rengör även kolvkronorna. Var mycket försiktig vid rengöringen, eftersom aluminiumlegeringen lätt kan skadas. Se även till att sot inte kommer in i olje- och vattenkanalerna – detta är särskilt viktigt när det gäller smörjningen eftersom sotpartiklar kan täppa igen oljekanaler och blockera oljematningen till motordelarna. Använd tejp och papper till att försegla vatten- och oljekanaler och bulthål i motorblocket/vevhuset.

**45** Undersök fogytorna på motorblocket/vevhuset och topplocket och se om det finns hack, djupa repor eller andra skador. Smärre skador kan korrigeras med slippapper men fräsning av topplocket är inte möjlig – se kapitel 2C.

11.52 Två av de gamla topplocksbultarna (vid pilarna) används som styrstift

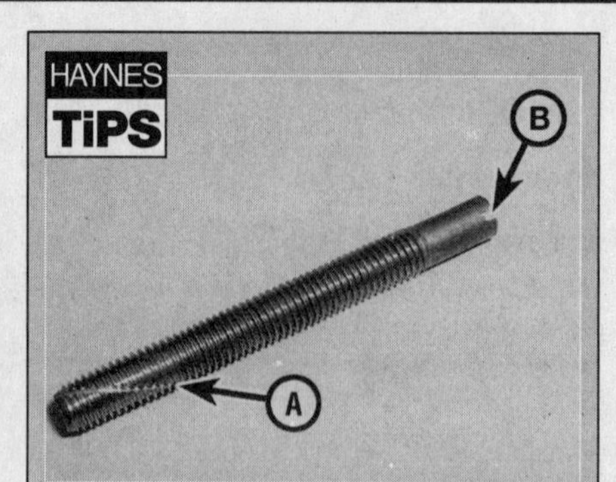


***Om ingen gängtapp finns tillgänglig kan du skära en skåra (A) genom gängorna i en av de gamla topplocksbultarna och använda den istället. Efter användning kan bultskallen kapas av, så kan stiftet användas som styrstift vid återmontering av topplocket. Skär ett spår för en skruvmejsel (B) längst upp i bulten så att den kan skruvas loss.***

**46** Kontrollera topplockspackningens yta med en stållinjal om den misstänks vara skev. Se del C i detta kapitel om så behövs.

**47** Rensa gängorna i topplocksbultarnas hål med en passande gängtapp. Om en sådan inte finns kan ett ersättningsverktyg tillverkas **(se Haynes Tips).**

**48** På de motorer som beskrivs i detta kapitel finns risken att kolvkronorna slår i ventilhuvudena om kamaxeln vrids runt med kamremmen borttagen och vevaxeln ställd i ÖD-läge. Av denna orsak måste kamaxeln låsas i ÖD-läge med låsbalken insatt i urtaget i änden av kamaxeln när topplocket återmonteras. Vevaxeln måste också ställas med kolv nr 1 i ÖD innan topplocket monteras tillbaka.

## Montering

**49** Se efter på den gamla topplockspackningen vilka märkningar den har. Dessa förekommer antingen som hack eller hål, och ett katalognummer, på packningens kant. Under förutsättning att inte nya kolvar monterats, måste den nya topplockspackningen vara av samma typ som den gamla.

**50** Om nya kolvar har monterats som en del av en motorrenovering måste du först mäta kolvutsticket enligt beskrivningen i kapitel 2C innan du köper en ny topplockspackning. Köp sedan en topplockspackning efter mätresultatet (se kapitel 2C, Specifikationer).

**51** Lägg en ny topplockspackning på blocket och passa in den mot styrstiften. Se till att markeringen TOP och artikelnumret är vända uppåt.

**52** Skär av skallarna på två av de gamla topplocksbultarna. Skär spår för en skruvmejsel i övre änden på vardera bulten. Dessa kan sedan användas som styrstift och hjälpa till att få topplocket på plats **(se bild).**

**53** Ta hjälp av någon och placera topplocket och grenrören mitt på motorblocket, och se till att styrstiften greppar i urtagen på topplocket.

**54** Skruva loss de hemmagjorda styrstiften med en skruvmejsel.

**55** Applicera lite fett på de nya topplocksbultarnas gängor och på undersidan av bultskallarna.

**56** Olja in topplocksbultarna och skruva försiktigt in varje bult i sitt hål (*låt dem inte falla in*) för hand **(se bild).**

**57** Dra åt topplocksbultarna stegvis i visad ordning till angivet moment för steg 1, använd en momentnyckel **(se bilder).** Upprepa sedan åtdragningsföljden till angivet moment för steg 2.

**58** När alla bultar dragits till steg 2 ska de vinkeldras med hylsa och förlängningsskaft till steg 3, återigen i samma ordningsföljd. En vinkelmätare rekommenderas till steg 3 för exakthet. Om en vinkelmätare inte finns tillgänglig, gör uppriktningsmärken med vit färg på bultskallen och topplocket innan åtdragningen. Märkena kan sedan användas till att kontrollera att bulten dragits i korrekt vinkel. Upprepa förfarandet för steg 4 **(se bild). Observera:** *Ingen efterdragning av topplocksbultarna krävs efter det att motorn startats.*

**59** Kontrollera att ÖD-markeringarna

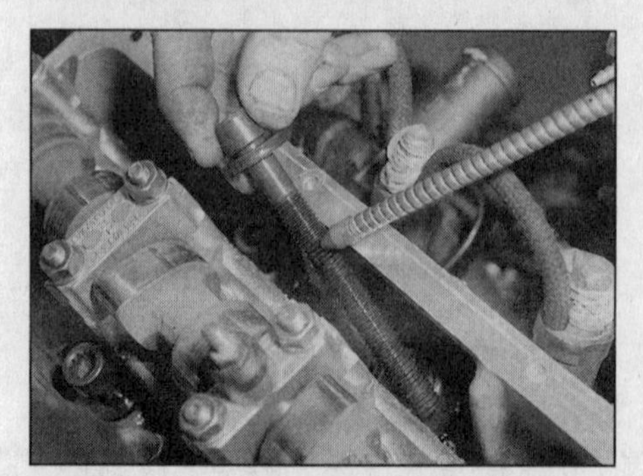

11.56 Smörj topplocksbultarna med olja och placera dem sedan i respektive hål

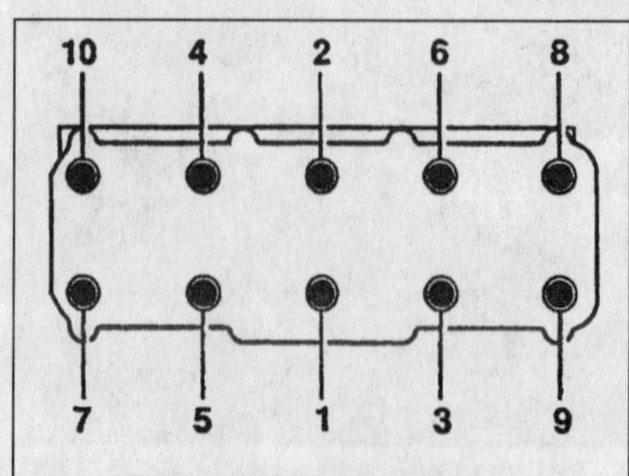


11.57a Ordningsföljd för åtdragning av topplocksbultar

11.57b Dra åt topplocksbultarna med en momentnyckel

**11.58 Vinkeldra topplocksbultarna**

fortfarande är korrekt inpassade enligt beskrivningen i avsnitt 2.

**60** Resten av monteringen sker i omvänd ordningsföljd mot demonteringen. Avsluta med att utföra följande:

*a) Fyll på kylsystemet med rätt mängd ny kylarvätska enligt beskrivningen i kapitel 1B.*

*b) Fyll på motorn med olja av rätt typ och mängd enligt beskrivningen i kapitel 1B.*

## 12 Hydrauliska ventillyftare – funktionskontroll

***Varning: Vänta i minst 30 minuter (eller helst över natten) efter det att de hydrauliska ventillyftarna monterats innan motorn startas, så att ventillyftarna får tid att sätta sig. Annars kommer ventilhuvudena att slå i kolvarna.***

**1** De hydrauliska ventillyftarna är självjusterande och kräver ingen tillsyn vid drift.

**2** Om ventillyftarna blir för högljudda kan deras funktion kontrolleras enligt beskrivningen nedan.

**3** Kör motorn tills den når normal arbetstemperatur, öka sedan varvtalet till ungefär 2 500 varv per minut i 2 minuter.

**4** Om ventillyftarna ger ifrån sig oregelbundna missljud huvudsakligen när bilen körs korta sträckor, men försvinner om motorn körs enligt beskrivningen i avsnitt 3, byt då oljekvarhållningsventilen i oljefilterhuset.

**5** Om en ventillyftare ger ifrån sig regelbundna missljud måste den bytas. Du kan ta reda på vilken lyftare som är defekt genom att först slå av motorn och demontera kamaxelkåpan enligt beskrivningen i avsnitt 7.

**6** Vrid sedan kamaxeln genom att vrida på vevaxeln med en hylsnyckel tills den första kamloben över cylinder nr 1 pekar uppåt.

**7** Pressa ventillyftaren nedåt med ett verktyg som inte är av metall, kontrollera sedan glappet med ett bladmått. Om detta är mer än 0,2 mm måste ventillyftaren bytas.

**8** Demontering och montering av hydrauliska ventillyftare beskrivs som en del av topplocksrenovering. Se kapitel 2C för närmare beskrivning.

## 13 Svänghjul/drivplatta – demontering, kontroll och montering

### Demontering

**1** På modeller med manuell växellåda, demontera växellådan (se kapitel 7A) och kopplingen (se kapitel 6).

**2** På modeller med automatväxellåda, demontera växellådan enligt beskrivningen i kapitel 7B.

**3** Svänghjulets/drivplattans bultar sitter oregelbundet för att de inte ska gå att montera fel. Skruva loss bultarna samtidigt som svänghjulet/drivplattan hålls stilla. Sätt tillfälligt i en bult i motorblocket och använd en skruvmejsel till att hålla svänghjulet/drivplattan stilla, eller tillverka ett speciellt hållverktyg.

**4** Lyft av svänghjulet/drivplattan från vevaxeln. Om det är en drivplatta som demonteras, notera mellanläggets och distansbrickans positioner.

### Kontroll

**5** Undersök svänghjulet/drivplattan och leta efter tecken på slitage eller skada. Undersök om startkransens tänder är slitna. Om drivplattan eller startkransen är skadade måste hela drivplattan bytas ut. Svänghjulets startkrans kan bytas ut separat från svänghjulet, men detta arbete bör överlåtas till en Audi/VAG-mekaniker. Om kopplingens friktionsyta är missfärgad eller mycket repad kan det gå att slipa om den. Även detta arbete bör dock överlåtas till en Audi/VAG-mekaniker. Byt alltid svänghjulets/drivplattans bultar.

### Montering

**6** Monteringen sker i omvänd ordningsföljd mot demonteringen. Stryk låsvätska på de (nya) bultarnas gängor innan de sätts i och dras åt till angivet moment. Om en ny drivplatta ska monteras måste dess position kontrolleras och vid behov justeras. Avståndet från blockets baksida till momentomvandlarens *monteringsyta* på drivplattan måste vara 27 mm ± 1 mm. Om det behövs, demontera drivplattan och sätt en mellanläggsbricka bakom den för att få rätt mått **(se bild)**. Den upphöjda piggen på det yttre mellanlägget måste vara riktad mot momentomvandlaren.

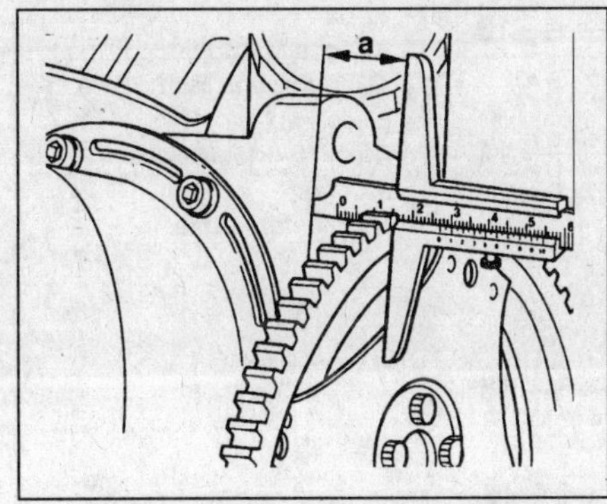


**13.6 På modeller med automatväxellåda måste måttet 'a' vara 27 mm ± 1 mm**

## 14 Motorfästen – kontroll och byte

### Kontroll

**1** Om bättre åtkomlighet behövs, lyft upp framvagnen och ställ den på pallbockar och demontera sedan den undre skyddskåpan.

**2** Se efter om fästgummina är spruckna, förhårdnade eller har lossnat från metallen på någon punkt. Byt fästet om det är skadat eller slitet.

**3** Kontrollera att alla fästets fixturer sitter fast ordentligt, helst med en momentnyckel.

**4** Undersök om fästet är slitet genom att försiktigt bända det med en stor skruvmejsel eller en kofot och se om det föreligger något fritt spel. Där detta inte är möjligt, låt en medhjälpare vicka på motorn/växellådan framåt/bakåt och i sidled medan du studerar fästet. Ett visst spel är att vänta även från nya delar, men ett större slitage märks tydligt. Om för stort spel förekommer, kontrollera först att fixturerna är ordentligt åtdragna, byt sedan slitna komponenter enligt beskrivningen nedan.

### Byte

#### Främre kardanstag

**5** För att komma åt bättre, dra åt handbromsen och lyft upp framvagnen och ställ den på pallbockar (se *Lyftning och stödpunkter*).

**6** Skruva loss bultarna och ta bort kardanstaget och gummifästena från den främre delen av motorblocket.

**7** Skruva loss fästbygeln från den främre listen.

**8** Montera det nya kardanstaget och fästbygeln i omvänd ordningsföljd mot demonteringen.

#### Höger eller vänster motorfäste

**9** Dra åt handbromsen, lyft sedan upp framvagnen och ställ den på pallbockar (se *Lyftning och stödpunkter*).

**10** Ta upp motorns vikt i en lyftanordning.

**11** Skruva loss den övre fästmuttern, lyft sedan motorn och skruva loss fästet från fästbygeln.

**12** Montera det nya fästet i omvänd ordningsföljd mot demonteringen.

## 15 Oljesump – demontering, kontroll och montering

### Demontering

**1** Dra åt handbromsen, lyft upp framvagnen och ställ den på pallbockar (se *Lyftning och stödpunkter*). Demontera den undre skyddskåpan under motorn och kylaren.

**2** Skruva loss muttrarna och ta bort motorns övre skyddskåpa.

**3** Koppla loss och ta bort luftintagsröret som leder till luftrenaren från den främre panelen (låshållaren).

**4** På motorns framsida, skruva loss den lilla kåpan och solenoidventilen från höger sida av kamremskåpan, och flytta dem åt sidan.

**5** Ta upp motorns vikt i en lämplig lyftanordning.

**6** Ställ en behållare under oljesumpen, skruva sedan ur avtappningspluggen (se kapitel 1B) och tappa av motoroljan. Rengör, sätt tillbaka och dra åt pluggen när all olja har tappats ur. Ta bort mätstickan från motorn.

**7** På modeller med luftkonditionering, märk ut rotationsriktningen på kompressorns drivrem, så att den kan monteras tillbaka åt samma håll. Lossa styr- och spännbultarna och flytta spännarrullen uppåt för att lossa spänningen på drivremmen. Dra bort drivremmen från vevaxeln, kompressorn och spännarremskivorna. Skruva loss styr- och spännbultarna och ta bort spännaren.

**8** Skruva loss kardanstoppet från motorns främre del, skruva sedan loss bultarna från de längsgående benen. Skruva även loss kardanhållaren från motorns främre del.

**9** Klipp av kabelhållarna på undersidan av höger motorfäste och lossa startmotorns kablage.

**10** Skruva loss motorfästets muttrar på undersidan av båda motorfästena.

**11** Se till att motorn hålls upp ordentligt av lyftanordningen. Stöd vänster och höger främre kryssrambalk med en garagedomkraft och en plankbit. Markera kryssrambalkarnas placering för att garantera korrekt montering och hjulinställning. Skruva loss kryssrambalkarnas fästbultar. De två främre bultarna måste skruvas ur först, sedan de bakre. Sänk ner kryssrambalkarna tillsammans med krängningshämmaren till marken.

**12** Skruva loss bultarna och ta bort stödfästet mellan motorn och växellådan.

**13** Skruva loss och ta bort oljesumpens bultar. Observera att på modeller med manuell växellåda kommer man åt de två bakre bultarna genom ett hål i svänghjulet. Vrid svänghjulet så mycket som behövs för att komma åt bultarna.

**14** Ta bort oljesumpen och packningen. Knacka försiktigt på den med en klubba om så behövs för att få loss den.

### Montering

**15** Rengör oljesumpens och blockets fogytor. Applicera lite tätningsmedel på fogytorna där de främre och bakre vevaxeloljetätningshusen kommer i kontakt med motorblocket.

**16** Sätt på en ny packning på oljesumpen, passa sedan in sumpen mot motorblocket och sätt i bultarna. Dra åt bultarna till angivet moment i diagonal ordningsföljd.

**17** Montera tillbaka stödfästet mellan motorn och växellådan och dra åt bultarna. **Observera:** *Om oljesumpen monteras med motorn demonterad från bilen och växellådan borttagen, se då till att änden av stödfästet sitter jäms med mellanplattan. Om mellanplattan har demonterats, räkna med en tjocklek på plattan på 0,8 mm och montera fästet så att 0,8 mm sticker ut från baksidan av motorblocket.*

**18** Resten av monteringen sker i omvänd ordning mot demonteringen. Dra åt muttrar och bultar till angivet moment. På modeller med luftkonditionering, montera och spänn kompressorns drivrem enligt beskrivningen i avsnitt 6. Fyll sedan motorn med rätt mängd olja enligt beskrivningen i kapitel 1B.

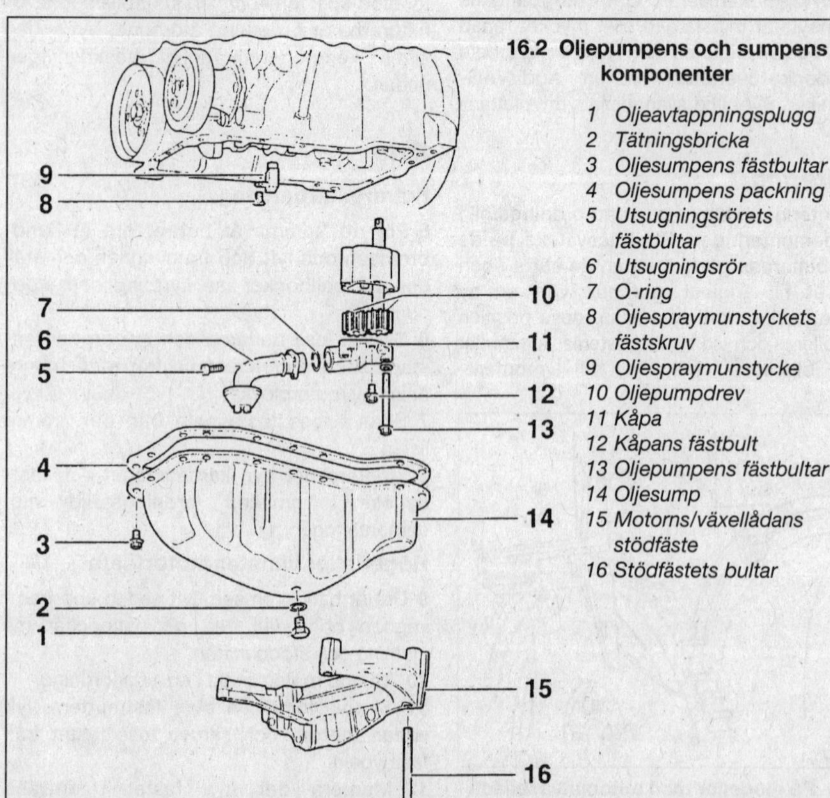


**16.2 Oljepumpens och sumpens komponenter**

*1 Oljeavtappningsplugg*
*2 Tätningsbricka*
*3 Oljesumpens fästbultar*
*4 Oljesumpens packning*
*5 Utsugningsrörets fästbultar*
*6 Utsugningsrör*
*7 O-ring*
*8 Oljespraymunstyckets fästskruv*
*9 Oljespraymunstycke*
*10 Oljepumpdrev*
*11 Kåpa*
*12 Kåpans fästbult*
*13 Oljepumpens fästbultar*
*14 Oljesump*
*15 Motorns/växellådans stödfäste*
*16 Stödfästets bultar*

## 16 Oljepump och oljeupptagare – demontering, kontroll och montering

### Demontering

**1** Demontera oljesumpen enligt beskrivningen i avsnitt 15.

**2** Skruva loss oljepumpens stora fästbultar, ta sedan loss pumpen från blocket **(se bild)**. Observera att det kan krävas att kryssrambalken trycks ner för att man ska få tillräckligt med plats att ta bort pumpen.

**3** Lägg pumpen på en arbetsbänk, skruva loss bultarna och ta bort sugröret från oljepumpen. Ta loss O-ringen.

**4** Skruva loss de två bultarna och lyft av kåpan.

### Kontroll

**5** Rengör komponenterna och kontrollera om de är slitna eller skadade.

**6** Kontrollera dödgången mellan kuggarna med hjälp av ett bladmått och jämför det med vad som anges i specifikationerna. Kontrollera på samma sätt kugghjulens axialspel med en stållinjal över pumpens ändyta. Om de angivna gränserna överskrids ska pumpen bytas ut. Montera annars kåpan och dra åt bultarna.

### Montering

**7** Fyll pumpen med olja genom att sänka ner den i olja och vrida runt drivaxeln.

**8** Rengör fogytorna och montera oljepumpen på blocket, sätt i fästbultarna och dra åt dem till angivet moment.

**9** Sätt på en ny O-ringstätning på änden av sugslangen. Sätt på slangen på oljepumpen, sätt i bultarna och dra åt dem till angivet moment.

**10** Montera tillbaka oljesumpen enligt beskrivningen i avsnitt 15.

# Kapitel 2 Del C:
# Motor – demontering och reparationer

## Innehåll



## Svårighetsgrader

**Enkelt,** passar novisen med lite erfarenhet 

**Ganska enkelt,** passar nybörjaren med viss erfarenhet 

**Ganska svårt,** passar kompetent hemmamekaniker 

**Svårt,** passar hemmamekaniker med erfarenhet

**Mycket svårt,** för professionell mekaniker 

## Specifikationer

### Motorkoder*

Bensinmotorer:

| | |
|---|---|
| 1595cc, Bosch Motronic 3.2 insprutning, 74 kW (100 hk) | ADP |
| 1595cc, Simos, 74 kW (100 bhp) | AHL |
| 1781cc, Bosch Motronic insprutning, 92 kW (124 hk) | ADR |
| 1781cc, Bosch Motronic insprutning, 88 kW (119 hk) | AFY |
| 1781cc, Bosch Motronic insprutning, 92 kW (124 hk) | APT |
| 1781cc, Bosch Motronic insprutning | APW |
| 1781cc, Bosch Motronic insprutning, 110 kW (149 hk) | AEB |
| 1781cc, Bosch Motronic insprutning, 132 kW (178 hk) | AJL |

Dieselmotorer:

| | |
|---|---|
| Elektronisk direkt bränsleinsprutning, turbo, 66 kW (90 hk) | 1Z |
| Elektronisk direkt bränsleinsprutning, turbo, 81 kW (110 hk) | AFN |
| Elektronisk direkt bränsleinsprutning, turbo, 55 kW (75 hk) | AFF |
| Elektronisk direkt bränsleinsprutning, turbo, 66 kW (90 hk) | AHU |
| Elektronisk direkt bränsleinsprutning, turbo, 66 kW (90 hk) | AHH |

*** Observera:** *Se "Bilens identifikationsnummer" för information om var motorns kodmärkning sitter.*

### Topplock

| | | |
|---|---|---|
| Topplockets packningsyta, maximal skevhet: | | |
| Alla motorer | 0,1 mm | |
| Minsta topplockshöjd: | | |
| Bensinmotorkoder ADP, AHL | 132,6 mm | |
| Bensinmotorkoder ADR, AFY, AEB, AJL | 139,25 mm | |
| Dieselmotorer | Topplocket kan ej bearbetas | |
| Val av topplockspackning (1Z, AFF, AFN, AHH, AHU dieselmotorer): | | |
| Kolvutstick 0,91 till 1,00 mm | 1 hål/inskärning* | |
| Kolvutstick 1,01 till 1,10 mm | 2 hål/inskärningar* | |
| Kolvutstick 1,11 till 1,20 mm | 3 hål/inskärningar* | |
| **Ignorera enstaka ovalt hål* | | |
| Minimidimensioner från ventilskaft (centrum) till topplockets yta: | **Insugsventil** | **Avgasventil** |
| Bensinmotorkoder ADP, AHL | 33,8 mm | 34,1 mm |
| Bensinmotorkoder ADR, AFY, AEB, AJL | 34,0 mm (yttre)<br>33,7 mm (mittersta) | 34,4 mm |
| Dieselmotorkoder 1Z, AHU, AHH, AFN, AFF | 35,8 mm | 36,1 mm |

## Kolvar och kolvringar

Kolvens diameter:
- Bensinmotor koder ADP, ADR, AFY, AEB, AJL:
  - Standard ........ 80,975 mm
  - 1:a överstorlek ........ 81,475 mm
  - Maximal avvikelse ........ 0,04 mm
- Bensinmotor kod AHL:
  - Standard ........ 80,965 mm
  - 1:a överstorlek ........ 81,465 mm
  - Maximal avvikelse ........ 0,04 mm
- Dieselmotor koder 1Z, AHU, AHH, AFN, AFF:
  - Standard ........ 79,470 mm
  - 1:a överstorlek ........ 79,720 mm
  - 2:a överstorlek ........ 79,970 mm
  - Maximal avvikelse ........ 0,04 mm

Spel mellan spår och ring:
- 4-cylindriga bensinmotorer, koder ADP, AHL, ADR, AFY, AEB, AJL:
  - 1:a kompressionsring ........ 0,06 till 0,09 mm
  - 2:a kompressionsring ........ 0,05 till 0,08 mm
  - Oljekontrollring ........ 0,03 till 0,06 mm
  - Slitagegräns:
    - Kompressionsringar ........ 0,20 mm
    - Oljekontrollring ........ 0,15 mm
- 4-cylindriga dieselmotorer, koder 1Z, AHU, AHH, AFN, AFF:
  - 1:a kompressionsring ........ 0,06 till 0,09 mm
  - 2:a kompressionsring ........ 0,05 till 0,08 mm
  - Oljekontrollring ........ 0,03 till 0,06 mm
  - Slitagegräns:
    - Kompressionsringar ........ 0,25 mm
    - Oljekontrollring ........ 0,15 mm

Kolvringarnas ändgap (ring 15 mm från botten av lopp):
- 4-cylindriga bensinmotorer, koder ADP, AHL, ADR, AFY, AEB, AJL:
  - Ny:
    - Kompressionsringar ........ 0,20 till 0,40 mm
    - Oljekontrollring ........ 0,25 till 0,50 mm
  - Slitagegräns ........ 0,8 mm
- 4-cylindriga dieselmotorer, koder 1Z, AHU, AHH, AFN, AFF:
  - Ny:
    - Kompressionsringar ........ 0,20 till 0,40 mm
    - Oljekontrollring ........ 0,25 till 0,50 mm
  - Slitagegräns ........ 1,0 mm

## Ventiler

| | Insug | Avgas |
|---|---|---|
| Ventilskaft, diameter: | | |
| ADP, AHL | 6,918 till 6,922 mm | 6,918 till 6,922 mm |
| ADR, AFY, AEB, AJL | 5,950 till 5,970 mm | 5,940 till 5,950 mm |
| 1Z, AHU, AHH, AFN, AFF till och med 3/1998 | 7,970 mm | 7,950 mm |
| 1Z, AHU, AHH, AFN, AFF från och med 4/1998 | 6,963 mm | 6,943 mm |
| Maximal ventilhuvudsavböjning (skaftets ände i jämnhöjd med styrningens överkant): | | |
| ADP, AHL | 1,0 mm | 1,3 mm |
| ADR, AFY, AEB, AJL | 0,80 mm | 0,80 mm |
| 1Z, AHU, AHH, AFN, AFF | 1,3 mm | 1,3 mm |

## Kamaxel

Maximalt axialspel:
- ADP, AHL, 1Z, AHU, AHH, AFN, AFF ........ 0,15 mm
- ADR, AFY, AEB, AJL ........ 0,20 mm

Maximalt kast, samtliga motorkoder ........ 0,01 mm

Maximalt spel:
- ADP, AHL, ADR, AFY, AEB, AJL ........ 0,10 mm
- 1Z, AHU, AHH, AFN, AFF ........ 0,11 mm

## Mellanaxel

Maximalt axialspel:
- ADP, ADR, AFY, AEB, AJL, 1Z, AHU, AHH, AFN, AFF ........ 0,25 mm

## Motorblock

| | |
|---|---|
| Loppets diameter: | |
| Motorkoder ADP, AHL, ADR, AFY, AEB, AJL: | |
| Standard | 81,01 mm |
| Överstorlek | 81,51 mm |
| Maximalt loppslitage | 0,08 mm |
| Motorkoder 1Z, AHU, AHH, AFN, AFF: | |
| Standard | 79,51 mm |
| 1:a överstorlek | 79,76 mm |
| 2:a överstorlek | 80,01 mm |
| Maximalt loppslitage | 0,10 mm |

## Vevstakar

| | |
|---|---|
| Spel på vevlagersidan (maximalt): | |
| ADP, AHL, ADR, AFY, AEB, AJL | 0,40 mm |
| 1Z, AHU, AHH, AFN, AFF | 0,37 mm |

## Vevaxel

| | |
|---|---|
| Djup för nållager | 1,5 mm |
| Axialspel: | |
| Ny: | |
| Bensinmotor koder ADP, ADR, AFY, AEB, AJL | 0,07 till 0,23 mm |
| Bensinmotor kod AHL | 0,07 till 0,21 mm |
| Dieselmotor koder 1Z, AHU, AHH, AFN, AFF | 0,07 till 017 mm |
| Slitagegräns: | |
| Bensinmotor koder ADP, AHL, ADR, AFY, AEB, AJL | 0,30 mm |
| Dieselmotor koder 1Z, AHU, AHH, AFN, AFF | 0,37 mm |
| Ramlagerspel: | |
| Ny: | |
| Bensinmotor koder ADP, ADR, AFY, AEB, AJL | 0,02 till 0,04 mm |
| Bensinmotor kod AHL | 0,01 till 0,04 mm |
| Dieselmotor koder 1Z, AHU, AHH, AFN, AFF | 0,03 till 0,08 mm |
| Slitagegräns: | |
| Bensinmotor koder ADP, AHL, ADR, AFY, AEB, AJL | 0,15 mm |
| Dieselmotor koder 1Z, AHU, AHH, AFN, AFF | 0,17 mm |
| Ramlagertapparnas diameter: | |
| Bensinmotor koder ADP, AHL, ADR, AFY, AEB, AJL: | |
| Standardstorlek | 54,00 mm -0,017-0,037 |
| 1:a understorlek | 53,75 mm -0,017-0,037 |
| 2:a understorlek | 53,50 mm -0,017-0,037 |
| 3:e understorlek | 53,25 mm -0,017-0,037 |
| Bensinmotor kod AHL: | |
| Standardstorlek | 54,00 mm -0,022-0,042 |
| 1:a understorlek | 53,75 mm -0,022-0,042 |
| 2:a understorlek | 53,50 mm -0,022-0,042 |
| 3:e understorlek | 53,25 mm -0,022-0,042 |
| Dieselmotor koder 1Z, AHU, AHH, AFN, AFF: | |
| Standardstorlek | 54,00 mm -0,022-0,042 |
| 1:a understorlek | 53,75 mm -0,022-0,042 |
| 2:a understorlek | 53,50 mm -0,022-0,042 |
| 3:e understorlek | 53,25 mm -0,022-0,042 |
| Vevstakslagertapp, diameter: | |
| Alla motorer, bensin och diesel: | |
| Standardstorlek | 47,80 mm -0,022-0,042 |
| 1:a understorlek | 47,55 mm -0,022-0,042 |
| 2:a understorlek | 47,30 mm -0,022-0,042 |
| 3:e understorlek | 47,05 mm -0,022-0,042 |
| Vevstakslagerspel: | |
| Ny: | |
| Bensinmotor koder ADP, AHL, ADR, AFY, AEB, AJL | 0,01 till 0,05 mm |
| Dieselmotor koder 1Z, AHU, AHH, AFN, AFF | 0,03 till 0,08 mm |
| Slitagegräns: | |
| Bensinmotor koder ADP, AHL, ADR, AFY, AEB, AJL | 0,12 mm |
| Dieselmotor koder 1Z, AHU, AHH, AFN, AFF | 0,08 mm |
| Maximal orundhet för axeltapp (normal) | 0,03 mm |

## Åtdragningsmoment

Se kapitel 2A eller 2B.

## 1 Allmän information

**1** Den här delen av kapitel 2 redogör för hur man tar bort motorn från bilen och för renoveringsprocedurerna för topplocket, motorblocket och andra inre komponenter i motorn.

**2** Informationen omfattar allt från råd om hur man förbereder en renovering och hur man köper reservdelar, till detaljerade steg-för-steg procedurer som behandlar demontering, kontroll, renovering och montering av motorns inre komponenter.

**3** Från och med avsnitt 5 bygger alla instruktioner på antagandet att motorn har tagits bort från bilen. Information om reparationer med motorn kvar i bilen, och även demontering och montering av de externa komponenter som krävs vid en fullständig renovering, finns i relevanta avsnitt i kapitel 2A eller 2B och avsnitt 5 i detta kapitel. Hoppa då över de isärtagningsinstruktioner i relevanta avsnitt för reparation med motorn i bilen, som är överflödiga när motorn demonterats från bilen.

**4** Förutom åtdragningsmoment, som återfinns i de relevanta beskrivningarna av reparationer med motorn kvar i bilen i kapitel 2A eller 2B, finns alla specifikationer som rör motorrenovering i inledningen till denna del av kapitel 2.

## 2 Motorrenovering – allmän information

**1** Det är inte alltid lätt att avgöra när, eller om, en motor ska genomgå en fullständig renovering, eftersom ett flertal faktorer måste beaktas.

**2** En lång körsträcka är inte nödvändigtvis ett tecken på att en renovering behövs, lika lite som att en kort körsträcka garanterar att det inte behövs någon renovering. Förmodligen är servicegraden den viktigaste faktorn. En motor som är föremål för regelbundna och täta olje- och filterbyten, liksom annat nödvändigt underhåll, ska kunna köras driftsäkert i många tusen kilometer. En vanskött motor kan däremot behöva en renovering redan på ett tidigt stadium.

**3** Överdriven oljeförbrukning är ett symptom på att kolvringar, ventiltätningar och/eller ventilstyrningar kräver åtgärder. Kontrollera att oljeåtgången inte beror på oljeläckage innan du drar slutsatsen att ringarna och/eller styrningarna är slitna. Utför ett kompressionsprov enligt beskrivningarna i del A eller B i detta kapitel för att avgöra den troliga orsaken till problemet.

**4** Kontrollera oljetrycket med en mätare som sätts in istället för oljetryckskontakten, och jämför trycket med det angivna värdet (se kapitel 2A eller 2B). Om trycket är mycket lågt är troligen ram- och vevstakslagren och/eller oljepumpen utslitna.

**5** Förlust av motorstyrka, hackig körning, knackningar eller metalliska motorljud, kraftigt ventilregleringsljud och hög bränsleförbrukning kan också vara tecken på att en renovering kan behövas, särskilt om alla dessa symptom visar sig samtidigt. Om en grundlig service inte hjälper, kan en större mekanisk genomgång vara den enda lösningen.

**6** En motorrenovering innebär att alla interna delar återställs till de specifikationer som gäller för en ny motor. Vid en renovering byts alla kolvar och kolvringar ut. Nya ram- och vevstakslager monteras normalt, och om det behövs kan vevaxeln bytas för att axeltapparna ska återställas. Även ventilerna måste gås igenom, eftersom de vid det här laget sällan är i perfekt skick. Medan motorn får en renovering kan man också passa på att göra en renovering på andra delar, t.ex. startmotorn och generatorn. Slutresultatet blir en motor i nyskick med många driftsäkra mil framför sig. **Observera:** *Kylsystemets kritiska komponenter, som slangar, termostat och kylvätskepump, ska också bytas ut när motorn renoveras. Kylaren ska kontrolleras noggrant så att den inte är tilltäppt eller läcker. Det är dessutom lämpligt att byta ut oljepumpen när motorn renoveras.*

**7** Innan renoveringen av motorn påbörjas bör hela beskrivningen läsas igenom för att man ska bli bekant med omfattningen och förutsättningarna för arbetet. Det är inte svårt att renovera en motor, förutsatt att alla instruktioner följs noggrant, man har tillgång till de verktyg och den utrustning som behövs samt att alla specifikationer iakttas noggrant. Däremot kan arbetet ta tid. Räkna med att bilen kommer att stå stilla i minst två veckor, särskilt om delar måste tas till en verkstad för reparation eller renovering. Kontrollera att det finns reservdelar till-gängliga och att alla nödvändiga special-verktyg och utrustning kan erhållas i förväg. Större delen av arbetet kan utföras med vanliga handverktyg, även om ett antal precisionsmätverktyg krävs för att avgöra om delar måste bytas ut. Ofta kan en verkstad åta sig att ansvara för kontrollen av delar och ge råd om renovering eller utbyte.

**Observera:** *Demontera alltid hela motorn och undersök alla delar (särskilt motorblocket och vevaxeln) innan beslut tas om vilka service- och reparationsåtgärder som måste överlåtas åt en verkstad. Skicket på dessa komponenter är avgörande för beslutet om den gamla motorn ska renoveras, eller om en färdigrenoverad motor ska införskaffas. Köp därför inga delar och utför inte heller något renoveringsarbete på andra delar, förrän dessa komponenter noggrant har undersökts.* Generellt sett är tiden den största utgiften vid en renovering, så det lönar sig inte att betala för att sätta in slitna eller undermåliga delar.

**8** Slutligen måste alla delar sättas samman med stor omsorg och i en absolut ren arbetsmiljö för att den renoverade motorn ska få maximal livslängd och ställa till med så få problem som möjligt.

## 3 Motor, demontering – förberedelser och föreskrifter

Om motorn ska demonteras för renovering eller större reparationer, bör följande förberedande åtgärder vidtas.

Det är mycket viktigt att ha tillgång till en lämplig arbetsplats. Tillräckligt stort arbetsutrymme och plats att förvara bilen krävs. Om en verkstad eller ett garage inte finns tillgängligt krävs åtminstone en fast, plan och ren arbetsyta.

Rensa om möjligt några hyllor nära arbetsytan där motordelar och tillbehör kan läggas när de demonterats och tagits isär. Då är det lättare att hålla delarna rena och det är mindre risk att de skadas. Att lägga ut delarna i logiska grupper tillsammans med respektive fästbultar, skruvar etc. sparar tid och undviker att delarna blandas ihop vid monteringen.

Rengör motorrummet och motorn innan motorn lyfts ur. Det ger bättre sikt och hjälper till att hålla verktygen rena.

En medhjälpare behövs, eftersom det finns tillfällen då en person inte ensam kan utföra det som krävs för att ta ut motorn ur bilen. Säkerheten är av största vikt, med tanke på att arbete av denna typ innehåller flera farliga moment. En andra person bör alltid finnas till hands för att kunna vara till hjälp när det behövs. Om detta är första gången du demonterar en motor, är det dessutom bra att få goda råd från någon som gjort det tidigare.

Planera arbetet i förväg. Skaffa alla verktyg och all utrustning som behövs innan arbetet påbörjas. Tillgång till följande redskap gör arbetet med att lyfta ur och installera motorn säkert och relativt enkelt: En garagedomkraft (anpassad till en högre vikt än motorns), en komplett uppsättning nycklar och hylsor enligt beskrivningen i slutet av handboken, träblock och en mängd trasor och rengöringsmedel för att torka upp spill av olja, kylvätska och bränsle. Ett antal plastlådor av olika storlekar kan vara bra för att förvara sammanhörande isärtagna delar i. Om någon utrustning ska hyras, se då till att den är inbokad i förväg och gör allt som går att göra utan den först. Det kan spara både tid och pengar.

Räkna med att bilen inte kommer att kunna användas på ett bra tag, särskilt om motorn ska genomgå renovering. Läs igenom hela detta avsnitt och tänk ut en arbetsgång baserat på egen erfarenhet och på vilka verktyg som finns till hands, hur lång tid och hur stort arbetsutrymme som står till förfogande. Vissa moment av renoveringen kanske måste utföras av en bilverkstad. Dessa är oftast tämligen fullbokade så det kan vara klokt att rådgöra med dem innan motorn lyfts ur eller tas isär, så att man får en uppfattning om den tid som kommer att gå åt till att utföra arbetet.

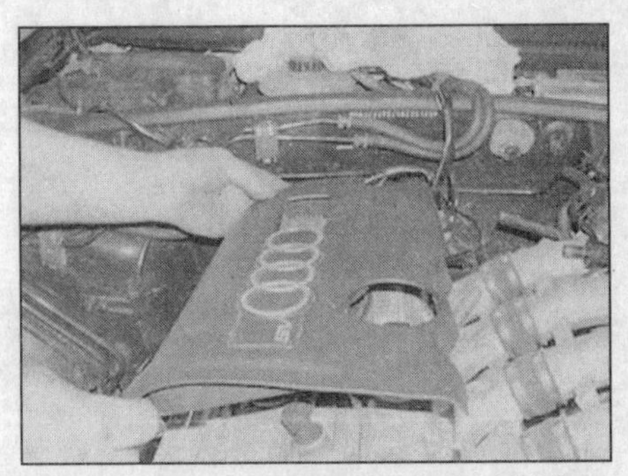
4.5 Demontera motorns övre skyddskåpa (ADR motor)

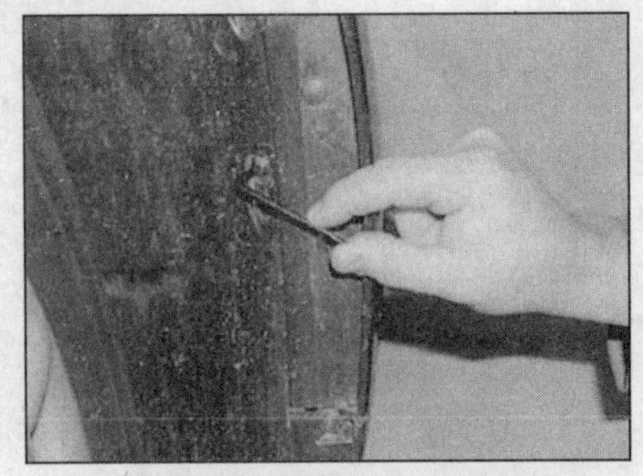
4.6a Lossa hjulhusens innerskärmar . . .

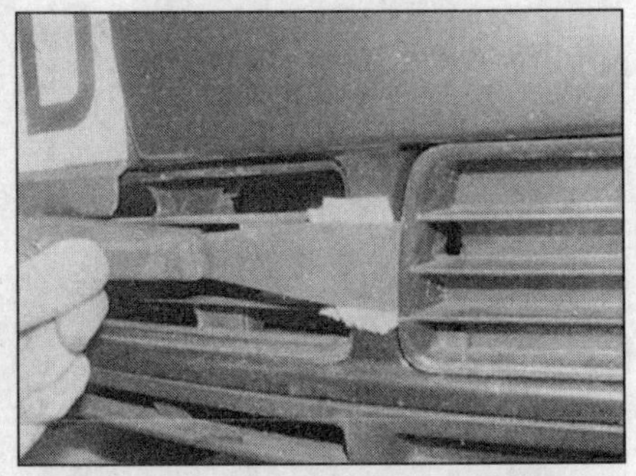
4.6b . . . ta bort plastkåporna på sidan . . .

4.6c . . . skruva loss skruvarna . . .

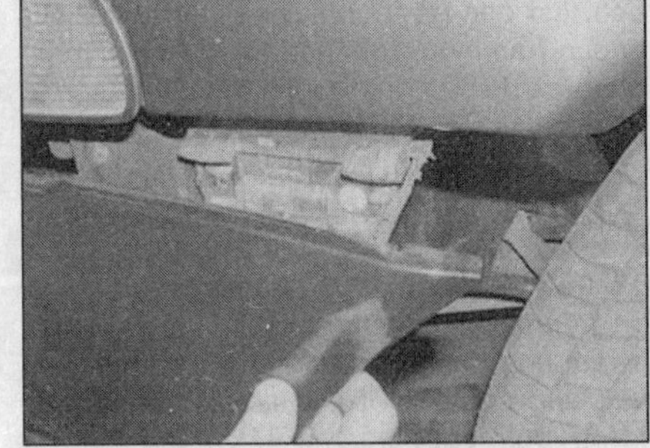
4.6d . . . och ta bort den främre stötfångaren

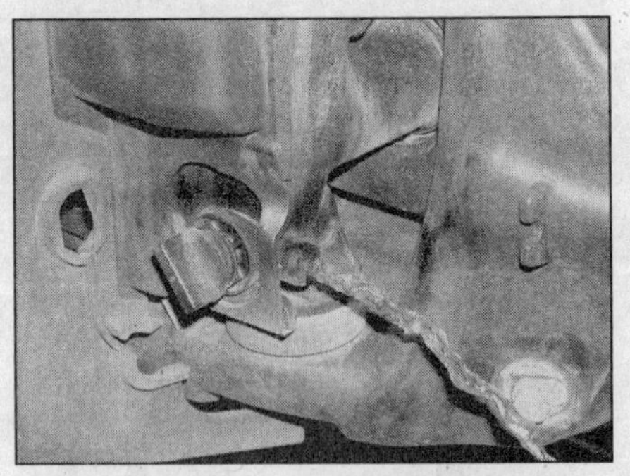
4.7 Tappa av kylsystemet

Var metodisk när motorn tas ut ur bilen och de externa komponenterna kopplas loss. Märk upp kablar och slangar när de lossas så blir återmonteringen mycket enklare.

Var alltid mycket försiktig när motorn lyfts ut ur motorrummet. Vårdslöshet kan orsaka allvarliga olyckor. Om det behövs är det bättre att vänta på hjälp, istället för att riskera personskador och/eller skada på bildelarna genom att fortsätta ensam. Med god planering och gott om tid kan ett arbete av den här typen utföras framgångsrikt och olycksfritt, trots att det är fråga om ett omfattande arbete.

På alla modeller som beskrivs i den här handboken lyfts motorn ut ur motorrummet med växellådan kvar i bilon. Observera att motorn helst ska lyftas ur med bilen stående på alla fyra hjulen, men åtkomsten till det främre avgasröret och nedre bultarna förbättras om bilen tillfälligt kan ställas på pallbockar.

## 4 Motor – demontering och montering

### *Bensinmotorer*

#### Demontering

**1** Ställ bilen på ett stabilt, plant underlag. Se till att det finns gott om rörelseutrymme.

**2** Lossa batteriets jordledning (minuspolen) (se kapitel 5A).

**3** Dra åt handbromsen, lyft sedan upp framvagnen och ställ den på pallbockar (se *Lyftning och stödpunkter*).

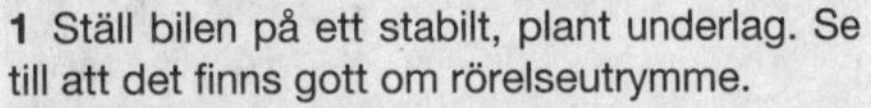

**4** Demontera motorrummets undre skyddskåpa.

**5** Om det är tillämpligt, demontera kåpan på motorns ovansida **(se bild)**.

**6** Demontera den främre stötfångaren enligt beskrivningen i kapitel 11 **(se bilder)**.

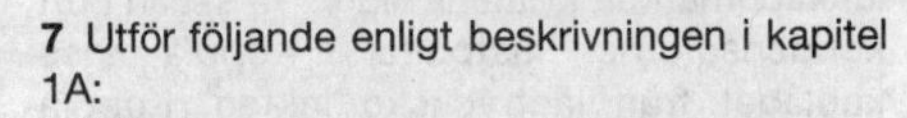

**7** Utför följande enligt beskrivningen i kapitel 1A:

a) *Tappa av kylsystemet. Avtappningspluggen sitter på kylarens främre vänstra sida* ***(se bild)****, och på vissa motorer sitter ytterligare en plugg på kylvätskepumpens lagerhus.*

b) *Tappa av motoroljan.*

**8** Skruva loss de två bultar som håller fast servostyrningsoljans kylrör till framsidan av kylaren, och flytta det åt sidan. Bind fast yttertemperaturgivaren på dess ursprungliga plats.

**9** Lossa klämmorna och koppla loss slangarna upptill och nedtill på kylaren, och från termostathuset. På motorkod ADR kan det vara enklare att koppla loss den övre slangen från motorn **(se bild)**. På motorkod AHL, koppla loss slangarna från motoroljekylaren och töm ur kvarvarande kylvätska.

**10** Skruva loss luftkanalen som leder till luftrenaren från låshållaren **(se bilder)**.

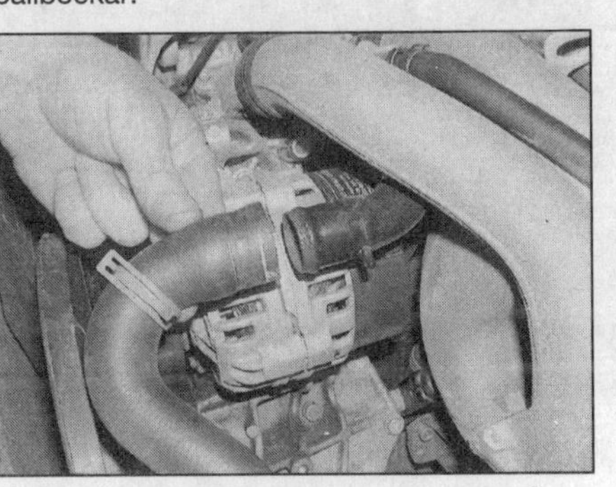
4.9 Koppla loss den övre slangen från motorn (ADR motor)

4.10a Skruva loss skruvarna . . .

4.10b . . . och ta bort luftkanalen som leder till luftrenaren

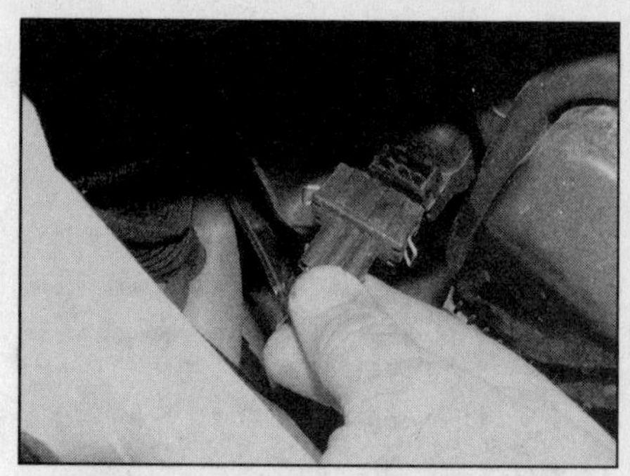
**4.11 Koppla loss kablaget från strålkastarna och deras justeringsstyrenhet**

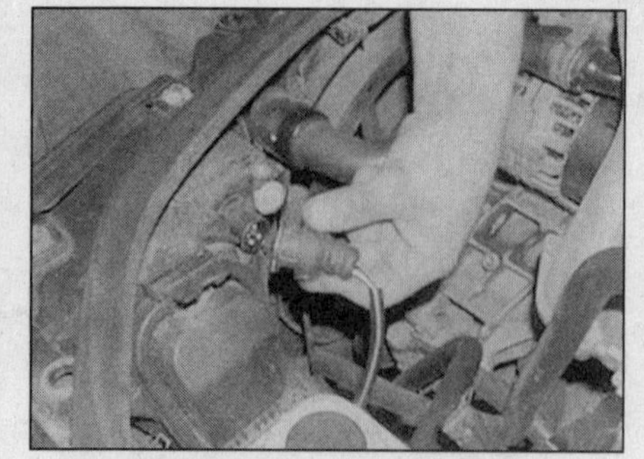
**4.12 Koppla loss lamphållarna från de främre körriktningsvisarna**

**4.18 Ta bort locket från servostyrningsoljans behållare**

**11** Koppla loss kablaget från strålkastarna och deras justeringsstyrenhet **(se bild).**

**12** Koppla loss lamphållarna från de främre körriktningsvisarna **(se bild).**

**13** Koppla loss motorhuvslåsets vajer från låshållaren.

**14** På modeller med elektrisk kylfläkt, koppla loss kablaget från termostaten nedtill till vänster på kylaren. Flytta kablaget åt sidan.

**15** Koppla loss kablaget från signalhornen och flytta kablarna åt sidan.

**16** På modeller utrustade med luftkonditionering, skruva loss bultarna och ta bort luftkåporna från kylarens sidor. Ta sedan bort kondensatorns fästbultar. Koppla loss kablaget från lågtryckskontakten. Koppla även bort kablaget till luftkonditioneringens magnetkoppling längst ner på låshållaren. Lyft kondensatorn från sitt fäste. Vrid den åt sidan och fäst den på framhjulet så att den hålls undan från motorrummet. Skydda kondensatorn med en bit kartong eller med trasor så att den inte skadas när motorn tas bort.

***Varning: Koppla inte loss luftkonditioneringens kylmediakrets.***

**17** På modeller med automatväxellåda, ställ en lämplig behållare under kylaren, lossa sedan anslutningsmuttrarna och koppla loss vätskerören nedtill på kylaren. Plugga igen rören och öppningarna i kylaren för att förhindra att damm och smuts tränger in. Skruva även loss vätskerörets fästbygel från motorn.

**18** Ta bort locket från servostyrningsoljans behållare **(se bild).**

**19** Koppla loss kablaget från ABS-enheterna på vänster sida av motorrummet och från stöldskyddskontakten längst fram i motorrummet **(se bild).**

**20** Koppla loss kablaget till stöldskyddslarmet vid kontaktdonen ovanpå låshållarens vänstra sida.

**21** Skruva loss låshållarens fästbultar och dra sedan (med hjälp av en medhjälpare) bort hela låshållaren från bilens främre del och lägg den på ett säkert ställe **(se bilder).**

**22** Demontera luftrenaren tillsammans med luftkanalen enligt beskrivningen i kapitel 4A.

**23** Koppla loss huvudtändkabeln, koppla loss kablaget och lägg kablarna på motorn. Om det är tillämpligt, koppla även loss lambdasondens kablage.

**24** Tryckutjämna bränslesystemet enligt instruktionerna i kapitel 4A, koppla sedan loss bränsletillförsel- och returledningarna vid bränslefördelarskenan.

**25** Lossa klämmorna och koppla loss de små slangarna från kylvätskans expansionskärl på vänster sida av motorrummet. Koppla loss kablaget från varningskontakten för låg kylvätskenivå, skruva sedan loss expansionskärlet och ta bort det **(se bilder).**

**26** På modeller med farthållare, koppla loss aktiveringsstaget vid gasspjällsstyrningen, och dra loss vakuumslangen från vakuumenheten.

**27** Koppla loss gasvajern från gasspjällhuset och stödfästet och lägg den åt sidan.

**28** Koppla loss vakuumslangarna från kolfilterventilen och bromsvakuumservon **(se bilder).**

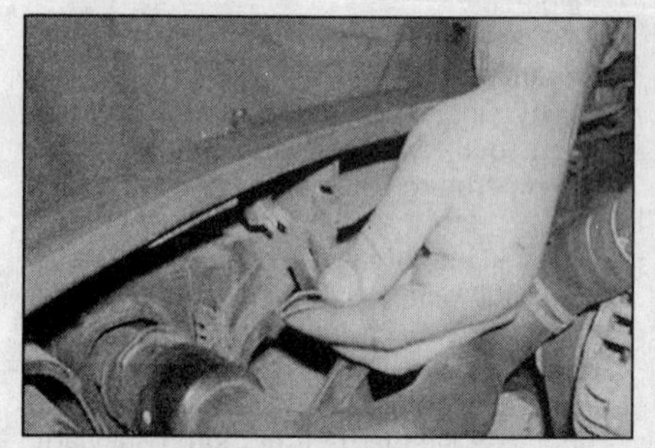
**4.19 Koppla loss kablaget från stöldskyddskontakten längst fram i motorrummet**

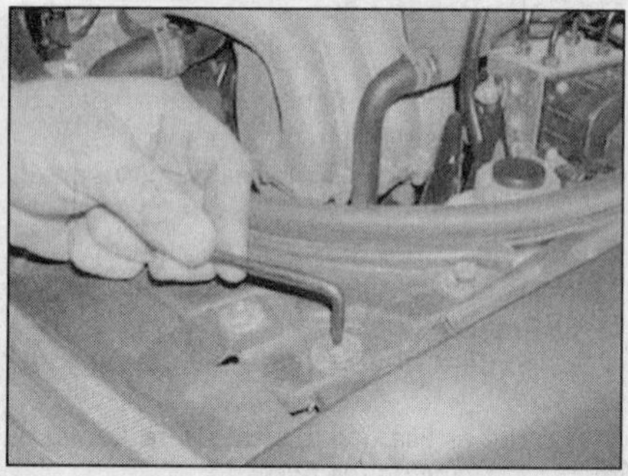
**4.21a Skruva loss fästbultarna . . .**

**4.21b . . . och dra bort låshållaren från bilens främre del**

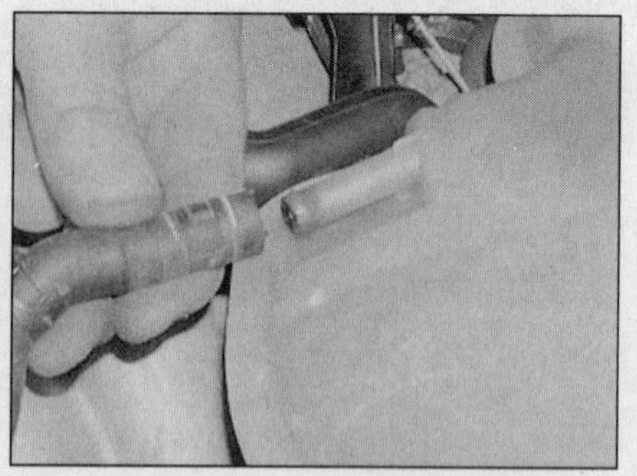
**4.25a Koppla loss slangarna från kylvätskans expansionskärl . . .**

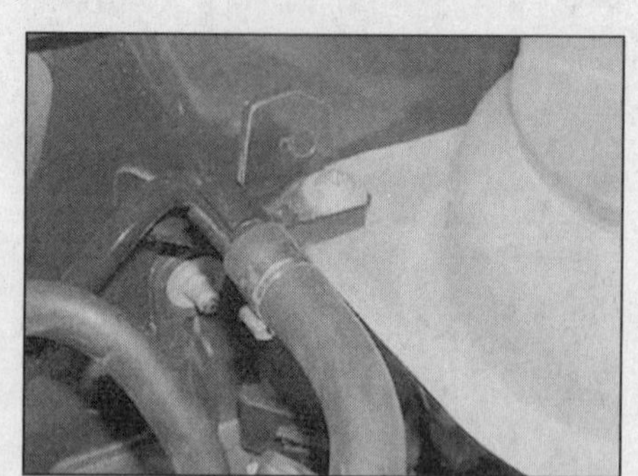
**4.25b . . . skruva sedan loss fästskruvarna . . .**

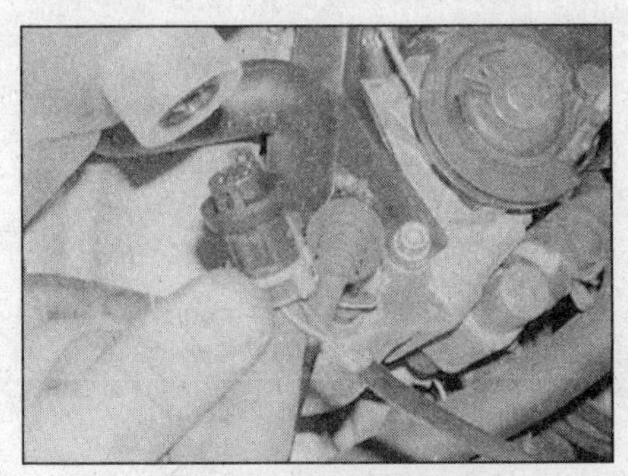

4.25c . . . och koppla loss varningskontakten för låg kylvätskenivå

4.28a Koppla loss kolfilterventilens vakuumslang . . .

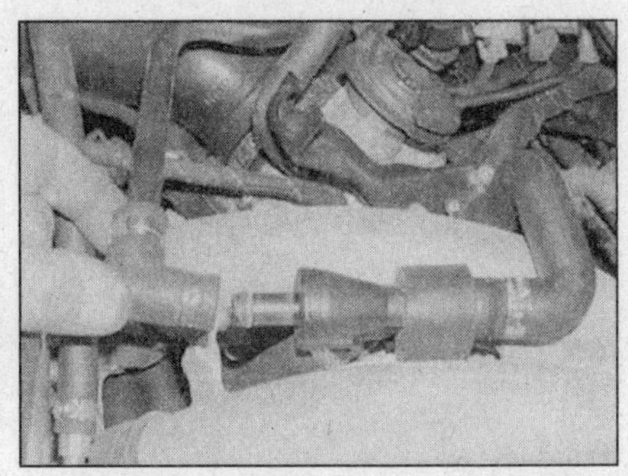

4.28b . . . och bromsvakuumservon

**29** På modeller med automatväxellåda, koppla loss kablaget från kickdownkontakten.

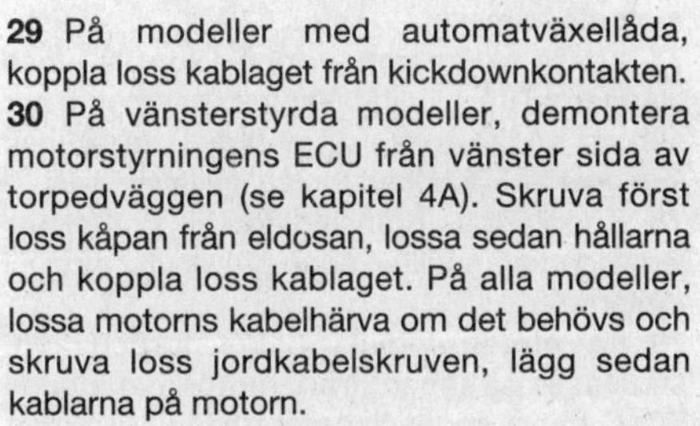

**30** På vänsterstyrda modeller, demontera motorstyrningens ECU från vänster sida av torpedväggen (se kapitel 4A). Skruva först loss kåpan från eldosan, lossa sedan hållarna och koppla loss kablaget. På alla modeller, lossa motorns kabelhärva om det behövs och skruva loss jordkabelskruven, lägg sedan kablarna på motorn.

**31** Demontera insugsröret och vevhusventilationens slangar från gasspjällhuset och motorns ventilkåpa **(se bild)**.

**32** Lossa klämmorna och koppla loss värmeslangarna från det nedre kylvätskeröret och utloppsvinkeln på baksidan av topplocket.

**33** Koppla loss kablaget från hastighetsmätarens givare på vänster sida av växellådan.

**34** På modeller med manuell växellåda, koppla loss kablaget från backljuskontakten på vänster sida av växellådan.

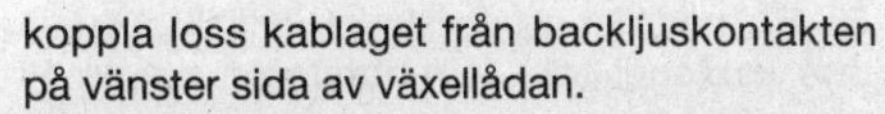

**35** Demontera drivremmarna enligt beskrivningen i kapitel 2A.

**36** Skruva loss luftkonditioneringens kompressor från motorn enligt instruktionerna i kapitel 3. Bind upp kompressorn åt sidan, bort från motorrummet.

***Varning: Koppla inte loss luftkonditioneringens kylmediakrets.***

**37** Skruva loss remskivan från servostyrningspumpen, skruva sedan loss pumpen från dess fästbygel och bind upp den åt sidan **(se bilder)**. Koppla inte loss hydraulrören från pumpen.

**38** Koppla loss det främre avgasröret från avgasgrenröret enligt beskrivningen i kapitel 4C. Var noga med att inte böja den flexibla delen av det främre avgasröret mer än nödvändigt.

**39** Skruva loss värmeskölden från höger motorfäste och lyft upp den. Skruva loss muttrarna ovanpå motorfästena på vänster och höger sida. Skruva även loss skruven och ta loss jordkabeln från höger motorfäste.

**40** Demontera startmotorn från växellådan enligt beskrivningen i kapitel 5A.

**41** På modeller med automatväxellåda, skruva loss och ta bort de tre muttrarna till momentomvandlaren som går att komma åt genom startmotoröppningen. Motorn måste vridas för att alla muttrar ska gå att komma åt. För att förhindra att drivplattan vrids runt när muttrarna lossas, håll antingen fast vevaxelns remskivebult eller stick in en skruvmejsel i kuggarna på startkransen.

**42** Markera motorfästenas lägen på kryssrambalken så att de kan monteras tillbaka korrekt, lossa sedan de nedre muttrarna flera varv.

**43** Fäst en lämplig lyft vid motorn och lyft motorn och växellådan något. Kontrollera att motorn stöds ordentligt.

**44** Skruva loss bultarna som håller fast växellådan vid motorns bakre del, sänk sedan ner motorn till sin ursprungliga plats. Lämna en av bultarna löst fastsatt tills vidare.

**45** Stöd växellådans främre del med hjälp av en garagedomkraft och en träkloss. Alternativt kan en stödbalk till växellådan placeras över motorrummets bakre del.

**46** Skruva loss den sista bulten och

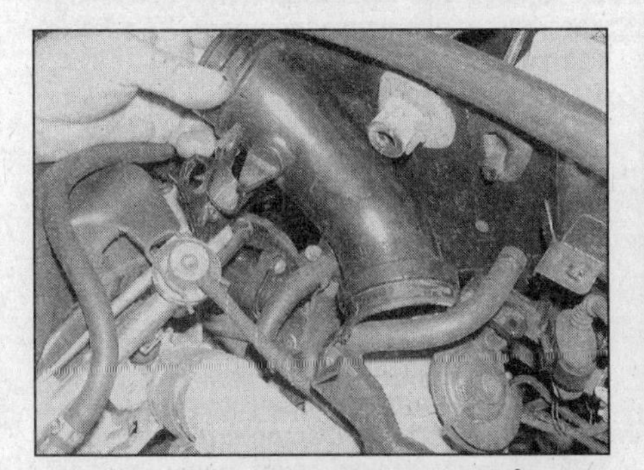

4.31 Demontera insugsröret från gasspjällhuset

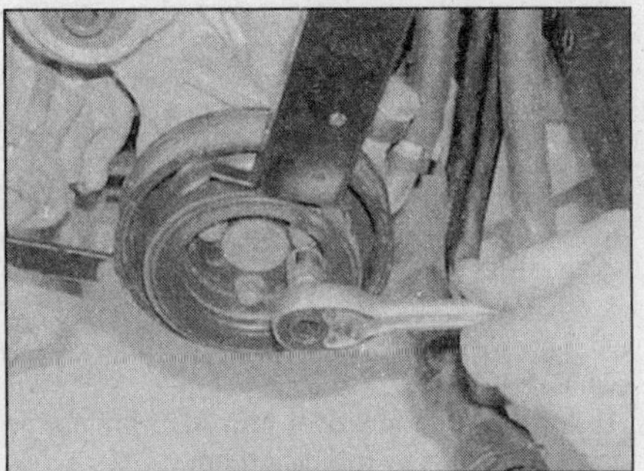

4.37a Skruva loss bultarna . . .

4.37b . . . och ta bort remskivan från servostyrningspumpen

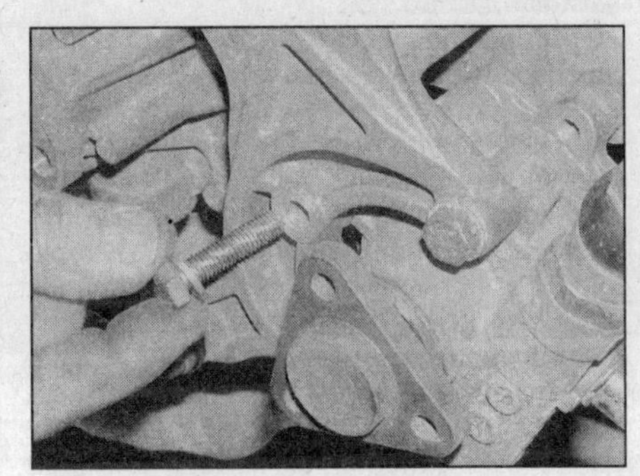

4.37c Skruva loss bultarna . . .

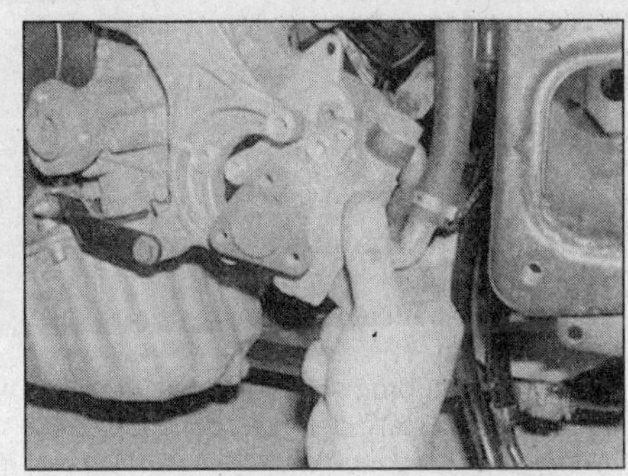

4.37d . . . och flytta servostyrningspumpen från fästet. Bind upp den åt sidan

**4.46 Ta ut motorn ur motorrummet**

kontrollera sedan att alla kablar och slangar har kopplats loss. Lyft ut motorn ur motorrummet **(se bild)**. På modeller med automatväxellåda, se till att momentomvandlaren sitter kvar i växellådan när motorn tas bort. Hindra den från att ramla ut genom att montera en metallstång över balanshjulskåpan och fästa med två bultar.

**47** Ta loss styrstiften från motorblockets baksida om de sitter löst. Ta bort mellanplattan från motorns bakre del om så behövs.

**48** På modeller med manuell växellåda, demontera kopplingen enligt beskrivning i kapitel 6.

### Montering

**49** Monteringen sker i omvänd ordningsföljd mot demonteringen, men på modeller med manuell växellåda ska först spårningarna på den ingående axeln smörjas med lite fett med hög smältpunkt. Smörj urtrampningslagrets fogyta något, men smörj **inte** urtrampningslagrets styrhylsa. På modeller med automatväxellåda, kontrollera att momentomvandlaren är helt på plats på den ingående axeln genom att kontrollera att avståndet mellan svänghjulskåpans fästfläns och momentomvandlaren är ungefär 23,0 mm. Om måttet endast är 13,0 mm är inte momentomvandlaren helt på plats. Kontrollera att motor- och växellådsfästena inte belastas, och dra sedan åt alla muttrar och bultar till angivet moment. Montera och justera (om det är tillämpligt) alla motorrelaterade komponenter och system enligt beskrivningarna i respektive kapitel. Se till att motorn har fyllts med olja och att kylsystemet har fyllts enligt beskrivningen i kapitel 1A innan motorn startas.

## *Dieselmotorer*

### Demontering

**50** Parkera bilen på ett stabilt, plant underlag. Se till att ha tillräckligt med rörelseutrymme.

**51** Lossa batteriets jordledning (minuspolen) (se kapitel 5A).

**52** Dra åt handbromsen, lyft sedan upp framvagnen och ställ den på pallbockar (se *Lyftning och stödpunkter*).

**53** Demontera motorrummets undre skyddskåpa.

**54** Om så är tillämpligt, demontera kåpan på motorns ovansida.

**55** Demontera den främre stötfångaren enligt beskrivningen i kapitel 11.

**56** Utför följande enligt beskrivningen i kapitel 1B:

*a) Tappa av kylsystemet. Det sitter en avtappningsplugg på kylarens främre vänstra sida, och eventuell kvarvarande kylvätska kan tappas av från motorn genom att termostatkåpan skruvas loss och O-ringen och termostaten tas bort.*

*b) Om motorn ska tas isär, töm ur motoroljan.*

**57** Bänd upp fästklämman och koppla loss den nedre slangen från kylaren.

**58** På modeller med elektrisk kylfläkt, koppla loss kablaget från termobrytaren nedtill till vänster på kylaren.

**59** På modeller med automatväxellåda, ställ en lämplig behållare under motorrummet, koppla sedan loss automatväxellådans vätskerör från låshållaren. Plugga igen rören.

**60** Lossa klämman och koppla loss luftintagskanalen från mellankylaren längst ner till vänster på låshållaren.

**61** Lossa klämman och koppla loss turboaggregatets luftslang längst ner till höger på låshållaren.

**62** Skruva loss bultarna och ta bort kanalen mellan luftröret och luftrenaren från låshållaren.

**63** Demontera luftrenaren enligt beskrivningen i kapitel 4B.

**64** Koppla loss kablaget från strålkastarna och deras justeringsstyrenhet.

**65** Koppla loss lamphållarna från de främre körriktningsvisarna.

**66** Lossa klämman och koppla loss den övre slangen från kylaren.

**67** På modeller tillverkade 97/07 och framåt, demontera luftröret och slangen från vänster sida av motorn. Detta görs genom att fästbulten skruvas loss och klämmorna lossas.

**68** Koppla loss motorhuvslåsets vajer från låshållaren.

**69** Ta bort locket från servostyrningsoljans behållare.

**70** Koppla loss kablaget från ABS-enheterna på vänster sida av motorrummet.

**71** Koppla loss kablaget till stöldskyddslarmet vid kontaktdonen upptill på låshållarens vänstra sida.

**72** Koppla loss kablaget från de två signalhornen och lossa kablaget från fästet.

**73** På modeller med luftkonditionering, skruva loss bultarna och ta bort luftkåporna från vardera sida av kylaren, skruva sedan loss kondensatorns fästbultar. Koppla loss kablaget från lågtryckskontakten. Koppla även loss kablaget till luftkonditioneringens magnetkoppling från botten av låshållaren. Lyft kondensatorn från sitt fäste. Vrid den åt sidan och fäst den på framhjulet så att den hålls undan från motorrummet. Skydda kondensatorn med en bit kartong eller med trasor så att den inte skadas när motorn tas bort.

***Varning: Koppla inte loss luftkonditioneringens kylmediakrets.***

**74** Skruva loss låshållarens fästbultar och dra sedan, med hjälp av en medhjälpare, bort hela låshållaren från bilens framsida och lägg den på ett säkert ställe.

**75** Lossa klämmorna och ta bort den bakre luftintagskanalen från baksidan av motorn. Koppla loss kablaget från givarna, efter tillämplighet. På modeller tillverkade 07/97 och framåt, skruva loss fästmuttern.

**76** Koppla loss slangar och kablage från laddtrycksstyrningsventilen. Om så behövs, skruva loss bultarna och ta bort ventilen från motorns framsida.

**77** Lossa klämmorna och koppla loss slangarna från kylvätskans expansionskärl, skruva sedan loss kärlet och koppla loss kablaget till kontakten för låg kylvätskenivå.

**78** Koppla loss bränsletillförsel- och returledningarna från filterkåpan på vänster sida av motorn.

**79** På motorrummets bakre torpedvägg, skruva loss kåpan från motorstyrningens ECU, bänd sedan loss fasthållningsstaget med en skruvmejsel. Lossa haken och koppla loss anslutningskontakten från ECU. Om en sådan finns, koppla loss vakuumslangen från ECU.

**80** Lossa hållaren med en skruvmejsel och lyft upp den extra relähållaren. Lossa de två säkringshållarfästena och stickkontakten. Om möjligt, gör detta med Audis verktyg VAS 1978/8, annars kan en skruvmejsel användas.

**81** Skruva loss jordkablarna från utjämningskammaren och lossa kablaget från kabelklämmorna.

**82** Lossa klämmorna och koppla loss värmeslangarna från baksidan av motorn.

**83** Koppla loss bromsvakuumslangen från vakuumpumpen.

**84** Koppla loss kablaget från hastighetsmätarens givare på vänster sida av växellådan.

**85** På en manuell växellåda, koppla loss kablaget från backljuskontakten.

**86** Demontera drivremmarna enligt beskrivningen i kapitel 2B. Demontera även fläkten med viskoskoppling enligt beskrivningen i kapitel 3.

**87** Skruva loss luftkonditioneringskompressorn från motorn enligt instruktionerna i kapitel 3. Bind upp kompressorn på ena sidan, så att den är ur vägen för motorrummet.

***Varning: Koppla inte loss luftkonditioneringens kylmediakrets.***

**88** Skruva loss remskivan från servostyrningspumpen, skruva sedan loss pumpen från dess fästbygel och bind upp den åt sidan. Koppla inte loss hydraulrören från pumpen.

**89** Skruva loss muttern och koppla loss den positiva kabeln från startmotorn under avgasgrenröret på höger sida av motorn.

**90** Skruva loss muttrarna som håller fast turboaggregatet till katalysatorn. Lossa avgassystemets främre klämma och skjut den bakåt för att koppla loss avgasrören. Koppla loss det främre avgasröret och katalysatorn från turboaggregatet. Var noga med att inte böja den flexibla delen av det främre avgasröret mer än nödvändigt.

**91** Skruva loss jordkabeln från höger motorfäste.

**92** Om ett sådant finns, skruva loss turboaggregatets stödfäste från höger motorfäste.

**93** Demontera startmotorn från växellådan enligt beskrivningen i kapitel 5A.

**94** På modeller med automatväxellåda, skruva loss och ta bort de tre muttrarna till momentomvandlaren som går att komma åt genom startmotoröppningen. Motorn måste vridas för att alla muttrar ska gå att komma åt. För att förhindra att drivplattan vrids runt när muttrarna lossas, håll antingen fast vevaxelns remskivebult eller stick in en skruvmejsel i kuggarna på startkransen.

**95** På modeller med automatväxellåda, skruva loss hydrauloljerörets fästbygel från vänster sida av motorn.

**96** Lossa muttrarna ovanpå varje motorfäste flera varv. Markera motorfästenas lägen på kryssrambalken så att de kan monteras tillbaka korrekt, lossa sedan de nedre muttrarna flera varv.

**97** Fäst en lämplig lyftanordning vid motorn och lyft motorn och växellådan något. Kontrollera att motorn stöds ordentligt.

**98** Skruva loss bultarna som håller fast växellådan vid motorns bakre del, sänk sedan ner motorn till sin ursprungliga plats. Lämna en av bultarna löst fastsatt tills vidare.

**99** Stöd växellådans främre del med hjälp av en garagedomkraft och en träkloss. Alternativt kan en stödbalk till växellådan placeras över motorrummets bakre del.

**100** Skruva loss den sista bulten, kontrollera sedan att alla kablar och slangar har kopplats loss och lyft ut motorn ur motorrummet. På modeller med automatväxellåda, se till att momentomvandlaren sitter kvar i växellådan när motorn tas bort. Hindra den från att ramla ut genom att montera en metallstång över balanshjulskåpan och fästa med två bultar.

**101** Ta loss styrstiften från motorblockets baksida om de sitter löst. Ta bort mellanplattan från motorns bakre del om så behövs.

**102** På modeller med manuell växellåda, demontera kopplingen enligt beskrivning i kapitel 6.

### Montering

**103** Monteringen sker i omvänd ordningsföljd mot demonteringen, men på modeller med manuell växellåda ska först spårningarna på den ingående axeln smörjas med lite fett med hög smältpunkt. Smörj urtrampningslagrets fogyta något, men smörj **inte** styrhylsan. På modeller med automatväxellåda, se till att momentomvandlaren är helt på plats på den ingående axeln genom att kontrollera att avståndet mellan svänghjulskåpans fästfläns och momentomvandlaren är ungefär 23,0 mm. Om måttet endast är 13,0 mm är momentomvandlaren inte helt på plats. Kontrollera att motor- och växellådsfästena inte belastas, dra sedan åt alla muttrar och bultar till angivet moment. Montera och justera (om det är tillämpligt) alla motorrelaterade komponenter och system enligt beskrivningarna i respektive kapitel. Se till att motorn har fyllts med olja och att kylsystemet har fyllts enligt beskrivningen i kapitel 1B innan motorn startas.

## 5 Motorrenovering – preliminär information

Det är mycket enklare att ta isär och arbeta med motorn om den är fastsatt i ett motorställ. Sådana kan ofta hyras från en verktygsuthyrningsfirma. Innan motorn sätts upp i stället ska svänghjulet demonteras så att ställets bultar kan dras fast i änden på motorblocket/vevhuset. **Observera:** *Mät inte cylinderloppens mått med motorn monterad i en sådan här ställning.*

Om inget ställ finns tillgängligt går det att ta isär motorn på en stabil arbetsbänk eller på golvet. Var försiktig så att motorn inte välter vid arbete utan ställ.

Om en renoverad motor ska införskaffas måste alla hjälpaggregat först demonteras, så att de kan flyttas över till utbytesmotorn (precis som när den befintliga motorn genomgår renovering). Detta inkluderar följande komponenter:

### Bensinmotorer

*a) Generator (inklusive fästbyglar) och startmotor (kapitel 5A).*
*b) Tändsystems- och högspänningsdelar, inklusive alla givare, fördelare, tändkablar och tändstift (kapitel 1A och 5B).*
*c) Bränsleinsprutningssystemets komponenter (kapitel 4A).*
*d) Alla elektriska kontakter, aktiverare och givare, samt motorns kabelhärva (kapitel 4A och 5B).*
*e) Insugs- och avgasgrenrör (kapitel 4A och 4C).*
*f) Motorns oljemätsticka och rör (kapitel 2A).*
*g) Motorfästen (kapitel 2A).*
*h) Svänghjul/drivplatta (kapitel 2A).*
*i) Kopplingens komponenter (kapitel 6).*

### Dieselmotorer

*a) Generator (inklusive fästbyglar) och startmotor (kapitel 5A).*
*b) Glödstift/förvärmningssystemets komponenter (kapitel 5C).*
*c) Samtliga bränslesystemets komponenter, inklusive insprutningspump, givare och aktiverare (kapitel 4C).*
*d) Vakuumpumpen (kapitel 9).*
*e) Alla elektriska kontakter, aktiverare och givare, samt motorns kabelhärva (kapitel 4B, kapitel 5C).*
*f) Insugs- och avgasgrenrör, samt turboaggregat (kapitel 4B och 4C).*
*g) Motoroljans mätsticka och rör (kapitel 2B).*
*h) Motorfästen (kapitel 2B).*
*i) Svänghjul/drivplatta (kapitel 2B).*
*j) Kopplingens komponenter (kapitel 6).*

### Alla motorer

**Observera:** *När de externa komponenterna demonteras från motorn, var noga med att notera detaljer som kan vara till hjälp eller av vikt vid återmonteringen. Notera hur och var packningar, tätningar, mellanläggsbrickor, stift, brickor, bultar och andra smådelar sitter.*

Om du skaffar en kort motor (motorblock/vevhus, vevaxel, kolvar och vevstakar monterade) måste topplocket, oljesumpen, oljepumpen, kamremmen (med spännare och kåpor), drivremmen (med spännare), kylvätskepumpen, termostathuset, kylvätskans utloppsvinklar, oljefilterhuset och, i förekommande fall, oljekylaren också demonteras.

Planeras en fullständig renovering kan motorn tas isär i den ordning som anges nedan:

*a) Insugs- och avgasgrenrör (se relevant del av kapitel 4).*
*b) Kamrem, drev och spännare (se kapitel 2A eller 2B).*
*c) Topplock (se kapitel 2A eller 2B).*
*d) Svänghjul/drivplatta (se kapitel 2A eller 2B).*
*e) Oljesump (se kapitel 2A eller 2B).*
*f) Oljepump (se kapitel 2A eller 2B).*
*g) Kolvar/vevstakar (se avsnitt 7).*
*h) Vevaxel (se avsnitt 8).*

## 6 Topplock – isärtagning, rengöring, kontroll och hopsättning

**Observera:** *Nya och renoverade topplock finns att köpa från Audi och motorspecialister. Specialverktyg krävs för isärtagning och kontroll, och nya delar kan vara svåra att få tag på. Det kan därför vara mer praktiskt för en hemmamekaniker att köpa ett färdigrenoverat topplock än att ta isär och renovera det ursprungliga topplocket.*

### Isärtagning

**1** Demontera topplocket från motorblocket enligt beskrivningen i del A eller B i detta kapitel. Demontera även kamaxeldrevet enligt beskrivningen i del A eller B i detta kapitel.

**2** På dieselmodeller, demontera insprutningsventilerna och glödstiften (se kapitel 4B och 5C).

**3** Om tillämpligt, ta loss kylvätskans utloppsvinkel tillsammans med dess packning/O-ring.

**4** På motorkod AHL, skruva loss kylvätskans temperaturgivare från topplocket.

**5** Det är viktigt att grupper av delar hålls samman när de demonterats och, om de kan återanvändas, att de monteras tillbaka i samma grupper. Slumpmässig återmontering leder till ökat slitage och snabbare haveri. Att förvara grupper av delar i plastpåsar eller lådor hjälper till att hålla ordning på dem – märk dem efter monteringsplats, t.ex. avgas 1, insug 2, etc. **(se bild)**. Notera att cylinder nr 1 är den som sitter närmast motorns kamremsände.

**6** Kontrollera att tillverkarens markeringar är synliga på kamaxelns lageröverfall. Hittas inga kan egna göras med en ritsspets eller körnare.

**7** Kamaxellageröverfallen måste nu demonteras enligt följande.

## Motorkoder ADR, AFY, AEB, AJL

**8** På den främre delen av insugskamaxeln, skruva loss Hallgivaren, skruva loss bulten från kamaxeln och ta bort den koniska packningen och Hallgivarens platta.

**9** Nu måste den automatiska kamaxeljusteraren låsas innan den demonteras. Audimekaniker använder specialverktyget 3366 till detta **(se bild)**. Alternativt går det att tillverka ett liknande verktyg med en gängad stav, muttrar och en liten metallplatta som håller justeraren ihoptryckt. Som en säkerhetsåtgärd, håll det hemmagjorda verktyget på plats med en kabelklämma **(se bilder)**.

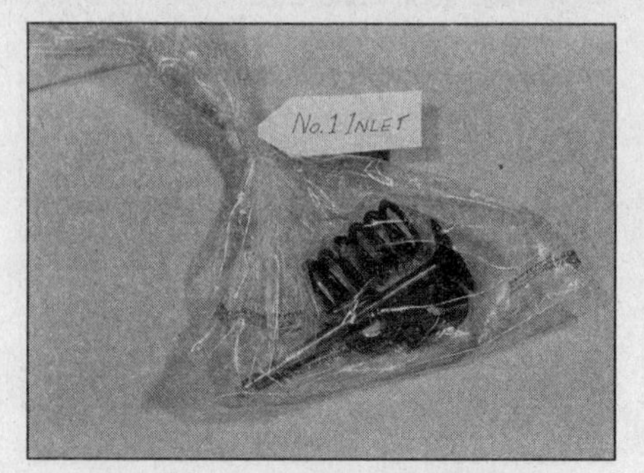


**6.5 Förvara delar som hör ihop tillsammans i märkta påsar eller behållare**

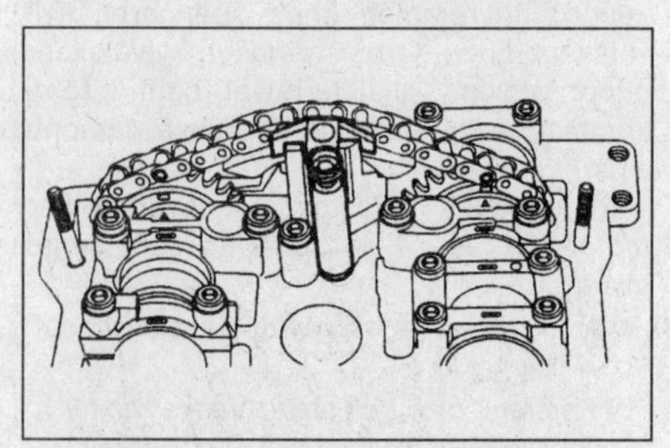

**6.9a Lås den automatiska kamaxeljusteraren med specialverktyg 3366**

**6.9b Hemmagjort verktyg för låsning av den automatiska kamaxeljusteraren i dess ihoptryckta läge**

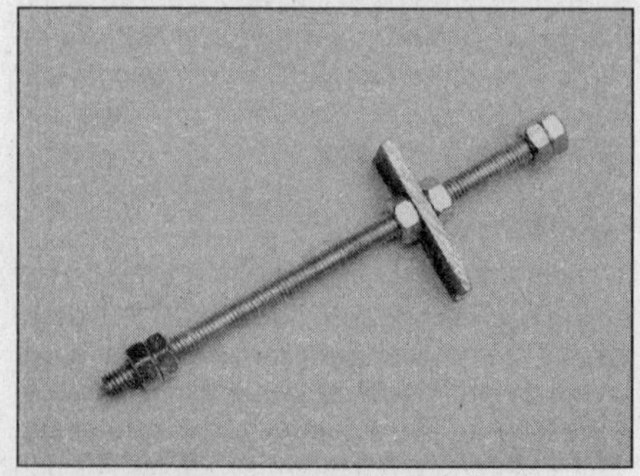

**6.9c Hemmagjort verktyg**

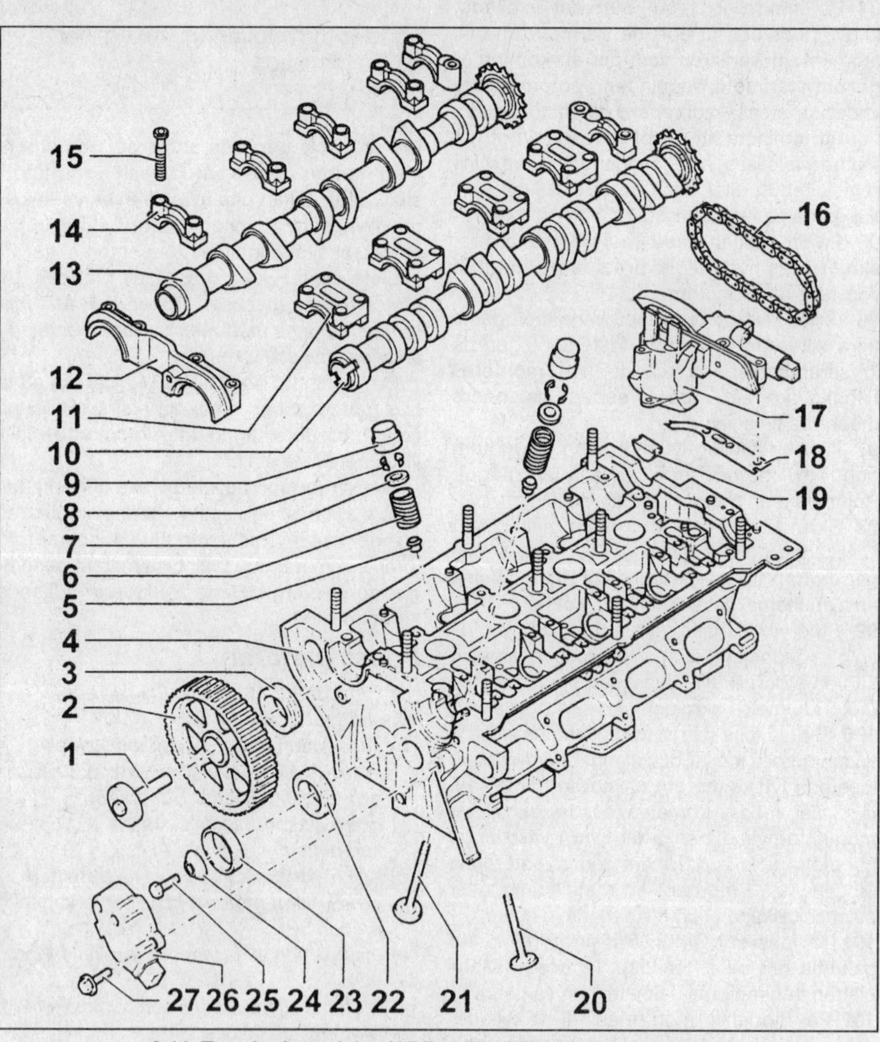


**6.11 Topplockets delar (ADR, AFY, AEB, AJL motorkoder)**

*1 Kamaxeldrevets bult*
*2 Kamaxeldrev*
*3 Oljetätning*
*4 Topplock*
*5 Ventilskaftets oljetätning*
*6 Ventilfjäder*
*7 Övre ventilfjädersätet*
*8 Delade knaster*
*9 Hydraulisk ventillyftare*
*10 Insugskamaxel*
*11 Lageröverfall, insugskamaxel*
*12 Främre kombinerat lageröverfall*
*13 Avgaskamaxel*
*14 Lageröverfall, avgaskamaxel*
*15 Kamaxellagerbult*
*16 Drivkedja*
*17 Automatisk kamaxeljusterare*
*18 Gummitätning*
*19 Halvrund gummimuff*
*20 Avgasventil*
*21 Insugsventil*
*22 Oljetätning*
*23 Hallgivarring*
*24 Konisk bricka*
*25 Fästbult för ring*
*26 Hallgivare*
*27 Fästbult för Hallgivare*

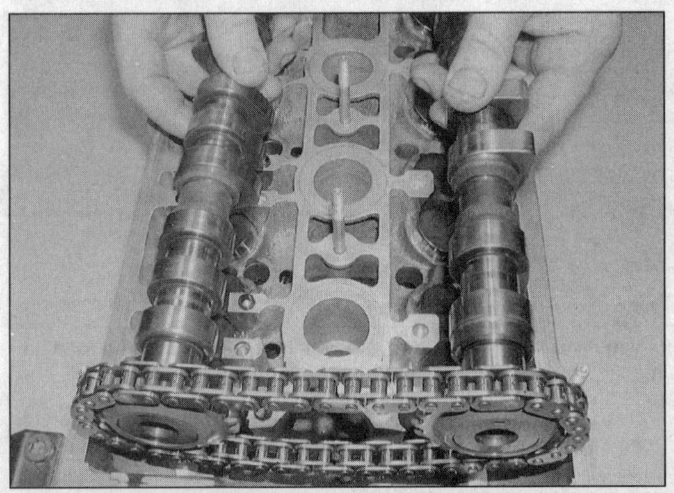

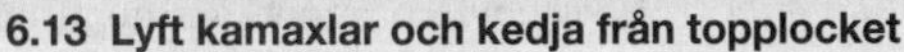

6.13 Lyft kamaxlar och kedja från topplocket

6.14 Ta bort kamaxeljusteraren

**10** Rengör kedjan och kamaxeldrevet i linje med pilarna överst på kamaxelns bakre lageröverfall, märk sedan drevens och kedjans läge i förhållande till varandra. Observera att avståndet mellan de två markeringarna måste vara 16 valsar på kedjan, men observera även att markeringen på avgaskamaxeln är något förskjuten mot mitten av topplocket.

**11** Lossa stegvis bultarna från lageröverfall 3 och 5, och sedan 1 och 6 på både insugs- och avgaskamaxlarna **(se bild)**.

**Observera:** *Överfallen är numrerade från baksidan av topplocket, och nummer 6 är det kombinerade överfall som ligger över framänden på båda kamaxlarna.*

**12** Skruva loss den automatiska kamaxeljusterarens fästbultar.

**13** Lossa stegvis bultarna från lageröverfall 4 och 2 på både insugs- och avgaskamaxlarna, lyft sedan båda kamaxlarna från topplocket tillsammans med den automatiska justeraren och kedjan **(se bild)**.

**14** Lossa justeraren från kedjan och ta bort kedjan från kamaxeldreven. Ta bort oljetätningarna från den främre änden av varje kamaxel **(se bild)**.

## Motorkoder ADP, AHL, 1Z, AFF, AFN, AHH, AHU

**15** Lossa muttrarna från lageröverfall 5, 1 och 3 först, och sedan från lageröverfall 2 och 4 **(se bild)**. Lossa muttrarna diagonalt i tur och ordning ett halvt varv i taget tills de kan tas loss, och ta sedan bort lageröverfallen. Håll reda på överfallen och notera var de ska sitta.

**Observera:** *Kamaxellageröverfallen är numrerade från 1 till 5 från kamremsänden.*

**16** Dra loss oljetätningen från den främre änden av kamaxeln och kasta den. En ny tätning måste användas vid återmonteringen **(se bild på nästa sida)**.

**17** Lyft kamaxeln försiktigt från topplocket och håll den vågrätt och med stöd i båda ändar så att axeltapparna och loberna inte skadas. Ta bort oljetätningen från kamaxelns främre ände.

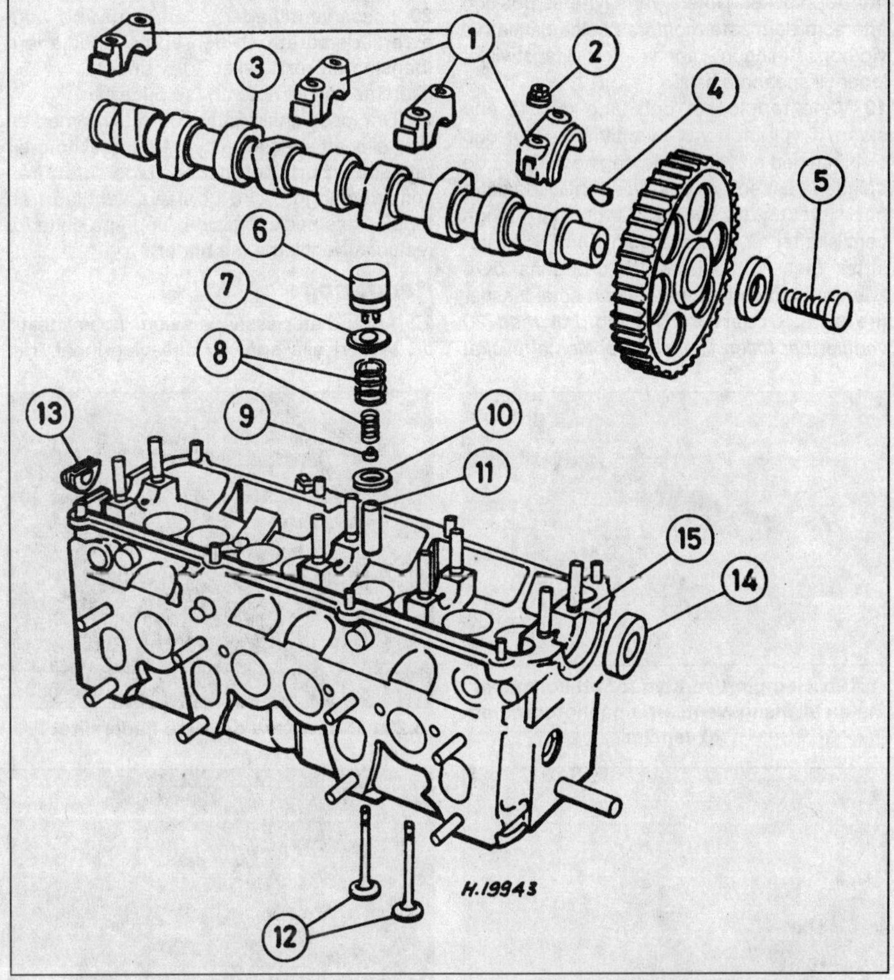


**6.15 Topplockets delar (ADP, AHL, 1Z, AFF, AFN, AHH och AHU motorkoder)**

*1 Kamaxellageröverfall*
*2 Mutter*
*3 Kamaxel*
*4 Woodruffkil*
*5 Kamaxeldrevets bult*
*6 Hydraulisk ventillyftare*
*7 Övre ventilfjädersäte*
*8 Ventilfjädrar*
*9 Ventilskaftstätningar*
*10 Nedre ventilfjädersäte*
*11 Ventilstyrningar*
*12 Ventiler*
*13 Plugg*
*14 Kamaxelns oljetätning*
*15 Topplockets gjutgods*

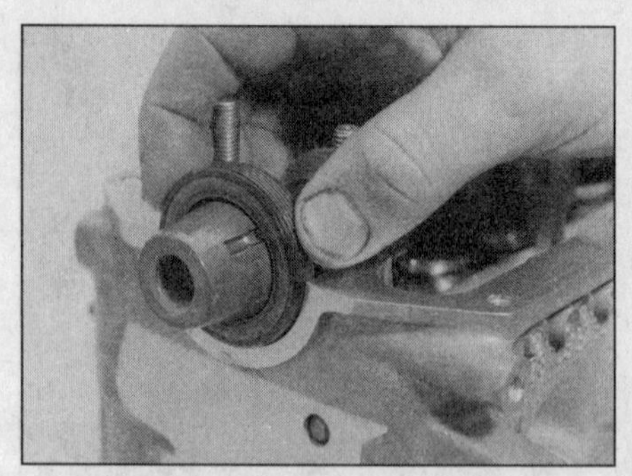

6.16 Ta bort kamaxelns oljetätning (1Z, AHU, AHH, AFN, AFF motorkoder)

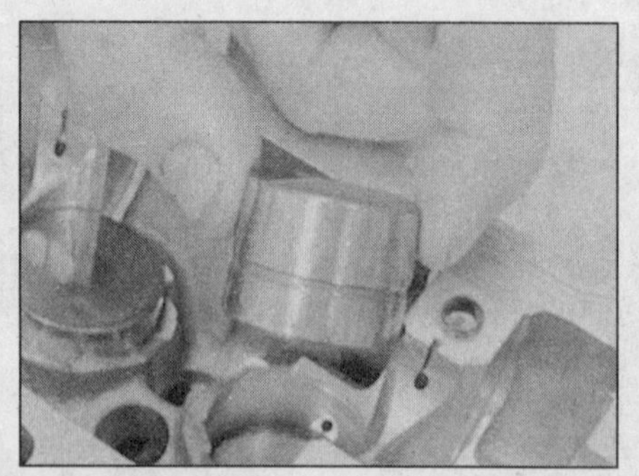

6.18 Lyft de hydrauliska ventillyftarna från loppen

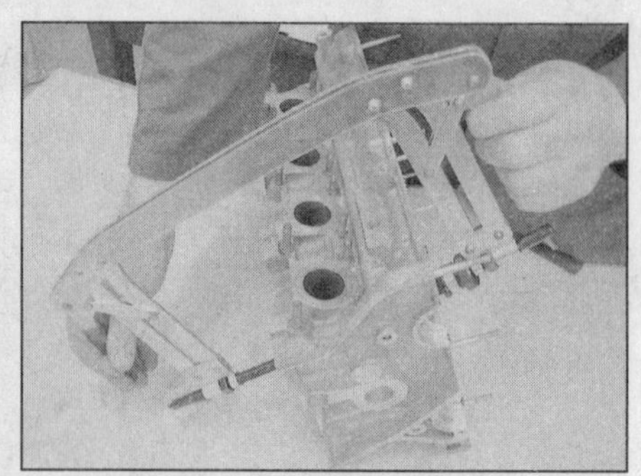

6.19a Tryck ihop ventilfjädrarna med en ventilfjäderbåge

## Alla motorkoder

**18** Lyft de hydrauliska ventillyftarna från sina lopp och förvara dem med ventilkontaktytan vänd nedåt så att oljan inte rinner ut **(se bild).** Det rekommenderas att ventillyftarna hålls nedsänkta i olja hela tiden de är demonterade från topplocket. Notera varje lyftares position eftersom de måste monteras i sina gamla hål vid hopsättningen – annars ökar slitaget vilket leder till snabbare haveri.

**19** Vänd topplocket och lägg det på ena sidan. Tryck ihop varje ventilfjäder i tur och ordning med en ventilfjäderbåge och dra ut de delade knastren när det övre ventilfjädersätet har tryckts tillräckligt långt ner längs ventilskaftet för att lossa dem. Om fjädersätet sitter fast, knacka på fjäderbågens övre krampa med en hammare så att sätet lossnar **(se bild). Observera:** *På motorer med 20 ventiler har hålen till insugsventilerna mycket mindre diameter än dem till avgasventilerna, och en ventilfjäderbåge med standardstorlek kan vara för stor. Om ett verktyg inte kan fås från en Audi/VAG-verkstad kan ett hemmagjort verktyg tillverkas av en passande mutter, bricka och metallstag som svetsats ihop* ***(se bild).***

**20** Lossa ventilfjäderbågen och ta bort det övre fjädersätet och den enda ventilfjädern (bensinmotorer), eller de dubbla ventilfjädrarna (dieselmotorer) **(se bilder).**

**21** Dra loss ventilskaftets oljetätning med en tång eller ett specialverktyg. På dieselmotorer, ta sedan bort det nedre fjädersätet från ventilstyrningen. Dra ut själva ventilen från topplockets packningssida. Upprepa detta för resten av ventilerna **(se bilder).**

## Rengöring

**22** Använd ett passande avfettningsmedel till att ta bort alla spår av oljeavlagringar från topplocket. Var extra noga med lagerytor, ventillyftarnas lopp, ventilstyrningar och oljekanaler. Skrapa bort alla packningsrester från fogytorna, men var noga med att inte repa eller göra hack i dem. Om smärgelduk används, använd inte grövre än 100. Vänd på topplocket och skrapa bort alla sotavlagringar från förbränningskamrarna och portarna med ett trubbigt blad. Avsluta med att tvätta hela topplocket med ett lämpligt lösningsmedel för att avlägsna alla kvarvarande föroreningar.

**23** Rengör ventilhuvudena och skaften med en fin stålborste. Om ventilen är mycket sotig, skrapa först bort det mesta med ett trubbigt blad och borsta sedan bort resten med stålborsten.

**24** Rengör resterande delar noga med lösningsmedel och låt dem torka helt. Kasta oljetätningarna – nya måste användas när topplocket sätts ihop.

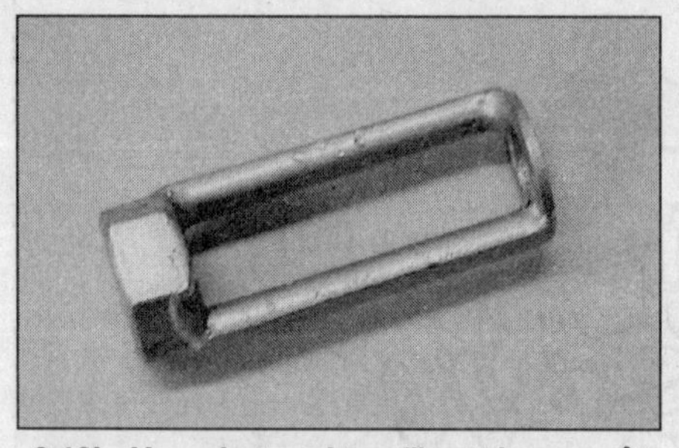

6.19b Hemgjort verktyg för att komma åt hålen till insugsventilerna på motorer med 20 ventiler

6.20a Demontera det övre fjädersätet . . .

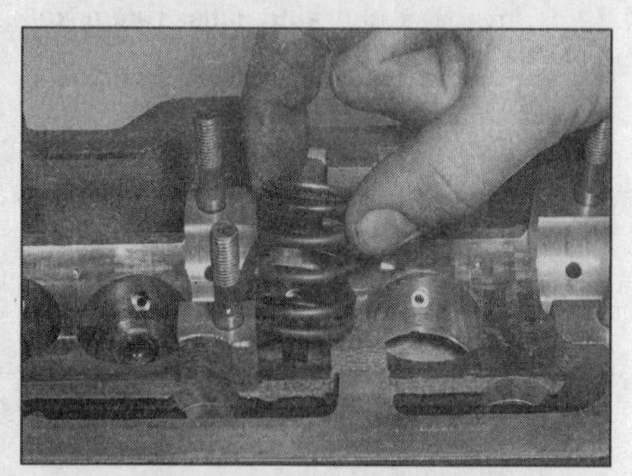

6.20b . . . och ventilfjädern

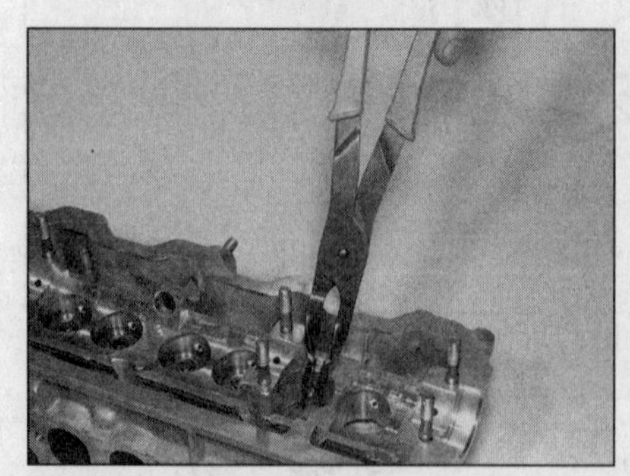

6.21a Använd ett demonteringsverktyg . . .

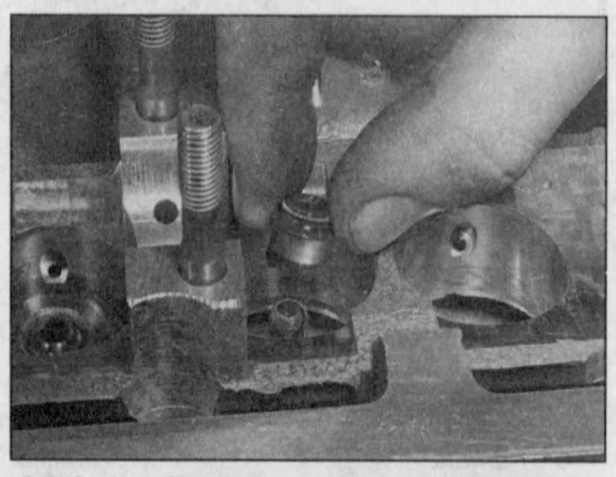

6.21b . . . till att demontera ventilskaftens oljetätningar

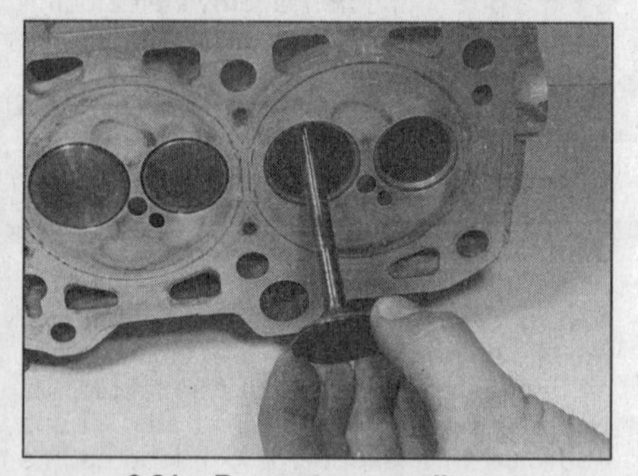

6.21c Demontera ventilerna

## *Kontroll*

### Topplock

**Observera:** *På dieselmotorer kan topplock och ventiler inte bearbetas (även om ventilerna kan slipas in), utan nya eller utbytesenheter måste köpas.*

**25** Undersök noga om gjutgodset är skadat eller sprucket. Var särskilt noggrann kring ventilsätena och tändstiftshålen. Om sprickor finns inom detta område anger Audi/VAG att topplocket kan återanvändas om sprickorna inte är bredare än 0,5 mm. Allvarligare skador innebär att topplocket måste bytas.

**26** Måttligt gropiga eller brända ventilsäten kan repareras med inslipning av ventilerna vid hopsättningen, vilket beskrivs senare i detta kapitel. Svårt slitna eller skadade ventilsäten kan renoveras genom omfräsning, men detta arbete bör man överlämna åt en verkstad.

**27** Mät upp eventuell skevhet på packningsytorna med stållinjal och bladmått. Gör en mätning i längsled på både insugs- och avgasgrenrörets fogytor. Gör flera mätningar tvärs över topplockpackningens yta för att undersöka skevheten i alla plan **(se bild).** Jämför de avlästa måtten med värdena i specifikationerna. På bensinmotorer kan det eventuellt gå att få fogytan återställd i en verkstad om den är skev eller inte överensstämmer med specifikationen .

**28** Minsta topplockshöjder (mätt mellan topplockspackningens yta och ventilkåpepackningens yta), om de angetts av tillverkaren, anges i specifikationerna.

### Kamaxel

**29** Undersök kamaxeln och leta efter tecken på slitage på lobernas och lagertapparnas yta. Normalt ska ytorna vara jämna och ha en matt glans. Leta efter repor, erosion, gropar och områden som verkar högpolerade, vilket är tecken på stort slitage. Slitaget går snabbare när de härdade ytorna på kamaxeln väl skadats, så byt alltid slitna delar.

**Observera:** *Om dessa tecken syns på kamlobernas toppar, kontrollera även motsvarande ventillyftare, eftersom dessa då antagligen också är slitna.*

**30** Efter tillämplighet, undersök fördelardrivhjulet och leta efter tecken på slitage eller skada. Stort spel i drivningen som orsakas av slitna kuggar påverkar tändinställningen.

**31** Om de bearbetade ytorna på kamaxeln verkar missfärgade eller blåanlöpta är det troligt att de vid något tillfälle överhettats, förmodligen beroende på otillfredsställande smörjning. Detta kan ha förvrängt axeln, så kontrollera kastet enligt följande: Lägg kamaxeln mellan två V-block och mät den mittre lagertappens kast med en mätklocka. Om det överskrider specifikationerna i början av detta kapitel måste kamaxeln bytas.

**32** Mät kamaxelns axialspel genom att provisoriskt montera kamaxeln på topplocket med första och sista lageröverfallet, och dra åt bultarna till första stegets moment. Montera

**6.27 Mät topplockets skevhet**

en mätklocka på topplockets kamremsände och rikta in mätsonden längs kamaxeln. Tryck kamaxeln så långt den går mot ena änden av topplocket och placera mätklockans sond mot kamaxelns ände och nollställ mätaren. Tryck sedan kamaxeln så långt den går åt andra hållet och läs av mätaren. Verifiera avläsningen genom att trycka tillbaka kamaxeln och kontrollera att mätaren visar noll igen **(se bild)**. **Observera:** *De hydrauliska ventillyftarna får **inte** vara monterade när denna mätning utförs.*

**33** Kontrollera att kamaxelns axialspel ligger inom gränserna som anges i specifikationerna. Slitage utanför dessa gränsvärden är troligtvis inte begränsat till en enstaka komponent, vilket innebär att byte av kamaxel, topplock och lageröverfall måste övervägas.

**34** Nu måste kamaxellagrets spel mätas. En metod (som är svår att använda utan en uppsättning mikrometrar eller interna/externa skjutmått) är att mäta kamaxellagerytornas yttre diametrar och de inre diametrar som formas av lageröverfallen och topplocket. Skillnaden mellan dessa två mått utgör lagerspelet.

**35** En annan, exaktare metod att mäta lagerspelet är att använda Plastigauge. Plastigauge består av fina trådar av perfekt rundad plast som trycks in mellan lageröverfallet och axeltappen. När sedan överfallet tas bort har plasten deformerats, och kan mätas med en speciell kortmätare som medföljer utrustningen. Lagerspelet bestäms med hjälp av detta mätverktyg. Plastigauge kan ibland vara svårt att få tag i, men större bilverkstäder bör kunna hänvisa till en försäljare. Plastigauge används på följande sätt.

**36** Se till att topplockets, lageröverfallets och kamaxellagrets ytor är helt rena och torra. Lägg kamaxeln på plats i topplocket.

**37** Lägg en bit Plastigauge överst på varje kamaxellagertapp.

**38** Sätt lageröverfallen på plats över kamaxeln och dra stegvis åt fästmuttrarna till angivet moment.

**Observera:** *Om åtdragningsmomentet anges i flera steg, ska muttrarna bara dras till första steget. Vrid inte på kamaxeln med överfallen på plats eftersom det påverkar mätningen.*

**39** Skruva av muttrarna och ta försiktigt bort överfallen på nytt. Lyft dem rakt upp från kamaxeln för att inte rubba Plastigaugebitarna tråden ska ligga kvar på kamaxellagrets yta.

**40** Håll det medföljande kortet med mätskalan mot varje lagertapp och jämför bredden på den hoptryckta Plastigaugetråden med graderingarna på kortet. Använd detta till att avgöra lagerspelet.

**41** Jämför de uppmätta lagerspelen med värdena i specifikationerna. Om de ligger utanför angivna toleranser bör kamaxel och topplock bytas.

**42** På motorer med dubbla överliggande kamaxlar måste lagerspelen mätas på båda kamaxlarna.

**43** Avsluta med att ta bort lageröverfallen och kamaxeln, och ta försiktigt bort alla spår av Plastigauge.

### Ventiler och tillhörande komponenter

**Observera:** *För samtliga motorer gäller att ventilhuvudena inte kan fräsas om, men att de kan slipas in.*

**44** Undersök varje ventil noga och leta efter tecken på slitage. Undersök ventilskaften och leta efter slitagekanter, repor eller varierande diameter. Mät skaftens diameter på flera ställen utmed deras längd med en mikrometer **(se bild).**

**45** Ventilhuvudena får inte vara spruckna, djupt repade eller brända. Smärre skavanker kan åtgärdas med inslipning vid hopsättningen, vilket beskrivs längre fram i detta avsnitt.

**6.32 Kontrollera kamaxelns axialspel med en mätklocka**

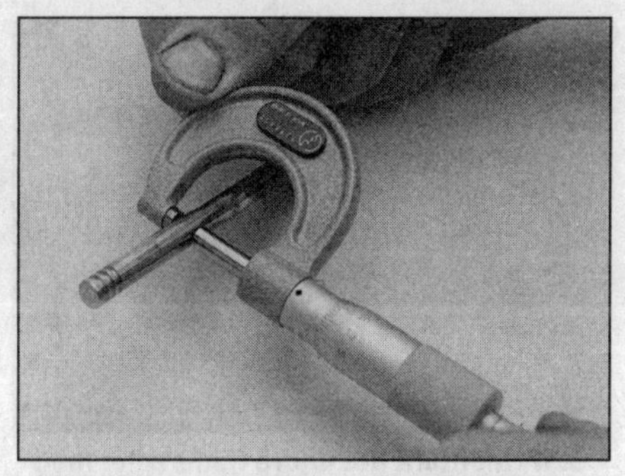

**6.44 Mät ventilskaftens diameter med en mikrometer**

**6.47 Mät ventilens maxavböjning i dess styrning med en mätklocka**

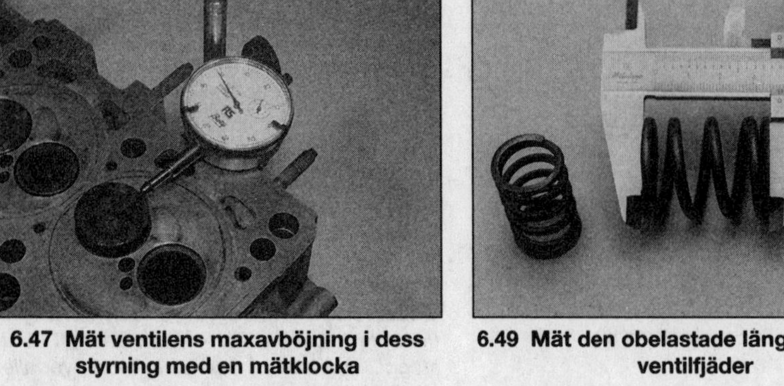

**6.49 Mät den obelastade längden på varje ventilfjäder**

**6.50 Kontroll av en ventilfjäders rakhet**

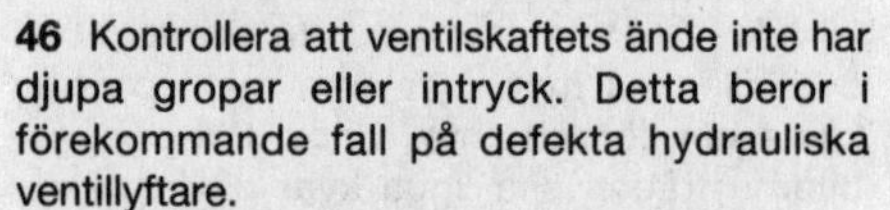

**46** Kontrollera att ventilskaftets ände inte har djupa gropar eller intryck. Detta beror i förekommande fall på defekta hydrauliska ventillyftare.

**47** Stick in varje ventil i respektive styrning i topplocket och montera en mätklocka mot ventilhuvudets kant. Sätt ventilens ändyta jäms med ovankanten av ventilstyrningen och mät ventilens maximala avböjning från sida till sida i styrningen **(se bild)**.

**48** Om måttet överstiger det värde som anges i specifikationerna måste både ventilen och ventilstyrningen bytas ut tillsammans. **Observera:** *Ventilstyrningarna är presspassade i topplocket och demontering av dem kräver tillgång till en hydraulisk press. Det är därför bäst att överlåta detta arbete till en verkstad.*

**49** Mät varje ventilfjäders fria längd med ett skjutmått. Eftersom tillverkaren inte angett något mått, är det enda sättet att kontrollera fjäderlängden att jämföra med en ny fjäder. Observera att ventilfjädrar vanligen byts rutinmässigt vid en större motorrenovering **(se bild)**.

**50** Ställ varje fjäder upprätt på en plan yta mot en vinkelhake **(se bild)**. Kontrollera att fjädern är rak med ögonmått, och byt ut den om den verkar vara skev.

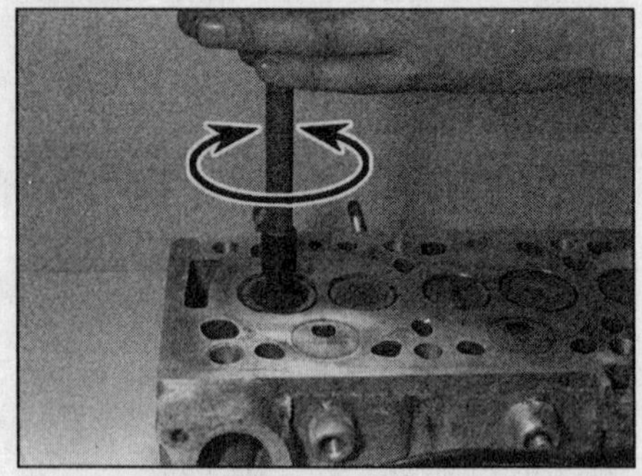

**6.52 Inslipning av en ventil**

## *Hopsättning*

**51** För att få en gastät passning mellan ventiler och säten måste ventilerna slipas in. För att utföra detta krävs fin/grov ventilslippasta och ett slipverktyg. Detta kan antingen vara en käpp med sugkopp, eller ett automatiskt verktyg som drivs av ett roterande elverktyg.

**52** Applicera lite *finkorning* slippasta på ventilhuvudets tätningsyta. Vänd på topplocket så att förbränningskamrarna är vända uppåt, och stick in ventilen i motsvarande styrning. Anslut slipverktyget till ventilhuvudet och slipa in ventilen i sätet med en roterande rörelse framåt och bakåt. Lyft på ventilen med jämna mellanrum och fördela slippastan jämnt **(se bild)**.

**53** Fortsätt tills kontakten mellan ventilen och sätet visar en obruten, mattgrå ring med jämn bredd både på ventilen och sätet. Upprepa proceduren med resten av ventilerna.

**54** Om ventilerna och sätena är så illa medfarna att grov slippasta måste användas, måste man tänka på att det finns ett maximalt utsprång för ventilskaftets ände från ventilstyrningen. Se specifikationerna i början av det här kapitlet för minsta mått från ventilskaftets ände till topplockets övre yta. Om måttet har hamnat utanför denna gräns på grund av för stor inslipning, kan det hända att de hydrauliska ventillyftarna inte fungerar som de ska.

**55** Under förutsättning att reparation är möjlig, följ beskrivningen ovan, men börja med den grovkorniga pastan tills en matt yta uppstår på både ventilytan och sätet. Tvätta sedan bort den grova pastan med lösningsmedel och upprepa med den fina pastan till dess att korrekt finish uppnås.

**56** När alla ventiler är inslipade, ta bort alla spår av slippasta från topplock och ventiler med lösningsmedel och låt dem torka helt.

**57** Vänd topplocket på sidan. På dieselmotorer, montera det första undre fjädersätet, med den konvexa sidan mot topplocket **(se bild)**.

**58** Arbeta med en ventil i taget och smörj ventilskaftet med ren motorolja, och sätt i ventilen i styrningen. Montera en av skyddshylsorna av plast som följer med de nya ventilskaftens oljetätningar, över skaftets ändyta. Detta skyddar oljetätningen under monteringen **(se bilder)**.

**59** Doppa en ny ventiloljetätning i ren motorolja och trä den försiktigt över ventilen och mot ventilstyrningens ovankant. Se till att inte skada skafttätningen när den träs över

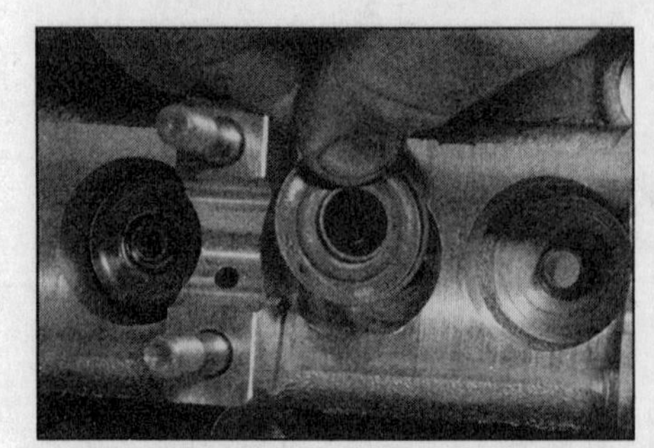

**6.57 Montera det undre fjädersätet med den konvexa ytan mot topplocket (dieselmotorer)**

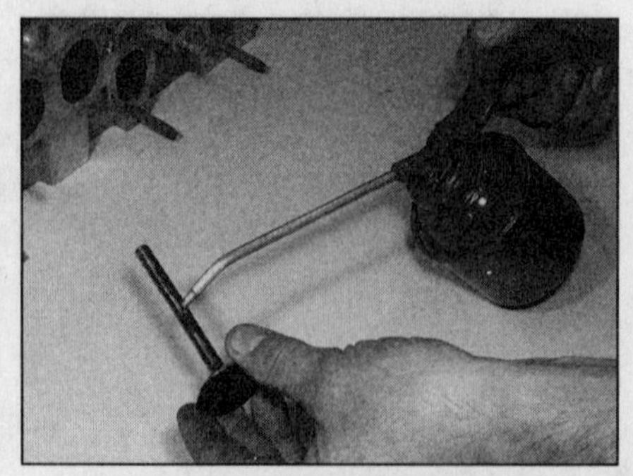

**6.58a Smörj ventilskaftet med ren motorolja innan det monteras**

**6.58b Sätt på en skyddande plasthylsa över ventilskaftet innan skafttätningen monteras**

**6.59a Montera en ny ventilskaftstätning över ventilen**

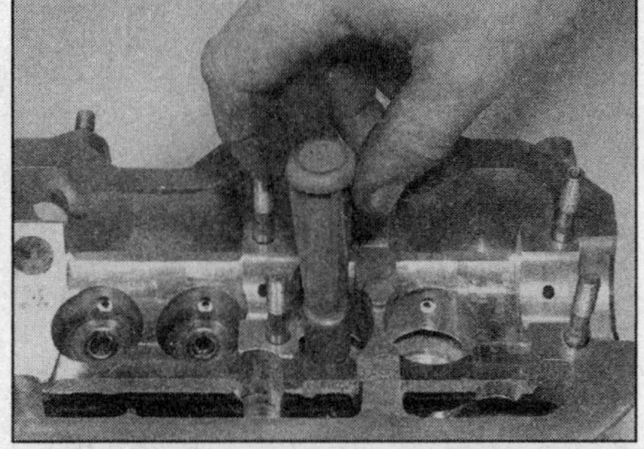

**6.59b Ventilskaftstätningarna monteras med ett speciellt monteringsverktyg**

**6.60 Montering av en ventilfjäder**

ventilens ändyta. Använd en lämplig hylsa eller ett specialverktyg för att pressa den på plats **(se bilder)**. Ta bort skyddshylsan.

**60** Sätt ventilfjädern/fjädrarna över ventilskaftet **(se bild)**. På dieselmotorer, se till att fjädrarna sitter korrekt på det nedre sätet.

**61** Sätt det övre sätet på fjädrarnas överdel, tryck sedan ihop fjädrarna med en ventilfjäderbåge tills det övre sätet tryckts förbi knasterspåren i ventilskaftet. Sätt tillbaka det delade knastret och håll de två halvorna i spåret med lite fett **(se bilder)**. Lossa fjäderbågen stegvis och kontrollera att knastret sitter kvar korrekt medan fjädern expanderar. Om det sitter korrekt ska det övre fjädersätet tvinga ihop knasterhalvorna och hålla fast dem ordentligt i spåret i ventilskaftets ände.

**62** Upprepa detta för resten av ventilerna. Se till att komponenterna sätter sig väl efter monteringen genom att slå på ventilskaftens ändar med en klubba. Använd trämellanlägg så att skaften inte skadas. Kontrollera innan du fortsätter att knastren hålls stadigt på plats på ventilskaften av det övre fjädersätet.

**63** Smörj de hydrauliska ventillyftarnas sidor med lite ren motorolja och sätt dem på plats i loppen i topplocket. Tryck ned dem tills de kommer i kontakt med ventilerna, smörj sedan kamlobernas kontaktytor **(se bild)**.

## Motorkoder ADR, AFY, AEB, AJL

**64** Sätt på gummi-/metallpackningen för den automatiska kamaxeljusteraren, tillsammans med den halvrunda tätningen **(se bild)**, på den främre delen av topplocket. Om packningen inte redan är täckt med tätningsmedel, lägg lite på det angivna området **(se bild)**.

**65** Smörj kamaxlarna och topplockets lagertappar med ren motorolja.

**66** Sätt på kedjan på kamaxeldrevet och se till att avståndet mellan markeringarna på dreven är 16 valsar **(se bild)**. Placera justeraren mellan kedjevalsarna och sänk försiktigt kamaxlarna på plats på topplocket. Stöd axlarnas ändar när de monteras, så att inte loberna och axeltapparna skadas. Alternativt kan kamaxlarna monteras tillsammans med kedjan i topplocket, och sedan kan kamaxlarnas drevändar lyftas något så att justeraren kan sättas på plats.

**67** Oljetätningarna kan monteras nu eller senare. Doppa de nya tätningarna i motorolja och montera dem framtill på varje kamaxel. Se till att tätningarnas slutna ändar är vända utåt från kamaxlarna, och var noga med att inte skada tätningens kanter. Passa in tätningarna mot sätena i topplocket.

**68** Sätt i kamaxeljusterarens fästbultar och dra åt till angivet moment.

**69** Olja därefter in de övre ytorna på

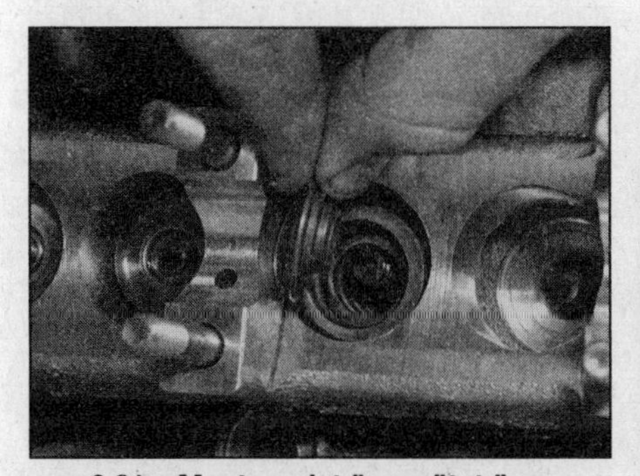

**6.61a Montera det övre sätet över ventilfjädern**

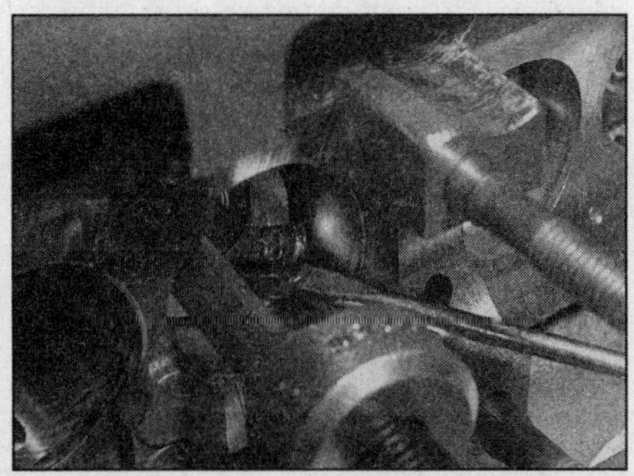

**6.61b Använd fett för att hålla de två knasterhalvorna i spåret**

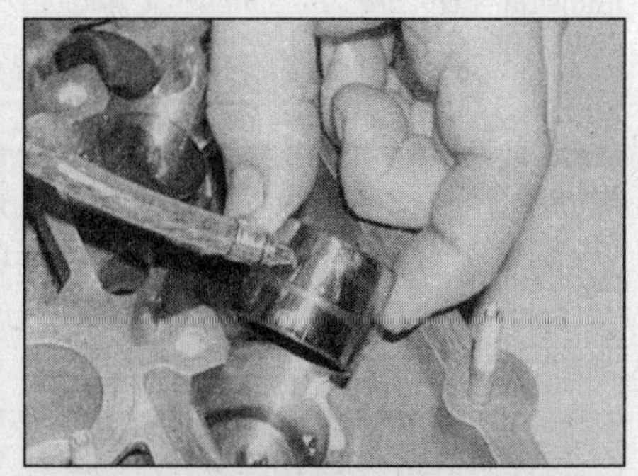

**6.63 Montera ventillyftarna i loppen i topplocket**

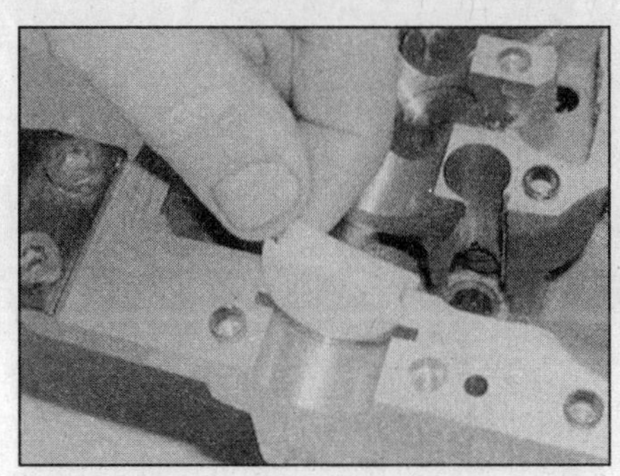

**6.64a Montera den halvrunda tätningen**

**6.64b Lägg tätningsmedel på det streckade området**

**6.66 Passa in kedjan mot kuggarna - notera markeringarna som anger avståndet för 16 valsar**

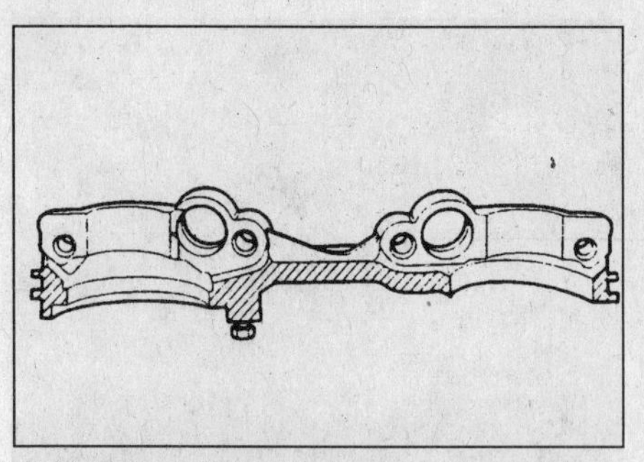

6.72 Lägg ett tunt lager tätningsmedel på det främre lageröverfallets fogyta, som visas (ADR motor)

6.76 Smörj kamaxellagren med ren motorolja . . .

6.77 . . . och lägg sedan kamaxeln på plats på topplocket

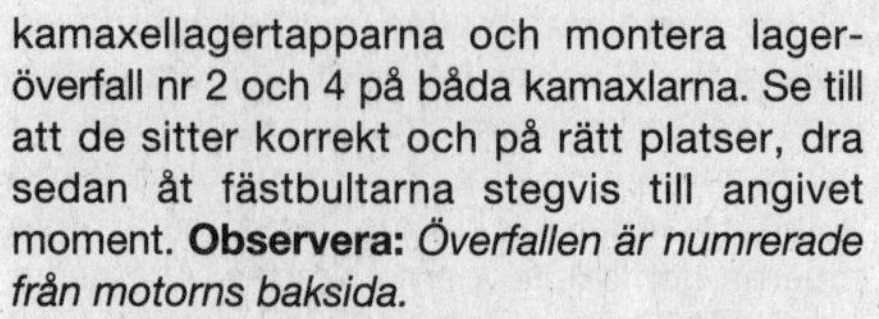

kamaxellagertapparna och montera lageröverfall nr 2 och 4 på båda kamaxlarna. Se till att de sitter korrekt och på rätt platser, dra sedan åt fästbultarna stegvis till angivet moment. **Observera:** *Överfallen är numrerade från motorns baksida.*

**70** Sätt på lageröverfall nr 1 på varje kamaxel och dra åt fästbultarna stegvis till angivet moment.

**71** Ta bort låsverktyget från den automatiska kamaxeljusteraren.

**72** Lägg ett tunt lager tätningsmedel på det kombinerade främre lageröverfallets fogyta, sätt sedan på överfallet och se till att oljetätningarna passar mot sätena **(se bild)**. Dra åt fästbultarna stegvis till angivet moment.

**73** Sätt lageröverfall nr 3 och 5 på plats och dra åt fästbultarna stegvis till angivet moment.

**74** Montera tillbaka Hallgivarens platta och den koniska brickan på insugskamaxelns framsida och dra åt bulten till angivet moment.

**75** Montera tillbaka Hallgivaren och dra åt fästbulten.

## Motorkoder ADP, AHL, 1Z, AFF, AFN, AHH, AHU

**76** Smörj kamaxeln och topplockets lagertappar med ren motorolja **(se bild)**.

**77** Sänk försiktigt kamaxeln på plats på topplocket och se till att kamloberna för

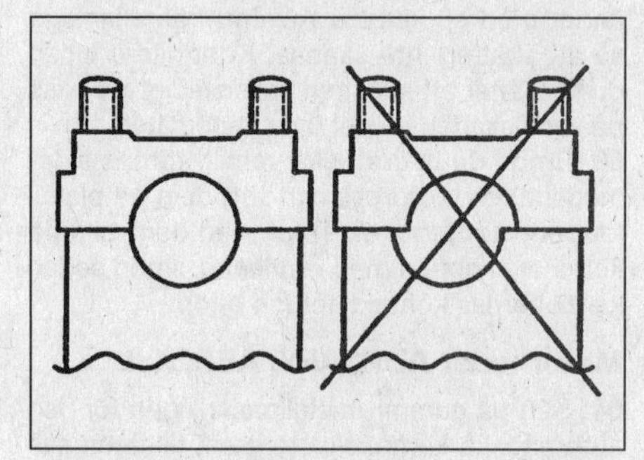

6.79a Kamaxellageröverfallen är borrade excentriskt

cylinder nr 1 pekar uppåt. Stötta axelns båda ändar för att undvika skador på lober och axeltappar **(se bild)**.

**78** Doppa den nya oljetätningen i motorolja och placera den sedan på framsidan av kamaxeln. Se till att tätningens slutna ände är vänd utåt från kamaxeln, och se till så att du inte skadar tätningens kant. Passa in tätningen mot fästet i topplocket.

**79** Lageröverfallen har sina respektive cylindernummer inpräglade och har en utskjutande tapp på ena sidan. Om överfallen är rätt monterade ska det gå att se numren från topplockets avgassida, och tapparna ska vara vända mot mot topplockets insugssida.

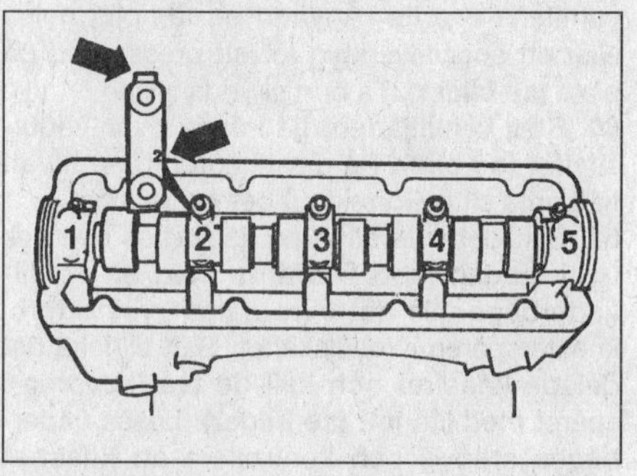


6.79b Lageröverfallen monteras som visas

Olja in de övre ytorna på kamaxellagrets axeltappar och anslut sedan lageröverfall 2 och 4. Se till att de sitter korrekt och på rätt platser, dra sedan åt fästbultarna stegvis till angivet moment **(se bilder)**.

**80** Smörj fogytorna på överfall nr 1 med tätningsmedel och sätt sedan på överfall nr 1, 3 och 5 på kamaxeln och dra stegvis åt muttrarna till angivet moment **(se bild)**.

## Alla motorkoder

**81** Om tillämpligt, montera kylvätskegivaren och oljetryckskontakten på topplocket.

**82** Montera i förekommande fall tillbaka kylvätskans utloppsvinkel med en ny packning/O-ring **(se bild)**.

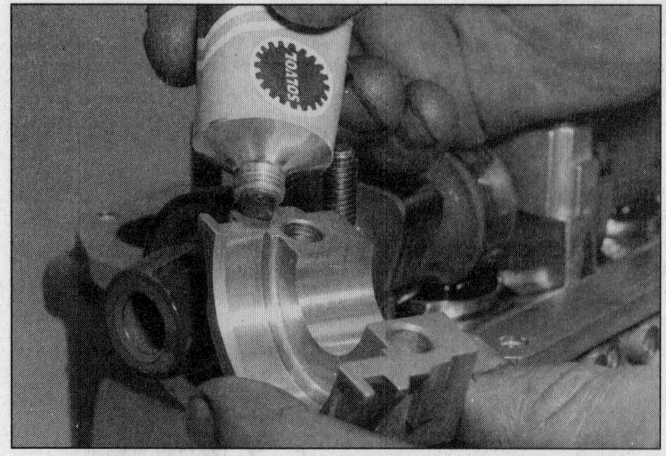

6.80 Smörj in fogytorna på överfall nr 1 med tätningsmedel

6.82 Montera kylvätskevinkeln med en ny O-ring eller packning

7.4 Märk vevstaksöverfallen och vevstakarna med respektive kolvnummer (vid pilarna)

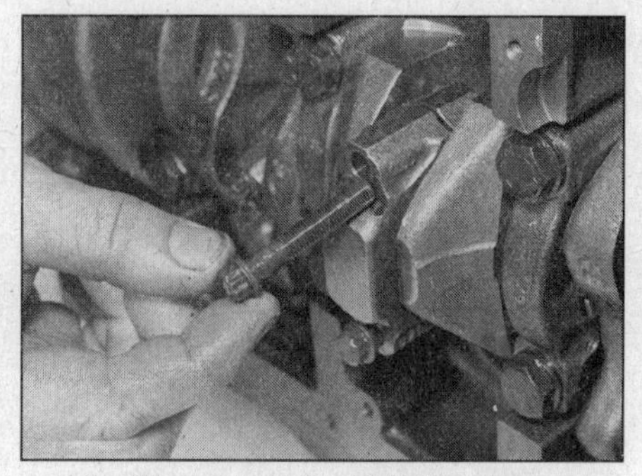

7.5a Skruva loss överfallets bultar . . .

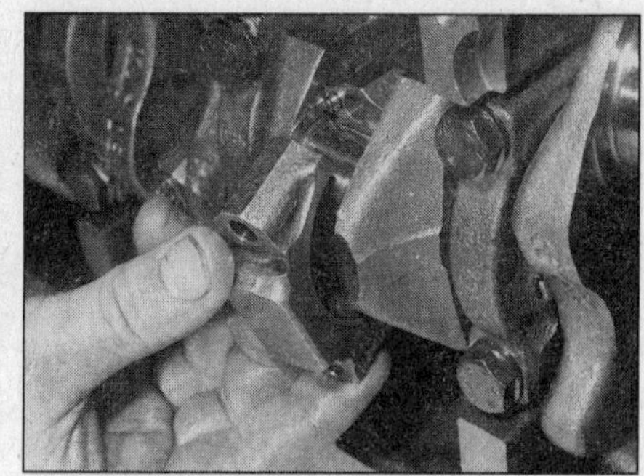

7.5b . . . och ta bort överfallet

**83** På dieselmodeller, montera tillbaka insprutningsventilerna och glödstiften (se kapitel 4B och 5C).

**84** Montera tillbaka topplocket enligt beskrivningen i del A eller B i detta kapitel. Montera även tillbaka kamaxeldrevet enligt beskrivningen i del A eller B i detta kapitel.

## 7 Kolvar/vevstakar – demontering och kontroll

### *Demontering*

**1** Demontera topplock, svänghjul, oljesump och skvalpskottsplåt, oljepump och oljeupptagare enligt beskrivningen i del A eller B i detta kapitel (efter tillämplighet).

**2** Inspektera cylinderloppens övre delar och leta efter kanter på det ställe där kolvarna når sin övre dödpunkt. Dessa kanter måste tas bort, annars kan kolvarna skadas när de skjuts ut ur sina lopp. Ta bort kanterna med en skrapa eller brotsch.

**3** Mät spelet mellan vevlagret och vevtappen på varje vevstake med ett bladmått och anteckna värdena.

**4** Vrid vevaxeln tills kolv nr 1 och 4 är vid nedre dödpunkten. Om de inte redan har identifierats, märk vevstaksöverfallen och vevstakarna med respektive kolvnummer med en körnare eller ritsnål **(se bild).** Anteckna hur överfallen är vända i förhållande till vevstaken. Det kan vara svårt att se tillverkarens markeringar i detta skede, så rista in riktningspilar på båda så att de kan monteras ihop rätt.

**5** Skruva loss lageröverfallens bultar/muttrar, ett halvt varv i taget, tills de kan tas bort och överfallet dras ut **(se bilder).** Ta loss den nedre lagerskålen och tejpa fast den på överfallet. Om lagerskålarna ska användas igen måste de monteras på sina ursprungliga vevstakar.

**6** Där lageröverfallen är fästa med muttrar, vira tejp runt de gängade ändarna av bultarna för att hindra att de skadar vevtappar och lopp när kolvarna tas bort **(se bild).**

**7** Driv ut kolven ur loppets övre del med en träplugg eller ett hammarskaft. När kolven och staken kommer ut ur loppet, ta loss den övre lagerskålen och tejpa fast den på vevstaken. I motorer med kolvavkylningsmunstycken i botten på cylindrarna, se till att vevstaken inte skadar munstycket när det tas bort.

7.6 Vira tejp runt pinnbultarnas gängor

**8** Ta bort kolv och vevstake nr 4 på samma sätt, vrid sedan vevaxeln ett halvt varv och ta bort kolv och vevstake nr 2 och 3. Kom ihåg att hålla ihop komponenterna i cylindergrupper när de är demonterade.

**9** Efter tillämplighet, skruva loss fästskruvarna och ta loss kolvens kylmunstycken från cylinderns nedre del **(se bilder).**

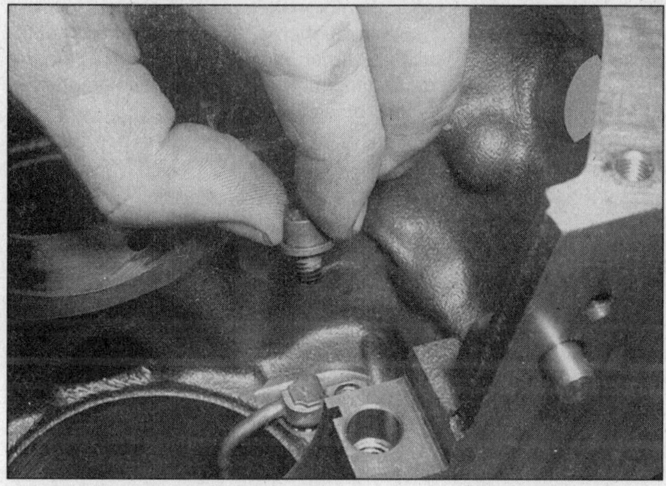

7.9a Skruva loss kylmunstyckenas fästskruvar . . .

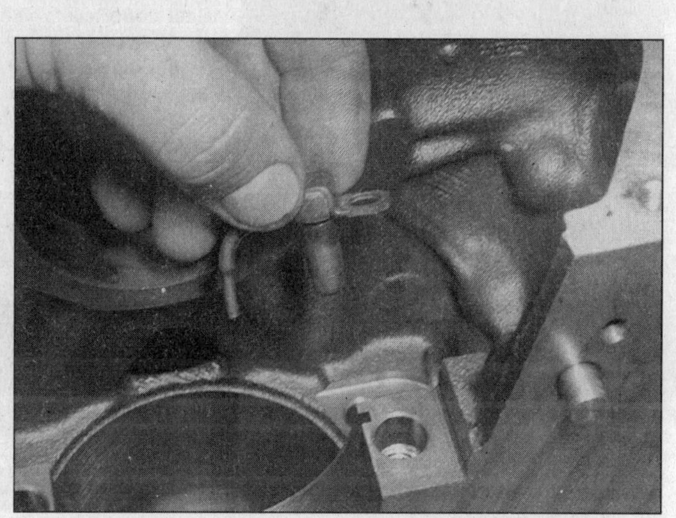

7.9b . . . och ta bort munstyckena från hålen

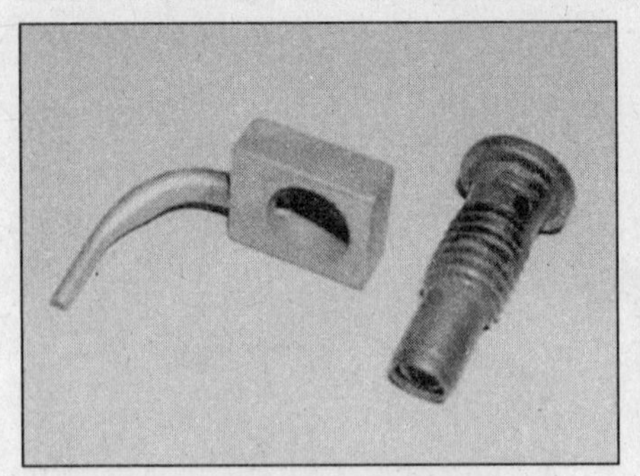

7.9c Kolvkylmunstycke och hållare

7.10a Stick in en liten skruvmejsel i spåret och bänd loss kolvbultens låsringar

7.10b Tryck ut kolvbulten och skilj kolven från vevstaken

## *Kontroll*

**10** Stick in en smal, flatbladig skruvmejsel i losstagningsspåret och bänd ut kolvbultens låsringar på varje kolv. Tryck ut kolvbulten och skilj kolven från vevstaken **(se bilder)**. Kasta låsringarna, eftersom nya måste användas vid återmonteringen. Om kolvbulten är svår att ta loss, värm kolven till 60°C med varmt vatten, så expanderar den och delarna kan tas isär.

**11** Innan kolvarna kan inspekteras måste de befintliga kolvringarna tas bort med en kolvringsavdragare/-påsättare, eller ett gammalt bladmått om ett sådant specialredskap inte finns tillgängligt. Ta alltid av de övre kolvringarna först, och bänd ut dem så att de går fria från kolvkronan. Kolvringarna är sköra och går av om de böjs för mycket. Detta ger då vassa kanter, så skydda ögon och händer. Kasta ringarna när de tagits bort, eftersom nya måste användas när motorn sätts ihop igen **(se bild)**.

7.11 Kolvringarna kan tas bort med ett gammalt bladmått

**12** Skrapa ur sotet ur ringspåren med en bit gammal kolvring, men se till att inte göra repor eller hack i spåren eller spårens kanter.

**13** Skrapa försiktigt bort allt sot från kolvarnas överdel **(se bild)**. En handhållen stålborste (eller finkornig smärgelduk) kan användas när de flesta avlagringar skrapats bort. Se till att inte skrapa bort metall från kolven, eftersom den är relativt mjuk. **Observera:** *Se till att märka alla kolvar under rengöringen så att du vet var de hör hemma.*

**14** När avlagringarna är borta, rengör kolvar och vevstakar med fotogen eller lämpligt lösningsmedel och torka dem noga. Se till att oljereturhålen i ringspåren är rena.

**15** Undersök kolvarna och leta efter tecken på kraftigt slitage eller skador. Visst slitage är att vänta i form av vertikala mönster på kolvens tryckytor, och lite glapp för den övre kompressionsringen i dess spår. Större slitage måste undersökas noga för att man ska kunna utvärdera om kolven är användbar och varför slitaget uppstått.

**16** Repor på kolvmanteln kan indikera överhettning, genom otillräcklig kylning eller smörjning. Brännmärken på manteln indikerar att förbiblåsning uppstått, kanske på grund av slitet lopp eller slitna kolvringar. Brända områden på kolvkronan är vanligen ett tecken på förtändning, spikning eller detonation. I extrema fall kan kolvkronan smälta vid körning under sådana förhållanden. Korrosionsgropar på kolvkronan indikerar att kylvätska läckt ut i förbränningskammaren. Felen som orsakar dessa symptom måste åtgärdas innan motorn sätts ihop och tas i drift, annars uppstår samma skada snart igen.

**17** Undersök kolvar, vevstakar, kolvbultar och lageröverfall och leta efter sprickor. Lägg vevstakarna på en plan yta och titta längs dem för att se att de inte är böjda eller vridna. Om du tvivlar på deras skick, låt en mekanisk verkstad mäta upp dem. Undersök den övre vevstaksändens bussningslager i vevstaken och leta efter tecken på slitage eller sprickbildning.

**18** Mät alla fyra kolvarnas diameter på en punkt 10 mm ovanför mantelns nederkant med en mikrometer, i rät vinkel mot kolvtappens axel **(se bild)**. Jämför mätresultaten med de angivna värdena i specifikationerna. Om kolvdiametern ligger utanför tillåtna värden för den givna storleken måste kolven bytas. **Observera:** *Om motorblocket borrats om under en tidigare renovering kan kolvar i överstorlek redan vara monterade.* Anteckna alla mått och använd dem till att kontrollera kolvspelet när cylinderloppen mäts enligt beskrivningen längre fram i detta kapitel.

**19** Placera en ny kolvring i relevant spår och mät mellanrummet mellan ring och spår med ett bladmått **(se bild)**. Notera att ringarna är olika breda, så använd rätt ring för respektive spår. Jämför måtten med de angivna värdena i specifikationerna. Om spelet ligger utanför tillåtna värden måste kolven bytas. Bekräfta detta genom att mäta kolvringens bredd med en mikrometer.

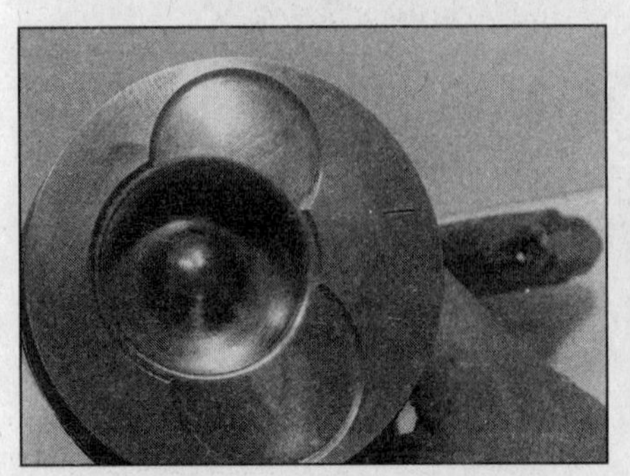

7.13 Kolvkronan på en dieselmotor

7.18 Mät diametern på alla fyra kolvar med en mikrometer

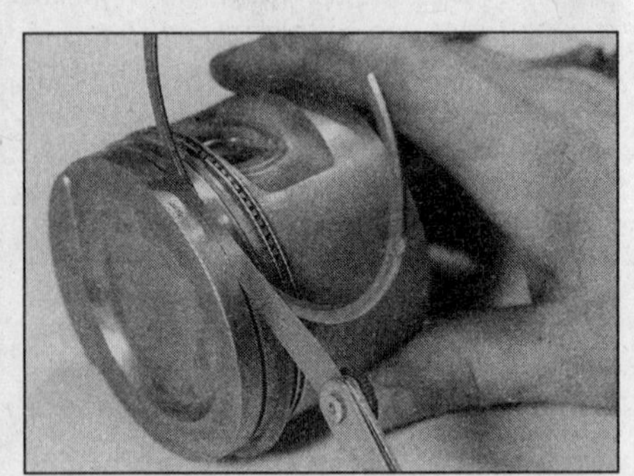

7.19 Mät avståndet mellan kolvring och spår med ett bladmått

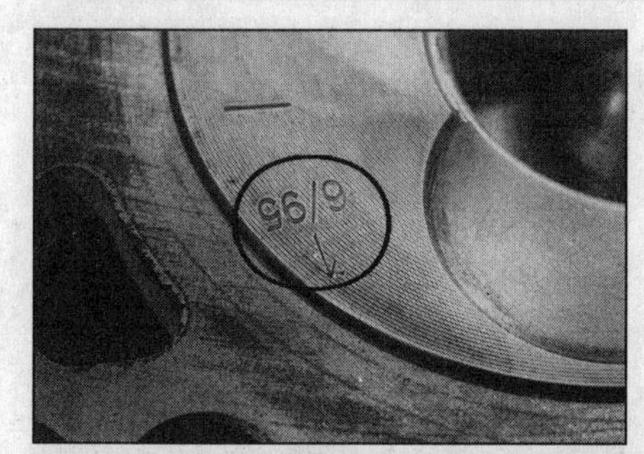

7.21a Kolvkronan är märkt med en pil som ska peka mot motorns kamremsände

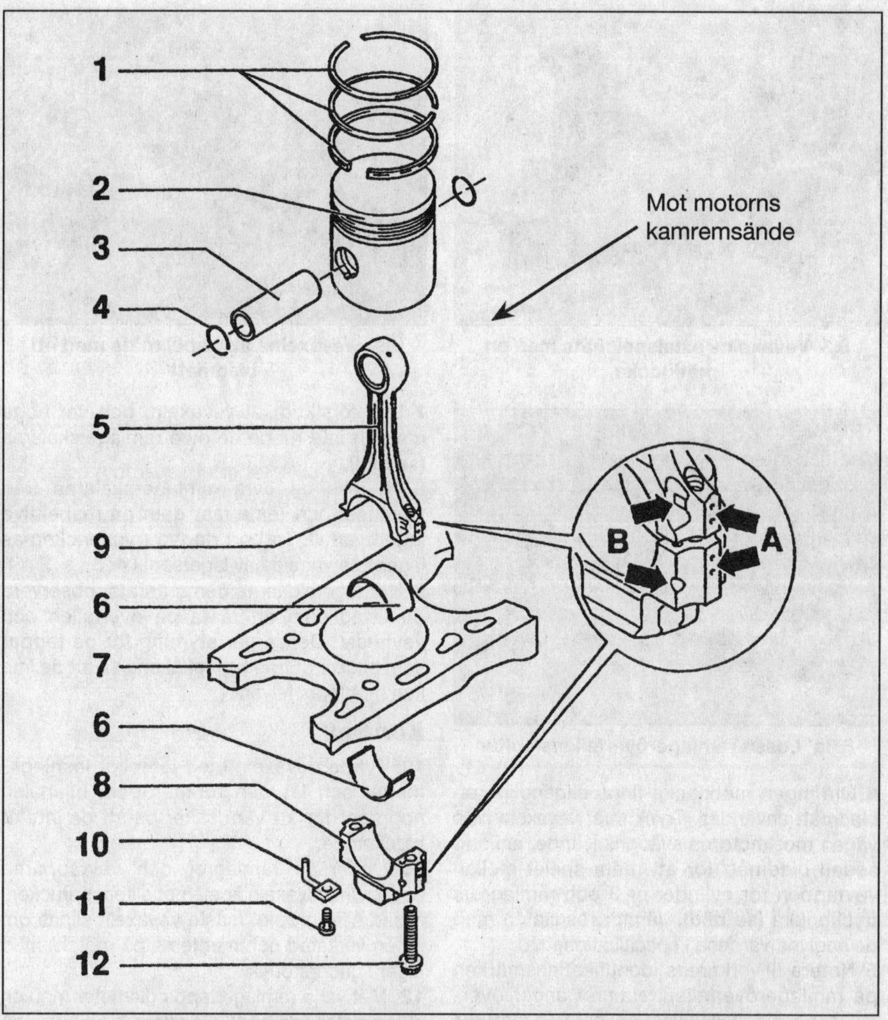


**7.21b Kolvsammansättning (1Z motor visas – andra motorer liknande)**

*1 Kolvringar*
*2 Kolv*
*3 Kolvbult*
*4 Låsring*
*5 Vevstake*
*6 Vevstakslagerskål*
*7 Överdel av motorblock*
*8 Vevstakslagrets överfall*
*9 Styrstift (där tillämpligt)*
*10 Oljemunstycke för kylning av kolv (där tillämpligt)*
*11 Fästskruv för oljemunstycke*
*12 Lageröverfallets bultar*
*A Identifikationsmärken för vevstake/lageröverfall*
*B Orienteringsmärken för vevstake/lageröverfall*

**20** Undersök den övre vevstaksändens lager och kolvbult och leta efter tecken på slitage och skada. Om slitaget/skadan är omfattande måste kolvbulten bytas och en ny bussning sättas på vevstaken. Detta arbete måste överlåtas till en motorrenoveringspecialist eller verkstad.

**21** Kolvens riktning i förhållande till vevstaken måste vara korrekt vid hopsättningen av de två. Kolvkronan är märkt med en pil (som kan vara dold av sotavlagringar) **(se bild).** Denna måste peka mot motorns kamremsände när kolven är på plats. Vevstaken och dess överfall har frästa urtag nära fogytorna. Dessa urtag ska vara vända åt samma håll som pilen på kolvkronan (d.v.s. mot motorns kamremsände) när de är korrekt monterade **(se bild).** Montera ihop komponenterna på detta sätt.

**22** Smörj kolvbulten och den övre vevstaksändens bussning med ren motorolja. Tryck in kolvbulten i kolven, så att den hakar i den övre vevstaksänden. Sätt på två nya låsringar på kolven i vardera änden av kolvbulten. Upprepa detta med resterande kolvar.

## 8 Vevaxel – demontering och kontroll

### Demontering

**Observera:** *Om inget arbete ska göras på kolvarna och vevstakarna behöver inte topplocket och kolvarna demonteras. Det räcker med att trycka upp kolvarna så långt i loppet att vevstakarna går fria från vevtapparna. Ett motorställ rekommenderas starkt.*

**1** Utför följande enligt beskrivningen i kapitel 2A eller 2B, efter tillämplighet:

*a) Demontera kamremmen och vevaxeldrevet.*

*b) Demontera kopplingens komponenter och svänghjulet eller drivplattan (efter tillämplighet).*

*c) Demontera oljesumpen, skvalpskottsplåten* ***(se bild)****, oljepumpen och oljeupptagarröret.*

*d) Demontera vevaxelns främre och bakre oljetätningar och hus.*

**2** Demontera kolvarna och vevstakarna eller koppla loss dem från vevaxeln enligt beskrivningen i avsnitt 7 (se anmärkningen ovan).

**3** Med motorblocket upp och ner på arbetsbänken, kontrollera vevaxelns axialspel enligt följande. **Observera:** *Detta kan endast utföras medan vevaxeln fortfarande är monterad i motorblocket/vevhuset, men kan röras fritt.* Placera en mätklocka så att sonden är i linje med vevaxelns längdriktning och i kontakt med en fast punkt på vevaxelns ände. Skjut vevaxeln längs dess axel så långt det går, och nollställ sedan mätaren. Skjut sedan vevaxeln så långt det går åt andra hållet och avläs axialspelet på mätaren **(se bild på nästa sida).** Jämför resultatet med de angivna värdena i specifikationerna för att fastställa om nya tryckbrickor behövs.

**8.1 Demontera skvalpskottsplåten**

8.3 Vevaxelns axialspel mäts med en mätklocka

8.4 Vevaxelns axialspel mäts med ett bladmått

8.5 Tillverkarens identifikationsmärke på ramlageröverfallet (vid pilen)

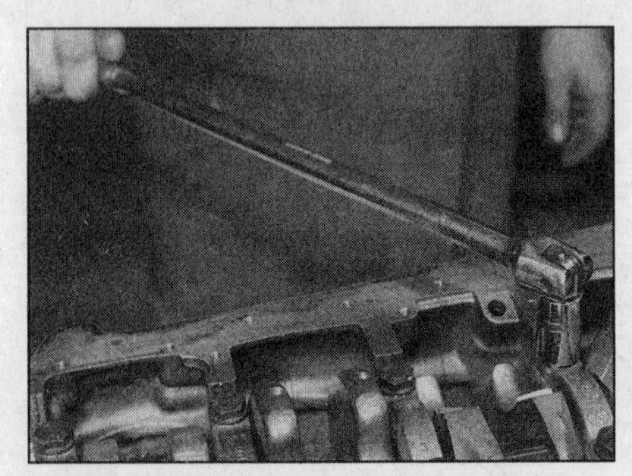

8.6a Lossa ramlageröverfallens bultar

**4** Om ingen mätklocka finns tillgänglig kan bladmått användas. Tryck först vevaxeln hela vägen mot motorns svänghjulsände, använd sedan bladmått för att mäta spelet mellan vevtappen för cylinder nr 3 och ramlagrets tryckbricka **(se bild).** Jämför resultaten med de angivna värdena i specifikationerna.

**5** Notera tillverkarens identifikationsmärken på ramlageröverfallen. Numret anger överfallets position i vevhuset, räknat från motorns kamremsände **(se bild).**

**6** Lossa ramlageröverfallens bultar ett halvt varv i taget, tills de kan tas bort **(se bilder).** Lossa överfallen från vevhuset genom att knacka lätt på dem med en mjuk klubba. Ta loss de nedre lagerskålarna och tejpa fast dem på överfallen. Märk dem, men gör inga repor eller märken i dem.

**7** Lyft försiktigt ut vevaxeln, och var noga med att inte rubba de övre ramlagerskålarna **(se bild).**

**8** Ta loss de övre ramlagerskålarna från vevhuset och tejpa fast dem på respektive lageröverfall. Ta bort de två tryckbrickornas lager från var sida av lagersadel nr 3.

**9** När lagerskålarna demonterats, observera de urtag som är frästa på överfallen och vevhuset. Dessa ger styrning för de tappar som sticker ut från lagerskålarna så att de inte kan monteras felvänt.

## *Kontroll*

**10** Tvätta vevaxeln med lämpligt lösningsmedel och låt den torka. Spola oljehålen noggrant för att vara säker på att de inte är blockerade.

**11** Undersök ramlagret och vevtapparna noga. Om vevaxeln är ojämnt sliten, sprucken, repad eller gropig, måste vevaxeln slipas om av en verkstad och monteras på motorn med lager i understorlek.

**12** Mät varje ramlagertapps diameter med en mikrometer **(se bild).** Gör flera mätningar på ytan av varje tapp för att se efter om den är ojämnt sliten. Skillnader i diameter mätt med 90° mellanrum indikerar att tappen är oval. Diameterskillnader i längsled indikerar en konisk lagertapp. Även här gäller att om slitage upptäcks måste vevaxeln slipas om på verkstad, och lager i understorlek monteras.

**13** Kontrollera oljetätningstapparna på båda

8.6b Lageröverfallens bultar tas loss

ändarna av vevaxeln. Om de är mycket repiga eller skadade kan det få nya tätningar att läcka när motorn sätts ihop. Det kan vara möjligt att reparera axeltappen – rådfråga en verkstad eller Audi/VAG-återförsäljare.

**14** Mät vevaxelns kast genom att sätta en mätklocka på det mittersta ramlagret och vrida axeln i V-block. Mätarens maximala avläsning anger kastet. Skydda lagertapparnas och oljetätningarnas fogytor vid mätningen. Tillverkaren anger inte maximalt godtagbart kast, men 0,03 mm kan användas som ett ungefärligt maxvärde. Om kastet är större än så ska ett byte av vevaxeln övervägas. Rådfråga en Audi/VAG-återförsäljare eller en verkstad.

**15** Se avsnitt 11 för information om hur man undersöker ram- och vevstakslager.

8.7 Lyft bort vevaxeln från vevhuset

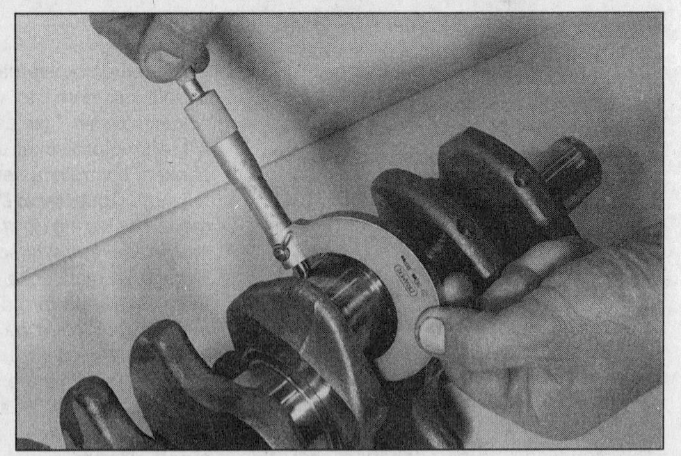

8.12 Mät varje ramlageraxeltapps diameter med en mikrometer

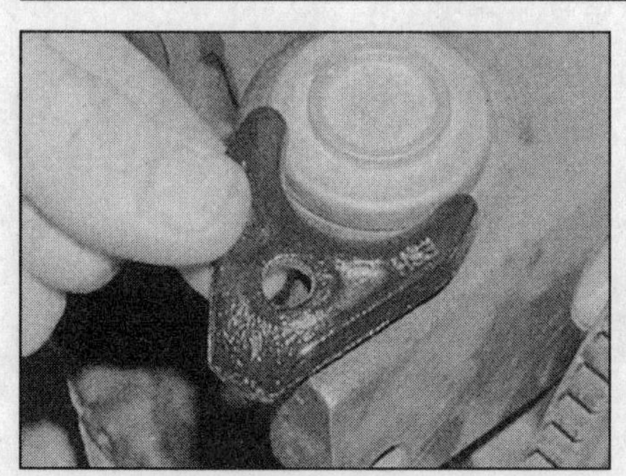

9.2a Ta bort klämman . . .

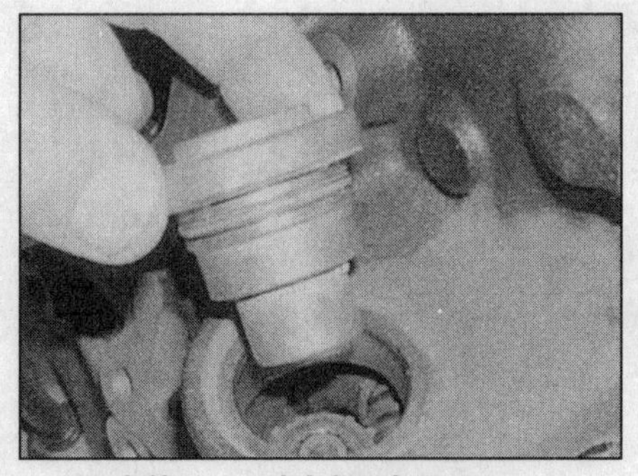

9.2b . . . och lyft ut lagret . . .

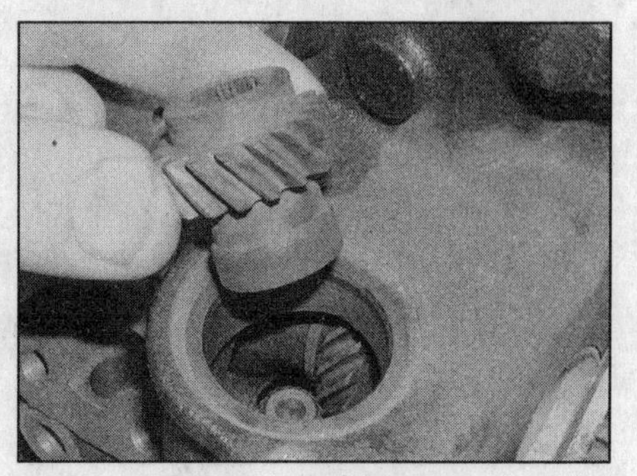

9.2c . . . och drevet

## 9 Mellanaxel – demontering och montering

### Demontering

**1** Utför följande enligt instruktionerna i kapitel 2A, 2B, 5B och 9, efter tillämplighet. Observera att om motorn redan är uttagen kan vissa av de preliminära åtgärderna hoppas över:

*a) Demontera kamremmen.*
*b) Demontera mellanaxeldrevet.*
*c) Demontera fördelaren på motorkod ADP.*
*d) Demontera bromsvakuumpumpen på dieselmotorer.*

**2** På motorkod ADR, AFY, AEB och AJL, skruva loss klämman och lagret och ta bort oljepumpens drev från baksidan av motorblocket. Lyft ut drevet med en magnet. Notera hur drevet är monterat, eftersom det finns risk att det sätts tillbaka upp och ner, vilket kan orsaka skada **(se bilder)**.

**3** Innan axeln demonteras måste axialspelet kontrolleras. Montera en mätklocka på motorblocket med sonden i linje med mellanaxelns längsled. Skjut in axeln så långt det går i blocket, nollställ mätklockan och dra sedan ut axeln så långt det går. Notera det maximala axialspelet och jämför det med det angivna värdet i specifikationerna. Byt axeln om axialspelet överskrider detta värde **(se bild)**.

**4** Lossa fästbultarna och dra ut mellanaxelflänsen. Ta loss O-ringstätningen och tryck ut oljetätningen **(se bilder)**.

**5** Dra ut mellanaxeln från motorblocket och undersök drevet i axelns ände. Om kuggarna är mycket slitna eller skadade på något sätt, måste axeln bytas.

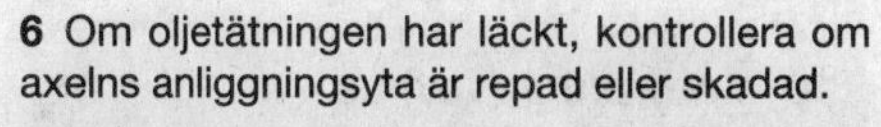

**6** Om oljetätningen har läckt, kontrollera om axelns anliggningsyta är repad eller skadad.

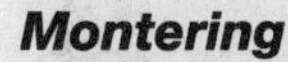

### Montering

**7** Smörj mellanaxelns lagerytor och drev rikligt med olja, för sedan in axeln i motorblocket och passa in axeltappen i den främre änden med dess stödlager.

**8** Pressa in en ny axeloljetätning i huset i mellanaxelns fläns och sätt på en ny O-ring på flänsens inre tätningsyta.

**9** Smörj tätningens inre läpp med ren motorolja och trä på flänsen och tätningen på mellanaxelns ände. Se till att O-ringen sitter korrekt, skruva sedan i flänsbultarna och dra åt dem till angivet moment. Kontrollera att mellanaxeln kan rotera fritt.

**10** På motorkod ADR, AFY, AEB och AJL, sätt i oljepumpens drev i öppningen på baksidan av motorblocket och passa in det mot oljepumpens räfflade axel. Se till att drevet sitter rättvänt, så att det helt hakar i drevet på änden av mellanaxeln. Sätt tillbaka lagret tillsammans med oljetätningen och fäst dem med klämman och bulten, och dra åt till angivet moment.

**11** Utför följande enligt beskrivningen i kapitel 2A, 2B, 5B och 9, efter tillämplighet:

*a) Montera tillbaka bromsvakuumpumpen på dieselmotorer.*
*b) Montera tillbaka drevet på mellanaxeln och dra åt mittbulten till angivet moment.*
*c) Montera tillbaka kamremmen.*
*d) Montera tillbaka fördelaren på motorkod ADP.*

9.3 Kontrollera mellanaxelns axialspel med en mätklocka

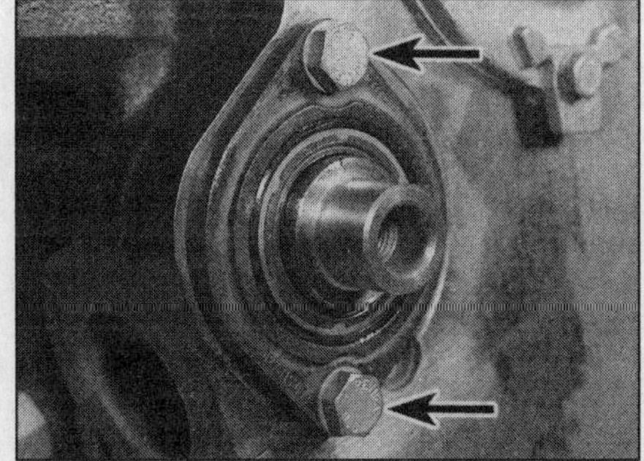

9.4a Skruva loss fästbultarna (vid pilarna) . . .

9.4b . . . och ta loss mellanaxelflänsen

9.4c Ta loss O-ringstätningen . . .

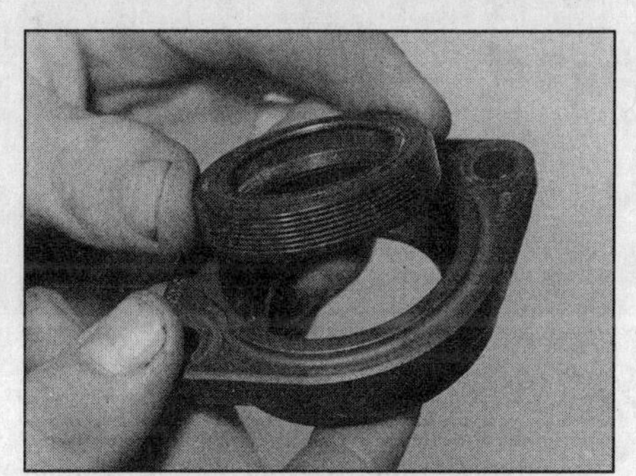

9.4d . . . och tryck ut oljetätningen

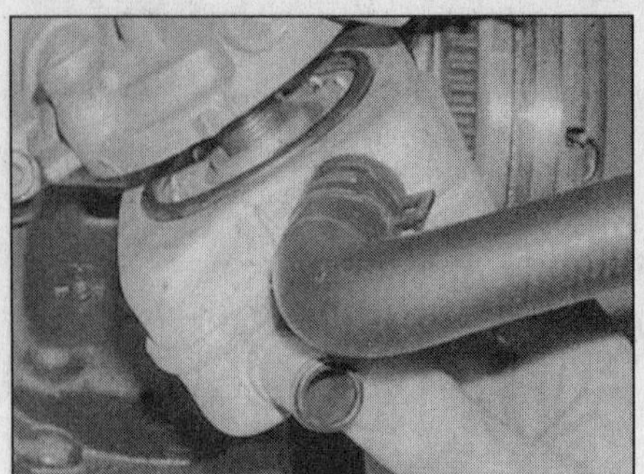

10.1a Demontera oljekylaren . . .

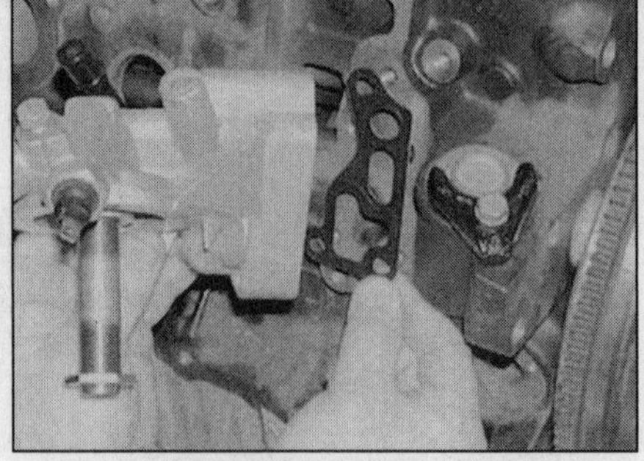

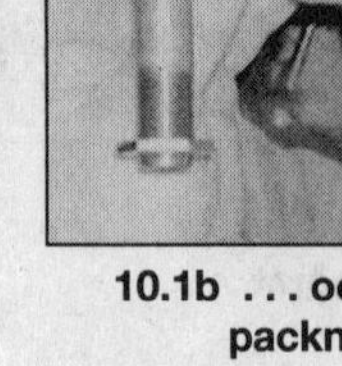

10.1b . . . och oljefilterfästhuset och packningen (ADR motor)

10.1c Demontera kylvätskepumphuset (ADR motor)

## 10 Motorblock/vevhus – rengöring och kontroll

### Rengöring

**1** Demontera alla externa komponenter efter tillämplighet, inklusive lyftöglor, fästbyglar, kylvätskepump och hus, fläktöverföring, oljekylare och oljefiltrets fästhus **(se bilder)**, bränsleinsprutningspumpens fästbygel och elektriska kontakter/givare från blocket. Vid en fullständig rengöring ska frostpluggarna helst tas ut. Borra ett litet hål i pluggarna, skruva sedan i en självgängande skruv och dra ut pluggarna genom att dra i skruven med en tång, eller använd en glidhammare.

**2** Skrapa bort alla packningsrester från motorblocket/vevhuset, och se till att inte skada fogytorna.

**3** Ta bort alla pluggar från oljeledningarna (i förekommande fall). Pluggarna sitter ofta mycket hårt och kan behöva borras ut så att hålen måste gängas om. Använd nya pluggar när motorn monteras ihop.

**4** Om gjutgodset är mycket smutsigt bör det ångtvättas. Rengör sedan alla oljehål och ledningar en gång till. Spola alla interna passager med varmt vatten till dess att rent vatten rinner ut. Torka noga och lägg lite olja på alla fogytor och cylinderlopp för att förhindra rost. Använd tryckluft om det finns tillgängligt, för att skynda på torkningen och till att blåsa ur alla oljehål och gallerier.

10.6 Rengör motorblocksgängorna genom att skruva i en gängtapp av lämplig storlek i hålen

***Varning: Bär skyddsglasögon vid arbete med tryckluft!***

**5** Om gjutgodset inte är mycket smutsigt går det att göra ett godtagbart tvättjobb med hett tvålvatten och en styv borste. Var noggrann vid rengöringen. Oavsett vilken rengöringsmetod som används är det viktigt att alla hål och gallerier rengörs mycket noggrant och att alla komponenter torkas ordentligt. Skydda cylinderloppen enligt ovan för att förhindra rost.

**6** Alla gängade hål måste vara rena för att korrekta åtdragningsmoment ska garanteras vid återmonteringen. Rengör gängorna genom att skruva en gängtapp av rätt storlek i alla hålen för att ta bort rost, korrosion, tätningsmedel eller slam, och för att reparera skadade gängor **(se bild)**. Använd om möjligt tryckluft för att rengöra hålen från det avfall som uppstår vid detta arbete. **Observera:** *Var extra noga med att avlägsna all vätska från blinda gänghål eftersom blocket kan spräckas av hydraultrycket om en bult skruvas in i ett hål som innehåller vätska.*

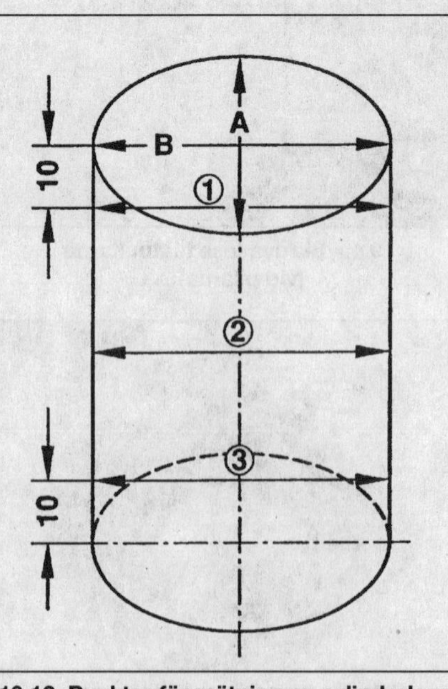


10.12 Punkter för mätning av cylinderlopp

**7** Lägg lämpligt tätningsmedel på de nya oljegalleripluggarna och sätt i dem i hålen i motorblocket. Dra åt dem ordentligt.

**8** Om motorn inte omedelbart ska sättas ihop, täck då över blocket med ett skynke av plast så att det hålls rent, och rostskydda alla fogytor och cylinderlopp enligt ovan.

### Kontroll

**9** Undersök gjutgodset och leta efter sprickor och korrosion. Leta efter defekta gängor i hålen. Om det har förekommit internt vattenläckage kan det vara värt besväret att låta en renoveringsspecialist kontrollera motorblocket/vevhuset med specialutrustning. Byt omedelbart defekta delar om de inte går att reparera.

**10** Kontrollera att cylinderloppen inte är slitna eller repiga. Är de det, måste även kolvarna kontrolleras (se avsnitt 7 i detta kapitel). Om skadan är i ett tidigt skede kan det vara möjligt att reparera blocket med omborrning. Rådfråga en motorverkstad.

**11** För en exaktare utvärdering av slitaget på cylinderloppen krävs att diametern mäts på ett flertal punkter enligt följande. Stick in en cylinderloppsmätare i lopp nr 1 och ta tre mått i linje med vevaxelns längdriktning – ett längst upp i loppet, cirka 10 mm under loppets ovankant, ett halvvägs ner i loppet och ett cirka 10 mm ovanför loppets nederkant. **Observera:** *Ställ blocket rakt på en arbetsbänk under detta arbete, eftersom felaktiga resultat kan erhållas om motorn är monterad i ett ställ.*

**12** Vrid cylinderloppsmätaren 90° så att den står i rät vinkel mot vevaxeln och upprepa mätningarna i punkt 11 **(se bild).** Anteckna alla sex måtten och jämför dem med de angivna värdena i specifikationerna. Om skillnaden i diameter mellan två cylindrar överskrider slitagegränsen, eller om någon cylinder överskrider maximal diameter, måste *alla fyra* cylindrar borras om och kolvar i överstorlek måste monteras.

**13** Beräkna spelet mellan kolv och lopp med hjälp av de tidigare uppskrivna kolvdiametermåtten (se avsnitt 7). Tillverkaren har inte angett några gränsvärden, så rådfråga en Audi/VAG-återförsäljare eller en specialist på motorrenoveringar.

**14** Placera motorblocket på en plan arbetsyta med vevhuset nedåt. Mät skevheten på topplockets fogyta i båda riktningar med en stållinjal och en uppsättning bladmått. Tillverkaren anger inget maxvärde, men 0,05 mm kan användas som ett ungefärligt maxvärde. Om skevheten överstiger detta värde kan det eventuellt gå att reparera med fräsning – rådfråga en Audi/VAG-verkstad.

**15** Innan motorn sätts ihop måste cylinderloppen slipas. Detta innebär att man använder ett slipverktyg för att skapa ett fint kryssmönster på loppets inre yta. Detta gör att kolvringarna sätter sig ordentligt, vilket ger god tätning mellan kolv och cylinder. Det finns två typer av slipverktyg som kan användas av hemmamekaniker. Båda drivs av ett roterande elverktyg, t.ex. en borrmaskin. En flaskborste är en styv cylindrisk borste med slipstenar på borsten. Det mer konventionella slipverktyget har slipstenar monterade på fjäderbelastade ben. Mindre rutinerade hemmamekaniker får lättare ett bra resultat med flaskborsten. **Observera:** *Om du inte vill utföra detta moment själv kan en verkstad utföra det till en rimlig kostnad.*

**16** Utför slipningen enligt följande. Du behöver något av de slipningsverktyg som beskrivs ovan, en borrmaskin, rena trasor, slipningsolja och ett par skyddsglasögon.

**17** Sätt i slipverktyget i borrchucken. Smörj loppen med slipningsolja och stick in slipverktyget i det första loppet – tryck ihop stenarna så att verktyget kommer in. Starta borren och för verktyget upp och ner i loppet medan det roterar, så att ett fint kryssmönster uppstår på ytan. Linjerna i mönstret ska helst korsa i mellan 50 och 60° **(se bild)**, men vissa kolvringstillverkare kan ange andra vinklar. Kontrollera den dokumentation som följer med de nya kolvringarna.

***Varning: Använd skyddsglasögon för att skydda ögonen mot skräp som lossnar från slipverktyget.***

**18** Använd rikligt med olja under slipningen. Ta inte bort mer material än vad som krävs för att ge önskad yta. När slipverktyget dras ut ur loppet får det inte längre rotera. Fortsätt rörelsen upp och ner till dess att chucken har stannat, och dra sedan ut slipverktyget samtidigt som du vrider chucken för hand i normal rotationsriktning.

**19** Torka bort olja och spån med en trasa och gå vidare till nästa lopp. När alla fyra loppen slipats ska hela motorblocket rengöras noga i varmt tvålvatten för att avlägsna alla spår av slipningsolja och skräp. Blocket är att betrakta som rent när en trasa fuktad med ren motorolja inte tar upp grå avlagringar när den dras längs loppet.

**20** Applicera ett tunt lager motorolja på fogytor och i cylinderlopp för att förhindra rost.

**21** Montera tillbaka alla komponenter som demonterats i punkt 1.

## 11 Ram- och vevstakslager – kontroll och urval

### *Kontroll*

**1** Även om ram- och vevstakslagren ska bytas vid renoveringen, bör de gamla lagren behållas för undersökning, eftersom de kan ge värdefull information om motorns skick **(se bild).**

**2** Lagerhaveri kan uppstå på grund av otillräcklig smörjning, förekomst av smuts eller andra främmande partiklar, överbelastning av motorn eller korrosion. Oavsett orsak måste detta åtgärdas innan motorn sätts ihop, så att det inte inträffar igen.

**3** När lagerskålarna ska kontrolleras, ta bort dem från motorblocket/vevhuset, ramlageröverfallen, vevstakarna och vevstakslageröverfallen. Lägg ut dem på en ren yta i samma positioner som de har i motorn. Därigenom kan lagerproblemen matchas med motsvarande vevaxeltapp. Vidrör *inte* lagerskålarnas känsliga innerytor med fingrarna under kontrollen, då kan de lätt repas.

**4** Smuts och andra partiklar kan komma in i motorn på flera olika sätt. Det kan bli kvarlämnat kvar i motorn vid hopsättning eller komma in genom filter eller vevhusventilation. Det kan också komma in i oljan och därmed vidare till lagren. Metallspån från bearbetning och normalt slitage förekommer ofta. Slipmedel lämnas ibland kvar i motorn efter renovering, speciellt om delarna inte rengjorts noga på rätt sätt. Oavsett var de kommer ifrån hamnar dessa främmande föremål ofta som inbäddningar i lagermaterialet och är där lätta att känna igen. Större partiklar bäddas inte in i lagret, men repar lagret och tappen. Det bästa sättet att förebygga den här orsaken till lagerfel är att rengöra alla delar noggrant och att hålla allting skinande rent vid hopsättningen av motorn. Täta och regelbundna oljebyten är också att rekommendera.

**5** Oljebrist har ett antal relaterade orsaker. Överhettning (som tunnar ut oljan), överbelastning (som tränger undan olja från lagerytan) och oljeläckage (från för stora lagerspel, sliten oljepump eller höga motorvarv) bidrar alla till avbrott i smörjningen. Igentäppta oljepassager, som oftast beror på felinställda oljehål i en lagerskål, leder också till oljebrist, med uttorkade och förstörda lager som följd. När ett lagerfel beror på oljebrist torkas lagermaterialet bort eller slits bort från lagrets stödplatta av stål. Temperaturen kan stiga så mycket att stålplattan blir blå av överhettning.

**6** Körvanorna kan också påverka lagrens livslängd betydligt. Körning med gasen i botten vid låga varvtal belastar lagren mycket hårt så att oljelagret riskerar att klämmas ut. Dessa belastningar kan få lagren att flexa, vilket leder till fina sprickor i lagerytorna (utmattning). Förr eller senare kommer stycken av lagermaterialet att lossna och slitas bort från skålens stålplatta.

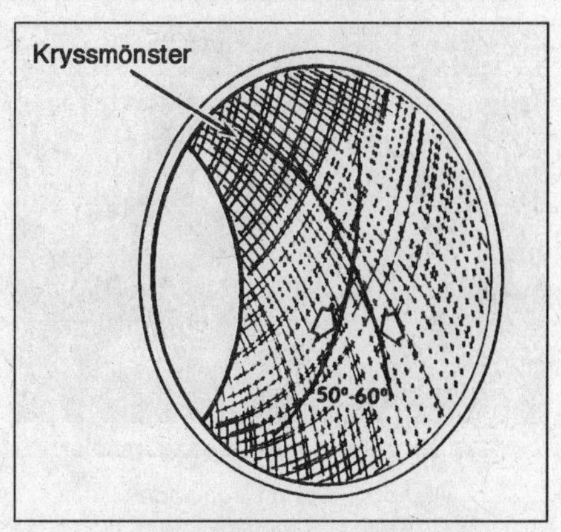


**10.17 Slipmönster för cylinderlopp**

**7** Kortdistanskörning leder till korrosion i lagren på grund av att den värme som bildas i motorn inte hinner bli tillräckligt hög för att få bort kondens och korrosionsframkallande ångor. Dessa produkter samlas i stället i motoroljan och bildar syra och slam. När oljan leds till motorlagren angriper syran lagermaterialet.

**8** Felaktig lagerinställning vid hopmonteringen av motorn kommer också att leda till lagerhaveri. Tättsittande lager lämnar för lite lagerspel och resulterar i oljebrist. Smuts eller främmande partiklar som fastnar bakom en lagerkåpa ger höga punkter i lagret vilket leder till haveri.

**9** Vidrör *inte* lagerskålarnas känsliga innerytor med fingrarna under hopsättningen, eftersom de lätt kan repas eller smutsas ner.

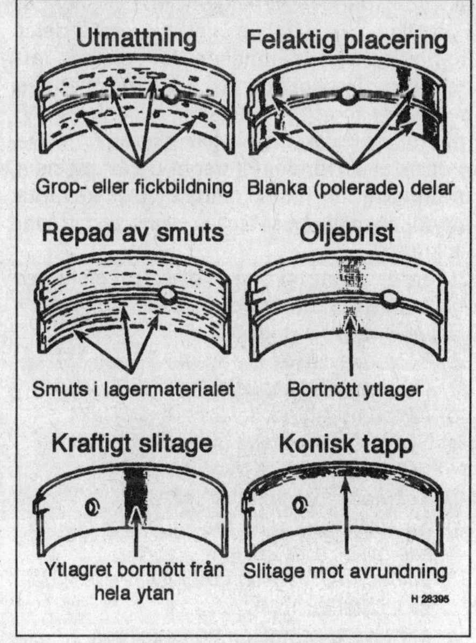


**11.1 Typiska lagerproblem**

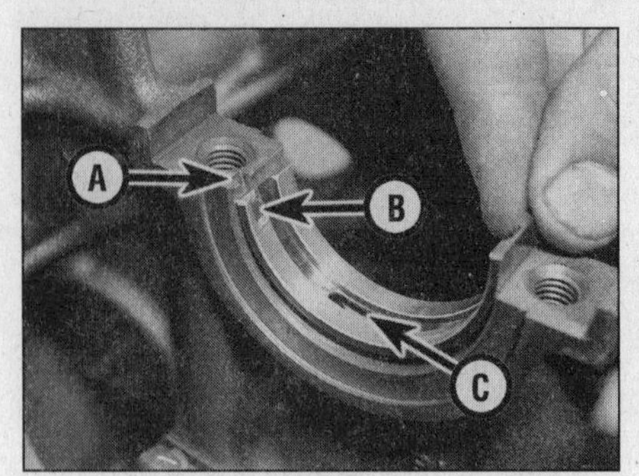


**13.3 Korrekt monterade lagerskålar**

*A Försänkning i lagersadel*
*B Tapp på lagerskål*
*C Oljehål*

**10** Som nämndes i början av detta avsnitt ska lagerskålarna bytas som rutinåtgärd vid en motorrenovering. Att inte göra det leder bara till större kostnader längre fram.

## Urval – ram- och vevstakslager

**11** Ram- och vevstakslager till de motorer som beskrivs i detta kapitel finns i standardstorlek och i ett antal understorlekar för att passa till renoverade vevaxlar. Se specifikationerna för detaljerad information.

**12** Lagerspelen måste kontrolleras när vevaxeln monteras med nya lager (se avsnitt 13).

## 12 Motorrenovering – hopsättningsordning

**1** Innan hopsättningen påbörjas, läs igenom hela arbetsbeskrivningen och kontrollera att allt som behövs verkligen finns till hands. Förutom alla vanliga verktyg och delar kommer även fästmassa för gängor att behövas. Packningsmassa på tub behövs också för fogar som saknar packningar. Vi rekommenderar att tillverkarens egna produkter används, eftersom de är speciellt utformade för sitt ändamål. Relevanta produktnamn anges i texten i varje avsnitt, där så krävs.

**2** För att spara tid och undvika problem bör motorn helst sättas ihop i följande ordning:

*a) Vevaxel (se avsnitt 13).*
*b) Kolvar/vevstakar (se avsnitt 14 och 15).*
*c) Oljepump (se kapitel 2A eller 2B).*
*d) Oljesump (se kapitel 2A eller 2B).*
*e) Svänghjul/drivplatta (se kapitel 2A eller 2B).*
*f) Topplock (se kapitel 2A eller 2B).*
*g) Kamremsspännare, drev och kamrem (se kapitel 2A eller 2B).*
*h) Insugs- och avgasgrenrör (se relevant del av kapitel 4).*
*i) Motorns externa komponenter och hjälpaggregat (se listan i avsnitt 5 i detta kapitel).*

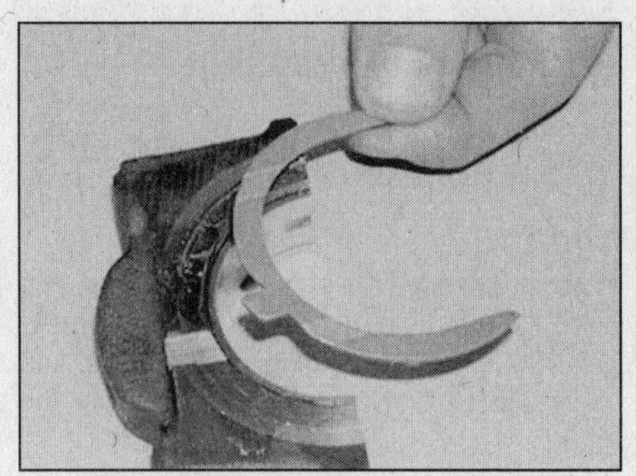

**13.4 Montera vevaxelns trycklager**

**3** I detta skede ska alla motorkomponenter vara absolut rena och torra, med alla fel åtgärdade. Komponenterna ska läggas ut (eller placeras i individuella behållare) på en fullständigt ren arbetsyta.

## 13 Vevaxel – montering och kontroll av lagerspel

**1** Återmonteringen av vevaxeln är det första steget vid hopsättningen av motorn efter renovering. I detta skede förutsätts att vevaxel, motorblock/vevhus och lager är rengjorda, kontrollerade och renoverade eller bytta. Om oljemunstyckena tagits bort måste de nu sättas tillbaka och deras fästbultar dras åt till angivet moment.

**2** Placera motorblocket på en ren, plan arbetsyta med vevhuset riktat uppåt. Torka av de inre ytorna på ramlageröverfallen och vevhuset med en ren trasa – de måste vara absolut rena.

**3** Rengör de nya lagerskålarnas bakre ytor med en ren trasa och lägg dem på lagersadlarna i vevhuset. Se till att styrtapparna på skålarna greppar i urtagen i sadlarna, och att oljehålen är korrekt inriktade **(se bild).** Lagerskålarna får inte hamras eller på annat sätt tvingas på plats. Det är ytterst viktigt att lagerytorna hålls fria från skador och föroreningar.

**4** Sätt på trycklagren på var sida om

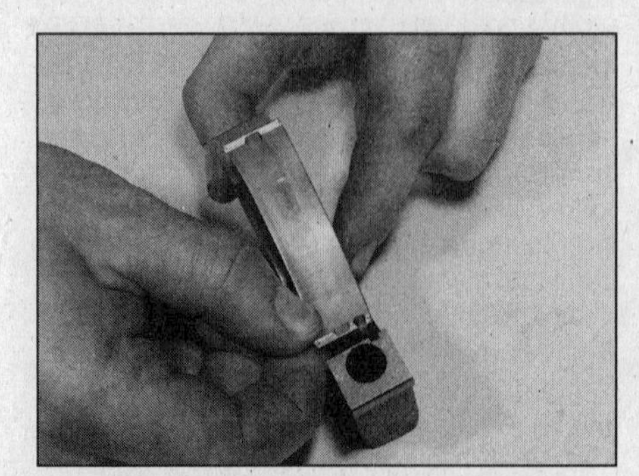

**13.9 Montera de nya nedre halva ramlagerskålarna på ramlageröverfallen**

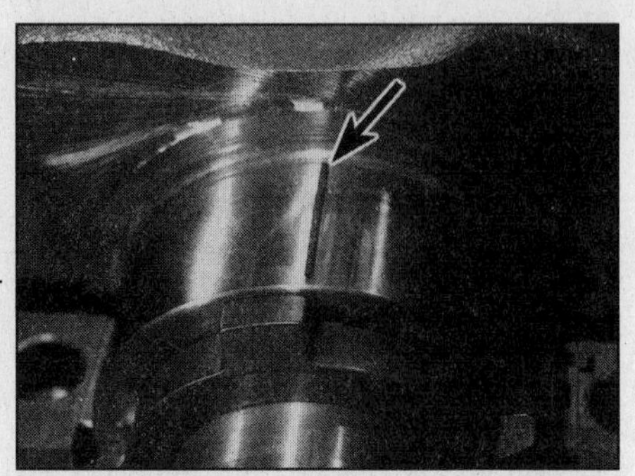

**13.8 Lägg en bit Plastigauge på varje axeltapp, i linje med vevaxelns axel**

lagersadel nr 3. Håll dem på plats med lite fett. Se till att de placeras på rätt sätt i försänkningarna, med oljespåren utåt **(se bild).**

**5** Rengör de nymonterade lagerskålarna och vevaxeltapparna en sista gång med en ren trasa. Kontrollera att oljehålen i vevaxeln är fria från smuts, eftersom smuts som lämnas här kommer att bäddas in i de nya lagren när motorn startas.

**6** Lägg försiktigt vevaxeln på plats i vevhuset och var noga med att inte rubba lagerskålarna.

## Kontroll av spel

**7** När vevaxel och lager monterats tillbaka, måste det finnas ett spel mellan dem så att smörjolja kan cirkulera. Detta spel går inte att kontrollera med bladmått, så istället används Plastigauge. Detta är en tunn remsa mjukplast som kläms mellan lagerskålarna och vevaxeltapparna när lageröverfallen dras åt. Ändringen i plastremsans bredd visar spelet.

**8** Skär till några bitar Plastigauge som är något kortare än vevaxeltappens längd. Lägg en bit på varje axeltapp längs med axeln **(se bild).**

**9** Torka av de bakre ytorna på de nya nedre ramlagerskålarna, passa in dem i överfallen och se till att styrtapparna greppar på rätt sätt **(se bild).**

**10** Torka av de främre ytorna på lagerskålarna och täck dem lätt med lite silikonbaserat släppmedel, om det finns till hands – detta förhindrar att Plastigauge fastnar på skålen. Montera överfallen på sina respektive platser på lagersadlarna med hjälp av tillverkarens markeringar. Kontrollera att de är vända åt rätt håll. Överfallen ska vara monterade så att urtagen för lagerskålarnas styrtappar är på samma sida som dem i lagersadeln.

**11** Börja med det mittersta lageröverfallet och dra åt bultarna ett halv varv i taget till korrekt moment för det första steget. Låt inte vevaxeln rotera när Plastigauge är på plats. Skruva stegvis loss lageröverfallen och ta bort dem, och var noga med att inte rubba Plastigauge-tråden.

**12** Bredden på den ihopklämda Plastigauge-remsan mäts sedan med den medföljande skalan **(se bild)**. Använd rätt skala, måtten anges både i meter- och tumsystemet. Detta mått indikerar lagerspelet. Jämför det med det angivna värdet i specifikationerna. Om spelet ligger utanför tillåtna värden kan detta bero på smuts under lagren. Försök rengöra dem igen och upprepa kontrollen. Om resultatet fortfarande inte är godtagbart, kontrollera axeltapparnas diameter och lagerstorleken igen. Om Plastigauge-remsan är tjockare i ena änden kan axeltapparna vara koniska, vilket kräver omslipning.

**13** När spelet är tillfredsställande ska alla spår av Plastigauge avlägsnas från axeltapps- och lagerytorna. Använd en mjuk skrapa av plast eller trä, eftersom metallverktyg riskerar att skada ytorna.

## *Vevaxel – slutlig återmontering*

**14** Lyft ut vevaxeln ur vevhuset. Torka av lagerytorna i vevhuset och lageröverfallen.

**15** Smörj lagerskålarna i vevhuset rikligt med ren motorolja av korrekt typ **(se bild)**.

**16** Lägg vevaxeln på plats så att vevtappen för cylinder nr 1 befinner sig vid ND, klar att passas in i kolv nr 1.

**17** Smörj de nedre lagerskålarna i ramlageröverfallen med ren motorolja, montera sedan tryckbrickorna på var sida om lageröverfall nr 3, och observera att de tappar som sticker ut från brickorna ska greppa in i urtagen på sidan av överfallet **(se bilder)**. Se till att styrtapparna på lagerskålarna fortfarande greppar i respektive urtag i överfallen.

**18** Montera ramlageröverfallen i rätt ordning och vända åt rätt håll – överfall nr 1 ska sitta vid motorns kamremsände och lagerskålarnas styrurtag i sadlar och överfall ska ligga intill varandra **(se bilder)**. Sätt i lageröverfallens bultar och dra åt dem för hand.

**19** Arbeta från det mittersta lageröverfallet utåt, och dra åt fästbultarna till angivna moment och vinklar i angivna steg **(se bilder)**.

**20** Kontrollera att vevaxeln kan rotera fritt genom att vrida den för hand. Om motstånd märks, kontrollera lagerspelen igen enligt beskrivningen ovan.

**21** Kontrollera vevaxelns axialspel enligt beskrivningen i början av avsnitt 8. Om vevaxelns tryckytor har kontrollerats och nya trycklager monterats, ska axialspelet ligga inom angivna värden.

**22** Montera tillbaka kolvarna och vevstakarna eller återanslut dem till vevaxeln enligt beskrivningen i avsnitt 15.

**23** Utför följande enligt beskrivningen i kapitel 2A eller 2B, efter tillämplighet:

*a) Montera tillbaka vevaxelns främre och bakre oljetätningshus, med nya oljetätningar.*

*b) Montera tillbaka oljepumpen och oljeupptagningsröret, skvalpskottsplåten och oljesumpen.*

*c) Montera tillbaka svänghjulet och kopplingen eller drivplattan (efter tillämplighet).*

*d) Montera tillbaka vevaxeldrevet och kamremmen.*

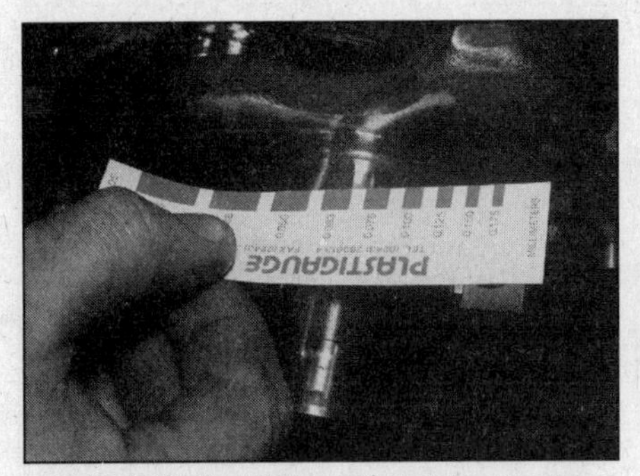


**13.12 Mät tjockleken på den hoptryckta Plastigauge-biten med hjälp av den medföljande skalan**

**13.15 Smörj de övre lagerskålarna . . .**

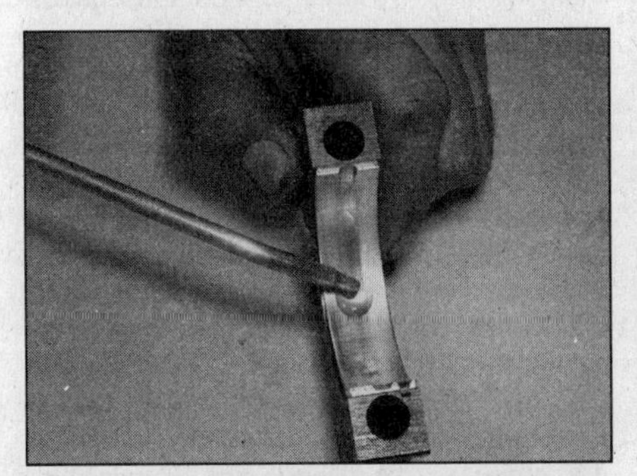

**13.17a . . . och de nedre lagerskålarna med ren motorolja . . .**

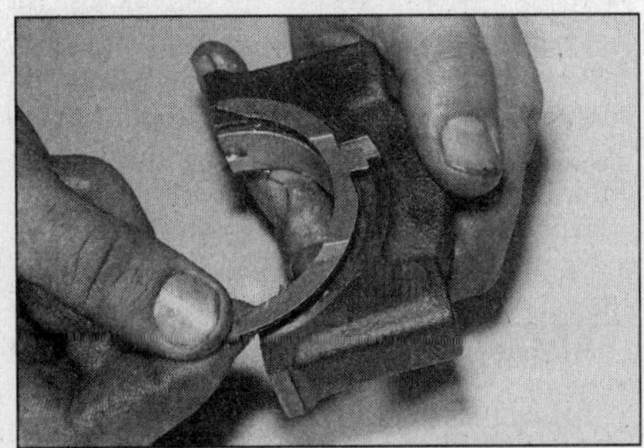

**13.17b . . . och montera sedan tryckbrickorna på var sida av lageröverfallet**

**13.18a Montering av ramlageröverfall nr 4**

**13.18b Montering av ramlageröverfall nr 1**

**13.19a Dra åt ramlageröverfallets bultar till angivet moment . . .**

**13.19b . . . och angiven vinkel**

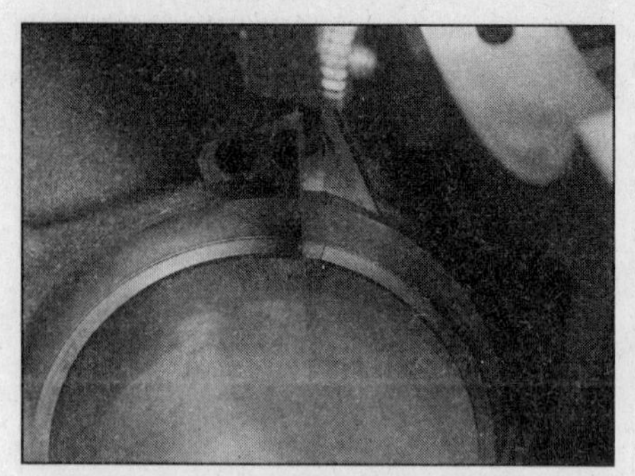

14.5 Kontrollera kolvringens ändgap med ett bladmått

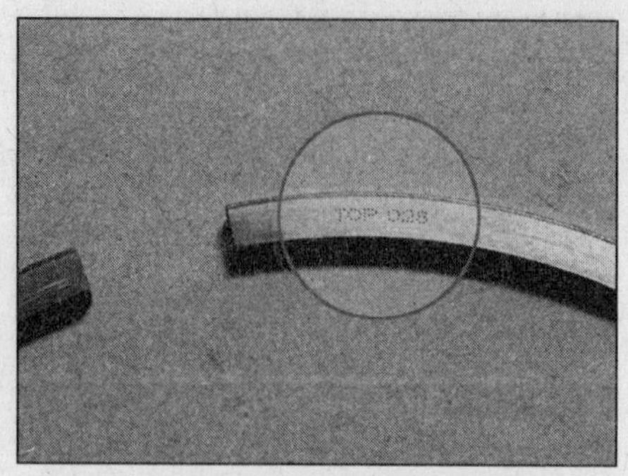

14.7 TOP-markering på kolvringen

## 14 Kolvar och kolvringar – hopsättning

1 Här antas att kolvarna har satts ihop korrekt med respektive vevstakar och att mellanrummen mellan kolvringarna och spåren har kontrollerats. Om inte, se slutet av avsnitt 7.

2 Innan ringarna kan monteras på kolvarna måste ändgapen kontrolleras med ringarna insatta i cylinderloppen.

3 Lägg ut kolvarna och de nya ringsatserna på en ren arbetsyta så att komponenterna hålls samman i grupper både under och efter kontrollen av ändgapet. Lägg vevhuset på sidan på arbetsytan, så att båda ändar av loppen är åtkomliga.

4 Ta den övre ringen för kolv nr 1 och sätt i den längst upp i loppet. Tryck med hjälp av kolv nr 1 ner ringen till nära loppets underkant, vid den lägsta punkten i kolvens slag. Se till att ringen sitter helt rakt i loppet.

5 Använd en uppsättning bladmått för att mäta kolvringens ändgap. Rätt blad kan nätt och jämnt passera genom mellanrummet med minsta möjliga motstånd **(se bild)**. Jämför detta mått med det angivna värdet i specifikationerna. Kontrollera att du har rätt kolvring innan du avgör att avståndet inte är korrekt. Upprepa med resterande kolvringar.

6 Om nya ringar monteras är det inte troligt att ändgapen kommer att vara för små. Om ett mått är för litet måste detta korrigeras, i annat fall finns risken att kolvringsändarna kommer i kontakt när motorn går, vilket kan leda till allvarliga motorskador. Avståndet kan ökas genom att man filar kolvringsändarna med en fil fastsatt i ett skruvstäd. Placera kolvringen över filen så att båda ändarna är i kontakt med filens båda sidor. För ringen längs filen och avlägsna små mängder material i taget. Var mycket försiktig eftersom kolvringarna är sköra och bildar vassa kanter om de bryts av. Kom ihåg att hålla ihop ringar och kolvar cylindervis i rätt ordning.

7 När alla kolvringars ändgap kontrollerats ska de monteras på kolvarna. Börja med den nedersta ringen (oljeskrapringen) och arbeta uppåt. Lägg märke till att oljeskrapringen består av två sidoskenor åtskilda av en expanderring. Lägg även märke till att de två kompressionsringarna har olika tvärsnitt och det är därför viktigt att de monteras i rätt spår vända åt rätt håll. Båda kompressionsringarna har instansade märken på ena sidan för att ange övre sida. Se till att dessa märken är vända uppåt när ringarna monteras **(se bild)**.

8 Fördela ändgapen jämnt runt kolven med 120° mellanrum. **Observera:** *Om kolvringstillverkaren anger specifika monteringsinstruktioner ska dessa följas.*

## 15 Kolvar/vevstakar – montering och kontroll av vevstakslagrets spel

### Kontroll av vevlagrets spel

**Observera:** *I detta skede förutsätts att vevaxeln monterats i vevhuset enligt beskrivningen i avsnitt 13.*

1 Precis som med ramlagren, måste det finnas ett spel mellan vevlagrets vevtapp och dess lagerskålar så att oljan kan cirkulera. Det finns två sätt att kontrollera spelets storlek, som beskrivs i följande punkter.

2 Placera motorblocket på en ren, plan arbetsyta med vevhuset riktat uppåt. Placera vevaxeln så att vevtapp nr 1 befinner sig vid ND.

3 Den första metoden är mindre exakt, och går ut på att montera vevstaksöverfallet på vevstakarna bort från vevaxeln, men med lagerskålarna på plats. **Observera:** *Rätt riktning på lageröverfallen är kritisk. Se anmärkningarna i avsnitt 7.* Det ihopsatta vevlagrets inre diameter mäts sedan med skjutmått. Motsvarande vevtapps diameter dras sedan från detta mått, och resultatet blir lagerspelet.

15.12a Smörj kolvarna . . .

4 Den andra metoden för kontroll av spelet är att använda Plastigauge på samma sätt som vid kontroll av ramlagerspelet (se avsnitt 13), och är mycket mer exakt än föregående metod. Rengör alla vevtappar med en trasa. Börja med att ställa vevtapp nr 1 i ND och placera en bit Plastigauge på axeltappen.

5 Montera den övre vevstakslagerkåpan på vevstaken, och se till att styrtappen passar in korrekt i urtaget. Montera tillfälligt tillbaka kolven/vevstaken på vevaxeln och sätt sedan tillbaka vevstaksöverfallen, och följ tillverkarens markeringar så att de monteras åt rätt håll.

6 Dra åt lageröverfallets muttrar/bultar till momentet för steg 1. Var noga med att inte rubba Plastigauge-tråden eller vrida på vevstaken under åtdragningen.

7 Ta isär den sammansatta enheten utan att vrida på vevstaken. Använd skalan på kuvertet med Plastigauge till att fastställa vevstakslagerspelet och jämför med de angivna värdena i specifikationerna.

8 Om spelet avviker betydligt från det förväntade, kan lagerskålarna vara av fel storlek (eller utslitna om de gamla återanvänds). Kontrollera att inte smuts eller olja fastnat mellan skålarna och överfallet eller vevstaken när spelet mättes. Kontrollera vevtappens diameter igen. Observera att om Plastigaugemassan var bredare i ena änden, kan vevtappen vara konisk. När problemet hittats, montera nya lagerskålar eller slipa om vevtapparna till en listad understorlek, efter tillämplighet.

9 Avsluta med att försiktigt skrapa bort alla spår av Plastigauge från vevaxeln och lagerskålarna. Använd en skrapa av plast eller trä, som är mjuk nog att inte repa lagerytorna.

### Kolvar och vevstakar – slutlig montering

10 Observera att följande arbetsbeskrivning förutsätter att vevaxelns ramlageröverfall är på plats (se avsnitt 13).

11 Se till att lagerskålarna är korrekt monterade, enligt beskrivningen längst fram i detta avsnitt. Om nya lagerskålar används, kontrollera att alla spår av skyddsfett avlägsnats med fotogen. Torka skålarna och vevstakarna med en luddfri trasa.

12 Smörj cylinderloppen, kolvarna, kolvringarna och de övre lagerskålarna med ren motorolja **(se bilder)**. Lägg ut varje kolv/vevstake i korrekt ordningsföljd på en arbetsyta. Där lageröverfallen är fästa med muttrar, vira in bultarnas gängade ändar med isoleringsband för att förhindra att de skadar vevstakstapparna och loppen när kolvarna monteras tillbaka.

15.12b . . . och de övre vevlagerskålarna med ren motorolja

15.16 Knacka ner kolven i loppet med ett hammarskaft

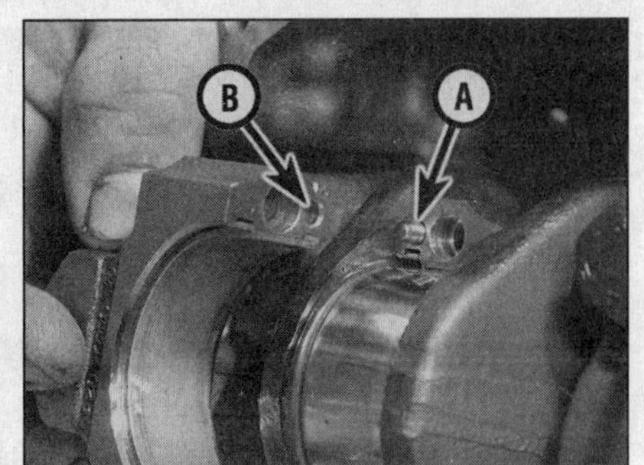


15.17 Ett vevstaksöverfall monteras

*A Styrstift (endast dieselmotorer)*
*B Styrhål (endast dieselmotorer)*

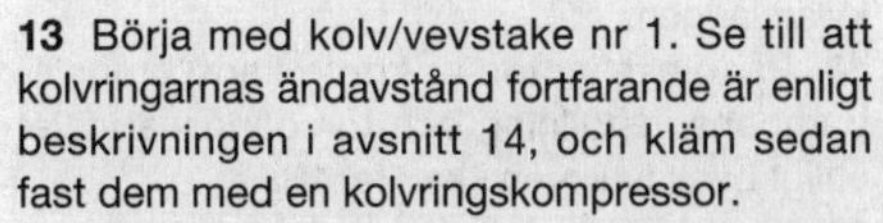

**13** Börja med kolv/vevstake nr 1. Se till att kolvringarnas ändavstånd fortfarande är enligt beskrivningen i avsnitt 14, och kläm sedan fast dem med en kolvringskompressor.

**14** Sätt i kolven/vevstaken längst upp i cylinder nr 1. Sätt i vevlagret först, och skydda cylinderloppen samtidigt. Om det finns oljemunstycken längst ner i loppen måste du vara extra försiktig, så att du inte bryter av dem när du ansluter vevstakarna till vevtapparna.

**15** Se till att kolven sitter rättvänd i cylindern – kolvkronan, vevstakarna och vevstaksöverfallen har markeringar som ska peka framåt mot motorns kamremsände när kolven sitter i loppet – se avsnitt 7 för mer information.

**16** Använd en träkloss eller ett hammarskaft på kolvkronan och knacka ner kolven i cylindern tills kolvkronan är i jämnhöjd med cylinderns överkant **(se bild)**.

**17** Se till att lagerskålen fortfarande sitter korrekt. Smörj vevstakstappen och båda lagerskålarna rikligt med ren motorolja. Knacka ner kolven/vevstaken i loppet, ner på vevstakstappen, och var noga med att inte repa cylinderloppet. Ta bort eventuell isoleringstejp från bultarnas gängade del och olja in gängorna och undersidan av bultskallarna. Montera vevstaksöverfallet och dra först bara åt fästmuttrarna/bultarna med fingrarna **(se bild)**. Observera att lageröverfallets riktning i förhållande till vevstaken måste vara korrekt när de två sätts ihop. Vevstaken och motsvarande överfall har båda urfrästa urtag nära fogytorna. Dessa urtag måste vara vända åt samma håll som pilen på kolvkronan (d.v.s. mot motorns kamremsände) när de är monterade. Se bilderna i avsnitt 7 för mer information.

**18** På dieselmotorer har kolvkronorna en speciell form för att förbättra motorns förbränningsegenskaper. På grund av detta skiljer sig kolv nr 1 och 2 från 3 och 4. Om de är korrekt monterade ska de större insugsventilkamrarna på kolv nr 1 och nr 2 vara vända mot motorns svänghjulsände och de större insugningsventilkamrarna på kvarvarande kolvar ska vara vända mot motorns kamremsände. På nya kolvar anges typen med nummermarkeringar på kronorna – 1/2 betecknar kolv 1 eller 2, och 3/4 anger kolv 3 eller 4 **(se bild)**.

**19** Dra åt fästbultarna/muttrarna till angivet moment för steg 1 **(se bild)**.

**20** Vinkeldra fästbultarna/muttrarna till angiven vinkel för steg 2 **(se bild)**.

**21** Montera tillbaka kvarvarande tre kolvar/vevstakar på samma sätt.

**22** Vrid vevaxeln för hand. Kontrollera att den kan snurra fritt. En viss tröghet är normal om nya delar monterats, med axeln ska inte kärva eller ha snäva punkter.

## Dieselmotorer

**23** Om nya kolvar monterats, eller om en ny kort motor installerats, måste utsticket för kolvkronorna från topplockets fogyta vid ÖD mätas för att man ska kunna avgöra vilken typ av topplockspackning som ska monteras.

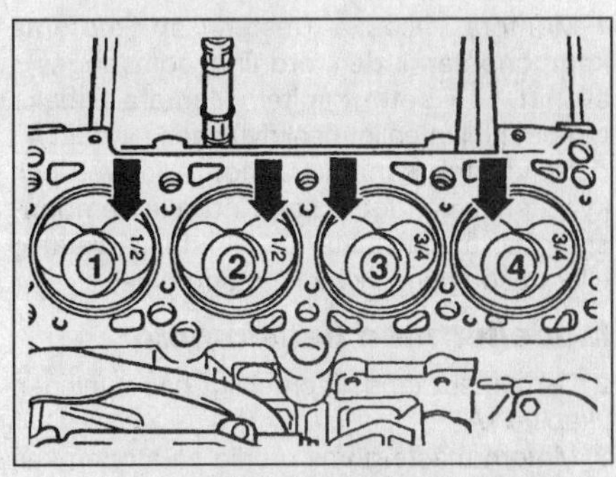


15.18 Kolvplacering och kodning på dieselmotorer

**24** Vänd på motorblocket (så att vevhuset är vänt nedåt) och ställ det i ett ställ eller på träblock. Montera en mätklocka på motorblocket, och nollställ den på topplockets fogyta. Ställ sedan mätsonden på kronan till kolv nr 1 och vrid sakta vevaxeln för hand tills kolven når ÖD. Mät och notera det maximala kolvutsticket vid ÖD **(se bild)**.

**25** Upprepa mätningen för återstående kolvar och notera värdena.

**26** Om måtten skiljer sig mellan kolvarna, använd det högsta värdet för att bestämma vilken topplockspackning som ska användas. Se specifikationerna för närmare information.

**27** Observera att om originalkolvarna har

15.19 Dra åt vevstaksöverfallens bultar/muttrar till angivet moment för steg 1 . . .

15.20 . . . och vinkeldra dem sedan till angiven vinkel för steg 2

15.24 Mät kolvutsticket med en mätklocka

monterats tillbaka, måste en ny topplockspackning av samma typ som originalet sättas dit.

### Alla motorer

**28** Montera tillbaka oljepumpen och oljeupptagaren, oljesumpen och skvalpskottsplåten, svänghjulet och topplocket enligt beskrivningen i del A eller B i detta kapitel (efter tillämplighet).

## 16 Motor – första start efter renovering och hopsättning

**1** Montera tillbaka resten av motorns komponenter i den ordning som anges i avsnitt 12 i detta kapitel. Montera tillbaka motorn i bilen enligt beskrivningen i avsnitt 4 i detta kapitel. Kontrollera motoroljenivån och kylvätskenivån igen, samt att alla komponenter har återanslutits. Se till att inga verktyg eller trasor glömts kvar i motorrummet.

### *Modeller med bensinmotor*

**2** Demontera tändstiften enligt beskrivningen i kapitel 1A.

**3** Motorn måste göras orörlig så att den kan vridas runt med startmotorn utan att den startar. Koppla loss bränslepumpen genom att koppla bort pumpens relä från reläkortet enligt beskrivningen i relevant del i kapitel 4, och koppla också bort tändsystemet genom att koppla loss kabeln från tändningsmodulen.

***Varning: Det är viktigt att bränslesystemet kopplas bort för att skador på katalysatorn ska undvikas.***

**4** Vrid runt motorn med startmotorn tills oljetryckslampan slocknar. Om lampan inte släcks efter ett flertal sekunders runddragning, kontrollera motorns oljenivå och att oljefiltret sitter fast. Om dessa ser ut som de ska, kontrollera oljetryckskontaktens kablage och fortsätt inte förrän oljan garanterat pumpas runt motorn med tillräckligt tryck.

**5** Montera tillbaka tändstiften och återanslut kablaget till bränslepumpreläet och tändningsmodulen.

### *Modeller med dieselmotor*

**6** Koppla loss elkabeln från bränsleavstängningsventilen vid bränsleinsprutningspumpen. Se kapitel 4B för mer information.

**7** Vrid runt motorn med startmotorn tills oljetryckslampan slocknar.

**8** Om lampan inte släcks efter ett flera sekunders runddragning, kontrollera motorns oljenivå och att oljefiltret sitter fast. Om dessa ser ut som de ska, kontrollera oljetryckskontaktens kablage och fortsätt inte förrän oljan garanterat pumpas runt motorn med tillräckligt tryck.

**9** Återanslut bränsleavstängningsventilens kabel.

### *Alla modeller*

**10** Starta motorn, men var beredd på att det kan ta lite längre tid än vanligt eftersom bränslesystemets delar rubbats.

**11** Låt motorn gå på tomgång och undersök om den läcker bränsle, vatten eller olja. Var inte orolig om det förekommer ovanliga dofter och tillfälliga rökpuffar medan delarna värms upp och bränner bort oljeavlagringar.

**12** Under förutsättning att allt är som det ska, låt motorn gå på tomgång tills man kan känna att varmvatten cirkulerar genom den övre kylarslangen.

**13** På dieselmotorer, kontrollera bränslepumpens inställning och tomgångsvarvtalet enligt beskrivningen i kapitel 4B.

**14** Kontrollera olje- och kylvätskenivåerna igen efter några minuter, och fyll på om det behövs.

**15** Topplocksbultarna behöver inte efterdras när motorn körts efter hopsättning.

**16** Om nya kolvar, kolvringar eller vevaxellager monterats ska motorn behandlas som en ny och köras in de första 1 000 kilometerna. Kör *inte* på fullgas, och låt inte motorn arbeta hårt på låga varvtal på någon växel. Det rekommenderas att motorolja och oljefilter byts efter denna period.

# Kapitel 3
# Kyl-, värme- och ventilationssystem

## Innehåll



## Svårighetsgrader

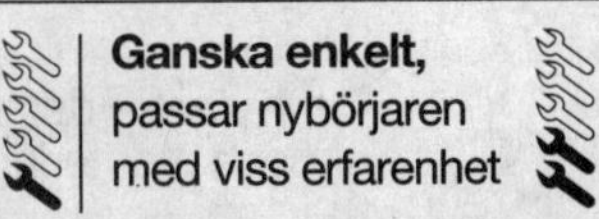

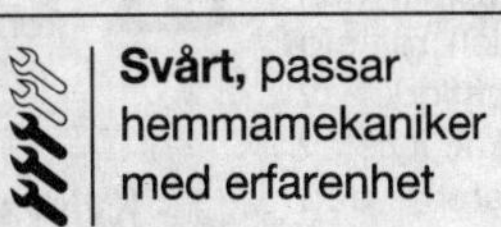

| **Enkelt,** passar novisen med lite erfarenhet | **Ganska enkelt,** passar nybörjaren med viss erfarenhet | **Ganska svårt,** passar kompetent hemmamekaniker | **Svårt,** passar hemmamekaniker med erfarenhet | **Mycket svårt,** för professionell mekaniker |
|---|---|---|---|---|

## Specifikationer

### Allmänt

| | |
|---|---|
| Maximalt systemtryck | 1,2 till 1,5 bar |

### Termostat

| | |
|---|---|
| Öppningstemperatur | 87°C (ungefär) |
| Minsta ventillyft | minst 8 mm |

### Åtdragningsmoment

| | Nm |
|---|---|
| Bult mellan kylfläktens koppling och drivremsskivan | 10 |
| Bult till kylfläktens koppling/drivremsskivans axel | 45 |
| Generatorns/servostyrningspumpens fästbygel: | |
| Fästbygel till motorblock | 25 |
| Arm till motorblock | 25 |
| Arm till fästbygel | 40 |
| Kylfläktskontakt | 25 |
| Kylvätskepump: | |
| Pinnbultar/bultar mellan hus och block: | |
| Bensinmotorer | 20 |
| Dieselmotorer: | |
| Steg 1 | 20 |
| Steg 2 | Vinkeldra ytterligare 90° |
| Bultar mellan pump och hus | 10 |
| Remskivebultar | 25 |
| Avtappningsplugg | 30 |
| Termostathusets bultar | 10 |

## 1 Allmän information och föreskrifter

### Allmän information

1 Kylsystemet är trycksatt och består av en kylvätskepump, en kylare av aluminium, en eller flera kylfläktar, en termostat, ett värmepaket och tillhörande slangar och brytare. Kylvätskepumpen drivs antingen av drivremmen eller av kamremmen, beroende på modell. Alla modeller har en primär kylfläkt med viskoskoppling som drivs av drivremmen, och en extra kylfläkt som är eldriven. Systemet fungerar enligt följande.

2 När motorn är kall pumpas kylvätskan i motorn runt i passagerna i motorblocket och topplocket, och genom en oljekylare (om en sådan finns). Efter det att cylinderloppen, förbränningsytorna och ventilsätena kylts, passerar kylvätskan igenom värmepaketet och returneras sedan via motorblocket till kylvätskepumpen. Termostaten är till att börja med stängd, för att förhindra att kall kylvätska från kylaren kommer in i motorn.

3 När kylvätskan i motorn når en bestämd temperatur öppnas termostaten. Den kalla kylvätskan från kylaren kan då komma in i motorn via den undre slangen, och den heta kylvätskan från motorn rinner igenom den övre slangen till kylaren. När kylvätskan cirkulerar genom kylaren kyls den ner av den luft som sugs in i motorn när bilen rör sig framåt. Om det behövs förstärks luftflödet av en eller flera kylfläktar. När kylvätskan kyls av rinner den till botten av kylaren, och processen börjar om.

4 Den primära kylfläktens funktion styrs av en viskoskoppling. Kopplingen drivs av drivremmen och överför kraften till fläkten via en temperaturkänslig hydraulisk koppling. Vid lägre temperaturer kan fläktbladet snurra fritt på kopplingen. Vid en bestämd temperatur (ungefär 75°C) öppnas en ventil i kopplingen så att kopplingen låses, och kraften överförs till fläkten. Om temperaturen faller igen, stängs ventilen och fläkten kan snurra fritt igen.

5 Den eldrivna extra kylfläkten styrs av en termostatbrytare. När kylvätskan når en angiven temperatur slås fläkten i gång. Brytaren bryter sedan strömmen till fläkten när kylvätskans temperatur har sjunkit tillräckligt.

6 På modeller med automatväxellåda finns en kylenhet för växellådsoljan inbyggd i kylaren. Växellådan är ansluten till kylaren med två rör, och vätskan cirkuleras runt kylenheten för att hålla temperaturen stabil vid hög belastning.

### Föreskrifter

***Varning: Försök inte ta bort expansionskärlets påfyllningslock eller på annat sätt göra ingrepp i kylsystemet medan motorn är varm. Risken för allvarliga brännskador är mycket stor. Om expansionskärlets påfyllningslock måste tas bort innan motorn och kylaren har svalnat helt (även om detta inte rekommenderas), måste övertrycket i kylsystemet först släppas ut. Täck locket med en tjock trasa för att undvika brännskador. Skruva sedan långsamt loss locket tills ett pysande ljud hörs. När väsandet upphör anger detta att trycket sjunkit. Skruva då sakta upp locket till dess att det kan avlägsnas. Om mer väsande hörs, vänta till dess att det upphör innan locket skruvas av helt. Stå alltid så långt ifrån öppningen som möjligt och skydda händerna.***

***Varning: Låt inte frostskyddsmedel komma i kontakt med huden eller lackerade ytor på bilen. Spola omedelbart bort eventuellt spill med stora mängder vatten. Lämna aldrig frostskyddsmedel i ett öppet kärl eller i en pöl på uppfarten eller garagegolvet. Barn och husdjur kan attraheras av den söta doften och frostskyddsmedel kan vara livsfarligt att förtära.***

***Varning: Om motorn är varm kan den elektriska fläkten starta även om motorn inte är i gång. Var noga med att hålla undan händer, hår och löst sittande kläder från fläkten vid arbete i motorrummet.***

***Varning: Se även föreskrifterna för arbete på modeller med luftkonditionering i avsnitt 10.***

## 2 Kylsystemets slangar – demontering och byte

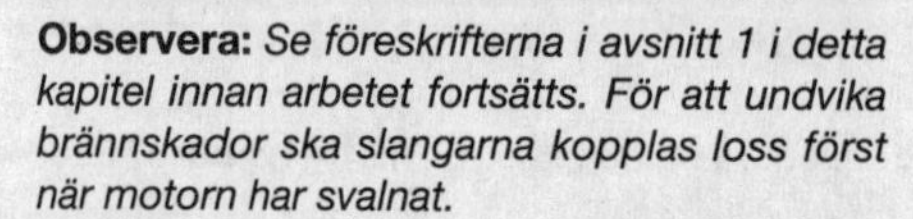

**Observera:** *Se föreskrifterna i avsnitt 1 i detta kapitel innan arbetet fortsätts. För att undvika brännskador ska slangarna kopplas loss först när motorn har svalnat.*

1 Om de kontroller som beskrivs i relevant del av kapitel 1 påvisar en defekt slang måste den bytas enligt följande.

2 Börja med att tappa av kylsystemet (se relevant del av kapitel 1). Om det inte är dags att byta kylvätska kan den återanvändas förutsatt att den samlas upp i en ren behållare.

3 Koppla bort slangen genom att lossa slangklämmorna med en skruvmejsel och dra dem längs med slangen så att de går fria från den relevanta anslutningen. Lossa slangen försiktigt. Slangarna kan tas loss ganska enkelt om de är nya. På en äldre bil kan de ha fastnat.

4 Om en slang är svår att få bort kan det hjälpa att vrida dess ändar för att lossa den innan den tas bort. Bänd försiktigt bort slangänden med ett trubbigt verktyg (som en flatbladig skruvmejsel). Använd inte för mycket kraft och var försiktig så att inte röråndarna eller slangarna skadas. Särskilt kylarens slangfäste är ömtåligt. Om allt annat misslyckas, skär upp slangen med en vass kniv så att den kan skalas av i två delar. Detta kan verka dyrbart om slangen i övrigt är felfri, men det är mycket billigare än att tvingas köpa en ny kylare. Se dock först till att du har tillgång till en ny slang.

5 När en slang monteras, trä först på slangklämmorna på slangen och sätt sedan slangen på plats. På vissa slanganslutningar finns inpassningsmärken på slangen och anslutningen. Om sådana märken finns, se till att de placeras korrekt i linje med varandra.

***Om slangen är stel kan lite tvålvatten användas som smörjmedel, eller så kan slangen mjukas upp med ett bad i varmvatten. Använd inte olja eller smörjfett, det kan angripa gummit.***

6 Kontrollera att slangen är korrekt dragen, skjut sedan tillbaka slangklämmorna längs slangen över den utskjutande delen av relevant anslutning, och dra åt klämman ordentligt.

7 Fyll på kylsystemet igen enligt beskrivningen i relevant del av kapitel 1.

8 Kontrollera alltid kylsystemet noga efter läckor så snart som möjligt efter det att någon del av systemet rubbats.

## 3 Kylare – demontering, kontroll och montering

### Demontering

1 Koppla loss batteriets minusledare och demontera den främre stötfångaren enligt beskrivningen i kapitel 11.

2 Tappa av kylsystemet enligt beskrivningen i relevant del av kapitel 1.

3 Efter tillämplighet, koppla loss kontaktdonet från kylfläktsbrytaren som sitter fastskruvad i kylaren.

4 Koppla loss kylarens övre och nedre slangar, och notera hur de sitter monterade **(se bilder)**.

5 På modeller med automatväxellåda, torka rent runt röranslutningarna på kylaren. Skruva loss fästbultarna och dra försiktigt ut båda rören från kylaren. Plugga igen öppningarna på rören och kylaren för att minimera spill och förhindra att smuts kommer in i hydraulsystemet. Kasta bort tätningsringarna från röranslutningarna, eftersom nya måste användas vid återmonteringen.

6 På modeller med luftkonditionering, skruva loss muttrarna och bultarna som håller fast kondensatorn vid kylaren, och alla muttrar/bultar som håller fast kylvätskeslangarnas klämmor. Lossa kondensatorn från kylaren

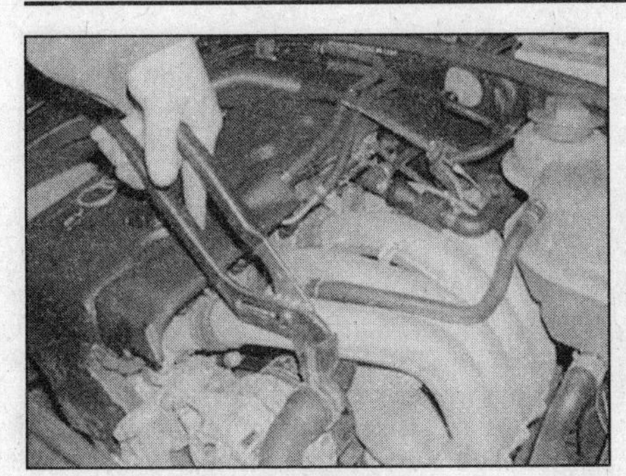

3.4a Lossa klämman . . .

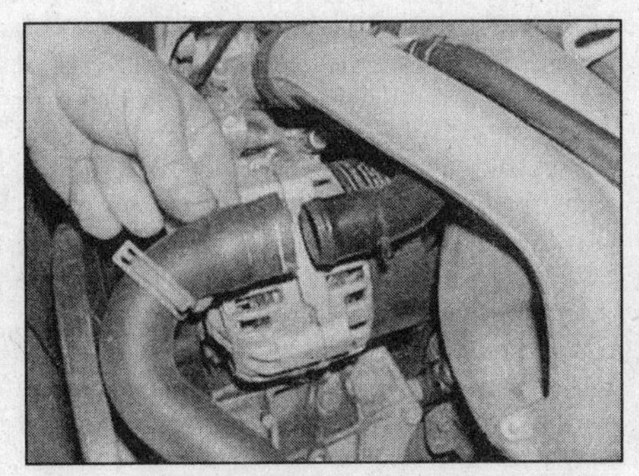

3.4b . . . och lossa den övre kylarslangen

3.8 Skruva loss fästskruvarna och ta bort plastkåporna från båda sidor av kylaren

och palla upp den så att rören inte böjs. Koppla **inte** loss kylrören (se avsnitt 10).

**7** På modeller med luftkonditionering, koppla loss kablaget från tryckbrytaren på höger sida av kylaren.

**8** Skruva loss fästskruvarna och ta bort plastkåporna från båda sidor av kylaren. Om det behövs, skruva även loss fästskruvarna som håller fast insugskanalen till kylarens överdel **(se bild).**

**9** Skruva loss bultarna som håller fast servostyrningsoljans kylenhet på kylarens framsida, och flytta den åt sidan **(se bild).** Bind fast kylenheten vid karossen så att inte rören riskerar att böjas.

**10** Dra loss kylarens övre fästsprintar, vrid sedan kylaren mot framsidan av motorrummet och lyft bort den från dess nedre fästen. På modeller med luftkonditionering måste du vara försiktig så att du inte skadar kondensatorn när kylaren tas bort.

### *Kontroll*

**11** Om kylaren monterats loss för att den misstänks vara blockerad, ska den spolas ur baklänges enligt beskrivningen i avsnitt 32 i relevant del av kapitel 1. Rensa bort smuts från kylflänsarna med tryckluft (använd i så fall skyddsglasögon) eller en mjuk borste. Var försiktig – flänsarna är vassa och kan lätt skadas.

**12** Om det behövs kan en kylarspecialist utföra ett flödestest på kylaren för att ta reda på om den är blockerad.

**13** En kylare som läcker måste lämnas in till en specialist för totalreparation. Försök inte svetsa eller löda ihop en läckande kylare, eftersom plastdelarna lätt kan skadas.

**14** Om kylaren ska skickas till reparation eller om den ska bytas ut, demontera alla slangar och brytare (om tillämpligt).

**15** Undersök skicket på kylarens fästgummin och byt dem om det behövs.

### *Montering*

**16** Monteringen sker i omvänd ordningsföljd mot demonteringen, tänk på följande.

*a) Se till att kylaren är korrekt placerad mot fästgummina och att de övre fäststiften är korrekt monterade.*

*b) På modeller med automatväxellåda, sätt på nya tätningsringar på rörändarna och smörj dem med ny växellådsolja för att underlätta monteringen. Sätt båda rören helt på plats, skruva i fästbultarna och dra åt dem ordentligt.*

*c) Se till att alla kylvätskeslangar sitter korrekt och att de hålls fast ordentligt av slangklämmorna.*

*d) Fyll kylsystemet enligt beskrivningen i relevant del av kapitel 1.*

*e) På modeller med automatväxellåda, avsluta med att kontrollera växellådsoljans nivå och fylla på mer om det behövs, enligt beskrivningen i relevant del av kapitel 1.*

## 4 **Termostat** – demontering, kontroll och montering

**1** Termostaten sitter framme till vänster på motorblocket. På senare 1.6 liters modeller (motorkod AHL), där kylvätskepumpen drivs av kamremmen, sitter termostaten på ett hus på framsidan av motorblocket, till vänster om kylvätskepumpen. På alla övriga modeller sitter den längst ner på kylvätskepumpens hus och är lättast att komma åt från undersidan av bilen, när den undre skyddskåpan väl demonterats.

### *Demontering*

#### Motorkod AHL

**2** Koppla loss batteriets minusledare.

**3** Ställ låshållaren i serviceläget enligt beskrivningen i kapitel 11.

**4** Tappa av kylsystemet enligt beskrivningen i kapitel 1A.

**5** Demontera drivremmen enligt beskrivningen i kapitel 1A.

**6** Koppla loss kylarens övre slang enligt beskrivningen i avsnitt 3.

**7** Dra ut motoroljemätstickan ur röret på motorblocket.

**8** Demontera generatorn enligt beskrivningen i kapitel 5A.

**9** Lossa den nedre kylarslangen från anslutningen på termostathuset.

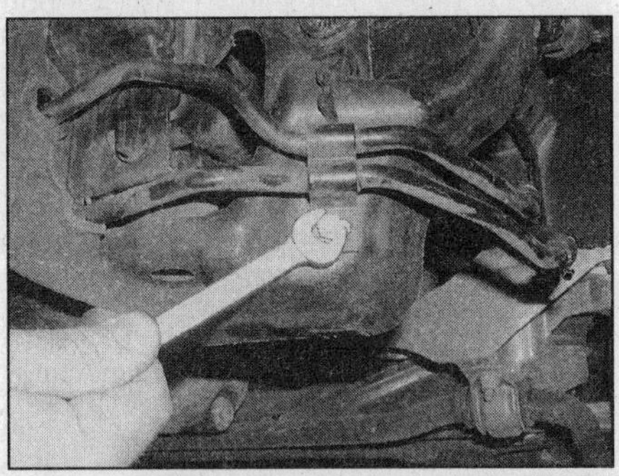

3.9 Skruva loss bultarna som håller fast servostyrningsoljans kylenhet på kylarens framsida och flytta den åt sidan

**10** Skruva loss fästbultarna och ta bort termostathusets kåpa. Lyft bort termostaten från huset och ta loss tätningsringen. En ny tätningsring måste användas vid återmonteringen **(se bild).**

#### Alla övriga modeller

**11** Koppla loss batteriets minusledare.

**12** Tappa av kylsystemet enligt beskrivningen i kapitel 1A eller 1B, efter tillämplighet.

**13** Om det behövs för att komma åt bättre, lossa fästklämman och koppla loss kylvätskeslangen från termostatkåpan.

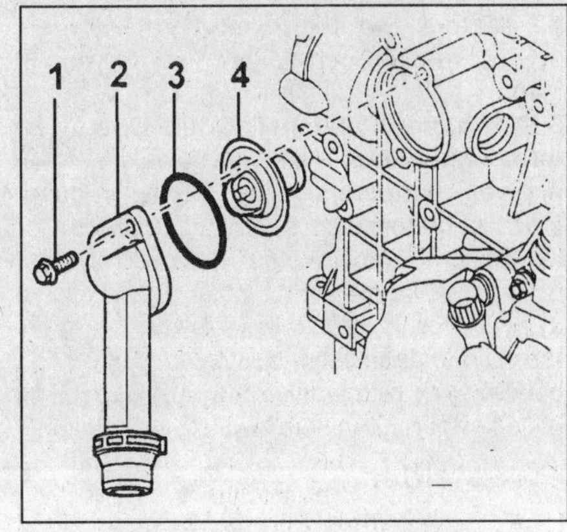


4.10 Termostat och hus – 1.6 liters modeller (motorkod AHL)

*1 Bult*
*2 Hus*
*3 Tätningsring*
*4 Termostat*

4.14a Skruva loss fästbultarna och ta loss termostathuskåpan . . .

4.14b . . . och tätningsringen från motorn

4.15 Ta bort termostaten från huset

14 Skruva loss fästbultarna och ta bort termostathuskåpan och tätningsringen från motorn **(se bilder)**. Kasta tätningsringen, en ny måste användas vid monteringen.

15 Ta bort termostaten och notera hur den sitter monterad **(se bild)**.

### *Kontroll*

16 Termostaten kan testas grovt genom att den hängs upp i ett snöre i en behållare full med vatten. Koka upp vattnet – termostaten ska ha öppnats helt när vattnet börjar koka. Om inte måste termostaten bytas ut.

17 Om en termometer finns tillgänglig kan termostatens exakta öppningstemperatur mätas. Jämför med värdena i specifikationerna. Öppningstemperaturen ska även finnas angiven på termostaten.

18 En termostat som inte stängs när vattnet svalnar måste också bytas ut.

### *Montering*

#### Alla modeller

19 Monteringen sker i omvänd ordningsföljd mot demonteringen, tänk på följande:

*a) Använd en ny tätningsring till termostathuskåpan.*

*b) På motorkod AHL, se till att den böjda delen av termostathuset sitter vertikalt.*

*c) Dra åt husets fästbultar till angivet moment.*

*d) Fyll på kylsystemet enligt beskrivningen i kapitel 1A eller 1B (efter tillämplighet)*

*e) Avsluta med att återansluta batteriet.*

## 5 Kylfläkt(ar) – kontroll, demontering och montering

### *Extra elektrisk kylfläkt*

#### Kontroll

1 Strömmen till kylfläktarna går via tändningslåset, en säkring och ett par seriemotstånd. Kretsen sluts av kylfläktens termostatbrytare som sitter på kylarens vänstra sida.

2 Om en fläkt inte verkar fungera, kör motorn tills normal arbetstemperatur uppnås och låt sedan motorn gå på tomgång. Fläkten ska starta inom ett par minuter (innan temperaturmätaren står på rött, eller innan varningslampan för kylvätsketemperatur tänds).

3 Om inte, slå av tändningen och koppla loss kontaktdonet från kylfläktsbrytaren. Kortslut de två kontakterna i kontaktdonet (se *Kopplingsschema* i slutet av kapitel 12 – de flesta modeller har tvåstegsbrytare) med en bit kabel och slå på tändningen. Om fläkten nu går, är det antagligen brytaren som är defekt och måste bytas.

4 Om fläkten fortfarande inte går, kontrollera att batterispänningen går fram till brytarkabeln. Om inte är det något fel på kabeln (möjligen beroende på ett fel i fläktmotorn, eller en säkring som har gått). Om det inte är något problem med spänningen, kontrollera att det är god kontakt mellan brytarens jord och en bra jordningspunkt på karossen. Om inte är det jordningen som är felaktig och måste göras om.

5 Om brytaren och kablaget är i gott skick sitter felet i själva motorn. Motorn kan undersökas genom att den kopplas bort från kabelnätet och ansluts direkt till en källa på 12 volt.

#### Demontering

6 Demontera kylaren (se avsnitt 3).

7 Skruva loss fästbultarna och ta bort fläktskyddet från baksidan av kylaren **(se bilder)**.

8 Lossa motorns kablage från baksidan av skyddet och skruva sedan loss fästmuttrarna och ta loss motorn från skyddet. På vissa

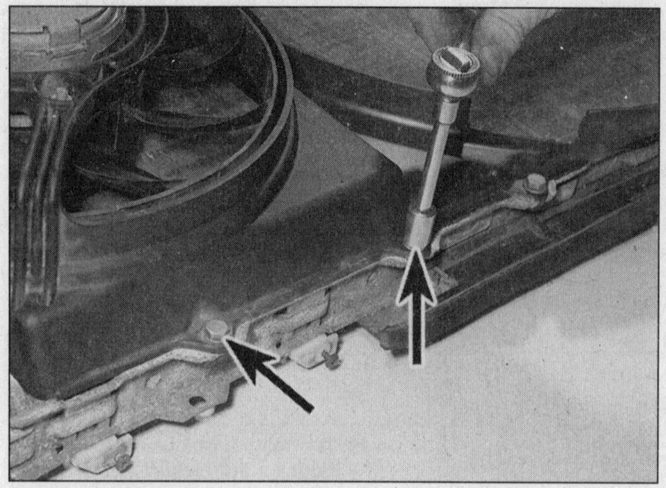

5.7a Skruva loss fästbultarna (vid pilarna) . . .

5.7b . . . och ta bort fläktskyddet från baksidan av kylaren

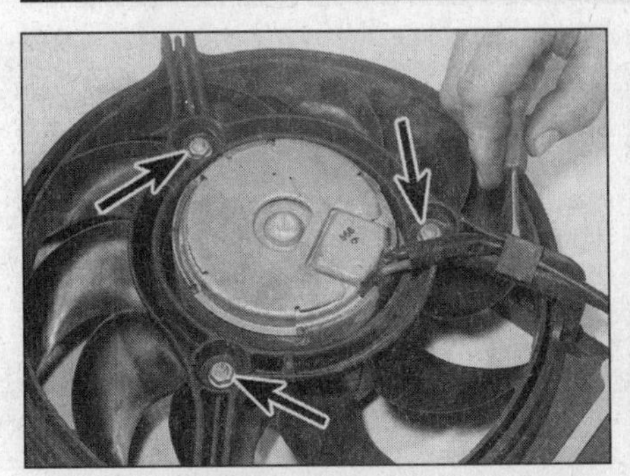

**5.8a Lossa motorns kablage från baksidan av skyddet. Skruva sedan loss fästmuttrarna (vid pilarna) och skilj motorn från skyddet**

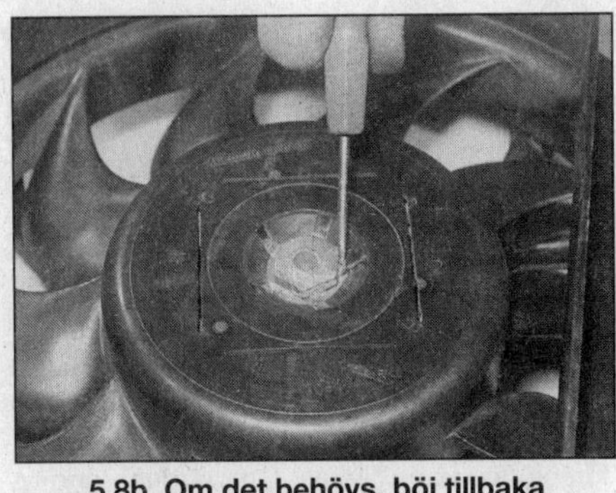

**5.8b Om det behövs, böj tillbaka låsbrickans flik och skruva loss fästmuttern (som kan vara vänstergängad) . . .**

modeller måste fläktbladet kopplas loss från motorn för att det ska gå att komma åt ordentligt. Lossa fläkten genom att böja tillbaka låsbrickans flik och skruva loss fästmuttern (muttern kan vara vänstergängad på vissa modeller) **(se bilder).** Om motorn är defekt måste hela paketet bytas ut, eftersom det inte finns några separata reservdelar.

### Montering

**9** Montera tillbaka motorn på skyddet och dra åt fästmuttrarna ordentligt. Se till att motorkablarna är korrekt dragna och att de sitter säkert fast i sina fästklamrar. Om det behövs, sätt fläktbladet på motoraxeln och sätt tillbaka låsbrickan och fästmuttern. Dra åt muttern och säkra den genom att böja upp en av låsbrickans flikar.

**10** Montera tillbaka skyddet på kylaren och dra åt fästbultarna ordentligt.

**11** Montera tillbaka kylaren enligt beskrivningen i avsnitt 3.

## *Kylfläkt med viskoskoppling*

### Kontroll

**12** Den viskokopplingens funktion är inte lätt att kontrollera på egen hand. Den enda kontroll som kan utföras är en visuell undersökning efter tecken på läckage och andra skador. När kopplingen är kall ska fläkten snurra fritt på kopplingen, och när den är varm (temperaturen över ungefär 75° C) ska den låsas, så att fläkten snurrar. Om det finns minsta tvekan om kopplingens funktion bör den bytas ut.

### Demontering

**Observera:** *Antagligen kommer en haknyckel (Audis verktyg nr 3212 eller något likvärdigt alternativ) att krävas för att hålla fast remskivan medan kopplingen skruvas loss.*

**13** Ställ låshållaren i serviceläget enligt beskrivningen i kapitel 11.

**14** Demontera drivremmen enligt beskrivningen i kapitel 2A eller 2B, efter tillämplighet.

**15** Skruva loss fästbultarna och ta loss fläktbladen från kopplingen, och notera hur de är monterade **(se bild).**

**16** Håll emot drivremsskivan med en 5x60 mm bult i de små hålen runt remskivans kant. Stick in en 8 mm insexnyckel genom drivremsskivans fästbygel och haka i den i bakänden av remskiveaxelns bult. Skruva loss bulten och ta bort drivremsskivan och viskoskopplingen från motorn **(se bild).**

**17** Om så behövs kan viskoskopplingen skiljas från drivremsskivan genom att fästbultarna skruvas loss.

### Montering

**18** Montera tillbaka kopplingen på drivremsskivan (om den demonterats) och dra åt fästbultarna till angivet moment.

**19** Sätt drivremsskivan och kopplingen på plats. Sätt sedan i axelbulten och dra åt den till angivet moment med en lämplig 8 mm insexbit som stuckits in genom baksidan av drivremsskivans hus, samtidigt som drivremsskivan hålls fast med en 5x60 mm bult, som vid demonteringen.

**20** Montera tillbaka fläktbladet och se till att det sitter rättvänt.

**21** Montera tillbaka drivremmen enligt beskrivningen i kapitel 2A eller 2B, efter tillämplighet.

**22** Montera tillbaka låshållaren enligt beskrivningen i kapitel 11.

## 6 Kylsystemets elektriska brytare och givare - kontroll, demontering och montering

## *Elektriska kylfläktens termostatbrytare*

### Kontroll

**1** Test av brytaren beskrivs i avsnitt 5, som en del av testet av den elektriska kylfläkten.

### Demontering

**Observera:** *Motorn och kylaren måste svalna helt innan brytaren demonteras.*

**2** Brytaren sitter på vänster sida av kylaren, precis ovanför den nedre slanganslutningen, och på de flesta modeller går den att nå ovanifrån. Om så inte är fallet, dra åt handbromsen ordentligt och lyft upp framvagnen och ställ den på pallbockar. Skruva loss fästskruvarna och hållarna och ta bort den undre skyddskåpan för att komma åt brytaren underifrån.

**3** Koppla loss batteriets minusledare.

**4** Tappa av kylsystemet till just under brytarens nivå (enligt beskrivningen i relevant del av kapitel 1). Alternativt, ha en passande plugg redo att stoppa igen hålet i kylaren med när brytaren demonterats. Om denna metod används, var noga med att inte skada kylaren och att inte använda något som låter främmande föremål komma in i kylaren.

**5** Koppla loss anslutningskontakten från brytaren.

**5.8c . . . och skilj motorn från fläktbladet**

**5.15 Skruva loss fästbultarna och skilj fläktbladen från kopplingen**

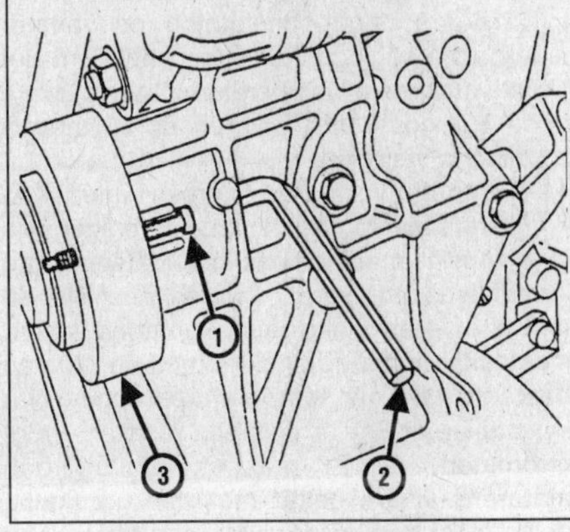


**5.16 Demontering av den viskösa kopplingens drivremsskiva**

*1 5 x 60 mm bult*
*2 8 mm insexnyckel*
*3 Drivremsskiva*

**6.10 Kylsystemets givare (1.8 liters modell)**

*1 Givare för kylvätsketemperaturmätare/ varningslampa*
*2 Motorstyrningssystemets temperaturgivare för kylvätska*

**6** Skruva försiktigt loss brytaren från kylaren och ta loss tätningsbrickan (om sådan finns). Om systemet inte har tappats av, sätt i en plugg i hålet så att inte mer kylarvätska rinner ut.

### Montering

**7** Om brytaren ursprungligen satt monterad med en tätningsring ska en ny tätningsring användas vid återmonteringen. Om det inte fanns någon tätningsring, rengör brytarens gängor noga och stryk in dem med nytt tätningsmedel.

**8** Monteringen sker i omvänd ordningsföljd mot demonteringen. Dra åt brytaren till angivet moment och fyll på kylsystemet enligt beskrivningen i relevant del av kapitel 1.

**9** Avsluta med att starta motorn och köra den tills den når normal arbetstemperatur. Låt motorn fortsätta gå, och kontrollera att kyfläkten startar och stannar som den ska.

## *Givare för kylvätsketemperaturmätare/varningslampa*

### Kontroll

**10** På alla modeller sitter givaren för kylvätsketemperaturmätaren/varningslampan i kylvätskans utloppsanslutning på vänster sida/baktill på topplocket **(se bild).** Om det finns två givare är temperaturmätarens givare den yttre (den inre givaren är till motorstyrningssystemet).

**11** Temperaturmätaren förses med en konstant spänning från instrumentbrädan (via tändningslåset och en säkring). Mätarens jord kontrolleras av givaren. Givaren innehåller en termistor – en elektronisk komponent vars elektriska motstånd sjunker med en i förväg bestämd takt när temperaturen stiger. När kylvätskan är kall är givarens resistans hög, strömmen genom mätaren är låg och mätarens visare pekar mot den blå (kalla) delen av skalan. När kylvätskans temperatur stiger och givarens resistans sjunker, ökar strömmen och visaren rör sig mot den övre delen av skalan. Om givaren är defekt måste den bytas.

**12** Temperaturvarningslampan matas med spänning från instrumentbrädan. Lampans jord styrs av givaren. Givaren är i stort sett en brytare som slås till vid en bestämd temperatur för att jorda lampan och sluta kretsen.

**13** Givarna för både mätaren och varningslampan sitter tillsammans i en enda fyrstiftsenhet.

**14** Om mätaren inte fungerar ska först de andra instrumenten kontrolleras. Om inte de heller fungerar ska instrumentbrädans elförsörjning kontrolleras. Om värdena ändras hela tiden kan det föreligga ett fel i spänningsstabilisatorn, som då måste bytas ut (stabilisatorn ingår som en del av instrumentbrädans kretskort – se kapitel 12). Om enbart temperaturmätaren är defekt, kontrollera den enligt följande.

**15** Om visaren stannar i skalans kalla ände när motorn är varm, koppla loss givarens anslutningskontakt och jorda den aktuella kabeln till topplocket. Om visaren rör sig när tändningen slås på, är givaren defekt och måste bytas. Om visaren fortfarande inte rör sig, ta bort instrumentbrädan (kapitel 12) och kontrollera att det finns kontinuitet mellan givaren och mätaren, och att mätaren får ström. Om det finns kontinuitet och felet kvarstår, är mätaren defekt och måste bytas ut.

**16** Om visaren stannar på den varma delen av skalan när motorn är kall, koppla loss givarkabeln. Om visaren återgår till den kalla delen av skalan när tändningen slås på är givaren defekt och måste bytas. Om visaren fortfarande inte rör sig, kontrollera resten av kretsen enligt beskrivningen ovan.

**17** Samma grundläggande principer gäller test av varningslampan. Lampan ska tändas när relevant givarkabel jordas.

### Demontering

**18** Tappa antingen ur kylsystemet till strax under givarens nivå (enligt beskrivningen i kapitel 1A eller 1B), ) eller var beredd att täppa igen givaröppningen med en lämplig plugg när givaren tas bort. Om en plugg används, var noga med att inte skada givaröppningen och använd inte en plugg som lämnar kvar främmande partiklar i kylsystemet.

**19** På dieselmotorer, bänd loss kåporna och skruva sedan loss fästmuttrarna och ta bort den övre skyddskåpan från motorn för att komma åt givaren.

**20** På alla motorer, koppla loss kontaktdonet från givaren och se efter om givaren är av typen som trycks fast eller skruvas fast.

**21** På givare som skruvas fast, skruva loss givaren från motorn och ta loss tätningsbrickan.

**22** På givare som trycks fast, tryck ner givarenheten och dra ut dess fästklämma. Dra ut givaren från motorn och ta loss tätningsringen.

### Montering

**23** På givare som skruvas fast, sätt på en ny tätningsbricka, sätt tillbaka givaren och dra åt den ordentligt.

**24** På givare som trycks fast, sätta på en ny tätningsring, tryck in givaren helt i öppningen och fäst den med fästklämman.

**25** Återanslut kontaktdonet och fyll på kylsystemet enligt beskrivningen i relevant del av kapitel 1, eller fyll på enligt beskrivningen i *Veckokontroller*. På dieselmotorer, montera tillbaka den övre skyddskåpan på motorn.

## *Motorstyrningssystemets temperaturgivare för kylvätska*

**26** På alla modeller sitter givaren för temperaturmätaren/varningslampan i kylvätskans utloppsanslutning på vänster sida/baktill på topplocket. Om det finns två givare, är temperaturmätarens givare den yttre (den inre givaren är till bränslemätaren/-varningslampan).

**27** Givaren är en termistor (se punkt 11) i en tvåstiftsenhet. Bränsleinsprutningens/motorstyrningens styrenhet (ECU) förser givaren med en bestämd spänning, och sedan, genom att mäta strömmen i givarkretsen, beräknar den motorns temperatur. Denna information används, tillsammans med andra mätvärden, till att styra insprutningen, tomgångsvarvtalet, etc. Den används även till att bestämma glödstiftens förvärmnings- och eftervärmningstider.

**28** Om givarkretsen inte ger korrekt information kommer styrenhetens backup att slå ut givarsignalen. I sådana fall använder styrenheten en förutbestämd inställning som gör att bränsleinsprutningen/motorstyrningssystemet kan fungera, även om det är med minskad effekt. Om detta sker tänds varningslampan på instrumentbrädan, och du bör kontakta en Audi/VAG-verkstad. Själva givaren kan bara testas med speciell utrustning på en Audi/VAG-verkstad. Försök *inte* testa kretsen med annan utrustning, eftersom det då är hög risk för att styrenheten skadas.

### Demontering och montering

**29** Se informationen i punkt 18 till 25.

## 7 Kylvätskepump – demontering och montering

## *Tidiga 1.6 liters modeller (motorkod AHL)*

### Demontering

**1** Koppla loss batteriets minusledare. Tappa sedan av kylsystemet enligt beskrivningen i kapitel 1A.

**2** Ställ låshållaren i serviceläget enligt beskrivningen i kapitel 11.

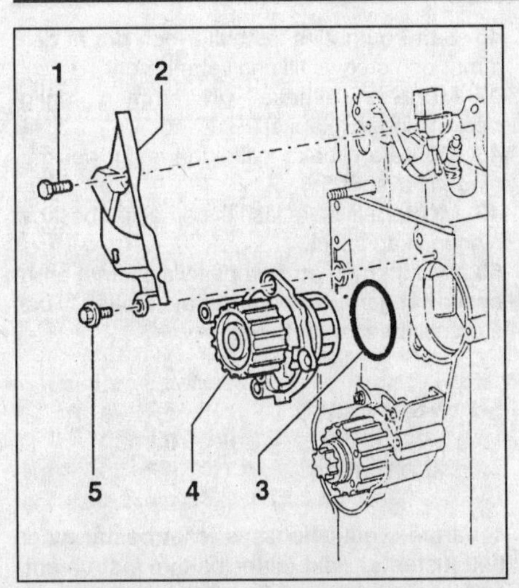


7.7 Kylvätskepumpens fästdetaljer – 1.6 liters modeller (motorkod ADP)

*1 Bult*
*2 Kamremskåpa*
*3 Tätning*
*4 Kylvätskepump*
*5 Bult*

**3** Demontera drivremmen enligt beskrivningen i kapitel 2A.

**4** Demontera fläkten med viskoskoppling enligt beskrivningen i avsnitt 5.

**5** Ta loss kamremmen från kamaxelns och kylvätskepumpens drev enligt beskrivningen i avsnittet *Kamrem – demontering, kontroll och montering* i kapitel 2A. Remmen behöver inte lossas från vevaxeldrevet, d.v.s. vevaxeldrivremmens remskiva och den nedre kamremskåpan kan sitta kvar.

**6** Skruva loss skruvarna och ta bort den övre delen av den inre kamremskåpan.

**7** Lossa och ta bort kylvätskepumpens fästbultar. Dra försiktigt bort pumpen från motorblocket och ta loss tätningsringen **(se bild).**

## Montering

**8** Se till att pumpens och husets fogytor är rena och fria från alla spår av korrosion.

**9** Skaffa en ny tätningsring och smörj den med outspädd kylvätsketillsats av angiven typ (se *Smörjmedel och vätskor*). Sätt tätningsringen på plats i huset på motorblocket.

**10** Sätt på kylvätskepumpen på motorblocket, och se till att stiftinfattningen i pumpens fläns är riktad nedåt.

**11** Sätt i fästbultarna och dra åt dem jämnt och stegvis till angivet moment.

**12** Montera tillbaka den inre kamremskåpan, montera sedan tillbaka kamremmen enligt beskrivningen i kapitel 2A.

**13** Montera tillbaka kylfläkten med viskoskoppling.

**14** Montera tillbaka låshållaren och dra åt fästbultarna till angivet moment (se kapitel 11).

**15** Avsluta med att fylla på kylsystemet enligt beskrivningen i relevant del av kapitel 1. Återanslut sedan batteriet.

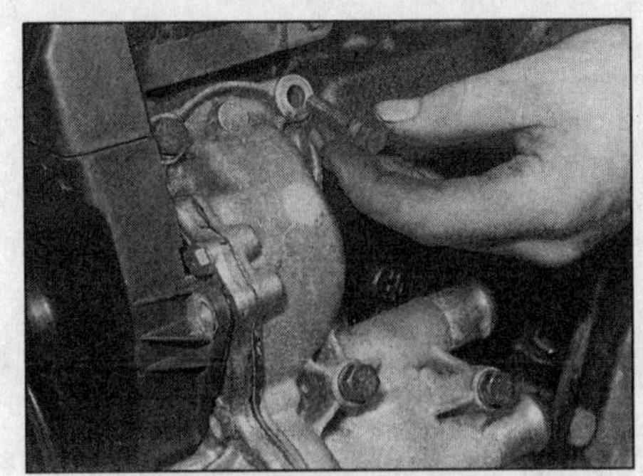

7.25a Skruva loss pinnbultarna/fästbultarna . . .

7.25b . . . och ta bort kylvätskepumpen/termostathuset från motorn

## *Alla övriga bensinmotorer (utom motorkod AHL)*

## Demontering

**16** Koppla loss batteriets minusledare, tappa sedan av kylsystemet enligt beskrivningen i kapitel 1A.

**17** Ställ låshållaren i serviceläget enligt beskrivningen i kapitel 11.

**18** Demontera drivremmen enligt beskrivningen i kapitel 2A. Notera att på bilar med luftkonditionering behöver kompressorns drivrem inte demonteras.

**19** Demontera fläkten med viskoskoppling enligt beskrivningen i avsnitt 5.

**20** Håll emot servostyrningspumpens remskiva genom att sticka in en skruvmejsel i hålet i remskivan och kila fast den mot pumpens fästbygel. Skruva loss den yttre delen av kylvätskepumpens remskiva och ta bort kilremmen.

**21** Lossa fästklämmorna och koppla loss kylvätskeslangarna från baksidan av kylvätskepumphuset och termostathuset.

**22** Demontera generatorn enligt beskrivningen i kapitel 5A.

**23** Demontera servostyrningspumpen från dess fästbygel, enligt beskrivningen i kapitel 10, och notera att man inte behöver koppla loss hydraulrören/slangarna från pumpen. Bind upp pumpen bort från fästbygeln med kabelhållare eller ståltråd.

**24** Skruva loss muttrarna/bultarna (efter tillämplighet) och ta bort generatorns och/eller servostyrningspumpens fästen från motorn för att få det utrymme som krävs för att kunna demontera kylvätskepumphuset.

**25** Skruva loss pinnbultarna/fästbultarna (efter tillämplighet) som håller fast kylvätskepump/termostathuset vid blocket och ta bort huset från motorn. **Observera:** *På vissa motorer måste man skruva loss de bultar som håller fast kamremskåpan till huset (se kapitel 2).* Ta loss tätningsringen som sitter mellan huset och blocket och kasta den, eftersom en ny måste användas vid återmonteringen **(se bilder).**

**26** Lägg alltsammans på en arbetsbänk, skruva loss fästbultarna och ta bort pumpen från huset **(se bild).** Kasta packningen, eftersom en ny måste användas vid återmonteringen. Observera att det inte går att renovera pumpen. Om den är defekt måste den bytas. Notera hur bulten med "hammarhuvud" sitter monterad i kylvätskepumphuset.

## Montering

**27** Se till att pumpens och husets fogytor är rena och torra och sätt på en ny packning på huset.

**28** Sätt på kylvätskepumpen på huset och dra åt dess fästbultar jämnt till angivet moment. Se till att bulten med hammarhuvud mellan pumpen och huset (som även håller remkåpan på plats) sitter på plats innan pumpen/huset skruvas fast på motorn.

**29** Sätt en ny tätningsring i spåret i huset och

7.25c Ta loss tätningsringen som sitter mellan huset och blocket och kasta den

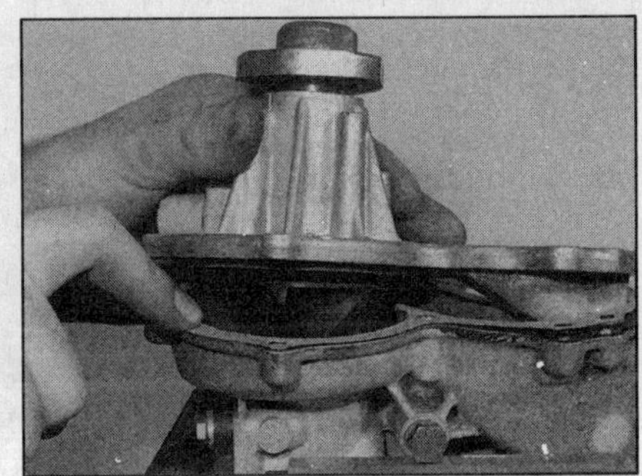

7.26 Skruva loss fästbultarna och ta loss pumpen från huset

montera tillbaka huset på motorblocket. Sätt tillbaka pinnbultarna/fästbultarna och dra åt dem till angivet moment.

**30** Anslut kylvätskeslangarna till huset och dra åt deras fästklämmor ordentligt.

**31** Montera tillbaka generatorns/servostyrningspumpens fästbyglar och dra åt fästmuttrarna/bultarna till angivet moment.

**32** Sätt ihop de två halvorna av kylvätskepumpens remskiva och sätt kilremmen på den. Montera tillbaka remskivan och remmen på kylvätskepumpen och sätt i remskivans fästbultar. Dra åt bultarna till angivet moment, samtidigt som remskivan vrids för hand för att förhindra att kilremmen kläms fast.

**33** Montera tillbaka servostyrningspumpen på fästbygeln (se kapitel 10)

**34** Montera generatorn (se kapitel 5A).

**35** Montera tillbaka drivremmen enligt beskrivningen i kapitel 2A.

**36** Montera tillbaka fläkten med viskoskoppling enligt beskrivningen i avsnitt 5.

**37** Montera låshållaren enligt beskrivningen i kapitel 11.

**38** Avsluta med att fylla på kylsystemet enligt beskrivningen i relevant del av kapitel 1, och återanslut sedan batteriet.

### *Dieselmotorer*

**Observera:** *På dieselmotorer krävs nya bultar/pinnbultar vid återmontering av pumphuset.*

#### Demontering

**39** Koppla loss batteriets minusledare, tappa sedan av kylsystemet enligt beskrivningen i kapitel 1B.

**40** Ställ låshållaren i serviceläget enligt beskrivningen i kapitel 11.

**41** Demontera drivremmen enligt beskrivningen i relevant del av kapitel 2B. Notera att på bilar som har en luftkonditioneringskompressor, behöver dennas drivrem inte demonteras.

**42** Demontera fläkten med viskoskoppling enligt beskrivningen i avsnitt 5.

**43** Håll emot kylvätskepumpens remskiva med en bandnyckel och skruva loss remskivan från pumpnavet och ta loss den.

**44** Skruva loss kylvätskepumpens fästbultar. Dra försiktigt bort pumpen från motorblocket och ta loss tätningsringen **(se bild)**.

#### Montering

**45** Se till att pumpens och husets fogytor är rena och torra och sätt på en ny tätningsring på pumpen.

**7.44 Kylvätskepumpens fästdetaljer – modeller med dieselmotor**

*1 Remskivans nav*
*2 Bult*
*3 Bult*
*4 Kylvätskepump*
*5 Tätning*
*6 Tätning*
*7 Hus*
*8 Termostat*
*9 Tätning*
*10 Bult*
*11 Termostathuskåpa*

**46** Sätt i pumpens fästbultar och dra åt dem jämnt och stegvis till angivet moment.

**47** Montera tillbaka drivremmen enligt beskrivningen i kapitel 2B.

**48** Montera tillbaka kylfläkten enligt beskrivningen i avsnitt 5.

**49** Montera tillbaka låshållaren enligt beskrivningen i kapitel 11.

**50** Avsluta med att fylla på kylsystemet enligt beskrivningen i relevant del av kapitel 1, och återanslut sedan batteriet.

## 8 Värme- och ventilationssystem – allmän information

**1** Värme-/ventilationssystemet består av en helt justerbar fläkt (sitter bakom instrumentbrädan), ventiler i mitten och på sidorna av instrumentbrädan, samt ventiler i de främre fotbrunnarna.

**2** Värmereglagen sitter i instrumentbrädan, och de styr klaffventiler som riktar och blandar luften som strömmar igenom de olika delarna av värme-/ventilationssystemet. Klaffarna är placerade i luftfördelningshuset som fungerar som central fördelningsenhet och leder luften till de olika kanalerna och munstyckena.

**3** Kall luft kommer in i systemet genom grillen i motorrummets bakre del. Om det behövs förstärks luftflödet av kompressorn och flödar sedan genom de olika lufttrummorna i enlighet med reglagens inställningar. Gammal luft pressas ut genom trummor placerade baktill i bilen. Om varm luft krävs, leds den kalla luften över värmepaketet, som värms upp av motorns kylvätska.

**4** Tillförseln av utomhusluft till kupén kan stängas av om man vill förhindra att dålig lukt kommer in. Detta kan göras antingen genom att man stänger av fläkten, eller genom att man ställer om cirkulationsreglaget (beroende på modell). Denna funktion bör endast användas kortvarigt, eftersom den återcirkulerade luften i kupén snabbt blir dålig.

## 9 Värme-/ventilationssystem – demontering och montering av komponenter

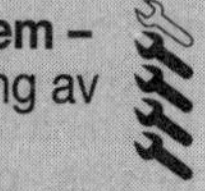

### *Allmän information*

**1** Informationen i detta avsnitt gäller bara modeller som har ett konventionellt, manuellt kontrollerat värmesystem, utan luftkonditionering. För modeller med luftkonditionering beskrivs demontering och montering av värme-/ventilations-/luftkonditioneringssystemens komponenter i avsnitt 11.

### *Reglage för värme/ventilation*

#### Demontering

**2** Koppla loss batteriets minuledare, demontera sedan mittkonsolen enligt beskrivningen i kapitel 11.

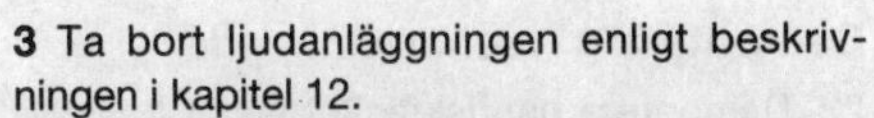

**9.4 Dra försiktigt loss knopparna från värmereglagen**

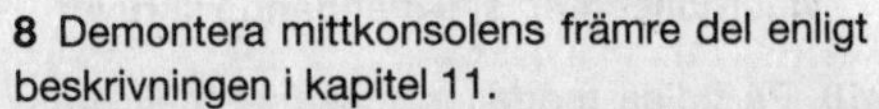

**9.5a Ta bort panelbitarna . . .**

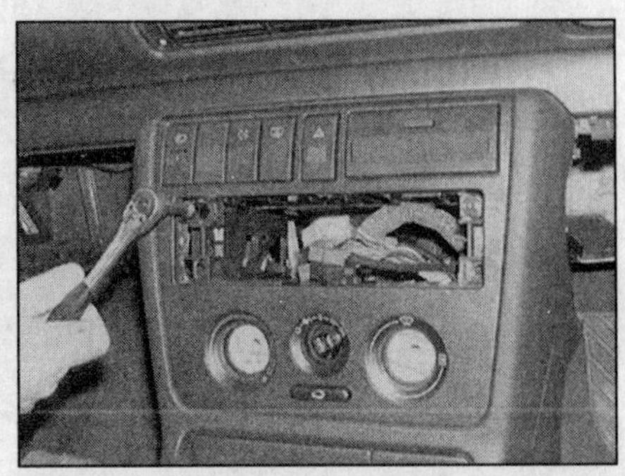

**9.5b . . . och skruva sedan loss skruvarna från hörnen av ljudanläggningens öppning**

**3** Ta bort ljudanläggningen enligt beskrivningen i kapitel 12.

**4** Dra försiktigt loss knopparna från värmereglagen **(se bild).**

**5** Ta bort panelbitarna, skruva sedan loss skruvarna från hörnen av ljudanläggningens öppning **(se bilder).**

**6** Bänd försiktigt loss klädselpanelen från den främre delen av mittkonsolen med en liten flatbladig skruvmejsel **(se bild).** Vira först in skruvmejselns blad i tejp för att förhindra skador på klädselpanelen och instrumentbrädan.

**7** På senare modeller, skruva loss skruvarna från hörnen i värmereglageenhetens öppning. Notera hur fjäderklämmorna sitter monterade **(se bild).**

**8** Demontera mittkonsolens främre del enligt beskrivningen i kapitel 11.

**9** Skruva loss skruvarna och lyft av mittkonsolens brytarpanel. Värmereglageenheten kan sedan dras ut från baksidan av brytarpanelen efter att fästskruvarna tagits bort. På senare modeller behöver inte brytarpanelen demonteras, eftersom värmereglageenheten kan lossas från framsidan. Notera hur fjäderklämmorna sitter monterade **(se bilder).**

**10** Koppla loss kontaktdonet/donen från baksidan av panelen **(se bild).**

**11** Notera hur varje reglagevajer sitter monterad (vajrarnas ändfästen är färgkodade) och koppla sedan loss dem från reglagepanelen **(se bild).** Vajerhöljena sitter antingen fast med klämmor, och kan lossas genom att man försiktigt bänder tillbaka panelens fasthållningsflikar underifrån med en skruvmejsel, eller med en självgängande skruv.

**12** Ta bort reglagepanelen när alla kontaktdon och vajrar är losskopplade.

## Montering

**13** Monteringen sker i omvänd ordningsföljd mot demonteringen, och se till att reglagevajrarna (där sådana finns) sätts fast på sina ursprungliga platser. Kontrollera reglagens funktion innan du monterar tillbaka mittkonsolen. **Observera:** *Om vajerns fasthållningsflikar blivit skadade vid demonteringen, finns det hål i reglageenheten där du kan fästa vajerhöljet med självgängande skruvar* **(se bilder på nästa sida).**

**9.6 Bänd försiktigt loss klädselpanelen från den främre delen av mittkonsolen**

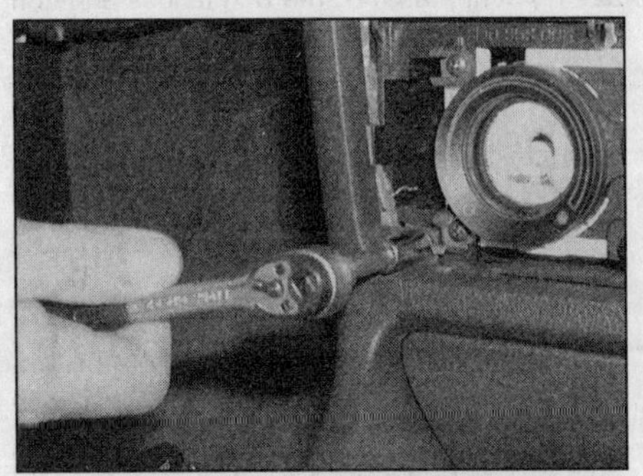

**9.7 På senare modeller, skruva loss skruvarna från hörnen av värmereglageenhetens öppning**

**9.9a På senare modeller, skruva loss skruvarna och lossa värmereglageenheten från brytarpanelen**

**9.9b Notera hur fjäderklämmorna sitter monterade**

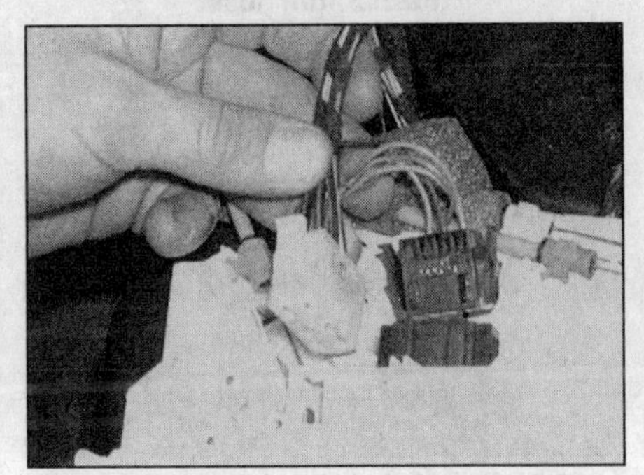

**9.10 Koppla loss kontaktdonet/-donen från baksidan av panelen**

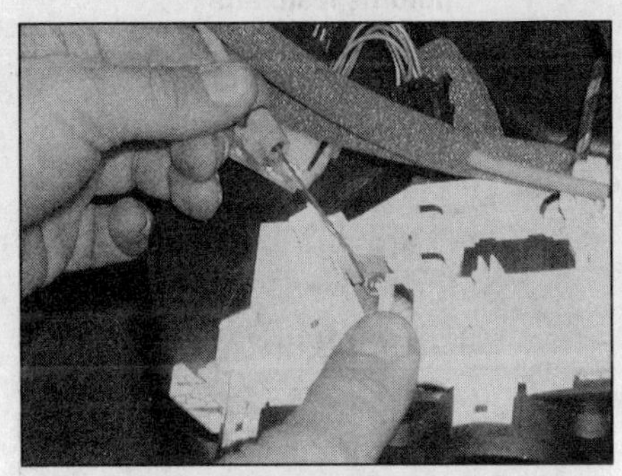

**9.11 Notera hur varje reglagevajer sitter monterad och koppla sedan loss dem från baksidan av panelen**

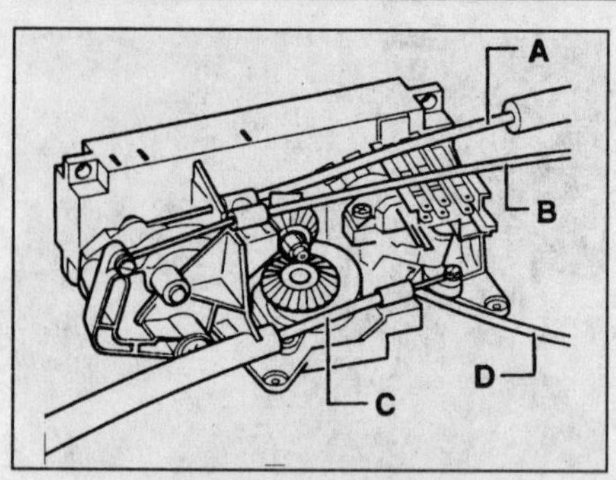


9.13a Reglageenhetens vajeranslutningsdetaljer

*A Klaff för benutrymme/avfrostning; vänsterstyrd = vit, högerstyrd = grön*
*B Mittklaff; vänsterstyrd = svart, högerstyrd = gul*
*C Friskluftsavstängningsklaff; vänsterstyrd = blå, högerstyrd = brun*
*D Temperaturreglageklaff; vänsterstyrd = röd, högerstyrd = orange*

## Fläktmotor

**14** Koppla loss kabeln från batteriets minuspol.

**15** Demontera handskfacket från instrumentbrädan enligt instruktionerna i kapitel 11.

**16** På senare modeller, demontera seriemotståndet/termosäkringen enligt beskrivningen i nästa underavsnitt.

**17** Koppla loss motorns kontaktdon från seriemotståndet/termosäkringen (tidiga modeller) eller sidan av motorhuset (senare modeller) **(se bild).**

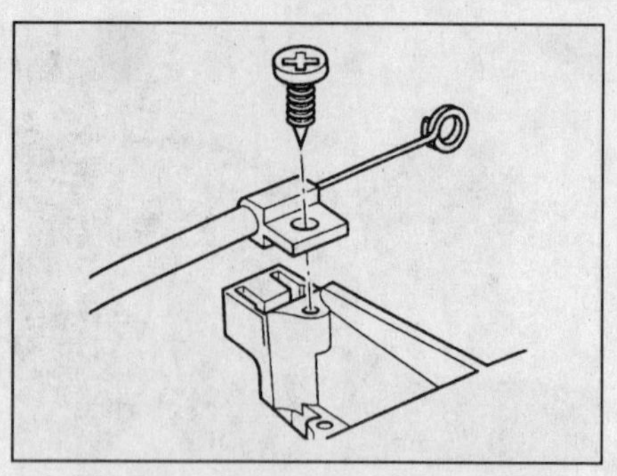

9.13b Om vajrarnas fasthållningsflikar blivit skadade vid demonteringen, finns det hål i reglageenheten där du kan fästa vajerhöljet med självgängande skruvar

**18** På tidiga modeller, lossa fasthållningshaken och vrid sedan motorn medurs och ta loss den från huset.

**19** På senare modeller, fatta tag i motorns fästplatta och dra den nedåt tills den lossnar från huset. Skruva loss fästskruvarna och skilj motorn från fästplattan **(se bilder).**

## Fläktmotormotstånd/ termosäkring

### Demontering – tidiga modeller

**20** Demontera handskfacket enligt beskrivningen i kapitel 11. Motståndet/säkringen sitter på sidan av fläktmotorhuset.

**21** Koppla loss de två kontaktdonen från sidan av motståndets/säkringens basplatta.

**22** Tryck ner fästhakarna och ta loss enheten från fläktmotorhuset.

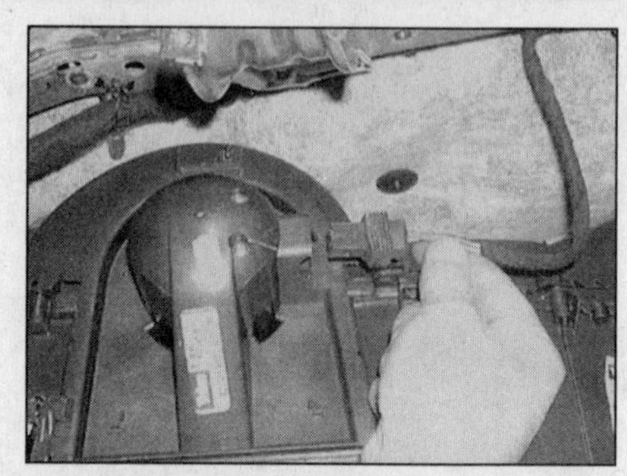

9.17 Koppla loss motorns kontaktdon från sidan av motorhuset (senare modeller)

### Demontering – senare modeller

**23** Demontera handskfacket enligt beskrivningen i kapitel 11. Motståndet/säkringen sitter på baksidan av fläktmotorhuset.

**24** Koppla loss kontaktdonet från baksidan av motståndets/säkringens basplatta **(se bild).**

**25** Skruva loss fästskruvarna och ta bort basplattan från fläktmotorhuset **(se bilder).**

**26** Borra ut de två pinnbultarna som håller fast motståndet/säkringen vid basplattan **(se bild).**

**27** Lossa fästhakarna och koppla loss och ta bort motståndet/säkringen från basplattan.

### Montering

**28** Monteringen sker i omvänd ordningsföljd mot demonteringen. På tidiga modeller kan det krävas att man sätter motståndets fästplatta på plats med självgängande skruvar

9.19a På senare modeller, fatta tag i motorns fästplatta . . .

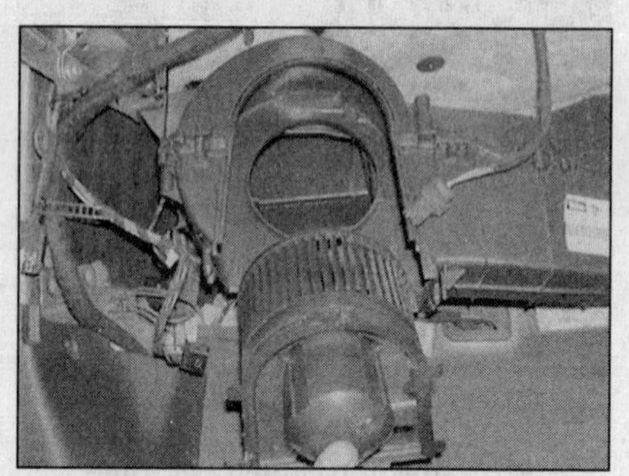

9.19b . . . och dra den nedåt tills den lossnar från huset

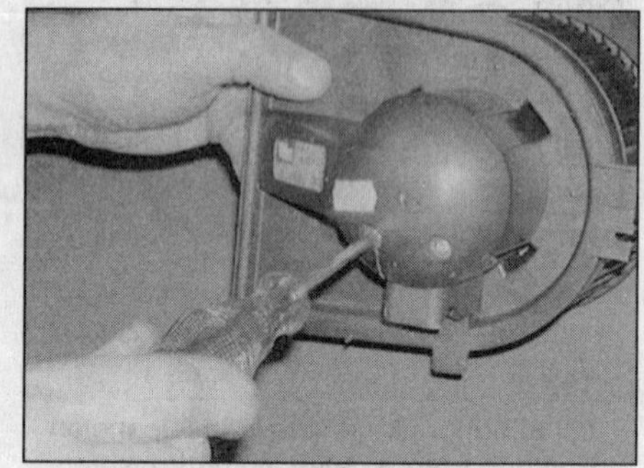

9.19c Skruva loss fästskruvarna . . .

9.19d . . . och skilj motorn från fästplattan

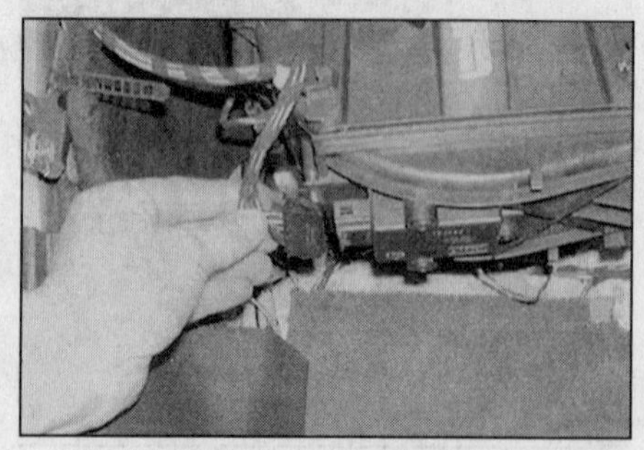

9.24 Koppla loss kontaktdonet från baksidan av motståndets/säkringens basplatta

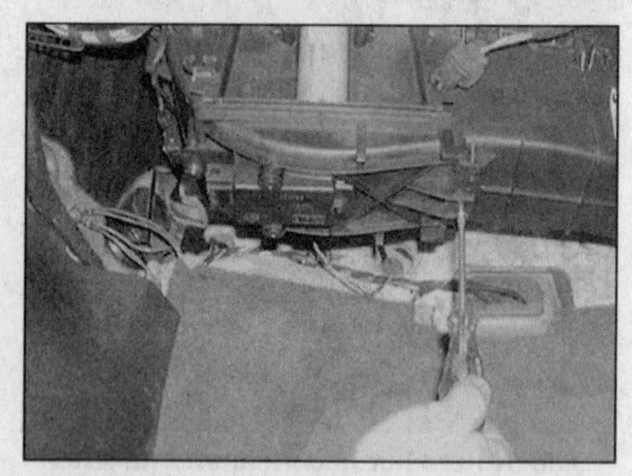

9.25a Skruva loss fästskruvarna . . .

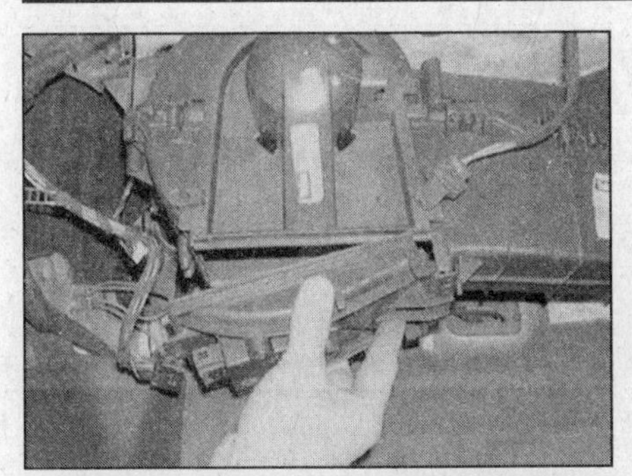
9.25b ... och ta bort basplattan från fläktmotorhuset

9.26 Borra ut de två pinnbultar som håller fast motståndet/säkringen vid basplattan

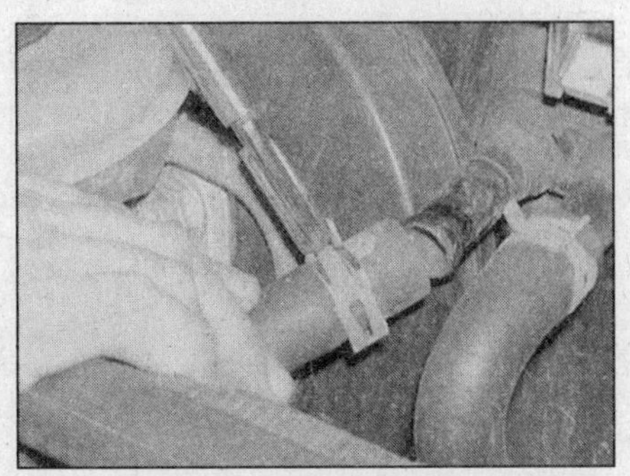
9.32a Lossa klämmorna ...

på de befintliga tapparna. På senare modeller, fäst motståndet/säkringen på basplattan med 3,2 x 10 mm skruvar.

## Värmeenhet

### Demontering

**29** Se till att motorn har svalnat helt innan arbetet påbörjas.

**30** Öppna motorhuven och leta reda på värmepaketets slangar i motorrummets bakre del. Följ slangarna bakåt till den punkt där de är anslutna till torpedväggens rör.

**31** Placera en behållare under slangarna för att fånga upp den kylvätska som kommer att läcka ut när de kopplas loss.

**32** Kläm ihop båda värmeslangarna, lossa sedan slangklämmorna och koppla loss slangarna från anslutningarna på torpedväggen **(se bilder).** Låt sedan kylvätskan från värmekretsen samlas upp i avtappningsbehållaren.

**33** Tillsätt försiktigt tryckluft (om det finns tillgängligt) vid *lågt tryck* till den vänstra tappen på torpedväggen och blås ut den kvarvarande kylvätskan från värmepaketet.

***Varning: Använd alltid skyddsglasögon vid arbete med tryckluft.***

**34** Om det inte finns tillgång till tryckluft, tänk på att en större volym kylvätska kommer att finnas kvar i kretsen och att denna kan läcka ut när värmeenheten tas bort från bilen.

**35** Bänd loss gummigenomföringen från öppningen i torpedväggen, och dra sedan loss den från anslutningarna och ta bort den från motorrummet **(se bild).**

**36** Ta bort hela instrumentbrädan enligt beskrivningen i kapitel 11, och notera att på tidiga modeller är värmeenheten fäst på baksidan av instrumentbrädan.

### Modeller fram t.o.m. 1996

**37** Koppla loss kablaget mellan värmeenheten och instrumentbrädan. Märk anslutningarna för att undvika förvirring vid återmonteringen.

**38** Skruva loss fästskruvarna och lossa värmeenheten från baksidan av instrumentbrädan. Ta bort enheten från bilen, och håll den upprätt för att inte spilla ut någon kylvätska som kan finnas kvar.

### Modeller fr.o.m. 1997

**39** Skruva loss bultarna och ta bort instrumentbrädans vänstra och högra stödfäste från golvplattan **(se bilder).**

**40** Lossa luftkanalerna till det bakre passagerarutrymmet från framsidan av fotbrunnens ventil. Skruva loss fästskruvarna och koppla loss benutrymmets ventilationskanal från basen av värmeenheten **(se bilder).**

9.32b ... och koppla loss värmeslangarna från anslutningarna på torpedväggen

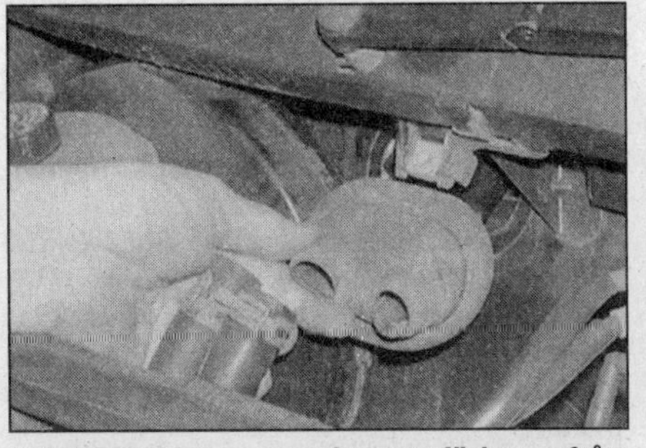
9.35 Bänd loss gummigenomföringen från öppningen i torpedväggen, dra sedan loss den från anslutningarna

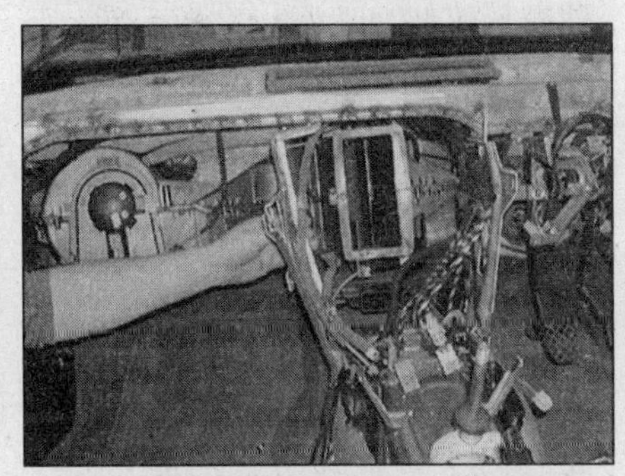
9.39a Skruva loss bultarna och ta loss instrumentbrädans vänstra ...

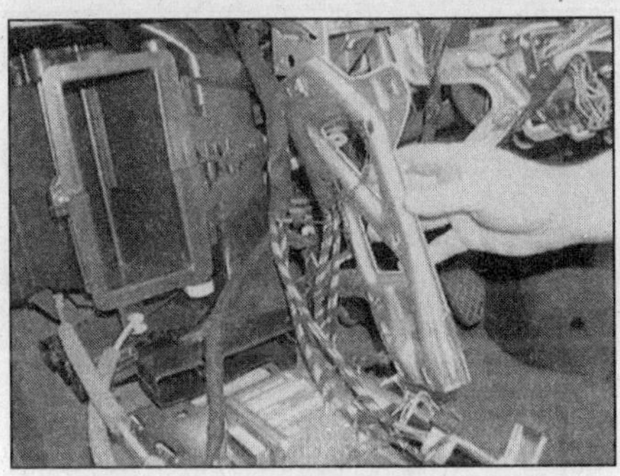
9.39b ... och högra stödfäste från golvplattan

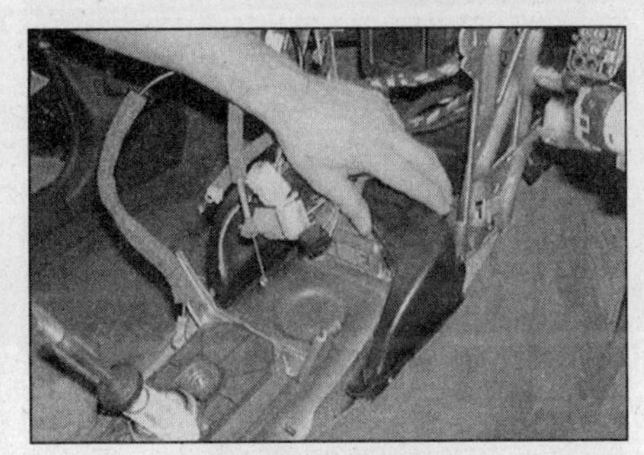
9.40a Lossa luftkanalerna till det bakre passagerarutrymmet från framsidan av fotbrunnens ventil

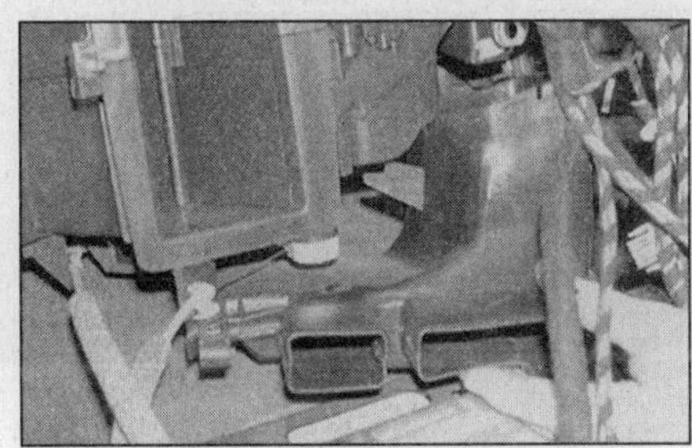
9.40b Skruva loss fästskruvarna och koppla loss benutrymmets ventilationskanal från nederdelen av värmeenheten

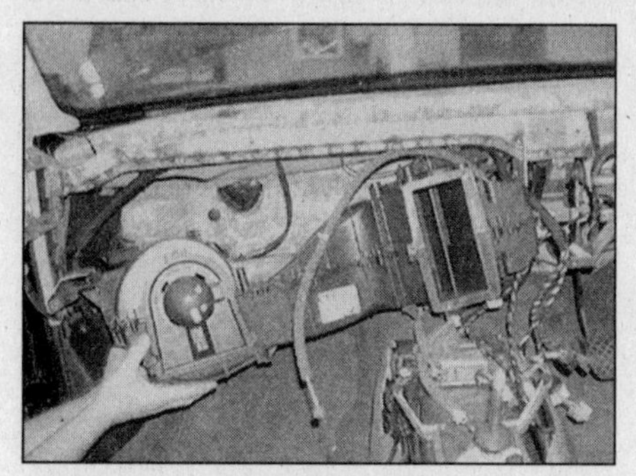

9.43 Skruva loss fästskruvarna och lyft bort värmeenheten från bilen

9.46a Lägg huset på en arbetsbänk, skruva loss skruven . . .

41 Koppla loss värmeenhetens kablage vid kontaktdonen. Märk anslutningarna för att undvika förvirring vid återmonteringen. Lossa kablaget från fästklämmorna på sidan av värmeenheten.

42 Skruva loss fästskruvarna och lyft bort värmeenheten från torpedväggen, mot passagerarsidan. Värmeenhetens packning kan ha fastnat vid torpedväggen. Vicka i så fall huset försiktigt från sida till sida tills packningen lossnar.

43 Ta bort enheten från bilen, och håll den upprätt för att inte spilla ut kvarvarande kylvätska **(se bild).**

### Montering

44 Monteringen sker i omvänd ordningsföljd mot demonteringen. Tänk på följande.

*a) Använd en ny huspackning om den gamla är skadad.*

*b) Se till att luftkanalerna, krökarna och damasken sitter ordentligt fast vid huset och att alla kablar/vajrar är rätt dragna innan du fäster huset på plats.*

*c) Se till att kylvätskeslangarna är ordentligt fästa vid värmepaketet. Matningsslangen från topplocket måste vara ansluten till den vänstra anslutningen, och returslangen till kylvätskepumpen till den högra anslutningen.*

*d) Se till att gummigenomföringen sitter ordentligt på anslutningarna på torpedväggen.*

*e) Avsluta med att fylla på och lufta kylsystemet enligt beskrivningen i relevant del av kapitel 1.*

## *Värmepaket*

### Demontering

45 Demontera värmeenheten enligt beskrivningen tidigare i detta avsnitt. Notera att på modeller fram till 1996 behöver värmeenheten inte kopplas loss från instrumentbrädan.

46 Lägg huset på en arbetsbänk, skruva loss skruven, tryck ner låshakarna och dra ut värmepaketet från ovansidan av värmeenheten **(se bild).** Akta händerna när detta görs – paketets flänsar är vassa.

### Montering

47 Montering sker i omvänd ordningsföljd. Nya värmepaket levereras med självhäftande skumgummiremsor. Dessa ska fästas vid kanterna av kärnan och den övre flänsen innan paketet sätts in i värmeenheten.

## *Klaffventilmotor för friskluftsintag/återcirkulering (modeller fr.o.m. 1997)*

### Demontering

48 Koppla loss minusledningen från batterianslutningen.

49 Demontera handskfacket enligt beskrivningen i kapitel 11.

50 Klaffventilmotorn sitter på höger sida av fläktmotorhuset.

51 Koppla loss kontaktdonet från sidan av motorn.

52 Skruva loss fästskruven och dra försiktigt ut motorn från huset, och lirka ut styrspaken genom öppningen i huset.

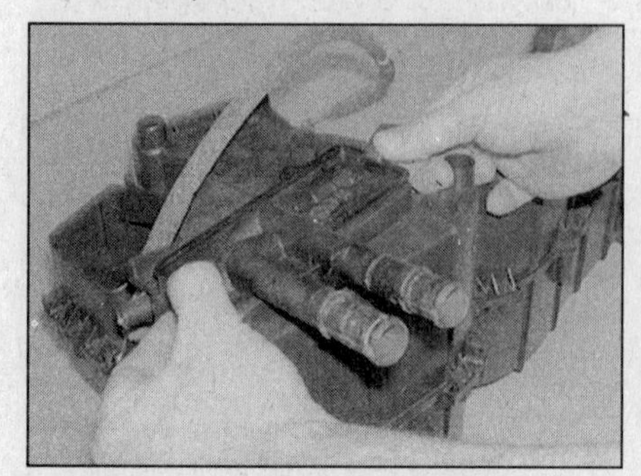

9.46b . . . tryck ner låshakarna . . .

9.46c . . . och dra ut värmepaketet från ovansidan av värmeenheten

### Montering

53 Monteringen sker i omvänd ordningsföljd mot demonteringen. Om positionen för motorns styrspak gör återmonteringen svår, återanslut batteriet tillfälligt och slå till återcirkuleringsbrytaren tills styrspaken står horisontellt relativt motorhuset.

# 10 Luftkonditioneringssystem – allmän information och föreskrifter

## *Allmän information*

1 Vissa modeller är utrustade med luftkonditioneringssystem. Det kombinerar ett konventionellt luftuppvärmningssystem med ett system för luftkylning och avfuktning. Detta ger större kontroll över temperaturen och luftfuktigheten i bilen, vilket ger ökad komfort och snabb avimning av fönstren.

2 Kyldelen av systemet fungerar på samma sätt som i ett vanligt kylskåp. Kylmedia i gasform, i ett slutet rörnätverk, sugs in i en remdriven kompressor och tvingas igenom en kondensator som sitter framför kylaren. När gasen kommer in i kondensatorn övergår gasen till flytande form och värme avges, som absorberas av luft som strömmar in i främre delen av motorrummet genom kondensatorn. Vätskan passerar genom en expansionsventil till en förångare, där den omvandlas från vätska under högt tryck till gas under lågt tryck. Denna fasförändring åtföljs av ett temperaturfall som kyler ner förångaren. Luft som strömmar igenom förångaren kyls ner innan den leds in i luftfördelaren. Kylmediet återvänder sedan till kompressorn, och processen börjar om.

3 Den kylda luften strömmar till luftfördelaren, där den blandas med varmluft från värmepaketet till önskad temperatur i passagerarutrymmet. När luftkonditioneringssystemet används i automatläge, reglerar en serie luftventiler som styrs av servomotorer automatiskt kupétemperaturen genom att blanda varm och kall luft.

4 Värmedelen av systemet fungerar precis som i modeller utan luftkonditionering (se avsnitt 9).

5 Systemet styrs av en elektronisk styrenhet som styr den elektriska kylfläkten, kompressorn och varningslampan på instrumentbrädan. Eventuella problem med systemet måste överlåtas till en VAG-verkstad. Systemet har en inbyggd självdiagnosfunktion, men det krävs speciell utrustning för att tolka informationen.

## *Föreskrifter*

6 Vid arbete på en bil med luftkonditionering måste särskilda säkerhetsåtgärder följas när man arbetar med någon del av systemet eller dess tillhörande komponenter. Om kyl-

medierören måste kopplas loss av någon anledning, måste detta överlåtas till en VAG-verkstad eller luftkonditioneringsspecialist. Likaledes får systemet bara tömmas och fyllas av en VAG-verkstad eller luftkonditioneringsspecialist.

***Varning: Luftkonditioneringssystemet innehåller ett flytande kylmedium som står under tryck. Om systemet töms okontrollerat utan specialutrustning, kommer kylmediet att koka så snart det kommer ut i normalt atmosfärtryck, vilket kan orsaka allvarliga köldskador om mediet kommer i kontakt med huden. Dessutom kan vissa kylmedium vid kontakt med öppen låga (inklusive en tänd cigarrett) oxidera och bilda en mycket giftig gas. Det är därför mycket farligt att koppla loss någon del av luftkonditioneringssystemet utan specialkunskap och specialutrustning.***

**7** Okontrollerat utsläpp av kylmediet kan även vara skadligt för miljön, eftersom vissa kylmedium innehåller freoner.

**8** Använd inte luftkonditioneringssystemet när kylmedelnivån är låg, eftersom detta kan skada kompressorn.

## 11 Luftkonditioneringssystem – demontering och montering av komponenter

***Varning: Försök inte tömma kylmediekretsen själv (se föreskrifterna i avsnitt 10). Låt en kvalificerad kyltekniker tömma luftkonditioneringssystemet. Avsluta med att låta teknikern sätta på nya O-ringar på röranslutningarna och fylla på systemet.***

### Kompressor

#### Demontering

**1** Koppla loss minusledningen från batterianslutningen.

**2** Ställ låshållaren i serviceläget (se kapitel 11).

**3** Låt en kvalificerad kyltekniker tömma luftkonditioneringssystemet.

**4** Demontera drivremmen enligt beskrivningen i relevant del av kapitel 2.

**5** Skruva loss fästbultarna och koppla loss kylmedieledningarna från kompressorn. Ta bort O-ringstätningarna och kasta dem. Nya måste användas vid återmonteringen. Plugga igen öppna rör och hål för att hindra fukt från att tränga in.

**6** Koppla loss kablaget för kopplingen, och i förekommande fall axelhastighetsgivaren, vid kontaktdonen på baksidan av kompressorn.

**7** Skruva loss de tre (Nippondenso kompressor) eller fyra (Zexel kompressor) fästbultarna från framsidan av kompressorn, ta sedan bort kompressorn från dess fästbygel.

#### Montering

**8** Monteringen sker i omvänd ordning mot demonteringen. Se till att fästen dras åt till angivet moment där sådant angetts. Avsluta med att låta kylteknikern sätta på nya O-ringar på röranslutningarna och sedan tömma och fylla på kylkretsen.

### Förångare/värmepaketshus

***Varning: Innan förångaren/värmepaketshuset demonteras måste luftkonditioneringsstyrsystemets komponenter sättas i referensläge. Detta arbete bör överlåtas till en VAG-verkstad, eftersom det kräver speciell testutrustning.***

#### Demontering

**9** Se till att motorn har svalnat helt innan arbetet påbörjas.

**10** Låt en kvalificerad tekniker tömma luftkonditioneringssystemet, låt sedan styrsystemets komponenter sättas i referensläge av en Audiverkstad.

**11** Koppla loss minusledningen från batterianslutningen.

**12** Öppna motorhuven och leta rätt på värmepaketets slangar i motorrummets bakre del. Följ slangarna bakåt till den punkt där de är anslutna till torpedväggens röranslutningar.

**13** Placera en behållare under slangarna för att fånga upp den kylvätska som kommer att läcka ut när de kopplas loss.

**14** Kläm ihop båda värmeslangarna, lossa slangklämmorna och koppla loss slangarna från anslutningarna på torpedväggen. Låt kylvätskan från värmekretsen samlas upp i avtappningsbehållaren.

**15** Tillsätt försiktigt tryckluft (om det finns tillgängligt) vid *lågt tryck* till den vänstra anslutningen på torpedväggen och blås ut den kvarvarande kylvätskan från värmepaketet.

***Varning: Använd alltid skyddsglasögon vid arbete med tryckluft.***

**16** Om det inte finns tillgång till tryckluft, tänk på att en större volym kylvätska kommer att finnas kvar i värmekretsen och att denna kan läcka ut när huset tas bort från insidan av bilen.

**17** Bänd loss gummigenomföringen från öppningen i torpedväggen, dra sedan loss den från anslutningarna och ta bort den från motorrummet.

**18** Leta reda på luftkonditioneringens aluminiumkylrör och följ dem bakåt till torpedväggen i motorrummet. Skruva loss mittbulten och koppla loss rören vid anslutningen. Ta bort O-ringstätningarna och kasta dem. Nya måste användas vid återmonteringen. Plugga igen de öppna rören för att hindra att fukt tränger in.

**19** Lossa gummigenomföringen från öppningen i torpedväggen och dra loss den från kylrörens anslutningar.

**20** Koppla loss kablaget till lågtrycksbrytaren, och koppla sedan loss styrsystemets vakuumslang. Tejpa ihop dem så att båda enkelt kan stickas igenom öppningen i torpedväggen när huset tas bort från insidan av bilen.

**21** Demontera hela instrumentbrädan enligt beskrivningen i kapitel 11. Notera att förångaren/värmepaketshuset sitter fäst på baksidan av instrumentbrädan.

#### Modeller fram t.o.m. 1996

**22** Koppla loss kablaget mellan förångaren/värmepaketshuset och instrumentbrädan. Märk anslutningarna för att undvika förvirring vid återmonteringen.

**23** Skruva loss fästskruvarna och lossa förångaren/värmepaketshuset från baksidan av instrumentbrädan. Ta bort huset från bilen, och håll det upprätt för att undvika att spilla ut kvarvarande kylvätska.

#### Modeller fr.o.m. 1997

**24** Skruva loss instrumentbrädans stödfästen från golvplattan.

**25** Lossa luftkanalerna till det bakre passagerarutrymmet från framsidan av fotbrunnens ventil. Skruva loss fästskruvarna och koppla loss fotbrunnens ventil från nederdelen av förångaren/värmepaketshuset.

**26** Koppla loss förångarens/värmepakethusets kablage vid kontaktdonen. Märk anslutningarna för att undvika förvirring vid återmonteringen. Lossa kablaget från fästklämmorna på sidan av huset.

**27** Skruva loss fästskruvarna och lyft bort förångaren/värmepaketshuset från torpedväggen, mot passagerarsidan. Husets packning kan ha fastnat vid torpedväggen. Vicka i så fall huset försiktigt från sida till sida tills packningen lossnar.

**28** Ta bort huset från bilen, och håll det upprätt för att undvika att spilla ut kvarvarande kylvätska.

#### Montering

**29** Monteringen sker i omvänd ordningsföljd mot demonteringen, tänk på följande.

*a) Använd en ny huspackning om den gamla är skadad.*

*b) Se till att kondensdräneringsröret sitter korrekt på baksidan av förångaren/värmepaketshuset.*

*c) Se till att luftkanalerna, krökarna och damasken sitter ordentligt fast vid huset och att alla kablar/vajrar är rätt dragna innan du fäster huset på plats.*

*d) Se till att kylvätskeslangarna är ordentligt fästa vid värmepaketet. Matningsslangen från topplocket ska vara ansluten till den vänstra anslutningen, och returslangen till kylvätskepumpen till den högra anslutningen (med ventilhålet).*

*e) Se till att gummigenomföringarna sitter ordentligt i öppningarna på torpedväggen.*

*f) Fyll på och lufta kylsystemet enligt beskrivningen i relevant del av kapitel 1.*

*g) Avsluta med att låta kylteknikern sätta på nya O-ringar på röranslutningarna och sedan tömma och fylla på kylkretsen.*

## *Fläktmotor*

### Demontering

**30** Koppla loss minusledningen från batterianslutningen.

**31** Utför följande enligt instruktionerna i kapitel 11 och 12:

*a) Demontera handskfacket från instrumentbrädan.*

*b) Demontera fästbygeln till passagerarsidans krockkudde.*

**32** Koppla loss kontaktdonet från baksidan av fläktmotorn under instrumentbrädan i fotbrunnen på passagerarsidan.

**33** Skruva loss de fyra skruvarna, vrid sedan fläktmotorn något och ta loss den från värmepaketet/förångarhuset. På modeller från 1997 och senare kan motorn nu kopplas loss från basplattan genom att kontaktdonen kopplas loss och fästhakarna lossas.

### Demontering

**34** Monteringen sker i omvänd ordningsföljd mot demonteringen.

## *Fläktmotorns styrenhet*

### Demontering

**35** Koppla loss minusledningen från batterianslutningen.

**36** Utför följande enligt instruktionerna i kapitel 11:

*a) Demontera handskfacket från instrumentbrädan.*

*b) Demontera fästbygeln till passagerarsidans krockkudde.*

**37** Styrenheten sitter på höger sida av fläktmotorn.

**38** Koppla loss kontaktdonet från enheten, skruva sedan loss fästskruven och ta loss enheten från värmepaketet/förångarhuset.

### Montering

**39** Monteringen sker i omvänd ordningsföljd mot demonteringen.

## *Styrsystemets komponenter*

***Varning: Innan någon av komponenterna till luftkonditioneringens styrsystem demonteras måste systemet sättas i referensläge. Detta arbete bör överlåtas till en Audiverkstad eftersom det kräver speciell testutrustning.***

### Reglagepanel

**40** Låt styrsystemet ställas i referensläge av en Audiverkstad.

**41** Demontera ljudanläggningen enligt beskrivningen i kapitel 12.

**42** Skruva loss de fyra fästskruvarna, bänd sedan loss klädselpanelen från mittkonsolen med hjälp av en liten flatbladig skruvmejsel.

**43** Skruva loss de två fästskruvarna, ta loss fjäderklämmorna och ta loss reglagepanelen från mittkonsolen. På senare modeller hålls reglagepanelen på plats av fyra fjäderklämmor och tas loss genom att man sticker in handen genom öppningen för ljudanläggningen och trycker panelen framåt.

**44** Koppla loss temperaturgivarens luftkanal från ovansidan av reglagepanelen.

**45** Tryck ner fästhakarna och koppla loss kontaktdonen från baksidan av reglagepanelen. Ta bort enheten från bilen.

**46** Monteringen sker i omvänd ordningsföljd mot demonteringen, tänk på följande:

*a) Se till att lufttemperarturgivarens kanal är korrekt återansluten.*

*b) Se till att dekorens fästklämmor sitter korrekt bakom reglagepanelens fästskruvar.*

*c) Om reglagepanelen har bytts måste den initieras av en Audiverkstad med speciell testutrustning innan den kan användas.*

### Klaffventilernas inställningsmotorer

**47** Demontera instrumentbrädan enligt instruktionerna i kapitel 11.

**48** Skruva loss skruvarna och lossa instrumentbrädans stödfäste från golvplattan över transmissionstunneln.

**49** Koppla loss fotbrunnens luftfördelningsventil från nederdelen av förångaren/värmepaketshuset.

**50** Klaffventilernas inställningsmotorer sitter på sidan av förångaren/värmepaketshuset och identifieras som följer:

*a) Klaffventil för fotbrunn/avfrostning – gult kontaktdon.*

*b) Temperaturklaffventil – lila kontaktdon.*

*c) Mittklaffventil – grönt kontaktdon.*

**51** Koppla loss kontaktdonet och koppla sedan loss styrspaken från motoraxeln.

**52** Skruva loss fästskruvarna och ta loss motorn från huset. Observera att fotbrunns-/avfrostningsventilen hålls fast av en fästbygel.

**53** Monteringen sker i omvänd ordningsföljd mot demonteringen. Avsluta med att låta luftkonditioneringsstyrsystemet initieras av en Audiverkstad med speciell testutrustning.

### Temperaturgivare

**54** På tidiga modeller är den inre temperaturgivaren inbyggd i mittkonsolens klädselpanel. Demontering av temperaturgivaren sker enligt följande.

**55** Skruva loss de fyra fästskruvarna, bänd sedan loss klädselpanelen från mittkonsolen med hjälp av en liten flatbladig skruvmejsel.

**56** Koppla loss luftkanalen från baksidan av givaren och ta bort panelen/givaren från bilen.

**57** Givarfläktmotorn (monterad bakom mittkonsolens frontpanel, till vänster om givaren) kan demonteras genom att kablaget kopplas loss och fästskruvarna skruvas loss.

**58** Monteringen sker i omvänd ordningsföljd mot demonteringen.

**59** På senare modeller sitter ytterligare givare monterade i de individuella luftkanaler som leder till fotbrunnarnas ventiler och de övre ventilerna. Dessa kan tas bort genom att kablaget kopplas loss och givaren sedan vrids och tas bort från kanalen.

### Solljussensor

**60** Bänd försiktigt loss kåpan från vindrutans mittersta avfrostningsventil.

**61** Skruva loss skruven och ta bort sensorn från ventilen. Koppla loss kablaget och bind fast kontaktdonet så att det inte faller in bakom instrumentbrädan.

**62** Monteringen sker i omvänd ordningsföljd mot demonteringen.

### Vakuumbehållare

**63** Demontera förångaren/värmepaketshuset enligt beskrivningen tidigare i detta avsnitt.

**64** Koppla loss vakuumslangarna från portarna på sidan av vakuumenheten. Notera noggrant hur de sitter monterade, så att de kan monteras tillbaka i rätt ordning.

**65** Skruva loss skruvarna och koppla loss vakuumbehållaren från huset.

**66** Monteringen sker i omvänd ordningsföljd mot demonteringen.

### Vakuummembranenhet

**67** Demontera förångaren/värmepaketshuset enligt beskrivningen tidigare i detta avsnitt.

**68** Skruva loss membranenhetens fästskruvar.

**69** Koppla loss membranenhetens axel från aktiveringsspaken.

**70** Ta bort enheten från förångaren/värmepaketshuset.

**71** Monteringen sker i omvänd ordningsföljd mot demonteringen. Justera längden på membranenhetens axel till 50 mm innan den återansluts till aktiveringsspaken.

# Kapitel 4 Del A:
# Bränslesystem – flerpunktsinsprutning

## Innehåll



## Svårighetsgrader

**Enkelt,** passar novisen med lite erfarenhet 

**Ganska enkelt,** passar nybörjaren med viss erfarenhet 

**Ganska svårt,** passar kompetent hemmamekaniker 

**Svårt,** passar hemmamekaniker med erfarenhet 

**Mycket svårt,** för professionell mekaniker 

## Specifikationer

### Systemtyp

| | |
|---|---|
| Motorkod ADP (1595cc) | Bosch Motronic 3.2 insprutning |
| Motorkod AHL (1595cc) | Simos |
| Motorkod ADR (1781cc) | Bosch Motronic 3.2 insprutning |
| Motorkod AFY (1781cc) | Bosch Motronic 3.2 insprutning |
| Motorkod APT (1781cc) | Bosch Motronic 3.2 insprutning |
| Motorkod APW (1781cc) | Bosch Motronic 3.2 insprutning |
| Motorkod AEB (1781cc) | Bosch Motronic 3.2 insprutning |
| Motorkod AJL (1781cc) | Bosch Motronic 3.2 insprutning |

### Rekommenderat bränsle

| | |
|---|---|
| Minsta oktantal: | |
| Motorkoder ADP, AHL, ADR, APT, APW, AEB, AJL: | |
| För bästa prestanda | 95 oktan |
| Något minskad effekt | 91 oktan |
| Motorkod AFY (utan katalysator) | 88 oktan (blyfri eller blyad) |

### Bränslesystemdata

| | |
|---|---|
| Bränslepump, typ | Elektrisk, nedsänkt i tanken |
| Bränslepumpsmatning (batterispänning 12 V) | 260 cm³/15 sek |
| Reglerat bränsletryck vid tomgångskörning: | |
| Vakuumslang monterad | 3,5 bar (c:a) |
| Vakuumslang bortkopplad | 4,0 bar (c:a) |
| Minsta hålltryck (efter 10 minuter) | 2,5 bar |
| Motorns tomgångsvarvtal (icke justerbart, elektroniskt styrt): | |
| Motorkoder ADP, ADR (t.o.m. 06/96), AEB | 820 till 900 varv per minut |
| Motorkoder ADR (fr.o.m. 07/96), AFY, AEB, AJL | 780 till 900 varv per minut |
| Motorkod AHL | 760 till 960 varv per minut |
| Motorkoder APT, APW | 810 till 910 varv per minut |
| CO-halt vid tomgång (icke justerbart, elektroniskt styrt) | 0,1 till 1,1 % |
| Insprutningsventilens elektriska motstånd (vid rumstemperatur): | |
| Motorkod ADP | 14 till 16 ohm |
| Motorkoder ADR, AEB, AFY, AEB, AJL | 11 till 13 ohm |
| Motorkod AHL | 14 till 17 ohm |
| Motorkod APT, APW | 12 till 13 ohm |
| Motorvarvtalsgivarens motstånd: | |
| Motorkod ADP, ADR, AFY, AEB, AJL | 480 till 1 000 ohm |
| Motorkod AHL | 730 till 1 000 ohm |
| Motorkod APT, APW | 450 till 1 000 ohm |

### Åtdragningsmoment

| | Nm |
|---|---|
| Katalysator till turboaggregat | 30 |
| Kylvätskerör till insugsgrenrör (ADP, AEB, AJL) | 10 |
| Kylvätskereturrör till turboaggregat | 30 |
| Kylvätskematningsrör till turboaggregat | 25 |
| Bränslefördelarskena till insugsgrenrör | 10 |
| Bränsletankens påfyllningsrör | 25 |
| Bränsletankens fästbultar | 25 |
| Insugsgrenrör: | |
| ADP, AHL | 20 |
| ADR, AFY, AEB, AJL | 10 |
| Insugsgrenrörets stödfästen | 20 |
| Lambdasond | 50 |
| Oljereturrör till turboaggregat | 10 |
| Oljetillförselrör till turboaggregat | 25 |
| Turboaggregatets fästbygel: | |
| Till turboaggregat | 40 |
| Till motorblock | 45 |
| Turboaggregat till avgasgrenrör | 35 |

## 1 Allmän information och föreskrifter

### Allmän information

Boschs och Simos flerpunktsinsprutningssystem för bensin som beskrivs i det här kapitlet är helomfattande motorstyrningssystem som styr både bränsleinsprutning och tändning **(se bilder 1.1a till 1.1e).** Detta kapitel tar endast upp bränsleinsprutningens komponenter, se kapitel 5B för detaljer om tändsystemets delar.

Bränsleinsprutningssystemet består av en bränsletank, en elektrisk bränslepump, ett bränslefilter, matnings- och returledningar för bränsle, ett gasspjällhus, en luftmängdsgivare, en bränslefördelarskena och fyra elektroniska insprutningsventiler, en bränsletrycksregulator och en elektronisk styrenhet (ECU), samt tillhörande givare, aktiverare och kablar. Komponenternas layout varierar beroende på system – se relevant avsnitt för mer information. Motorkod AEB och AJL har ett turboaggregat.

Luftmängdsgivaren sitter på luftrenarens utgång till gasspjällhuset. Bränsle matas under tryck till en bränslefördelarskena och skickas sedan vidare till fyra elektroniska insprutningsventiler. Insprutningstidens längd kontrolleras av styrenheten, som slår av och på insprutningsventilerna efter behov.

Bränslepumpen matar in en konstant mängd bränsle genom ett filter. Bränslet kommer till en bränslefördelarskena, bränsletrycksregulatorn upprätthåller ett konstant bränsletryck till bränsleinsprutningsventilerna och pumpar tillbaka överflödigt bränsle via returledningen. Systemet med konstant bränsleflöde hjälper till att sänka bränslets temperatur och förhindrar förångning.

Styrenheten styr start och uppvärmning, samt reglering av tomgångshastigheten och lambdasonden. Tomgångshastigheten

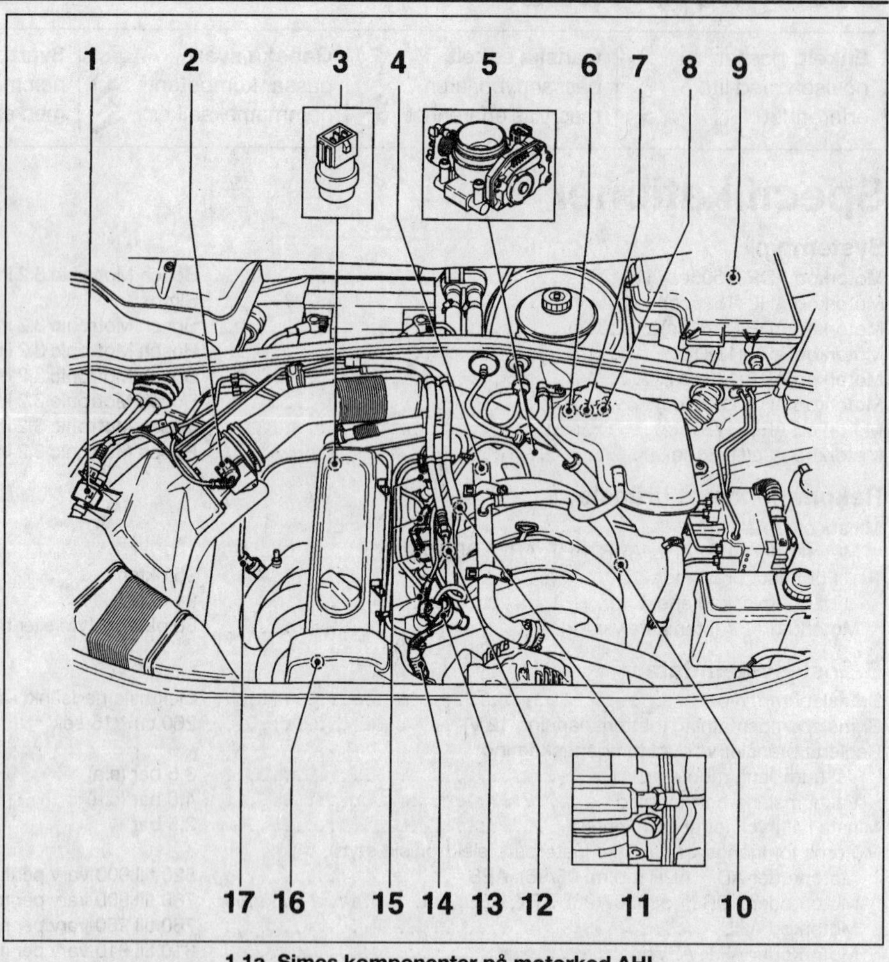


**1.1a Simos komponenter på motorkod AHL**

1 *Kolfilterventil*
2 *Luftflödesmätare*
3 *Temperaturgivare för kylvätskan*
4 *Tändspolar och effektsteg*
5 *Gasspjällhus*
6 *Lambdasondens kontaktdon*
7 *Varvtalsgivarens kontaktdon*
8 *Knacksensorns kontaktdon*
9 *Styrenhet (ECU)*
10 *Insugsrörets temperaturgivare*
11 *Motorvarvtalsgivare*
12 *Knacksensor*
13 *Bränsletrycksregulator*
14 *Hallgivarens kablage*
15 *Insprutningsventiler*
16 *Hallgivare*
17 *Lambdasond*

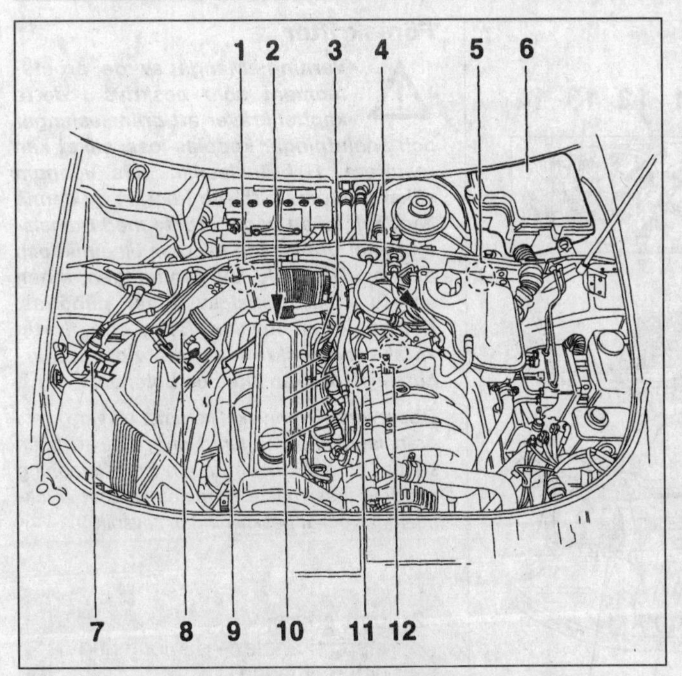


**1.1b Motronic komponenter på motorkod ADP**

*1 Tändspole*
*2 Temperaturgivare för kylvätskan*
*3 Fördelare med Hallgivare*
*4 Gasspjällets potentiometer*
*5 Kontaktdon för lambdasond, motorvarvtalsgivare och knacksensor*
*6 Styrenhet*
*7 Kolfiltersolenoid*
*8 Luftflödesmätare*
*9 Lambdasond*
*10 Insprutningsventiler*
*11 Knacksensor*
*12 Motorvarvtalsgivare*

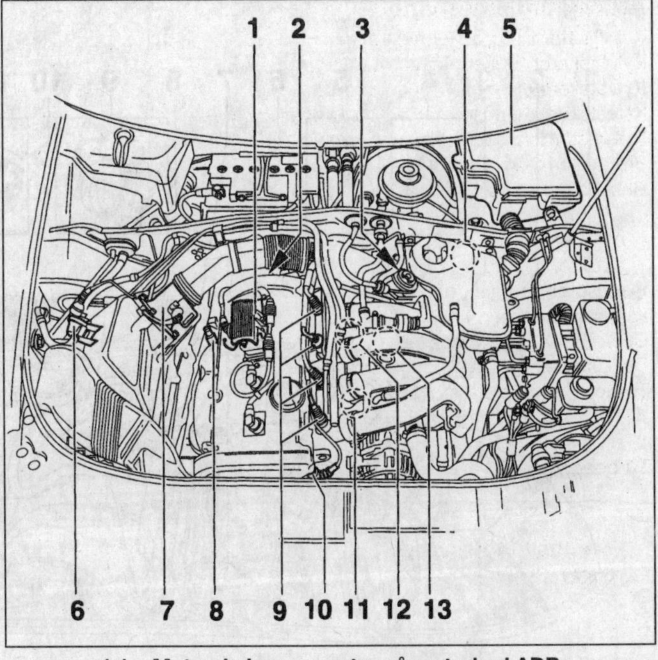


**1.1c Motronic komponenter på motorkod ADR**

*1 Tändspole och tändkablar*
*2 Temperaturgivare för kylvätskan*
*3 Gasspjällets potentiometer*
*4 Kontaktdon för lambdasond, motorvarvtalsgivare och knacksensor 1 och 2*
*5 Styrenhet*
*6 Kolfiltersolenoid*
*7 Luftflödesmätare*
*8 Lambdasond*
*9 Insprutningsventiler*
*10 Hallgivare*
*11 Knacksensor 1*
*12 Knacksensor 2*
*13 Motorvarvtalsgivare*

kontrolleras dels av en elektronisk lägesmodul för gasspjället, på sidan gasspjällhuset, och dels av tändsystemet. Manuell justering av tomgångshastigheten är inte möjlig.

Insugsluft dras in i motorn genom luftrenaren, som innehåller ett utbytbart pappersfilter.

Avgasernas syreinnehåll övervakas ständigt av styrenheten via lambdasonden, som sitter monterad i avgasgrenröret. Styrenheten använder sedan lambdasondens information till att justera luft-/bränsleblandningen. Manuell justering av tomgångens CO-halt i avgaserna är inte möjlig. En katalysator sitter monterad på avgassystemet på alla utom mycket tidiga modeller. Bilen har ett kontrollsystem för bränsleångor, och styrenheten kontrollerar kolfiltret. Se kapitel 4C för mer information.

Observera att diagnostisering av fel på de motorstyrningssystem som behandlas i detta kapitel endast kan utföras med speciell elektronisk testutrustning. Problem med systemens funktion måste därför överlåtas till en Audi/VAG-verkstad för utvärdering. När felet väl identifierats, anger arbetsbeskrivningarna i följande avsnitt hur komponenter byts ut efter behov.

**Observera:** *I det här kapitlet hänvisas snarare till bilarnas motorkoder än till deras slagvolym. I kapitel 2A finns en lista över motorkoder.*

**1.1d Motronic komponenter på motorkod AEB**

*1 Lambdasond*
*2 Temperaturgivare för kylvätskan*
*3 Kontaktdon för lambdasond, motorvarvtalsgivare och knacksensor 1 och 2*
*4 Styrenhet*
*5 Kolfiltersolenoid*
*6 Effektsteg för tändspolar*
*7 Luftflödesmätare*
*8 Solenoidventil för laddtrycksstyrning*
*9 Tändspolar*
*10 Insprutningsventiler*
*11 Hallgivare*
*12 Knacksensor 1*
*13 Knacksensor 2*
*14 Motorvarvtalsgivare*
*15 Luftintagets temperaturgivare*
*16 Gasspjällets potentiometer*

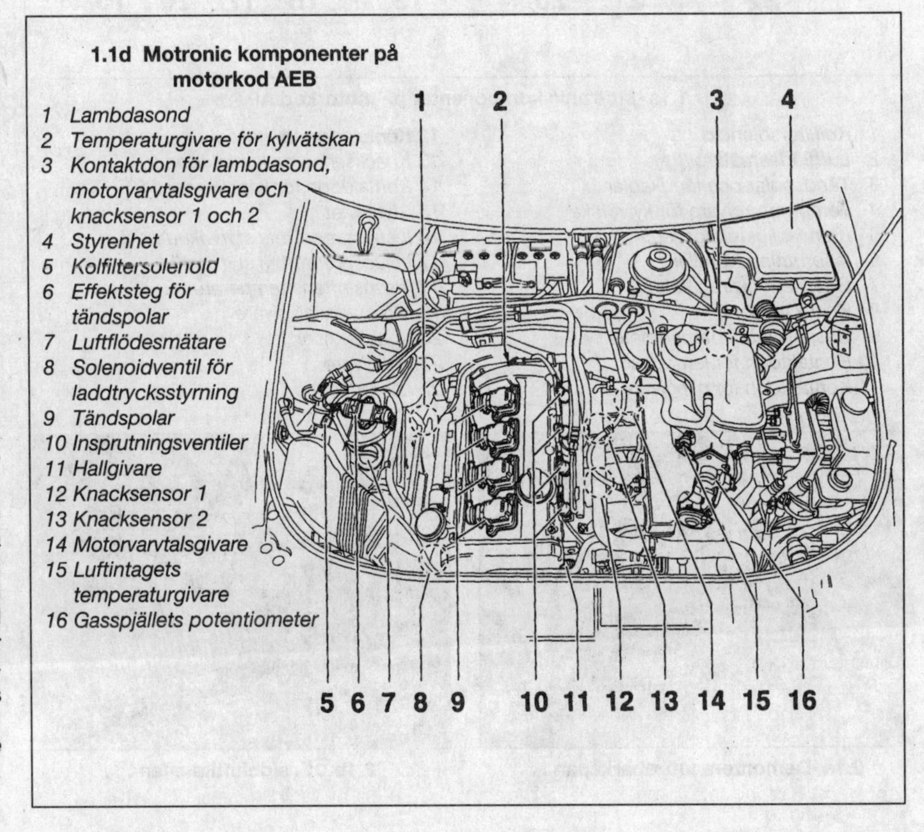

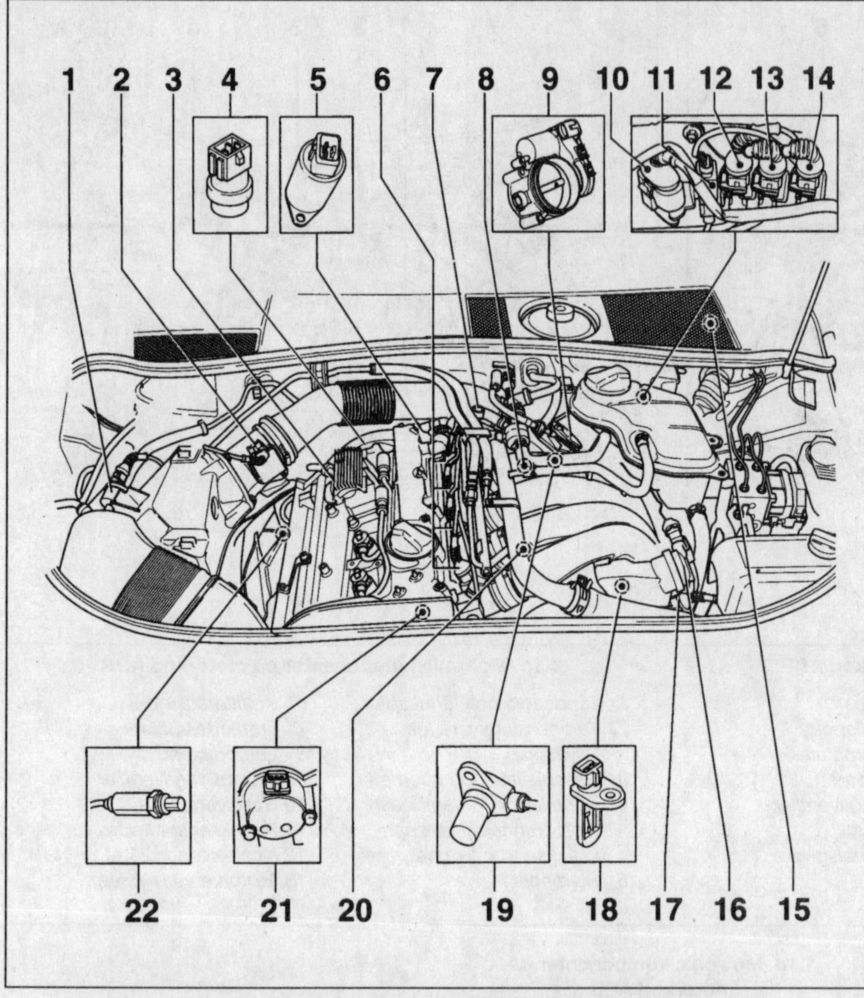


**1.1e Motronic komponenter på motorkod APT**

1 *Kolfiltersolenoid*
2 *Luftflödesmätare*
3 *Tändspolar och tändkablar*
4 *Temperaturgivare för kylvätska*
5 *Kamaxeljusteringsventil*
6 *Insprutningsventiler*
7 *Bränsletrycksregulator*
8 *Knacksensor 2*
9 *Gasspjällets potentiometer*
10 *Kontaktdon för lambdasond*
11 *Kontaktdon för oljegivare*
12 *Kontaktdon för hastighetsgivare*
13 *Knacksensorns kontaktdon 2*
14 *Kontaktdon för knacksensor 1*
15 *Styrenhet*
16 *Insugsgrenrörets styrvakuumenhet*
17 *Insugsgrenrörets styrventil*
18 *Insugsluftens temperaturgivare*
19 *Motorvarvtalsgivare*
20 *Knacksensor 1*
21 *Hallgivare*
22 *Lambdasond*

## Föreskrifter

***Varning: Många av de arbetsmoment som beskrivs i detta kapitel kräver att bränsleslangar och anslutningar kopplas loss, vilket kan resultera i bränslespill. Läs igenom säkerhetsföreskrifterna i början av denna handbok innan något arbete med bränslesystemet utförs, och följ dem till punkt och pricka. Slå alltid av tändningen innan arbete med bränslesystemet påbörjas. Bensin är en mycket farlig och flyktig vätska och vikten av att vidta säkerhetsåtgärder kan inte nog betonas.***

**Observera:** *Övertrycket kommer att vara kvar i bränsleledningarna långt efter det att bilen senast kördes. Innan någon bränsleledning kopplas loss måste bränslesystemet tryckutjämnas enligt beskrivningen i avsnitt 9.*

## 2 Luftrenare och insugskanaler – demontering och montering

### Demontering

**1** Demontera luftrenarkåpan och luftkanalerna, bänd sedan upp fästklämmorna och lyft bort den övre kåpan från luftrenarhuset **(se bilder)**. Observera att luftflödesmätaren sitter fäst vid den övre kåpan.

**2** Ta bort luftfiltret (se kapitel 1A för mer information).

**3** Lossa klämman och koppla loss luftkanalen från luftflödesmätaren på luftrenaren. Koppla även loss vevhusventilationens slangar **(se bilder).**

**4** Koppla loss kablaget från luftflödesmätaren och ta bort den övre kåpan från motorrummet. Om det behövs, demontera luftflödesmätaren från den övre kåpan enligt beskrivningen i avsnitt 4 eller 5.

**5** Skruva loss fästbulten och ta bort luftrenarhuset från motorrummet **(se bilder).** Om så behövs, ta bort gummifästena från huset. Kontrollera fästenas skick och byt ut dem om det behövs.

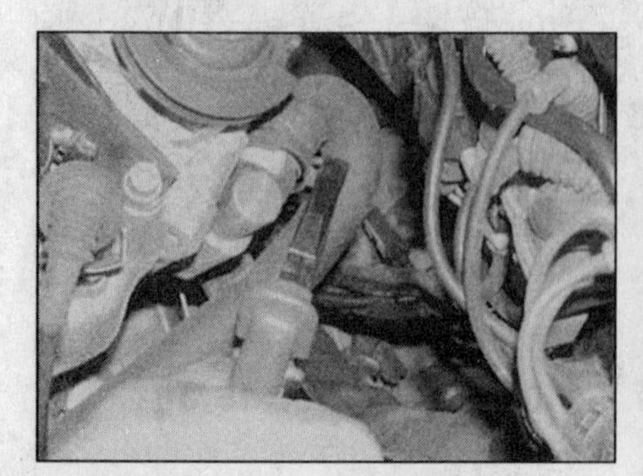

**2.1a Demontera luftrenarkåpan . . .**

**2.1b . . . sidoluftkanalen . . .**

**2.1c . . . och den främre luftkanalen**

2.3a Lossa klämman . . .

2.3b . . . och koppla loss luftkanalen från luftflödesmätaren

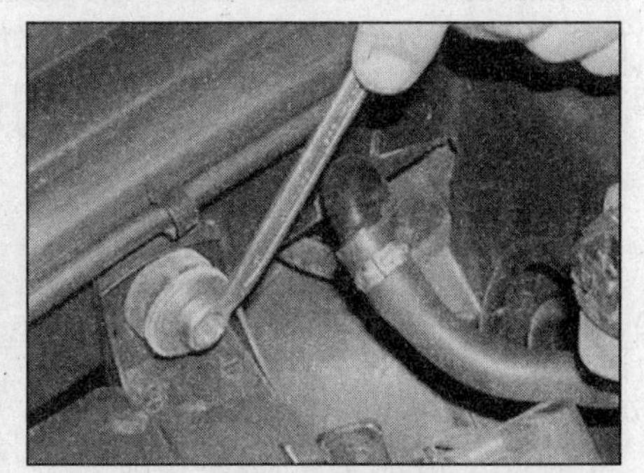
2.5a Skruva loss bulten . . .

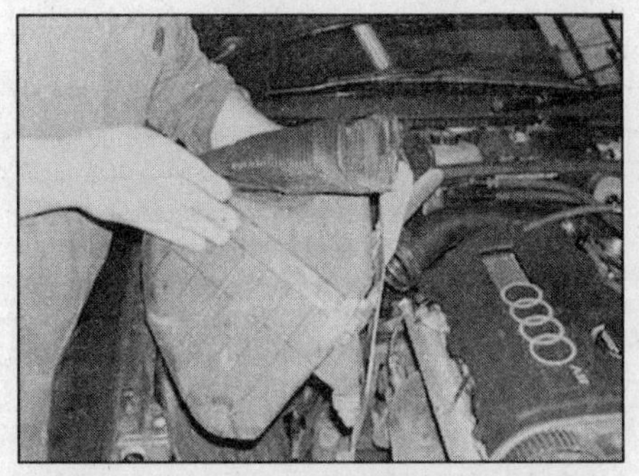
2.5b . . . och ta bort luftrenarhuset från motorrummet

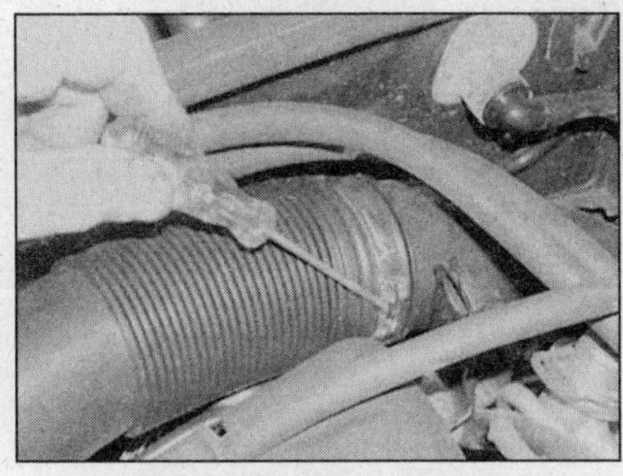
2.6a Lossa klämmorna . . .

2.6b . . . och ta bort luftkanalen mellan luftrenaren och gasspjällhuset

**6** På modeller utan turbo, demontera luftkanalen mellan luftrenaren och gasspjällhuset genom att lossa klämmorna **(se bilder).**

**7** På turbomodeller, demontera luftkanalen mellan luftrenaren och mellankylaren.

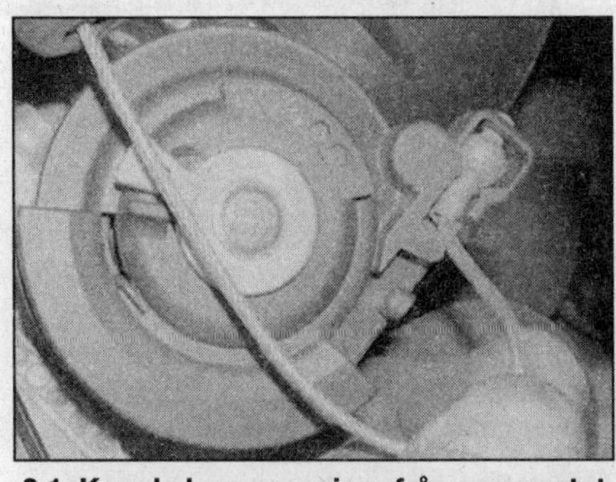
3.1 Koppla loss gasvajern från segmentet

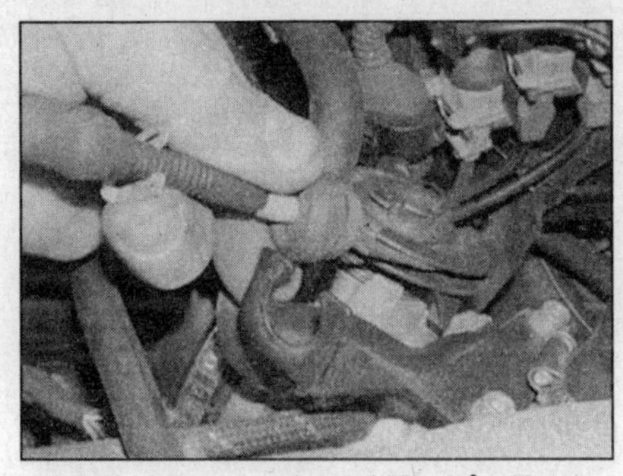
3.2 Ta loss gasvajerns hölje från fästet

### Montering

**8** Monteringen sker i omvänd ordning.

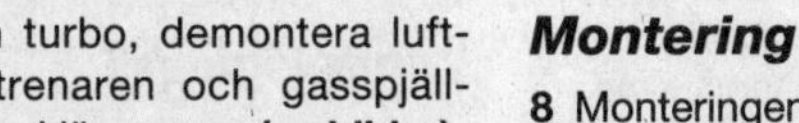

## 3 Gasvajer – demontering, montering och justering

**Observera:** *Modeller med motorkod APT och APW har ingen gasvajer, och det finns ingen mekanisk länk mellan gaspedalen och gasspjällhuset. En elektrisk servomotor på sidan av gasspjällshuset styr gasspjället, och gaspedalen har lägesgivare.*

### Demontering

**1** Koppla loss gasvajern från segmentet på gasspjällhuset genom att vrida segmentet för att öppna gasspjället, lossa sedan vajerns ändfäste **(se bild).**

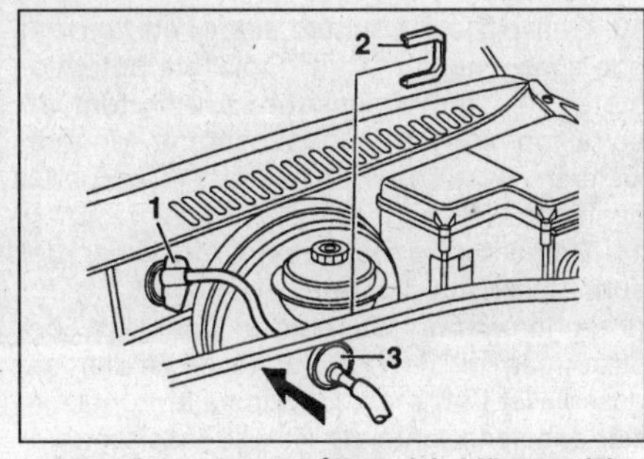

3.7a Gasvajerns hållare (1), klämma (2) och muff (3) på modeller med manuell växellåda

**2** Notera placeringen av justeringsklammern på ringen vid vajerhöljets ände, dra sedan ut vajern från gummimuffen på fästet **(se bild).** Ta bort muffen från fästet.

**3** Lossa gasvajern från fästena i motorrummet.

**4** Inuti bilen, demontera instrumentbrädans nedre klädselpanel/förvaringsfack under ratten.

**5** Sträck in handen under instrumentbrädan och koppla loss innervajern ovanpå gaspedalen.

**6** På modeller med automatväxellåda, koppla loss kickdownkontaktens kablage från vajerhöljet på motorrummets bakre panel i motorrummet.

**7** På motorrummets bakre panel, dra loss vajerns fästklämma **(se bilder). Observera:** *På modeller med manuell växellåda sitter klämman bakom panelen.*

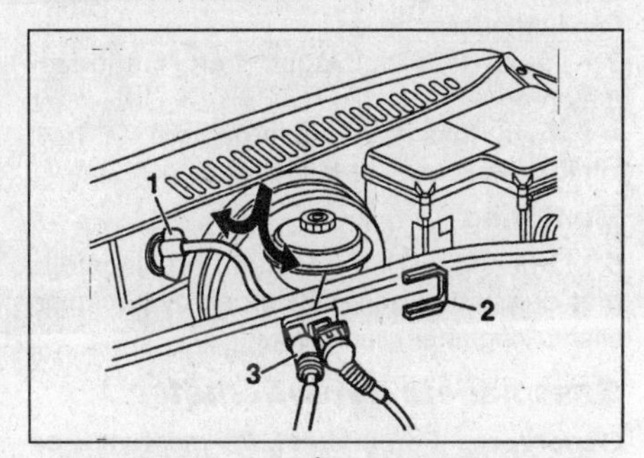

3.7b Gasvajerns hållare (1), klämma (2) och muff (3) på modeller med automatväxellåda

8 På torpedväggen under vindrutan, vrid vajerns hållare moturs ett kvarts varv (90°) så att dess triangulära klämma passas in mot hålet, och dra sedan ut gasvajern i motorrummet och ta bort den från bilen.

### Montering

9 Monteringen sker i omvänd ordning, justera vajern enligt följande. Se till att vajerhöljet sitter fast ordentligt i torpedväggen.

### Justering

10 Justera metallklämmans läge på vajerhöljet på gasspjällhuset så att gasspjället öppnas helt, ända till ändstoppet, när gaspedalen trycks i botten **(se bild)**. När pedalen är helt uppsläppt får det vara ett spel på högst 1 mm i innervajern.

11 På modeller med automatväxellåda, kontrollera att man kan höra kickdownkontakten klicka när vajern når ändläget. En ytterligare kontroll kan göras på modeller med automatväxellåda med en ohmmätare. Koppla loss kablaget från kickdownkontakten på gasvajern på den bakre panelen i motorrummet, och anslut en ohmmätare till de två anslutningarna. När gaspedalen är uppsläppt ska ohmmätaren visa oändligt motstånd, vilket indikerar att kontaktens kontaktstift är separerade. Låt en medhjälpare långsamt trycka ner gaspedalen. När pedalen är nästan ända nere måste värdet vara noll motstånd, vilket indikerar att de interna kontaktstiften har slutits vid kickdownpunkten.

## 4 Motorstyrningssystem, Bosch Motronic – demontering och montering av komponenter

**Observera:** *Observera föreskrifterna i avsnitt 1 innan något arbete utförs på bränslesystemets komponenter. Tändningen måste vara avstängd under hela arbetet.*

### Luftflödesmätare

#### Demontering

1 Luftflödesmätaren sitter på luftrenarens övre kåpa. Bänd först loss fästklämmorna och lyft bort den övre kåpan från luftrenarens hus.

2 Lossa klämman och koppla loss luftkanalen från luftflödesmätaren.

3 Koppla loss kablaget från luftflödesmätaren.

4 Skruva loss fästskruvarna och ta bort luftflödesmätaren. Ta loss packningen.

#### Montering

5 Monteringen sker i omvänd ordningsföljd mot demonteringen, sätt på en ny packning eller O-ring efter tillämplighet.

### Gasspjällets potentiometer

**Observera:** *Potentiometern monteras på gasspjällhuset vid tillverkningen och går inte att köpa separat. Om den är skadad måste hela gasspjällhuset bytas.*

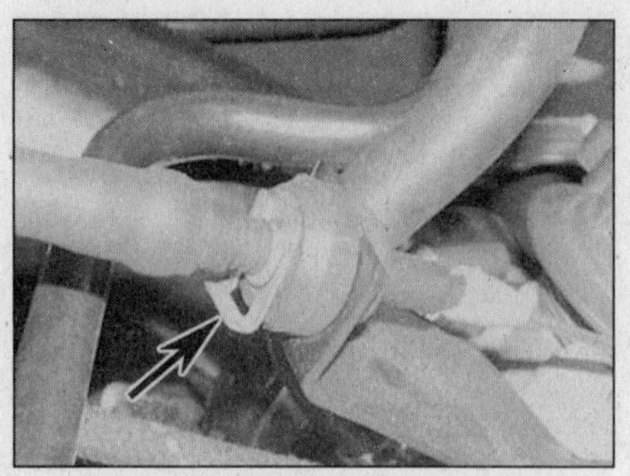

3.10 Gasvajerns justeringsklämma

#### Demontering

6 Koppla loss kablagekontakten från potentiometern/gasspjällkontakten.

7 Skruva loss fästskruvarna och lyft bort potentiometern/gasspjällkontakten från gasspjällhuset. Ta loss O-ringstätningen.

#### Montering

8 Monteringen sker i omvänd ordningsföljd mot demonteringen, tänk på följande:

*a) Byt O-ringstätningen om det behövs.*
*b) Kontrollera att drivningen greppar korrekt i gasspjällaxelns förlängning.*
*c) På bilar med automatväxellåda måste potentiometern matchas ihop med automatväxellådans styrenhet, vilket kräver speciell elektronisk testutrustning. Kontakta en Audi/VAG-verkstad för råd.*

### Insugsgrenrörets lufttemperaturgivare

#### Demontering

9 Om en sådan här givare finns, sitter den inskruvad i insugsgrenröret nära gasspjällhuset.

10 Koppla loss kablagekontakten från givaren.

11 Skruva loss bultarna och ta bort givaren från grenröret.

#### Montering

12 Monteringen sker i omvänd ordningsföljd mot demonteringen, se till att använda rätt åtdragningsmoment.

### Gasspjällets justerare

#### Demontering och montering

13 Gasspjällets justerare sitter i ett flerdelat hus tillsammans med gasspjällets potentiometer och tomgångskontakt. Förutom att styra motorns tomgångshastighet fungerar justeraren även som dämpare när gasspjället är stängt.

14 Demontering och montering liknar det som beskrivits tidigare i detta avsnitt för potentiometern. Observera dock att om strömmen till enheten bryts så ställer sig gasspjället i ett mekaniskt inställt grundläge. När enheten monterats tillbaka måste grundinställningen göras av en Audi/VAG-verkstad med testverktyget VAG 1551 eller 1552.

15 Försök inte öppna det flerdelade huset.

### Hastighetsgivare

#### Demontering och montering

16 Om en sådan här givare finns, sitter den integrerad i hastighetsmätaren och signalen behandlas av Motronics styrenhet. Signalen används till att stabilisera tomgången och minimera rycket när automatväxeln byter växel. Eventuella fel på givaren måste kontrolleras av en Audi/VAG-verkstad, och om så behövs måste hastighetsmätaren bytas ut enligt beskrivningen i kapitel 12.

### Temperaturgivare för kylvätska

#### Demontering

17 Temperaturgivaren för kylvätska sitter på baksidan av topplocket på alla motorer.

18 Tappa ur ungefär en fjärdedel av kylvätskan från motorn enligt beskrivningen i kapitel 1A.

19 Koppla loss kablaget från givaren.

20 Skruva loss givaren eller dra loss fästklämman och ta bort givaren (efter tillämplighet). Ta loss tätningsbrickan.

#### Montering

21 Monteringen sker i omvänd ordning mot demonteringen, men använd en ny bricka. Där så är tillämpligt, dra åt givaren ordentligt. Fyll på kylsystemet enligt instruktionerna i kapitel 1A.

### Varvtalsgivare

#### Demontering

22 Varvtalsgivaren är placerad på den bakre, vänstra sidan av motorblocket, i närheten av fogytan mellan blocket och balanshjulskåpan, precis bakom oljefiltret. Tappa ur motoroljan och ta bort oljefiltret och kylaren enligt beskrivningen i kapitel 1A, om det behövs för att öka åtkomligheten.

23 Koppla loss kablagekontakten från givaren.

24 Skruva loss fästbulten och dra bort givaren från motorblocket.

#### Montering

25 Monteringen sker i omvänd ordningsföljd mot demonteringen.

### Gasspjällhus

26 På modeller med gasvajer, koppla loss gasvajern från gasspjällets spak enligt beskrivningen i avsnitt 3.

27 Lossa klämmorna och koppla loss insugsluftkanalerna från gasspjällhuset.

28 Koppla loss kablagekontakten från gasspjällets potentiometer.

29 Koppla loss vakuumslangen från porten på gasspjällhuset och, om det behövs, lossa sedan kabelhärvan från styrklämman.

30 Skruva loss de genomgående bultarna och lyft bort gasspjällhuset från insugsgrenröret. Ta loss och kasta packningen.

31 Om det behövs, demontera gasspjällets potentiometer enligt beskrivningen i relevant underavsnitt.

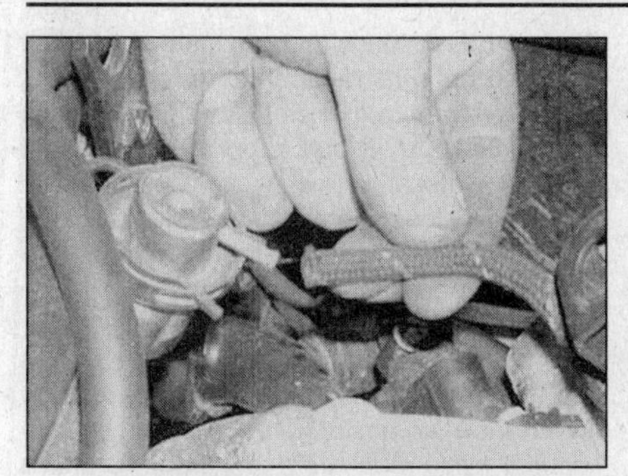
4.34 Koppla loss vakuumslangen från bränsletrycksregulatorn

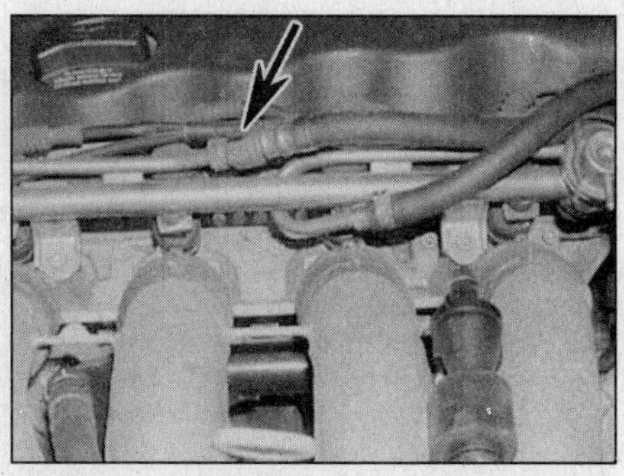
4.36 Bränsletillförselledningens anslutning

4.40a Skruva loss fästbultarna . . .

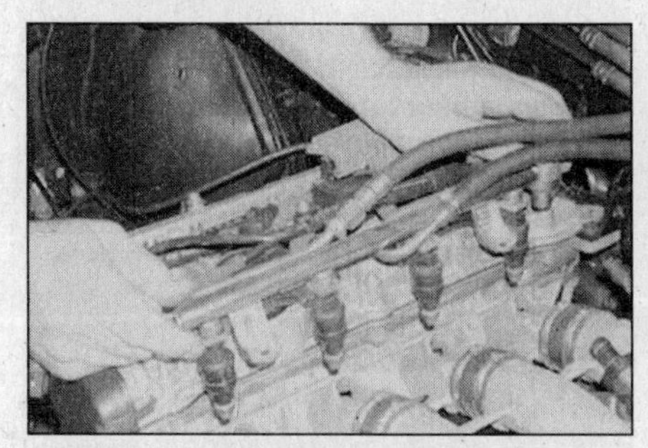
4.40b . . . och ta loss bränslefördelarskenan och insprutningsventilerna från insugsgrenröret

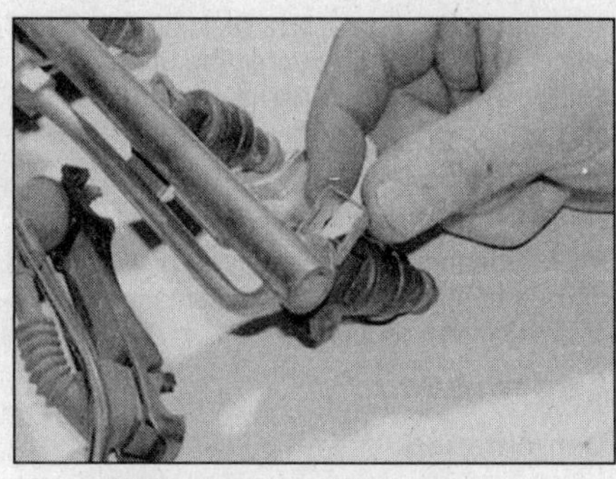
4.41a Dra loss klämmorna . . .

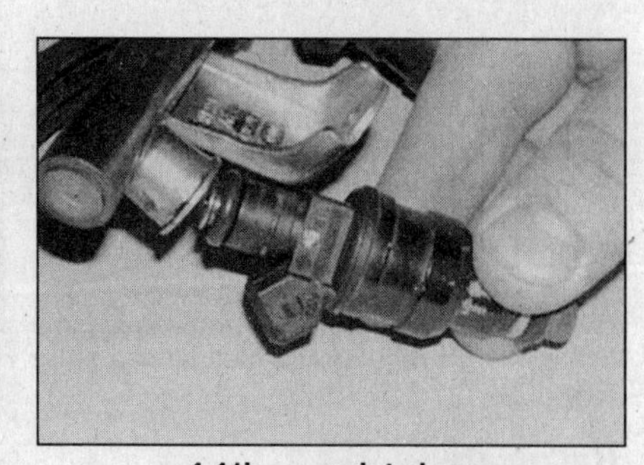
4.41b . . . och ta loss insprutningsventilerna från bränslefördelarskenan

### Montering

**32** Monteringen sker i omvänd ordningsföljd mot demonteringen, notera följande:

*a) Använd en ny packning mellan gasspjällhuset och insugsgrenröret.*

*b) Se till att alla vakuumslangar och elektriska kontaktdon monterats tillbaka ordentligt.*

*c) Efter tillämplighet, justera gasvajern enligt beskrivningen i avsnitt 3.*

## Bränsleinsprutningsventiler och bränslefördelarskena

### Demontering

**33** Lossa batteriets jordledning (minuspolen) (se kapitel 5A).

**34** Koppla loss vakuumslangen från bränsletrycksregulatorn på bränslefördelarskenan **(se bild).**

**35** Ta tillfälligt bort bränsletankens påfyllningslock och sätt dit det igen för att släppa ut eventuellt övertryck.

**36** Vira en trasa runt bränsletillförselledningens anslutning över bränslefördelarskenan **(se bild)**, och ställ även en lämplig behållare under anslutningen för att fånga upp spillt bränsle. Skruva loss anslutningsmuttern medan anslutningsbulten hålls fast med en annan skiftnyckel. Låt bränslet rinna ner i behållaren. Ta bort trasan.

**37** Skruva loss returanslutningen och koppla loss returbränsleledningen.

**38** Koppla loss kablaget från bränsleinsprutarna. Märk kablaget för att underlätta korrekt återmontering senare.

**39** På motorkod ADR och AEB, koppla loss kablaget från Hallgivaren.

**40** Skruva loss fästbultarna och lyft försiktigt bort bränslefördelarskenan tillsammans med insprutningsventilerna från insugsgrenröret **(se bilder).**

**41** Placera enheten på bänken, dra ut klämmorna och lossa insprutningsventilerna från bränslefördelarskenan. Ta loss O-ringstätningarna **(se bilder).**

### Montering

**42** Montera tillbaka insprutningsventilerna och bränslefördelarskenan i omvänd ordning mot demonteringen, och tänk på följande:

*a) Byt ventilernas O-ringstätningar och smörj dem med lite ren motorolja innan de sätts på. När den främre O-ringen sätts på, ta inte bort plastkåpan från insprutningsventilen, utan lämna den på plats och lyft O-ringen över den.*

*b) Se till att insprutningsventilernas fästklämmor sitter ordentligt på plats.*

*c) Kontrollera att bränsletillförsel- och returledningarna är korrekt anslutna. Kontrollera tätningsbrickorna och byt ut dem om det behövs.*

*d) Kontrollera att alla vakuum- och elektriska anslutningar återansluts korrekt och säkert.*

*e) Återanslut batteriet enligt beskrivningen i kapitel 5A.*

*f) Avsluta med att starta motorn och leta efter bränsleläckage.*

## Bränsletrycksregulator

### Demontering

**43** Demontera motorns övre skyddskåpa om det behövs. Tryckutjämna sedan bränslesystemet enligt beskrivningen i avsnitt 9.

**44** Koppla loss vakuumslangen från tryckregulatorn **(se bild).**

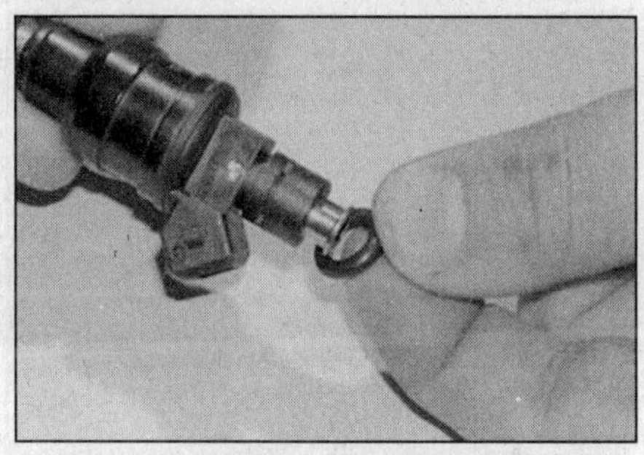
4.41c Ta loss O-ringstätningarna från insprutningsventilerna

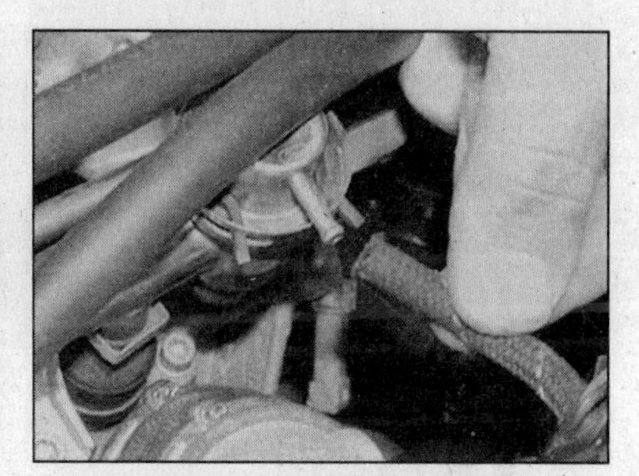
4.44 Koppla loss vakuumslangen från tryckregulatorn

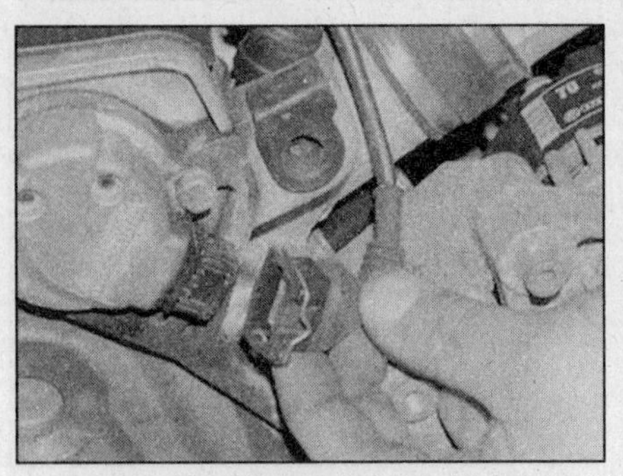

**4.49 Koppla loss kablaget från Hallgivaren**

**45** Placera en trasa under regulatorn för att fånga upp eventuellt bränslespill.

**46** Dra ut fjäderklämman, lyft sedan upp regulatorn från bränslefördelarskenan. Ta loss O-ringstätningarna.

### Montering

**47** Montera bränsletrycksregulatorn i omvänd ordning, men byt ut O-ringstätningarna och se till att regulatorns fästklämma sitter ordentligt.

## *Hallgivare*

**Observera:** *Detta underavsnitt beskriver inte demontering av Hallgivaren på motorkod ADP, där den sitter i fördelaren.*

### Demontering

**48** Demontera den yttre kamremskåpan enligt beskrivningen i kapitel 2A, avsnitt 4.

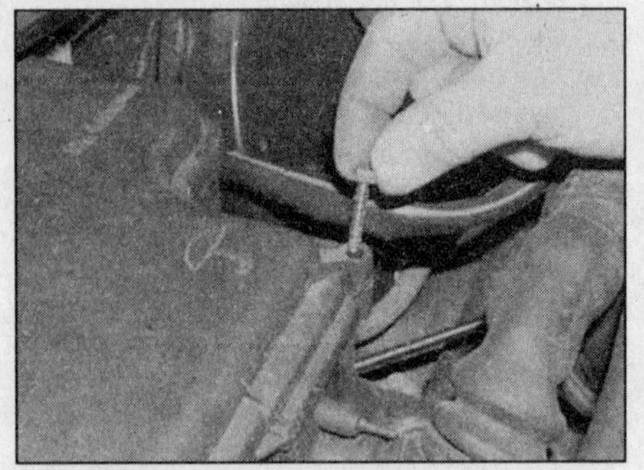

**4.60a Skruva loss skruvarna . . .**

**4.61a Lossa fjäderhållaren . . .**

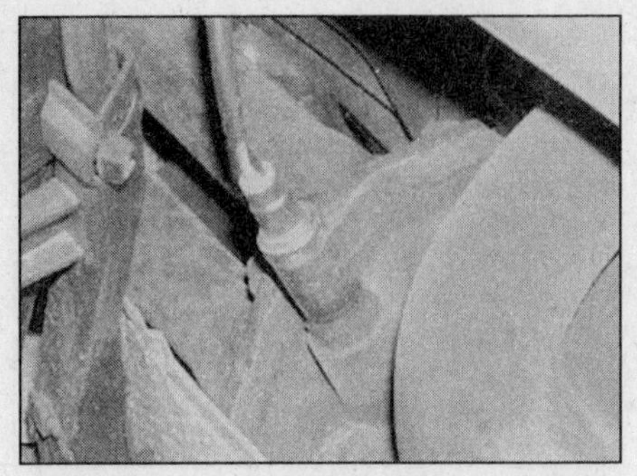

**4.52 Lambdasond på motor med kod ADR**

**49** Lossa klämman och ta loss kablagets multikontakt från Hallgivaren **(se bild).**

**50** Skruva loss fästbultarna och ta loss Hallgivaren från framsidan av topplocket. Ta loss packningen.

### Montering

**51** Monteringen sker i omvänd ordningsföljd mot demonteringen. Byt packningen och dra åt fästbultarna ordentligt.

## *Lambdasond*

### Demontering

**52** Förutom på motorkod AEB och AJL (med turbo), sitter lambdasonden på avgasgrenröret på höger sida av motorn **(se bild).** På motorkod AEB och AJL sitter givaren ovanpå katalysatorn, som är ansluten till baksidan av turboaggregatet på höger sida av motorn.

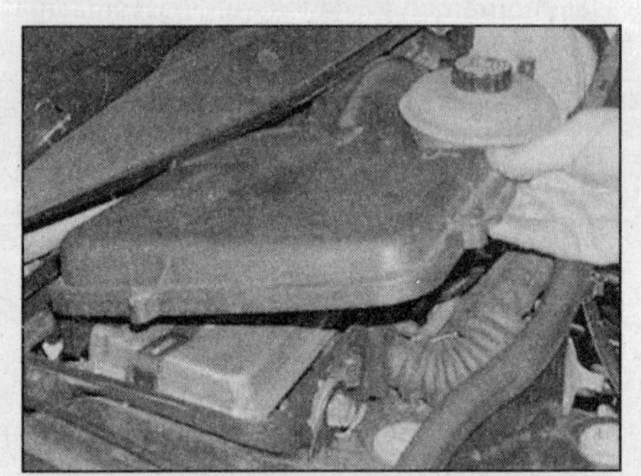

**4.60b . . . och lyft av styrenhetens kåpa**

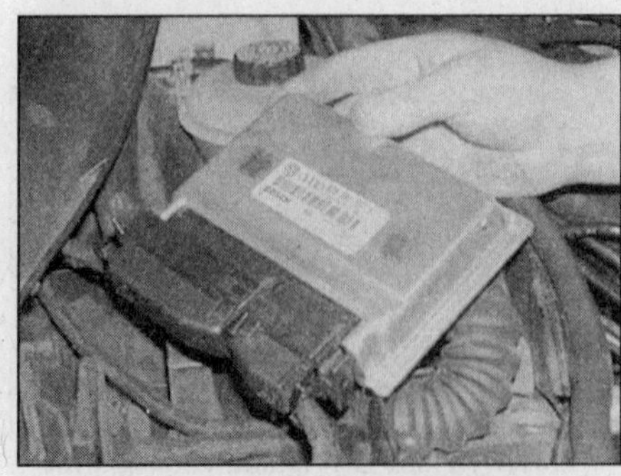

**4.61b . . . och ta loss styrenheten**

**53** Lambdasondens anslutningskontakt sitter placerad på vänstra sidan av torpedväggen, under kylarens expansionskärl. Skruva loss kärlets fästskruvar och koppla loss kablaget för låg kylvätskenivå, och flytta kärlet åt sidan. Koppla **inte** loss någon av kylvätskeslangarna från kärlet. Koppla loss lambdakablaget och lossa kablarna från plastfästena.

**54** Skruva loss och ta bort sonden. Var försiktig så att den inte skadas när den tas bort. **Observera:** *Eftersom kablagets ledning fortfarande är ansluten till givaren kan en särskild hylsa med skåra användas för att ta bort sonden.*

### Montering

**55** Lägg lite antikärvningsfett på sonden gängor, men undvik att förorena sondspetsen. **Observera:** *Nya lambdasonder är ibland försedda med fästmassa på gängorna.*

**56** Montera sonden och dra åt den till angivet moment.

**57** Återanslut kablaget och fäst med plastklämmorna.

## *Styrenhet (ECU)*

***Varning: Vänta alltid i minst 30 sekunder efter det att tändningen stängts av innan något kablage kopplas loss från styrenheten. När kablaget kopplas loss raderas alla de lagrade värdena. Eventuella felkoder behålls dock i minnet. När kablaget återanslutits måste grundinställningarna justeras av en Audi/VAG-mekaniker med ett särskilt testinstrument. Observera även att om styrenheten byts ut måste den nya enhetens identifikation överföras till immobiliserns styrenhet av en Audi/VAG-mekaniker.***

### Demontering

**58** Styrenheten sitter på torpedväggen i motorrummets bakre del. På vänsterstyrda modeller sitter den på vänster sida och på högerstyrda modeller på höger sida.

**59** Lossa batteriets jordledning (minuspolen) (se kapitel 5A).

**60** Skruva loss skruvarna och lyft av kåpan **(se bilder)**. **Observera:** *På tidiga modeller finns ett hål i torpedplåten för att det ska gå att komma åt den bakre fästbulten. På senare modeller måste dock torpedplåten lossas för att det ska gå att komma åt bulten.*

**61** Lossa fjäderhållaren med en skruvmejsel och lyft upp styrenheten **(se bilder).**

**62** Bänd upp klämman och lossa kontaktdonet från styrenheten.

***Varning: Vänta i minst 30 sekunder efter det att tändningen stängts av innan styrenhetens kontaktdon kopplas loss.***

**63** Dra bort styrenheten från torpedväggen.

### Montering

**64** Monteringen sker i omvänd ordningsföljd mot demonteringen. Tryck ner klämman tills

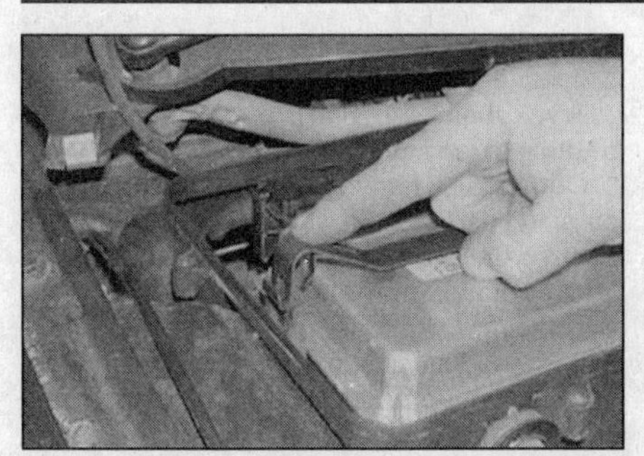

4.64 Tryck ner styrenhetens fästklämma

den snäpper på plats **(se bild)**. Återanslut batteriet enligt beskrivningen i kapitel 5A.

## 5 Motorstyrningssystem, Simos – demontering och montering av komponenter

**Observera:** *Läs föreskrifterna i avsnitt 1 innan något arbete utförs på bränslesystemets komponenter. Tändningen ska vara avstängd under hela arbetet.*

### Luftflödesmätare

#### Demontering

**1** Lossa batteriets jordledning (minuspolen) (se kapitel 5A). Demontera även motorns övre skyddskåpa om så behövs.

**2** Lossa klämmorna och koppla loss luftkanalerna från luftflödesmätaren på baksidan av luftrenarhuset, enligt beskrivningen i avsnitt 2.

**3** Koppla loss kablagekontakten från luftflödesmätaren.

**4** Skruva loss fästskruvarna och ta loss mätaren från luftrenarhuset. Ta loss O-ringstätningen.

***Varning: Hantera luftflödesmätaren varsamt – dess interna komponenter kan lätt skadas.***

#### Montering

**5** Monteringen sker i omvänd ordningsföljd mot demonteringen. Byt O-ringstätningen om den verkar skadad.

### Gasspjällets potentiometer

**6** Gasspjällets potentiometer sitter ihop med gasspjällhuset. Se informationen i relevant underavsnitt.

### Insugsluftens temperaturgivare

#### Demontering

**7** Givaren sitter baktill till vänster på insugsgrenröret.

**8** Koppla loss kablaget från givaren.

**9** Skruva loss givaren från insugsgrenröret och ta loss O-ringstätningen.

#### Montering

**10** Monteringen sker i omvänd ordningsföljd mot demonteringen, använd en ny O-ringstätning och dra åt givaren ordentligt.

### Hastighetsgivare

**11** Hastighetsgivaren sitter monterad på växellådan. Se kapitel 7A.

### Temperaturgivare för kylvätska

#### Demontering

**12** Temperaturgivaren för kylvätskan sitter i kylvätskans utloppsvinkel på baksidan av topplocket. Demontera motorns övre skyddskåpa om det behövs.

**13** Koppla loss kablaget från givaren.

**14** Tappa ur ungefär en fjärdedel av kylvätskan ur motorn enligt instruktionerna i kapitel 1A.

**15** Dra loss fästklämman och lyft bort givaren från kylvätskevinkeln. Var beredd på att kylvätska kommer att läcka ut. Ta loss O-ringen.

#### Montering

**16** Montera tillbaka givaren i omvänd ordningsföljd mot demonteringen och använd en ny O-ring. Se kapitel 1A och fyll på kylsystemet.

### Varvtalsgivare

#### Demontering

**17** Varvtalsgivaren sitter baktill till vänster på motorblocket, intill fogytan mellan blocket och balanshjulskåpan, precis bakom oljefiltret. Tappa ur motoroljan och ta bort oljefiltret och kylaren enligt beskrivningen i kapitel 1A, om det behövs för att öka åtkomligheten.

**18** Koppla loss kablagekontakten från givaren.

**19** Skruva loss fästbulten och ta bort givaren från motorblocket.

#### Montering

**20** Monteringen sker i omvänd ordningsföljd mot demonteringen.

### Gasspjällhus

#### Demontering

**21** Koppla loss gasvajern från gasspjällets spak enligt beskrivningen i avsnitt 4.

**22** Lossa klämmorna och koppla loss insugsluftkanalen från gasspjällhuset.

**23** Koppla loss kablagekontakten från gasspjällets lägesventilmodul.

**24** Koppla loss vakuumslangen från porten på gasspjällhuset, och lossa sedan kabelhärvan från styrklämman.

**25** Tappa ur ungefär en fjärdedel av kylvätskan ur motorn enligt instruktionerna i kapitel 3. Lossa klämmorna och koppla loss kylvätskeslangarna från portarna på gasspjällhuset, och notera hur de är dragna.

**26** Koppla loss kolfiltrets vakukumslang från porten på gasspjällhuset.

**27** Skruva loss bultarna, lyft sedan bort gasspjällhuset från insugsgrenröret. Ta loss och kasta packningen.

#### Montering

**28** Monteringen sker i omvänd ordningsföljd mot demonteringen. Tänk på följande:

*a) Använd en ny packning mellan gasspjällhuset och insugsgrenröret.*
*b) Applicera rätt åtdragningsmoment när gasspjällhusets bultar sätts tillbaka.*
*c) Se till att alla vakuumslangar och elektriska kontaktdon är ordentligt återmonterade.*
*d) Fyll på kylsystemet enligt instruktionerna i kapitel 1A.*
*e) Kontrollera gasvajern och justera vid behov.*

### Bränsleinsprutningsventiler och bränslefördelarskena

#### Demontering

**29** Lossa batteriets jordledning (minuspolen) (se kapitel 5A). Demontera även motorns övre skyddskåpa om så behövs.

**30** Koppla loss vakuumslangen från bränsletrycksregulatorn på bränslefördelarskenan.

**31** Ta tillfälligt bort bränsletankens påfyllningslock och sätt dit det igen för att släppa ut eventuellt övertryck.

**32** Vira en trasa runt bränsletillförselledningens anslutning över bränslefördelarskenan, och ställ även en lämplig behållare under anslutningen för att fånga upp spillt bränsle. Skruva loss anslutningsmuttern medan anslutningsbulten hålls fast med en annan skiftnyckel. Låt bränslet rinna ner i behållaren. Ta bort trasan.

**33** Skruva loss returanslutningen och koppla loss returbränsleledningen.

**34** Koppla loss kablaget från bränsleinsprutarna. Märk kablaget för att underlätta korrekt återmontering senare.

**35** Skruva loss fästbultarna, lyft sedan försiktigt bort bränslefördelarskenan tillsammans med insprutningsventilerna från insugsgrenröret.

**36** Lägg alltcammans på en arbetsbank, dra ut klämmorna och lossa insprutarna från bränslefördelarskenan. Ta loss O-ringstätningarna.

#### Montering

**37** Montera tillbaka bränsleinsprutarna och bränslefördelarskenan i omvänd ordningsföljd mot demonteringen. Tänk på följande:

*a) Byt insprutarnas O-ringstätningar om de verkar slitna eller skadade.*
*b) Se till att insprutarnas fästklämmor sitter ordentligt på plats.*
*c) Kontrollera att bränsletillförsel- och returslangarna är korrekt anslutna. Kontrollera tätningsbrickorna och byt ut dem om det behövs.*
*d) Kontrollera att alla vakuum- och elektriska anslutningar ansluts korrekt och säkert.*
*e) Återanslut batteriet enligt beskrivningen i kapitel 5A.*
*f) Avsluta med att starta motorn och leta efter bränsleläckage.*

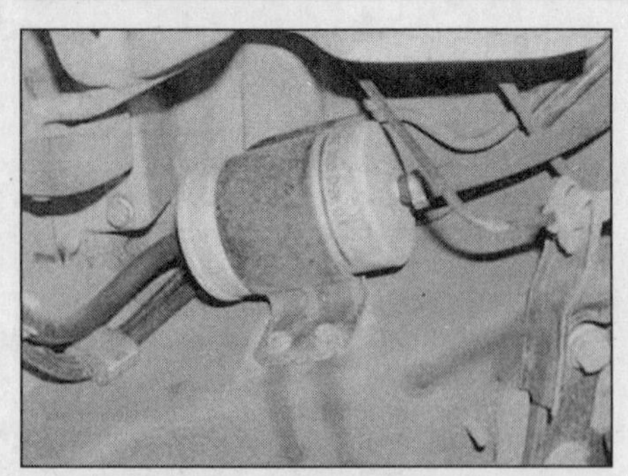

6.1 Bränslefiltret sitter under bakvagnen

### Bränsletrycksregulator

#### Demontering

**38** Demontera motorns övre skyddskåpa om så behövs, tryckutjämna sedan bränslesystemet enligt beskrivningen i avsnitt 9.

**39** Koppla loss vakuumslangen från tryckregulatorn.

**40** Lägg en trasa under regulatorn för att fånga upp eventuellt bränslespill.

**41** Dra ut fjäderklämman, lyft sedan upp regulatorn från bränslefördelarskenan. Ta loss O-ringstätningarna.

#### Montering

**42** Montera tillbaka bränsletrycksregulatorn i omvänd ordningsföljd mot demonteringen. Byt ut O-ringstätningarna och se till att regulatorns fästklämma sitter ordentligt.

### Hallgivare

#### Demontering

**43** Demontera kamaxeldrevet enligt beskrivningen i kapitel 2A.

**44** Notera Hallgivarens plats och, om det behövs, märk den i förhållande till topplocket. Koppla loss kablaget från givaren.

**45** Skruva loss den bakre kamremskåpan från topplocket.

**46** Skruva loss resten av bultarna och ta bort Hallgivaren från topplocket.

#### Montering

**47** Monteringen sker i omvänd ordning mot demonteringen, se till att givarens basplatta är centrerad innan fästbultarna dras åt.

### Lambdasond

#### Demontering

**48** Lambdasonden sitter på avgasgrenröret på höger sida av motorn.

**49** Lambdasondens anslutningskontakt sitter på vänster sida av torpedväggen, under kylarens expansionskärl.

**50** Skruva loss kärlets fästskruvar och koppla loss kablaget för låg kylvätskenivå, och flytta kärlet åt sidan. Koppla **inte** bort någon av kylvätskeslangarna från kärlet. Koppla loss lambdakablaget och lossa kablarna från plastfästena.

**51** Skruva loss sonden, och var försiktig så att den inte skadas när den tas bort. **Observera:** *Eftersom kabeln inte kan kopplas loss från sonden, måste en särskild hylsa med skåra användas för att ta bort sonden.*

#### Montering

**52** Lägg lite antikärvningsfett på sondensgängor, men undvik att förorena sondspetsen. **Observera:** *Nya lambdasonder är ibland försedda med fästmassa på gängorna.*

**53** Montera tillbaka sonden och dra åt den till angivet moment.

**54** Återanslut kablaget och fäst med plastklämmorna.

### Elektronisk styrenhet (ECU)

***Varning: Vänta alltid i minst 30 sekunder efter det att tändningen stängts av innan något kablage kopplas loss från styrenheten. När kablaget kopplas loss raderas alla de lagrade värdena. Eventuella felkoder behålls dock i minnet. När kablaget återanslutits måste grundinställningarna justeras av en Audi/VAG-mekaniker med ett särskilt testinstrument. Observera även att om styrenheten byts ut, måste den nya styrenhetens identifikation överföras till immobiliserns styrenhet av en Audi/VAG-mekaniker.***

#### Demontering

**55** Styrenheten sitter på torpedväggen, baktill i motorrummet. På vänsterstyrda modeller sitter den på vänster sida, och på högerstyrda modeller på höger sida.

**56** Lossa batteriets jordledning (minuspolen) (se kapitel 5A).

**57** Skruva loss skruvarna och lyft av kåpan. **Observera:** *På tidiga modeller finns ett hål i torpedplåten för att det ska gå att komma åt den bakre fästbulten. På senare modeller måste dock torpedplåten lossas för att det ska gå att komma åt bulten.*

**58** Lossa fjäderhållaren och lyft upp styrenheten.

**59** Bänd upp klämman och lossa kontaktdonet från styrenheten.

***Varning: Vänta i minst 30 sekunder efter det att tändningen stängts av innan styrenhetens kontaktdon kopplas loss.***

**60** Dra bort styrenheten från torpedväggen.

#### Montering

**61** Monteringen sker i omvänd ordningsföljd mot demonteringen. Återanslut batteriet enligt beskrivningen i kapitel 5A.

## 6 Bränslefilter – byte

**Observera:** *Observera föreskrifterna i avsnitt 1 innan något arbete utförs på bränslesystemets komponenter.*

**1** Bränslefiltret sitter under bilens bakre del, framför bränsletanken **(se bild).** För att komma åt filtret, klossa framhjulen och lyft sedan upp bakvagnen och ställ den på pallbockar.

**2** Tryckutjämna bränslesystemet enligt beskrivningen i avsnitt 9.

**3** Om sådana finns tillgängliga, sätt tillfälligt på slangklämmor på filtrets inmatnings- och utloppsslangar. Dessa är inte absolut nödvändiga, men även om systemet är tryckutjämnat kommer en viss mängd bränsle att finnas kvar i rören (och det gamla filtret), och denna kommer att rinna ut när rören kopplas loss. Även med klämmor påsatta kommer det gamla filtret att innehålla en viss mängd bränsle, så ha några trasor till hands att suga upp utspillt bränsle med.

**4** Lossa slangklämmorna och ta loss slangarna från filtret. Om klämmor som kläms ihop används, kasta dem och använd sådana som skruvas ihop vid återmonteringen. Om bränsleslangarna visar tecken på åldrande eller sprickor, särskilt vid ändarna eller där de går in i metallskoningen, måste de bytas.

**5** Innan filtret demonteras, notera eventuella flödesriktningsmarkeringar på filterhuset, och jämför med det nya filtret. Pilen ska peka i bränslets flödesriktning (mot bilens front).

**6** Det kan vara möjligt att dra loss filtret från fästet i detta läge, men om det sitter hårt, skruva då loss fästet från underredet och ta loss filtret på en arbetsbänk.

**7** Sätt det nya filtret på plats, med flödesriktningspilen rättvänd. Med filtret i fästet, sätt i och dra åt fästbultarna.

**8** Återanslut bränsleslangarna, med nya klämmor om så behövs. Se till att smuts inte kommer in i slangarna eller filteranslutningarna. Ta bort de tillfälliga slangklämmorna.

**9** Starta motorn, och tänk på att det kan ta lite längre tid än normalt eftersom trycket i systemet måste byggas upp och filtret fyllas med bränsle. Låt motorn gå i flera minuter och leta samtidigt efter läckor, stäng sedan av den.

***Varning: Ta hand om det gamla filtret på ett säkert sätt. Det är mycket brandfarligt och kan explodera om det eldas upp.***

## 7 Bränslepump och bränslemätarens givare – demontering och montering

**Observera:** *Läs föreskrifterna i avsnitt 1 innan något arbete utförs på bränslesystemets komponenter. Ett speciellt Audi/VAG-verktyg krävs för att skruva loss den inre delen av skvalpskottshuset.*

### Demontering

**1** Bränslepumpen och bränslemätarens givare sitter ihop, och är monterade i bränsletanken. Man kommer åt dem via en lucka i bagageutrymmets golv. Om enheten demonteras exponeras tankens innehåll för luft. Var extremt försiktig för att undvika brand. Utrymmet inuti och runt omkring bilen måste vara välventilerat för att hindra

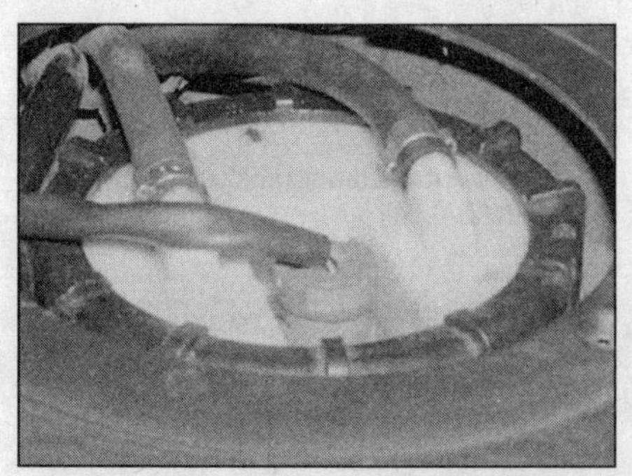

**7.5 Bränslepumpen och bränslemätarens givare med luckan borttagen**

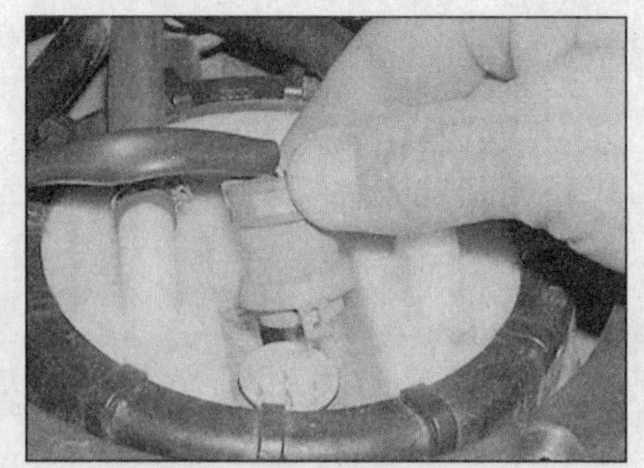

**7.6 Koppla loss kontaktdonet**

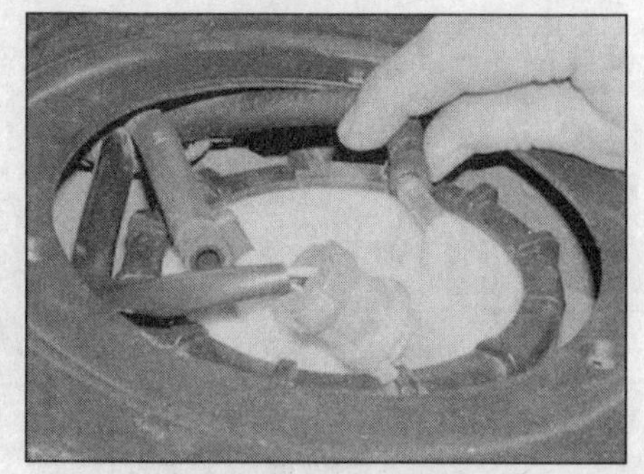

**7.7 Koppla loss bränsletillförsel- och returslangarna**

ansamling av bränsleångor. Ta helst bort bränsletanken när den är så gott som tom. Alternativt, sifonera ut bränslet från tanken och häll det i en lämplig behållare.

**2** Tryckutjämna bränslesystemet enligt beskrivningen i avsnitt 9.

**3** Se till att bilen står på plant underlag, koppla sedan loss batteriets jordkabel (minuspol) (se kapitel 5A).

**4** Se kapitel 11 och ta bort klädseln från golvet i bagageutrymmet.

**5** Skruva loss åtkomstluckans skruvar och lyft bort luckan från golvplåten **(se bild)**.

**6** Koppla loss kontaktdonet från pumpen/ givaren **(se bild)**.

**7** Lägg trasor under bränsle- och ventilslangarna för att suga upp spillt bränsle. Lossa klämmorna och koppla loss bränsletillförsel- och returslangarna **(se bild)**. Notera de olika slangarnas plats. Lossa även rören från klämmorna på fästringen om en sådan är monterad.

**8** Notera pilarnas position (och hur fästringen sitter om en sådan är monterad), skruva sedan loss plastringen som håller fast pumpen/givaren i tanken. Audi/VAG-mekaniker använder ett specialverktyg för att skruva loss ringen, men det går också att använda två skruvmejslar som hakas fast i urtagen och korsas över varandra, eller en stor vattenpumptång **(se bilder)**.

**9** Ta bort flänsen och tätningen från bränsletankens öppning.

**10** Koppla loss bränslemätargivarens kablage och lossa det från flänsens insida **(se bild)**.

**11** Kläm ihop ringen och dra loss bränslereturröret från flänsens nederdel **(se bild)**.

**12** Vrid skvalpskottshusets inre del moturs ungefär 15°, lyft sedan ut bränslepumpen tillsammans med skvalpskottshusets inre del **(se bild)**. Auditekniker använder ett specialverktyg som hakar i urtagen längst upp på bränslepumpen, och det rekommenderas att detta verktyg införskaffas om så är möjligt. Det kan gå att använda något annat verktyg, men plasten är mycket böjlig och kan lätt gå sönder. Om bränslepumpen ska bytas, töm ur allt bränsle från den gamla pumpen. Flänsen kan tas bort från bränslepumpen, om det behövs, genom att klämman lossas och mellanmatningsröret kopplas loss. Notera dock hur röret sitter monterat så att det kan sättas tillbaka korrekt.

**13** Demontera bränslemätarens givare genom att sträcka in handen i bränsletanken och trycka ner fasthållningsfliken på sidan av

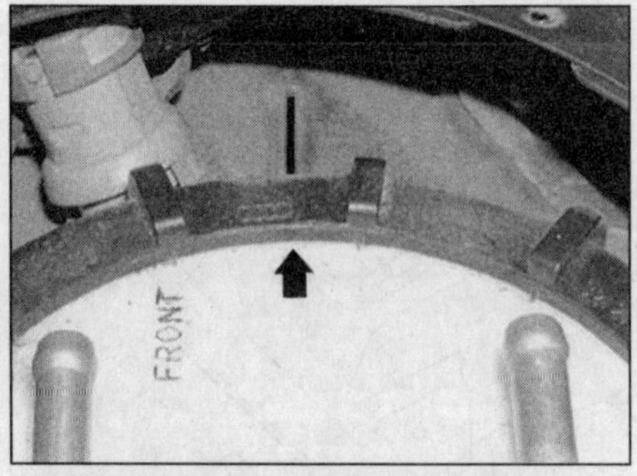


**7.8a Notera inställningspilarna**

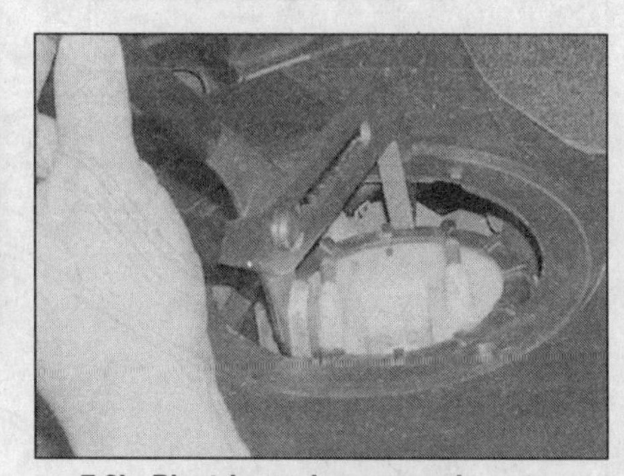

**7.8b Plastringen lossas med en stor vattenpumptång**

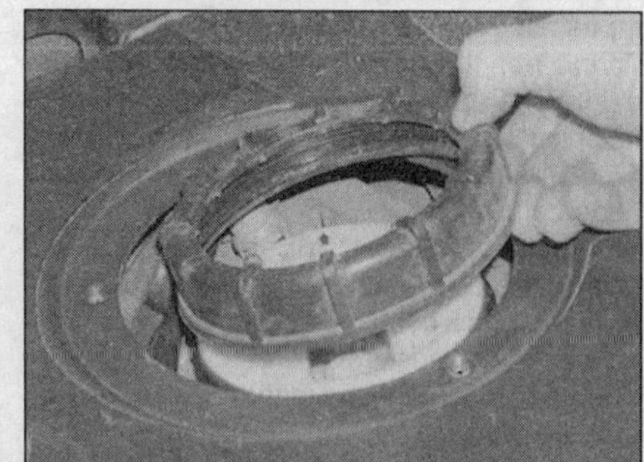

**7.8c Ta bort plastringen**

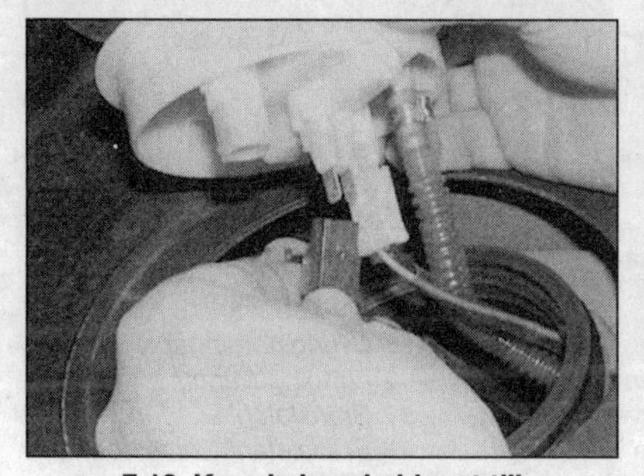

**7.10 Koppla loss kablaget till bränslemätarens givare från flänsens insida**

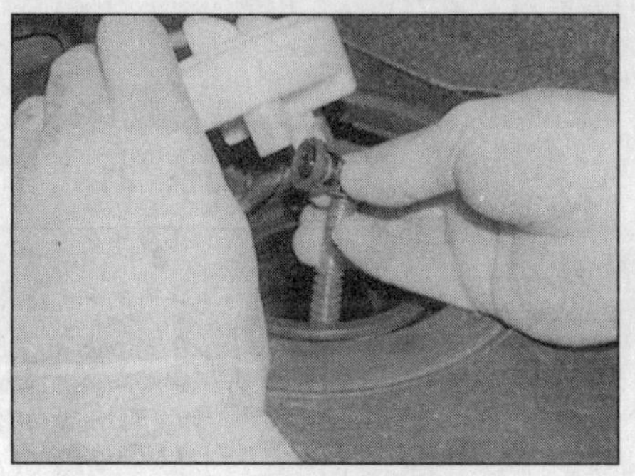

**7.11 Koppla loss bränslereturröret från flänsens nederdel**

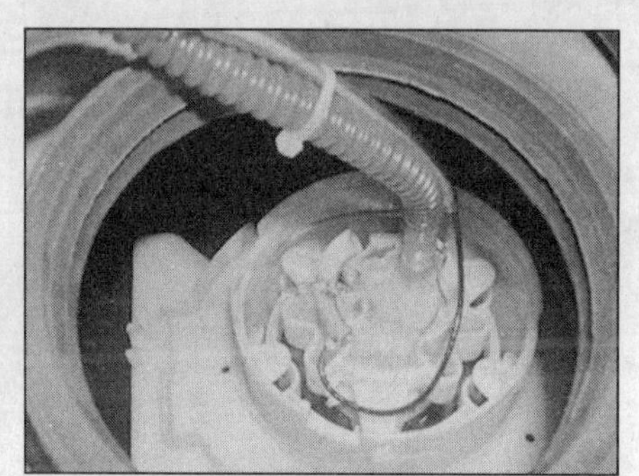

**7.12 Skvalpskottshusets inre del sett genom bränsletankens ovansida**

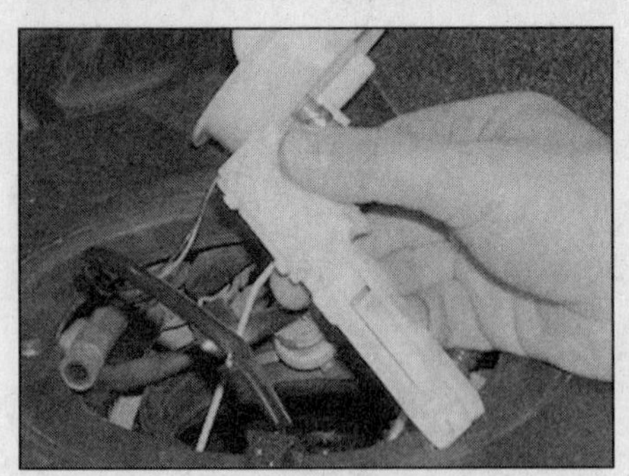

7.13a Ta bort bränslemätarens givare från bränsletanken

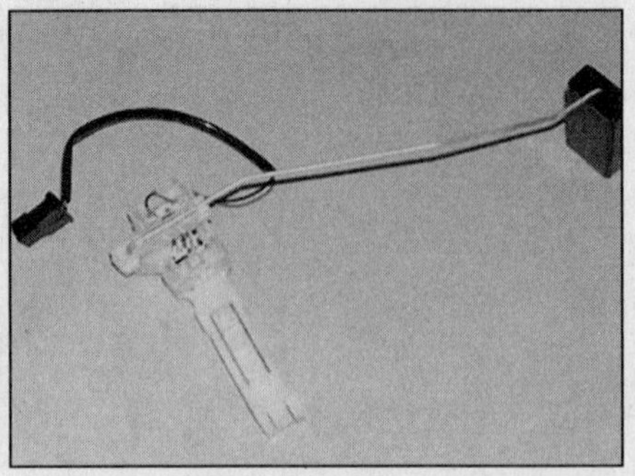

7.13b Bränslemätarens givare borttagen från bränsletanken

skvalpskottshuset. Lyft försiktigt ut givaren **(se bilder)**.

**14** Undersök flottören på givarens svängarm och leta efter hål och bränsle som läckt in. Byt den om den verkar skadad. Undersök gummitätningen i bränsletanksöppningen och byt ut den om det behövs. Undersök givarenhetens kontaktarm och spår. Tvätta bort all smuts och alla avlagringar som kan ha ansamlats och leta efter defekter i spåret.

## Montering

**15** Sätt i bränslemätarens givare i skvalpskottshuset och tryck in den tills den fäster i fästklämman.

**16** Om flänsen tagits bort från bränslepumpen, återanslut mellanmatningsröret och dra åt klämman. Sätt röret på plats **(se bild)**.

**17** Sätt i bränslepumpen och det inre skvalpskottshuset i det yttre skvalpskottshuset så att urtaget i den övre kanten är inpassad mot det första märket på huset. Tryck ner bränslepumpen/huset med en skiftnyckel och vrid det medurs tills det är inpassat mot det andra märket på huset.

**18** Återanslut bränslereturröret till flänsens nederdel.

**19** Anslut kablaget för bränslemätarens givare till flänsens insida, och återanslut det till flänsens nederdel. Kablaget måste vara virat ett varv runt bränslereturröret.

**20** Smörj den nya gummitätningen med rent bränsle, sätt den sedan på flänsen och sätt tillbaka flänsen i tanköppningen.

**21** Montera tillbaka fästringen, skruva sedan på och dra åt plastringen. För att se till att justeringspilarna hamnar mitt emot varandra när ringen är helt åtdragen, vrid flänsen något moturs när ringen dras åt.

**22** Återanslut bränsletillförsel- och returslangarna och dra åt klämmorna.

**23** Anslut kontaktdonet till pumpen/givaren.

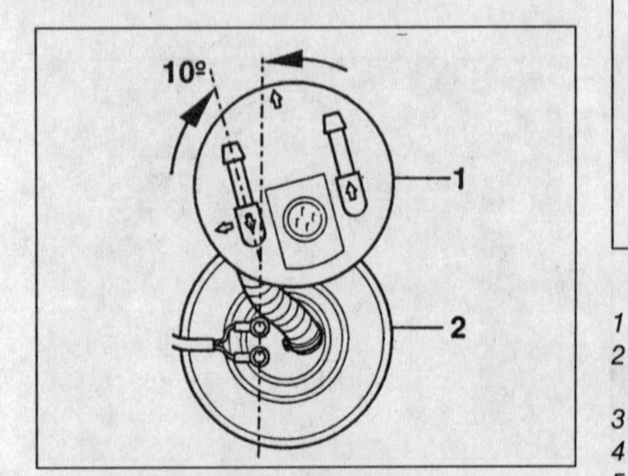


7.16 Placera röret på flänsen som visas

*1 Fläns 2 Skvalpskottshusets inre del*

**24** Sätt tillbaka åtkomstluckan och dra åt skruvarna.

**25** Lägg tillbaka mattan på bagageutrymmets golv.

**26** Återanslut batteriets minusledning (jord) (se kapitel 5A).

## 8 Bränsletank – demontering och montering

**Observera:** *Läs föreskrifterna i avsnitt 1 innan något arbete utförs på bränslesystemet.*

## Demontering

**1** Innan tanken kan demonteras måste den tömmas på så mycket bränsle som möjligt. Eftersom det inte finns någon avtappningsplugg bör tanken tas bort när den är nästan tom. Alternativt, sifonera eller handpumpa ut bränslet från tanken till en lämplig säker behållare **(se bild)**.

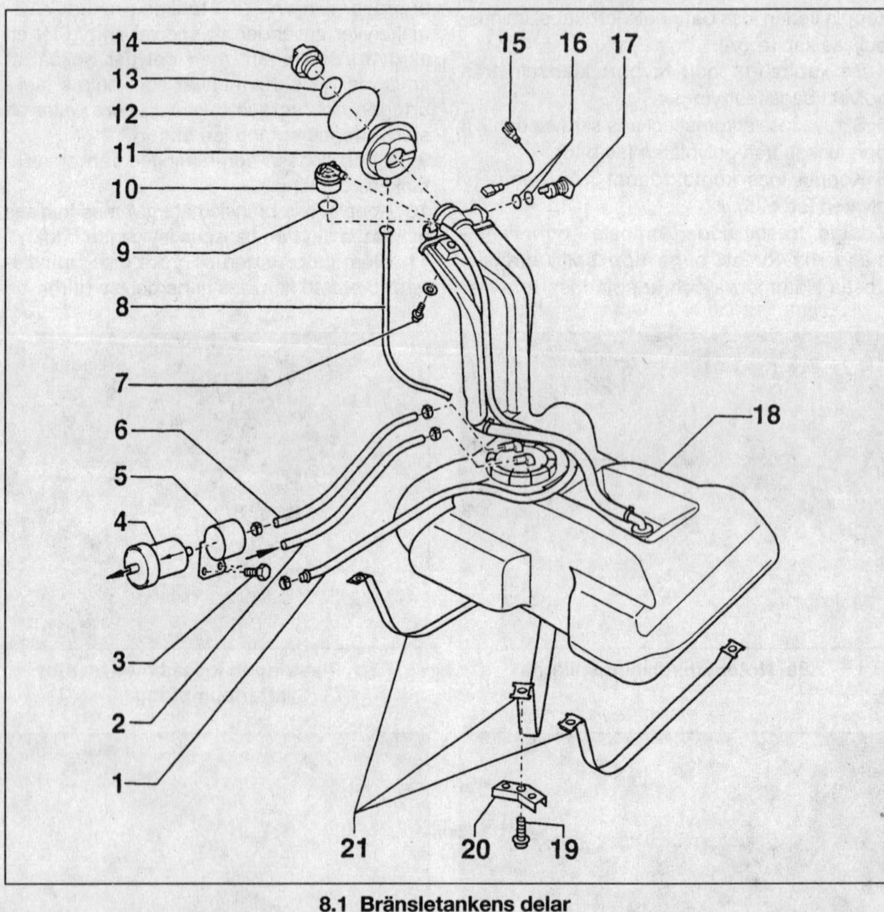


8.1 Bränsletankens delar

*1 Ventilrör till kolfilter*
*2 Bränsleretur från bränslefördelarskena*
*3 Bult*
*4 Bränslefilter*
*5 Fästbygel*
*6 Bränslematning till bränslefördelarskena*
*7 Bult*
*8 Spillslang*
*9 O-ringstätning*
*10 Tyngdkraftsventil*
*11 Gummikopp*
*12 Fasthållningsring*
*13 Packning*
*14 Påfyllningslock*
*15 Jordledning*
*16 O-ringstätningar*
*17 Luftningsventil*
*18 Bränsletank*
*19 Bränsletankens fästbultar*
*20 Fästbygel*
*21 Bränsletankens fästband*

2 Lossa batteriets jordledning (minuspolen) (se kapitel 5A).
3 Ta bort klädseln från bagageutrymmets golv enligt instruktionerna i kapitel 11.
4 Skruva loss åtkomstluckans skruvar och lyft bort luckan från golvplåten.
5 Koppla loss kontaktdonet från pumpen/givaren. Koppla **inte** loss bränsletillförsel- och returslangarna.
6 Öppna bränsletankens påfyllningslock och torka rent området runt påfyllningsröret. Bänd försiktigt ut klämringen från påfyllningsrörets gummikopp med en skruvmejsel.
7 Tryck gummikoppen genom hålet i karossen.
8 Klossa framhjulen, lyft upp bakvagnen och ställ den på pallbockar (se *Lyftning och stödpunkter*). Demontera höger bakhjul.
9 Demontera högra bakre innerskärmen.
10 Skruva loss bulten som håller fast påfyllningsröret och skyddsplåten vid karossen. Observera att bulten även fäster jordkabeln.
11 Demontera underredets bakre stänkskydd framför bakaxeln, om ett sådant finns.
12 Identifiera matnings- och returslangarnas platser på tankens framsida, och slangen till kolfiltret på underredet. Lossa klämmorna och koppla loss slangarna. Var beredd på visst bränslespill genom att placera en behållare under tanken.
13 Stöd bränsletanken på en garagedomkraft med en träkloss emellan.
14 Markera fästbandens positioner så att de kan monteras tillbaka korrekt, skruva sedan loss dem **(se bilder)**. Observera hur jordkabeln är placerad på det bakersta fästet.
15 Ta hjälp av någon och sänk ner bränsletanken på marken och ta bort den.
16 Om tanken är förorenad av fällningar eller vatten, demontera bränslepumpen/givaren (se avsnitt 7) och skölj ur tanken med rent bränsle. Tanken är gjuten i syntetmaterial, och om den skadas måste den bytas ut. I vissa fall är det dock möjligt att anlita en specialist för att reparera mindre läckor eller skador.

## Montering

17 Montering sker i omvänd ordningsföljd. Lägg märke till följande:
*a) Var noga med att se till att inga slangar kommer i kläm mellan tanken och bilens underrede när tanken lyfts tillbaka på sin plats.*
*b) Se till att alla rör och slangar är korrekt dragna och fästa.*
*c) Det är viktigt att jordkabeln monteras tillbaka korrekt på bandet och påfyllningsröret. Anslut en ohmmätare mellan metallringen på påfyllningsröret och en bit metall på karossen och kontrollera att resistansen är noll.*
*d) Dra åt bultarna till tankens fästband.*
*e) Avsluta med att fylla på tanken med bränsle och gör en noggrann kontroll efter läckage innan bilen tas ut i trafiken.*
*f) Återanslut batteriet enligt beskrivningen i kapitel 5A.*

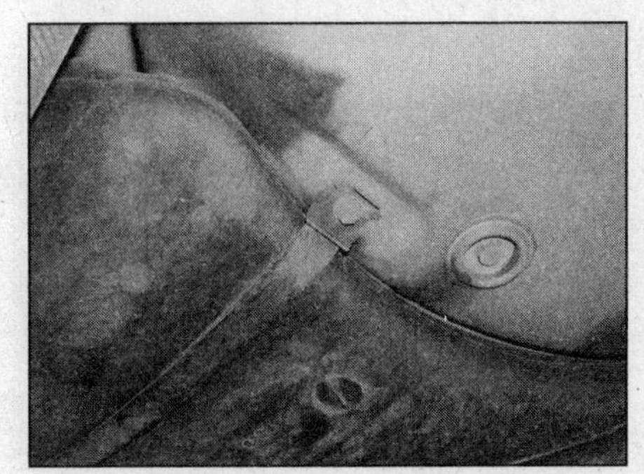

**8.14a Bränsletankens bakre fäste . . .**

## 9 Bränsleinsprutningssystem – tryckutjämning

**Observera:** *Läs föreskrifterna i avsnitt 1 innan något arbete utförs på bränslesystemets komponenter.*

***Varning: Nedanstående procedur lättar endast på trycket i bränslesystemet. Kom ihåg att bränsle fortfarande finns kvar i systemets komponenter och vidtag säkerhetsåtgärder innan någon del demonteras.***

1 Det bränslesystem som avses i detta avsnitt består av bränslepump och givare monterade på tanken, bränslefilter, bränslefördelarskena och insprutningsventiler, bränsletrycksregulator samt metallrör och slangar mellan dessa komponenter. Alla dessa innehåller bränsle som är under tryck när motorn är igång och/eller när tändningen är påslagen. Trycket kommer att bestå ett tag efter det att tändningen vridits av och måste släppas ut innan arbete kan påbörjas med någon av komponenterna.
2 Lossa batteriets jordledning (minuspolen) (se kapitel 5A).
3 Öppna tankluckan och ta tillfälligt bort påfyllningslocket för att släppa ut eventuellt övertryck i tanken. Sätt tillbaka locket.
4 Om det är tillämpligt, demontera motorns övre skyddskåpa.
5 Lägg några trasor under bränsletillförselrörets anslutning över bränslefördelarskenan på insugsgrenröret. Vira även en trasa runt anslutningen.
6 Lossa anslutningsmuttern med två skiftnycklar och utjämna bränsletrycket. Lämna anslutningsmuttern lös och trasorna på plats medan du arbetar med bränslesystemet.
7 Avsluta med att dra åt anslutningsmuttern med de två skiftnycklarna.

**8.14b . . . och främre fäste**

## 10 Insugsgrenrör – demontering och montering

**Observera:** *Läs föreskrifterna i avsnitt 1 innan något arbete utförs på bränslesystemets komponenter.*

## Demontering

1 Lossa batteriets jordledning (minuspolen) (se kapitel 5A).
2 Om det är tillämpligt, demontera motorns övre skyddskåpa/kåpor.
3 Tappa av kylsystemet enligt beskrivningen i kapitel 1A. Alternativt på modeller utan turbo, sätt på slangklämmor på de två slangarna som leder till gasspjällhuset.
4 Om kylvätskan har tömts ur, lossa klämmorna och koppla loss de två kylvätskeslangarna från kylvätskans expansionskärl på vänster sida av motorn.
5 Skruva loss skruvarna och lyft bort expansionskärlet, koppla sedan loss kablaget från varningsbrytaren för låg kylvätskenivå. Ta bort kärlet från motorrummet. Om kylvätskan inte har tömts ur, flytta kärlet till bakre änden av motorrummet, bort från insugsgrenröret.
6 Koppla loss gasvajern från gasspjällhuset och stödfästet (se avsnitt 3).
7 På modeller med farthållare, koppla loss reglagestaget på gasspjällhuset.
8 Koppla loss vakuumslangen från kolfilterventilen på insugsgrenröret.
9 Koppla loss bromsservons vakuumslang från insugsgrenröret.
10 På modeller utan turbo, demontera luftintagskanalen mellan luftrenaren och gasspjällhuset och, om det behövs, koppla även loss vevhusventilationens slang. Ta bort kanalen från motorrummet.
11 På modeller med turbo, lossa klämman och koppla loss insugskanalen från gasspjällhuset på vänster sida av motorn.
12 Koppla loss kablaget och bränsletrycksregulatorns slang från gasspjällhuset. Lossa klämmorna och koppla loss kylvätskeslangarna från gasspjällhuset. Demontera gasspjällhuset från insugsgrenröret enligt beskrivningen i avsnitt 4 eller 5.
13 På motorkoder ADR och AFY som tillverkats fram till 07/1997, koppla loss kablaget från lufttemperaturgivaren.
14 På motorkoder ADR och AFY som tillverkats från 08/1997 och framåt, koppla loss kablaget från lufttemperarturgivaren och insugsgrenrörets styrventil.

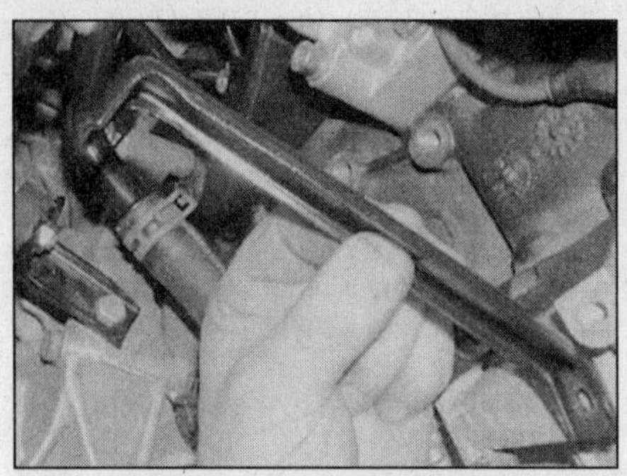

**10.18a Ta bort stödfästet från insugsgrenröret**

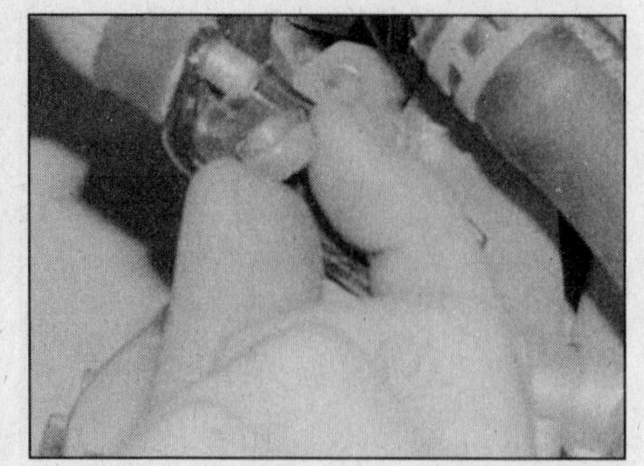

**10.18b Skruva loss insugsgrenrörsfästets muttrar**

15 Skruva loss bränslefördelarskenans fästbultar, ta sedan försiktigt bort bränslefördelarskenan och insprutningsventilerna från insugsgrenröret och flytta dem till baksidan av motorrummet på en ren trasa. På motorkoder ADR, AFY, AHL, AEB och AJL, koppla även loss kablaget från Hallgivaren på framsidan av motorn.

16 På motorkod ADP, skruva loss det övre kylvätskeröret ovanpå insugsgrenröret, lossa sedan klämmorna och koppla loss slangarna från var ände av röret. Ta bort röret från motorn.

17 På motorkod AEB och AJL, koppla loss slangarna från det övre kylvätskeröret, skruva sedan loss röret från insugsgrenröret och flänsen på baksidan av topplocket.

18 Skruva loss bultarna/muttrarna som håller fast stödfästena vid insugsgrenröret. Skruva även loss muttrarna från fästgummina **(se bilder)**.

19 Dra ut mätstickan för motorolja från dess rör. På motorkod ADR, notera kylvätskeslangens plats mellan de mittersta rören på insugsgrenröret **(se bilder)**.

20 Skruva loss muttrarna och bultarna som håller fast insugsgrenröret vid topplocket. Ta loss grenröret och packningen **(se bilder)**.

### Montering

21 Monteringen sker i omvänd ordningsföljd mot demonteringen, och tänk på följande:

*a) Rengör insugsgrenrörets och topplockets fogytor och sätt på en ny packning.*

*b) Dra åt muttern och bultarna till angivet moment om sådant angetts.*

*c) Kontrollera och, om det behövs, justera gasvajern enligt beskrivningen i avsnitt 3.*

*d) Fyll på kylsystemet enligt beskrivningen i kapitel 1A.*

*e) Återanslut batteriet enligt beskrivningen i kapitel 5A.*

## 11 Bränsleinsprutningssystem – kontroll och justering

1 Om något fel uppstår i bränsleinsprutningssystemet, kontrollera först att alla systemets kontaktdon är ordentligt anslutna och fria från korrosion. Kontrollera sedan att felet inte beror på bristande underhåll, d.v.s. kontrollera att luftrenarens filter är rent, att tändstiften är i gott skick och korrekt justerade, att cylinderns kompressionstryck är korrekt, att tändinställningen är bra och att motorns ventilationsslangar är rena och oskadade. Se kapitel 1A, 2A och 5B för mer information.

2 Om dessa kontroller inte påvisar orsaken till problemet måste bilen tas till en Audi/VAG-verkstad för kontroll. Ett diagnostikuttag sitter i motorstyrningssystemets kabelhärva, till vilket speciell elektronisk testutrustning kan kopplas. Testutrustningen kan "fråga ut" styrenheten elektroniskt och komma åt dess interna fellogg. Det gör att fel kan hittas snabbt och enkelt även om de uppträder oregelbundet. Att kontrollera alla systemkomponenter var för sig i ett försök att hitta ett fel genom uteslutningsmetoden, är ett tidsödande företag med stora risker att misslyckas (särskilt om felet uppträder sporadiskt). Styrenhetens interna delar riskerar även att skadas.

3 Erfarna hemmamekaniker utrustade med en precisionsvarvräknare och en noggrant kalibrerad avgasanalyserare kan kontrollera avgasernas CO-halt och tomgångens varvtal. Om dessa ligger utanför specifikationerna måste bilen tas till en Audi/VAG-verkstad för kontroll. Varken luft-/bränsleblandningen (CO-halten i avgaserna) eller tomgången kan justeras för hand, och därför kan felaktiga testresultat indikera ett fel i bränsleinsprutningssystemet.

**10.19a Motoroljemätstickan på motor med kod ADR**

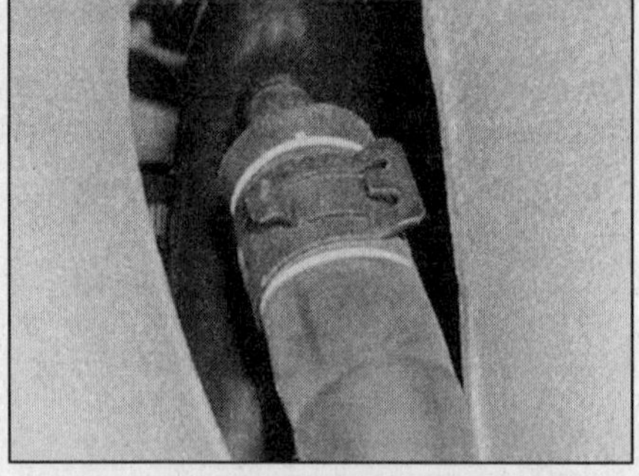

**10.19b Kylvätskeslangens plats på motor med kod ADR**

**10.20a Skruva loss muttrarna och bultarna . . .**

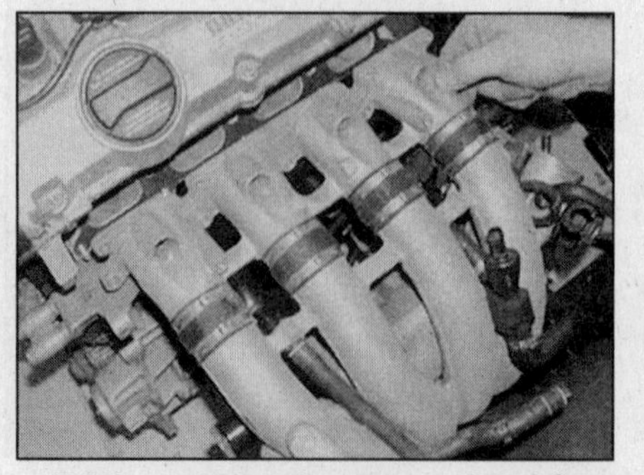

**10.20b . . . ta loss insugsgrenröret från topplocket . . .**

**10.20c . . . och ta bort packningen**

## 12 Turboaggregat – allmän information, demontering och montering

**Observera:** *Det här avsnittet gäller endast motorkoderna AEB och AJL.*

### Allmän information

**1** Turboaggregatet sitter monterat direkt på avgasgrenröret. Smörjningen sköts via ett oljetillförselrör som löper från motorns oljefilterfäste. Oljan leds tillbaka till oljesumpen via ett returrör som är anslutet till sidan av sumpen. Turboaggregatet har en inbyggd Wastegate och ett vakuumaktiverat membran som används till att reglera insugsgrenrörets laddtryck.

**2** Turboaggregatets interna komponenter roterar med mycket hög hastighet och är därmed mycket känsliga för föroreningar. Stora skador kan orsakas av små smutspartiklar, speciellt om dessa slår mot de ömtåliga turbinbladen.

***Varning: Rengör noga området runt alla oljerörsanslutningar innan de kopplas loss, för att undvika att smuts kommer in i systemet. Förvara de isärtagna komponenterna i en sluten behållare för att förhindra att de förorenas. Täck också över turboaggregatets luftintagskanaler. Rengör sedan endast med luddfria trasor.***

### Demontering

**3** Dra åt handbromsen, lyft sedan upp framvagnen och ställ den på pallbockar (se *Lyftning och stödpunkter*). Demontera motorrummets undre skyddskåpa.

**4** Demontera motorns övre skyddskåpa om så är tillämpligt.

**5** På modeller med luftkonditionering, lossa styr- och spännbultarna och flytta spännrullen uppåt för att minska spänningen på drivremmen. Dra bort drivremmen från vevaxeln, kompressorn och spännarremskivorna. Skruva loss kompressorn och bind upp den åt sidan enligt beskrivningen i kapitel 3. Koppla **inte** loss kylledningarna från kompressorn.

**6** Skruva loss turboaggregatets stödfäste.

**7** Skruva loss oljereturröret antingen från turboaggregatet eller oljesumpen, och ta loss packningen.

**8** Lossa klämmorna och koppla loss lufttillförsel- och matningsslangarna från turboaggregatet.

**9** Sätt på slangklämmor på kylvätskans matnings- och returslangar på turboaggregatet. Eller tappa av kylsystemet enligt beskrivningen i kapitel 1A.

**10** Skruva loss anslutningsbulten och koppla loss kylvätskematningsröret. Ta loss packningarna.

**11** Koppla loss vakuumslangen från tryckregleringsventilens kapsel.

**12** Skruva loss bulten som håller fast kylvätskans matningsrör vid tryckregleringsventilens fästbygel.

**13** Demontera luftrenaren enligt beskrivningen i avsnitt 2.

**14** Demontera motorns övre skyddskåpa.

**15** Skruva loss vevhusventilationens rör från ventilkåpan och värmeskölden.

**16** Skruva loss de två bultar som håller fast oljetillförselröret vid värmeskölden. Ta sedan bort värmeskölden.

**17** Lossa klämman och koppla loss kylvätskans returrör från metallröret på turboaggregatet. Lämna metallröret på plats på turboaggregatet.

**18** Skruva loss anslutningsmuttern och koppla loss oljetillförselröret. Gör detta med två skiftnycklar, en som håller adaptern stilla i turboaggregatet.

**19** Skruva loss muttrarna och ta loss det främre avgasröret/katalysatorn från turboaggregatet. Skjut det främre avgasröret bakåt och ta loss packningen.

**20** Skruva loss bultarna som håller fast turboaggregatet vid avgasgrenröret. Vrid turboaggregatet åt sidan, skruva sedan loss anslutningsbulten och ta bort kylvätskematningsröret och packningen. Ta bort turboaggregatet från motorrummet.

### Montering

#### Alla motorer

**21** Montera tillbaka turboaggregatet i omvänd ordningsföljd mot demonteringen, och tänk på följande:

*a) Byt alla packningar.*
*b) Byt alla självlåsande muttrar.*
*c) Fyll turboaggregatet med ny motorolja med hjälp av en oljekanna innan oljetillförselröret återansluts.*
*d) Dra åt alla muttrar och bultar till angivet moment där så är tillämpligt.*
*e) Låt motorn gå på tomgång i ungefär en minut när den startas första gången efter återmonteringen. Då hinner oljan cirkulera runt turbinaxelns lager.*
*f) Fyll på och lufta kylsystemet enligt beskrivningen i kapitel 1A.*

## 13 Mellankylare – demontering och montering

**Observera:** *Det här avsnittet gäller endast motorkoderna AEB och AJL.*

### Demontering

**1** Dra åt handbromsen, lyft upp framvagnen och ställ den på pallbockar (se *Lyftning och stödpunkter*). Demontera motorrummets undre kåpa.

**2** Mellankylaren sitter på vänster sida av motorrummet, och man kommer åt den genom att flytta hela frontpanelen (låshållaren) så långt bort från bilens front som möjligt, men utan att koppla loss några kylarslangar eller elkablar. Gör på följande sätt: Ta bort stötfångaren enligt beskrivningen i kapitel 11, skruva sedan loss de tre klämmorna från ljudisoleringen och skruva loss luftkanalen mellan låshållaren och luftrenaren. Lossa kablaget från klämmorna på kylarens vänstra sida. Skruva loss bultarna som fäster låshållaren vid underredets kanaler. Skruva sedan loss de övre sidobultarna bakom strålkastarenheterna. Ta hjälp av en medhjälpare och dra bort hela enheten så långt som möjligt från bilens framvagn. Audimekaniker använder specialverktyg för att hålla enheten. Det går dock att tillverka stödstag av gängad metall som skruvas in i underredets kanaler.

**3** Lossa klämman och koppla loss den övre slangen från mellankylaren.

**4** Demontera luftkanalen från framsidan av mellankylaren. Ta loss gummigenomföringarna.

**5** Lossa klämman och koppla loss den nedre slangen från mellankylaren.

**6** Dra ut mellankylarens nederdel från fästmuffen och haka sedan loss den från de övre fästmuffarna. Dra bort den nedåt från bilens undersida. Ta bort muffarna från fästbygeln om så behövs.

### Montering

**7** Monteringen sker i omvänd ordningsföljd mot demonteringen.

# Kapitel 4 Del B:
# Bränslesystem – diesel

## Innehåll



## Svårighetsgrader

**Enkelt,** passar novisen med lite erfarenhet 

**Ganska enkelt,** passar nybörjaren med viss erfarenhet 

**Ganska svårt,** passar kompetent hemmamekaniker 

**Svårt,** passar hemmamekaniker med erfarenhet 

**Mycket svårt,** för professionell mekaniker 

## Specifikationer

### Allmänt

| | |
|---|---|
| Maximalt motorvarvtal | E/T (styrs av styrenheten) |
| Motorns tomgångsvarvtal | E/T (styrs av styrenheten) |
| Motorns snabbtomgångsvarvtal | E/T (styrs av styrenheten) |

### Bränsleinsprutningspump

| | |
|---|---|
| Insprutningspumpens synkronisering (avläst med mätklocka) | 0,7 ± 0,02 mm |

### Turboaggregat

| | |
|---|---|
| Typ | Garrett |
| Högsta laddtryck (utan laddtryckskontroll) | 1,550 till 1,750 bar |

### Åtdragningsmoment

| | Nm |
|---|---|
| Bränsleavstängningssolenoid | 40 |
| Bränslepåfyllningsrör | 25 |
| Bränslerörsanslutningar till insprutningspump och insprutningsventiler | 25 |
| Bultar för bränsletankens fästband | 25 |
| EGR-rör till avgasgrenrör (motorkoder AFN och AHH) | 25 |
| EGR-ventil till insugsgrenrör | 25 |
| Insprutningspumpens drev | 45 |
| Insprutningspumpens fäste | 25 |
| Insprutningspumpens kåpa | 10 |
| Insprutningspumpens synkroniseringsplugg | 20 |
| Insprutningsventilernas klämmuttrar | 20 |
| Insprutningsventilernas röranslutningar | 25 |
| Insugsgrenrör till topplock | 25 |
| Oljetillförselrör till turboaggregat | 25 |
| Oljetillförselrörets fästbygel till avgasgrenrör (motorkoder AFN och AHH) | 25 |
| Turboaggregat till avgasgrenrör | 30 |
| Turboaggregat till katalysator | 25 |
| Turboaggregatets oljereturrör till motorblock | 30 |
| Värmesköld till avgasgrenrör (motorkoder 1Z, AFF och AHU) | 25 |

## 1 Allmän information och föreskrifter

### Allmän information

Bränslesystemet består av en bränsletank, en bränsleinsprutningspump, ett motorrumsmonterat bränslefilter med inbyggd vattenavskiljare, ledningar för bränsletillförsel och retur, samt fyra bränsleinsprutningsventiler. Alla motorer har ett turboaggregat.

Insprutningspumpen drivs med halva vevaxelhastigheten via kamremmen. Bränsle matas från bränsletanken via filtret till insprutningspumpen, som sedan matar bränslet under mycket högt tryck till insprutningsventilerna via separata matningsledningar.

Direktinsprutningen styrs elektroniskt av ett motorstyrningssystem, som består av en styrenhet och tillhörande givare, aktiverare och kablar.

Synkroniseringen för insprutningen justeras mekaniskt efter pumpens läge på fästbygeln. Dynamisk synkronisering och insprutningens varaktighet styrs av styrenheten och är beroende av motorvarvtal, gasspjällets läge och öppningsgrad, insugsluftflödet, insugsluftens temperatur, kylvätskans temperatur, bränslets temperatur, omgivande tryck och information om grenrörets undertryck, hämtad från givare på och runt motorn. Kontroll över insprutningens synkronisering i en sluten krets sker via en nållyftsgivare i insprutningsventilen. Observera att nållyftsgivaren sitter monterad på insprutare nr 3.

Tvåstegsinsprutningsventiler används, som förbättrar motorns förbränningsegenskaper. Detta ger tystare gång och bättre utsläppsvärden.

Dessutom är det styrenheten som styr avgasåterföringen (EGR-systemet), turboaggregatets kontrollsystem för laddtryck samt kontrollsystemet för glödstiften.

Det bör noteras att feldiagnos av motorstyrningssystemet bara kan utföras med speciell elektronisk testutrustning. Problem med systemets funktion måste därför överlåtas till en Audi/VAG-verkstad för utvärdering. När felet väl har identifierats kan ordningsföljderna för demontering/återmontering i följande avsnitt vara till hjälp för att rätt komponent ska kunna bytas ut.

**Observera:** *I det här kapitlet hänvisas till bilarnas motorkoder snarare än till deras slagvolym. I kapitel 2B finns en lista över motorkoder.*

### Föreskrifter

Flera av momenten som beskrivs i detta kapitel innebär att bränsleledningar måste kopplas bort, något som kan leda till bränslespill. Innan arbetet påbörjas, läs varningarna nedan och information i *Säkerheten främst!* i början av denna handbok.

2.5a Skruva loss fästbulten . . .

***Varning: Vid arbete med bränslesystemet, undvik direkt kontakt med dieselbränsle, och använd skyddskläder och handskar vid hantering av bränslesystemets komponenter. Se till att arbetsplatsen är välventilerad för att undvika ansamling av dieselångor.***

***Bränsleinsprutningsventiler arbetar vid extremt högt tryck, och bränslestrålen som kommer ut ur munstycket är kraftig nog att tränga igenom huden, vilket kan ge dödliga skador. Se till att inte komma i vägen för bränslestrålen med någon del av kroppen vid arbete med trycksatta insprutningsventiler. Det rekommenderas att en specialist på dieselbränslesystem utför alla trycktester av systemets komponenter.***

***Under inga omständigheter får diesel komma i kontakt med kylvätskeslangarna. Torka bort eventuellt spill omedelbart. Slangar som har varit förorenade med bränsle under en längre tid bör bytas. Dieselbränslesystem är mycket känsliga för förorening av smuts, luft och vatten. Var extra noga med renligheten när du arbetar med bränslesystemet, för att undvika att smuts tränger in. Rengör området runt bränsleanslutningarna noga innan du kopplar loss dem. Förvara demonterade komponenter i lufttäta behållare för att förhindra nedsmutsning och kondensbildning. Använd bara luddfria trasor och ren olja vid rengöring av komponenterna.***

2.5b . . . och ta bort luftrenaren från motorrummet

## 2 Luftrenare och insugskanaler – demontering och montering

### Demontering

1 Koppla loss kablaget från luftflödesmätaren på luftrenarkåpan. Koppla även loss den lilla slangen.

2 Lossa kablaget och slangen från klämman på luftrenarkåpan.

3 Lossa klämman och koppla loss luftintagskanalen från luftrenarkåpan.

4 Lossa fjäderklämmorna och ta loss luftrenarkåpan, ta sedan bort filtret (se kapitel 1B för mer information). Hantera luftflödesmätaren försiktigt eftersom den är mycket ömtålig.

5 Skruva loss fästbulten och ta bort luftrenaren från höger sida av motorrummet **(se bilder)**.

6 Ta bort kvarvarande kanaler genom att dra åt handbromsen, och sedan lyfta upp framvagnen och ställa den på pallbockar (se *Lyftning och stödpunkter*). Demontera stänkskyddet under kylaren.

7 Lossa klämmorna och koppla loss den U-formade slangen från mellankylaren och luftröret på vänster sida av motorrummet.

8 Lossa klämman och koppla loss luftrenarslangen från höger sida av luftröret, skruva sedan loss luftröret.

9 Lossa klämmorna och koppla loss de bakre luftkanalerna från mellankylaren och insugsgrenröret. Koppla loss kablaget och slangarna, efter tillämplighet, och skruva sedan loss fästbultarna och ta bort kanalerna.

### Montering

10 Montering sker i omvänd ordningsföljd.

## 3 Gaspedalens lägesgivare – demontering, montering och justering

### Demontering

1 Ta bort klädselpanelerna under rattstången enligt instruktionerna i kapitel 11 för att komma åt pedalerna.

2 Koppla loss kablaget från pedalens lägesgivare ovanpå gaspedalens fästbygel.

3 Skruva loss bultarna och ta bort lägesgivaren och fästbygeln från golvet.

4 Koppla loss aktiveringsstaget från pedalen, lossa sedan pedalen från fästbygeln.

5 Notera hur aktiveringsstagets nock sitter monterad på lägesgivarens axel, skruva sedan loss muttern och ta bort brickan, och koppla loss nocken.

6 Skruva loss skruvarna och ta bort lägesgivaren från fästbygeln.

### Montering och justering

**7** Sätt på lägesgivaren på fästbygeln, sätt sedan i och dra åt skruvarna.

**8** Sätt på aktiveringsstaget och nocken på axeln och fäst med muttern och brickan. Se till att nocken monteras åt rätt håll. Nockens förlängda kant måste passa in mot mitten av fästbultens hål **(se bild)**.

**9** Kläm fast pedalen på fästbygeln och justera sedan givaren enligt följande.

**10** Placera pedalstoppet så att bokstäverna HS (Hand Shift) syns på stoppets utsida. Detta gäller vid justering av både manuella och automatiska växellådor.

**11** Tryck ner pedalen tills den når stoppet, justera sedan aktiveringsstagets längd så att kickdownpunkten precis nås. Man får testa ett par gånger genom att ansluta stagets ögla till pedalen, och sedan lossa den igen och justera lite till. Man kan känna kickdownpunkten när givarens nock når slutet av sin rörelsebana.

**12** På modeller med manuell växellåda, lämna pedalstoppet i dess nuvarande läge med bokstäverna HS synliga. På modeller med automatväxellåda ska stoppet dock vridas 180° så att bokstäverna AG (Automatic Gearbox) syns.

**13** Med aktiveringsstaget monterat på pedalen, montera tillbaka pedalens fästbygel vid golvet och dra åt fästbultarna.

**14** Återanslut lägesgivarens kablage.

**15** Montera tillbaka klädselpanelerna under rattstången.

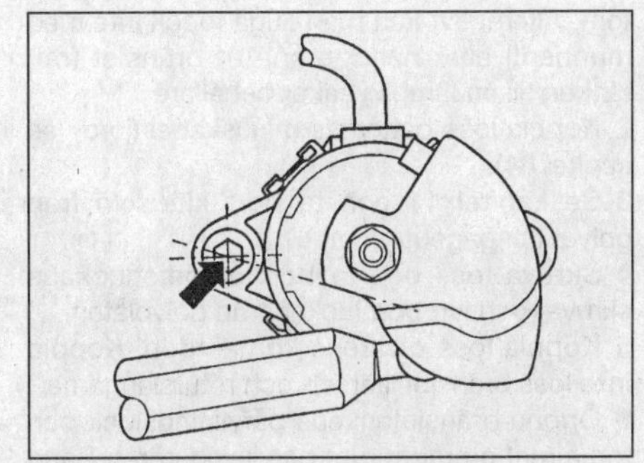

**3.8 Nockens förlängda kant måste passa in mot mitten av fästbultens hål**

## 4 Bränslemätargivare – demontering och montering

**Observera:** *Observera föreskrifterna i avsnitt 1 innan något arbete utförs på bränslesystemets komponenter.*

### Demontering

**1** Bränslemätargivaren sitter monterad i bränsletanken. Man kommer åt den via en lucka i bagageutrymmets golv. Om enheten demonteras exponeras tankens innehåll för luft. Var extremt försiktig för att undvika brand. Utrymmet inuti och runt omkring bilen måste vara välventilerat för att hindra ansamling av bränsleångor. Ta om möjligt bort bränsletanken när den är nästan tom. Alternativt, sifonera ut bränslet från tanken och häll det i en lämplig behållare.

**2** Se till att bilen står på plant underlag och koppla loss batteriets jordkabel (minuspol) (se kapitel 5A).

**3** Se kapitel 11 och ta bort klädseln från golvet i bagageutrymmet.

**4** Skruva loss och ta bort åtkomstluckans skruvar. Lyft bort luckan från golvplåten.

**5** Koppla loss kontaktdonet från givaren **(se bild)**.

**6** Lägg trasor under bränsletillförsel- och returslangarna för att fånga upp spillt bränsle. Lossa klämmorna och koppla loss bränsletillförsel- och returslangarna. Notera var varje slang sitter **(se bilder)**.

**7** Notera pilarnas position (och hur fästringen sitter om en sådan är monterad), skruva sedan loss plastringen som håller fast givaren i tanken. Audi/VAG-mekaniker använder ett specialverktyg för att skruva loss ringen, men det går att använda två skruvmejslar som hakas fast i urtagen och korsas över varandra, eller en stor vattenpumptång **(se bilder)**.

**8** Lyft försiktigt bort bränslemätargivaren och tätningen från bränsletanken.

**9** Undersök flottören på givarens svängarm och leta efter hål och bränsle som läckt in, och byt den om den verkar skadad. Undersök gummitätningen i bränsletanksöppningen och byt ut den om det behövs. Undersök givarenhetens kontaktarm och spår. Tvätta bort all smuts och alla avlagringar som kan ha ansamlats och leta efter defekter i spåret.

**4.5 Koppla loss kontaktdonet från givaren**

**4.6a Koppla loss bränslets returslang . . .**

**4.6b . . . och tillförselslang från givaren**

**4.7a Skruva loss plastringen med en griptång . . .**

**4.7b . . . och ta bort den**

**4.7c Demontera givaren**

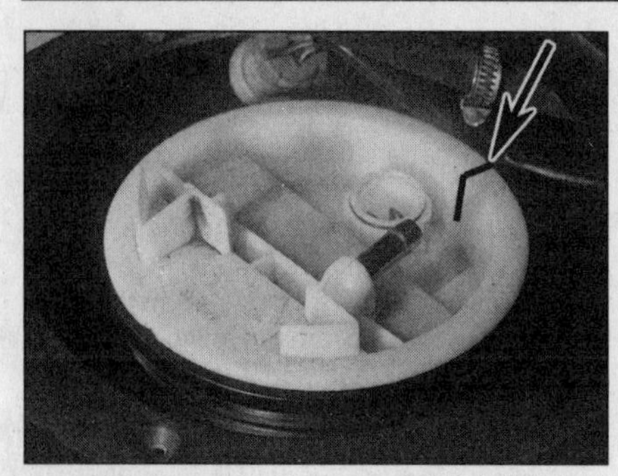

**4.11 Passa in givarens markeringar**

### *Montering*

**10** Sätt i bränslemätargivaren i bränsletanken med en ny tätning. Notera att tätningen måste sättas på plats torr.

**11** Passa in inskärningen/linjen på givaren med pilen på bränsletanken **(se bild)**. Om tillämpligt, sätt sedan tillbaka fästringen och dra åt den. För att se till att justeringspilarna ligger mitt emot varandra när ringen är helt åtdragen, vrid flänsen något moturs när ringen dras åt.

**12** Återanslut bränsletillförsel- och returslangarna och dra åt klämmorna.

**13** Återanslut kontaktdonet till givaren.

**14** Sätt tillbaka åtkomstluckan och dra åt skruvarna.

**15** Lägg tillbaka mattan på bagageutrymmets golv.

**16** Återanslut batteriets minusledning (jord) (se kapitel 5A).

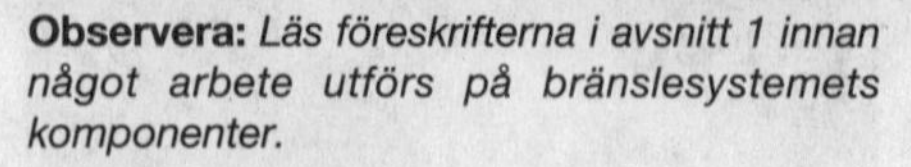

## 5 Bränsletank – demontering och montering

**Observera:** *Läs föreskrifterna i avsnitt 1 innan något arbete utförs på bränslesystemets komponenter.*

### *Demontering*

**1** Innan tanken kan demonteras måste den tömmas på så mycket bränsle som möjligt. Eftersom det inte finns någon avtappningsplugg bör tanken tas bort när den är nästan tom. Alternativt kan man suga (dock inte med munnen!) eller handpumpa ut bränslet från tanken till en lämplig säker behållare.

**2** Koppla loss batteriets minuskabel (jord) (se kapitel 5A).

**3** Se kapitel 11 och ta bort klädseln från golvet i bagageutrymmet.

**4** Skruva loss och ta bort åtkomstluckans skruvar och lyft bort luckan från golvplåten.

**5** Koppla loss givarens kontaktdon. Koppla **inte** loss bränsletillförsel- och returslangarna.

**6** Öppna bränsletankens påfyllningslock och torka rent området runt påfyllningsröret. Bänd försiktigt ut klämringen från påfyllningsrörets gummikopp med en skruvmejsel.

**7** Tryck gummikoppen genom hålet i karossen.

**8** Klossa framhjulen, lyft upp bakvagnen och ställ den på pallbockar (se *Lyftning och stödpunkter*). Demontera höger bakhjul.

**9** Demontera högra bakre innerskärmen.

**10** Skruva loss bulten som håller fast påfyllningsröret och skyddsplåten vid karossen. Observera att bulten även fäster jordkabeln.

**11** Om underredet har ett stänkskydd monterat framför bakaxeln, demontera detta.

**12** Identifiera matnings- och returslangarnas platser på tankens framsida. Lossa klämmorna och koppla loss slangarna. Var beredd på visst bränslespill genom att placera en behållare under tanken.

**13** Stöd bränsletanken på en garagedomkraft med en träkloss emellan.

**14** Markera fästbandens positioner så att de kan monteras tillbaka korrekt, skruva sedan loss dem. Notera hur jordkabeln är placerad på det bakersta fästet.

**15** Ta hjälp av någon och sänk ner bensintanken på marken och ta bort den.

**16** Om tanken är förorenad av fällningar eller vatten, demontera givaren (se avsnitt 4) och skölj ur tanken med rent bränsle. Tanken är gjuten i syntetmaterial, och om den skadas måste den bytas ut. I vissa fall är det dock möjligt att anlita en specialist för att reparera mindre läckor eller skador.

### *Montering*

**17** Monteringen sker i omvänd ordningsföljd mot demonteringen, tänk på följande:

*a) Var noga med att se till att inga slangar kommer i kläm mellan tanken och bilens underrede när tanken lyfts tillbaka på sin plats.*

*b) Se till att alla rör och slangar är korrekt dragna och fästa.*

*c) Innan bultarna till bränsletankens fästband dras åt helt, skjut tanken åt höger så långt det går.*

*d) Det är viktigt att jordkabeln monteras tillbaka korrekt på bandet och påfyllningsröret. Anslut en ohmmätare mellan metallringen på påfyllningsröret och en bit metall på karossen och kontrollera att resistansen är noll.*

*e) Avsluta med att fylla på tanken med bränsle och undersök noggrant att inget läckage förekommer innan bilen tas ut i trafiken.*

*f) Återanslut batteriet enligt beskrivningen i kapitel 5A.*

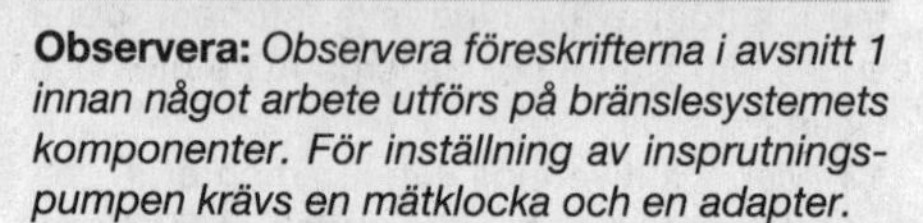

## 6 Bränsleinsprutningspump – demontering, montering och justering

**Observera:** *Observera föreskrifterna i avsnitt 1 innan något arbete utförs på bränslesystemets komponenter. För inställning av insprutningspumpen krävs en mätklocka och en adapter.*

### *Demontering*

**1** Lossa batteriets jordledning (minuspolen) (se kapitel 5A) och för undan den från polen.

**2** Skruva loss muttrarna och ta bort plastkåpan ovanpå motorn.

**3** Lossa och ta bort den övre yttre kamremskåpan.

**4** Demontera kamaxelkåpan enligt beskrivningen i kapitel 2B

**5** Sätt motorn i ÖD för cylinder nr 1 enligt beskrivningen i kapitel 2B. Till detta krävs en kamaxellåsbalk.

**6** Skruva loss anslutningsbultarna och koppla loss bränsle- och returslangarna från insprutningspumpen. Observera att anslutningsbulten till backventilen är fäst vid returledningen **(se bild)**. Ta loss tätningsbrickorna.

**7** Notera och identifiera kabelanslutningarna på bränsleinsprutningspumpen och koppla sedan loss dem.

**8** Skruva loss anslutningsmuttrarna som håller fast bränslerören till insprutningsventilerna och bränsleinsprutningspumpen, och ta bort dem i ett stycke **(se bild)**. Håll adaptrarna stilla med ytterligare en skiftnyckel. Var försiktig så att inte rören böjs.

**9** Täck de öppna rören och portarna för att hindra damm och smuts från att tränga in **(se Haynes tips)**.

**10** Demontera kamremsspännaren enligt instruktionerna i kapitel 2B.

**11** Håll insprutningspumpens drev på plats med ett lämpligt verktyg fasthakat i hålen på drevet **(se bild)**.

**6.6 Bränslereturens anslutningsbult har en backventil**

**6.8 Lossa bränslerörens anslutningsmuttrar**

*Sätt en liten bit slang över banjobulten (vid pilen) så att borrhålen täcks, och trä sedan tillbaka bulten i porten på insprutningspumpen*

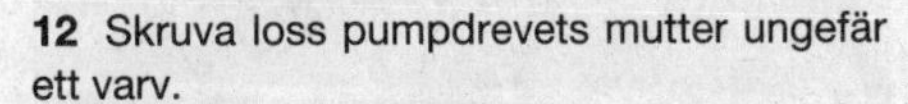

12 Skruva loss pumpdrevets mutter ungefär ett varv.

13 Lossa drevet från insprutningspumpens axel med en lämplig avdragare **(se bild)**. Slå **inte** hårt på avdragaren för att försöka lossa drevet, eftersom insprutningspumpen då kan skadas.

14 Skruva loss muttern och ta bort drevet. Ta loss woodruffkilen från urtaget på axeln **(se bilder)**.

15 Markera vid behov insprutningspumpens läge i förhållande till fästbygeln så att den sedan kan sättas tillbaka på rätt plats. Skruva loss de främre bultarna som håller fast insprutningspumpen till fästbygeln. De två inre bultarna kommer man åt från framsidan av den inre kamremskåpan, och den sista bulten kommer man åt från insprutningspumpens sida av fästbygeln.

16 Skruva loss den bakre fästbulten och ta loss insprutningspumpen från fästbygeln **(se bild)**.

## *Montering och justering*

17 Sätt insprutningspumpen i fästbygeln och sätt tillbaka den bakre fästbulten. Dra åt bulten och den koniska muttern till angivet moment för att centrera pumpen.

18 Vrid insprutningspumpen så mycket som behövs för att centrera den mellan hålen på framsidan av fästbygeln, sätt sedan i de främre fästbultarna och dra åt dem för hand. Om den gamla pumpen sätts tillbaka, placera den så att inställningsmärkena kommer i linje och dra åt fästbultarna ordentligt.

19 Sätt i woodruffkilen i urtaget på axeln, sätt sedan tillbaka drevet och muttern. Håll drevet på plats med verktyget som användes vid demonteringen och dra åt muttern till angivet moment.

20 Placera ÖD-hålen i linje och sätt i sprinten för att låsa drevet i ÖD-läge.

21 Montera tillbaka kamremmen och spännaren enligt beskrivningen i kapitel 2B.

22 Utför följande justering innan kablar och bränslerör monteras tillbaka.

23 Kontrollera att ÖD-tändinställnings-märkena är korrekt i linje med varandra enligt beskrivningen i kapitel 2B. Ta sedan bort låsbalken från baksidan av kamaxeln och sprinten från pumpdrevet.

24 Skruva loss synkroniseringspluggen från baksidan av insprutningspumpen och sätt på en mätklocka. En lämplig adapter krävs **(se bilder)**. Ta loss tätningen från hålet.

25 Förbelasta mätklockan med 2 mm, vrid sedan motorn långsamt moturs tills nålen på mätaren slutar röra sig. Förbelasta nu mät-klockan med 1 mm och nollställ mätaren.

26 Vrid motorn långsamt medurs tills ÖD-märket på svänghjulet/drivplattan är i linje med kanten på tändinställningsöppningen i växellådans hus. Vrid inte motorn längre än till ÖD-märket. Vrids motorn för långt måste förbelastningsproceduren göras om.

27 Läs av mätklockans utslag, som anger när insprutningen kommer att börja. Detta bör vara 0,7 ± 0,02 mm.

28 Om justering krävs, lossa pumpens fäst-bultar ungefär 1 varv, vrid sedan pumpen så långt som behövs tills mätaren visar rätt värde.

**6.11 Insprutningspumpens drev hålls på plats med ett hemgjort verktyg**

**6.13 Anslut en tvåarmad avdragare till insprutningspumpens drev**

**6.14a Lyft av pumpdrevet . . .**

**6.14b . . . och ta loss woodruffkilen**

**6.16 Skruva loss insprutningspumpens bakre fästbult**

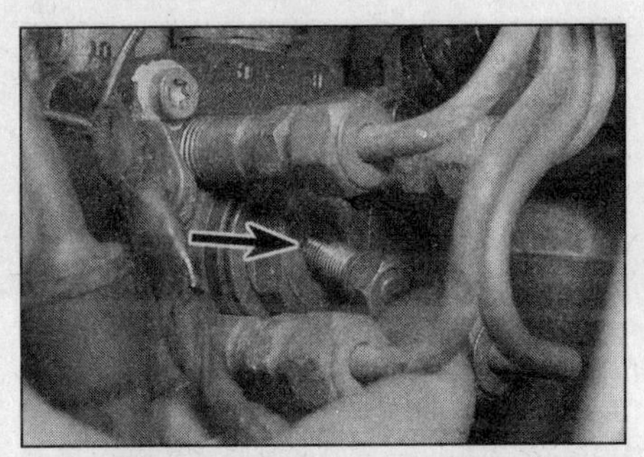

**6.24a Skruva loss synkroniseringspluggen (vid pilen) från pumpen och ta loss tätningen**

**6.24b Skruva fast mätklockan i pumphuvudet**

**29** Dra åt pumpens fästbultar till angivet moment, upprepa sedan proceduren och kontrollera att insprutningens synkronisering är korrekt.

**30** Ta bort mätklockan och sätt tillbaka och dra åt synkroniseringspluggen.

**31** Montera bränslerören på insprutningsventilerna och bränsleinsprutningspumpen, och dra åt anslutningsmuttrarna till angivet moment.

**32** Återanslut kablaget till insprutningspumpen.

**33** Montera tillbaka bränsletillförsel- och returslangarna tillsammans med nya tätningsbrickor och dra åt anslutningsbultarna till angivet moment. Se till att anslutningsbulten med backventil sitter på returledningen.

**34** Montera tillbaka kamaxelkåpan enligt beskrivningen i kapitel 2B, montera sedan tillbaka den övre yttre kamremskåpan.

**35** Återanslut batteriets minusledning (jord) (se kapitel 5A).

**36** Nu måste insprutningspumpen luftas med en manuell vakuumpump. Audis vakuumpump har en behållare på slangen för bränslet som sugs upp från pumpen. Koppla pumpen till returanslutningen på insprutningspumpen och använd vakuumpumpen tills bränslet som rinner ner i behållaren inte har några luftbubblor. Låt inte bränsle komma in i vakuumpumpen.

**37** Montera tillbaka returslangen, starta sedan motorn och leta efter bränsleläckage.

**38** Nu måste insprutningssynkroniseringen kontrolleras och justeras av en Audiverkstad, som har den utrustning som behövs för att utföra kontrollen.

**39** Efter justering av insprutningspumpens synkronisering, lossa alltid bränslerörets anslutningsmuttrar och dra åt dem igen för att undvika att röret är för spänt, vilket kan leda till att röret går av när det utsätts för vibrationer.

**40** Sätt tillbaka plastkåpan ovanpå motorn.

## 7 Insprutningsventiler - allmän information, demontering och montering

**Observera:** *Läs föreskrifterna i avsnitt 1 innan något arbete utförs på bränslesystemets komponenter.*

***Varning: Var mycket försiktig vid arbete med bränsleinsprutningsventilerna. Utsätt aldrig händerna eller andra kroppsdelar för insprutningsventilernas strålar. Det höga trycket är tillräckligt för att få strålarna att gå igenom huden, vilket kan ge dödliga skador. Vi rekommenderar starkt att allt arbete som omfattar test av insprutarna under tryck utförs av en Audiverkstad eller en specialist på bränsleinsprutning.***

### Allmän information

**1** Insprutningsventilerna slits ut efter lång användning och man kan räkna med att de behöver renoveras eller bytas efter ungefär 100 000 km. Noggrann testning, renovering och kalibrering av insprutningsventilerna måste överlåtas till en specialist. En defekt insprutningsventil som orsakar tändningsknackning eller rök, kan lokaliseras utan demontering enligt följande.

***Klipp av fingertopparna på ett par gamla gummihandskar och fäst dem över bränsleportarna med gummiband***

**2** Kör motorn på snabbtomgång. Lossa alla insprutningsventilers anslutningar i tur och ordning. Lägg en trasa runt anslutningen för att suga upp bränslespill och var noga med att inte utsätta huden för bränslestrålar. När anslutningen till den defekta insprutningsventilen lossas kommer knackningarna eller röken att upphöra.

### Demontering

**Observera:** *Var noga med att inte släppa in smuts i insprutningsventilerna eller bränslerören när detta görs. Tappa inte ventilerna, och låt inte nålarna i spetsarna skadas. Insprutningsventilerna är precisionstillverkade och får inte hanteras vårdslöst.*

**3** Täck generatorn med en ren trasa eller plastpåse för att inte riskera att spilla bränsle på den.

**4** Rengör noggrant runt insprutningsventilerna och röranslutningsmuttrarna, och koppla loss returrören från insprutningsventilerna.

**5** Torka rent röranslutningarna och lossa sedan de anslutningsmuttrar som håller fast insprutningsventilernas rör till ventilerna, och de anslutningsmuttrar som håller fast rören till baksidan av insprutningspumpen (rören tas bort som en enhet). När varje pumpanslutningsmutter lossas, håll fast adaptern med en lämplig fast nyckel för att förhindra att den skruvas loss från pumpen. Med anslutningsmuttrarna lossade, ta bort insprutningsventilernas rör från motorn. Täck insprutningsventilernas och rörens anslutningar för att förhindra att smuts tränger in i systemet **(se Haynes tips)**.

**6** Koppla loss kablaget för nållyftsgivaren från insprutningsventil nr 3.

**7** Skruva loss insprutningsventilernas klämfästmuttrar eller bultar (efter tillämplighet). Ta bort brickorna, ta sedan bort kramporna och distanserna **(se bild)**.

**8** Ta bort insprutningsventilerna från topplocket **(se bild)**. Om de sitter hårt, lossa dem genom att vrida dem med en skiftnyckel. Om de ändå sitter fast använder sig Audimekaniker av en glidhammare som skruvas

**7.7a Skruva loss bulten . . .**

**7.7b . . . och ta bort krampan . . .**

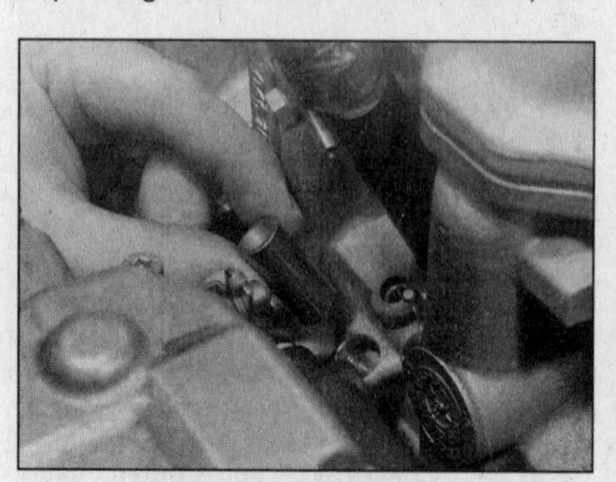

**7.7c . . . och distansen**

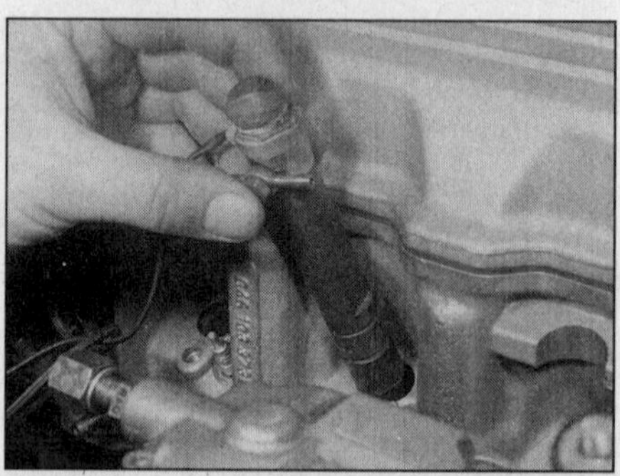

**7.8 En insprutningsventil demonteras från topplocket**

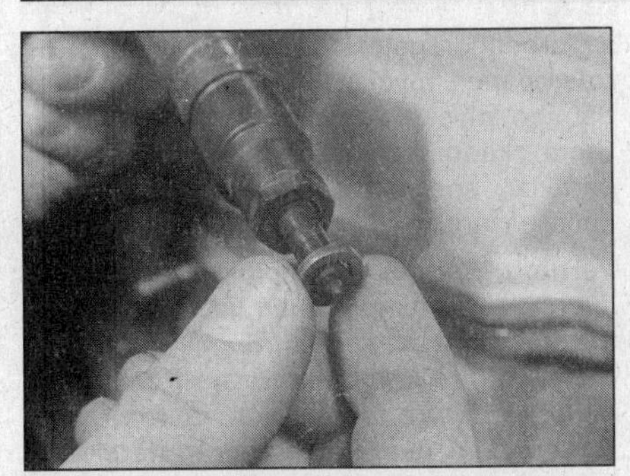

7.10a Sätt på en ny värmesköldsbricka på insprutningsventilen innan den monteras tillbaka

på röranslutningens gängor. Observera att den andra insprutningsventilen bakifrån är högre än de övriga (cylinder nr 3 på 4-cylindriga motorer), och även innehåller en nållyftsgivare som skickar signaler till styrenheten.

**9** Använd en skruvmejsel och haka loss värmesköldsbrickorna från insprutningsventilernas fördjupningar i topplocket. Nya brickor måste användas vid återmonteringen.

### Montering

**10** Sätt insprutningsventilerna på plats, med nya värmesköldsbrickor. Se till att insprutningsventilen med nållyftsgivaren sitter i cylinder nr 3 **(se bilder)**.

**11** Sätt tillbaka fästkragarna och fästklamrarna och fäst dem med brickorna och muttrarna eller bultarna (efter tillämplighet), och dra åt dem till angivet moment.

**12** Återanslut kablaget för nållyftsgivaren på insprutningsventil nr 3.

**13** Montera tillbaka insprutningsventilernas rör och dra åt anslutningsmuttrarna till angivet moment.

**14** Återanslut spillrören till insprutningsventilerna.

**15** Starta motorn och kontrollera att den går som den ska.

## 8 Motorstyrningssystem – demontering och montering av komponenter

**Observera:** *Läs föreskrifterna i avsnitt 1 innan något arbete utförs på bränslesystemet.*

### Temperaturgivare för kylvätska

#### Demontering

**1** Temperaturgivaren för kylvätskan sitter på baksidan av topplocket.

**2** Tappa ur ungefär en fjärdedel av kylvätskan ur motorn enligt instruktionerna i kapitel 1B.

**3** Koppla loss kablaget och skruva loss givaren.

#### Montering

**4** Monteringen sker i omvänd ordning, dra åt givaren till angivet moment. Fyll på kylsystemet enligt beskrivningen i kapitel 1B.

### Varvtalsgivare

#### Demontering

**5** Varvtalsgivaren sitter baktill till vänster på motorblocket, intill fogytan mellan blocket och växellådans balanshjulskåpa.

**6** Följ kablaget bakåt från givaren till kontaktdonet och koppla loss det.

**7** Skruva loss fästskruven och ta bort givaren från motorblocket.

#### Montering

**8** Monteringen sker i omvänd ordning.

### Bränsleavstängningsventil

#### Demontering

**9** Avstängningsventilen för bränsle sitter ovanpå fördelarhuvudet på bränsleinsprutningspumpen. Rengör först området runt ventilen för att förhindra att damm och smuts tränger in i bränslesystemet.

**10** Skruva loss muttern och koppla loss kablaget.

**11** Skruva loss ventilen och ta bort O-ringen, fjädern och kolven.

#### Montering

**12** Monteringen sker i omvänd ordningsföljd mot demonteringen. Alla komponenter ska rengöras innan ventilen sätts tillbaka och dras åt till angivet moment.

### Insprutningsstartventil

#### Demontering

**13** Insprutningsstartventilen sitter precis under fördelarhuvudet på bränsleinsprutningspumpen. Rengör först området runt ventilen för att förhindra att damm och smuts tränger in i bränslesystemet.

**14** Skruva loss skruven och ta bort ventilen från insprutningspumpen. Var beredd på visst bränslespill.

**15** Ta loss den yttre O-ringen, filtret och den inre O-ringen.

**16** Koppla loss kablaget vid kontaktdonet.

#### Montering

**17** Monteringen sker i omvänd ordningsföljd mot demonteringen. Rengör alla komponenter innan skruven sätts tillbaka och dras åt ordentligt.

### Laddtrycksstyrningsventil

#### Demontering

**18** Laddtrycksstyrningsventilen sitter bakom höger strålkastare. Koppla först loss lufttrumman av plast från insugsröret och det mellanliggande röret som leder till luftrenaren.

**19** Koppla loss kablaget.

**20** Koppla loss vakuumslangarna. Notera hur de sitter monterade så att de kan monteras tillbaka korrekt.

**21** Skruva loss fästmuttrarna och ta bort ventilen.

#### Montering

**22** Monteringen sker i omvänd ordningsföljd mot demonteringen.

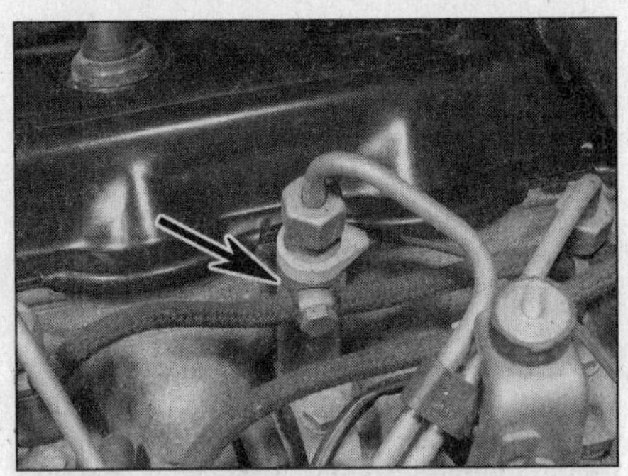

7.10b Insprutaren med nållyftsgivaren är den andra bakifrån på alla motorer

### Luftintagets laddtrycks-/ temperaturgivare

#### Demontering

**23** Luftintagets laddtrycks-/temperaturgivare sitter på luftkanalen som leder från mellankylaren till insugsgrenröret, till vänster i motorrummets bakre del **(se bild)**. Koppla först loss kablaget.

**24** Skruva loss skruvarna och ta bort givaren från luftkanalen.

#### Montering

**25** Monteringen sker i omvänd ordningsföljd mot demonteringen.

### Luftmängdsmätare

#### Demontering

**26** Luftmängdsmätaren sitter i luftrenarens övre kåpa **(se bild)**.

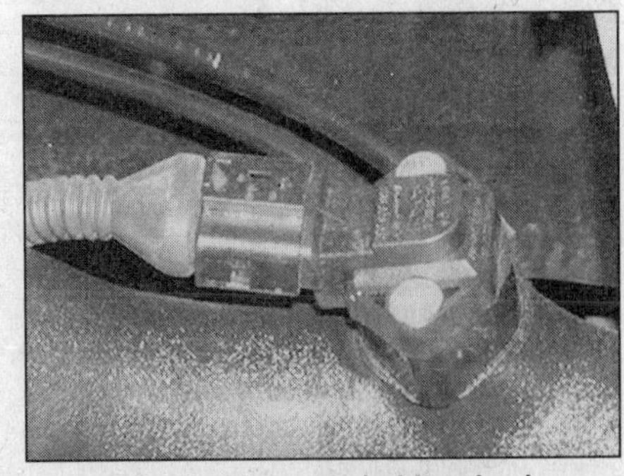

8.23 Luftintagets laddtrycks-/ temperaturgivare

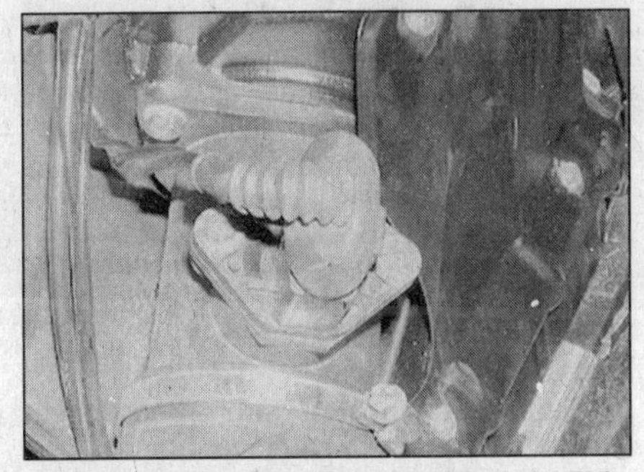

8.26 Luftmängdsmätare (motorkod AFN)

**27** Koppla loss luftkanalen av plast från insugskanalen och mellankanalen som leder till luftrenaren.

**28** Lossa klämman och koppla loss luftintagsslangen från luftflödesmätaren.

**29** Bänd upp fästklämmorna och lyft den övre kåpan från luftrenarhuset tillsammans med luftflödesmätaren. Koppla loss kablaget från mätaren och ta bort den.

**30** Luftflödesmätaren och skyddet kan skruvas loss från den övre kåpan, och den mellanliggande luftkanalen kan tas bort. Hantera luftflödesmätaren försiktigt eftersom den är mycket ömtålig. Ta loss tätningskragen.

### Montering

**31** Monteringen sker i omvänd ordningsföljd mot demonteringen.

## Elektronisk styrenhet (ECU)

***Varning: Vänta alltid i minst 30 sekunder efter det att tändningen stängts av innan något kablage kopplas loss från den elektroniska styrenheten. När kablaget kopplas loss raderas alla de lagrade värdena. Eventuella felkoder behålls dock i minnet. När kablaget återanslutits måste grundinställningarna justeras av en Audi/VAG-mekaniker med ett särskilt testinstrument. Observera även att om den elektroniska styrenheten byts ut, måste den nya styrenhetens identifikation överföras till immobiliserns styrenhet av en Audi/VAG-mekaniker.***

### Demontering

**32** Styrenheten sitter på torpedväggen baktill i motorrummet. På vänsterstyrda modeller sitter den på vänster sida, och på högerstyrda modeller sitter den på höger sida.

**33** Koppla loss batteriets minuskabel (jord) (se kapitel 5A).

**34** Skruva loss skruvarna och lyft av kåpan. **Observera:** *På tidiga modeller finns ett hål i torpedplåten för att det ska gå att komma åt den bakre fästbulten. På senare modeller måste dock torpedplåten lossas för att det ska gå att komma åt bulten.*

**35** Lossa fjäderhållaren ovanpå styrenheten med en skruvmejsel. Lyft bort styrenheten från monteringslådan för att komma åt kontaktdonet. **Observera:** *På vissa modeller kan det krävas att hela relähållaren demonteras tillsammans med säkringsdosan.*

**36** Bänd upp klämman och lossa kontaktdonet från styrenheten.

***Varning: Vänta i minst 30 sekunder efter det att tändningen stängts av innan styrenhetens kontaktdon kopplas loss.***

**37** Ta bort styrenheten från torpedväggen. Om det behövs kan monteringslådan tas bort genom att fästmuttrarna skruvas loss och stiftet lossas från styrhålet.

### Montering

**38** Monteringen sker i omvänd ordningsföljd mot demonteringen. När kåpan sätts tillbaka, tryck ner den ordentligt för hand och dra sedan stegvis åt fästskruvarna. Återanslut batteriet enligt beskrivningen i kapitel 5A.

## Systemrelä och glödstiftssäkringsdosa

### Demontering

**39** Systemreläet sitter under styrenhetens kåpa. Lossa först batteriets jordledning (minuspolen) (se kapitel 5A).

**40** Skruva loss skruvarna och lyft av kåpan.

**41** Ta bort reläet genom att dra det rakt ut från säkringsdosan. Ta bort säkringsdosan genom att koppla loss kablaget och sedan skruva loss säkringsdosan.

### Montering

**42** Monteringen sker i omvänd ordningsföljd mot demonteringen.

## Kopplings- och bromspedalkontakter

### Demontering och montering

**43** Kopplings- och bromspedalkontakterna skickar signaler till styrenheten som automatiskt justerar insprutningspumpens synkronisering. Se kapitel 6 och 9 för information om hur de demonteras och monteras.

## Bränsletemperaturgivare

### Demontering

**44** Bränsletemperaturgivaren sitter ovanpå insprutningspumpen, under kåpan.

**45** Skruva loss skruvarna och lyft av den övre kåpan från insprutningspumpen. Ta loss packningen.

**46** Skruva loss skruvarna och ta bort bränsletemperaturgivaren.

### Montering

**47** Monteringen sker i omvänd ordningsföljd mot demonteringen. Dra åt den övre pumpkåpans skruvar ordentligt.

# 9 Turboaggregat – allmän information, demontering och montering

## Allmän information

**1** Samtliga dieselmotorer är utrustade med ett turboaggregat som sitter direkt på avgasgrenröret. Smörjningen sköts via ett oljetillförselrör som löper från motorns oljefilterfäste. Oljan leds tillbaka till oljesumpen via ett returrör som är anslutet till sidan av motorblocket. Turboaggregatet har en inbyggd Wastegate och ett vakuumaktiverat membran som används för att reglera insugsgrenrörets laddtryck.

**2** Turboaggregatets interna komponenter roterar med mycket hög hastighet och är därmed mycket känsliga för föroreningar. Stora skador kan orsakas av små smutspartiklar, speciellt om dessa slår mot de ömtåliga turbinbladen.

***Varning: Rengör noga området runt alla oljerörsanslutningar innan de kopplas loss, för att hindra att smuts tränger in. Förvara de isärtagna komponenterna i en sluten behållare för att förhindra att de förorenas. Täck också över turboaggregatets luftintagskanaler. Rengör sedan endast med luddfria trasor.***

## Demontering

**3** Dra åt handbromsen. Lyft upp framvagnen och ställ den på pallbockar (se *Lyftning och stödpunkter*). Demontera motorrummets undre skyddskåpa.

**4** Demontera motorns övre skyddskåpa, i förekommande fall.

**5** På modeller med luftkonditionering, lossa styr- och spännbultarna och flytta spännrullen uppåt för att minska spänningen på drivremmen. Dra bort drivremmen från vevaxeln, kompressorn och spännarremskivorna. Skruva loss kompressorn och bind upp den åt sidan enligt beskrivningen i kapitel 3. Koppla **inte** loss kylledningarna från kompressorn.

**6** Lossa klämmorna och koppla loss höger luftintagsslang.

**7** Skruva loss anslutningsbulten och koppla loss oljereturröret från höger sida av motorblocket. Plugga igen eller täck över röret och öppningen för att förhindra att damm eller smuts tränger in.

**8** Skruva loss fästbultarna mellan turboaggregatet och avgasgrenröret, men låt de två främre bultarna sitta kvar för att stödja enheten.

**9** Demontera luftrenaren enligt beskrivningen i avsnitt 2.

**10** Lossa klämmorna och koppla loss den främre luftintagsslangen från turboaggregatet.

**11** Skruva loss anslutningsmuttern och koppla loss oljetillförselröret från turboaggregatet **(se bild)**.

**12** Notera hur de två vakuumslangarna är

**9.11 Turboaggregatets oljetillförselrör och anslutningsmutter**

9.12 Vakuumrör på Wastegatens styrenhet

9.13 Fästmuttrar mellan turboaggregatet och katalysatorn

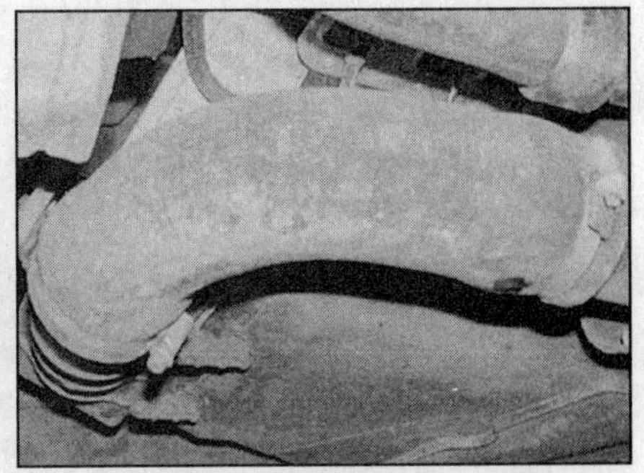

10.5 Mellankylarens nedre slang

monterade. Koppla sedan loss dem från Wastegatens styrenhet **(se bild)**.

**13** Skruva loss muttrarna som håller fast turboaggregatet vid katalysatorn **(se bild)**.

**14** Skruva loss de två sista fästbultarna och ta loss turboaggregatet från avgasgrenröret och katalysatorn. Ta loss packningen.

### *Montering*

**15** Montera tillbaka turboaggregatet i omvänd ordningsföljd mot demonteringen och tänk på följande:

*a) Byt packningen.*

*b) Byt alla självlåsande muttrar.*

*c) Fyll turboaggregatet med ny motorolja med hjälp av en oljekanna innan oljetillförselröret återansluts.*

*d) Dra åt alla muttrar och bultar till angivet moment där sådana anges.*

*e) Låt motorn gå på tomgång i ungefär en minut när den startas första gången efter återmonteringen. Då hinner oljan cirkulera runt turbinaxelns lager.*

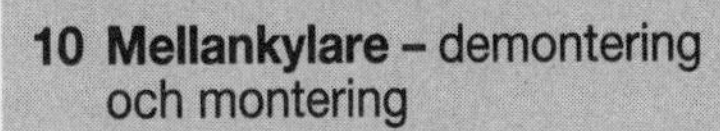

## 10 Mellankylare – demontering och montering

### *Demontering*

**1** Dra åt handbromsen, lyft sedan upp framvagnen och ställ den på pallbockar (se *Lyftning och stödpunkter*). Ta bort motorrummets undre kåpa.

**2** Mellankylaren sitter på vänster sida av motorrummet, och man kommer åt den genom att flytta hela frontpanelen (låshållaren) så långt bort från bilens front som möjligt, men utan att koppla loss några kylarslangar eller elkablar. Gör på följande sätt: Ta först bort stötfångaren enligt beskrivningen i kapitel 11. Skruva sedan loss de tre klämmorna från ljudisoleringen och skruva loss luftkanalen mellan låshållaren och luftrenaren. Lossa kablaget från klämmorna på kylarens vänstra sida. Skruva loss bultarna som fäster låshållaren vid underredets kanaler. Skruva sedan loss de övre sidobultarna bakom strålkastarenheterna. Ta hjälp av en medhjälpare och dra bort hela enheten så långt som möjligt från bilens framvagn. Audimekaniker använder specialverktyg för att hålla enheten, men det går att tillverka stödstag av gängad metall som skruvas in i underredets kanaler.

**3** Lossa klämman och koppla loss den övre slangen från mellankylaren.

**4** Demontera luftkanalen från framsidan av mellankylaren. Ta loss gummigenomföringarna.

**5** Lossa klämman och ta bort den nedre slangen från mellankylaren **(se bild)**.

**6** Dra ut mellankylarens nederdel från fästmuffen och haka sedan loss den från de övre fästmuffarna. Dra ut den nedåt från bilens undersida **(se bild)**. Ta bort muffarna från fästbygeln om det behövs.

### *Montering*

**7** Monteringen sker i omvänd ordningsföljd mot demonteringen.

## 11 Insugsgrenrör – demontering och montering

### *Motorkod 1Z, AFF och AHU*

#### Demontering

**1** Demontera turboaggregatet enligt beskrivningen i avsnitt 10.

**2** Lossa klämman och koppla loss luftkanalen från insugsgrenröret.

**3** Koppla loss vakuumslangen från EGR-ventilen.

**4** Skruva loss de två bultar som håller fast EGR-ventilen vid insugsgrenröret.

**5** Skruva loss muttrarna och ta bort den lilla värmeskölden från framsidan av avgasgrenröret.

10.6 Mellankylarens nedre fäste

**6** Skruva loss fästmuttrarna och ta bort insugsgrenröret från topplocket. Ta loss packningarna från insugsgrenröret och EGR-ventilen.

#### Montering

**7** Monteringen sker i omvänd ordningsföljd mot demonteringen. Använd nya packningar till grenröret och EGR-ventilen.

### *Motorkod AFN och AHH*

#### Demontering

**8** Skruva loss EGR-ventilen och röret från insugs- och avgasgrenrören och flytta hela paketet åt sidan. Man behöver inte koppla loss vakuumslangen från EGR-ventilen.

**9** Lossa klämman och koppla loss luftkanalen från insugsgrenröret.

**10** Skruva loss oljetillförselrörets fästbygel från avgasgrenröret.

**11** Skruva loss fästmuttrarna och ta bort insugsgrenröret från topplocket. Ta loss packningarna från insugsgrenröret och EGR-ventilen.

#### Montering

**12** Monteringen sker i omvänd ordningsföljd mot demonteringen. Använd nya packningar till grenröret och EGR-ventilen.

# Kapitel 4 Del C:
# Avgassystem och avgasreningssystem

## Innehåll



## Svårighetsgrader

| | | | | |
|---|---|---|---|---|
| **Enkelt,** passar novisen med lite erfarenhet  | **Ganska enkelt,** passar nybörjaren med viss erfarenhet  | **Ganska svårt,** passar kompetent hemmamekaniker  | **Svårt,** passar hemmamekaniker med erfarenhet  | **Mycket svårt,** för professionell mekaniker  |

## Specifikationer

| **Åtdragningsmoment** | **Nm** |
|---|---|
| Avgasgrenrör | 25 |
| Avgassystemets fästbyglar till underredet | 25 |
| Avgassystemets klämbultar | 40 |
| EGR-ventil till insugsgrenrör | 25 |
| Främre avgasrör till fästbygel på växellåda (motorkod AEB, AJL) | 25 |
| Främre avgasrör till grenrör (motorkoder ADP, ADR, AFY, AHL) | 30 |
| Halvflexibelt rör till EGR-ventil och avgasgrenrör | 25 |
| Katalysator till främre avgasrör | 25 |
| Katalysator till turboaggregat (motorkod AEB, AJL) | 30 |

## 1 Allmän information

### *Avgasreningssystem*

Alla modeller med bensinmotor ska köras på blyfri bensin och styrs av motorstyrningssystem som är inställda att ge den bästa kompromissen mellan körbarhet, bränsleförbrukning och avgasutsläpp. Dessutom finns ett antal andra system som hjälper till att reducera utsläpp av skadliga ämnen. Ett vevhusventilationssystem finns monterat, som minskar utsläppen av föroreningar från motorns smörjningssystem, och en katalysator som minskar föroreningarna i avgaserna. Ett system för avdunstningsreglering finns också, som minskar utsläppen av kolväten i gasform från bränsletanken.

Alla modeller med dieselmotor har ett vevhusventilationssystem och dessutom en katalysator och ett EGR-system för att minska avgasutsläppen.

### Vevhusventilation

För att minska utsläppen av oförbrända kolväten från vevhuset ut i atmosfären tätas motorn, och genomblåsningsgaserna och oljan dras ut från vevhuset genom en nätbandsoljeavskiljare och in i insugssystemet för att förbrännas under den normala förbränningen.

När högt undertryck råder i grenröret sugs gaserna ut ur vevhuset. När lågt undertryck råder i insugsröret tvingas gaserna ut ur vevhuset av det (relativt) högre trycket i vevhuset. Om motorn är sliten gör det högre vevhustrycket (p.g.a. ökad genomblåsning) att en viss del av flödet alltid går tillbaka oavsett tryck i grenröret. Alla dieselmotorer har en tryckregleringsventil på kamaxelkåpan, för att styra gasflödet från vevhuset.

### Avgasrening – modeller med bensinmotor

För att minimera föroreningar i atmosfären har alla bensinmodeller en trevägskatalysator i avgassystemet. Bränslesystemet är av typen sluten slinga, där en lambdasond i avgassystemet ger motorns styrenhet kontinuerlig information, så att styrenheten kan justera bränsleblandningen för optimal förbränning.

Lambdasonden har ett inbyggt värmeelement som styrs av styrenheten via lambdasondsreläet för att snabbt få upp sondspetsen till optimal arbetstemperatur. Sondens spets känner av syrehalten i avgaserna och skickar en spänningssignal till styrenheten som varierar med mängden syre i avgaserna. Om bränsleblandningen är för fet är avgaserna syrefattiga och sonden sänder då en låg spänning till styrenheten. Signalspänningen stiger när blandningen magrar och syrehalten i avgaserna därmed stiger. Maximal omvandlingseffekt för alla större föroreningar uppstår när bränsleblandningen hålls vid den kemiskt korrekta kvoten för fullständig förbränning av bensin, som är 14,7 delar (vikt) luft till 1 del bränsle (den stökiometriska kvoten). Sondens signalspänning ändras ett stort steg vid denna punkt och styrenheten använder detta som referens och korrigerar blandningen efter detta genom att modifiera insprutningens pulsbredd. Ytterligare information om demontering och montering av lambdasonden finns i kapitel 4A.

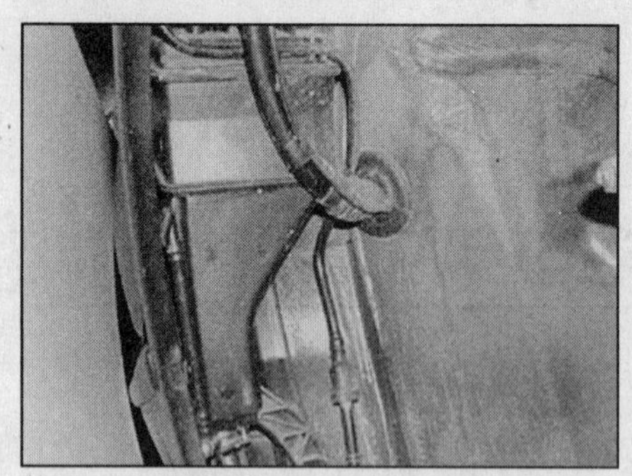

2.9 Kolfiltrets plats bakom det högra framhjulets innerskärm

### Avgasrening – modeller med dieselmotor

En oxideringskatalysator finns monterad i avgassystemet på alla dieselmodeller. Denna avlägsnar en stor del gasformiga kolväten, koloxid och partiklar från avgaserna.

Ett system för avgasåterföring finns också på alla dieselmodeller. Detta reducerar halten kväveoxider från förbränningen genom att tillföra en del avgaser till insuget via en kolvventil under vissa arbetsförhållanden. Systemet styrs elektroniskt av dieselmotorns styrenhet.

### Avdunstningsreglering – modeller med bensinmotor

För att minimera utsläppen av oförbrända kolväten i atmosfären finns även ett system för avdunstningsreglering på alla bensinmodeller. Tanklocket är tätat och ett kolfilter sitter monterat i det högra främre hjulhuset för att samla upp bensinångor från tanken. Detta lagrar ångorna tills de sugs ut (styrt av bränsleinsprutningens/tändsystemets styrenhet) via en eller flera rensventiler till insuget, där de sedan förbränns av motorn under den normala förbränningen.

För att försäkra att motorn går korrekt när den är kall och/eller går på tomgång, och för att skydda katalysatorn från en för fet bränsleblandning, öppnas inte ventilen av styrenheten förrän motorn är varmkörd och belastas. Om förhållandena är de rätta öppnas och stängs ventilen för att leda lagrade ångor till insuget.

### *Avgassystem*

På bensinmodeller med motorkod ADP, ADR och AFY består avgassystemet av avgasgrenrör (med lambdasond), främre avgasrör, katalysator, mellanrör och ljuddämpare, samt bakre avgasrör och ljuddämpare. På bensinmodeller med motorkod AHL består avgassystemet av avgasgrenrör (med lambdasond), främre avgasrör och inbyggd katalysator, mellanrör och ljuddämpare, samt bakre avgasrör och ljuddämpare. På bensinmodeller med motorkod AEB och AJL, består avgassystemet av avgasgrenrör, turboaggregat, katalysator med lambdasond, främre avgasrör, mellanrör och ljuddämpare, samt bakre avgasrör och ljuddämpare.

På alla dieselmodeller består avgassystemet av avgasgrenrör, turboaggregat, främre avgasrör och inbyggd katalysator, ett kort förbindelserör, mellanrör och ljuddämpare, samt bakre avgasrör och ljuddämpare. Systemet sitter upphängt i gummibussningar och/eller gummifästringar.

Avgassystemets mittersta och bakre delar tillverkas visserligen som en enda enhet, men de går ändå att skaffa separat.

## 2 Avdunstningsreglering – information och byte av komponenter

### *Information*

**1** Avdunstningsregleringen består av en rensventil, ett kolfilter och en uppsättning anslutande vakuumslangar.

**2** Rensventilen sitter längst fram till höger i motorrummet, i vakuumledningen mellan kolfiltret och insugsgrenröret. Kolfiltret sitter i höger framhjulshus bakom innerskärmen, framför A-stolpen.

### *Byte av komponenter*

#### Rensventil

**3** Se till att tändningen är avstängd, koppla sedan loss kabelhärvan från rensventilen vid kontaktdonet.

**4** Lossa klämmorna och koppla loss vakuumslangarna. Notera åt vilket håll ventilen är monterad.

**5** Monteringen sker i omvänd ordningsföljd mot demonteringen.

#### Kolfilter

**6** Dra åt handbromsen. Lyft upp framvagnen och ställ den på pallbockar (se *Lyftning och stödpunkter*). Demontera höger framhjul.

**7** Demontera delvis baksidan av högra främre innerskärmen enligt instruktionerna i kapitel 11 för att komma åt kolfiltret.

**8** Koppla loss vakuum- och ventilationsslangarna, och notera till vilka portar de ansluts.

**9** Skruva loss fästskruvarna och ta bort kolfiltret **(se bild)**.

**10** Monteringen sker i omvänd ordningsföljd mot demonteringen.

## 3 Vevhusventilation – allmän information

**1** Vevhusventilationssystemet består av slangar som ansluter vevhuset till luftrenaren eller insugsgrenröret. En tryckregleringsventil finns på alla dieselmotorer. En oljeavskiljare finns på vissa bensinmotorer.

**2** Systemet kräver ingen tillsyn, förutom en regelbunden kontroll av att slangarna, ventilen och oljeavskiljaren är i gott skick och att de inte är blockerade.

## 4 Avgasåterföringssystem (EGR) – information och byte av komponenter

**Observera:** *Avgasåterföringssystem finns bara på dieselmotorer.*

### *Information*

**1** EGR-systemet består av en EGR-ventil, en modulatorventil och en uppsättning anslutande vakuumslangar.

**2** EGR-ventilen sitter monterad på en flänsfog på insugsgrenröret, och är ansluten till en andra flänsfog på avgasgrenröret med ett halvflexibelt rör.

### *Byte av komponenter*

#### EGR-ventil

**3** Koppla loss vakuumslangen från porten på EGR-ventilen **(se bild)**.

**4** Skruva loss muttrarna och bultarna och koppla loss det halvflexibla anslutningsröret från EGR-ventilens fläns och från avgasgrenröret. Röret är anslutet till avgasgrenröret med två muttrar, och till EGR-ventilen med bultar **(se bilder)**. Ta loss packningarna.

**5** Skruva loss bultarna som håller fast EGR-ventilen till insugsgrenrörets fläns, och lyft bort EGR-ventilen **(se bild)**. Ta loss packningen.

4.3 Vakuumslang på EGR-ventilen (AFN motor)

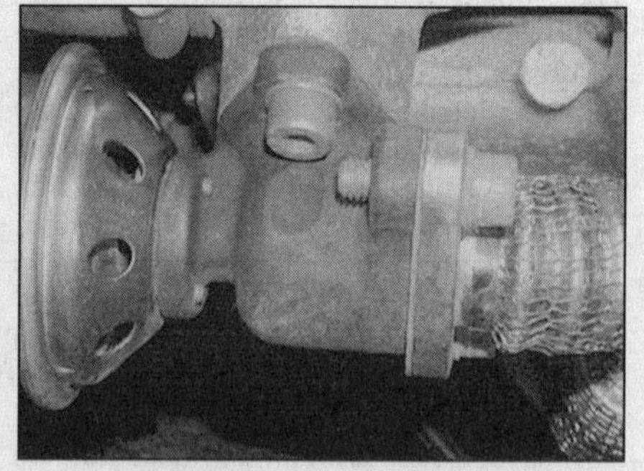

4.4a EGR-ventil (AFN motor)

4.4b Fästmuttrar för EGR-ventilens rör till avgasgrenröret (AFN motor)

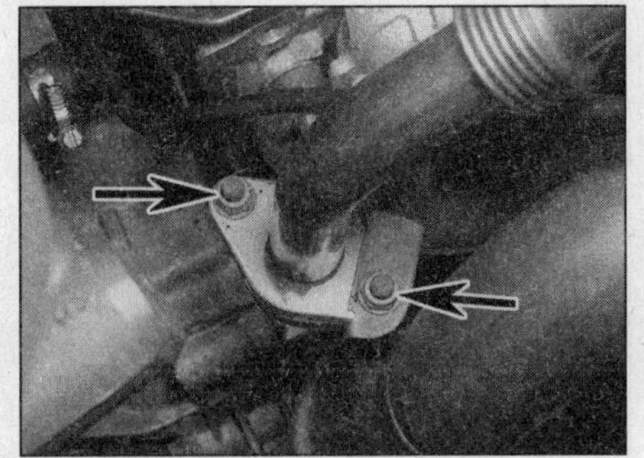

4.4c Fästmuttrar för EGR-ventilens rör till avgasgrenröret (1Z motor)

4.5 EGR-ventil och fästbultar (1Z motor)

**6** Monteringen sker i omvänd ordningsföljd mot demonteringen. Använd nya flänsfogpackningar och självlåsande muttrar.

## 5 Avgasgrenrör – demontering och montering

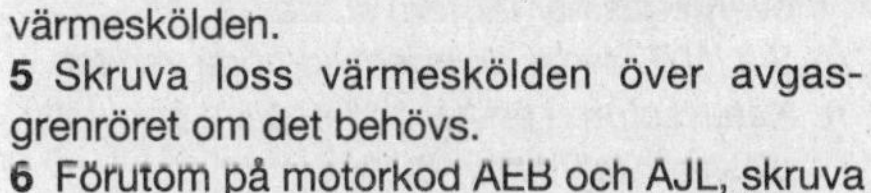

### *Modeller med bensinmotor*

#### Demontering

**1** Dra åt handbromsen, lyft sedan upp framvagnen och ställ den på pallbockar (se *Lyftning och stödpunkter*). Demontera stänkskyddet under motorrummet.

**2** Demontera luftrenaren och kanalerna enligt beskrivningen i kapitel 4A eller 4B (efter tillämplighet). Demontera även motorns övre skyddskåpa om det behövs.

**3** Förutom på motorkod AEB och AJL, demontera lambdasonden från avgasgrenröret enligt beskrivningen i kapitel 4A.

**4** På motorkod AEB och AJL, skruva bara loss turboaggregatets stödfästbultar några varv. Skruva även loss oljetillförselröret från värmeskölden.

**5** Skruva loss värmeskölden över avgasgrenröret om det behövs.

**6** Förutom på motorkod AEB och AJL, skruva loss muttrarna och koppla loss det främre avgasröret från avgasgrenröret. Ta loss packningen och tryck det främre avgasröret bakåt, bort från grenröret.

**7** På motorkod AEB och AJL, skruva loss de tre bultar som håller fast turboaggregatet till avgasgrenröret, sänk ner turboaggregatet och ta sedan loss packningen. Plugga igen öppningen i turboaggregatet med en trasa för att förhindra att främmande föremål/skräp kommer in.

**8** Skruva stegvis bort muttrarna och brickorna. Dra sedan bort avgasgrenröret från pinnbultarna på topplocket. Ta loss packningen.

#### Montering

**9** Rengör grenrörets och topplockets fogytor noga.

**10** Monteringen sker i omvänd ordningsföljd mot demonteringen. Använd nya packningar och självlåsande muttrar, och dra åt muttrarna till angivet moment. På motorkod AEB och AJL, montera tillbaka avgasgrenröret och turboaggregatet på grenröret, och till sist turboaggregatet på motorblocket. Se kapitel 4A för ytterligare åtdragningsmoment.

### *Modeller med dieselmotor*

#### Demontering

**11** Demontera turboaggregatet enligt beskrivningen i kapitel 4B.

**12** Skruva loss värmeskölden.

**13** Demontera insugsgrenröret enligt beskrivningen i kapitel 4B.

**14** Skruva loss bulten som håller fast oljetillförselröret till avgasgrenröret.

**15** Endast på motorkod 1Z, AFF och AHU, skruva loss EGR-systemets återföringsrör.

**16** Skruva stegvis loss muttrarna och brickorna och ta loss avgasgrenröret från pinnbultarna på topplocket. Ta loss packningarna.

#### Montering

**17** Rengör grenrörets och topplockets fogytor noga.

**18** Monteringen sker i omvänd ordningsföljd mot demonteringen. Använd nya packningar och självlåsande muttrar, och dra åt muttrarna till angivet moment.

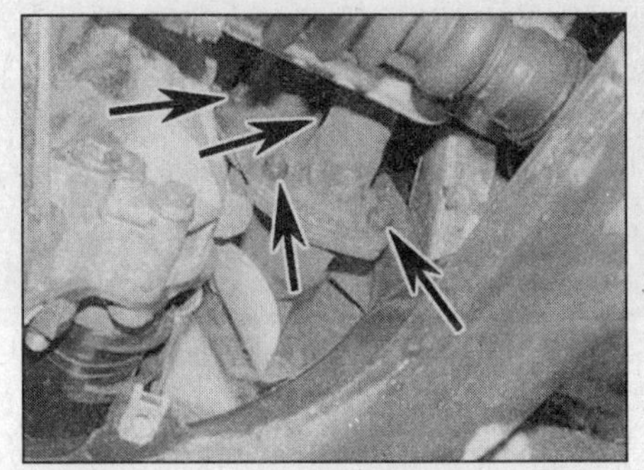

6.5a Skruva loss bultarna mellan det främre avgasröret och grenröret . . .

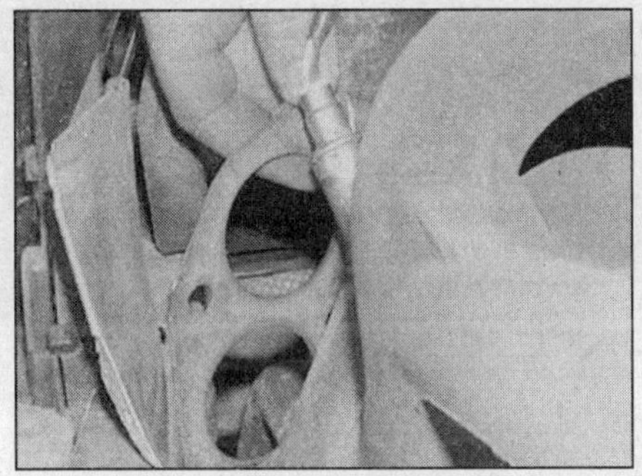

6.5b . . . och ta bort packningen

## 6 Avgassystem – byte av komponenter

***Varning: Låt avgassystemet svalna ordentligt innan arbetet påbörjas. Tänk särskilt på att katalysatorn har mycket hög arbetstemperatur. Om det finns någon risk för att systemet fortfarande är varmt, använd lämpliga handskar.***

### *Demontering*

**1** Varje del i avgassystemet kan demonteras separat, men eftersom systemet sitter ovanför bakaxeln kan inte hela systemet demonteras ihopsittande.

**2** Om någon del av systemet ska demonteras, börja med att lyfta upp fram- eller bakvagnen och ställ den på pallbockar (se *Lyftning och stödpunkter*). Alternativt kan bilen ställas över en smörjgrop.

#### Främre avgasrör (och katalysator på bensinmotor med kod AHL och alla dieselmotorer)

**Observera:** *Hantera den böjliga, flätade delen av det främre avgasröret försiktigt, och böj det inte mer än nödvändigt.*

**3** Under bilen, skruva loss golvets tvärbalk från underredet.

**4** Demontera luftrenaren enligt beskrivningen i kapitel 4A eller 4B.

**5** Skruva loss bultarna och koppla loss det främre avgasröret från avgasgrenröret (eller katalysatorn på motorkod AEB, AJL). Ta bort packningen **(se bilder)**.

**6** Stöd mellandelen (eller katalysatorn/det korta röret) på en garagedomkraft, skruva

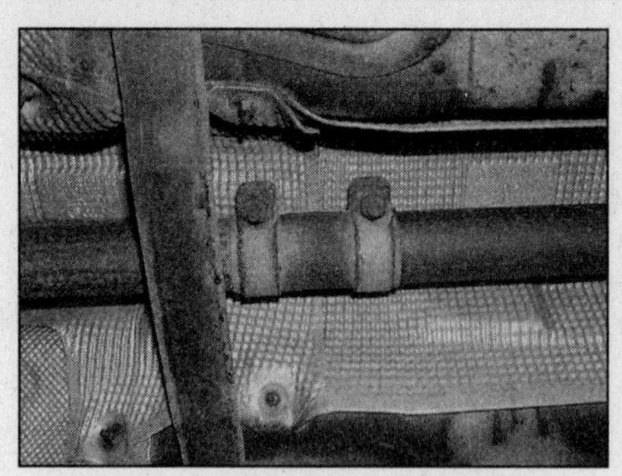
6.9 Klämma som håller fast katalysatorn vid mellandelen (ADR motor)

6.23a Fäste längst fram på det bakre avgasröret och ljuddämparen

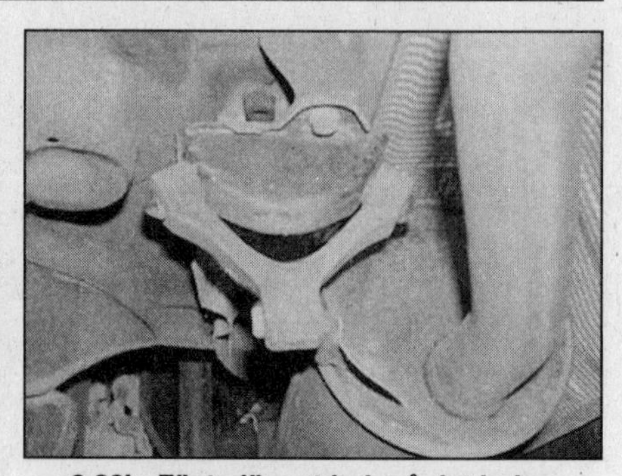
6.23b Fäste längst bak på det bakre avgasröret och ljuddämparen

sedan loss flänsbultarna och ta bort det främre avgasröret. Ta loss packningen.

### Katalysator (motorkod ADP, ADR, AFY)

**7** Under bilen, stöd det främre avgasröret och mellandelen på pallbockar eller garagedomkrafter.

**8** Skruva loss flänsbultarna och skilj katalysatorn från det främre avgasröret. Ta loss packningen.

**9** Notera hur klämman sitter monterad (bultarna ska sitta på vänster sida om klämman, och bultarnas nedre ändar ska inte ligga under mellanrörets nedersta del), skruva sedan loss klämbultarna och skilj katalysatorn från mellandelen **(se bild)**.

### Katalysator (motorkod AEB, AJL)

**10** Demontera lambdasonden enligt beskrivningen i kapitel 4A, avsnitt 4.

**11** Skruva loss bultarna som håller fast katalysatorn till det främre avgasröret. Ta loss packningen.

**12** Skruva loss avgassystemets fästbygel från växellådan och sänk ner det främre avgasröret.

**13** Skruva loss flänsmuttrarna och ta loss katalysatorn från turboaggregatet. Ta loss packningen. Ta bort katalysatorn från bilens undersida.

### Kort rör (motorkod 1Z, AHU, AHH, AFN, AFF)

**14** Skruva loss flänsbultarna och skilj det korta röret från katalysatorn.

**15** Skruva loss klämbultarna och skilj det korta röret från mellandelen. Ta bort det korta röret från bilens undersida.

### Mellanrör och ljuddämpare

**16** Under bilen, stöd det främre avgasröret på en pallbock eller en garagedomkraft.

**17** Om det ursprungliga mellanliggande/bakre avgasröret sitter monterat måste det mellanliggande röret skäras igenom för att det ska gå att ta bort det från det bakre avgasröret och ljuddämparen. Röret har en inskärning som markerar var det ska kapas. Använd en bågfil och fila igenom röret i rät vinkel mot röret.

**18** Om ett utbytesrör har monterats, skruva loss klämbultarna och skilj mellanröret från det bakre avgasröret.

**19** Notera hur klämman som håller fast mellanröret vid katalysatorn eller det korta röret sitter monterad (bultarna ska sitta på vänster sida om klämman, och bultarnas nedre ändar ska inte ligga under mellanrörets nedersta del), skruva sedan loss klämbultarna och ta bort katalysatorn.

**20** Lossa gummifästet och ta bort mellanröret och ljuddämparen från bilens undersida.

### Bakre avgasrör och ljuddämpare

**21** Om det ursprungliga mellanliggande/bakre avgasröret sitter monterat måste det mellanliggande röret skäras igenom för att det ska gå att ta bort det från det bakre avgasröret och ljuddämparen. Röret har en inskärning som markerar var det ska kapas. Använd en bågfil och fila igenom röret i rät vinkel mot röret.

**22** Om ett utbytesrör har monterats, skruva loss klämbultarna och skilj det bakre avgasröret från mellanröret. Notera att klämman ska monteras med bultarna mot baksidan av bilen, och att bultarnas ändar inte får sticka ut under rörets nedersta del.

**23** Lossa gummifästena och ta loss det bakre avgasröret och ljuddämparen från bilens undersida **(se bilder)**.

### *Montering*

**24** Varje del monteras i omvänd ordning mot demonteringen, och tänk på följande.

*a) Se till att alla spår av korrosion har tagits bort från flänsarna eller rörändarna, och att alla packningar bytts.*

*b) Undersök gummifästena och leta efter tecken på skada eller åldrande. Byt dem om det behövs.*

*c) Kontrollera innan avgassystemets fästen dras åt att alla gummiupphängningar är korrekt placerade och att det finns tillräckligt med mellanrum mellan avgassystemet och underredet.*

## 7 Katalysator – allmän information och föreskrifter

**1** Katalysatorn är en tillförlitlig och enkel anordning som inte kräver något underhåll. Det finns dock några punkter som bör uppmärksammas för att katalysatorn skall fungera ordentligt under hela sin livslängd.

### *Modeller med bensinmotor:*

*a) ANVÄND INTE blyad bensin – blyet täcker över ädelmetallerna, reducerar katalysförmågan och förstör med tiden hela katalysatorn.*

*b) Underhåll alltid tänd- och bränslesystemen regelbundet enligt tillverkarens underhållsschema.*

*c) Om motorn börjar misständа skall bilen inte köras alls (eller åtminstone så lite som möjligt) tills felet är åtgärdat.*

*d) Bilen får INTE knuffas eller bogseras igång eftersom katalysatorn då dränks i oförbränt bränsle och kommer att överhettas när motorn startas.*

*e) Slå INTE av tändningen vid höga varvtal.*

*f) Katalysatorn i en väl underhållen och körd bil ska hålla mellan 80 000 och 160 000 km – om den inte längre är effektiv måste den bytas.*

### *Modeller med bensin- eller dieselmotor*

*g) ANVÄND INGA tillsatser i bränsle eller olja. De kan innehålla ämnen som skadar katalysatorn.*

*h) Tänk på att katalysatorn arbetar vid mycket hög temperatur. Parkera därför INTE bilen i torr undervegetation, i långt gräs eller över lövhögar efter en längre körsträcka.*

*i) Tänk på att katalysatorn är ÖMTÅLIG – slå inte på den med verktyg vid arbete.*

# Kapitel 5 Del A:
# Start- och laddningssystem

## Innehåll



## Svårighetsgrader

**Enkelt,** passar novisen med lite erfarenhet 

**Ganska enkelt,** passar nybörjaren med viss erfarenhet 

**Ganska svårt,** passar kompetent hemmamekaniker 

**Svårt,** passar hemmamekaniker med erfarenhet 

**Mycket svårt,** för professionell mekaniker 

## Specifikationer

### Allmänt

| | |
|---|---|
| Systemtyp | 12 volt, negativ jord |

### Startmotor

| | |
|---|---|
| Typ | Föringreppad |

### Batteri

| | |
|---|---|
| Kapacitet | 44 till 80 Ah (beroende på modell och marknad) |

### Generator

| | |
|---|---|
| Typ | Bosch eller Valeo |
| Kapacitet | 70, 90 eller 120 A |
| Minsta borstlängd | 5,0 mm |

### Åtdragningsmoment

| | Nm |
|---|---|
| Batteriklämmans bult | 15 |
| Generatorns fästbultar: | |
| Dieselmotor | 25 |
| Bensinmotor, nedre | 45 |
| Bensinmotor, övre | 25 |
| Startmotor | |
| Fästbygel till motorblock (bensinmotorer) | 22 |
| Till växellådan | 65 |

## 1 Allmän information och föreskrifter

### Allmän information

Motorns elsystem består i huvudsak av laddnings- och startsystemen. På grund av deras motorrelaterade funktioner behandlas dessa separat från karossens elektriska enheter, som belysning, instrument etc. vilka behandlas i kapitel 12. För information om tändsystemet på modeller med bensinmotor, se del B i detta kapitel och se del C för information om förvärmningssystemet på dieselmodeller.

Systemet är ett 12 volts elsystem med negativ jordning.

Batteriet kan vara av typen lågunderhåll eller underhållsfritt (livstidsförseglat) och laddas av generatorn, som drivs med en rem från vevaxelns remskiva.

Startmotorn är av föringreppad typ med en integrerad solenoid. Vid start för solenoiden drevet mot svänghjulets/drivplattans startkrans innan startmotorn ges ström. När motorn startat förhindrar en envägskoppling att motorankaret drivs av motorn tills kugghjulet släpper från svänghjulet.

Detaljinformation om de olika systemen ges i relevanta avsnitt i detta kapitel. Även om vissa reparationer beskrivs här, är det normala tillvägagångssättet att byta ut defekta komponenter. Ägare vars intresse sträcker sig längre än till att bara byta ut komponenter bör skaffa ett exemplar av *Bilens elektriska och elektroniska system* från samma förlag.

### Föreskrifter

**⚠ *Varning: Det är nödvändigt att iakttaga extra försiktighet vid arbete med elsystem för att undvika skador på halvledarenheter (dioder och transistorer) och personskador. Läs föreskrifterna i Säkerheten främst! samt observera följande vid arbete på systemet:***

***Ta alltid av ringar, klockor och liknande innan arbetet med elsystemet påbörjas.*** En urladdning kan inträffa, även med batteriet urkopplat, om en komponents strömstift jordas genom ett metallföremål. Detta kan ge stötar och allvarliga brännskador.

***Kasta inte om batteripolerna.*** Då kan komponenter som generatorn, elektroniska styrenheter eller andra komponenter med halvledarkretsar skadas så att de inte går att reparera.

***Koppla aldrig loss batteripolerna, generatorn, elektriska kablar eller några testinstrument med motorn igång.***

***Låt aldrig motorn dra runt generatorn när generatorn inte är ansluten.***

***Testa aldrig om generatorn fungerar genom att gnistra med spänningskabeln mot jord.***

***Kontrollera alltid att batteriets negativa anslutning är bortkopplad vid arbete i det elektriska systemet.***

Om motorn startas med hjälp av startkablar och laddningsbatteri, koppla ihop batterierna ***pluspol till pluspol*** och ***minuspol till minuspol*** (se *Starthjälp* i början av den här handboken). Detta gäller även vid inkoppling av batteriladdare.

***Koppla ur batteriet, generatorn och komponenter som de elektroniska styrenheterna*** för att skydda dem från skador innan elektrisk bågsvetsutrustning används på bilen.

***Varning: Standardljudanläggningen är försedd med en inbyggd stöldsäkerhetskod. Om strömmen till anläggningen bryts aktiveras stöldskyddet. Även om strömmen omedelbart återställs kommer enheten inte att fungera förrän korrekt kod angetts. Om du inte känner till ljudanläggningens stöldskyddskod ska du därför inte lossa batteriets minuspol eller ta ut anläggningen ur bilen.***

## 2 Batteri – kontroll och laddning

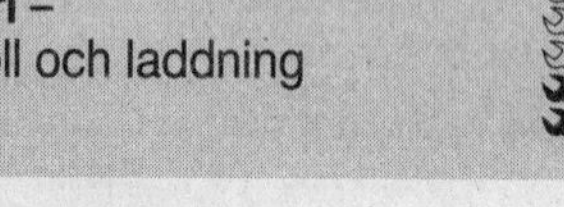

### Standard- och lågunderhållsbatteri – kontroll

**1** Om bilen körs korta sträckor under året är det mödan värt att kontrollera batterielektrolytens specifika vikt var tredje månad för att avgöra batteriets laddningsstatus. Använd en hydrometer till kontrollen och jämför resultatet med tabellen nedan. Notera att värdena för densiteten förutsätter en elektrolyttemperatur på 15°C. För varje 10°C under 15°C måste 0,007 dras bort. För varje 10°C över 15°C måste 0,007 läggas till.

| | Över 25°C | Under 25°C |
|---|---|---|
| *Helt laddat* | *1,210 till 1,230* | *1,270 till 1,290* |
| *70 % laddat* | *1,170 till 1,190* | *1,230 till 1,250* |
| *Urladdat* | *1,050 till 1,070* | *1,110 till 1,130* |

**2** Om batteriet misstänks vara defekt, kontrollera först elektrolytens specifika vikt i varje cell. En variation överstigande 0,040 mellan några celler indikerar förlust av elektrolyt eller nedbrytning av plattor.

**3** Om de specifika vikterna har avvikelser på 0,040 eller mer ska batteriet bytas ut. Om variationen mellan cellerna är tillfredsställande men batteriet är urladdat ska det laddas upp enligt beskrivningen längre fram i detta avsnitt.

### Underhållsfritt batteri – kontroll

**4** Om ett livstidsförseglat underhållsfritt batteri är monterat kan elektrolyten inte testas eller fyllas på. Batteriets skick kan därför bara kontrolleras med en batteriindikator eller en voltmätare.

**5** Vissa modeller kan vara utrustade med ett underhållsfritt batteri med inbyggd laddningsindikator. Indikatorn är placerad ovanpå batterihöljet och anger batteriets skick genom att ändra färg. Om indikatorn visar grönt är batteriet i gott skick. Om indikatorns färg mörknar och slutligen blir svart måste batteriet laddas upp enligt beskrivningen längre fram i det här avsnittet. Om indikatorn är ofärgad eller gul är elektrolytnivån för låg och batteriet måste bytas ut. Försök **inte** ladda eller hjälpstarta ett batteri då indikatorn är ofärgad eller gul.

**6** Om batteriet testas med hjälp av en voltmätare ska denna anslutas över batteriet och spänningen noteras. För att kontrollen ska ge korrekt utslag får batteriet inte ha laddats på något sätt under de senaste sex timmarna. Om så inte är fallet, tänd strålkastarna under 30 sekunder och vänta 5 minuter innan batteriet kontrolleras. Alla andra kretsar ska vara frånslagna, så kontrollera att dörrar och baklucka verkligen är stängda när kontrollen görs.

**7** Om den uppmätta spänningen understiger 12,2 volt är batteriet urladdat, medan en spänning mellan 12,2 och 12,4 volt indikerar delvis urladdning.

**8** Om batteriet ska laddas, ta ut det ur bilen och ladda det enligt beskrivningen längre fram i detta avsnitt.

### Standard- och lågunderhållsbatteri – laddning

**Observera:** *Följande är endast avsett som en generell hjälp. Följ alltid tillverkarens rekommendationer (finns ofta på en etikett på batteriet) vid laddning av ett batteri.*

**9** Ladda batteriet vid 10 % av batteriets effekt (t.ex. en laddning på 4,5 A för ett 45 Ah batteri) och fortsätt ladda batteriet i den här takten tills ingen ökning av batteriets vikt noteras över en fyratimmarsperiod.

**10** Alternativt kan en droppladdare som laddar med 1,5 ampere användas över natten.

**11** Speciella snabbladdare som påstås kunna ladda batteriet på 1-2 timmar är inte att rekommendera, eftersom de kan orsaka allvarliga skador på batteriplattorna genom överhettning.

**12** Observera att elektrolytens temperatur aldrig får överskrida 37,8°C när batteriet laddas.

### Underhållsfritt batteri – laddning

**Observera:** *Följande är endast avsett som hjälp. Följ alltid tillverkarens rekommendationer (finns ofta på en etikett på batteriet) vid laddning av ett batteri.*

**13** Denna batterityp tar avsevärt längre tid att ladda fullt än standardtypen. Tidsåtgången beror på hur urladdat batteriet är, men det kan ta ända upp till tre dygn.

**14** En laddare av konstantspänningstyp krävs, och den ska ställas till mellan 13,9 och 14,9 volt med en laddström understigande 25 A. Med denna metod bör batteriet vara användbart inom 3 timmar med en spänning på 12,5 V, men detta gäller ett delvis urladdat batteri. Full laddning kan, som nämndes ovan, ta avsevärt längre tid.

**15** Om batteriet ska laddas från fullständig urladdning (under 12,2 volt) låt en bilelektriker ladda batteriet. Laddningstakten är högre och konstant övervakning krävs.

## 3 Batteri – losskoppling, demontering och montering

**Observera:** *Om bilen är försedd med säkerhetskodad radio, se till att ha en kopia av nummerkoden innan batterikabeln kopplas loss. Se varningen i avsnitt 1.*

### *Losskoppling och demontering*

**1** Batteriet är placerat i motorrummets bakre del, på torpedväggen **(se bild)**.

**2** Lossa klämmuttern och koppla loss batteriets minusledare (-) från anslutningen **(se bilder)**.

**3** Lyft plastfliken i förekommande fall. Lossa sedan klämmuttern och koppla loss batteriets plusledning (+) från anslutningen.

**4** Skruva loss fästklämmans bult från batteriets nedre del och ta bort klämman.

**5** Koppla i förekommande fall loss ventilationsröret från batteriet. Observera att på vissa modeller innehåller ventilen en baktändningsspärr.

**6** Lyft försiktigt ut batteriet och ta bort det från motorrummet.

### *Montering*

**7** Rengör batterifästet och applicera lite fett på klämbultens gängor.

**8** Placera batteriet på sin plats och montera klämman. Dra åt bulten till angivet moment.

**9** Montera ventilationsröret i förekommande fall.

**10** Återanslut batteriets plusledning (+) till anslutningen och dra åt klämmuttern.

**11** Återanslut batteriets minusledning (-) till anslutningen och dra åt klämmuttern.

**12** Aktivera radion genom att knappa in säkerhetskoden.

**3.1 Batteriets placering i motorrummets bakre del**

## 4 Generator/laddningssystem – kontroll i bilen

**Observera:** *Se avsnitt 1 i detta kapitel innan arbetet påbörjas.*

**1** Om laddningslampan inte tänds när tändningen slås på, ska generatorns kabelanslutningar kontrolleras i första hand. Om de är felfria, kontrollera att inte glödlampan har gått sönder och att glödlampssockeln sitter fast ordentligt i instrumentbrädan. Om lampan fortfarande inte tänds, kontrollera att ström går genom ledningen från generatorn till lampan. Om allt är som det ska måste felet ligga hos generatorn, som då måste bytas eller tas till en bilelektriker för kontroll och reparation.

**2** På samma sätt indikeras ett överhängande fel på generatorn om laddningslampan tänds när tändningen slås på, men inte slocknar när motorn har startat. Kontrollera alla enheter som räknas upp i föregående punkt och kontakta en bilelektriker om inga uppenbara fel upptäcks.

**3** Om laddningslampan tänds när motorn är igång, stanna bilen och kontrollera att drivremmen är korrekt spänd (se kapitel 1A eller 1B) och att generatorns anslutningar sitter ordentligt. Om allt verkar tillfredsställande, kontrollera generatorborstarna och släpringarna enligt beskrivningen i avsnitt 6. Om lampan fortsätter att lysa måste generatorn bytas ut eller lämnas in till en bilelektriker för test och reparation.

**4** Om generatorns arbetseffekt misstänks vara felaktig även om varningslampan fungerar som den ska, kan regulatorspänningen kontrolleras på följande sätt.

**5** Anslut en voltmätare över batteripolerna och starta motorn.

**6** Öka motorns varvtal tills voltmätaren stadigt visar cirka 12 till 13 volt. Spänningen får inte överstiga 14 volt.

**7** Slå på så många elektriska komponenter som möjligt (t.ex. strålkastarna, den uppvärmda bakrutan och värmefläkten) och kontrollera att generatorn upprätthåller den reglerade spänningen omkring 13 till 14 volt.

**8** Om spänningen inte ligger inom dessa värden kan felet vara slitna borstar, svaga borstfjädrar, defekt spänningsregulator, defekt diod, kapad fasledning eller slitna/skadade släpringar. Borstar och släpringar kan kontrolleras (se avsnitt 6), men om något annat fel föreligger är generatorn defekt och måste bytas eller tas till en bilelektriker för test och reparation.

## 5 Generator – demontering och montering

### *Demontering*

**1** Koppla loss batteriets minusledare och placera den på avstånd från anslutningen – se föreskrifterna i avsnitt 1.

**2** På bensinmotorer med motorkod AHL, tryck upp röret till motoroljans mätsticka från styrningen.

**3** På bensinmotorer med motorkod AEB och AJL, lossa klämman och koppla loss mellankylarens luftkanal från gasspjällhuset.

**4** Ta bort huvuddrivremmen enligt beskrivningen i kapitel 2A eller 2B, efter tillämplighet.

**5** Ta bort fläkten med viskoskoppling enligt beskrivningen i kapitel 3. Den tas bort med en

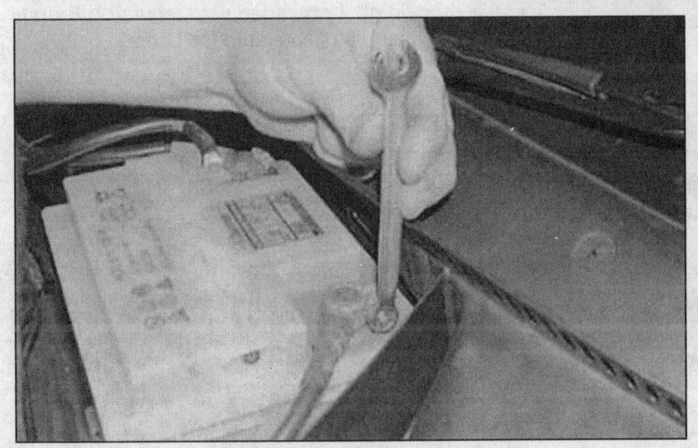

**3.2a Lossa klämmuttern . . .**

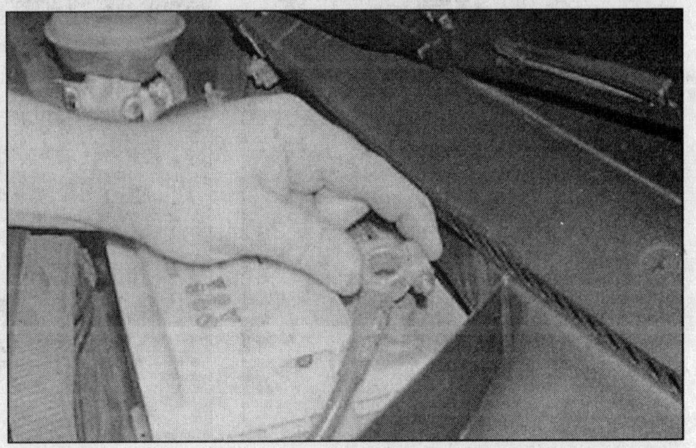

**3.2b . . . och koppla loss batteriets minusledare (–) från anslutningen**

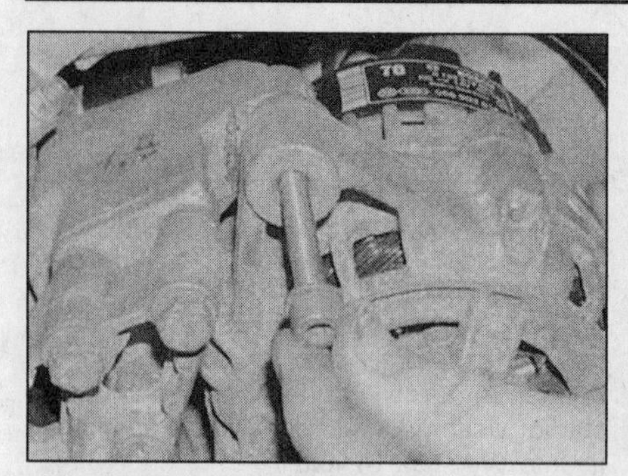

5.6 Skruva loss den övre fästbulten (ADR)

5.7a Generatorns nedre fästbult (ADR)

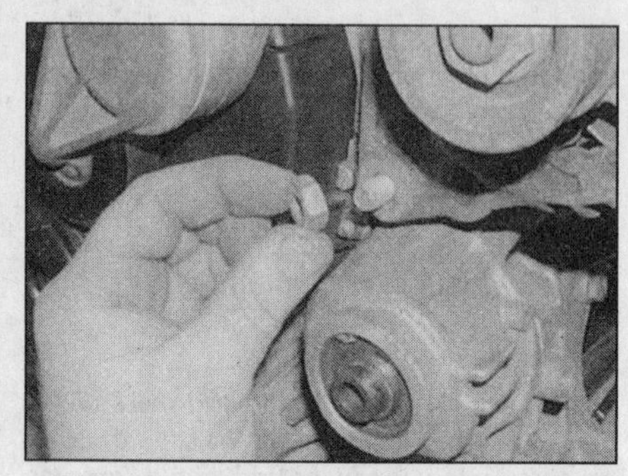

5.7b Muttern tas bort från generatorns nedre fästbult

insexnyckel som sticks in bakifrån, medan enheten hålls på plats med en bult som stuckits in bakifrån och som vilar på motorblocket.

### Bensinmotorer

**6** Skruva loss och ta bort generatorns övre fästbult **(se bild)**.

**7** Skruva loss muttern från generatorns nedre fästbult. Sväng generatorn åt sidan och dra bort fästbulten från framsidan **(se bilder)**.

**8** Lossa försiktigt plastklammern från generatorns kablage **(se bild)**.

**9** Skruva loss muttrarna och koppla loss huvudkabeln och kabeln till laddningslampan från generatorns baksida.

**10** På motorer med motorkod AHL, ta bort kontaktdonet från den vänstra strålkastarens baksida och ta bort kåpan från hydraulоljebehållaren.

**11** Tryck kylvätskeröret åt sidan och dra bort generatorn från bilen.

### Dieselmotorer

**12** Skruva loss muttrarna och koppla loss huvudkabeln och kabeln till laddningslampan från generatorns baksida.

**13** Lossa försiktigt plastklammern från generatorns kablage.

**14** Stöd generatorn och skruva loss fästbultarna.

**15** Tryck kylvätskeröret åt sidan och dra bort generatorn från bilen.

## *Montering*

**16** Montering sker i omvänd ordning. Se kapitel 2A eller 2B för information om återmontering av drivremmen. Dra åt generatorns fästbultar till angivet moment.

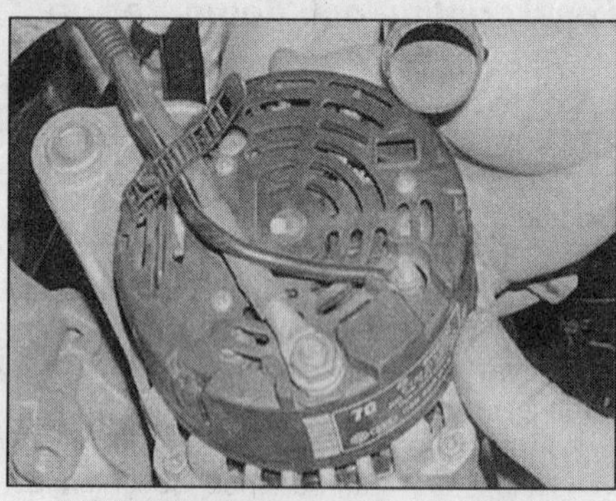

5.8 Kablage på generatorns baksida

## 6 Generator – byte av borsthållare/regulator

**1** Ta bort generatorn enligt beskrivningen i avsnitt 5.

**2** Placera generatorn på en ren arbetsyta, med remskivan nedåt.

## *Bosch generator*

**3** Skruva loss skruvarna. Bänd sedan upp klämmorna och lyft bort plastkåpan från generatorns bakre del **(se bilder)**.

**4** Skruva loss de två skruvarna och ta försiktigt bort spänningsregulatorn/borsthållaren från generatorn **(se bilder)**.

6.3a På Bosch generator, skruva loss fästskruvarna (vid pilarna) . . .

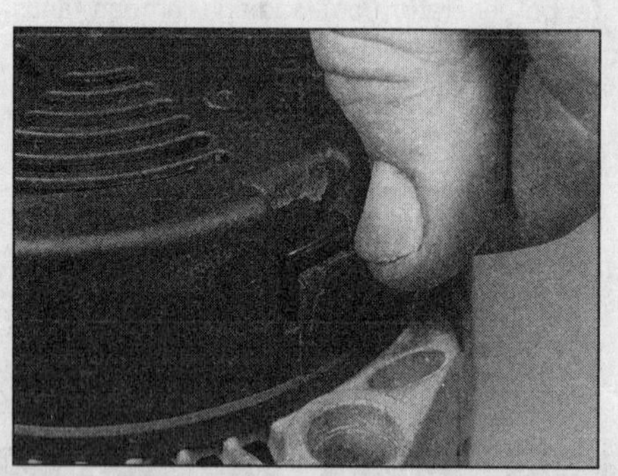

6.3b . . . bänd sedan upp klämmorna . . .

6.3c . . . och lyft bort plastkåpan från generatorns bakre del

6.4a Skruva loss skruvarna . . .

6.4b . . . och ta bort spänningsregulatorn/borsthållaren (Bosch)

### Valeo generator

**5** Skruva loss de tre muttrarna och ta bort plastkåpan från generatorns baksida **(se bild)**.

**6** Skruva loss de två muttrarna och skruven och ta försiktigt bort spänningsregulatorn/borsthållaren från generatorn.

**7** Tryck bort plastlocket från spänningsregulatorn/borsthållaren.

### Alla typer

**8** Mät borstkontakternas fria längd. Mät om möjligt från tillverkarens emblem (A) på sidan av borstkontakten till den ytligaste delen av borstens krökta ände (B) **(se bild)**. Jämför måtten med specifikationerna. Byt ut modulen om borstarna är slitna under minimigränsen.

**9** Rengör och undersök släpringarnas ytor i änden av generatoraxeln **(se bild)**. Om de är slitna eller skadade måste generatorn bytas.

**10** Sätt ihop generatorn genom att följa isärtagningordningen i omvänd ordningsföljd. Avsluta med att montera generatorn enligt beskrivningen i avsnitt 5.

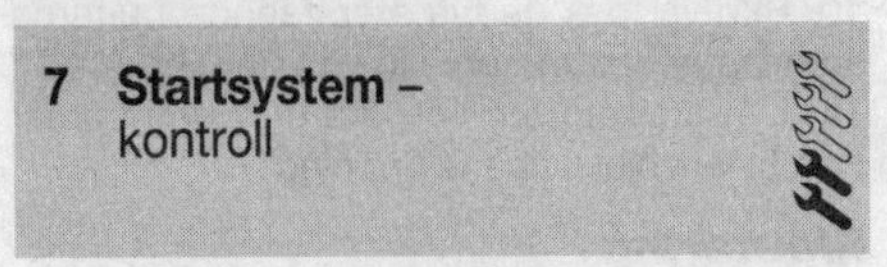

## 7 Startsystem – kontroll

**Observera:** *Se avsnitt 1 i detta kapitel innan arbetet påbörjas.*

**1** Om startmotorn inte arbetar när startnyckeln vrids till startläget kan något av följande vara orsaken:

*a) Batteriet är defekt.*
*b) De elektriska anslutningarna mellan strömbrytare, solenoid, batteri och startmotor har ett fel någonstans som gör att ström inte kan passera från batteriet till jorden genom startmotorn.*
*c) Solenoiden är defekt.*
*d) Startmotorn har ett mekaniskt eller elektriskt fel.*

**2** Kontrollera batteriet genom att tända strålkastarna. Om de försvagas efter ett par sekunder är batteriet urladdat. Ladda (se avsnitt 2) eller byt batteri. Om strålkastarna lyser klart, vrid om startnyckeln. Om strålkastarna då försvagas betyder det att strömmen når startmotorn, vilket anger att felet finns i startmotorn. Om strålkastarna lyser klart (och inget klick hörs från solenoiden) indikerar detta ett fel i kretsen eller solenoiden – se följande punkter. Om startmotorn snurrar långsamt, trots att batteriet är i bra skick, indikerar detta antingen ett fel i startmotorn eller ett kraftigt motstånd någonstans I kretsen.

**3** Vid ett misstänkt fel på kretsen, koppla loss batterikablarna (inklusive jordningen till karossen), startmotorns/solenoidens kablar och motorns/växellådans jordledning. Rengör alla anslutningar noga och anslut dem igen.

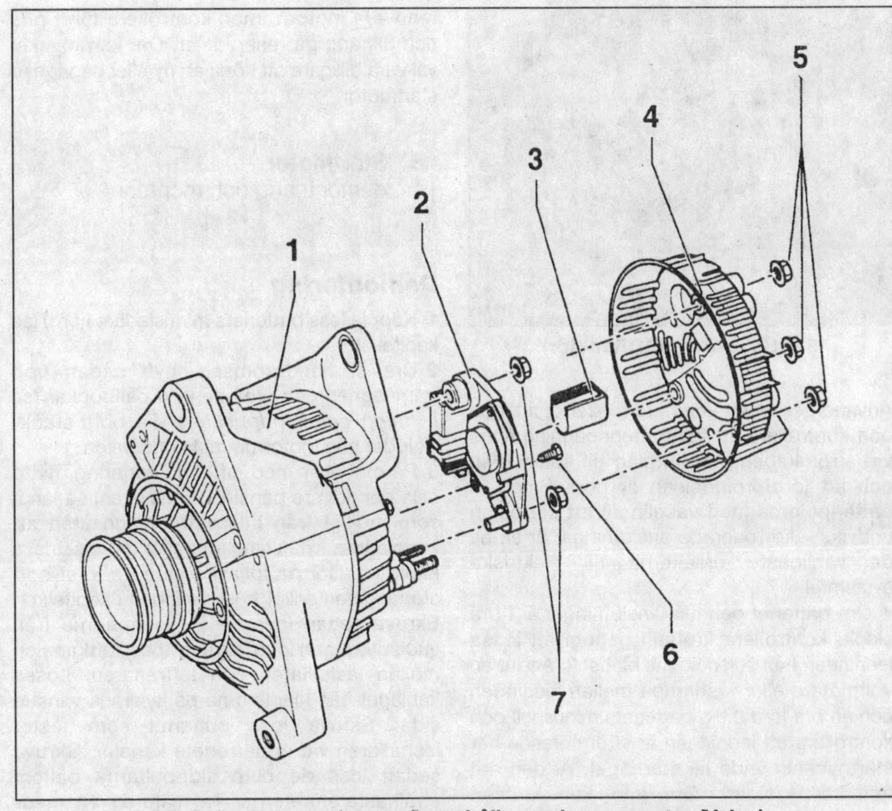


**6.5 Spänningsregulatorns/borsthållarens komponenter (Valeo)**

*1 Växelströmsgenerator*
*2 Spänningsregulator/borsthållare*
*3 Plastlock*
*4 Plastkåpa*
*5 Muttrar*

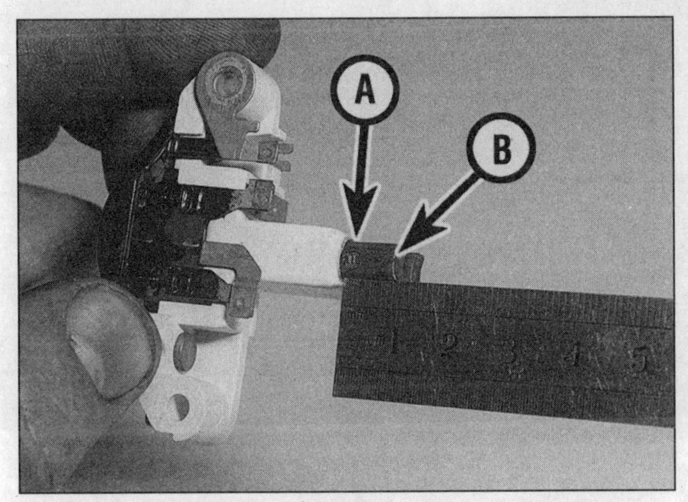


**6.8 Generatorborstens längd mäts – för A och B, se texten**

**6.9 Kontrollera släpringarnas ytor (vid pilarna) i änden av generatoraxeln**

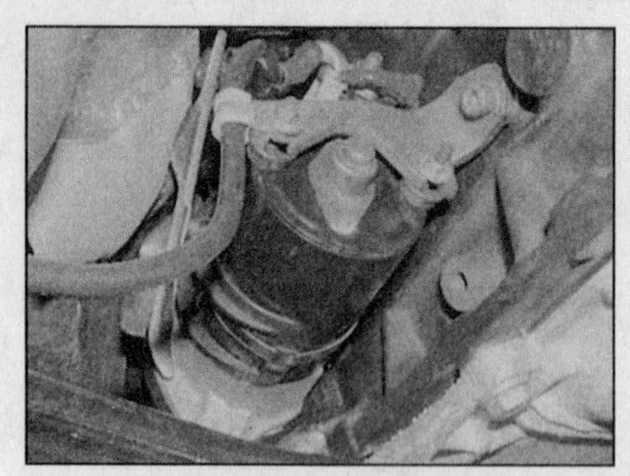

8.6 Startmotor (ADR motor)

Använd sedan en voltmätare eller testlampa och kontrollera att full batterispänning finns vid strömkabelns anslutning till solenoiden och att jordförbindelsen är god. Smörj in batteripolerna med vaselin så att korrosion undviks – korroderade anslutningar är en av de vanligaste orsakerna till elektriska systemfel.

**4** Om batteriet och alla anslutningar är i bra skick, kontrollera kretsen genom att lossa ledningen från solenoidens bladstift. Anslut en voltmätare eller testlampa mellan ledningen och en bra jord (t.ex. batteriets minuspol) och kontrollera att ledningen är strömförande när startnyckeln vrids till startläget. Är den det fungerar kretsen. Om inte kan kretsen kontrolleras enligt beskrivningen i kapitel 12.

**5** Solenoidens kontakter kan kontrolleras med en voltmätare eller testlampa mellan strömkabeln på solenoidens startmotorsida och jord. När startnyckeln vrids till start ska mätaren ge utslag eller lampan tändas. Om inget sker är solenoiden defekt och måste bytas.

**6** Om kretsen och solenoiden fungerar måste felet finnas i startmotorn. Demontera startmotorn (se avsnitt 8) och kontrollera borstarna. Om felet inte ligger hos borstarna måste motorns lindning vara defekt. I det fallet kan det vara möjligt att låta en specialist renovera motorn, men kontrollera först pris och tillgång på reservdelar. Det kan mycket väl vara billigare att köpa en ny eller begagnad startmotor.

## 8 Startmotor – demontering och montering

### *Demontering*

**1** Koppla loss batteriets minusledare (jord) (se kapitel 3).

**2** Dra åt handbromsen. Lyft sedan upp framvagnen och ställ den på pallbockar (se *Lyftning och stödpunkter*). Ta bort stänkskyddet från motorrummets undersida.

**3** På modeller med luftkonditionering, flytta hela den främre panelen (låshållaren) så långt som möjligt från bilens framvagn utan att koppla loss kylarslangarna eller det elektriska kablaget. Gör på följande sätt: Ta först bort stötfångaren enligt beskrivningen i kapitel 11. Skruva sedan loss de tre klämmorna från ljudisoleringen och skruva loss luftkanalen mellan låshållaren och luftrenaren. Lossa kablaget från klämmorna på kylarens vänstra sida. Skruva loss bultarna som fäster låshållaren vid underredets kanaler. Skruva sedan loss de övre sidobultarna bakom strålkastarenheterna. Ta hjälp av en medhjälpare och dra bort hela enheten så långt som möjligt från bilens framvagn. Audimekaniker använder specialverktyg för att hålla enheten, men det går att tillverka stödstag av gängad metall som skruvas in i underredets kanaler. **Observera:** *Också på modeller utan luftkonditionering kan det underlätta om låshållaren flyttas bort från framvagnen så att åtkomligheten till startmotorn förbättras.*

**4** På modeller med luftkonditionering, lossa styr- och spännbultarna. Flytta spännrullen uppåt för att minska spänningen på drivremmen. Dra drivremmen från vevaxelns, kompressorns och spännarens remskivor. Skruva sedan loss luftkonditioneringskompressorn från motorn enligt beskrivningen i kapitel 3. Bind upp kompressorn på ena sidan, så att den är ur vägen för motorrummet.

***Varning: Koppla inte loss luftkonditioneringens kylmediakrets.***

**5** På dieselmotorer med motorkod AFN, skruva loss och ta bort turboaggregatets fästbygel från motorns högra sida. Skruva även loss muttrarna och ta bort kabelhållaren från startmotorn.

**6** Skruva loss muttern och koppla loss huvudkabeln från anslutningen ovanpå startmotorn **(se bild)**.

**7** Koppla loss utlösarvajern från solenoidanslutningen.

**8** På bensinmotorer, skruva loss bulten som fäster fästbygeln vid motorblocket.

**9** Skruva loss muttern och ta bort kabelstödet från startmotorns fästbygel.

**10** Skruva loss de två återstående bultarna som fäster startmotorn vid växellådan.

**11** Lyft startmotorn och dra bort den framåt från balanshjulskåpans öppning.

### *Montering*

**12** Montera startmotorn i omvänd ordningsföljd mot demonteringen. Dra åt fästbultarna till angivet moment.

## 9 Startmotor – kontroll och renovering

Om startmotorn misstänks vara defekt ska den demonteras och lämnas till en bilelektriker för kontroll. I de flesta fall kan nya startmotorborstar monteras till en rimlig kostnad. Kontrollera dock reparationskostnaderna, det kan vara billigare med en ny eller begagnad startmotor.

# Kapitel 5 Del B:
# Tändsystem – bensinmotorer

## Innehåll



## Svårighetsgrader

| **Enkelt,** passar novisen med lite erfarenhet | **Ganska enkelt,** passar nybörjaren med viss erfarenhet | **Ganska svårt,** passar kompetent hemmamekaniker | **Svårt,** passar hemmamekaniker med erfarenhet | **Mycket svårt,** för professionell mekaniker |
|---|---|---|---|---|
|  |  | 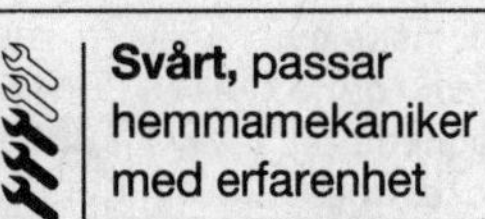 |  |  |

## Specifikationer

### Allmänt

Typ:

| | |
|---|---|
| Motorkod ADP (1595cc) | Bosch Motronic 3.2 insprutning |
| Motorkod AHL (1595cc) | Simos |
| Motorkod ADR (1781cc) | Bosch Motronic 3.2 insprutning |
| Motorkod AFY (1781cc) | Bosch Motronic 3.2 insprutning |
| Motorkod APT (1781cc) | Bosch Motronic 3.2 insprutning |
| Motorkod APW (1781cc) | Bosch Motronic 3.2 insprutning |
| Motorkod AEB (1781cc) | Bosch Motronic 3.2 insprutning |
| Motorkod AJL (1781cc) | Bosch Motronic 3.2 insprutning |

### Tändspole

| | |
|---|---|
| Primärlindningens resistans: | |
| Motorkod ADP och AHL | 0,5 till 1,5 ohm |
| Motorkod AEB och AJL | 0,4 till 0,6 ohm |
| Sekundär resistans: | |
| Motorkod ADP och AHL | 5000 till 9000 ohm |
| Motorkod AEB och AJL | Ej tillämpligt |

**Observera:** *Tändspolarna med dubbla gnistor på andra motorer kan inte kontrolleras med konventionell utrustning, utan kräver tillgång till en diodtestare.*

### Rotorarm

| | |
|---|---|
| Resistans (motorkod ADP) | 1000 ohm |

### Tändinställning

| | |
|---|---|
| Motorkod ADR, AHL, AFY, APT, APW, AEB och AJL | Styrs av motorstyrningssystemet |
| Motorkod ADP | 0° ± 3° |

### Tändstift

Se specifikationerna i kapitel 1A

| **Åtdragningsmoment** | **Nm** |
|---|---|
| Knacksensorns fästbult | 20 |

## 1 Allmän information

Boschs och Simos flerpunktsinsprutningssystem för bensin som beskrivs i det här kapitlet är helomfattande motorstyrningssystem som styr både bränsleinsprutning och tändning. Detta kapitel behandlar endast tändsystemets komponenter. Se kapitel 4A för information om bränslesystemets komponenter.

Tändsystemet består av tändstiften, tändkablarna, fördelaren (motorkod ADP), elektronisk tändspole (-spolar), och den elektroniska styrenheten (ECU) tillsammans med tillhörande givare, aktiverare och kablage. Komponenternas placering varierar från system till system, men den grundläggande funktionen är densamma för alla modeller.

Systemet fungerar enligt följande: Den elektroniska styrenheten skickar en spänning till tändspolens ingång. Spänningen gör att spolens primärlindning magnetiseras. Matningsspänningen avbryts periodiskt av den elektroniska styrenheten och detta resulterar i att det primära magnetfältet kollapsar vilket i sin tur ger en mycket högre spänning i den sekundära spolen, även kallad högspänningsspolen eller tändspolen. Spänningen skickas via tändkablarna till tändstiftet i cylindern när den är i sin tändningstakt. Tändstiftets elektroder bildar ett gap som är litet nog för att högspänningen ska ta sig över, och den resulterande gnistan antänder bränsle-/luftblandningen i cylindern. Tidsinställningen för dessa händelser är kritisk och regleras enbart av den elektroniska styrenheten.

Den elektroniska styrenheten beräknar och kontrollerar tändinställningen i första hand med hjälp av uppgifter om motorvarvtal, vevaxelns läge, gasspjällets läge och insugsluftens temperatur, som styrenheten får från olika givare monterade på och runt motorn. Andra faktorer som påverkar tändinställningen är kylvätskans temperatur och motorns knackning. Även dessa följs via givare monterade på motorn. På alla motorer regleras spolens vilovinkel av en Hallgivare i fördelaren (motorkod ADP) eller på den främre delen av insugskamaxeln.

En knacksensor sitter monterad på motorblocket för att upptäcka eventuell förtändning (eller "spikning") i motorn innan den blir hörbar. Vid förtändning sänker den elektroniska styrenheten tändinställningen stegvis för den cylinder som förtänder tills förtändningen upphör. Den elektroniska styrenheten ökar sedan tändinställningen stegvis för cylindern tills den normaliseras eller tills förtändning återuppstår.

På alla motorer utom de som är utrustade med Simos motorstyrningssystem uppnås tomgångsstyrning dels med hjälp av ett elektroniskt lägesreglage för gasspjället, vilket sitter monterat på sidan av gasspjällhuset, dels med hjälp av tändsystemet, som kan finjustera tomgångsvarvtalet genom att justera tändinställningen. På Simos system justerar den elektroniska styrenheten tomgångsvarvtalet via tändinställningen och insprutningsperioderna. Manuell justering av motorns tomgångsvarvtal är varken nödvändig eller möjlig.

Observera att omfattande diagnostisering av fel på de motorstyrningssystem som behandlas i detta kapitel endast kan utföras med speciell elektronisk testutrustning. Problem med systemets funktion som inte kan diagnostiseras med hjälp av de grundläggande riktlinjerna i avsnitt 2 bör därför överlåtas till en Audi/VAG-verkstad för kontroll. När felet väl har identifierats kan ordningsföljderna för demontering/montering i följande avsnitt vara till hjälp för att rätt komponent ska kunna bytas ut.

**Observera:** *I det här kapitlet hänvisas snarare till bilarnas motorkoder än till deras slagvolym. I kapitel 2A finns en lista över motorkoder.*

## 2 Tändsystem – kontroll

***Varning: Största försiktighet måste iakttagas vid arbete på systemet med tändningen påslagen. Man kan få allvarliga elchocker från bilars tändsystem. Personer med pacemaker bör inte vistas i närheten av tändningskretsar, komponenter och testutrustning. Slå alltid av tändningen innan komponenter kopplas bort eller ansluts, och när en multimätare används för att mäta resistansen.***

### Allmänt

**1** De flesta fel i elsystemet beror på lösa eller smutsiga anslutningar eller på "spårning" (oavsiktlig jordning) av högspänning beroende på smuts, fukt eller skadad isolering snarare än på defekta systemkomponenter. Kontrollera alltid alla kablar ordentligt och arbeta metodiskt för att utesluta alla andra möjligheter innan en elektrisk komponent döms ut som defekt.

**2** Metoden att kontrollera förekomsten av gnistor genom att hålla den strömförande änden på tändkabeln i närheten av motorn rekommenderas inte.

### Motorn startar inte

**3** Om motorn inte vill vridas runt alls, eller vrids runt mycket långsamt, ska batteriet och startmotorn kontrolleras. Anslut en voltmätare över batterianslutningarna (mätarens plussond mot batteriets positiva anslutning). Sätt sedan tändningen ur funktion genom att koppla loss kablaget från spolen. Läs av mätaren medan motorn vrids runt på startmotorn i max tio sekunder. Om det avlästa värdet understiger 9,5 volt, börja med att kontrollera batteri, startmotor och laddningssystem (se kapitel 5A).

**4** Om motorn vrids runt i normal hastighet men inte startar, kontrollera högspänningskretsen genom att ansluta en tändinställningslampa (följ tillverkarens instruktioner) och vrid runt motorn på startmotorn. Om lampan blinkar fungerar kretsen, men då bör tändstiften kontrolleras. Om lampan inte blinkar, kontrollera tändkablarna följt av strömfördelarlocket, kolborsten och rotorarmen enligt beskrivningarna i kapitel 1A. Om det finns en gnista, kontrollera om bränslesystemet är defekt. Se beskrivningen i relevant del av kapitel 4.

**5** På modeller med fördelarlock, kontrollera tändkablar och tändspole enligt beskrivningen i avsnitt 3 i detta kapitel.

**6** Om det fortfarande inte blir någon gnista ligger problemet hos motorstyrningssystemet. Bilen måste då lämnas till en Audi/VAG-verkstad för kontroll.

### Motorn feltänder

**7** Oregelbunden feltändning tyder på lösa anslutningar eller på ett intermittent fel på primärkretsen.

**8** Stäng av tändningen och gör en noggrann kontroll av systemet. Se till att samtliga anslutningar är rena och ordentligt fastgjorda. Kontrollera lågspänningskretsen enligt beskrivningen ovan.

**9** Kontrollera att tändspolen, fördelarlocket (i förekommande fall) och tändkablarna är rena och torra. Kontrollera själva ledningarna och tändstiften (genom att byta ut dem om det behövs). Kontrollera sedan fördelarlocket, kolborsten och rotorarmen efter tillämplighet.

**10** Regelbunden misständning beror nästan alltid på ett fel i tändkablarna, tändstiften eller, om tillämpligt, i fördelarlocket.

**11** Om någon ledning saknar högspänning beror felet på ledningen eller på fördelarlocket, om ett sådant finns monterat. Om högspänning finns i alla ledningar ligger felet hos tändstiften.

### Andra problem

**12** Problem med systemets funktion som inte kan diagnostiseras med hjälp av riktlinjerna i föregående punkter, bör överlåtas till en Audi/VAG-verkstad för kontroll.

## 3 Tändspole – demontering, kontroll och montering

### Demontering

**1** På motorkod ADP sitter tändspolen placerad på höger sida av torpedväggen, i motorrummets bakre del. På motorkod ADR,

3.3a Koppla loss kablaget . . .

3.3b . . . koppla sedan loss jordkabeln . . .

3.3c . . . och skruva loss tändspolen från kamaxelkåpan

AFY, APT och APW sitter tändspolen placerad på kamaxelkåpan, över tändstift 3 och 4. Tändkabel 3 och 4 är inbyggda i tändspolen medan tändkabel 1 och 2 är konventionella tändkablar. På motorkod AHL sitter tändspolen placerad på mitten av torpedväggen, i motorrummets bakre del. På motorkod AEB och AJL sitter de fyra tändspolarna placerade direkt över tändstiften.

**2** På motorkod ADP och AHL, koppla loss lågspänningskablaget från spolen på torpedväggen. Koppla sedan loss tändkabeln. Skruva loss spolen från torpedväggen.

**3** På motorkod ADR, AFY, APT och APW, ta bort motorns övre skyddskåpa. Koppla sedan loss kablaget från tändspolen genom att först lyfta låsklämman. Skruva loss muttern och koppla loss jordkabeln. Dra försiktigt bort tändkablarna från tändstift nr 1 och 2. Dra i fästena och inte i själva kablarna. Skruva loss fästmuttrarna. Dra sedan upp spolen samtidigt som tändkablarna kopplas loss från tändstift nr 3 och 4 **(se bilder)**. Ta loss packningen.

**4** På motorkod AEB och AJL, ta bort motorns övre skyddskåpa. Koppla sedan loss kablaget från tändspolarna. Skruva loss bulten och koppla loss jordkabeln från kamaxelkåpans framsida. Lägg kablaget åt sidan. Skruva loss fästbultarna och lyft försiktigt tändspolarna från kamaxelkåpan samtidigt som högspänningsförlängningarna kopplas loss från tändstiften. Ta loss packningarna från spolarna. Om det behövs kan högspänningsförlängningarna tas bort från spolarnas underdelar.

## Kontroll

**5** På motorkod ADP och AHL, koppla loss lågspännings- och tändkablaget. Anslut sedan en ohmmätare mellan lågspänningskablagets två anslutningar (anslutning 1 och 15). Kontrollera att den primära resistansen stämmer med specifikationerna. Kontrollera nu att den sekundära resistansen mellan anslutning 4 (högspänning) och 15 stämmer med specifikationerna **(se bild)**.

**6** På motorkod ADR, AFY, APT och APW kan inga kontroller utföras på spolenheten. Strömtillförseln kan dock kontrolleras genom att anslutningskontakten kopplas loss och en amperemätare ansluts mellan den mittre anslutningen och jord. När tändningen är på ska batterispänningen registreras på amperemätaren.

**7** På motorkod AEB och AJL är det bästa sättet att kontrollera en spole att byta ut den mot en spole man vet fungerar. Koppla alternativt bort kablaget från varje bränsleinsprutare, en i taget, för att avgöra vilken cylinder som inte tänder. När den misständande cylindern har hittats kan tändstiftet tas bort för kontroll. Om tändstiftet är felfritt och om motorn är i allmänt gott skick betyder det att spolen är defekt och måste bytas ut. Observera att spolarna kan flyttas mellan olika cylindrar.

## Montering

**8** Montering sker i omvänd ordningsföljd. På motorkod ADR, AFY, APT och APW, tryck ner låsklämman för att fästa kablaget.

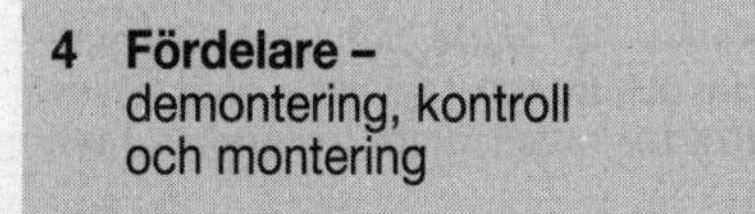

## 4 Fördelare – demontering, kontroll och montering

**Observera:** *Det här avsnittet gäller endast motorkod ADP.*

## Demontering

**1** Fördelaren är placerad till vänster på motorns baksida och drivs via överdelen av

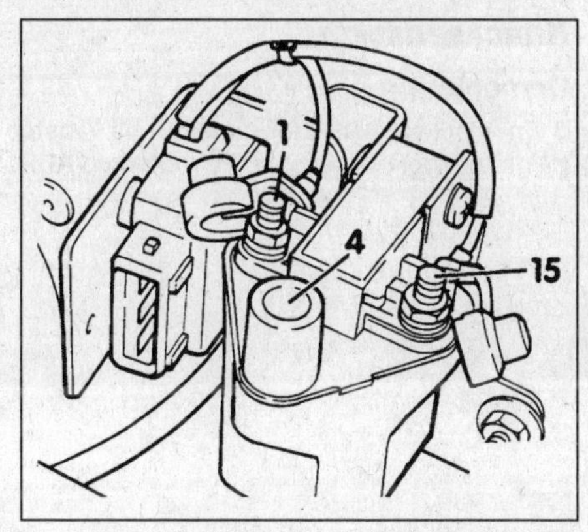

3.5 Tändspolens anslutningar

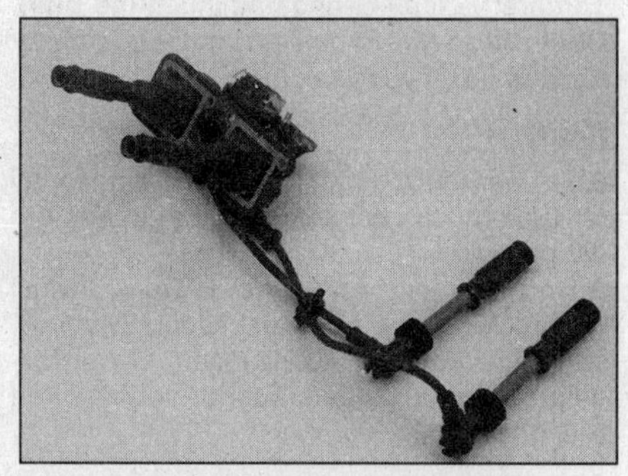
3.3d Tändspole och tändkablar

oljepumpsaxeln som i sin tur drivs av mellanaxeln.

**2** Ställ motorn i ÖD på cylinder nr 1 enligt beskrivningen i kapitel 2A, avsnitt 2.

**3** Koppla loss tändkabeln från tändspolen på torpedväggen. Märk upp tändstiftens tändkablar för att underlätta korrekt montering, koppla sedan loss dem.

**4** Koppla loss Hallgivarens kabel från fördelardosan vid kontaktdonet.

**5** Bänd bort fästklämmorna och lyft bort fördelarlocket. Kontrollera nu att mitten av rotorarmens elektrod är i linje med markeringen för cylinder nr 1 på fördelardosan **(se bild)**.

**6** Markera förhållandet mellan fördelardosan och motorblocket genom märka dem med streck.

**7** Skruva loss bulten och ta bort klämman. Dra sedan bort fördelaren från motorblocket.

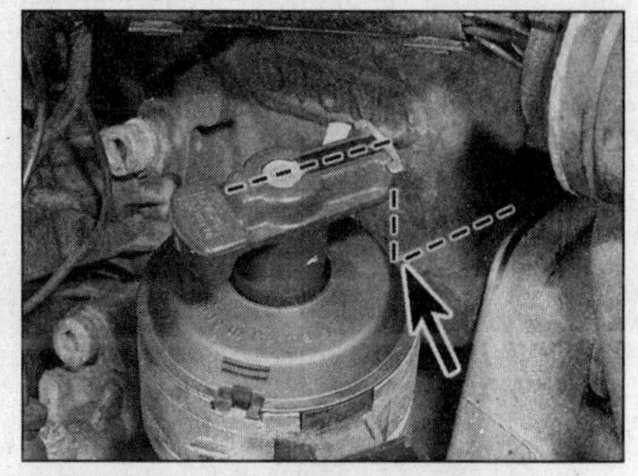
4.5 Mitten av rotorarmens elektrod i linje med markeringen för cylinder nr 1

4.7 Skruva loss bulten. Ta sedan bort klämman och dra bort fördelaren

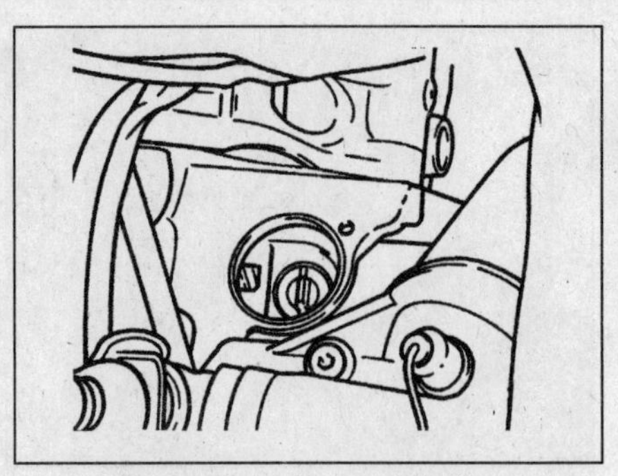
4.11 Oljepumpens drevtunga måste vara i linje med vevaxelns axel

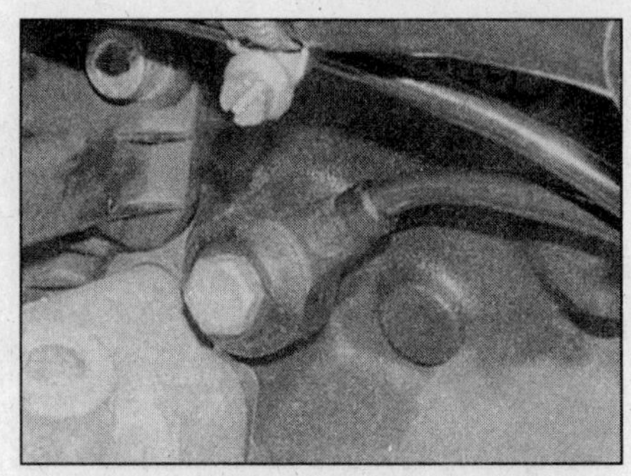
6.5 Knacksensor på motorkod ADR

Ta därefter loss O-ringstätningen **(se bild)**. **Observera:** *När fördelaren tas bort kommer rotorarmen att vridas moturs.*

### Kontroll

**8** Ta loss O-ringstätningen från botten av fördelaren och undersök den. Byt ut den om det behövs.

**9** Undersök kuggarna på fördelarens drivhjul efter tecken på slitage eller skador. Eventuellt spel påverkar tändinställningen. Byt ut fördelaren om drivhjulets kuggar verkar slitna eller hackiga.

### Montering

**10** Kontrollera att motorn fortfarande är ställd i ÖD för cylinder nr 1.

**11** Kontrollera att oljepumpsaxelns drevtunga är i linje med vevaxeln **(se bild)**. Om inte, vrid den med en skruvmejsel.

**12** Montera den nya O-ringen. Montera sedan fördelaren och fäst klämman och fästbulten löst. Axeln måste kunna vridas något moturs när den hakar i mellanaxelns drivhjul. Vrid fördelardosan så att inställningsmärkena som gjordes vid demonteringen passas in mot varandra.

**13** Axeln är korrekt fäst när mitten av rotorarmens elektrod pekar direkt på markeringen för cylinder nr 1 på fördelardosan. Det kan ta några försök att få det rätt eftersom de spiralformade drivhjulen gör det svårt att bedöma inställningen. Dra åt fördelarens klämbult.

**14** Montera fördelarlocket och fäst med klämmorna.

**15** Återanslut Hallgivarens kabel.

**16** Återanslut tändstiftens tändkablar och huvudtändkabeln till tändspolen.

**17** Nu måste tändinställningen kontrolleras och vid behov justeras – se avsnitt 5.

## 5 Tändinställning – kontroll och justering

På motorkod ADP finns en fördelare monterad och det är möjligt att göra en grundläggande justering av tändinställningen på en sådan motor. Det rekommenderas dock att arbetet överlåts till en Audi/VAG-verkstad med specialutrustning eftersom systemets eventuella felkoder då samtidigt kan kontrolleras. På alla andra motorkoder styrs tändinställningen av motorstyrningssystemet och kan inte justeras manuellt. Bilen måste lämnas till en Audi/ VAG-verkstad om inställningen behöver kontrolleras.

## 6 Tändsystemets givare – demontering och montering

**1** Flera av motorstyrningssystemets givare ger signaler för både bränsleinsprutningssystemet och tändsystemet. De givare som är specifika för tändsystem behandlas i detta avsnitt.

**2** De givare som är vanliga för båda systemen behandlas i kapitel 4A. Bland dessa finns luftmängdsmätare, gasspjällpotentiometer, insugsgrenrörets lufttemperarturgivare, gasspjällets lägesgivare, hastighetsgivare, temperaturgivare för kylvätskan, varvtalsgivare samt Hallgivare.

### Knacksensor

#### Demontering

**3** En knacksensor sitter placerad till vänster på motorblockets baksida. På motorkod ADR, AEB, AFY och AJL sitter två sensorer monterade bredvid varandra.

**4** Koppla loss kablaget från sensorn vid kontaktdonet.

**5** Skruva loss fästbulten och ta bort sensorn **(se bild)**.

#### Montering

**6** Montering sker i omvänd ordningsföljd. Observera dock att sensorns funktion påverkas om fästbulten inte är åtdragen till exakt rätt moment.

### Hallgivare (motorkod ADP)

**7** Den här givaren utgör en del av fördelaren. Den kan demonteras och bytas ut separat. Det kan dock behövas specialverktyg för att ta isär fördelaren. Vi rekommenderar därför att detta moment överlåts till en bilelektriker.

## 7 Rotorarm – demontering och montering

**1** Bänd loss fästklämmorna och lyft bort fördelarlocket.

**2** Dra bort rotorarmen från änden av fördelaraxeln. Ta bort dammkåpan om det behövs.

**3** Undersök fördelarlockets kontakter och rengör dem om det behövs.

**4** Montera den nya rotorarmen i omvänd ordningsföljd. Se till att rotorarmens inställningstapp fäster i urtaget i fördelaraxeln innan fördelarlocket monteras.

# Kapitel 5 Del C: Förvärmningssystem – dieselmotorer

## Innehåll



## Svårighetsgrader

| Enkelt, passar novisen med lite erfarenhet | Ganska enkelt, passar nybörjaren med viss erfarenhet | Ganska svårt, passar kompetent hemmamekaniker | Svårt, passar hemmamekaniker med erfarenhet | Mycket svårt, för professionell mekaniker |
|---|---|---|---|---|
|  |  |  |  |  |

## Specifikationer

**Glödstift**

| | |
|---|---|
| Strömförbrukning | 8 ampere per glödstift |

| **Åtdragningsmoment** | **Nm** |
|---|---|
| Glödstift till topplock | 15 |

### 1 Allmän information

För att underlätta kallstart är dieselmodeller utrustade med förvärmningssystem, vilket består av fyra glödstift, en glödstiftsstyrenhet (inbyggd i den elektroniska styrenheten), en varningslampa på instrumentbrädan samt tillhörande kablage.

Glödstiften är elektriska värmeelement i miniatyr, inkapslade i en metallåda med en sond i ena änden och en elektrisk anslutning i den andra. Varje insugskanal har ett glödstift inskruvat vilket är placerat direkt i linje med den insprutande bränslestrålen. När glödstiftet aktiveras värms bränslet som passerar över stiftet upp, så att dess optimala förbränningstemperatur kan uppnås snabbare i förbränningskammaren.

Förvärmningsperiodens längd styrs av glödstiftsstyrenheten som följer motorns temperatur via temperaturgivaren för kylvätskan och som anpassar förvärmningsperioden efter villkoren.

En varningslampa på instrumentbrädan upplyser föraren om att förvärmning äger rum. Lampan slocknar när förvärmningen är tillräcklig för att motorn ska kunna starta, men glödstiften fortsätter aktiveras ett tag efter att motorn startat. Om inga försök görs för att starta motorn stängs strömförsörjningen till glödstiften av för att förhindra att batteriet tar slut och att glödstiften blir utbrända. Observera att om ett fel uppstår i motorstyrningssystemet medan bilen rör sig, börjar glödstiftens varningslampa att blinka och systemet slås sedan om till felsäkert läge. Om detta händer måste bilen lämnas till en Audi/VAG-verkstad för feldiagnos.

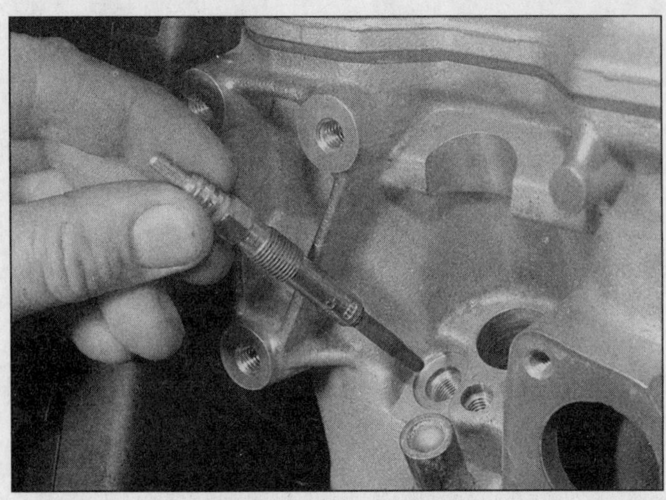

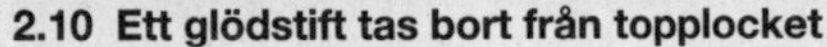

2.10 Ett glödstift tas bort från topplocket

2.12 Ett glödstift dras åt med en momentnyckel

## 2 Glödstift – kontroll, demontering och montering

### *Kontroll*

**1** Om systemet inte fungerar är det bästa sättet att kontrollera det att byta till komponenter man vet fungerar. Vissa preliminära kontroller kan dock utföras enligt beskrivningen i följande punkter.

**2** Anslut en voltmätare eller en 12 volts kontrollampa mellan glödstiftets matarkabel och en bra jordpunkt på motorn.

***Varning: Se till att den strömförande anslutningen hålls undan från motorn och karossen.***

**3** Låt en medhjälpare aktivera förvärmningssystemet genom att slå på tändningen. Kontrollera att batterispänningen är ansluten till glödstiftets elektriska anslutning. Observera att spänningen sjunker till noll när förvärmningsperioden slutar.

**4** Om ingen matningsspänning kan uppmätas vid glödstiftet är matarkabeln defekt.

**5** Ett defekt glödstift kan upptäckas på följande sätt: Koppla först loss batteriets minusledare och placera den på avstånd från anslutningen.

**6** Ta bort matarkabeln från glödstiftsanslutningen och anslut en amperemätare mellan kabeln och anslutningen. Mät den stadiga strömförbrukningen (ignorera den inledande strömtoppen som är ungefär 50 % högre). Jämför resultatet med värdena i specifikationerna. Hög strömförbrukning (eller ingen strömmatning alls) är ett tecken på att glödstiftet är defekt.

**7** Gör en sista kontroll genom att ta bort glödstiften och undersöka dem visuellt enligt beskrivningen i nästa underavsnitt.

### *Demontering*

**8** Koppla loss batteriets minuskabel (jord) (se kapitel 5A).

**9** Ta bort muttrarna och brickorna från glödstiftsanslutningarna. Lyft bort samlingsskenan.

**10** Skruva loss och ta bort glödstiftet (stiften) **(se bild)**.

**11** Undersök glödstiftsskaften efter tecken på skador. Ett svårt bränt eller sotigt skaft kan vara ett tecken på en defekt bränsleinsprutare. Se kapitel 4B för ytterligare information.

### *Montering*

**12** Montering sker i omvänd ordningsföljd. Dra åt glödstiftet till angivet moment **(se bild)**.

# Kapitel 6
# Koppling

## Innehåll



## Svårighetsgrader

| | | | | |
|---|---|---|---|---|
| **Enkelt,** passar novisen med lite erfarenhet  | **Ganska enkelt,** passar nybörjaren med viss erfarenhet  | **Ganska svårt,** passar kompetent hemmamekaniker  | **Svårt,** passar hemmamekaniker med erfarenhet  | **Mycket svårt,** för professionell mekaniker  |

## Specifikationer

### Allmänt

| | |
|---|---|
| Typ | Enkel torrlamell, tallriksfjäder med fjäderbelastat nav |
| Funktion | Hydraulisk med slav- och huvudcylinder |
| Lamellens diameter | 210 mm, 228 mm, eller 240 mm (beroende på modell) |

### Åtdragningsmoment

| | Nm |
|---|---|
| Bult mellan tryckplatta och svänghjul | 22 |
| Hydraulrörsanslutning till huvud-/slavcylinder | 15 |
| Kopplingens huvudcylinder, fästbultar | 20 |
| Kopplingens slavcylinder, fästbult | 25 |
| Kopplingspedalens fästbygel, fästbult: | |
| Lång Torx-bult (från insidan av motorrummet – fäster även bromshuvudcylindern och servon) | 25 |
| Hylshuvudbult (inifrån passagerarutrymmet) | 25 |
| Kopplingspedalens skaft, fästbult | 5 |

## 1 Allmän information

Kopplingen är hydraulisk och av typen torrlamell med inbyggd tallriksfjädertryckplatta.

Kopplingskåpan (tryckplattan) sitter fastskruvad vid svänghjulets baksida. Lamellen är placerad mellan tryckplattan och svänghjulets friktionsyta. Lamellens nav är spårat och kan glida fritt i spåren i växellådans ingående axel. Friktionsbelägget är fastnitat vid sidorna av lamellen och navet innehåller dämpningsfjädrar för att ta upp stötarna från växellådan och garantera en mjuk drift. På alla motorer utom motorkod AHL är svänghjulet tillverkat i två delar i stället för som vanligt, som en enda enhet. Friktionsytan har en begränsad rörlighet i förhållande till svänghjulets huvuddel som sitter fastbultat på kamaxelns bakre del. Detta gör att stötar från kopplingen absorberas och ger en mjukare utväxling.

När kopplingspedalen trycks ner för slavcylinderns tryckstång urtrampningsarmen framåt och urtrampningslagret tvingas mot tallriksfjäderns fingrar. När mitten av fjädern trycks in rör sig fjäderns yttre del utåt och lösgör tryckplattan från lamellen. Då upphör kraftöverföringen till växellådan.

När kopplingspedalen släpps upp tvingar tallriksfjädern tryckplattan i kontakt med lamellens belägg och trycker samtidigt lamellen något framåt på räfflorna till kontakt med svänghjulet. Lamellen sitter nu fast mellan tryckplattan och svänghjulet. Det gör att kraften tas upp.

En fjäder sitter monterad på kopplingspedalen för att utjämna kraften när pedalen trycks ner över hela pedalvägen.

När beläggen slits på lamellen flyttas tryckplattans viloläge närmare svänghjulet vilket resulterar i att viloläget för tallriksfjäderns fingrar höjs. Hydraulsystemet kräver ingen justering eftersom mängden hydraulolja i kretsen automatiskt kompenserar för slitage varje gång kopplingspedalen trycks ner.

## 2 Hydraulsystem – luftning

***Varning: Hydraulolja är giftigt; tvätta omedelbart bort eventuella stänk från huden. Kontakta läkare om oljan sväljs eller kommer i ögonen. Vissa hydrauloljor är lättantändliga och kan självantända om de kommer i kontakt med heta komponenter. Hydraulolja är också ett effektivt färgborttagningsmedel. Om hydraulolja spills ut på lackerade ytor som kaross och beslag, måste den omedelbart tvättas bort med rikliga mängder kallt vatten. Hydraulolja är även hygroskopisk (d.v.s. den absorberar fukt från luften). När den har tagit upp fukt blir den oanvändbar. Gammal hydraulolja kan innehålla vatten och ska därför aldrig återanvändas.***

**1** Om någon del av hydraulsystemet tas isär eller om luft har trängt in i systemet måste systemet luftas. Luft i systemet visar sig genom att pedalen känns svampig och det blir svårt att byta växel.

**2** Utformningen av kopplingens hydraulsystem gör att det inte går att lufta systemet med den vanliga metoden där man pumpar med kopplingspedalen. För att det ska gå att få bort all luft ur systemet måste tryckluftningsutrustning användas. Sådan utrustning kan köpas i biltillbehörsaffärer till en relativt låg kostnad.

**3** Tryckluftningsutrustningen ska anslutas till broms-/kopplingshydrauloljans behållare i enlighet med tillverkarens instruktioner. Systemet luftas genom luftningsskruven på kopplingens slavcylinder, som är placerad ovanpå växellådans hus. Förbättra åtkomligheten genom att lyfta upp framvagnen och ställa den på pallbockar (se *Lyftning och stödpunkter*). Ta bort stänkskyddet från växellådans undersida om det behövs.

**4** Systemet ska luftas tills oljan som rinner ut är helt fri från luftbubblor. Luftningsskruven ska sedan stängas och luftningsutrustningen kopplas loss och tas bort.

**5** Kontrollera att kopplingen fungerar tillfredsställande. Om det fortfarande finns luft i systemet måste luftningen upprepas.

**6** Kasta all olja som tappas från systemet, även om den ser ren ut. Hydraulolja absorberar fukt och om den återanvänds kan den orsaka korrosion i huvud- och slavcylindern med slitna och trasiga tätningar som följd.

## 3 Kopplingspedal – demontering och montering

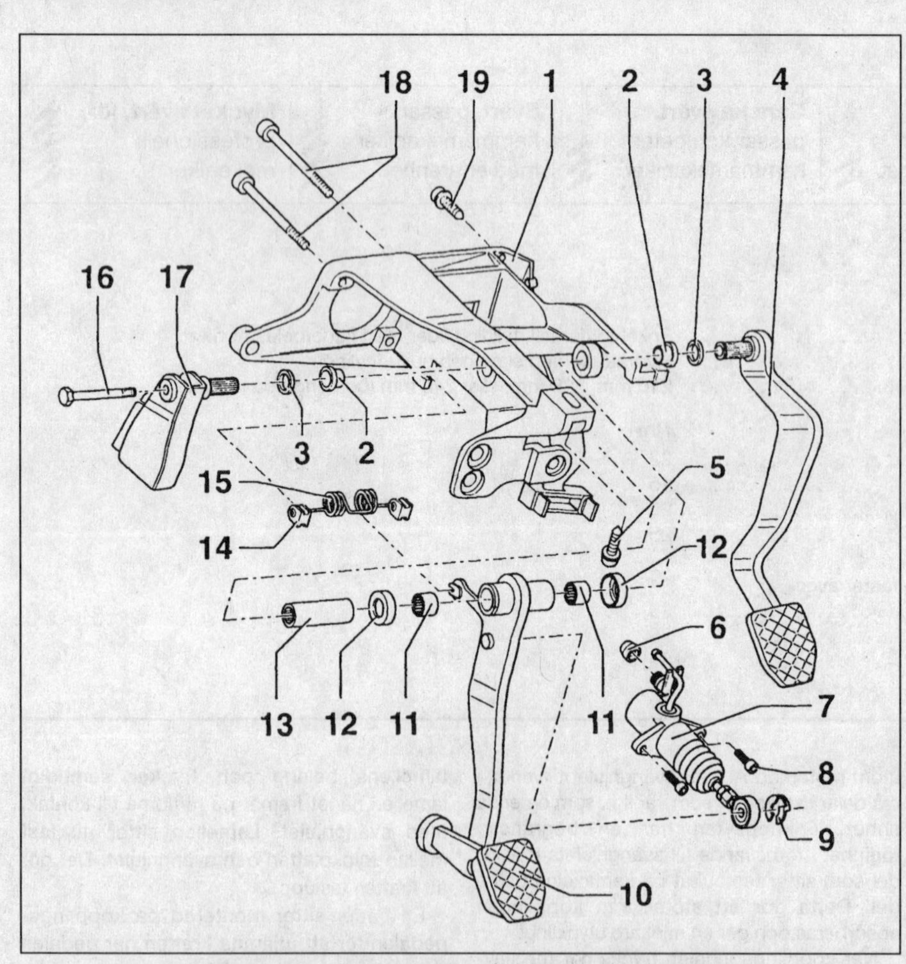


**3.5 Pedalens komponenter på högerstyrda modeller**

1 *Fästbygel*
2 *Ändbussning*
3 *Bricka*
4 *Bromspedal*
5 *Fästbygelbult*
6 *Tätning*
7 *Kopplingens huvudcylinder*
8 *Hylshuvudbult*
9 *Klämma*
10 *Kopplingspedal*
11 *Nålrullager*
12 *Kåpa*
13 *Huvudbussning*
14 *Lager*
15 *Fjäder*
16 *Bult*
17 *Bromsarm*
18 *Bromshuvudcylinderns och servons fästbultar*
19 *Fästbygelbult*

### *Högerstyrda modeller*

#### Demontering

**1** Ta bort förvaringsutrymmet/panelen under rattstången (se kapitel 11 om det behövs). Lossa kåpan. Skruva sedan loss fästskruvarna och dra bort förvaringsutrymmet från klämmorna i instrumentbrädan. Detta gör det möjligt att komma åt pedalens fästbygel.

**2** I förekommande fall, koppla loss kablaget och dra ut kontakten ovanför kopplingspedalen.

**3** Använd en skruvmejsel. Ta loss klämman och lossa tryckstången till kopplingens huvudcylinder från pedalen.

**4** Skruva loss styrbulten från den vänstra änden av pedalens gångjärn. Dra sedan bort armen och sänk ner kopplingspedalen från fästbygeln samtidigt som den lossas från fjädern. Notera hur bussningen, lagren, mellanläggsbrickorna och kåporna är placerade för att garantera korrekt återmontering.

**5** Om det behövs kan lagren bytas ut separat från pedalen **(se bild)**.

#### Montering

**6** Montering sker i omvänd ordningsföljd, men smörj först lagren och bussningen. Se kapitel 9 och se till att bromspedalen återmonteras korrekt.

### *Vänsterstyrda modeller*

#### Demontering

**7** Ta bort förvaringsutrymmet/panelen under rattstången (se kapitel 11 om det behövs). Lossa kåpan. Skruva sedan loss fästskruvarna och dra bort förvaringsutrymmet från klämmorna i instrumentbrädan. Detta gör det möjligt att komma åt pedalens fästbygel.

**8** I förekommande fall, koppla loss kablaget och dra ut kontakten ovanför kopplingspedalen.

**9** Använd en skruvmejsel. Ta loss fästklämman till kopplingshuvudcylinders tryckstångsstift från pedalen genom att vrida den uppåt och sedan dra bort den från pedalen. Dra upp pedalen för att koppla loss den från tryckstången **(se bild)**.

**10** Bänd loss pedalens fästklämma från spåret i gångjärnstappens vänstra ände.

**11** Skruva loss tappens fästbult, tryck sedan tappen åt höger tills kopplingspedalen kan tas bort från fästet.

**12** Bänd loss fjädern från urtagen i pedalens fästbygel.

### Montering

**13** Montering sker i omvänd ordningsföljd, men sätt inte dit gångjärnstappens fästbult förrän klämman har monterats på tappen.

## 4 Huvudcylinder - demontering, renovering och montering

**Observera:** *Se varningen i början av avsnitt 2 angående risker med hydraulolja.*

### *Demontering*

**1** Kopplingens huvudcylinder är placerad inuti bilen på kopplings- och bromspedalens fästbygel. Enheten förses med hydraulolja från bromshuvudcylinderns behållare.

### Högerstyrda modeller

**2** Börja med att lägga tygtrasor på mattan i bilen för att skydda den från bromsoljespill.

**3** Arbeta i motorrummet. Kläm ihop hydrauloljeslangen som leder från bromsoljebehållaren till kopplingens huvudcylinder med hjälp av en bromsslangklämma.

**4** Dra bort matarslangen från kopplingens huvudcylinder på torpedväggen.

**5** Skruva loss anslutningsmuttern och koppla loss hydraulröret från huvudcylindern. Tejpa över eller plugga igen ledningen för att hindra oljespill eller att damm tränger in.

**6** Arbeta inuti bilen. Ta bort förvaringsutrymmet/panelen under rattstången (se kapitel 11 om det behövs). Lossa kåpan. Skruva sedan loss fästskruvarna och dra bort förvaringsutrymmet från klämmorna i instrumentbrädan. Detta gör det möjligt att komma åt pedalens fästbygel.

**7** I förekommande fall, koppla loss kablaget och dra ut kontakten ovanför kopplingspedalen.

**8** Koppla loss huvudcylinderns tryckstång från tappen på kopplingspedalen genom att bända loss fästklämman.

**9** Skruva loss fästbultarna med en insexnyckel och dra bort huvudcylindern från pedalens fästbygel. Kontrollera att gummitätningen sitter kvar på flänsen på huvudcylindern.

### Vänsterstyrda modeller

**10** Ta bort motorstyrningens elektroniska styrenhet från torpedväggens vänstra sida (se kapitel 4A, avsnitt 4 eller 5). På tidigare modeller, skruva loss kåpan från eldosan. Stick in en hylsnyckel genom hålet i torpedplåten för att nå den bakre bulten. Senare modeller är inte försedda med något hål i torpedplåten och torpedplåten måste därför tas bort för att det ska gå att komma åt den bakre bulten.

**11** Ta bort den extra relähållaren och den extra säkringsdosan, om det är tillämpligt.

**12** Koppla loss kablaget vid kontaktdonet. Dra sedan bort motorns kabelhärva tillsammans med gummigenomföringen genom öppningen i elektronikdosan. Skruva loss fästmuttrarna i elektronikdosans bakre del. Lossa sedan dosan från fästtappen på framsidan och ta bort dosan från torpedväggen.

**13** Placera tygtrasor på mattan inuti bilen för att skydda den från bromsoljespill.

**14** Använd en bromsslangklämma. Kläm ihop hydrauloljeslangen som leder från bromsoljebehållaren till kopplingens huvudcylinder.

**15** Dra bort slangen från kopplingens huvudcylinder på torpedväggen.

**16** På tidiga modeller, skruva loss anslutningsmuttern och koppla loss hydraulröret från huvudcylindern. Anslutningsmuttern döljs delvis av bromssystemets vakuumservo. På senare modeller, bänd ut klämman med en skruvmejsel. Dra sedan bort hydraulröret från huvudcylindern. Tejpa över eller plugga igen ledningen för att hindra oljespill eller att damm tränger in.

**17** Använd en torx-nyckel och skruva loss bromshuvudcylinderns fästbultar.

**18** Arbeta inuti bilen. Ta bort förvaringsutrymmet/panelen under rattstången (se kapitel 11 om det behövs). Lossa kåpan. Skruva sedan loss fästskruvarna och dra bort förvaringsutrymmet från klämmorna i instrumentbrädan. Detta gör det möjligt att komma åt pedalens fästbygel.

**19** Använd en skruvmejsel, ta loss fästklämman till huvudcylinderns tryckstångsstift från pedalen genom att vrida den uppåt och

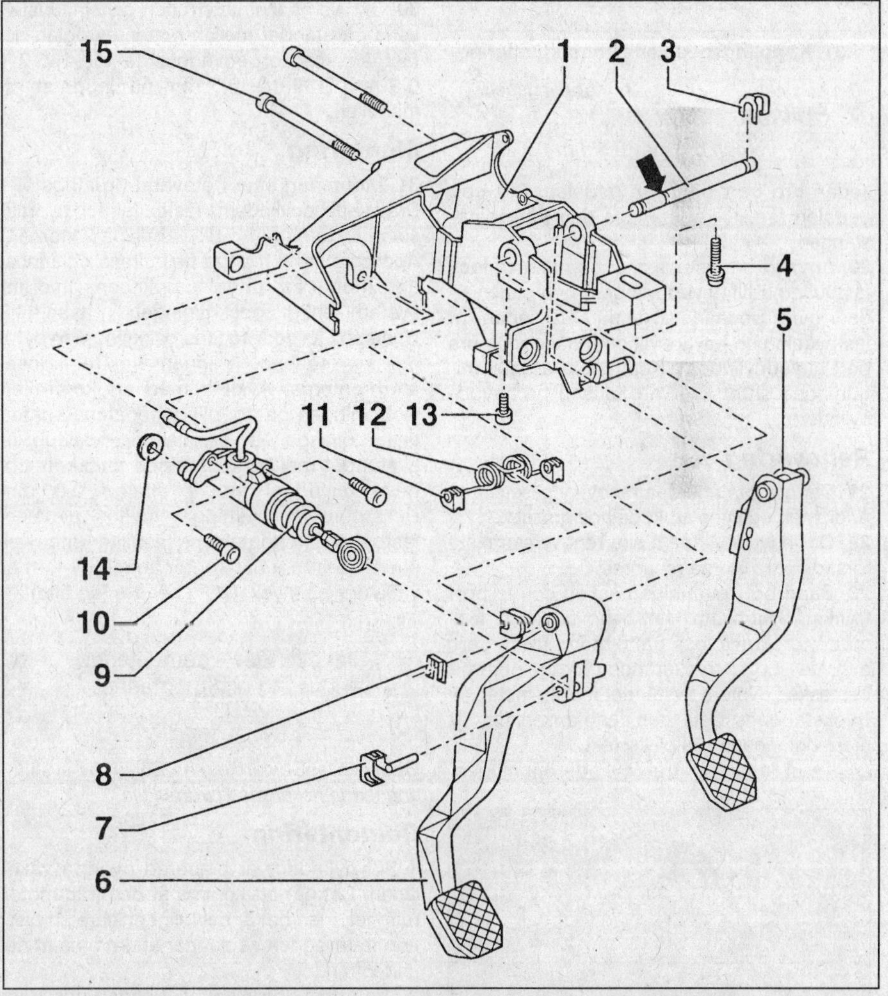


**3.9 Kopplingspedalens komponenter på vänsterstyrda modeller**

*1 Fästbygel*
*2 Gångjärnstapp*
*3 Klämma*
*4 Fästbygelbult*
*5 Bromspedal*
*6 Kopplingspedal*
*7 Tryckstångsstift*
*8 Klämma*
*9 Kopplingens huvudcylinder*
*10 Hylshuvudbult*
*11 Fjäderhållare*
*12 Fjäder*
*13 Gångjärnstappens fästbult*
*14 Tätning*
*15 Bromshuvudcylinderns och servons fästbultar*

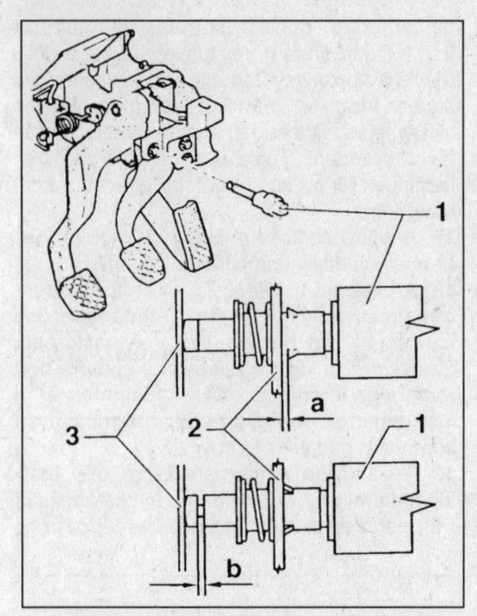


**4.31 Kopplingspedalens kontaktjustering**

*1 Kontakt*
*2 Fästbygel*
*3 Kopplingspedal*

*a och b = max 0,5 mm*

sedan dra bort den från pedalen. Dra upp pedalen för att koppla loss den från tryckstången.

**20** Använd en insexnyckel och skruva loss fästbultarna till huvudcylindern och bulten till den övre pedalfästbygeln. Dra sedan ut fästbygeln och huvudcylindern något och dra bort huvudcylindern. Kontrollera att gummitätningen sitter kvar på flänsen på huvudcylindern.

### Renovering

**21** Det går inte att köpa renoveringssatser av Audi, men de finns att köpa hos grossister.

**22** Om huvudcylindern ska renoveras måste först de yttre ytorna rengöras.

**23** Bänd bort gummidamasken och ta bort tryckstången. Om det behövs, lossa låsmuttern, skruva loss gaffeln och låsmuttern och ta bort tryckstången från gummidamasken. Notera avståndet mellan mitten av tryckstångens ögla och fästflänsen för att återmonteringen ska bli korrekt.

**24** Ta ut låsringen från cylinderöppningen. Dra sedan ut brickan, kolven och fjädern. Observera att fjäderns mindre ände är i kontakt med kolven.

**25** Rengör komponenterna och undersök om de är slitna eller åldrade. Om kolven och loppet är mycket slitna eller kraftigt korroderade, måste hela cylindern bytas ut. Om kolven och loppet är i gott skick, ta bort tätningarna från kolven och byt ut dem.

**26** Doppa de nya tätningarna i hydraulolja och montera dem på kolven. Använd bara fingrarna för att få dem på plats. Se till att tätningsläpparna är vända mot kolvens fjäderände.

**27** Montera fjädern i cylindern. Doppa sedan kolven i hydraulolja och för in den försiktigt.

**28** Montera brickan. Placera sedan låsringen i spåret.

**29** Applicera lite fett på änden av tryckstången. Placera sedan tryckstången på kolven och montera gummidamasken.

**30** Skruva på låsmuttern och gaffeln. Justera sedan avståndet mellan mitten av öglan och fästflänsens torpedväggssida till 165,0 ± 0,5 mm (139,0 ± 0,5 mm på högerstyrda modeller).

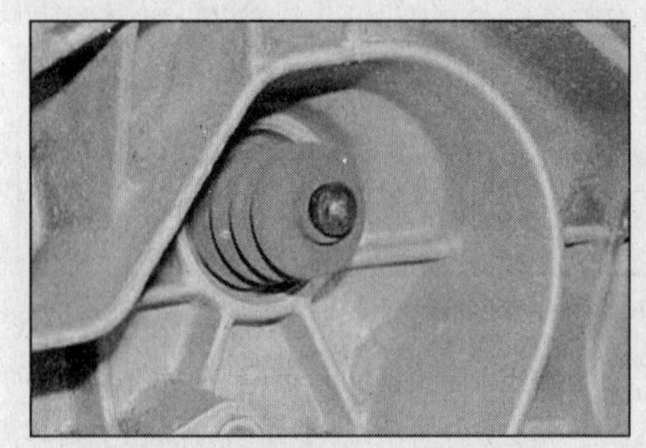

**5.15 Kopplingens slavcylinder i växellådans hus, med motorn borttagen**

### Montering

**31** Montering sker i omvänd ordningsföljd. Dra åt huvudcylinderns fästbultar och hydraulslanganslutningen till angivna moment. Applicera lite fett på gaffelbultens ögla innan den monteras. Lufta kopplingens hydraulsystem enligt beskrivningen i avsnitt 2. Undersök torpedväggens packning och byt ut den om så behövs innan elektronikdosan återmonteras. Avsluta med att kontrollera inställningen på kopplingspedalens kontakt enligt följande. När pedalen är uppsläppt får avståndet mellan kontaktens tryckkolv och dess huvuddel inte överstiga 0,5 mm. Dessutom får avståndet mellan pedalens fästbygel och kontaktens fästflikar inte överstiga 0,5 mm. Justera kontakten genom att vrida den så mycket som behövs **(se bild)**.

## 5 Slavcylinder – demontering, renovering och montering

**Observera:** *Se varningen i början av avsnitt 2 angående risker med hydraulolja.*

### Demontering

**1** Slavcylindern är placerad ovanpå växellådan. Det går att komma åt den från motorrummet, men det är betydligt enklare att hissa upp framvagnen så det går att komma åt den underifrån.

**2** Dra åt handbromsen, lyft sedan upp framvagnen och ställ den på pallbockar (se *Lyftning och stödpunkter*).

**3** Kläm ihop gummidelen av hydraulslangen som leder från huvudcylindern till slavcylindern med en bromsslangklämma för att förhindra att hydraulolja läcker ut.

**4** Skruva loss anslutningsmuttern och koppla loss hydraulröret från slavcylindern. Tejpa över eller plugga igen änden på röret och slavcylinderns öppning.

**5** Skruva loss fästbulten och dra bort slavcylindern. Ta loss slangens fästbygel när cylindern tas bort.

### Renovering

**6** Det går inte att köpa renoveringssatser av Audi, men de finns att köpa hos grossister.

**7** Om slavcylindern ska renoveras måste först de yttre ytorna rengöras.

**8** Bänd bort gummidamasken och ta bort tryckstången.

**9** Ta loss fjäderklämman från cylinderöppningen. Dra sedan bort kolven och fjädern.

**10** Rengör komponenterna och kontrollera om de är slitna eller åldrade. Om kolven och loppet är mycket slitna eller mycket korroderade, måste hela cylindern bytas ut. Om kolven och loppet är i gott skick, ta bort tätningen från kolven och byt ut den.

**11** Doppa den nya tätningen i hydraulolja och montera den på kolven. Använd bara fingrarna för att få den på plats. Se till att tätningsläppen är vänd mot kolvens fjäderände.

**12** Montera fjädern i cylindern. Doppa sedan kolven i hydraulolja och för in den försiktigt.

**13** Håll kolven nedtryckt med en skruvmejsel. Tryck sedan in en ny fjäderklämma i cylinderöppningen. Se till att klämmans ben greppar cylindern.

**14** Montera tryckstången följt av gummidamasken.

### Montering

**15** Montering sker i omvänd ordningsföljd. Smörj lite litiumbasfett på gummidamaskens utsida innan slavcylindern placeras i växellådsöppningen **(se bild)**. Dra åt fästbulten och anslutningen till angivet moment. Avsluta med att lufta systemet enligt beskrivningen i avsnitt 2. Den ände av tryckstången som är i kontakt med urtrampningsarmen ska smörjas något med molybdendisulfidfett. Se till att tryckstången verkligen fäster i urtagen på armen. Slavcylindern måste tryckas in i växellådans hus innan fästbulten kan monteras. Om man vill underlätta återmonteringen kan man köpa en speciell fästbult med monteringsförlängning från Audi. På grund av begränsad åtkomlighet samt det faktum att slavcylindern måste tryckas mot den inre returfjädern med betydande kraft, bör återmonteringen göras stegvis. Stoppa först in cylindern helt (utan rörets fästbygel) och se till att bulthålen är korrekt inriktade. Montera sedan rörets fästbygel så att de främre tapparna fäster i urtagen i cylindern. Håll fast cylindern i det här läget, sätt dit fästbulten och dra åt till angivet moment. Placera slutligen hydraulröret på fästbygeln.

6.3a Använd en insexnyckel för att skruva loss kopplingstryckplattans bultar

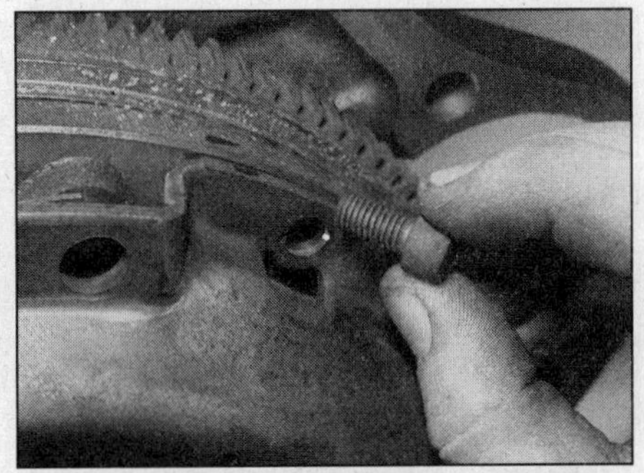

6.3b Kopplingstryckplattans bultar tas bort

6.4 Tryckplattan och lamellen tas bort från svänghjulet

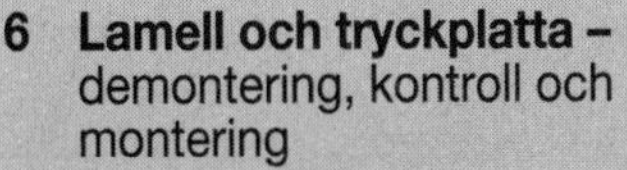

## 6 Lamell och tryckplatta – demontering, kontroll och montering

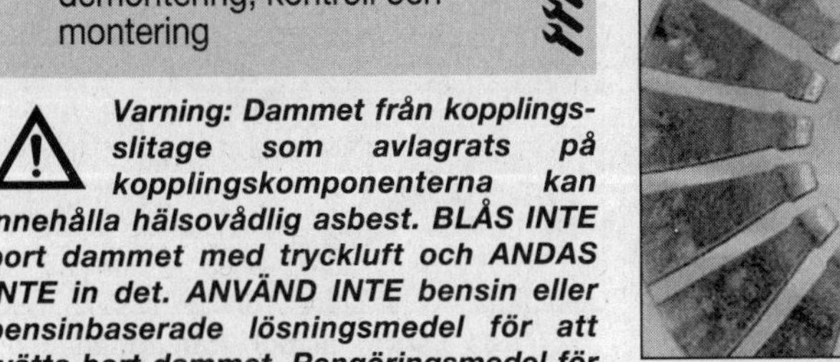

*Varning: Dammet från kopplingsslitage som avlagrats på kopplingskomponenterna kan innehålla hälsovådlig asbest. BLÅS INTE bort dammet med tryckluft och ANDAS INTE in det. ANVÄND INTE bensin eller bensinbaserade lösningsmedel för att tvätta bort dammet. Rengöringsmedel för bromssystem eller T-sprit bör användas för att spola ner dammet i en lämplig behållare. Torka av alla kopplingskomponenter med rena trasor och kasta sedan trasorna i en behållare som kan tillslutas.*

### Demontering

**1** Man kommer åt kopplingen genom att ta bort växellådan enligt beskrivningen i kapitel 7A.

**2** Märk ut kopplingstryckplattans och svänghjulets position i förhållande till varandra.

**3** Håll svänghjulet stilla. Skruva sedan loss kopplingstryckplattans bultar stegvis i diagonal ordningsföljd med hjälp av en insexnyckel **(se bilder)**. När bultarna är urskruvade med två eller tre varv, kontrollera att tryckplattan inte fäster vid styrstiften. Använd en skruvmejsel för att lossa tryckplattan om det behövs.

**4** Ta bort alla bultar. Lyft sedan bort tryckplattan och lamellen från svänghjulet **(se bild)**.

6.6 Undersök om tallriksfjäderns fingrar är slitna eller repade

### Kontroll

**5** Rengör tryckplattan, lamellen och svänghjulet. Andas inte in dammet eftersom det kan innehålla hälsovådlig asbest.

**6** Undersök om tallriksfjäderns fingrar är slitna eller repade **(se bild)**. Om slitaget är djupare än halva tjockleken på fingrarna måste en ny tryckplatta monteras.

**7** Undersök om tryckplattan är repig, sprucken eller missfärgad. Lätt repighet är acceptabelt, men om tryckplattan är kraftigt sliten måste den bytas ut.

**8** Undersök om lamellens belägg är slitna eller spruckna och om de är förorenade av olja eller fett **(se bild)**. Beläggen får inte vara nedslitna till, eller i närheten av, nitarna. Undersök lamellens nav och spårning. Montera lamellen tillfälligt på växellådans ingående axel för att se om den är sliten. Byt ut lamellen om så behövs.

6.8 Undersök om lamellens belägg är slitna eller spruckna

**9** Undersök om svänghjulets friktionsyta är repig, sprucken eller missfärgad (orsakat av överhettning). Vid stora defekter kan det ibland vara möjligt att låta maskinslipa svänghjulet. Annars måste det bytas ut.

**10** Se till att alla delar är rena och fria från olja eller fett innan hopsättningen. Applicera lite fett med hög smältpunkt på spåren i lamellens nav. Observera att de nya tryckplattorna och kopplingskåporna kan vara täckta med skyddande fett. Ta i så fall bara bort fettet från lamellbeläggets kontaktyta. Om fettet tas bort från andra områden förkortas kopplingens livslängd.

### Montering

**11** Inled hopsättningen med att placera lamellen på svänghjulet med navets upphöjda torsionsfjädersida utåt. Om det behövs kan centreringsverktyget (se punkt 14) användas för att hålla fast lamellen på svänghjulet i det här stadiet **(se bild)**.

**12** Placera kopplingstryckplattan på lamellen och montera den över styrstiften **(se bild)**. Se till att markeringarna som gjordes vid demonteringen riktas in mot varandra om den ursprungliga tryckplattan återmonteras.

**13** Skruva åt bultarna för hand för att hålla tryckplattan på plats.

**14** Lamellen måste nu centreras för att växellådans ingående axel ska bli korrekt inriktad med tapplagret i vevaxeln. Använd antingen ett specialverktyg för detta eller en trädorn som passar i lamellens och svänghjulets tapplager. Stick in verktyget genom lamellen och in i tapplagret. Se till att det är centrerat.

6.11 Lamellen placeras på svänghjulet

6.12 Kopplingstryckplattan placeras över lamellen

6.15 Kopplingstryckplattans bultar dras åt

7.1 Balanshjulskåpa och urtrampningsarm och -lager med motorn borttagen

7.2a Tryck på fjäderklämman för att lossa armen från tappen

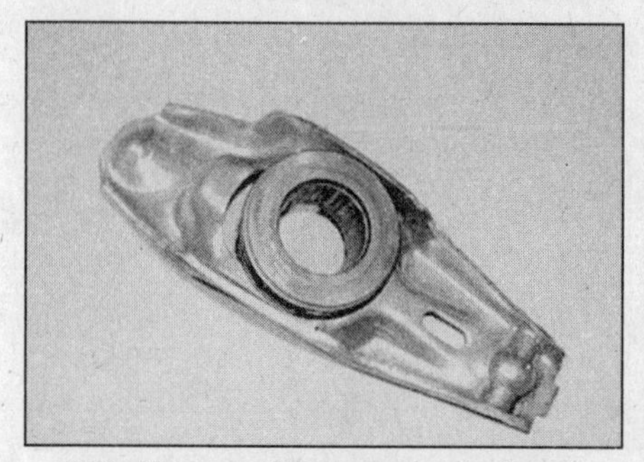
7.2b Urtrampningsarmen och -lagret demonterade från växellådan

7.3a En skruvmejsel används för att lossa lagret från armen

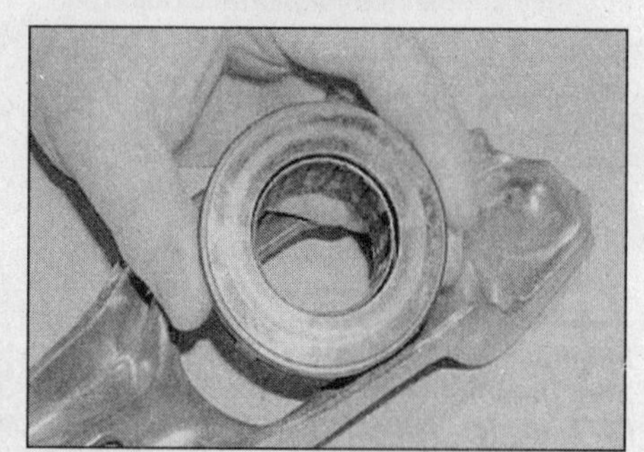
7.3b Lagret tas bort från armen

**15** Dra åt tryckplattans bultar stegvis och i diagonal ordningsföljd till angivet moment. Ta sedan bort centreringsverktyget **(se bild)**.

**16** Kontrollera att urtrampningslagret i balanshjulskåpan fungerar smidigt och byt ut det om det behövs enligt beskrivningen i avsnitt 7.

**17** Montera växellådan enligt beskrivningen i kapitel 7A.

## 7 Urtrampningslager och -arm - demontering, kontroll och montering

### Demontering

**1** Ta bort växellådan enligt beskrivningen i kapitel 7A **(se bild)**.

**2** Använd en skruvmejsel för att bända loss urtrampningsarmen från kultappen i balanshjulskåpan. Om detta är svårt, tryck bort fjäderklämman från urtrampningsarmens kultappsände genom att trycka den genom hålet. Då lossnar armens ände från kultappen. Dra sedan bort armen tillsammans med urtrampningslagret från styrhylsan **(se bilder)**.

**3** Använd en skruvmejsel för att trycka ner plastflikarna och ta loss lagret från armen **(se bilder)**.

**4** Ta bort plastinsatsen från kultappen. Urtrampningsarmen är placerad på insatsen.

### Kontroll

**5** Snurra på urtrampningslagret för hand och kontrollera att det går smidigt. Alla tendenser att kärva eller gå trögt innebär att lagret måste bytas ut. Om lagret ska återanvändas, rengör det med en ren trasa. Skölj aldrig lagret i lösningsmedel, då försvinner det inre fettet.

### Montering

**6** Inled monteringen med att smörja kultappen och plastinsatsen med lite kopparfett **(se bild)**. Smörj lite fett på urtrampningslagrets yta som är i kontakt med tallriksfjäderns fingrar och urtrampningsarmen, samt på styrhylsan.

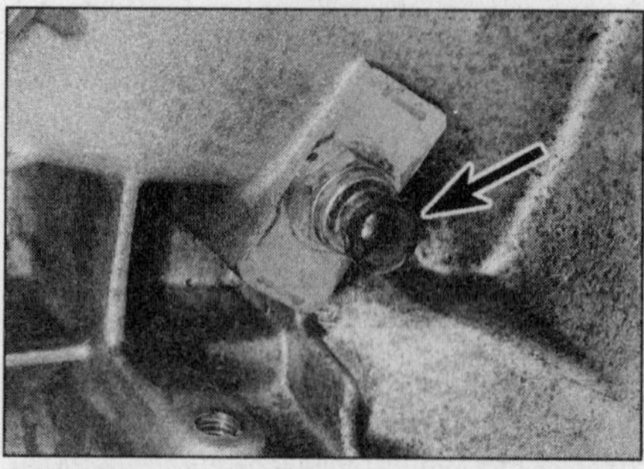
7.6 Smörj kultappen med lite kopparfett

**7** Montera fjädern på urtrampningsarmen. Se till att plastinsatsen sitter korrekt på kultappen. Montera armen tillsammans med lagret. Tryck ner armen över kultappen tills fjäderklämman håller den på plats **(se bilder)**.

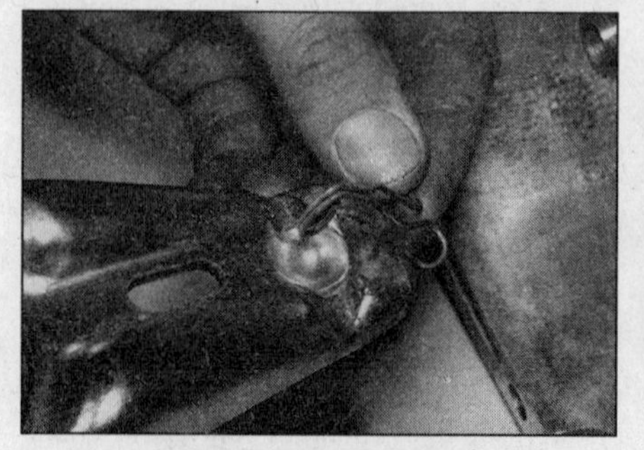
7.7a Placera fjädern på urtrampningsarmens ände . . .

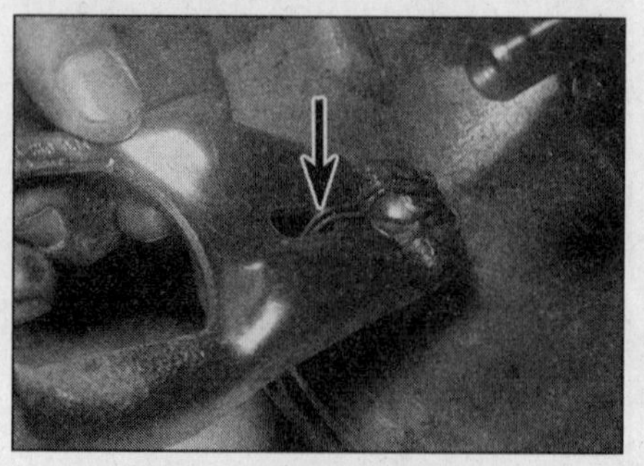
7.7b . . . och tryck in fjädern i hålet . . .

7.7c . . . tryck sedan ner armen över kultappen tills klämman håller den på plats

# Kapitel 7 Del A:
# Manuell växellåda

## Innehåll



## Svårighetsgrader

**Enkelt,** passar novisen med lite erfarenhet 

**Ganska enkelt,** passar nybörjaren med viss erfarenhet 

**Ganska svårt,** passar kompetent hemmamekaniker 

**Svårt,** passar hemmamekaniker med erfarenhet 

**Mycket svårt,** för professionell mekaniker

## Specifikationer

### Allmänt

| | |
|---|---|
| Typ | Växellåda fäst på motorns bakre del, med drivflänsar till framhjulen. Fem framåtväxlar och en back, synkroniserad på alla växlar, inbyggd slutväxel |
| Smörjmedelskapacitet | Se kapitel 1A eller 1B |

### Åtdragningsmoment

| | Nm |
|---|---|
| Bultar mellan motor och växellåda: | |
| M10 | 45 |
| M12 | 65 |
| Flerfunktionsbrytare | |
| Aluminiumhölje* | 25 |
| Magnesiumhölje* | 15 |
| Oljepåfyllningsplugg | 25 |
| Styrhylsbult: | |
| Aluminiumhölje* | 35 |
| Magnesiumhölje* | 25 |
| Utväxlingens justeringsbult | 23 |

** På magnesiumhöljen finns koden MgAl9Zn1 alldeles framför den vänstra drivaxeln, samt på höljets botten bakom den vänstra drivaxeln.*

## 1 Allmän information

Den femväxlade manuella växellådan är fastbultad vid radmotorns bakre del. På framhjulsdrivna modeller överförs kraften till en differentialenhet placerad på växellådans framsida, genom drivaxlarna till framhjulen. Alla växlar inklusive backen har synkroniserad växling.

Växlingen utförs med en golvmonterad växelspak. Ett enkelt länkstag ansluter växelspakens nedre del till växellådan. Länkstaget är anslutet till en väljaraxel som sticker fram ur växellådans bakre del **(se bilder)**.

## 2 Utväxlingens länksystem – justering

### *Modeller med standardutväxling*

**1** Dra åt handbromsen. Lyft sedan upp framvagnen och ställ den på pallbockar (se *Lyftning och stödpunkter*). Välj friläge.

**2** Arbeta under bilen. Ta bort värmeskölden från underredet så att det går att komma åt växlingsenhetens undersida. Förbättra åtkomligheten genom att ta bort det främre avgasröret och katalysatorn (se kapitel 4C).

**3** Lossa klämbulten som fäster länkstaget vid justerlänken på växelspakens nederdel **(se bild)**. Ta inte bort bulten.

**4** Arbeta inuti bilen. Skruva bort knoppen från växelspaken. Lossa sedan damasken och ta bort den.

**5** Ta bort ljudisoleringen runt nederdelen av växelspakshuset.

**6** Kontrollera att kulhuset är horisontellt. Om inte, lossa de två muttrarna, justera husets läge och dra åt muttrarna igen.

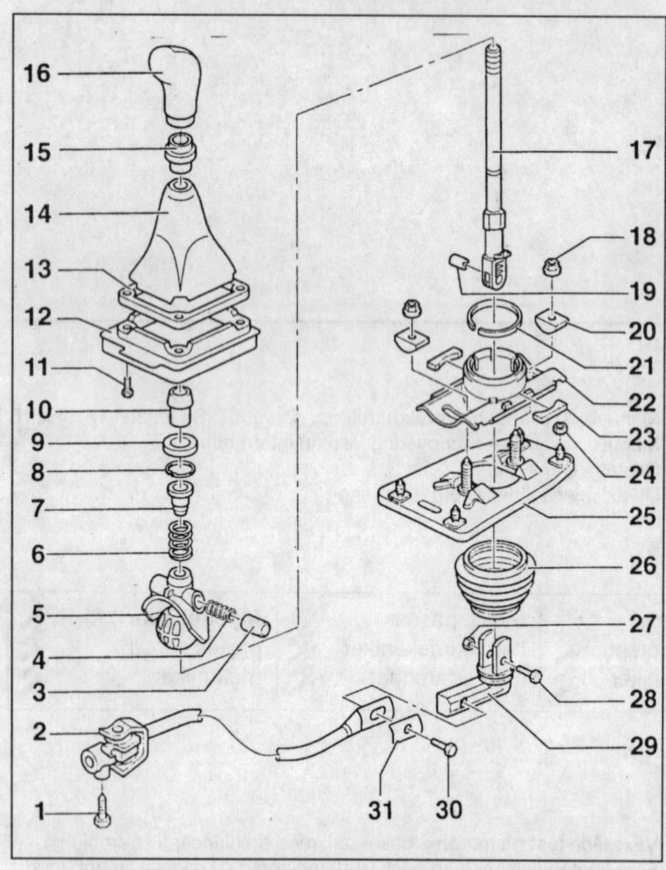


**1.2a Växlingens komponenter på växellåda 012 med standardutväxling**

1 Bult
2 Utväxlingens länkstag
3 Bussning
4 Fjäder
5 Kulstopp
6 Fjäder
7 Distans
8 Låsring
9 Krage
10 Bussning
11 Skruv
12 Nedre ram
13 Övre ram
14 Damask
15 Bussning
16 Knopp
17 Växelspak
18 Mutter
19 Distans
20 Distans
21 Klämma
22 Hus
23 Stötfångare
24 Mutter
25 Platta
26 Damask
27 Mutter
28 Bult
29 Justerlänk
30 Bult
31 Klämma

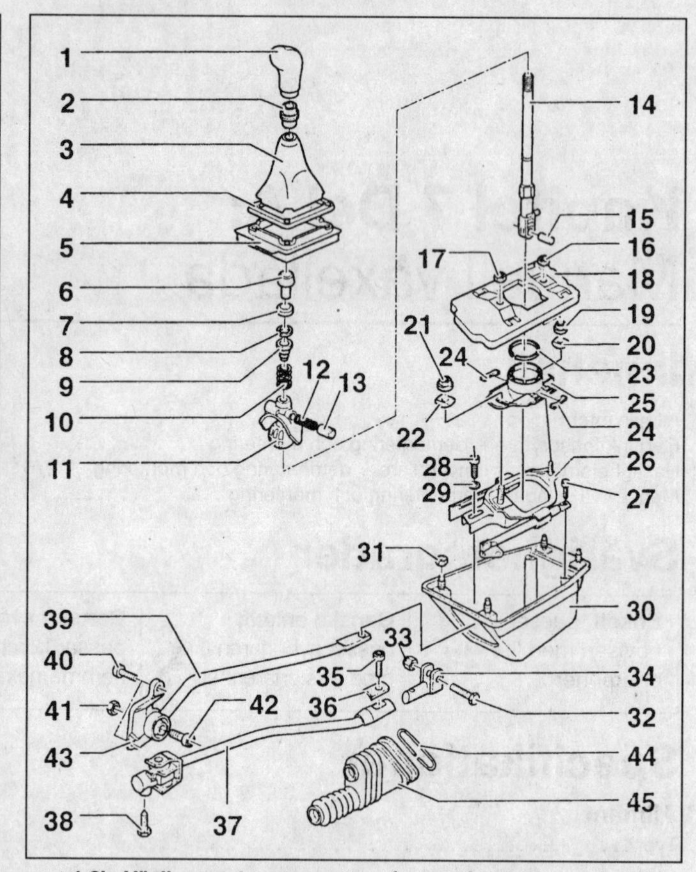


**1.2b Växlingens komponenter på växellåda 012 med kort utväxling**

1 Knopp
2 Bussning
3 Damask
4 Övre ram
5 Nedre ram
6 Bussning
7 Krage
8 Låsring
9 Distans
10 Fjäder
11 Kulstopp
12 Fjäder
13 Bussning
14 Växelspak
15 Distans
16 Mutter
17 Mutter
18 Ljudisolering
19 Mutter
20 Distans
21 Mutter
22 Distans
23 Låsring
24 Stötfångare
25 Hus
26 Bakre tryckstång
27 Bult
28 Bult
29 Bricka
30 Hus
31 Mutter
32 Bult
33 Mutter
34 Justerlänk
35 Bult
36 Klämma
37 Främre länkstag
38 Bult
39 Främre tryckstång
40 Bult
41 Mutter
42 Bult
43 Hållare
44 Ring
45 Damask

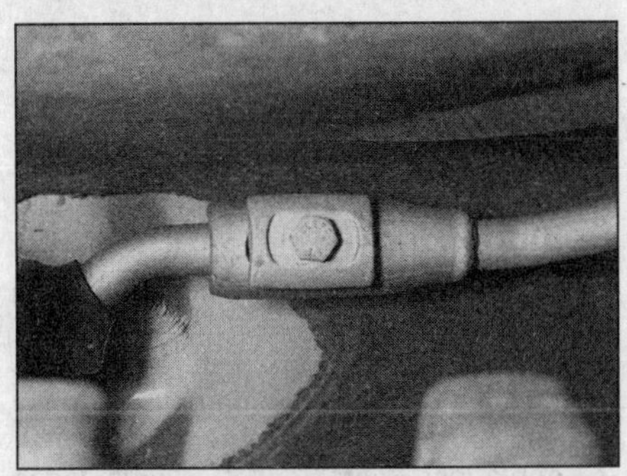

2.3 Länkstagets justeringsbult och klämma (standardutväxling)

**7** Låt en medhjälpare hålla växelspaken vertikalt så att mellanrummet mellan ändarna på kulstoppet är lika stort på båda sidor när spaken är placerad något bakåt. Växelspaken är nu i friläge för läge 3/4 **(se bilder)**.

**8** Se till att växellådans växelväljarstag är satt i friläge. Dra sedan åt justeringsbulten under bilen.

**9** Kontrollera att alla växellägen kan väljas utan svårighet.

**10** Montera underredets värmesköld tillsammans med det främre avgasröret och katalysatorn (om det är tillämpligt).

**11** Montera ljudisoleringen, damasken och knoppen och sänk ner bilen.

## *Modeller med kort utväxling*

**12** Arbeta inuti bilen. Skruva loss knoppen från växelspaken. Lossa sedan damasken och ta bort den.

**13** Ta bort ljudisoleringen runt nederdelen av växelspakshuset.

**14** Mät avståndet mellan den bakre tryckstången och karossen på det sätt som visas **(se bild)**. Om avståndet inte är 37 mm, lossa tryckstångens bult, justera tryckstången och dra åt bulten.

**15** Arbeta genom växelspaksöppningen. Lossa klämbulten som fäster länkstaget vid justerlänken på växelspaken. Ta inte bort bulten.

**16** Kontrollera att kulhuset är horisontellt. Om inte, lossa de två muttrarna, justera husets läge och dra åt muttrarna igen.

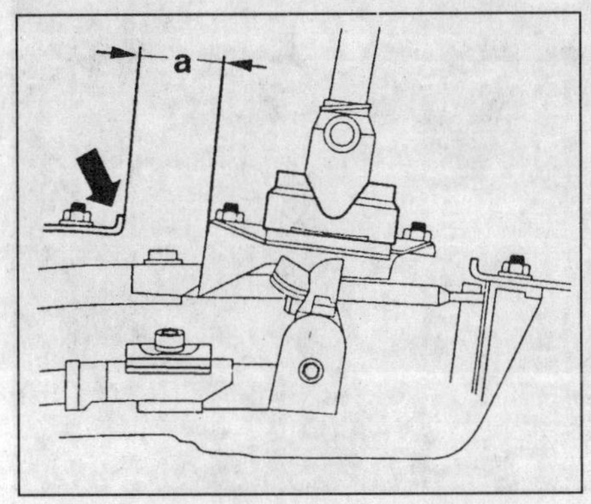


2.14 På växellåda med kort utväxling måste det visade avståndet vara 37,0 mm

**17** Låt en medhjälpare hålla växelspaken vertikalt så att mellanrummet mellan ändarna på kulstoppet är lika stort på båda sidor när spaken är placerad något bakåt. Växelspaken är nu i friläge för läge 3/4.

**18** Se till att växellådans växelväljarstag är satt i friläge. Dra sedan åt justeringsbulten.

**19** Montera ljudisoleringen, damasken och knoppen och sänk ner bilen.

## 3 Manuell växellåda – demontering och montering

### *Demontering*

**1** Parkera bilen på ett stabilt, plant underlag. Se till att du har tillräckligt med rörelseutrymme. Dra åt handbromsen och klossa bakhjulen.

**2** Lyft upp framvagnen och ställ den på pallbockar (se *Lyftning och stödpunkter*). Ta bort stänkskyddet från motorrummets undersida.

**3** Lossa batteriets jordledning (minuspolen) (se kapitel 5A).

**4** Ta bort luftrenaren enligt beskrivningen i kapitel 4A eller 4B.

**5** På modeller med turbo, skruva loss skruvarna och lyft bort kylarens expansionskärl från sin plats och för det åt sidan utan att koppla loss kylvätskeslangarna. Koppla loss lambdasondens kablage från torpedväggen.

**6** Se kapitel 4C och ta bort det främre avgasröret och katalysatorn. Var noga med att inte böja den flexibla delen av det främre avgasröret.

**7** Skruva loss de bultar mellan växellådan och motorn som det går att komma åt ovanifrån (d.v.s. i motorrummet).

**8** Skruva loss stänkskyddets fästbygel under motorrummets främre del.

**9** Använd en insexnyckel. Skruva loss värmesköldarna över den högra drivaxelns inre ände.

**10** Stöd växellådan på en garagedomkraft. Skruva sedan loss det högra växellådsfästet tillsammans med gummisbussningen.

**11** Se kapitel 8 och koppla loss drivaxlarna

3.11 Drivaxelns anslutning till drivflänsen på sidan av växellådan

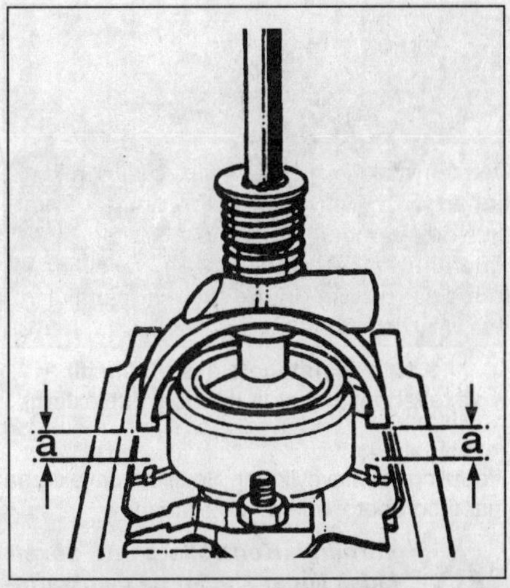


2.7a Avstånd "a" måste vara lika stort på båda sidor om kulstoppet

2.7b En stållinjal används för att centrera växelspaken

från växellådsflänsarna **(se bild)**. Låt drivaxlarna vila på fjädringens länkar.

**12** Koppla loss kablaget från hastighetsmätarens givare på växellådan.

**13** Koppla loss kablaget från backljuskontakten på växellådan.

**14** Kontrollera att allt kablage har kopplats loss från växellådan och bultarna mellan växellådan och motorn.

**15** Ta bort startmotorn enligt beskrivningen i kapitel 5A. Om så önskas kan kablaget lämnas anslutet och startmotorn fäst på ena sidan.

**16** Skruva loss bulten och koppla loss växlelväljarstaget från växellådans baksida **(se bild)**.

**17** På modeller med kort utväxling, skruva loss bulten och koppla loss stödstaget.

**18** Se till att växellådan har ordentligt stöd. Skruva sedan loss de återstående bultarna som fäster växellådan vid motorn.

**19** Skruva loss bulten som fäster det vänstra växellådsfästet vid gummifästet.

**20** Ta hjälp av någon och dra bort växellådan från styrstiften på motorns baksida. Se till att den ingående axeln inte hänger på kopplingen. Sänk ner växellådan tillräckligt mycket för att det ska gå att komma åt

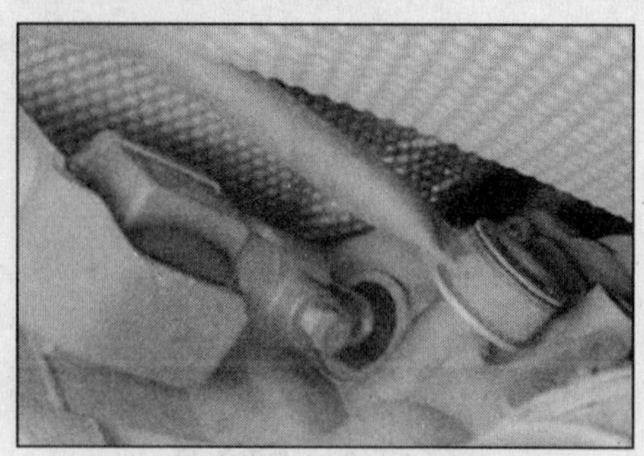

**3.16 Väljarstagets anslutning till växellådans baksida (standardutväxling)**

kopplingens slavcylinder. Se till att drivaxlarna har stöd oberoende av växellådan.

***Varning: Kontrollera att växellådan ligger stadigt på domkraftshuvudet. Vänta med att sänka ner växellådan tills den ingående axeln är helt bortdragen från kopplingens friktionsplatta.***

**21** Skruva loss slavcylindern från växellådan och fäst den på sidan. **Observera:** *Tryck inte ner kopplingspedalen medan slavcylindern är demonterad.*

**22** Sänk ner växellådan på marken.

## Montering

**23** Se till att styrstiften är korrekt placerade i motorblockets bakre yta. Kontrollera även att startmotorns nedre fästbult är placerad i växellådan eftersom den inte kan monteras när växellådan är på plats.

**24** Växellådan monteras tillbaka i omvänd ordningsföljd. Tänk på följande:

*a) Undersök de bakre gummifästena och byt ut dem om det behövs.*

*b) Lägg lite fett med hög smältpunkt på spårningen på växellådans ingående axel.*

*c) Dra åt alla muttrar och bultar till angivet moment där sådant anges.*

*d) Avsluta med att kontrollera justeringen av utväxlingens länksystem enligt beskrivningen i avsnitt 2.*

## 4 Manuell växellåda – renovering, allmän information

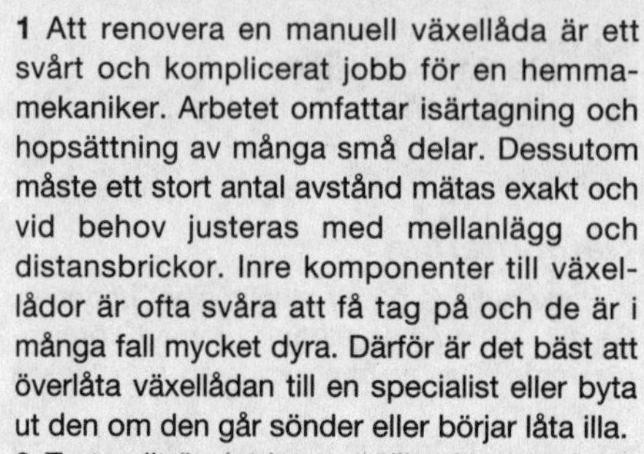

**1** Att renovera en manuell växellåda är ett svårt och komplicerat jobb för en hemmamekaniker. Arbetet omfattar isärtagning och hopsättning av många små delar. Dessutom måste ett stort antal avstånd mätas exakt och vid behov justeras med mellanlägg och distansbrickor. Inre komponenter till växellådor är ofta svåra att få tag på och de är i många fall mycket dyra. Därför är det bäst att överlåta växellådan till en specialist eller byta ut den om den går sönder eller börjar låta illa.

**2** Trots allt är det inte omöjligt för en erfaren hemmamekaniker att renovera en växellåda, förutsatt att specialverktyg finns att tillgå och att arbetet utförs på ett metodiskt sätt så att ingenting glöms bort.

**3** Inre och yttre låsringstänger, lageravdragare, en hammare, en uppsättning pinndorn, en mätklocka och eventuellt en hydraulpress är några av de verktyg som behövs vid en renovering. Dessutom krävs en stor, stadig arbetsbänk och ett skruvstäd.

**4** Anteckna noga hur alla komponenter är placerade medan växellådan tas isär, det underlättar en korrekt återmontering.

**5** Innan växellådan tas isär är det till stor hjälp om felet är ordentligt lokaliserat. Vissa problem kan höra nära samman med vissa delar av växellådan, och vetskap om detta kan underlätta undersökningen och bytet av komponenter avsevärt. Se avsnittet *Felsökning* i slutet av den här handboken för ytterligare information.

## 5 Flerfunktionsbrytare – demontering och montering

## Demontering

**1** Flerfunktionsbrytaren är placerad ovanpå växellådan **(se bild)**.

**2** Dra åt handbromsen. Lyft sedan upp framvagnen och ställ den på pallbockar (se *Lyftning och stödpunkter*).

**3** Koppla loss kontaktdonet. Skruva sedan loss bultarna som fäster brytarens ledning vid växellådans ovansida

**4** Notera hur brytaren är placerad. Skruva sedan loss bulten och ta bort brytarens fästplatta.

**5** Dra bort flerfunktionsbrytaren från växellådan. Ta loss O-ringstätningen.

## Montering

**6** Börja med att rengöra brytarens plats i växellådan. Montera en ny O-ringstätning och sätt tillbaka brytaren på sin plats.

**7** Montera fästplattan och dra åt bulten.

**8** Fäst ledningen på växellådans överdel och dra åt bultarna.

**9** Återanslut kablaget. Sänk sedan ner bilen.

## 6 Hastighetsmätarens omvandlare – demontering och montering

## Demontering

**1** Alla växellådor är utrustade med en elektronisk hastighetsmätaromvandlare till vänster om växellådan, precis ovanför drivaxelns drivfläns **(se bild)**. Den här enheten mäter rotationshastigheten hos växellådans slutväxel och omvandlar informationen till en elektronisk signal som sedan skickas till

**5.1 Flerfunktionsbrytare**

**6.1 Hastighetsmätarens omvandlare (1) och flerfunktionsbrytarens kontaktdon (2)**

hastighetsmätaren i instrumentbrädan. På vissa modeller används signalen även av motorstyrningssystemets elektroniska styrenhet.

**2** Dra åt handbromsen. Lyft sedan upp framvagnen och ställ den på pallbockar (se *Lyftning och stödpunkter*).

**3** Koppla loss kablaget från omvandlaren.

**4** Tryck ner hållaren. Vrid sedan hastighetsmätarens drev och dra bort det från växellådan. Var noga med att inte skada drevet eftersom dess elektroniska komponenter är ömtåliga. Ta loss packningen **(se bild)**.

### Montering

**5** Montering sker i omvänd ordningsföljd, men byt packningen.

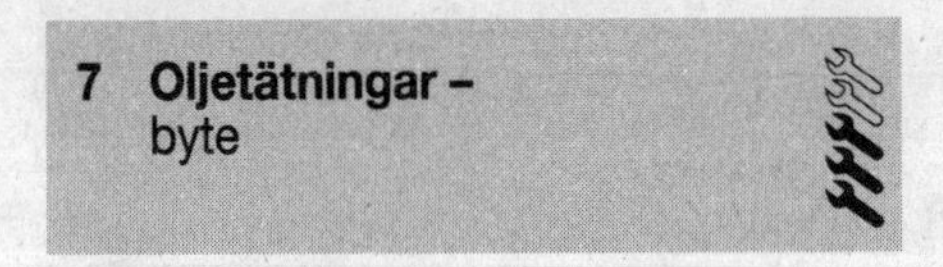

## 7 Oljetätningar - byte

### Drivaxelflänsens oljetätningar

**1** Dra åt handbromsen. Lyft sedan upp framvagnen och ställ den på pallbockar (se *Lyftning och stödpunkter*). Demontera relevant hjul.

**2** Se kapitel 8 och skruva loss värmeskölden. Skruva sedan loss bultarna och ta bort relevant drivaxel från växellådans drivfläns. Fäst drivaxeln på avstånd från växellådan och vira in den inre drivknuten i en plastpåse för att hindra att damm och smuts tränger in. Vrid styrningen så mycket som behövs för att det ska gå att ta bort drivaxeln från flänsen.

**3** Placera en lämplig behållare under växellådan för att samla upp oljespill.

**4** Drivflänsen hålls på plats med en låsring som måste tas loss innan det går att ta bort flänsen. Gör på följande sätt: Placera ett lämpligt distansstycke (som t.ex. ett stämjärn) mellan flänsen och slutväxelns kåpa eller växellådans hölje (vad som är tillämpligt). Skruva sedan en bult genom flänsen, på distansstycket. Medan bulten dras åt tvingas flänsen utåt och låsringen lossas från fogen. Om flänsen sitter hårt, vrid den 180° och upprepa borttagningsproceduren.

**5** När flänsen är ute, notera hur djupt drivaxelns oljetätning är monterad i huset, bänd sedan loss den med en stor flat skruvmejsel.

**6** Torka bort all smuts kring oljetätningens öppning.

**7** Se till att tätningen är placerad på rätt sätt, d.v.s. med sin tätningsläpp inåt, och knacka den i läge med en lämplig rörformig dorn (t.ex. en hylsa) som bara träffar tätningens yttre kant. Om flänsens yta är i gott skick, se till att tätningen monteras på samma djup i huset som innan den demonterades. Den ska sitta 5,5 mm nedanför växellådans ytterkant. Om flänsens yta är sliten ska oljetätningen monteras på 6,5 mm djup.

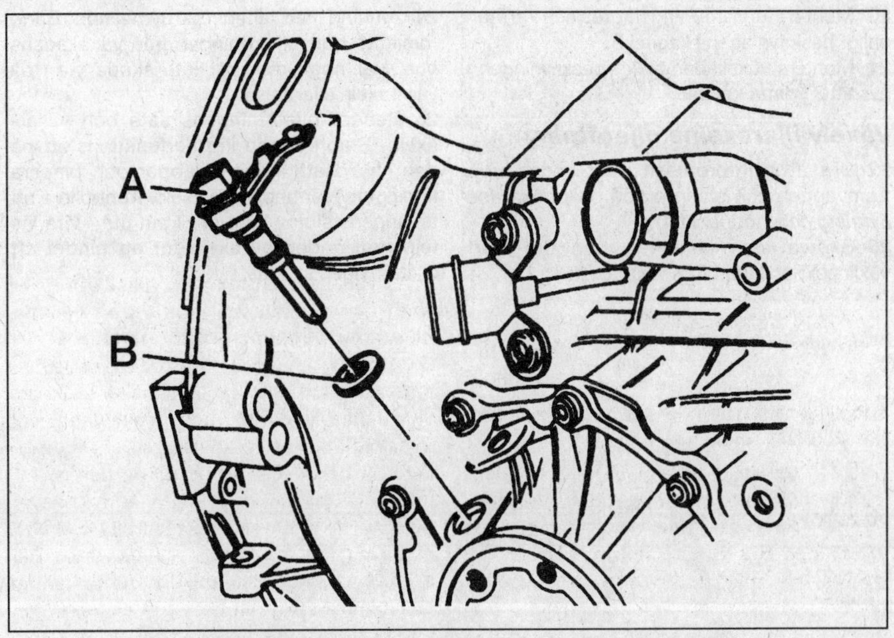


6.4 Hastighetsmätarens omvandlare (A) och packning (B)

**8** Rengör oljetätningen och lägg lite flerfunktionsfett på dess läppar.

**9** Det rekommenderas att låsringen på drivflänsens inre ände byts ut varje gång flänsen demonteras. Gör på följande sätt. Placera flänsen i ett skruvstäd med mjuka käftar. Bänd sedan bort den gamla låsringen och montera en ny **(se bild)**. Smörj låsringen något.

**10** Stick in drivflänsen genom oljetätningen och fäst den i differentialdrevet. Använd en lämplig dorn. Driv in flänsen helt i drevet tills låsringen fäster.

**11** Montera drivaxeln (se kapitel 8).

**12** Montera hjulet och sänk ner bilen. Kontrollera växellådans oljenivå och fyll på om det behövs.

### Ingående axelns oljetätning

**13** Växellådan måste tas bort för att det ska gå att komma åt den ingående axelns oljetätning. Se del 3 i detta kapitel.

**14** Ta bort urtrampningslagret och -armen enligt beskrivningen i kapitel 6.

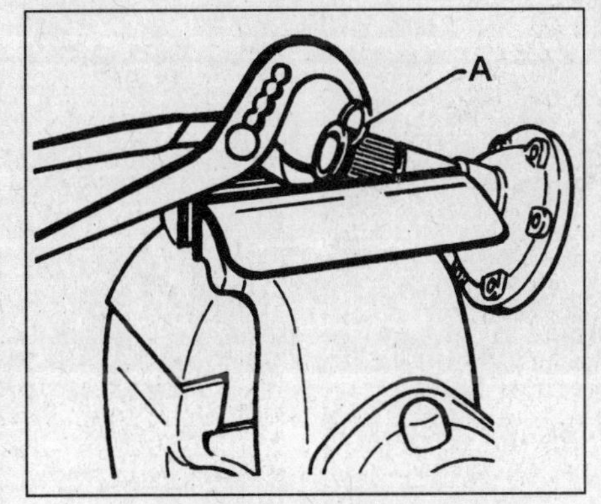


7.9 En ny låsring monteras i fogen på växellådans drivfläns

**15** Skruva loss bultarna och ta bort styrhylsan från balanshjulskåpans insida. Ta loss packningen. Rubba inte någon av brickorna som sitter monterade på den ingående axeln.

**16** Notera hur djupt oljetätningen sitter monterad i växellådans hus. Använd sedan en skruvmejsel för att bända ut tätningen. Var noga med att inte skada den ingående axeln **(se bild)**.

**17** Rengör oljetätningen och den ingående axeln.

**18** Smörj lite flerfunktionsfett på den nya oljetätningens läppar. Placera sedan tätningen över den ingående axeln med tätningsläppen inåt. Knacka oljetätningen rakt in på sin plats med en lämplig rörformig dorn som endast trycker på tätningens hårda ytterkant. Se till att tätningen monteras på samma djup i huset som innan demonteringen. Den ska vara 4,5 mm nedanför ytan på styrhylsans fäste.

**19** Montera styrhylsan tillsammans med en ny packning och nya bultar. Dra åt bultarna till angivet moment.

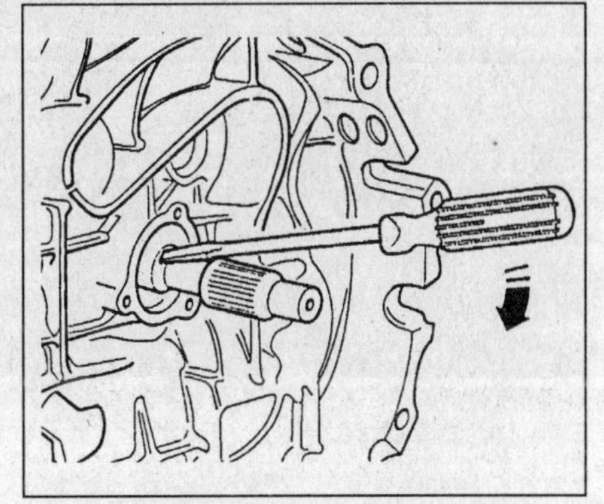

7.16 Använd en skruvmejsel för att bända ut den ingående axelns oljetätning

**20** Montera urtrampningslagret och -armen enligt beskrivningen i kapitel 6.

**21** Montera växellådan enligt beskrivningen i avsnitt 3 i detta kapitel.

## Växelväljaraxelns oljetätning

**22** Dra åt handbromsen. Lyft sedan upp framvagnen och ställ den på pallbockar (se *Lyftning och stödpunkter*).

**23** Skruva loss låsbulten och dra bort växlingskopplingen från väljaraxeln.

**24** Använd en liten skruvmejsel. Bänd försiktigt bort oljetätningen från växellådans hus. Var noga med att inte skada ytan på väljaraxeln eller huset.

**25** Rengör oljetätningens säte och väljaraxeln. Smörj sedan lite flerfunktionsfett på den nya oljetätningens läppar och placera tätningen över änden av axeln. Kontrollera att tätningens slutna sida är riktad utåt. Vira lite tejp runt änden av axeln för att hindra att oljetätningen skadas.

**26** Knacka oljetätningen rakt in på sin plats med en lämplig rörformig dorn som endast trycker på tätningens hårda ytterkant. Tätningen ska sitta 1,0 mm nedanför växellådans yta.

**27** Montera växlingskopplingen och dra åt låsbulten.

**28** Sänk ner bilen.

# Kapitel 7 Del B: Automatväxellåda

## Innehåll



## Svårighetsgrader

**Enkelt,** passar novisen med lite erfarenhet 

**Ganska enkelt,** passar nybörjaren med viss erfarenhet 

**Ganska svårt,** passar kompetent hemmamekaniker 

**Svårt,** passar hemmamekaniker med erfarenhet 

**Mycket svårt,** för professionell mekaniker 

## Specifikationer

### Allmänt

| | |
|---|---|
| Typ | Elektro-hydrauliskt reglerad planetväxellåda med fyra framåtväxlar och en back. Drivkraft överförs via en hydrodynamisk momentomvandlare |
| Beteckning: | |
| Alla modeller utom bensindriven turbo | 01N 4 växlar |
| Bensindrivna turbomodeller | 01V 5 växlar |
| Automatväxellådans oljekapacitet | Se kapitel 1A eller 1B |

### Åtdragningsmoment

| | Nm |
|---|---|
| Automatväxellådans växelvajer, fästbult | 23 |
| Bultar mellan balanshjulskåpan och motorn: | |
| M10 | 45 |
| M12 | 65 |
| Momentomvandlare till drivplatta | 85 |
| Oljerör till växellåda | 20 |
| Oljerörets fästbygel | 10 |
| Oljerörsanslutning | 25 |
| Växellådans fäste | |
| Centrumbult | 40 |
| Till kaross | 23 |
| Till växellådan | 40 |

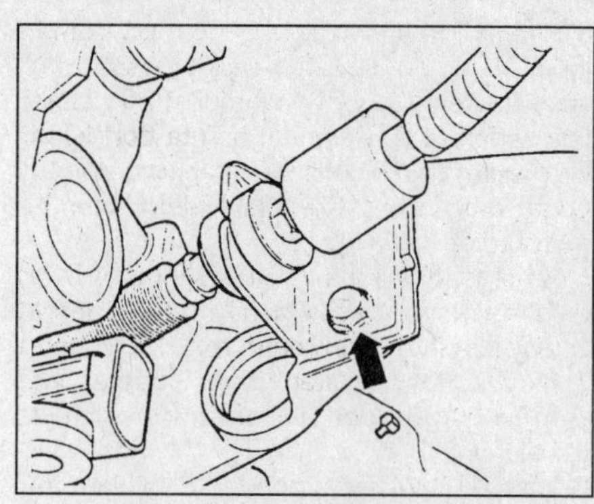

2.9 Bult till växelvajerns fästbygel på växellådan

## 1 Allmän information

Automatväxellådan är en fyr- eller femväxlad enhet och består av en hydrodynamisk momentomvandlare med en planetväxellåda.

Växlingen utförs med en golvmonterad växelspak med sju lägen. De olika lägena är P (parkeringsläge), R (back), N (friläge), D (framåt), 3 (3:e växeln), 2 (2:a växeln), 1 (1:a växeln). Växellådan har en kickdownfunktion som ger högre acceleration när gaspedalen trycks ner till golvet.

Växellådans funktion kontrolleras av motorstyrningens elektroniska styrenhet och därför kan inga inställningar göras manuellt. Fullständig feldiagnos kan endast utföras med särskild elektronisk testutrustning.

På grund av växellådans och styrsystemets komplexa sammansättning bör större reparationer och renoveringsarbeten överlåtas till en Audi/VAG-verkstad med rätt utrustning för feldiagnostisering och reparationer. Informationen i det här kapitlet begränsas därför till en beskrivning av hur växellådan demonteras och monteras som en komplett enhet. Demontering, montering och justering av växelvajern beskrivs också.

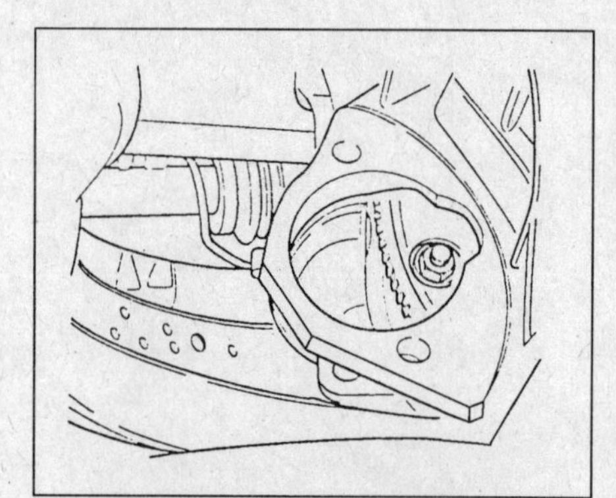

2.16 Det går att komma åt muttrarna mellan momentomvandlaren och drivplattan via startmotoröppningen

## 2 Automatväxellåda - demontering och montering

### Demontering

**1** Parkera bilen på ett stabilt, plant underlag. Se till att du har tillräckligt med rörelseutrymme. Dra åt handbromsen och klossa bakhjulen.

**2** Lyft upp framvagnen och ställ den på pallbockar (se *Lyftning och stödpunkter*). Demontera båda framhjulen.

**3** Ta bort motorns undre skyddskåpa och ta bort ljudisoleringen.

**4** Lossa batteriets jordledning (minuspolen) (se kapitel 5A) och för undan den från polen.

**5** Om det behövs, skruva loss muttrarna och ta bort motorns övre kåpa.

**6** Ta bort avgassystemets främre avgasrör enligt beskrivningen i kapitel 4C. Var noga med att inte böja kopplingen. Skruva också bort det främre avgasrörets fästbygel från växellådan, om det behövs.

**7** Koppla loss kablaget från hastighetsmätarens givare.

**8** Märk kabelanslutningarna på växellådans baksida. Koppla sedan loss dem. Koppla loss kabelfästena och för kablaget åt sidan.

**9** Arbeta med växelspaken i läge P. Koppla försiktigt loss innervajern från växellådans arm. Skruva sedan loss fästbygeln **(se bild)**. För vajern åt sidan.

**10** Använd en insexnyckel. Skruva loss värmesköldarna över den högra drivaxelns inre ände.

**11** Se kapitel 8 och koppla loss drivaxlarna från växellådans flänsar. Fäst upp drivaxlarna så att de är ur vägen för växellådan.

**12** Skruva loss höger växellådsfäste tillsammans med gummibussningen och skyddet.

**13** Placera en lämplig behållare under växellådan för att samla upp hydrauloljespill.

**14** Koppla loss hydraulrören från växellådan och ta loss tätningsringarna. På bensinmodeller utan luftkonditionering, skruva loss bultarna och dra bort ledningarna. På alla andra modeller, skruva loss anslutningsmuttrarna under kylarens vänstra sida samt de muttrar som sitter placerade under växellådans främre del. Ta bort ledningarna helt. Plugga igen öppningarna i växellådans hus för att förhindra att damm eller smuts tränger in.

**15** Demontera startmotorn enligt beskrivningen i kapitel 5A.

**16** Vrid motorn så att en av muttrarna mellan momentomvandlaren och drivplattan hamnar i startmotorns öppning **(se bild)**. Skruva loss muttern medan motorn hindras från att vridas med en bredbladig skruvmejsel fäst i drivplattans startkrans. Skruva loss de två kvarvarande muttrarna. Vrid motorn ett tredjedels varv i taget för att komma åt dem.

**17** Skruva loss de bultar mellan växellådan och motorn som man kommer åt från bilens undersida.

**18** Stöd motorn med en lyft eller ett stödstag monterat på innerskärmarnas inre kanaler. Om det behövs, ta bort motorhuven enligt beskrivningen i kapitel 11 så att det går att placera lyften över motorn. På grund av automatväxellådans vikt måste motorn stödjas i både de främre och bakre lyftöglorna. Ta tillfälligt bort de motorkomponenter som, beroende på motortyp, sitter i vägen när lyften ska monteras.

**19** Stöd växellådan med en garagedomkraft eller ett ställ.

**20** På modeller med bensinmotor och turbo, märk ut kryssrambalkens placering under motorrummet. Lossa sedan kryssrambalkens främre bultar, men ta inte bort dem. Ta bort kryssrambalkens återstående bultar och sänk ner dess bakre del. **Observera:** *Det är viktigt att kryssrambalken sätts tillbaka på sin rätta plats, annars påverkas bilens köregenskaper och kraftigt slitage kan bli följden.*

**21** Skruva loss de bultar mellan växellådan och motorn som det går att komma åt över motorn.

**22** Ta hjälp av någon och dra bort växellådan från styrstiften på motorns baksida. Se till att momentomvandlaren inte tappar kontakten med växellådans ingående axel. Använd en hävarm om det behövs för att lossa momentomvandlaren från drivplattan.

**23** När styrstiften är fria från fästhålen, sänk ner växellådan med hjälp av domkraften. Fäst en låsbalk över balanshjulskåpans framsida för att hålla momentomvandlaren på plats.

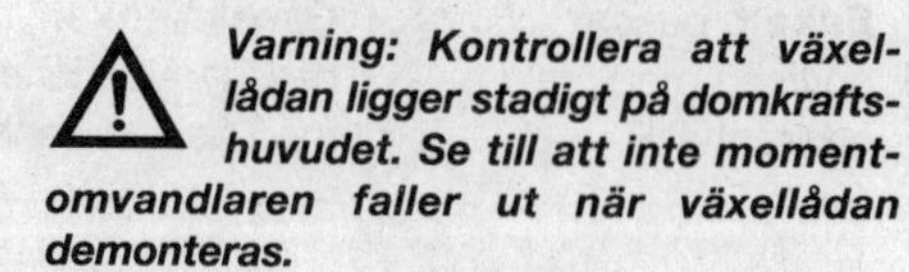

***Varning: Kontrollera att växellådan ligger stadigt på domkraftshuvudet. Se till att inte momentomvandlaren faller ut när växellådan demonteras.***

**24** Ta bort mellanplattan från styrstiften om det behövs.

### Montering

**25** Växellådan monteras tillbaka i omvänd ordningsföljd. Tänk på följande:

a) *När momentomvandlaren återmonteras, se till att drevstiften i mitten av momentomvandlarens nav hakar i urtagen i det inre hjulet till automatväxellådans oljepump.*

b) *Dra åt balanshjulskåpans bultar och muttrarna som håller momentomvandlaren till drivplattan till angivet moment. Byt alltid ut självlåsande muttrar och bultar.*

c) *Byt ut O-ringstätningarna på oljerören och påfyllningsslangen som sitter fäst på växellådans hölje.*

d) *Dra åt växellådans fästbultar till korrekt åtdragningsmoment.*

e) *Kontrollera slutväxelns oljenivå och växeloljans nivå enligt beskrivningen i kapitel 1A eller 1B.*

*f) Avsluta med att kontrollera växelvajerns inställning enligt beskrivningen i avsnitt 4.*

## 3 Automatväxellåda – renovering, allmän information

Om ett fel uppstår måste man ta reda på om felet är elektriskt, mekaniskt eller hydrauliskt innan reparationsarbetet kan påbörjas. Feldiagnoser kräver djupgående kunskaper om växellådans funktion och konstruktion, liksom tillgång till specialiserad testutrustning, och detta arbete bedöms som för avancerat för att behandlas i den här handboken. Därför är det viktigt att problem med automatväxellådan överlåts till en Audi/VAG-verkstad för kontroll.

Observera att en defekt växellåda inte ska demonteras innan bilen har kontrollerats av en mekaniker, eftersom feldiagnostiseringen ofta utförs med växellådan monterad.

## 4 Växel-/låsvajer – demontering, montering och justering

### Demontering

**1** Flytta växelspaken till läge P.

**2** Dra åt handbromsen. Lyft sedan upp framvagnen och ställ den på pallbockar (se *Lyftning och stödpunkter*).

**3** Arbeta under bilen. Skruva loss skruvarna och sänk ner värmeskölden från växelspakens fästbygel och ner på avgassystemet. Dra värmeskölden framåt.

**4** Lossa kåpan från botten av växelspakens fästbygel genom att trycka fästet bakåt **(se bild)**.

**5** Koppla loss innervajern genom att klämma ihop klämman så att vajern lossnar från växelspaken. Dra bort vajerhöljet från fästet. Dra sedan ut låsklämman och ta bort kåpan och vajern från växelspakens nedre del. Var noga med att inte böja vajern mer än nödvändigt.

**6** Arbeta vid vajerns växellådsände. Använd en skruvmejsel för att bända upp änden av innervajern från växellådans arm.

**7** Skruva loss bulten och koppla loss stödfästbygeln och vajern från sidan av växellådan.

**8** Lossa låsmuttrarna och ta loss vajern från fästbygeln. Dra bort vajern från bilens undersida.

### Montering

**9** Montering sker i omvänd ordningsföljd. Smörj vajerns ändfästen något. Innan bilen sänks ner och innan vajern återansluts till

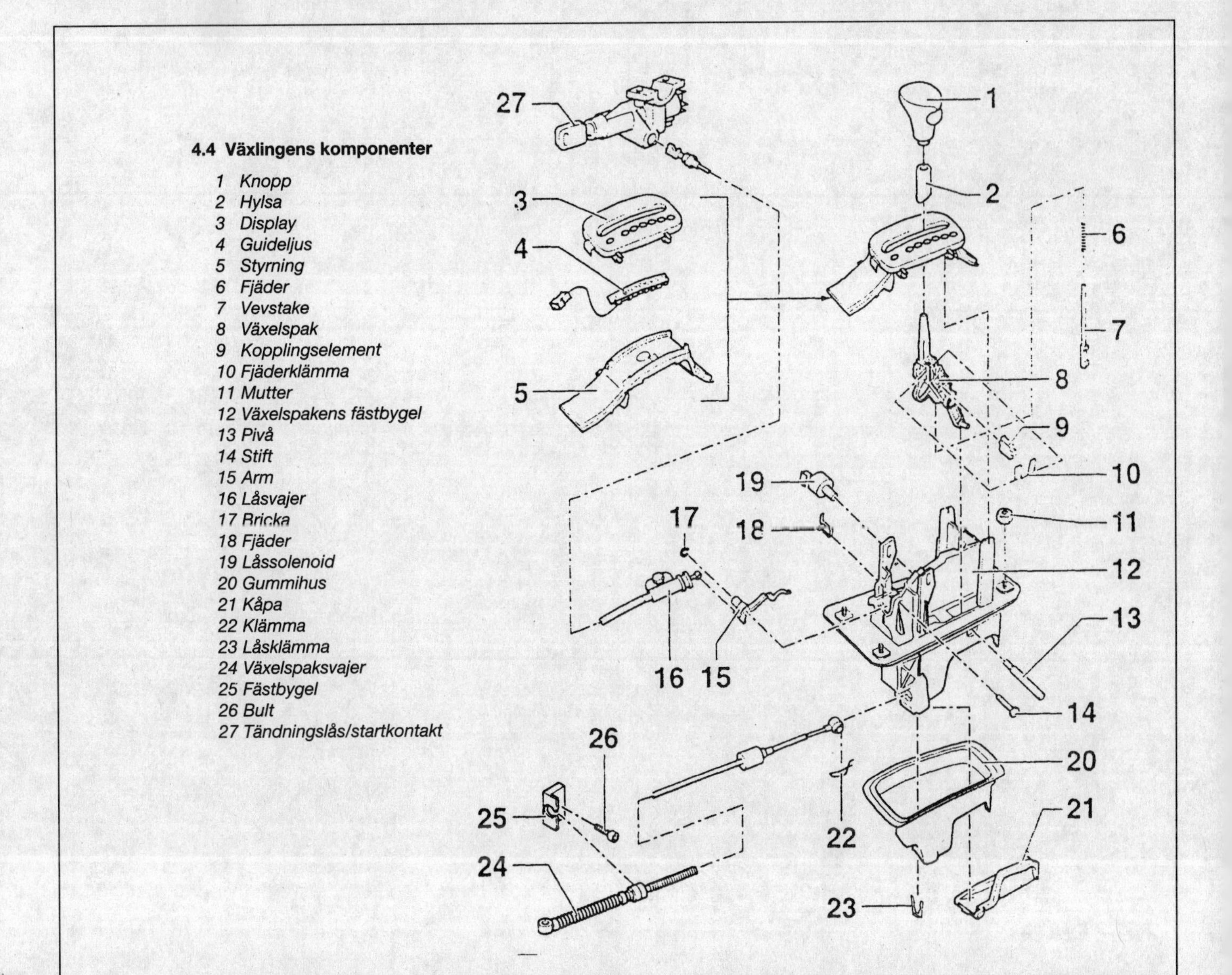


**4.4 Växlingens komponenter**

*1 Knopp*
*2 Hylsa*
*3 Display*
*4 Guideljus*
*5 Styrning*
*6 Fjäder*
*7 Vevstake*
*8 Växelspak*
*9 Kopplingselement*
*10 Fjäderklämma*
*11 Mutter*
*12 Växelspakens fästbygel*
*13 Pivå*
*14 Stift*
*15 Arm*
*16 Låsvajer*
*17 Bricka*
*18 Fjäder*
*19 Låssolenoid*
*20 Gummihus*
*21 Kåpa*
*22 Klämma*
*23 Låsklämma*
*24 Växelspaksvajer*
*25 Fästbygel*
*26 Bult*
*27 Tändningslås/startkontakt*

växellådsarmen ska den justeras enligt följande.

## Justering

**10** Flytta växelspaken inuti bilen till läge P.

**11** Flytta väljararmen på växellådan till läge P, vilket är det bakre stoppet. Kontrollera att båda framhjulen är låsta genom att samtidigt försöka vrida dem åt samma håll.

**Observera:** *Även om växellådan är låst är det fortfarande möjligt att vrida framhjulen åt* ***motsatta*** *håll, eftersom differentialdreven kan röra sig i relation till varandra.*

**12** Lossa bulten (bultarna) som fäster växelvajern vid växellådan.

**13** Tryck vajeränden över växelspaken. Kontrollera sedan att vajern inte är för spänd genom att röra den från sida till sida flera gånger. Dra nu åt vajerns fästbult.

**14** Kontrollera inställningen genom att välja P. Låt bromspedalen vara uppsläppt och kontrollera att det inte går att flytta växelspaken från läge P när spakknappen är nedtryckt. Tryck nu ner bromspedalen och kontrollera att låssolenoiden lossar så att växelspaken kan flyttas till alla lägen med spakknappen nedtryckt. Kontrollera att det som displayen visar överensstämmer med spakens faktiska läge.

**15** Välj läge N. Låt bromspedalen vara uppsläppt och kontrollera att växelspaken är låst. Tryck ner pedalen och kontrollera att växelspaken kan flyttas till alla lägen. Observera att läge R endast kan väljas om knappen är nedtryckt.

**16** På högerstyrda modeller, kontrollera att det bara går att aktivera startmotorn i läge P och N när knappen är uppsläppt.

**17** Sänk ner bilen på marken.

# Kapitel 8
# Drivaxlar

## Innehåll



## Svårighetsgrader

| | | | | |
|---|---|---|---|---|
| **Enkelt,** passar novisen med lite erfarenhet  | **Ganska enkelt,** passar nybörjaren med viss erfarenhet 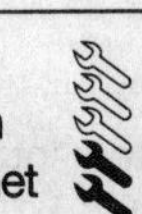 | **Ganska svårt,** passar kompetent hemmamekaniker  | **Svårt,** passar hemmamekaniker med erfarenhet  | **Mycket svårt,** för professionell mekaniker  |

## Specifikationer

### Smörjning

| | |
|---|---|
| Typ: | |
| Yttre och inre knut på bensinmotormodell med manuell växellåda, samt yttre knut på alla modeller med automatväxellåda | G 000 603 fett* |
| Inre knut på modeller med automatväxellåda | |
| drivknut med 88 mm diameter | G 000 603 fett* |
| drivknut med 98 mm diameter | G 000 633 fett* |
| Mängd per drivknut: | |
| Modeller med bensinmotor och manuell växellåda: | |
| Yttre drivknut: | |
| drivknut med 88 mm diameter | 100 g |
| drivknut med 98 mm diameter | 120 g |
| Inre drivknut: | |
| drivknut med 100 mm diameter | 110 g |
| drivknut med 108 mm diameter | 120 g |
| Modeller med automatväxellåda och dieselmodeller: | |
| Yttre drivknut: | |
| drivknut med 88 mm diameter | 100 g |
| drivknut med 98 mm diameter | 120 g |
| Inre drivknut | som levereras i renoveringssats* |

**Kontakta en VAG-verkstad för mer information*

### Åtdragningsmoment

| | Nm |
|---|---|
| Flänsbultar mellan drivaxel och växellåda: | |
| M8 bultar | 40 |
| M10 bultar | 77 |
| Navbult: | |
| M14 bult: | |
| Steg 1 | 115 |
| Steg 2 | Vinkeldra ytterligare 180° |
| M16 bult: | |
| Steg 1 | 190 |
| Steg 2 | Vinkeldra ytterligare 180° |
| Övre fjädringsarm, klämbultens mutter | 40 |

## 1 Allmän information

**1** Drivkraften överförs från differentialen till framhjulen via två drivaxlar av stål, som antingen är solida eller ihåliga (beroende på modell). Båda drivaxlarna är räfflade i ytterändarna för att passa in i hjulnaven, och de är fästa vid naven med en stor bult. Vardera drivaxelns inre ände är fastbultad på en drivfläns på växellådan.

**2** Drivknutar sitter på var ände på drivaxlarna för att ge mjuk och effektiv kraftöverföring i alla möjliga hjulvinklar när hjulen rör sig upp och ner med fjädringen och i sidled vid styrning.

**3** Damasker av gummi eller plast sitter på båda drivknutarna, fästa med stålklämmor. Dessa innehåller det fett som packats in i knuten, och skyddar även knuten från smuts och skräp.

2.8 Ta bort drivaxeln från hjulhuset

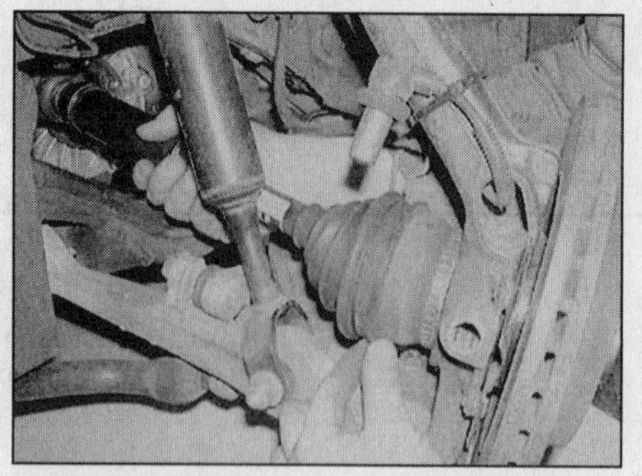
2.12a Sätt drivaxeln på plats, och passa in spåren med dem på navet . . .

2.12b . . . och sätt i den nya navbulten

## 2 Drivaxlar – demontering och montering

### Demontering

**1** Demontera navkapseln/hjulsidan och lossa sedan navbulten något med bilen stående på hjulen. Lossa även hjulbultarna.

**2** Klossa bakhjulen, dra åt handbromsen ordentligt och lyft upp framvagnen och ställ den på pallbockar. Demontera relevant framhjul. Med hjulet demonterat, skruva tillbaka minst en hjulbult för att se till att bromsskivan ligger kvar i rätt position i navet.

**3** Skruva loss fästskruvarna och hållarna och ta bort den undre kåpan under motorn/ växellådan för att komma åt drivaxlarna. Om det behövs, skruva även loss värmeskölden från växellådshuset för att komma åt den inre drivknuten bättre.

**4** På modeller med ABS, demontera hjulgivaren från navet enligt beskrivningen i kapitel 9. Lossa givarens kablage från fästbygeln på bromsoket.

**5** Skruva loss klämbulten och skilj de främre och bakre övre fjädringsarmarnas spindelleder från överdelen av hjulspindeln (se kapitel 10, avsnitt 5 för mer information). Kasta muttern – en ny måste användas vid återmonteringen.

***Varning: Skruva inte loss styrstaget från hjulspindeln.***

**6** Skruva loss navbulten. Om bulten inte lossades medan bilen stod med alla fyra hjulen på marken, sätt i minst två hjulbultar på framnavet och dra åt dem ordentligt, låt sedan en medhjälpare trycka ner bromspedalen för att hindra framnavet från att rotera, och skruva sedan loss navbulten. Alternativt kan ett verktyg tillverkas av två bitar bandstål (en lång och en kort) samt en mutter och en bult. Muttern och bulten får utgöra svängtappen på ett gaffelformat verktyg.

**7** Skruva loss bultarna som håller fast den inre drivknuten vid växellådans fläns och ta loss stödplattorna (i förekommande fall) under bultarna. Stöd drivaxeln genom att hänga upp den med ståltråd eller ett snöre. Låt den inte hänga fritt, eftersom detta kan skada drivknuten.

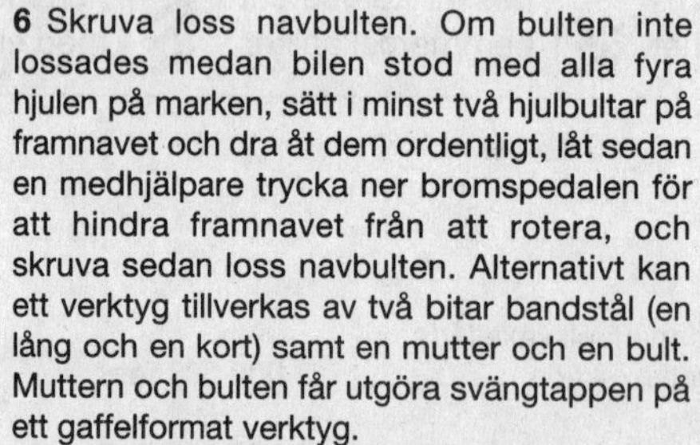

**8** Sväng hjulspindeln mot baksidan av hjulhuset för att lossa drivaxelns inre drivknut från växellådans fläns. Flytta drivknuten åt sidan. Lossa sedan den yttre drivknutens spårning från navet och ta bort drivaxeln under bilen **(se bild)**. På drivaxlar där den inre drivknuten ligger fritt, ta bort packningen från framsidan på drivaxelns inre drivknut och släng den, eftersom en ny packning måste användas vid återmonteringen.

**Observera:** *Låt inte bilen stå på hjulen med ena eller båda drivaxlarna demonterade, eftersom detta kan skada hjullagren. Om bilen måste flyttas, sätt tillfälligt tillbaka drivaxlarnas yttre ändar i naven och dra åt drivaxelbultarna. Stöd drivaxlarnas inre ändar för att undvika skador.*

### Montering

**9** Innan drivaxeln monteras, undersök dess oljetätning i växellådan och leta efter tecken på skador eller slitage. På manuella växellådor, byt den om det behövs enligt beskrivningen i kapitel 7A.

**10** Rengör noggrant drivaxelns yttre drivknut och navräfflor samt fogytorna mellan den inre drivknuten och växellådans fläns. Kontrollera att alla damaskklämmor är ordentligt fästa.

**11** På en drivaxel där den inre drivknuten ligger fritt, montera en ny packning på den inre drivknutens framsida genom att ta bort skyddsfolien och fästa den ordentligt på knuten.

**12** Sätt drivaxeln på plats så att spåren på drivaxeln hakar i spåren på navet, och tryck den yttre drivknuten på plats. Sätt i den nya navbulten, men dra bara åt den för hand än så länge **(se bilder)**.

**13** Passa in drivaxelns inre drivknut mot växellådans fläns, sätt sedan tillbaka fästbultarna och i förekommande fall stödplattorna. Dra åt alla bultar för hand, dra därefter åt dem i diagonal ordningsföljd till angivet moment **(se bilder)**. Om det behövs, montera tillbaka värmeskölden på växellådshuset och dra åt dess fästbultar ordentligt.

**14** Montera tillbaka de främre och bakre övre fjädringsarmarna på ovansidan av navet, sätt i klämbulten och sätt sedan tillbaka den nya fästmuttern och dra åt den till angivet moment (se kapitel 10).

2.13a Passa in drivaxelns inre drivknut mot växellådans fläns . . .

2.13b . . . och sätt sedan tillbaka fästbultarna och stödplattorna

2.13c Dra åt alla bultar till angivet moment

**15** På modeller med ABS, montera tillbaka hjulgivaren på navet enligt beskrivningen i kapitel 9. Montera tillbaka ABS-kablaget på bromsokets fästbygel.

**16** Montera tillbaka den undre kåpan och hjulet, sänk sedan ner bilen och dra åt hjulbultarna till angivet moment (se kapitel 1A eller 1B).

**17** Med bilen stående på hjulen, dra åt navbulten till angivet moment för steg 1, och vinkeldra den sedan till angiven vinkel för steg 2 med en vinkelmätare **(se bilder)**. Om ingen vinkelmätare finns tillgänglig kan märken göras mellan bultskallen och navet/hjulet med vit färg innan åtdragningen. Dessa märken kan sedan användas för att kontrollera att bulten har dragits åt i rätt vinkel.

**18** Sätt tillbaka navkapseln/hjulsidan (efter tillämplighet).

**2.17a Med bilen stående på hjulen, dra åt navbulten till angivet moment för steg 1 . . .**

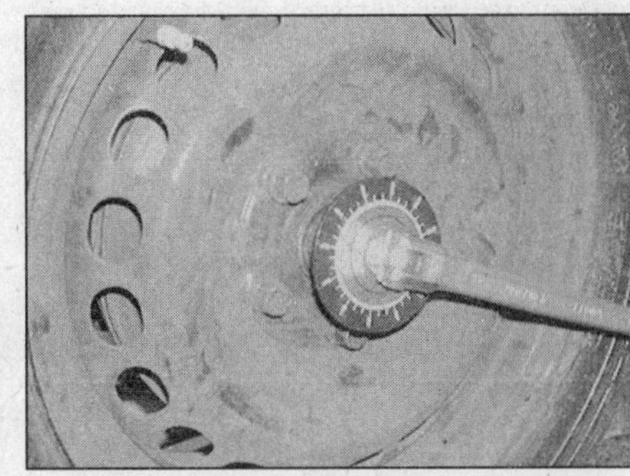

**2.17b . . . och vinkeldra den sedan till vinkeln för steg 2**

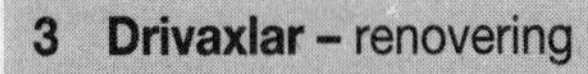

## 3 Drivaxlar – renovering

**1** Demontera drivaxeln från bilen enligt beskrivningen i avsnitt 2 och fortsätt enligt beskrivningen under relevant underrubrik.

### *Yttre drivknut (alla modeller)*

**Observera:** *En lång M16 bult/gängad stång kommer att vara till hjälp under det här momentet (se punkt 4).*

**2** Sätt fast drivaxeln i ett skruvstäd med mjuka käftar och lossa damaskens fästklämmor. Om det behövs kan klämmorna skäras av.

**3.4 Dra loss den yttre drivknuten från drivaxeln med hjälp av navbulten**

**3** Vik undan gummidamasken för att frilägga den yttre drivknuten. Sleva ut överskottsfettet och kasta det.

**4** Nu måste den yttre drivknuten demonteras från drivaxeln. Detta görs lättast med en lång M16 bult/gängad stång. Skruva in bulten/stången i navbultsgängorna tills den kommer i kontakt med änden på drivaxeln, tvinga sedan av knuten med bulten/stången **(se bild)**. **Observera:** *Om originalnavbulten är gängad längs hela skaftet kan du använda den.* Om ingen bult/stång finns tillgänglig kan en hammare och en lämplig dorn av mjuk metall användas till att slå bort den inre delen på den yttre drivknuten för att få bort den från änden på axeln, men var försiktig så att inte drivknuten skadas. På modeller med ihåliga drivaxlar måste man först flytta den inre låsringen (med en låsringstång) från dess spår på drivknutens inre yta, så att den kupade brickan och plastdistansen kan skjutas längs drivaxeln, bort från drivknuten.

**5** När drivknuten tagits bort, ta bort låsringen från spåret på drivaxeln och kasta den. En ny låsring måste användas vid hopsättningen.

**6** Dra loss distansen och den kupade brickan från drivaxeln, notera hur de sitter monterade, och ta bort gummidamasken.

**7** Med drivknuten demonterad från drivaxeln, rengör knuten noga med fotogen eller lämpligt lösningsmedel och torka av den noga. Undersök knuten noggrant.

**8** Rör den inre räfflade axeln från sida till sida, så att varje kula syns i tur och ordning längst upp i spåret. Undersök kulorna och leta efter sprickor, flata delar eller gropar.

**9** Undersök kulspåren på de inre och yttre delarna. Om spåren är slitna sitter kulorna inte längre riktigt tätt. Undersök samtidigt kulburens fönster och leta efter tecken på slitage eller sprickbildning mellan fönstren.

**10** Om drivknuten visar sig vara utsliten eller skadad måste den bytas (om knuten inte går att få tag på separat måste hela drivaxeln bytas ut). Fråga en Audi/VAG-återförsäljare efter ytterligare information om vilka delar som finns tillgängliga. Om drivknutens skick är tillfredsställande, skaffa en renoveringssats. Audi/VAGs renoveringssats består av en ny damask, låsring, fjäderbricka och distans, fästklämmor och rätt typ av fett.

**11** Tejpa över räfflorna på änden av drivaxeln, skjut sedan på en ny damask på axeln **(se bild)**. Ta bort tejpen.

**12** Sätt på den kupade brickan, med den konvexa sidan inåt, och skjut sedan på distansen med den flata sidan mot den kupade brickan **(se bilder)**.

**13** Sätt på den nya låsringen och se till att den hamnar korrekt i spåret på drivaxeln **(se bild på nästa sida)**.

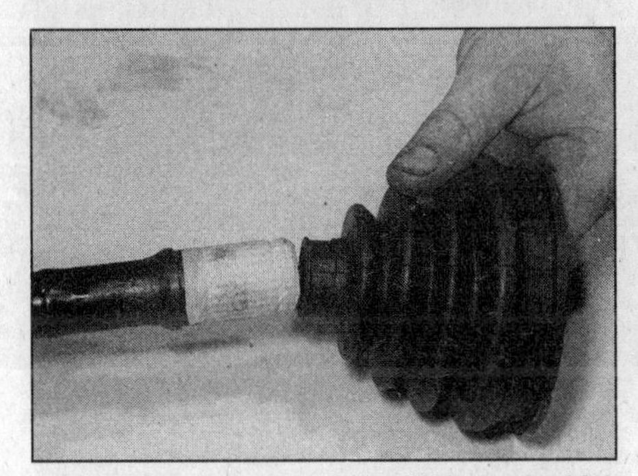

**3.11 Tejpa över drivaxelns räfflor och skjut sedan den nya damasken längs axeln**

**3.12a Sätt på den kupade brickan med den konvexa sidan inåt . . .**

**3.12b . . . och sätt sedan på distansen med den flata sidan mot den kupade brickan**

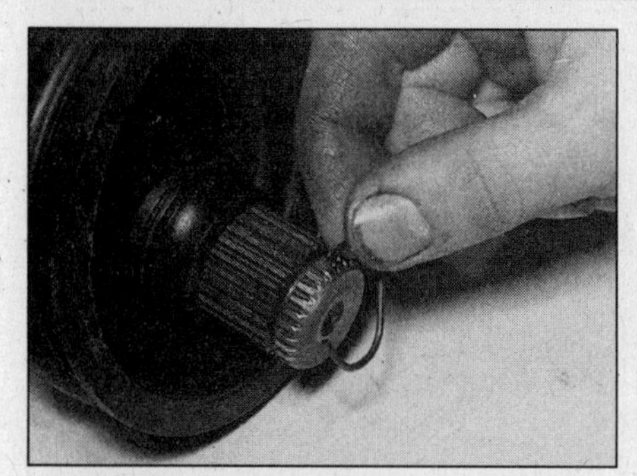
3.13 Sätt den nya låsringen i drivaxelns spår

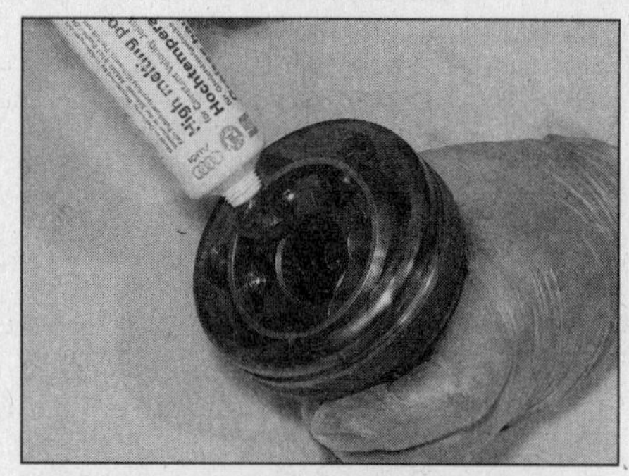

3.14 Arbeta in fettet noga i kulspåren på den yttre drivknuten

3.15a Sätt på den yttre drivknuten på räfflorna på drivaxeln . . .

3.15b . . . och knacka den på plats över låsringen

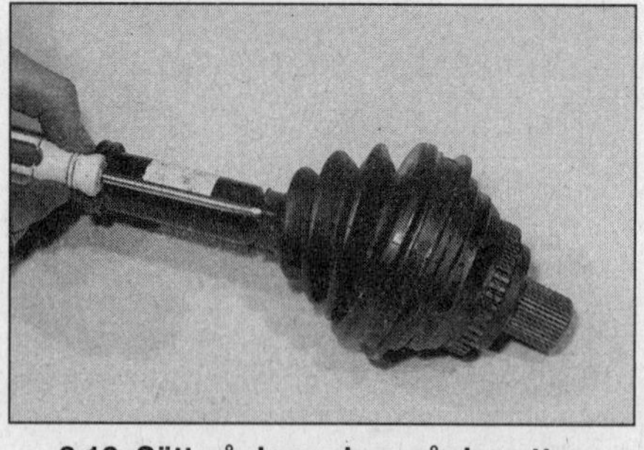
3.16 Sätt på damasken på den yttre drivknuten och drivaxeln, och lyft sedan dess inre läpp för att släppa ut lufttrycket på insidan av damasken

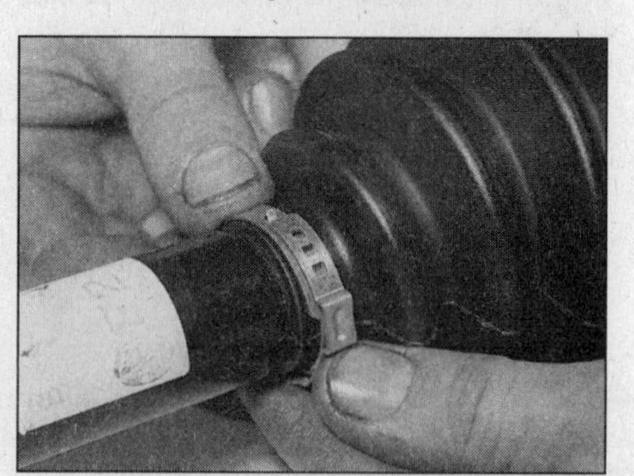
3.17a Sätt på de inre och yttre fästklämmorna . . .

**14** Arbeta in fettet noga i den yttre drivknutens kulspår, fyll sedan damasken med det som blir över **(se bild)**.

**15** Sätt på den yttre drivknuten på drivaxelns räfflor och skjut på den tills den inre delen är i kontakt med låsringen. Knacka på den yttre delen av drivknuten med en hammare och en dorn i mjuk metall för att tvinga den inre delen över låsringen och till sin plats på drivaxeln **(se bilder)**. Dra i drivknuten för att försäkra att den är ordentligt säkrad av låsringen.

**16** Sätt på damaskens yttre läpp i spåret på drivknutens yttre del, lyft sedan damaskens inre läpp för att släppa ut trycket på insidan **(se bild)**.

**17** Montera både de inre och yttre fästklämmorna på damasken och fäst dem på sina platser genom trycka ihop den upphöjda delen. Finns inget specialverktyg tillgängligt kan fästklämmorna försiktigt tryckas ihop med en sidavbitare, men var noga med att inte bita igenom klämmorna **(se bilder)**.

**18** Kontrollera att drivknuten kan röra sig fritt i alla riktningar. Montera sedan tillbaka drivaxeln i bilen enligt beskrivningen i avsnitt 2.

## *Inre drivknut*

### Modeller med bensinmotor med manuell växellåda

**Observera:** *Den inre drivknuten sitter mycket hårt på drivaxeln, och därför behövs en hydraulisk press och passande adaptrar vid demontering och montering. Om sådan utrustning inte finns tillgänglig måste du överlåta damaskbytet till en Audi/VAG-verkstad eller någon annan verkstad med lämplig utrustning.*

**19** Sätt fast drivaxeln i ett skruvstycke med

3.17b . . . och säkra dem genom att försiktigt trycka ihop den upphöjda delen

3.17c Se till att inte bita igenom klämmorna

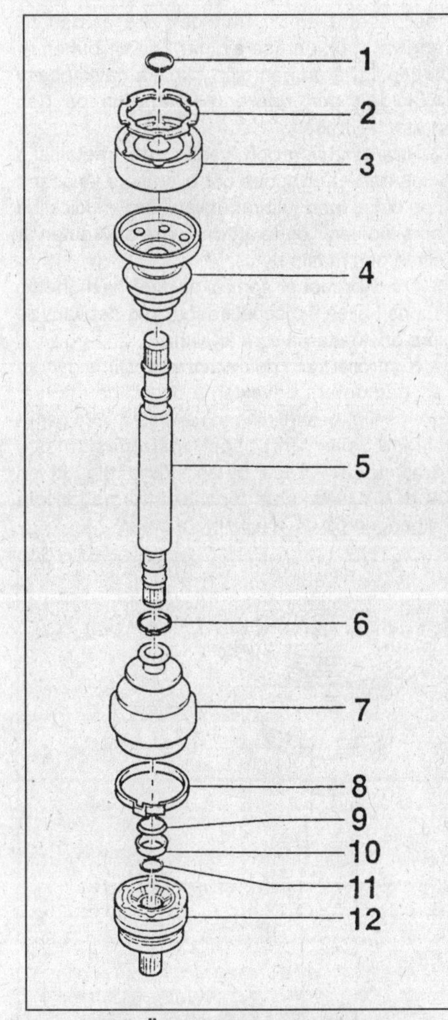


**3.19 Översikt över drivaxeln - bensinmotormodeller med manuell växellåda**

1 *Låsring*
2 *Packning*
3 *Inre drivknut*
4 *Inre damask och låsplatta*
5 *Drivaxel*
6 *Fästklämma*
7 *Yttre damask*
8 *Fästklämma*
9 *Kupad bricka*
10 *Distans*
11 *Låsring*
12 *Yttre drivknut*

mjuka käftar, knacka sedan försiktigt loss damaskens låsplatta från den inre drivknutens yttre del med hammare och körnare **(se bild)**.

**20** Ta bort låsringen från drivaxelns inre ände.

**21** Demontera den inre drivknuten från drivaxeln genom att stödja knutens yttre del och pressa ut drivaxeln från den inre delen.

**22** Lossa damaskens inre fästklämma och ta bort damasken från drivaxeln.

**23** Rengör och undersök den inre drivknuten enligt beskrivningen i punkt 7 till 9.

**24** Om drivknuten visar sig vara sliten eller skadad måste den bytas (om knuten inte går att få tag på separat måste hela drivaxeln bytas ut). Fråga en Audi/VAG-återförsäljare efter ytterligare information om vilka delar som finns tillgängliga. Om drivknutens skick är tillfredsställande, skaffa en renoveringssats. Audi/VAGs renoveringssats består av en ny damask, låsring, låsplatta, fästklämmor och rätt sorts fett i rätt mängd.

**25** Tejpa över räfflorna på drivaxelns ände och skjut på en ny damask på axeln. Ta bort tejpen och sätt på låsplattan på drivaxeldamasken.

**26** Kläm fast drivaxeln ordentligt, tryck sedan på den inre drivknuten på axeln och se till att den monteras åt rätt håll. Fäst drivknuten med den nya låsringen och kontrollera att den hamnar rätt i drivaxelspåret.

**27** Arbeta in fettet ordentligt i knutens kulspår, fyll sedan damasken med det som blir över.

**28** Torka rent fogytorna mellan damaskens låsplatta och drivknuten. Lägg ett lager tätningsmedel (Audi/VAG rekommenderar tätningsmedlet D-3 – finns hos Audi/VAG-återförsäljare) på distansen, och rikta sedan in hålen på låsplattan med hålen på drivknutens yttre del och slå fast plattan på drivknuten.

**29** Se till att den yttre läppen hakar i låsplattan ordentligt, lyft sedan damaskens inre läpp för att släppa ut lufttrycket på insidan.

**30** Sätt på både de inre och yttre fästklämmorna på damasken och fäst dem på sina platser genom att trycka ihop den upphöjda delen. Om inget specialverktyg finns tillgängligt kan klamrarna försiktigt tryckas ihop med en sidavbitare, men var försiktigt så att de inte klipps av.

**31** Kontrollera att drivknuten kan röra sig fritt i alla riktningar, montera sedan tillbaka drivaxeln i bilen enligt beskrivningen i avsnitt 2.

## Modeller med diesel- eller bensinmotor med automatväxellåda

***Observera:*** *Kontrollera med en VAG-verkstad att delarna finns tillgängliga innan arbetet fortsätter. När denna handbok skrevs fanns endast inre damasker tillgängliga för drivaxlar med 32 mm diameter.*

**32** Demontera den yttre drivknuten enligt beskrivningen ovan i punkt 2 till 6. Det rekommenderas att den yttre drivknutens damask också byts, oberoende av skick.

**33** Lossa fästklämmorna och dra loss den inre damasken från drivaxeln. Skär vid behov itu damasken för att få loss den från axeln.

**34** Rengör drivknuten noga med fotogen eller lämpligt lösningsmedel och torka den noggrant. Undersök om trebensdrivknutens lager och den yttre delen är slitna eller har punktkorrosion eller skavning på lagerytorna. Kontrollera att lagervalsarna roterar mjukt och lätt runt trebensdrivknuten, utan tecken på ojämnheter **(se bild)**.

**35** Om trebensdrivknuten eller den yttre delen visar tecken på slitage eller skador måste hela drivaxeln bytas, eftersom det inte går att köpa en separat drivknut. Om knuten är i tillfredsställande skick, skaffa en renoveringssats bestående av en ny damask, fästklämmor och fett av rätt typ och mängd. Även om det inte är helt nödvändigt rekommenderas det att också den yttre drivknutens damask byts ut, oavsett skick.

**36** Fyll den inre drivknuten med det bifogade fettet vid hopsättningen. Arbeta in fettet i lagerspåren och valsarna medan drivknuten vrids runt **(se bild)**.

**37** Rengör axeln med smärgelduk för att ta bort rost eller vassa kanter som kan skada damasken. Tejpa över räfflorna i änden av drivaxeln och smörj in drivaxelkanterna för att förhindra skador på den inre damasken vid monteringen.

**38** Trä på damasken på drivaxeln och trä den försiktigt över drivaxelkanten utan att skada den **(se bilder)**. Sätt den yttre läppen i spåret på drivknutens yttre del, och sätt den inre läppen på rätt plats på drivaxeln.

**3.34 Undersök de inre drivknutsvalsarna och lagren och leta efter tecken på slitage**

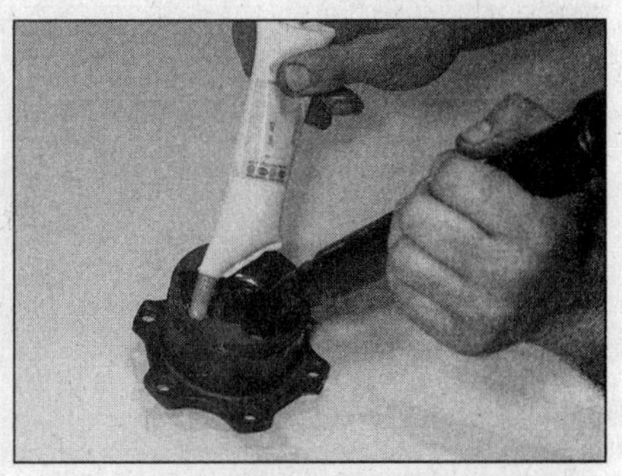

**3.36 Arbeta in fettet noga i lagerspåren och valsarna**

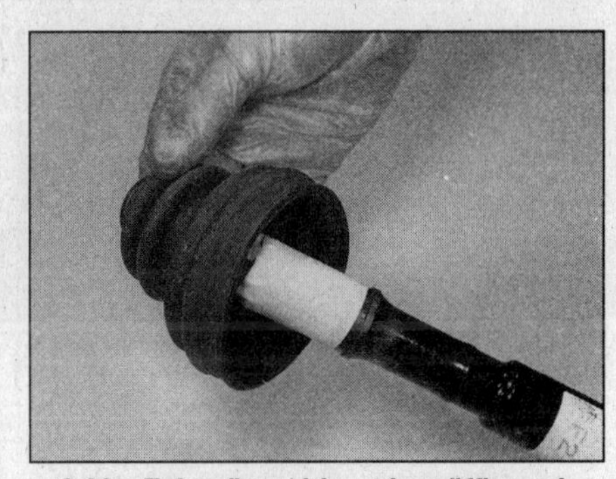

**3.38a Tejpa över drivaxelns räfflor och skjut den inre damasken på plats . .**

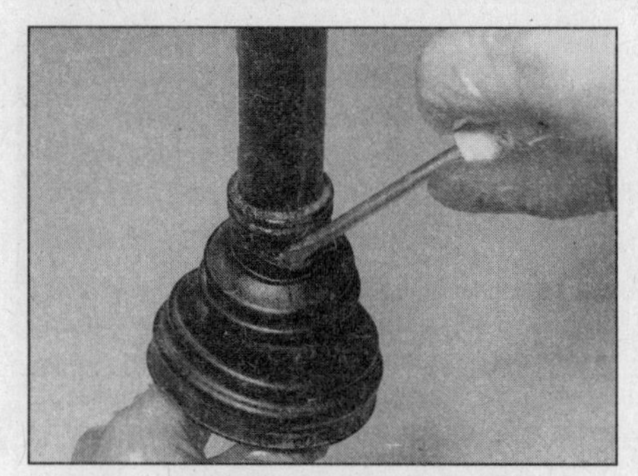

3.38b . . . och för den försiktigt på plats över kanten på drivaxeln

**39** Lyft damaskens inre läpp för att släppa ut lufttrycket på insidan, sätt sedan på både den inre och den yttre fästklämman. Säkra klämmorna genom att klämma ihop deras upphöjda delar **(se bilder)**. Om inget specialverktyg finns tillgängligt kan klämmorna försiktigt tryckas ihop med en sidavbitare. Var dock försiktig så att de inte går av.

**40** Montera tillbaka den yttre drivknuten enligt beskrivningen i punkt 11 till 17 **(se bild)**.

**41** Kontrollera att båda drivknutarna kan röra sig fritt i alla riktningar. Montera drivaxeln i bilen enligt beskrivningen i avsnitt 2.

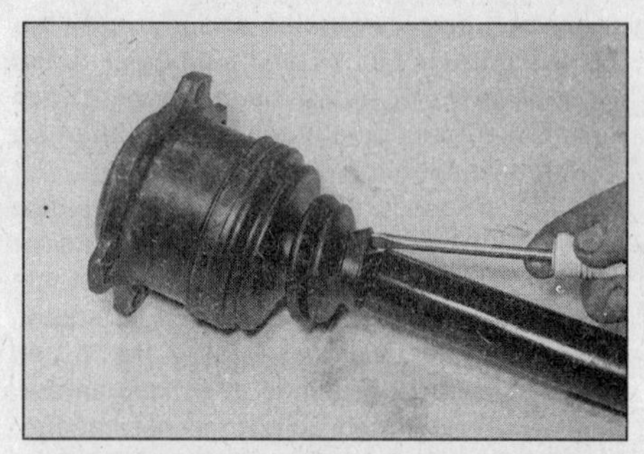

3.39a Sätt damasken på plats och lyft dess inre läpp för att släppa ut lufttrycket på insidan

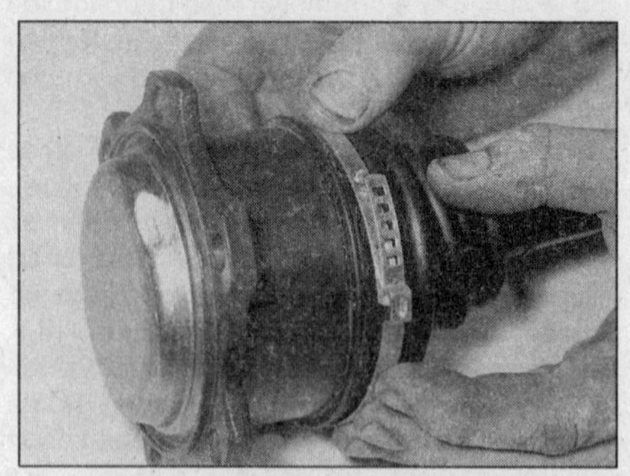

3.39b Sätt på fästklämmorna på damasken . . .

3.39c . . . och tryck försiktigt ihop den upphöjda delen

## 4 Drivaxlar – renovering, allmän information

**1** Om någon av de kontroller som beskrivs i kapitel 1A eller 1B påvisar slitage i någon drivknut, demontera först hjulsidan/navkapseln (efter tillämplighet) och kontrollera att navbulten är väl åtdragen. Om bulten sitter löst, skaffa en ny bult och dra åt den till angivet moment (se avsnitt 2). Om bulten är ordentligt åtdragen, sätt tillbaka navkapseln/hjulsidan och upprepa kontrollen på den andra navbulten.

**2** Provkör bilen och lyssna efter metalliska klick från framvagnen när bilen körs långsamt i en cirkel med fullt rattutslag. Om ett klickljud hörs indikerar detta att den yttre drivknuten är sliten och måste bytas.

**3** Om vibrationer som ökar med hastigheten känns i bilen vid acceleration, kan det vara de inre drivknutarna som är slitna.

**4** Kontrollera om drivknutarna är slitna genom att demontera drivaxlarna och sedan ta isär dem enligt beskrivningen i avsnitt 3. Om något slitage eller fritt spel påträffas måste drivknuten i fråga bytas. Vänd dig till en Audi/VAG-verkstad för mer information om tillgången på drivaxelkomponenter.

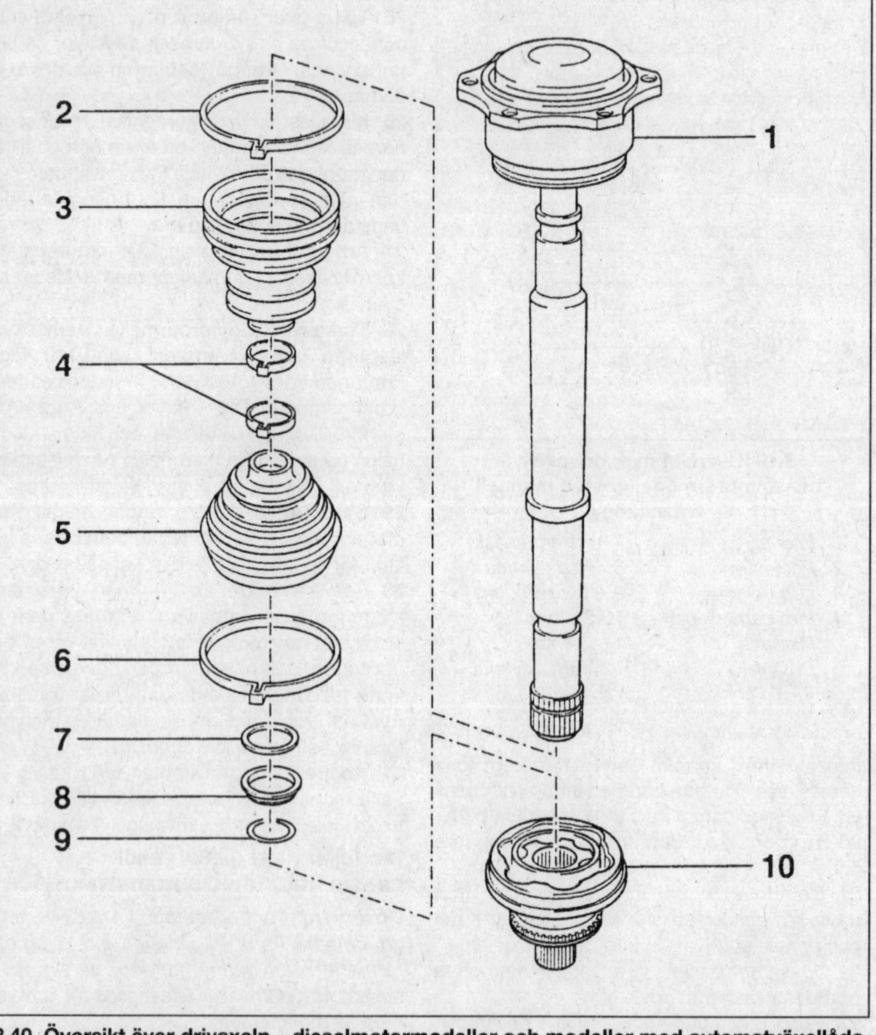


3.40 Översikt över drivaxeln – dieselmotormodeller och modeller med automatväxellåda

*1 Inre drivknut*
*2 Fästklämma*
*3 Inre damask*
*4 Fästklämma*
*5 Yttre damask*
*6 Fästklämma*
*7 Kupad bricka*
*8 Distans*
*9 Låsring*
*10 Yttre drivknut*

# Kapitel 9
# Bromssystem

## Innehåll



## Svårighetsgrader

| | | | | |
|---|---|---|---|---|
| **Enkelt,** passar novisen med lite erfarenhet  | **Ganska enkelt,** passar nybörjaren med viss erfarenhet  | **Ganska svårt,** passar kompetent hemmamekaniker  | **Svårt,** passar hemmamekaniker med erfarenhet  | **Mycket svårt,** för professionell mekaniker  |

## Specifikationer

### Främre bromsar

| | | |
|---|---|---|
| Typ | Skivbroms, glidande bromsok med enkel kolv | |
| | **Lucas bromsok** | **ATE/Teves bromsok** |
| Skivdiameter | 280 mm | 288 mm |
| Skivtjocklek: | | |
| Solida skivor: | | |
| Ny | 15 mm | 13 mm |
| Minimum | 13 mm | 11 mm |
| Ventilerade skivor: | | |
| Ny | 25 mm | 22 mm |
| Minimum | 23 mm | 20 mm |
| Maximalt kast (alla typer) | 0,05 mm | |
| Bromsklossbeläggens tjocklek (alla typer): | | |
| Ny | 14 mm | |
| Minimum | 2 mm | |

### Bakre bromsar

| | |
|---|---|
| Skivdiameter | 245 mm |
| Skivtjocklek: | |
| Ny | 10 mm |
| Minsta tjocklek | 8 mm |
| Maximalt kast | 0,05 mm |
| Bromsklossbeläggens tjocklek: | |
| Ny | 12 mm |
| Minimum | 2 mm |

### Servo

| | |
|---|---|
| Avstånd mellan tryckstångens kulled och servoenhetens fogyta: | |
| Vänsterstyrda modeller | 159,0 ± 0,5 mm |
| Högerstyrda modeller | 173,2 ± 0,5 mm |

## Åtdragningsmoment

| | Nm |
|---|---|
| ABS-enhetens muttrar | 10 |
| Bakre bromsok: | |
| Styrsprintsbult* | 30 |
| Fästbygelbult | 95 |
| Bromsrörens anslutningsmuttrar | 15 |
| Bult mellan bromspedalens axel och aktiveringsarmen | 25 |
| Bultar mellan vakuumservon och torpedväggen/pedalfästbygeln (T45) | 25 |
| Främre bromsok (ATE/Teves): | |
| Styrsprintar | 25 |
| Fästbygelbultar | 125 |
| Kablagets/bromsslangens fästbygelbult | 10 |
| Främre bromsok (Lucas): | |
| Styrsprintsbultar* | 30 |
| Fästbygelbultar | 125 |
| Kablagets/bromsslangens fästbygelbult | 10 |
| Handbromsspakens fästmuttrar | 25 |
| Huvudcylinderns fästmuttrar | 50 |

* *Använd nya bultar*

## 1 Allmän information

**1** Bromssystemet är av servotyp med dubbla hydraulkretsar. Hydraulsystemet är inrättat så att varje krets styr en framhjuls- och en bakhjulsbroms från en tandemhuvudcylinder. Under normala förhållanden arbetar båda kretsarna samtidigt. Skulle en av hydraulkretsarna gå sönder finns dock fortfarande full bromsverkan på två diagonalt motsatta hjul.

**2** Alla modeller har skivbromsar som standard på fram- och bakhjul. ABS finns också som standard på alla modeller (se avsnitt 18 för mer information om ABS).

**3** De främre och bakre skivbromsarna aktiveras av flytande enkelkolvsok som ger lika tryck på alla bromsklossar. Handbromsmekanismen är inbyggd i de bakre bromsoken.

**4** På alla modeller utgör handbromsen en oberoende mekanisk (istället för hydraulisk) bakbroms.

**5** Eftersom dieselmotorer inte har något gasspjäll, räcker inte vakuumet i insugsgrenröret alltid till att driva bromssystemets servo effektivt. För att komma till rätta med detta finns en vakuumpump monterad på modeller med dieselmotorer, för att ge tillräckligt vakuum för att driva servoenheten. Pumpen sitter på sidan av motorblocket och drivs av mellanaxeln.

**Observera:** *Vid arbete med någon del av systemet måste arbetet utföras varsamt och metodiskt och klinisk renhet måste iakttagas. Byt alltid ut komponenter (axelvis där tillämpligt) om det finns något tvivel angående deras skick, och använd endast genuina Audi/VAG-reservdelar, eller åtminstone delar av erkänt god kvalitet. Observera varningarna rörande faror med asbestdamm och bromsolja i "Säkerheten främst!" och på relevanta platser i detta kapitel.*

## 2 Bromssystem – luftning

***Varning: Bromsolja är giftigt! Tvätta noggrant bort oljan omedelbart vid hudkontakt och sök omedelbar läkarhjälp om olja sväljs eller hamnar i ögonen. Vissa typer av bromsolja är eldfarliga och kan antändas när de kommer i kontakt med heta komponenter. När service utförs på ett bromssystem är det alltid säkrast att utgå från att oljan ÄR eldfarlig och att vidta brandsäkerhetsåtgärder på samma sätt som vid hantering av bensin. Bromsolja är dessutom ett effektivt färgborttagningsmedel som angriper många plaster. Om den spills måste den spolas bort med mycket vatten. Bromsolja är också hygroskopisk (den absorberar luftens fuktighet) och gammal olja kan vara förorenad och oduglig för användning. Vid påfyllning eller byte ska alltid rekommenderad typ användas och den måste komma från en nyligen öppnad förseglad förpackning.***

### Allmänt

**1** Ett bromssystem kan endast fungera korrekt om komponenterna och kretsarna är helt fria från luft. Det uppnås genom att systemet luftas.

**2** Vid luftningen får endast ren, oanvänd bromsolja av rekommenderad typ användas. Återanvänd *aldrig* olja som tappats ur systemet. Se till att ha tillräckligt med ny olja till hands innan arbetet påbörjas.

**3** Om det finns någon möjlighet att fel typ av olja finns i systemet måste bromsarnas komponenter och kretsar spolas ur helt med ren olja av rätt typ, och alla tätningar måste bytas.

**4** Om bromsolja har läckt ut ur systemet eller om luft har kommit in på grund av en läcka, måste felet åtgärdas innan arbetet fortsätts.

**5** Parkera bilen på plant underlag, klossa hjulen ordentligt och lossa handbromsen.

**6** Kontrollera att alla rör och slangar sitter säkert, att anslutningarna är ordentligt åtdragna och att luftningsskruvarna är stängda. Ta bort all smuts från områdena kring luftningsskruvarna.

**7** Skruva loss huvudcylinderbehållarens lock och fyll på behållaren till MAX-markeringen. Skruva på locket löst och kom ihåg att hålla nivån över MIN-markeringen under hela arbetet, annars kan ytterligare luft tränga in i systemet.

**8** Det finns ett antal luftningssatser att köpa i biltillbehörsbutiker, med vilka en person kan lufta bromssystemet utan hjälp. Vi rekommenderar att en sådan sats används närhelst möjligt, eftersom de i hög grad förenklar arbetet och dessutom minskar risken för att avtappad olja och luft sugs tillbaka in i systemet. Om en sådan sats inte finns tillgänglig måste grundmetoden (för två personer) användas, som beskrivs i detalj nedan.

**9** Om en luftningssats ska användas, förbered bilen enligt beskrivningen ovan och följ tillverkarens anvisningar – tillvägagångssätten kan variera. I stora drag används metoden som beskrivs nedan i relevant underavsnitt.

**10** Vilken metod som än används måste arbetsordningen för avluftning (se punkt 11 till 13) följas för att all luft garanterat skall avlägsnas ur systemet.

### Ordningsföljd vid luftning av bromsar

**11** Om systemet endast kopplats ur delvis och åtgärder vidtagits för att minimera oljespill, ska bara den aktuella delen av systemet behöva luftas (d.v.s. primär- eller sekundärkretsen).

**12** Om hela systemet ska luftas ska det göras i följande ordningsföljd:

*a) Höger bakbroms.*
*b) Vänster bakbroms.*
*c) Höger frambroms.*
*d) Vänster frambroms.*

### Luftning – grundmetod (för två personer)

**13** Skaffa en ren glasburk, en lagom lång plast- eller gummislang som sluter tätt över luftningsskruven och en ringnyckel som passar skruven. Dessutom behövs en medhjälpare.

**14** Ta bort dammkåpan från den första skruven i ordningsföljden. Trä nyckel och slang på luftningsskruven och för ner den andra slangänden i glasburken. Häll i tillräckligt med bromsolja för att väl täcka slangänden.

**15** Se till att oljenivån i huvudcylinderbehållaren överstiger linjen för miniminivå under hela arbetets gång.

**16** Låt medhjälparen trampa bromsen i botten ett flertal gånger, så att trycket byggs upp, och sedan hålla kvar bromsen i botten.

**17** Medan pedaltrycket upprätthålls, lossa luftningsskruven (cirka ett varv) och låt olja/luft strömma ut i burken.

**18** Medhjälparen måste hålla trycket på pedalen, ända ner till golvet om så behövs, och inte släppa förrän du säger till. När flödet stannat upp, dra åt luftningsskruven, låt medhjälparen sakta släppa upp pedalen och kontrollera sedan nivån i oljebehållaren.

**19** Upprepa stegen i punkt 16 till 18 tills oljan som kommer ut från luftningsskruven är fri från luftbubblor. Om huvudcylindern har tömts och fyllts och det kommer ut luft från den första skruven i ordningsföljden, vänta ungefär fem sekunder mellan cyklerna så att huvudcylinderns passager hinner fyllas.

**20** Dra åt luftningsskruven ordentligt när inga mer bubblor kommer. Ta sedan bort slangen och nyckeln och sätt tillbaka dammkåpan. Dra inte åt luftningsskruven för hårt.

**21** Upprepa nu proceduren med de återstående skruvarna i ordningsföljden tills all luft är borta från systemet och bromspedalen känns fast igen. Om tillämpligt, sänk ner bilen på marken.

### Luftning – med hjälp av en luftningssats med backventil

**22** Som namnet antyder består luftningssatsen av ett slangstycke med monterad backventil som hindrar att avtappad luft och olja dras tillbaka in i systemet igen. Vissa luftningssatser har även en genomskinlig behållare som kan placeras så att man lättare ser luftbubblorna flyta ut från slangöppningen.

**23** Anslut luftningssatsen till luftningsskruven och öppna skruven **(se bild)**. Gå till förarsätet, trampa ner bromspedalen med en mjuk, stadig rörelse och släpp långsamt upp den. Upprepa tills bromsoljan som kommer ut i behållaren är fri från luftbubblor.

**24** Dessa satser förenklar arbetet så mycket att det är lätt att glömma bort att hålla ett öga på nivån i oljebehållaren. Se till att den alltid överstiger MIN-markeringen, annars kommer luft att komma in i systemet igen.

### Luftning – med hjälp av en tryckluftssats

**25** Dessa luftningssatser drivs vanligen av lufttrycket i reservdäcket. Observera att trycket i reservdäcket dock antagligen måste minskas till lägre nivå än normalt. Se tillverkarens instruktioner.

**26** Genom att en trycksatt, oljefylld behållare kopplas till huvudcylinderbehållaren, kan luftningen utföras genom att luftningsskruvarna helt enkelt öppnas en i taget (i angiven ordningsföljd), och oljan får rinna ut tills den inte längre innehåller några luftbubblor.

**27** En fördel med den här metoden är att den stora vätskebehållaren ger ett ytterligare skydd mot att luft dras tillbaka in i systemet under luftningen.

**28** Trycksatt luftning är speciellt effektiv för luftning av svåra system, eller när hela systemet luftas vid rutinbyte av all olja.

### Alla metoder

**29** Efter avslutad luftning och när pedalen känns fast, spola bort eventuellt spill och dra åt luftningsskruvarna ordentligt, och sätt tillbaka dammkåporna.

**30** Kontrollera bromsoljenivån i huvudcylinderbehållaren och fyll på om det behövs (se *Veckokontroller*).

**31** Kassera all olja som har tappats ur systemet. Den kan inte återanvändas.

**32** Kontrollera känslan i bromspedalen. Om den känns det minsta svampig finns det fortfarande luft i systemet som måste luftas ytterligare. Om fullständig luftning inte uppnåtts efter ett rimligt antal försök, kan detta bero på slitna tätningar i huvudcylindern. **Observera:** *Om det visar sig vara svårt att avlufta bromskretsen på modeller med låsningsfria bromsar (ABS), kan det bero på att luft har samlats i hydraulenheten. Om detta inträffar måste bilen tas till en Audi/VAG-verkstad så att systemet kan avluftas med speciell elektronisk testutrustning.*

## 3 Bromsrör och slangar – byte

***Varning: På modeller med ABS måste batteriet kopplas ur innan någon hydraulisk anslutning i bromssystemet kopplas loss, och koppla inte in batteriet igen förrän efter det att bromssystemet har återanslutits och oljebehållaren fyllts på. Underlåtelse att göra detta kan leda till att luft kommer in i hydraulenheten. Om så inträffar måste enheten luftas med särskild testutrustning från Audi/VAG (se avsnitt 2).***

**Observera:** *Innan arbetet påbörjas, se varningen i början av avsnitt 2 angående farorna med bromsolja.*

**1** Om ett rör eller en slang måste bytas ut, minimera oljespillet genom att först ta bort huvudcylinderbehållarens lock och sedan skruva på det igen över en bit plastfolie så att det blir lufttätt. Annars kan slangar vid behov tätas med bromsslangklämmor och bromsrörsanslutningar av metall kan pluggas igen eller förses med lock så snart de kopplas loss (var mycket försiktig så att inte smuts kommer in i systemet). Placera trasor under de anslutningar som ska lossas för att fånga upp eventuellt oljespill.

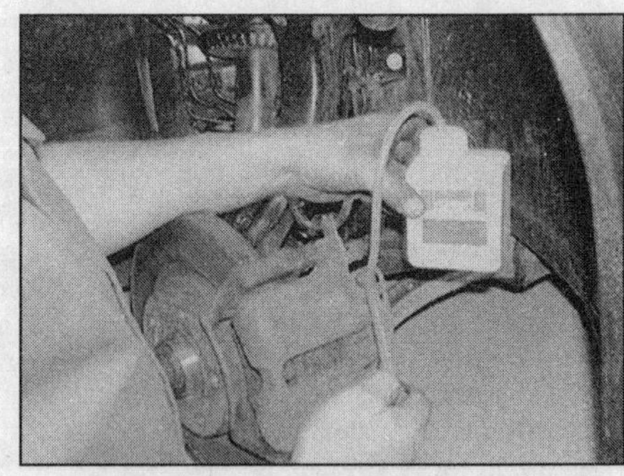

**2.23 Anslut luftningssatsens slang till bromsokets luftningsskruv. Öppna sedan luftningsskruven med en skiftnyckel**

**2** Om en slang ska kopplas loss, skruva loss bromsrörets anslutningsmutter innan fjäderklämman som fäster slangen till fästbygeln tas bort.

**3** När anslutningsmuttrarna ska skruvas ur är det bäst att använda en bromsrörsnyckel av korrekt storlek, som finns att köpa i välsorterade biltillbehörsbutiker. Om en bromsrörsnyckel inte finns tillgänglig går det att använda en öppen nyckel av rätt storlek, men om muttrarna sitter hårt eller är korroderade kan de runddras. Om det skulle hända kan de envisa anslutningarna skruvas loss med en självlåsande tång, men då måste röret och de skadade muttrarna bytas ut vid återmonteringen. Rengör alltid anslutningen och området kring den innan den skruvas loss. Om en komponent med mer än en anslutning demonteras, anteckna noga hur anslutningarna är monterade innan de lossas.

**4** Om ett bromsrör måste bytas ut kan ett nytt köpas färdigkapat, med muttrar och flänsar monterade, hos en Audi/VAG-verkstad. Allt som då behöver göras är att kröka röret med det gamla röret som mall. Alternativt kan de flesta tillbehörsbutiker bygga upp bromsrör av satser, men det kräver noggrann uppmätning av originalet för att utbytesdelen ska hålla rätt längd. Det säkraste alternativet är att ta med det gamla bromsröret till verkstaden som mall.

**5** Dra inte åt anslutningsmuttrarna för hårt vid återmonteringen. Det är inte nödvändigt att bruka våld för att få en säker anslutning.

**6** Se till att rören och slangarna dras korrekt, utan veck, och att de monteras ordentligt i klämmor och fästen. Efter monteringen, ta bort plastfolien ur oljebehållaren och lufta hydraulsystemet enligt beskrivningen i avsnitt 2. Skölj bort allt oljespill och kontrollera noga om läckage förekommer.

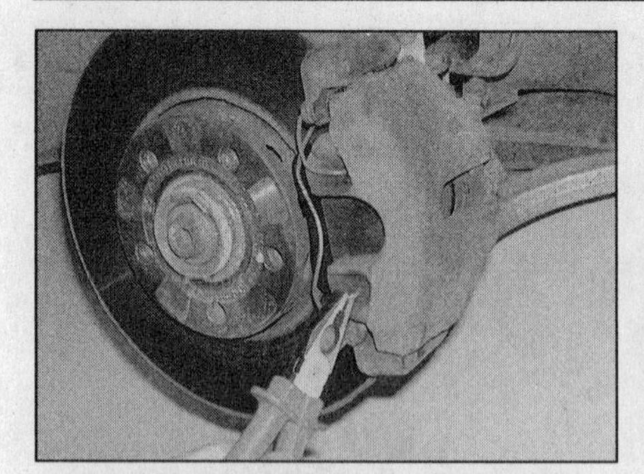

4.2 Ta loss bromsklossens fasthållningsfjäder och ta bort den från bromsoket

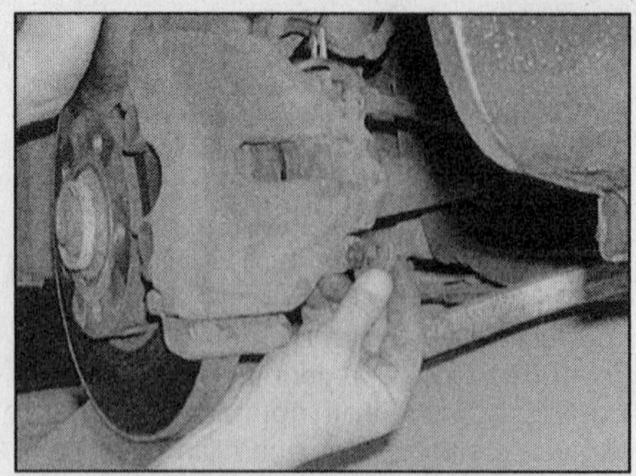

4.3 Ta bort skyddslocken från styrbussningarna för att komma åt bromsokets styrsprintsbultar

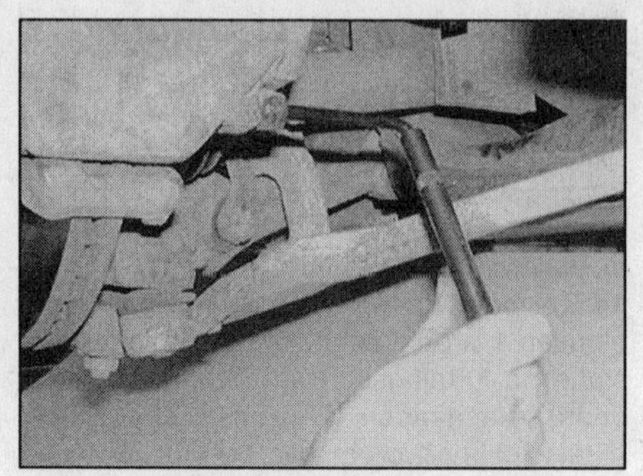

4.4a Skruva loss . . .

## 4 Främre bromsklossar – byte

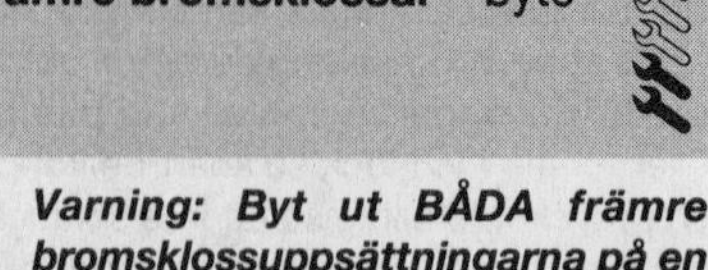

***Varning: Byt ut BÅDA främre bromsklossuppsättningarna på en gång – byt ALDRIG bromsklossar bara på ena hjulet eftersom det kan ge ojämn bromsverkan. Notera att dammet från bromsklossarnas slitage kan innehålla asbest vilket är hälsovådligt. Blås aldrig bort det med tryckluft, och andas inte in det. En godkänd ansiktsmask bör bäras vid arbete med bromsarna. ANVÄND INTE bensin eller petroleumbaserade lösningsmedel för att avlägsna dammet, endast bromsrengöringsvätska eller denaturerad sprit.***

**1** Dra åt handbromsen, lyft sedan upp framvagnen och ställ den på pallbockar. Demontera framhjulen. Medan hjulen är demonterade bör minst en hjulbult sättas tillbaka på varje nav så att bromsskivorna behåller sina korrekta positioner på naven.

### *Modeller med ATE/Teves bromsok*

**2** Ta försiktigt loss bromsklossens fasthållningsfjäder och ta bort den från bromsoket **(se bild)**.

**3** Ta bort skyddslocken från styrbussningarna för att komma åt bromsokets styrsprintsbultar **(se bild)**.

**4** Skruva loss bromsokets styrsprintsbultar, och lyft sedan bort oket från fästbygeln **(se bilder)**. Bind fast bromsoket vid fjäderbenet med en bit ståltråd. Låt inte oket hänga i bromsslangen utan stöd.

**5** Lossa den inre bromsklossen från bromsokets kolv och ta bort den yttre bromsklossen från fästbygeln **(se bilder)**.

### *Modeller med Lucas bromsok*

**6** Skruva loss bromsokets övre och nedre styrsprintsbultar samtidigt som styrsprintarna hålls emot med en fast nyckel **(se bild)**. Observera att nya bultar måste användas vid återmonteringen.

**7** Lyft bort bromsoket från fästbygeln och bind upp oket vid fjäderbenet med en bit ståltråd. Låt inte oket hänga i bromsslangen utan stöd **(se bilder)**.

**8** Ta bort de inre och yttre bromsklossarna från bromsokets fästbygel. Se till att den

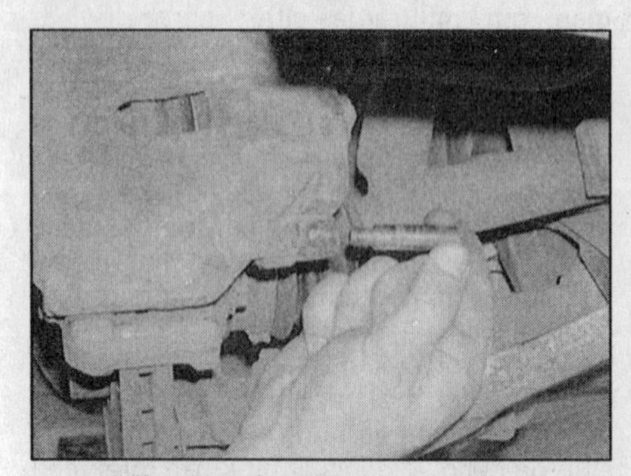

4.4b . . . och ta bort bromsokets styrsprintsbultar . . .

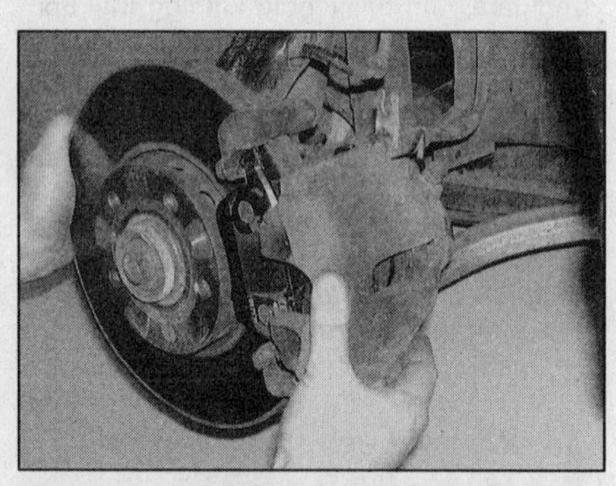

4.4c . . . och lyft sedan bort bromsoket från fästbygeln

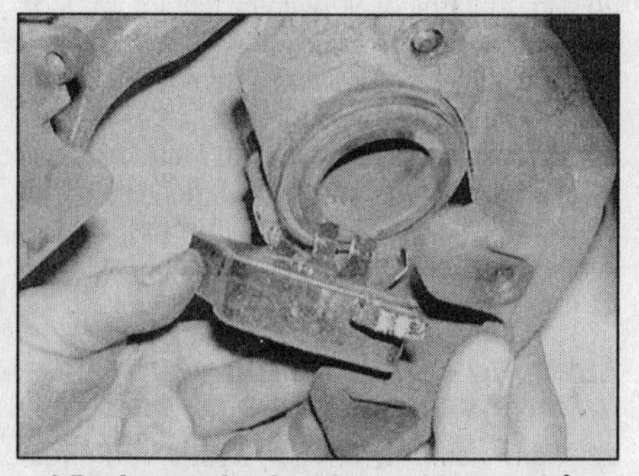

4.5a Lossa den inre bromsklossen från bromsokets kolv . . .

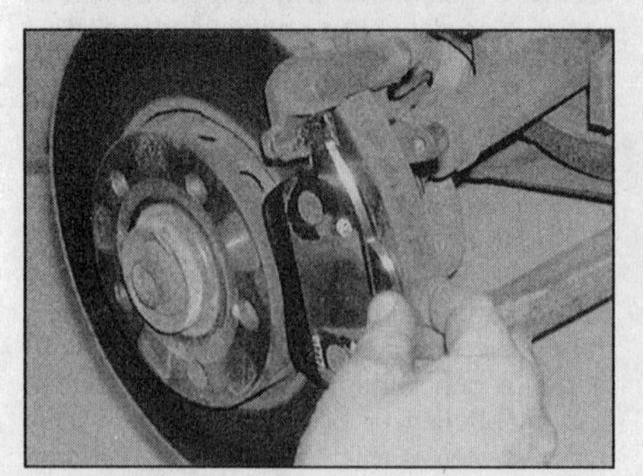

4.5b . . . och ta bort den yttre bromsklossen från fästbygeln

4.6 Skruva loss bromsokets styrsprintsbultar samtidigt som styrsprintarna hålls emot med en fast nyckel

4.7a Lyft bort bromsoket från fästbygeln

6.8 Demontering av en främre bromsskiva

7.4a Knacka försiktigt på locket och bänd loss det med en hammare och en stor, flatbladig skruvmejsel eller liknande . . .

7.4b . . . och ta bort det från mitten av bromsskivan

8 Markera skivans läge i förhållande till navet med krita eller färg, skruva sedan loss alla hjulbultar som håller fast skivan och lyft av den **(se bild)**. Om skivan sitter hårt, knacka försiktigt på den bakre ytan med en plast-hammare eller liknande för att lossa den från navet.

## Montering

9 Monteringen sker i omvänd ordningsföljd mot demonteringen. Tänk på följande:

*a) Se till att skivans och navets fogytor är rena och plana.*

*b) Vid monteringen, rikta in de märken som gjordes vid demonteringen (om tillämpligt).*

*c) Om en ny skiva har monterats, använd ett lämpligt lösningsmedel för att få bort skyddslagret från skivan innan bromsoket återmonteras. Observera att nya bromsklossar alltid ska monteras om skivan byts ut.*

*d) Rengör bromsoksfästets fästbultar före monteringen. Skjut bromsoket på plats och se till att bromsklossarna hamnar på varsin sida om skivan, och dra sedan åt bromsokets fästbultar till angivet moment.*

*e) Montera tillbaka hjulet, sänk ner bilen och dra åt hjulbultarna till angivet moment (se kapitel 1A eller 1B). Tryck ner bromspedalen flera gånger för att tvinga bromsklossarna i kontakt med skivan innan bilen körs.*

## 7 Bakre bromsskiva - kontroll, demontering och montering

**Observera:** *Innan arbetet påbörjas, läs varningen i början av avsnitt 5 rörande riskerna med asbestdamm.*

## Kontroll

**Observera:** *Om någon av skivorna behöver bytas ut ska BÅDA skivorna bytas ut samtidigt, så att bromsarna verkar jämnt på båda sidor. Nya bromsklossar ska också monteras.*

1 Klossa framhjulen ordentligt och lägg i första växeln (eller P), lyft sedan upp bak-vagnen och ställ den på pallbockar (se *Lyftning och stödpunkter*). Demontera relevant bakhjul.

2 Undersök skivan enligt beskrivningen i avsnitt 6.

## Demontering

3 Skruva loss de två bultar som håller fast bromsokets fästbygel, dra sedan loss hela bromsoket från skivan. Bind upp bromsoket i bakfjädringens spiralfjäder med en bit ståltråd eller snöre, så att inte bromsslangen belastas. Bromsokets fästbygel kan skruvas loss och tas bort separat om så behövs (se avsnitt 9).

4 Knacka försiktigt på och bänd loss locket mitt på bromsskivan med en hammare och en stor, bredbladig skruvmejsel eller liknande **(se bilder)**. Byt locket om det skadas när det tas loss.

5 Dra ut saxsprinten från navmuttern och ta bort låsringen. Kasta saxsprinten och använd en ny vid återmonteringen **(se bilder)**.

6 Skruva loss navmuttern, dra loss den tandade brickan och ta bort det yttre lagret från mitten av skivan **(se bilder)**.

7 Nu kan skivan dras loss från axeltappen **(se bild)**.

7.5a Dra loss saxsprinten från navmuttern . . .

7.5b . . . och ta bort låsringen

7.6a Skruva loss navmuttern . . .

7.6b . . . dra loss den tandade brickan . . .

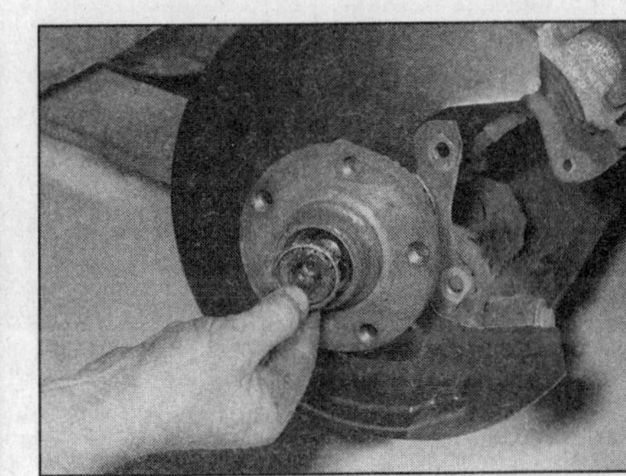

7.6c . . . och ta bort det yttre lagret från mitten av skivan

4.7b Bind fast bromsoket vid fjäderbenet med en bit ståltråd; låt inte oket hänga i bromsslangen utan stöd

4.8a Demontera de inre . . .

4.8b . . . och yttre bromsklossarna från bromsokets fästbygel

cirkelformade värmeskölden sitter kvar på kolvens ände **(se bilder)**.

## Alla modeller

9 Mät först tjockleken på bromsklossarnas belägg **(se bild)**. Om någon kloss är sliten ner till angiven minimitjocklek eller under måste alla fyra klossarna bytas. Bromsklossarna ska även bytas om de är förorenade med fett eller olja. Det finns inget bra sätt att avfetta förorenat friktionsmaterial. Om någon broms-kloss är ojämnt sliten eller förorenad måste orsaken spåras och åtgärdas innan hop-sättningen.

10 Om bromsklossarna fortfarande är användbara, rengör dem noga med en fin stålborste eller liknande, och var extra noga med stödplattans kanter och baksida. Rengör spåren i beläggen och ta bort större partiklar som bäddats in om det behövs. Rengör noga bromsklossarnas säten i bromsokets fäst-bygel.

### Modeller med ATE/Teves bromsok

11 Innan bromsklossarna monteras, kontrollera att styrsprintsbultarna glider lätt i bromsokshusets bussningar och att de sitter någorlunda glappfritt. Borsta damm och smuts från bromsoket och kolven, men andas **inte** in dammet eftersom det är mycket hälsovådligt. Kontrollera att kolvens damm-skydd är intakt och undersök om kolven visar spår av oljeläckage, korrosion eller skador. Om någon av dessa komponenter behöver tillsyn, se avsnitt 8.

12 Om nya bromsklossar ska monteras måste okets kolv tryckas in i cylindern för att ge plats åt dem. Använd ett kolvindragnings-verktyg, en G-klämma eller lämpliga trä-stycken som hävarmar. Kläm ihop den böjliga bromsslangen som leder till bromsoket, och anslut sedan en luftningssats till bromsokets luftningsnippel. Öppna luftningsskruven när kolven dras tillbaka. Den överflödiga broms-oljan kommer då att rinna ut i luftningssatsens uppsamlingskärl **(se bild)**.

**Observera:** *ABS-enheten innehåller hydrauliska komponenter som är mycket känsliga för orenheter i bromsoljan. Även de minsta partiklar kan få systemet att sluta fungera. Den metod för indragning av broms-klossen som beskrivs här förhindrar att föroreningar i bromsoljan som runnit ut ur bromsoket rinner tillbaka in i ABS-enheten.*

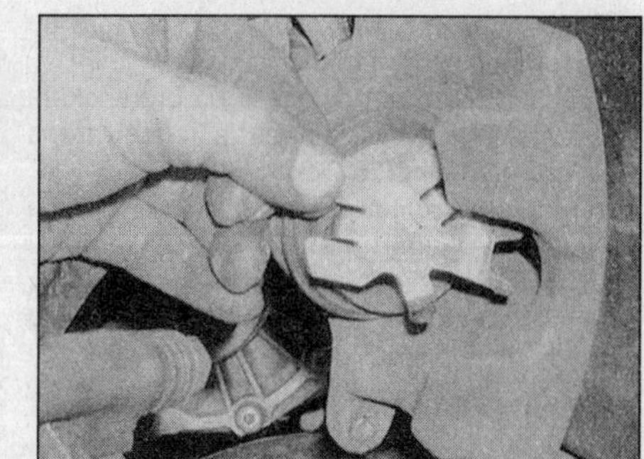

4.8c Se till att den cirkelformade värmeskölden sitter kvar på kolvens ände

13 Fäst den inre bromsklossen i bromsoket och montera den yttre bromsklossen i fästbygeln. Se till att belägget ligger mot bromsskivan. Notera att den yttre broms-klossen har en pil präglad längst ner på ytterkanten. Denna ska peka i bromsskivans normala rotationsriktning. Om nya broms-klossar ska monteras, ta bort den själv-häftande folien (i förekommande fall) från den yttre bromsklossen och tvätta bort eventuella klisterrester.

4.9 Mät tjockleken på bromsklossarnas belägg

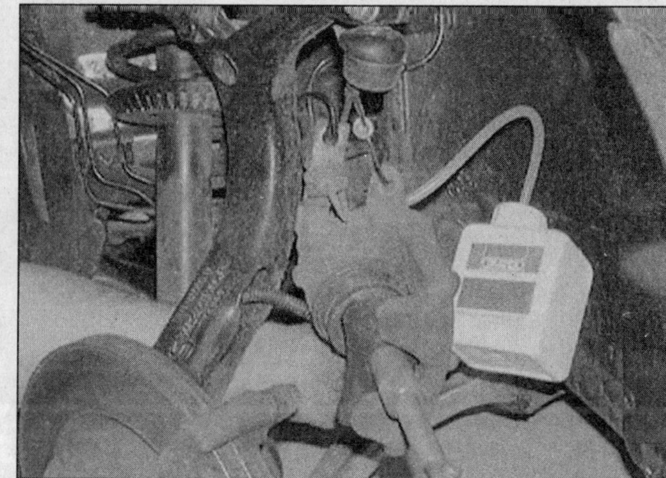

4.12 Tryck tillbaka kolven i bromsoket med ett utdragningsverktyg. Observera klämman på bromsslangen och luftningssatsen på bromsokets luftningsnippel

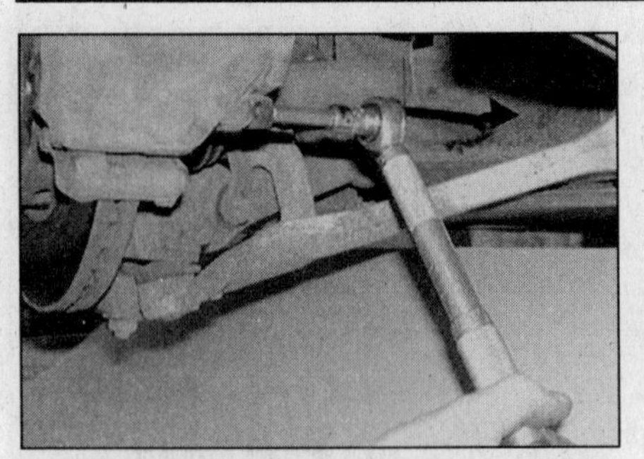

**4.14 Sätt tillbaka bromsokets styrbultar och dra åt dem till angivet moment**

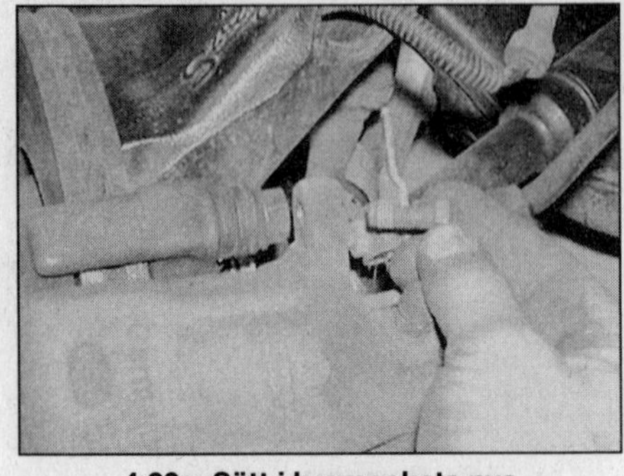

**4.22a Sätt i bromsokets nya styrsprintsbultar . . .**

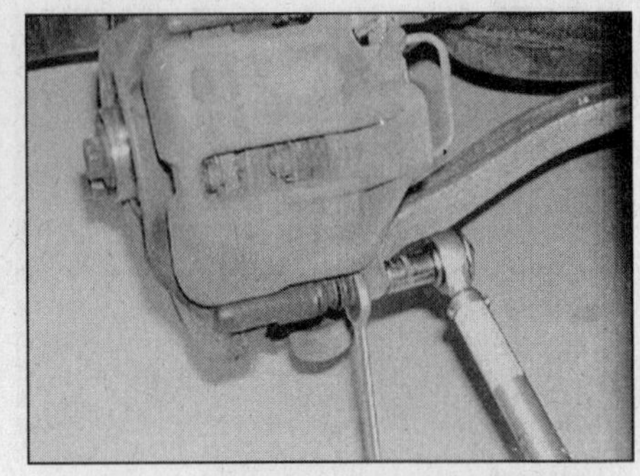

**4.22b . . . och dra åt dem till angivet moment**

**14** Sätt bromsoket på plats och sätt sedan tillbaka okets styrbultar och dra åt dem till angivet moment **(se bild)**.

**15** Sätt tillbaka skyddslocken på bromsokets styrbussningar och kläm fast slitagegivarens kablage på det nedre locket.

**16** Montera bromsklossens fästfjäder och se till att fjäderändarna är korrekt placerade i hålen på bromsokshuset. Tryck fast fjäderns inre kant så att dess ändar kommer i ordentlig kontakt med bromsklossens yta.

### Modeller med Lucas bromsok

**17** Innan bromsklossarna monteras, kontrollera att styrsprintarna glider lätt i bromsokshusets bussningar.

**18** Torka bort damm och smuts från bromsoket och kolven, men andas **inte** in dammet – det är hälsovådligt. Kontrollera att kolvens dammskydd är intakt och undersök om kolven visar spår av oljeläckage, korrosion eller skador. Om någon av dessa komponenter behöver tillsyn, se avsnitt 8.

**19** Om nya bromsklossar ska monteras måste bromsokets kolv tryckas in i cylindern. Se informationen i punkt 12.

**20** Fäst den inre bromsklossen i bromsoket och montera den yttre bromsklossen i fästbygeln. Se till att belägget ligger an mot bromsskivan. Om nya bromsklossar ska monteras, ta bort den självhäftande folien (om tillämpligt) från den yttre bromsklossen och tvätta bort eventuella klisterrester.

**21** Montera bromsoket över bromsklossarna, och se till att fjärilsklämmorna på bromsklossarnas yttre kant ligger an mot bromsokshusets inneryta utan att klämmas fast i okets inspektionsöppning. **Observera:** *Nya styrsprintsbultar för bromsoket måste användas vid återmonteringen.*

**22** Sätt i bromsokets nya styrsprintsbultar och dra åt dem till angivet moment. Håll emot styrsprinten med en fast nyckel **(se bilder)**.

### Alla modeller

**23** Tryck ner bromspedalen upprepade gånger tills bromsklossarna pressas tätt mot bromsskivan och normalt pedaltryck uppstår (utan servo).

**24** Upprepa ovanstående procedur med det andra främre bromsoket.

**25** Montera tillbaka hjulen, sänk sedan ner bilen och dra åt hjulbultarna till angivet moment (se kapitel 1A eller 1B).

**26** Kontrollera bromsoljenivån (och fyll på, om det behövs) enligt beskrivningen i *Veckokontroller*.

⚠ ***Varning: Nya bromsklossar ger inte full bromseffekt förrän de har körts in. Var beredd på detta och undvik hårda inbromsningar i möjligaste mån i ungefär 160 km efter det att bromsklossarna bytts ut.***

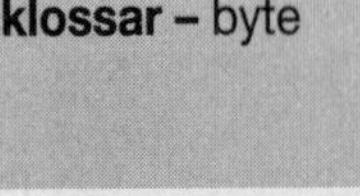

## 5 Bakre bromsklossar – byte

⚠ ***Varning: Byt ut BÅDA bakre bromsklossuppsättningarna på en gång – byt ALDRIG bromsklossar enbart på ena hjulet eftersom det kan ge ojämn bromsverkan. Notera att dammet från bromsklossarnas slitage kan innehålla asbest, vilket är hälsovådligt. Blås aldrig bort dammet med tryckluft, och andas inte in något av det. En godkänd ansiktsmask bör bäras vid arbete med bromsarna. ANVÄND INTE bensin eller petroleumbaserade lösningsmedel för att avlägsna dammet, endast bromsrengöringsvätska eller denaturerad sprit.***

**Observera:** *Bromsokens styrsprintsbultar måste bytas ut varje gång de skruvas loss.*

**1** Klossa framhjulen, lyft upp bakvagnen och ställ den på pallbockar. Demontera bakhjulen. Medan hjulen är demonterade bör minst en hjulbult sättas tillbaka på varje nav så att bromsskivorna behåller sina korrekta positioner på naven.

**2** Lossa handbromsspaken enligt beskrivningen i avsnitt 15. Justera sedan handbromsvajern med justeraren för att få så mycket fritt spel i vajrarna som möjligt. Se till att båda bromsokens handbromsarmar ligger mot stoppen.

**3** Skruva loss bromsokets styrsprintsbultar, och håll emot styrsprintarna med en fast nyckel för att förhindra att de vrids **(se bild)**. Kasta styrsprintsbultarna – nya måste användas vid monteringen.

**4** Lyft bort bromsoket från bromsklossarna och bind upp det vid fjäderbenet med en bit ståltråd. Låt inte oket hänga i bromsslangen utan stöd **(se bilder)**.

**5** Ta bort de två bromsklossarna från bromsokets fästbygel **(se bilder)**.

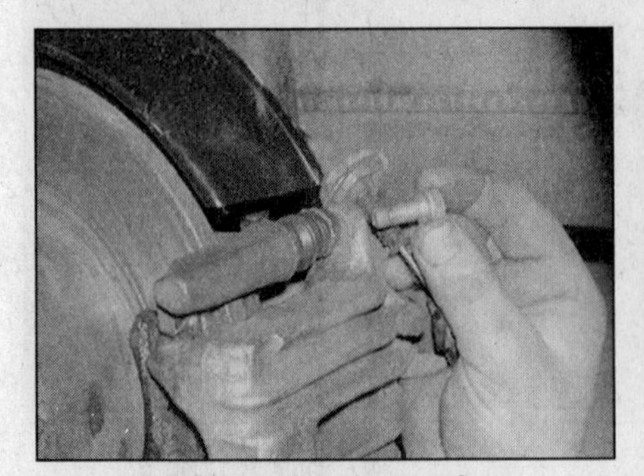

**5.3 Skruva loss bromsokets styrsprintsbultar**

**5.4a Lyft bort bromsoket från bromsklossarna . . .**

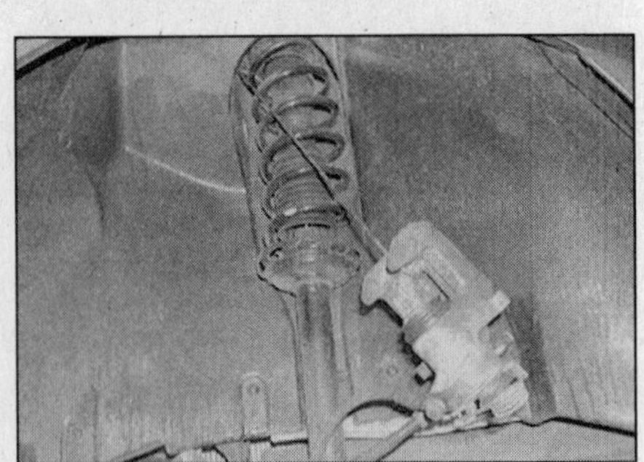

**5.4b . . . och bind fast det vid fjäderbenet med ett stycke ståltråd; låt inte bromsoket hänga i slangen utan stöd**



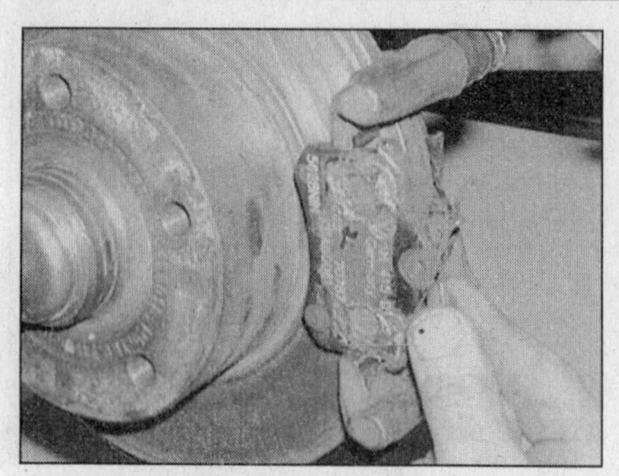

5.5a Ta loss den yttre . . .

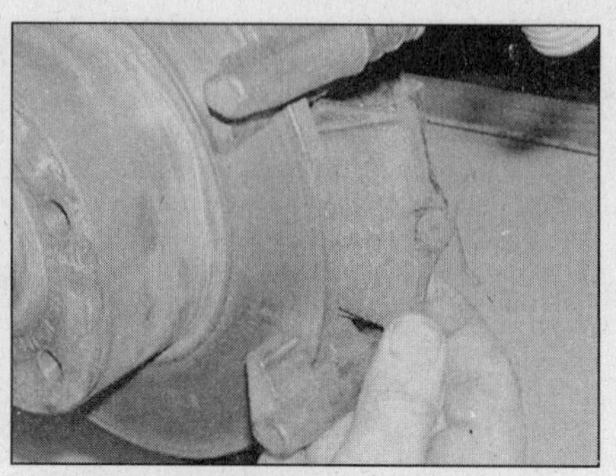

**5.5b . . . och inre bromsklossen från bromsokets fästbygel**

**5.9 Kolven trycks tillbaka in i bromsoket med ett indragningsverktyg**

**6** Mät först tjockleken på bromsklossarna (inklusive stödplattan). Om någon kloss är sliten ner till angiven minimitjocklek eller mindre, måste **alla fyra** klossar bytas. Bromsklossarna måste även bytas om de är förorenade med fett eller olja. Det finns inget bra sätt att avfetta förorenat friktionsmaterial. Om någon bromskloss är ojämnt sliten eller förorenad måste orsaken spåras och åtgärdas innan hopsättningen. Nya bromsklossar finns hos närmaste Audi/VAG-verkstad.

**7** Om bromsklossarna fortfarande är användbara, rengör dem noga med en fin stålborste eller liknande, och var extra noga med stödplattans kanter och baksida. Rengör spåren i beläggen (om det är tillämpligt) och ta bort större partiklar som bäddats in. Rengör noga bromsklossarnas säten i bromsokshuset/fästkonsolen.

**8** Innan bromsklossarna monteras, kontrollera att styrsprintarna kan glida obehindrat i bromsokets fästbygel och kontrollera att styrsprintarnas damasker är oskadda. Borsta damm och smuts från bromsoket och kolven, men andas **inte** in dammet eftersom det är mycket hälsovådligt. Kontrollera att kolvens dammskydd är intakt och undersök om kolven visar spår av oljeläckage, korrosion eller skador. Om någon av dessa komponenter måste åtgärdas, se avsnitt 9.

**9** Om nya bromsklossar ska monteras måste kolven tryckas in helt i bromsoket. Gör det genom att vrida den medurs med ett indragningsverktyg eller en låsringstång **(se bild)**. Den överflödiga bromsoljan måste tömmas ut ur bromsokets luftningsskruv. Se informationen i avsnitt 4, punkt 12.

**10** Efter tillämplighet, dra loss skyddsfolien från bromsklossarnas stödplattor, sätt sedan bromsklossarna på plats i fästbygeln och se till att beläggen vänds mot bromsskivan.

**11** Skjut tillbaka bromsoket på plats över bromsklossarna, och se till att klossarnas skakdämpningsfjädrar sitter korrekt mot bromsokshusets inneryta och inte kläms fast i inspektionsöppningen. **Observera:** *Nya styrsprintsbultar måste användas när bromsoket monteras tillbaka.*

**12** Tryck bromsoket på plats, sätt sedan i de nya styrsprintsbultarna och dra åt dem till angivet moment medan styrsprintarna hålls på plats med en fast nyckel.

**13** Upprepa ovanstående procedur med det andra bakre bromsoket.

**14** Tryck ner bromspedalen några gånger för att tvinga bromsklossarna till ordentlig kontakt med skivorna. När pedalen känns normal, kontrollera att skivorna kan rotera fritt.

**15** Montera tillbaka hjulen, sänk sedan ner bilen och dra åt hjulbultarna till angivet moment (se kapitel 1A eller 1B).

**16** Kontrollera bromsoljenivån (och fyll på om det behövs) enligt beskrivningen i *Veckokontroller*.

⚠ ***Varning: Nya bromsklossar ger inte full bromseffekt förrän de har körts in. Var beredd på detta och undvik hårda inbromsningar i möjligaste mån i ungefär 160 km efter det att bromsklossarna bytts ut.***

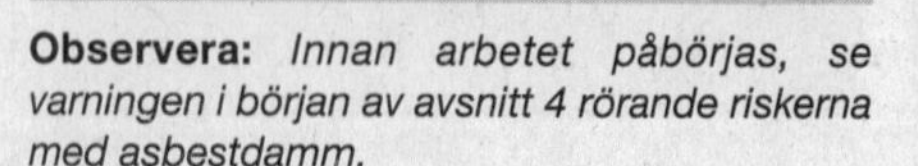

## 6 Främre bromsskiva – kontroll, demontering och montering

**Observera:** *Innan arbetet påbörjas, se varningen i början av avsnitt 4 rörande riskerna med asbestdamm.*

### Kontroll

**Observera:** *Om någon av skivorna behöver bytas ut ska BÅDA skivorna bytas ut samtidigt, så att bromsarna verkar jämnt på båda sidor. Nya bromsklossar ska också monteras.*

**1** Dra åt handbromsen, lyft upp framvagnen och ställ den på pallbockar. Demontera det relevanta framhjulet. Med hjulet demonterat, sätt tillbaka minst en av hjulbultarna för att se till att bromsskivan håller sig på plats på navet. Om det behövs, sätt distansbrickor på hjulbultarna för att klämma fast skivan.

**2** Vrid bromsskivan långsamt så att hela ytan på båda sidorna kan kontrolleras. Demontera bromsklossarna för att förbättra åtkomligheten till den inre ytan om så behövs. Viss spårning är normalt i det område som kommer i kontakt med bromsklossarna, men om kraftiga spår eller sprickor förekommer måste skivan bytas ut.

**3** Det är normalt med en liten kant av rost och bromsdamm runt skivans yttre kant. Den kan skrapas bort om det behövs. Men om en kant uppstått på grund av överdrivet slitage på den bromsklossvepta ytan, måste skivans tjocklek mätas med en mikrometer. Mät på flera punkter runt skivan, både inom och utanför det område som kommer i kontakt med bromsklossarna. Om bromsskivan på någon punkt är sliten ner till eller under den angivna minimitjockleken måste den bytas ut.

**4** Om skivan misstänks ha slagit sig, kan eventuell skevhet kontrolleras. Fäst först skivan ordentligt vid navet genom att sätta tillbaka minst två av hjulbultarna. Sätt på vanliga brickor på hjulbultarna för att se till att skivan sitter ordentligt på navet.

**5** Använd antingen en mätklocka monterad på någon passande fast punkt, och rotera skivan, eller använd bladmått (på flera punkter runt skivan) och mät spelet mellan skivan och en fast punkt, till exempel bromsokets fästbygel **(se bild)**. Om det uppmätta värdet uppnår eller överskrider det angivna mavärdet, är skivan för skev och måste bytas ut. Det kan dock vara klokt att först kontrollera att navlagret är i gott skick (kapitel 10).

**6** Undersök skivan och leta efter sprickor, särskilt runt hjulbultshålen, samt efter slitage och andra skador. Byt ut den om det behövs.

### Demontering

**7** Skruva loss de två bultar som håller fast bromsokets fästbygel vid fjäderbenet. Dra av hela bromsoket från navet och bort från skivan, och bind fast det vid den främre spiralfjädern med en bit ståltråd eller snöre för att undvika påfrestningar på bromsslangen. Bromsoket kan skruvas loss och tas bort separat om så behövs (se avsnitt 8).

**6.5 Skivans kast mäts med en mätklocka**

7.7 Nu kan skivan dras loss från axeltappen

7.11a Lossa navmuttern stegvis . . .

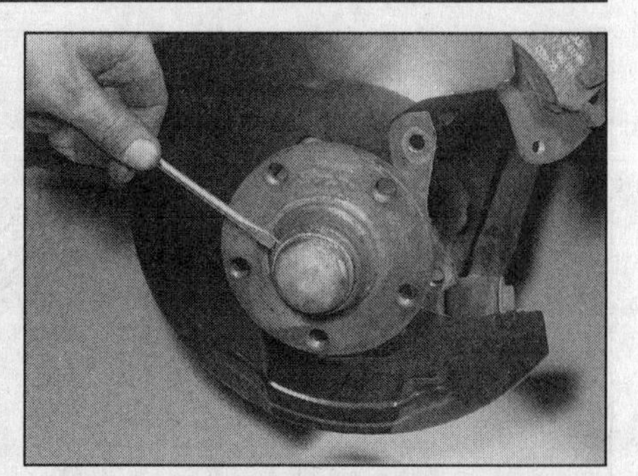

7.11b . . . tills den tandade brickan precis kan föras från sida till sida med en skruvmejsel

### Montering

**8** Om en ny skiva monteras, använd ett lämpligt lösningsmedel för att få bort skyddslagret från skivan. Om det behövs, montera lagerbanor, inre lager och oljetätning enligt beskrivningen i kapitel 10, och fetta in det yttre lagret ordentligt.

**9** Lägg lite fett på skivans oljetätning och skjut på skivan på axeltappen.

**10** Sätt på det yttre lagret och den tandade tryckbrickan, och se till att tanden hakar in ordentligt i spåret på axeln.

**11** Sätt tillbaka navmuttern och dra åt den så mycket att den precis kommer i kontakt med brickan, samtidigt som bromsskivan snurras så att navlagren sätter sig på plats. Lossa navmuttern gradvis tills den tandade brickan precis kan föras från sida till sida med en skruvmejsel **(se bilder)**. **Observera:** *Det ska inte behövas mycket kraft för att flytta brickan.*

**12** När navmuttern sitter korrekt, sätt tillbaka låsringen och fäst den med en ny saxsprint. Kapa benen och böj dem för att låsa fast sprinten **(se bilder)**.

**13** Sätt på locket mitt på bromsskivan och tryck fast det ordentligt.

**14** Innan bromsoket monteras tillbaka, se till att skivans båda sidor är helt rena. Skjut bromsoket på plats över skivan och se till att bromsklossarna hamnar på var sida om skivan. Dra åt bromsokets fästbultar till angivet moment.

**15** Montera tillbaka hjulet, sänk sedan ner bilen och dra åt hjulbultarna till angivet moment (se kapitel 1A eller 1B).

## 8 Främre bromsok – demontering, renovering och montering

***Varning: På modeller med ABS måste batteriet kopplas ur innan någon hydraulisk anslutning i bromssystemet kopplas loss, och koppla inte in batteriet igen förrän efter det att bromssystemet har återanslutits och oljebehållaren fyllts på. Underlåtelse att göra detta kan leda till att luft kommer in i hydraulenheten. Om så inträffar måste enheten luftas med särskild testutrustning från Audi/VAG.***

**Observera:** *Innan arbetet påbörjas, läs varningen i början av avsnitt 2 angående farorna med bromsolja, och varningen i början av avsnitt 4 angående farorna med asbestdamm.*

### Demontering

**1** Dra åt handbromsen, lyft sedan upp framvagnen och ställ den på pallbockar. Demontera framhjulen. När hjulen demonterats, skruva tillbaka minst en hjulbult i navet för att se till att bromsskivan ligger kvar i rätt position i navet.

**2** Minimera eventuellt oljespill genom att skruva loss huvudcylinderbehållarens lock och sedan skruva på det igen över en bit plastfolie, så att det blir lufttätt. Alternativt, använd en bromsslangklämma, en G-klämma eller liknande och kläm ihop slangen.

**3** Om det är tillämpligt, koppla loss kablaget från bromsklosslitagegivares kontakt. Ta loss kontaktdonet från fästbygeln på bromsoket.

**4** Rengör området runt bromsokets bromsrörsanslutning och skruva loss anslutningsmuttern. Skruva loss fästbygeln från bromsoket och flytta röret åt sidan. Plugga igen/täck över öppningarna på röret och bromsokets anslutning för att minimera oljespill och förhindra att smuts tränger in i bromssystemet. Tvätta omedelbart bort allt oljespill med kallt vatten.

**5** På modeller med ATE/Teves bromsok, bänd försiktigt loss bromsklossens fästfjäder med en flatbladig skruvmejsel och ta bort den från bromsoket. Ta bort ändkåporna från styrhylsorna, skruva sedan loss bromsokets styrsprintar.

**6** På modeller med Lucas bromsok, håll emot styrsprintarna med en fast nyckel och skruva loss båda styrsprintsbultarna.

**7** Lyft bort bromsoket och lossa det från kablaget till bromsklossarnas slitagegivare (om det är tillämpligt). Ta bort den inre bromsklossen från kolven, och den yttre bromsklossen från bromsokets fästbygel. Skruva loss och ta bort bromsokets fästbygel.

### Renovering

**8** Lägg bromsoket på arbetsbänken och torka bort damm och smuts. *Undvik att andas in dammet, eftersom det är mycket hälsovådligt.*

**9** Dra ut den delvis utskjutna kolven från bromsokshuset och ta bort dammtätningen.

7.12a Fäst låsringen på plats med en ny saxsprint

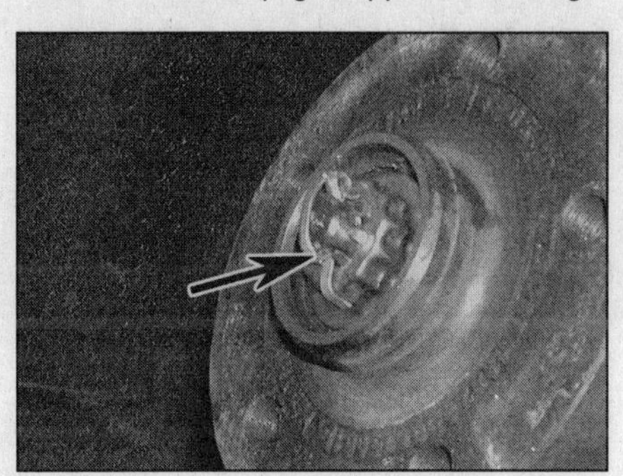

7.12b Kapa benen och böj dem för att låsa fast sprinten

HAYNES TiPS

***Om kolven inte kan dras ut för hand, kan den tvingas ut med hjälp av tryckluft som kopplas till bromsslangens anslutningshål. Det tryck man får från en fotpump bör räcka för att få bort kolven. Även med lågt tryck kommer kolven dock att skjutas ut med avsevärd kraft. Placera ett mjukt trästycke i bromsoket för att förhindra skada på kolven, och se till att inte få fingrarna i kläm mellan kolven och bromsoket.***

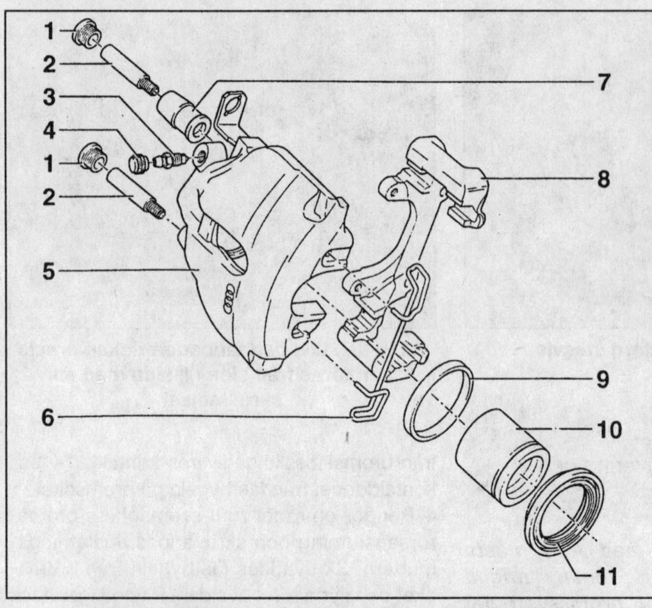


**8.14a Sprängskiss av främre Teves/ATE bromsok**

1 Ändkåpa
2 Styrsprintar
3 Luftningsskruv
4 Dammkåpa
5 Bromsok
6 Bromsklossens fästfjäder
7 Styrhylsor
8 Bromsokets fästbygel
9 Kolvtätning (oljetätning)
10 Kolv
11 Dammtätning

**8.14b Sprängskiss av främre Lucas bromsok**

1 Dammkåpa
2 Luftningsskruv
3 Bromsok
4 Styrsprintsbultar
5 Kolvtätning
6 Kolv
7 Dammtätning
8 Bromsokets fästbygel

**10** Bänd loss kolvens hydraultätning med ett mjukt, flatbladigt verktyg, t.ex. en plastspatel, och var mycket försiktig så att inte bromsokets lopp skadas.

**11** Rengör alla komponenter noggrant. Använd endast T-sprit, isopropylalkohol eller ren bromsolja som rengöringsmedel. Använd aldrig mineralbaserade lösningsmedel som bensin eller fotogen, eftersom de kommer att angripa bromssystemets gummikomponenter. Torka omedelbart av delarna med tryckluft eller en ren, luddfri trasa. Använd tryckluft för att blåsa rent oljepassagerna.

**12** Undersök alla komponenter och byt ut de som är slitna eller skadade. Var extra noga med att kontrollera cylinderloppet och kolven. Dessa komponenter ska bytas ut (observera att det gäller byte av hela enheten) om de är repade, slitna eller korroderade. Kontrollera samtidigt skicket på styrbultarna och bussningarna i bromsokshuset. Båda bultarna ska vara oskadda och (när de är rengjorda) sitta någorlunda tätt i bussningarna. Om det råder minsta tvekan om en komponents skick ska den bytas.

**13** Skaffa en renoveringssats om enheten är i tillräckligt gott skick för fortsatt användning. Komponenterna finns att köpa i olika kombinationer hos Audi/VAG-verkstäder. Alla gummitätningar ska bytas ut regelmässigt – de ska aldrig återanvändas.

**14** Vid hopsättningen måste alla delar vara rena och torra **(se bilder)**.

**15** Dränk in kolven och den nya kolvtätningen (oljetätningen) i ren bromsolja. Smörj också ren olja på cylinderloppets yta.

**16** Sätt på den nya kolvtätningen. Använd fingrarna (inga verktyg) för att få in tätningen i cylinderloppets spår.

**17** Montera den nya dammtätningen på kolvens baksida och placera tätningens yttre läpp i bromsokshusets spår. För försiktigt kolven rakt in i cylinderloppet med en vridande rörelse. Tryck in kolven helt och placera tätningens inre läpp i kolvspåret.

**18** Om styrbussningarna ska bytas ut, tryck bort de gamla bussningarna från bromsoket och tryck dit de nya, och se till att de placeras på rätt sätt.

**19** Före monteringen, fyll bromsoket med ny bromsolja genom att lossa luftningsskruven och pumpa oljan genom bromsoket. Fortsätt tills den olja som kommer ut genom anslutningshålet är fri från bubblor.

## Montering

**20** Skruva fast bromsokets fästbygel på navhållaren. Använd nya bultar och dra åt dem till angivet moment **(se bilder)**. Montera tillbaka bromsklossarna till kolven och bromsokets fästbygel enligt beskrivningen i avsnitt 4. Sätt bromsoket på plats över bromsklossarna.

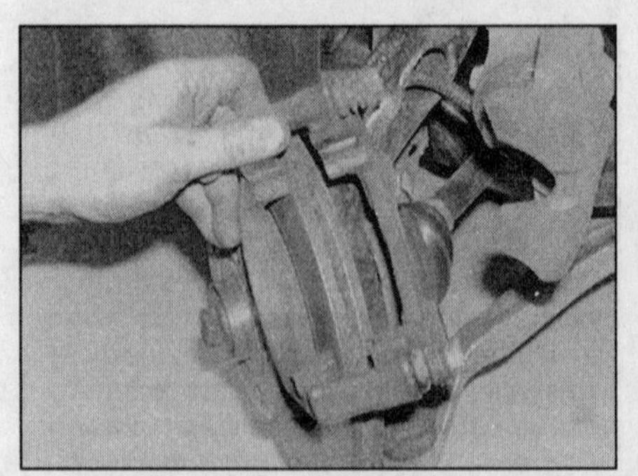

**8.20a Montera tillbaka bromsokets fästbygel på navhållaren . . .**

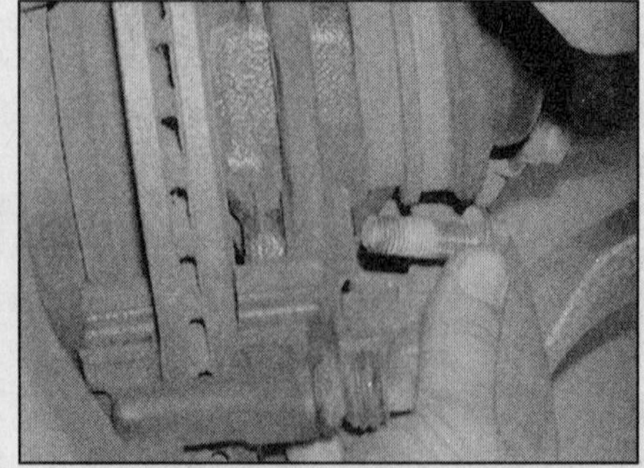

**8.20b . . . med nya bultar . . .**

**8.20c . . . och dra åt dem till angivet moment**

**21** Sätt i bromsokets styrsprintar/styrsprintsbultar (efter tillämplighet), och dra åt dem till angivet moment. Sätt tillbaka ändlocken på styrbussningarna. **Observera**: *På modeller med Lucas bromsok måste nya styrsprintsbultar användas.*

**22** Återanslut bromsröret till bromsoket och montera tillbaka fästbygeln på bromsoket. Dra åt fästbygelns bult och bromsrörets anslutningsmutter till angivna moment.

**23** Montera tillbaka bromsklossens fästfjäder och se till att fjäderändarna är korrekt placerade i hålen på bromsokshuset.

**24** Se till att kablarna är rätt dragna genom öglan på den undre kåpan, fäst sedan kontaktdonet för bromsklossarnas slitagegivare i dess fäste på bromsoket. Återanslut kontaktdonet ordentligt.

**25** Ta bort bromsslangklämman eller plasten (efter tillämplighet) och lufta bromssystemet enligt beskrivningen i avsnitt 2. Observera att endast den aktuella frambromsen behöver luftas, förutsatt att åtgärder vidtagits för att minimera oljespill.

**26** Montera hjulet. Sänk sedan ner bilen och dra åt hjulbultarna till angivet moment (se kapitel 1A eller 1B).

## 9 Bakre bromsok – demontering, renovering och montering

***Varning: På modeller med ABS måste du koppla ur batteriet innan du kopplar loss någon hydraulisk anslutning i bromssystemet, och koppla inte in batteriet igen förrän efter det att bromssystemet har återanslutits och oljebehållaren fyllts på. Underlåtelse att göra detta kan leda till att luft kommer in i hydraulenheten. Om så inträffar måste enheten luftas med särskild testutrustning från Audi/VAG.***

**Observera:** *Innan arbetet påbörjas, läs varningen i början av avsnitt 2 angående farorna med bromsolja, och varningen i början av avsnitt 5 angående farorna med asbestdamm.*

### Demontering

**Observera:** *Nya styrsprintsbultar måste användas vid återmonteringen.*

**1** Klossa framhjulen. Lyft upp bakvagnen och ställ den på pallbockar. Demontera relevant bakhjul. Med hjulet demonterat, sätt tillbaka minst en hjulbult på navet så att bromsskivan sitter kvar på rätt plats.

**2** Lossa handbromsspaken enligt beskrivningen i avsnitt 15, justera sedan handbromsvajern med justeraren för att få så mycket fritt spel i vajrarna som möjligt.

**3** Lossa handbromsvajern från bromsokets arm, och ta sedan bort fästklämman och lossa vajerhöljet från bromsokshuset.

**4** Minimera eventuellt oljespill genom att skruva loss huvudcylinderbehållarens lock och sedan skruva på det igen över en bit plastfolie, så att det blir lufttätt. Alternativt, använd en bromsslangklämma, en G-klämma eller liknande och kläm ihop slangen.

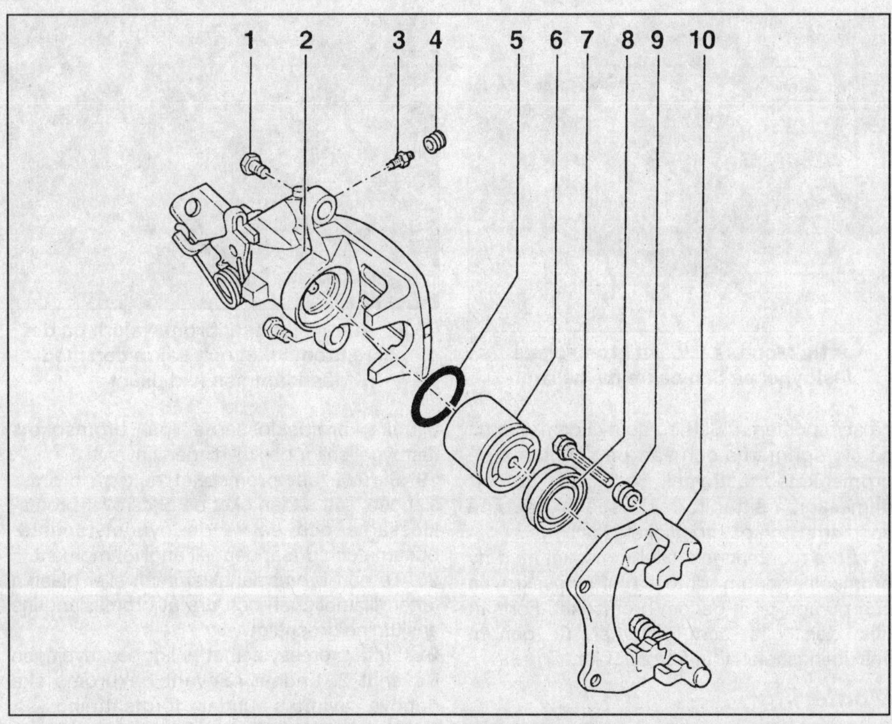


**9.13 Sprängskiss av bakre bromsok**

*1 Styrsprintsbult*
*2 Bromsok*
*3 Luftningsskruv*
*4 Dammkåpa*
*5 Kolvtätning*
*6 Kolv*
*7 Styrsprint*
*8 Dammtätning*
*9 Styrsprintstätning*
*10 Bromsokets fästbygel*

**5** Rengör området runt bromsokets bromsslang och lossa sedan anslutningen.

**6** Skruva loss bromsokets styrsprintsbultar och håll fast styrsprintarna med en smal, fast nyckel så att de inte vrids runt. Kasta styrsprintsbultarna – nya måste användas vid återmonteringen.

**7** Lyft bort bromsoket från fästbygeln och skruva loss det från bromsslangens ände. Plugga igen/täck öppningarna på slangen och bromsoksanslutningen för att minimera oljespill och förhindra smuts från att tränga in i bromssystemet. Tvätta omedelbart bort eventuellt oljespill med kallt vatten. Demontera de inre och yttre bromsklossarna från bromsokets fästbygel. Skruva loss och ta bort bromsokets fästbygel.

### Renovering

**Observera:** *Det går inte att renovera bromsokets handbromsmekanism. Om mekanismen är defekt, eller om olja läcker från handbromsspakens tätning, måste bromsoket bytas.*

**8** Lägg bromsoket på arbetsbänken och torka bort alla spår av damm och smuts. Undvik att andas in dammet, eftersom det är mycket hälsovådligt.

**9** Ta bort kolven från bromsokets lopp genom att vrida den moturs. Detta kan göras med hjälp av en lagom stor låsringstång ihakad i bromsokskolvens urtag. När kolven kan vridas fritt men inte kommer ut längre, hålls den på plats enbart med tätningen och kan då dras ut för hand.

**10** Ta bort dammtätningen från kolven och dra försiktigt loss kolvens oljetätning från bromsokets lopp med ett trubbigt, flatbladigt verktyg. Var noga med att inte repa bromsokets yta.

**11** Dra ut styrsprintarna från bromsokets fästbygel och ta bort styrsprintstätningarna.

**12** Undersök bromsokets alla komponenter (enligt beskrivningen för det främre bromsoket i avsnitt 8) och byt dem om det behövs. Notera att handbromsmekanismen **inte** får tas isär.

**13** Vid hopsättningen måste alla delar vara rena och torra **(se bild)**.

**14** Dränk in kolven och den nya oljetätningen i ren bromsolja. Smörj också ren olja på cylinderloppets yta. Sätt på den nya kolvtätningen (oljetätningen). Använd fingrarna (inga verktyg) för att få in tätningen i cylinderloppets spår.

**15** Montera den nya dammtätningen på kolvens baksida och placera tätningens yttre läpp i bromsokshusets spår. För försiktigt kolven rakt in i cylinderloppet med en vridande rörelse. Vrid kolven medurs med den metod som användes vid isärtagningen tills den är helt inskjuten i bromsoksloppet. Placera sedan dammtätningens inre läpp i kolvspåret.

**16** Applicera det medföljande fettet eller ett kopparbaserat bromsfett eller antikärvmedel

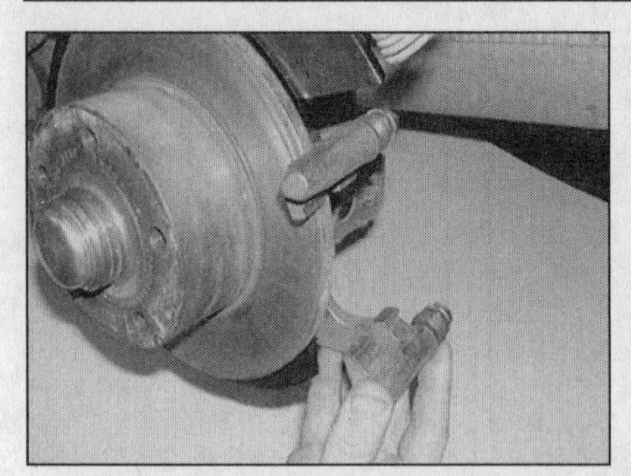

9.18 Montera tillbaka bromsokets fästbygel på den bakre navhållaren

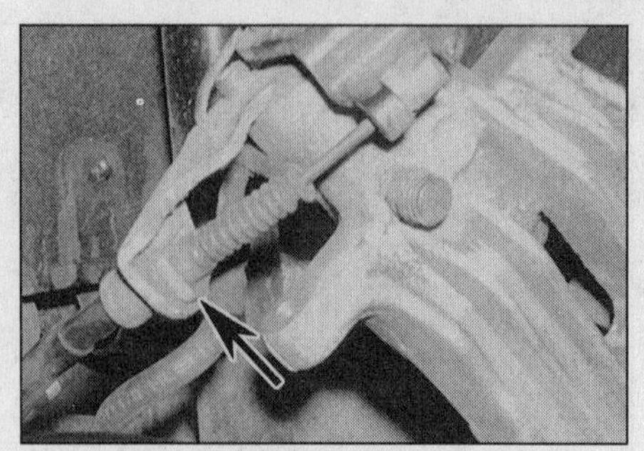

9.22 Återanslut handbromsvajern på det bakre bromsoket och säkra den med fästklämman (vid pilen)

på styrsprintarna. Sätt på de nya damaskerna på styrsprintarna och sätt på sprintarna på bromsokets fästbygel, och se till att damaskerna sitter korrekt i spåren både på sprintarna och på bromsokets fästbygel.

**17** Före monteringen, fyll bromsoket med ny bromsolja genom att lossa luftningsskruven och pumpa oljan genom bromsoket. Fortsätt tills den olja som kommer ut genom anslutningshålet är fri från bubblor.

## Montering

**18** Skruva fast bromsokets fästbygel på den bakre navhållaren. Använd nya bultar och dra åt dem till angivet moment **(se bild)**. Montera tillbaka bromsklossarna på bromsokets fästbygel enligt beskrivningen i avsnitt 5.

**19** Skruva fast bromsoket helt på bromsslangen, sätt sedan oket på plats över bromsklossarna och sätt i de nya styrsprintsbultarna och dra åt dem till angivet moment.

**20** Ta bort bromsslangklämman eller plasten (efter tillämplighet) och dra åt bromsslangens anslutning ordentligt.

**21** Lufta bromssystemet enligt beskrivningen i avsnitt 2. Endast relevant bakbroms ska behöva avluftas under förutsättning att åtgärder vidtagits för att minimera oljespill.

**22** Återanslut handbromsvajern på bromsoket **(se bild)**, säkra den med fästklämman och justera vajern enligt beskrivningen i avsnitt 16.

**23** Sätt tillbaka hjulet, sänk sedan ner bilen och dra åt hjulbultarna till angivet moment (se kapitel 1A eller 1B).

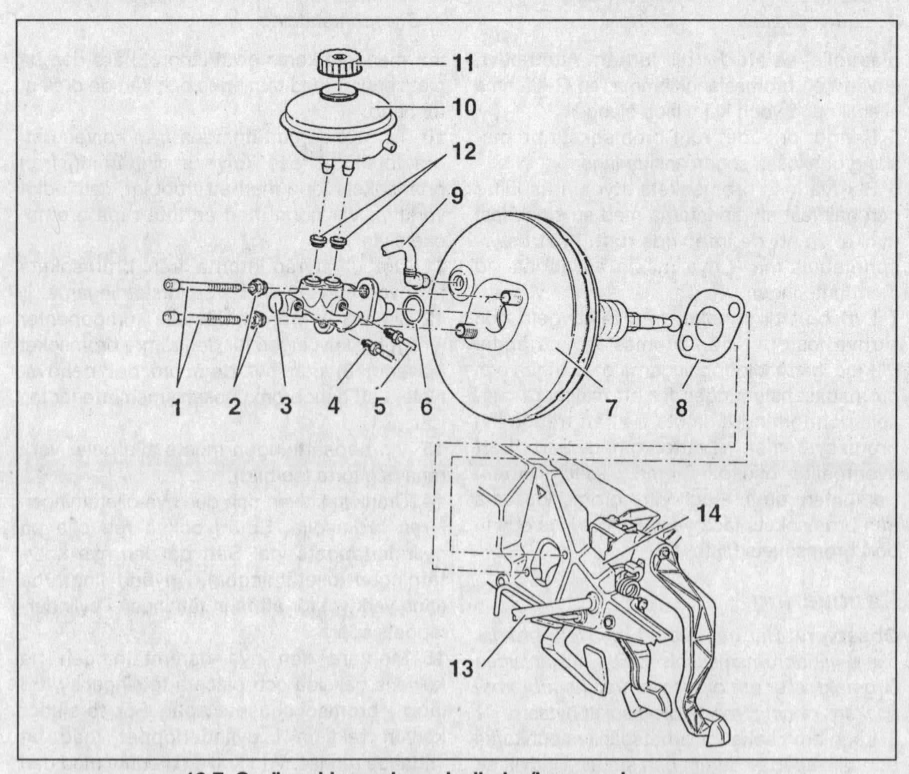



10.7 Sprängskiss av huvudcylinder/bromsvakuumservo

*1 T45 Torx-bult*
*2 Självlåsande mutter*
*3 Huvudcylinder*
*4 Bromsrör*
*5 Bromsrör*
*6 Tätning*
*7 Servo*
*8 Packning*
*9 Vakuumslang*
*10 Vätskebehållare*
*11 Lock*
*12 Tätningspluggar*
*13 Vätskematningsslang*
*14 Motorrummets torpedvägg*

## 10 Huvudcylinder - demontering, renovering och montering

***Varning: På modeller med ABS, koppla ur batteriet innan någon hydraulisk anslutning i bromssystemet kopplas loss, och koppla inte in batteriet igen förrän efter det att bromssystemet luftats. Underlåtelse att göra detta kan leda till att luft kommer in i hydraulenheten. Om så inträffar måste enheten luftas med särskild testutrustning från Audi/VAG (se avsnitt 2).***

**Observera:** *Innan arbetet påbörjas, se varningen i början av avsnitt 2 angående farorna med bromsolja.*

## Demontering

**1** Lyft upp framvagnen och ställ den på pallbockar. Demontera vänster framhjul.

**2** Anslut ett stycke slang till vänster bromsoks luftningsskruv, och stoppa ner den andra änden av slangen i en lämplig behållare, enligt beskrivningen i avsnitt 2. Öppna luftningsskruven och trampa sedan ner bromspedalen flera gånger för att mata ut så mycket bromsolja som möjligt från huvudcylindern. Stäng skruven när det inte kommer ut mer olja.

**3** Täck utrymmet under huvudcylindern med trasor för att suga upp eventuellt oljespill. Koppla loss kopplingshuvudcylinderns matningsslang från sidan av bromshuvudcylindern och plugga igen öppningen för att minimera oljespillet.

**4** Koppla loss anslutningskontakten från givaren för bromsoljenivå.

**5** Torka rent området runt bromsrörsanslutningarna på sidan av huvudcylindern. Placera absorberande trasor under röranslutningarna för att fånga upp överflödig olja. Notera hur anslutningarna sitter monterade, skruva sedan loss anslutningsmuttrarna och dra försiktigt ut rören. Plugga eller tejpa igen rörändarna och huvudcylinderns öppningar för att minimera bromsoljespill och för att hindra smuts från att tränga in i systemet. Tvätta omedelbart bort allt oljespill med kallt vatten.

**6** Dra loss tätningsremsan från torpedväggens övre kant, framför bromshuvudcylindern. Lossa kabelhärvan från fästklämmorna och lyft upp den så att huvudcylindern kan tas bort.

**7** Skruva loss de två muttrar som håller fast huvudcylindern vid vakuumservon och ta sedan bort enheten från motorrummet. Ta loss tätningsringen på baksidan av huvudcylindern och kasta den. En ny måste användas vid återmonteringen **(se bild)**.

**Observera**: *Torx-bultarna som håller fast servoenheten är inskruvade i samma pinnbultar som huvudcylinderns fästmuttrar, och ska inte röras om bara huvudcylindern ska tas bort.*

### Renovering

**8** Om huvudcylindern är defekt måste den bytas. Renoveringssatser finns inte att få tag på hos Audi/VAG-verkstäder, så cylindern måste behandlas som en sluten enhet.

**9** Det enda som kan bytas är fästets tätningar för oljebehållaren. Om dessa visar tecken på åldrande, dra loss behållaren och ta bort de gamla tätningarna. Smörj de nya tätningarna med ren bromsolja och tryck in dem i huvudcylinderns portar. När den bakre tätningen monteras, se till att tätningen passar in korrekt med tryckstångskretsens påfyllningsslang, och se till att tätningen sticker ut ungefär 1 mm från baksidan av huset. När båda tätningarna sitter ordentligt, sätt vätskebehållaren på plats och tryck fast den.

### Montering

**10** Torka bort alla spår av smuts från huvudcylinderns och servoenhetens fogytor, och sätt på en ny tätningsring på huvudcylinderhusets baksida.

**11** Montera tillbaka huvudcylindern på servoenheten, och se till att servoenhetens tryckstång sticker in mitt i huvudcylinderns lopp. Låt en medhjälpare trampa ner bromspedalen något, så att tryckstången rör sig mot huvudcylindern.

**12** Sätt tillbaka huvudcylinderns fästmuttrar och dra åt dem till angivet moment.

**13** Torka rent bromsrörsanslutningarna och montera tillbaka dem i huvudcylinderns portar och dra åt dem till angivet moment.

**14** Återanslut kopplingshuvudcylinderns slang till oljebehållaren och sätt fast fästklämman ordentligt.

**15** Återanslut kontaktdonet till oljenivågivaren.

**16** Fäst kabelhärvan på plats och sätt tillbaka tätningsremsan på torpedväggens övre kant.

**17** Fyll huvudcylinderbehållaren med ny olja och lufta broms- och kopplingssystemen enligt beskrivningen i avsnitt 2 respektive kapitel 6.

## 11 Bromspedal – demontering och montering

### Demontering

**1** Koppla loss batteriets minuspol.

**2** Demontera bromshuvudcylindern enligt beskrivningen i avsnitt 10.

**3** Demontera bromsservons vakuumenhet.

**4** Koppla loss hydraulröret från baksidan av kopplingens huvudcylinder enligt beskrivningen i kapitel 6. Täck det omgivande området med trasor för att suga upp eventuellt oljespill.

**5** På högerstyrda modeller, skruva loss pedalfästbygelns fästskruv som sitter på torpedväggen längst bak i motorrummet, bakom servoenhetens fästen.

**6** Ta bort klädselpanelerna under instrumentbrädan på förarsidan, så att det går att komma åt rattstångens nederdel.

**7** Vrid ratten så att framhjulen står rakt fram. Se till att ratten står i detta läge under hela arbetsmomentet.

**8** Skruva loss muttern från klämbulten som håller fast universalkopplingen till styrväxeln längst ner på rattstången. Vrid bulten ett halvt varv och dra ut den från anslutningen.

**9** Fäst rattstångens nedre del vid den övre delen med en bit ståltråd. Detta är för att se till att rattstångens två delar inte skiljs åt när rattstången tas bort från styrväxeln.

***Varning: Låt inte rattstångens övre och nedre del separeras när rattstången tas bort från styrväxeln. Se till att ratten och hjulen inte rörs förrän rattstången monterats tillbaka, annars kan krockkuddens kontaktenhet bli fel inriktad, vilket gör att krockkuddesystemet inte fungerar.***

**10** Dra loss rattstångens universalkoppling från styrväxelns kugghjul och lägg den åt sidan.

**11** Lossa bromsljuskontakten från fästbygeln och lägg den åt sidan. Efter tillämplighet, koppla loss vakuumstyrningsventilerna från fästbyglarna ovanför broms- och kopplingspedalerna och lägg dem åt sidan.

**12** På bensinmotormodeller, koppla loss gasvajern från gaspedalen enligt beskrivningen i kapitel 4A.

**13** Skruva loss muttern som håller fast pedalens fästbygel vid torpedväggen, ta sedan loss alltihop från undersidan av instrumentbrädan. Se till att inte skada immobiliserns styrenhet när pedalen tas bort.

**14** På vänsterstyrda modeller, ta bort fästklämmorna och dra loss gångjärnstappen från broms- och kopplingspedalerna. Ta loss bromspedalen.

**15** På högerstyrda modeller, skruva loss fästbulten och ta bort servotryckstångens aktiveringsarm från vänster sida av kopplingspedalen. Ta loss bromspedalen.

**16** Undersök alla komponenter och leta efter tecken på slitage eller skada. Byt ut dem om det behövs.

### Montering

**17** Applicera lite universalfett på pedalens gångjärnslopp och tryckstångens sprintbult.

**18** Resten av monteringen sker i omvänd ordningsföljd mot demonteringen. Tänk på följande:

*a) Ta inte bort ståltråden som håller ihop den övre och nedre delen av rattstången förrän universalkopplingen har monterats tillbaka på styrväxelns kugghjul.*

*b) Dra inte åt pedalfästbygelns fästmutter helt förrän bromsservons vakuumenhet har monterats tillbaka.*

*c) Dra åt alla fästen till angivna moment där sådana anges.*

*d) Montera tillbaka gasvajern enligt beskrivningen i kapitel 4A.*

*e) Montera tillbaka bromsservons vakuumenhet enligt beskrivningen i avsnitt 12.*

*f) Montera tillbaka bromshuvudcylindern enligt beskrivningen i avsnitt 10.*

*g) Montera tillbaka och justera bromsljuskontakten enligt beskrivningen i avsnitt 17.*

*h) Montera tillbaka farthållarsystemets vakuumventiler.*

*i) Lufta bromsarnas och kopplingens hydraulsystem enligt beskrivningen i avsnitt 2 respektive kapitel 6.*

## 12 Vakuumservo – kontroll, demontering och montering

### Kontroll

**1** Testa servons funktion genom att trycka ner bromspedalen flera gånger för att häva vakuumet. Starta sedan motorn medan bromspedalen hålls hårt nedtryckt. När motorn startar ska pedalen ge efter märkbart medan vakuumet byggs upp. Låt motorn gå i minst två minuter och stäng sedan av den. Om bromspedalen nu trycks ner ska den kännas normal, men vid ytterligare nedtryckningar ska den kännas fastare. Pedalvägen ska bli allt kortare för varje nedtryckning.

**2** Om servon inte arbetar enligt beskrivningen, undersök först servoenhetens backventil enligt beskrivningen i avsnitt 13. På dieselmotormodeller, kontrollera även vakuumpumpen enligt beskrivningen i avsnitt 20.

**3** Om servon fortfarande inte fungerar som den ska, kan felet finnas i själva servoenheten. Om servoenheten är defekt måste den bytas ut, den går inte att reparera.

### Demontering

**4** Demontera huvudcylindern enligt beskrivningen i avsnitt 10.

**5** Lirka försiktigt ut vakuumslanganslutningen från servoenheten. Var noga med att inte skada muffen.

**6** Skruva loss fästskruvarna och ta bort förvaringsfacket från förarsidan av instrumentbrädan.

**7** Under instrumentbrädan, leta reda på servoenhetens tryckstång och notera hur den är ansluten till bromspedalen. På vänsterstyrda modeller är tryckstången direkt ansluten till baksidan av bromspedalen. På högerstyrda modeller ansluter den till en fjärraktiveringsarm som sitter till vänster om kopplingspedalen. I båda fallen har tryckstången en kulled. Koppla loss tryckstången från fjärraktiveringsarmen/pedalen genom att trycka ner låsflikarna på kulledens fästklämmor och lyfta bromspedalen tills det känns att tryckstångens kulled lossar.

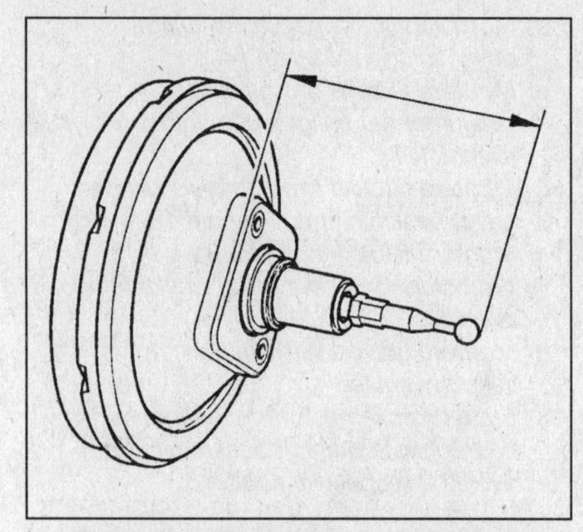

**12.10 Avståndet mellan spetsen på tryckstångens kulled och servoenhetens fogyta måste motsvara specifikationerna**

**8** Skruva loss Torx-bultarna som håller fast servoenheten vid pedalens fästbygel och torpedväggen.

**9** Flytta servoenheten åt sidan. Ta loss packningen mellan servoenheten och torpedväggen. Undersök noggrant om packningen är sliten eller skadad och byt ut den om det behövs.

### Montering

**10** Före återmonteringen, kontrollera att avståndet mellan spetsen på tryckstångens kulled och servoenhetens fogyta (utan packningen) motsvarar värdet som anges i specifikationerna **(se bild)**. Om justering krävs, lossa låsmuttern och vrid tryckstången. När avståndet är korrekt, håll fast tryckstången och dra åt låsmuttern ordentligt.

**11** Se till att servoenhetens och torpedväggens fogytor är rena, sätt sedan på packningen på servoenhetens baksida och sätt enheten på plats.

**12** På bilens insida, se till att tryckstången sitter korrekt på baksidan av pedalen eller på fjärrstyrningsarmen (efter tillämplighet), och skjut sedan tryckstången ordentligt på plats tills det känns att kulleden hakar i. Lyft bromspedalen med handen för att känna efter att tryckstången hakat fast ordentligt.

**13** Sätt tillbaka servoenhetens fästbultar och dra åt dem till angivet moment.

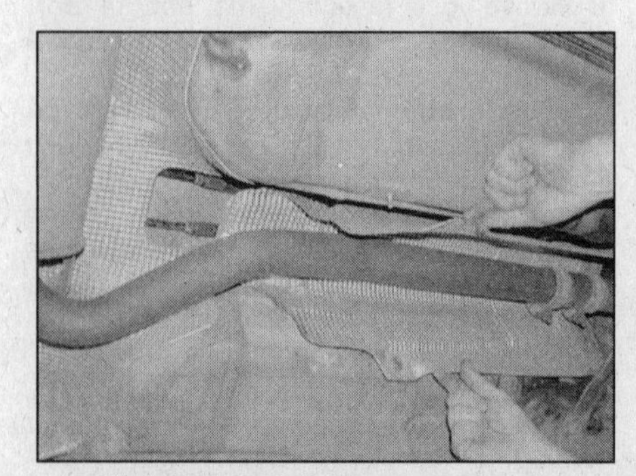

**14.5a Demontera avgassystemets värmesköldar . . .**

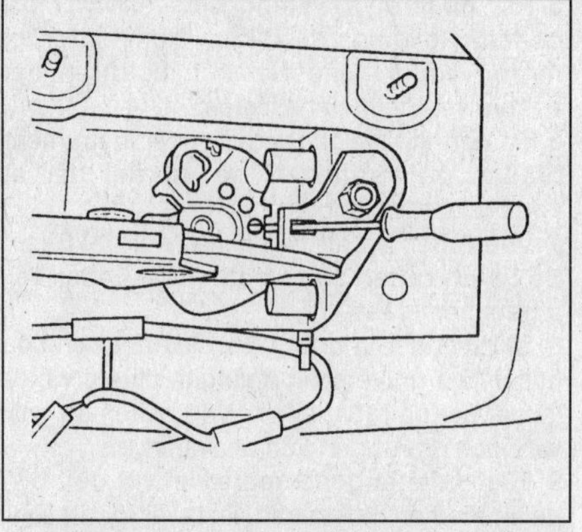

**14.4 Stick in en skruvmejsel genom hålet i handbromsspakens fästbygel och lås handbromsvajerns kompensatorremskiva**

**14** Justera bromsljuskontaktens funktion enligt beskrivningen i avsnitt 17.

**15** Montera tillbaka förvaringsfacket på undersidan av instrumentbrädan.

**16** Sätt vakuumslangens ändfäste på plats i servoenheten, men se till att inte rubba gummigenomföringen.

**17** Montera tillbaka huvudcylindern enligt beskrivningen i avsnitt 10.

**18** Lufta bromssystemet enligt beskrivningen i avsnitt 2.

**19** Lufta kopplingens hydraulsystem enligt beskrivningen i kapitel 6.

## 13 Vakuumservons backventil – demontering, kontroll och montering

### Demontering

**Observera:** *Ventilen utgör en del av servoenhetens vakuumslang och kan inte köpas separat.*

**1** Lirka försiktigt ut vakuumslangens anslutning från servoenheten, och se till att inte skada muffen.

**2** Arbeta bakåt längs slangen och lossa den från alla relevanta fästklämmor och notera samtidigt hur den är dragen.

**3** Lossa fästklämman/klämmorna, koppla sedan loss vakuumslangen från grenröret och/eller vakuumpumpen (efter tillämplighet) och ta bort den från bilen.

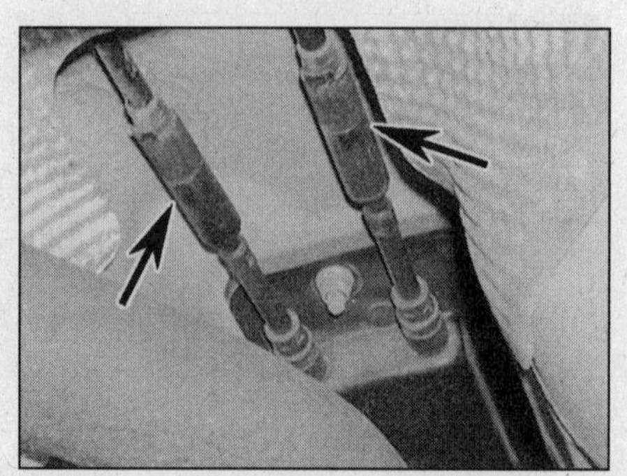

**14.5b . . . för att komma åt handbromsvajerns justeringskragar (vid pilarna)**

### Kontroll

**4** Undersök vakuumslangen och leta efter tecken på skador, byt ut den om det behövs. Ventilen kan testas genom att luft blåses genom den i båda riktningarna. Luften ska endast kunna komma igenom ventilen i ena riktningen – när man blåser från den sida av ventilen som är vänd mot servoenheten. Byt ut ventilen om så inte är fallet.

**5** Undersök servoenhetens gummitätningsmuff och slangen/slangarna som kopplar huvudslangen till grenröret/pumpen (efter tillämplighet). Leta efter tecken på skada eller slitage och byt om det behövs.

### Montering

**6** Se till att tätningsmuffen sitter på plats i servoenheten, sätt sedan försiktigt vakuumslangens ändfäste på plats och se till att inte rubba eller skada muffen.

**7** Kontrollera att slangen är korrekt dragen och anslut den sedan till pumpen/grenröret och säkra den ordentligt med fästklämman/klämmorna.

**8** Avsluta med att starta motorn och kontrollera anslutningen mellan backventilen och servoenheten och leta efter tecken på läckage.

## 14 Handbroms – justering

**1** Trampa ner bromspedalen hårt, så att bakbromsens självjusteringsmekanism sätter sig på plats.

**2** Klossa framhjulen, lyft upp bakvagnen och ställ den på pallbockar. Släpp handbromsen helt.

**3** Ta bort askkoppen från den bakre delen av mittkonsolen enligt beskrivningen i kapitel 11.

**4** Stick in en skruvmejsel genom hålet i handbromsspakens fästbygel och lås handbromsvajerns kompensatorremskiva på plats, för att förhindra att den vrids **(se bild)**.

**5** Leta reda på handbromsens justeringskragar på undersidan av bilen, som sitter ovanför avgasröret. De går att komma åt om man demonterar avgassystemets värmesköldar **(se bilder)**.

**6** Arbeta på den första justeringskragen och ta bort låsringen, vrid sedan kragen moturs tills den når stoppet. Håll samtidigt emot den bakre delen av handbromsvajern med en fast nyckel på insexmuttern **(se bilder)**.

**7** Fatta tag i handbromsvajern på var sida om justeringskragen och tryck ihop hårt, så att kragen tar upp allt spelrum mellan handbromsvajerns två delar.

**8** Vrid justeringskragen medurs tills låsringens spår precis syns, sätt sedan i låsringen i spåret.

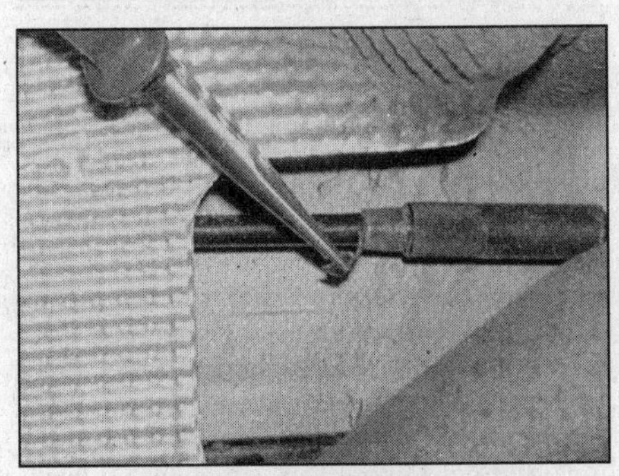

**14.6a Ta bort låsringen . . .**

**9** Upprepa stegen i punkt 6 till 8 på den andra justeringskragen.

**10** Dra isär justeringskragens två delar på varje vajer tills spelet i båda handbromsvajrarna tagits upp. Se till att bromsokets handbromsarmar ligger kvar mot stoppen när detta görs.

**11** Inuti bilen, ta bort skruvmejseln för att frigöra handbromsvajerns kompensatorremskiva, dra sedan åt och släpp handbromsspaken ordentligt minst tre gånger.

**12** Återvänd till undersidan av bilen och vrid justeringskragarna på båda handbromsvajrarna tills ett mellanrum på ungefär 1 mm (men inte större än 1,5 mm) kan ses mellan bromsokets handbromsarmar och deras ändstopp **(se bild)**.

**13** Kontrollera på båda handbromsvajrarna att justeringskragarna inte har vridits så långt att de färgade O-ringarna av gummi inuti kragarna syns. Om så är fallet kan handbromsvajrarna ha sträckts utanför justeringsgränserna, eller så kan de bakre bromsklossarna vara mycket slitna.

**14** Kontrollera handbromsens funktion och upprepa justeringsproceduren vid behov.

**15** Sänk ner bilen när handbromsen är korrekt justerad (d.v.s. båda bromsarna låser hjulen ordentligt med handbromsen ilagd, och hjulen kan snurra fritt när handbromsen är lossad).

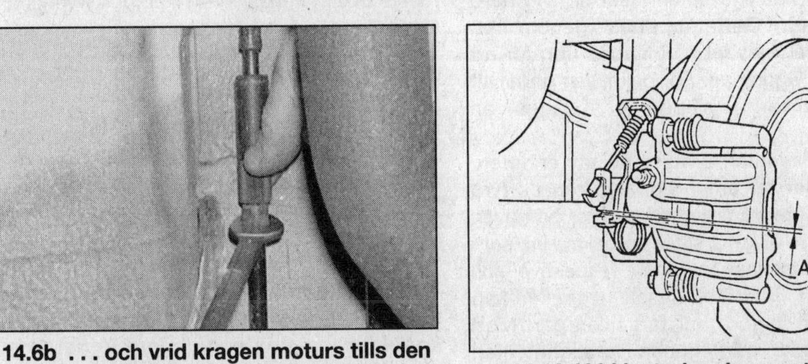


**14.6b . . . och vrid kragen moturs tills den når ändstoppet, samtidigt som handbromsvajerns bakre del hålls fast med en fast nyckel**

**14.12 Vrid justeringskragen tills ett mellanrum på mellan 1,0 och 1,5 mm (A) kan ses mellan bromsokets handbromsarm och ändstoppet**

## 15 Handbromsspak – demontering och montering

### *Demontering*

**1** Demontera mittkonsolens bakre del enligt beskrivningen i kapitel 11.

**2** Skruva loss de två muttrar som håller fast handbromsspaken till golvplattan.

**3** Lossa handbromsvajern från spakens nederdel, ta sedan loss handbromsspaken från fästena och ta bort den från bilen.

### *Montering*

**4** Monteringen sker i omvänd ordningsföljd mot demonteringen, men justera handbromsen enligt beskrivningen i avsnitt 16 innan mittkonsolens bakre del monteras tillbaka.

## 16 Handbromsvajrar – demontering och montering

### *Demontering*

**1** Handbromsvajern består av två delar, en höger- och en vänstersektion, som är kopplade till spaken med en kompensatorplatta. Varje del kan demonteras separat enligt följande.

**2** Skruva loss muttrarna och ta bort avgassystemets värmesköldar för att komma åt den främre delen av handbromsvajern.

**3** Ta bort låsringen från den första handbromsvajerns justeringskrage enligt beskrivningen i avsnitt 14, och vrid kragen moturs så långt det går. Ta tag i handbromsvajerns främre och bakre delar på var sida om justeringskragen och tryck ihop dem ordentligt för att få maximalt spelrum. Upprepa detta på den andra handbromsvajern.

**4** Ta bort metallklämman på det första bakre bromsoket och koppla loss handbromsvajerhöljet från fästtappen. Lossa vajern från armen och ta bort den från bromsoket **(se bilder)**. Upprepa detta på det andra bromsoket.

**5** Arbeta bakåt längs varje handbromsvajer, notera hur de är dragna, och lossa dem från alla fästklämmor och fästen, inklusive dem på den bakre fjädringsarmen.

**6** Skruva loss muttrarna och ta bort värmeskölden från avgassystemets bakre ljuddämpare för att komma åt handbromsvajerns klammerplåt. Lossa fjäderklämmorna och ta loss vajrarna från golvplåten.

**7** Bänd försiktigt loss handbromsvajerns muffar från undersidan av handbromsspakens hus.

**8** På insidan av bilen, haka loss handbromsvajrarna från kompensatorremskivan på baksidan av handbromsspaken genom att sticka in en skruvmejsel genom hålet i handbromsspakens fästbygel **(se bild)**.

**9** Ta bort handbromsvajrarna från undersidan av bilen.

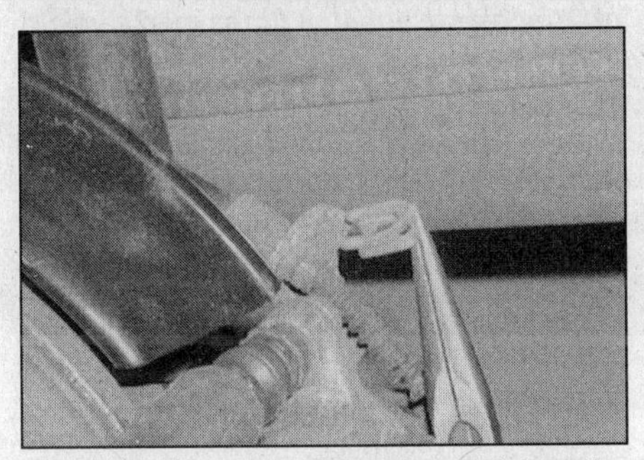

**16.4a Ta bort metallklämman och koppla loss handbromsvajerns hölje från fästtappen**

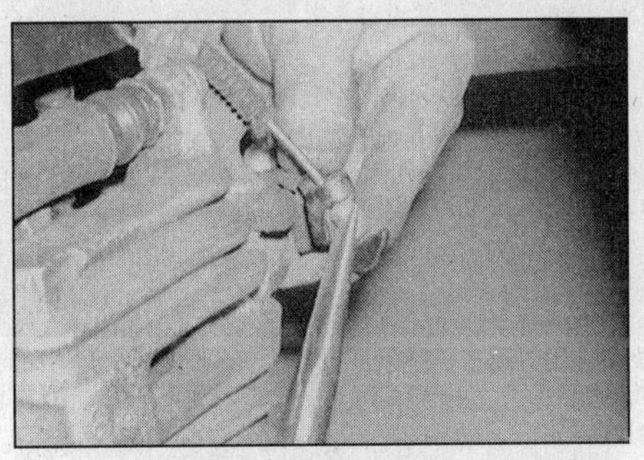

**16.4b Lossa vajern från armen och ta bort den från bromsoket**

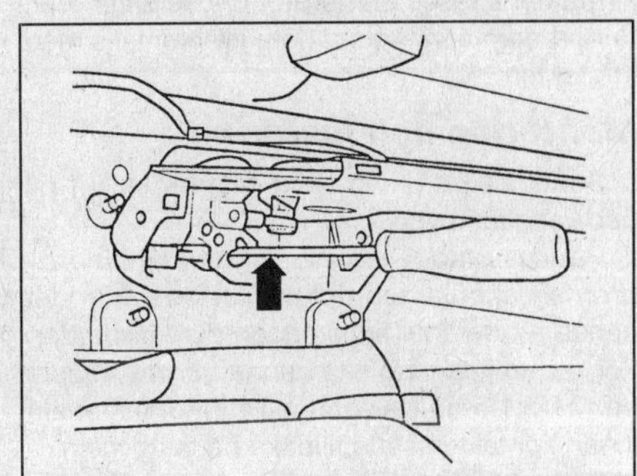

**16.8 Haka loss handbromsvajrarna från baksidan av handbromsspaken genom att sticka in en skruvmejsel genom hålet i handbromsspakens fästbygel**

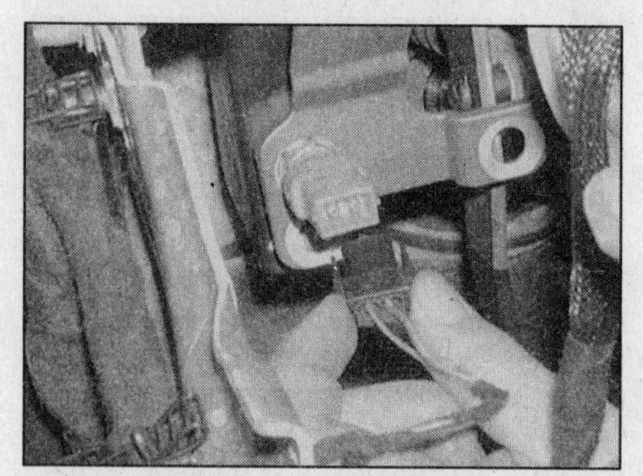

**17.3 Koppla loss kontaktdonet från baksidan av kontakten**

### Montering

**10** Monteringen sker i omvänd ordning mot demonteringen. Se till att vajern dras rätt och fästs med alla relevanta klämmor och fästen. Se i synnerhet till att kabelskyddshylsorna hamnar korrekt på undersidan av handbromsspakens hus. Avsluta med att justera handbromsens funktion enligt beskrivningen i avsnitt 14.

## 17 Bromsljuskontakt – demontering, montering och justering

### Demontering

**1** Bromsljuskontakten sitter på pedalfästbygeln bakom instrumentbrädan. På modeller med farthållare finns det två kontakter på bromspedalen. Bromsljuskontakten är den övre av de två. Den nedre farthållarkontakten kan identifieras med hjälp av de vakuumslangar som leder till den.

**2** Skruva loss fästskruvarna och ta loss förvaringsfacket/klädselpanelen under instrumentbrädan på förarsidan.

**3** Koppla loss batteriets minusledare, koppla sedan loss kontaktdonet från baksidan av kontakten **(se bild)**.

**4** Trampa ner bromspedalen, skruva sedan loss och ta bort den nedre låsmuttern från framsidan av kontakten.

**5** Ta loss kontakten från fästbygeln. Om kontaktens fästklämma och bricka sitter löst, ta bort dem och förvara dem tillsammans med kontakten.

### Montering och justering

**6** Se till att klämman sitter fast ordentligt på pedalens fästbygel.

**7** På vissa modeller, där ingen justering av bromsljuskontakten tidigare utförts, kan det hända att det inte finns någon övre låsmutter. För att en justering ska kunna utföras, måste en M12x1,5 mutter gängas på kontaktaxeln innan kontakten sätts tillbaka på fästbygeln.

**8** Sätt på fjäderbrickan på kontakten. Trampa sedan ner bromspedalen och haka i kontakten i fästklämman och tryck den helt på plats.

**9** Sätt på den nedre låsmuttern på kontakten. Låt sedan bromspedalen långsamt svänga tillbaka till dess viloläge, så att pedalen precis ligger emot kontaktens kolv.

**10** Justera kontaktens position i fästbygeln genom att vrida de övre och nedre låsmuttrarna så att kolven sticker ut mellan 0,1 och 0,5 mm på framsidan av kontakten. Dra åt den nedre låsmuttern när detta mått uppnåtts.

**11** Återanslut kontaktdonet och kontrollera att bromsljusen fungerar. Om bromsljuskontakten inte fungerar tillfredsställande måste den bytas.

**12** Montera tillbaka förvaringsfacket/ klädselpanelen på instrumentbrädan. Avsluta med att återansluta batteriets minusledare.

## 18 Låsningsfria bromsar (ABS) – allmän information

**Observera:** *På modeller med antispinnsystem har ABS-enheten dubbla funktioner och styr både ABS-systemet, det elektroniska differentiallåset (EDL) och systemet för halkskyddsreglering (ASR).*

**1** Alla modeller i serien är utrustade med ABS. Systemet består av en hydraulisk enhet, en styrenhet (ECU) och fyra hjulgivare. Den hydrauliska enheten innehåller åtta hydrauliska solenoidventiler (två för varje broms – en för insug och en för utsläpp) och en elektrisk returpump. Syftet med systemet är att förhindra att hjulen låser sig vid hård inbromsning. Detta uppnås genom att bromsen på relevant hjul släpps upp för att sedan åter läggas an. För bakhjulen gäller att båda bromsarna släpps och läggs an samtidigt.

**2** Solenoidventilerna styrs av styrenheten, som i sin tur tar emot signaler från de fyra hjulgivarna (de främre givarna sitter på naven och de bakre givarna sitter på bakaxeln), som anger rotationshastigheten på respektive hjul. Genom att jämföra dessa signaler kan styrenheten avgöra hur fort bilen går. Med utgångspunkt från denna hastighet kan styrenheten sedan avgöra om ett hjul bromsas onormalt i förhållande till bilens hastighet, och på så sätt förutsäga när ett hjul är på väg att låsa sig. Under normala förhållanden fungerar systemet som ett bromssystem utan ABS.

**3** Om styrenheten registrerar att ett hjul håller på att låsa sig, stängs den relevanta insugningssolenoidventilen i hydraulenheten, som då isolerar bromsen på det hjul som håller på att låsa sig från huvudcylindern så att hydraultrycket stängs in.

**4** Om hjulets rotationshastighet fortsätter att minska med onormal hastighet öppnar styrenheten insugningssolenoidventilerna på den relevanta bromsen, och startar den elektriska returpumpen som pumpar tillbaka hydrauloljan till huvudcylindern, så att bromsen släpper. När hjulets hastighet normaliseras stannar pumpen och solenoidventilerna växlar ännu en gång. Då kan huvudcylinderns hydraultryck åter verka på bromsoket som sedan aktiverar bromsen igen. Den här cykeln kan upprepas flera gånger i sekunden.

**5** Solenoidventilernas och returpumpens verkan skapar pulser i hydraulkretsen. När ABS-systemet arbetar kan dessa pulser kännas i bromspedalen.

**6** På modeller med ett antispinnsystem styr ABS-systemet även EDL- och ASR-funktionerna. Om styrenheten under acceleration känner att ett hjul spinner, används den hydrauliska enheten till att mjukt lägga an bromsen på det hjulet tills det fäster igen. När hjulet fäster igen släpps bromsen.

**7** ABS-systemets funktion är helt beroende av elektriska signaler. För att förhindra att systemet reagerar på felaktiga signaler finns en inbyggd skyddskrets som övervakar alla signaler till styrenheten. Om en felaktig signal eller låg batterispänning upptäcks, stängs ABS-systemet automatiskt av och varningslampan på instrumentbrädan tänds för att informera föraren om att ABS-systemet inte längre fungerar. Normal bromseffekt ska dock finnas kvar.

**8** Tidiga modeller utrustades med Bosch ABS 5.0, där styrenheten är skild från hydraulenheten. Senare modeller utrustades med Bosch ABS 5.3, där styrenheten och hydraulenheten sitter ihop.

**9** Om något fel uppstår i ABS-systemet måste bilen lämnas till en Audi/VAG-verkstad för feldiagnos och reparation.

## 19 Låsningsfria bromsar (ABS) – demontering och montering av komponenter

### Hydraulenhet

***Varning: Koppla ur batteriet innan någon hydraulisk anslutning i bromssystemet kopplas loss, och koppla inte in batteriet igen förrän efter det att bromssystemet har återanslutits och oljebehållaren fyllts på. Underlåtelse att göra detta kan leda till att luft kommer in i hydraulenheten. Om så inträffar måste enheten luftas med särskild testutrustning från Audi/VAG (se avsnitt 2).***

**Observera:** *Audi anger att hydraulenhetens funktion måste testas med specialutrustning efter återmontering. Därför rekommenderas att demontering och montering av enheten anförtros åt en Audi/VAG-verkstad. Om du ändå beslutar dig för att demontera/montera enheten på egen hand, se till att bromssystemets funktion kontrolleras av en Audi/VAG-återförsäljare så snart som möjligt.*

**Demontering**

**1** Koppla loss batteriets minuspol.

**2** Om det behövs, skruva loss fästskruven

och ta bort reläkåpan av plast från hydraulenheten.

**3** Lossa låsbalken och koppla loss huvudkontaktdonet från hydraulenheten.

**4** Om så behövs, skruva loss fästmuttern och koppla loss jordledningen från regulatorn.

**5** Lyft upp framvagnen och ställ den på pallbockar, demontera sedan vänster framhjul.

**6** Anslut ett stycke slang till det vänstra främre bromsokets luftningsskruv och stoppa ner den andra änden av slangen i en lämplig behållare, enligt beskrivningen i avsnitt 2. Öppna luftningsskruven och trampa sedan ner bromspedalen en gång och håll kvar den nedtryckt med en lämplig vikt, eller kila fast den med t.ex. en träbit. Stäng luftningsskruven när bromsoljan har runnit ut i behållaren. **Observera**: *Bromspedalen måste hållas nedtryckt tills bromsrören har återanslutits till hydraulenheten, sist i detta arbetsmoment.*

**7** Rengör området runt alla röranslutningar och markera bromsoljerörens placering för att underlätta korrekt återmontering. Skruva loss anslutningsmuttrarna och koppla loss rören från regulatorn. Var beredd på oljespill och plugga igen röröppningarna och hydraulenhetens anslutningar för att förhindra att smuts kommer in i systemet och att ytterligare olja spills.

**8** Skruva loss hydraulenhetens fästmuttrar och ta bort enheten från motorrummet. Om det behövs kan fästbygeln skruvas loss och tas bort från bilen. Byt ut regulatorfästena om de visar tecken på slitage eller skador. **Observera:** *Håll hydraulenheten upprätt för att minimera risken för oljespill, och för att förhindra luftspärrar inne i enheten.*

### Montering

**Observera:** *Nya hydraulenheter är redan fyllda med bromsolja och helt luftade. Det är mycket viktigt att anslutningspluggarna inte tas bort förrän bromsrören återanslutits, eftersom luft kommer att komma in i enheten om olja läcker ut.*

**9** Sätt hydraulenheten på plats i fästbygeln och dra åt fästmuttrarna till angivet moment.

**10** Ta bort pluggarna och återanslut bromsrören till rätt anslutningar på enheten. Dra åt anslutningsmuttrarna till angivet moment.

**11** Återanslut kontaktdonet ordentligt till hydraulenheten och sätt tillbaka kåpan (om det behövs).

**12** Fyll bromsoljebehållaren med ny olja (se *Veckokontroller*) och återanslut batteriet.

**13** Ta bort vikten/kilen från bromspedalen och lufta sedan hela bromssystemet enligt beskrivningen i avsnitt 2. Kontrollera bromssystemets funktion noga innan du använder bilen i trafik. Låt en Audi/VAG-verkstad kontrollera ABS-systemets funktion så snart som möjligt.

## *Styrenhet - modeller med Bosch ABS 5.0*

### Demontering

**14** Ta bort baksätets sittdyna enligt beskrivningen i kapitel 11 för att komma åt styrenheten.

**15** Skruva loss fästskruvarna och lyft bort styrenheten från golvplattan.

**16** Se till att tändningen är avslagen, lossa sedan fästklämman och koppla loss kontaktdonet från styrenheten. Ta bort styrenheten från bilen.

### Montering

**17** Monteringen sker i omvänd ordningsföljd mot demonteringen. Se till att kontaktdonet är återanslutet ordentligt.

## *Främre hjulgivare*

### Demontering

**18** Koppla loss batteriets minusledare.

**19** Dra åt handbromsen, lyft upp framvagnen och ställ den på pallbockar. Demontera hjulet för att komma åt lättare.

**20** Följ kabeln bakåt från givaren, ta loss den från alla relevanta klamrar och notera hur den är dragen. Koppla sedan loss kontaktdonet.

**21** Dra försiktigt ut givaren från navhållaren och ta bort den från bilen. Med givaren borttagen, dra ut gummitätningen och klammerhylsan från navhållaren **(se bild)**.

### Montering

**22** Se till att givarens, klämringens och hjulspindelns kontaktytor är rena och torra, och smörj sedan klammerhylsans och hjulgivarens ytor med lite kopparbaserat fett.

**23** Tryck in klammerhylsan helt i hjulspindeln, sätt sedan i hjulgivaren tillsammans med gummitätningen. Se till att givarens kabel sitter korrekt och tryck sedan in givaren ordentligt på plats helt in i hjulspindeln.

**24** Kontrollera att givaren sitter säkert. Arbeta sedan längs givarkablaget och se till att det dras korrekt. Fäst det på plats med alla relevanta klämmor och fästen. Återanslut kontaktdonet.

**25** Montera tillbaka hjulet (om det demonterats), sänk sedan ner bilen och dra åt hjulbultarna till angivet moment (se kapitel 1A eller 1B). Återanslut batteriets minuspol.

**19.21 Demontering av en ABS-givare på ett framhjul**

## *Bakre hjulgivare*

### Demontering

**26** Koppla loss batteriets minusledare.

**27** Ta bort baksätets sittdyna (se kapitel 11) och leta reda på bakhjulsgivarens ABS-kontaktdon. Koppla loss relevant kontaktdon och lossa kablaget från fästklämmorna.

**28** Klossa framhjulen, lyft sedan upp bakvagnen och ställ den på pallbockar. Demontera relevant hjul för att komma åt lättare.

**29** På undersidan av bilen, följ kablaget bakåt från givaren och lossa det från alla relevanta klämmor. Skruva loss fästbultarna och ta bort kablagets skyddskåpa från bakaxeln, lossa sedan kabelgenomföringen från karossen och dra igenom kabeln så att den kan tas bort tillsammans med givaren.

**30** Dra försiktigt ut givaren från axeln och ta bort den från bilen. Med givaren borttagen, dra bort klammerhylsan **(se bilder)**.

### Montering

**31** Se till att givarens, klämringens och axelns kontaktytor är rena och torra, smörj sedan klammerhylsans och hjulgivarens ytor med lite kopparbaserat fett.

**32** Tryck in klammerhylsan helt i axeln och sätt i hjulgivaren. Se till att givarens kabel sitter korrekt och tryck in givaren ordentligt på plats helt in i axeln.

**19.30a Ta bort givaren från axeln (axeltappen och bromsoket har tagits bort för att det ska synas bättre)**

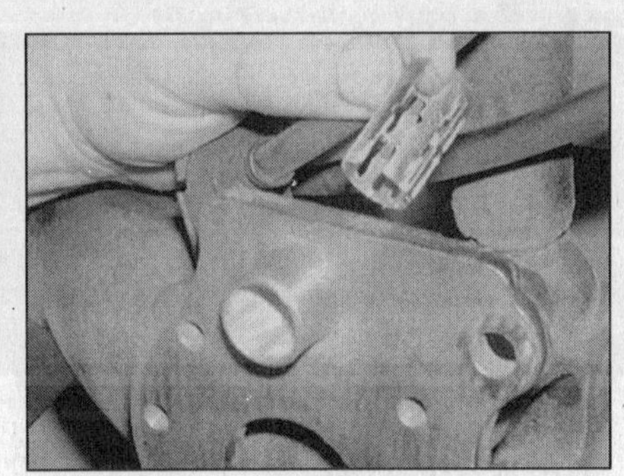

**19.30b Dra bort klammerhylsan**

**33** Kontrollera att givaren sitter fast ordentligt. Arbeta sedan längs givarens kablage, se till att det är korrekt draget och fäst det på plats med alla relevanta klämmor och fästen. Montera tillbaka kablagets skyddskåpa på axeln, dra åt fästskruvarna ordentligt, mata sedan upp kontaktdonet genom karossen och sätt kabelgenomföringen på rätt plats.

**34** Montera tillbaka hjulet, sänk sedan ner bilen och dra åt hjulbultarna till angivet moment (se kapitel 1A eller 1B).

**35** Återanslut givarens kablage, sätt tillbaka sittdynan och återanslut batteriets minuspol.

## 20 Vakuumpump (dieselmodeller) – demontering och montering

### Demontering

**1** Bänd loss kåporna och skruva sedan loss fästmuttrarna och ta bort den övre kåpan från motorn. Vakuumpumpen sitter baktill till vänster på motorblocket.

**2** Lossa fästklämman och koppla loss vakuumslangen ovanpå pumpen.

**3** Skruva loss fästbulten och ta bort pumpens fästklämma från motorblocket.

**4** Ta loss vakuumpumpen från motorblocket och ta loss tätningsringen. Kasta tätningsringen och använd en ny vid återmonteringen.

### Montering

**5** Sätt på den nya tätningen på vakuumpumpen och olja in den lätt för att underlätta monteringen.

**6** Sätt vakuumpumpen på plats och se till att spåret i drivhjulet är i linje med klacken på drivaxeln **(se bild)**.

**7** Sätt tillbaka fästklämman och dra åt dess fästbult ordentligt.

**8** Återanslut vakuumslangen till pumpen och säkra den med fästklämman.

**9** Sätt tillbaka den övre kåpan på motorn och dra åt dess fästmuttrar ordentligt.

**20.6 Vid återmonteringen, se till att spåret i vakuumpumpens drivhjul (vid pilen) är rätt inpassat mot klacken på drivaxeln**

# Kapitel 10
# Fjädring och styrning

## Innehåll



## Svårighetsgrader

| | | | | |
|---|---|---|---|---|
| **Enkelt,** passar novisen med lite erfarenhet  | **Ganska enkelt,** passar nybörjaren med viss erfarenhet  | **Ganska svårt,** passar kompetent hemmamekaniker  | **Svårt,** passar hemmamekaniker med erfarenhet  | **Mycket svårt,** för professionell mekaniker  |

## Specifikationer

### Hjulinställning och styrvinklar

***Observera:*** *Modeller byggda från 1998 och framåt är utrustade med en fästbygel av aluminium till den övre tvärarmen. Denna ersatte stålversionen som finns på tidigare modeller. Observera skillnaderna i framfjädringens inställning.*

| | |
|---|---|
| Framhjulsinställning (modeller med fästbygel av stål till den övre tvärarmen): | |
| Toe-inställning: | |
| Standard | +10' ± 2' |
| Vid 20° styrningsvinkel | -1° 20' ± 30' |
| Cambervinkel: | |
| Standardinställning:* | |
| Standardfjädring (kod 1BA) | -25' ± 25' |
| Sportfjädring (kod 1BE) | -40' ± 25' |
| Förstärkt drev (kod 1BP) | -25' ± 25' |
| Förstärkt fjädring (kod 1BB) | -15' ± 25' |
| Förstärkt fjädring (kod 1BT) | -30' ± 25' |
| Maximal skillnad mellan sidor | ± 30' |
| Framhjulsinställning (modeller med fästbygel av aluminium till den övre tvärarmen): | |
| Toe-inställning: | |
| Standard | +10' ± 2' |
| Vid 20° styrningsvinkel | -1° 20' ± 30' |
| Cambervinkel: | |
| Standardinställning:* | |
| Standardfjädring (kod 1BA) | -35' ± 25' |
| Sportfjädring (kod 1BE) | -50' ± 25' |
| Förstärkt drev (kod 1BP) | -35' ± 25' |
| Förstärkt fjädring (kod 1BB) | -20' ± 25' |
| Förstärkt fjädring (kod 1BT) | -30' ± 25' |
| Maximal skillnad mellan sidor | ± 30' |

## Hjulinställning och styrvinklar (fortsättning)

| | |
|---|---|
| Bakhjulsinställning | |
| Toe-inställning:* | |
| Standardfjädring (kod 1BA) | +20' + 15' -10' |
| Sportfjädring (kod 1BE) | +28' +15' -10' |
| Förstärkt drev (kod 1BP) | +20' + 15' -10' |
| Förstärkt fjädring (kod 1BB) | +14' + 15' - 10' |
| Förstärkt fjädring (kod 1BT) | +17' + 15' - 10' |
| Cambervinkel: | |
| Standardinställning | -1° 30' ± 20' |
| Maximal skillnad mellan sidor | 30' |

**Koden för fjädringstypen är instansad på chassinummerplåten*

## Hjul

| | |
|---|---|
| Typ | Pressat stål eller aluminiumlegering (beroende på modell) |

## Storlek:

| | |
|---|---|
| Normala hjul | 6J x 15, 7J x 15, 7J x 16 (beroende på modell) |
| Reservhjul ("utrymmesbesparande") | 4B x 15 |
| Däcktryck | Se *Veckokontroller* |

## Åtdragningsmoment

| | Nm |
|---|---|
| **Framfjädring** | |
| Krängningshämmare: | |
| Länk (tidigare modeller med kulleder): | |
| Mutter mellan nedre anslutning och krängningshämmare*: | |
| Steg 1 | 100 |
| Steg 2 | Vinkeldra ytterligare 90° |
| Mutter mellan övre anslutning och fjädringsarm *: | |
| Steg 1 | 40 |
| Steg 2 | Vinkeldra ytterligare 90° |
| Länk (senare modeller med gummibussningar): | |
| Mutter mellan nedre anslutning och krängningshämmare* | 40 |
| Steg 2 | Vinkeldra ytterligare 90° |
| Mutter mellan övre anslutning och fjädringsarm *: | |
| Steg 1 | 40 |
| Steg 2 | Vinkeldra ytterligare 90° |
| Fästklammermuttrar* | 25 |
| Navbult: | |
| M14 bult: | |
| Steg 1 | 115 |
| Steg 2 | Vinkeldra ytterligare 180° |
| M16 bult: | |
| Steg 1 | 190 |
| Steg 2 | Vinkeldra ytterligare 180° |
| Nedre fjädringsarmar: | |
| Mutter mellan främre nedre arm och hjulspindelns spindelled * | 100 |
| Mutter mellan främre nedre arm och kryssrambalk *: | |
| Steg 1 | 80 |
| Steg 2 | Vinkeldra ytterligare 90° |
| Mutter mellan bakre nedre arm och hjulspindelns spindelled* | 100 |
| Mutter mellan bakre nedre arm och kryssrambalk *: | |
| Steg 1 | 90 |
| Steg 2 | Vinkeldra ytterligare 90° |
| Kryssrambalk: | |
| Främre fästbygelbultar* | 75 |
| Huvudfästbultar *: | |
| Steg 1 | 110 |
| Steg 2 | Vinkeldra ytterligare 90° |
| Bakre fästbygelbultar*: | |
| Undersidan av bultskallen slät | 25 |
| Undersidan av bultskallen räfflad | 75 |
| Fjäderben: | |
| Nedre fästmutter till fjädringsarm * | 90 |
| Kolvstångens mutter* | 60 |
| Övre fästmuttrar * | 43 |

## Åtdragningsmoment (forts.)

| | Nm |
|---|---|
| **Framfjädring (forts.)** | |
| Övre fjädringsarmar: | |
| Bultar mellan fästbygel och kaross | 75 |
| Mutter mellan främre övre arm och fästbygel*: | |
| Steg 1 | 50 |
| Steg 2 | Vinkeldra ytterligare 90° |
| Klämbultsmutter mellan hjulspindel och övre arm* | 40 |
| Mutter mellan bakre övre arm och fästbygel*: | |
| Steg 1 | 50 |
| Steg 2 | Vinkeldra ytterligare 90° |
| **Bakfjädring** | |
| Axelns styrbult och mutter *: | |
| Steg 1 | 80 |
| Steg 2 | Vinkeldra ytterligare 90° |
| Fästbultar, axelns styrfästbygel till karossen* | 75 |
| Navmutter | Justera enligt beskrivningen i texten (avsnitt 8) |
| Fjäderben: | |
| Nedre fästbultsmutter *: | |
| Steg 1 | 50 |
| Steg 2 | Vinkeldra ytterligare 90° |
| Stötdämparkolvens mutter* | 25 |
| Övre fästbultar | 25 |
| Axeltappsbultar | 30 |
| **Styrning** | |
| Servostyrningspumpens fästbultar | 20 |
| Rattstång: | |
| Fästbultar | 23 |
| Universalkopplingens klämbultsmutter | 30 |
| Styrväxel: | |
| Hydraulrörsanslutningarnas bultar: | |
| Matarrör | 40 |
| Returrör | 50 |
| Hydraulrörets fästbygelbult | 20 |
| Centreringshålets plugg | 13 |
| Fästbultar | 65 |
| Mutter mellan styrningsdämpare och styrstag | 10 |
| Bult mellan styrningsdämpare och styrväxelhus | 35 |
| Rattens fästbult * | 60 |
| Styrstag: | |
| Justeringslåsmutter | 40 |
| Mutter mellan spindelled och hjulspindel* | 50 |
| Justerbult för toe-inställning | 7 |
| Styrstag till styrväxel | 100 |
| **Hjul** | |
| Hjulbultar | 120 |

*Använd ny mutter/bult*

## 1 Allmän information

**1** Framfjädringen är helt individuell, med fyra tvärarmar (två övre och två nedre) samt en solid hjulspindel formad som ett dubbelt Y med olika långa armar. Fjäderben med spiralfjädrar över teleskopiska stötdämpare är anslutna mellan den främre nedre tvärarmen och övre tvärarmens fästbygel. Navhållarna innehåller hjullagren, bromsoken och naven/skivorna. De sitter fästa vid de övre och nedre tvärarmarna med spindelleder. En främre krängningshämmare finns monterad på alla modeller. Krängningshämmaren är fäst med gummifästen på kryssrambalken och är ansluten till de främre nedre tvärarmarna via en länk. Kryssrambalken ger fäste åt alla nedre fjädringskomponenter samt motorns och växellådans fästen.

**2** Bakfjädringen består av en torsionsaxel med hjälparmar, som är anslutna till karossen med gummibussningar. Axeln är fäst vid de nedre ändarna av de bakre fjäderbenen, vilka innehåller spiralfjädrar och en teleskopisk stötdämpare. Det finns även en bakre krängningshämmare.

**3** Fjädringens typkod är instansad på chassinummerplåten och på identifikationsetiketten i reservhjulsbrunnen **(se bild)**.

**4** Rattstången har en flexibel koppling i nedre änden och är fäst vid styrväxelns kugghjul med en klämbult.

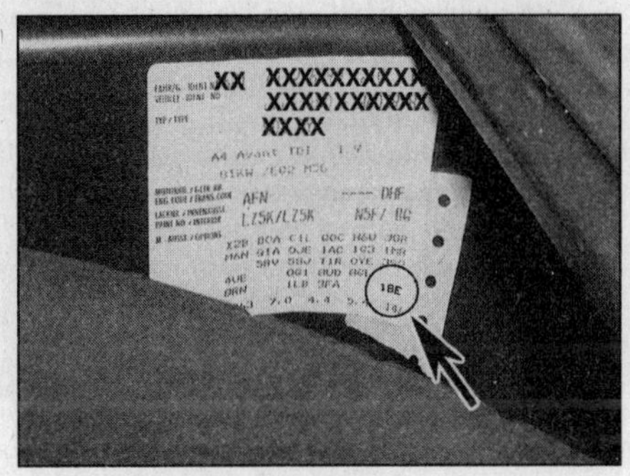


**1.3 Fjädringens typkod är instansad på chassinummerplåten och på identifikationsetiketten i reservhjulsbrunnen (vid pilen)**

**5** Styrväxeln är fäst vid karossen och är ansluten med två styrstag, som har spindelleder i ytterändarna, till armar som sticker ut bakåt från fjädringens hjulspindlar. Styrstagsändarna är gängade för att möjliggöra justering. Det hydrauliska styrningssystemet drivs av en remdriven pump som i sin tur drivs från vevaxelns remskiva.

## 2 Främre hjullager – byte

**Observera:** *Navlagret är förseglat, förinställt och försmort, det har dubbla valsar och är konstruerat för att hålla hela bilens livstid utan att behöva service. Dra aldrig åt navbulten för hårt för att försöka justera lagret.*

**Observera:** *En hydraulisk press krävs för att ta isär och bygga ihop enheten. Om ett sådant verktyg inte finns tillgängligt, kan ett stort skruvstäd och mellanlägg (t.ex. stora hylsor) användas istället. De inre lagerbanorna sitter presspassade på navet. Om den inre banan sitter kvar på navet när lagret pressas ut ur hjulspindeln, krävs en kniveggad lageravdragare för att ta bort den.*

**1** Parkera bilen på plant underlag och slå av tändningen. Dra åt handbromsen ordentligt och lägg i första växeln.

**2** Ta bort navkapseln/hjulsidan. Lossa sedan drivaxelbulten några varv enligt beskrivningen i kapitel 8, avsnitt 2.

**3** Lyft upp framvagnen och ställ den på pallbockar. Demontera relevant framhjul.

**4** På bilar utrustade med strålkastare med bågljuslampor, lossa klämman och koppla loss bilens nivågivares dragstång från den främre nedre tvärarmen. Se kapitel 12 för ytterligare information.

**5** Utför följande enligt instruktionerna i kapitel 9:

a) *Skruva loss bromsoket tillsammans med fästbygeln från hjulspindeln och låt det hänga från spiralfjädern.*
b) *Demontera bromsskivan.*
c) *Ta bort ABS-systemets hjulhastighetsgivare från hjulspindelns nederdel. Lossa ABS-systemets hjulgivarkablage från fästklämmorna i hjulhuset. Fäst upp kablaget så att det är ur vägen för arbetet.*

**6** Skruva loss skruvarna och ta loss bromsskivans sköld från hjulspindeln.

**7** Skruva loss fästmuttrarna, ta sedan loss den främre och bakre nedre tvärarmen från hjulspindelns nederdel med hjälp av en kulledsavdragare (se avsnitt 5). Var försiktig så att inte gummidamaskerna skadas.

**8** Skruva loss styrstagets spindelled från hjulspindeln enligt beskrivningen i avsnitt 21.

**9** Skruva loss fästmuttern och ta loss klämbulten från hjulspindelns överdel (se avsnitt 5). Ta loss den främre och bakre övre tvärarmens spindelleder från överdelen av hjulspindeln. Försök dock inte lossa spindelledsstiften genom att tvinga isär springorna med en skruvmejsel eller liknande. Var noga med att inte skada spindelledsdamaskerna.

**10** Greppa hjulspindeln och dra långsamt bort den från drivaxeln. Använd en navavdragare om navet sitter hårt på drivaxeln.

**11** Stöd hjulspindelns nederdel ordentligt på klossar eller i ett skruvstäd. Tryck ut navflänsen ur lagret med ett rörformigt mellanlägg som bara ligger an mot navflänsens inre kant. Om lagrets inre bana sitter kvar på navet, ta bort den med en lageravdragare (se anmärkningen ovan).

**12** Stöd hjulspindelns utsida ordentligt. Använd sedan ett rörformat mellanlägg som endast vilar på den inre banan och tryck ut hela lagerenheten från fjädebenet.

**13** Rengör navet och hjulspindeln noga. Torka bort alla spår av smuts och fett, och putsa bort alla gjutgrader eller kanter som kan vara till hinder vid återmonteringen. Leta både efter sprickor och andra tecken på slitage eller skador. Byt dem om det behövs.

**14** Stöd insidan av hjulspindelns nederdel ordentligt och placera lagret i loppet. Se till att den inre lagerbanan med större diameter är riktad utåt (mot navflänsen). Tryck sedan in lagret med ett rörformat mellanlägg som endast vilar på den yttre banan. Se till att lagret går rakt in i hjulspindeln och att det trycks helt på plats.

**15** Stöd navflänsens utsida ordentligt och placera hjullagrets inre bana över navflänsens ände. Använd ett rörformigt mellanlägg som endast ligger an mot den inre banan. Tryck lagret över navet tills det ligger mot klacken.

**16** Kontrollera att navflänsen kan vridas fritt, utan att kärva eller fastna.

**17** Passa in hjulspindeln i hjulhuset och för drivaxeln genom navets centrum. Sätt i den nya drivaxelbulten, men dra bara åt den för hand i det här stadiet.

**18** Återanslut de nedre tvärarmarna till hjulspindelns nederdel enligt beskrivningen i avsnitt 5. Montera nya självlåsande muttrar och dra åt dem till angivet moment.

**19** Återanslut de övre tvärarmarna till överdelen av hjulspindeln enligt beskrivningen i avsnitt 5. Montera klämbulten tillsammans med en ny självlåsande mutter och dra åt till angivet moment. Tryck ner båda tvärarmarna medan muttern dras åt så att spindellederna sätter sig ordentligt i hjulspindeln.

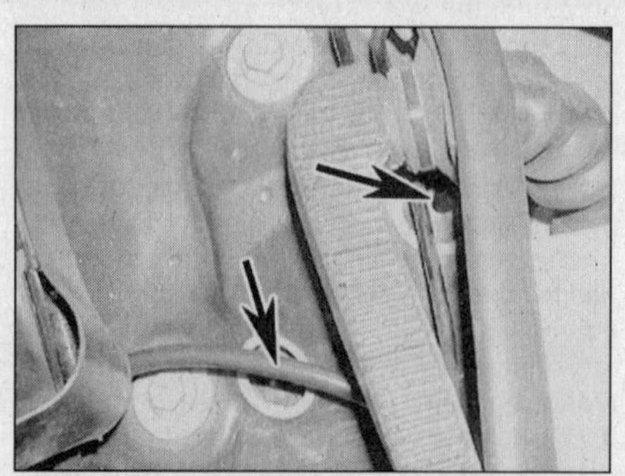
**3.4a Man kommer åt fjäderbenets övre fästmuttrar genom två hål (vid pilarna) i torpedplåten i motorrummets bakre del**

**20** Återanslut styrstagets spindelled till navet enligt beskrivningen i avsnitt 21. Montera en ny fästmutter och dra åt den och justeringsbulten till angivna moment.

**21** Montera bromsskivans sköld och dra åt fästskruvarna ordentligt.

**22** Se lämpliga avsnitt av kapitel 9 och utför följande:

a) *Montera ABS-systemets hjulhastighetsgivare på hjulspindeln och fäst kablaget med klämmor i hjulhuset.*
b) *Montera bromsskivan.*
c) *Montera bromsoket.*

**23** På bilar utrustade med strålkastare med bågljuslampor, fäst klämman för att återansluta bilens nivågivares dragstång vid den främre nedre tvärarmen. Se kapitel 12 för ytterligare information.

**24** Montera hjulet och dra åt bultarna till angivet moment. Sänk sedan ner bilen.

**25** Dra åt drivaxelbulten till angivet moment enligt beskrivningen i kapitel 8 avsnitt 2. Montera sedan navkapseln/hjulsidan.

**26** Det är viktigt att avsluta med att kontrollera att framhjulsinställningen är korrekt. Om den behöver justeras ska den lämnas till en Audiverkstad eller till en däckspecialist.

## 3 Främre fjäderben – demontering och montering

### *Demontering*

**1** Ta bort navkapseln/hjulsidan. Lossa sedan hjulbultarna ett halvt varv med bilen stående på hjulen.

**2** Klossa bakhjulen och dra åt handbromsen ordentligt. Lyft upp framvagnen och stöd den ordentligt på pallbockar. Demontera relevant framhjul.

**3** På bilar utrustade med strålkastare med bågljuslampor, lossa klämman och koppla loss bilens nivågivares dragstång från den främre nedre tvärarmen. Se kapitel 12 för ytterligare information.

**4** Man kommer åt fjäderbenets övre fästmuttrar genom två hål i torpedplåten i motorrummets bakre del, som är igenpluggade med gummimuffar. Stöd hjulspindelns undersida med en garagedomkraft eller en pallbock. Bänd sedan ut muffarna och skruva loss fjäderbenets övre fästmuttrar med en hylsnyckel med långt förlängningsskaft **(se bilder)**.

**5** Lossa ABS-systemets hjulhastighetsgivare från fästklämmorna och placera den ur vägen för fjäderbenet (se kapitel 9, avsnitt 19).

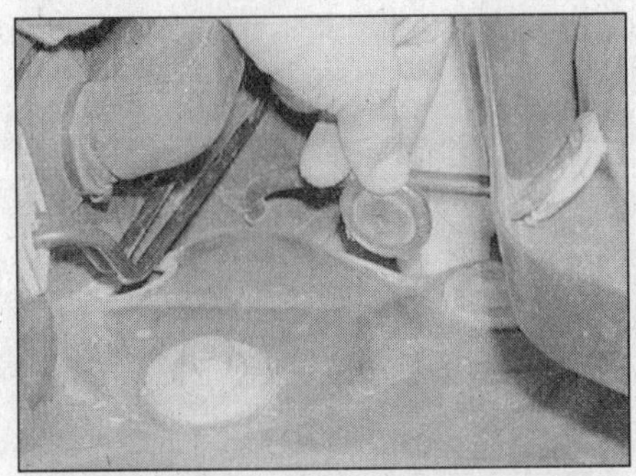

3.4b Bänd ut gummimuffarna . . .

3.4c . . . och skruva loss benets övre fästmuttrar med en hylsnyckel med långt förlängningsskaft

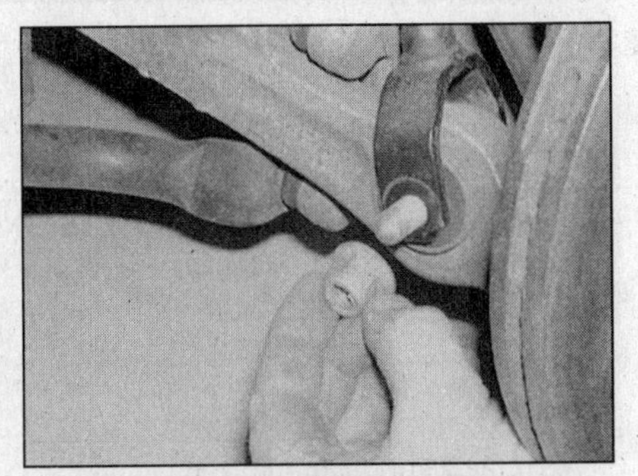

3.8 Skruva loss muttern och ta bort fjäderbenets nedre fästbult från tvärarmen

3.9 Lossa fjäderbenets övre pinnbultar från fästbygeln och dra bort fjäderbenet från hjulhuset

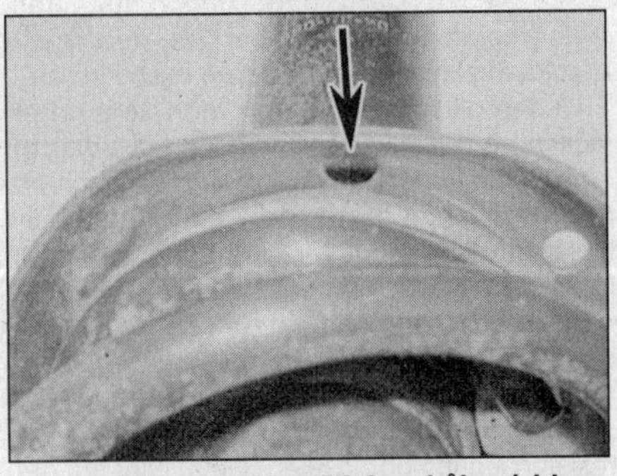

3.10 Se till att inställningshålen (vid pilarna) i fjäderbenets nedre spiralfjädersäte är riktade inåt, mot bilen

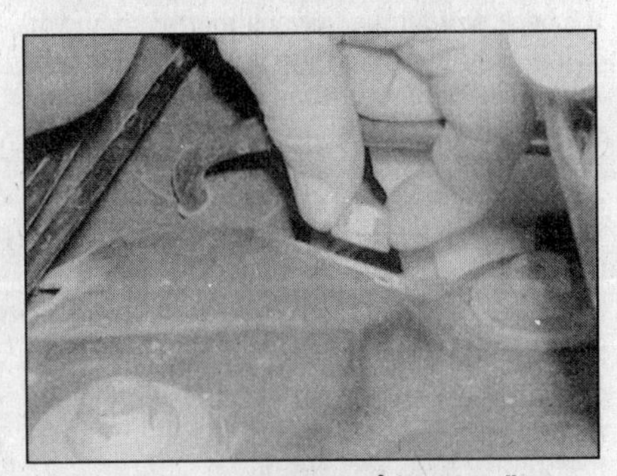

3.14 Sätt nya muttrar på benens övre pinnbultar

6 Arbeta i hjulhuset. Skruva loss fästmuttern och ta loss klämbulten från hjulspindelns översida (se avsnitt 5). Ta loss den främre och bakre övre tvärarmens spindelleder från hjulspindelns överdel. Försök dock inte lossa spindelledsstiften genom att tvinga isär springorna med en skruvmejsel eller liknande. Var noga med att inte skada spindelledsdamaskerna.

7 Skruva loss fästmuttrarna. Ta sedan loss den bakre nedre tvärarmen från hjulspindelns nederdel med hjälp av en kulledsdelare. Undvik att skada gummidamaskerna (se avsnitt 5). Detta gör det möjligt att dra bort fjäderbenets nedre fästbult från den främre nedre tvärarmen.

8 Skruva loss muttern och ta bort fjäderbenets nedre fästbult från tvärarmen **(se bild)**.

9 Lossa fjäderbenets övre pinnbultar från fästbygeln och dra bort fjäderbenet från hjulhuset **(se bild)**.

### Montering

10 Passa in fjäderbenet i hjulhuset och fäst de övre pinnbultarna i fästbygeln. Se till att inställningshålet i fjäderbenets nedre spiralfjädersäte är riktat inåt, mot bilen **(se bild)**.

11 Skruva fast fjäderbenets nedre fäste vid den nedre tvärarmen. Sätt dit en ny fästmutter men dra bara åt den för hand på det här stadiet.

12 Återanslut den nedre tvärarmen till hjulspindelns nederdel enligt beskrivningen i avsnitt 5. Montera en ny självlåsande mutter och dra åt den till angivet moment.

13 Återanslut de övre tvärarmarna till överdelen av hjulspindeln enligt beskrivningen i avsnitt 5. Montera klämbulten tillsammans med en ny självlåsande mutter och dra åt till angivet moment. Tryck ner båda tvärarmarna medan muttern dras åt så att spindellederna sätter sig ordentligt i hjulspindeln.

14 Montera nya muttrar på fjäderbenens övre pinnbultar och dra åt dem till angivet moment **(se bild)**. Sätt tillbaka gummimuffarna i åtkomsthålen.

15 Montera ABS-systemets hjulhastighetsgivare i fästklämmorna.

16 På bilar utrustade med strålkastare med bågljuslampor, fäst klämman för att återansluta bilens nivågivares dragstång vid den främre nedre tvärarmen. Se kapitel 12 för ytterligare information.

17 Montera hjulet och dra åt bultarna till angivet moment. Sänk sedan ner bilen.

18 Låt bilen stå på marken. Dra åt fjäderbenets nedre fästbultsmutter till angivet moment.

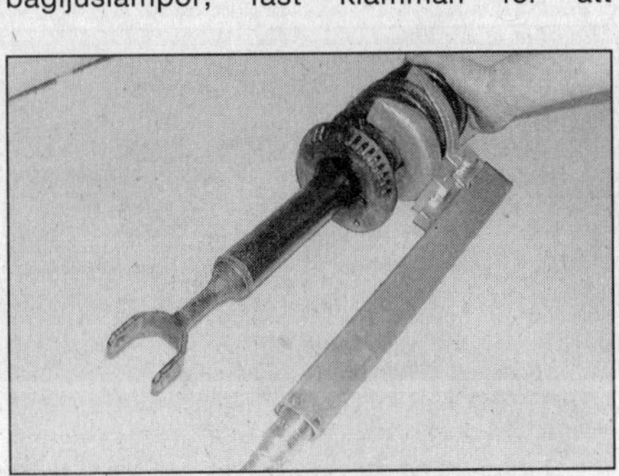

4.2 Tryck ihop spiralfjädern jämnt och stegvis tills fjädersätena avlastas

## 4 Främre fjäderben – renovering

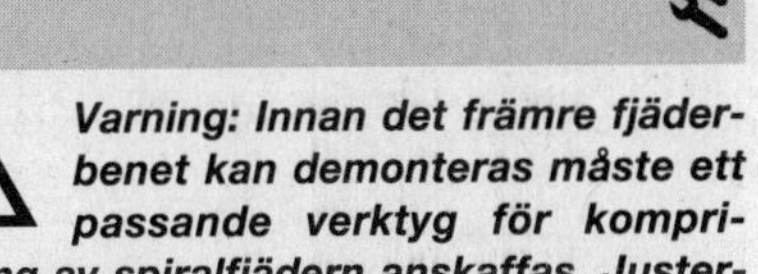

***Varning: Innan det främre fjäderbenet kan demonteras måste ett passande verktyg för komprimering av spiralfjädern anskaffas. Justerbara spiralfjäderkompressorer finns att köpa och rekommenderas för detta arbete. Alla försök att ta isär fjäderbenet utan ett sådant verktyg innebär stora risker för materiella skador och/eller personskador.***

1 Ta bort fjäderbenet från bilen och tvätta bort all yttre smuts. Om det behövs kan fjäderbenet fästas upprätt i ett skruvstäd för att stå stadigt. Klä skruvstädskäftarna med trä eller aluminium för att hindra att fjäderbenets nedre fästen skadas.

2 Montera fjäderkompressorn och tryck ihop spiralfjädern jämnt och stegvis tills fjädersätena avlastas **(se bild)**.

**4.3 Lossa stötdämparkolvens mutter samtidigt som kolven hålls fast med en lämplig insexnyckel**

**4.4a Ta bort muttern . . .**

**4.4b . . . lyft sedan bort fästplattan . . .**

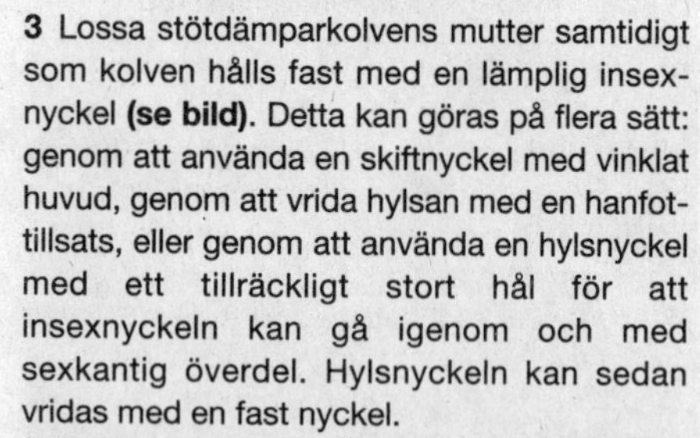

**3** Lossa stötdämparkolvens mutter samtidigt som kolven hålls fast med en lämplig insexnyckel **(se bild)**. Detta kan göras på flera sätt: genom att använda en skiftnyckel med vinklat huvud, genom att vrida hylsan med en hanfottillsats, eller genom att använda en hylsnyckel med ett tillräckligt stort hål för att insexnyckeln kan gå igenom och med sexkantig överdel. Hylsnyckeln kan sedan vridas med en fast nyckel.

**4** Ta bort muttern. Lyft sedan bort fästplattan följt av brickan, det övre fjädersätet och det övre fjäderfästet **(se bilder)**.

**5** Ta bort dammdamasken, stoppklacken av gummi samt skyddskåpan från stötdämparkolven. Lyft sedan bort spiralfjädern (tillsammans med kompressorn) **(se bilder)**.

**6** Ta bort det nedre fjäderfästet **(se bild)**. Lossa sedan det nedre fjädersätet från stötdämparhuset om det behövs, genom att knacka försiktigt på det med en mjuk klubba.

**7** Undersök stötdämparen och leta efter tecken på oljeläckage. Undersök kolvstången efter tecken på punktkorrosion längs med hela dess längd. Kontrollera att stötdämparhuset inte är skadat eller kraftigt korroderat. Kontrollera stötdämparens funktion genom att hålla den upprätt och först röra kolven ett fullt slag, och sedan flera korta slag på 50 till 100 mm. I båda fallen ska motståndet vara störningsfritt och kontinuerligt. Om resistansen är hoppig eller ojämn, eller om det finns synliga tecken på att stötdämparen är sliten eller skadad, måste den bytas ut. **Observera:** *Stötdämpare måste bytas ut parvis för att bilens köregenskaper ska behållas.*

**8** Undersök övriga komponenter efter tecken på skador eller slitage och byt dem om det behövs.

**9** Montera det nedre fjädersätet på stötdämparhuset så att inställningshålet hamnar i 90° i förhållande till fjäderbenets nedre fästbults axel.

**10** Montera det nedre fjäderfästet. Se till att det hakar i korrekt med urtaget i det nedre fjädersätet.

**11** För skyddskåpan, stoppklacken och dammdamasken över änden på kolvstången och tryck dem ordentligt på plats. Se till att dammdamaskens nedre ände fästs korrekt i fjäderbenets nederdel.

**12** Montera den hoptryckta spiralfjädern på fjäderbenets nederdel. Se till att spiralens ände vilar mot motsvarande stopp på fjäderfästet **(se bild)**.

**4.4c . . . följt av brickan . . .**

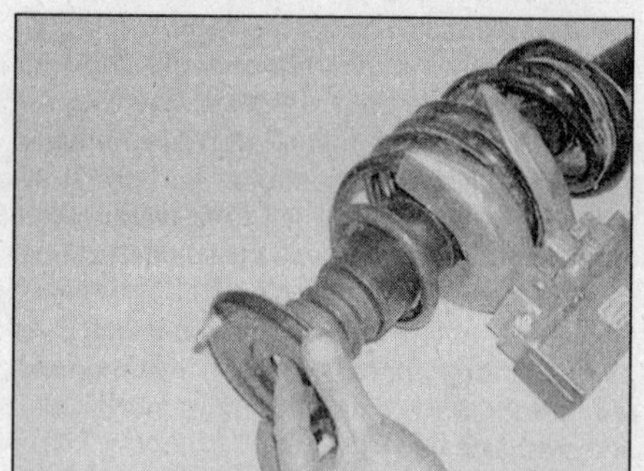

**4.4d . . . det övre fjädersätet och det övre fjäderfästet**

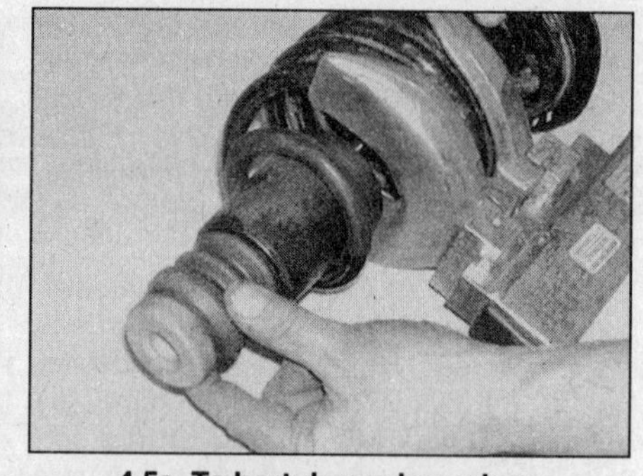

**4.5a Ta bort dammdamasken, gummistoppklacken och skyddskåpan från stötdämparkolven . . .**

**4.5b . . . lyft sedan bort spiralfjädern (tillsammans med kompressorn)**

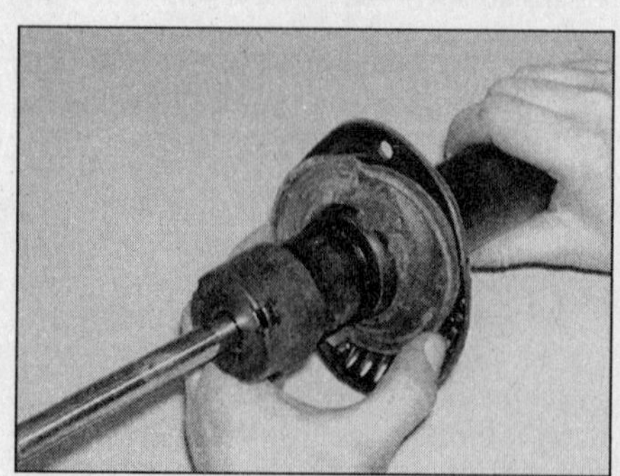

**4.6 Ta bort det nedre fjäderfästet**

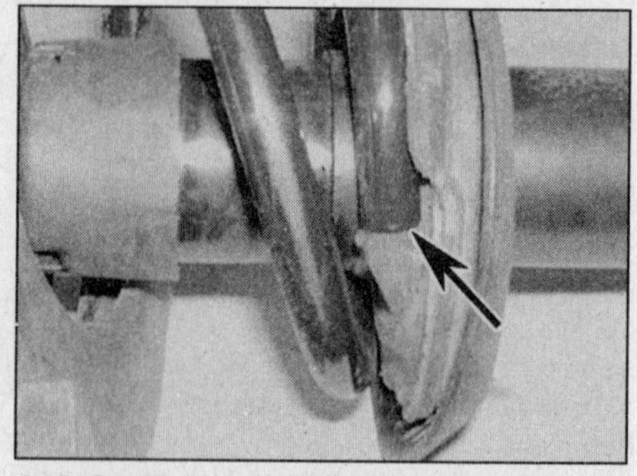

**4.12 Se till att spiralfjäderns ände vilar mot stoppet (vid pilen) på fjäderfästet**

4.13a Montera det övre fjädersätet så att inställningshålet är placerat med vinkel (A) 11° i förhållande till benets nedre fästbults längsgående axel (visas med en bit svetsstång)

**13** Montera det övre fjäderfästet och fjädersätet, brickan samt det övre fästet på fjäderbenets överdel, så att fjädersätets inställningshål är 11° i förhållande till fjäderbenets nedre fästbults längsgående axel. Om hopsättningen har utförts korrekt ska spiralfjäderns övre ände vara placerad mot stoppet på det övre fjädersätets undersida **(se bilder)**.

**14** Montera en ny kolvstångsmutter. Håll sedan fast stötdämparens kolvstång med samma metod som användes vid demonteringen och dra åt muttern till angivet moment.

**15** Se till att alla komponenter är korrekt placerade samt att båda fjäderändarna ligger mot stoppen. Lossa sedan stegvis fjäderkompressorn och ta bort den från fjäderbenet.

**16** Montera tillbaka fjäderbenet enligt beskrivningen i avsnitt 3.

## 5 Framfjädringens tvärarmar – demontering, renovering och montering

### *Främre och bakre övre armar*

***Observera:** Senare modeller som är utrustade med sport- eller förstärkt fjädring har en dämparplatta monterad över den övre bakre tvärarmen. Dessutom är den övre tvärarmen på **alla** modeller från 1997 och framåt utrustade med ett inbyggt dämparstopp. Om den bakre övre armen byts ut ska den senare versionen användas, oavsett om bilen är utrustad med dämparplatta eller inte.*

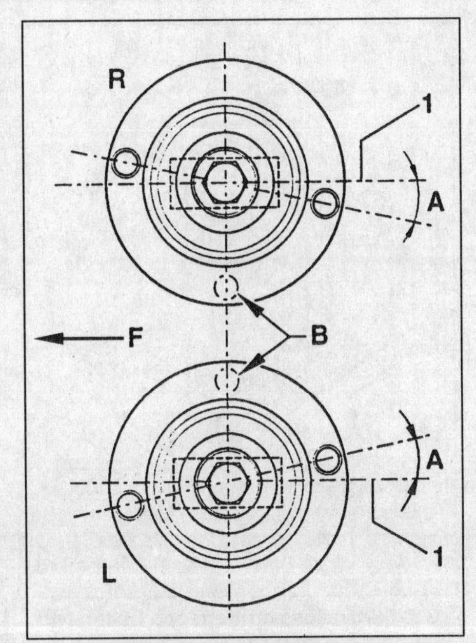


4.13b Observera skillnaden i vinkelförskjutning mellan höger och vänster ben

*A Vinkel = 11± 2°*
*B Nedre fjädersätets inställningshål*
*F Körriktning*
*L Vänster fjäderben*
*R Höger fjäderben*
*1 Benets nedre fästbults axel*

### Demontering

**1** Klossa bakhjulen och dra åt handbromsen ordentligt. Lyft upp framvagnen och stöd den på pallbockar. Demontera relevant framhjul. Medan hjulet är demonterat bör minst en hjulbult sättas tillbaka så att bromsskivan behåller sin korrekta position på navet.

**2** Klossa bakhjulen och dra åt handbromsen ordentligt. Lyft upp framvagnen och stöd den ordentligt på pallbockar. Demontera relevant framhjul.

**3** På bilar utrustade med strålkastare med

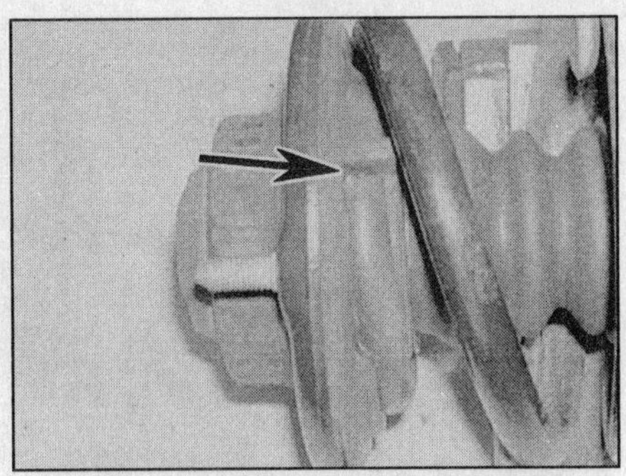

4.13c Spiralfjäderns övre ände ska placeras mot stoppet (vid pilen) på det övre fjädersätets undersida

bågljuslampor, lossa klämman och koppla loss bilens nivågivares dragstång från den främre nedre tvärarmen. Se kapitel 12 för ytterligare information.

**4** Lossa försiktigt kablaget till ABS-systemets hjulhastighetsgivare från fästklämmorna.

**5** Skruva loss fästmuttern och ta loss klämbulten från hjulspindelns överdel. Ta loss den främre och bakre övre tvärarmens spindelleder från överdelen av hjulspindeln. Försök dock inte lossa spindelledsstiften genom att tvinga isär springorna med en skruvmejsel eller liknande **(se bilder)**. Var noga med att inte skada spindelledsdamaskerna.

**6** Skruva loss fästmuttern. Ta sedan loss den bakre nedre tvärarmen från hjulspindelns nederdel med hjälp av en spindelledsavdragare, men var försiktig så att inte gummidamasken skadas. Detta gör det möjligt att dra bort fjäderbenets nedre fästbult från den främre nedre tvärarmen.

**7** Skruva loss muttern och ta bort fjäderbenets nedre fästbult från den främre nedre tvärarmen (se avsnitt 4).

**8** Den övre tvärarmens fästbygelbultar är placerade i motorrummets bakre del **(se bild på nästa sida)**. Skruva loss de tre bultarna och ta bort fästbygeln, fjäderbenet och de båda övre tvärarmarna som en enhet. Det kan sitta plastbrickor på bultarnas undersidor – dessa är fabriksmonterade och behöver inte sättas tillbaka när de tagits bort.

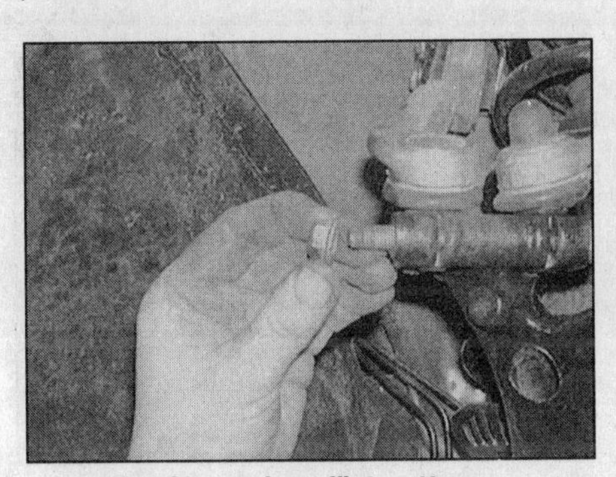

5.5a Skruva loss fästmuttern . . .

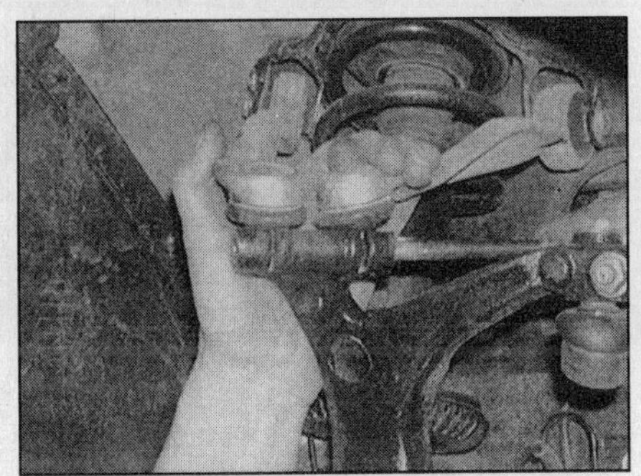

5.5b . . . och ta loss klämbulten från hjulspindelns överdel

5.5c Ta loss spindelleden från hjulspindelns överdel

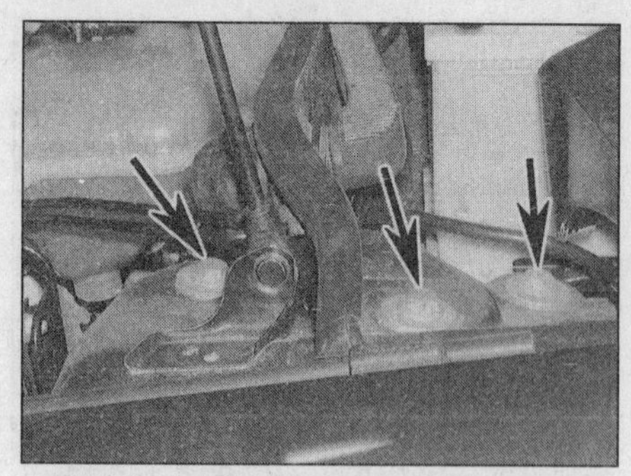

**5.8 Den övre tvärarmens fästbygelbultar (vid pilarna) är åtkomliga i motorrummets bakre del**

**Observera**: *Anteckna noga hur alla mellanlägg sitter monterade under skallarna på tvärarmens fästbygelbultar. De måste sättas tillbaka på samma platser för att framfjädringens inställning ska bibehållas.*

**9** Fäst fjäderbenets nedre ände i ett skruvstäd. Skruva sedan loss muttern och bulten som fäster relevant tvärarm i fästbygeln **(se bild)**.

## Renovering

**10** Rengör armen och området runt armens fästen noga. Torka bort alla spår av smuts, fästmassa och underredsbehandling om det behövs. Leta sedan noga efter sprickor, förvrängning eller andra tecken på slitage eller skada. Var särskilt noga med den inre styrbussningen och spindelleden. Spindelleden utgör en del av den nedre armen och kan inte bytas separat. Om armen eller spindelleden har skadats måste hela enheten bytas ut.

**11** Byte av den inre styrbussningen kräver en hydraulisk press och ett antal mellanlägg, och bör därför överlåtas åt en Audiverkstad som har tillgång till den utrustning som krävs. Om sådan utrustning finns till hands, tryck ut den gamla bussningen och montera den nya. Använd en mellanläggsbricka som stöder endast mot bussningens ytterkant. Se till att bussningen är korrekt placerad så att håligheterna är i linje med armens centrumaxel på det sätt som visas **(se bild)**.

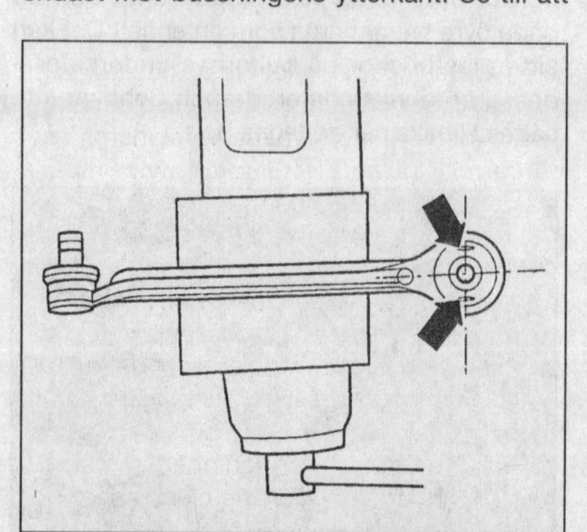

**5.11 Se till att bussningen är korrekt placerad så att håligheterna är i linje med armens centrumaxel**

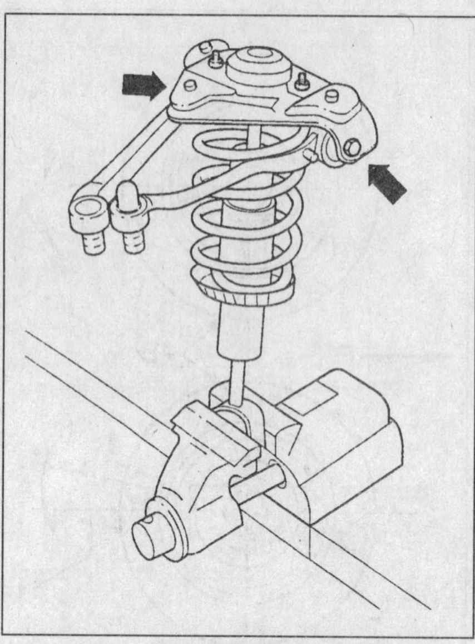

**5.9 Skruva loss muttern och bulten (vid pilarna) som fäster relevant övre tvärarm i fästbygeln**

## Montering

**12** Passa in tvärarmen i fästbygeln. Montera en ny fästbult och skruva på en ny fästmutter.

**13** Placera tvärarmen så att det vertikala avståndet mellan fästbygelns framkant och armen är 47 mm **(se bild)**. Håll armen i det här läget och dra åt fästmuttern till angivna åtdragningsmoment för steg 1 och 2. Detta garanterar att gummibussningen inte utsätts för onödiga påfrestningar när bilen sänks ner.

**14** Montera fjäderbenet, tvärarmarna och fästbygeln i hjulhuset som en enhet. Montera fästbygelns fästbultar tillsammans med mellanläggen (i förekommande fall). Använd anteckningarna som gjordes vid demonteringen för att se till att mellanläggen är korrekt placerade. Dra åt bultarna till angivet moment.

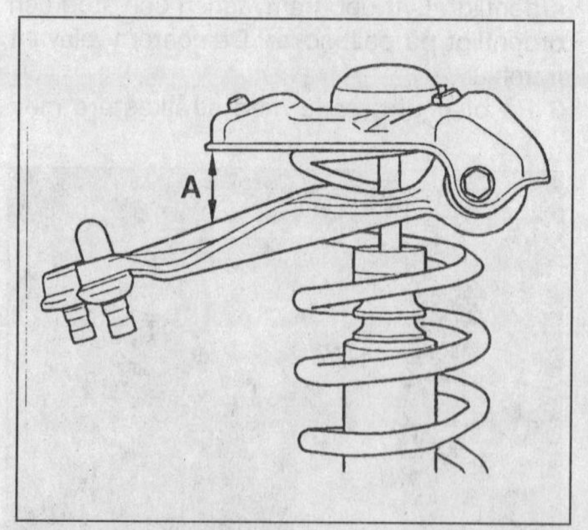


**5.13 Placera tvärarmen så att det vertikala avståndet (A) mellan fästbygelns framkant och armen är 47 mm**

**15** Skruva fast fjäderbenets nedre fäste vid den nedre tvärarmen. Montera en ny fästmutter men dra bara åt den för hand än så länge.

**16** Skruva fast den bakre nedre tvärarmen vid hjulspindelns nederdel. Montera sedan en ny fästmutter och dra åt den till angivet moment.

**17** Återanslut de övre tvärarmarnas kulleder på hjulspindelns överdel. Montera klämbulten tillsammans med en ny självlåsande mutter och dra åt den till angivet moment **(se bild)**. Tryck ner båda tvärarmarna medan muttern dras åt så att spindellederna sätter sig ordentligt i hjulspindeln.

**18** Montera kablaget till ABS-systemets hjulhastighetsgivare i fästklämmorna.

**19** På bilar utrustade med strålkastare med bågljuslampor, fäst klämman för att återansluta bilens nivågivares dragstång vid den främre nedre tvärarmen. Se kapitel 12 för ytterligare information.

**20** Montera hjulet och dra åt bultarna till angivet moment. Sänk sedan ner bilen.

**21** Låt bilen stå på marken. Dra åt fjäderbenets nedre fästbultsmutter till angivet moment.

**22** Avsluta med att låta en Audiverkstad eller en däckspecialist kontrollera att framhjulsinställningen är korrekt och justera den om det behövs.

## *Bakre nedre arm*

### Demontering

**23** Klossa bakhjulen och dra åt handbromsen ordentligt. Lyft sedan upp framvagnen och ställ den på pallbockar. Demontera relevant framhjul. Medan hjulet är demonterat bör minst en hjulbult sättas tillbaka så att bromsskivan behåller sin korrekta position på navet.

**24** Klossa bakhjulen och dra åt handbromsen ordentligt. Lyft upp framvagnen och stöd den ordentligt på pallbockar. Demontera relevant framhjul.

**25** Skruva loss fästmuttern och ta loss den bakre nedre tvärarmen från hjulspindeln med hjälp av en spindelledsavdragare. Var försiktig

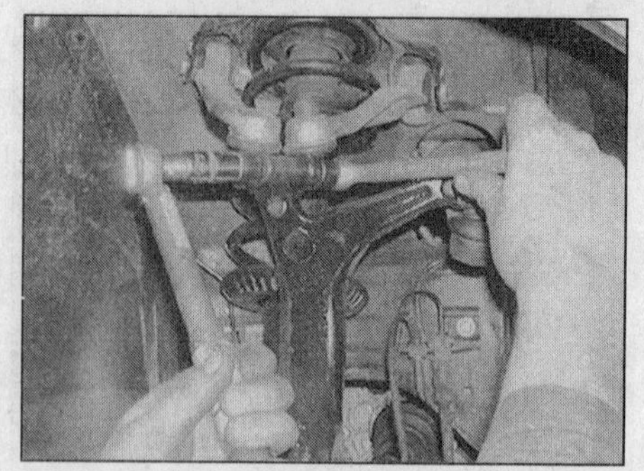

**5.17 Dra åt den nya klämbultsmuttern till angivet moment**

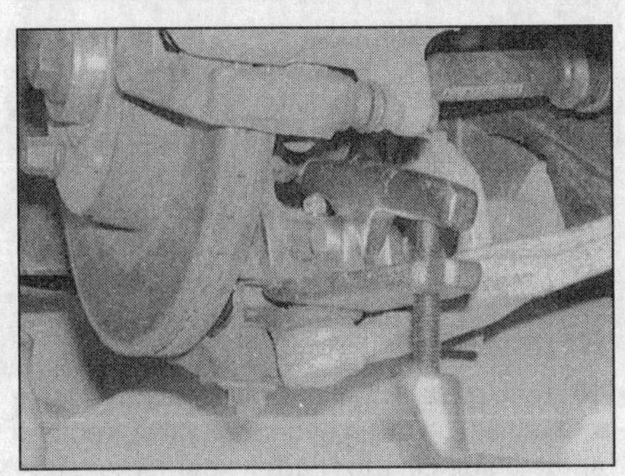

5.25a Använd en spindelledsavdragare . . .

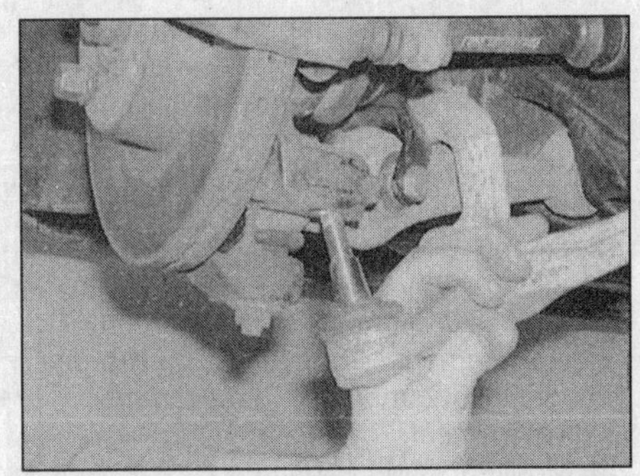

5.25b . . . och ta loss den bakre nedre tvärarmen från hjulspindelns nederdel

så att du inte skadar gummidamasken **(se bilder)**.

**26** Skruva loss muttern från bulten i tvärarmens inre ände. Kryssrambalkens hörn måste sänkas något för att bulten ska kunna tas bort. Gör detta genom att skruva loss stödplattans två bultar. Skruva sedan loss kryssrambalkens fästbult. Observera att bulten är inskruvad genom den inre av de två bulthålsuppsättningarna i kryssrambalken.

**27** Sänk ner kryssrambalken något. Dra bort tvärarmens inre fästbult och ta sedan bort armen från bilen.

### Renovering

**28** Rengör armen och området runt armens fästen noga. Torka bort alla spår av smuts, fästmassa och underredsbehandling om det behövs. Leta sedan noga efter sprickor, förvrängning eller andra tecken på slitage eller skada. Var särskilt noga med den inre styrbussningen och spindelleden. Observera att den inre bussningen verkar hydrauliskt. Oljeläckage indikerar att bussningen har skadats och måste bytas ut. Spindelleden utgör en del av den nedre armen och kan inte bytas separat. Om armen eller spindelleden har skadats måste hela enheten bytas ut.

**29** Byte av den inre styrbussningen kräver en hydraulisk press och ett antal mellanlägg, och bör därför överlåtas till en Audiverkstad som har tillgång till den utrustning som krävs. Om sådan utrustning finns till hands, tryck ut den gamla bussningen och montera den nya. Använd en mellanläggsbricka som stöder endast mot bussningens ytterkant. Se till att bussningen hamnar så att håligheterna är i linje med armens centrumaxel.

### Montering

**30** Montering sker i omvänd ordningsföljd. Observera följande:

a) *Använd en ny tvärarm och nya fästmuttrar och bultar till kryssrambalken.*

b) *Vänta med att dra åt tvärarmens inre fästbult tills bilen står på marken.*

c) *Se till att tvärarmens inre fästbult passerar genom den inre av kryssrambalkens två bulthålsuppsättningar.*

d) *Dra åt alla fästen till angivet moment där sådant anges.*

## *Främre nedre arm*

### Demontering

**31** Klossa bakhjulen och dra åt handbromsen ordentligt. Lyft sedan upp framvagnen och ställ den på pallbockar. Demontera relevant framhjul. Medan hjulet är demonterat bör minst en hjulbult sättas tillbaka så att bromsskivan behåller sin korrekta position på navet.

**32** Klossa bakhjulen och dra åt handbromsen ordentligt. Lyft upp framvagnen och stöd den ordentligt på pallbockar. Demontera relevant framhjul.

**33** På bilar utrustade med strålkastare med bågljuslampor, lossa klämman och koppla loss bilens nivågivares dragstång från den främre nedre tvärarmen. Se kapitel 12 för ytterligare information.

**34** Skruva loss fästmuttern. Ta sedan loss den främre nedre tvärarmen från hjulspindeln med hjälp av en spindelledsavdragare. (Undvik att skada gummidamasken).

**35** Skruva loss muttern och ta bort fjäderbenets nedre fästbult från den främre tvärarmen.

**36** Ta bort fästmuttern och ta loss krängningshämmarens länk från tvärarmen enligt beskrivningen i avsnitt 6.

**37** Skruva loss muttern och dra bort tvärarmens inre fästbult. Ta sedan bort tvärarmen från bilen. Observera att bulten är inskruvad genom den inre av de två bulthålsuppsättningarna i kryssrambalken.

### Renovering

**38** Rengör armen och området runt armens fästen noga. Torka bort alla spår av smuts, fästmassa och underredsbehandling om det behövs. Leta sedan noga efter sprickor, förvrängning eller andra tecken på slitage eller skada. Var särskilt noga med fjäderbenets och den inre styrbussningen och spindelleden. Spindelleden utgör en del av den nedre armen och kan inte bytas separat. Om armen eller spindelleden har skadats måste hela enheten bytas ut.

**39** Byte av de inre och fjäderbenens styrbussningar kräver en hydraulisk press och ett antal mellanlägg, och bör därför överlåtas till en Audiverkstad som har tillgång till den utrustning som krävs. Om sådan utrustning finns tillgänglig, tryck ut den gamla bussningen och montera den nya. Använd ett mellanlägg som stöder endast mot bussningens ytterkant. Se till att bussningen är korrekt placerad så att håligheterna är i linje med armens centrumaxel.

### Montering

**40** Montering sker i omvänd ordningsföljd. Observera följande:

a) *Använd en ny tvärarm och nya fästmuttrar och bultar till fjäderbenet.*

b) *Vänta med att dra åt tvärarmens inre fästmutter och fästmuttern till krängningshämmarens länk till rätt åtdragningsmoment tills bilen är nedsänkt. Då undviks skador på bussningen.*

c) *Se till att tvärarmens inre fästbult passerar genom den inre av kryssrambalkens två bulthålsuppsättningar.*

d) *Dra åt alla fästen till angivet moment där sådana anges.*

## 6 Framfjädringens krängningshämmare – demontering och montering

### *Demontering*

**1** Krängningshämmaren måste demonteras/monteras med bilen stående på marken. Därför underlättas följande moment betydligt om bilen parkeras över en smörjgrop. Kör alternativt upp bilen på ramper för att öka avståndet mellan bilens framvagn och underlaget.

**2** Ta bort hållarna och fästklämmorna och ta bort skyddskåpan under motorn/växellådan för att komma åt krängningshämmarens fästklämmor.

**3** Skruva loss muttrarna och bultarna som fäster krängningshämmarens båda fästklämmor vid kryssrambalken. Ta bort klämmorna och kasta muttrarna eftersom nya måste användas vid monteringen.

**4** Skruva loss fästmuttrarna och koppla loss länkarna från de nedre tvärarmarnas sidor. Observera att på senare modeller som har gummibussningar i stället för spindelled som tidigare modeller, är länken fäst med separata muttrar och bultar. På båda versionerna ska muttrarna kastas eftersom nya måste användas vid monteringen.

**5** Skruva loss muttrarna som fäster krängningshämmarens ändar vid länkarna och kasta dem. Nya muttrar måste användas vid monteringen. På senare modeller är länkarna fästa med separata muttrar och bultar (se anmärkningen i föregående punkt). Om det är tillämpligt, ta bort brickan och den bakre bussningen från krängningshämmarens ändar. Notera hur de ska sitta placerade.

**6** När de är demonterade, notera att bussningarna mellan länken och den nedre armen är monterade med den konkava sidan mot Y:t. På senare modeller har länkarna gummibussningar i stället för spindelleder.

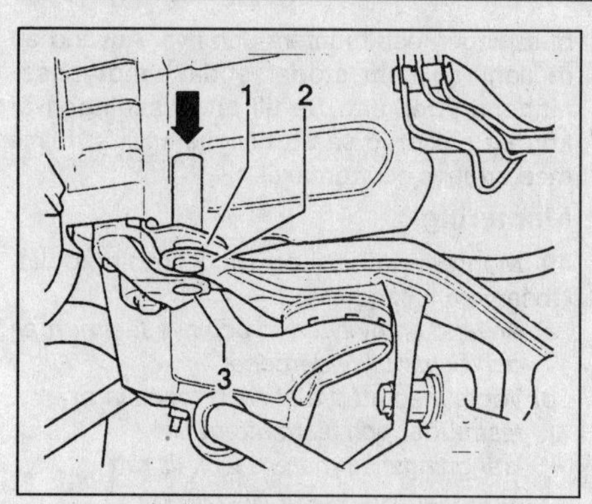


**7.21 För in en träplugg (vid pilen) genom de båda inställningshålen i kryssrambalkens främre hörn**

*1 Fästbygel (övre) 3 Fästbygel (nedre)*
*2 Kryssrambalk*

Pilmarkeringen på sidan av sådana här länkar måste peka mot bilens främre del när de är korrekt monterade.

**7** Sänk ner krängningshämmaren och ta bort den under bilen.

**8** Byt ut krängningshämmaren om den är skadad eller skev. Byt ut fästbussningarna om de är förstörda eller slitna.

## Montering

**9** Fäst länkarna på krängningshämmaren. Sätt sedan i bultarna (om tillämpligt) och montera de nya fästmuttrarna. Dra endast åt dem för hand i det här stadiet. Se till att länkens konkava sida är riktad mot bilens främre ände. På senare modeller ska pilen på sidan av länken peka mot bilens främre ände.

**10** Lirka krängningshämmaren på plats. Anslut sedan länkändarna till de nedre armarna. För in fästbultarna eller spindelledernas pinnbultar (vad som är tillämpligt) genom fästöglorna i de nedre armarna.

**11** Skruva på länkens nya fästmuttrar. Dra endast åt dem löst på det här stadiet.

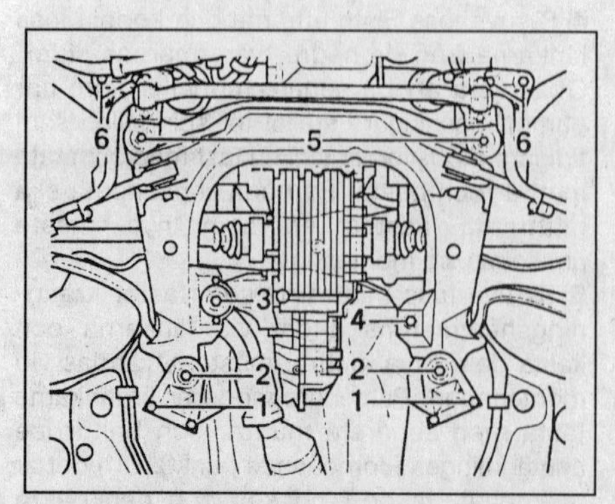


**7.24 Kryssrambalkens fästbultar, detaljer**

*1 Bakre fästbygelbultar*
*2 Huvudfästbultar*
*3 Växellådans fästbultar*
*4 Växellådans fästbultar*
*5 Huvudfästbultar*
*6 Främre fästbygelbultar*

**12** Montera fästklämmorna på krängningshämmarens fästbussningar. Se till att båda klämmorna är korrekt placerade på bussningarna. Montera sedan fästbultarna med nya muttrar. Dra endast åt fästmuttrarna för hand än så länge.

**13** Gunga bilen från sida till sida så att krängningshämmaren hamnar rätt. Dra åt krängningshämmarens fyra länkmuttrar till angivet moment. Dra även åt muttrarna till krängningshämmarens fästklämmor till angivet moment.

**14** Montera skyddskåpan och dra åt fästena ordentligt.

## 7 Framfjädringens kryssrambalk - demontering och montering

## Demontering

**1** Klossa bakhjulen och dra åt handbromsen ordentligt. Lyft upp framvagnen och stöd den på pallbockar.

**2** Ta bort båda framhjulen. Medan hjulet är demonterat bör minst en hjulbult sättas tillbaka så att bromsskivorna behåller sin korrekta position på navet.

**3** Ta bort hållarna och fästklämmorna och ta bort skyddskåpan från bilens/växellådans undersida.

**4** Se kapitel 2A eller 2B. Montera ett lyftfäste på motorns baksida och lyft motorn/växellådan med en lyftbalk eller en motorlyft.

**5** På bilar utrustade med strålkastare med bågljuslampor, lossa klämman och koppla loss dragstången till givaren för chassits höjd över marken från den främre nedre tvärarmen. Se kapitel 12 för ytterligare information.

**6** Lossa försiktigt kablaget till ABS-systemets hjulhastighetsgivare från fästklämmorna.

**7** Skruva loss krängningshämmarens länkar från de båda nedre tvärarmarna enligt beskrivningen i avsnitt 6.

**8** Skruva loss de båda bakre, nedre tvärarmarnas inre ändar från kryssrambalken enligt beskrivningen i avsnitt 5. Observera att detta omfattar att lossa kryssrambalkens bakre hörn från bilens undersida och sänka ner kryssrambalken lite så att tvärarmens bultar kan dras bort.

**9** Skruva loss de båda fjäderbenens nedre ändar från de främre nedre tvärarmarna enligt beskrivningen i avsnitt 3.

**10** Skruva loss de båda främre nedre tvärarmarnas inre ändar från kryssrambalken enligt beskrivningen i avsnitt 5.

**11** Bind upp hjulspindeln, fjäderbenet och tvärarmarna på insidan av hjulhuset med hjälp av ståltråd så att fjädringens bussningar och spindelleder inte belastas.

**12** Se till att motorn och växellådan har säkert stöd från lyftutrustningen. Skruva sedan loss höger och vänster växellådsfäste från kryssrambalken.

**13** Skruva loss kryssrambalkens två fästbultar på baksidan av krängningshämmarens klämfästbyglar.

**14** Lossa kryssrambalkens fyra fästbultar framför krängningshämmarens klämfästbyglar så mycket att kryssrambalken kan tas loss från sina fästen. Skruva inte ur bultarna helt.

**15** Sänk försiktigt ner kryssrambalken och dra bort den under bilen.

## Renovering

**16** Byte av kryssrambalkens fasta bussningar kräver tillgång till en hydraulisk press samt ett antal specialutformade demonterings-/monteringsverktyg. Tillverkning av alternativa verktyg rekommenderas inte på grund av risken för skador på bussningarnas fästen. Därför är det bäst att överlåta arbetet med byte av bussningar till en Audiverkstad.

## Montering

***Observera:** Kryssrambalkens alla fästmuttrar och bultar måste bytas ut.*

**17** Passa in kryssrambalken från motorrummets undersida och fäst de främre fästena med respektive fästbyglar. Montera kryssrambalkens nya främre fästbultar, men dra inte åt dem helt på det här stadiet.

**18** Återanslut växellådans fästen vid kryssrambalken.

**19** Återanslut fjäderbenets nedre ände vid den främre tvärarmen enligt beskrivningen i avsnitt 3. Återanslut sedan de främre och bakre nedre tvärarmarna till kryssrambalken enligt beskrivningen i avsnitt 5. Dra inte åt fästmuttrarna och bultarna helt på det här stadiet.

**20** På modeller med strålkastare med bågljuslampor, sätt tillbaka chassihöjdgivarens dragstång på den främre nedre tvärarmen enligt beskrivningen i kapitel 12 (om det är tillämpligt).

**21** Skaffa två träpluggar, ungefär 15 mm i diameter och 150 mm långa. Arbeta genom hjulhusen. För pluggarna genom inställningshålen i kryssrambalkens främre hörn. Justera kryssrambalken tills de båda pluggarna passerar genom alla tre inställningshålen på båda sidorna **(se bild)**.

**22** Montera fästbyglarna i kryssrambalkens bakre hörn. Montera de nya fästbygelbultarna och dra åt dem löst. När fästbyglarna är på plats, montera kryssrambalkens nya bakre fästbultar och dra åt dem löst.

**23** Ta bort motorlyften. Dra sedan åt kryssrambalkens och fjädringens fästbultar i den ordning som anges i följande punkter.

**24** Dra åt kryssrambalkens fyra huvudfästbultar till angivna moment för steg ett och två **(se bild)**.

**25** Dra åt kryssrambalkens fyra främre fästbygelbultar till angivet moment.

**26** Dra åt kryssrambalkens fyra bakre fästbygelbultar till angivet moment.

**27** Dra åt växellådans fästbultar till angivet moment enligt beskrivningen i kapitel 7A eller 7B, vad som är tillämpligt.

**28** Dra åt de främre och bakre nedre tvärarmarnas inre fästbultar till angivet moment, enligt beskrivningen i avsnitt 5.

**29** Montera krängningshämmarens länk enligt beskrivningen i avsnitt 6. Använd nya fästmuttrar och dra åt dem till angivet moment.

**30** Dra åt fästmuttern mellan fjäderbenet och den nedre tvärarmen till angivet moment (se avsnitt 4).

**31** Montera kablaget till ABS-systemets hjulhastighetsgivare i fästklämmorna (se kapitel 9, avsnitt 19).

**32** Montera skyddskåpan ordentligt. Montera sedan hjulen och sänk ner bilen. Dra åt hjulbultarna till angivet moment.

**33** Avsluta med att låta kontrollera framhjulsinställningen och styrvinklarna och om så behövs låta justera dem så snart som möjligt.

## 8 Bakre hjullager – justering

**1** Klossa framhjulen och lägg i ettans växel eller Park, vad som är tillämpligt. Hissa upp bakvagnen och stöd den på pallbockar.

**2** Bänd försiktigt bort dammkåpan från bromsskivan för att komma åt navmuttern.

**3** Dra ut saxsprinten, ta bort låsringen och lossa navmuttern något.

**4** Dra åt navmuttern långsamt till den punkt där den precis snuddar vid tryckbrickan. Vrid navet medan muttern dras åt för att se till att lagren är korrekt på plats. Skruva ur muttern en gnutta så att man precis kan se brickan glida åt sidan när man petar på den med en skruvmejsel **(se bild)**. Montera låsringen och fäst med en ny saxsprint.

**5** Dra inte åt navmuttern för hårt, då slits lagret ut snabbare. Ett lager som har brukats en längre tid får inte dras åt för hårt som kompensation för slitage om spel har observerats. Detta kan nämligen vara farligt eftersom det kan leda till att hjullagret skär sig under körning.

**6** Smörj fett i dammkåpan och driv försiktigt in kåpan på sin plats.

**7** Om ett nytt lager har monterats är det klokt att kontrollera eventuellt spel efter några hundra kilometer. Justera om lagret om det behövs.

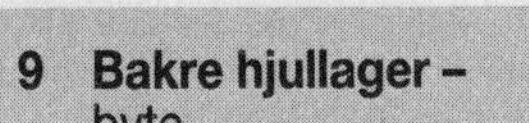

## 9 Bakre hjullager – byte

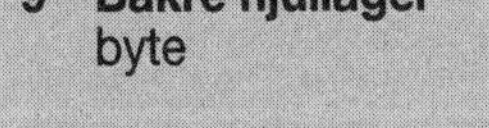

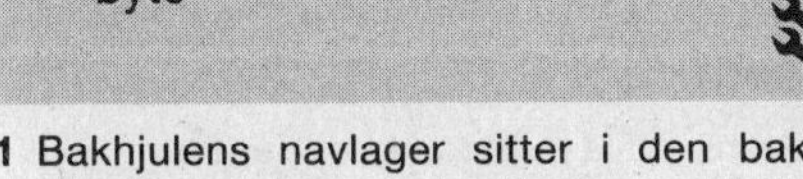

**1** Bakhjulens navlager sitter i den bakre bromsskivan/navet. Se kapitel 9, avsnitt 7 för information om demontering.

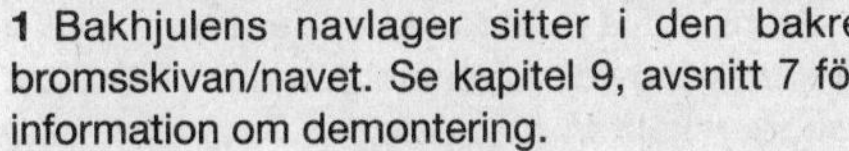

**2** Rengör det inre lagret och tätningen. Notera åt vilket håll tätningen sitter, bänd sedan loss den från navet. Var noga med att inte skada rotorn till ABS-enhetens hjulhastighetsgivare. Ta loss det inre lagret från navet.

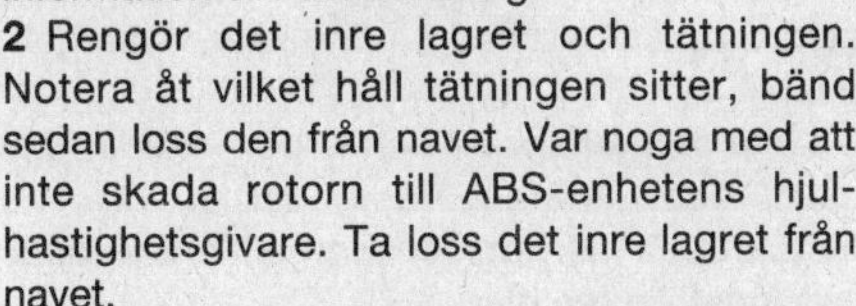

**3** Banorna kan drivas ut med en lämplig dorn av mjukmetall. Var noga med att inte skada navet eller rotorn till ABS-systemets hastighetsgivare **(se bild)**.

**4** Rengör lagerbanornas platser i navet. Använd en rörformad dorn med lämplig diameter för att driva eller pressa in de nya banorna på plats i navet. Se till att de sitter rakt och är helt intryckta. Om de gamla lagren återanvänds, se till att hålla ihop originallagren och banorna. Blanda aldrig ihop nya lager med gamla banor eller vice versa.

**5** Smörj det inre lagret med fett och tryck in det på plats **(se bilder)**.

**6** Stöd navet med utsidan nedåt. Driv försiktigt in den nya oljetätningen på plats. Var noga med att inte skada rotorn till ABS-systemets hastighetsgivare, om det är tillämpligt. Smörj oljetätningsläppen som ska monteras på axeltappen **(se bilder)**.

**7** Se kapitel 9, avsnitt 7. Packa navet med fett. Montera sedan navet på axeltappen följt av det yttre lagret, tryckbrickan och navets fästmutter. Justera lagret enligt beskrivningen i avsnitt 8. Montera sedan låsringen, saxsprinten och dammkåpan.

**8.4 Justera det bakre hjullagret enligt beskrivningen i texten**

## 10 Bakre axeltapp – demontering och montering

### *Demontering*

**1** Demontera skivan/navet enligt beskrivningen i avsnitt 9.

**9.3 Banorna kan drivas ut med en lämplig dorn av mjukmetall**

**9.5a Smörj det inre lagret med fett . . .**

**9.5b . . . och sätt in det på sin plats**

**9.6a Montera den nya oljetätningen . . .**

**9.6b . . . och driv försiktigt in den på plats med en lämplig rörformad dorn**

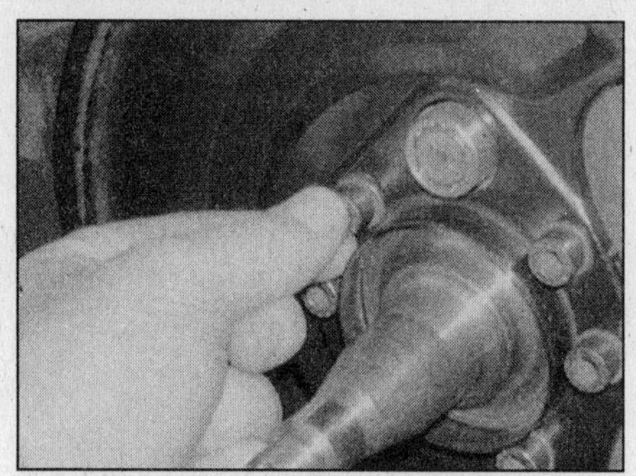

**10.2a Skruva loss bultarna som fäster skivans bromssköld på sin plats . . .**

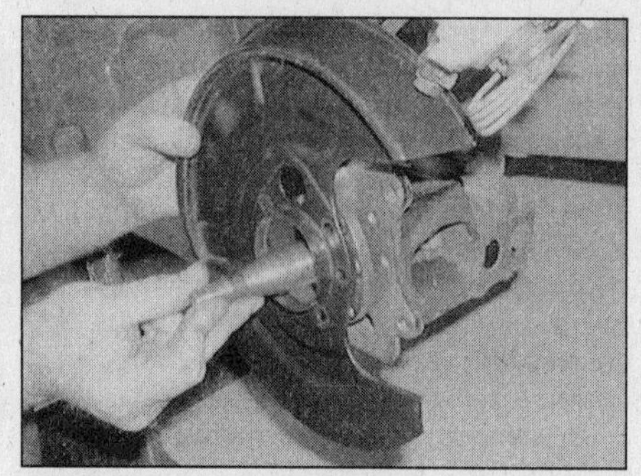

**10.2b . . . och ta bort den tillsammans med axeltappen**

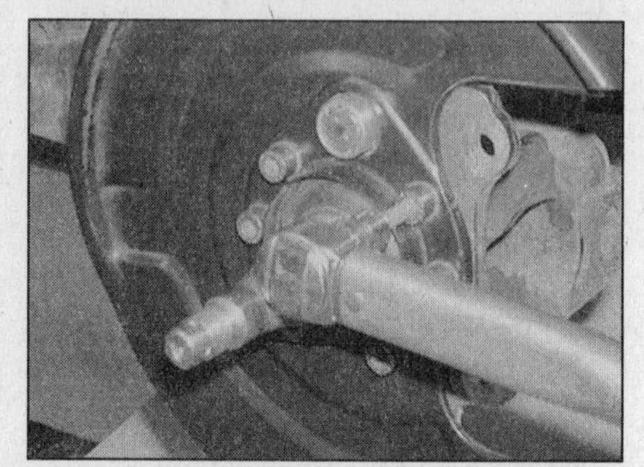

**10.5 Dra åt axeltappens och skivsköldens fästbultar till angivet moment**

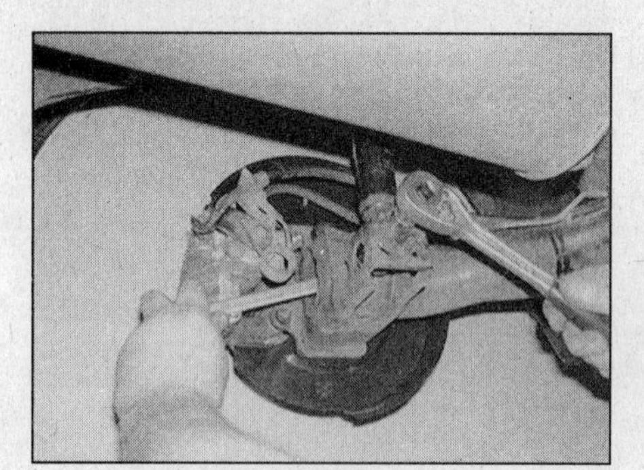

**11.3a Skruva loss muttern . . .**

**11.3b . . . och dra bort benets nedre fästbult**

**2** Skruva loss bultarna som håller skivans skyddssköld på plats och ta bort den tillsammans med axeltappen **(se bilder)**.

**3** Undersök om axeltappen har skador som spårning och byt ut den om det behövs. Försök inte räta ut den.

### Montering

**4** Se till att axelns, axeltappens och skivsköldens fogytor är rena och torra. Undersök om skivskölden är skadad och ta bort alla utstående kanter med en fin fil eller smärgelduk.

**5** Lirka in axeltappen och bromsskölden på plats och montera fästbultarna. Dra åt fästbultarna till angivet moment i diagonal ordningsföljd **(se bild)**.

**6** Montera skivan/navet enligt beskrivningen i avsnitt 9.

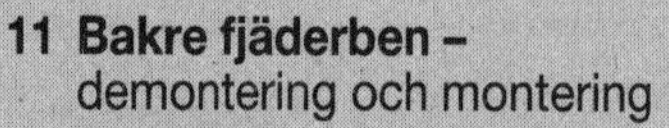

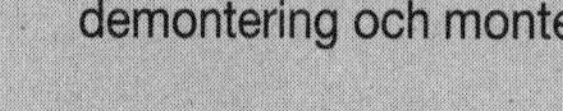

## 11 Bakre fjäderben – demontering och montering

### Demontering

**1** Klossa framhjulen. Lyft upp bakvagnen och ställ den på pallbockar. Lyft av det relevanta bakhjulet.

**2** Placera en garagedomkraft under bakaxeln och hissa upp den tills den stöder axelns vikt.

**3** Skruva loss muttern. Dra sedan bort den nedre fästbulten som fäster fjäderbenet vid axeln **(se bilder)**. Kasta muttern och bulten, eftersom nya måste användas vid återmonteringen.

**4** Arbeta inuti bilen. Ta bort klädselpanelen från sidan av lastutrymmet för att komma åt fjäderbenets övre fästbultar. Alternativt, ta bort baksätets ryggstöd enligt beskrivningen i kapitel 11. Då kan man komma åt fjäderbenets övre bultar genom en utskärning i den bakre torpedväggen.

**5** Skruva loss fjäderbenets övre fästbultar. Vrid sedan fjäderbenet för att lossa de övre fästtapparna. Sänk ner axeln något tills fjäderbenet kan lirkas ut under bilen **(se bilder)**. Kasta fästmuttrarna, eftersom nya måste användas vid återmonteringen.

**6** Ta loss packningen från de övre fästena. Den kan sitta fast inuti hjulhuset. Kasta packningen – en ny måste användas vid återmonteringen.

### Montering

**7** Montera en ny packning på fjäderbenets övre fäste.

**8** Lirka in fjäderbenet på sin plats i det bakre hjulhuset. Vrid sedan benet tills de övre fästtapparna fäster **(se bild)**. Montera de nya övre fästbultarna och dra åt dem till angivet moment.

**9** Montera lastutrymmets klädselpanel/ baksätets ryggstöd, vad som är tillämpligt.

**10** Höj upp axeln och placera fjäderbenets nedre fäste på axelns fästbyglar. Montera den nya nedre fästbulten och skruva på den nya muttern. Dra inte åt muttern än.

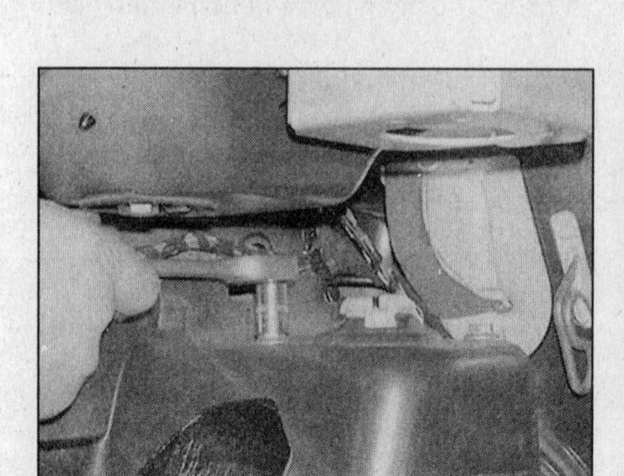

**11.5a Skruva loss benets övre fästbultar . . .**

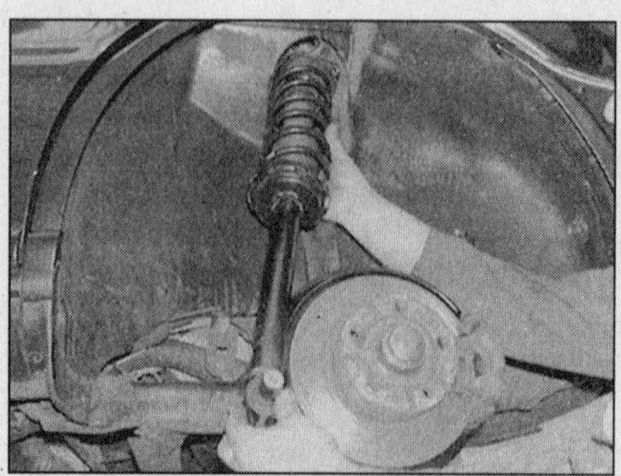

**11.5b . . . och ta bort fjäderbenet från hjulhuset**

**11.8 Vrid benet tills de övre fästtapparna (vid pilarna) hakar i**

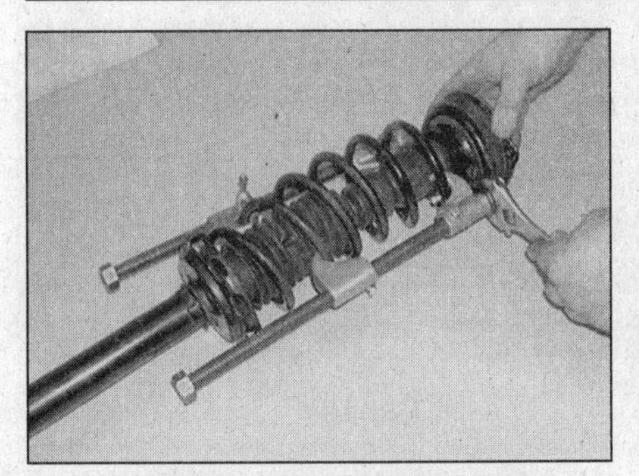

12.2 Tryck ihop spiralfjädern tills fjädersätena avlastas helt

**11** Montera tillbaka hjulet, sänk ner bilen och dra åt hjulbultarna till angivet moment.

**12** Gunga bilen när den står på marken så att fjäderbenet sätter sig. Dra sedan åt den nedre fästmuttern till angivet moment.

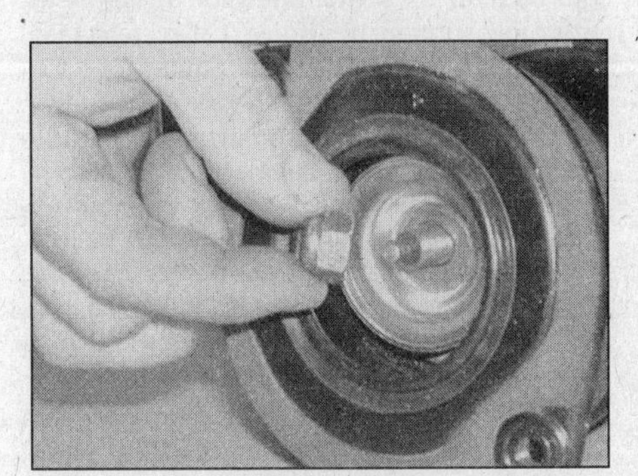

12.5a Ta bort muttern . . .

12.3 Bänd loss plastkåpan och O-ringstätningen från benets överdel

## 12 Bakre fjäderben - renovering

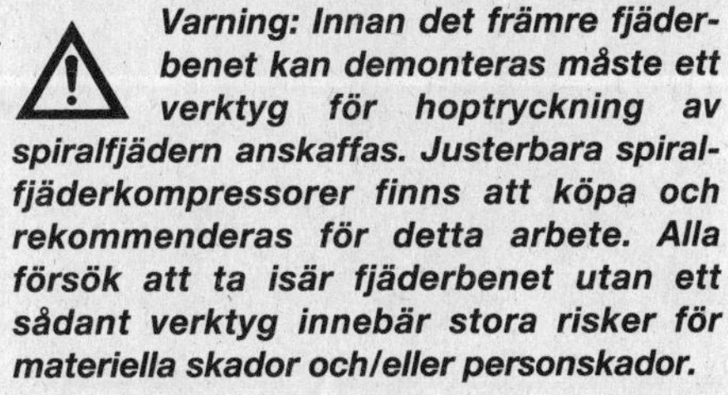

***Varning: Innan det främre fjäderbenet kan demonteras måste ett verktyg för hoptryckning av spiralfjädern anskaffas. Justerbara spiralfjäderkompressorer finns att köpa och rekommenderas för detta arbete. Alla försök att ta isär fjäderbenet utan ett sådant verktyg innebär stora risker för materiella skador och/eller personskador.***

**1** Tvätta bort all smuts från utsidan av fjäderbenet när det är demonterat från bilen. Fäst det sedan upprätt i ett skruvstäd. Gör inställningsmärken mellan fästplattan, spiralfjädern, det nedre sätet och stötdämparhuset för att underlätta monteringen.

12.4 Lossa dämparstagets mutter medan dämparstaget hålls fast med lämplig verktyg

**2** Montera fjäderkompressorn och tryck ihop spiralfjädern tills fjädersätena avlastas **(se bild)**.

**3** Bänd ut plastkåpan från fjäderbenets överdel tillsammans med O-ringen så att det går att komma åt muttern till fjäderbenets dämparstag **(se bild)**.

**4** Lossa dämparstagets mutter medan dämparstaget hålls fast med en lämplig insexnyckel eller skiftnyckel **(se bild)**.

**5** Ta bort muttern, lyft sedan bort den kupade brickan, lagret och den övre fjäderplattan tillsammans med packningen samt det övre fjädersätet **(se bilder)**.

**6** Dra bort lagerringen, mellanlägget (i förekommande fall), den nedre brickan samt O-ringen. Dra bort stoppklacken samt den nedre fästringen och plastdamasken följt av skyddskåpan. Ta bort spiralfjädern och kompressorn. Ta sedan loss packringen och det nedre fjädersätet från stötdämparhuset **(se bilder)**.

12.5b . . . lyft sedan bort den kupade brickan . . .

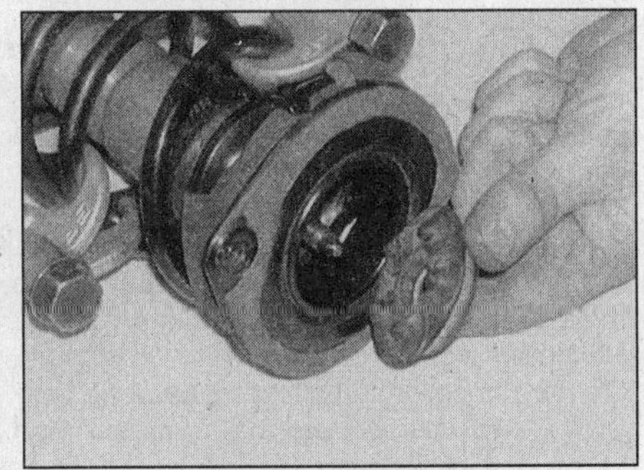

12.5c . . . lagret . . .

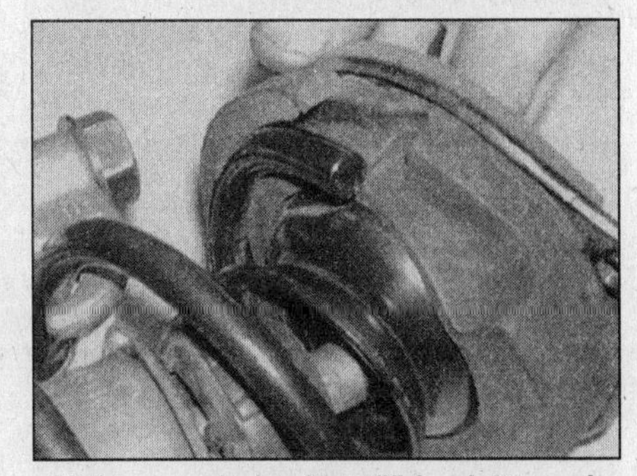

12.5d . . . och den övre fjäderplattan och sätet

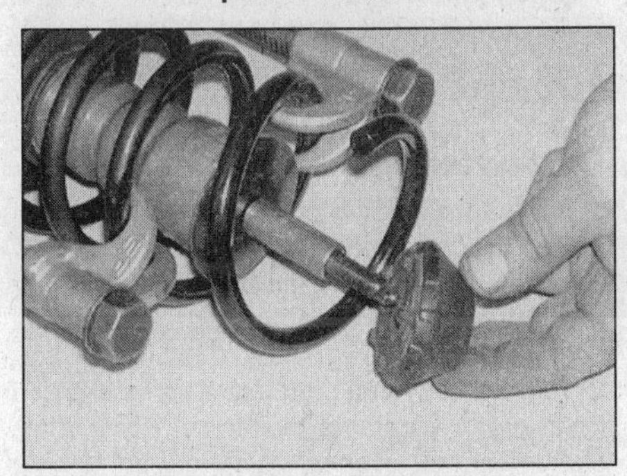

12.6a Dra bort lagerringen . . .

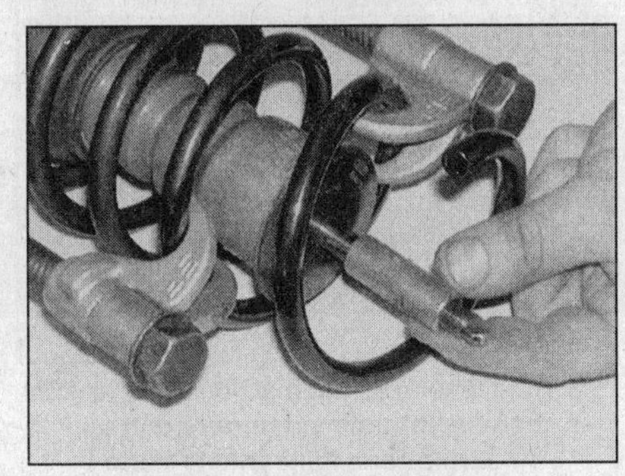

12.6b . . . mellanlägget . . .

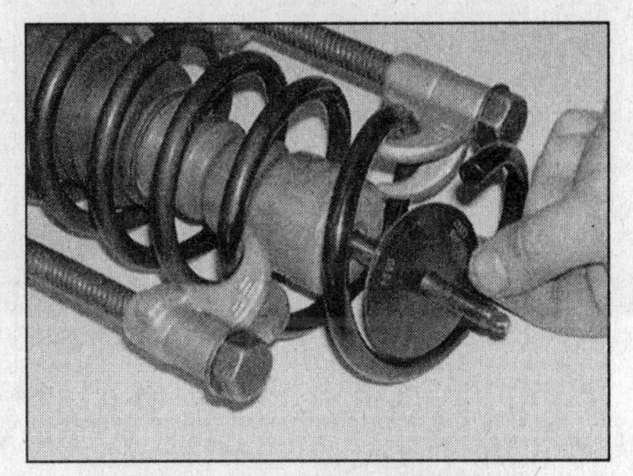

12.6c . . . den nedre brickan . . .

12.6d ... och O-ringen

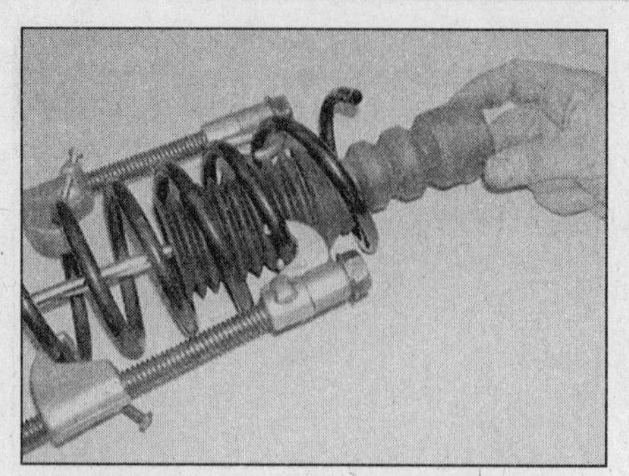
12.6e Dra bort stoppklacken samt den nedre fästringen och plastdamasken ...

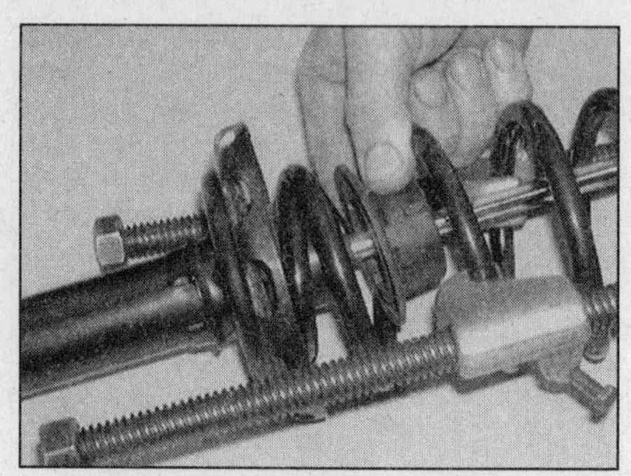
12.6f ... följt av skyddskåpan

12.11 Se till att spiralfjäderns nedre ände ligger an mot det nedre fjädersätets stopp (vid pilen)

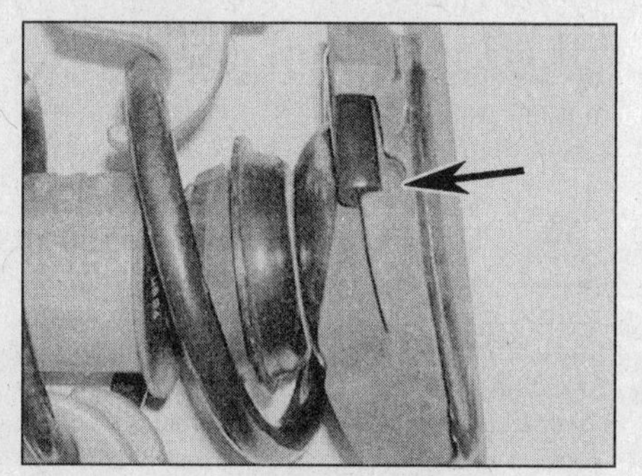
12.12 Se till att spiralfjäderns övre ände ligger an mot det övre fjädersätets stopp (vid pilen)

7 Undersök stötdämparen efter tecken på oljeläckage. Undersök kolven längs hela dess längd för att se om den har punktkorrosion och se efter om stötdämparhuset är skadat. Kontrollera stötdämparens funktion genom att hålla den upprätt och först röra kolven ett fullt slag, och sedan flera korta slag på 50 till 100 mm. I båda fallen ska motståndet vara störningsfritt och kontinuerligt. Om resistansen är hoppig eller ojämn, eller om det finns synliga tecken på att stötdämparen är sliten eller skadad, måste den bytas ut.

***Varning: Stötdämpare måste alltid bytas parvis. Olika modeller är utrustade med olika stötdämpare. Se till att köpa korrekt typ av stötdämpare.***

8 Undersök om övriga komponenter är slitna eller skadade och byt ut alla komponenter som misstänks vara i dåligt skick.

9 Montera det nedre fjädersätet och packringen på stötdämparen. Se till att ändstoppen är 90° i förhållande till den nedre fästbultens axel.

10 För skyddskåpan över dämparstaget. Montera sedan plastdamasken, följt av den nedre fästringen, stoppklacken, O-ringen, den nedre brickan samt lagerringen och mellanlägget.

11 Montera spiralfjädern på stötdämparen. Se till att fjäderänden är i kontakt med fjädersätets stopp **(se bild)**.

12 Smörj det övre fjädersätet med talk. Montera sedan sätet på spiralfjäderns övre ände. Se till att stoppet (märkt med 'Federanfang') är korrekt placerat mot fjäderänden **(se bild)**.

13 Montera det övre fjädersätet på fjäderplattan. Använd inställningsmärkena som gjordes vid demonteringen för att se till att återmonteringen blir korrekt. De övre fästbultshålen måste vara placerade 45° i förhållande till axeln på fjäderbenets nedre fästbultsbussning. Observera även att de muttrar som är fastsvetsade vid undersidan av fjäderplattans fläns måste fästa i motsvarande urtag i fjädersätets överdel **(se bilder)**.

14 Montera fjädersätet/plattan på dämparstaget. Montera sedan lagret följt av den kupade brickan. Montera en ny packning på den övre fjäderplattan.

15 Dra ut kolvstången helt och skruva dit den nya muttern. Håll emot dämparstaget så att det inte roterar och dra åt muttern till angivet moment.

16 När huvudkomponenterna är ihopsatta, kontrollera att sprialfjäderns nedre ände är i kontakt med stoppet på det nedre fjädersätet.

17 Tryck kåpan tillsammans med O-ringen på plats på den övre fjäderplattan. Se till att de x-formade tapparna på kåpan passas in i rät vinkel mot fjäderbenets nedre fästbults axel **(se bild 12.13a)**.

18 Kontrollera att alla delar sitter som de ska. Lossa sedan försiktigt fjäderkompressorn och ta bort den från benet.

19 Montera tillbaka fjäderbenet enligt beskrivningen i avsnitt 11.

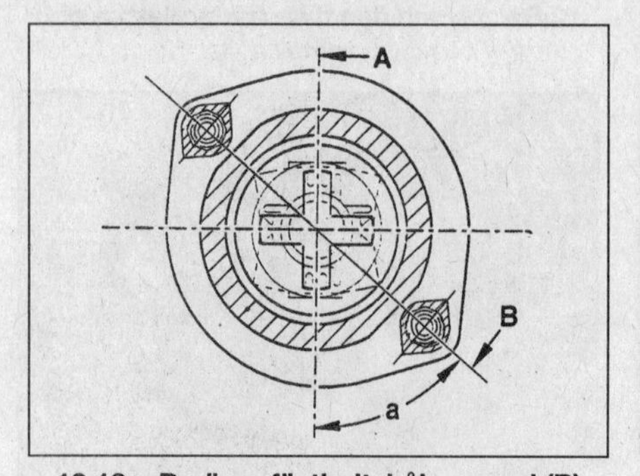

12.13a De övre fästbultshålens axel (B) måste vara placerad i 45° vinkel (a) i förhållande till den nedre fästbultsbussningens axel (A)

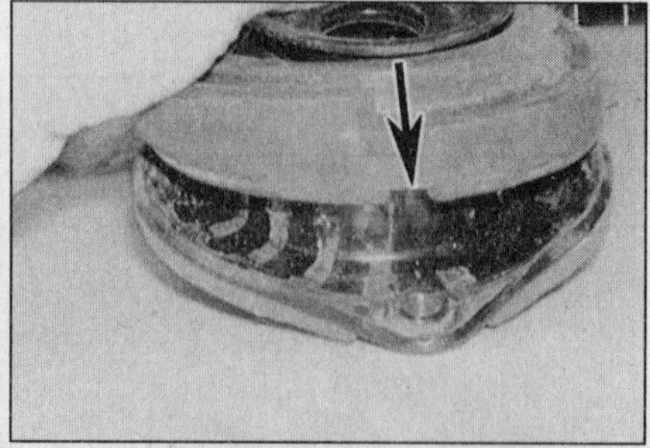
12.13b Observera även att de muttrar som är fastsvetsade vid undersidan av fjäderplattans fläns måste fästa i motsvarande urtag (vid pilarna) i fjädersätets överdel

## 13 Bakaxel – demontering och montering

### *Demontering*

1 Klossa framhjulen och lägg i ettans växel (eller P). Lossa sedan bakhjulets bultar. Lyft upp bakvagnen och ställ den på pallbockar (se *Lyftning och stödpunkter*). Demontera bakhjulen.

2 Ta bort skruvarna som fäster värmeskölden över avgassystemets mellanrör. För värmeskölden åt ena sidan så att det går att komma åt handbromsvajrarnas justeringskragar, enligt beskrivningen i kapitel 9 avsnitt 14. Se

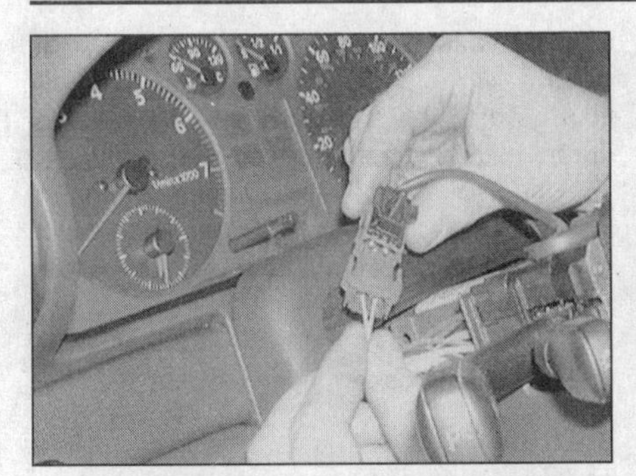

14.4 Koppla loss kontaktdonet till krockkuddens kontaktenhet

14.5 Skruva loss rattens fästmutter/bult

kapitel 9 avsnitt 16 och koppla loss handbromsvajrarna från bakbromsarna. Lossa sedan vajrarna från klämmorna som fäster dem vid axeln.

**3** Kläm ihop gummidelen av de bakre bromsrören för att minimera oljespill. Skruva sedan loss anslutningarna och koppla loss bromsrören från bakbromsarna. Plugga igen de öppna anslutningarna för att hindra att smuts tränger in.

**4** På modeller utrustade med strålkastare med båglampor, koppla loss dragstången till givaren för chassits höjd över marken från axelbalken. Se kapitel 12 för ytterligare information.

**5** Placera domkrafter eller pallbockar under axelns båda sidor för att stödja dess vikt.

**6** Skruva loss fjäderbenens nedre fästbultar på varje sida. Koppla sedan loss fjäderbenen från axeln enligt beskrivningen i avsnitt 11 i detta kapitel.

**7** Koppla loss ABS-systemets hjulhastighetsgivare från axeltappshållarens bakre del enligt beskrivningen i kapitel 9, avsnitt 19. Lossa kablaget från klämmorna och ta loss det från axeln. Placera det sedan ur vägen för arbetsutrymmet.

**8** Kontrollera att alla tillhörande detaljer är ur vägen för axeln. Täck över axeltapparna och bromsarna för att se till att de inte skadas eller blir smutsiga medan axeln tas bort. Se till att axeln stöds ordentligt. Ta om möjligt hjälp av en medhjälpare för att stödja axelenheten när den lossas och sänks ner från bilen.

**9** Skruva loss styrbultsmuttrarna från sidorna. Dra sedan bort bultarna och sänk ner axeln från styrningen/fästena. Sänk ner och ta bort axeln under bilen.

**10** Om fästes-/styrbussningarna är slitna måste de bytas ut. Ta bort den yttre bussningen och sedan den inre bussningen med en lämplig avdragare eller med Audis demonteringsverktyg. Det är viktigt att fästet inte drivs ut, för då kan sätet förstoras.

**11** Smörj de nya bussningarna genom att doppa dem i såpvatten, för att underlätta monteringen. Tryck in bussningarna från utsidan med en avdragare. Se till att pilmarkeringarna på utsidan pekar framåt.

## Montering

**12** Montering sker i omvänd ordningsföljd. När axeln lyfts upp till sin plats, fäst bara fästbultarna och muttrarna löst tills axeln är helt på plats. Dra därefter åt dem helt till angivet moment. Styrbultsmuttrarna ska inte dras åt förrän bilen står på marken.

**13** Se till att allt dras korrekt och fästs ordentligt när bromsrören, handbromsvajrarna och ABS-kablaget sätts tillbaka. Lufta bromssystemet, justera handbromsen och montera ABS-systemets hjulhastighetsgivare enligt beskrivningen i kapitel 9, avsnitt 19.

**14** På modeller utrustade med strålkastare med bågljuslampor, återanslut dragstången till givaren för chassits höjd över marken till axelbalken enligt beskrivningen i kapitel 12.

**15** Avsluta med att låta kontrollera bakhjulsinställningen. Bakaxelns totala toe-out inställning kan inte justeras eftersom axeln är en fast enhet. Men toe-out inställningen för de olika hjulen kan justeras genom att fästbultarna lossas och axelns styrfästbyglar till flyttas. Detta bör dock endast göras om korrekt utrustning för kontroll av hjulinställningen finns tillgänglig. Därför rekommenderar vi att detta moment överlåts till en Audiverkstad eller till en däckspecialist med tillgång till rätt utrustning.

## 14 Ratt – demontering och montering

***Varning: Se föreskrifterna i kapitel 12 innan något arbete utförs på krockkuddesystemets komponenter.***

### Demontering

**1** Demontera krockkudden enligt beskrivningen i kapitel 12.

**2** Ställ framhjulen rakt fram och aktivera rattlåset.

**3** Skruva loss fästskruvarna. Lossa sedan den övre kåpan och ta bort den från rattstången.

**4** Lokalisera kontaktdonet till krockkuddens kontaktenhet och koppla loss det **(se bild)**. På modeller utrustade med en flerfunktionsratt, koppla loss brytaren och värmeelementets kablage vid kontaktdonet.

**5** Skruva loss rattens fästmutter/bult (vad som är tillämpligt). Markera hur ratten och rattstångens axel är placerade i förhållande till varandra **(se bild)**. Kasta muttern/bulten och använd en ny vid monteringen.

**6** Lyft bort ratten från räfflorna på stången, och se till att inte skada kontaktenhetens kablage. Vrid **inte** kontaktenheten medan ratten är demonterad. Tejpa fast den för att förhindra rörelser **(se bilder)**.

### Montering

**7** Monteringen sker i omvänd ordningsföljd mot demonteringen. Tänk på följande **(se bild)**:

*a) Använd markeringarna som gjordes vid demonteringen för att se till att inställningen mellan ratten och rattstången blir korrekt.*

*b) Montera en ny rattfästbult/mutter och dra åt till angivet moment.*

*c) Avsluta med att montera krockkudden enligt beskrivningen i kapitel 12.*

14.6a Lyft bort ratten från rattstångens räfflor

14.6b Förhindra rörelser genom att tejpa fast krockkuddens kontaktenhet

14.7 Använd en ny fästmutter till ratten och dra åt till angivet moment

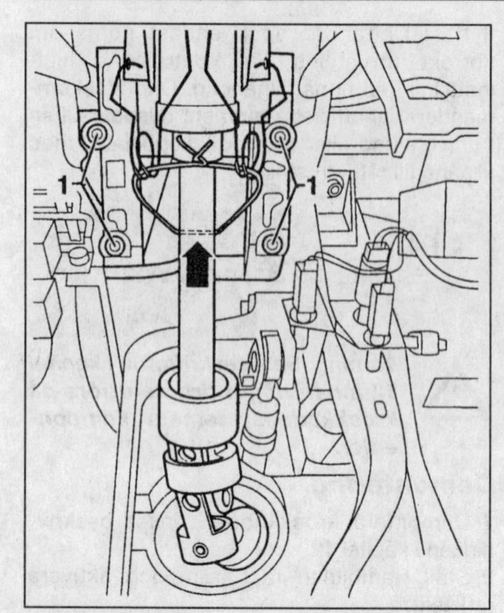


15.12 Fäst rattstångens nedre del vid den övre delen med en bit ståltråd

## 15 Rattstång – demontering, kontroll och montering

***Varning: Se föreskrifterna i kapitel 12 angående hantering av krockkuddesystemets komponenter innan arbetet fortsätts.***

### Demontering

**1** Vrid ratten så att framhjulen pekar rakt fram.

***Varning: Se till att rattstången och hjulen hålls kvar i ställningen rakt framåt under hela arbetsmomentet. Annars kan krockkuddens kontaktenhet hamna fel vilket leder till att krockkuddesystemet slutar fungera.***

**2** Koppla loss batteriets minusledare. **Observera:** *Om bilen har en kodskyddad radio, se till att ha en kopia av radions/bandspelarens säkerhetskod innan batteriet kopplas ur. Fråga en Audi-återförsäljare om tveksamhet föreligger.*

**3** Ta bort förarsidans krockkudde från ratten enligt beskrivningen i kapitel 12.

**4** Demontera ratten från rattstången enligt beskrivningen i avsnitt 14.

***Varning: Läs föreskrifterna i kapitel 12 noga innan något arbete utförs på krockkuddesystemets komponenter.***

**5** Om det inte redan är gjort, skruva loss skruvarna och dra bort rattstångens kåpor.

**6** Ta bort skruvarna och ta loss kombinationsbrytarna från rattstången enligt beskrivningen i kapitel 12.

**7** Skruva loss kabelklämmorna och lossa kabelhärvan från rattstången.

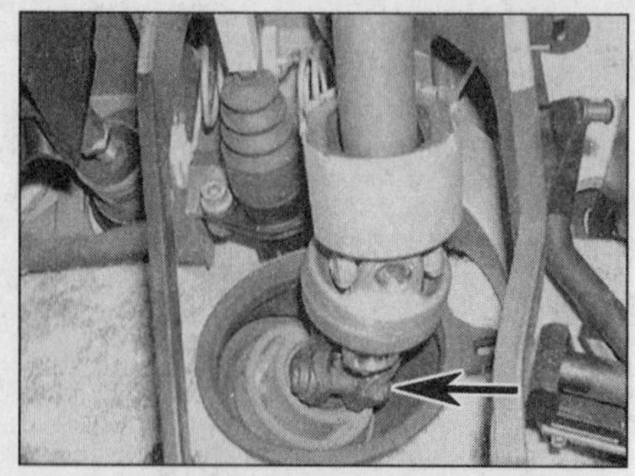

15.13 Skruva loss muttern från klämbulten (vid pilen) som fäster universalkopplingen i rattstångens nederdel vid styrväxeln

**8** Lossa och ta bort den nedre instrumentbrädespanelen/förvaringsutrymmet samt isoleringspanelerna från förarsidan. Lossa och ta bort rattstångens/torpedväggens nedre kåpa.

**9** Koppla loss tändningslåsets/rattlåsets kontaktdon (se avsnitt 16).

**10** På modeller med automatväxellåda, koppla loss växellådans låsvajer från tändningslåset enligt följande. Flytta växelspaken till läge Park. Stick in startnyckeln och vrid den moturs till det första läget (On). Lyft upp låsbalken i bakdelen av tändningslåsets hus något, dra sedan bort låsvajern från husets baksida.

**11** Ta bort de kvarvarande klädselpanelerna under instrumentbrädan på förarsidan, så att det går att komma åt rattstångens nederdel.

**12** Fäst rattstångens nedre del vid den övre delen med en bit ståltråd. Detta är för att se till att rattstångens två delar inte skiljs åt när rattstången tas bort från styrväxeln **(se bild)**.

***Varning: Låt inte rattstångens övre och nedre delar skiljas åt medan rattstången är bortkopplad från styrväxeln eftersom det kan leda till att inre komponenter lossnar och hamnar fel.***

**13** Skruva loss muttern från klämbulten som fäster universalkopplingen i rattstångens nederdel vid styrväxeln. Vrid bulten ett halvt varv och dra bort den från kopplingen **(se bild)**.

**14** Dra bort rattstångens universalkoppling

15.15 Ta bort rattstångens fyra fästbultar (vid pilarna)

från styrväxelns kugghjul och lägg den åt sidan.

**15** Ta bort rattstångens fyra fästbultar och dra bort stången från bilen **(se bild)**.

**16** Undersök om de olika komponenterna är kraftigt slitna. Om rattstången har blivit skadad på något sätt måste den bytas ut som en enhet.

**17** Om det behövs, ta bort tändningslåset/rattlåset enligt beskrivningen i avsnitt 16.

### Montering

**18** Montering sker i omvänd arbetsordning, lägg märke till följande.

**19** Se till att skyddskåpan av plast fortfarande sitter kvar på styrbulten som sticker ut ur rattstångens vänstra sida. Om kåpan har försvunnit, täck bultänden med tjock självhäftande tejp för att hindra att kabelhärvan skavs.

**20** Om det är tillämpligt, montera tändningslåset/rattlåset enligt beskrivningen i avsnitt 16.

**21** Montera rattstångens fyra övre fästbultar, men dra inte åt dem än.

**22** Stick in klämbulten som fäster universalkopplingen på rattstångens nederdel vid styrväxeln och fäst den genom att vrida den ett halvt varv moturs. Sätt dit muttern och dra åt den till angivet moment.

**23** Dra nu åt rattstångens fyra övre fästbultar till angivet moment.

**24** Ta bort ståltråden som användes till att hålla ihop rattstångens övre och nedre del.

**25** På modeller med automatväxellåda, montera växelspakens låsvajer genom att flytta växelspaken till läge Park och vrida startnyckeln till läge ON. För in änden av låsvajern i baksidan av tändningslåsets hus och tryck in den på sin plats tills låsbalken fäster. Kontrollera vajerns funktion enligt följande: (1) Det ska gå att flytta växelspaken från läget Park till en annan växel endast när startnyckeln är i läge On. (2) Det ska vara möjligt att dra ut startnyckeln från låset endast när växelspaken är i läge Park och startnyckeln i läge Off.

**26** Montera den nedre instrumentbrädespanelen/förvaringsutrymmet samt isoleringspanelerna på förarsidan. Montera också rattstångens/torpedväggens nedre kåpa.

**27** Montera kombinationsbrytarna enligt beskrivningen i kapitel 12.

**28** Montera ratten enligt beskrivningen i avsnitt 14.

**29** Montera förarsidans krockkudde enligt beskrivningen i kapitel 12.

**30** Se till att ingen sitter i bilen, detta som en säkerhetsåtgärd om krockkudden skulle utlösas oavsiktligt. Återanslut sedan batteriets minusledning.

**31** Avsluta med att kontrollera att styrningen och rattstångens brytare fungerar tillfredsställande.

16.3 Koppla loss kontaktdonet från sidan av nyckelns givarring

16.5 Stick in en bit svetsstång med 2 mm diameter som är fasad i änden (vid pilen) i åtkomsthålet tills den kommer i kontakt med fästknappen

16.6 Dra bort låscylindern från huset

## 16 Tändningslås/rattlås – demontering och montering

### *Låscylinder*

#### Demontering

***Observera:** För att låscylindern ska kunna tas bort måste bilens reservstartnyckel användas. Nyckeln är utrustad med ett tunt "handtag" av plast. Standardnyckelns "handtag" med en inbyggd immobilisersändare och/eller låsbelysningslampa är för klumpig för att användas vid demonteringen.*

**1** Demontera ratten enligt beskrivning i avsnitt 14.

**2** Ta bort rattstångens kombinationsbrytare enligt beskrivningen i kapitel 12.

**3** Koppla försiktigt loss kontaktdonet från sidan av nyckelns givarring **(se bild)**.

**4** Stick in reservnyckeln (se anmärkningen i början av det här underavsnittet) i tändningslåset och vrid den till läge On. I det här läget kan ett litet hål ses genom vilket man kan komma åt låscylinderns fästknapp.

**5** Stick in en tunn skruvmejsel eller en bit svetsstång med 2 mm diameter (fasad i änden) i åtkomsthålet tills den kommer i kontakt med fästknappen **(se bild)**.

**6** Håll skruvmejseln/stången i detta läge. Ta sedan tag i nyckeln och dra bort låscylindern från huset **(se bild)**.

#### Montering

**7** Sätt i nyckeln i den nya låscylindern och vrid den till läge On.

**8** Skjut in den nya låscylindern på plats tills fästknappen fäster med ett klick.

**9** Dra lätt i nyckeln för att se till att cylindern hålls på plats.

**10** Återanslut kablaget till givarringen. Kontrollera att kontaktdonet är helt intryckt på sin plats.

**11** Montera rattstången enligt beskrivningen i avsnitt 15.

**12** Montera rattstångens kombinationsbrytare enligt beskrivningen i kapitel 12.

**13** Montera ratten enligt beskrivningen i avsnitt 14.

### *Tändningslås*

#### Demontering

**Observera:** *Låscylindern behöver inte demonteras för att arbetet ska kunna slutföras.*

**14** Demontera ratten enligt beskrivningen i avsnitt 14.

**15** Ta bort rattstångens kombinationsbrytare enligt beskrivningen i kapitel 12.

**16** Koppla loss flervägskontaktdonet från tändningslåsets baksida **(se bild)**.

**17** Ta försiktigt bort fästmassan från de två bulthålen på låscylinderhusets vänstra sida så att tändningslåsets fästskruvar blir synliga.

**18** Skruva loss tändningslåsets fästskruvar och dra bort tändningslåset från låscylinderhuset **(se bilder)**.

#### Montering

**19** Se till att tändningslåset är korrekt placerat (vridet så långt moturs som det går). Montera det sedan på låscylinderhusets baksida. Se till att tändningslåset är korrekt fäst med låsenheten. För sedan in det på sin plats.

**20** Rengör fästskruvarnas gängor och lägg en droppe fästmassa på skruvarna. Sätt skruvarna på låsenheten och dra åt dem ordentligt. Lägg en droppe fästmassa på skruvskallarna när de har dragits åt.

**21** Montera kontaktdonet på tändningslåsets baksida.

**22** Montera rattstångens kombinationsbrytare enligt beskrivningen i kapitel 12.

**23** Montera ratten enligt beskrivningen i avsnitt 14.

## 17 Styrväxel – demontering, renovering och montering

### *Högerstyrda modeller*

#### Demontering

**1** Koppla loss batteriets minuspol. Det är mycket svårt att komma åt rattstången när motorn är monterad, och det är inte lätt att förbättra åtkomligheten.

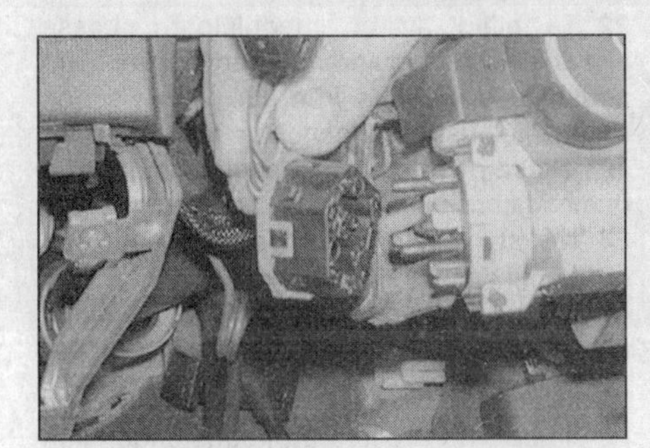

16.16 Koppla loss flervägskontaktdonet från tändningslåsets baksida

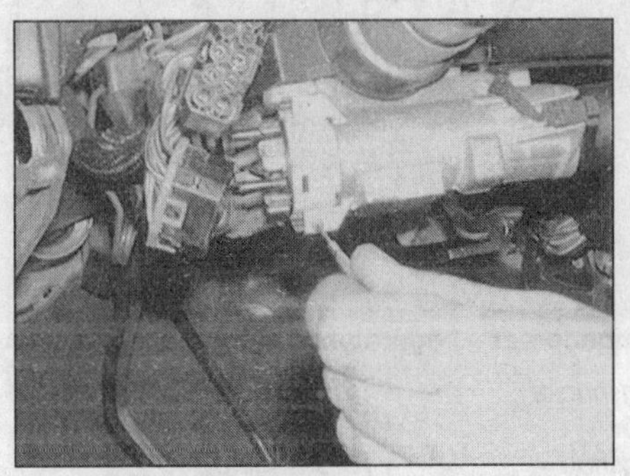

16.18a Skruva loss tändningslåsets fästskruvar . . .

16.18b . . . och dra bort låset från låscylinderhuset

**2** Lossa klämmorna och ta bort kåpan från insugsgrenrörskammarens överdel.

**3** Ta bort batteriet enligt beskrivningen i kapitel 5A.

**4** Skruva loss fästbultarna och ta bort batterilådan.

**5** Ta bort luftrenaren och dess tillhörande kanaler enligt beskrivningen i relevant del av kapitel 4.

**6** Ta bort de kvarvarande klädselpanelerna under instrumentbrädan på förarsidan, så att det går att komma åt rattstångens nederdel.

**7** Fäst rattstångens nedre del vid den övre delen med en bit ståltråd. Detta är för att se till att rattstångens två delar inte skiljs åt när rattstången tas bort från styrväxeln.

***Varning: Vrid inte ratten och låt inte rattstångens övre och nedre delar skiljas åt medan rattstången är bortkopplad från styrväxeln eftersom det kan leda till att rattstångens inre komponenter lossnar och hamnar fel.***

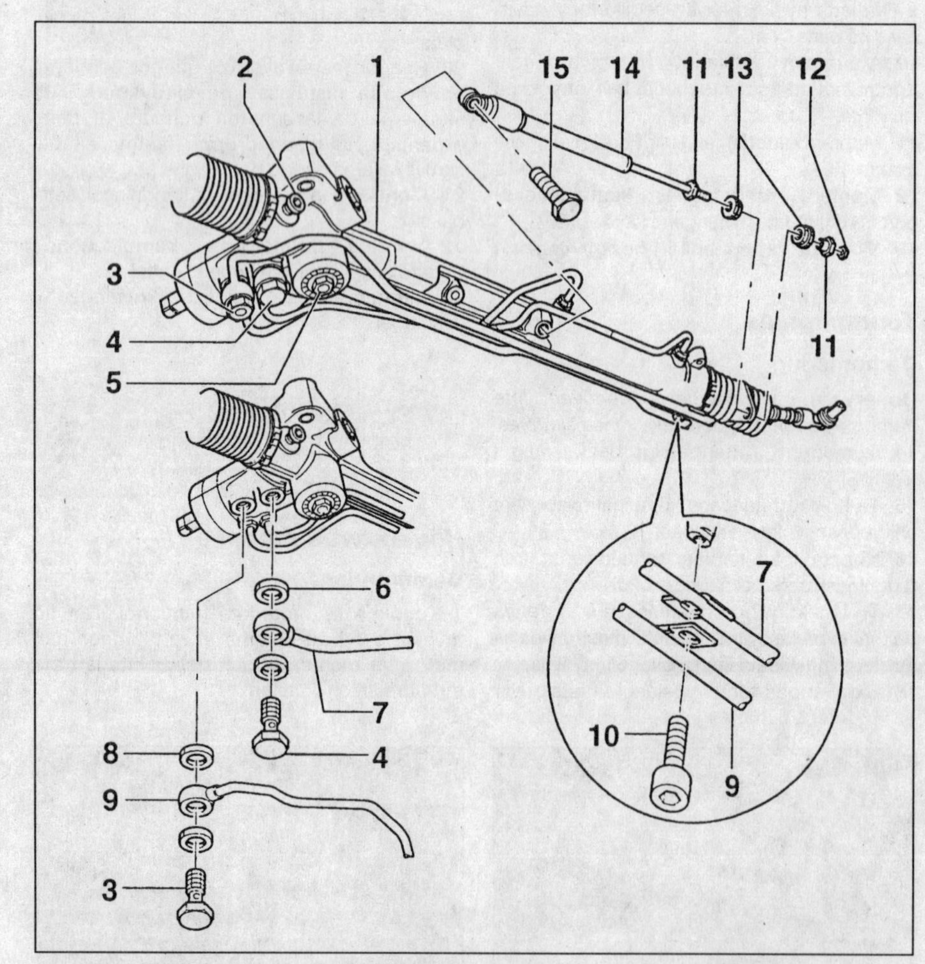


**17.23 Styrväxel och tillhörande komponenter – högerstyrda modeller**

*1 Styrväxel*
*2 Inspektionshål och bult*
*3 Banjobult*
*4 Banjobult*
*5 Justeringsskruv*
*6 Tätningsbricka*
*7 Returrör*
*8 Tätningsring*
*9 Matarrör*
*10 Bult*
*11 Bussning*
*12 Mutter*
*13 Bussning*
*14 Dämpare*
*15 Bult*

**8** Skruva loss muttern från klämbulten som fäster universalkopplingen i rattstångens nederdel vid styrväxeln. Vrid bulten ett halvt varv och dra ut den från anslutningen.

**9** Dra bort rattstångens universalkoppling från styrväxelns kugghjul och lägg den åt sidan. Koppla loss kugghjulets plastkåpa från torpedväggen och dra in den i bilen.

**10** Dra åt handbromsen ordentligt, lyft sedan upp framvagnen och ställ den på pallbockar. Demontera båda framhjulen. Fäst skivorna vid naven med minst en hjulbult var medan hjulen är demonterade.

**11** Ta bort höger hjulspindel enligt beskrivningen i punkt 1 till 10 i avsnitt 2 i detta kapitel. Var noga med att inte skada styrstagets damask under arbetet.

**12** Skruva loss nederdelen av det högra fjäderbenet från fjädringens nedre arm enligt beskrivningen i avsnitt 3. Lossa inte fjäderbenets övre fästmuttrar.

**13** Skruva loss de tre bultarna och ta bort den övre tvärarmens fästbygel, fjäderbenet samt de båda övre tvärarmarna som en enhet från det högra hjulhuset. Observera att det går att komma åt bultarna från utjämningskammaren i motorrummets bakre del. Det kan sitta plastbrickor på bultarnas undersidor. Dessa är fabriksmonterade och behöver inte sättas tillbaka när de väl har tagits bort. **Observera:** *Anteckna noga hur alla mellanlägg sitter monterade under skallarna till tvärarmens fästbygelbultar. De måste sättas tillbaka på samma platser för att framfjädringens inställning ska bevaras.*

**14** Skruva loss plastmuttern. Bänd sedan ut klämmorna och ta bort den del av innerskärmen som täcker den punkt där styrstagsänden går in i motorrummet.

**15** Använd bromsslangklämmor och kläm ihop matar- och returslangarna nära servostyrningens oljebehållare. Detta minimerar oljespill under följande moment.

**16** Märk anslutningarna så att de kan monteras tillbaka på rätt plats vid hopsättningen. Skruva sedan loss matar- och returrörens anslutningsbultar från styrväxeln. Var beredd på att vätska kommer att läcka ut och ställ en lämplig behållare under rören när anslutningsbultarna skruvas loss. Koppla loss båda rören och ta loss tätningsringarna. Kasta ringarna och använd nya vid monteringen. Plugga igen rörens och styrväxelns öppningar för att förhindra att vätska läcker ut och att smuts kommer in i hydraulsystemet.

**17** Lossa servostyrningsrören från fästklämmorna på undersidan av styrväxelns hus och lägg dem åt sidan så de är ur vägen för styrväxeln.

**18** Skruva loss och ta bort värmeskölden från styrväxelns framsida.

**19** På modeller med luftkonditionering, koppla loss kontaktdonet från tryckbrytaren på styrväxelns hus.

**20** Skruva loss bultarna som håller styrväxeln på plats. Det finns totalt tre bultar: en på var sida av kugghjulshuset på höger sida av styrväxeln (en går att komma åt från husets ovansida och en från husets undersida), och en i vänstra änden av styrväxeln, som går att komma åt ovanifrån via utjämningskammaren.

**21** Notera hur allt kablage och alla slangar är dragna runt styrväxeln så att de kan dras korrekt vid återmonteringen.

**22** Ta hjälp av en medhjälpare. Lossa styrväxelns kugghjul från torpedväggen. Lirka sedan ut styrväxeln från sin plats via den högra hjulhusöppningen. Var noga med att inte skada något kablage, några slangar eller gummidamasken när styrväxeln tas bort.

**23** När styrväxeln är demonterad, undersök om kugghjulshusets damask är skadad eller sliten och byt ut den om det behövs **(se bild)**.

## Renovering

**24** Undersök styrväxeln och leta efter tecken på skador. Kontrollera att kuggstången kan röra sig fritt i hela sin längd, utan tecken på kärvhet eller överdrivet stort fritt spel mellan styrväxelns kugghjul och kuggstången.

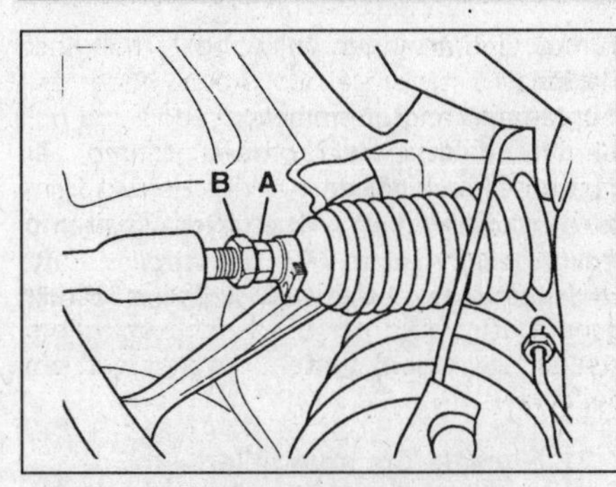


21.8 Styrstagets plana justeringsytor (A) och låsmutter (B)

### Montering

**8** Skruva på spindelleden på styrstaget med lika många varv som noterades vid demonteringen. Då bör spindelledens låsmutter hamna inom ett kvarts varv från styrstaget, med inställningsmärkena som gjordes vid demonteringen (om tillämpligt) i linje med varandra. Håll emot på styrstagets plana justeringsytor och dra åt låsmuttern till angivet moment **(se bild)**.

**9** Placera spindelledens tapp i hjulspindelns baksida. Sätt sedan dit fästbulten tillsammans med en ny mutter, följt av justeringsbulten. Dra åt till angivet moment.

**10** Montera tillbaka hjulet, sänk ner bilen och dra åt hjulbultarna till angivet moment.

**11** Kontrollera framhjulsinställningen enligt beskrivningen i avsnitt 24 och justera om så behövs.

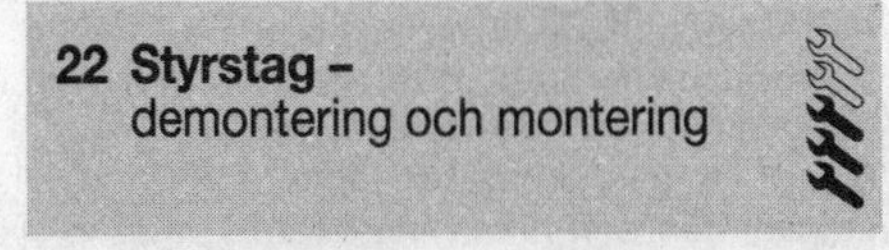

## 22 Styrstag - demontering och montering

### Demontering

**1** Dra åt handbromsen, lyft upp framvagnen och ställ den på pallbockar. Demontera relevant framhjul. Säkra bromsskivan vid navet med en hjulbult medan hjulet är demonterat.

**2** Lossa och dra bort justeringsbulten, följt av fästmuttern och bulten. Tryck sedan ner styrstagets spindelled för att lossa den från hjulspindelns baksida.

**3** Skruva loss plastmuttrarna och ta loss tryckklämmorna. Koppla sedan loss styrstagskåporna av plast från hjulhuset.

**4** Lossa fästklämmorna och dra gummidamasken mot styrstagets ytterände. Då blir en stor sexkantig mutter synlig på styrstagets inre ände.

**5** Håll styrstagets sexkantiga mutter med en stor fast nyckel. Skruva loss styrstaget från styrväxelns ände.

**6** Om spindelleden ska återanvändas, markera dess läge i förhållande till styrstagets justeringsmutter med en stållinjal och ritsspets eller liknande. Ta bort spindelleden från styrstaget enligt beskrivningen i avsnitt 21. **Observera:** *Om båda styrstagen ska tas bort och L- och R-markeringarna (vänster och höger) på spindellederna inte längre är synliga, markera då själv stagen för att undvika förvirring vid återmonteringen.*

### Montering

**7** Montering sker i omvänd arbetsordning, tänk på följande:

*a) Dra åt styrstaget till angivet moment med en lämplig hanfottillsats.*

*b) Se till att gummidamasken sätts på plats ordentligt. Använd nya klämmor om det behövs.*

*c) Avsluta med att låta kontrollera framhjulsinställningen och justera den om så behövs.*

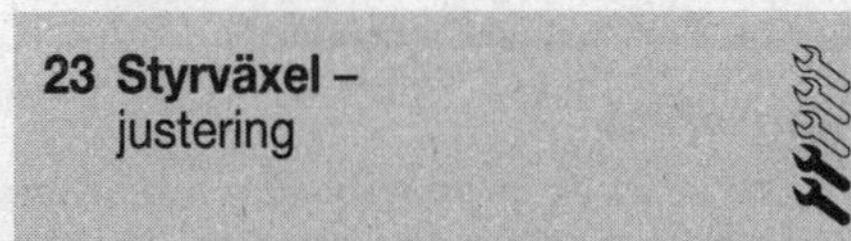

## 23 Styrväxel - justering

**1** Låt bilen stå still med avstängd motor. Vrid ratten från sida till sida. Om det finns spel i styrväxeln som resulterar i oljud eller skrammel kan styrväxeln justeras enligt följande.

**2** Dra åt handbromsen och klossa bakhjulen. Lyft upp framvagnen och ställ den på pallbockar (se *Lyftning och stödpunkter*).

**3** Låt en medhjälpare vrida ratten fram och tillbaka med ett halvt varv i varje riktning. Dra åt den självlåsande justeringsskruven ungefär en åttondels varv i taget tills skramlet eller spelet upphör **(se bild)**.

**4** Sänk ner bilen och kontrollera den med ett landsvägsprov. Om ratten inte centreras automatiskt efter kurvtagning, lossa justeringsskruven en gnutta i taget tills den gör det.

**5** Om det fortfarande förekommer märkbart spel i styrningen när korrekt självcentreringspunkt uppnåtts ska justeringsmuttern dras åt något för att ta upp spelet.

**6** Om justeringsproceduren ovan inte ger acceptabel styrningsinställning är styrväxeln antagligen oacceptabelt sliten och måste demonteras och renoveras.

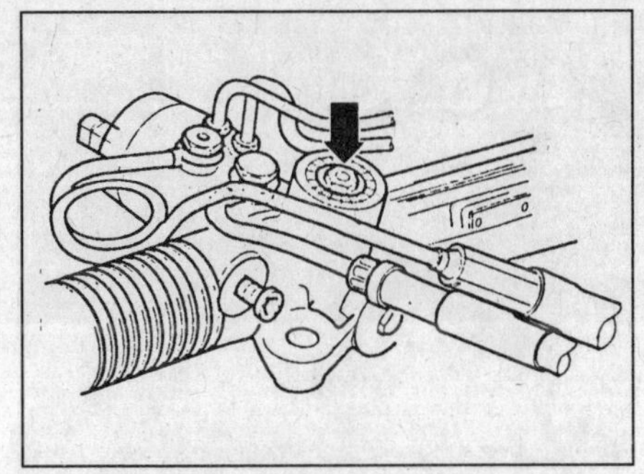

23.3 Styrväxelns justeringsskruv (vid pilen) - vänsterstyrd modell visad

## 24 Hjulinställning och styrvinklar - allmän information

### Definitioner

**1** En bils styrning och fjädring avgörs av fyra grundläggande inställningar och alla vinklar uttrycks i grader. Styraxeln definieras som en tänkt linje som dras genom fjäderbenets axel och ner till marken.

**2 Camber** är vinkeln mellan varje hjul och en vertikal linje som dragits genom hjulets mitt och däckets kontaktyta med marken, sett framifrån eller bakifrån. Positiv camber föreligger om hjulen lutar utåt från vertikallinjen i ovankanten. Negativ camber föreligger om de lutar inåt. Framhjulens individuella cambervinklar kan inte justeras, men den totala cambervinkeln mellan båda framhjulen kan balanseras ut genom att man flyttar fjädringens kryssrambalk. Bakhjulens cambervinkel anges också, men den kan inte justeras.

**3 Caster** är vinkeln mellan styraxeln och en vertikal linje som dras genom hjulets mitt och däckets kontaktyta mot marken, sett från sidan. Positiv caster föreligger när styraxeln lutas så att den når marken framför vertikallinjen. Negativ caster föreligger när den når marken bakom vertikallinjen. Castervinkeln kan inte justeras.

**4 Toe** är skillnaden, sett ovanifrån, mellan linjer som dragits genom hjulens mitt och bilens mittlinje. Toe-in föreligger när hjulen pekar inåt mot varandra i framkanten, och toe-out föreligger om de pekar utåt från varandra.

**5** Framhjulens toe-inställning justeras genom att man skruvar styrstagets justerare in eller ut ur spindellederna för att justera styrstagsenhetens effektiva längd. Bakhjulens totala toe-inställning kan inte justeras, men de enskilda toe-vinklarna kan balanseras genom att bakaxeln flyttas.

### Kontroll och justering

**6** På grund av den specialutrustning som krävs för att kontrollera hjulinställning och styrvinklar, och den erfarenhet som krävs för att använda utrustningen korrekt, bör kontroll och justering av dessa inställningar lämnas till en Audiverkstad eller liknande expert. Observera att de flesta däckverkstäder nu för tiden har sofistikerad kontrollutrustning. Följande är en guide, om ägaren skulle bestämma sig för att utföra en kontroll själv.

#### Framhjulens toe-inställning

**7** Om toe-inställningen ska kontrolleras måste först en hjulinställningsmätare införskaffas. Det finns två olika typer. Den ena typen mäter avståndet mellan hjulens främre och bakre inre kanter, med bilen stillastående. Den andra typen, kallad hasplåt, mäter den



Undersök styrväxelns alla vätskeanslutningar och leta efter tecken på läckage. Kontrollera att alla anslutningsbultar är ordentligt åtdragna.

**25** Det är visserligen möjligt att renovera styrväxelns delar själv, men detta arbete bör ändå överlåtas åt en Audi/VAG-verkstad. De enda delar som enkelt kan bytas av en hemmamekaniker är styrväxelns gummidamasker och styrstagets spindelleder. Byte av styrstagets spindelled och styrväxelns gummidamasker behandlas på andra ställen i detta kapitel.

### Montering

**26** Innan styrväxeln kan monteras måste den centreras enligt följande. Ta bort hylsbulten från det gängade inspektionshålet på sidan av kugghjulshuset. Flytta höger styrstag för hand tills inställningshålet – inborrat i ytan på kuggstången – syns genom inspektionshålet. Skaffa en bult med samma gängning som på den som togs bort från inspektionshålet. Fila sedan änden av bulten till en konisk spets. Skruva in bulten i inspektionshålet och vrid den tills den spetsiga änden hakar i det borrade inställningshålet i kuggstången. Kontrollera att kuggstången är spärrad genom att försöka flytta den högra styrstagsänden. Styrväxeln är nu låst i mittpositionen **(se bild)**.

**27** Ta hjälp av en medhjälpare och för försiktigt in styrväxeln på sin plats. Se till att kablaget/slangarna är korrekt dragna runt styrväxeln.

**28** Montera styrväxelns två fästbultar som går att komma åt ovanifrån, men dra bara åt dem för hand på det här stadiet.

**29** Montera styrväxelns kvarvarande fästbult underifrån och dra åt den till angivet moment. Avsluta med att dra åt de två övre fästbultarna till respektive angivet moment **(se bild)**.

**30** Placera hydraulrören i sina fästklämmor på styrväxelns undersida. Återanslut sedan matar- och returrören till styrväxeln. Placera nya tätningsringar på sidorna av varje ändfäste. Skruva sedan in anslutningsbultarna. Se till att rören är korrekt dragna. Dra sedan åt de båda anslutningsbultarna till respektive angivet moment. Dra åt bulten (bultarna) till hydraulrörets fästklämma ordentligt. Ta bort klämmorna från oljebehållarens slangar.

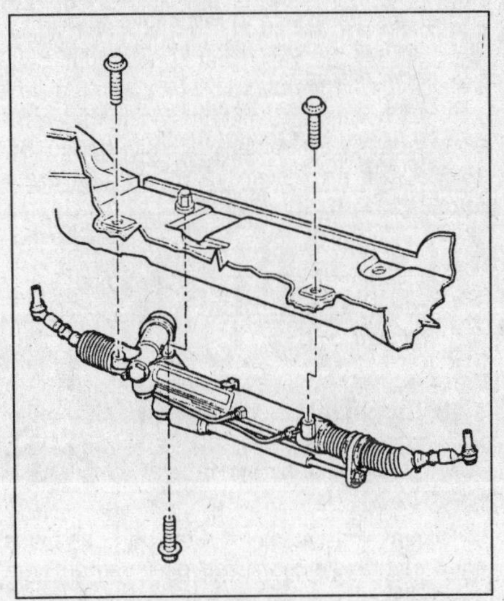

17.29 Styrväxelns fästbultar – högerstyrda modeller

**31** Arbeta inuti bilen i förarsidans fotbrunn. Tryck damasken över styrväxelns kugghjul och in på sin plats på torpedväggen.

**32** Återanslut universalkopplingen vid rattstångens nederdel till styrväxelns kugghjul. Stick in klämbulten och fäst den genom att vrida den ett halvt varv moturs. Sätt muttern på plats och dra åt den för hand.

**33** Ta bort ståltråden som användes till att hålla ihop rattstångens övre och nedre del.

**34** Ta bort den hemgjorda låsbulten från inspektionshålet på sidan av styrväxeln. Sätt sedan tillbaka den ursprungliga hylsbulten för att täppa igen inspektionshålet och dra åt till angivet moment.

**35** Dra nu åt universalkopplingens klämbult i rattstångens nederdel till angivet moment.

**36** Montera klädselpanelerna på undersidan av instrumentbrädan på förarsidan.

**37** Montera plastkåpan på insidan av hjulhuset, över styrstagsänden. Fäst den sedan med tryckklämmorna och plastmuttern (muttrarna).

**38** Montera den övre fjädringsarmens fästbygel på insidan av hjulhuset. Se till att mellanläggen (i förekommande fall) sätts tillbaka på sina ursprungliga platser enligt anteckningarna som gjordes vid demonteringen. Sätt i de tre fästbultarna och dra åt dem till angivet moment.

**39** Montera nederdelen av det högra fjäderbenet på fjädringens nedre arm enligt beskrivningen i avsnitt 3. Dra åt fästmuttern och bulten till angivet moment.

**40** Montera den högra hjulspindeln enligt beskrivningen i avsnitt 2, punkt 17 till 23 i detta kapitel. Var noga med att inte skada styrstagets damask under arbetet.

**41** Montera värmeskölden på styrväxelns framsida.

**42** På modeller med luftkonditionering, anslut kablaget till tryckbrytaren på styrväxelns hydraulrör.

**43** Montera tillbaka hjulen. Sänk sedan ner bilen och dra åt hjulbultarna till angivet moment.

**44** Dra åt drivaxelbulten till angivet moment, enligt beskrivningen i kapitel 8 avsnitt 2. Montera sedan navkapseln/hjulsidan.

**45** Montera batterilådan och dra åt fästbultarna ordentligt. Montera sedan batteriet enligt beskrivningen i kapitel 5A. Montera kåpan över utjämningskammaren.

**46** Montera luftrenaren och dess tillhörande kanaler enligt beskrivningen i relevant del av kapitel 4.

**47** Fyll på servostyrningsolja enligt beskrivningen i *Veckokontroller*. Lufta sedan hydraulsystemet enligt beskrivningen i avsnitt 19.

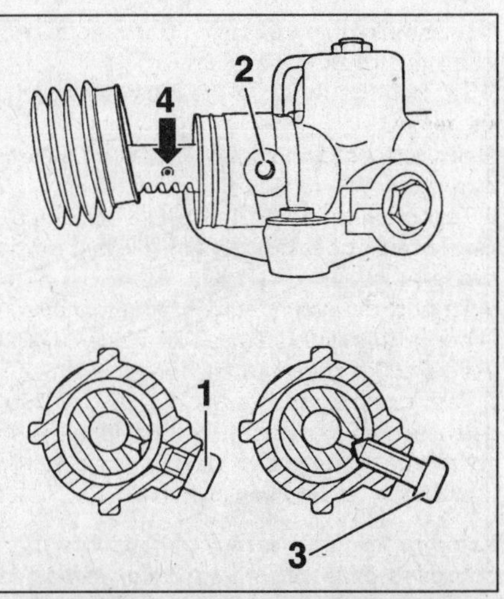


17.26 Kuggstångens centeringsdetaljer

*1 Hylsbult*
*2 Inspektionshål*
*3 Centreringsbult*
*4 Inställningshål*

**48** Avsluta med att låta kontrollera framhjulsinställningen hos en Audiverkstad.

### Vänsterstyrda modeller

#### Demontering

**49** Dra åt handbromsen och klossa bakhjulen. Lossa sedan framhjulens bultar. Lyft upp framvagnen och ställ den på pallbockar (se *Lyftning och stödpunkter*). Demontera båda framhjulen.

**50** Ta bort batteriet från motorrummet enligt beskrivningen i kapitel 5A. Lossa sedan batterilådan och ta bort den.

**51** Vrid ratten till mittpositionen. Ta sedan bort startnyckeln för att aktivera rattlåset.

***Varning: Se till att rattstången och hjulen hålls kvar i ställningen rakt framåt under hela arbetet. Annars kan krockkuddens kontaktenhet hamna fel vilket leder till att krockkuddesystemet slutar fungera.***

**52** Arbeta inuti bilen. Koppla loss och ta bort instrumentbrädans nedre klädselpanel/förvaringsutrymme och isoleringspaneler på förarsidan. Lossa och ta bort rattstångens/torpedväggens nedre kåpa.

**53** Ta bort de kvarvarande klädselpanelerna under instrumentbrädan på förarsidan, så att det går att komma åt rattstångens nederdel.

**54** Fäst rattstångens nedre del vid den övre delen med en bit ståltråd. Detta är för att se till att rattstångens två delar inte skiljs åt när rattstången tas bort från styrväxeln.

***Varning: Låt inte rattstångens övre och nedre delar skiljas åt medan rattstången är bortkopplad från styrväxeln, eftersom det kan leda till att inre komponenter lossnar och hamnar fel.***

**55** Skruva loss muttern från klämbulten som fäster universalkopplingen i rattstångens nederdel vid styrväxeln. Vrid bulten ett halvt varv och dra ut den från anslutningen.

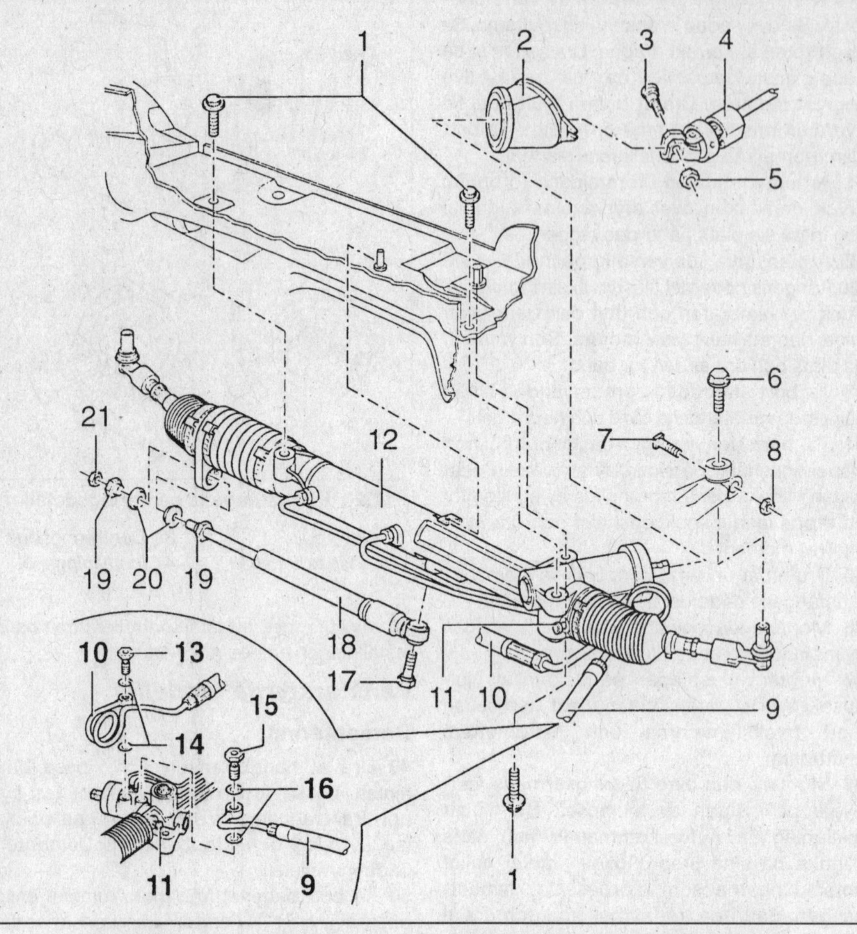


**17.64 Styrväxel och tillhörande komponenter – vänsterstyrda modeller**

*1 Bult*
*2 Damask*
*3 Excentrisk klämbult*
*4 Rattstång*
*5 Mutter*
*6 Bult*
*7 Bult*
*8 Mutter*
*9 Returrör*
*10 Matarrör*
*11 Inspektionshål och bult*
*12 Styrväxel*
*13 Banjobult*
*14 Tätningsring*
*15 Banjobult*
*16 Tätningsring*
*17 Bult*
*18 Dämpare*
*19 Bussning*
*20 Bussning*
*21 Mutter*

**17.66 Åtdragningsföljd för styrväxelns fästbultar – vänsterstyrda modeller**

**56** Dra bort rattstångens universalkoppling från styrväxelns kugghjul och lägg den åt sidan. Koppla loss kugghjulets kåpa från torpedväggen och dra in den i bilen.

**57** Sifonera upp oljan från servostyrningens oljebehållare. Om ett lämpligt verktyg för att sifonera upp oljan inte finns tillgängligt, kan oljan tappas ut i en behållare när hydraulledningarna är bortkopplade från styrväxeln.

**58** Fäst slangklämmor på oljerören som leder till och från styrväxeln för att minska oljeläckage. Var försiktig så slangarna inte klämskadas.

**59** Skruva loss plastmuttern. Bänd sedan ut klämmorna och ta bort den del av innerskärmen som täcker den punkt där styrstagsänden går in i motorrummet.

**60** Skruva loss anslutningarna och koppla loss oljematar- och returledningarna från styrväxeln. Rengör anslutningarna innan de kopplas loss. Tappa ur all kvarvarande olja i systemet i en behållare och kassera den. Fäst upp ledningarna så att de är ur vägen för arbetsområdet. Täta ändarna för att hindra ytterligare oljeläckage och att smuts tränger in i systemet.

**61** Se avsnitt 21 och skruva loss styrstagsändarnas spindelleder från hjulspindeln.

**62** Skruva loss styrväxelns fästbultar från karossen.

**63** Kontrollera att alla anslutningar går fria från styrväxeln. Lossa sedan plastkragen från kugghjulshuset och dra bort styrväxeln från bilen via det vänstra hjulhuset.

**64** Om styrväxeln är oacceptabelt skadad eller sliten kan den behöva bytas ut. Men det kan också vara möjligt att låta renovera styrväxeln. Fråga en Audiverkstad eller en specialistmekaniker om råd **(se bild)**.

### Montering

**65** Innan styrväxeln kan monteras måste den centreras enligt följande. Ta bort hylsbulten från det gängade inspektionshålet på sidan av kugghjulshuset. Flytta höger styrstag för hand tills inställningshålet – inborrat i ytan på kuggstången – syns genom inspektionshålet. Skaffa en bult med samma gängning som på den som togs bort från inspektionshålet. Fila sedan änden av bulten till en konisk spets. Skruva in bulten i inspektionshålet och vrid den tills den spetsiga änden hakar i det borrade inställningshålet i kuggstången. Kontrollera att kuggstången är spärrad genom att försöka flytta den högra styrstagsänden. Styrväxeln är nu låst i mittpositionen **(se bild 17.26)**.

**66** För in styrväxeln på plats i motorrummet. Sätt i de tre fästbultarna och dra åt dem till respektive angivet moment i den ordningsföljd som visas **(se bild)**. Avsluta med att ta bort låsbulten från inställningshålet. Sätt sedan tillbaka pluggen för att täta styrväxeln.

**67** Resten av återmonteringen sker i omvänd ordningsföljd. Notera följande:

*a) Oljeledningarna måste vara anslutna när styrväxeln höjs upp till sin plats. Var noga med att hålla anslutningarna rena och dra åt anslutningarna till respektive angivet moment. Använd nya tätningsbrickor där det är tillämpligt.*
*b) Dra åt alla fästen till angivet moment.*
*c) Se avsnitt 21 för information om återanslutning av styrstagsändarna.*
*d) Fyll på oljenivån enligt beskrivningen i Veckokontroller. Lufta sedan systemet enligt beskrivningen i avsnitt 19.*
*e) Avsluta med att låta kontrollera och justera hjulinställningen hos en Audi-verkstad.*

## 18 Styrväxelns gummidamask – byte

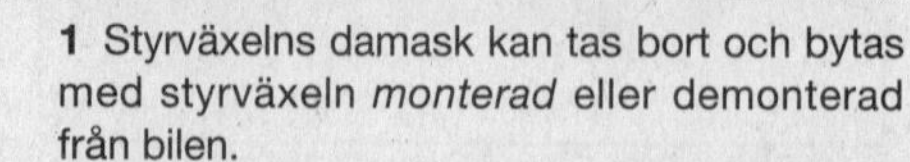

**1** Styrväxelns damask kan tas bort och bytas med styrväxeln *monterad* eller demonterad från bilen.

**2** Mät hur stor del av gängorna som är synliga på insidan av låsmuttern till styrstagsändens spindelled. Att notera detta mått underlättar justeringen när spindelleden sätts tillbaka på staget. Lossa låsmuttern och koppla loss spindelleden från styrstagsänden enligt beskrivningen i avsnitt 21.

**3** Skruva loss låsmuttern från styrstaget.

**4** Lossa fästklämmorna och dra bort damaskerna från styrväxeln och spindelleden.

**5** Montering sker i omvänd ordningsföljd. Smörj damaskens inre lopp med smörjmedel innan monteringen för att underlätta hopsättningen. Byt ut spindelledens låsmuttrar. Använd nya klämmor för att hålla fast damasken. Se till att damaskens ände placeras korrekt i fogen i styrstaget utan att vridas.

**6** Avsluta med att låta kontrollera och vid behov justera framhjulsinställningen (se avsnitt 24).

## 19 Servostyrningssystem – luftning

**1** Detta moment behöver bara följas om någon del av hydraulsystemet har kopplats bort.

**2** Enligt beskrivningen i *Veckokontroller*, skruva av vätskebehållarens påfyllningslock och fyll på med angiven vätska till MAX-markeringen på mätstickan.

**3** Lyft upp framvagnen och stöd den på pallbockar så att ingen vikt vilar på framhjulen.

**4** Med motorn avstängd, vrid ratten snabbt till fullt utslag från sida till sida flera gånger så att all luft tvingas ut. Fyll sedan på oljebehållaren. Upprepa proceduren tills oljenivån i behållaren inte sjunker mer.

**5** Sänk ner bilen. Fyll på oljenivån till MAX-markeringen om det behövs.

**6** Starta motorn och låt den gå på tomgång i ungefär två minuter. Vrid under tiden ratten till fullt utslag från sida till sida tio gånger. Håll ett öga på oljenivån i behållaren medan motorn är igång. Stäng av motorn när det slutat komma bubblor i vätskebehållaren.

**7** Kontrollera att oljenivån når upp till den övre markeringen på servostyrningens oljebehållare. Fyll på om det behövs. Montera sedan behållarens lock ordentligt.

**8** Om onormala ljud hörs från oljeledningarna när ratten vrids, är det ett tecken på att det fortfarande finns luft i systemet. Luften bör försvinna vid normal körning efter ungefär 10 till 20 km. Om ljuden fortsätter kan det vara nödvändigt att upprepa luftningen.

## 20 Servostyrningspump – demontering och montering

### *Demontering*

**1** Dra åt handbromsen ordentligt. Hissa upp framvagnen och stöd den på pallbockar.

**2** Ta bort fästskruvarna och hållarna och ta bort den undre kåpan från motorns/växellådans undersida.

**3** Flytta låshållarens tvärbalk i motorrummets främre del till serviceläget. Se kapitel 11 för närmare information.

**4** Se relevant del av kapitel 2 och ta bort den ribbade drivremmen.

**5** Ta bort remskivan från kylvätskepumpen enligt beskrivningen i kapitel 3.

**6** Använd bromsslangklämmor och kläm ihop matar- och returslangarna nära servostyrningens oljebehållare. Detta minimerar oljespill under följande moment.

**7** Rengör området runt servostyrningspumpens oljerörsanslutningar och slanganslutningar.

**8** Skruva loss anslutningsbulten och koppla loss oljematarröret från pumpen. Var beredd på oljespill och placera en behållare under röret medan anslutningsbulten skruvas loss. Koppla loss röret och ta loss tätningsringarna. Kasta ringarna och använd nya vid monteringen. Plugga igen rörets och styrningspumpens öppning för att minimera oljeläckage och hindra att smuts kommer in i hydraulsystemet.

**9** Lossa klämman och koppla loss oljematarslangen från servostyrningspumpens baksida. Plugga igen slangänden och täck pumpens oljeport för att hindra förorening.

**10** Skruva loss pumpens fästbultar och dra bort pumpen från fästbygeln.

**11** Om det är något fel på servostyrningspumpen måste den bytas. Pumpen är förseglad och kan inte renoveras.

### *Montering*

**12** Om en ny pump ska monteras måste den först primas med olja så att den är tillräckligt smord när den tas i användning. Om detta inte görs kan oljud uppstå vid användning och pumpen kan slitas ut i förtid. Prima pumpen genom att hälla hydraulolja av rätt grad i oljematarporten på pumpen samtidigt som pumpens remskiva roteras. När olja tränger ut från oljemataranslutningen är pumpen primad och färdig att använda.

**13** För in pumpen på sin plats, sätt i fästbultarna och dra åt dem till angivet moment.

**14** Montera nya tätningsringar på sidorna av hydraulmatarrörets ändfästen. Återanslut sedan röret till pumpen och skruva in anslutningsbulten. Se till att röret är korrekt draget. Dra sedan åt anslutningsbulten till angivet moment.

**15** Återanslut matarslangen till pumpen och fäst den med fästklämman. Ta bort slangklämmorna som användes för att minimera oljespillet.

**16** Montera remskivan på kylvätskepumpen enligt beskrivningen i kapitel 3.

**17** Montera och spänn drivremmen (remmarna) enligt beskrivningen i relevant del av kapitel 1.

**18** Montera låshållarens tvärbalk i motorrummets främre del enligt beskrivningen i kapitel 11.

**19** Montera motorrummets skyddskåpa och se till att den fästs ordentligt med alla fästskruvar och hållare.

**20** Avsluta med att fylla på hydraulsystemet enligt beskrivningen i *Veckokontroller*. Lufta sedan systemet enligt beskrivningen i avsnitt 19.

## 21 Styrstagets spindelled – demontering och montering

### *Demontering*

**1** Dra åt handbromsen, lyft sedan upp framvagnen och ställ den på pallbockar. Demontera relevant framhjul. Säkra bromsskivan vid navet med en hjulbult medan hjulet är demonterat.

**2** Lossa och dra bort justeringsbulten, följt av fästmuttern och bulten. Tryck sedan ner styrstaget för att lossa det från hjulspindelns baksida **(se bild)**.

**3** För att få större utrymme, skruva loss plastmuttrarna och ta loss tryckklämmorna. Koppla sedan loss styrstagskåpan av plast från hjulhuset.

**4** Om spindelleden ska återanvändas, markera dess läge i förhållande till styrstagets justeringsmutter med en stållinjal och ritsspets eller liknande.

**5** Håll fast styrstagets plana justeringsytor och skruva loss spindelledens låsmutter ett kvarts varv. Flytta inte låsmuttern från denna position, eftersom den är ett praktiskt referensmärke vid återmonteringen.

**6** Skruva loss spindelledsenheten från styrstagsänden och räkna det **exakta** antal varv som krävs för detta.

**7** Rengör spindelleden och gängorna noga. Byt spindelleden om dess rörelser är slappa eller för stela eller om den är mycket sliten eller skadad på något sätt. Kontrollera pinnbulten och gängorna noga. Om spindelledens damask är skadad måste hela enheten bytas ut. Det går inte att skaffa en ny damask separat.

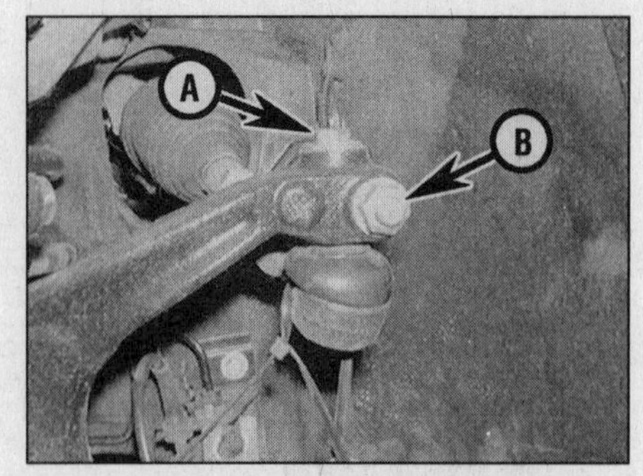


**21.2 Spindelledens justeringsbult (A) och fästmutter och bult (B)**

faktiska positionen för däckens kontaktyta i relation till vägbanan med bilen i rörelse. Detta uppnås genom att man skjuter eller kör framhjulet över en speciell platta. Plattan rör sig något i enlighet med däckets hasning, vilket visas på en skala. Båda typerna har för- och nackdelar, men båda kan ge goda resultat om de används korrekt och noggrant.

**8** För att värdena ska bli korrekta är det viktigt att bilen är olastad, förutom en full bensintank, reservhjul och verktygsuppsättning, samt att däcken har rätt lufttryck (se *Veckokontroller*). Gunga bilen flera gånger så att alla fjädringskomponenter sätter sig. Se till att framhjulen står riktade rakt fram innan mätningarna görs.

**9** Om justering krävs, dra åt handbromsen och ställ upp framvagnen på pallbockar.

**10** Rengör först styrstagens justerargängor. Om de är korroderade, applicera rostlösningsmedel innan justeringen påbörjas.

**11** Håll fast justeraren och lossa spindelledens och styrstagets låsmuttrar. Ändra styrstagets längd genom att vrida justeraren efter behov. Om styrstaget kortas minskar toe-ut/ökar toe-in.

**12** När inställningen är korrekt, håll fast styrstagets justerare och dra åt båda låsmuttrarna till angivet moment.

**13** Om rattens ekrar inte längre är horisontella när hjulen står riktade rakt fram efter justeringen, demontera ratten och rikta in den (se avsnitt 14).

**14** Kontrollera att toe-inställningen är korrekt genom att sänka ner bilen och kontrollera inställningen igen. Justera om den igen om det behövs.

# Kapitel 11
# Kaross och detaljer

## Innehåll



## Svårighetsgrader

| | | | | |
|---|---|---|---|---|
| **Enkelt,** passar novisen med lite erfarenhet  | **Ganska enkelt,** passar nybörjaren med viss erfarenhet  | **Ganska svårt,** passar kompetent hemmamekaniker  | **Svårt,** passar hemmamekaniker med erfarenhet  | **Mycket svårt,** för professionell mekaniker  |

## Specifikationer

| **Åtdragningsmoment** | **Nm** |
|---|---|
| Bagageluckans fästmuttrar (Sedan) | 21 |
| Bakluckans fästmuttrar (Avant) | 21 |
| Bakre mittsäkerhetsbältets haspel (Avant) | 55 |
| Bakre stötfångare till kaross | 23 |
| Bult mellan säkerhetsbälte och höjdjusterare | 23 |
| Bultar mellan främre stötfångarfäste och kaross | 45 |
| Bultar mellan främre stötfångare och fäströr | 23 |
| Bultar mellan fönstrets komponenthållare och dörren | 30 |
| Dörrarnas gångjärnsbultar | 30 |
| Dörrlåsens skruvar | 10 |
| Fästbult till säkerhetsbältets främre låsdel | 60 |
| Fönstermotor till fönsterhiss | 7 |
| Låshållare/främre tvärpanel, fästbultar | 10 |
| Motorhuvens gångjärnsbultar | 21 |
| Motorhuvslåsets bultar | 10 |
| Sidobackspeglarnas bultar | 12 |
| Säkerhetsbältenas ankarbultar | 50 |
| Säkerhetsbältets haspelbult | 50 |

## 1 Allmän beskrivning

Den Audi som behandlas i den här handboken finns med två karosstyper – fyrdörrars Sedan och femdörrars Avant kombi. Karossen är tillverkad av stål och är försedd med särskilda zoner fram och bak som ska ge efter vid en krock, samt ett centralt säkerhetspassagerarutrymme.

Under tillverkningen behandlas underredet med underredstätning och några av de mer utsatta karosspanelerna galvaniseras för ytterligare rostskydd. Stötfångarna och innerskärmarna är gjutna i plast för att ge hållbarhet och styrka.

## 2 Underhåll – kaross och underrede

Karossens allmänna skick påverkar bilens värde väsentligt. Underhållet är enkelt men måste vara regelbundet. Om man slarvar med detta, speciellt efter smärre skador, kan det snabbt leda till värre skador och dyra reparationer. Det är även viktigt att hålla ett öga på de delar som inte är direkt synliga, som underredet, under hjulhusen och de nedre delarna av motorrummet.

Tvättning utgör grundläggande underhåll av karossen – helst med stora mängder vatten från en slang. Det är viktigt att spola bort smutsen på ett sätt som förhindrar att lacken skadas. Hjulhusen och underredet måste tvättas rena från lera på samma sätt. Fukten som binds i leran kan annars leda till rostangrepp. Paradoxalt nog är det bäst att tvätta av underredet och hjulhusen när det regnar, eftersom leran då är blöt och mjuk. Vid körning i mycket våt väderlek spolas vanligen underredet av automatiskt vilket ger ett tillfälle för kontroll.

Med undantag för bilar med vaxade underreden är det bra att periodvis rengöra hela undersidan av bilen med ångtvätt, inklusive motorrummet, så att en grundlig kontroll kan göras. Man kan då lättare avgöra vilka åtgärder och mindre reparationer som behöver utföras. Ångtvättar finns att få tag på hos bensinstationer och verkstäder och behövs när man ska ta bort de ansamlingar av oljeblandad smuts som ibland lägger sig tjockt i vissa utrymmen. Om en ångtvätt inte finns tillgänglig finns det ett par utmärkta avfettningsmedel att köpa som man stryker på med borste och sedan spolar bort tillsammans med smutsen. Observera att ingen av ovanstående metoder ska användas på bilar med vaxade underreden, eftersom de tar bort vaxet. Bilar med vaxade underreden ska kontrolleras årligen, helst på senhösten. Underredet ska då tvättas av så att skador i vaxbestrykningen kan hittas och åtgärdas. Helst ska ett helt nytt lager vax läggas på. Det kan även vara värt att spruta in vaxbaserat skydd i dörrpaneler, trösklar, balkar och liknande som ett extra rostskydd där tillverkaren inte redan åtgärdat den saken.

Torka av lacken med sämskskinn efter tvätten så att den får en fin yta. Ett lager med genomskinligt skyddsvax ger förbättrat skydd mot kemiska föroreningar i luften. Om lacken mattats eller oxiderats kan ett kombinerat tvätt- och polermedel återställa glansen. Detta kräver lite arbete, men sådan mattning orsakas vanligen av slarv med regelbundenheten i tvättning. Metalliclacker kräver extra försiktighet och speciella slipmedelsfria rengörings-/polermedel krävs för att inte skada ytan. Kontrollera alltid att dräneringshål och rör i dörrar och ventilation är öppna så att vatten kan rinna ut. Kromade ytor ska behandlas på samma sätt som lackerade. Glasytor ska hållas fria från smutshinnor med hjälp av glastvättmedel. Vax eller andra medel för polering av lack eller krom ska inte användas på glas.

## 3 Underhåll – klädsel och mattor

Mattorna ska borstas eller dammsugas med jämna mellanrum så att de hålls rena. Om de är svårt nedsmutsade kan de tas ut ur bilen och skrubbas. Se i så fall till att de är helt torra innan de läggs tillbaka i bilen. Säten och klädselpaneler kan torkas rena med fuktig trasa och speciella rengöringsmedel. Om de smutsas ner kan lite flytande tvättmedel och en mjuk nagelborste användas till att skrubba ut smutsen ur materialet. Glöm inte takets insida, håll det rent på samma sätt som klädseln. När flytande rengöringsmedel används inne i en bil får de tvättade ytorna inte överfuktas. För mycket fukt kan komma in i sömmar och stoppning och framkalla fläckar, störande lukter och till och med röta. Om insidan av bilen blir mycket blöt är det mödan värt att torka ur den ordentligt, speciellt mattorna. *Lämna inte olje- eller eldrivna värmare i bilen för att den ska torka snabbare.*

## 4 Mindre karosskador – reparation

### Reparationer av mindre repor i lacken

Om en repa är mycket ytlig och inte trängt ner till karossmetallen är reparationen mycket enkel att utföra. Gnugga det skadade området helt lätt med lackrenoveringsmedel eller en mycket finkornig slippasta, så att lös lack tas bort från repan och det omgivande området befrias från vax. Skölj med rent vatten.

Lägg på bättringslack på skråman med en fin pensel. Lägg på i många tunna lager till dess att ytan i skråman är i jämnhöjd med den omgivande lacken. Låt den nya lacken härda i minst två veckor och jämna sedan ut den mot omgivande lack genom att gnugga hela området kring repan med lackrenoveringsmedel eller en mycket finkornig slippasta. Avsluta med en vaxpolering.

Om repan gått ner till karossmetallen och denna börjat rosta krävs en annan teknik. Ta bort lös rost från botten av repan med ett vasst föremål och lägg sedan på rostskyddsfärg så att framtida rostbildning förhindras. Använd sedan en spackel av gummi eller nylon och fyll upp repan med spackelmassa. Vid behov kan spacklet tunnas ut med thinner så att det blir mycket tunt vilket är idealiskt för smala repor. Innan spacklet härdar, linda ett stycke mjuk bomullstrasa runt en fingertopp, doppa fingret i thinner och stryk snabbt över spackelytan i repan. Detta gör att spackelmassans yta blir lite, lite urholkad. Lacka sedan över repan enligt tidigare anvisningar.

### Reparation av bucklor i karossen

När en djup buckla uppstått i bilens kaross blir den första uppgiften att räta ut den så att karossen i det närmaste återfår ursprungsformen. Det finns ingen anledning att försöka återställa formen helt eftersom metallen i det skadade området sträckt sig vid skadans uppkomst och aldrig helt kommer att återta sin gamla form. Det är bättre att försöka ta bucklans nivå upp till ca 3 mm under den omgivande karossens nivå. I de fall bucklan är mycket grund är det inte värt besväret att räta ut den. Om undersidan av bucklan är åtkomlig kan den knackas ut med en träklubba eller plasthammare. När detta görs måste mothåll användas på plåtens utsida så att inte större delar knackas ut.

Skulle bucklan finnas i en del av karossen som har dubbel plåt eller om den av någon annan anledning är oåtkomlig från insidan, krävs en annan teknik. Borra ett flertal hål genom metallen i bucklan – speciellt i de djupare delarna. Skruva sedan in långa plåtskruvar precis så långt att de får ett fast grepp i metallen. Dra sedan ut bucklan genom att dra i skruvskallarna med en tång.

Nästa steg är att ta bort lacken från det skadade området och ca 3 cm av den omgivande oskadade plåten. Detta görs enklast med stålborste eller slipskiva monterad på borrmaskin, men kan även göras för hand med slippapper. Fullborda underarbetet genom att repa den nakna plåten med en skruvmejsel eller filspets, eller genom att borra små hål i det område som ska spacklas. Detta gör att spacklet fäster bättre.

Se avsnittet om spackling och sprutning för att avsluta reparationen.

### Reparationer av rosthål eller revor i karossen

Ta bort lacken från det drabbade området och ca 3 cm av den omgivande oskadade plåten med en sliptrissa eller stålborste monterad i en borrmaskin. Om detta inte finns tillgängligt kan ett antal ark slippapper göra jobbet lika effektivt. När lacken är borttagen kan rostskadans omfattning uppskattas mer exakt och därmed kan man avgöra om hela panelen (om möjligt) ska bytas ut eller om rostskadan ska repareras. Nya plåtdelar är inte så dyra som de flesta tror och det är ofta snabbare och ger bättre resultat med plåtbyte än att försöka reparera större rostskador.

Ta bort all dekor från det drabbade området, utom den som styr den ursprungliga formen, exempelvis lyktsarger. Ta sedan bort lös eller rostig metall med plåtsax eller bågfil. Knacka kanterna något inåt så att det bildas en grop för spacklingsmassan.

Borsta av det drabbade området med en stålborste så att rostdamm tas bort från ytan av kvarvarande metall. Måla det drabbade området med rostskyddsfärg, om möjligt även på baksidan.

Före spacklingen måste hålet blockeras på något sätt. Detta kan göras med nät av plast eller aluminium eller med aluminiumtejp.

Nät av plast eller aluminium eller glasfiberväv är antagligen det bästa materialet för ett stort hål. Skär ut en bit som är ungefär lika stor som det hål som ska fyllas, placera det i hålet så att kanterna är under nivån för den omgivande plåten. Fäst materialet runt hålet med några klickar spackelmassa.

Aluminiumtejp bör användas till små eller mycket smala hål. Klipp till en bit av ungefärlig storlek, dra bort eventuellt täckpapper och fäst tejpen över hålet. Flera remsor kan läggas bredvid varandra om bredden på en inte räcker till. Tryck ner tejpkanterna med ett skruvmejselhandtag eller liknande så att tejpen fäster ordentligt på metallen.

### Karossreparationer – spackling och lackering

Se tidigare anvisningar beträffande reparation av bucklor, repor, rost- och andra hål innan beskrivningarna i det här avsnittet följs.

Många typer av spackelmassa förekommer. Generellt sett är de som består av grundmassa och härdare bäst vid denna typ av reparationer. Vissa av dem kan användas direkt från förpackningen. En bred och följsam spackel av nylon eller gummi är ett ovärderligt verktyg för att skapa en väl formad spackling med fin yta.

Blanda lite massa och härdare på en skiva av exempelvis kartong eller masonit. Följ tillverkarens instruktioner och mät härdaren noga, i annat fall härdar spacklingen för snabbt eller för långsamt. Bred ut massan på det förberedda området med spackeln, dra spackeln över massan så att rätt form och en jämn yta uppstår. Så snart massan antagit en någorlunda korrekt form bör arbetet avbrytas. Om man håller på för länge blir massan kletig och börjar fastna på spackeln. Fortsätt lägga på tunna lager med ca 20 minuters mellanrum till dess att massan är något högre än den omgivande plåten.

När massan härdat kan överskottet tas bort med hyvel eller fil. Börja därefter putsa med nr 40 och avsluta med nr 400 våtslippapper. Linda alltid papperet runt en slipkloss, annars blir inte den slipade ytan plan. Vid slutpoleringen med våtslippapper ska detta då och då sköljas med vatten. Detta skapar en mycket slät yta på massan i slutskedet.

I det här stadiet bör bucklan vara omgiven av en ring med ren plåt som i sin tur omges av en lätt ruggad kant av den oskadade lacken. Skölj av reparationsområdet med rent vatten till dess att allt slipdamm försvunnit.

Spruta ett tunt lager grundfärg på hela reparationsområdet. Då avslöjas mindre ytfel i spacklingen. Laga dessa med ny spackelmassa eller filler och slipa av ytan igen. Massan kan tunnas ut med thinner så att den blir mer lämpad för riktigt små gropar. Upprepa denna sprutning och reparation till dess att du är nöjd med spackelytan och den ruggade lacken. Rengör reparationsytan med rent vatten och låt den torka helt.

Reparationsytan är nu klar för lackering. Färgsprutning måste utföras i ett varmt, torrt, drag- och dammfritt utrymme. Detta kan åstadkommas inomhus om det finns tillgång till ett större arbetsområde, men om arbetet måste äga rum utomhus är valet av dag av stor betydelse. Om arbetet utförs inomhus kan golvet spolas av med vatten eftersom detta binder damm som annars skulle finnas i luften. Om reparationsytan är begränsad till en panel ska de omgivande panelerna maskas av. Detta minskar effekten av en mindre missanpassning mellan färgerna. Dekorer och detaljer (kromlister, handtag med mera) ska även de maskas av. Använd riktig maskeringstejp och flera lager tidningspapper till detta.

Före sprutning, skaka burken ordentligt och spruta på en provbit, exempelvis en konservburk, tills tekniken behärskas. Täck sedan arbetsytan med ett tjockt lager grundfärg, uppbyggt av flera tunna skikt. Polera sedan grundfärgsytan med nr 400 våtslippapper, till dess att den är slät. Medan detta utförs ska ytan hållas våt och pappret ska periodvis sköljas i vatten. Låt torka innan mer färg läggs på.

Spruta på färglagret och bygg upp tjockleken med flera tunna lager färg. Börja spruta i ena kanten och arbeta med sidledes rörelser till dess att hela reparationsytan och ca 5 cm av den omgivande lackeringen täckts. Ta bort maskeringen 10 – 15 minuter efter det sista färglagret sprutats på.

Låt den nya lacken härda i minst två veckor innan en lackrenoverare eller mycket fin slippasta används till att jämna ut den nya lackens kanter mot den gamla. Avsluta med en vaxpolering.

### Plastdetaljer

Eftersom biltillverkarna använder mer och mer plast i karosskomponenterna (t.ex. i stötfångare, spoilers och i vissa fall även i de större karosspanelerna), har reparationer av allvarligare skador på sådana komponenter blivit fall för specialister eller en fråga om att byta ut hela komponenter. Gör-det-själv reparationer av sådana skador är inte rimliga på grund av kostnaden för den specialutrustning och de speciella material som krävs. Principen för dessa reparationer är dock att en skåra tas upp längs med skadan med en roterande rasp i en borrmaskin. Den skadade delen svetsas sedan ihop med en varmluftspistol och en plaststav i skåran. Plastöverskott tas bort och ytan slipas ner. Det är viktigt att rätt typ av plastlod används – plasttypen i karossdelar kan vara av olika typer, exempelvis PCB, ABS eller PPP.

Mindre allvarliga skador (skrapningar, små sprickor) kan lagas av hemmamekaniker med en tvåkomponents epoxymassa. Den blandas i lika delar och används på liknande sätt som spackelmassa på plåt. Epoxyn härdar i regel inom 30 minuter och kan sedan slipas och målas.

Om ägaren har bytt en komponent på egen hand eller reparerat med epoxymassa, återstår svårigheten att hitta en färg som lämpar sig för den aktuella plasten. En gång i tiden kunde inte någon universalfärg användas på grund av det breda utbudet av plaster i karossdelar. Generellt sett fastnar inte standardfärger på plast och gummi, men det finns färger och kompletta färgsatser för plast- och gummilackering att köpa hos vissa återförsäljare. Dessa består i princip av förprimer, grundfärg och färglager. Kompletta instruktioner finns i satserna men grundmetoden är att först lägga på förprimern på aktuell del och låta den torka i 30 minuter innan grundfärgen läggs på. Sedan ska grundfärgen läggas på och lämnas att torka i ungefär en timme innan det färgade ytlacket läggs på. Resultatet blir en korrekt färgad del där lacken kan röra sig med materialet, något de flesta standardfärger inte klarar.

## 5 Större karosskador – reparation

Vid större krock- eller rostskador, eller när stora paneler måste bytas eller svetsas in, bör arbetet överlåtas åt specialister. Om det är frågan om en allvarlig krockskada krävs uppriktningsriggar för att utföra sådana arbeten med framgång. Förvridna delar kan även orsaka stora belastningar på komponenter i styrning och fjädring och möjligen kraftöverföringen, med åtföljande slitage och förtida haveri. I synnerhet däcken påverkas.

## 6 Dörrskrammel – felsökning och åtgärder

1 Kontrollera först att dörren inte är lös vid gångjärnen och att regeln håller dörren ordentligt på plats. Kontrollera även att dörren sitter korrekt i karossöppningen. Om dörren är feljusterad, justera den enligt beskrivningen i avsnitt 23.

2 Om regeln håller dörren korrekt men ändå skramlar är låsmekanismen sliten och bör bytas ut.

3 Annat skrammel från dörren kan orsakas av slitage i fönstrets hissmekanism, den inre låsmekanismen, lösa glasstyrningar eller löst kablage.

## 7 Motorhuv och stödben- demontering, montering och justering

### *Motorhuv*

#### Demontering

1 Öppna motorhuven helt. Placera sedan några kartongbitar eller trasor under gångjärnshörnen för att skydda karossen.

2 Koppla loss vindrutespolarnas rör från munstyckena på motorhuven. Lossa sedan slangen från fästklämmorna.

3 Håll motorhuven öppen med två kraftiga trästavar, en i varje hörn. Alternativt, ta hjälp av någon som kan hålla upp motorhuven.

4 Koppla loss stödbenet från motorhuven enligt beskrivningen senare i detta avsnitt.

5 Markera gångjärnens placering med en blyertspenna. Lossa sedan de fyra fästbultarna som fäster gångjärnen vid motorhuven (två på varje sida).

6 Stöd motorhuven medan fästbultarna skruvas loss. Ta sedan bort motorhuven från bilen.

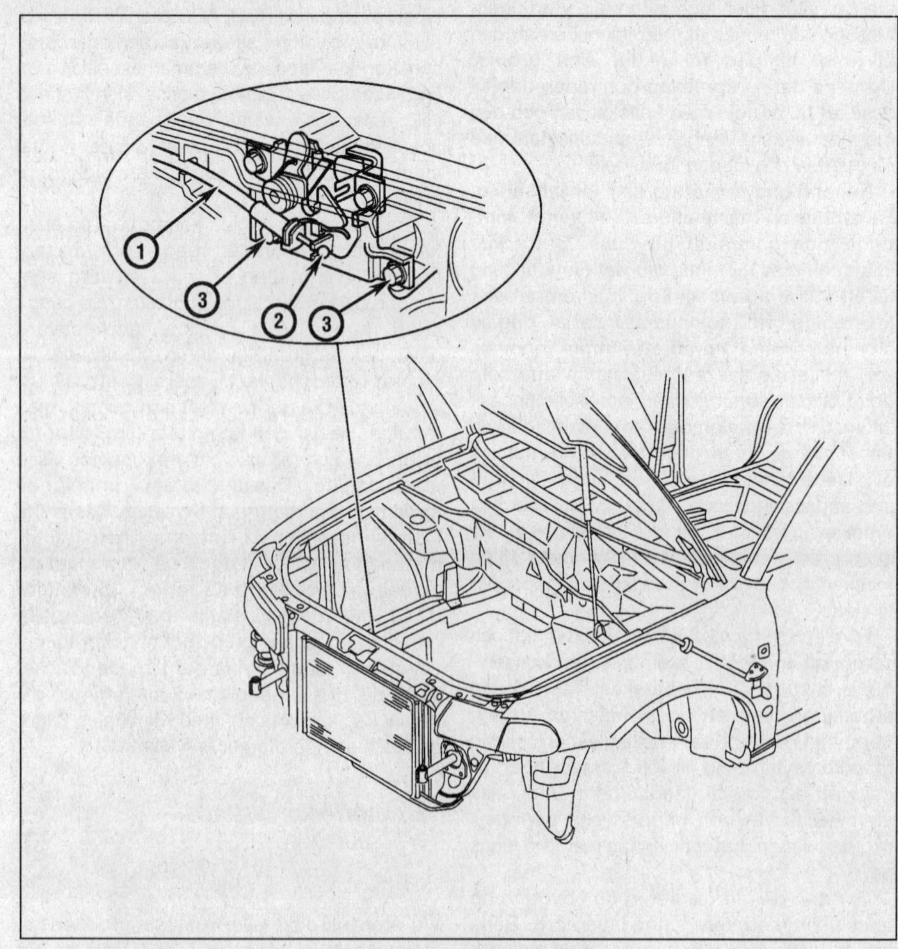


**8.1 Motorhuvens låsmekanism**

*1 Låsvajer* *2 Nippel* *3 Fästbultar*

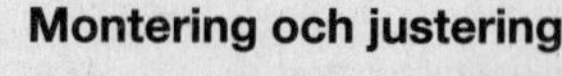

#### Montering och justering

7 Montering sker i omvänd ordningsföljd. Se till att gångjärnen placeras som innan demonteringen. Stäng motorhuven mycket försiktigt i början. Felaktig inriktning kan få till följd att motorhuvens hörn skadar karossen. Justera gångjärnen till deras ursprungsposition om det behövs. Kontrollera sedan att motorhuven är i nivå med den omgivande karossen. Justera motorhuvens framkant om det behövs genom att skruva gummistoppen in eller ut.

8 Kontrollera att motorhuvslåset fungerar tillfredsställande. Var extra noga med att kontrollera att säkerhetshaken håller fast motorhuven efter att man dragit i motorhuvens låsvajer.

### *Stödben*

#### Demontering

9 Håll motorhuven öppen med två kraftiga trästavar, en i varje hörn. Alternativt, ta hjälp av någon som kan hålla upp motorhuven.

10 Lossa låsringarna från stödbenets övre och nedre fästen med hjälp av en smalkäftad tång.

11 Dra bort ledstiftet från det övre fästet. Dra sedan bort stödbenets nederdel från den nedre fästbygelns tapp.

#### Montering

12 Montering sker i omvänd ordningsföljd. Observera att den tjockare änden av benet måste vara riktad mot motorhuven

## 8 Motorhuvslås och låsvajer – demontering och montering

### *Demontering*

1 Öppna motorhuven och leta reda på motorhuvens låsmekanism under tvärbalken i motorrummets främre del **(se bild)**. Skruva loss de fyra fästbultarna och dra bort låsmekanismen från tvärbalken.

2 Lossa nippeln i inre änden av låsvajern från armen i låsmekanismens bakre del med hjälp av en smalkäftad tång. Dra bort vajern från låsmekanismen.

3 Lossa låsvajern från alla fästklämmor i motorrummet.

4 Arbeta i förarens fotbrunn. Lossa panelen från instrumentbrädans högra sida. Skruva sedan loss skruvarna och ta loss klädselpanelen/förvaringsutrymmet under rattstången från dess fästklämmor.

5 Skruva loss skruvarna och lossa klädselpanelen från den högra A-stolpens nederdel.

6 Skruva loss fästbultarna. Koppla sedan loss handtagsmekanismen och fästbygeln från karossen **(se bild)**.

7 Fäst en kraftig lina av lämplig längd i änden av låsvajern i låsmekanismens ände. Dra sedan försiktigt in vajern i fotbrunnen.

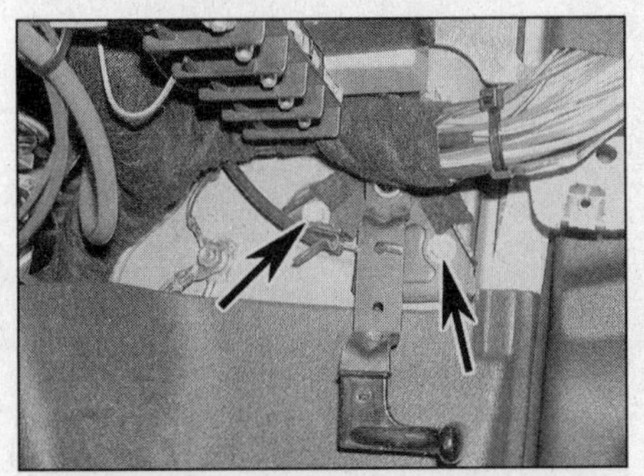

8.6 Skruva loss fästbultarna (vid pilarna). Koppla sedan loss handtagsmekanismen och fästbygeln från karossen

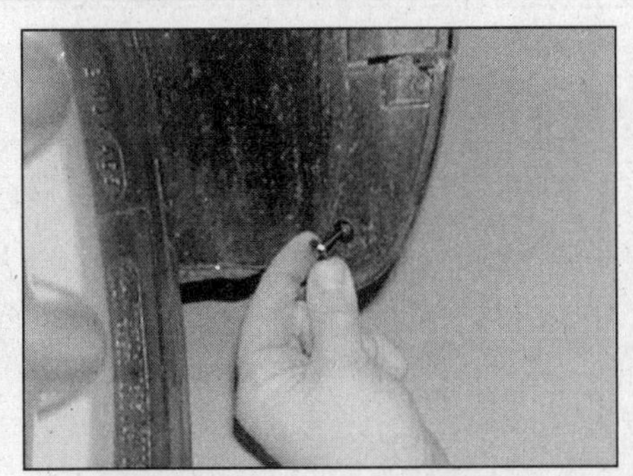

9.2 Skruva loss skruvarna för att lossa stötfångarens bakkanter från innerskärmen

9.3 Lossa fästtapparna och bänd loss grillen på båda sidor om stötfångaren

**8** Ta loss linan från vajern och lämna linans ändar synliga i motorrummet och fotbrunnen.

### Montering

**9** Montera i omvänd ordningsföljd. Fäst den inre änden av vajern vid linan i fotbrunnen, dra försiktigt igenom vajern till låsmekanismen och knyt sedan loss linan.

**10** Kontrollera att vajern är korrekt dragen när vajern placeras i motorrummet för att undvika veck, skarpa krökar och skav. Kontrollera att vajern och låset fungerar tillfredsställande innan motorhuven stängs. Se till att motorhuven låser ordentligt när den stängs samt att säkerhetshaken fungerar korrekt när låsvajern aktiveras.

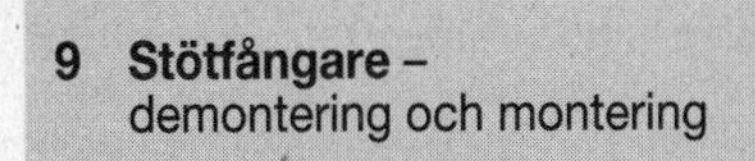

## 9 Stötfångare – demontering och montering

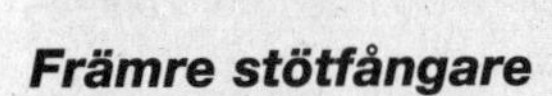

### Främre stötfångare

#### Demontering

**Observera:** *Bilen ska under inga som helst omständigheter köras utan att den främre stötfångaren och dess fästbyglar är korrekt fästa. Då sitter nämligen den främre tvärbalken som stöder motorn inte längre fast ordentligt.*

**1** Öppna motorhuven.

**2** Arbeta med ett hjulhus i taget. Skruva loss skruvarna för att lossa stötfångarens bakkanter från innerskärmen **(se bild)**.

**3** Lossa fästtapparna och bänd loss grillen på båda sidor om stötfångaren **(se bild)**.

**4** Om bilen är utrustad med stötfångarmonterade dimljus ska dimljusen demonteras från stötfångaren enligt kapitel 12, avsnitt 7. På vissa modeller sitter temperaturgivaren för den omgivande luften monterad på stötfångarens baksida. Om så är fallet, koppla loss givarkablaget vid kontaktdonet.

**5** Skruva loss stötfångarens två fästbultar underifrån **(se bild)**.

**6** Dra försiktigt bort stötfångaren genom att dra den rakt ut från bilens framvagn. Om strålkastarspolare finns monterade, dra ut stötfångaren till den punkt där spolarslangen kan lossas från sin anslutning mellan stötfångaren och tvärpanelen innan stötfångaren tas bort helt. Om stötfångaren sitter fast, lossa bakkanterna en i taget genom att gripa tag i den nedre delen av stötfångaren precis framför hjulhuset och vrida den uppåt och bort från flygeln så den lossnar från fästbygeln **(se bilder)**. **Observera**: *Stötfångarens höjd kan justeras genom att de gängade hylsorna inuti stötfångarens fäströr flyttas.*

**7** Om det behövs kan det främre luftspjället (i förekommande fall) tas bort från stötfångarens nederkant genom att expandernitarna tas bort och fästflikarna lossas. Man tar bort en expandernit genom att först trycka in mittstiftet och sedan dra ut niten med en tång. Montera niten med mittstiftet utdraget. När niten sitter på plats ska mittstiftet tryckas in tills det är helt i nivå med niten.

**8** Stötfångarens kraftabsorberande fäströr kan demonteras från karossen genom att fästbultarna lossas och tas bort. Kontrollera att fästbultarna dras åt till korrekt moment vid återmonteringen.

9.5 Skruva loss stötfångarens fästbultar underifrån

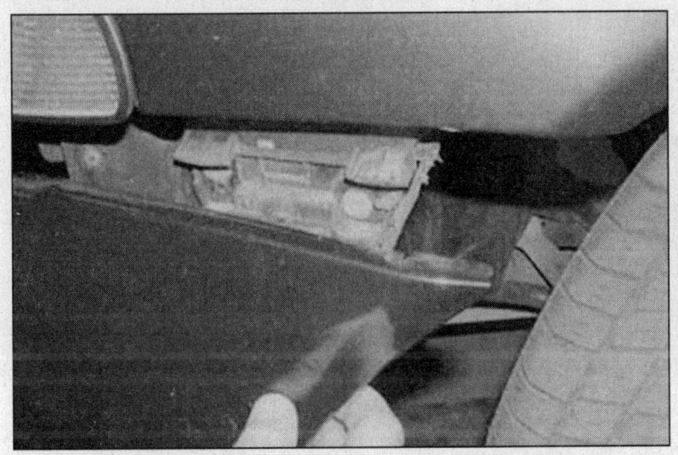

9.6a Lossa stötfångarens bakkanter från fästbyglarna

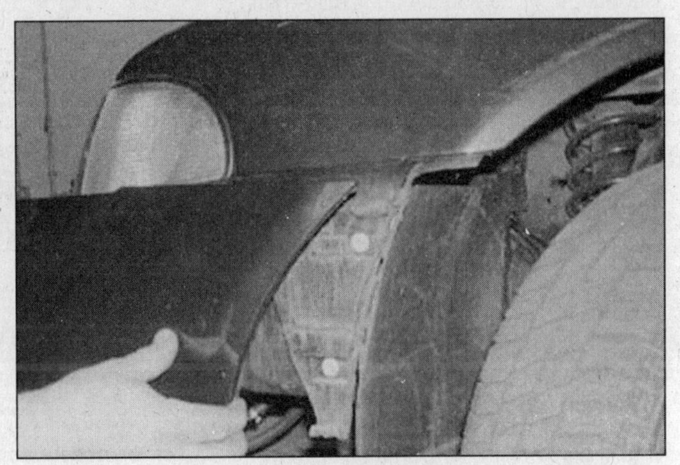

9.6b Dra försiktigt bort stötfångaren genom att dra den rakt ut från bilens framvagn

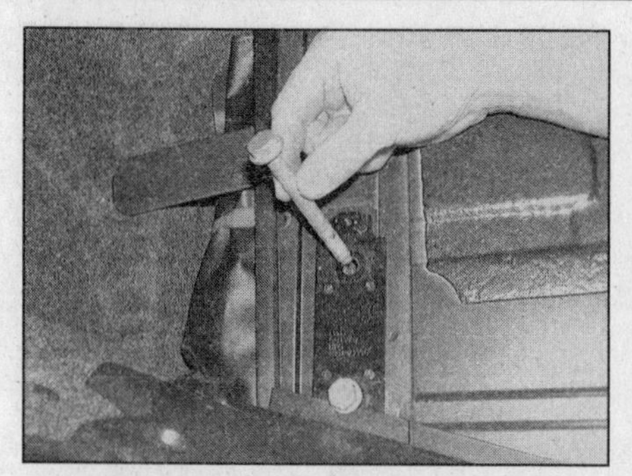
9.11 Skruva loss den bakre stötfångarens fyra fästbultar (två på varje sida)

9.12a Ta försiktigt bort stötfångaren genom att dra den rakt ut från bilens bakvagn

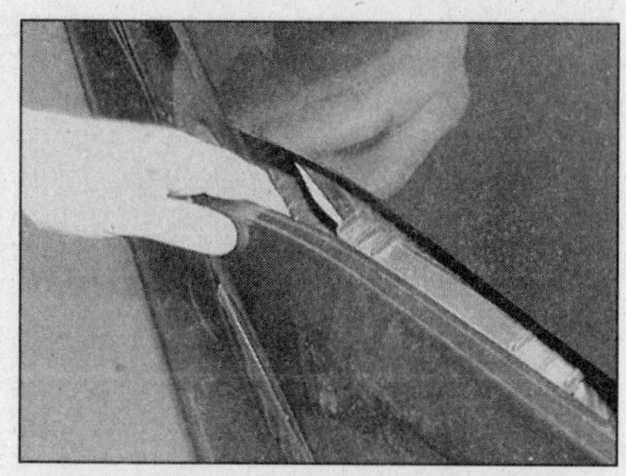
9.12b Om stötfångaren sitter fast, lossa framkanterna från fästbyglarna en i taget

9.15 Dra åt stötfångarens fästbultar till angivet moment

## Montering

**9** Montering sker i omvänd ordning. Dra åt stötfångarens fästbultar till angivet moment. Avsluta med att kontrollera att strålkastarspolarna, dimljusen och omgivningsluftens temperaturgivare (vad som är tillämpligt) fungerar tillfredsställande.

## *Bakre stötfångare*

### Demontering

**10** Arbeta med ett hjulhus i taget. Skruva loss skruvarna så att stötfångarens framkanter kan tas loss från hjulhusen.

**11** Arbeta i bagageutrymmet. Vik undan golvmattan för att komma åt, skruva sedan loss de två fästbultarna på båda sidorna **(se bild)**. På Avant måste klädselpanelen uppe på lastutrymmets tröskel tas bort tillsammans med lastutrymmets vänstra klädselpanel och golvmatta för att det ska gå att komma åt en av de vänstra bultarna.

**12** Ta försiktigt bort stötfångaren genom att dra den rakt ut från bilens bakvagn. Om stötfångaren sitter fast, lossa framkanterna en i taget genom att gripa tag i den nedre delen av stötfångaren precis bakom hjulhuset och vrida den uppåt och bort från flygeln så den lossnar från fästbygeln **(se bilder)**.

**13** Stötfångarens kraftabsorberande fäströr kan demonteras från karossen genom att fästskruvarna lossas och tas bort. Kontrollera att fästskruvarna dras åt till korrekt moment vid återmonteringen.

**14** Om det behövs kan dekorremsan på stötfångarens överkant tas bort genom att fästflikarna lossas.

### Montering

**15** Montera i omvänd ordningsföljd. Montera alla fästbultar och skruvar löst innan de dras åt helt. Dra sedan åt fästbultarna till angivet moment **(se bild)**.

# 10 Låshållare/ främre tvärbalk – demontering och montering

## *Allmän information*

**1** Låshållaren/främre tvärbalken är den del av karossen som sitter över motorrummets främre del. Ett antal större komponenter, inklusive motorhuvens låsmekanism, främre stötfångaren, kylaren, automatväxellådans oljekylare och de främre strålkastarna sitter monterade på låshållaren. Karossen på Audi A4 är konstruerad så att låshållaren och dess tillhörande komponenter kan tas bort utan att behöva tas isär i någon större utsträckning. Dessutom kan låshållaren flyttas framåt flera centimeter till ett "serviceläge" utan att slangarna och kabelnäten till de olika komponenterna som sitter monterade på den behöver kopplas loss. I serviceläget förbättras åtkomligheten till komponenterna i motorrummets främre del betydligt.

## *Demontering*

**2** Koppla loss batteriets minusledare. **Observera**: *Om bilen har en kodskyddad radio, se till att du har en kopia av radions/bandspelarens säkerhetskod innan du kopplar ur batteriet. Fråga en Audi-återförsäljare om tveksamhet föreligger.*

**3** Se avsnitt 9 och ta bort den främre stötfångaren.

**4** Skruva loss skruvarna och ta bort ljudisoleringen från motorrummets undersida **(se bild)**.

**5** Koppla loss låsvajern från motorhuvens låsmekanism enligt beskrivningen i avsnitt 8.

**6** Ta bort fästskruven (skruvarna) och koppla loss luftintagsgrillen och kanalen från låshållaren **(se bild)**.

**7** Lokalisera kabelhärvornas kontaktdon till strålkastarna, strålkastarinställningens styrmotorer och körriktningsvisarna och koppla loss dem **(se bild)**. Koppla även loss kablaget

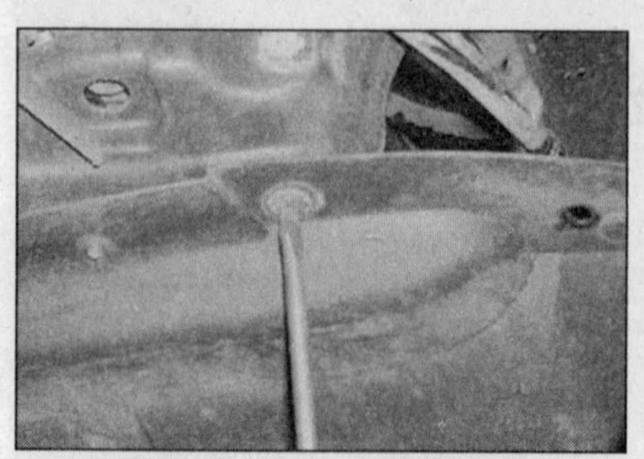
10.4 Skruva loss skruvarna och ta bort ljudisoleringen under motorrummet

10.6 Koppla loss luftintagskanalen från låshållaren

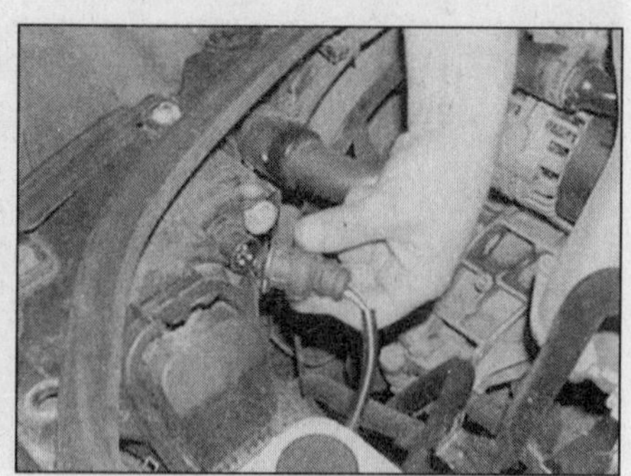
10.7 Koppla loss kontaktdonen från strålkastarna

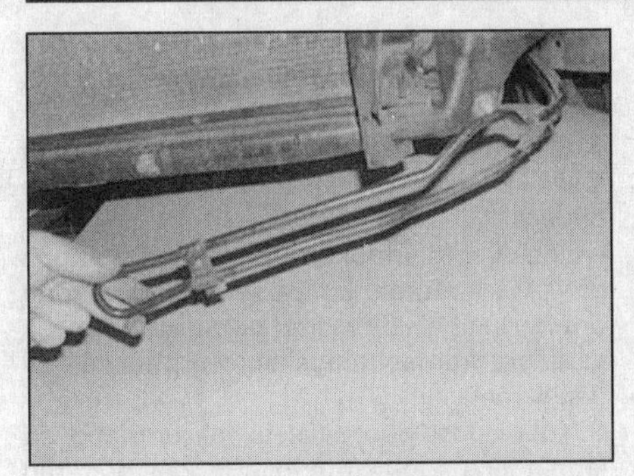
**10.10 Skruva loss servostyrningens oljekylare från låshållaren**

**10.13 Skruva loss bultarna som fäster låshållaren vid framskärmens överdel**

**10.14 Skruva loss bultarna som fäster låshållaren vid framskärmarnas sidor**

från temperaturgivaren på kylarens bakre nederkant, i närheten av den undre slangens ändrör.

**8** Tappa ur kylvätskan enligt beskrivningen i relevant del av kapitel 1. Koppla sedan loss kylvätskeslangarna från kylaren enligt beskrivningen i kapitel 3, avsnitt 3.

**9** På modeller med luftkonditionering, skruva loss kondensatorn från låshållaren och fäst den vid en lämplig punkt i motorrummets främre del med hjälp av kabelklämmor eller ståltråd.

***Varning: Låt inte kondensatorn hänga i kylmediarören eftersom belastningen kan göra att de går sönder.***

***Varning: Koppla inte loss kylmedierören från kondensatorn (se föreskrifterna i kapitel 3 angående farorna med luftkonditioneringssystemets kylmedia).***

**10** Skruva loss servostyrningens oljekylare från låshållaren och fäst den vid en lämplig punkt på motorrummets undersida med hjälp av kabelklämmor eller ståltråd **(se bild)**. På modeller med automatväxellåda, upprepa momentet med automatväxellådans oljekylare.

**11** På modeller med turbo, ta bort fästskruvarna. Koppla sedan loss mellankylarens luftkanal från låshållaren.

**12** Lossa ändarna av låshållarens gummitätningsremsa från framflyglarna. Tätningsremsan behöver inte tas bort helt från låshållaren.

**13** Skruva loss de två bultar som fäster låshållaren vid överdelen av framskärmen på varje sida av bilen **(se bild)**.

**14** Skruva loss och ta bort bultarna (en på varje sida placerade under den främre körriktningsvisaren) som fäster låshållaren vid framskärmarnas sidor **(se bilder)**.

**15** Låt en medhjälpare stödja låshållaren under det här avslutande momentet. Skruva loss bultarna till den främre stötfångarens fäströr (fyra på höger sida, tre på vänster sida). Dra sedan bort låshållaren/tvärbalken från bilens framvagn **(se bilder)**.

## Montering

**16** Montera i omvänd ordningsföljd. Avsluta med att kontrollera att de främre strålkastarna samt motorhuvslåset och säkerhetshaken fungerar. Fyll på och lufta kylsystemet enligt beskrivningen i kapitel 1A eller 1B. Låt kontrollera strålkastarinställningen.

## Flytta låshållaren till serviceläget

**Observera:** *För att kunna göra detta måste man först tillverka två verktyg av två 300 mm långa gängstag samt ett antal sexkantiga muttrar.*

**17** Koppla loss batteriets minusledare.

**Observera:** *Om bilen har en kodskyddad radio, se till att du har en kopia av radions/bandspelarens säkerhetskod innan du kopplar ur batteriet. Fråga en Audiverkstad om tvekamhet föreligger.*

**18** Se avsnitt 9 och ta bort den främre stötfångaren.

**19** Skruva loss snabbkopplingsbultarna. Lossa sedan framkanten av motorrummets ljudisoleringspanel från låshållarens undersida. Panelen behöver inte tas bort helt.

**20** Ta bort fästskruven (-skruvarna) och koppla loss luftintagsgrillen/kanalen från låshållaren.

**21** Skruva loss den översta högra bulten från stötfångarens högra fäströr. Skruva in ett av de hemgjorda serviceverktygen i hålet där bulten satt och skruva på en av de sexkantiga muttrarna på änden av verktyget. Skruva in det andra verktyget i hålet till vänster om stötfångarens vänstra fäströr **(se bild)**.

**22** Ta bort de återstående bultarna som fäster låshållaren på plats enligt beskrivningen i punkt 13 till 15 i föregående underavsnitt.

**23** Dra försiktigt bort låshållaren från motorrummet tills de bakre bultarna på varje sida av låshållarens övre yta är i linje med de första av de två motsvarande hålen på skärmarnas främre delar. Montera fästbultarna för att hålla låshållaren på plats. Justera de sexkantiga muttrarna på de två hemgjorda serviceverktygen så att låshållaren hålls fast ordentligt och inte kan vridas på de övre fästbultarna.

**24** Låshållaren kan monteras tillbaka i omvänd ordningsföljd. Se till att alla fästen dras åt till rätt åtdragningsmoment om sådana anges. Avsluta med att låta kontrollera strålkastarinställningen.

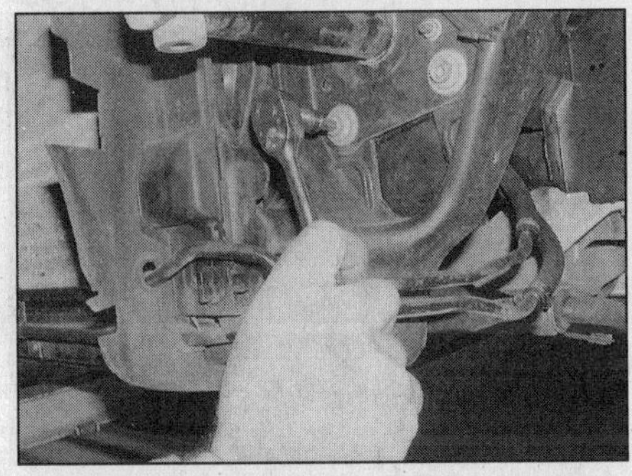
**10.15a Skruva loss bultarna till den främre stötfångarens fäströr . . .**

**10.15b . . . dra sedan bort låshållaren/tvärbalken från bilens framvagn**

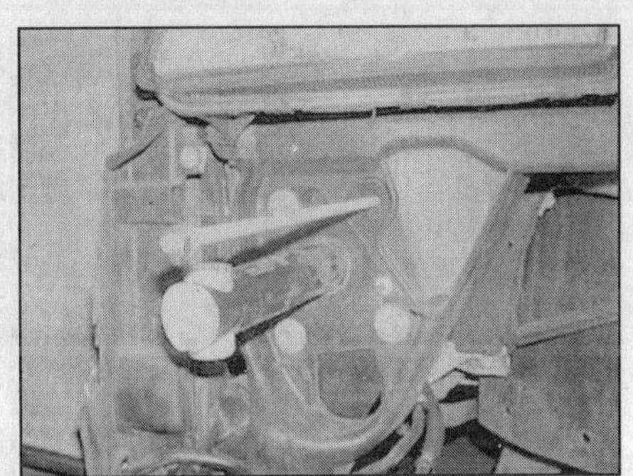
**10.21 Låshållarens "serviceverktyg" på plats**

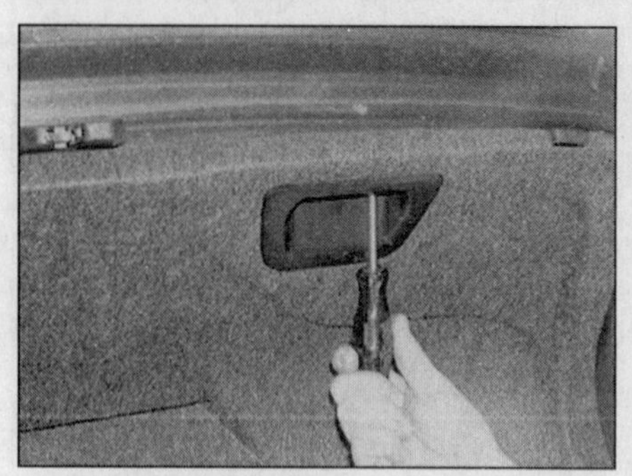

**12.2a Ta bort fästskruvarna och ta loss handtaget . . .**

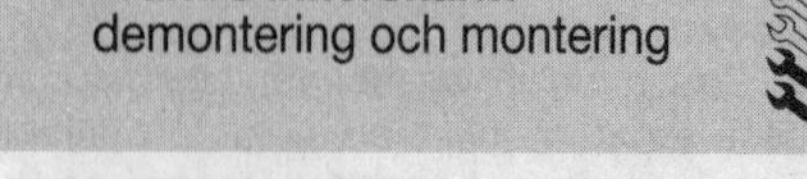

## 11 Främre innerskärm – demontering och montering

### *Demontering*

**1** Klossa bakhjulen och dra åt handbromsen. Lossa sedan relevanta framhjulsbultar. Lyft upp framvagnen och ställ den på pallbockar (se *Lyftning och stödpunkter*). Demontera relevant hjul.

**2** Innerskärmen är fäst med plastexpandernitar och skruvar. Nitarna kan vara av en typ som måste bändas ut, eller så kan de vara försedda med ett mittstift som måste tryckas genom niten innan niten kan bändas loss.

**3** Ta bort innerskärmens fästskruvar om det är tillämpligt.

**4** Sänk ner innerskärmen från sin plats och lirka bort den under framskärmen. Ta loss nitarnas expanderstift om det behövs.

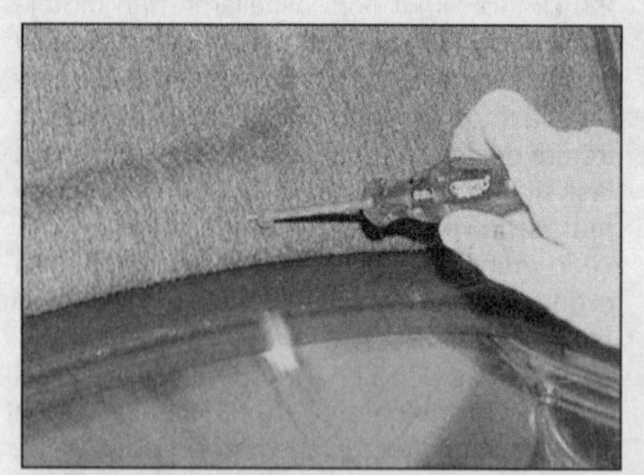

**12.3a Lossa och ta bort de velourtäckta skruvarna . . .**

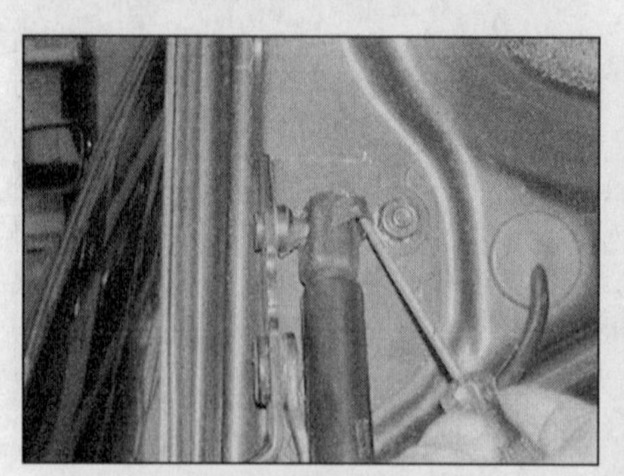

**12.6a Bänd loss fjäderklämmorna från kullederna . . .**

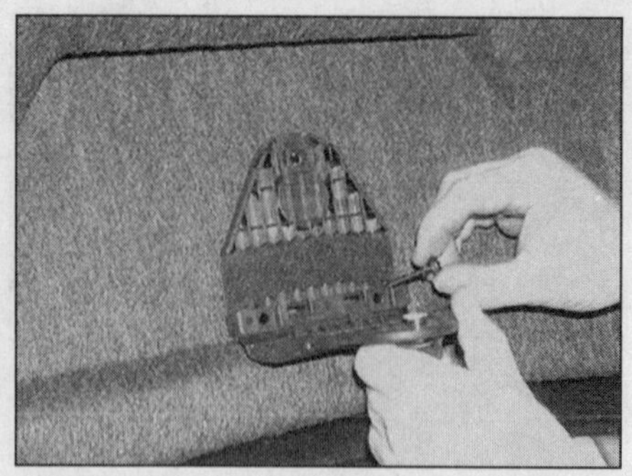

**12.2b . . . och varningstriangelns hållare från bakluckan**

### *Montering*

**5** Montering sker i omvänd ordningsföljd. Byt ut alla fästen som gått sönder vid demonteringen. När en expandernit monteras ska niten monteras med mittstiftet utdraget. Tryck sedan in stiftet i niten tills det är i nivå med nitens överdel.

## 12 Bagagelucka – demontering och montering

### *Demontering*

**1** Öppna bagageluckan och ta bort varningstriangeln från hållaren.

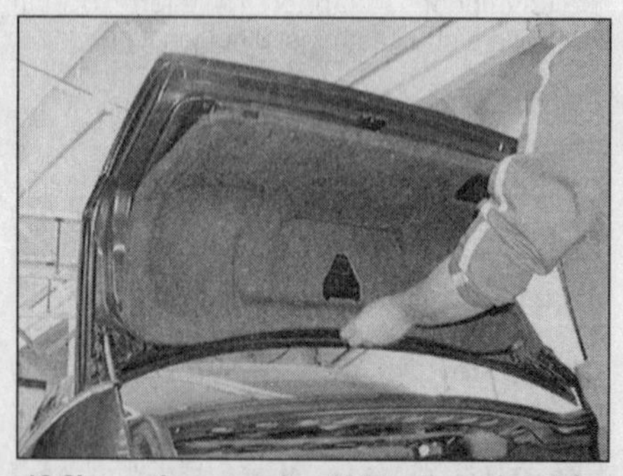

**12.3b . . . lossa sedan klädselpanelen från bakluckan**

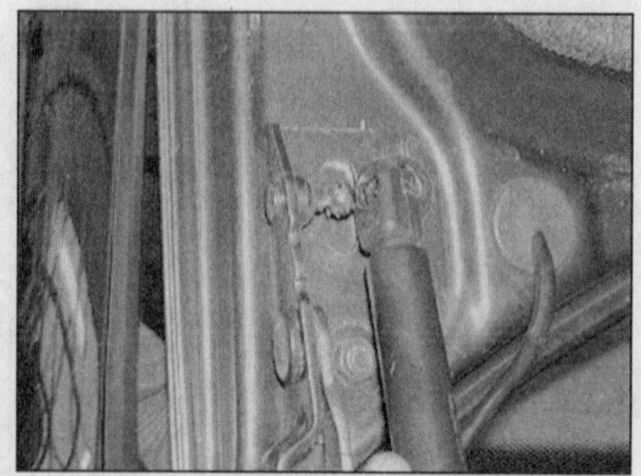

**12.6b . . . lossa sedan stödbenet från bagageluckans gångjärn**

**2** Ta bort fästskruvarna och koppla loss handtaget och varningstriangelns hållare från bakluckan **(se bilder)**.

**3** Skruva loss de velourtäckta skruvarna och lossa klädselpanelen från bakluckan **(se bilder)**.

**4** Lossa kontaktdonen från låsbrytaren och bakljusarmaturen. Lossa sedan muffen och dra bort kabelhärvan från bakluckan. Ta loss kablaget från styrningskanalen på sidan av gångjärnet.

**5** Koppla loss centrallåsets vakuumslang vid ledningens kontaktdon och ta loss den från gångjärnets styrningskanal.

**6** Bänd loss fjäderklämmorna från de övre och nedre kullederna med hjälp av en liten skruvmejsel. Lossa sedan stödbenet från bagageluckans gångjärn **(se bilder)**.

**7** Markera förhållandet mellan bagageluckan och gångjärnen genom att rita runt gångjärnens ytterkanter med en märkpenna.

**8** Placera trasor eller kartongbitar över bakskärmarna för att förhindra skador vid demonteringen.

**9** Låt en medhjälpare stödja bagageluckan. Skruva sedan loss och ta bort fästbultarna mellan gångjärnen och bagageluckan **(se bild)** och lyft bort luckan.

### *Montering*

**10** Montera i omvänd ordningsföljd. Kontrollera att bagageluckan är korrekt justerad. Lossa gångjärnsbultarna för att justera om det behövs och dra sedan åt dem. Springan mellan bagageluckans kant och den omgivande karossen ska vara lika stor överallt (ungefär 3 mm). Bagageluckans höjd kan justeras genom att bultarna lossas och gummistoppen på bagageluckans bakre nedre hörn flyttas.

## 13 Bagageluckans lås och låscylinder – demontering och montering

**1** Om det är tillämpligt, lossa och ta bort klädselpanelen från bagageluckans insida enligt beskrivningen i avsnitt 12.

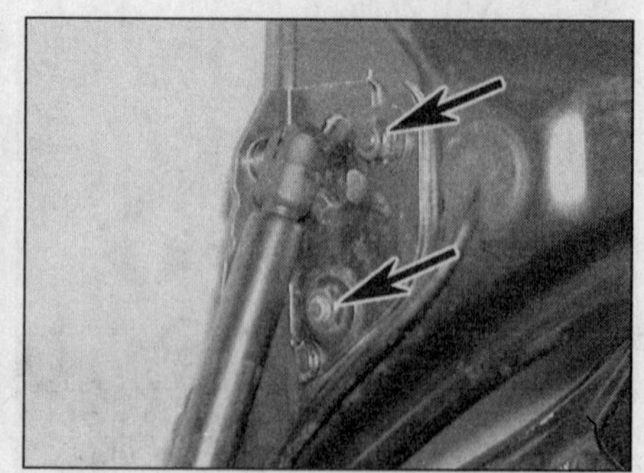

**12.9 Skruva loss fästbultarna mellan gångjärnet och bagageluckan (vid pilarna)**

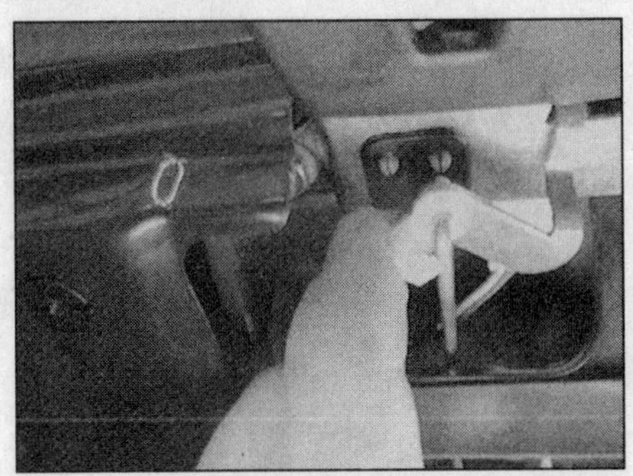

**13.2 Koppla loss manövreringsstaget från låset**

**13.3a Skruva loss fästmuttrarna och dra bort låset från bakluckan**

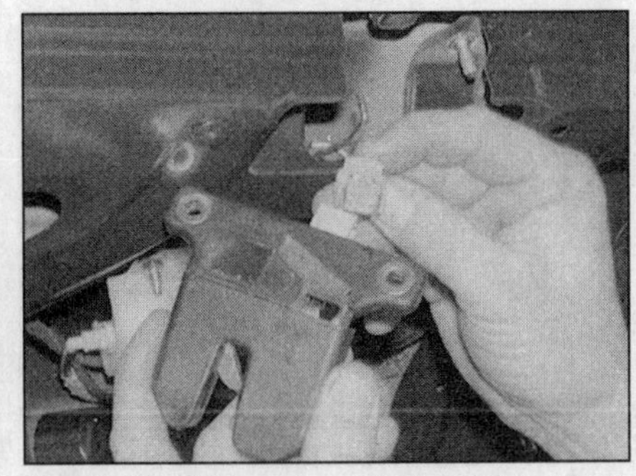

**13.3b Koppla loss kontaktdonet från låset när låset dras bort**

## *Lås*

### Demontering

**2** Koppla loss manövreringsstaget från låset **(se bild)**.

**13.5 Koppla loss centrallåsets vakuumslang från låscylindern**

**3** Markera hur låset sitter placerat med en märkpenna. Skruva sedan loss fästmuttrarna och dra bort låset från bakluckan. Koppla loss kontaktdonet från låset när det dras bort **(se bilder)**.

### Montering

**4** Montera i omvänd ordningsföljd.

## *Låscylinder*

### Demontering

**5** Koppla loss centrallåsets vakuumslang från låscylindern **(se bild)**.

**6** Skruva loss fästmuttrarna och dra bort låscylindern från bakluckan **(se bilder)**.

**7** På modeller med centrallås, koppla loss manövreringsstaget från kulleden genom att koppla loss plastfliken och vrida kulleden samtidigt som stången dras bort från spaken.

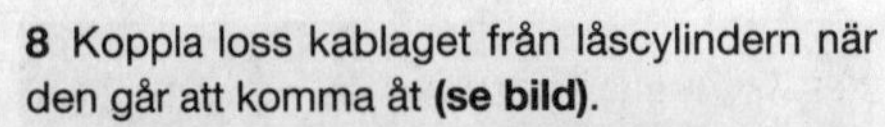

**8** Koppla loss kablaget från låscylindern när den går att komma åt **(se bild)**.

**9** Om det behövs kan vakuumenheten tas bort genom att låsfliken trycks ner med en skruvmejsel. Centrallåsets brytare kan tas bort på liknande sätt **(se bilder)**.

### Montering

**10** Montera i omvänd ordningsföljd.

# 14 Baklucka (Avant) – demontering och montering

## *Demontering*

**1** Öppna bakluckan. Skruva loss klädselpanelens/handtagets fästbult i mitten av bakluckans nederkant **(se bild på nästa sida)**.

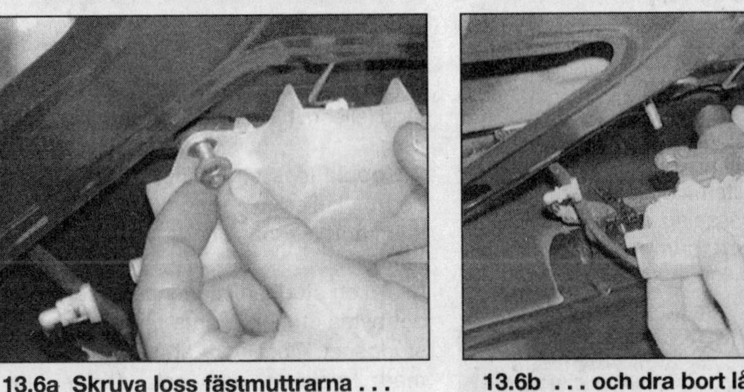

**13.6a Skruva loss fästmuttrarna . . .**

**13.6b . . . och dra bort låscylindern från bakluckan**

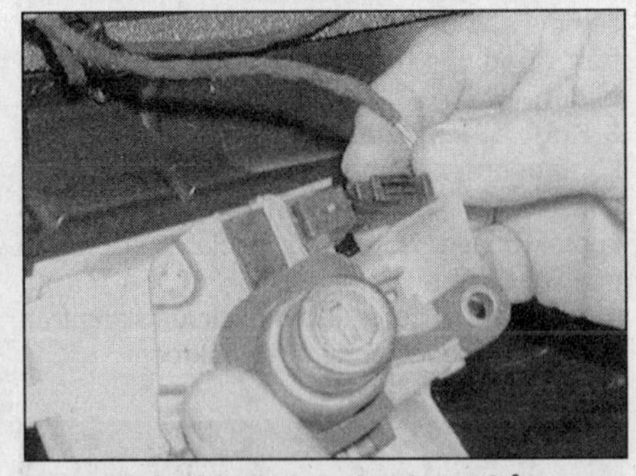

**13.8 Koppla loss kablaget från låscylindern när den går att komma åt**

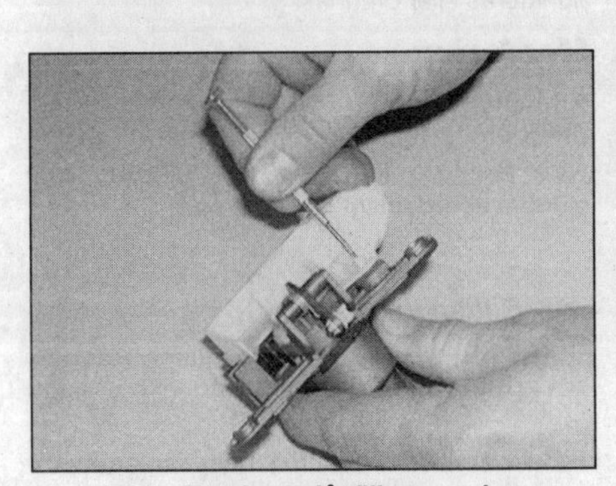

**13.9a Tryck ner låsfliken med en skruvmejsel . . .**

**13.9b . . . och ta bort vakuumenheten**

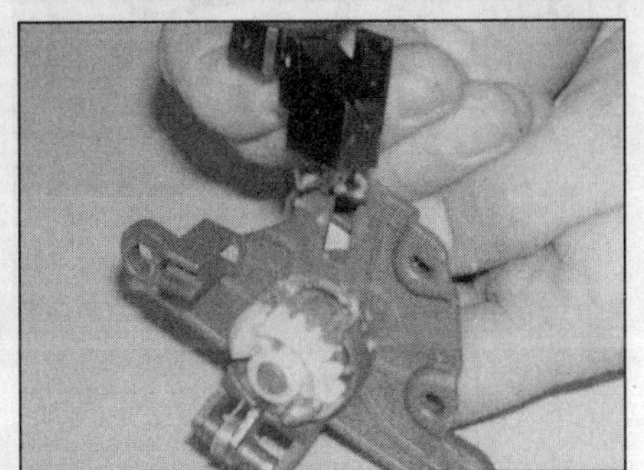

**13.9c Centrallåsets brytare kan tas bort på liknande sätt**

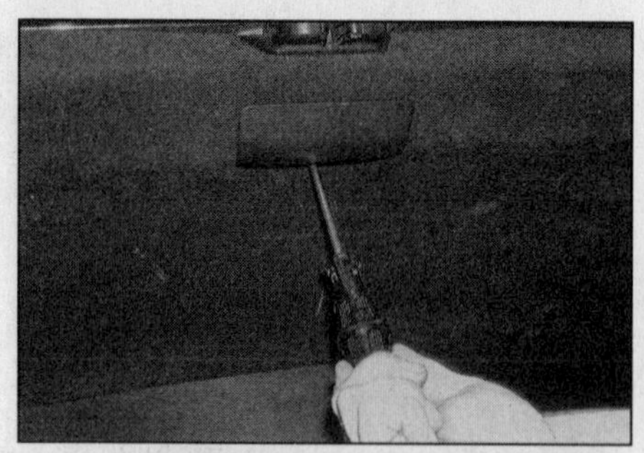

**14.1 Skruva loss klädselpanelens/ handtagets fästbult i mitten av bakluckans nederkant**

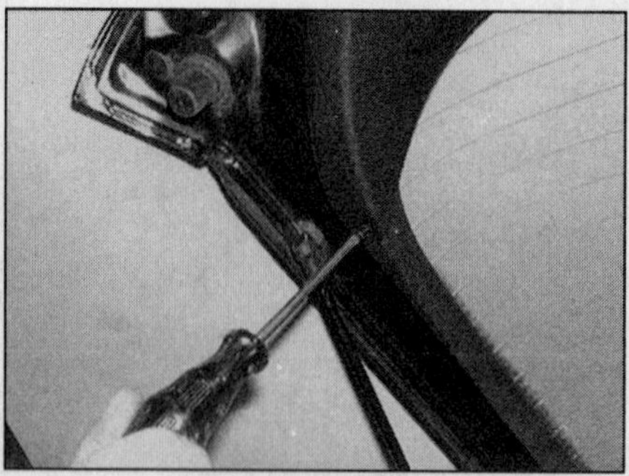

**14.2a Skruva loss skruvarna . . .**

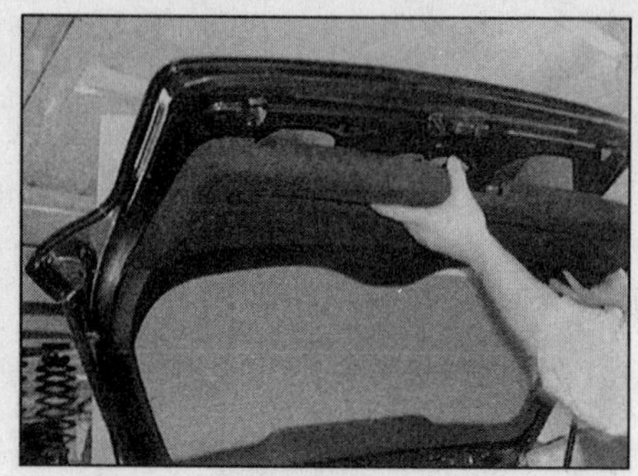

**14.2b . . . bänd sedan försiktigt loss klädselpanelens nedre del från bakluckan**

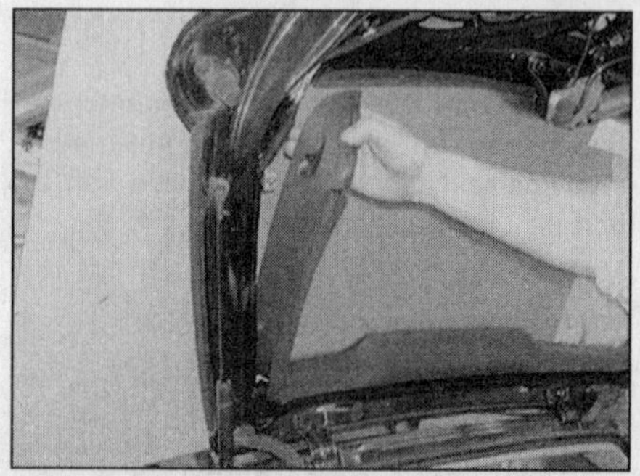

**14.2c Lossa på samma sätt den övre delen av klädselpanelen från öppningen till bakluckans bakruta**

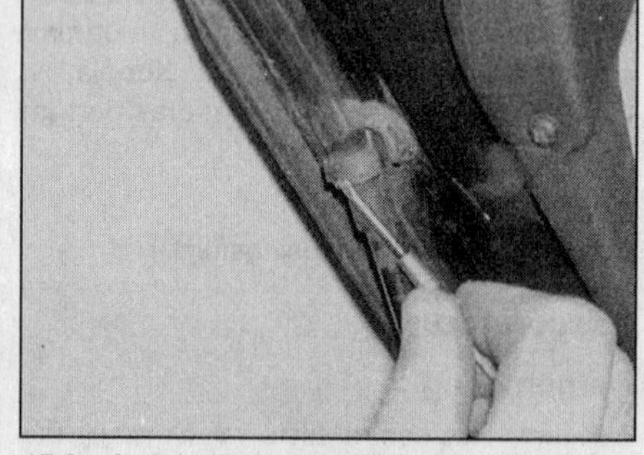

**15.2a Lyft kulledernas fjäderklämmor med en skruvmejsel . . .**

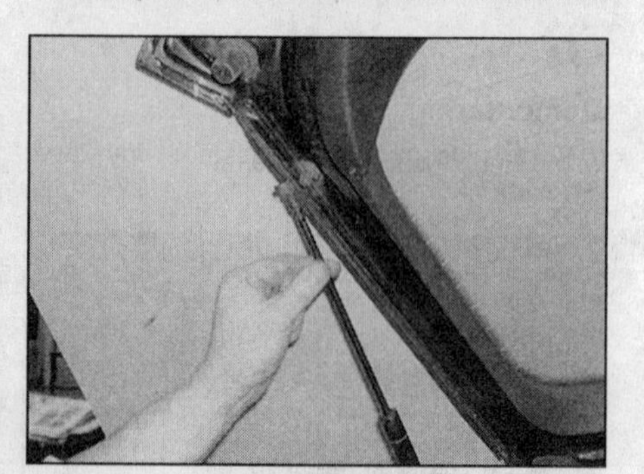

**15.2b . . . och bänd loss kulleden från pinnbulten**

**2** Skruva loss skruvarna på vänster och höger sida. Bänd sedan försiktigt bort den nedre delen av klädselpanelen från bakluckan. Använd bara så mycket kraft som behövs för att få loss fjäderklämmorna. Lossa sedan på samma sätt den övre delen av klädselpanelen från öppningen till bakluckans bakruta **(se bilder)**.

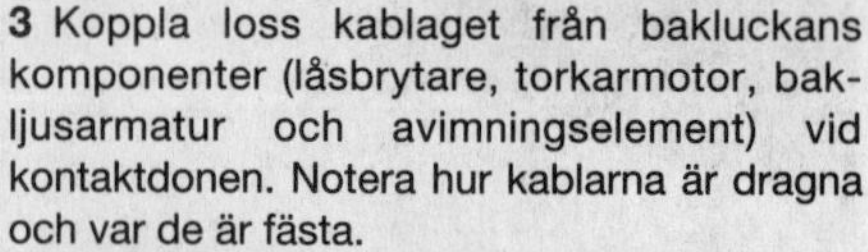

**3** Koppla loss kablaget från bakluckans komponenter (låsbrytare, torkarmotor, backljusarmatur och avimningselement) vid kontaktdonen. Notera hur kablarna är dragna och var de är fästa.

**4** Koppla loss centrallåsets vakuumslang från bakluckan vid ledningens kontaktdon.

**5** Markera förhållandet mellan bakluckan och gångjärnen med en tuschpenna.

**6** Låt en medhjälpare stödja bakluckan. Ta sedan loss bakluckans stödben enligt beskrivningen i avsnitt 15.

**7** Skruva loss fästbultarna mellan bakluckan och gångjärnen och lyft bort luckan från bilen.

### Montering

**8** Montera i omvänd ordningsföljd. Kontrollera att bakluckan är korrekt justerad innan gångjärnsbultarna dras åt helt.

**9** Bakluckans inpassning och stängning kan justeras genom att gummistoppen i bakluckans övre och nedre hörn flyttas.

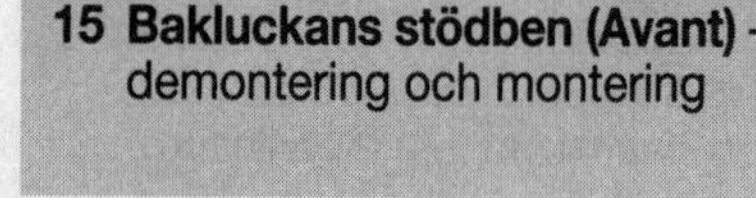

## 15 Bakluckans stödben (Avant) – demontering och montering

### Demontering

**1** Öppna bakluckan och håll upp den med ett stöd (eller ta hjälp av någon som kan hålla upp den).

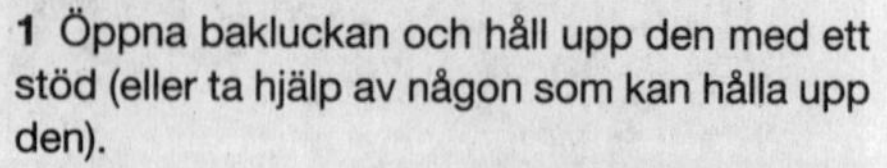

**2** Koppla loss stödbenet vid den övre och nedre kulleden genom att lyfta fjäderklämmorna och bända loss lederna **(se bilder)**.

**3** Om ett stödben inte fungerar korrekt måste det bytas ut. Försök inte ta isär eller reparera stödbenet. Observera att stödbenen är fyllda med trycksatt gas och därför inte får punkteras eller brännas.

### Montering

**4** Montera i omvänd ordningsföljd. Stödbenets tunnare kolvstångsände måste vara fäst vid karossen. Se till att fästa stödbenet ordentligt i kullederna.

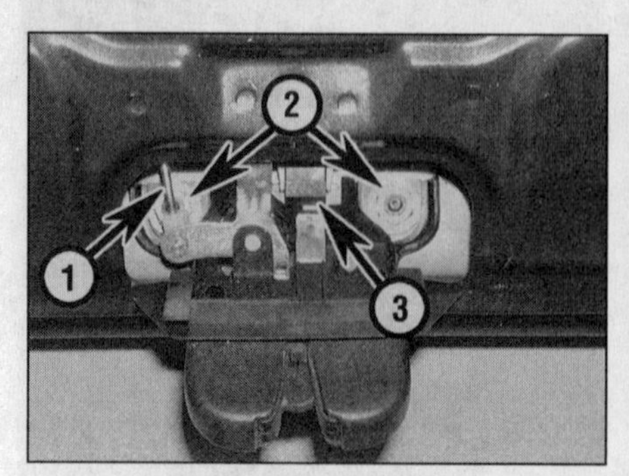


**16.1a Bakluckans lås (Avant)**

*1 Manövreringsstag*
*2 Fästmuttrar*
*3 Kupébelysningens kontakt*

**16.1b Bakluckans låscylinder (Avant)**

*1 Manövreringsstag*
*2 Fästmuttrar*
*3 Vakuumaktiveringsenhet*
*4 Centrallåsbrytare*

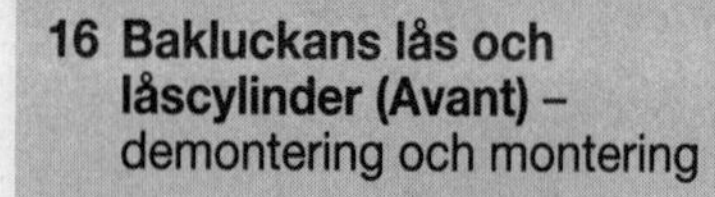

## 16 Bakluckans lås och låscylinder (Avant) – demontering och montering

**1** Se avsnitt 13 och följ beskrivningen för bagageluckans lås och/eller låscylinder, vad som är tillämpligt **(se bilder)**.

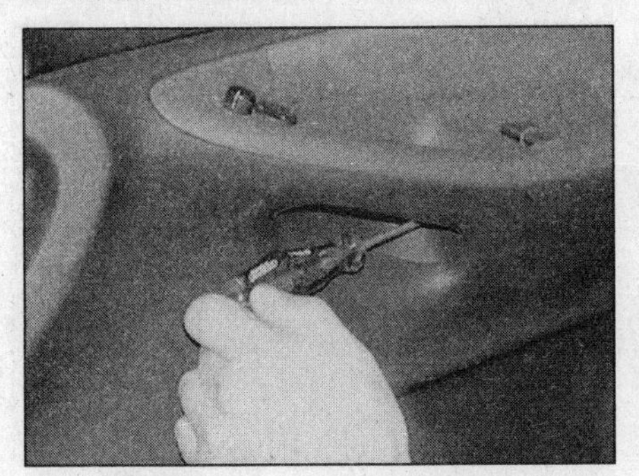
17.1a Ta bort skruven. . .

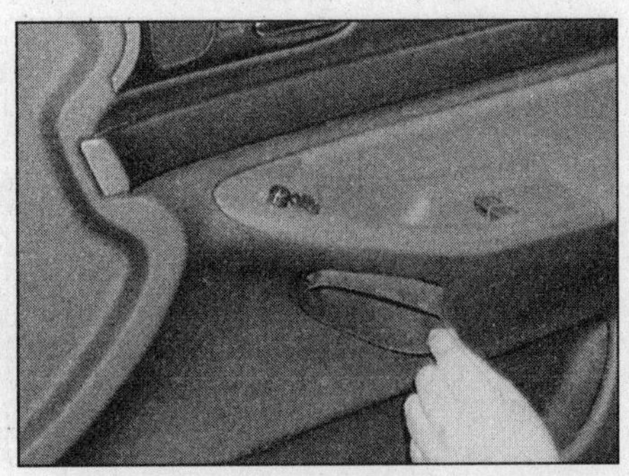
17.1b . . . och dra bort handtagets inre formgjutna del från dörrklädseln

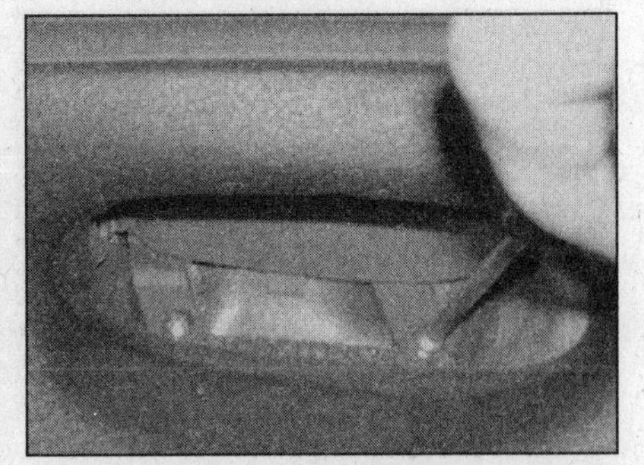
17.2 Skruva loss de två skruvarna som nu blivit åtkomliga

## 17 Dörrklädsel – demontering och montering

### *Främre/bakre dörrklädsel*

#### Demontering

**1** Öppna dörren och skruva loss skruven från handtagets inre formgjutna del. Dra bort delen från dörren **(se bilder)**.

**2** Lossa och ta bort de två skruvarna som blev åtkomliga när handtagets formgjutna del togs bort **(se bild)**.

**3** På modeller med manuellt justerade framfönster, stick in en flatbladig skruvmejsel under vevhandtagets knopp och bänd mot klädseln för att lossa den från vevhandtaget. Skruva loss fästskruven och ta bort vevhandtaget från axeln, tillsammans med mellanläggsbrickan **(se bilder)**.

**4** Skruva loss skruvarna på dörrklädselns främre och bakre överkant **(se bilder)**.

**5** Lyft dörrklädseln rakt upp för att lossa fästkrokarna på klädselpanelens baksida från dörren.

**6** Lossa reglagevajern från innerhandtagets baksida när den går att komma åt **(se bild)**.

**7** Ta loss kablaget från elfönster-/spegel-/centrallåsbrytarna (om det är tillämpligt), samt

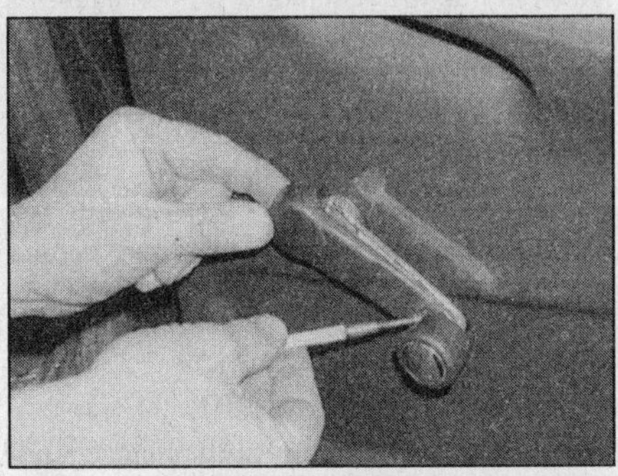
17.3a Bänd mot klädseln för att lossa den från handtaget

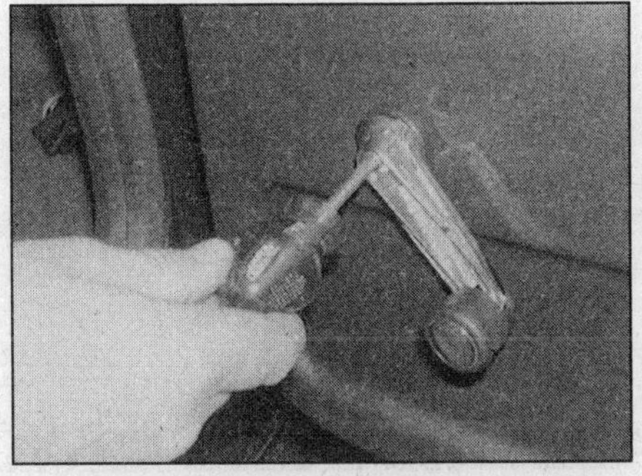
17.3b Skruva loss fästskruven . . .

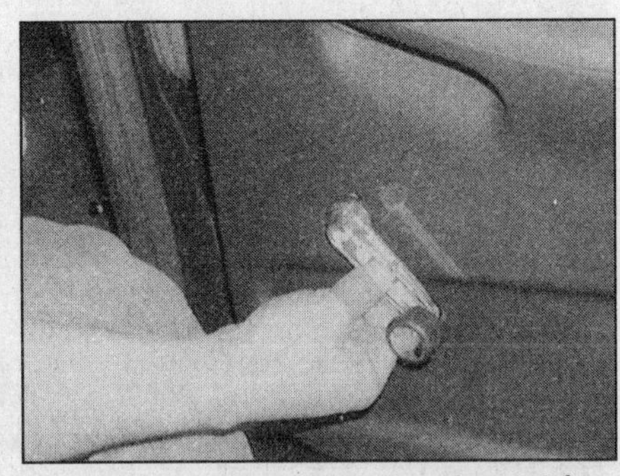
17.3c . . . och ta bort vevhandtaget från axeln . . .

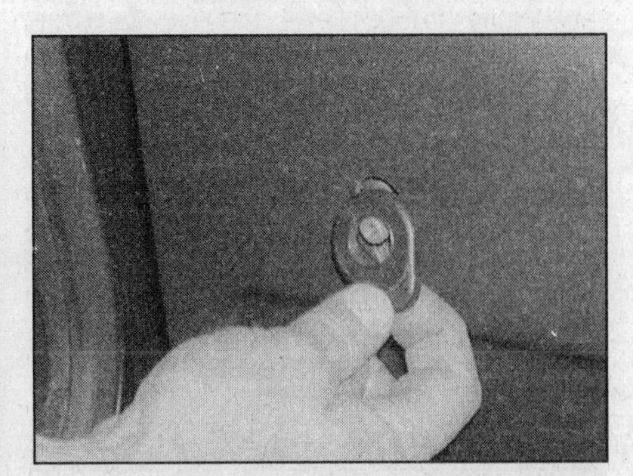
17.3d . . . tillsammans med mellanläggsbrickan

17.4a Skruva loss skruvarna bak . . .

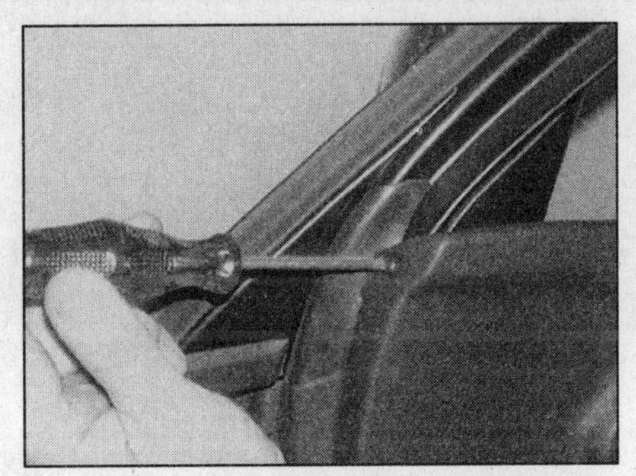
17.4b . . . och fram på dörrklädselns överkant

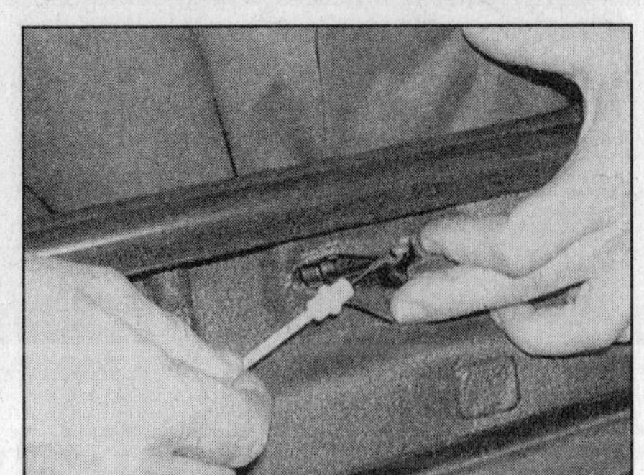
17.6 Haka loss reglagevajern från innerhandtagets baksida

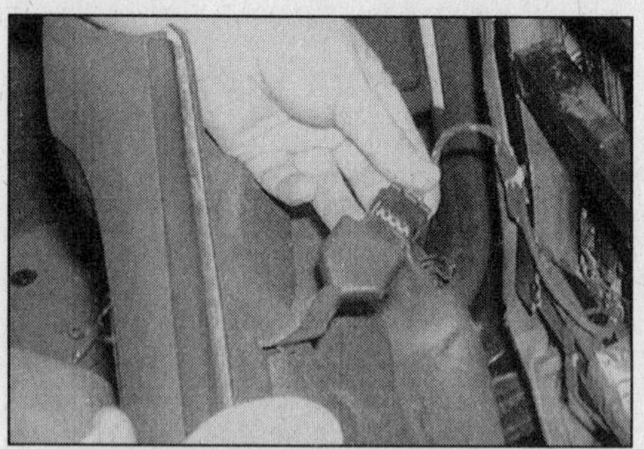

17.7 Ta loss kablaget från elfönster-/ spegel-/centrallåsbrytarna, samt från de dörrmonterade högtalarna

17.8 Lyft bort klädselpanelen från dörren

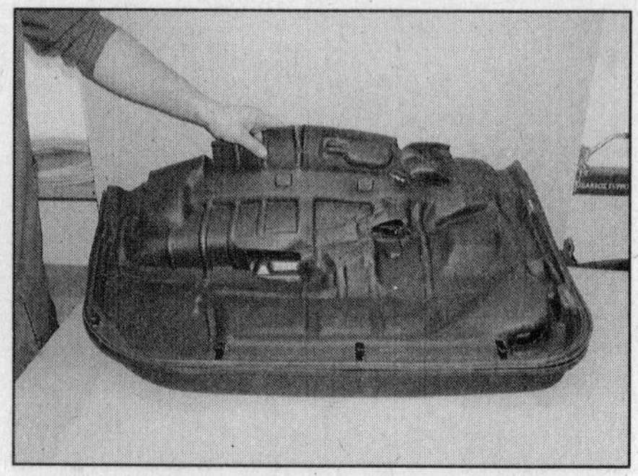

17.9 Det vattentäta membranet tas bort från klädselpanelen

från bas- och högtonshögtalarna. Lossa kablaget från fästklämmorna på dörrklädselns baksida **(se bild)**.

**8** Lyft bort klädselpanelen från dörren. Notera hur tätningsbitarna sitter monterade längs dörrens överkant **(se bild)**.

**9** Om det behövs kan det vattentäta membranet tas bort på följande sätt: För försiktigt kabelhärvans kontaktdon genom membranet och lossa membranet från fästkrokarna på klädselpanelens baksida **(se bild)**.

## Montering

**10** Montera i omvänd ordningsföljd. För dörrens låsknopp genom hålet i klädselpanelens övre kant. Se till att kablaget och kontaktdonen är ordentligt fästa och korrekt dragna, ur vägen för fönsterhissens och regelns/låsets komponenter.

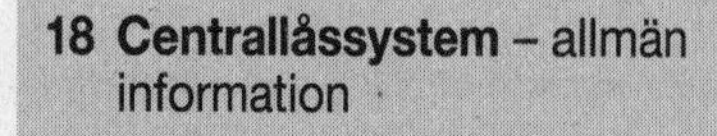

## 18 Centrallåssystem – allmän information

Se informationen i kapitel 12.

## 19 Dörrlås – demontering och montering

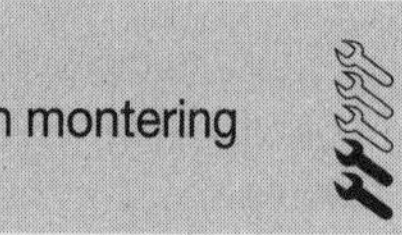

### *Demontering*

**1** Stäng fönstret helt. Se avsnitt 17 och ta bort dörrklädseln och det vattentäta membranet.

**2** Se avsnitt 21 och ta bort fönstrets komponenthållare från dörren. **Observera:** *På tidigare modeller där det inte sitter en inbrottssäker panel över låsmekanismen behöver inte fönstrets komponenthållare tas bort för att det ska gå att komma åt låset.*

**3** Ta loss den inbrottssäkra panelen från låsmekanismen (i förekommande fall).

**4** Lossa försiktigt låsknappen, ytterhandtaget och låscylinderns manövreringsstag från låsmekanismen **(se bild)**. Notera hur stagen ska sitta monterade.

**5** Koppla loss vakuumslangen från centrallåsets aktiverare **(se bild)**.

**6** Skruva loss de två fästskruvarna. Dra bort låset tillsammans med basplattan från dörren **(se bilder)**.

**7** Haka loss innerhandtagets reglagevajer från låset. Koppla sedan loss brytarkablaget **(se bilder)**.

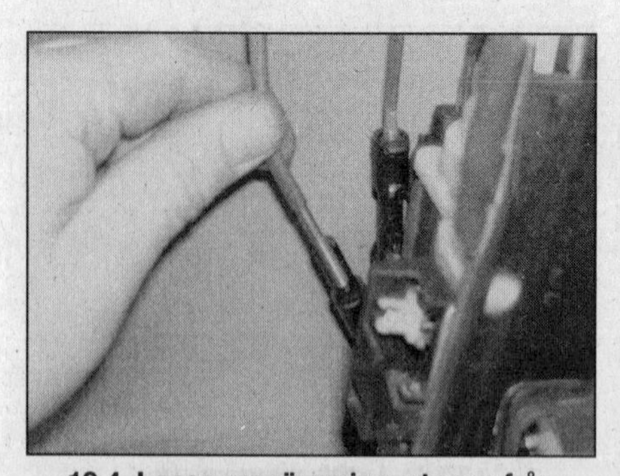

19.4 Lossa manövreringsstagen från låsmekanismen

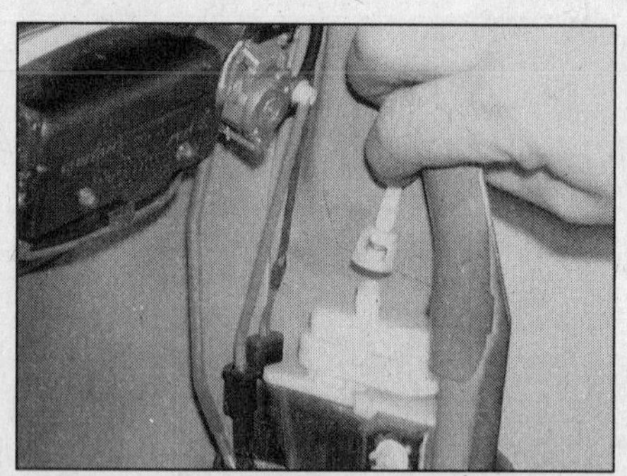

19.5 Koppla loss vakuumslangen från centrallåsets aktiverare

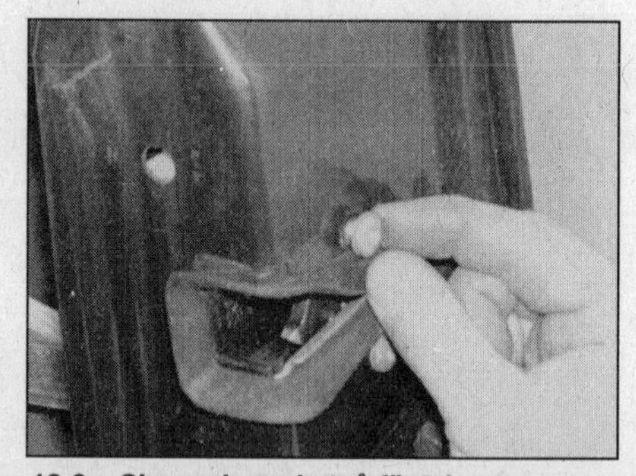

19.6a Skruva loss de två fästskruvarna . . .

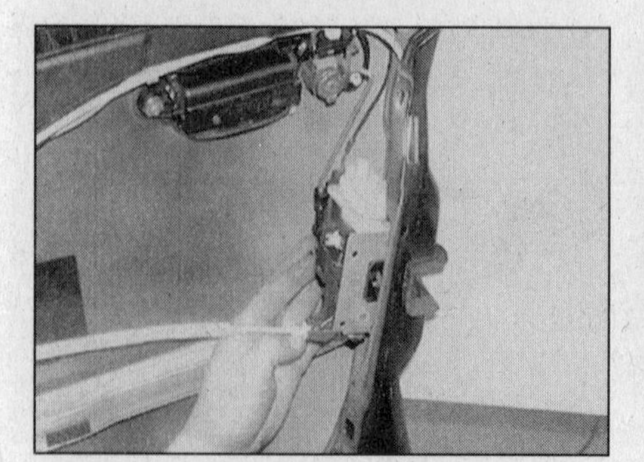

19.6b . . . och dra bort låset från dörren

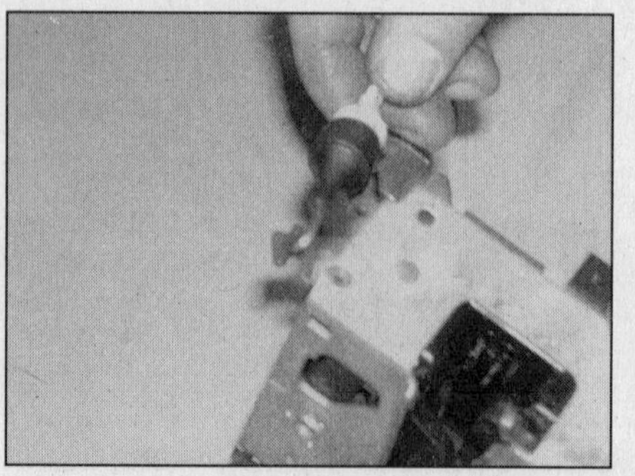

19.7a Lossa innerhandtagets reglagevajer från låset . . .

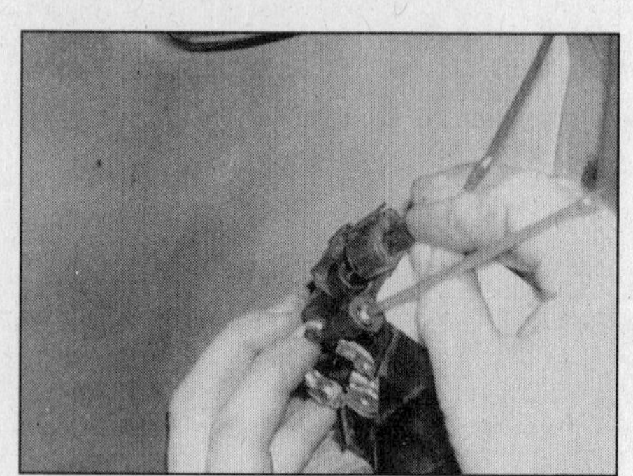

19.7b . . . lossa sedan brytarkablaget

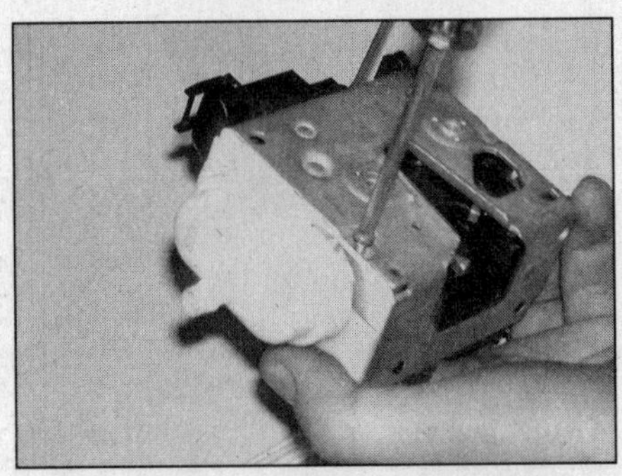

19.8a Ta bort vakuumaktiveraren genom att lossa skruven . . .

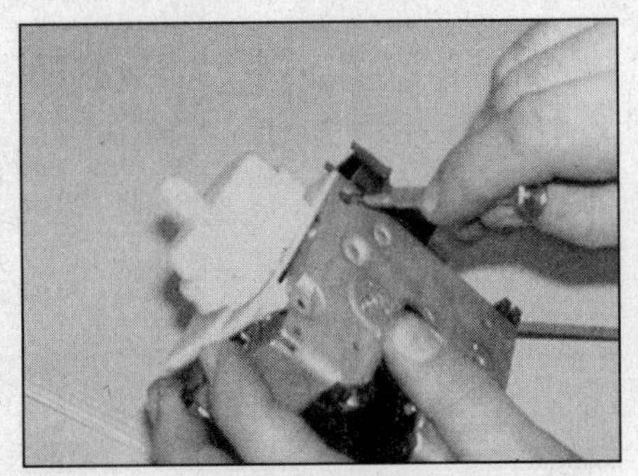

19.8b . . . trycka ner låsfliken med en liten skruvmejsel . . .

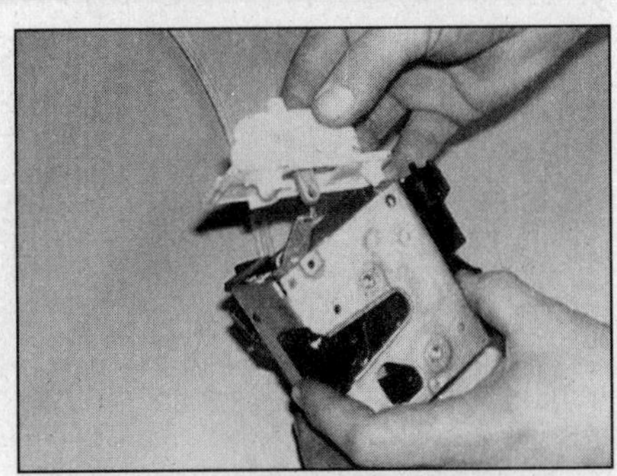

19.8c . . . och dra bort enheten från låset

8 Om det behövs kan vakuumaktiveraren tas bort enligt följande: Ta bort fästskruven, tryck ner låsfliken med en liten skruvmejsel och dra bort enheten **(se bilder)**.

## Montering

9 Montering sker i omvänd ordningsföljd **(se bild)**.

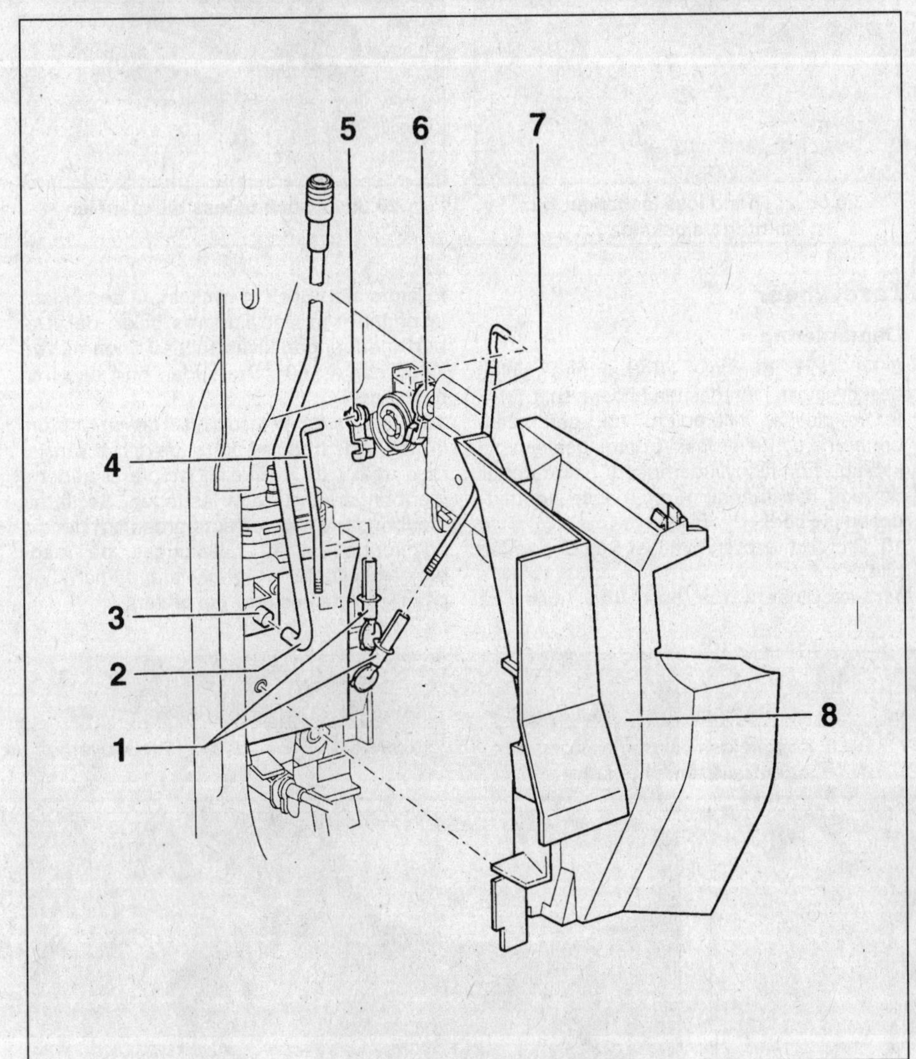


**19.9 Dörrlås och manövreringsstag**

*1 Klämma*
*2 Låsknoppens stag*
*3 Klämma*
*4 Låscylinderns stag*
*5 Bussning*
*6 Bussning*
*7 Dörrlåsets stag*
*8 Inbrottssäker panel*

## 20 Dörrhandtag och låscylinder – demontering och montering

### *Yttre handtag*

**Demontering**

**1** Stäng fönstret helt. Se avsnitt 17 och ta bort dörrklädseln och det vattentäta membranet.

**2** Se avsnitt 21 och ta bort fönstrets komponenthållare från dörren.

**3** Vrid låselementet för att lossa det från handtagets och låscylinderns baksida **(se bilder)**.

**20.3a Vrid låselementet . . .**

**20.3b . . . och lossa det från baksidan av handtaget och låscylindern**

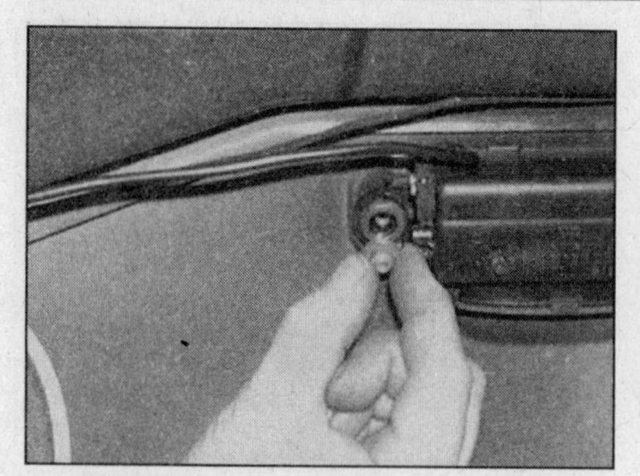
20.4a Skruva loss fästskruven . . .

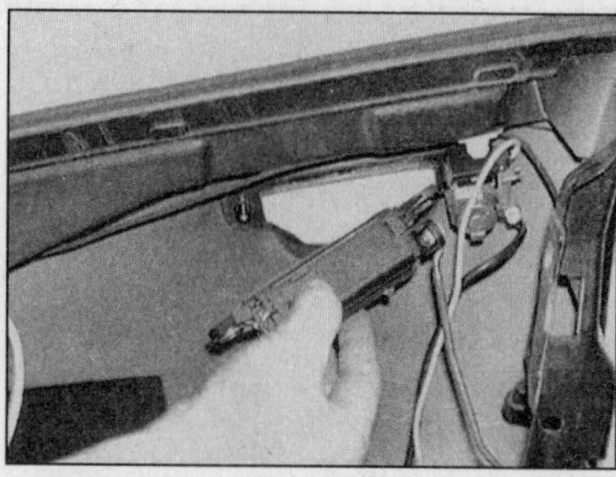
20.4b . . . ta sedan bort handtaget från dörren

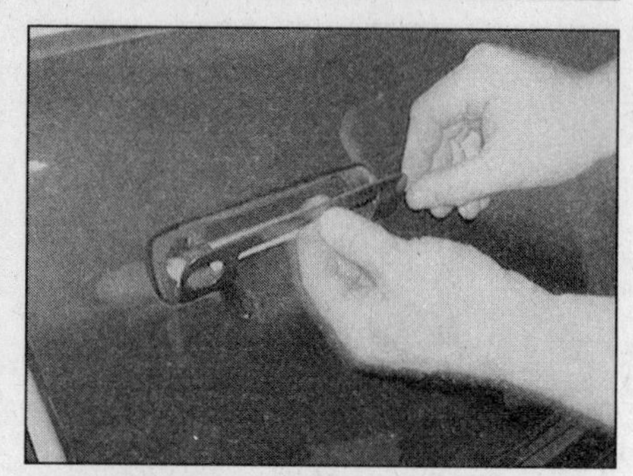
20.5 Ta bort täckbrickan från dörrens utsida.

20.6a Använd en flatbladig skruvmejsel . . .

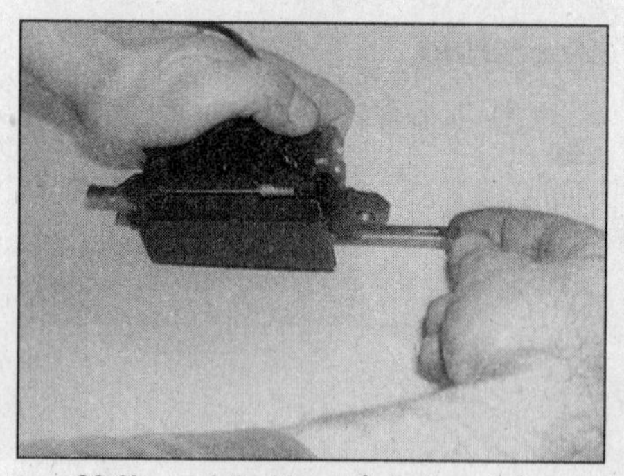
20.6b . . . bänd loss låsbalken från handtagets baksida . . .

20.6c . . . och ta loss täckpanelen

**4** Skruva loss fästskruven och ta bort handtaget från dörren **(se bilder)**. Lämna låscylindern på plats.

**5** Ta bort täckbrickan från dörrens utsida **(se bild)**.

**6** Om det behövs, bänd loss låsbalken från handtagets baksida med en liten flatbladig skruvmejsel och ta loss täckpanelen **(se bilder)**.

## Montering

**7** Montering sker i omvänd ordningsföljd.

## *Låscylinder*

### Demontering

**8** Ta bort dörrens ytterhandtag enligt beskrivningen i föregående underavsnitt.

**9** Om det är tillämpligt, följ centrallåsbrytarens och/eller låsavfrostningselements kablage från låscylinderhusets bakre del till dörrens kabelhärva. Koppla loss kontaktdonen **(se bild)**.

**10** Dra bort låscylinderhuset från dörren **(se bild)**.

**11** Låscylindern tas bort från huset på följande sätt: Stick in nyckeln, ta sedan loss låsringen från låscylinderns bakre del. Dra bort medbringarskivan följt av fjädern. Vrid låscylindern 180°. Dra sedan bort den från handtaget.

**12** Montera en ny låscylinder genom att föra in låscylindern i huset och vrida den åt vänster med hjälp av nyckeln. Montera fjädern, medbringarskivan och låsringen. Se till att medbringarskivan justeras ordentligt genom att kontrollera att halvkuggen på medbringarskivan fäster i motsvarande halvkugg på mikrobrytarens drev **(se bilder)**.

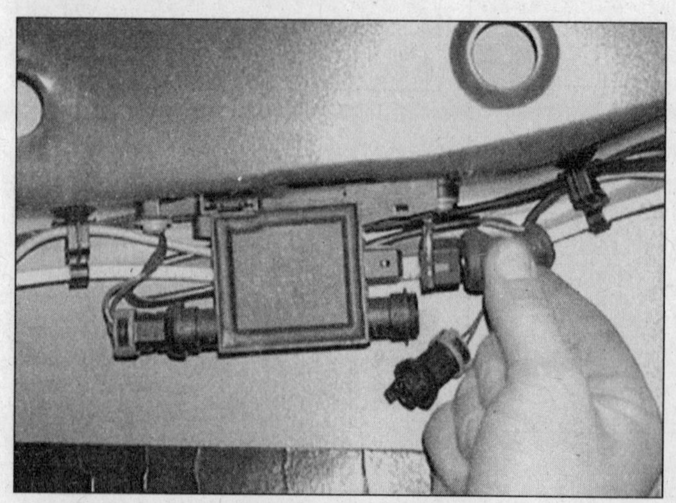
20.9 Kablaget till låscylinderns avfrostningselement kopplas loss

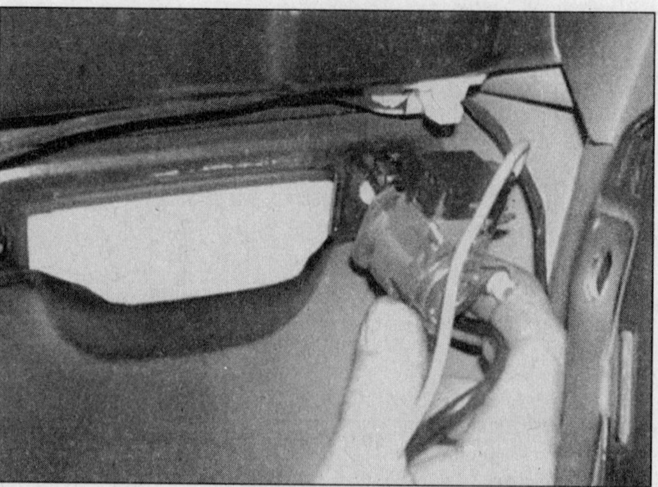
20.10 Dra bort låscylinderhuset från dörren

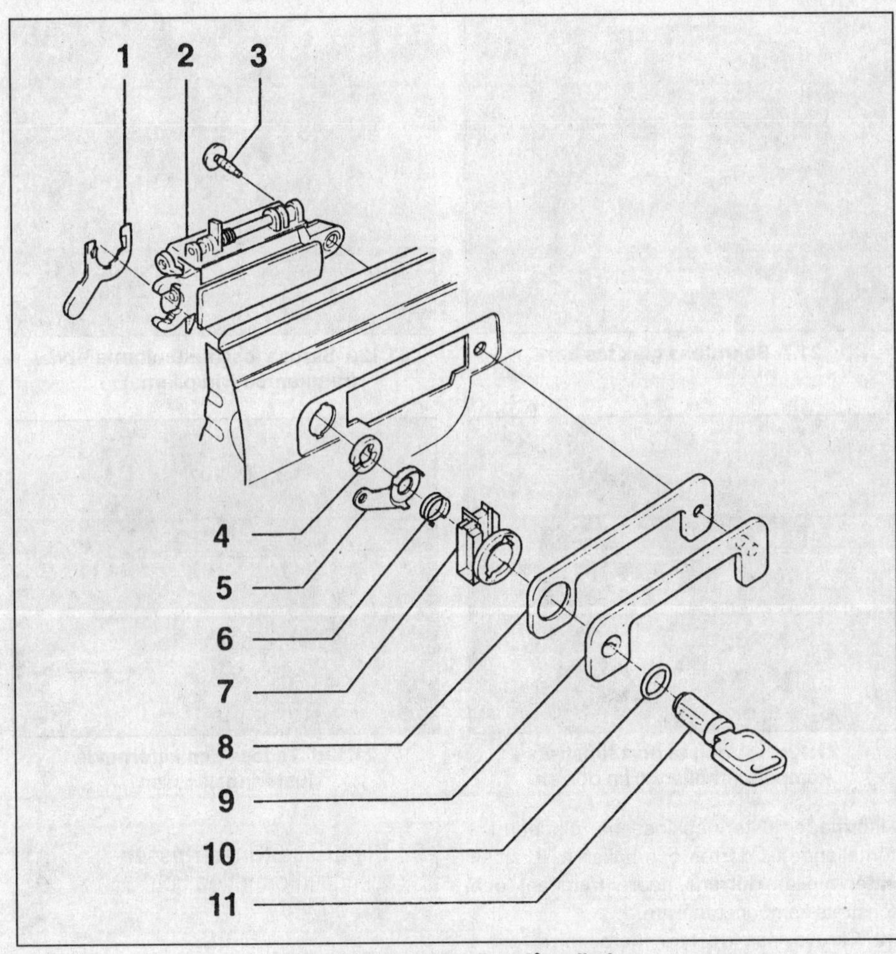


**20.12a Sprängskiss över låscylindern**

*1 Låsenhet*
*2 Handtag*
*3 Skruv*
*4 Låsring*
*5 Medbringarskiva*
*6 Fjäder*
*7 Hus*
*8 Platta*
*9 Täckbricka*
*10 Tätning*
*11 Låscylinder och nyckel*

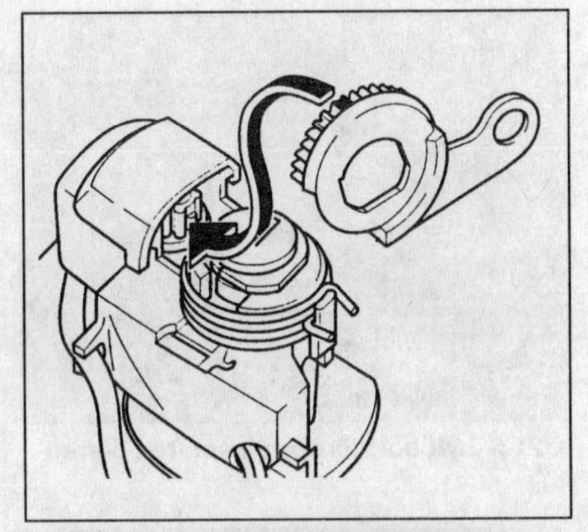

**20.12b Se till att medbringarskivan justeras ordentligt genom att kontrollera att halvkuggen på medbringarskivan fäster i motsvarande halvkugg på mikrobrytarens drev**

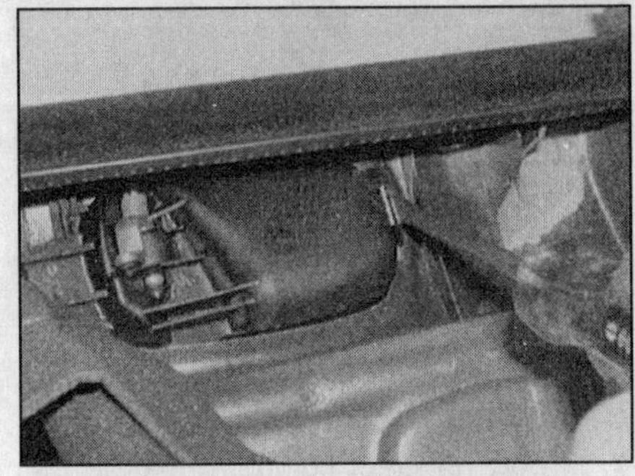

**20.14a Lossa den fjäderbelastade fästfliken på handtagets baksida . . .**

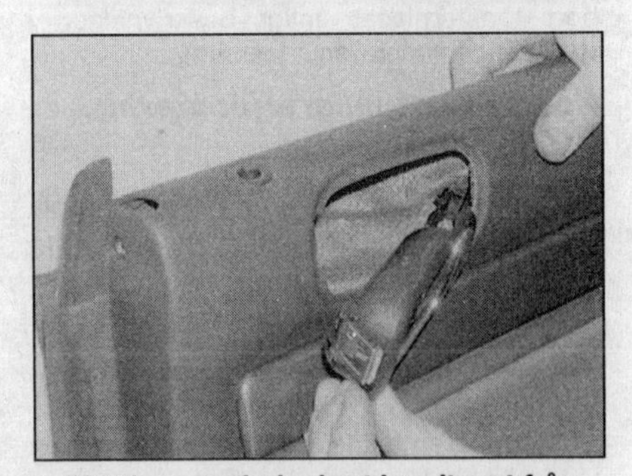

**20.14b . . . och dra bort handtaget från dörrklädseln**

## *Inre handtag*

**13** Se avsnitt 17 och ta bort dörrklädseln och det vattentäta membranet.

**14** Lossa den fjäderbelastade fästfliken på handtagets baksida. Dra sedan bort handtaget från dörrklädseln **(se bilder)**.

**15** Montering sker i omvänd ordningsföljd.

## 21 Dörrfönster och fönsterhiss – demontering och montering

## *Framdörrens fönsterglas*

### Demontering

**1** Hissa ner fönsterglaset halvvägs. Koppla sedan loss batteriets minusledare.

**2** Ta bort dörrklädseln och det vattentäta membranet enligt beskrivningen i avsnitt 17.

**3** Rita runt de två fönsterglasklämmorna med märkpenna för att markera förhållandet mellan klämmorna och glaset. Detta underlättar justeringen vid återmonteringen.

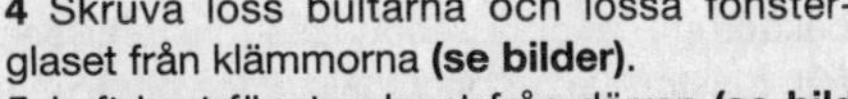

**4** Skruva loss bultarna och lossa fönsterglaset från klämmorna **(se bilder)**.

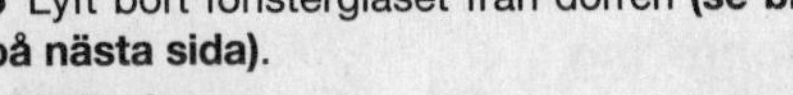

**5** Lyft bort fönsterglaset från dörren **(se bild på nästa sida)**.

### Montering

**6** Montering sker i omvänd ordningsföljd.

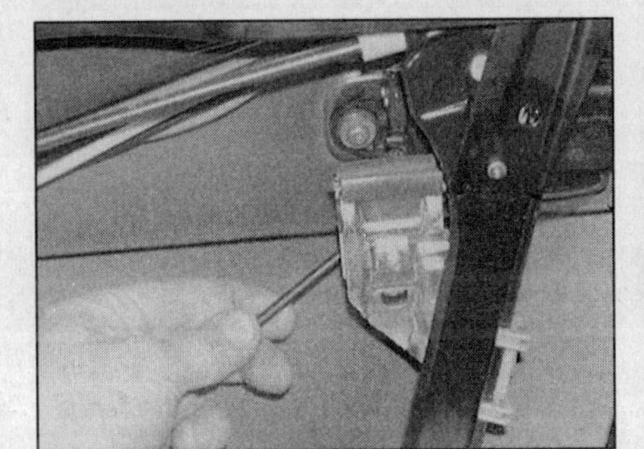

**21.4a Lossa bultarna . . .**

**21.4b . . . och ta loss fönsterglaset från klämmorna**

21.5 Lyft bort fönsterglaset från dörren

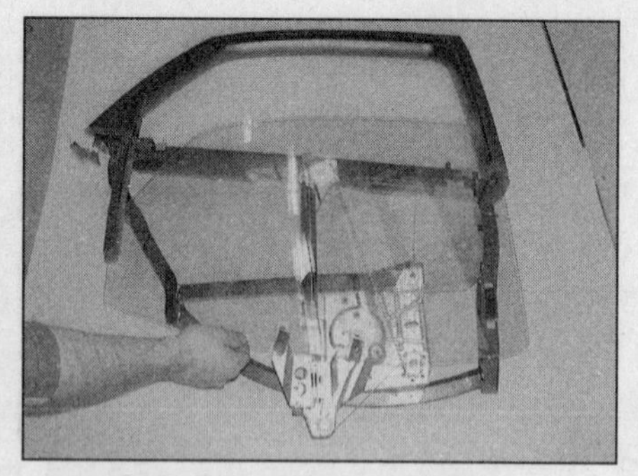

21.7 Bakrutans glas tas bort

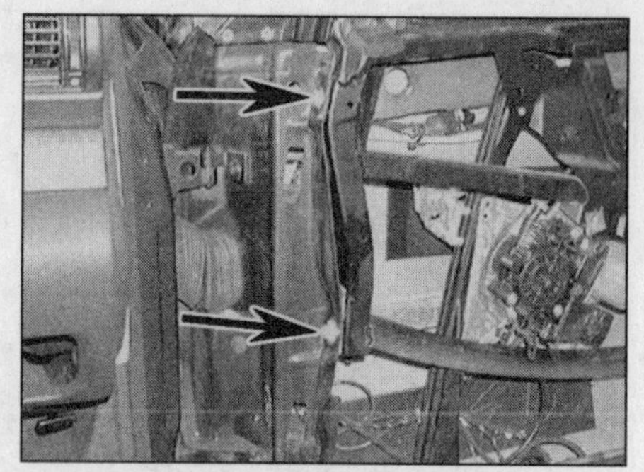

21.12a Skruva loss fästbultarna - två i framkanten (vid pilarna) . . .

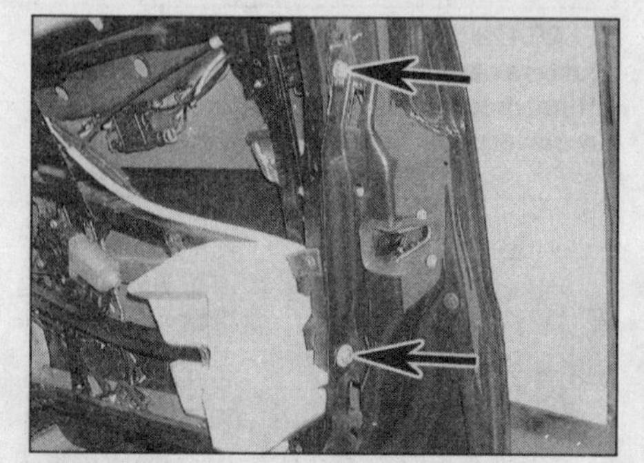

21.12b . . . två i bakkanten (vid pilarna) . . .

21.12c . . . och ta bort fönstrets komponenthållare från dörren

21.12d Ta loss den kilformade justeringsklossen

### Bakdörrens fönsterglas

**7** Ta bort fönstrets komponenthållare från bakdörren enligt beskrivningen i följande underavsnitt. Lossa sedan klämmorna och ta bort fönsterglaset enligt beskrivningen i föregående underavsnitt **(se bild)**.

### Komponenthållare/fönsterhiss

#### Demontering

**8** Hissa ner fönsterglaset halvvägs. Koppla sedan loss batteriets minusledare.

**9** Ta bort dörrklädseln och det vattentäta membranet enligt beskrivningen i avsnitt 17.

**10** Lossa kablaget från fönstermotorn (om det är tillämpligt). Lossa sedan kabelhärvan från fönstrets komponenthållare.

**11** Använd en märkpenna och markera den kilformade justeringsklossens placering i förhållande till dörren och hållaren. Klossen sitter mellan dörrens nedre framkant och fönstrets komponenthållare.

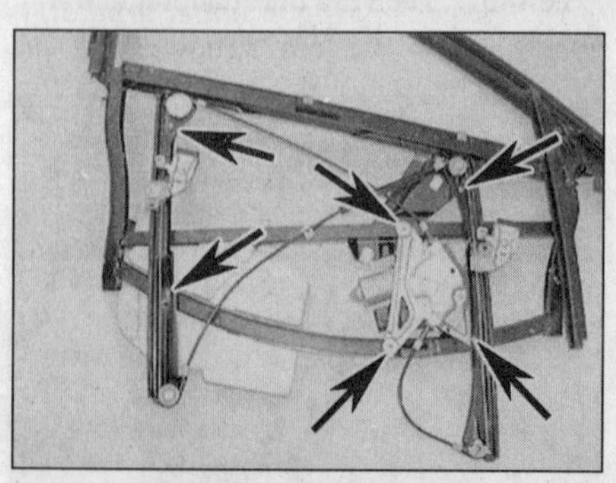

21.14 Ta bort fönsterhissen genom att borra ut popnitarna (vid pilarna) som fäster fönsterhissen vid fönstrets komponenthållare (framdörr visas)

**12** Skruva loss de fyra fästbultarna (två i dörrens framkant, två i dess bakkant). Ta sedan bort fönstrets komponenthållare från dörren. Ta loss den kilformade justeringsklossen **(se bilder)**.

**13** Placera fönstrets komponenthållare med framsidan upp på en ren arbetsyta.

**14** Ta bort fönsterhissen genom att borra ut popnitarna (sex på framdörren, fyra på bakdörren). Koppla sedan loss fönsterhissen från fönstrets komponenthållare **(se bild)**.

### Montering

**15** Montera fönsterhissen och fönstrets komponenthållare i dörren i omvänd ordningsföljd. Observera följande:

a) *Montera nya popnitar till fönsterhissen.*

b) *Montera den kilformade justeringsklossen i enlighet med märkena som gjordes vid demonteringen när fönstrets komponenthållare ska monteras. Då behålls fönstrets justering i förhållande till B-stolpen och taket.*

c) *Se till att innerhandtagets reglagevajer passerar mellan fönsterstyrningskanalen och komponenthållarens upprättstående balk.*

d) *Dra åt alla fästen till angivet moment där sådana anges*

## 22 Elektriska fönsterhissar – allmän information och motorbyte

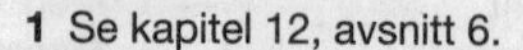

### Fönsterreglage

**1** Se kapitel 12, avsnitt 6.

### Fönsterhissmotorer

#### Demontering

**2** Stäng fönstret helt. Ta sedan loss dörrens inre klädselpanel enligt beskrivningen i avsnitt 17. Ta bort fönstrets komponenthållare från dörren enligt beskrivningen i avsnitt 21, för att förbättra åtkomligheten till motorn ytterligare.

**3** Tejpa fast fönsterglaset vid ramen för att förhindra att det faller ner när motorn tas bort.

**4** Om motorn demonteras med fönsterramen på plats ska kontaktdonet kopplas loss från motorn.

**5** Skruva loss skruvarna som fäster motorn vid fönsterhissmekanismen. Bänd sedan försiktigt loss motorn och ta bort den.

#### Montering

**6** Montera motorn och passa in den mot fönsterhissmekanismen. Sätt sedan i fästskruvarna och dra åt dem jämnt och stegvis i diagonal ordningsföljd så att motorn dras rakt ner på fönsterhissen. Dra sedan åt dem till angivet moment.

**7** Återanslut kontaktdonet till motorn och ta bort tejpen från glaset.

25.4a Soltakets bakre dräneringsrör slutar bakom den bakre stötfångarens framkanter . . .

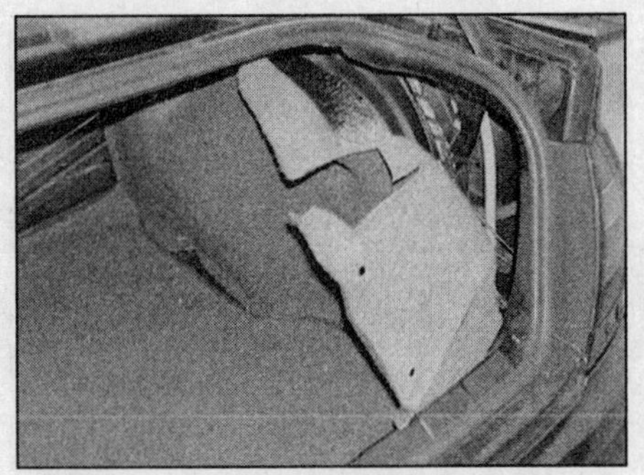

25.4b . . . men man kan även komma åt dem genom att ta loss lastutrymmets sidoklädselpaneler . . .

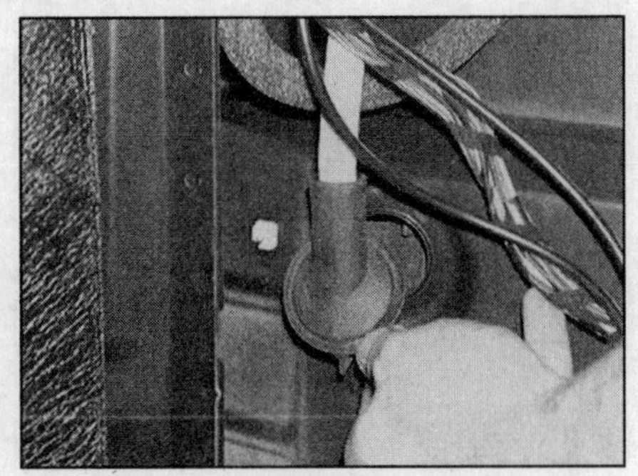

25.4c . . . och bända ut rörmuffen

**8** Montera fönstrets komponenthållare (om den tagits bort) på dörren enligt beskrivningen i avsnitt 21.

**9** Återanslut batteriet och fönsterreglaget och kontrollera att fönstret fungerar innan dörrklädseln sätts tillbaka. **Observera:** *På de modeller där fönstren är utrustade med ett säkerhetssystem som automatiskt öppnar fönstret om någonting hamnar i kläm, måste motorn initieras på följande sätt. Slå på reglaget och slå sedan av det igen. Hissa sedan upp fönstret helt och låt det vara stängt i fyra sekunder utan att röra reglaget. Sänk sedan ner fönstret och kontrollera att det öppnas helt.*

**10** Montera klädselpanelen enligt beskrivningen i avsnitt 17 när fönstret har kontrollerats och fungerar korrekt.

## 23 Dörrar – demontering och montering

### Demontering

**1** Ta bort dörrklädseln och isoleringspanelen enligt beskrivningen i avsnitt 17.

**2** Lossa klädselpanelen från A-stolpens nederdel. Koppla loss dörrens kabelhärva vid multikontaktdonet. Koppla sedan loss centrallåsets vakuumrör vid anslutningen.

**3** Ta bort fönstrets komponenthållare enligt beskrivningen i avsnitt 21.

**4** Låt en medhjälpare stödja dörrens tyngd eller stöd den med klossar. Kontrollera att dörren har ordentligt och säkert stöd om klossar används (dörren är tung och svårhanterlig). Täck klossarna med trasor för att hindra att dörrens undersida skadas.

**5** Markera förhållandet mellan det lägre gångjärnet och dörren med en märkpenna.

**6** Skruva loss och ta bort bultarna som fäster det nedre gångjärnet vid dörren.

**7** Gå nu till det övre gångjärnet. Ta loss pluggen och ta loss gångjärnssprintens klämbult.

**8** Ta bort dörren från bilen genom att lyfta den uppåt så att gångjärnet släpper.

**9** Rengör bultgängorna med en stålborste och muttergängorna med en gängtapp. Behandla dem med låsvätska när dörren återmonteras.

### Montering

**10** Montering sker i omvänd ordningsföljd. Använd markeringarna som gjordes vid demonteringen för att se till att det nedre gångjärnet placeras korrekt på dörren. Observera att gångjärnen har förlängda fästhål för att dörren ska kunna justeras.

**11** Avsluta med att stänga dörren och kontrollera att den stängs helt och att den är korrekt inpassad. Kontrollera hur djupt låsblecket går in i låset. Lossa fästbultarna och flytta låsblecket om justering är nödvändig.

## 24 Vindrutans, bakrutans och de bakre sidofönstrens glas – allmän information

Glaset till vindrutan, bakrutan och de bakre sidofönstren är fästa direkt vid metallen. Demontering och montering av dessa fönster kräver tillgång till specialverktyg som en hemmamekaniker normalt inte har tillgång till. Därför bör detta arbete överlåtas till en Audiverkstad eller till en specialfirma för byte av rutor.

## 25 Soltak – allmän information

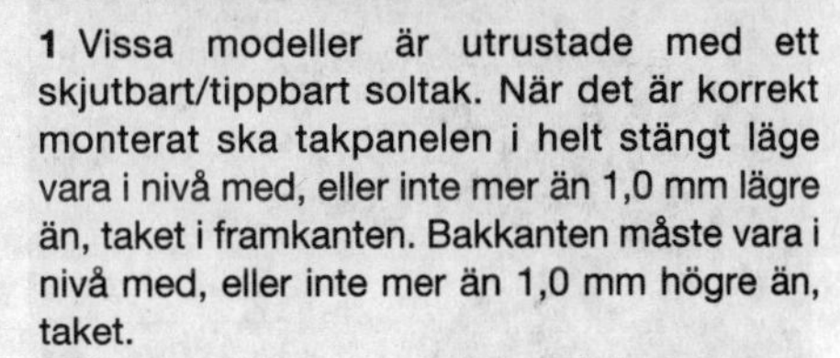

**1** Vissa modeller är utrustade med ett skjutbart/tippbart soltak. När det är korrekt monterat ska takpanelen i helt stängt läge vara i nivå med, eller inte mer än 1,0 mm lägre än, taket i framkanten. Bakkanten måste vara i nivå med, eller inte mer än 1,0 mm högre än, taket.

**2** Demontering, montering och justering av takpanelen bör överlåtas till en Audiverkstad eftersom specialverktyg krävs.

**3** Soltakets motor kan demonteras och monteras enligt beskrivningen i kapitel 12. Om motorn slutar fungera när soltaket är öppet kan det stängas manuellt. Gör detta genom att ta loss plastpanelen från förarsidan av instrumentbrädan. Lossa sedan vevverktyget som sitter fäst på panelens insida. Öppna den lilla luckan vid takkonsolens bakände så att det går att komma åt undersidan av soltakets motor. Stick in veven i hålet i änden av motoraxeln. Verktyget kan sedan vridas för att stänga soltaket efter behov.

**4** Om soltakets vattendräneringsslangar blir blockerade kan de rengöras med en bit vajer eller liknande (en gammal hastighetsmätarvajer är perfekt). De främre dräneringsrören slutar precis nedanför A-stolparna, mellan dörrarnas övre och nedre gångjärn. De bakre dräneringsrören slutar bakom den bakre stötfångarens framkant, men man kan även komma åt dem genom att ta bort lastutrymmets sidopaneler och bända ut rörmuffen **(se bilder)**.

## 26 Sidobackspegel – demontering och montering av komponenter

### Spegelglas

#### Byte

***Varning: Använd handskar och skyddsglasögon under arbetet, i synnerhet om spegelglaset är trasigt.***

**1** Justera spegelglaset så att glasets nedre kant sticker fram ur spegelhuset.

**2** Täck spegelhusets kanter med maskeringstejp för att förhindra skador när spegelglaset tas bort.

**3** Använd en bred kil av plast eller trä. Stick in kilen mellan glasets nederkant och huset. Bänd försiktigt loss spegeln från fästklämmorna. När spegelns nedre kant lossnar, flytta verktyget till husets övre del och bänd försiktigt loss spegelglasets överkant tills den släpper helt. Ta inte i för hårt, då kan spegelglaset eller huset spricka **(se bild på nästa sida)**.

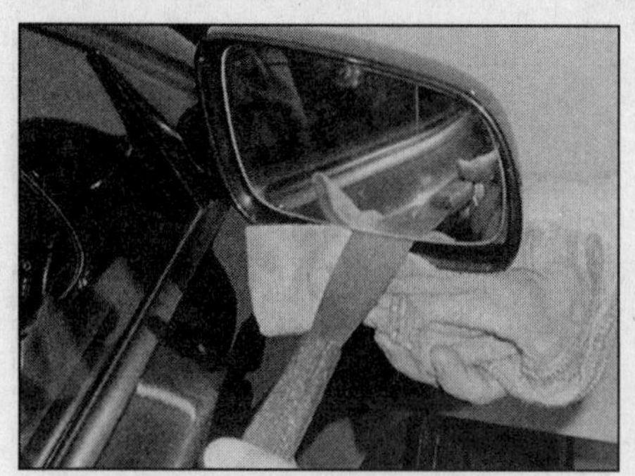

**26.3 Använd ett bredbladigt verktyg. Bänd försiktigt loss spegeln från fästklämmorna**

**26.4 Koppla loss kablaget från värmeelementets kontaktdon på spegelglasets baksida**

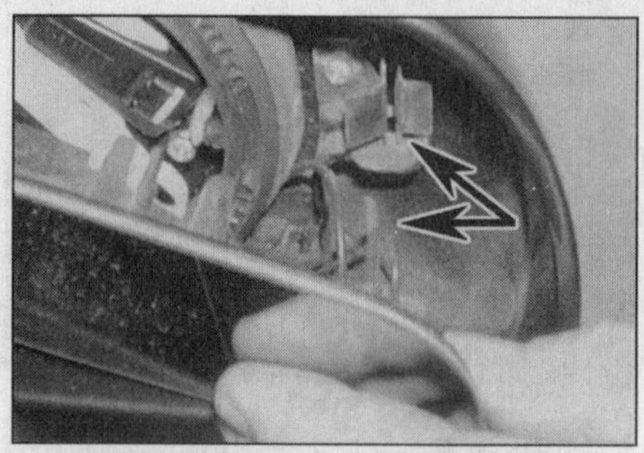

**26.5 Se till att friktionstappen i spegelglasets ytterkant går in i styrningskanalen (vid pilen) på sidan av spegelhuset**

**4** Om det är tillämpligt, koppla loss kablaget från värmeelementets kontaktdon på spegelglasets baksida **(se bild)**.

**5** Återanslut värmeelementets kablage på baksidan av det nya spegelglaset (om tillämpligt). Montera sedan det nya spegelglaset i huset. Se till att friktionstappen på glasets ytterkant går in i styrningskanalen på sidan av spegelhuset **(se bild)**. Tryck bestämt mitt på spegelglaset för att fästa fästklämmorna. Avsluta med att kontrollera spegelns justeringsmekanism med inställningsknoppen/knapparna.

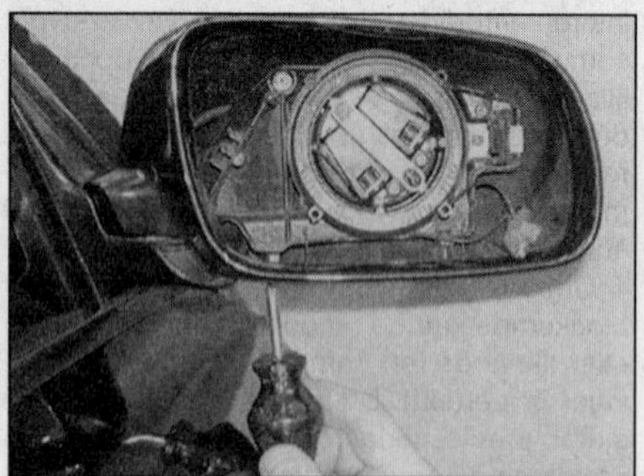

**26.8a Skruva loss de två skruvarna . . .**

## *Spegelhus*

### Byte

**6** Spegelhuset med samma färg som karossen kan bytas ut utan att spegelenheten tas bort från dörren.

**7** Ta bort spegelglaset enligt beskrivningen i föregående underavsnitt.

**8** Skruva loss de två skruvarna under spegelhuset. Lossa sedan fästflikarna med en liten skruvmejsel och ta bort kåpan **(se bilder)**.

**9** Ta bort spegelhusets tre fästskruvar **(se bild)**.

**10** Lyft bort huset från spegeln **(se bild)**.

**11** Montera det nya spegelhuset i omvänd ordningsföljd.

## *Komplett spegelenhet*

### Demontering

**12** Se avsnitt 17 och ta bort dörrklädseln.

**13** Bänd bort och ta loss den trekantiga klädseldelen från dörrens insida. Ta bort skumplastisoleringen **(se bilder)**.

**14** Koppla loss spegelns kabelhärva vid kontaktdonet **(se bild)**.

**15** Skruva loss fästbulten och ta bort spegeln

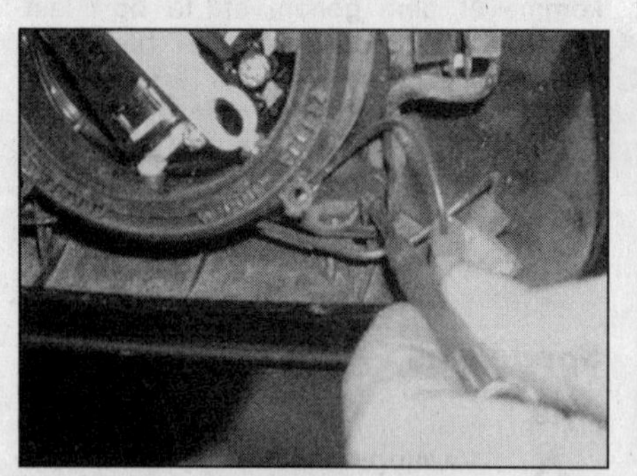

**26.8b . . . lossa fästflikarna . . .**

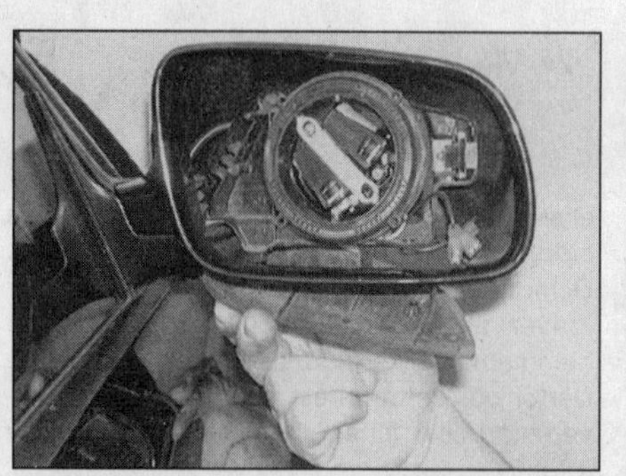

**26.8c . . . och ta bort kåpan**

**26.9 Ta bort spegelhusets tre fästskruvar**

**26.10 Lyft bort huset från spegeln**

**26.13 Ta loss den trekantiga panelen från dörrens insida**

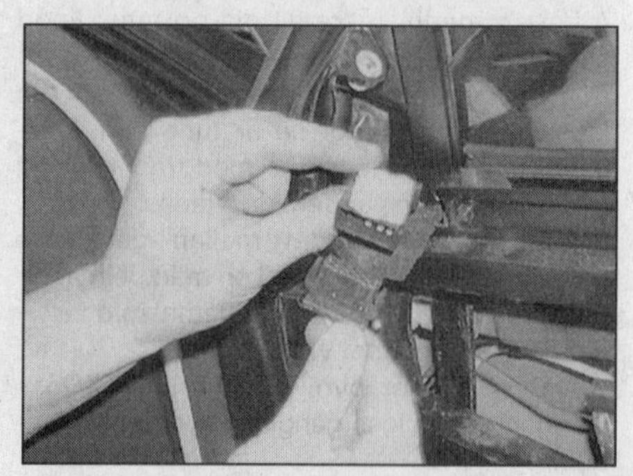

**26.14 Koppla loss spegelns kabelhärva vid kontaktdonet**

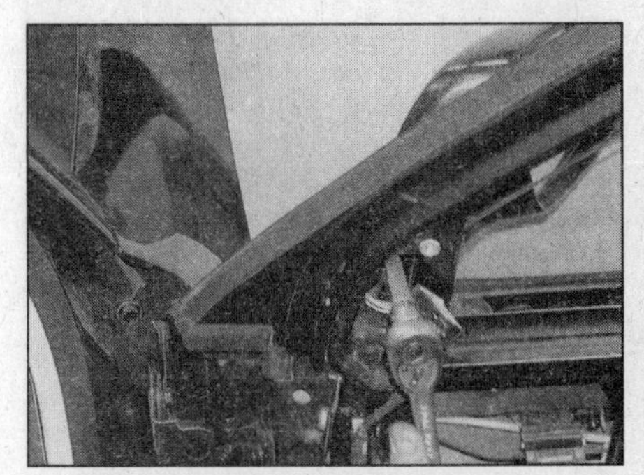

26.15a Skruva loss fästbulten . . .

från dörren **(se bilder)**. För kabelhärvans kontaktdon genom dörröppningen och ta loss gummitätningen.

**16** Ta bort spegelns justeringsmekanism genom att först ta bort spegelglaset enligt beskrivningen tidigare i detta avsnitt. Skruva loss fästskruvarna och ta bort mekanismen från spegeln.

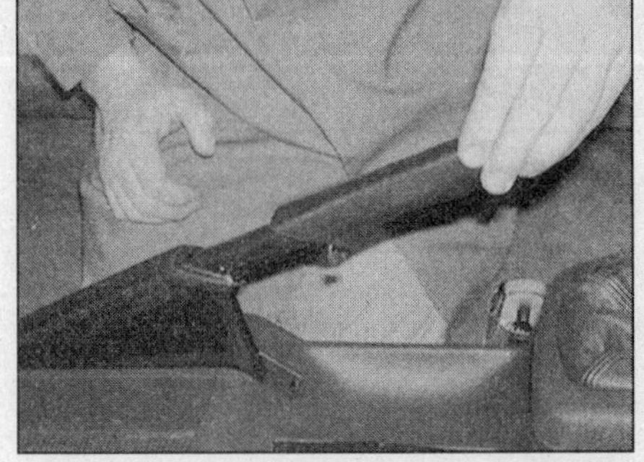

27.1b . . . och dra loss handbromsspakens handtag

26.15b . . . och ta bort spegeln från dörren

### *Montering*

**17** Spegeln monteras i omvänd ordningsföljd. Avsluta med att kontrollera att spegelns reglage fungerar.

## 27 Mittkonsol – demontering och montering

### *Bakre delen*

#### Demontering

**1** Arbeta med handbromsspaken åtdragen. Bänd ut fästsprinten vid nederdelen av handbromshandtaget och dra loss handtaget.

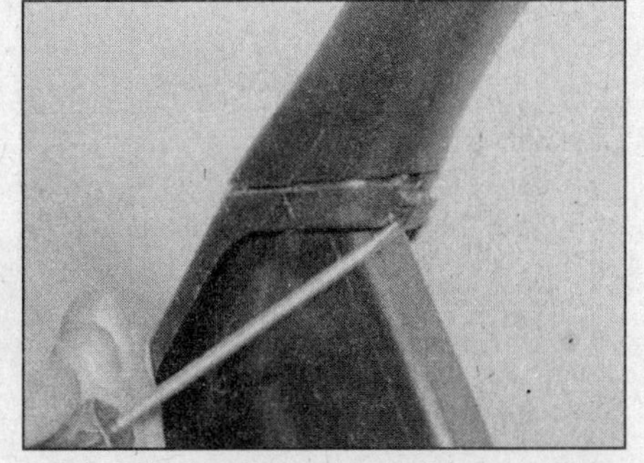

27.1a Bänd ut fästsprinten vid nederdelen av handbromsens handtag . . .

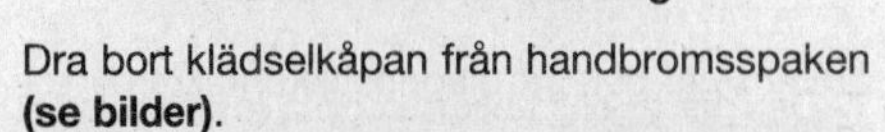

Dra bort klädselkåpan från handbromsspaken **(se bilder)**.

**2** Bänd bort plastpluggarna från mittkonsolens främre nederkanter och ta bort fästskruvarna under **(se bilder)**.

**3** Ta bort askfatet från mittkonsolens bakre del. Skruva sedan loss fästmuttern i botten av askfatsfördjupningen **(se bild)**.

**4** Om det är tillämpligt, lossa diagnostikkontakten från sin plats i närheten av askfatet **(se bild)**.

**5** Dra bort konsolen delvis. Koppla loss askfatets/cigarrettändarens kablage. Ta sedan bort konsolen genom att lyfta upp den bakifrån och upp över handbromsspaken **(se bild)**.

#### Montering

**6** Montering sker i omvänd ordningsföljd. Se till att askfatets/cigarrettändarens kablage

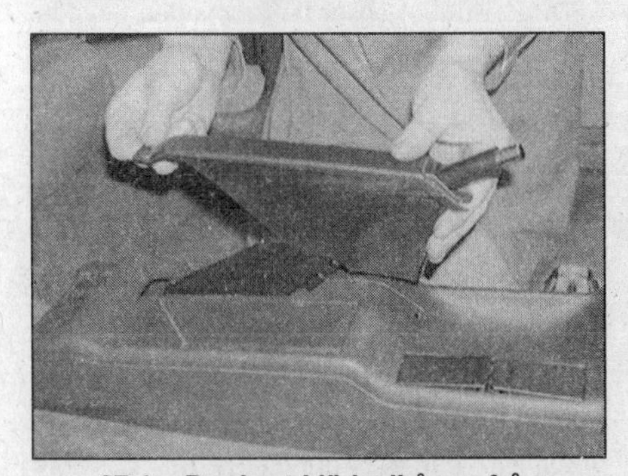

27.1c Dra bort klädselkåpan från handbromsspaken

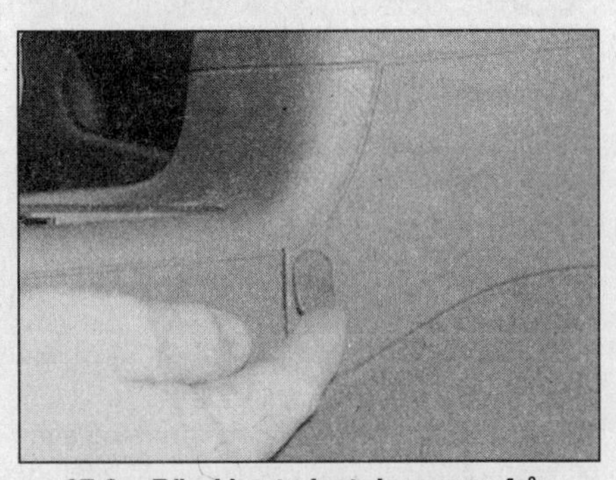

27.2a Bänd bort plastpluggarna från konsolens främre nederkanter . . .

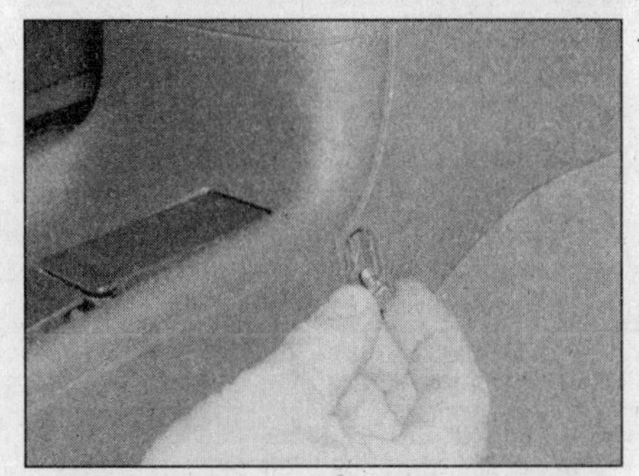

27.2b . . . och ta bort fästskruvarna under

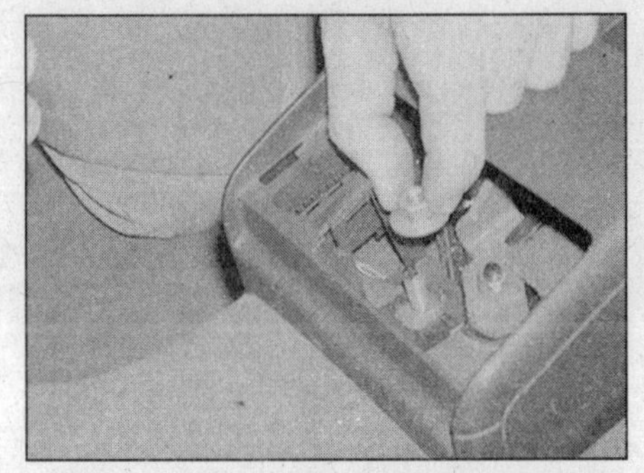

27.3 Skruva loss fästmuttern i botten av askfatsfördjupningen

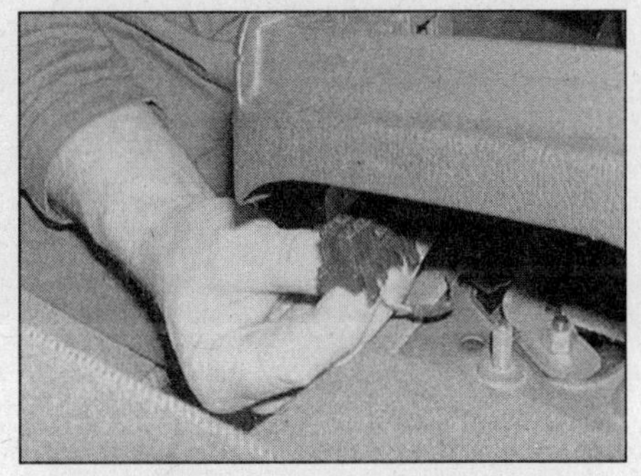

27.4 Lossa diagnostikkontakten från sin plats i närheten av askfatet

27.5 Ta bort konsolen från bilen

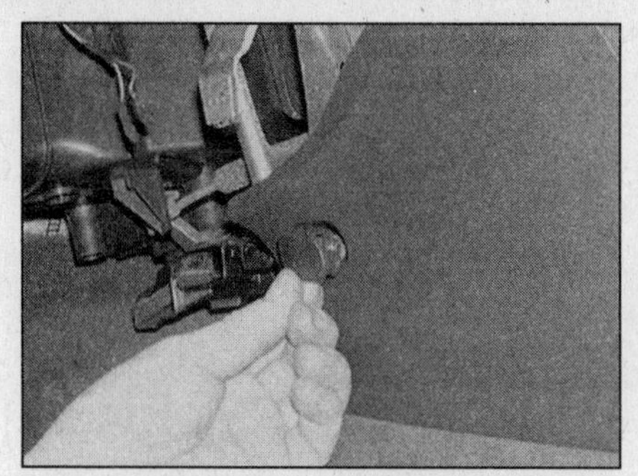

27.10a Bänd bort plastpluggarna från konsolens främre nederkanter . . .

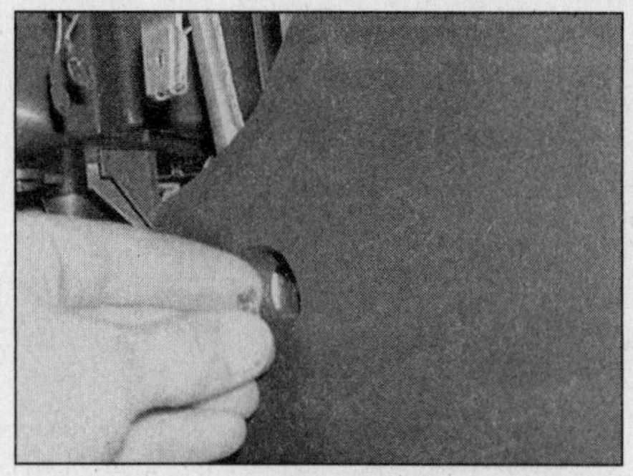

27.10b . . . och ta bort fästmuttrarna under

27.11 Lossa och ta bort växelspaksdamasken . . .

återansluts och att diagnostikkontakten återmonteras korrekt.

### *Främre delen*

#### Demontering

**7** Ta bort mittkonsolens bakre del enligt beskrivningen i föregående underavsnitt.

**8** Ta bort radion/kassettbandspelaren enligt beskrivningen i kapitel 12.

**9** På bilar med manuell värmereglering, dra bort knopparna från värmereglagen (se kapitel 3). Ta bort de fyra fästskruvarna i hörnen av radioöppningen. Lossa konsolens klädselpanel från fästklämmorna.

**10** Bänd bort plastpluggarna från mittkonsolens främre nederkanter och ta bort fästmuttrarna under **(se bilder)**.

**11** På modeller med manuell växellåda, skruva loss växelspaksknoppen. Lossa sedan växelspaksdamasken och ta bort den **(se bild)**. På modeller med automatväxellåda, lossa försiktigt klädsel-/indikatorpanelen. Lyft den över växelspaken och ta bort den från konsolen.

**12** Dra loss konsolen en bit, koppla loss askfatets/cigarrettändarens kablage och ta sedan bort konsolen helt från instrumentbrädan **(se bild)**.

#### Montering

**13** Montering sker i omvänd ordningsföljd. Se till att klämmorna på konsolens främre nederkanter fäster i instrumentbrädans stödram, samt att allt kablage dras på rätt sätt.

27.12 . . . ta sedan bort konsolen från instrumentbrädan

28.9a Placering av instrumentbrädans fästbultar: en till höger om rattstången . . .

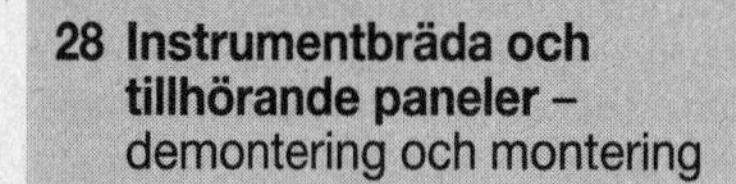

## 28 Instrumentbräda och tillhörande paneler – demontering och montering

### *Demontering*

**1** Koppla loss batteriets minusledare. **Observera:** *Om bilen har en kodskyddad radio, se till att du har en kopia av radions/bandspelarens säkerhetskod innan du kopplar ur batteriet. Fråga en Audi-återförsäljare om tveksamhet föreligger.*

**2** Ta bort mittkonsolens främre och bakre del enligt beskrivningen i avsnitt 27.

**3** Ta bort brytarpanelen och värmereglagepanelen enligt beskrivningen i kapitel 3, avsnitt 9.

**4** På modeller som har krockkudde på passagerarsidan, se kapitel 12 och ta bort krockkudden från instrumentbrädan.

**5** Ta bort ratten enligt beskrivningen i kapitel 10.

**6** Ta bort rattstångens brytarspakar enligt beskrivningen i kapitel 12.

**7** Skruva loss skruvarna från sidorna och framsidan av förarsidans bagagehylla. Lossa sedan hyllan under rattstången.

**8** Ta bort fästskruvarna och koppla loss den övre och nedre klädselpanelen från rattstången.

**9** Skruva sedan loss fästbultarna på det sätt som visas i bilderna. Bultarna på instrumentbrädans högra och vänstra kanter blir åtkomliga när plastpanelerna tas bort **(se bilder)**.

28.9b . . . en till vänster om rattstången . . .

28.9c . . . två på var sida av mittkonsolens fästram . . .

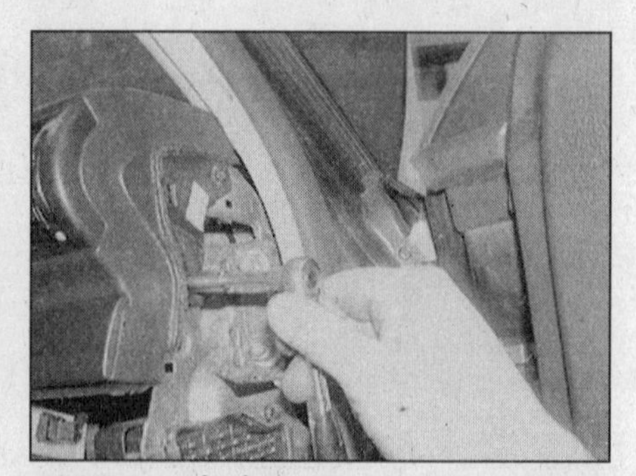

28.9d . . . två på instrumentbrädans högra sida . . .

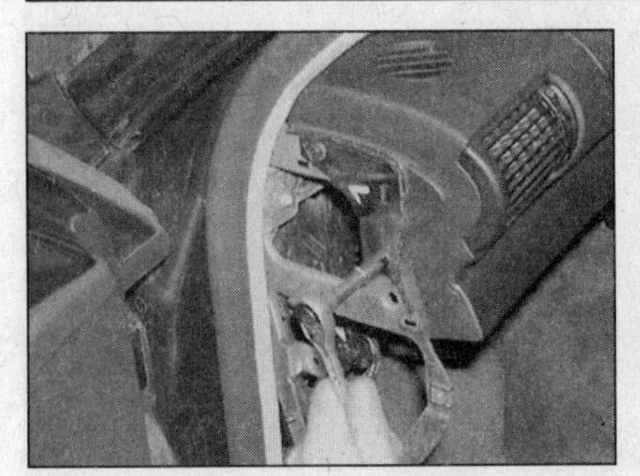

28.9e . . . en på instrumentbrädans vänstra sida . . .

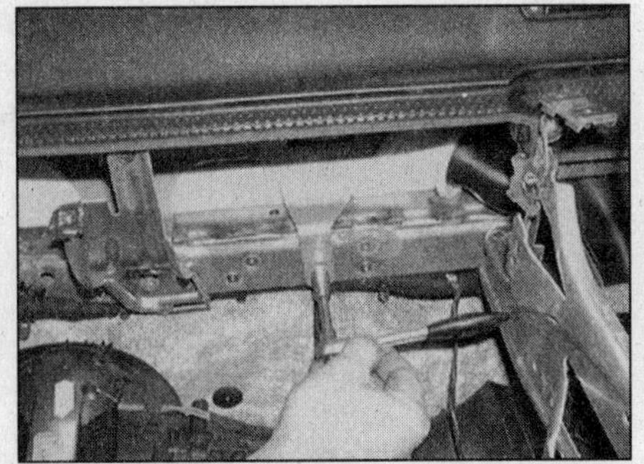

28.9f . . . och två fäster instrumentbrädans undersida . . .

28.9g . . . vid torpedväggens tvärbalk

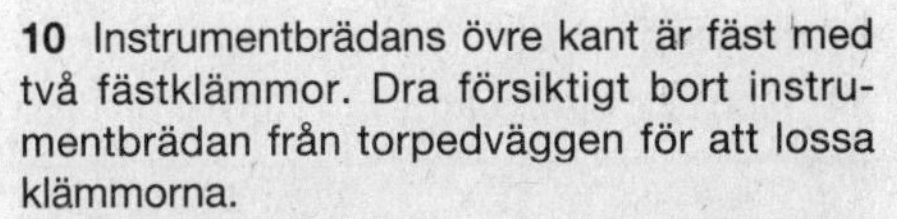

**10** Instrumentbrädans övre kant är fäst med två fästklämmor. Dra försiktigt bort instrumentbrädan från torpedväggen för att lossa klämmorna.

**11** Koppla loss kablaget från instrumentpaketets baksida när kontaktdonen blir åtkomliga. Ta sedan bort instrumentbrädan från bilen **(se bild)**.

### Montering

**12** Montering sker i omvänd ordningsföljd. Se till att värmereglagevajern och alla kabelhärvor dras korrekt och fästs ordentligt.

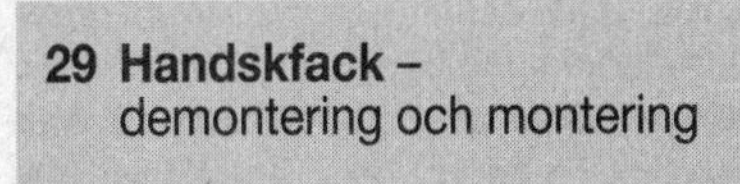

## 29 Handskfack – demontering och montering

**Observera:** *Senare modeller utrustade med krockkudde på passagerarsidan har inget handskfack.*

### Demontering

**1** Ta loss panelen från instrumentbrädan på passagerarsidan. Skruva loss de tre fästskruvarna från sidan och undersidan av handskfacket.

**2** Öppna handskfacket och skruva loss de två sidofästskruvarna **(se bild)**.

**3** Dra bort handskfacket delvis så att handskfacksbelysningens kabel kan kopplas loss. Ta sedan bort handskfacket från instrumentbrädan **(se bilder)**.

**4** Om det behövs kan dämpningsmekanismen till handskfackets lucka tas bort genom att gångjärnssprinten tas bort och mekanismen sedan vrids ett kvarts varv så att den lossnar från sina fästen.

### Montering

**5** Montera i omvänd ordningsföljd.

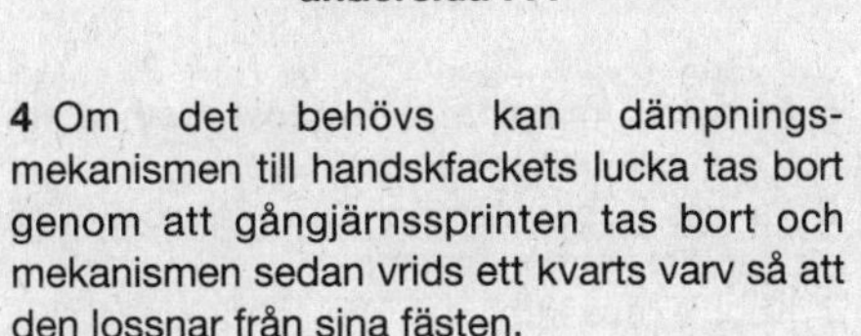

## 30 Inre backspegel – demontering och montering

### Manuellt reglerad spegel

**1** Tryck spegelns fästarm något nedåt och dra bort spegeln från fästet.

**2** Montera genom att placera fästarmen mellan 60° och 90° åt sidan. Vrid den sedan moturs tills låsfjädern fäster.

**3** Om spegelns fästplatta lossnar, tvätta först bort det gamla limmet. Lägg sedan på ett lämpligt glas-metallim i enlighet med limtillverkarens instruktioner och montera fästplattan på sin plats. Se till att plattan är korrekt placerad så att spegelns fästarm är vertikal när spegeln sitter monterad i fästplattan.

### Automatisk bländningssäker spegel

**4** Lossa kåpan från spegelns fästarm/kabelstöd.

28.11 Instrumentbrädan tas bort från bilen

**5** Lossa kablaget från klämman och koppla loss kontaktdonet.

**6** Tryck spegelns fästarm något nedåt så att spegeln lossnar från fästet.

**7** Montera genom att placera fästarmen mellan 60° och 90° åt sidan. Ta sedan tag i spegeln och vrid den moturs tills låsfjädern fäster. Håll inte spegeln i fästarmen/kabelstödet under arbetet eftersom detta kan leda till skador.

**8** Återanslut kablaget. Tryck in det i klämman och montera kabelstödets kåpa.

**9** Testa spegelns funktion genom att täcka över fotosensorn i nederkanten tills spegelglaset ljusnar. Frilägg sedan sensorn och rikta en ljuskälla på den. Spegeln ska snabbt mörkna som reaktion på förändringen i ljusnivån.

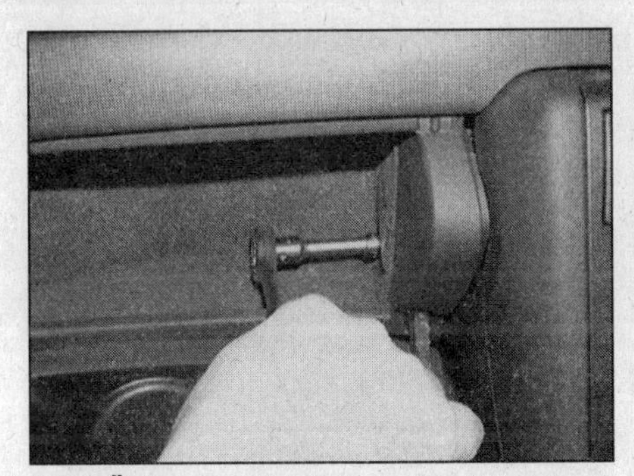

29.2 Öppna handskfacket och skruva loss de två sidofästskruvarna

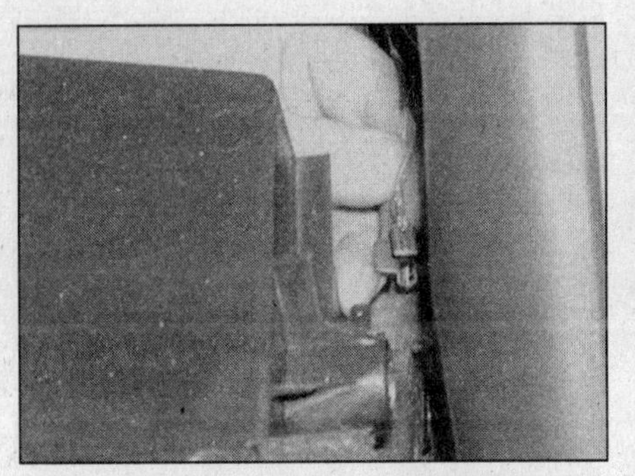

29.3a Koppla loss belysningskablaget . . .

29.3b . . . ta sedan bort handskfacket från instrumentbrädan

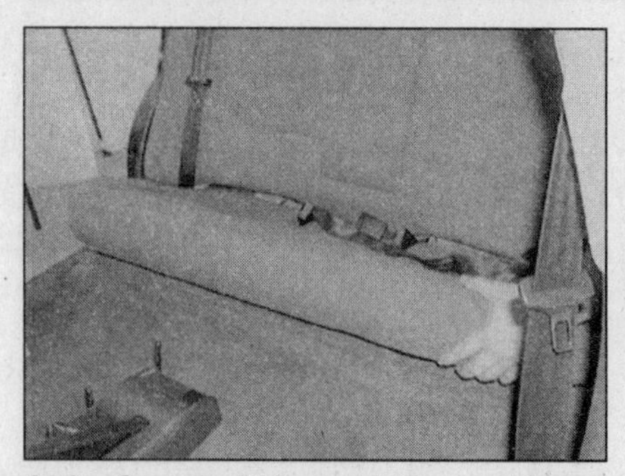

31.9a Greppa sittdynans främre nederkant och dra uppåt . . .

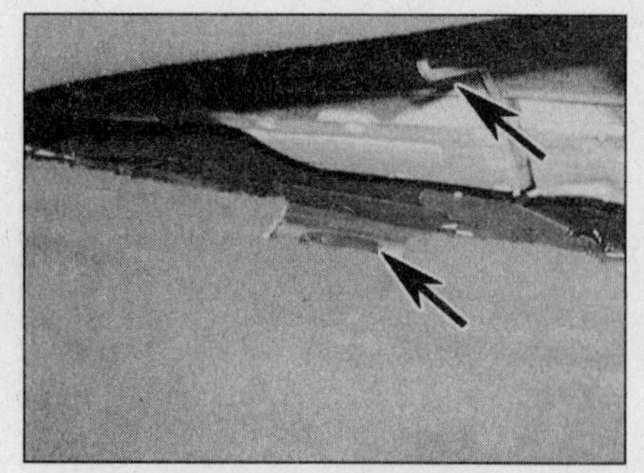

31.9b . . . för att lossa fästsprintarna från hylsorna (vid pilarna)

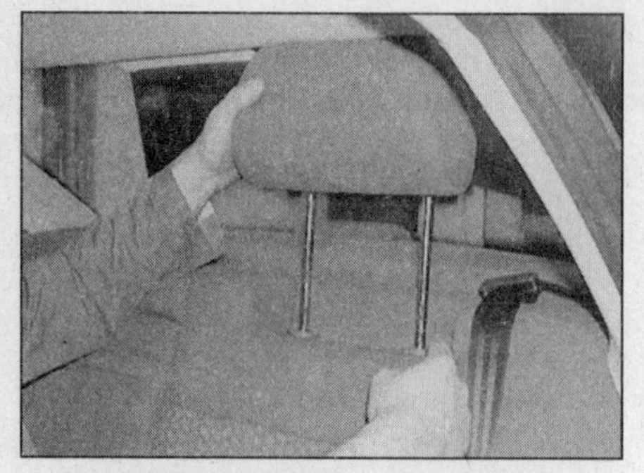

31.13 Tryck ner spärrarna och ta bort baksätets nackstöd från sina fästen

## 31 Säten – demontering och montering

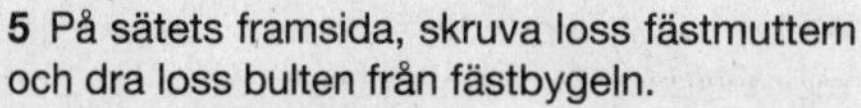

*Observera: Den här informationen gäller inte modeller med sidokrockkuddar.*

### *Framsäte*

#### Demontering

**1** Flytta sätet bakåt så långt det går och fäll fram ryggstödet helt.

**2** Koppla loss batteriets minusledare.

**3** På sätets baksida, bänd ut skyddskåpan och skruva loss fästbulten från änden av den yttersta sätesskenan.

**4** Skruva loss fästbulten och ta bort den bakre inre sätesfästbygeln.

**5** På sätets framsida, skruva loss fästmuttern och dra loss bulten från fästbygeln.

**6** Ta loss låssprinten och dra sätet bakåt så att det lossnar från fästena.

**7** Koppla loss kablaget från sätets undersida (om det är tillämpligt) och ta bort sätet från bilen.

#### Montering

**8** Montera sätet i omvänd ordningsföljd.

### *Baksätets sittdyna*

#### Demontering

**9** Greppa sittdynans främre nedre kant och dra uppåt för att lossa fästsprintarna från hylsorna **(se bilder)**.

**10** Dra sedan sittdynan framåt och ta bort den från bilen.

#### Montering

**11** Montera sittdynan i omvänd ordningsföljd.

### *Baksätets ryggstöd (fast)*

#### Demontering

**12** Ta bort sittdynan enligt beskrivningen i föregående underavsnitt.

**13** Tryck ner spärrarna och ta bort nackstöden från sina fästen **(se bild)**.

**14** Bänd försiktigt loss nackstödens fäströr från ryggstödet **(se bild)**.

**15** Skruva loss fästskruvarna från ryggstödets nederkant **(se bild)**.

**16** Lyft ryggstödet uppåt för att lossa de övre fästtapparna. Ta sedan bort ryggstödet från bilen **(se bild)**.

#### Montering

**17** Montera ryggstödet i omvänd ordningsföljd **(se bilder)**.

### *Baksätets ryggstöd (delat)*

**18** Ta bort sittdynan enligt beskrivningen tidigare i detta avsnitt.

**19** Om det är tillämpligt, skruva loss det mittre säkerhetsbältets nedre ankarfästbygel från karossen.

**20** Arbeta vid mittgångjärnet mellan sätets två halvor. Ta bort fästbulten och ta loss låsklämman. Lyft ut sätets ledstift från

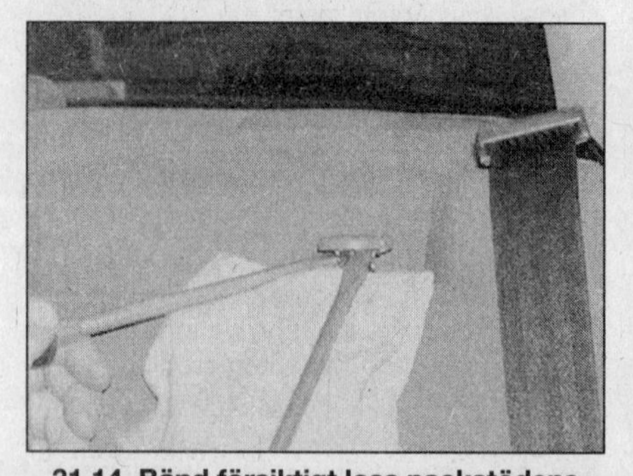

31.14 Bänd försiktigt loss nackstödens fäströr från ryggstödet

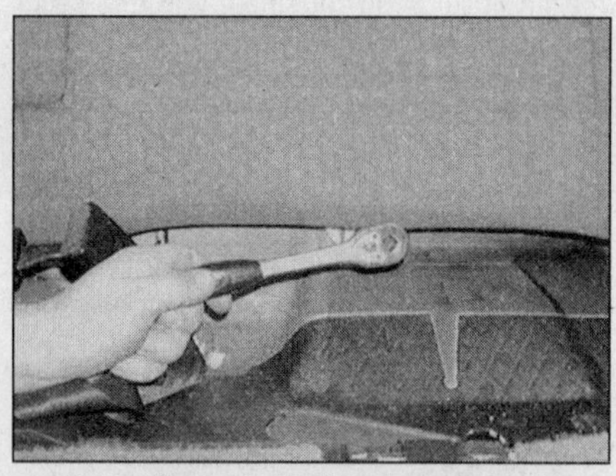

31.15 Skruva loss fästskruvarna från ryggstödets nederkant

31.16 Ta bort ryggstödet från bilen

31.17a Se till att fästtapparna (vid pilarna) . . .

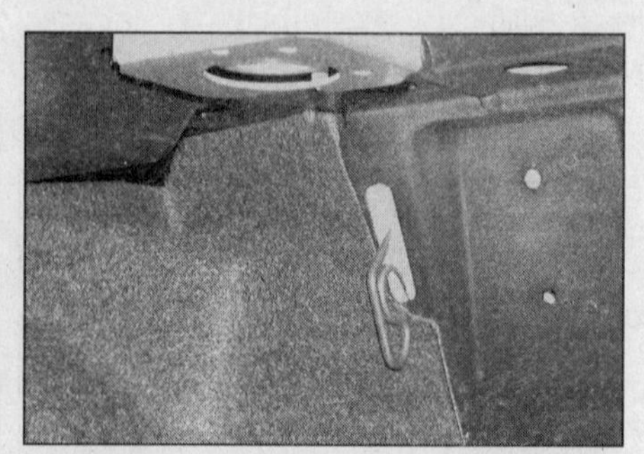

31.17b . . . fäster i urtagen i den bakre torpedväggen (sett från bagageutrymmet)

gångjärnet. Dra sedan sätet åt ena sidan för att lossa ledstiftet i motsatta änden från sin hylsa **(se bilder)**.

### Montering

**21** Montera ryggstödet i omvänd ordningsföljd. Se till att säkerhetsbältets ankarfästbygel dras åt till korrekt moment.

## 32 Inre klädsel – demontering och montering

### *Klädselpaneler*

#### Demontering

**1** De inre klädselpanelerna sitter fast med antingen skruvar eller olika typer av hållare, vanligen pinnbultar eller klämmor.

**2** Kontrollera att det inte är någon panel som överlappar den som ska demonteras. Vanligen måste en given ordning följas och den blir tydlig vid en närmare studie.

**3** Ta bort alla synliga hållare, som t.ex. skruvar. Om panelen inte lossnar sitter den fast med klämmor eller andra hållare. Dessa är oftast placerade runt panelens kanter och lossnar om de bänds upp. Observera dock att de lätt kan gå sönder, så ha ersättningsklämmor till hands. Det bästa sättet att ta bort sådana klämmor utan rätt verktyg är genom att använda en stor flatbladig skruvmejsel. Observera att i flera fall måste tätningsremsan bändas loss för att en panel ska gå att ta bort.

**4** Ta **aldrig** i för hårt när en panel tas bort, då kan den skadas. Kontrollera alltid noga att alla hållare eller andra relevanta komponenter har tagits bort eller lossats innan försök görs att dra bort panelen.

#### Montering

**5** Montering sker i omvänd arbetsordning. Tryck fästena på plats och kontrollera att alla delar är korrekt fastsatta för att förhindra skaller.

### *Mattor*

**6** Passagerarutrymmets matta är i ett stycke och hålls på plats runt kanterna av skruvar eller klämmor, ofta samma skruvar och klämmor som används för att fästa de olika angränsande klädselpanelerna.

**7** Demontering och montering är tämligen enkelt, men mycket tidsödande eftersom alla närliggande paneler måste demonteras först, liksom komponenter som säten, mittkonsol och säkerhetsbältesankare.

### *Inre takklädsel*

**8** Den inre takklädseln är fäst med klämmor vid taket och kan tas bort först när alla detaljer som handtag, solskydd, soltak (i förekommande fall), vindruta och bakre hörnrutor och tillhörande klädselpaneler har tagits bort samt tätningsremsorna i dörrarnas, bakluckans och soltakets öppningar har lossats.

**9** Observera att demontering av innertaket kräver avsevärd skicklighet och erfarenhet för att det ska kunna utföras utan skador och att det därför bör överlåtas till en expert.

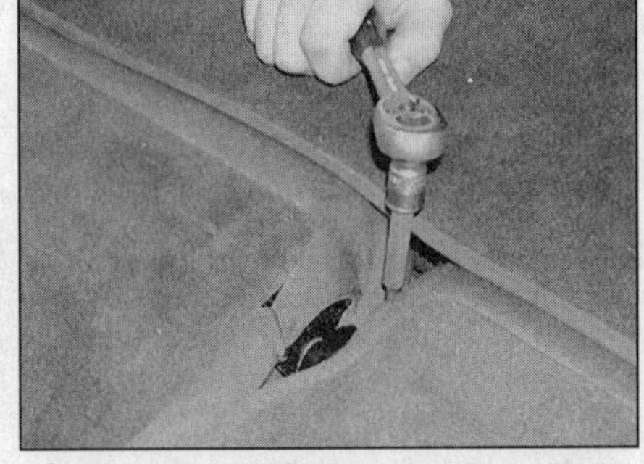

**31.20a Vid mittgångjärnet mellan sätets två halvor, skruva loss fästbulten . . .**

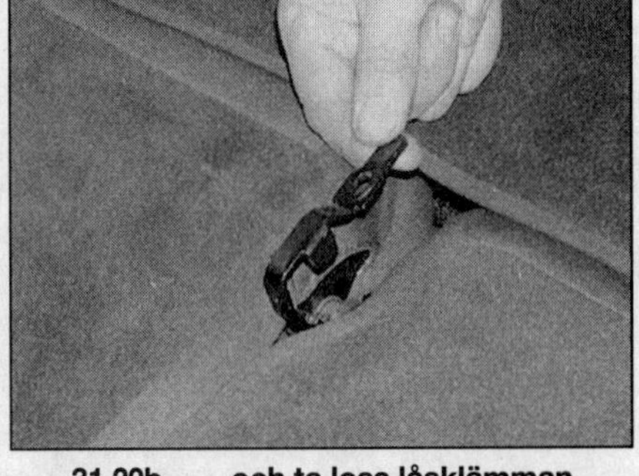

**31.20b . . . och ta loss låsklämman**

## 33 Säkerhetsbältenas sträckarmekanism – allmän information

Senare modeller är utrustade med bältessträckare som är integrerade i krockkuddens styrsystem. Systemet är utformat för att omedelbart fånga upp spelrum i säkerhetsbältet vid plötsliga frontalkrockar och på så sätt minska risken för skador för passagerarna. Varje framsäte är utrustat med en egen sträckare som sitter bakom B-stolpens nedre klädselpanel.

Bältessträckaren aktiveras elektriskt vid en frontalkrock där kraften överstiger ett förinställt värde. Mindre kraftiga krockar eller krockar mot bilens bakre del utlöser inte systemet.

När systemet löses ut drar den explosiva gasen i sträckarmekanismen tillbaka bältet och låser det med hjälp av en vajer som verkar på haspeln. Detta förhindrar att säkerhetsbältet rör sig, och håller passageraren säkert på plats i sätet. När bältessträckaren har utlösts är säkerhetsbältet permanent låst och enheten måste bytas ut tillsammans med krockgivarna.

Det finns risk för att systemet utlöses av misstag under arbete med bilen. Därför rekommenderar vi å det starkaste att allt arbete som rör bältessträckarsystemet överlåts till en Audiverkstad. Observera följande varningar innan något arbete utförs på de främre säkerhetsbältena.

***Varning: Utsätt inte sträckarmekanismen för temperaturer som överstiger 100°C.***

***Koppla alltid loss batteriets minusledning innan något arbete utförs på säkerhetsbältena (se varningarna i kapitel 12 angående krockkuddesystemet).***

***Om sträckarmekanismen tappas måste den bytas ut, även om den inte har fått några synliga skador.***

***Låt inga lösningsmedel komma i kontakt med sträckarmekanismen.***

***Försök inte öppna sträckarmekanismen, eftersom den innehåller explosiv gas.***

***Sträckare måste laddas ur innan de kastas, men den uppgiften måste överlåtas till en Audiverkstad.***

## 34 Säkerhetsbälten – allmän information

**Observera:** *På senare modeller som är utrustade med bältessträckare på de främre säkerhetsbältena, läs igenom varningarna i*

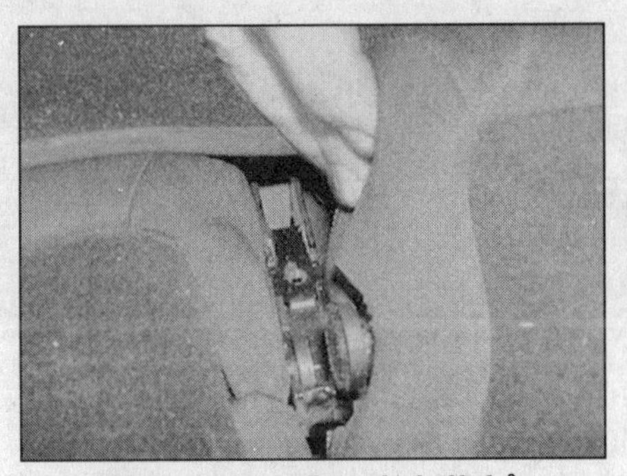

**31.20c Lyft ut sätets ledstift från gångjärnet . . .**

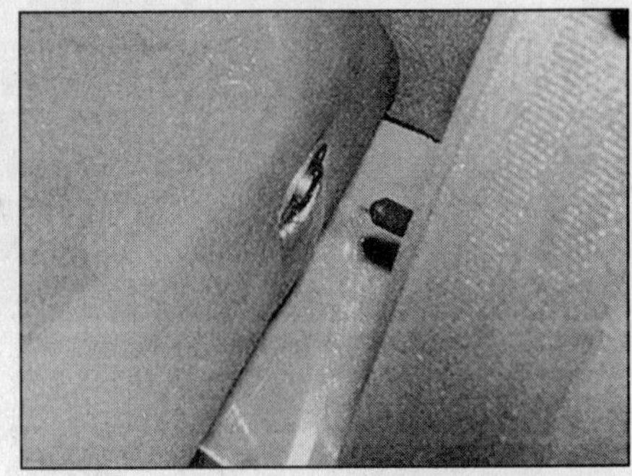

**31.20d . . . och lossa ledstiftet i motsatta änden från sin hylsa**

*avsnitt 33 innan något arbete utförs på de främre bältena.*

**1** Undersök regelbundet om bältena har fransat upp sig eller är skadade på annat sätt. Byt ut bältet om det behövs.

**2** Om bältena blir smutsiga kan de rengöras med en fuktig trasa med lite flytande tvättmedel.

**3** Kontrollera att ankarbultarna är ordentligt åtdragna. Om de tas bort måste de sättas tillbaka med brickor, bussningar och ankarplatta i samma ordning som innan demonteringen.

**4** Man kommer åt frambältets höjdjusterare och haspel genom att ta bort klädseln från B-stolpen på den berörda sidan.

**5** Baksätets bältesförankringar kan kontrolleras om baksätets sittdyna tas bort. De bakre säkerhetsbältenas hasplar går att komma åt om baksätets ryggstöd, bagagehyllan och bagageutrymmets sidopanel tas bort.

**6** Åtdragningsmomentet för säkerhetsbältenas ankarbultar och andra fästen ges i specifikationerna i början av det här kapitlet.

**7** Justera aldrig säkerhetsbältena och flytta aldrig fästena i karossen på något sätt.

# Kapitel 12
# Bilens elsystem

## Innehåll



## Svårighetsgrader

| **Enkelt,** passar novisen med lite erfarenhet  | **Ganska enkelt,** passar nybörjaren med viss erfarenhet  | **Ganska svårt,** passar kompetent hemmamekaniker  | **Svårt,** passar hemmamekaniker med erfarenhet  | **Mycket svårt,** för professionell mekaniker  |
|---|---|---|---|---|

## Specifikationer

| **Systemtyp** | 12 volt, negativ jord |
|---|---|
| **Glödlampor** | **Effekt (watt)** |
| Backljus | 21 |
| Bakljus (separat) | 5 |
| Bromsljus (separat) | 21 |
| Broms- och bakljus | 21/5 |
| Dimljus (bakre) | 21 |
| Körriktningsvisare | 21 |
| Nummerplåtsbelysning | 5 |
| Parkeringsljus | 4 |
| Strålkastare (halogen): | |
| Enkel glödlampa | 60/55 (H4-typ) |
| Dubbla glödlampor: | |
| Helljus | 55 (H7-typ) |
| Halvljus | 55 (H7-typ) |
| Dimljus (främre) | 55 (H1-typ) |

| **Åtdragningsmoment** | **Nm** |
|---|---|
| Bultar till vindrutetorkarnas länksystem | 8 |
| Muttrar till bakfönstrets torkararm | 8 |
| Muttrar till bakrutetorkarens fästbygel | 8 |
| Skruvar mellan förarens krockkudde och ratten | 8 |
| Skruvar mellan passagerarens krockkudde och instrumentbrädan | 12 |
| Vindrutetorkararmarnas muttrar | 16 |

## 1 Allmän information och föreskrifter

***Varning:** Innan något arbete utförs på elsystemet, läs igenom föreskrifterna i "Säkerheten främst!" i början av denna handbok, och i kapitel 5A och 5B.*

**1** Elsystemet är av typen 12 volt negativ jord. Strömmen till lamporna och alla elektriska tillbehör kommer från ett bly/syrabatteri som laddas av generatorn.

**2** Detta kapitel tar upp reparations- och servicearbeten för de elkomponenter som inte är associerade med motorn. Information om batteriet, generatorn och startmotorn finns i kapitel 5A.

**3** Innan arbete på komponenter i elsystemet utförs, lossa batteriets jordledning för att undvika kortslutningar och/eller bränder. **Observera:** *Om bilen har en kodskyddad radio, se till att ha en kopia av radions/bandspelarens säkerhetskod innan batteriet kopplas ur. Fråga en Audi-återförsäljare om tveksamhet föreligger.*

## 2 Elektrisk felsökning – allmän information

**Observera:** *Läs föreskrifterna i "Säkerheten främst!" och i kapitel 5 innan arbetet påbörjas. Följande tester relaterar till huvudkretsen och ska inte användas för att testa känsliga elektroniska kretsar (t.ex. system för låsningsfria bromsar), speciellt där en elektronisk styrenhet används.*

### Allmänt

**1** En elkrets består normalt av en elektrisk komponent och de brytare, reläer, motorer, säkringar, smältsäkringar eller kretsbrytare som hör till komponenten, samt de ledare och anslutningar som ansluter komponenten till batteriet och karossen. För att underlätta felsökningen i elkretsarna finns kopplingsscheman inkluderade i slutet av det här kapitlet.

**2** Innan ett elfel diagnostiseras, studera relevant kopplingsschema noga för att bättre förstå den aktuella kretsens olika komponenter. De möjliga felkällorna kan reduceras genom att man undersöker om andra komponenter relaterade till kretsen fungerar som de ska. Om flera komponenter eller kretsar felar samtidigt är möjligheten stor att felet beror på en delad säkring eller jord.

**3** Ett elproblem har ofta en enkel orsak, som lösa eller korroderade anslutningar, jordfel, trasiga säkringar, smälta smältsäkringar eller ett defekt relä (se avsnitt 3 för detaljer om hur man testar reläer). Se över skicket på alla säkringar, kablar och anslutningar i en felaktig krets innan komponenterna kontrolleras. Använd bokens kopplingsscheman för att se vilka anslutningar som behöver kontrolleras för att den felande länken ska hittas.

**4** I den nödvändiga basutrustningen för elektrisk felsökning ingår en kretstestare eller voltmätare (en 12 volts glödlampa med testkablar kan användas till vissa kontroller), en självdriven testlampa (kallas ibland för kontinuitetsmätare), en ohmmätare (för att mäta motstånd), ett batteri och en uppsättning testkablar, samt en extrakabel, helst med en kretsbrytare eller säkring, som kan användas till att koppla förbi misstänkta kablar eller elektriska komponenter. Innan ansträngningar görs för att hitta ett fel med hjälp av testinstrument, använd kopplingsschemat för att bestämma var kopplingarna ska göras.

**5** Ibland kan ett periodiskt återkommande kabelfel (vanligen på grund av en felaktig eller smutsig anslutning eller skadad isolering) lokaliseras genom att kablarna vicktestas. Detta innebär att man vickar på kabeln för hand för att se om felet uppstår när kabeln rubbas. Det ska därmed vara möjligt att härleda felet till en speciell del av kabeln. Denna testmetod kan användas tillsammans med vilken annan testmetod som helst i de följande underavsnitten.

**6** Förutom problem som uppstår på grund av dåliga anslutningar, kan två typer av fel uppstå i en elkrets: kretsbrott eller kortslutning.

**7** Oftast orsakas kretsbrott av ett brott någonstans i kretsen som hindrar strömflödet. Ett kretsbrott kommer att göra att komponenten inte fungerar men kommer inte att utlösa säkringen.

**8** Lågt motstånd eller kortslutningar uppstår på grund av att ledarna går ihop någonstans i kretsen, vilket gör att strömmen tar en alternativ väg med mindre motstånd. Detta sker oftast om en positiv kabel vidrör en jordledning eller en jordad del, t.ex. karossen. Sådana fel orsakas vanligtvis av att isoleringen nötts av. En kortslutning resulterar normalt i en trasig säkring.

**9** Säkringar är till för att skydda en krets från överbelastning. En säkring som har gått sönder indikerar att det kan föreligga ett problem med den specifika kretsen, och det är viktigt att identifiera och rätta till problemet innan säkringen byts. Byt alltid en trasig säkring mot en med rätt kapacitet. Att använda en säkring med annan kapacitet kan få en överbelastad krets att överhettas och t.o.m. fatta eld.

### Att hitta ett kretsbrott

**10** Ett av de enklaste sätten att hitta ett kretsbrott är med en kretstestmätare eller voltmätare. Anslut mätarens ena ledare antingen till batteriets minuspol eller till en känd, god jordpunkt. Anslut den andra ledaren till ett kontaktdon i kretsen som ska testas, helst närmast batteriet eller säkringen. Slå på kretsen, men tänk på att vissa kretsar bara är strömförande med tändningslåset i ett visst läge. Om ström ligger på (indikerat av att testlampan lyser eller genom ett voltmätarutslag), betyder det att delen mellan kontakten och batteriet är felfri. Fortsätt kontrollera resten av kretsen på samma sätt. När en punkt nås där ingen ström finns tillgänglig måste problemet ligga mellan den punkt som nu testas och den föregående med ström. De flesta fel kan härledas till en trasig, korroderad eller lös anslutning.

### Att hitta en kortslutning

**11** Om kretsen belastas under testningen blir resultaten felaktiga och testutrustningen kan skadas, så alla elektriska belastningar måste kopplas bort innan kretsen kan kontrolleras för kortslutningar. En belastning är en komponent som tar ström från kretsen, t.ex. glödlampor, motorer, värmeelement, etc.

**12** Håll både tändningen och kretsen som testas avslagna, ta sedan bort relevant säkring från kretsen och anslut en kretstestmätare eller voltmätare till säkringens anslutningar.

**13** Slå på kretsen, men tänk på att vissa kretsar bara är strömförande med tändningslåset i ett visst läge. Om spänning ligger på (indikerat av att testlampan lyser eller ett voltmätarutslag, beroende på vad som används), betyder det att en kortslutning föreligger. Om ingen spänning ligger på men säkringen fortsätter att gå sönder när strömförbrukarna kopplas på, tyder detta på ett internt fel i någon av de strömförbrukande komponenterna.

### Att hitta ett jordfel

**14** Batteriets minuspol är kopplad till jord – metallen i motorn/växellådan och karossen – och de flesta system är kopplade så att de bara tar emot en positiv matning, och strömmen leds tillbaka genom metallen i karossen. Det innebär att komponentfästet och karossen utgör en del av kretsen. Lösa eller korroderade fästen kan därför orsaka ett antal olika elfel, allt ifrån totalt haveri till svårhittade, partiella fel. Till exempel kan lampor lysa svagt (särskilt om någon annan krets som delar samma jord också används), motorer (t.ex. torkarmotorer eller kylfläktsmotorn) kan gå långsamt och aktivering av en krets kan ha en till synes orelaterad effekt på en annan. Observera att på många bilar används särskilda jordledningar mellan vissa komponenter, som motorn/växellådan och karossen, vanligtvis där det inte finns någon direkt metallkontakt mellan komponenterna på grund av gummiupphängningar o.s.v.

**15** För att kontrollera om en komponent är korrekt jordad, koppla bort batteriet och anslut den ena ledaren på en ohmmätare till en känd, god jordpunkt. Koppla den andra ledaren till den kabel eller jordkoppling som ska kontrolleras. Motståndet ska vara noll. Om inte, kontrollera anslutningen på följande sätt.

16 Om en jordanslutning misstänks vara felaktig, ta isär anslutningen och putsa upp metallen på både karossen och kabelfästet, eller fogytan på komponentens jordanslutning. Se till att ta bort alla spår av rost och smuts, och skrapa sedan bort lacken med en kniv så att en ren metallyta erhålls. Dra åt kopplingsfästena ordentligt vid monteringen. Om en kabelpol monteras tillbaka, använd låsbrickor mellan anslutningen och karossen för att vara säker på att en ren och säker koppling uppstår. När kopplingen återansluts, rostskydda ytorna med ett lager vaselin eller silikonfett eller genom att regelbundet spraya på fuktdrivande aerosol eller vattenavstötande smörjmedel.

## 3 Säkringar och reläer – allmän information

### Huvudsäkringar

1 Säkringarna sitter på en panel på änden av instrumentbrädan.

2 Man kommer åt säkringarna genom att öppna luckan **(se bild)**.

3 Varje säkring är numrerad, och säkringarnas kapacitet och vilka kretsar de skyddar står på insidan av luckan. En lista över säkringarna finns i slutet av detta kapitel.

4 På vissa modeller (beroende på specifikation), sitter ytterligare ett antal säkringar i separata hållare bredvid reläerna.

5 För att ta bort en säkring, slå först av den berörda kretsen (eller tändningen), och dra sedan loss säkringen från dess hållare. Tråden i säkringen ska synas. Om säkringen är trasig är tråden av, vilket syns genom plasthöljet.

6 Byt alltid en säkring mot en med samma kapacitet. Använd aldrig en säkring med annan kapacitet än den ursprungliga, och byt inte ut den mot något annat. Byt aldrig en säkring mer än en gång utan att spåra orsaken till felet. Säkringens kapacitet står ovanpå den. Notera att säkringarna även är färgkodade.

7 Om en ny säkring genast går sönder, sök reda på orsaken innan den byts igen. Antagligen beror felet på en kortslutning till jord på grund av en defekt isolering. Om en säkring skyddar fler än en krets, försök isolera problemet genom att slå på varje krets i tur och ordning (om möjligt) tills säkringen går sönder igen. Ha alltid ett antal reservsäkringar med relevant kapacitet i bilen. En reservsäkring för varje kapacitet ska sitta längst ner i säkringsdosan.

### Smältsäkringar

8 På dieselmodeller skyddas glödstiftens elförsörjningskrets av en smältsäkring. Säkringen sitter inuti ett skyddshölje av plast längst bak i motorrummet, bredvid värmeenhetens insugsventil. En smält säkring indikerar ett allvarligt kabelfel eller att ett glödstift gått sönder. Man bör **inte** byta insatsen utan att först ta reda på orsaken till problemet.

9 Koppla loss batteriets minusledare innan insatsen byts. Lossa kåpan för att komma åt metallinsatsen. Lossa fästskruvarna och dra loss insatsen.

10 Sätt i den nya insatsen (notera informationen i punkt 6 och 7), och dra sedan åt dess fästskruvar ordentligt och sätt tillbaka kåpan.

### Reläer

11 Reläerna sitter på en gemensam platta, som man kommer åt genom att ta bort klädselpanelen från undersidan av rattstången **(se bild)**.

12 Reläerna är förseglade och kan inte repareras om de går sönder. Reläerna är av insticktyp och kan tas bort genom att de dras rakt ut från anslutningarna. I vissa fall kan det krävas att man bänder de två plastklämmorna utåt innan reläet tas bort.

13 Om en krets eller ett system som styrs av ett relä får ett fel och reläet misstänks, börja med att aktivera systemet. Om reläet fungerar bör det vara möjligt att höra det klicka när det får ström. Om så är fallet ligger felet i systemets komponenter eller kablar. Om reläet inte aktiveras får det antingen ingen ström eller också kommer inte ställströmmen fram, eller så är reläet i sig defekt. Kontroll av detta görs genom att man byter ut reläet mot ett nytt som man vet fungerar. Var dock försiktig – vissa reläer ser likadana ut och utför samma funktioner, medan andra ser likadana ut men utför olika funktioner.

14 Om ett relä ska bytas ut, se först till att tändningen är avslagen. Reläet kan sedan enkelt tas ut från sockeln och ett nytt relä sättas dit.

**Observera:** *Reläet för körriktningsvisare/varningsblinkers sitter i varningsblinkersbrytaren. Se avsnitt 6 för information om hur det tas loss.*

## 4 Tändningslås/rattlås – demontering och montering

Se informationen i kapitel 10.

## 5 Rattstångens kombinationsbrytare – demontering och montering

### Demontering

1 Koppla loss batteriets minusledare (se avsnitt 1).

2 Demontera ratten enligt instruktionerna i kapitel 10.

3.2 Säkringarna sitter på en panel på instrumentbrädans ände. Man kommer åt dem genom att öppna luckan

3.11 Man kommer åt reläerna (vid pilen) genom att ta bort klädselpanelen på undersidan av rattstången (ratten demonterad för att det ska synas bättre)

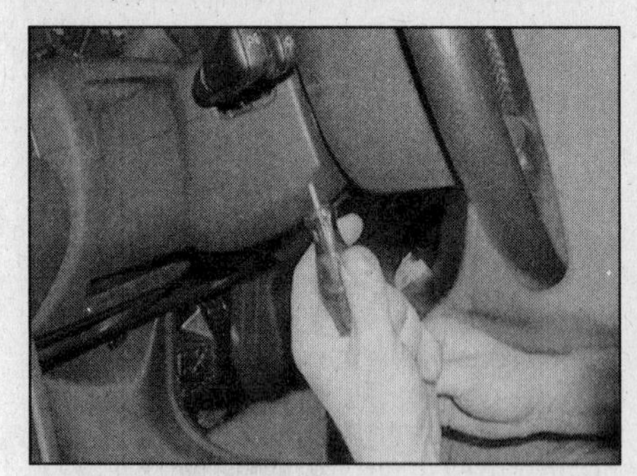

5.3a Skruva loss fästskruvarna . . .

5.3b . . . och ta bort den övre rattstångskåpan

5.3c Skruva loss skruvarna och lossa handtaget från spaken för rattstångens höjdjustering

5.3d Skruva loss fästskruvarna . . .

5.3e . . . och ta bort den nedre rattstångskåpan

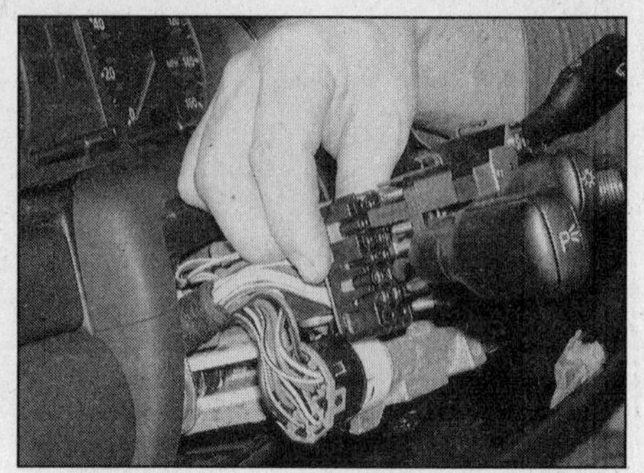

5.4 Koppla loss kontaktdonen från baksidan av brytaren

3 Skruva loss fästskruvarna och ta bort den övre och nedre kåpan från rattstången. Observera att det krävs att handtaget för

5.5a Lossa klämhylsskruven . . .

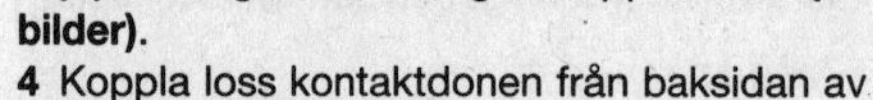

höjdjustering av rattstången kopplas loss **(se bilder)**.

4 Koppla loss kontaktdonen från baksidan av brytaren **(se bild)**.

5 Lossa klämhylsans skruv och ta bort kombinationsbrytaren från rattstången **(se bilder)**.

6 Skruva loss fästskruven och koppla loss relevant del av brytaren **(se bilder)**.

### *Montering*

7 Monteringen sker i omvänd ordningsföljd mot demonteringen. Se till att kabelanslutningarna sitter ordentligt. Avsluta med att kontrollera funktionen.

## 6 Brytare/kontakter – demontering och montering

### *Instrumentbrädans brytare*

1 Bänd försiktigt loss brytaren från instrumentbrädan med en liten skruvmejsel eller liknande verktyg. Vira in skruvmejselns blad i tejp eller liknande för att förhindra skador på konsolen och brytaren.

2 Ta loss brytaren från konsolen med en långarmad tång, och koppla sedan loss kontaktdonet från baksidan av brytaren.

3 Montering sker i omvänd ordningsföljd.

5.5b . . . och ta bort kombinationsbrytaren från rattstången

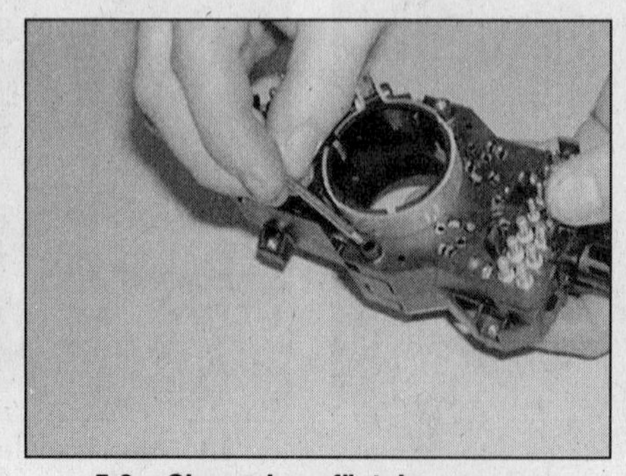

5.6a Skruva loss fästskruven . . .

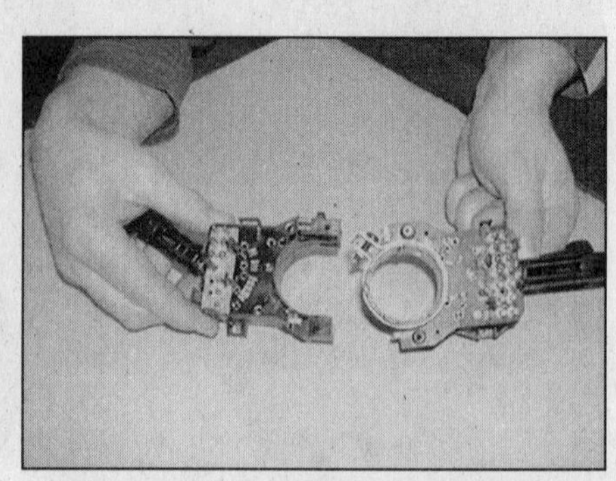

5.6b . . . och koppla loss relevant del av brytaren

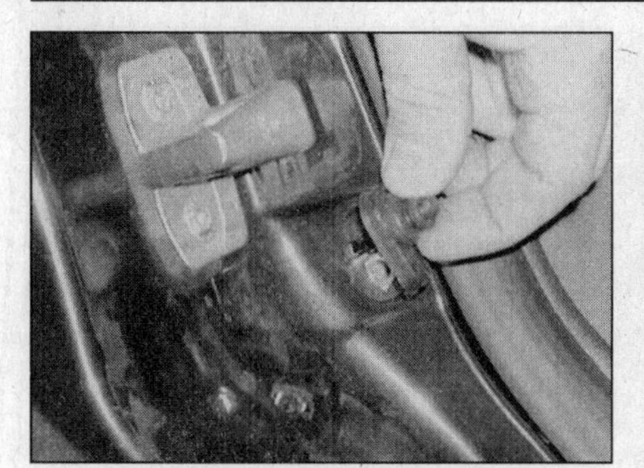

6.4 Bänd loss gummikåpan . . .

6.6 Dra försiktigt bort kupélampans brytare från öppningen

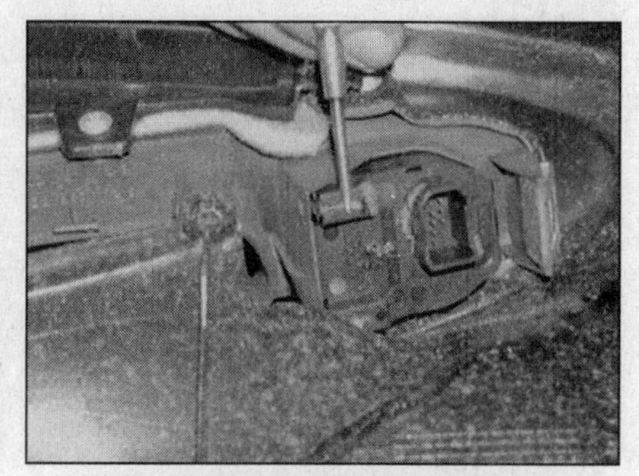

6.9a Tryck ihop fästtapparna på undersidan av brytaren . . .

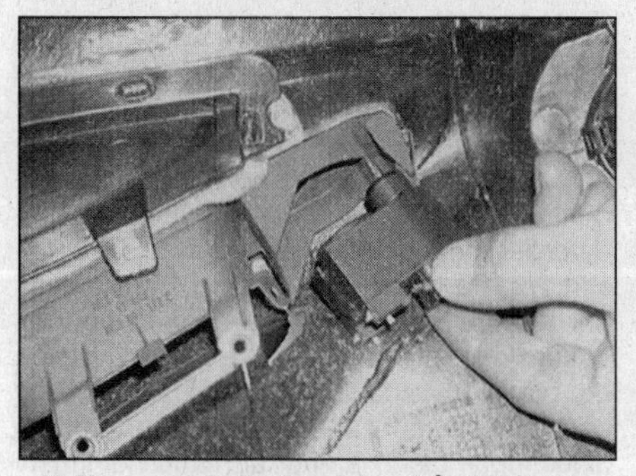

6.9b . . . och dra loss den från klädseln

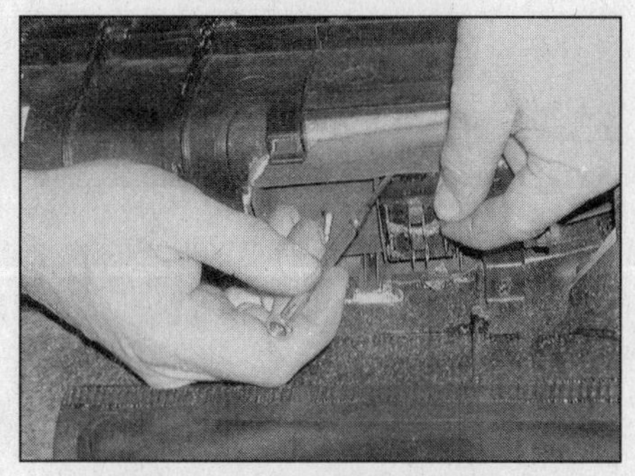

6.20a Tryck ner fästflikarna . . .

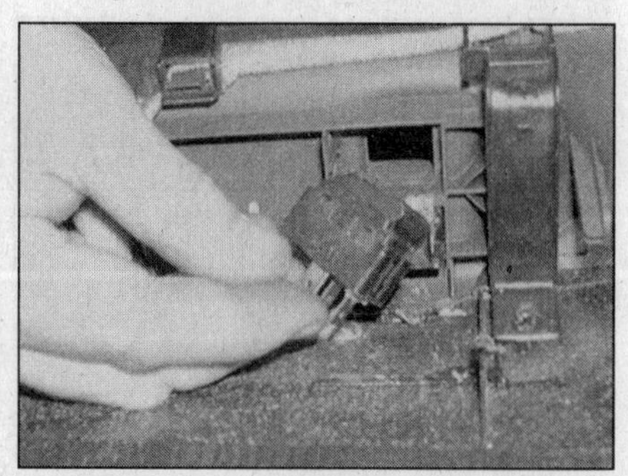

6.20b . . . och dra loss brytaren från dörrklädseln

### Kupébelysningens brytare

**4** Bänd loss gummikåpan **(se bild)**.

**5** Skruva loss krysskruven.

**6** Dra försiktigt bort brytaren från öppningen i huset **(se bild)**. Koppla loss kablaget och ta bort brytaren. Se till att kablaget inte faller tillbaka i hålet genom att fästa det med lite tejp eller snöre.

**7** Monteringen sker i omvänd ordningsföljd mot demonteringen.

### Reglagebrytare till elstyrd sidobackspegel

**8** Demontera dörrens inre klädselpanel och lossa det vattentäta skiktet från panelen, enligt beskrivningen i kapitel 11.

**9** Koppla loss kontaktdonet. Tryck ihop fästtapparna på undersidan av brytaren och dra loss den från dörrklädseln **(se bilder)**.

**10** Montera i omvänd ordningsföljd.

### Soltakets reglagebrytare

**11** Bänd loss innerbelysnings-/brytarkonsolen från taket med en liten skruvmejsel.

**12** Koppla loss kontaktdonet från brytaren.

**13** Dra loss knoppen från brytarspaken, skruva sedan loss fästmuttern och ta bort brytaren från takpanelen.

**14** Monteringen sker i omvänd ordningsföljd mot demonteringen.

### Handbromsvarningens kontakt

**15** Demontera den bakre delen av mittkonsolen enligt beskrivningen i kapitel 11.

**16** Skruva loss skruven och ta bort kontakten från spaken. På vissa modeller kan kontakten helt enkelt snäppas på plats på handbromsspakens fästbygel.

**17** Koppla loss kontaktdonet från kontakten.

**18** Monteringen sker i omvänd ordningsföljd mot demonteringen.

### Dörrmonterade elfönsterbrytare

**19** Demontera dörrens inre klädselpanel och lossa det vattentäta skiktet från panelen, enligt beskrivningen i kapitel 11.

**20** Tryck ner fästflikarna och dra loss brytaren från dörrklädseln **(se bilder)**.

**21** Monteringen sker i omvänd ordningsföljd mot demonteringen.

### Bromsljuskontakt

**22** Se kapitel 9.

### Rattstångens kombinationsbrytare

**23** Se avsnitt 5.

## 7 Ytterarmatur och glödlampor – demontering och montering

**1** Tänk på följande vid byte av glödlampa:

*a) Koppla loss batteriets minusledare innan arbetet påbörjas (se avsnitt 1).*

*b) Kom ihåg att om lyset nyss varit tänt kan lampan vara mycket het.*

*c) Kontrollera alltid lampans sockel och kontaktytor. Se till att kontaktytorna mellan lampan och ledaren och lampan och jorden är rena. Avlägsna all korrosion och smuts innan en ny lampa sätts i.*

*d) Om lampor med bajonettfattning används, se till att kontakterna har god kontakt med glödlampan.*

*e) Se alltid till att den nya lampan har rätt specifikationer och att den är helt ren innan den monteras. Detta gäller särskilt dimljus- och strålkastarlampor (se nedan).*

### Strålkastare – hel/halvljus

**Observera:** *Detta avsnitt tar inte upp byte av halvljusglödlampor på modeller med bågljuslampor. Se avsnitt 11 för information om hur man byter dessa.*

**2** Vid arbete på höger strålkastare, skruva loss luftintagskanalens två fästskruvar från låshållaren, lyft sedan bort kanalen och flytta den åt sidan.

**3** Tryck ner låsflikarna och koppla loss kåpan från baksidan av strålkastararmaturen **(se bild)**.

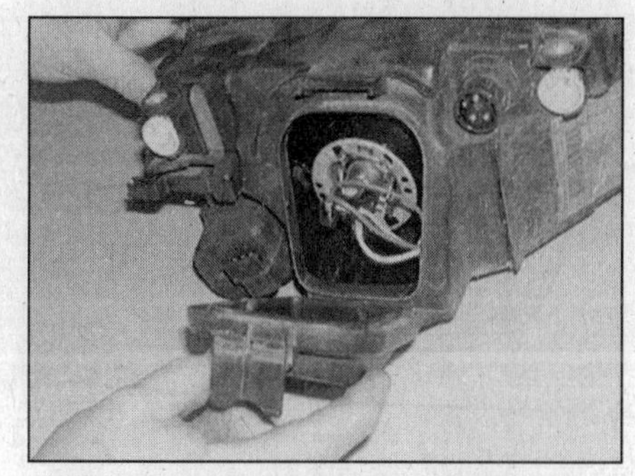

7.3 Lossa panelen genom att trycka ner låsflikarna (visas med enheten demonterad för att det ska synas bättre)

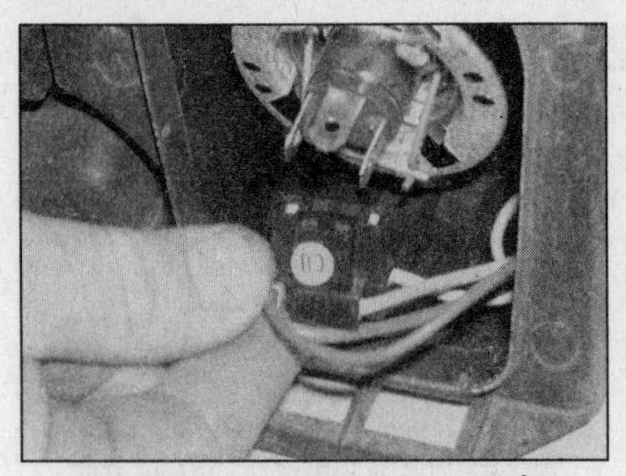

7.4 **Koppla loss kontaktdonet från baksidan av glödlampan**

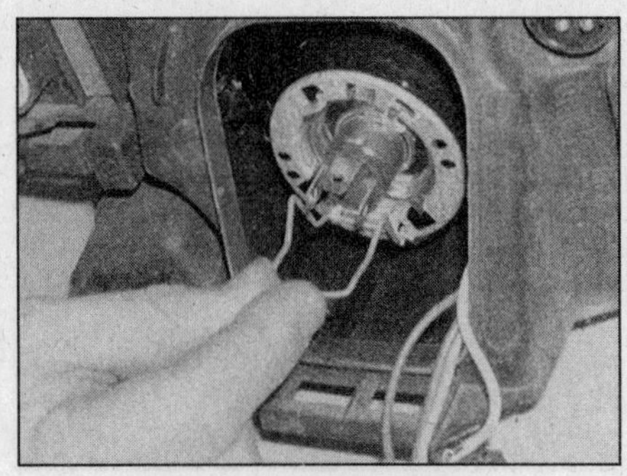

7.5a **Lossa fästklämman . . .**

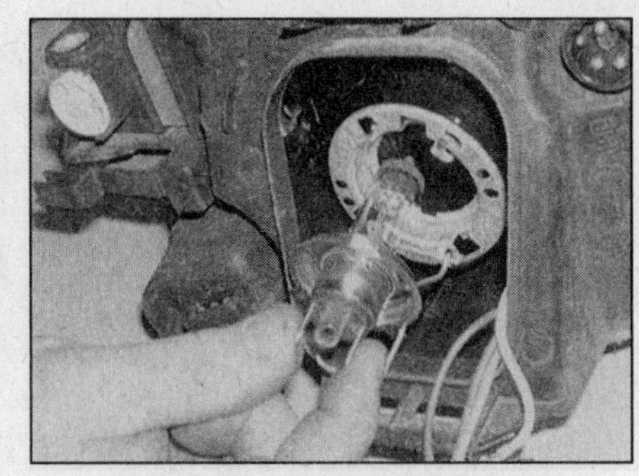

7.5b **. . . och dra loss glödlampan**

7.8 **Dra ut parkeringsljusets lamphållare och glödlampa från baksidan av armaturen**

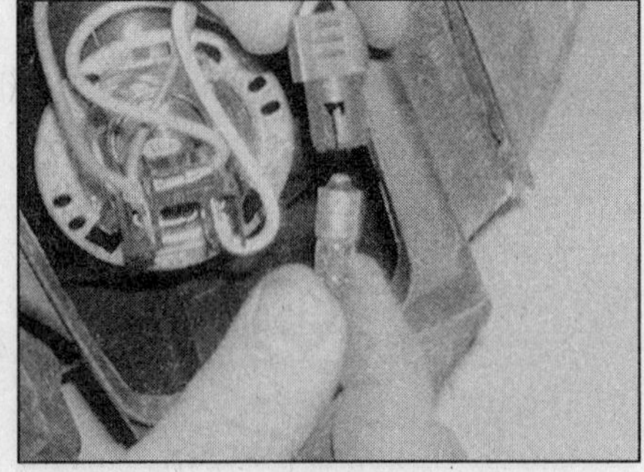

7.9 **Ta loss parkeringsljusets glödlampa genom att trycka ner och vrida den**

**4** Koppla loss kontaktdonet från baksidan av relevant glödlampa **(se bild)**. Observera att på modeller med strålkastararmatur av sammansatt typ, sitter halvljusglödlampan i den yttre positionen och helljusglödlampan i den inre positionen. På andra modeller sitter hel- och halvljusglödlamporna ihop i en och samma enhet.

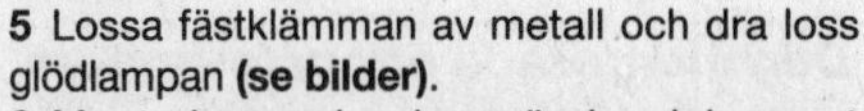

**5** Lossa fästklämman av metall och dra loss glödlampan **(se bilder)**.

**6** Monteringen sker i omvänd ordning mot demonteringen. Vidrör inte den nya lampans glas med fingrarna. Om du råkar vidröra glaset, rengör lampan med denaturerad sprit.

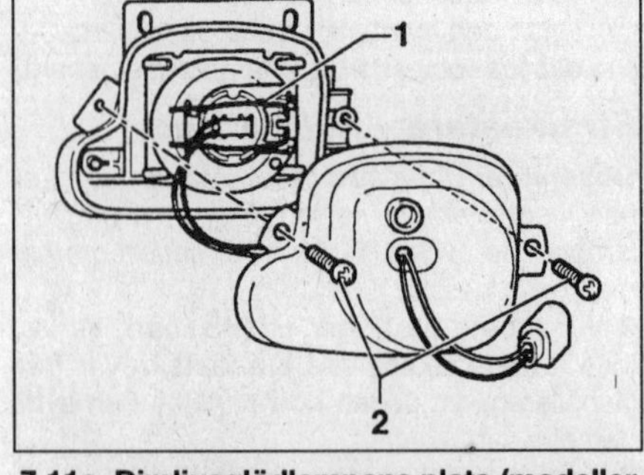


7.11a **Dimljusglödlampans plats (modeller med stötfångarmonterade dimljus)**

*1 Fjäderklämma 2 Kåpans skruvar*

### Parkeringsljus

**7** Ta bort plastkåpan från baksidan av strålkastaren **(se bild 7.3)**.

**8** Dra loss glödlampan och lamphållaren från baksidan av armaturen **(se bild)**.

**9** Lossa glödlampan genom att trycka ner och vrida den **(se bild)**.

**10** Monteringen sker i omvänd ordningsföljd mot demonteringen.

### Främre dimljus

**11** På modeller där dimljusen sitter i strålkastararmaturen byter man glödlampor på samma sätt som i beskrivningen för byte av hel- och halvljusglödlampor. Observera att dimljusglödlampan sitter längst ner på modeller med strålkastararmatur av sammansatt typ. På modeller där dimljusen sitter på den främre stötfångaren, sträck in handen bakom den främre stötfångaren, skruva loss de två skruvarna och ta bort kåpan från baksidan av dimljusarmaturen. Sedan kan glödlampan tas loss efter att fjäderklämman i metall har lossats och kontaktdonet kopplats loss. I båda fallen, se vid återmonteringen till att utskärningen/utskärningarna på kanten av glödlampans fläns passar in mot motsvarande styrflik/flikar på lamphållaren. Om strålkastaren måste justeras vertikalt, bänd loss intilliggande grill/klädselpanel och vrid dimljusets justeringsskruv, som sitter på den nedre, inre kanten av lampans fästfläns **(se bilder)**.

### Främre körriktningsvisare

**12** Leta reda på låsbalken på baksidan av körriktningsvisarens armatur. Vrid låsbalken bakåt med en liten skruvmejsel, tryck sedan ner låsfliken och ta loss körriktningsvisarens armatur från bilens front **(se bilder)**.

**13** Vrid lamphållaren moturs och ta loss den från armaturen **(se bild)**.

**14** Ta bort glödlampan från lamphållaren genom att trycka ner och vrida den **(se bild)**.

**15** Monteringen sker i omvänd ordningsföljd mot demonteringen. Passa in styrstiften på

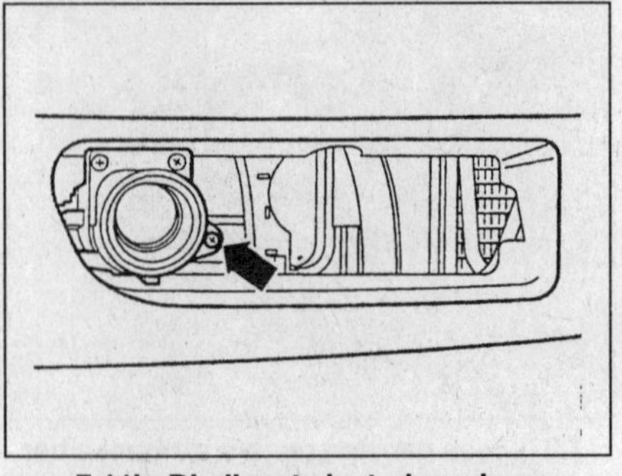

7.11b **Dimljusets justeringsskruv (vid pilen)**

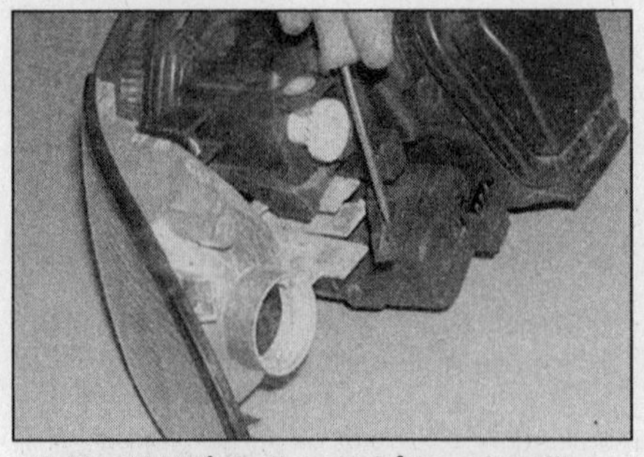

7.12a **Vrid låsbalken bakåt med en liten skruvmejsel (armaturen borttagen för att det ska synas bättre) . . .**

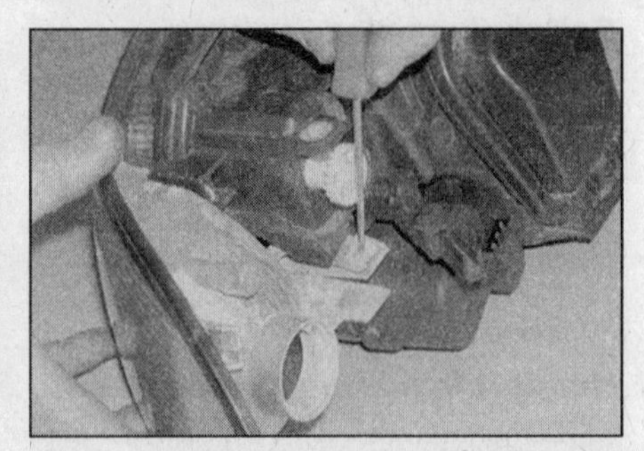

7.12b **. . . och tryck sedan ner låsfliken och dra loss körriktningsvisarens armatur från bilen**

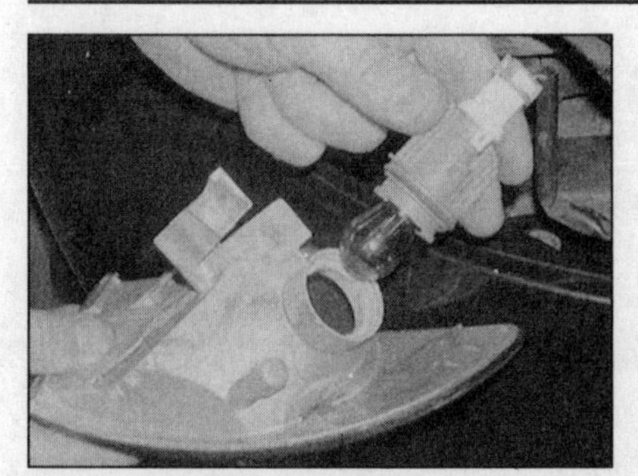

**7.13 Vrid lamphållaren moturs och ta loss den från armaturen**

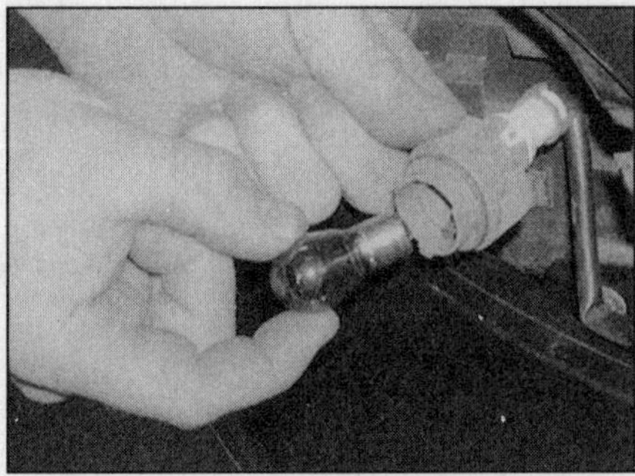

**7.14 Ta loss glödlampan från lamphållaren genom att trycka ner och vrida den**

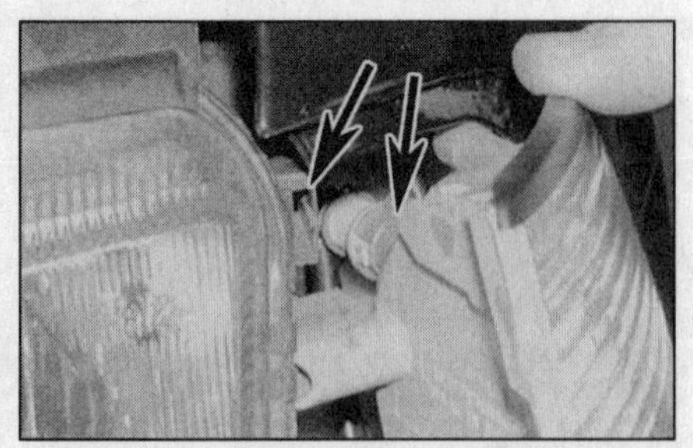

**7.15 Passa in styrstiften (vid pilarna) på innerkanten av körriktningsvisarens armatur med dem på strålkastararmaturens ytterkant**

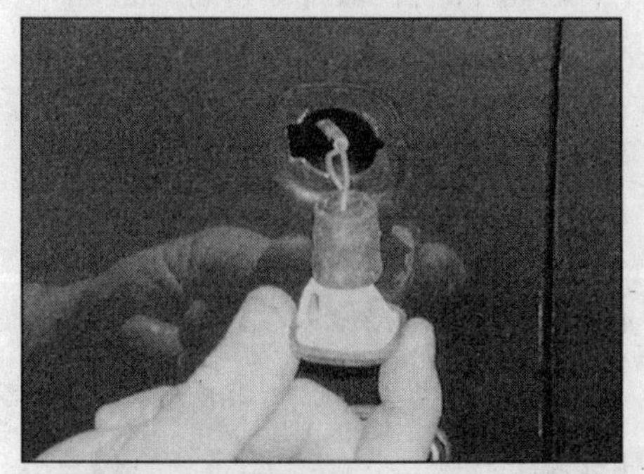

**7.16a Lossa glaset från karossen . . .**

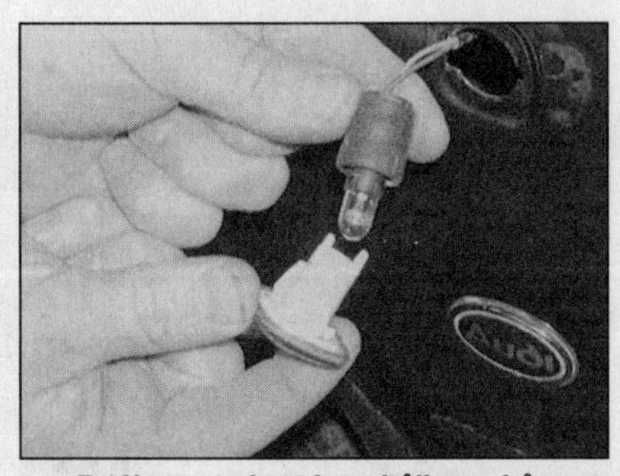

**7.16b . . . ta bort lamphållaren från glaset . . .**

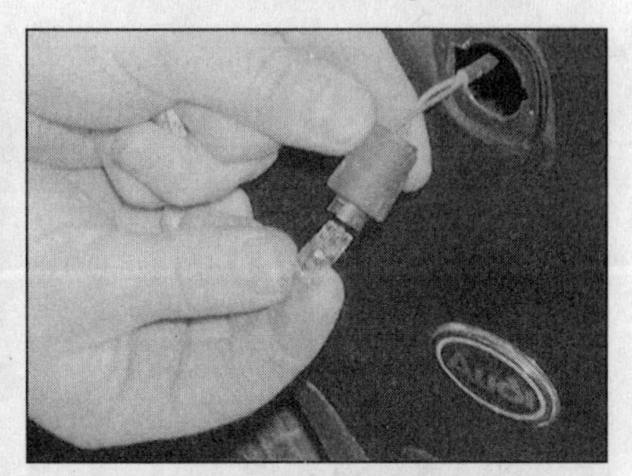

**7.16c . . . och dra loss glödlampan från lamphållaren**

innerkanten av körriktningsvisarens armatur med dem på strålkastararmaturens ytterkant **(se bild)**. Se till att låsbalken pressats fast ordentligt på baksidan av körriktningsvisarens armatur.

## *Sidoblinkers*

**16** Skjut glaset mot bilens front, dra sedan loss glaset i bakkanten och ta bort det. Dra loss lamphållaren från glaset och dra sedan loss glödlampan från lamphållaren **(se bilder)**.

**17** Monteringen sker i omvänd ordningsföljd mot demonteringen.

## *Bakre kombinationsljus – sedanmodeller*

**18** Lossa klämmorna och vik undan den inre klädselpanelen från sidan av bagageutrymmet så att baksidan av armaturen syns **(se bild)**.

**19** Tryck ner fästklämmorna och dra loss lamphållaren **(se bild)**.

**20** Tryck ner och vrid relevant glödlampa och dra loss den från lamphållaren **(se bild)**.

**21** Demontera armaturen genom att ta loss lamphållaren enligt beskrivningen ovan, skruva sedan loss fästmuttrarna. Ta bort armaturen och lossa vid behov klädselpanelen från den nedre kanten **(se bilder)**.

**22** Monteringen sker i omvänd ordning mot

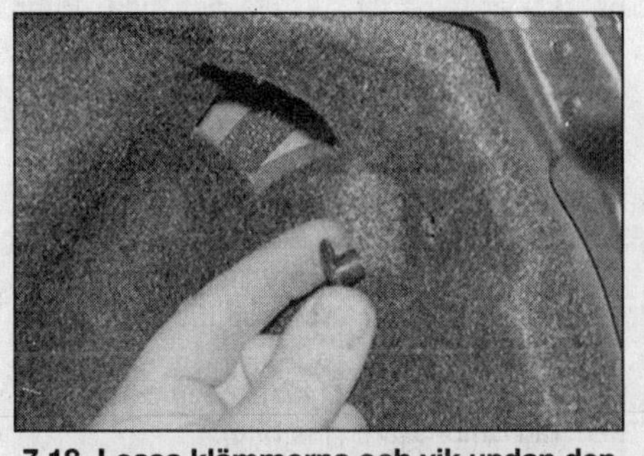

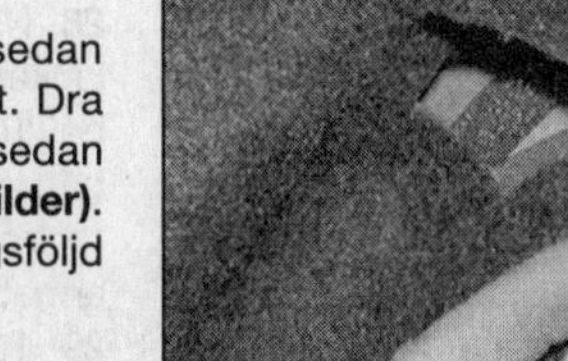

**7.18 Lossa klämmorna och vik undan den inre klädselpanelen från sidan av bagageutrymmet så att baksidan av armaturen syns**

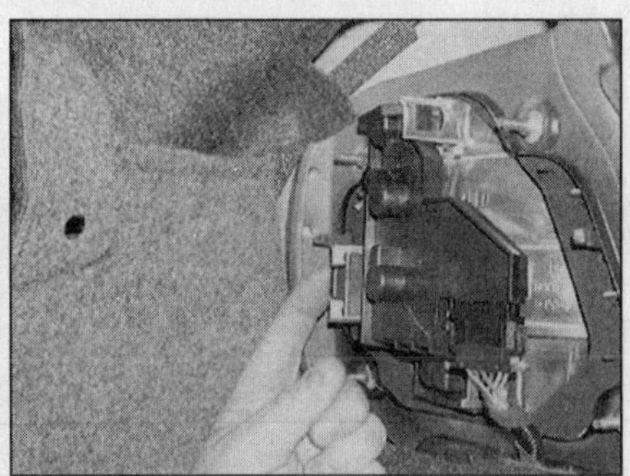

**7.19 Tryck ner fästklämmorna och dra loss lamphållaren**

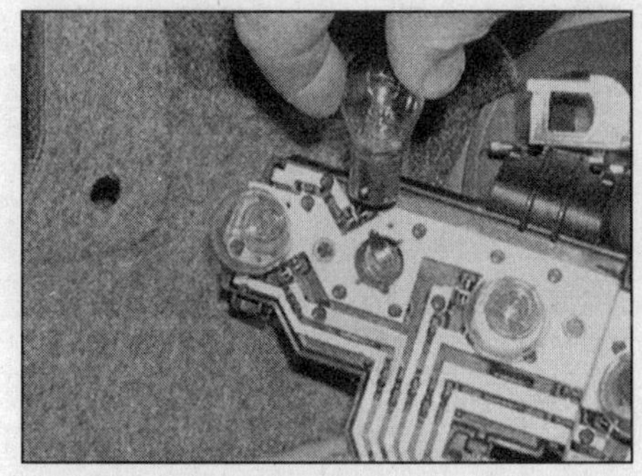

**7.20 Tryck ner och vrid relevant glödlampa och dra loss den från lamphållaren**

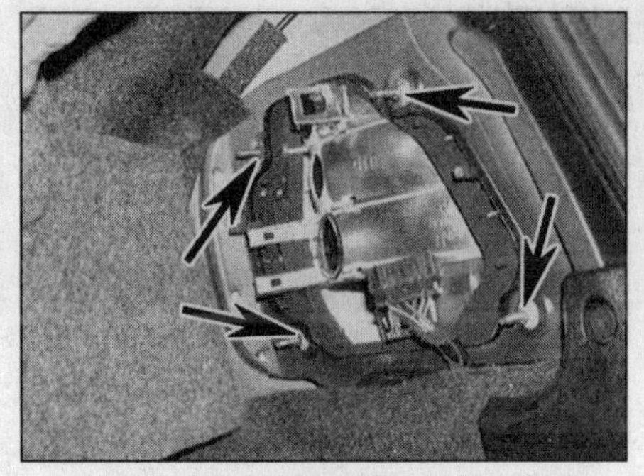

**7.21a Skruva loss fästmuttrarna (vid pilarna) . . .**

**7.21b . . . och ta bort den bakre kombinationsarmaturen från karossen (sedanmodell visas)**

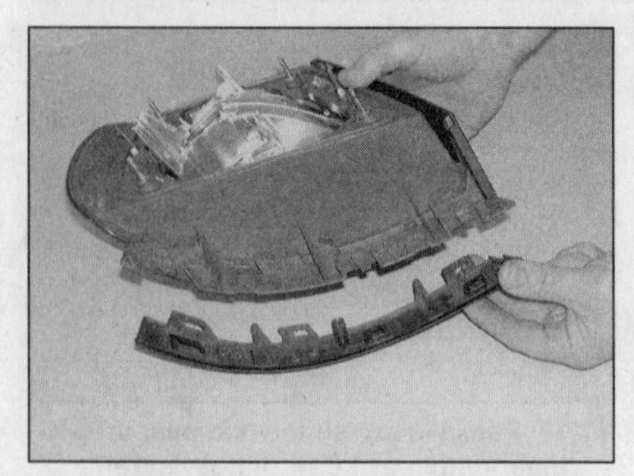

7.21c Om det behövs, lossa panelen från armaturens nedre kant

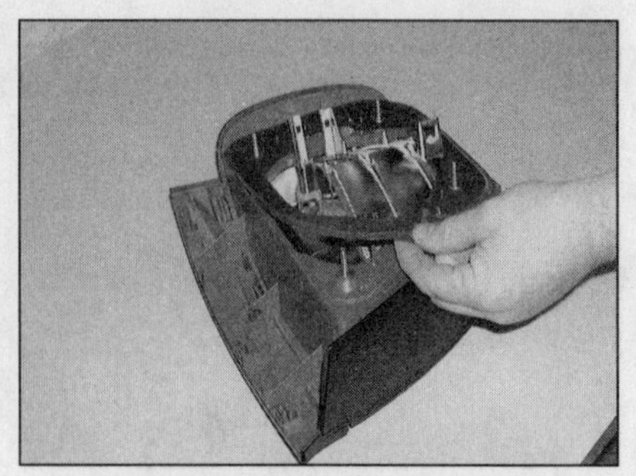

7.22 Vid återmonteringen, se till att tätningen sitter korrekt

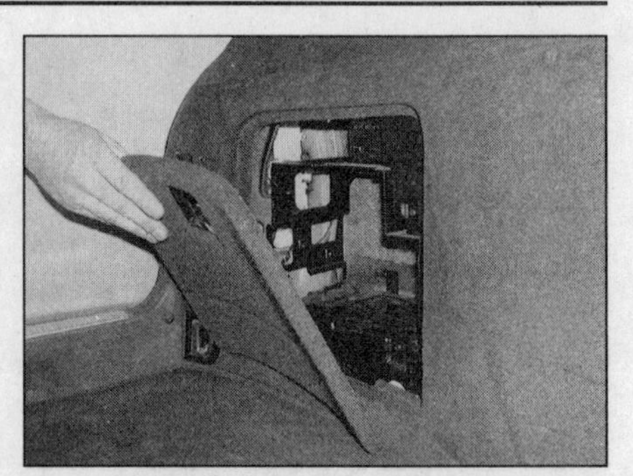

7.23a Öppna åtkomstluckan i bagageutrymmets bakre klädselpanel för att komma åt baksidan av armaturen

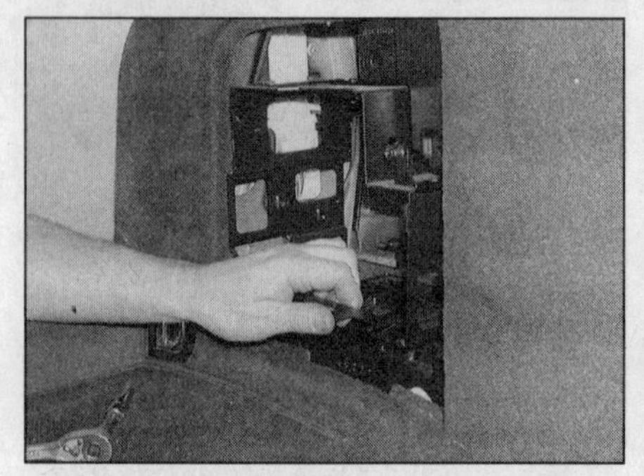

7.23b Skruva loss fästskruvarna och ta bort tillbehörsstället

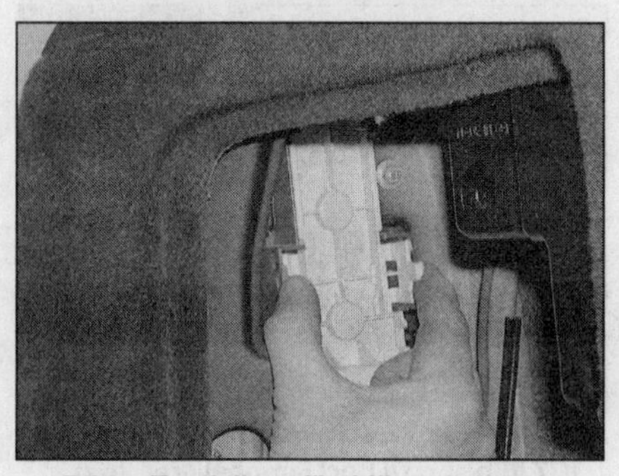

7.24a Tryck ihop fästklämmorna . . .

7.24b . . . och dra loss lamphållaren

demonteringen, se till att tätningen sitter korrekt **(se bild)**. Avsluta med att kontrollera att alla bakljus fungerar som de ska.

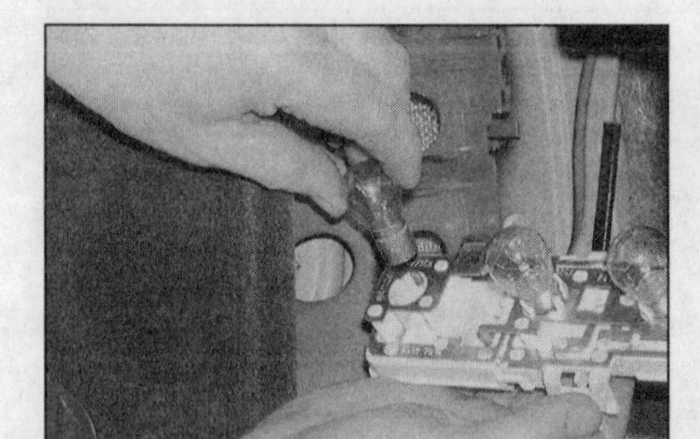

7.25 Tryck ner och vrid glödlampan och ta bort den från lamphållaren

## Bakre kombinationsljus – Avantmodeller

**23** Öppna åtkomstluckan i bagageutrymmets bakre klädselpanel på relevant sida. Efter tillämplighet vid arbete på vänster sida av bilen, ta bort biltelefonens sändare/mottagare och all övrig ljudutrustning som finns monterad i tillbehörsstället bakom klädselpanelen. Skruva loss fästskruvarna och ta bort tillbehörsstället **(se bilder)**.

**24** Tryck ihop höger och vänster fästklämma mot mitten av armaturen och dra loss lamphållaren **(se bilder)**.

**25** Tryck ner och vrid glödlampan och ta bort den från lamphållaren **(se bild)**.

**26** Demontera armaturen genom att skruva loss fästmuttrarna och dra loss armaturen från karossen **(se bilder)**.

**27** Montera i omvänd ordningsföljd. Avsluta med att kontrollera att bakljusen fungerar som de ska.

## Nummerplåtsbelysning

**28** Nummerplåtsbelysningen sitter i bakluckan, precis ovanför nummerplåten. Öppna bakluckan för att komma åt fästskruvarna bättre. Skruva loss de två fästskruvarna och ta bort relevant glas och lamphållare från armaturen **(se bilder)**.

**29** Ta loss glödlampan från hållaren **(se bild)**.

**30** Monteringen sker i omvänd ordningsföljd mot demonteringen. Kontrollera att lampan fungerar som den ska.

## Högt bromsljus – sedanmodeller

**31** Lossa kåpan från bagagehyllan **(se bild)**.

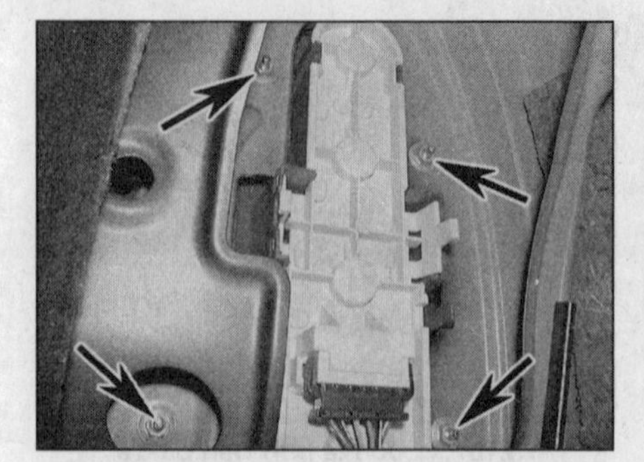

7.26a Bakre kombinationsarmaturens fästmuttrar (vid pilarna)

7.26b Skruva loss fästmuttrarna . . .

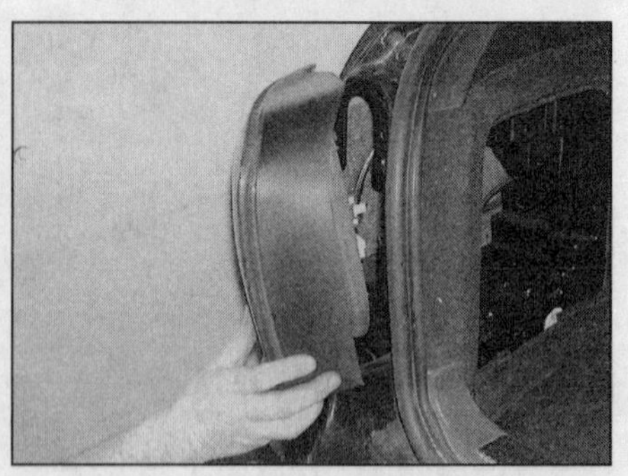

7.26c . . . och ta bort armaturen från karossen

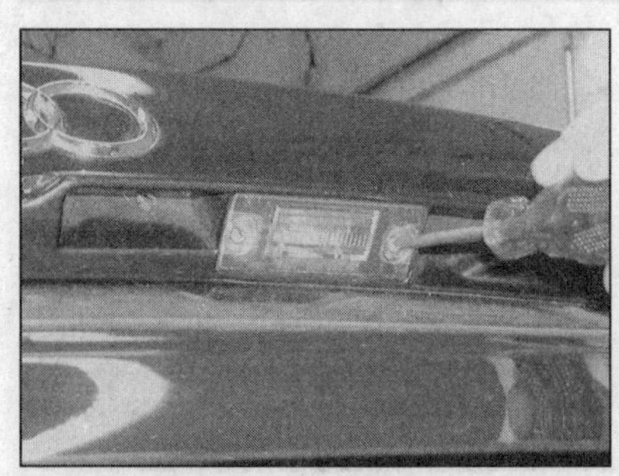

7.28a Skruva loss de två fästskruvarna . . .

7.28b . . . och ta bort glaset och lamphållaren från armaturen

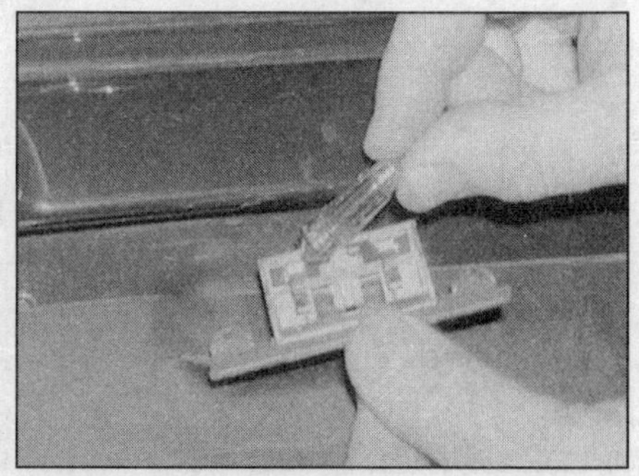

7.29 Ta loss glödlampan från hållaren

7.31 Lossa kåpan från bagagehyllan

7.32 Lossa lamphållaren från glaset

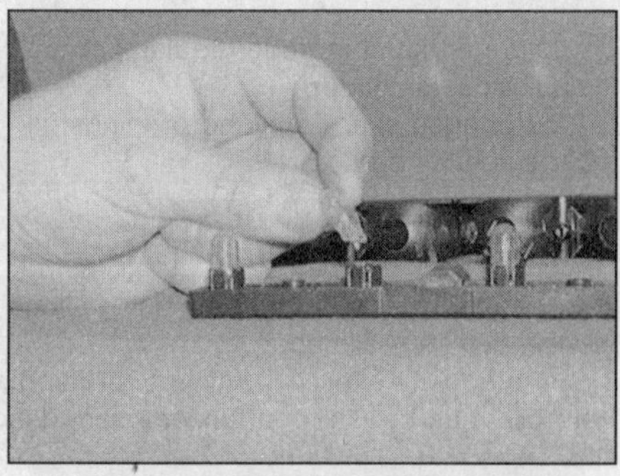

7.33 Dra bort relevant glödlampa från hållaren

**32** Ta sedan loss lamphållaren från glaset **(se bild)**.

**33** Dra bort relevant glödlampa från hållaren **(se bild)**.

**34** Monteringen sker i omvänd ordningsföljd mot demonteringen.

## *Högt bromsljus – Avantmodeller*

**35** Ta bort bakluckans klädselpanel enligt beskrivningen i kapitel 11, avsnitt 14.

**36** Skruva loss skruvarna och ta loss armaturen från bakluckan **(se bild)**.

**37** Lossa glaset från lamphållaren **(se bild)**.

**38** Dra loss relevant glödlampa från hållaren **(se bild)**.

**39** Monteringen sker i omvänd ordningsföljd mot demonteringen.

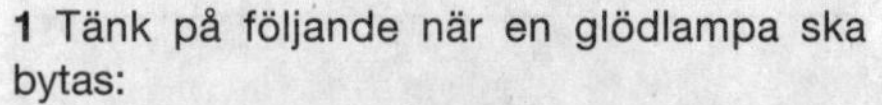

## 8 Innerbelysningens glödlampor – byte

**1** Tänk på följande när en glödlampa ska bytas:

a) *Koppla loss batteriets minusledare innan arbetet påbörjas (se avsnitt 1).*

b) *Kom ihåg att om lyset nyss varit tänt kan lampan vara mycket het.*

c) *Undersök alltid lampans sockel och kontaktytor. Se till att kontaktytorna mellan lampan och ledaren och lampan och jorden är rena. Avlägsna all korrosion och smuts innan en ny lampa sätts i.*

d) *Om lampor med bajonettfattning används, se till att kontaktstiften har god kontakt med glödlampan.*

e) *Se alltid till att den nya lampan har rätt specifikationer och att den är helt ren innan den monteras.*

## *Innerbelysning/läslampor*

### Främre passagerarbelysning

**2** Ta loss glaset från armaturen **(se bild på nästa sida)**.

**3** Ta loss glödlampan från hållaren. Kupélampans glödlampa kan bändas loss från dess fjäderkontakter. Läslamporna har glödlampor med bajonettfattning (ta loss dem genom att trycka ner, vrida och dra) **(se bilder på nästa sida)**.

**4** Monteringen sker i omvänd ordningsföljd mot demonteringen.

### Bakre passagerarbelysning

**5** Bänd loss glaset/armaturen, vrid sedan och

7.36 Skruva loss skruvarna och ta loss armaturen från bakluckan

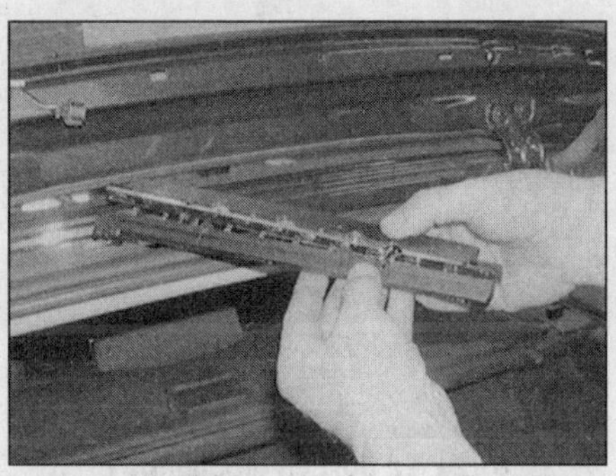

7.37 Lossa glaset från lamphållaren

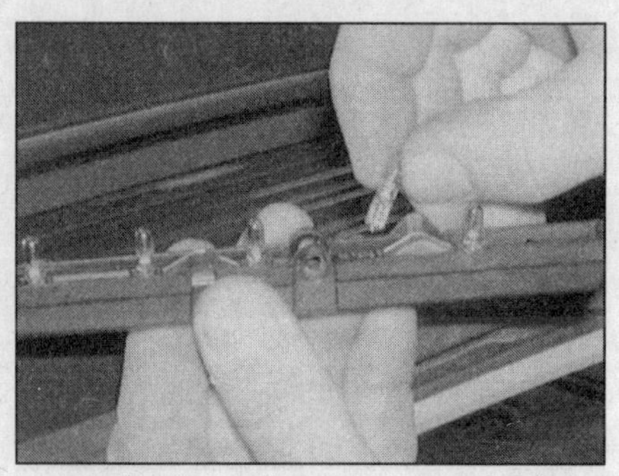

7.38 Dra bort relevant glödlampa från hållaren

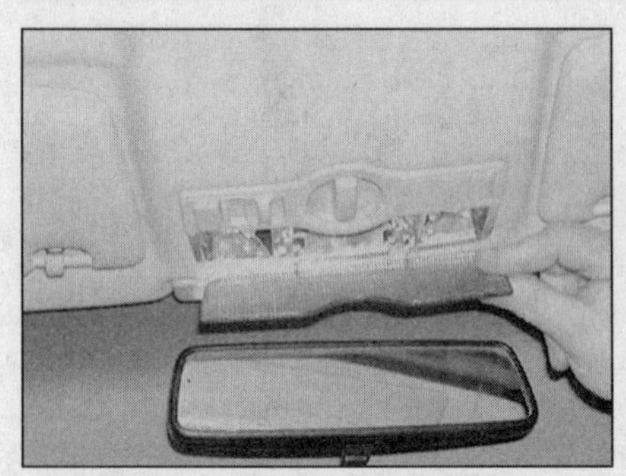

8.2 Lossa glaset från den främre passagerarbelysningen

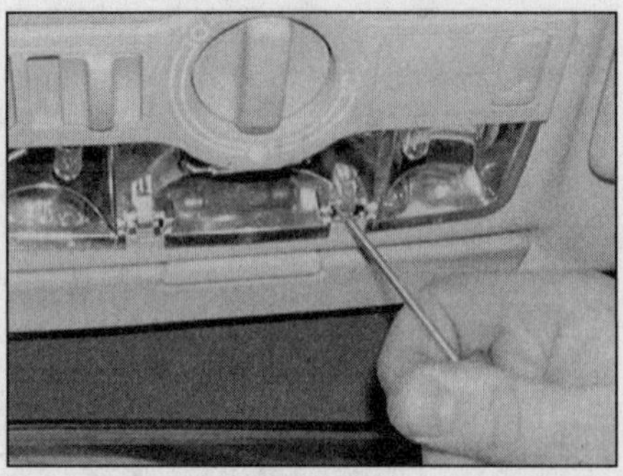

8.3a Kupélampan har glödlampor som kan dras loss

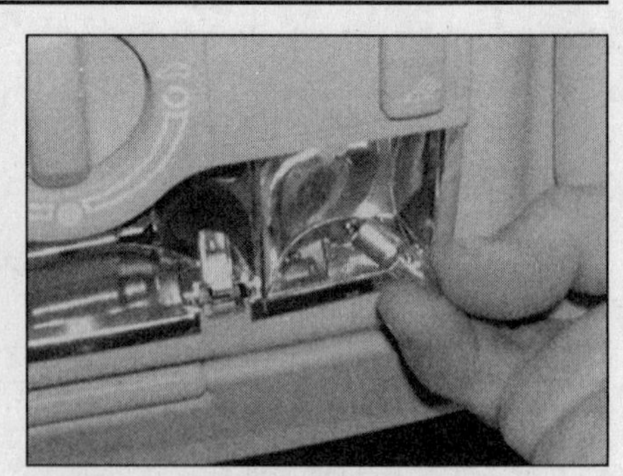

8.3b Läslamporna har glödlampor med bajonettfattning

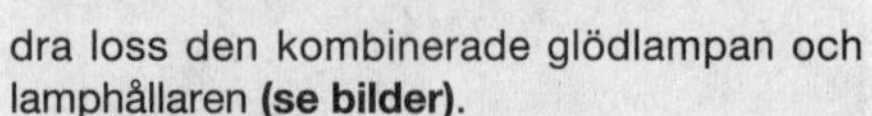

dra loss den kombinerade glödlampan och lamphållaren **(se bilder)**.

**6** Monteringen sker i omvänd ordningsföljd mot demonteringen.

## Bagageutrymmes- och handskfacksbelysning

**7** Bänd loss glaset/armaturen och ta loss glödlampan från hållaren.

**8** Monteringen sker i omvänd ordning. Kontrollera att belysningen fungerar som den ska.

## Solskydds-/sminkspegel-belysning

**9** Bänd loss glaset från solskyddet. Glödlamporna kan dras loss från hållarna i solskyddet **(se bilder)**.

**10** Monteringen sker i omvänd ordning.

## Instrumentbrädans glödlampor

**11** Demontera instrumentbrädan enligt beskrivningen i avsnitt 10.

**12** Ta bort en glödlampa genom att vrida den bajonettfattade lamphållaren ett kvarts varv och försiktigt dra ut den **(se bilder)**. Beroende på typ, kan glödlampan antingen sitta ihop med hållaren eller dras loss och bytas separat.

**13** Monteringen sker i omvänd ordningsföljd mot demonteringen.

## Cigarrettändarbelysningens glödlampa

**14** Öppna askkoppen, tryck ner låsflikarna och dra loss askkoppen från huset. Koppla loss anslutningskontakten.

**15** Lämna cigarrettändaren i panelen, dra loss lamphållaren från baksidan av tändaren och dra loss glödlampan från hållaren.

**16** Monteringen sker i omvänd ordning.

## Reglagebelysningens glödlampor

**17** Reglagebelysningens glödlampor är vanligen inbyggda i själva brytarna, och kan inte bytas separat. Demontera brytaren enligt beskrivningen i avsnitt 6. Hur glödlampan ska bytas bör sedan vara uppenbart, om det går. Om inte, måste hela brytaren bytas.

## Glödlampa till värmereglagepanelens belysning

**18** Demontera värmereglagepanelen enligt beskrivningen i kapitel 3.

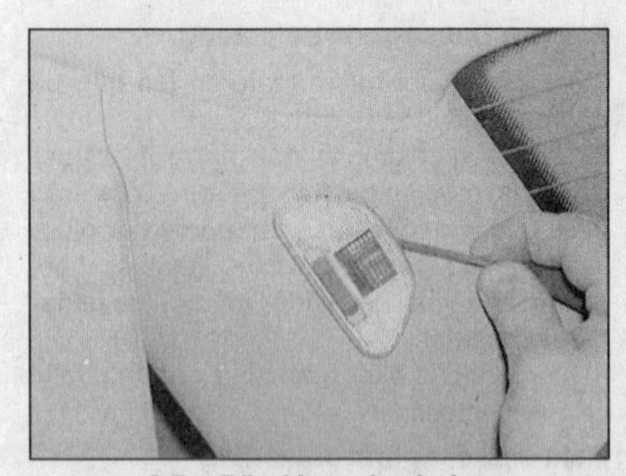

8.5a Bänd loss den bakre passagerarbelysningens glas/armatur . . .

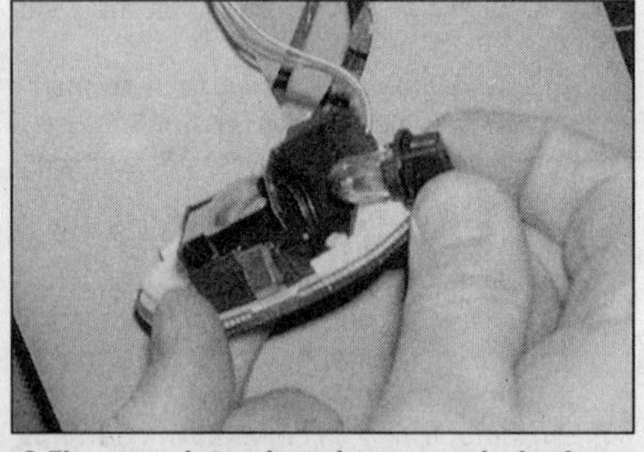

8.5b . . . och tryck sedan ner och dra loss den kombinerade glödlampan och lamphållaren

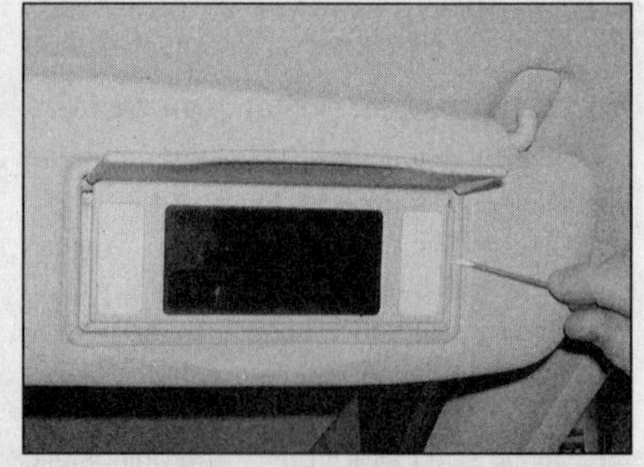

8.9a Bänd loss glaset från solskyddet

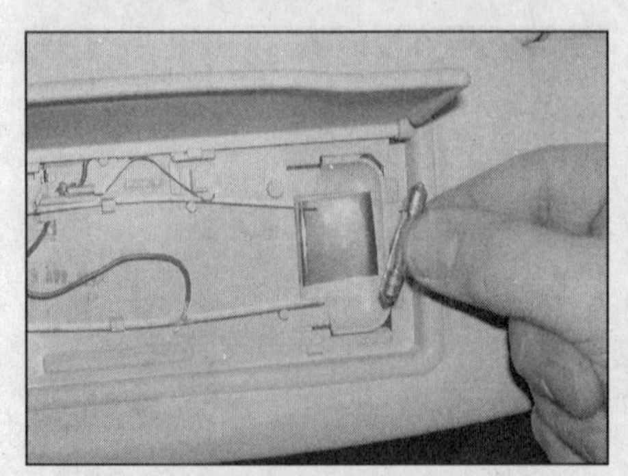

8.9b Glödlamporna kan dras loss från hållarna i solskyddet

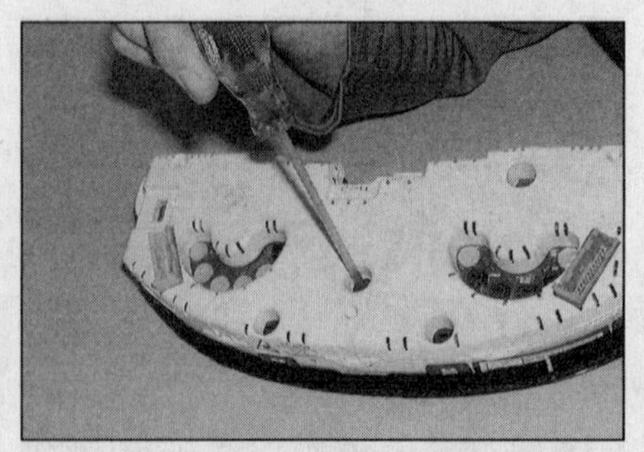

8.12a Ta bort en glödlampa i instrumentbrädan genom att vrida lamphållaren ett kvarts varv . . .

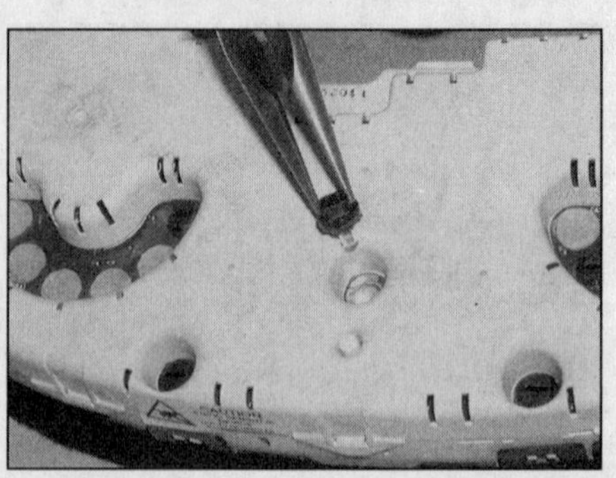

8.12b . . . och försiktigt dra loss den

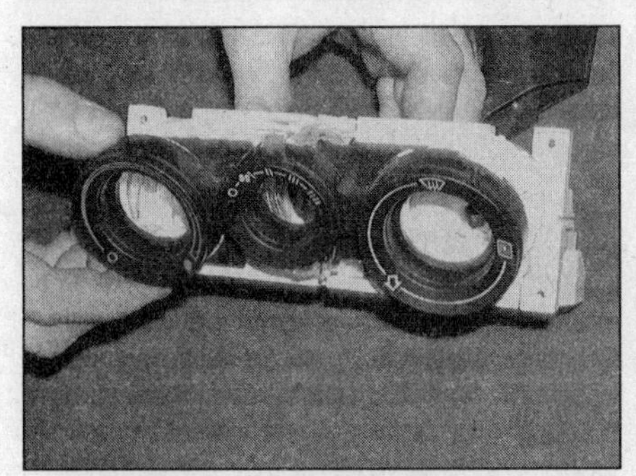

8.19a Lossa infattningen . . .

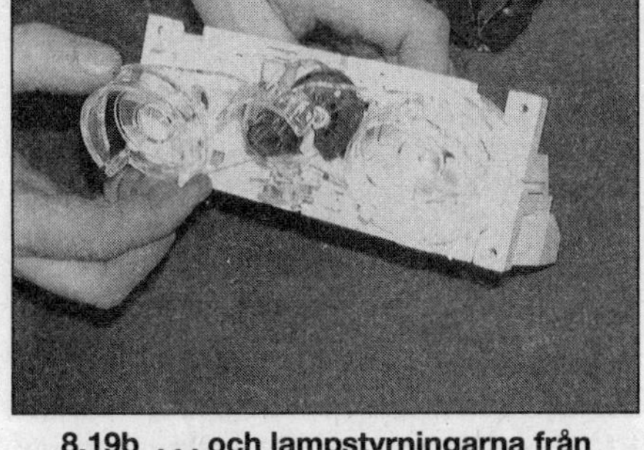

8.19b . . . och lampstyrningarna från framsidan av värmereglagepanelen

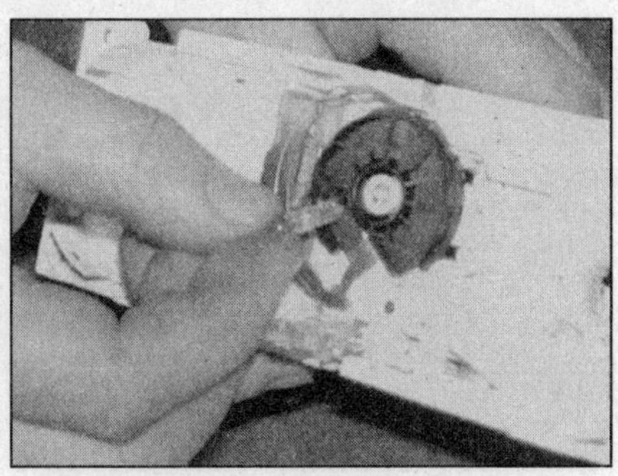

8.20 Dra loss glödlampan från hållaren

**19** Lossa infattningen och lampstyrningarna från framsidan av reglagepanelen **(se bilder)**.

**20** Dra loss glödlampan från hållaren **(se bild)**.

**21** Monteringen sker i omvänd ordningsföljd mot demonteringen.

## 9 Strålkastare – demontering, montering och inställning

### *Strålkastararmatur*

#### Demontering

**1** Koppla loss kablaget från baksidan av strålkastararmaturen **(se bild)**.

**2** Demontera den intilliggande körriktningsvisaren enligt beskrivningen i avsnitt 7.

**3** Skruva loss strålkastarens fästbultar – en på den yttre, nedre kanten och två längs den övre kanten vid låshållaren.

**4** Skjut strålkastararmaturen åt sidan så att styrstiftet på den nedre, inre kanten lossar.

**5** Lyft strålkastaren något, luta den sedan framåt och ta bort den från bilens front **(se bild)**.

#### Montering

**6** Monteringen sker i omvänd ordningsföljd mot demonteringen. Avsluta med att kontrollera att strålkastarna fungerar som de ska och låt kontrollera strålkastarinställningen så snart som möjligt (se nedan).

### *Motor för strålkastarjustering*

#### Demontering

**7** Demontera strålkastararmaturen enligt beskrivningen i föregående underavsnitt.

**8** Vrid motorn (medurs för vänster strålkastare, moturs för höger strålkastare) tills den lossnar från baksidan av strålkastararmaturen.

**9** Luta motorn åt sidan så att kulleden i änden av inställningsaxeln lossar från hylsan i änden av glaset, och ta sedan bort motorn från strålkastararmaturen **(se bild)**.

#### Montering

**10** Monteringen sker i omvänd ordningsföljd mot demonteringen. Det kan krävas att reflektorn lyfts för att inställningsaxelns kulled ska haka i hylsan **(se bild)**. Avsluta med att kontrollera att strålkastarna fungerar som de ska. Låt kontrollera strålkastarinställningen så snart som möjligt.

### *Strålkastarinställning*

#### Halogenstrålkastare

**11** Korrekt inställning av strålkastarna kan endast utföras med optisk utrustning och ska därför överlåtas till en VAG-verkstad eller en annan lämpligt utrustad verkstad.

**12** Strålkastarna kan justeras med justeringsskruvarna som man kommer åt via strålkastarnas övre delar **(se bild)**.

**13** Vissa modeller har ett elmanövrerat strålkastarinställningssystem som styrs via en brytare på instrumentbrädan. På dessa modeller, se till att brytaren är satt i grundläget 0 innan strålkastarna justeras.

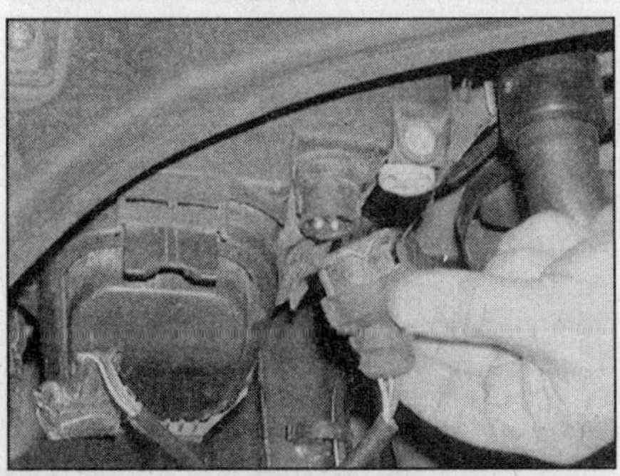

9.1 Koppla loss kablaget från baksidan av strålkastararmaturen

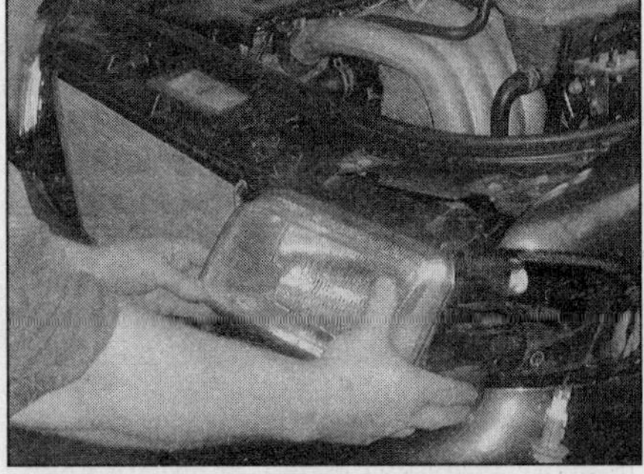

9.5 Dra ut strålkastararmaturen från bilens front

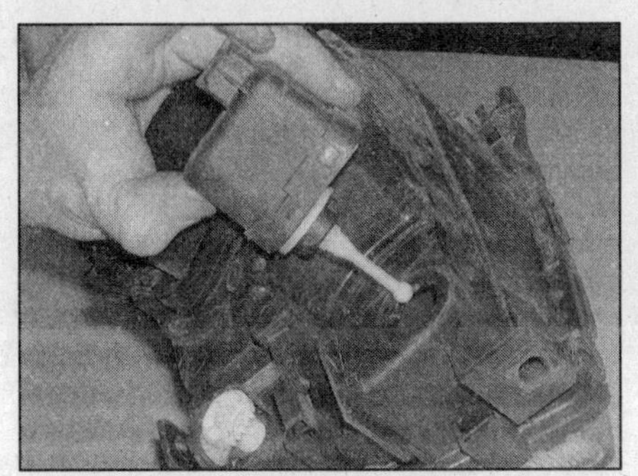

9.9 Ta loss justeringsmotorn från strålkastararmaturen

9.10 Vid återmonteringen, lyft reflektorn för att inställningsaxelns kulled ska haka i hylsan

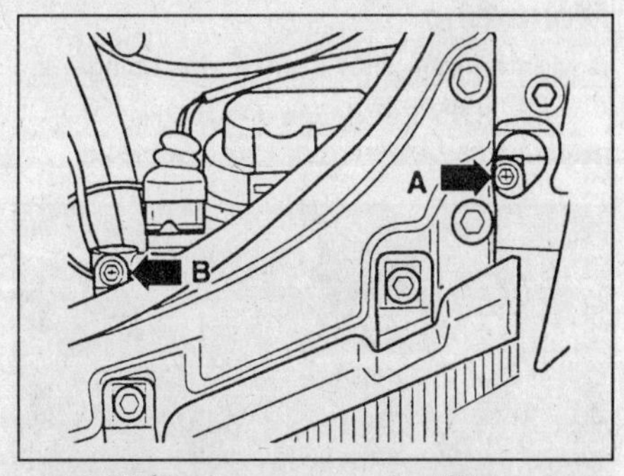


9.12 Strålkastarnas grundinställning kan ändras med justeringsskruvarna som man kommer åt uppifrån på varje strålkastare

*A Horisontell (Bosch)/vertikal (Valeo) justeringsskruv*
*B Vertikal (Bosch)/horisontell (Valeo) justeringsskruv*

10.4 Ta bort klädselpanelen från instrumentpanelens nedre kant

### Strålkastare med bågljuslampor

**14** Strålkastarnas räckvidd styrs dynamiskt av en elektronisk styrenhet. Denna läser av chassits höjd över marken via givare som sitter monterade på den främre och bakre fjädringen. Strålkastarinställningen kan endast utföras med VAG-testutrustning.

## 10 Instrumentpanel – demontering och montering

### *Demontering*

**1** Koppla loss batteriets minusledare (Se avsnitt 1).

**2** Demontera ratten enligt beskrivningen i kapitel 10.

**3** Koppla loss den övre delen av rattstångens klädselpanel enligt beskrivningen i början av avsnitt 5.

**4** Ta bort klädselpanelen från instrumentpanelens nedre kant **(se bild)**.

**5** Skruva loss de två fästskruvarna på instrumentpanelens nedre kant **(se bild)**.

**6** Ta loss instrumentpanelen och koppla loss kontaktdonen från baksidan **(se bilder)**.

**7** Ta bort instrumentpanelen från instrumentbrädan.

### *Montering*

**8** Monteringen sker i omvänd ordningsföljd mot demonteringen.

10.6a Ta loss instrumentpanelen från instrumentbrädan . . .

10.5 Skruva loss de två fästskruvarna på instrumentpanelens nedre kant

## 11 Strålkastare med bågljuslampor – demontering och montering av komponenter

### *Allmän information*

**1** Strålkastare med bågljuslampor finns tillgängliga som tillbehör på alla A4-modeller som tas upp i denna handbok. Strålkastarna har lampor som genererar ljus via en elektrisk urladdning istället för via upphettning av en metalltråd, som i vanliga halogenglödlampor. Bågen genereras av en startkrets som arbetar med högspänning. Ljusets intensitet medför att strålkastarkäglan måste kunna kontrolleras dynamiskt för att inte blända mötande trafik. En styrenhet övervakar bilens lutning och höjd via givare på den främre och bakre fjädringen, och justerar strålkastarkäglans räckvidd därefter med hjälp av motorerna i strålkastararmaturerna.

***Varning: Bågljuslampornas startkrets arbetar med mycket hög spänning. För att undvika risk för stötar, se till att batteriets minusledare kopplats loss innan något arbete utförs på strålkastarna.***

### *Byte av lampor*

#### Helljus och parkeringsljus

**2** Byte av lampor för helljus och parkeringsljus går till på samma sätt som för modeller med vanliga strålkastare (se avsnitt 7).

10.6b . . . och koppla loss kontaktdonen från baksidan

#### Halvljus

**3** Se till att batteriets minusledning är urkopplad.

**4** Ta loss panelen från strålkastarens baksida.

**5** Koppla loss kontaktdonet från strålkastarens baksida. Lossa fästringen genom att vrida den moturs.

**6** Ta loss lampan från strålkastararmaturen.

**7** Sätt i den nya lampan (se till att inte vidröra lampans glas) och se till att urtagen passar in mot motsvarande flikar på baksidan av armaturen.

**8** Sätt på fästringen och se till att urtagen passar in mot motsvarande flikar på baksidan av lampans fläns, lås sedan fast ringen genom att vrida den medurs.

**9** Sätt tillbaka kontaktdonet och kåpan, återanslut sedan batteriet.

### *Startenhet*

#### Demontering

**10** Se till att batteriets minusledning är urkopplad.

**11** Lossa kåpan från baksidan av strålkastararmaturen.

**12** Koppla loss kontaktdonet från baksidan av strålkastararmaturen.

**13** Lossa bussningen genom att trycka ner låsflikarna, mata sedan kabeln genom startenhetens bakre kåpa.

**14** Koppla loss kontaktdonet från startenheten.

**15** Skruva loss skruven och ta loss fäststaget från baksidan av strålkastararmaturen.

**16** Ta loss startenheten från strålkastararmaturen.

#### Montering

**17** Monteringen sker i omvänd ordningsföljd mot demonteringen.

### *Främre chassihöjdsgivare*

#### Demontering

**18** Givaren sitter mellan kryssrambalken och främre, vänstra fjädringsarmen.

**19** Lossa kontaktdonet från givaren.

**20** Tryck ihop flikarna med en tång och lossa länkstagets fästklämma från fjädringsarmen.

**21** Skruva loss bultarna och koppla loss givaren från fästbygeln.

#### Montering

**22** Monteringen sker i omvänd ordningsföljd mot demonteringen.

### *Bakre chassihöjdsgivare*

#### Demontering

**23** Givaren sitter mitt på bakaxeln.

**24** Koppla loss kontaktdonet från givaren.

**25** Skruva loss bulten och lossa länkstagets fästklämma från axeln.

**26** Skruva loss bultarna och koppla loss givaren från fästbygeln.

#### Montering

**27** Monteringen sker i omvänd ordningsföljd mot demonteringen.

### *Styrenhet*

#### Demontering

**28** Styrenheten sitter under baksätet på höger sida.

**29** Ta bort baksätet enligt beskrivningen i kapitel 11.

**30** Öppna skumgummihöljet och ta ut styrenheten. Koppla loss kontaktdonet och ta bort enheten från bilen.

## 12 Låsavisningssystem – demontering och montering av komponenter

### *Allmän information*

**1** Vissa modeller har ett automatiskt låsavisningssystem. En styrenhet övervakar en brytare i dörrhandtaget på förarsidan. När handtaget lyfts ger enheten ström till ett värmeelement som sitter i dörrens låscylinder.

**2** Den enda del som kan bytas separat är styrenheten. Värmeelementet sitter inbyggt i låscylindern och brytaren sitter inbyggd i dörrhandtaget.

**3** Börja med att demontera dörrklädseln enligt beskrivningen i kapitel 11.

**4** Koppla loss kontaktdonen från styrenheten och skruva sedan loss fästbultarna och ta bort enheten från dörren **(se bild)**.

## 13 Vindrutetorkarens komponenter – demontering och montering

### *Torkarblad*

**1** Se *Veckokontroller*.

### *Torkararmar*

**2** Om torkarna inte står i viloläget, slå på tändningen och låt torkarmotorn stanna av sig själv.

**3** Innan en arm demonteras, markera dess viloläge på rutan med en bit tejp. Bänd loss skyddskåpan och skruva loss axelmuttern. Ta bort brickan och lossa armen från axeln genom att vicka den försiktigt från sida till sida.

**4** Monteringen sker i omvänd ordningsföljd mot demonteringen. Innan axelmuttrarna dras åt måste torkararmarna sättas i samma läge som markerades före demonteringen.

### *Torkarmotor*

#### Demontering

**5** Koppla loss batteriets minuspol.

**6** Demontera torkararmarna enligt beskrivningen ovan.

**7** Lossa vänstra och högra delen av vattenavvisaren och ta bort den från baksidan av motorrummets torpedvägg.

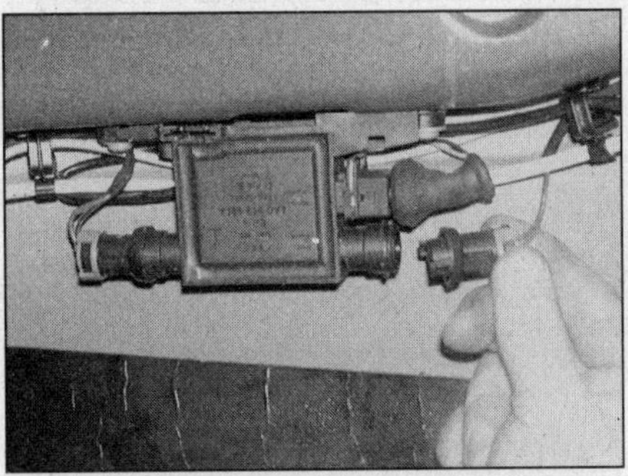

**12.4 Koppla loss kontaktdonen från styrenheten för dörrlåsets avisningssystem**

**8** Skruva loss fästbultarna och ta loss torkarmotorn, och koppla loss kontaktdonet när det går att komma åt. Ta loss distansbrickan som sitter på mittfästet.

**9** För att skilja motorn från länksystemet, bänd försiktigt bort länkarmen från motorns kulled, skruva sedan bort de tre fästbultarna och ta bort motorn.

#### *Montering*

**10** Monteringen sker i omvänd ordningsföljd mot demonteringen. Dra åt fästbultarna till angivet moment och se till att vattenavvisarens panel monteras korrekt.

## 14 Spolarsystem – allmänt

**1** Alla modeller har vindrutespolare, kombimodeller har även bakrutespolare och vissa modeller har också strålkastarspolare.

**2** Spolarvätskebehållaren/behållarna för vindrutespolaren (och i förekommande fall strålkastarspolarna) sitter i motorrummet på vänster sida. På vissa modeller har strålkastarspolarna en separat behållare, som sitter intill huvudbehållaren för vindrutespolarna. Tack vare en förbindelseslang kan båda behållarna fyllas på via samma påfyllningshål. Vätskepumpen sitter på sidan av behållaren **(se bild)**.

**3** Bakrutespolarens vätskebehållare sitter bakom klädseln på höger sida av bagageutrymmet. Vätskepumpen sitter på sidan av behållaren.

**15.5 Bultar till bakrutetorkarmotorns fästplatta (vid pilarna)**

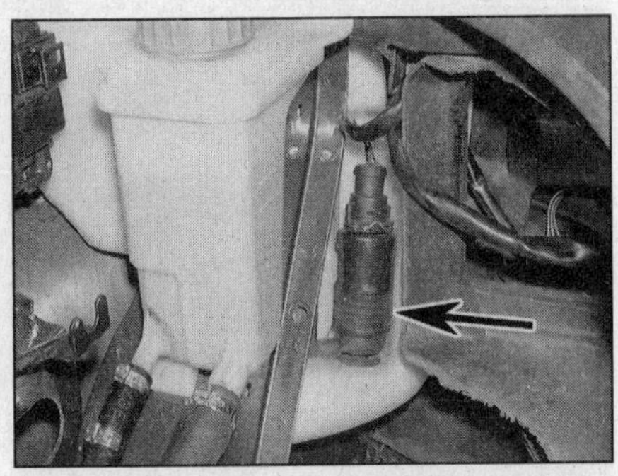

**14.2 Vindrutans spolarvätskepump sitter på sidan av behållaren**

**4** Behållarna måste regelbundet fyllas på med spolarvätska som innehåller frostskyddsvätska, men inte frostskyddsvätska för kylsystemet – se *Veckokontroller*.

**5** Matningsslangarna är anslutna med gummikopplingar till de olika anslutningarna, och kan om det behövs kopplas loss genom att de helt enkelt dras loss från anslutningen i fråga.

**6** Spolarmunstyckena kan rengöras och justeras med en nål. När de är korrekt justerade ska munstyckena peka på en punkt en liten bit ovanför mitten av området torkarna sveper över.

**7** Strålkastarspolarnas munstycken justeras bäst med VAG-verktyget, och detta bör därför helst överlåtas åt en VAG-verkstad.

## 15 Bakrutetorkarens motor – demontering och montering

**1** Koppla loss batteriets minusledare.

**2** Demontera bakluckans klädselpanel enligt beskrivningen i kapitel 11, avsnitt 14.

**3** Demontera torkararmen och bladet enligt beskrivningen i avsnitt 13 och skruva sedan loss axelmuttern. Ta bort muttern och brickorna.

**4** Koppla loss kontaktdonet från torkarmotorn, koppla sedan loss spolarmunstyckets slang.

**5** Skruva loss bultarna från torkarmotorns fästplatta och ta bort torkarmotorn och fästplattan från bakluckan **(se bild)**.

**6** Monteringen sker i omvänd ordningsföljd mot demonteringen. Montera tillbaka torkararmen och bladet så att de står i rätt viloläge.

## 16 Signalhorn – demontering och montering

### *Demontering*

**1** Signalhornen sitter längst fram i bilen, på vänster sida mellan den främre stötfångaren

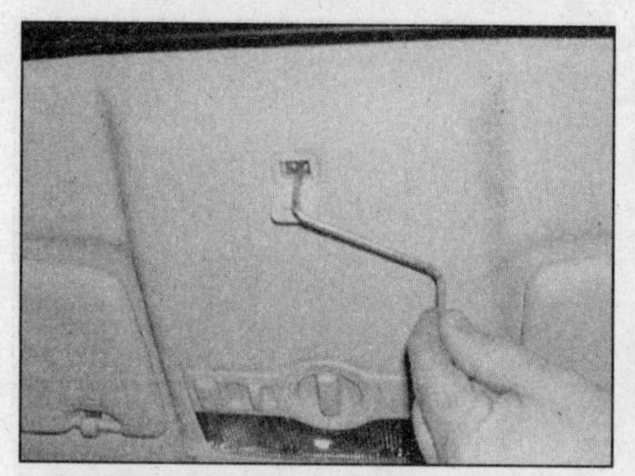

17.2 Sätt i veven i urtaget i motorn, tryck fast den uppåt och veva igen taket för hand

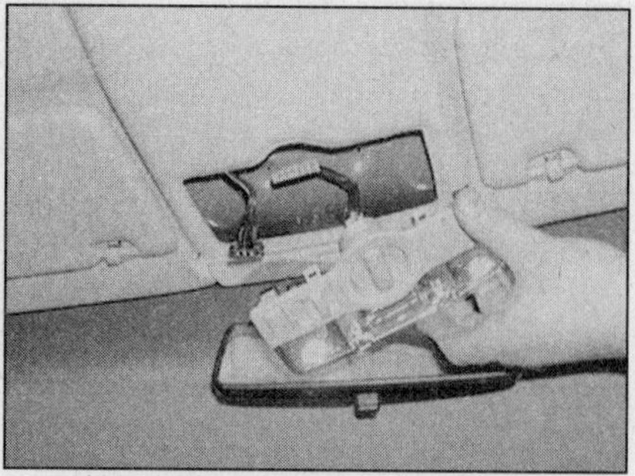

17.4 Skruva loss skruvarna och ta bort innerbelysningens armatur från taket

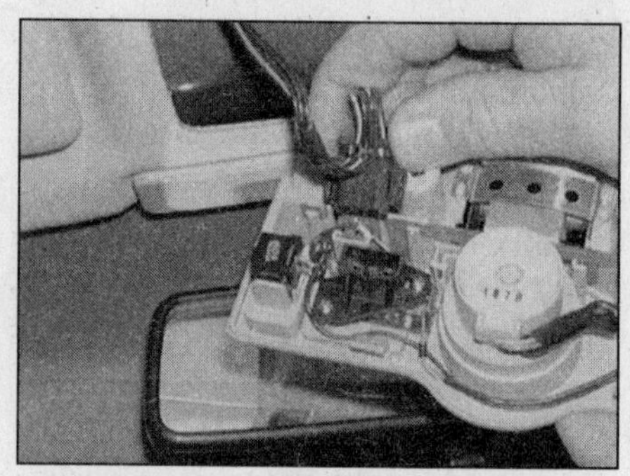

17.5 Koppla loss kontaktdonet från armaturen

och innerskärmen. Det går att komma åt signalhornen bättre om man tar bort hjulhusets innerskärm (se kapitel 11).

**2** Koppla loss batteriets minusledare (se avsnitt 1), skruva sedan loss signalhornets fästbult och koppla loss kontaktdonet.

### Montering

**3** Monteringen sker i omvänd ordningsföljd mot demonteringen. Avsluta med att kontrollera funktionen.

## 17 Soltaksmotor – demontering och montering

### Stänga soltaket för hand

**1** Om det blir något fel på motorn när soltaket är öppet kan det stängas för hand. Bänd loss kåpan från från säkringsdosan på sidan av instrumentbrädan och ta loss nödveven från insidan av luckan.

**2** Öppna åtkomstluckan brytarkonsolen i taket och sätt i veven i urtaget i motorn. Tryck fast den uppåt och veva igen taket för hand **(se bild)**.

### Motor

#### Demontering

**3** Se till att soltaket är helt stängt. Se punkt 1 och 2 om motorn har gått sönder. Koppla loss batteriets minusledare (se avsnitt 1).

**4** Ta bort glaset från kupélampan (se avsnitt 8). Skruva loss skruvarna och ta bort armaturen från takklädseln **(se bild)**.

**5** Koppla loss kontaktdonet från armaturen **(se bild)**.

**6** Skruva loss fästskruvarna och ta loss höger och vänster solskydd från taket. Ta även bort båda de främre takhandtagen.

**7** Skruva loss fästskruvarna och lossa höger och vänster klädselpanel från B-stolparna.

**8** Vik bort takklädseln i framkanten så att soltaksmotorn syns.

**9** Koppla loss kontaktdonet från soltaksmotorn.

**10** Skruva loss fästbulten och ta loss soltaksmotorn från fästbygeln.

#### Montering

**11** Monteringen sker i omvänd ordningsföljd mot demonteringen. Tänk på följande:

a) *Smörj drivkugghjulet med lite fett innan vajrarna hakas fast på motorn.*

b) *Precis som vid demonteringen är det viktigt att soltaket är stängt för att allt ska hamna på rätt plats. Om soltaksmotorn startats när den varit demonterad, eller om en ny motor monteras, måste den ställas in korrekt före monteringen. Gör detta genom att ansluta kablarna och slå om brytaren till stängd position. Detta startar motorn och ställer den i stängd position, så att den kan monteras.*

c) *Använd nya fästbultar till motorn och rengör gängorna till motsvarande fästhål före monteringen.*

d) *Avsluta med att kontrollera att soltaket fungerar som det ska.*

## 18 Centrallåssystem – allmän information och byte av komponenter

**1** De flesta modeller har ett centrallåssystem som automatiskt låser alla dörrar och bakluckan när någon av framdörrarna låses. Systemet drivs av en dubbeltryckspump som genererar vakuum för att låsa dörrarna, och tryck för att låsa upp dem. Utöver centrallåsets vakuumenheter och dubbeltryckspumpen, är dörrlåsen identiska med dem på modeller utan centrallås – se kapitel 11.

18.5 Ta bort pumpen från höger sida av bagageutrymmet

**2** Om systemet skulle få något fel, bör först slangarnas skick och fastsättning kontrolleras. En läcka kommer att få dubbeltryckspumpen att gå längre än fem sekunder, och om den går längre än trettiofem sekunder kommer en intern styrenhet att stänga av den automatiskt.

### Låsens vakuumenheter

**3** Se informationen i relevant avsnitt om demontering av dörr/baklucka i kapitel 11.

**4** Styrningen för bränsletankens påfyllningslock sitter bakom klädselpanelen på höger sida i bagageutrymmet. Den kan tas bort genom att slangen till justerarenheten, styrstaget mellan locket och justeraren och fästskruven tas bort. Monteringen sker i omvänd ordningsföljd mot demonteringen.

### Dubbeltryckspump

**5** Ta loss klädseln på höger sida i bagageutrymmet och ta loss pumpen **(se bild)**.

**6** Ta bort pumpen från isoleringshöljet, koppla sedan loss kontaktdonet och vakuumslangarna och ta bort pumpen **(se bilder på nästa sida)**.

**7** Monteringen sker i omvänd ordningsföljd mot demonteringen. Kontrollera att pumpen fungerar som den ska innan isoleringen och klädseln sätts tillbaka.

## 19 Radio – demontering och montering

**Observera:** *Detta avsnitt gäller bara standardutrustning.*

### Demontering

**1** Radion har fästklämmor som kräver speciella borttagningsverktyg. Dessa bör ha följt med bilen, men de kan också köpas hos

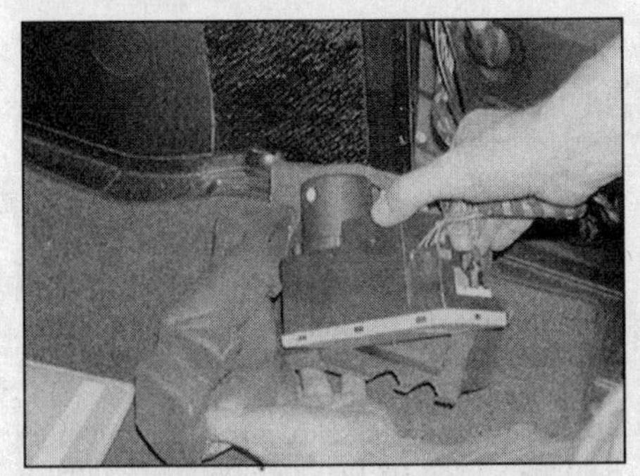

18.6a Ta bort pumpen från isoleringen . . .

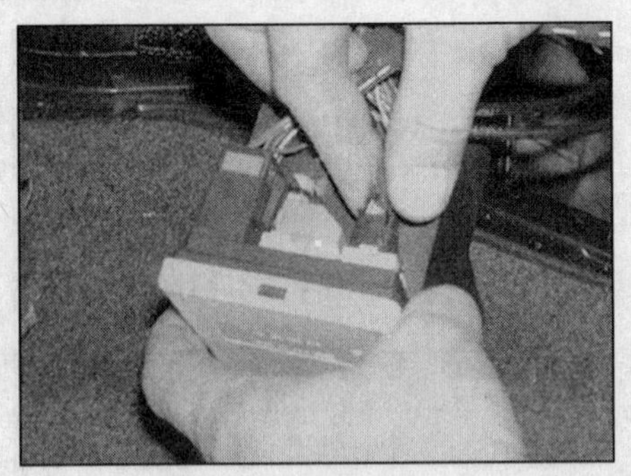

18.6b . . . och koppla loss kontaktdonet . . .

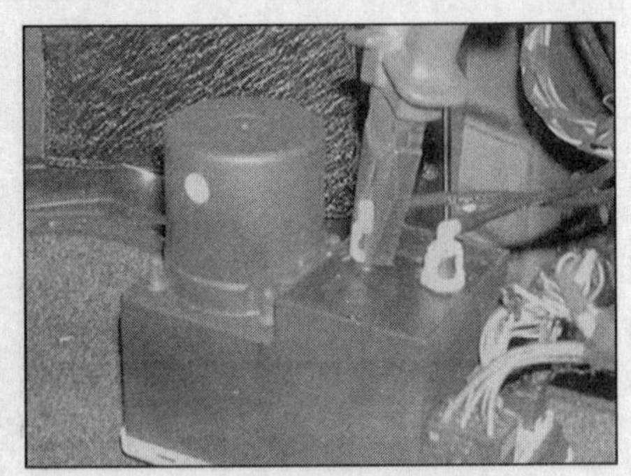

18.6c . . . och vakuumslangarna

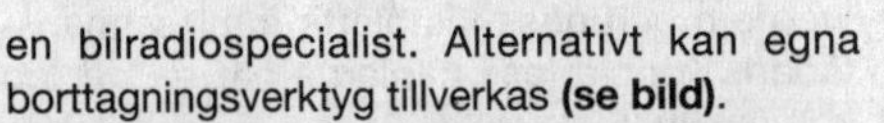

en bilradiospecialist. Alternativt kan egna borttagningsverktyg tillverkas **(se bild)**.

**2** Koppla loss batteriets minusledare – se avsnitt 1.

**3** Sätt i borttagningsstagen i hålen i radions nedre kant, eller övre och nedre kant (beroende på modell).

**4** Skjut in borttagningsverktygen helt i hålen tills de snäpper på plats **(se bild)**.

**5** Dra ut radion från öppningen, koppla sedan loss kontakterna till högtalarna, strömförsörjningen och antennen. Observera att vissa radioapparater även har en säkring på baksidan.

### *Montering*

**6** Monteringen sker i omvänd ordningsföljd mot demonteringen, tryck in radion helt i öppningen tills fästklämmorna snäpper fast. Om radion har en säkerhetskod måste denna kod anges innan radion slås på.

## 20 Radioantenn – demontering och montering

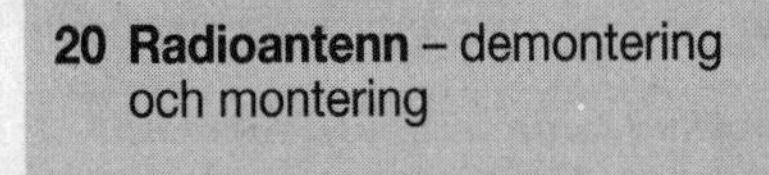

### *Takmonterad antenn – Avantmodeller*

**1** Koppla loss batteriets minusledare.

**2** Bänd loss bagageutrymmesbelysningen från taket.

**3** Skruva loss antennmasten från foten och bänd loss den koniska kåpan.

**4** Skruva loss fästmuttern från antennfoten och lyft bort sätet.

**5** Dra in antennfoten i bilen genom taket.

**6** Skjut tillbaka isoleringen och koppla loss radions koaxialkabel från antennfoten. Efter tillämplighet, koppla loss mobiltelefonens koaxial- och strömförsörjningskablar från antennfoten.

**7** Monteringen sker i omvänd ordningsföljd mot demonteringen.

### *Bakrute- och sidorutemonterad antenn*

**8** På alla sedanmodeller och vissa Avantmodeller är antennen av bandelementtyp, och är kombinerad med bakfönstrets avisningselement. De tre översta elementen är inte uppvärmda, utan utgör AM-antennen, medan resten av elementen är uppvärmda och utgör FM-antennen. På mer avancerade Avantmodeller finns en takmonterad antenn tillsammans med en bakrute- och sidofönsterantenn, och en styrenhet i ljudanläggningen väljer sedan den antenn som passar bäst för den frekvens som tas emot. För att förbättra mottagningen finns en förstärkare monterad. Denna kan sitta under den bakre bagagehyllan, bakom bagageutrymmets sidoklädsel, bakom bakluckans klädsel eller bakom D-stolpens klädsel, beroende på modell och ljudanläggning. Om elementet är skadat måste reparation eller byte överlåtas till en VAG-verkstad eller bilradiospecialist.

## 21 Högtalare – demontering och montering

**1** Ljudanläggningens högtalare sitter i fram- och bakdörrarna, och i den bakre bagagehyllan. På Avantmodeller sitter ytterligare en högtalare (en sub-woofer) bakom bagageutrymmets klädselpanel på vänster sida. På alla modeller sitter mellan- och högfrekvenshögtalarna i de främre dörrarna.

### *Dörrmonterad mellanfrekvenshögtalare*

**2** För att demontera en dörrmonterad mellanfrekvenshögtalare, ta bort motsvarande dörrklädsel enligt beskrivningen i kapitel 11. Lossa den vattentäta folien från baksidan av klädselpanelen. Skruva loss fästskruvarna, koppla loss kontaktdonen och ta bort högtalaren **(se bild)**.

### *Dörrmonterade högfrekvenshögtalare*

**3** Ta bort motsvarande dörrklädsel enligt beskrivningen i kapitel 11. Lossa den vattentäta folien från baksidan av klädselpanelen, demontera sedan det inre dörrhandtagets omgivande platta. Högtalaren sitter fastklämd. Lossa klämmorna, koppla

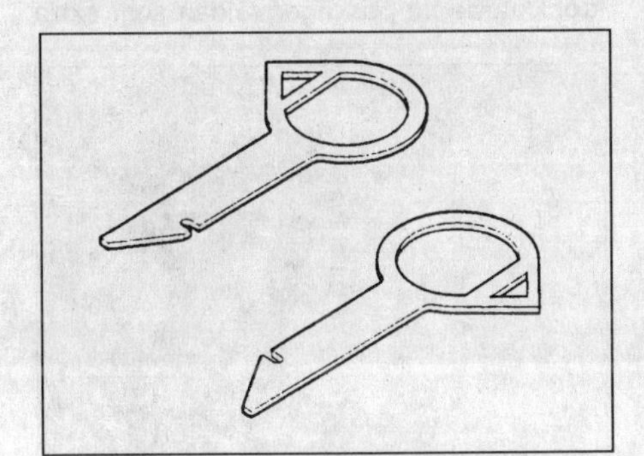

19.1 Radioborttagningsverktyg

19.4 Skjut in borttagningsverktygen helt i hålen tills de snäpper på plats

21.2 Skruva loss fästskruvarna (vid pilarna) och ta bort den dörrmonterade mellanfrekvenshögtalaren

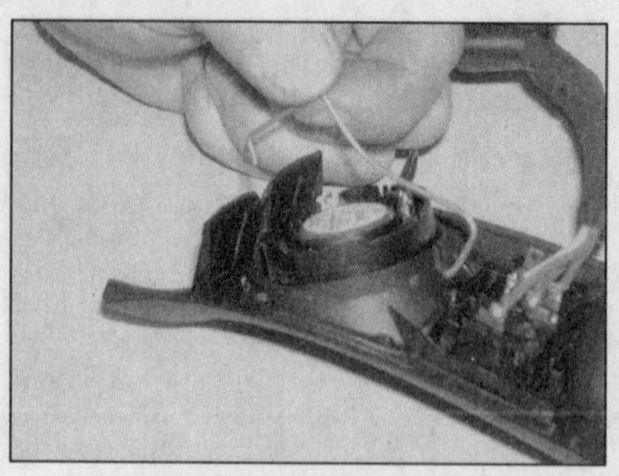

21.3a Lossa klämman . . .

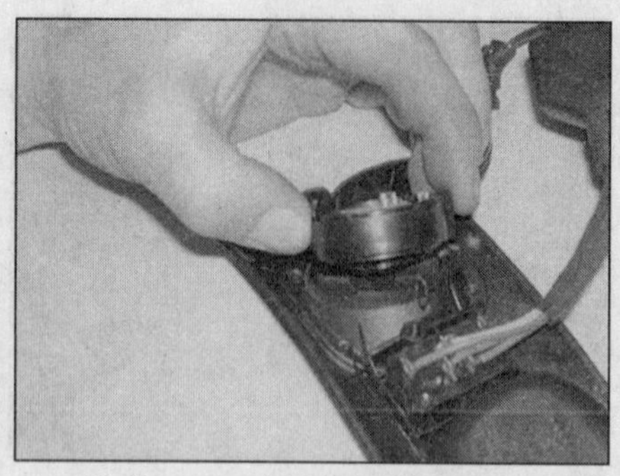

21.3b . . . och ta bort högtalaren

loss kablaget och ta bort högtalaren **(se bilder)**.

4 Monteringen sker i omvänd ordningsföljd mot demonteringen. Observera eventuella riktningsmarkeringar på högtalarens baksida.

### *Högtalare i den bakre bagagehyllan*

5 Demontera baksätet och ryggstödet enligt beskrivningen i kapitel 11.

6 Lossa kåpan från det höga bromsljuset enligt beskrivningen i avsnitt 7, koppla sedan loss kablaget och ta bort lamphållaren.

7 Skruva loss de bakre säkerhetsbältenas nedre fästpunkter från karossen enligt beskrivningen i kapitel 11. Bänd loss säkerhetsbältenas höjdjusteringsmekanismer från den bakre bagagehyllan.

8 Lossa klämmorna och ta loss bagagehyllan från karossen. Notera hur klämmorna sitter på den främre, nedre kanten och hur fästhaken sitter på undersidan (syns från bagageutrymmet) **(se bilder)**.

9 Skruva loss fästskruvarna och lyft bort högtalarna. Koppla loss kablarna när de går att komma åt **(se bilder)**.

10 Monteringen sker i omvänd ordningsföljd mot demonteringen. Observera eventuella monteringsriktningsmarkeringar på högtalarens baksida. Se till att använda nya fästbultar till säkerhetsbältenas nedre fästpunkter, och att de dras åt till rätt moment.

### *Sub-woofer (Avantmodeller)*

11 Demontera baksätet och ryggstödet enligt beskrivningen i kapitel 11.

12 Böj undan låsflikarna längst ner på båda sidor av ryggstödet, haka sedan loss den övre kanten av panelerna och ta bort dem.

13 Dra loss tätningsremsan från vänster sida av bakluckans öppning.

14 Skruva loss fästskruvarna och ta bort klädselpanelen från bakluckeöppningens nedre karm.

15 Lossa vänstra bakre säkerhetsbältets klädsel och ta loss den från bagageutrymmets klädselpanel.

16 Bänd loss klädseln från ryggstödets hake och ta bort den från klädselpanelen.

17 Demontera bagageutrymmets skjutbara skyddspanel (i förekommande fall).

18 Skruva loss skruvarna och ta loss öglorna från vänster sida av bagageutrymmet.

19 Skruva loss fästskruvarna och lyft bort klädselpanelen på bagageutrymmets vänstra sida.

20 Skruva loss fästskruvarna och ta bort subwoofern och dess fästplatta från resonanslådan. Koppla loss kablarna när de går att komma åt.

21 Monteringen sker i omvänd ordningsföljd mot demonteringen.

## 22 Krockkuddar – allmän information och föreskrifter

***Varning: Koppla loss batteriets minusledning innan något arbete utförs på krockkuddesystemet. När arbetet är klart, se till att ingen befinner sig i bilen när batteriet återansluts.***

***Observera att krockkudden/-kuddarna inte får utsättas för temperaturer över 90°C. När krockkudden demonteras, förvara den med rätt sida upp för att förhindra att den blåses upp av misstag.***

***Låt inga lösningsmedel eller rengöringsmedel komma i kontakt med krockkudden. De får endast rengöras med en fuktig trasa.***

***Krockkuddarna och styrenheterna är stötkänsliga. Om de tappas eller skadas måste de bytas ut.***

***Koppla loss anslutningskontakten till krockkuddens styrenhet innan någon svetsning utförs på bilen.***

På senare modeller finns krockkudde både på förarsidan och passagerarsidan som standard. På tidigare modeller fanns krockkudde på passagerarsidan som extra

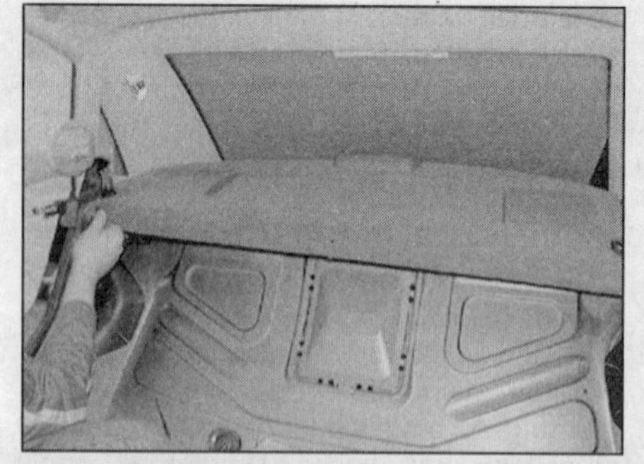

21.8a Lossa bagagehyllan från karossen

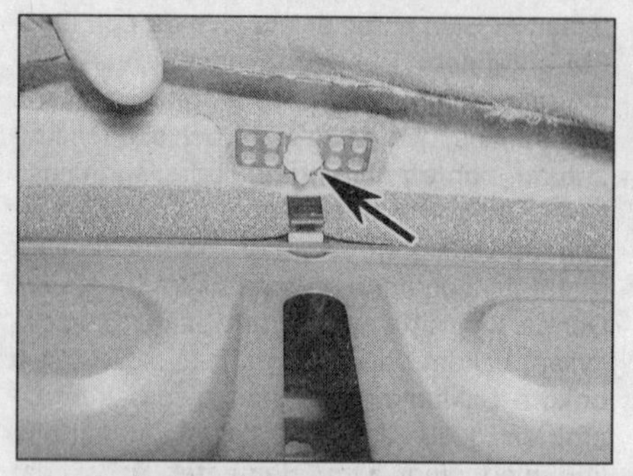

21.8b Notera klämmornas plats på den främre, nedre kanten . . .

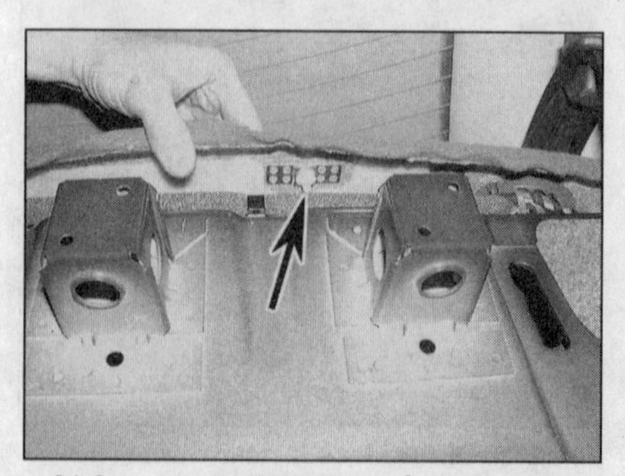

21.8c . . . och fästhaken på undersidan (syns från bagageutrymmet)

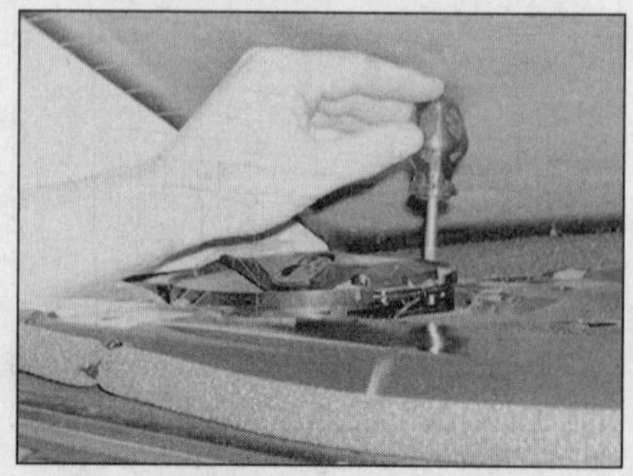

21.9a Skruva loss fästskruvarna . . .

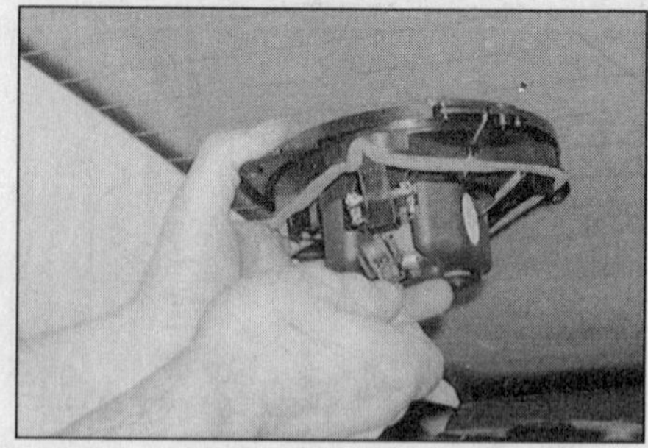

21.9b . . . lyft bort högtalarna och koppla loss kablarna när de går att komma åt

tillbehör. Förarsidans krockkudde sitter mitt i ratten. Krockkudden på passagerarsidan sitter på instrumentbrädan, ovanför handskfacket. Krockkuddesystemet består av krockkudden/-kuddarna (med gasgeneratorer), en stötgivare, styrenheten samt en varningslampa på instrumentbrädan. Sätesmonterade sidokrockkuddar finns också på vissa modeller, samt bältessträckare. Dessa komponenter ingår i samma styrsystem, men på grund av de komplicerade procedurer som krävs för demontering och montering tas de inte upp i denna handbok.

Krockkuddesystemet utlöses vid en rak eller förskjuten frontalkrock över en viss kraft. Krockkudden blåses upp inom några millisekunder och bildar en luftkudde mellan föraren och ratten eller (efter tillämplighet) passageraren och instrumentbrädan. Detta förebygger kontakt mellan överkroppen och ratten, styrstången och instrumentbrädan och minskar därmed risken för skador. Krockkudden töms nästan genast genom ventiler i kuddens sida.

Varje gång tändningen slås på utför krockkuddens styrenhet ett självtest. Självtestet tar cirka tre sekunder och under den tiden lyser krockkuddens varningslampa. Efter självtestets slut ska lampan slockna. Om varningslampan inte tänds eller inte slocknar efter självtestet, eller tänds då bilen körs, är det fel på krockkuddesystemet. Bilen måste då så fort som möjligt tas till en VAG-verkstad för undersökning.

## 23 Krockkuddar – demontering och montering av komponenter

**Observera:** *Läs varningarna i avsnitt 22 innan följande åtgärder utförs.*

**1** Koppla loss batteriets minusledare (se avsnitt 1).

### Förarsidans krockkudde

**Observera:** *Nya fästskruvar till krockkudden krävs vid återmonteringen.*

**2** Om det behövs för att komma åt, skruva loss fästskruvarna och ta bort rattstångens övre och nedre kåpor.

**3** Skruva loss de två insexskruvarna på baksidan av ratten. Vrid ratten om det behövs för att komma åt skruvarna.

**4** Ställ ratten rakt fram igen, lyft försiktigt bort krockkuddeenheten från ratten och koppla loss kontaktdonet/-donen från baksidan av enheten. Observera att krockkudden inte får utsättas för stötar eller tappas, och måste förvaras med den stoppade sidan uppåt.

**5** Vid återmonteringen, återanslut kontaktdonet/-donen och sätt tillbaka krockkudden i ratten, och se till att kabeln inte kläms. Sätt i de nya fästskruvarna och dra åt dem ordentligt. Slå på tändningen, och återanslut **därefter** batteriets minusledare.

### Passagerarsidans krockkudde

**6** Demontera handskfacket enligt beskrivningen i kapitel 11.

**7** Krockkuddens kontaktdon sitter till vänster om krockkudden. Lyft bort kontaktdonet från fästbygeln, koppla sedan loss kontaktdonets två halvor.

**8** Skruva loss fästskruvarna och ta först loss krockkuddens nedre par fästbyglar, därefter sidoparet.

**9** Skruva loss fästskruvarna och ta bort krockkudden från instrumentbrädan. Observera att krockkudden inte får utsättas för stötar eller tappas, och måste förvaras med gångjärnssidan uppåt.

**10** Monteringen sker i omvänd ordningsföljd mot demonteringen. Sätt i två nya fästskruvar mellan krockkudden och instrumentbrädan, och se till att kontaktdonet är ordentligt återanslutet och intryckt i fästbygeln så att det låses på plats.

**11** Se till att ingen befinner sig i bilen. Slå på tändningen och återanslut **därefter** batteriets minusledare.

### Krockkuddens kontaktenhet

**12** Ställ hjulen rakt fram, demontera sedan ratten enligt beskrivningen i kapitel 10.

**13** Skruva loss fästskruvarna och ta bort kontaktenheten från ratten, men var noga med att inte vrida kontaktenheten Observera att på vissa modeller sitter släpringens kontaktenhet på framsidan av rattstångens kombinationsbrytare. Tryck ner låsflikarna för att lossa kontaktenheten från kombinationsbrytaren.

**14** Vid återmonteringen, sätt tillbaka enheten på ratten och dra åt dess fästskruvar ordentligt. På modeller där kontaktenheten sitter ihop med kombinationsbrytaren, tryck fast kontaktenheten rakt på plats tills låsflikarna snäpper på plats. Om en ny kontaktenhet monteras, klipp av kabelklämman som sitter monterad för att förhindra att enheten roterar av misstag.

**15** Montera tillbaka ratten enligt beskrivningen i kapitel 10.

## 24 Stöldskyddssystem – allmän information

Senare modeller är utrustade med stöldskyddslarm och immobiliser som standard.

Om det blir något fel på systemet måste bilen tas till en VAG-verkstad för undersökning. Verkstaden har tillgång till en särskild diagnostestare som snabbt kan spåra alla fel i systemet.

# Audi A4 Kopplingsscheman 1995 till 1998

## Översikt över kopplingsscheman

| | |
|---|---|
| 1 | Start och laddning |
| 2 | M3.2 Motronic bränsleinsprutningssystem (1.6 och 1.8 liter) |
| 3 | Simos bränsleinsprutningssystem (1.6 liter) |
| 4 | 1.9 liter diesel direktinsprutningssystem |
| 5 | Automatväxellåda (4-stegs) |
| 6 | Broms- och backljus, strålkastarjustering, strålkastare, bakljus, handskfacksbelysning |
| 7 | Dimljus, körriktningsvisare, varningsblinkers |
| 8 | Innerbelysning, tvåtons signalhorn, friskluftsfläkt och uppvärmd bakruta, cigarettändare |
| 9 | Vindrutespolare/-torkare, strålkastarspolare, backspeglar – med uppvärmning och justering med indragningsfunktion |
| 10 | Elfönsterhissar, låsningsfria bromsar (ABS) (framhjulsdrift) |
| 11 | Centrallås |
| 12 | Instrumentpanel |

*NB Kopplingsschemana kan variera något beroende på modellår. De kopplingsscheman som visas är baserade på årsmodell 1996.

## Jordanslutningar

| | |
|---|---|
| E1 | I batterilådan |
| E2 | I bakre kabelhärvan |
| E3 | I främre kabelhärvan |
| E4 | I främre högra kabelhärvan |
| E5 | I kabelhärvan för diesel direktinsprutning |
| E6 | I instrumentpanelens kabelhärva |
| E7 | I automatväxellådans kabelhärva |
| E8 | I instrumentpanelens kabelhärva |
| E9 | I bakre kabelhärvan |
| E10 | I bakre kabelhärvan |
| E11 | I höger strålkastares kabelhärva |
| E12 | I vänster strålkastares kabelhärva |
| E13 | Vid höger bakre stolpe |
| E14 | Bakom instrumentpanelen, vänster sida |
| E15 | I förardörrens kabelhärva |
| E16 | I fönsterhissens kabelhärva |
| E17 | I larmsystemets kabelhärva |
| E18 | Längst ner på vänster A-stolpe |
| E19 | På hydraulenhet |

H31791

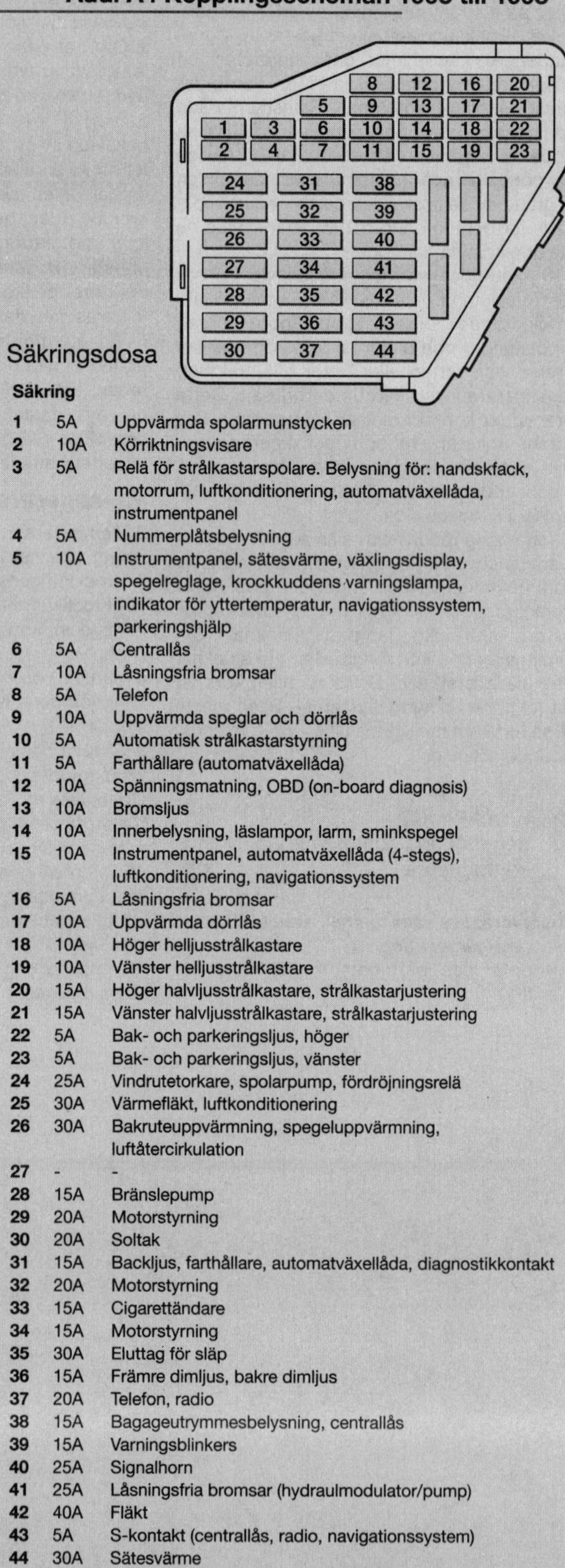


## Säkringsdosa

| Säkring | | |
|---|---|---|
| 1 | 5A | Uppvärmda spolarmunstycken |
| 2 | 10A | Körriktningsvisare |
| 3 | 5A | Relä för strålkastarspolare. Belysning för: handskfack, motorrum, luftkonditionering, automatväxellåda, instrumentpanel |
| 4 | 5A | Nummerplåtsbelysning |
| 5 | 10A | Instrumentpanel, sätesvärme, växlingsdisplay, spegelreglage, krockkuddens varningslampa, indikator för yttertemperatur, navigationssystem, parkeringshjälp |
| 6 | 5A | Centrallås |
| 7 | 10A | Låsningsfria bromsar |
| 8 | 5A | Telefon |
| 9 | 10A | Uppvärmda speglar och dörrlås |
| 10 | 5A | Automatisk strålkastarstyrning |
| 11 | 5A | Farthållare (automatväxellåda) |
| 12 | 10A | Spänningsmatning, OBD (on-board diagnosis) |
| 13 | 10A | Bromsljus |
| 14 | 10A | Innerbelysning, läslampor, larm, sminkspegel |
| 15 | 10A | Instrumentpanel, automatväxellåda (4-stegs), luftkonditionering, navigationssystem |
| 16 | 5A | Låsningsfria bromsar |
| 17 | 10A | Uppvärmda dörrlås |
| 18 | 10A | Höger helljusstrålkastare |
| 19 | 10A | Vänster helljusstrålkastare |
| 20 | 15A | Höger halvljusstrålkastare, strålkastarjustering |
| 21 | 15A | Vänster halvljusstrålkastare, strålkastarjustering |
| 22 | 5A | Bak- och parkeringsljus, höger |
| 23 | 5A | Bak- och parkeringsljus, vänster |
| 24 | 25A | Vindrutetorkare, spolarpump, fördröjningsrelä |
| 25 | 30A | Värmefläkt, luftkonditionering |
| 26 | 30A | Bakruteuppvärmning, spegeluppvärmning, luftåtercirkulation |
| 27 | - | - |
| 28 | 15A | Bränslepump |
| 29 | 20A | Motorstyrning |
| 30 | 20A | Soltak |
| 31 | 15A | Backljus, farthållare, automatväxellåda, diagnostikkontakt |
| 32 | 20A | Motorstyrning |
| 33 | 15A | Cigarettändare |
| 34 | 15A | Motorstyrning |
| 35 | 30A | Eluttag för släp |
| 36 | 15A | Främre dimljus, bakre dimljus |
| 37 | 20A | Telefon, radio |
| 38 | 15A | Bagageutrymmesbelysning, centrallås |
| 39 | 15A | Varningsblinkers |
| 40 | 25A | Signalhorn |
| 41 | 25A | Låsningsfria bromsar (hydraulmodulator/pump) |
| 42 | 40A | Fläkt |
| 43 | 5A | S-kontakt (centrallås, radio, navigationssystem) |
| 44 | 30A | Sätesvärme |

## Kopplingsschema 1

### Färgkoder

- **W** Vit
- **R** Röd
- **Y** Gul
- **Br** Brun
- **Bl** Blå
- **Gr** Grå
- **G** Grön
- **B** Svart
- **L** Lila

H31792

### Komponentförteckning

1 Batteri
2 Startmotor
3 Generator
4 Tändningslås
5 Elcentral
R4 Brygga (manuell växellåda) eller startspärr (automatväxellåda)
R6 Bränslepumprelä eller glödstiftsrelä (diesel)
6 3-punkts relähållare (endast diesel)
D9 Säkring för glödstift
7 13-punkts relähållare
R13 Startspärr- och backljusrelä
8 Glödstift

### Förklaringar till symboler

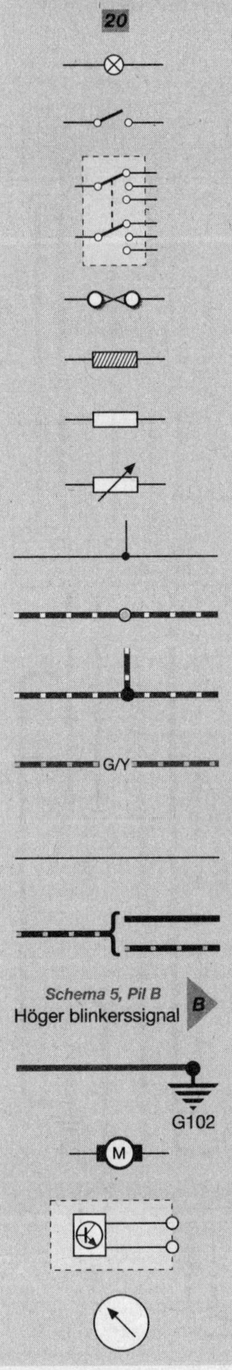

- 20 — Komponentnummer
- Glödlampa
- Brytare/kontakt
- Flerlägesbrytare/-kontakt (kopplad)
- Säkring/smältsäkring
- Solenoidaktiverare
- Motstånd
- Variabelt motstånd
- Inre anslutning i en komponent
- Kabelanslutning, isärtagningsbar
- Kabelanslutning, fixerad
- G/Y — Kabelfärg (grön kabel med gul följare)
- Förbindelseledning (tunn linje)
- Anger alternativ ledningsvariant (parenteser)
- Schema 5, Pil B Höger blinkerssignal B — Anslutningar till andra kretsar
- G102 — Jordanslutning med lokaliseringskod
- M — Pump/motor
- Streckad kontur anger del av en större komponent, i detta fall innehållande en elektronisk eller solid statisk anordning
- Mätare

** Endast dieselmodeller*
*** Endast modeller med automatväxellåda fram till och med december 1995*
**** Endast modeller med automatväxellåda från och med januari 1996*
***** Endast modeller med manuell växellåda*

### *Start och laddning*

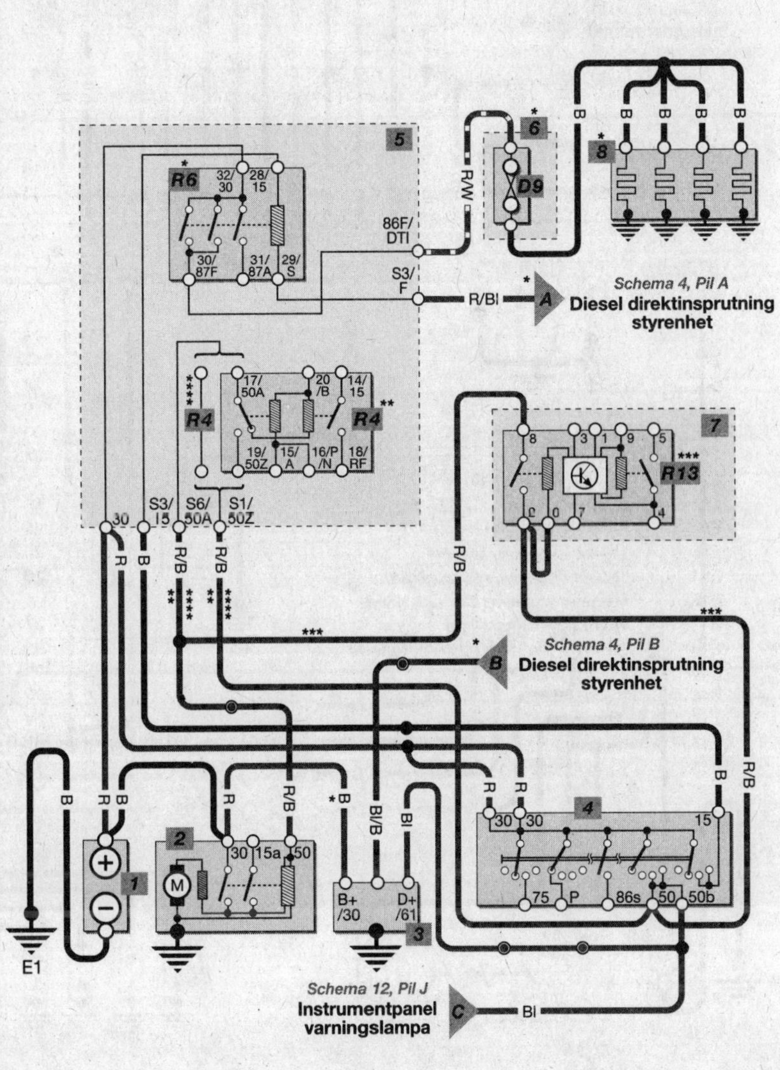

## Kopplingsschema 2

### Färgkoder

| | |
|---|---|
| **W** | Vit |
| **R** | Röd |
| **Y** | Gul |
| **Br** | Brun |
| **Bl** | Blå |
| **Gr** | Grå |
| **G** | Grön |
| **B** | Svart |
| **L** | Lila |

H31793

### Komponentförteckning

1 Batteri
4 Tändningslås
5 Elcentral
R6 bränslepumprelä eller glödstiftsrelä (diesel)
10 Styrenhet gasspjäll
11 Insugsluftens temperaturgivare
12 Kylvätsketemperaturgivare
13 Knacksensor 2
14 Knacksensor 1
15 Hallgivare
16 Motronic styrenhet
17 Bränslepump
18 Luftmängdsmätare
19 Solenoid, kolfiltersystem
20 Lambdasond och värmare
21 Insprutningsventil, cylinder nr 1
22 Insprutningsventil, cylinder nr 2
23 Insprutningsventil, cylinder nr 3
24 Insprutningsventil, cylinder nr 4
25 Motorns hastighetsgivare
26 Säkringsdosa
27 Tändstift
28 Tändspoleenhet

** Endast på modeller med automatväxellåda*
*** Endast på modeller med luftkonditionering*
**** Endast på modeller med automatiskt kontrollsystem*
***** Endast på modeller utan luftkonditionering*

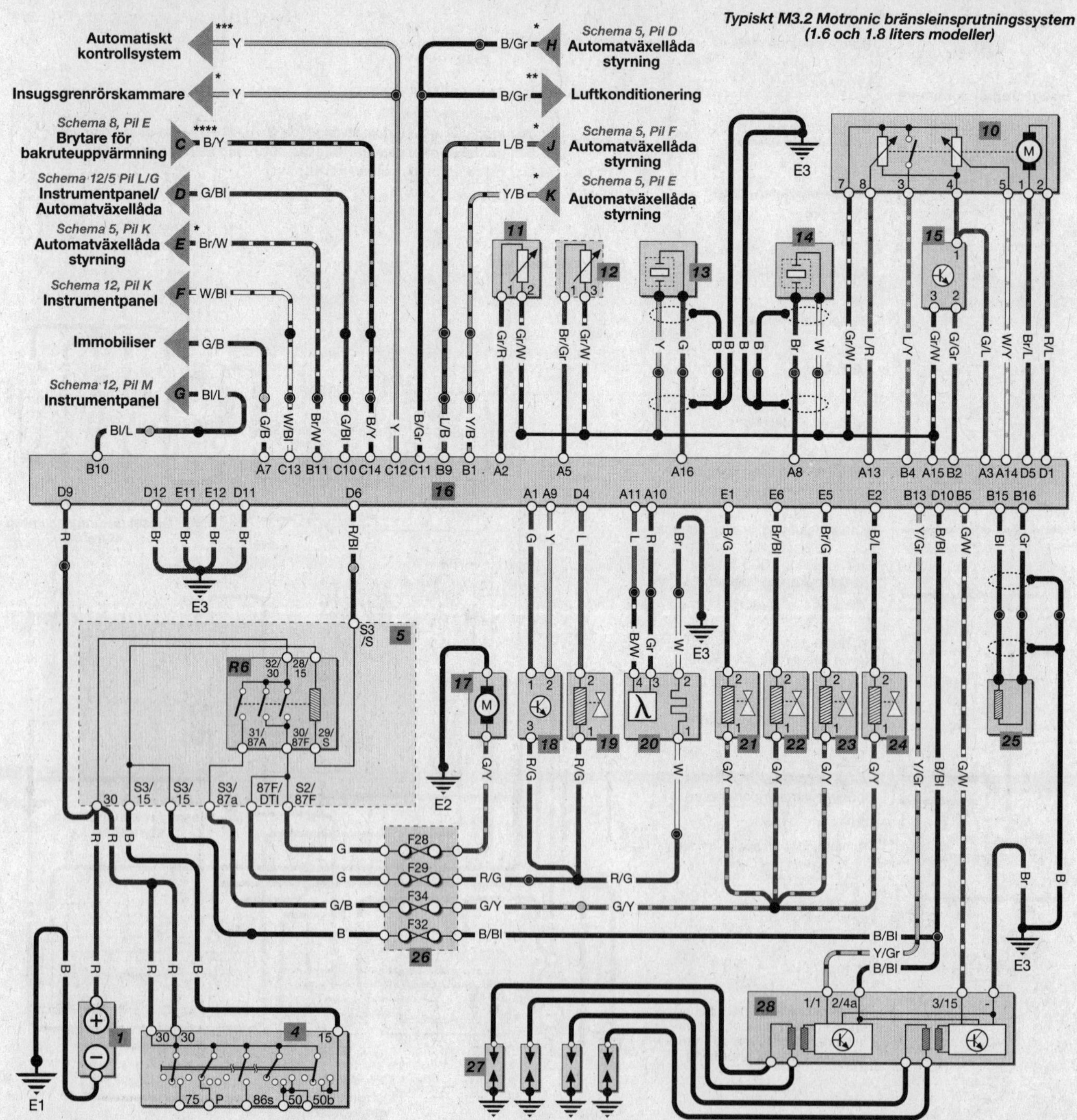

## Kopplingsschema 3

### Färgkoder

- **W** Vit
- **R** Röd
- **Y** Gul
- **Br** Brun
- **Bl** Blå
- **Gr** Grå
- **G** Grön
- **B** Svart
- **L** Lila

H31794

### Komponentförteckning

1 Batteri
4 Tändningslås
5 Elcentral
R6 bränslepumprelä eller glödstiftsrelä (diesel)
10 Styrenhet gasspjäll
11 Temperaturgivare
12 Kylvätsketemperaturgivare
14 Knacksensor 1
15 Hallgivare
16 Simos styrenhet
17 Bränslepump
18 Luftmängdsmätare
19 Solenoid, kolfiltersystem
20 Lambdasond och värmare
21 Insprutningsventil, cylinder nr 1
22 Insprutningsventil, cylinder nr 2
23 Insprutningsventil, cylinder nr 3
24 Insprutningsventil, cylinder nr 4
25 Motorns hastighetsgivare
26 Säkringsdosa
27 Tändstift
28 Tändspoleenhet

** Endast på modeller med automatväxellåda*
*** Endast på modeller med luftkonditionering*
**** Endast på modeller med automatiskt kontrollsystem*
***** Endast på modeller utan luftkonditionering*

***Typiskt Simos bränsleinsprutningssystem (1.6 liters modeller)***

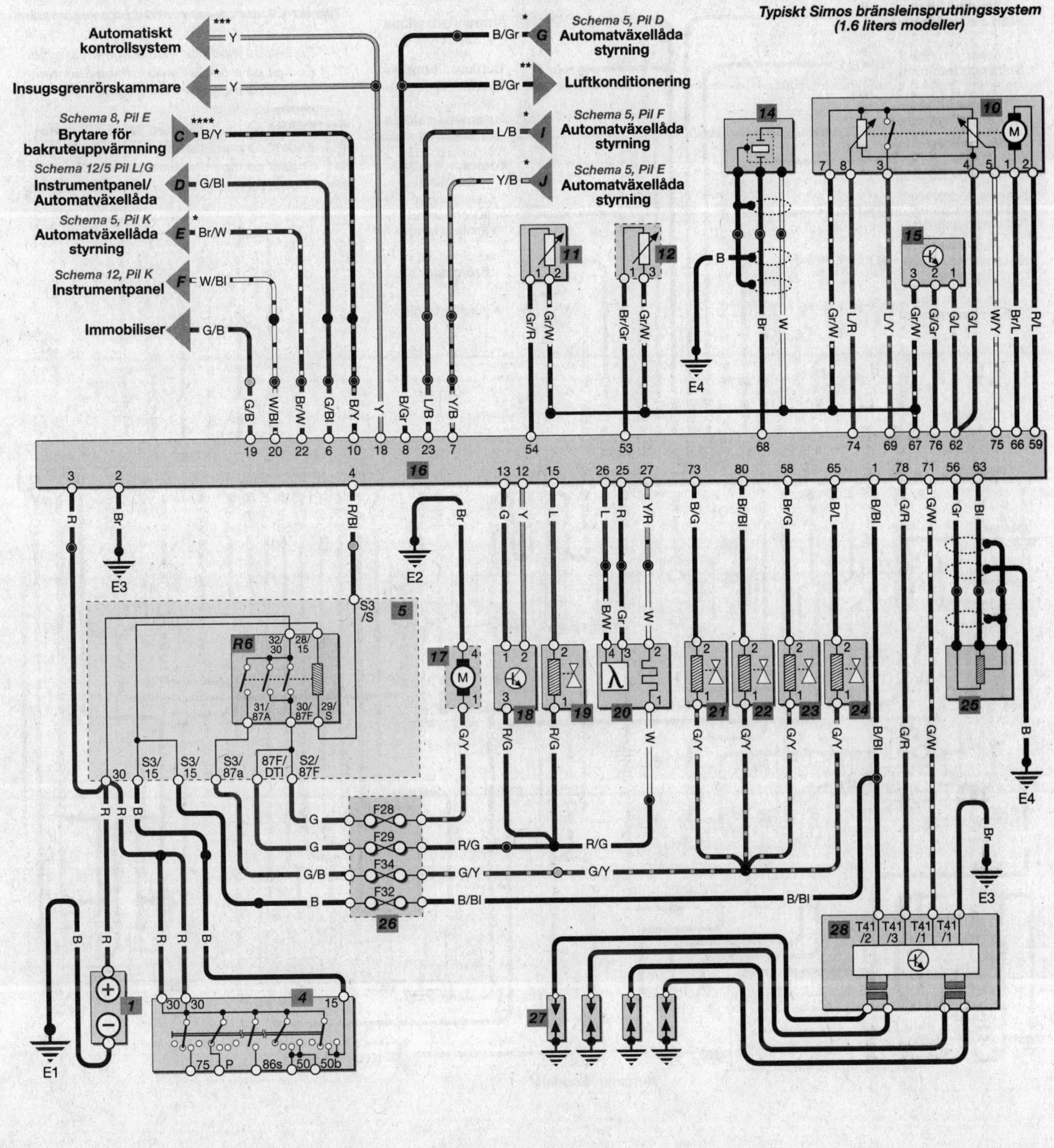

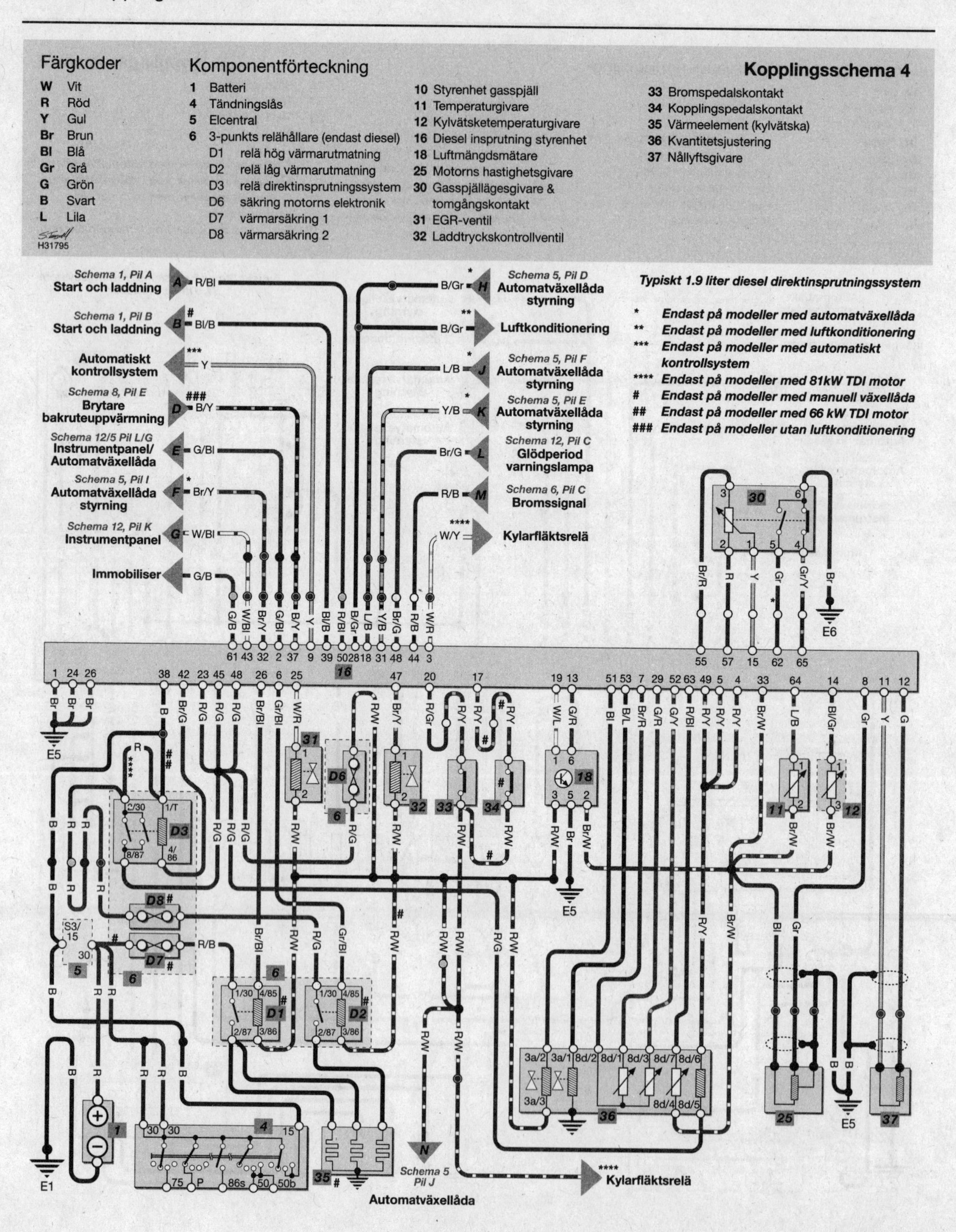
Färgkoder
W Vit
R Röd
Y Gul
Br Brun
Bl Blå
Gr Grå
G Grön
B Svart
L Lila
H31795
Komponentförteckning
1 Batteri
4 Tändningslås
5 Elcentral
6 3-punkts relähållare (endast diesel)
D1 relä hög värmarutmatning
D2 relä låg värmarutmatning
D3 relä direktinsprutningssystem
D6 säkring motorns elektronik
D7 värmarsäkring 1
D8 värmarsäkring 2
10 Styrenhet gasspjäll
11 Temperaturgivare
12 Kylvätsketemperaturgivare
16 Diesel insprutning styrenhet
18 Luftmängdsmätare
25 Motorns hastighetsgivare
30 Gasspjällägesgivare & tomgångskontakt
31 EGR-ventil
32 Laddtryckskontrollventil
33 Bromspedalskontakt
34 Kopplingspedalskontakt
35 Värmeelement (kylvätska)
36 Kvantitetsjustering
37 Nållyftsgivare
Kopplingsschema 4
Typiskt 1.9 liter diesel direktinsprutningssystem
* Endast på modeller med automatväxellåda
** Endast på modeller med luftkonditionering
*** Endast på modeller med automatiskt kontrollsystem
**** Endast på modeller med 81kW TDI motor
# Endast på modeller med manuell växellåda
## Endast på modeller med 66 kW TDI motor
### Endast på modeller utan luftkonditionering
Schema 1, Pil A
Start och laddning
Schema 1, Pil B
Start och laddning
Automatiskt kontrollsystem
Schema 8, Pil E
Brytare bakruteuppvärmning
Schema 12/5 Pil L/G
Instrumentpanel/ Automatväxellåda
Schema 5, Pil I
Automatväxellåda styrning
Schema 12, Pil K
Instrumentpanel
Immobiliser
Schema 5, Pil D
Automatväxellåda styrning
Luftkonditionering
Schema 5, Pil F
Automatväxellåda styrning
Schema 5, Pil E
Automatväxellåda styrning
Schema 12, Pil C
Glödperiod varningslampa
Schema 6, Pil C
Bromssignal
Kylarfläktsrelä
E1
E5
E6
Schema 5
Pil J
Automatväxellåda
Kylarfläktsrelä

## Kopplingsschema 5

**Färgkoder**

- **W** Vit
- **R** Röd
- **Y** Gul
- **Br** Brun
- **Bl** Blå
- **Gr** Grå
- **G** Grön
- **B** Svart
- **L** Lila

H31796

**Komponentförteckning**

1 Batteri
4 Tändningslås
5 Elcentral
R4 startspärr- och backljusrelä
7 13-punkts relähållare
R13 startspärr- och backljusrelä
10 Gasspjäll styrenhet
26 Säkringsdosa
40 Kickdownkontakt
41 Växellådans oljetemperaturgivare och solenoidventiler 1 till 7
42 Flerfunktionskontakt
43 Automatväxellåda styrenhet
44 Väljarspakens låssolenoid
45 Växelväljarens glödlampa
46 Diagnostikkontakt
47 Växellådans hastighetsgivare
48 Bilens hastighetsgivare

- * *Endast modeller fram till januari 1996*
- ** *Endast modeller från och med januari 1996*
- *** *Endast på 1.9 TDI modeller*
- **** *Endast på 1.6/1.8 bensinmotormodeller*
- # *Endast på 1.6/1.8 liter modeller med farthållare*
- ## *Endast på 1.9 TDI modeller med farthållare*

*Typisk 4-stegs automatväxellåda (typ 01N)*

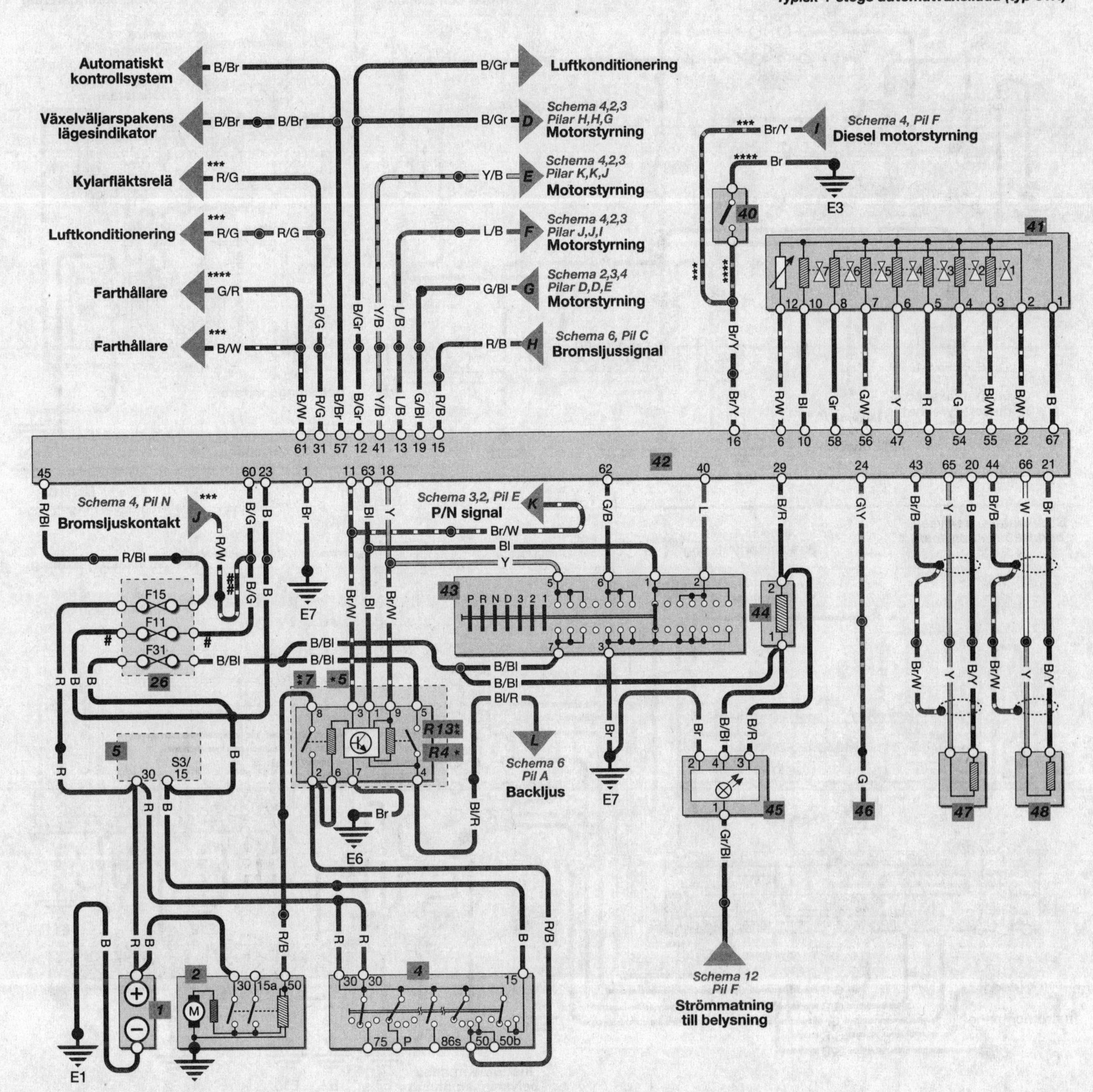

## Kopplingsschema 6

### Färgkoder

| | |
|---|---|
| W | Vit |
| R | Röd |
| Y | Gul |
| Br | Brun |
| Bl | Blå |
| Gr | Grå |
| G | Grön |
| B | Svart |
| L | Lila |

H31797

### Komponentförteckning

| | |
|---|---|
| 1 | Batteri |
| 4 | Tändningslås |
| 5 | Elcentral |
| 26 | Säkringsdosa |
| 50 | Belysningsbrytare |
| 51 | Handskfacksbelysning |
| 52 | Nummerplåtsbelysning |
| 53 | Vänster strålkastarenhet |
| 54 | Höger strålkastarenhet |
| 55 | Vänster bakljusenhet |
| 56 | Höger bakljusenhet |
| 57 | Vänster strålkastarnivåmotor |
| 58 | Höger strålkastarnivåmotor |
| 59 | Strålkastarjusterare |
| 60 | Bromsljuskontakt |
| 61 | Backljuskontakt |
| 62 | Högt monterat bromsljus |

* *Endast på modeller med manuell växellåda*
** *Endast på modeller från och med mars 1996*
*** *Endast på modeller med automatväxellåda*

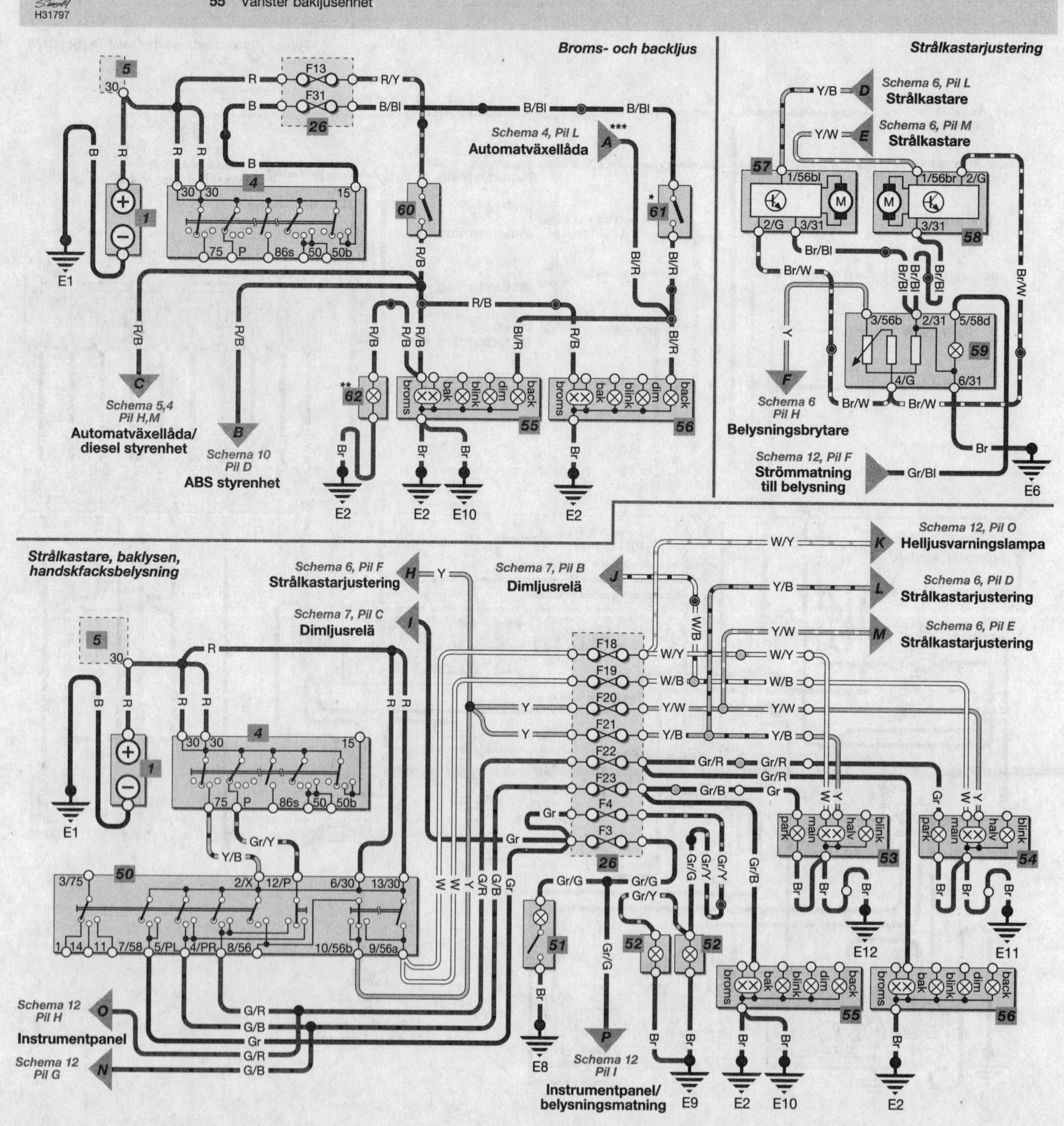

## Kopplingsschema 7

### Färgkoder

**W** Vit
**R** Röd
**Y** Gul
**Br** Brun
**Bl** Blå
**Gr** Grå
**G** Grön
**B** Svart
**L** Lila

H31798

### Komponentförteckning

**1** Batteri
**4** Tändningslås
**5** Elcentral
R1 "X"-kontakt relä
**7** 13-punkts relähållare
R10 dimljusrelä
**26** Säkringsdosa
**50** Belysningsbrytare
**53** Vänster strålkastarenhet
**54** Höger strålkastarenhet
**55** Vänster bakljusenhet
**56** Höger bakljusenhet
**65** Dimljusbrytare
**66** Bakdimljusbrytare
**67** Körriktningsvisare brytare
**68** Varningsblinkers brytare och relä
**69** Vänster körriktningsvisare
**70** Höger körriktningsvisare

*Dimljus*

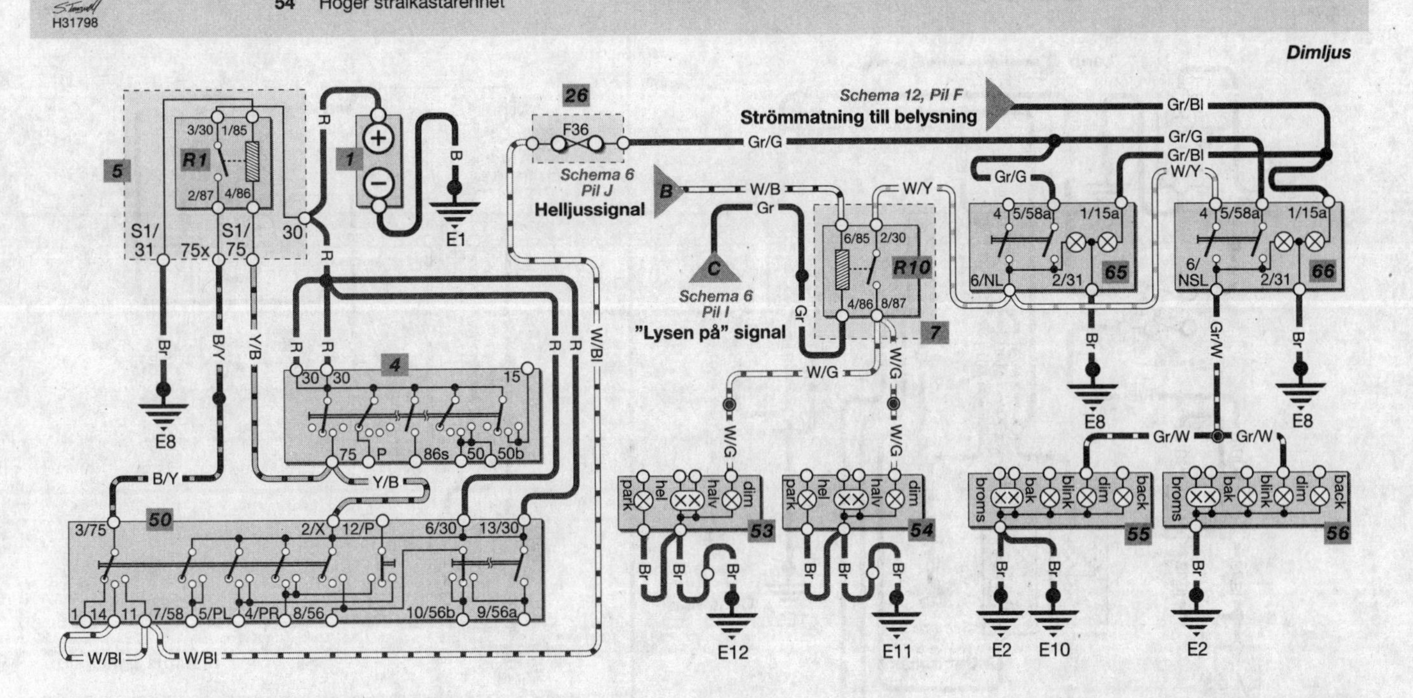


*Körriktningsvisare, varningsblinkers*

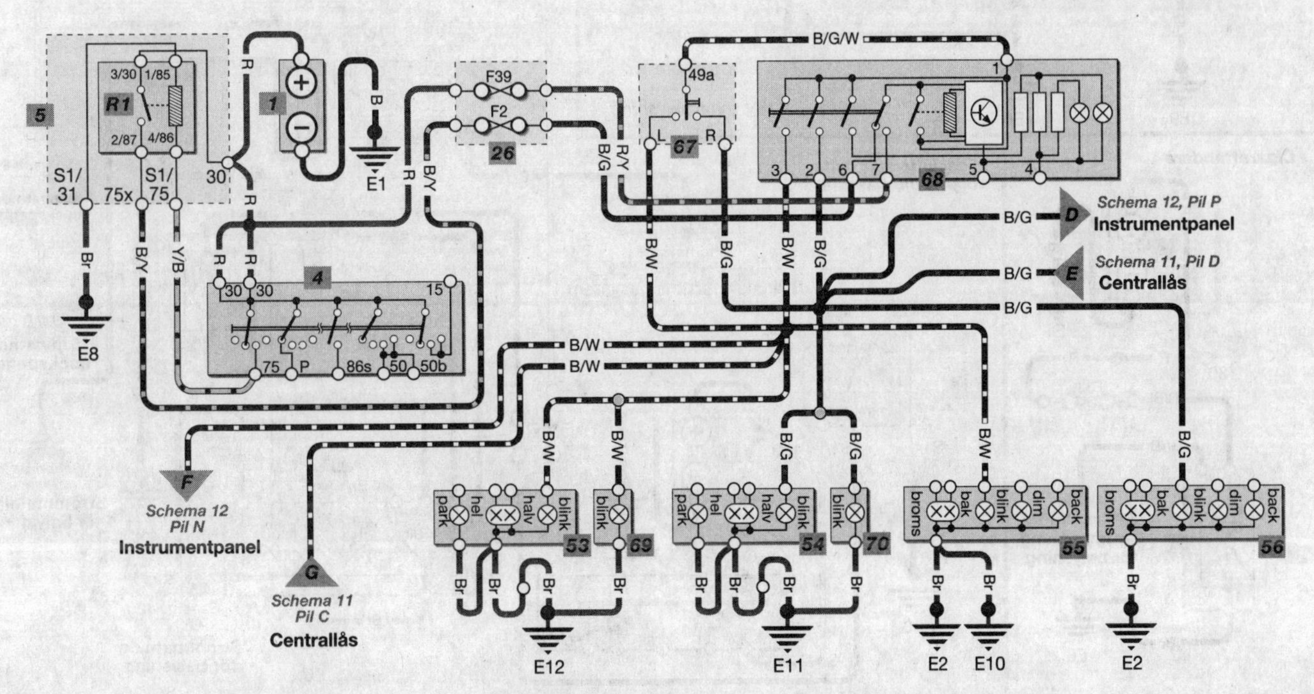

## Kopplingsschema 8

### Färgkoder

| | |
|---|---|
| W | Vit |
| R | Röd |
| Y | Gul |
| Br | Brun |
| Bl | Blå |
| Gr | Grå |
| G | Grön |
| B | Svart |
| L | Lila |

H31799

### Komponentförteckning

| | |
|---|---|
| 1 | Batteri |
| 4 | Tändningslås |
| 5 | Elcentral |
| | R1 "X"-kontakt relä |
| | R2 tvåtorns signalhorn relä |
| 26 | Säkringsdosa |
| 71 | Bagageutrymmesbelysning |
| 73 | Bagageutrymmesbelysning kontakt |
| 74 | Läslampa vänster bak |
| 75 | Läslampa höger bak |
| 76 | Belyst spegel förarsidan |
| 77 | Belyst spegel passagerarsidan |
| 78 | Högtorns signalhorn |
| 79 | Lågtorns signalhorn |
| 80 | Signalhornsstyrning |
| 81 | Cigarettändare |
| 82 | Brytare för bakruteuppvärmning |
| 83 | Seriemotstånd för friskluftsfläkt med säkring |
| 84 | Friskluftsfläkt |
| 85 | Uppvärmd bakruta |
| 86 | Friskluftsfläkt brytare |

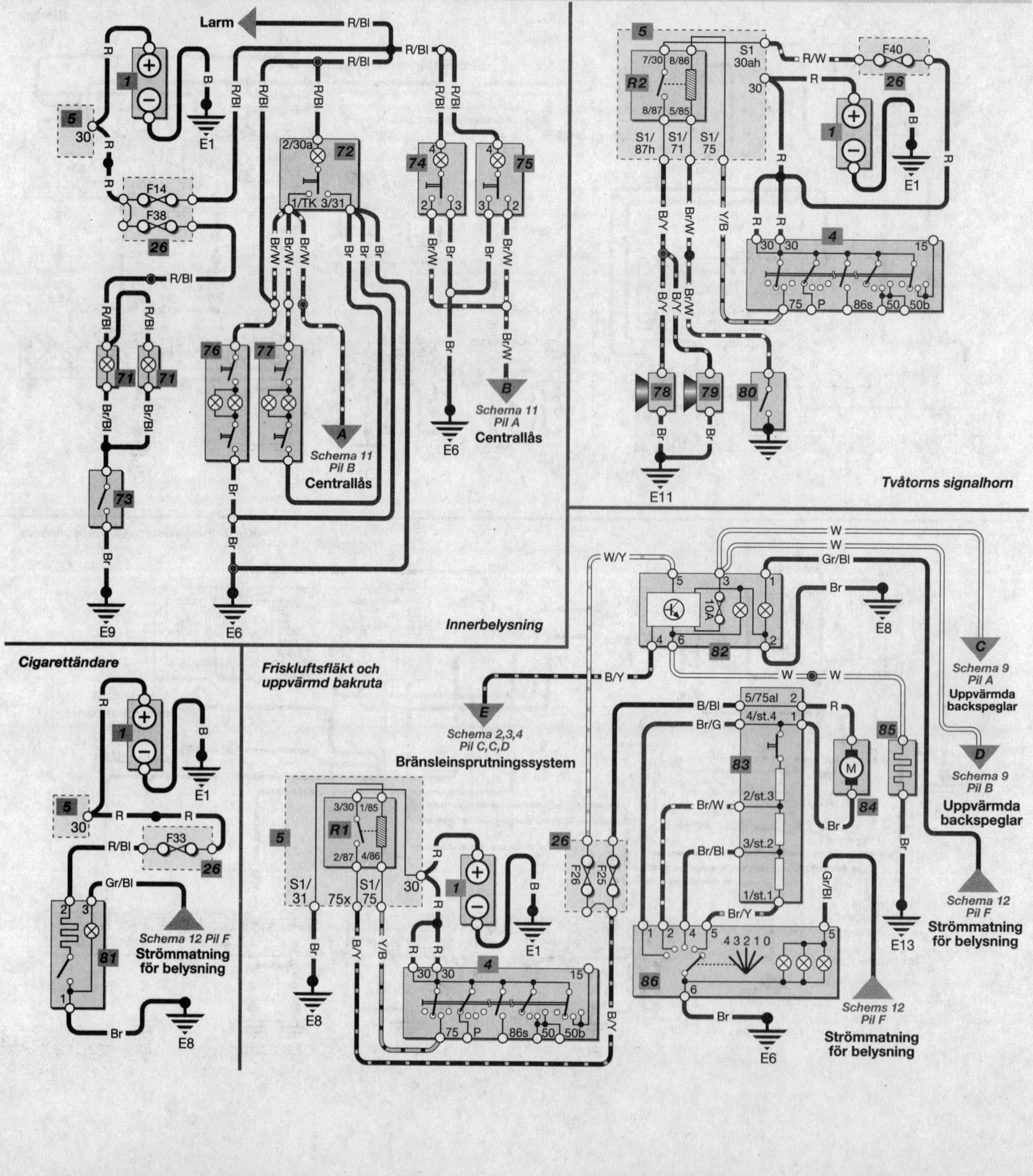

### Innerbelysning

Larm

Schema 11 Pil B Centrallås

Schema 11 Pil A Centrallås

### Tvåtorns signalhorn

### Cigarettändare

Schema 12 Pil F Strömmatning för belysning

### Friskluftsfläkt och uppvärmd bakruta

Schema 2,3,4 Pil C,C,D Bränsleinsprutningssystem

Schema 9 Pil A Uppvärmda backspeglar

Schema 9 Pil B Uppvärmda backspeglar

Schema 12 Pil F Strömmatning för belysning

Schems 12 Pil F Strömmatning för belysning

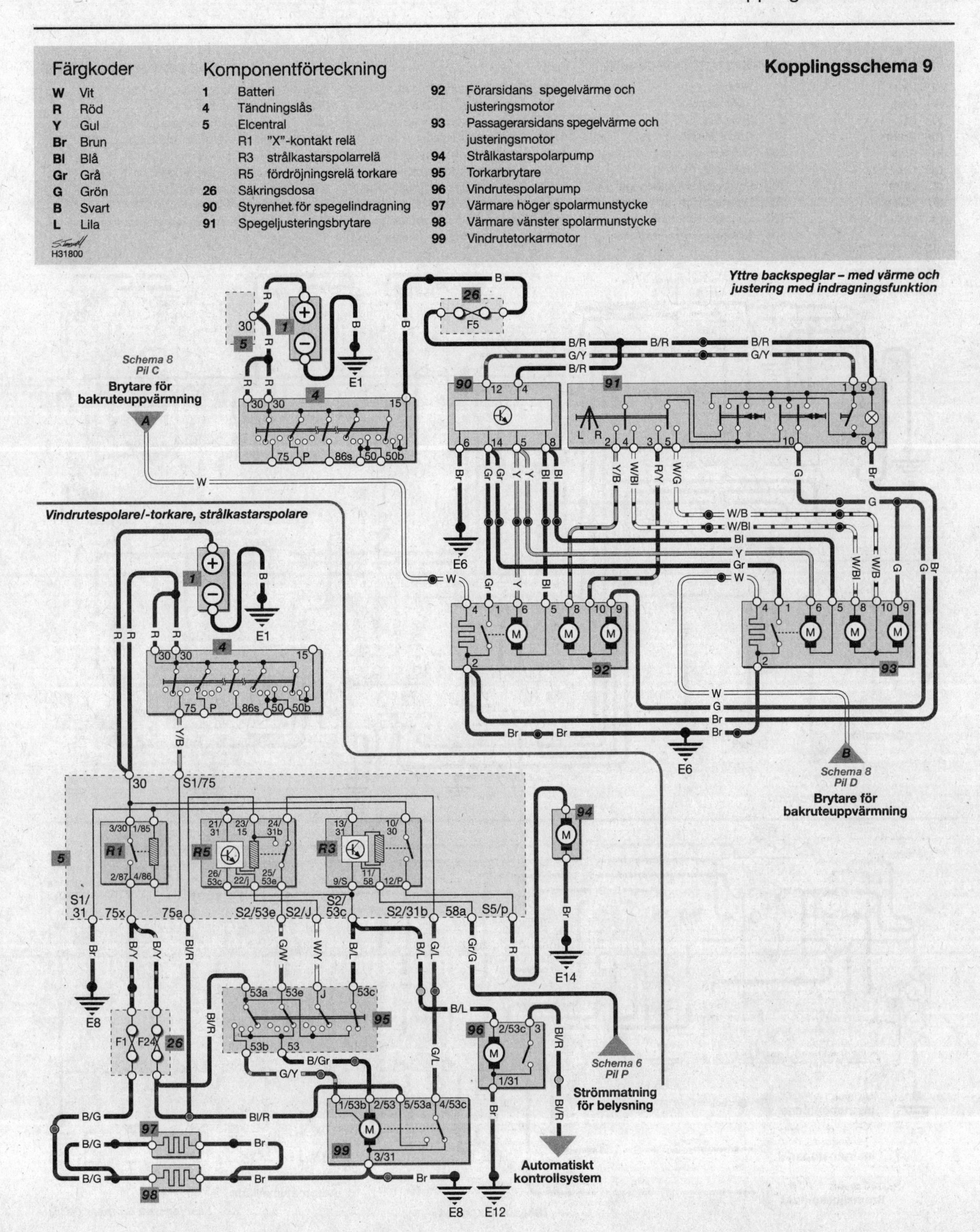

Färgkoder
W Vit
R Röd
Y Gul
Br Brun
Bl Blå
Gr Grå
G Grön
B Svart
L Lila
H31800
Komponentförteckning
1 Batteri
4 Tändningslås
5 Elcentral
R1 "X"-kontakt relä
R3 strålkastarspolarrelä
R5 fördröjningsrelä torkare
26 Säkringsdosa
90 Styrenhet för spegelindragning
91 Spegeljusteringsbrytare
92 Förarsidans spegelvärme och justeringsmotor
93 Passagerarsidans spegelvärme och justeringsmotor
94 Strålkastarspolarpump
95 Torkarbrytare
96 Vindrutespolarpump
97 Värmare höger spolarmunstycke
98 Värmare vänster spolarmunstycke
99 Vindrutetorkarmotor
Kopplingsschema 9
Yttre backspeglar – med värme och justering med indragningsfunktion
Schema 8 Pil C
Brytare för bakruteuppvärmning
Vindrutespolare/-torkare, strålkastarspolare
Schema 8 Pil D
Brytare för bakruteuppvärmning
Schema 6 Pil P
Strömmatning för belysning
Automatiskt kontrollsystem

## Kopplingsschema 10

### Färgkoder

| | |
|---|---|
| W | Vit |
| R | Röd |
| Y | Gul |
| Br | Brun |
| Bl | Blå |
| Gr | Grå |
| G | Grön |
| B | Svart |
| L | Lila |

H31801

### Komponentförteckning

| | |
|---|---|
| 1 | Batteri |
| 4 | Tändningslås |
| 5 | Elcentral |
| 26 | Säkringsdosa |
| 100 | Elfönsterhissens styrenhet (*i förardörren) |
| 101 | Fönsterhissbrytare höger fram* |
| 102 | Fönsterhissbrytare vänster bak* |
| 103 | Fönsterhissbrytare höger bak* |
| 104 | Isoleringsbrytare bakrutor |
| 105 | Fönsterhissbrytare vänster fram* |
| 106 | Fönsterhissbrytare höger fram |
| 107 | Fönsterhissbrytare vänster bak |
| 108 | Fönsterhissbrytare höger bak |
| 109 | Fönsterhissmotor vänster fram |
| 110 | Fönsterhissmotor höger fram |
| 111 | Fönsterhissmotor vänster bak |
| 112 | Fönsterhissmotor höger bak |
| 113 | Säkring för bakre fönster (30A) |
| 114 | Säkring för främre fönster (30A) |
| 150 | ABS hydraulpump säkring (50A) |
| 151 | ABS hydraulenhet |
| 152 | Antispinnsystem kontakt |
| 153 | Antispinnsystem varningslampa |
| 154 | Styrenhet för ABS med EDL |
| 155 | Hjulhastighetsgivare höger bak |
| 156 | Hjulhastighetsgivare höger fram |
| 157 | Hjulhastighetsgivare vänster bak |
| 158 | Hjulhastighetsgivare vänster fram |

*Elfönsterhissar*

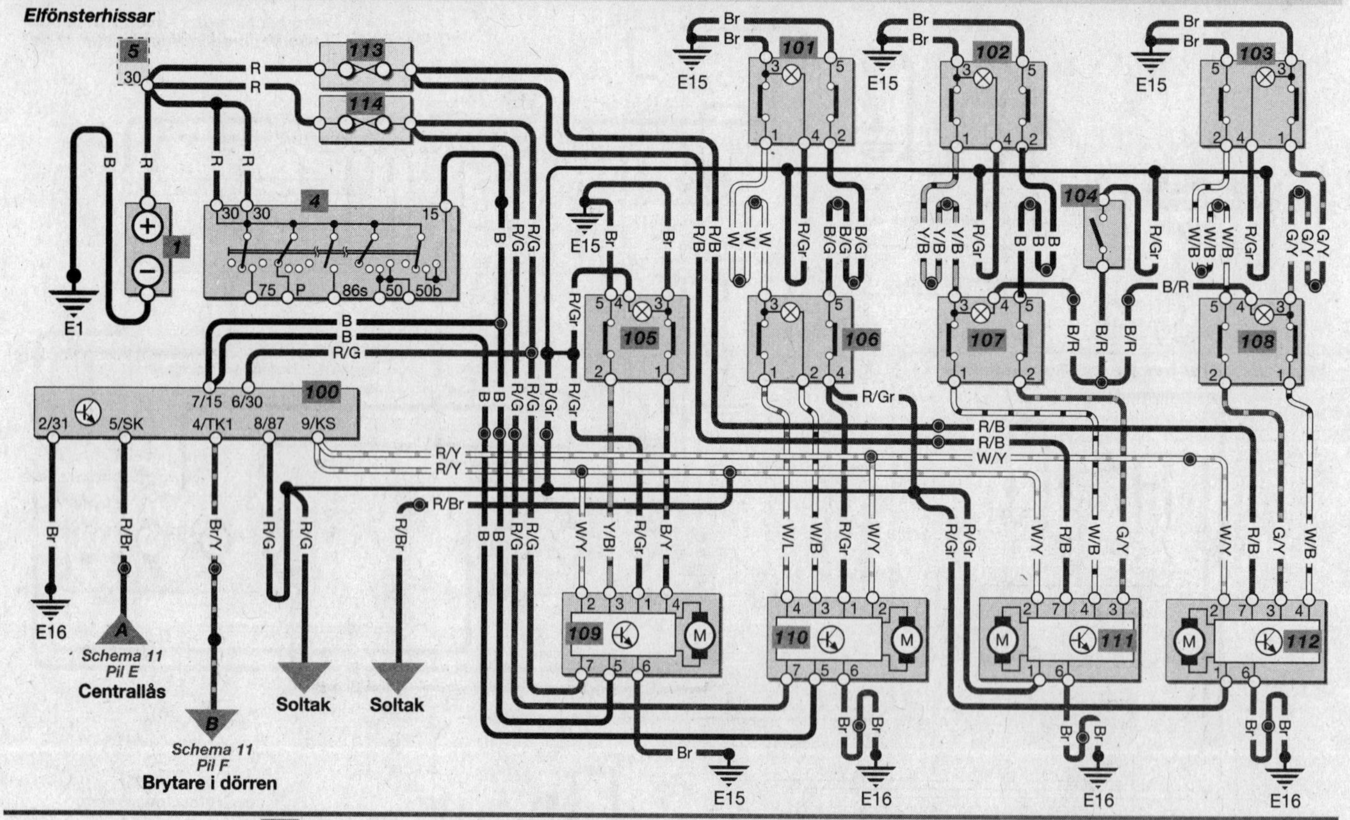


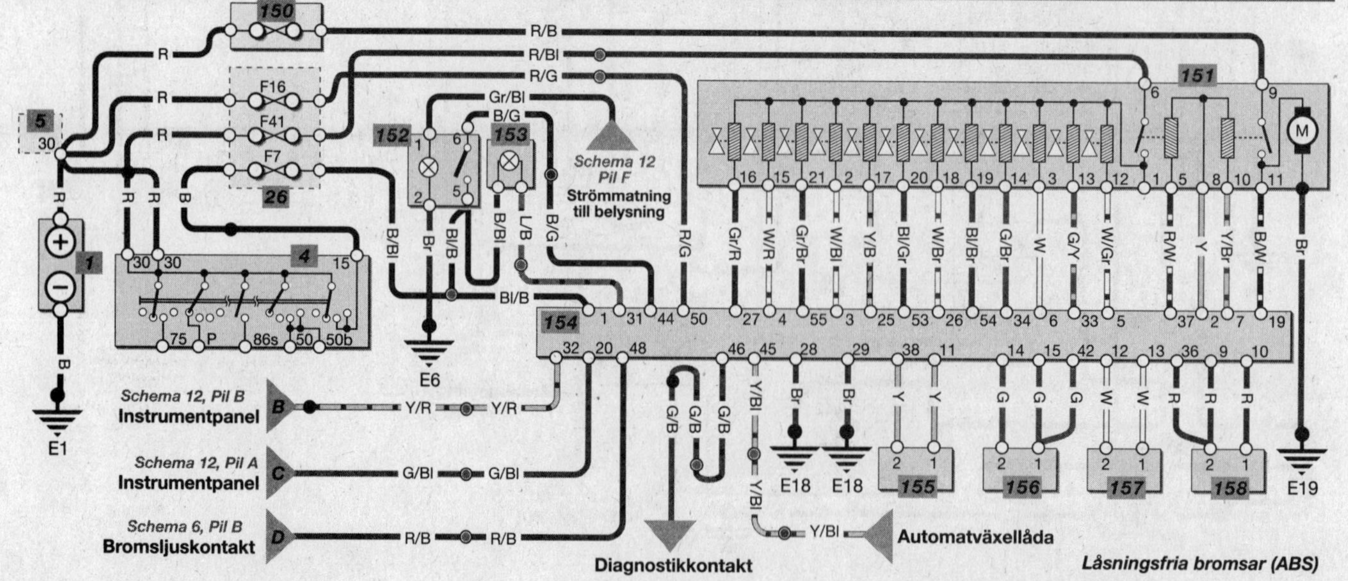


*Låsningsfria bromsar (ABS)*

## Kopplingsschema 11

### Färgkoder

| | |
|---|---|
| **W** | Vit |
| **R** | Röd |
| **Y** | Gul |
| **Br** | Brun |
| **Bl** | Blå |
| **Gr** | Grå |
| **G** | Grön |
| **B** | Svart |
| **L** | Lila |

H31802

### Komponentförteckning

| | |
|---|---|
| 1 | Batteri |
| 4 | Tändningslås |
| 5 | Elcentral |
| 26 | Säkringsdosa |
| 120 | Säkring (15A) larm och immobiliser |
| 121 | Larmsystemets varningslampa |
| 122 | Ultra-sonic sensor, styrenhet |
| 123 | Brytare för övervakning av kupé |
| 124 | Vänster ultra-sonic sensor |
| 125 | Höger ultra-sonic sensor |
| 126 | Motor för centrallås, med styrenhet för innerbelysningsbrytarens "av"-fördröjning och stöldskyddssystem |
| 127 | Centrallås- och dörrkontakt (förarsidan) |
| 128 | Centrallås- och dörrkontakt (passagerarsidan) |
| 129 | Dörrkontakt vänster bak |
| 130 | Dörrkontakt höger bak |
| 131 | Låscylinderkontakt |
| 132 | Dörrhandtagets kontakt för larm (förarsidan) |
| 133 | Dörrhandtagets kontakt för larm (passagerarsidan) |
| 134 | Kontakt i baklucka |
| 135 | Vänster infraröd sensor (centrallås) |
| 136 | Höger infraröd sensor (centrallås) |
| 137 | Signalhorn för larmsystem |
| 138 | Kontakt för larmsystem |

***Centrallåssystem och innerbelysningens fördröjning***

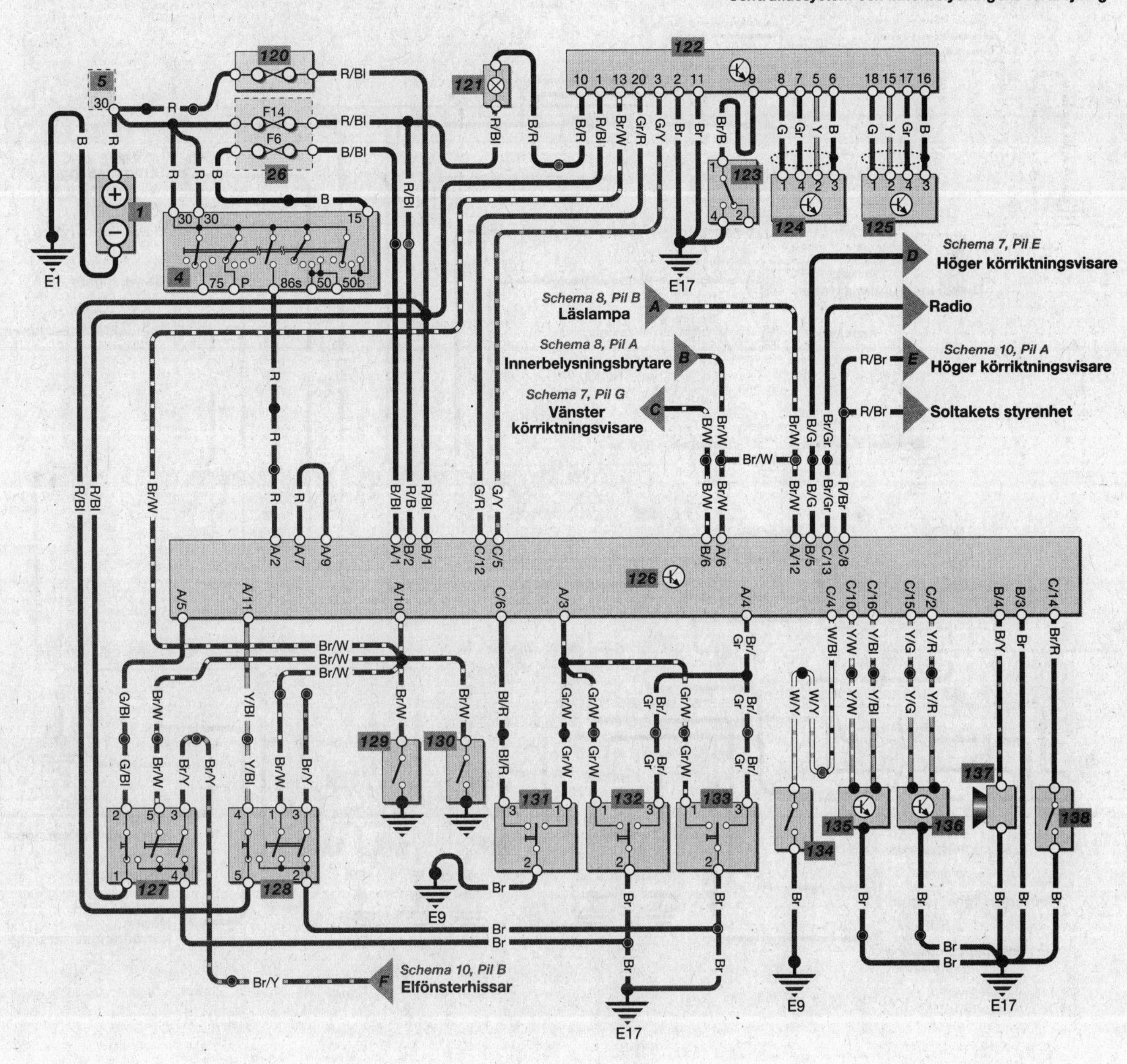

## Kopplingsschema 12

### Färgkoder

| | |
|---|---|
| **W** | Vit |
| **R** | Röd |
| **Y** | Gul |
| **Br** | Brun |
| **Bl** | Blå |
| **Gr** | Grå |
| **G** | Grön |
| **B** | Svart |
| **L** | Lila |

H31803

### Komponentförteckning

**1** Batteri
**4** Tändningslås
**5** Elcentral
**26** Säkringsdosa
**140** Instrumentpanel
- a Analog klocka
- b Summer
- d Bränslemätare
- e Kylvätsketemperaturgivare
- f Varvräknare
- g Oljetemperaturmätare
- h Hastighetsmätare
- i Laddningslampa
- j Handbromsvarningslampa
- k ABS varningslampa
- l Krockkudde varningslampa
- n Glödperiodslampa
- o Immobiliser varningslampa
- p Höger körriktningsvisarsignal
- q Helljusvarningslampa
- r Vänster körriktningsvisare

**141** Oljetryckskontakt
**142** Oljetemperaturgivare
**143** Kylvätskenivåkontakt
**144** Bränslenivågivare
**145** Bilens hastighetsgivare
**146** Kylvätsketemperaturgivare
**147** Handbromskontakt

*Instrumentpanel*

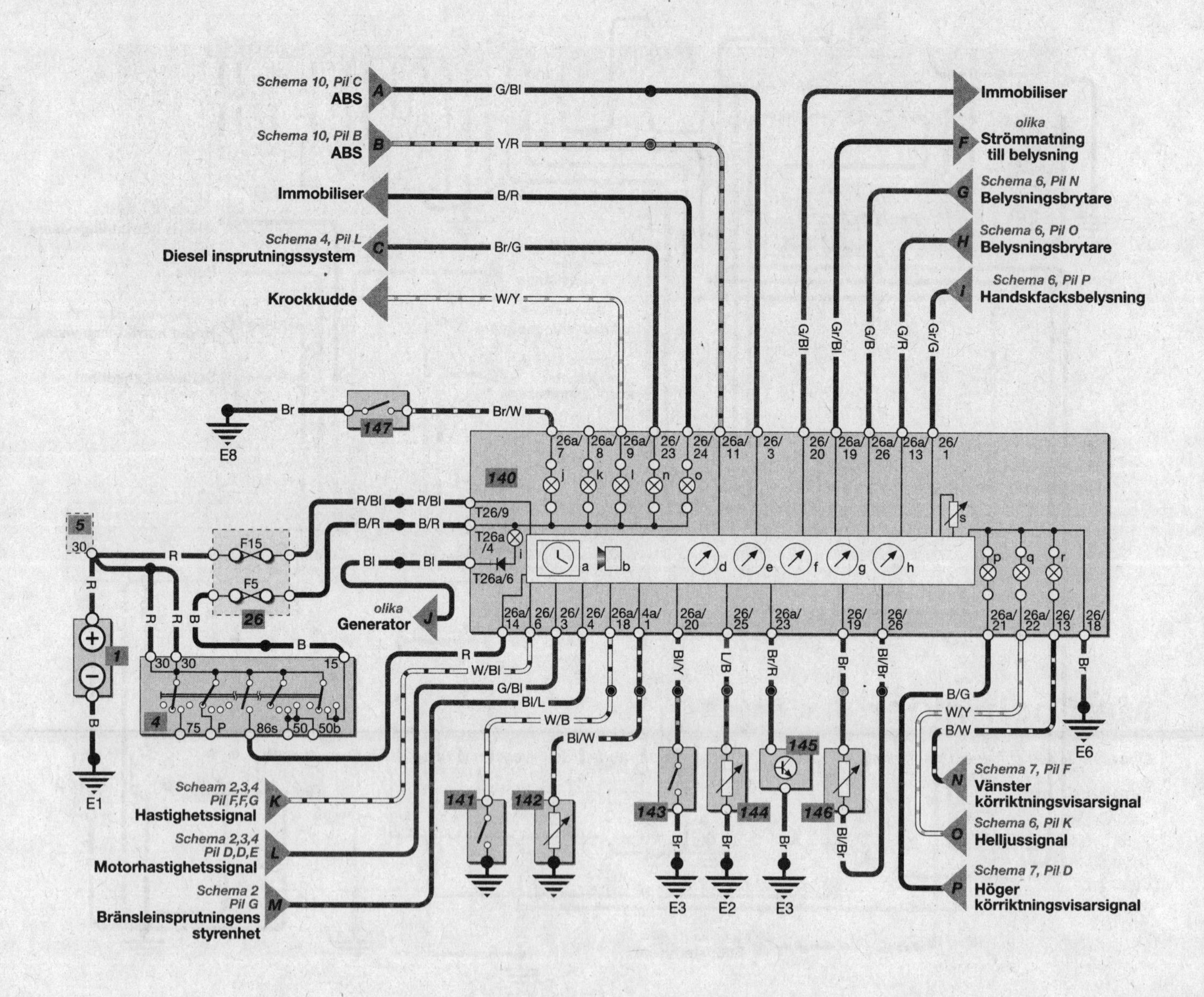

# Mått och vikter

**Observera:** *Alla siffror är ungefärliga och kan variera beroende på modell. Se tillverkarens uppgifter för exakta mått.*

## Dimensioner

| | |
|---|---|
| Total längd | 4479 mm |
| Total bredd | 1733 mm |
| Total höjd (olastad) | 1415 mm |
| Vändradie | 11,1 m |

## Vikter

| | |
|---|---|
| Fordonets vikt utan förare och last: | |
| Modeller med bensinmotor | |
| 1.6 liter | 1185 kg (manuell) eller 1205 kg (automatisk) |
| 1.8 liter | 1220 kg (manuell) eller 1240 kg (automatisk) |
| Modeller med dieselmotor | 1240 kg (manuell) eller 1260 kg (automatisk) |
| Max bogseringsvikt: | |
| Släpvagn utan bromsar | 630 till 690 kg |
| Släpvagn med bromsar | 1350 till 1600 kg |
| Maximal taklast | 75 kg |

# Inköp av reservdelar

Reservdelar finns att köpa från ett antal olika ställen, till exempel Audiverkstäder, tillbehörsbutiker och grossister. För att man säkert ska få rätt del krävs att bilens chassinummer uppges. Ta om möjligt med den gamla delen för säker identifiering. Många delar, t.ex. startmotor och generator, finns att få som fabriksrenoverade utbytesdelar – delar som returneras ska naturligtvis alltid vara rena.

Vårt råd när det gäller reservdelar är följande.

### Auktoriserade Audiverkstäder

Detta är det bästa inköpsstället för delar som är specifika för just din bil och inte är allmänt tillgängliga (märken, klädsel, etc.). Köp alltid reservdelar här om bilen fortfarande har gällande garanti.

### Tillbehörsbutiker

Dessa är ofta bra ställen för inköp av underhållsmaterial (olje-, luft- och bränslefilter, glödlampor, drivremmar, fett, bromsbackar, bättringslack, etc). Tillbehör av detta slag som säljs av välkända butiker håller samma standard som de som används av biltillverkaren.

Förutom reservdelar säljer dessa butiker även verktyg och allmänna tillbehör, de har ofta bekväma öppettider, tar mindre betalt och ligger ofta på bekvämt avstånd. Vissa tillbehörsbutiker säljer reservdelar rakt över disk.

### Grossister

Bra grossister lagerhåller alla viktigare komponenter som kan slitas ut relativt snabbt. De kan också ibland tillhandahålla enskilda komponenter som behövs för renovering av en större enhet (t.ex. bromstätningar och hydrauliska delar, lagerskålar, kolvar, ventiler, etc). I vissa fall kan de också ta hand om större arbeten, som omborrning av motorblocket, omslipning av vevaxlar, etc.

### Specialister på däck och avgassystem

Dessa kan vara oberoende återförsäljare eller ingå i större kedjor. De har ofta bra priser jämfört med märkesverkstäder, men det lönar sig att undersöka priser hos flera försäljare innan man bestämmer sig. Vid undersökning av priser, kontrollera även vad som ingår – vanligen kostar det t.ex. extra för ventiler och balansering när man köper ett däck.

### Andra inköpsställen

Var misstänksam när det gäller delar som säljs på loppmarknader och liknande. Reservdelar från sådana ställen är inte alltid av usel kvalitet, men man har mycket liten chans att reklamera köpet om de visar sig vara otillfredsställande. Köper man komponenter som är avgörande för säkerheten, som t.ex. bromsklossar, på ett sådant ställe riskerar man inte bara sina pengar utan även sin egen och andras säkerhet.

Begagnade delar eller delar från en bilskrot kan vara prisvärda i vissa fall, men sådana inköp bör helst göras av en mycket erfaren hemmamekaniker.

# Identifikationsnummer

Inom biltillverkningen sker modifieringar av modeller fortlöpande, men det är endast de större modelländringarna som publiceras. Reservdelskataloger och listor sammanställs på numerisk bas, så bilens identifikationsnummer är mycket viktiga för att man ska få tag i rätt reservdelar.

Lämna alltid så mycket information som möjligt vid beställning av reservdelar. Ange årsmodell, chassinummer och motornummer då det behövs.

*Chassinummerplåten* är placerad baktill i motorrummet **(se bild)**. Dessutom sitter en *chassinummeretikett* fäst under det bakre bagageutrymmets golvklädsel **(se bild)**.

*Chassinumret* hittas även inpräglat på motorrummets bakre panel **(se bild)**.

*Motornumret* är instansat på motorblockets vänstra sida.

*Övriga identifikationsnummer* eller koder är inpräglade på större komponenter som växellådan, etc. Dessa nummer är inget en hemmamekaniker normalt behöver bry sig om.

***Chassinummerplåten* återfinns baktill i motorrummet**

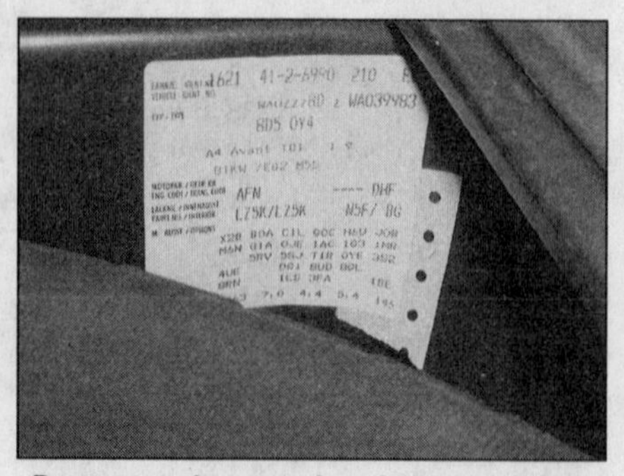

**Dessutom sitter en *chassinummeretikett* fäst under det bakre bagageutrymmets golvklädsel.**

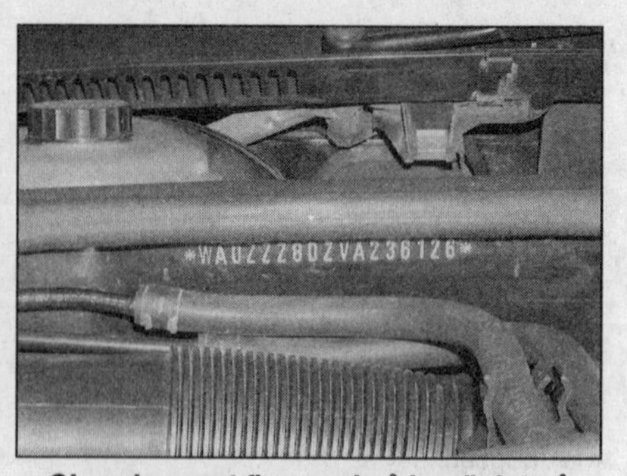


***Chassinumret* finns också inpräglat på motorrummets bakre panel**

När service, reparationer och renoveringar utförs på en bil eller bildel bör följande beskrivningar och instruktioner följas. Detta för att reparationen ska utföras så effektivt och fackmannamässigt som möjligt.

## Tätningsytor och packningar

Vid isärtagande av delar vid deras tätningsytor ska dessa aldrig bändas isär med skruvmejsel eller liknande. Detta kan orsaka allvarliga skador som resulterar i oljeläckage, kylvätskeläckage etc. efter montering. Delarna tas vanligen isär genom att man knackar längs fogen med en mjuk klubba. Lägg dock märke till att denna metod kanske inte är lämplig i de fall styrstift används för exakt placering av delar.

Där en packning används mellan två ytor måste den bytas vid ihopsättning. Såvida inte annat anges i den aktuella arbetsbeskrivningen ska den monteras torr. Se till att tätningsytorna är rena och torra och att alla spår av den gamla packningen är borttagna. Vid rengöring av en tätningsyta ska sådana verktyg användas som inte skadar den. Små grader och repor tas bort med bryne eller en finskuren fil.

Rensa gängade hål med piprensare och håll dem fria från tätningsmedel då sådant används, såvida inte annat direkt specificeras.

Se till att alla öppningar, hål och kanaler är rena och blås ur dem, helst med tryckluft.

## Oljetätningar

Oljetätningar kan tas ut genom att de bänds ut med en bred spårskruvmejsel eller liknande. Alternativt kan ett antal självgängande skruvar dras in i tätningen och användas som dragpunkter för en tång, så att den kan dras rakt ut.

När en oljetätning tas bort från sin plats, ensam eller som en del av en enhet, ska den alltid kasseras och bytas ut mot en ny.

Tätningsläpparna är tunna och skadas lätt och de tätar inte annat än om kontaktytan är fullständigt ren och oskadad. Om den ursprungliga tätningsytan på delen inte kan återställas till perfekt skick och tillverkaren inte gett utrymme för en viss omplacering av tätningen på kontaktytan, måste delen i fråga bytas ut.

Skydda tätningsläpparna från ytor som kan skada dem under monteringen. Använd tejp eller konisk hylsa där så är möjligt. Smörj läpparna med olja innan monteringen. Om oljetätningen har dubbla läppar ska utrymmet mellan dessa fyllas med fett.

Såvida inte annat anges ska oljetätningar monteras med tätningsläpparna mot det smörjmedel som de ska täta för.

Använd en rörformad dorn eller en träbit i lämplig storlek till att knacka tätningarna på plats. Om sätet är försedd med skuldra, driv tätningen mot den. Om sätet saknar skuldra bör tätningen monteras så att den går jäms med sätets yta (såvida inte annat uttryckligen anges).

## Skruvgängor och infästningar

Muttrar, bultar och skruvar som kärvar är ett vanligt förekommande problem när en komponent har börjat rosta. Bruk av rostupplösningsolja och andra krypsmörjmedel löser ofta detta om man dränker in delen som kärvar en stund innan man försöker lossa den. Slagskruvmejsel kan ibland lossa envist fastsittande infästningar när de används tillsammans med rätt mejselhuvud eller hylsa. Om inget av detta fungerar kan försiktig värmning eller i värsta fall bågfil eller mutterspräckare användas.

Pinnbultar tas vanligen ut genom att två muttrar låses vid varandra på den gängade delen och att en blocknyckel sedan vrider den undre muttern så att pinnbulten kan skruvas ut. Bultar som brutits av under fästytan kan ibland avlägsnas med en lämplig bultutdragare. Se alltid till att gängade bottenhål är helt fria från olja, fett, vatten eller andra vätskor innan bulten monteras. Underlåtenhet att göra detta kan spräcka den del som skruven dras in i, tack vare det hydrauliska tryck som uppstår när en bult dras in i ett vätskefyllt hål

Vid åtdragning av en kronmutter där en saxsprint ska monteras ska muttern dras till specificerat moment om sådant anges, och därefter dras till nästa sprinthål. Lossa inte muttern för att passa in saxsprinten, såvida inte detta förfarande särskilt anges i anvisningarna.

Vid kontroll eller omdragning av mutter eller bult till ett specificerat åtdragningsmoment, ska muttern eller bulten lossas ett kvarts varv och sedan dras åt till angivet moment. Detta ska dock inte göras när vinkelåtdragning använts.

För vissa gängade infästningar, speciellt topplocksbultar/muttrar anges inte åtdragningsmoment för de sista stegen. Istället anges en vinkel för åtdragning. Vanligtvis anges ett relativt lågt åtdragningsmoment för bultar/muttrar som dras i specificerad turordning. Detta följs sedan av ett eller flera steg åtdragning med specificerade vinklar.

## Låsmuttrar, låsbleck och brickor

Varje infästning som kommer att rotera mot en komponent eller en kåpa under åtdragningen ska alltid ha en bricka mellan åtdragningsdelen och kontaktytan.

Fjäderbrickor ska alltid bytas ut när de använts till att låsa viktiga delar som exempelvis lageröverfall. Låsbleck som viks över för att låsa bult eller mutter ska alltid byts ut vid ihopsättning.

Självlåsande muttrar kan återanvändas på mindre viktiga detaljer, under förutsättning att motstånd känns vid dragning över gängen. Kom dock ihåg att självlåsande muttrar förlorar låseffekt med tiden och därför alltid bör bytas ut som en rutinåtgärd.

Saxsprintar ska alltid bytas mot nya i rätt storlek för hålet.

När gänglåsmedel påträffas på gängor på en komponent som ska återanvändas bör man göra ren den med en stålborste och lösningsmedel. Applicera nytt gänglåsningsmedel vid montering.

## Specialverktyg

Vissa arbeten i denna handbok förutsätter användning av specialverktyg som pressar, avdragare, fjäderkompressorer med mera. Där så är möjligt beskrivs lämpliga lättillgängliga alternativ till tillverkarens specialverktyg och hur dessa används. I vissa fall, där inga alternativ finns, har det varit nödvändigt att använda tillverkarens specialverktyg. Detta har gjorts av säkerhetsskäl, likväl som för att reparationerna ska utföras så effektivt och bra som möjligt. Såvida du inte är mycket kunnig och har stora kunskaper om det arbetsmoment som beskrivs, ska du aldrig försöka använda annat än specialverktyg när sådana anges i anvisningarna. Det föreligger inte bara stor risk för personskador, utan kostbara skador kan också uppstå på komponenterna.

## Miljöhänsyn

Vid sluthantering av förbrukad motorolja, bromsvätska, frostskydd etc. ska all vederbörlig hänsyn tas för att skydda miljön. Ingen av ovan nämnda vätskor får hällas ut i avloppet eller direkt på marken. Kommunernas avfallshantering har kapacitet för hantering av miljöfarligt avfall liksom vissa verkstäder. Om inga av dessa finns tillgängliga i din närhet, fråga hälsoskyddskontoret i din kommun om råd.

I och med de allt strängare miljöskyddslagarna beträffande utsläpp av miljöfarliga ämnen från motorfordon har alltfler bilar numera justersäkringar monterade på de mest avgörande justeringspunkterna för bränslesystemet. Dessa är i första hand avsedda att förhindra okvalificerade personer från att justera bränsle/luftblandningen och därmed riskerar en ökning av giftiga utsläpp. Om sådana justersäkringar påträffas under service eller reparationsarbete ska de, närhelst möjligt, bytas eller sättas tillbaka i enlighet med tillverkarens rekommendationer eller aktuell lagstiftning.

# Lyftning och stödpunkter

Domkraften som följer med bilens verktygslåda bör endast användas för att byta hjul – se *Hjulbyte* i början av den här handboken. Vid alla andra arbeten ska bilen lyftas med en hydraulisk garagedomkraft, som alltid ska åtföljas av pallbockar under bilens stödpunkter.

När en garagedomkraft eller pallbockar används ska domkraftens eller pallbockens huvud alltid ställas under eller alldeles intill de relevanta stödpunkterna under tröskiarna **(se bild)**. Använd ett träblock mellan domkraften eller pallbocken och tröskeln.

Försök inte placera domkraften under den främre tvärbalken, sumpen eller någon del av fjädringen.

Den domkraft som följer med bilen passar in i stödpunkterna under tröskiarna – se *Hjulbyte* i början av den här handboken. Se till att domkraftens huvud är korrekt placerat innan du börjar lyfta bilen.

Arbeta **aldrig** under, runt eller i närheten av en lyft bil om den inte har ordentligt stöd på minst två punkter.

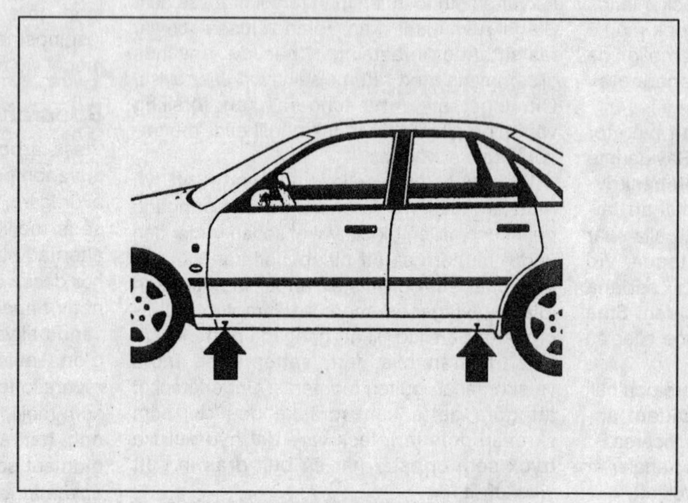

**Stödpunkter för hjulbyte (vid pilarna)**

# Stöldskyddssystem för ljudanläggning – föreskrifter

Den ljudanläggning som monteras av Audi som standardutrustning har en inbyggd stöldskyddskod. Om strömmen till anläggningen bryts aktiveras stöldskyddet. Även om strömmen omedelbart återställs kommer enheten inte att fungera förrän korrekt kod har knappats in. Om du inte känner till koden för ljudanläggningen bör du inte lossa batteriets jordledning eller ta ut enheten ur bilen.

## Inledning

En uppsättning bra verktyg är ett grundläggande krav för var och en som överväger att underhålla och reparera ett motorfordon. För de ägare som saknar sådana kan inköpet av dessa bli en märkbar utgift, som dock uppvägs till en viss del av de besparingar som görs i och med det egna arbetet. Om de anskaffade verktygen uppfyller grundläggande säkerhets- och kvalitetskrav kommer de att hålla i många år och visa sig vara en värdefull investering.

För att hjälpa bilägaren att avgöra vilka verktyg som behövs för att utföra de arbeten som beskrivs i denna handbok har vi sammanställt tre listor med följande rubriker: *Underhåll och mindre reparationer, Reparation och renovering* samt *Specialverktyg*. Nybörjaren bör starta med det första sortimentet och begränsa sig till enklare arbeten på fordonet. Allt eftersom erfarenhet och självförtroende växer kan man sedan prova svårare uppgifter och köpa fler verktyg när och om det behövs. På detta sätt kan den grundläggande verktygssatsen med tiden utvidgas till en reparations- och renoveringssats utan några större enskilda kontantutlägg. Den erfarne hemmamekanikern har redan en verktygssats som räcker till de flesta reparationer och renoveringar och kommer att välja verktyg från specialkategorin när han känner att utgiften är berättigad för den användning verktyget kan ha.

## Underhåll och mindre reparationer

Verktygen i den här listan ska betraktas som ett minimum av vad som behövs för rutinmässigt underhåll, service och mindre reparationsarbeten. Vi rekommenderar att man köper blocknycklar (ring i ena änden och öppen i den andra), även om de är dyrare än de med öppen ände, eftersom man får båda sorternas fördelar.

- ☐ *Blocknycklar - 8, 9, 10, 11, 12, 13, 14, 15, 17 och 19 mm*
- ☐ *Skiftnyckel - 35 mm gap (ca.)*
- ☐ *Tändstiftsnyckel (med gummifoder)*
- ☐ *Verktyg för justering av tändstiftens elektrodavstånd*
- ☐ *Sats med bladmått*
- ☐ *Nyckel för avluftning av bromsar*
- ☐ *Skruvmejslar:*
  *Spårmejsel - 100 mm lång x 6 mm diameter*
  *Stjärnmejsel - 100 mm lång x 6 mm diameter*
- ☐ *Kombinationstång*
- ☐ *Bågfil (liten)*
- ☐ *Däckpump*
- ☐ *Däcktrycksmätare*
- ☐ *Oljekanna*
- ☐ *Verktyg för demontering av oljefilter*
- ☐ *Fin slipduk*
- ☐ *Stålborste (liten)*
- ☐ *Tratt (medelstor)*

## Reparation och renovering

Dessa verktyg är ovärderliga för alla som utför större reparationer på ett motorfordon och tillkommer till de som angivits för *Underhåll och mindre reparationer*. I denna lista ingår en grundläggande sats hylsor. Även om dessa är dyra, är de oumbärliga i och med sin mångsidighet - speciellt om satsen innehåller olika typer av drivenheter. Vi rekommenderar 1/2-tums fattning på hylsorna eftersom de flesta momentnycklar har denna fattning.

Verktygen i denna lista kan ibland behöva kompletteras med verktyg från listan för *Specialverktyg*.

- ☐ *Hylsor, dimensioner enligt föregående lista* ***(se bild)***
- ☐ *Spärrskaft med vändbar riktning (för användning med hylsor)* ***(se bild)***
- ☐ *Förlängare, 250 mm (för användning med hylsor)*
- ☐ *Universalknut (för användning med hylsor)*
- ☐ *Momentnyckel (för användning med hylsor)*
- ☐ *Självlåsande tänger*
- ☐ *Kulhammare*
- ☐ *Mjuk klubba (plast/aluminium eller gummi)*
- ☐ *Skruvmejslar:*
  *Spårmejsel - en lång och kraftig, en kort (knubbig) och en smal (elektrikertyp)*
  *Stjärnmejsel - en lång och kraftig och en kort (knubbig)*
- ☐ *Tänger:*
  *Spetsnostång/plattång*
  *Sidavbitare (elektrikertyp)*
  *Låsringstång (inre och yttre)*
- ☐ *Huggmejsel - 25 mm*
- ☐ *Ritspets*
- ☐ *Skrapa*
- ☐ *Körnare*
- ☐ *Purr*
- ☐ *Bågfil*
- ☐ *Bromsslangklämma*
- ☐ *Avluftningssats för bromsar/koppling*
- ☐ *Urval av borrar*
- ☐ *Stållinjal*
- ☐ *Insexnycklar (inkl Torxtyp/med splines)* ***(se bild)***
- ☐ *Sats med filar*
- ☐ *Stor stålborste*
- ☐ *Pallbockar*
- ☐ *Domkraft (garagedomkraft eller en stabil pelarmodell)*
- ☐ *Arbetslampa med förlängningssladd*

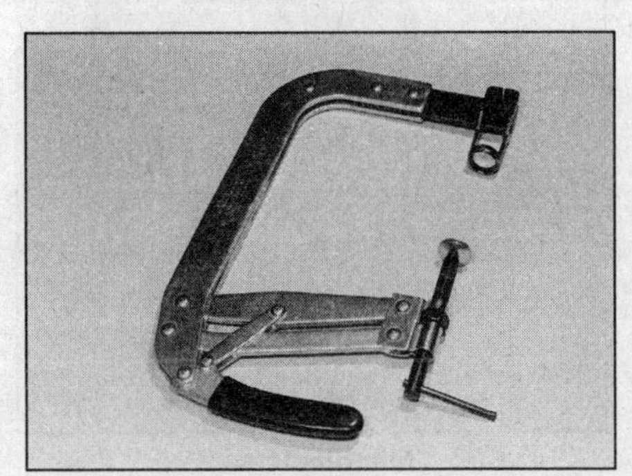

**Ventilfjäderkompressor (ventilbåge)**

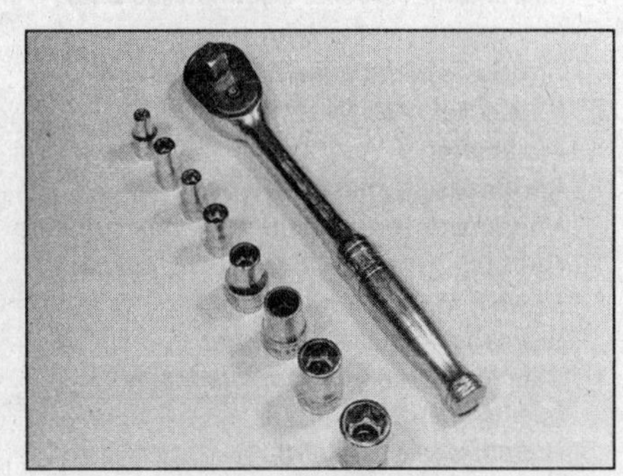

**Hylsor och spärrskaft**

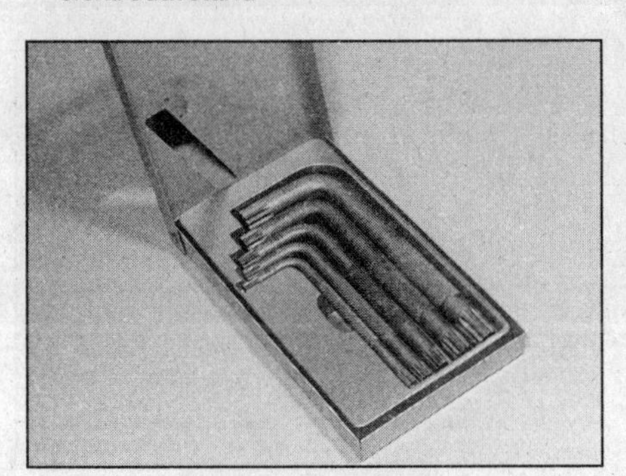

**Nycklar med splines**

**Kolvringskompressor**

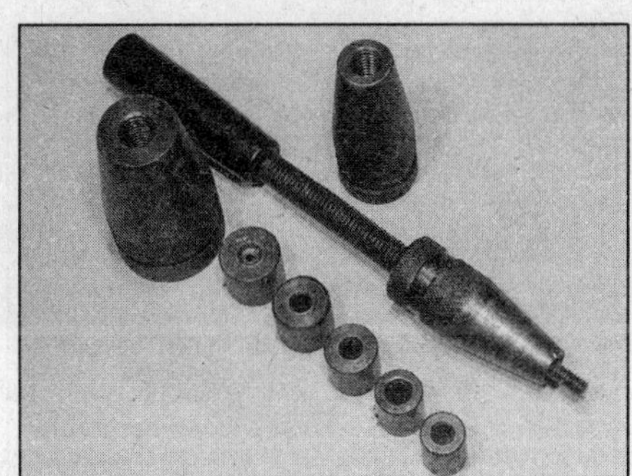

**Centreringsverktyg för koppling**

### *Specialverktyg*

Verktygen i denna lista är de som inte används regelbundet, är dyra i inköp eller som måste användas enligt tillverkarens anvisningar. Det är bara om du relativt ofta kommer att utföra tämligen svåra jobb som många av dessa verktyg är lönsamma att köpa. Du kan också överväga att gå samman med någon vän (eller gå med i en motorklubb) och göra ett gemensamt inköp, hyra eller låna verktyg om så är möjligt.

Följande lista upptar endast verktyg och instrument som är allmänt tillgängliga och inte sådana som framställs av biltillverkaren speciellt för auktoriserade verkstäder. Ibland nämns dock sådana verktyg i texten. I allmänhet anges en alternativ metod att utföra arbetet utan specialverktyg. Ibland finns emellertid inget alternativ till tillverkarens specialverktyg. När så är fallet och relevant verktyg inte kan köpas, hyras eller lånas har du inget annat val än att lämna bilen till en auktoriserad verkstad.

- ☐ *Ventilfjäderkompressor* ***(se bild)***
- ☐ *Ventilslipningsverktyg*
- ☐ *Kolvringskompressor* ***(se bild)***
- ☐ *Verktyg för demontering/montering av kolvringar*
- ☐ *Honingsverktyg*
- ☐ *Kulledsavdragare*
- ☐ *Spiralfjäderkompressor (där tillämplig)*
- ☐ *Nav/lageravdragare, två/tre ben*
- ☐ *Slagskruvmejsel*
- ☐ *Mikrometer och/eller skjutmått* ***(se bild)***
- ☐ *Indikatorklocka* ***(se bild)***
- ☐ *Stroboskoplampa* ***(se bild)***
- ☐ *Kamvinkelmätare/varvräknare*
- ☐ *Multimeter*
- ☐ *Kompressionsmätare* ***(se bild)***
- ☐ *Handmanövrerad vakuumpump och mätare*
- ☐ *Centreringsverktyg för koppling* ***(se bild)***
- ☐ *Verktyg för demontering av bromsbackarnas fjäderskålar*
- ☐ *Sats för montering/demontering av bussningar och lager*
- ☐ *Bultutdragare* ***(se bild)***
- ☐ *Gängningssats*
- ☐ *Lyftblock*
- ☐ *Garagedomkraft*

### *Inköp av verktyg*

När det gäller inköp av verktyg är det i regel bättre att vända sig till en specialist som har ett större sortiment än t ex tillbehörsbutiker och bensinmackar. Tillbehörsbutiker och andra försöljningsställen kan dock erbjuda utmärkta verktyg till låga priser, så det kan löna sig att söka.

Det finns gott om bra verktyg till låga priser, men se till att verktygen uppfyller grundläggande krav på funktion och säkerhet. Fråga gärna någon kunnig person om råd före inköpet.

### *Vård och underhåll av verktyg*

Efter inköp av ett antal verktyg är det nödvändigt att hålla verktygen rena och i fullgott skick. Efter användning, rengör alltid verktygen innan de läggs undan. Låt dem inte ligga framme sedan de använts. En enkel upphängningsanordning på väggen för t ex skruvmejslar och tänger är en bra idé. Nycklar och hylsor bör förvaras i metalllådor. Mätinstrument av skilda slag ska förvaras på platser där de inte kan komma till skada eller börja rosta.

Lägg ner lite omsorg på de verktyg som används. Hammarhuvuden får märken och skruvmejslar slits i spetsen med tiden. Lite polering med slippapper eller en fil återställer snabbt sådana verktyg till gott skick igen.

### *Arbetsutrymmen*

När man diskuterar verktyg får man inte glömma själva arbetsplatsen. Om mer än rutinunderhåll ska utföras bör man skaffa en lämplig arbetsplats.

Vi är medvetna om att många bilägare/hemmamekaniker av omständigheterna tvingas att lyfta ur motor eller liknande utan tillgång till garage eller verkstad. Men när detta är gjort ska fortsättningen av arbetet göras inomhus.

Närhelst möjligt ska isärtagning ske på en ren, plan arbetsbänk eller ett bord med passande arbetshöjd.

En arbetsbänk behöver ett skruvstycke. En käftöppning om 100 mm räcker väl till för de flesta arbeten. Som tidigare sagts, ett rent och torrt förvaringsutrymme krävs för verktyg liksom för smörjmedel, rengöringsmedel, bättringslack (som också måste förvaras frostfritt) och liknande.

Ett annat verktyg som kan behövas och som har en mycket bred användning är en elektrisk borrmaskin med en chuckstorlek om minst 8 mm. Denna, tillsammans med en sats spiralborrar, är i praktiken oumbärlig för montering av tillbehör.

Sist, men inte minst, ha alltid ett förråd med gamla tidningar och rena luddfria trasor tillgängliga och håll arbetsplatsen så ren som möjligt.

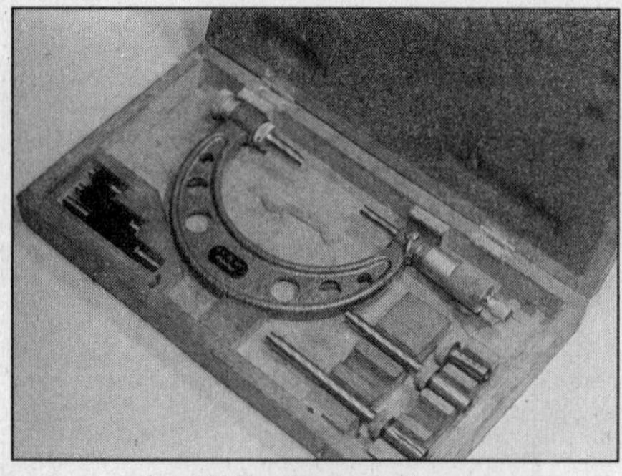

**Mikrometerset**

**Indikatorklocka med magnetstativ**

**Stroboskoplampa**

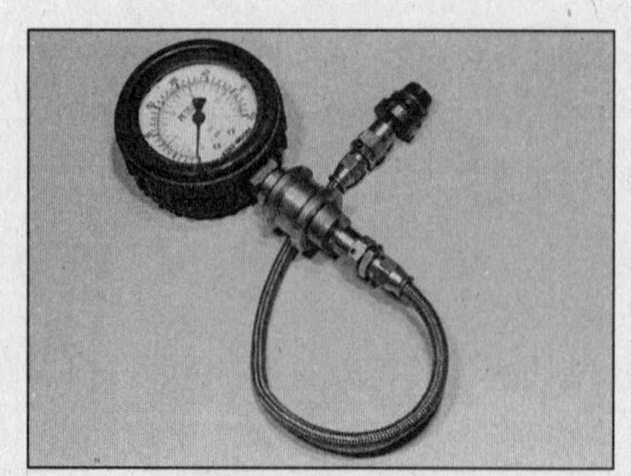

**Kompressionsmätare**

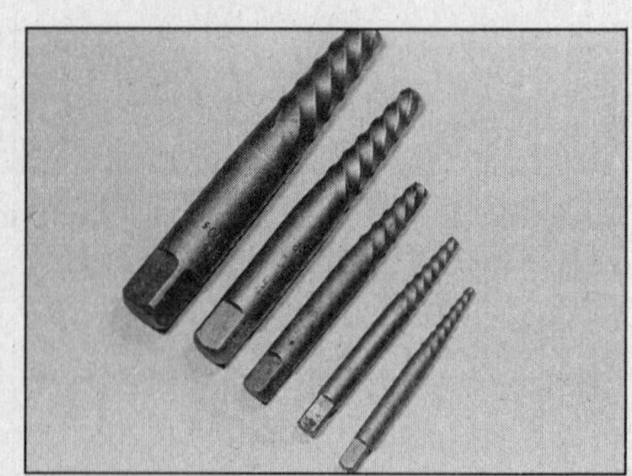

**Bultutdragare**

Det här avsnittet är till för att hjälpa dig att klara bilbesiktningen. Det är naturligtvis inte möjligt att undersöka ditt fordon lika grundligt som en professionell besiktare, men genom att göra följande kontroller kan du identifiera problemområden och ha en möjlighet att korrigera eventuella fel innan du lämnar bilen till besiktning. Om bilen underhålls och servas regelbundet borde besiktningen inte innebära några större problem.

I besiktningsprogrammet ingår kontroll av nio huvudsystem – stommen, hjulsystemet, drivsystemet, bromssystemet, styrsystemet, karosseriet, kommunikationssystemet, instrumentering och slutligen övriga anordningar (släpvagnskoppling etc).

Kontrollerna som här beskrivs har baserats på Svensk Bilprovnings krav aktuella vid tiden för tryckning. Kraven ändras dock kontinuerligt och särskilt miljöbestämmelserna blir allt strängare.

**Kontrollerna har delats in under följande fem rubriker:**

*1 Kontroller som utförs från förarsätet*

*2 Kontroller som utförs med bilen på marken*

*3 Kontroller som utförs med bilen upphissad och med fria hjul*

*4 Kontroller på bilens avgassystem*

*5 Körtest*

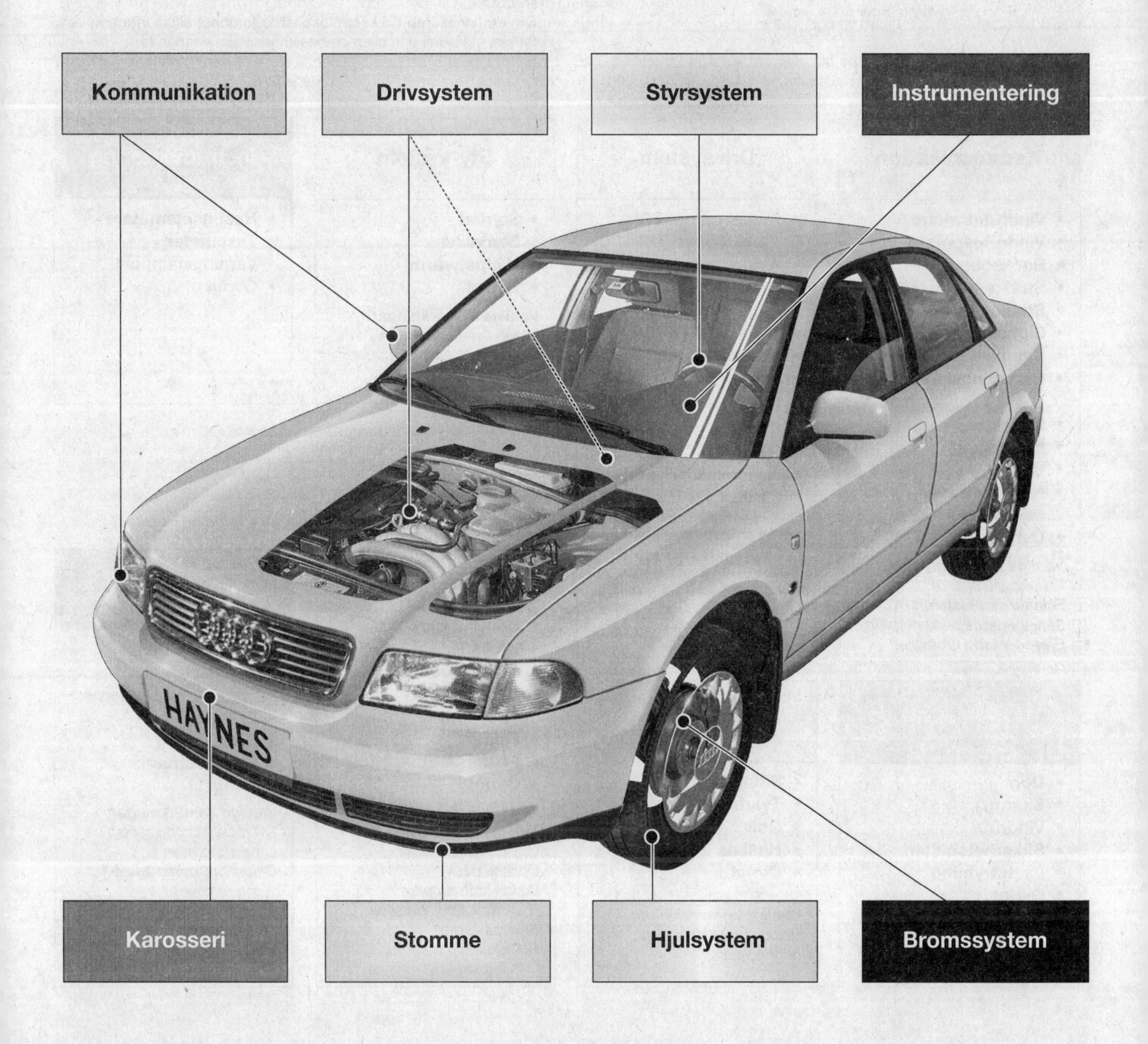

# Besiktningsprogrammet

Vanliga personbilar kontrollbesiktigas första gången efter tre år, andra gången två år senare och därefter varje år. Åldern på bilen räknas från det att den tas i bruk, oberoende av årsmodell, och den måste genomgå besiktning inom fem månader.

Tiden på året då fordonet kallas till besiktning bestäms av sista siffran i registreringsnumret, enligt tabellen nedan.

| Slutsiffra | Besiktningsperiod |
|---|---|
| 1 | *november t.o.m. mars* |
| 2 | *december t.o.m. april* |
| 3 | *januari t.o.m. maj* |
| 4 | *februari t.o.m. juni* |
| 5 | *mars t.o.m. juli* |
| 6 | *juni t.o.m. oktober* |
| 7 | *juli t.o.m. november* |
| 8 | *augusti t.o.m. december* |
| 9 | *september t.o.m. januari* |
| 0 | *oktober t.o.m. februari* |

Om fordonet har ändrats, byggts om eller om särskild utrustning har monterats eller demonterats, måste du som fordonsägare göra en registreringsbesiktning inom en månad. I vissa fall räcker det med en begränsad registreringsbesiktning, t.ex. för draganordning, taklucka, taxiutrustning etc.

## *Efter besiktningen*

Nedan visas de system och komponenter som kontrolleras och bedöms av besiktaren på Svensk Bilprovning. Efter besiktningen erhåller du ett protokoll där eventuella anmärkningar noterats.

Har du fått en 2x i protokollet (man kan ha max 4 st 2x) behöver du inte ombesiktiga bilen, men är skyldig att själv åtgärda felet snarast möjligt. Om du inte åtgärdar felen utan återkommer till Svensk Bilprovning året därpå med samma fel, blir dessa automatiskt 2:or som då måste ombesiktigas. Har du en eller flera 2x som ej är åtgärdade och du blir intagen i en flygande besiktning av polisen blir dessa automatiskt 2:or som måste ombesiktigas. I detta läge får du även böta.

Om du har fått en tvåa i protokollet är fordonet alltså inte godkänt. Felet ska åtgärdas och bilen ombesiktigas inom en månad.

En trea innebär att fordonet har så stora brister att det anses mycket trafikfarligt. Körförbud inträder omedelbart.

### Kommunikation

- **Vindrutetorkare**
- **Vindrutespolare**
- **Backspegel**
- **Strålkastarinställning**
- **Strålkastare**
- **Signalhorn**
- **Sidoblinkers**
- **Parkeringsljus fram bak**
- **Blinkers**
- **Bromsljus**
- **Reflex**
- **Nummerplåts-belysning**
- **Övrigt**

***Vanliga anmärkningar:***
*Felaktig ljusbild*
*Skadad strålkastare*
*Ej fungerande parkeringsljus*
*Ej fungerande bromsljus*

### Drivsystem

- **Avgasrening, EGR-system**
- **Avgasrening**
- **Bränslesystem**
- **Avgassystem**
- **Avgaser (CO, HC)**
- **Kraftöverföring**
- **Drivknut**
- **Elförsörjning**
- **Batteri**
- **Övrigt**

***Vanliga anmärkningar:***
*Höga halter av CO*
*Höga halter av HC*
*Läckage i avgassystemet*
*Ej fungerande EGR-ventil*
*Skadade drivknutsdamasker*

### Styrsystem

- **Styrled**
- **Styrväxel**
- **Hjälpstyrarm**
- **Övrigt**

***Vanliga anmärkningar:***
*Glapp i styrleder*
*Skadade styrväxeldamasker*

### Instrumentering

- **Hastighetsmätare**
- **Taxameter**
- **Varningslampor**
- **Övrigt**

### Karosseri

- **Dörr**
- **Skärm**
- **Vindruta**
- **Säkerhetsbälten**
- **Lastutrymme**
- **Övrigt**

***Vanliga anmärkningar:***
*Skadad vindruta*
*Vassa kanter*

### Stomme

- **Sidobalk**
- **Tvärbalk**
- **Golv**
- **Hjulhus**
- **Övrigt**

***Vanliga anmärkningar:***
*Rostskador i sidobalkar, golv och hjulhus*

### Hjulsystem

- **Däck**
- **Stötdämpare**
- **Hjullager**
- **Spindelleder**
- **Bärarm fram bak**
- **Fjäder**
- **Fjädersäte**
- **Övrigt**

***Vanliga anmärkningar:***
*Glapp i spindelleder*
*Utslitna däck*
*Dåliga stötdämpare*
*Rostskadade fjädersäten*
*Brustna fjädrar*
*Rostskadade bärarms-infästningar*

### Bromssystem

- **Fotbroms fram bak rörelseres.**
- **Bromsrör**
- **Bromsslang**
- **Handbroms**
- **Övrigt**

***Vanliga anmärkningar:***
*Otillräcklig bromsverkan på handbromsen*
*Ojämn bromsverkan på fotbromsen*
*Anliggande bromsar på fotbromsen*
*Rostskadade bromsrör*
*Skadade bromsslangar*

## 1 Kontroller som utförs från förarsätet

### Handbroms

☐ Kontrollera att handbromsen fungerar ordentligt utan för stort spel i spaken. För stort spel tyder på att bromsen eller bromsvajern är felaktigt justerad.

☐ Kontrollera att handbromsen inte kan läggas ur genom att spaken förs åt sidan. Kontrollera även att handbromsspaken är ordentligt monterad.

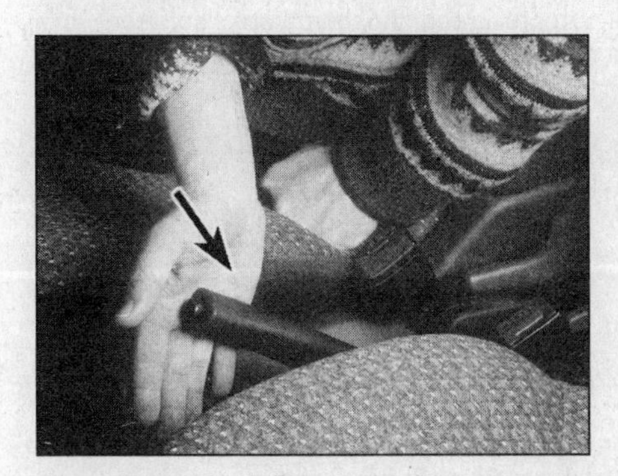

### Fotbroms

☐ Tryck ner bromspedalen och kontrollera att den inte sjunker ner mot golvet, vilket tyder på fel på huvudcylindern. Släpp pedalen, vänta ett par sekunder och tryck sedan ner den igen. Om pedalen tar långt ner är det nödvändigt att justera eller reparera bromsarna. Om pedalen känns "svampig" finns det luft i bromssystemet som då måste luftas.

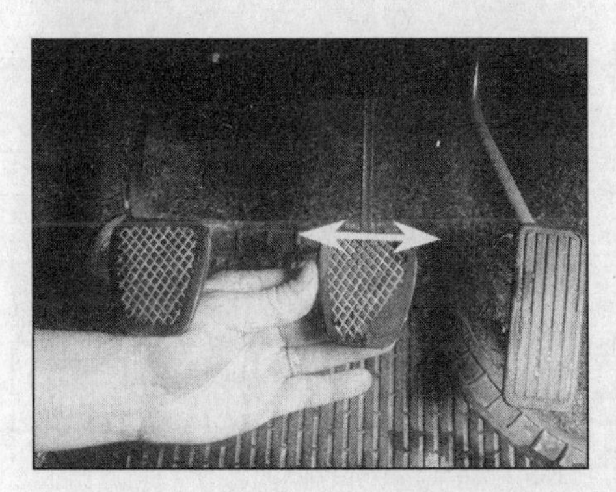

☐ Kontrollera att bromspedalen sitter fast ordentligt och att den är i bra skick. Kontrollera även om det finns tecken på oljeläckage på bromspedalen, golvet eller mattan eftersom det kan betyda att packningen i huvudcylindern är trasig.

☐ Om bilen har bromsservo kontrolleras denna genom att man upprepade gånger trycker ner bromspedalen och sedan startar motorn med pedalen nertryckt. När motorn startar skall pedalen sjunka något. Om inte kan vakuumslangen eller själva servoenheten vara trasig.

### Ratt och rattstång

☐ Känn efter att ratten sitter fast. Undersök om det finns några sprickor i ratten eller om några delar på den sitter löst.

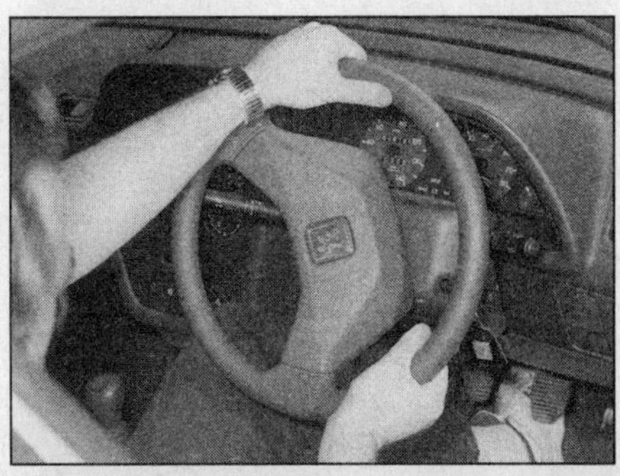

☐ Rör på ratten uppåt, neråt och i sidled. Fortsätt att röra på ratten samtidigt som du vrider lite på den från vänster till höger.

☐ Kontrollera att ratten sitter fast ordentligt på rattstången vilket annars kan tyda på slitage eller att fästmuttern sitter löst. Om ratten går att röra onaturligt kan det tyda på att rattstångens bärlager eller kopplingar är slitna.

### Rutor och backspeglar

☐ Vindrutan måste vara fri från sprickor och andra skador som kan vara irriterande eller hindra sikten i förarens synfält. Sikten får inte heller hindras av t.ex. ett färgat eller reflekterande skikt. Samma regler gäller även för de främre sidorutorna.

☐ Backspeglarna måste sitta fast ordentligt och vara hela och ställbara.

### Säkerhetsbälten och säten

**Observera:** *Kom ihåg att alla säkerhetsbälten måste kontrolleras - både fram och bak.*

☐ Kontrollera att säkerhetsbältena inte är slitna, fransiga eller trasiga i väven och att alla låsmekanismer och rullmekanismer fungerar obehindrat. Se även till att alla infästningar till säkerhetsbältena sitter säkert.

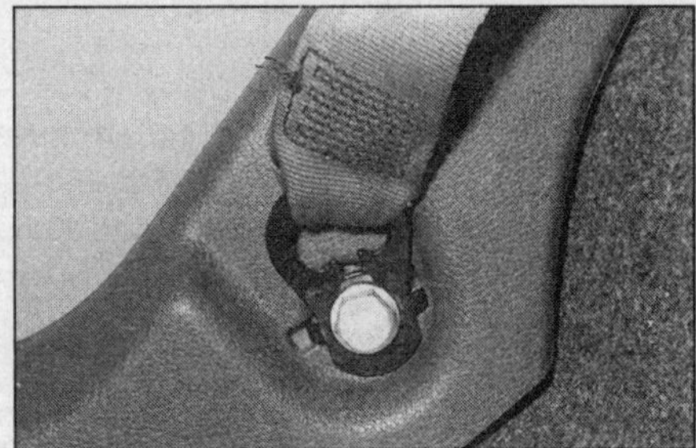

☐ Framsätena måste vara ordentligt fastsatta och om de är fällbara måste de vara låsbara i uppfällt läge.

### Dörrar

☐ Framdörrarna måste gå att öppna och stänga från både ut- och insidan och de måste gå ordentligt i lås när de är stängda. Gångjärnen ska sitta säkert och inte glappa eller kärva onormalt.

## 2 Kontroller som utförs med bilen på marken

### Registreringsskyltar

☐ Registreringsskyltarna måste vara väl synliga och lätta att läsa av, d v s om bilen är mycket smutsig kan det ge en anmärkning.

### Elektrisk utrustning

☐ Slå på tändningen och kontrollera att signalhornet fungerar och att det avger en jämn ton.

☐ Kontrollera vindrutetorkarna och vindrutespolningen. Svephastigheten får inte vara extremt låg, svepytan får inte vara för liten och torkarnas viloläge ska inte vara inom förarens synfält. Byt ut gamla och skadade torkarblad.

☐ Kontrollera att strålkastarna fungerar och att de är rätt inställda. Reflektorerna får inte vara skadade, lampglasen måste vara hela och lamporna måste vara ordentligt fastsatta. Kontrollera även att bromsljusen fungerar och att det inte krävs högt pedaltryck för att tända dem. (Om du inte har någon medhjälpare kan du kontrollera bromsljusen genom att backa upp bilen mot en garageport, vägg eller liknande reflekterande yta.)

☐ Kontrollera att blinkers och varningsblinkers fungerar och att de blinkar i normal hastighet. Parkeringsljus och bromsljus får inte påverkas av blinkers. Om de påverkas beror detta oftast på jordfel. Se också till att alla övriga lampor på bilen är hela och fungerar som de ska och att t.ex. extraljus inte är placerade så att de skymmer föreskriven belysning.

☐ Se även till att batteri, elledningar, reläer och liknande sitter fast ordentligt och att det inte föreligger någon risk för kortslutning

### Fotbroms

☐ Undersök huvudbromscylindern, bromsrören och servoenheten. Leta efter läckage, rost och andra skador.

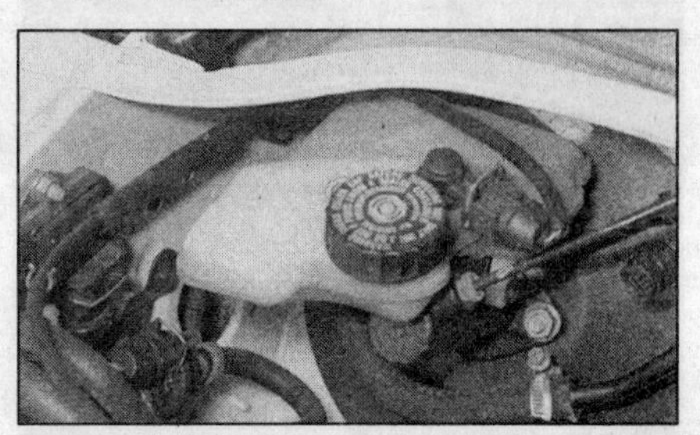

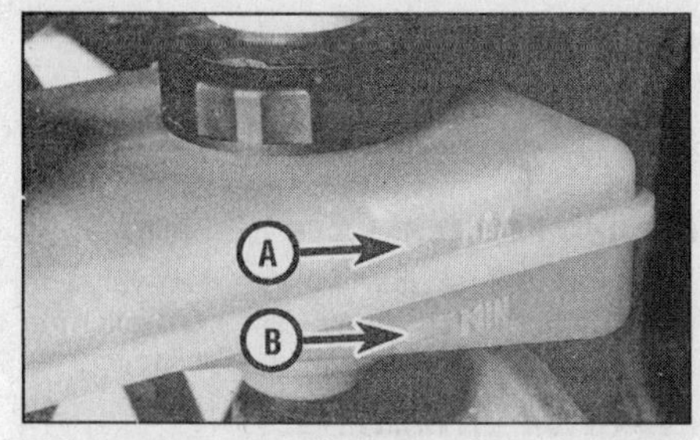


□ Bromsvätskebehållaren måste sitta fast ordentligt och vätskenivån skall vara mellan max- (A) och min- (B) markeringarna.

□ Undersök båda främre bromsslangarna efter sprickor och förslitningar. Vrid på ratten till fullt rattutslag och se till att bromsslangarna inte tar i någon del av styrningen eller upphängningen. Tryck sedan ner bromspedalen och se till att det inte finns några läckor eller blåsor på slangarna under tryck.

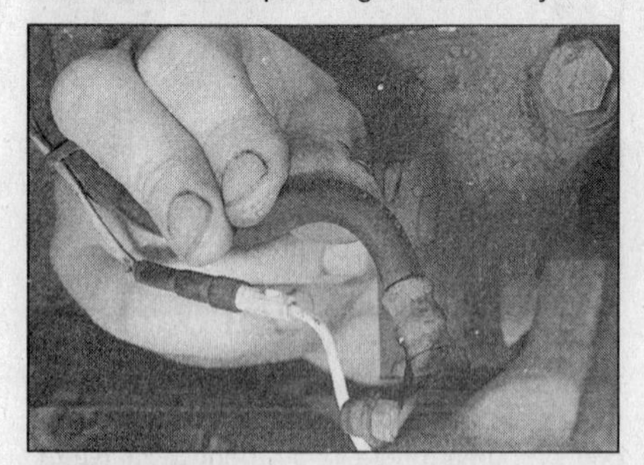

### Styrning

□ Be någon vrida på ratten så att hjulen vrids något. Kontrollera att det inte är för stort spel mellan rattutslaget och styrväxeln vilket kan tyda på att rattstångslederna, kopplingen mellan rattstången och styrväxeln eller själva styrväxeln är sliten eller glappar.

□ Vrid sedan ratten kraftfullt åt båda hållen så att hjulen vrids något. Undersök då alla damasker, styrleder, länksystem, rörkopplingar och anslutningar/fästen. Byt ut alla delar som verkar utslitna eller skadade. På bilar med servostyrning skall servopumpen, drivremmen och slangarna kontrolleras.

### Stötdämpare

□ Tryck ned hörnen på bilen i tur och ordning och släpp upp. Bilen skall gunga upp och sedan gå tillbaka till ursprungsläget. Om bilen fortsätter att gunga är stötdämparna dåliga. Stötdämpare som kärvar påtagligt gör också att bilen inte klarar besiktningen. (Observera att stötdämpare kan saknas på vissa fjädersystem.)

□ Kontrollera också att bilen står rakt och ungefär i rätt höjd.

### Avgassystem

□ Starta motorn medan någon håller en trasa över avgasröret och kontrollera sedan att avgassystemet inte läcker. Reparera eller byt ut de delar som läcker.

### Kaross

□ Skador eller korrosion/rost som utgörs av vassa eller i övrigt farliga kanter med risk för personskada medför vanligtvis att bilen måste repareras och ombesiktas. Det får inte heller finnas delar som sitter påtagligt löst.

□ Det är inte tillåtet att ha utskjutande detaljer och anordningar med olämplig utformning eller placering (prydnadsföremål, antennfästen, viltfångare och liknande).

□ Kontrollera att huvlås och säkerhetsspärr fungerar och att gångjärnen inte sitter löst eller på något vis är skadade.

□ Se också till att stänkskydden täcker däckens slitbana i sidled.

## 3 Kontroller som utförs med bilen upphissad och med fria hjul

***Lyft upp både fram- och bakvagnen och ställ bilen på pallbockar. Placera pallbockarna så att de inte tar i fjäderupphängningen. Se till att hjulen inte tar i marken och att de går att vrida till fullt rattutslag. Om du har begränsad utrustning går det naturligtvis bra att lyfta upp en ände i taget.***

### Styrsystem

□ Be någon vrida på ratten till fullt rattutslag. Kontrollera att alla delar i styrningen går mjukt och att ingen del av styrsystemet tar i någonstans.

□ Undersök kuggstångsdamaskerna så att de inte är skadade eller att metallklämmorna glappar. Om bilen är utrustad med servostyrning ska slangar, rör och kopplingar kontrolleras så att de inte är skadade eller läcker. Kontrollera också att styrningen inte är onormalt trög eller kärvar. Undersök bärarmar, krängningshämmare, styrstag och styrleder och leta efter glapp och rost.

□ Se även till att ingen saxpinne eller liknande låsmekanism saknas och att det inte finns gravrost i närheten av någon av styrmekanismens fästpunkter.

### Upphängning och hjullager

□ Börja vid höger framhjul. Ta tag på sidorna av hjulet och skaka det kraftigt. Se till att det inte glappar vid hjullager, spindelleder eller vid upphängningens infästningar och leder.

□ Ta nu tag upptill och nedtill på hjulet och upprepa ovanstående. Snurra på hjulet och undersök hjullagret angående missljud och glapp.

□ Om du misstänker att det är för stort spel vid en komponents led kan man kontrollera detta genom att använda en stor skruvmejsel eller liknande och bända mellan infästningen och komponentens fäste. Detta visar om det är bussningen, fästskruven eller själva infästningen som är sliten (bulthålen kan ofta bli uttänjda).

□ Kontrollera alla fyra hjulen.

### Fjädrar och stötdämpare

☐ Undersök fjäderbenen (där så är tillämpligt) angående större läckor, korrosion eller skador i godset. Kontrollera också att fästena sitter säkert.

☐ Om bilen har spiralfjädrar, kontrollera att dessa sitter korrekt i fjädersätena och att de inte är utmattade, rostiga, spruckna eller av.

☐ Om bilen har bladfjädrar, kontrollera att alla bladen är hela, att axeln är ordentligt fastsatt mot fjädrarna och att fjäderöglorna, bussningarna och upphängningarna inte är slitna.

☐ Liknande kontroll utförs på bilar som har annan typ av upphängning såsom torsionfjädrar, hydraulisk fjädring etc. Se till att alla infästningar och anslutningar är säkra och inte utslitna, rostiga eller skadade och att den hydrauliska fjädringen inte läcker olja eller på annat sätt är skadad.

☐ Kontrollera att stötdämparna inte läcker och att de är hela och oskadade i övrigt samt se till att bussningar och fästen inte är utslitna.

### Drivning

☐ Snurra på varje hjul i tur och ordning. Kontrollera att driv-/kardanknutar inte är lösa, glappa, spruckna eller skadade. Kontrollera också att skyddsbälgarna är intakta och att driv-/kardanaxlar är ordentligt fastsatta, raka och oskadade. Se även till att inga andra detaljer i kraftöverföringen är glappa, lösa, skadade eller slitna.

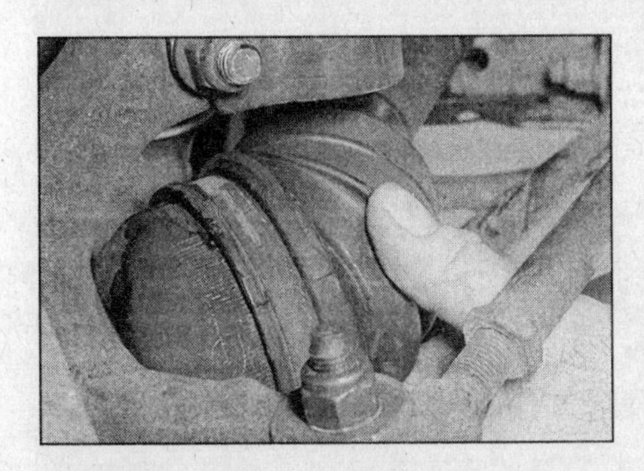

### Bromssystem

☐ Om det är möjligt utan isärtagning, kontrollera hur bromsklossar och bromsskivor ser ut. Se till att friktionsmaterialet på bromsbeläggen (A) inte är slitet under 2 mm och att broms-skivorna (B) inte är spruckna, gropiga, repiga eller utslitna.

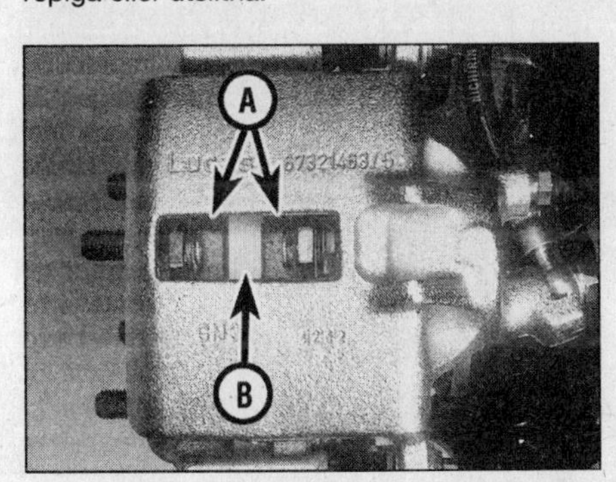


☐ Undersök alla bromsrör under bilen och bromsslangarna bak. Leta efter rost, skavning och övriga skador på ledningarna och efter tecken på blåsor under tryck, skavning, sprickor och förslitning på slangarna. (Det kan vara enklare att upptäcka eventuella sprickor på en slang om den böjs något.)

☐ Leta efter tecken på läckage vid bromsoken och på bromssköldarna. Reparera eller byt ut delar som läcker.

☐ Snurra sakta på varje hjul medan någon trycker ned och släpper upp bromspedalen. Se till att bromsen fungerar och inte ligger an när pedalen inte är nedtryckt.

☐ Undersök handbromsmekanismen och kontrollera att vajern inte har fransat sig, är av eller väldigt rostig eller att länksystemet är utslitet eller glappar. Se till att handbromsen fungerar på båda hjulen och inte ligger an när den läggs ur.

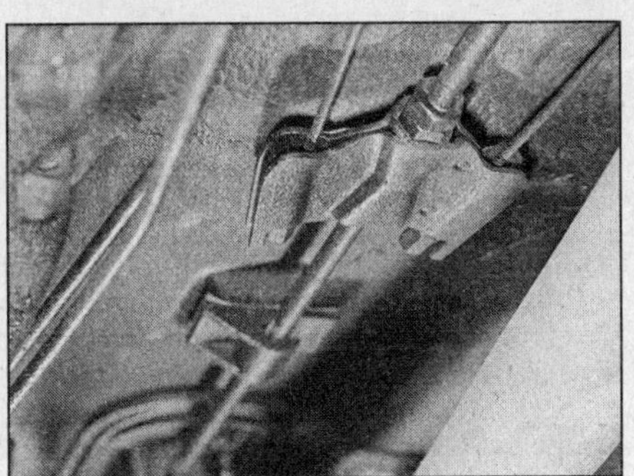

☐ Det är inte möjligt att prova bromsverkan utan specialutrustning, men man kan göra ett körtest och prova att bilen inte drar åt något håll vid en kraftig inbromsning.

### Bränsle- och avgassystem

☐ Undersök bränsletanken (inklusive tanklock och påfyllningshals), fastsättning, bränsleledningar, slangar och anslutningar. Alla delar måste sitta fast ordentligt och får inte läcka.

☐ Granska avgassystemet i hela dess längd beträffande skadade, avbrutna eller saknade upphängningar. Kontrollera systemets skick beträffande rost och se till att rörklämmorna är säkert monterade. Svarta sotavlagringar på avgassystemet tyder på ett annalkande läckage.

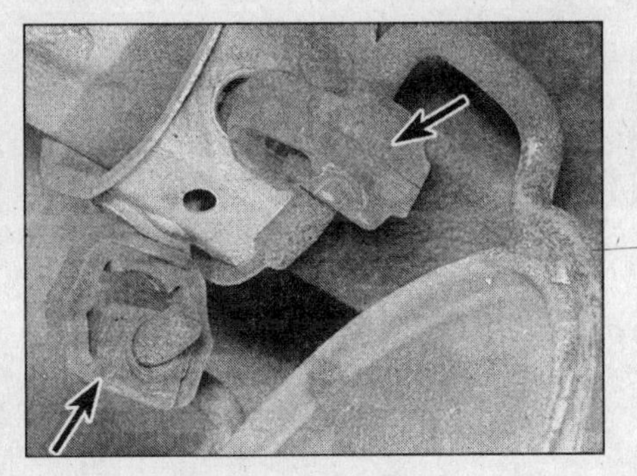

### Hjul och däck

☐ Undersök i tur och ordning däcksidorna och slitbanorna på alla däcken. Kontrollera att det inte finns några skärskador, revor eller bulor och att korden inte syns p g a utslitning eller skador. Kontrollera att däcket är korrekt monterat på fälgen och att hjulet inte är deformerat eller skadat.

☐ Se till att det är rätt storlek på däcken för bilen, att det är samma storlek och däcktyp på samma axel och att det är rätt lufttryck i däcken. Se också till att inte ha dubbade och odubbade däck blandat. (Dubbade däck får användas under vinterhalvåret, från 1 oktober till första måndagen efter påsk.)

☐ Kontrollera mönsterdjupet på däcken – minsta tillåtna mönsterdjup är 1,6 mm. Onormalt däckslitage kan tyda på felaktig framhjulsinställning.

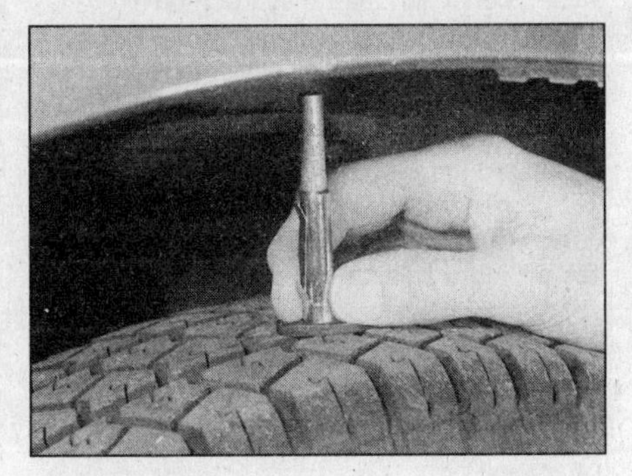

### Korrosion

☐ Undersök alla bilens bärande delar efter rost. (Bärande delar innefattar underrede, tröskellådor, tvärbalkar, stolpar och all upphängning, styrsystemet, bromssystemet samt bältesinfästningarna.) Rost som avsevärt har reducerat tjockleken på en bärande yta medför troligtvis en tvåa i besiktningsprotokollet. Sådana skador kan ofta vara svåra att reparera själv.

☐ Var extra noga med att kontrollera att inte rost har gjort det möjligt för avgaser att tränga in i kupén. Om så är fallet kommer fordonet ovillkorligen inte att klara besiktningen och dessutom utgör det en stor trafik- och hälsofara för dig och dina passagerare.

## 4 Kontroller som utförs på bilens avgassystem

### Bensindrivna modeller

☐ Starta motorn och låt den bli varm. Se till att tändningen är rätt inställd, att luftfiltret är rent och att motorn går bra i övrigt.

☐ Varva först upp motorn till ca 2500 varv/min och håll den där i ca 20 sekunder. Låt den sedan gå ner till tomgång och iaktta avgasutsläppen från avgasröret. Om tomgången är onaturligt hög eller om tät blå eller klart synlig svart rök kommer ut med avgaserna i mer än 5 sekunder så kommer bilen antagligen inte att klara besiktningen. I regel tyder blå rök på att motorn är sliten och förbränner olja medan svart rök tyder på att motorn inte förbränner bränslet ordentligt (smutsigt luftfilter eller annat förgasar- eller bränslesystemfel).

☐ Vad som då behövs är ett instrument som kan mäta koloxid (CO) och kolväten (HC). Om du inte har möjlighet att låna eller hyra ett dylikt instrument kan du få hjälp med det på en verkstad för en mindre kostnad.

### CO- och HC-utsläpp

☐ För närvarande är högsta tillåtna gränsvärde för CO- och HC-utsläpp för bilar av årsmodell 1989 och senare (d v s bilar med katalysator enligt lag) 0,5% CO och 100 ppm HC.

På tidigare årsmodeller testas endast CO-halten och följande gränsvärden gäller:

| | |
|---|---|
| årsmodell 1985-88 | 3,5% CO |
| årsmodell 1971-84 | 4,5% CO |
| årsmodell -1970 | 5,5% CO. |

Bilar av årsmodell 1987-88 med frivilligt monterad katalysator bedöms enligt 1989 års komponentkrav men 1985 års utsläppskrav.

☐ Om CO-halten inte kan reduceras tillräckligt för att klara besiktningen (och bränsle- och tändningssystemet är i bra skick i övrigt) ligger problemet antagligen hos förgasaren/bränsleinsprutningsystemet eller katalysatorn (om monterad).

☐ Höga halter av HC kan orsakas av att motorn förbränner olja men troligare är att motorn inte förbränner bränslet ordentligt.

### *Dieseldrivna modeller*

☐ Det enda testet för avgasutsläpp på dieseldrivna bilar är att man mäter röktätheten. Testet innebär att man varvar motorn kraftigt upprepade gånger.

**Observera:** *Det är oerhört viktigt att motorn är rätt inställd innan provet genomförs.*

☐ Mycket rök kan orsakas av ett smutsigt luftfilter. Om luftfiltret inte är smutsigt men bilen ändå avger mycket rök kan det vara nödvändigt att söka experthjälp för att hitta orsaken.

## 5 Körtest

☐ Slutligen, provkör bilen. Var extra uppmärksam på eventuella missljud, vibrationer och liknande.

☐ Om bilen har automatväxellåda, kontrollera att den endast går att starta i lägena P och N. Om bilen går att starta i andra växellägen måste växelväljarmekanismen justeras.

☐ Kontrollera också att hastighetsmätaren fungerar och inte är missvisande.

☐ Se till att ingen extrautrustning i kupén, t ex biltelefon och liknande, är placerad så att den vid en eventuell kollision innebär ökad risk för personskada.

☐ Gör en hastig inbromsning och kontrollera att bilen inte drar åt något håll. Om kraftiga vibrationer känns vid inbromsning kan det tyda på att bromsskivorna är skeva och bör bytas eller fräsas om. (Inte att förväxlas med de låsningsfria bromsarnas karakteristiska vibrationer.)

☐ Om vibrationer känns vid acceleration, hastighetsminskning, vid vissa hastigheter eller hela tiden, kan det tyda på att drivknutar eller drivaxlar är slitna eller defekta, att hjulen eller däcken är felaktiga eller skadade, att hjulen är obalanserade eller att styrleder, upphängningens leder, bussningar eller andra komponenter är slitna.

## Motor

- ☐ Motorn går inte runt vid startförsök
- ☐ Motorn går runt, men startar inte
- ☐ Motorn är svårstartad när den är kall
- ☐ Motorn är svårstartad när den är varm
- ☐ Startmotorn ger i från sig oljud eller kärvar
- ☐ Motorn startar, men stannar omedelbart
- ☐ Ojämn tomgång
- ☐ Feltändning vid tomgångsvarvtal
- ☐ Feltändning vid alla varvtal
- ☐ Långsam acceleration
- ☐ Motorstopp
- ☐ Låg motorkapacitet
- ☐ Motorn misständer
- ☐ Varningslampan för oljetryck lyser när motorn är igång
- ☐ Glödtändning
- ☐ Motorljud

## Kylsystem

- ☐ Överhettning
- ☐ Överkylning
- ☐ Yttre kylvätskeläckage
- ☐ Inre kylvätskeläckage
- ☐ Korrosion

## Bränsle- och avgassystem

- ☐ Överdriven bränsleförbrukning
- ☐ Bränsleläckage och/eller bränslelukt
- ☐ Överdrivet oljud eller ovanligt mycket avgaser från avgassystemet

## Koppling

- ☐ Pedalen går i golvet – inget tryck eller väldigt lite motstånd
- ☐ Frikopplar inte (det går inte att lägga i växlar)
- ☐ Kopplingen slirar (motorvarvtalet ökar men inte bilens hastighet)
- ☐ Skakningar vid frikoppling
- ☐ Missljud när kopplingspedalen trycks ner eller släpps upp

## Manuell växellåda

- ☐ Missljud i friläge när motorn går
- ☐ Missljud när en speciell växel ligger i
- ☐ Svårt att lägga i växlar
- ☐ Växel hoppar ur
- ☐ Vibrationer
- ☐ Smörjmedelsläckage

## Automatväxellåda

- ☐ Oljeläckage
- ☐ Allmänna problem med växlingen
- ☐ Växellådan växlar inte ner (kickdown) när gaspedalen är helt nedtryckt
- ☐ Motorn startar inte i någon växel, eller startar i andra växlar än Park eller Neutral
- ☐ Växellådan slirar, växlar trögt, låter illa eller är utan drift i framväxlarna eller backen

## Drivaxlar

- ☐ Vibrationer vid acceleration eller inbromsning
- ☐ Klickande eller knackande ljud vid kurvtagning (i låg fart med fullt rattutslag)

## Bromssystem

- ☐ Bilen drar åt ena sidan vid inbromsning
- ☐ Oljud (slipljud eller högt gnisslande) vid inbromsning
- ☐ Överdriven pedalväg
- ☐ Bromspedalen känns svampig vid nedtryckning
- ☐ Överdriven pedalkraft krävs för att stanna bilen
- ☐ Skakningar i bromspedal eller ratt vid inbromsning
- ☐ Pedalen pulserar vid hård inbromsning
- ☐ Bromsarna kärvar
- ☐ Bakhjulen låser sig vid normal inbromsning

## Styrning och fjädring

- ☐ Bilen drar åt ena sidan
- ☐ Hjulen vinglar och skakar
- ☐ Överdrivna krängningar och/eller nigningar vid kurvtagning eller inbromsning
- ☐ Bilen vandrar på vägen eller är allmänt instabil
- ☐ Överdrivet stel styrning
- ☐ Överdrivet spel i styrningen
- ☐ Bristande servoeffekt
- ☐ Överdrivet däckslitage

## Elsystem

- ☐ Batteriet laddar ur på bara ett par dagar
- ☐ Laddningslampan fortsätter lysa när motorn går
- ☐ Laddningslampan tänds inte
- ☐ Ljusen fungerar inte
- ☐ Instrumentavläsningarna är missvisande eller ryckiga
- ☐ Signalhornet fungerar dåligt eller inte alls
- ☐ Vindrute-/bakrutetorkarna fungerar dåligt eller inte alls
- ☐ Vindrutespolarna fungerar dåligt eller inte alls
- ☐ De elektriska fönsterhissarna fungerar dåligt eller inte alls
- ☐ Centrallåset fungerar dåligt eller inte alls

# Inledning

Den fordonsägare som underhåller sin bil med rekommenderad regelbundenhet kommer inte att behöva använda den här delen av boken ofta. Moderna komponenter är mycket pålitliga och om de delar som slits eller åldras undersöks eller byts ut vid specificerade intervall, inträffar plötsliga haverier mycket sällan Fel uppstår i regel inte plötsligt utan utvecklas under en längre tid. Större mekaniska haverier föregås ofta av tydliga symptom under hundratals eller rentav tusentals kilometer. De komponenter som då och då går sönder är oftast små och enkla att ha med sig i bilen .

All felsökning börjar med att man avgör var undersökningen skall inledas. Ibland är detta självklart, men andra gånger krävs det lite detektivarbete. En bilägare som gör ett halvdussin slumpmässiga justeringar och komponentbyten kanske lyckas åtgärda felet (eller undanröja symptomen), men om problemet uppstår igen vet han/hon ändå inte var felet sitter och måste spendera mer tid och pengar än vad som är nödvändigt för att åtgärda det. Ett lugnt och metodiskt tillvägagångssätt är bättre i det långa loppet. Ta alltid hänsyn till varningstecken och sådant som verkat onormalt före haveriet, som kraftförlust, höga/låga mätaravläsningar eller ovanliga lukter – och kom ihåg att trasiga säkringar och tändstift kanske bara är symptom på underliggande fel.

Följande sidor fungerar som en enkel guide till de vanligaste problemen som kan uppstå med bilen. Problemen och deras möjliga orsaker grupperas under rubriker för olika komponenter eller system, som Motor, Kylsystem etc. Det kapitel som behandlar problemet visas inom parentes. Vissa grundläggande principer gäller för alla problem, de är:

*Bekräfta felet.* Detta innbär helt enkelt att se till att symptomen är kända innan arbetet påbörjas. Detta är särskilt viktigt om felet undersöks för någon annans räkning. Denne har kanske inte beskrivit felet korrekt.

*Förbise inte det självklara.* Om bilen till exempel inte startar, finns det verkligen bensin i tanken? (Ta inte någon annans ord för givet på denna punkt och lita inte heller på bränslemätaren!) Om ett elektriskt fel misstänks, leta efter lösa kontakter eller skadade ledningar innan testutrustningen tas fram.

*Åtgärda felet, undanröj inte bara symptomen.* Att byta ett urladdat batteri mot ett fulladdat tar dig från vägkanten, men om orsaken inte åtgärdas kommer det nya batteriet också snart att vara urladdat. Byts nedoljade tändstift ut mot nya rullar bilen vidare, men orsaken till nedsmutsningen måste ändå fastställas och åtgärdas (om den inte berodde att tändstiften hade fel värmetal).

*Ta inte någonting för givet.* Glöm inte att även nya delar kan vara defekta (särskilt om de skakat runt i bagageutrymmet i flera månader). Utelämna inte några komponenter vid en felsökning bara för att de är nya eller nymonterade. När felet slutligen upptäcks inser du antagligen att det fanns tecken på problemet redan från början.

# Motor

### Motorn går inte runt vid startförsök

- ☐ Batterianslutningarna sitter löst eller är korroderade (*Veckokontroller*)
- ☐ Batteriet urladdat eller defekt (kapitel 5A)
- ☐ Trasiga, lösa eller urkopplade ledningar i startmotorkretsen (kapitel 5A)
- ☐ Defekt startsolenoid eller kontakt (kapitel 5A)
- ☐ Defekt startmotor (kapitel 5A)
- ☐ Startmotorns drev eller svänghjulets/drivplattans startkrans har lösa eller brutna kuggar (kapitel 2 och 5A)
- ☐ Motorns jordledning trasig eller urkopplad (kapitel 5A)

### Motorn går runt, men startar inte

- ☐ Bränsletanken är tom
- ☐ Batteriet urladdat (motorn roterar långsamt) (kapitel 5A)
- ☐ Batterianslutningarna sitter löst eller är korroderade (se *Veckokontroller*)
- ☐ Delar i tändningen fuktiga eller skadade – bensinmodeller (kapitel 1 och 5B)
- ☐ Trasiga, lösa eller urkopplade ledningar i tändningskretsen – bensinmodeller (kapitel 1A och 5B)
- ☐ Slitna, defekta eller felaktigt justerade tändstift – bensinmodeller (kapitel 1A)
- ☐ Förvärmningssystemet defekt – dieselmodeller (kapitel 5C)
- ☐ Bränsleinsprutningssystemet defekt – bensinmodeller (kapitel 4A)
- ☐ Defekt stoppsolenoid – dieselmodeller (kapitel 4B)
- ☐ Luft i bränslesystemet – dieselmodeller (kapitel 4B)
- ☐ Allvarligt mekaniskt fel (t.ex. på kamremmen) (kapitel 2)

### Motorn är svårstartad när den är kall

- ☐ Batteriet urladdat (kapitel 5A)
- ☐ Batterianslutningarna sitter löst eller är korroderade (se *Veckokontroller*)
- ☐ Slitna, defekta eller felaktigt justerade tändstift – bensinmodeller (kapitel 1A)
- ☐ Förvärmningssystemet defekt – dieselmodeller (kapitel 5C)
- ☐ Bränsleinsprutningssystemet defekt – bensinmodeller (kapitel 4A)
- ☐ Annat fel på tändningssystemet – bensinmodeller (kapitel 1A och 5B)
- ☐ Låg cylinderkompression (kapitel 2)

### Motorn är svårstartad när den är varm

- ☐ Smutsigt eller igensatt luftfilter (kapitel 1)
- ☐ Bränsleinsprutningssystemet defekt – bensinmodeller (kapitel 4A)
- ☐ Låg cylinderkompression (kapitel 2)

### Startmotorn ger ifrån sig oljud eller kärvar

- ☐ Startmotorns drev eller svänghjulets startkrans har lösa eller brutna kuggar (kapitel 2 och 5A)
- ☐ Startmotorns fästbultar lösa eller saknas (kapitel 5A)
- ☐ Startmotorns inre delar slitna eller skadade (kapitel 5A)

### Motorn startar, men stannar omedelbart

- ☐ Lösa eller defekta elektriska anslutningar i tändningskretsen – bensinmodeller (kapitel 1A och 5B)
- ☐ Vakuumläckage i gasspjällhuset eller insugsgrenröret – bensinmodeller (kapitel 4A)
- ☐ Igentäppt bränsleinsprutare/bränsleinsprutningssystemet defekt – bensinmodeller (kapitel 4A)

### Ojämn tomgång

- ☐ Igensatt luftfilter (kapitel 1)
- ☐ Vakuumläckage i gasspjällshuset, insugningsgrenröret eller tillhörande slangar – bensinmodeller (kapitel 4A)
- ☐ Slitna, defekta eller felaktigt justerade tändstift – bensinmodeller (kapitel 1A)
- ☐ Ojämn eller låg cylinderkompression (kapitel 2)
- ☐ Slitna kamlober (kapitel 2)
- ☐ Felmonterad kamrem (kapitel 2)
- ☐ Igentäppt bränsleinsprutare/bränsleinsprutningssystemet defekt – bensinmodeller (kapitel 4A)
- ☐ Defekt(a) bränsleinsprutare – dieselmodeller (kapitel 4B)

### Feltändning vid tomgångsvarvtal

- ☐ Slitna, defekta eller felaktigt justerade tändstift – bensinmodeller (kapitel 1A)
- ☐ Defekta tändkablar – bensinmodeller (kapitel 1A)
- ☐ Vakuumläckage i gasspjällhuset, insugsgrenröret eller tillhörande slangar – bensinmodeller (kapitel 4A)
- ☐ Igentäppt bränsleinsprutare/bränsleinsprutningssystemet defekt – bensinmodeller (kapitel 4A)
- ☐ Defekt(a) bränsleinsprutare – dieselmodeller (kapitel 4B)
- ☐ Ojämn eller låg cylinderkompression (kapitel 2)
- ☐ Lösa, läckande eller trasiga slangar i vevhusventilationen (kapitel 4C)

### Feltändning vid alla varvtal

- ☐ Igentäppt bränslefilter (kapitel 1)
- ☐ Defekt bränslepump eller lågt matningstryck – bensinmodeller (kapitel 4A)
- ☐ Blockerad bensintanksventil eller delvis igentäppta bränslerör (kapitel 4)
- ☐ Vakuumläckage i gasspjällhuset, insugsgrenröret eller tillhörande slangar – bensinmodeller (kapitel 4A)
- ☐ Slitna, defekta eller felaktigt justerade tändstift – bensinmodeller (kapitel 1A)
- ☐ Defekta tändkablar – bensinmodeller (kapitel 1A)
- ☐ Defekt(a) bränsleinsprutare – dieselmodeller (kapitel 4B)
- ☐ Defekt tändspole – bensinmodeller (kapitel 5B)
- ☐ Ojämn eller låg cylinderkompression (kapitel 2)
- ☐ Igentäppt bränsleinsprutare/bränsleinsprutningssystemet defekt – bensinmodeller (kapitel 4A)

# Motor (fortsättning)

### *Långsam acceleration*

- ☐ Slitna, defekta eller felaktigt justerade tändstift – bensinmodeller (kapitel 1A)
- ☐ Vakuumläckage i gasspjällshuset, insugningsgrenröret eller tillhörande slangar – bensinmodeller (kapitel 4A)
- ☐ Igentäppt bränsleinsprutare/bränsleinsprutningssystemet defekt – bensinmodeller (kapitel 4A)
- ☐ Defekt(a) bränsleinsprutare – dieselmodeller (kapitel 4B)

### *Motorstopp*

- ☐ Vakuumläckage i gasspjällhuset, insugsgrenröret eller tillhörande slangar – bensinmodeller (kapitel 4A)
- ☐ Igentäppt bränslefilter (kapitel 1)
- ☐ Defekt bränslepump eller lågt matningstryck – bensinmodeller (kapitel 4A)
- ☐ Blockerad bensintanksventil eller delvis igentäppta bränslerör (kapitel 4)
- ☐ Igentäppt bränsleinsprutare/bränsleinsprutningssystemet defekt – bensinmodeller (kapitel 4A)
- ☐ Defekt(a) bränsleinsprutare – dieselmodeller (kapitel 4B)

### *Låg motorkapacitet*

- ☐ Kamremmen felaktigt monterad eller spänd (kapitel 2)
- ☐ Igentäppt bränslefilter (kapitel 1)
- ☐ Defekt bränslepump eller lågt matningstryck – bensinmodeller (kapitel 4A)
- ☐ Ojämn eller låg cylinderkompression (kapitel 2)
- ☐ Slitna, defekta eller felaktigt justerade tändstift – bensinmodeller (kapitel 1A)
- ☐ Vakuumläckage i gasspjällhuset, insugsgrenröret eller tillhörande slangar – bensinmodeller (kapitel 4A)
- ☐ Igentäppt bränsleinsprutare/bränsleinsprutningssystemet defekt – bensinmodeller (kapitel 4A)
- ☐ Defekt(a) bränsleinsprutare – dieselmodeller (kapitel 4B)
- ☐ Insprutningspumpens synkronisering felaktig – dieselmodeller (kapitel 4B)
- ☐ Bromsarna kärvar (kapitel 1 och 9)
- ☐ Kopplingen slirar (kapitel 6)

### *Motorn misständer*

- ☐ Kamremmen felaktigt monterad eller spänd (kapitel 2)
- ☐ Vakuumläckage i gasspjällshuset, insugningsgrenröret eller tillhörande slangar – bensinmodeller (kapitel 4A)
- ☐ Igentäppt bränsleinsprutare/bränsleinsprutningssystemet defekt – bensinmodeller (kapitel 4A)

### *Varningslampan för oljetryck lyser när motorn är igång*

- ☐ Låg oljenivå eller felaktig oljekvalitet (*Veckokontroller*)
- ☐ Defekt oljetrycksgivare (kapitel 2)
- ☐ Slitna motorlager och/eller sliten oljepump (kapitel 2)
- ☐ Motorns arbetstemperatur hög (kapitel 3)
- ☐ Defekt oljetrycksventil (kapitel 2)
- ☐ Oljeupptagarens sil igensatt (kapitel 2)

### *Glödtändning*

- ☐ Stora sotavlagringar i motorn (kapitel 2)
- ☐ Motorns arbetstemperatur hög (kapitel 3)
- ☐ Bränsleinsprutningssystemet defekt – bensinmodeller (kapitel 4A)
- ☐ Defekt stoppsolenoid – dieselmodeller (kapitel 4B)

### *Motorljud*

#### Förtändning (spikning) eller knackning under acceleration eller belastning

- ☐ Tändsystemet defekt – bensinmodeller (kapitel 1A och 5B)
- ☐ Fel värmetal på tändstift – bensinmodeller (kapitel 1A)
- ☐ Fel bränslekvalitet (kapitel 4)
- ☐ Vakuumläckage i gasspjällhuset, insugsgrenröret eller tillhörande slangar – bensinmodeller (kapitel 4A)
- ☐ Stora sotavlagringar i motorn (kapitel 2)
- ☐ Igentäppt bränsleinsprutare/bränsleinsprutningssystemet defekt – bensinmodeller (kapitel 4A)

#### Visslande eller väsande ljud

- ☐ Läckage i insugsgrenröret eller gasspjällhusets packning – bensinmodeller (kapitel 4A)
- ☐ Läckande avgasgrenrörspackning eller skarv mellan rör och grenrör (kapitel 4)
- ☐ Läckande vakuumslang (kapitel 4 och 9)
- ☐ Trasig topplockspackning (kapitel 2)

#### Knackande eller skallrande ljud

- ☐ Slitage på ventiler eller kamaxel (kapitel 2)
- ☐ Defekt hjälpaggregat (kylvätskepump, generator, etc.) (kapitel 3, 5, etc.)

#### Knackande ljud eller slag

- ☐ Slitna vevstakslager (regelbundna hårda knackningar som eventuellt minskar vid belastning) (kapitel 2)
- ☐ Slitna ramlager (muller och knackningar som eventuellt tilltar vid belastning) (kapitel 2)
- ☐ Kolvslammer (hörs mest vid kyla) (kapitel 2)
- ☐ Defekt hjälpaggregat (kylvätskepump, generator, etc.) (kapitel 3, 5, etc.)

# Kylsystem

### *Överhettning*

- ☐ För lite kylvätska i systemet (*Veckokontroller*)
- ☐ Defekt termostat (kapitel 3)
- ☐ Igensatt kylare eller grill (kapitel 3)
- ☐ Defekt elektrisk kylfläkt eller termostatbrytare (kapitel 3)
- ☐ Defekt temperaturmätare/givare (kapitel 3)
- ☐ Luftbubbla i kylsystemet
- ☐ Defekt expansionskärlslock (kapitel 3)

### *Överkylning*

- ☐ Defekt termostat (kapitel 3)
- ☐ Defekt temperaturmätare/givare (kapitel 3)

### *Yttre kylvätskeläckage*

- ☐ Gamla eller skadade slangar eller slangklämmor (kapitel 1)
- ☐ Läckage i kylare eller värmepaket (kapitel 3)
- ☐ Defekt trycklock (kapitel 3)
- ☐ Kylvätskepumpens inre tätning läcker (kapitel 3)
- ☐ Tätningen mellan kylvätskepumpen och huset läcker (kapitel 3)
- ☐ Kokning på grund av överhettning (kapitel 3)
- ☐ Läckande frostplugg (kapitel 2)

### *Inre kylvätskeläckage*

- ☐ Läckande topplockspackning (kapitel 2)
- ☐ Sprucket topplock eller motorblock (kapitel 2)

### *Korrosion*

- ☐ Bristfällig avtappning och spolning (kapitel 1)
- ☐ Felaktig kylvätskeblandning eller fel typ av kylvätska (se *Veckokontroller*)

## Bränsle- och avgassystem

### *Överdriven bränsleförbrukning*

- ☐ Smutsigt eller igensatt luftfilter (kapitel 1)
- ☐ Bränsleinsprutningssystemet defekt – bensinmodeller (kapitel 4A)
- ☐ Defekt(a) bränsleinsprutare – dieselmodeller (kapitel 4B)
- ☐ Tändsystemet defekt – bensinmodeller (kapitel 1A och 5B)
- ☐ För lite luft i däcken (se *Veckokontroller*)

### *Bränsleläckage och/eller bränslelukt*

- ☐ Skador på bränsletank, ledningar eller anslutningar (kapitel 4)

### *Överdrivet oljud eller ovanligt mycket avgaser från avgassystemet*

- ☐ Läckande avgassystem eller grenrörsanslutningar (kapitel 1 och 4)
- ☐ Läckande, korroderade eller skadade ljuddämpare eller rör (kapitel 1 och 4)
- ☐ Trasiga fästen som orsakar kontakt med kaross eller fjädring (kapitel 1)

## Koppling

### *Pedalen går i golvet – inget tryck eller väldigt lite motstånd*

- ☐ Huvud- eller slavcylindern defekt (kapitel 6)
- ☐ Defekt hydraulurkopplingssystem (kapitel 6)
- ☐ Defekt urkopplingslager eller arm (kapitel 6)
- ☐ Trasig tallriksfjäder i kopplingens tryckplatta (kapitel 6)

### *Frikopplar inte (går inte att lägga i växlar)*

- ☐ Huvud- eller slavcylindern defekt (kapitel 6)
- ☐ Defekt urtrampningssystem (kapitel 6)
- ☐ Lamellen har fastnat på räfflorna på växellådans ingående axel (kapitel 6)
- ☐ Lamellen har fastnat på svänghjul eller tryckplatta (kapitel 6)
- ☐ Defekt tryckplatta (kapitel 6)
- ☐ Urtrampningsmekanismen sliten eller felaktigt ihopsatt (kapitel 6)

### *Kopplingen slirar (motorvarvtalet ökar men inte bilens hastighet)*

- ☐ Defekt urtrampningssystem (kapitel 6)
- ☐ Lamellbeläggen är mycket slitna (kapitel 6)
- ☐ Lamellbeläggen är förorenade med olja eller fett (kapitel 6)
- ☐ Defekt tryckplatta eller svag tallriksfjäder (kapitel 6)

### *Skakningar vid frikoppling*

- ☐ Lamellbeläggen är förorenade med olja eller fett (kapitel 6)
- ☐ Lamellbeläggen är mycket slitna (kapitel 6)
- ☐ Defekt eller skev tryckplatta eller tallriksfjäder (kapitel 6)
- ☐ Slitna eller lösa fästen till motor eller växellåda (kapitel 2)
- ☐ Slitage på lamellnavet eller räfflorna på växellådans ingående axel (kapitel 6)

### *Missljud när kopplingspedalen trycks ner eller släpps upp*

- ☐ Slitet urtrampningslager (kapitel 6)
- ☐ Sliten eller torr kopplingspedalsled (kapitel 6)
- ☐ Defekt tryckplatta (kapitel 6)
- ☐ Tryckplattans tallriksfjäder trasig (kapitel 6)
- ☐ Lamellens dämpfjädrar defekta (kapitel 6)

## Manuell växellåda

### *Missljud i friläge när motorn går*

- ☐ Slitage i ingående axelns lager (missljud med uppsläppt men inte med nedtryckt kopplingspedal) (kapitel 7A)*
- ☐ Slitet urtrampningslager (missljud med nedtryckt pedal som möjligen minskar när pedalen släpps upp) (kapitel 6)

### *Missljud när en specifik växel ligger i*

- ☐ Slitna eller skadade kuggar på växellådsdreven (kapitel 7A)*

### *Svårt att lägga i växlar*

- ☐ Defekt koppling (kapitel 6)
- ☐ Slitet eller skadat växellänksystem (kapitel 7A)
- ☐ Slitna synkroniseringsenheter (kapitel 7A)*

### *Växeln hoppar ur*

- ☐ Slitet eller skadat växellänksystem (kapitel 7A)
- ☐ Slitna synkroniseringsenheter (kapitel 7A)*
- ☐ Slitna väljargafflar (kapitel 7A)*

### *Vibrationer*

- ☐ För lite olja (kapitel 1)
- ☐ Slitna lager (kapitel 7A)*

### *Smörjmedelsläckage*

- ☐ Läckande oljetätning (kapitel 7A)
- ☐ Läckande husfog (kapitel 7A)*
- ☐ Läckage i ingående axelns oljetätning (kapitel 7A)*

**Även om nödvändiga åtgärder för beskrivna symptom är svårare än vad en hemmamekaniker normalt klarar av, är informationen ovan en hjälp att spåra felkällan, så att den tydligt kan beskrivas för en yrkesmekaniker.*

# Automatväxellåda

**Observera:** *På grund av automatväxelns komplicerade sammansättning är det svårt för hemmamekanikerna att ställa riktiga diagnoser och serva enheten. Om andra problem än följande uppstår bör bilen tas till en verkstad eller till en specialist på växellådor. Var inte för snabb med att demontera växellådan om den misstänks vara defekt, de flesta tester ska utföras med växellådan monterad.*

### *Oljeläckage*

- ☐ Automatväxellådsoljan är ofta mörk till färgen. Oljeläckage ska inte blandas ihop med motorolja, som lätt kan stänka på växellådan av luftflödet.
- ☐ Använd avfettningsmedel eller en ångtvätt och rengör växellådshuset och områdena runt omkring från smuts och avlagringar. Kör bilen i låg hastighet så att luftflödet inte blåser iväg den läckande oljan långt från källan. Hissa upp bilen och stöd den på pallbockar för att kunna avgöra varifrån läckan kommer.

### *Allmänna problem med växlingen*

- ☐ Kapitel 7B behandlar kontroll och justering av växelvajern på automatväxellådor. Följande problem är vanliga problem som kan orsakas av en feljusterad vajer:

*a) Motorn startar i andra växlar än Park eller Neutral.*
*b) Indikatorn anger en annan växel än den som faktiskt används.*
*c) Bilen rör sig när växlarna Park eller Neutral ligger i.*
*d) Dålig växlingskvalitet eller ojämn utväxling.*

- ☐ Se kapitel 7B för information om växelvajerns justering.

### *Växellådan växlar inte ner (kickdown) när gaspedalen är helt nedtryckt*

- ☐ Växellådans oljenivå är låg (kapitel 1)
- ☐ Felaktig inställning av växelvajer (kapitel 7B)

### *Motorn startar inte i någon växel, eller startar i andra växlar än Park eller Neutral*

- ☐ Felaktig inställning av växelvajer (kapitel 7B)

### *Växellådan slirar, växlar trögt, låter illa eller är utan drift i framväxlarna eller backen*

- ☐ Det finns många troliga orsaker till ovanstående problem, men om det inte finns någon självklar orsak (som lösa eller korroderade kontaktdonsanslutningar på eller i anslutning till växellådan), ska bilen tas till en Audiverkstad för feldiagnostisering. Växellådans styrenhet innehåller en självdiagnosfunktion och alla felkoder kan snabbt läsas och tolkas av en mekaniker med rätt diagnosutrustning.

# Drivaxlar

### *Vibrationer vid acceleration eller inbromsning*

- ☐ Sliten inre drivknut (kapitel 8)
- ☐ Böjd eller skev drivaxel (kapitel 8)

### *Klickande eller knackande ljud vid kurvtagning (i låg fart med fullt rattutslag)*

- ☐ Sliten yttre drivknut (kapitel 8)
- ☐ Bristfällig smörjning i knuten, eventuellt på grund av defekt damask (kapitel 8)

# Bromssystem

**Observera:** *Innan bromsarna antas vara defekta, kontrollera däckens skick och lufttryck, framvagnens inställning samt att bilen inte är ojämnt belastad . Utöver kontroll av alla anslutningar för rör och slangar, bör fel i ABS-systemet tas om hand av en Audi/VAG-verkstad.*

### *Bilen drar åt ena sidan vid inbromsning*

- ☐ Slitna, defekta, skadade eller förorenade främre eller bakre bromsklossar/bromsbackar på en sida (kapitel 1 och 9)
- ☐ Skuren eller delvis skuren kolv i främre eller bakre bromsok/hjulcylinder (kapitel 9)
- ☐ Olika friktionsmaterial på bromsklossar/bromsbackar på de båda sidorna (kapitel 9)
- ☐ Bromsokets eller den bakre bromssköldens fästbultar lösa (kapitel 9)
- ☐ Slitna eller skadade komponenter i styrning eller fjädring (kapitel 1 och 10)

### *Oljud (slipljud eller högt gnisslande) vid inbromsning*

- ☐ Friktionsmaterial på bromskloss/bromsback nedslitet till metallstödplattan (kapitel 1 och 9)
- ☐ Överdriven korrosion på bromsskiva eller trumma – kan framträda när bilen har stått orörd ett tag (kapitel 1 och 9)
- ☐ Främmande föremål (grus, etc.) klämt mellan skiva och stänkskydd (kapitel 1 och 9)

### *Överdriven pedalväg*

- ☐ Bakre trumbromsens självjusteringsmekanism defekt (kapitel 9)
- ☐ Defekt huvudcylinder (kapitel 9)
- ☐ Luft i hydraulsystemet (kapitel 9)
- ☐ Defekt vakuumservo (kapitel 9)
- ☐ Defekt vakuumpump, i förekommande fall (kapitel 9)

### *Bromspedalen känns svampig vid nedtryckning*

- ☐ Luft i hydraulsystemet (kapitel 9)
- ☐ Gamla bromsslangar (kapitel 1 och 9)
- ☐ Huvudcylinderns fästen lösa (kapitel 9)
- ☐ Defekt huvudcylinder (kapitel 9)

### *Överdriven pedalkraft krävs för att stanna bilen*

- ☐ Defekt vakuumservo (kapitel 9)
- ☐ Bromsservons vakuumslang urkopplad, skadad eller lös (kapitel 1 och 9)
- ☐ Defekt vakuumpump, i förekommande fall (kapitel 9)
- ☐ Defekt primär- eller sekundärkrets (kapitel 9)
- ☐ Skuren bromsoks- eller hjulcylinderkolv (kapitel 9)
- ☐ Felaktigt monterade bromsklossar/bromsbackar (kapitel 9)
- ☐ Fel typ av bromsklossar/bromsbackar monterade (kapitel 9)
- ☐ Förorenade bromskloss-/bromsbacksbelägg (kapitel 9)

# Bromssystem (fortsättning)

### *Skakningar i bromspedal eller ratt vid bromsning*

- ☐ Överdrivet skev bromsskiva eller trumma (kapitel 9)
- ☐ Slitna bromskloss- eller bromsbacksbelägg (kapitel 1 och 9)
- ☐ Bromsokets eller den bakre bromssköldens fästbultar lösa (kapitel 9)
- ☐ Slitage i fjädringens eller styrningens komponenter eller fästen (kapitel 1 och 10)

### *Pedalen pulserar vid hård inbromsning*

- ☐ Normalt för ABS – inget fel

### *Bromsarna kärvar*

- ☐ Skuren bromsoks-/hjulcylinderkolv (kapitel 9)
- ☐ Feljusterad handbromsmekanism (kapitel 9)
- ☐ Defekt huvudcylinder (kapitel 9)

### *Bakhjulen låser sig vid normal inbromsning*

- ☐ Förorenade bromskloss- eller bromsbacksbelägg bak (kapitel 1 och 9)
- ☐ Bakre bromsskivorna/trummorna har slagit sig (kapitel 1 och 9)

# Styrning och fjädring

**Observera:** *Innan fjädringen eller styrningen diagnostiseras som defekt, kontrollera att felet inte beror på fel lufttryck i däcken, blandade däcktyper eller kärvande bromsar.*

### *Bilen drar åt ena sidan*

- ☐ Defekt däck (se *Veckokontroller*)
- ☐ För stort slitage i fjädring eller styrning (kapitel 1 och 10)
- ☐ Felaktig framhjulsinställning (kapitel 10)
- ☐ Skadade styrnings- eller fjädringskomponenter efter olycka (kapitel 1 och 10)

### *Hjulen vinglar och skakar*

- ☐ Obalanserade framhjul (vibrationerna känns huvudsakligen i ratten) (kapitel 10)
- ☐ Obalanserade bakhjul (vibrationerna känns i hela bilen) (kapitel 10)
- ☐ Skadade hjul (kapitel 10)
- ☐ Defekt eller skadat däck (*Veckokontroller*)
- ☐ Slitage i styrning eller fjädring (kapitel 1 och 10)
- ☐ Lösa hjulbultar (kapitel 1 och 10)

### *Överdrivna krängningar och/eller nigningar vid kurvtagning eller inbromsning*

- ☐ Defekta stötdämpare (kapitel 1 och 10)
- ☐ Trasig eller svag spiralfjäder och/eller fjädringskomponent (kapitel 1 och 10)
- ☐ Slitage eller skada på krängningshämmare eller fästen (kapitel 10)

### *Bilen vandrar på vägen eller är allmänt instabil*

- ☐ Felaktig framhjulsinställning (kapitel 10)
- ☐ Slitage i styrning eller fjädring (kapitel 1 och 10)
- ☐ Obalanserade hjul (kapitel 10)
- ☐ Skadat däck (*Veckokontroller*)
- ☐ Lösa hjulbultar (kapitel 10)
- ☐ Defekta stötdämpare (kapitel 1 och 10)

### *Överdrivet stel styrning*

- ☐ Styrstagsändens eller fjädringens spindelled kärvar (kapitel 1 och 10)
- ☐ Trasig eller felaktigt justerad drivrem (kapitel 1)
- ☐ Felaktig framhjulsinställning (kapitel 10)
- ☐ Defekt styrväxel (kapitel 10)

### *Överdrivet spel i styrningen*

- ☐ Slitage i rattstångens kardanknut(ar) (kapitel 10)
- ☐ Styrstagsändens spindelleder slitna (kapitel 1 och 10)
- ☐ Slitage i styrväxeln (kapitel 10)
- ☐ Slitage i styrningens/fjädringens leder, bussningar eller komponenter (kapitel 1 och 10)

### *Bristande servoeffekt*

- ☐ Trasig eller felaktigt justerad drivrem (kapitel 1)
- ☐ För hög eller låg nivå av styrservoolja (*Veckokontroller*)
- ☐ Igensatt slang till styrservon (kapitel 10)
- ☐ Defekt servostyrningspump (kapitel 10)
- ☐ Defekt styrväxel (kapitel 10)

### *Överdrivet däckslitage*

#### Däcken slitna på inner- eller ytterkanten

- ☐ Felaktiga camber- eller castervinklar (kapitel 10)
- ☐ Slitage i styrningens/fjädringens leder, bussningar eller komponenter (kapitel 1 och 10)
- ☐ Överdrivet hård kurvtagning
- ☐ Skada efter olycka

#### Däckmönstret har fransiga kanter

- ☐ Felaktig toe-inställning (kapitel 10)

#### Slitage i mitten av däckmönstret

- ☐ För mycket luft i däcken (*Veckokontroller*)

#### Däcken slitna på inner- och ytterkanten

- ☐ För lite luft i däcken (*Veckokontroller*)
- ☐ Slitna stötdämpare (kapitel 10)

#### Ojämnt däckslitage

- ☐ Obalanserade hjul (*Veckokontroller*)
- ☐ Överdrivet skeva däck/hjul (kapitel 10)
- ☐ Slitna stötdämpare (kapitel 1 och 10)
- ☐ Defekt däck (*Veckokontroller*)

# Elsystem

**Observera:** *Vid problem med start, se felen under Motor tidigare i detta avsnitt.*

### *Batteriet laddar ur på bara ett par dagar*

- ☐ Batteriet defekt invändigt (kapitel 5A)
- ☐ Batteriets elektrolytnivå låg – om det är tillämpligt (*Veckokontroller*)
- ☐ Batterianslutningarna lösa eller korroderade (*Veckokontroller*)
- ☐ Drivremmen sliten eller felaktigt justerad, om det är tillämpligt (kapitel 1)
- ☐ Generatorn laddar inte vid korrekt effekt (kapitel 5A)
- ☐ Generatorn eller spänningsregulatorn defekt (kapitel 5A)
- ☐ Kortslutning ger kontinuerlig urladdning av batteriet (kapitel 5 och 12)

# Elsystem (fortsättning)

## *Laddningslampan fortsätter lysa när motorn går*

☐ Drivremmen trasig, sliten eller felaktigt justerad (kapitel 1)
☐ Internt fel i generatorn eller spänningsregulatorn (kapitel 5A)
☐ Trasigt, urkopplat eller löst kablage i laddningskretsen (kapitel 5A)

## *Laddningslampan tänds inte*

☐ Varningslampans glödlampa trasig (kapitel 12)
☐ Trasigt, urkopplat eller löst kablage i varningslampans krets (kapitel 12)
☐ Defekt växelströmsgenerator (kapitel 5A)

## *Ljusen fungerar inte*

☐ Trasig glödlampa (kapitel 12)
☐ Korrosion på glödlampa eller sockel (kapitel 12)
☐ Trasig säkring (kapitel 12)
☐ Defekt relä (kapitel 12)
☐ Trasigt, löst eller urkopplat kablage (kapitel 12)
☐ Defekt brytare (kapitel 12)

## *Instrumentavläsningarna är missvisande eller ryckiga*

### Instrumentavläsningarna stiger med motorvarvtalet

☐ Defekt spänningsregulator (kapitel 12)

### Bränsle- eller temperaturmätaren ger inget utslag

☐ Defekt givarenhet (kapitel 3 och 4)
☐ Kretsavbrott (kapitel 12)
☐ Defekt mätare (kapitel 12)

### Bränsle- eller temperaturmätaren ger kontinuerligt maximalt utslag

☐ Defekt givarenhet (kapitel 3 och 4)
☐ Kortslutning (kapitel 12)
☐ Defekt mätare (kapitel 12)

## *Signalhornet fungerar dåligt eller inte alls*

### Signalhornet tjuter hela tiden

☐ Signalhornets kontakter är kortslutna eller tryckplattan har fastnat (kapitel 12)

### Signalhornet fungerar inte

☐ Trasig säkring (kapitel 12)
☐ Vajer eller vajeranslutningar lösa, trasiga eller urkopplade (kapitel 12)
☐ Defekt signalhorn (kapitel 12)

### Signalhornet avger ryckigt eller otillfredsställande ljud

☐ Lösa vajeranslutningar (kapitel 12)
☐ Signalhornets fästen sitter löst (kapitel 12)
☐ Defekt signalhorn (kapitel 12)

## *Vindrute-/bakrutetorkare fungerar dåligt eller inte alls*

### Torkare fungerar inte eller går mycket långsamt

☐ Torkarbladen fastnar vid rutan eller länksystemet har skurit eller kärvar (*Veckokontroller* och kapitel 12)
☐ Trasig säkring (kapitel 12)
☐ Vajer eller vajeranslutningar lösa, trasiga eller urkopplade (kapitel 12)
☐ Defekt relä (kapitel 12)
☐ Defekt torkarmotor (kapitel 12)

### Torkarbladen sveper för stor eller för liten del av rutan

☐ Torkararmarna felaktigt placerade i spindlarna (kapitel 12)
☐ Överdrivet slitage i torkarnas länksystem (kapitel 12)
☐ Torkarmotorns eller länksystemets fästen sitter löst (kapitel 12)

### Torkarbladen rengör inte rutan effektivt

☐ Torkarbladens gummi slitet eller saknas (*Veckokontroller*)
☐ Torkararmens fjäder trasig eller armtapparna har skurit (kapitel 12)
☐ Spolarvätskan har för låg koncentration för att beläggningen ska kunna tvättas bort (*Veckokontroller*)

## *Vindrutespolarna fungerar dåligt eller inte alls*

### Ett eller flera spolarmunstycken sprutar inte

☐ Blockerat spolarmunstycke (kapitel 12)
☐ Losskopplad, veckad eller igensatt spolarslang (kapitel 12)
☐ För lite spolarvätska i spolarvätskebehållaren (*Veckokontroller*)

### Spolarpumpen fungerar inte

☐ Trasiga eller lösa kablar eller anslutningar (kapitel 12)
☐ Trasig säkring (kapitel 12)
☐ Defekt spolarbrytare (kapitel 12)
☐ Defekt spolarpump (kapitel 12)

### Spolarpumpen går ett tag innan det kommer någon spolarvätska

☐ Defekt envägsventil i vätskematarslangen (kapitel 12)

## *De elektriska fönsterhissarna fungerar dåligt eller inte alls*

### Fönsterrutan rör sig bara i en riktning

☐ Defekt brytare (kapitel 12)

### Fönsterrutan rör sig långsamt

☐ Fönsterhissen har skurit, är skadad eller i behov av smörjning (kapitel 11)
☐ Dörrens inre komponenter eller klädsel hindrar fönsterhissen (kapitel 11)
☐ Defekt motor (kapitel 11)

### Fönsterrutan rör sig inte

☐ Trasig säkring (kapitel 12)
☐ Defekt relä (kapitel 12)
☐ Trasiga eller lösa kablar eller anslutningar (kapitel 12)
☐ Defekt motor (kapitel 12)

## *Centrallåset fungerar dåligt eller inte alls*

### Totalt systemhaveri

☐ Trasig säkring (kapitel 12)
☐ Defekt relä (kapitel 12)
☐ Trasiga eller lösa kablar eller anslutningar (kapitel 12)
☐ Defekt vakuumpump (kapitel 11)

### Regeln låser men låser inte upp, eller låser upp men låser inte

☐ Defekt brytare (kapitel 12)
☐ Regelns reglagespakar eller stag är trasiga eller losskopplade (kapitel 11)
☐ Defekt relä (kapitel 12)
☐ Defekt vakuumpump (kapitel 11)

### Ett lås fungerar inte

☐ Trasiga eller lösa kablar eller anslutningar (kapitel 12)
☐ Defekt motor (kapitel 11)
☐ Låsets reglagespakar eller stag är trasiga, losskopplade eller kärvar (kapitel 11)
☐ Defekt dörrlås (kapitel 11)

# A

**ABS (Anti-lock brake system)** Låsningsfria bromsar. Ett system, vanligen elektroniskt styrt, som känner av påbörjande låsning av hjul vid inbromsning och lättar på hydraultrycket på hjul som ska till att låsa.

**Air bag (krockkudde)** En uppblåsbar kudde dold i ratten (på förarsidan) eller instrumentbrädan eller handskfacket (på passagerarsidan) Vid kollision blåses kuddarna upp vilket hindrar att förare och framsätespassagerare kastas in i ratt eller vindruta.

**Ampere (A)** En måttenhet för elektrisk ström. 1 A är den ström som produceras av 1 volt gående genom ett motstånd om 1 ohm.

**Anaerobisk tätning** En massa som används som gänglås. Anaerobisk innebär att den inte kräver syre för att fungera.

**Antikärvningsmedel** En pasta som minskar risk för kärvning i infästningar som utsätts för höga temperaturer, som t.ex. skruvar och muttrar till avgasrenrör. Kallas även gängskydd.

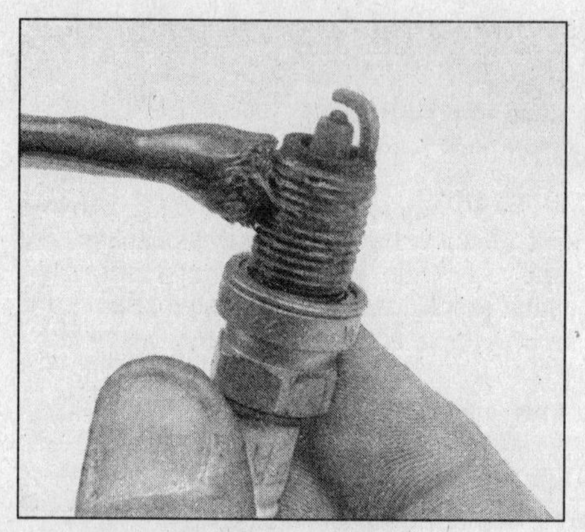

*Antikärvningsmedel*

**Asbest** Ett naturligt fibröst material med stor värmetolerans som vanligen används i bromsbelägg. Asbest är en hälsorisk och damm som alstras i bromsar ska aldrig inandas eller sväljas.

**Avgasgrenrör** En del med flera passager genom vilka avgaserna lämnar förbränningskamrarna och går in i avgasröret.

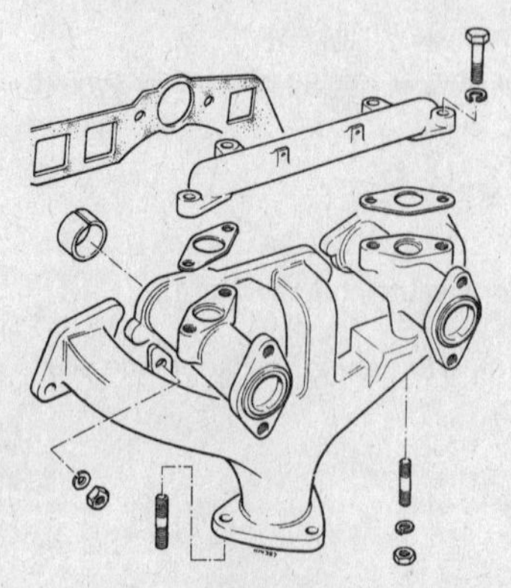

*Avgasgrenrör*

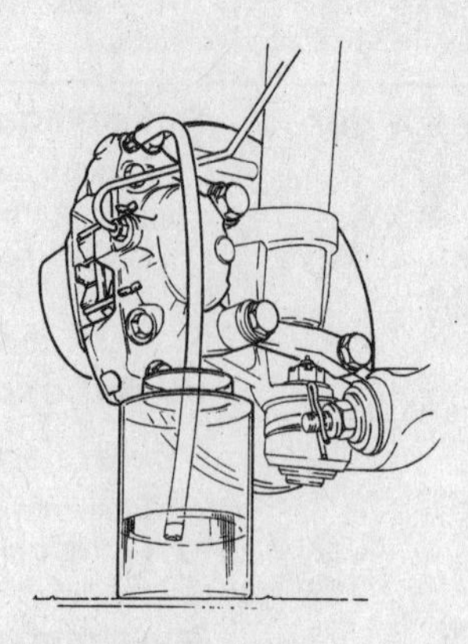

*Avluftning av bromsarna*

**Avluftning av bromsar** Avlägsnande av luft från hydrauliskt bromssystem.

**Avluftningsnippel** En ventil på ett bromsok, hydraulcylinder eller annan hydraulisk del som öppnas för att tappa ur luften i systemet.

**Axel** En stång som ett hjul roterar på, eller som roterar inuti ett hjul. Även en massiv balk som håller samman två hjul i bilens ena ände. En axel som även överför kraft till hjul kallas drivaxel.

**Axialspel** Rörelse i längdled mellan två delar. För vevaxeln är det den distans den kan röra sig framåt och bakåt i motorblocket.

# B

**Belastningskänslig fördelningsventil** En styrventil i bromshydrauliken som fördelar bromseffekten, med hänsyn till bakaxelbelastningen.

**Bladmått** Ett tunt blad av härdat stål, slipat till exakt tjocklek, som används till att mäta spel mellan delar.

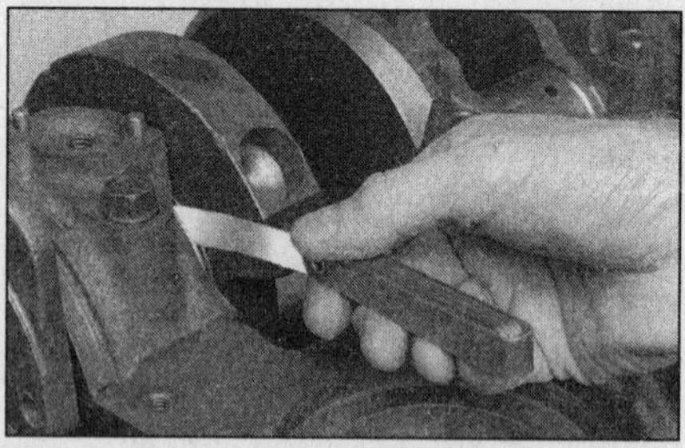

*Bladmått*

**Bromsback** Halvmåneformad hållare med fastsatt bromsbelägg som tvingar ut beläggen i kontakt med den roterande bromstrumman under inbromsning.

**Bromsbelägg** Det friktionsmaterial som kommer i kontakt med bromsskiva eller bromstrumma för att minska bilens hastighet. Beläggen är limmade eller nitade på bromsklossar eller bromsbackar.

**Bromsklossar** Utbytbara friktionsklossar som nyper i bromsskivan när pedalen trycks ned. Bromsklossar består av bromsbelägg som limmats eller nitats på en styv bottenplatta.

**Bromsok** Den icke roterande delen av en skivbromsanordning. Det grenslar skivan och håller bromsklossarna. Oket innehåller även de hydrauliska delar som tvingar klossarna att nypa skivan när pedalen trycks ned.

**Bromsskiva** Den del i en skivbromsanordning som roterar med hjulet.

**Bromstrumma** Den del i en trumbromsanordning som roterar med hjulet.

# C

**Caster** I samband med hjulinställning, lutningen framåt eller bakåt av styrningens axialled. Caster är positiv när styrningens axialled lutar bakåt i överkanten.

**CV-knut** En typ av universalknut som upphäver vibrationer orsakade av att drivkraft förmedlas genom en vinkel.

# D

**Diagnostikkod** Kodsiffror som kan tas fram genom att gå till diagnosläget i motorstyrningens centralenhet. Koden kan användas till att bestämma i vilken del av systemet en felfunktion kan förekomma.

**Draghammare** Ett speciellt verktyg som skruvas in i eller på annat sätt fästes vid en del som ska dras ut, exempelvis en axel. Ett tungt glidande handtag dras utmed verktygsaxeln mot ett stopp i änden vilket rycker avsedd del fri.

**Drivaxel** En roterande axel på endera sidan differentialen som ger kraft från slutväxeln till drivhjulen. Även varje axel som används att överföra rörelse.

**Drivrem(mar)** Rem(mar) som används till att driva tillbehörsutrustning som generator, vattenpump, servostyrning, luftkonditioneringskompressor mm, från vevaxelns remskiva.

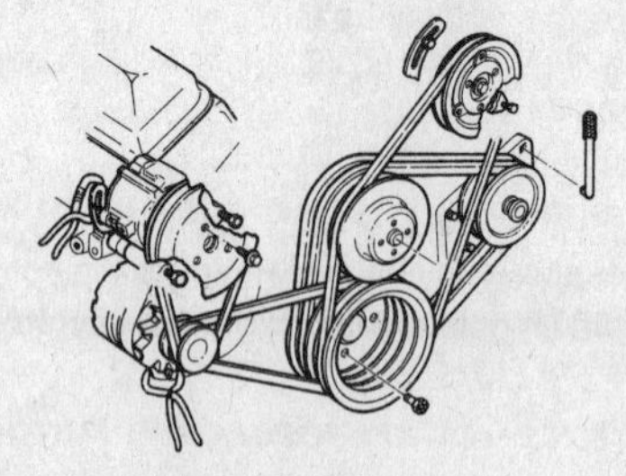

*Drivremmar till extrautrustning*

**Dubbla överliggande kamaxlar (DOHC)** En motor försedd med två överliggande kamaxlar, vanligen en för insugsventilerna och en för avgasventilerna.

# E

**EGR-ventil** Avgasåtercirkulationsventil. En ventil som för in avgaser i insugsluften.

**Elektrodavstånd** Den distans en gnista har att överbrygga från centrumelektroden till sidoelektroden i ett tändstift.

*Justering av elektrodavståndet*

**Elektronisk bränsleinsprutning (EFI)** Ett datorstyrt system som fördelar bränsle till förbränningskamrarna via insprutare i varje insugsport i motorn.

**Elektronisk styrenhet** En dator som exempelvis styr tändning, bränsleinsprutning eller låsningsfria bromsar.

# F

**Finjustering** En process där noggranna justeringar och byten av delar optimerar en motors prestanda.

**Fjäderben** Se MacPherson-ben.

**Fläktkoppling** En viskös drivkoppling som medger variabel kylarfläkthastighet i förhållande till motorhastigheten.

**Frostplugg** En skiv- eller koppformad metallbricka som monterats i ett hål i en gjutning där kärnan avlägsnats.

**Frostskydd** Ett ämne, vanligen etylenglykol, som blandas med vatten och fylls i bilens kylsystem för att förhindra att kylvätskan fryser vintertid. Frostskyddet innehåller även kemikalier som förhindrar korrosion och rost och andra avlagringar som skulle kunna blockera kylare och kylkanaler och därmed minska effektiviteten.

**Fördelningsventil** En hydraulisk styrventil som begränsar trycket till bakbromsarna vid panikbromsning så att hjulen inte låser sig.

**Förgasare** En enhet som blandar bränsle med luft till korrekta proportioner för önskad effekt från en gnistantänd förbränningsmotor.

# G

**Generator** En del i det elektriska systemet som förvandlar mekanisk energi från drivremmen till elektrisk energi som laddar batteriet, som i sin tur driver startsystem, tändning och elektrisk utrustning.

**Glidlager** Den krökta ytan på en axel eller i ett lopp, eller den del monterad i endera, som medger rörelse mellan dem med ett minimum av slitage och friktion.

**Gängskydd** Ett täckmedel som minskar risken för gängskärning i bultförband som utsätts för stor hetta, exempelvis grenrörets bultar och muttrar. Kallas även antikärvningsmedel.

# H

**Handbroms** Ett bromssystem som är oberoende av huvudbromsarnas hydraulikkrets. Kan användas till att stoppa bilen om huvudbromsarna slås ut, eller till att hålla bilen stilla utan att bromspedalen trycks ned. Den består vanligen av en spak som aktiverar främre eller bakre bromsar mekaniskt via vajrar och länkar. Kallas även parkeringsbroms.

**Harmonibalanserare** En enhet avsedd att minska fjädring eller vridande vibrationer i vevaxeln. Kan vara integrerad i vevaxelns remskiva. Även kallad vibrationsdämpare.

**Hjälpstart** Start av motorn på en bil med urladdat eller svagt batteri genom koppling av startkablar mellan det svaga batteriet och ett laddat hjälpbatteri.

**Honare** Ett slipverktyg för korrigering av smärre ojämnheter eller diameterskillnader i ett cylinderlopp.

**Hydraulisk ventiltryckare** En mekanism som använder hydrauliskt tryck från motorns smörjsystem till att upprätthålla noll ventilspel (konstant kontakt med både kamlob och ventilskaft). Justeras automatiskt för variation i ventilskaftslängder. Minskar även ventilljudet.

# I

**Insexnyckel** En sexkantig nyckel som passar i ett försänkt sexkantigt hål.

**Insugsrör** Rör eller kåpa med kanaler genom vilka bränsle/luftblandningen leds till insugsportarna.

# K

**Kamaxel** En roterande axel på vilken en serie lober trycker ned ventilerna. En kamaxel kan drivas med drev, kedja eller tandrem med kugghjul.

**Kamkedja** En kedja som driver kamaxeln.

**Kamrem** En tandrem som driver kamaxeln. Allvarliga motorskador kan uppstå om kamremmen brister vid körning.

**Kanister** En behållare i avdunstningsbegränsningen, innehåller aktivt kol för att fånga upp bensinångor från bränslesystemet.

*Kanister*

**Kardanaxel** Ett långt rör med universalknutar i bägge ändar som överför kraft från växellådan till differentialen på bilar med motorn fram och drivande bakhjul.

**Kast** Hur mycket ett hjul eller drev slår i sidled vid rotering. Det spel en axel roterar med. Orundhet i en roterande del.

**Katalysator** En ljuddämparliknande enhet i avgassystemet som omvandlar vissa föroreningar till mindre hälsovådliga substanser.

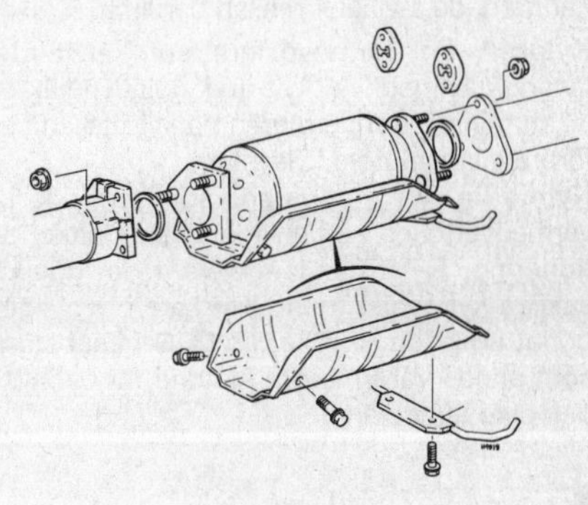

*Katalysator*

**Kompression** Minskning i volym och ökning av tryck och värme hos en gas, orsakas av att den kläms in i ett mindre utrymme.

**Kompressionsförhållande** Skillnaden i cylinderns volymer mellan kolvens ändlägen.

**Kopplingsschema** En ritning över komponenter och ledningar i ett fordons elsystem som använder standardiserade symboler.

**Krockkudde (Airbag)** En uppblåsbar kudde dold i ratten (på förarsidan) eller instrumentbrädan eller handskfacket (på passagerarsidan) Vid kollision blåses kuddarna upp vilket hindrar att förare och framsätespassagerare kastas in i ratt eller vindruta.

**Krokodilklämma** Ett långkäftat fjäderbelastat clips med ingreppande tänder som används till tillfälliga elektriska kopplingar.

**Kronmutter** En mutter som vagt liknar kreneleringen på en slottsmur. Används tillsammans med saxsprint för att låsa bultförband extra väl.

**Krysskruv** Se Phillips-skruv

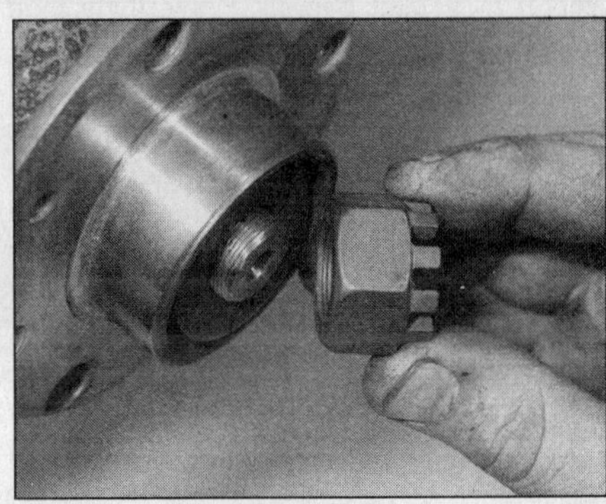

*Kronmutter*

**Kugghjul** Ett hjul med tänder eller utskott på omkretsen, formade för att greppa in i en kedja eller rem.

**Kuggstångsstyrning** Ett styrsystem där en pinjong i rattstångens ände går i ingrepp med en kuggstång. När ratten vrids, vrids även pinjongen vilket flyttar kuggstången till höger eller vänster. Denna rörelse överförs via styrstagen till hjulets styrleder.

**Kullager** Ett friktionsmotverkande lager som består av härdade inner- och ytterbanor och har härdade stålkulor mellan banorna.

**Kylare** En värmeväxlare som använder flytande kylmedium, kylt av fartvinden/fläkten till att minska temperaturen på kylvätskan i en förbränningsmotors kylsystem.

**Kylmedia** Varje substans som används till värmeöverföring i en anläggning för luftkonditionering. R-12 har länge varit det huvudsakliga kylmediet men tillverkare har nyligen börjat använda R-134a, en CFC-fri substans som anses vara mindre skadlig för ozonet i den övre atmosfären.

# L

**Lager** Den böjda ytan på en axel eller i ett lopp, eller den del som monterad i någon av dessa tillåter rörelse mellan dem med minimal slitage och friktion.

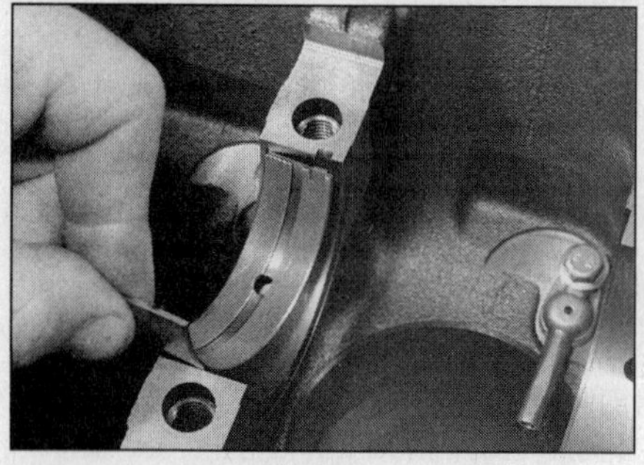

*Lager*

**Lambdasond** En enhet i motorns grenrör som känner av syrehalten i avgaserna och omvandlar denna information till elektricitet som bär information till styrelektroniken. Även kalla syresensor.

**Luftfilter** Filtret i luftrenaren, vanligen tillverkat av veckat papper. Kräver byte med regelbundna intervaller.

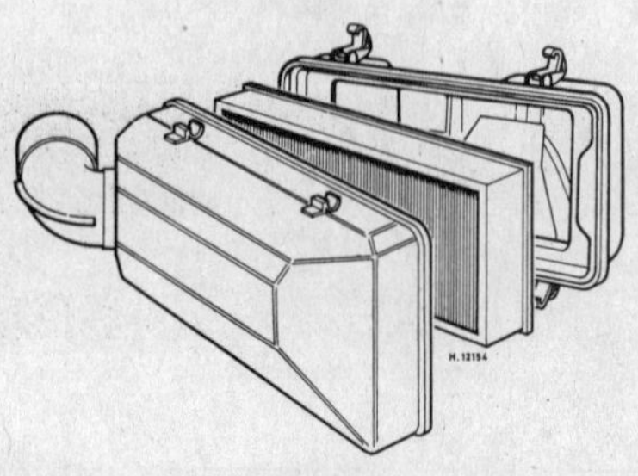

*Luftfilter*

**Luftrenare** En kåpa av plast eller metall, innehållande ett filter som tar undan damm och smuts från luft som sugs in i motorn.

**Låsbricka** En typ av bricka konstruerad för att förhindra att en ansluten mutter lossnar.

**Låsmutter** En mutter som låser en justermutter, eller annan gängad del, på plats. Exempelvis används låsmutter till att hålla justermuttern på vipparmen i läge.

**Låsring** Ett ringformat clips som förhindrar längsgående rörelser av cylindriska delar och axlar. En invändig låsring monteras i en skåra i ett hölje, en yttre låsring monteras i en utvändig skåra på en cylindrisk del som exempelvis en axel eller tapp.

# M

**MacPherson-ben** Ett system för framhjulsfjädring uppfunnet av Earle MacPherson vid Ford i England. I sin ursprungliga version skapas den nedre bärarmen av en enkel lateral länk till krängningshämmaren. Ett fjäderben - en integrerad spiralfjäder och stötdämpare - finns monterad mellan karossen och styrknogen. Många moderna MacPherson-ben använder en vanlig nedre A-arm och inte krängningshämmaren som nedre fäste.

**Markör** En remsa med en andra färg i en ledningsisolering för att skilja ledningar åt.

**Motor med överliggande kamaxel (OHC)** En motor där kamaxeln finns i topplocket.

**Motorstyrning** Ett datorstyrt system som integrerat styr bränsle och tändning.

**Multimätare** Ett elektriskt testinstrument som mäter spänning, strömstyrka och motstånd.

**Mätare** En instrumentpanelvisare som används till att ange motortillstånd. En mätare med en rörlig pekare på en tavla eller skala är analog. En mätare som visar siffror är digital.

# N

**NOx** Kväveoxider. En vanlig giftig förorening utsläppt av förbränningsmotorer vid högre temperaturer.

# O

**O-ring** En typ av tätningsring gjord av ett speciellt gummiliknande material. O-ringen fungerar så att den trycks ihop i en skåra och därmed utgör tätningen.

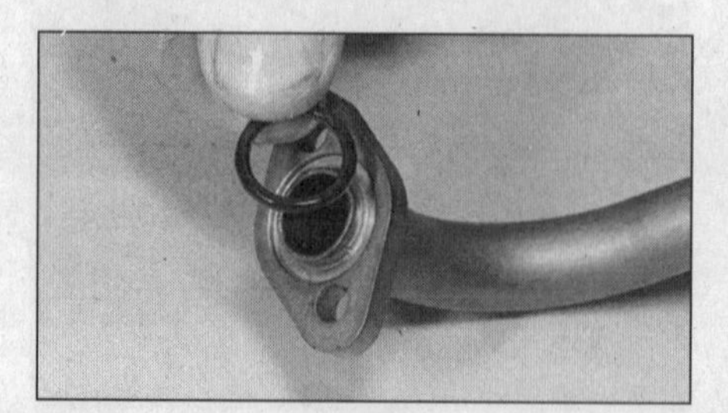

*O-ring*

**Ohm** Enhet för elektriskt motstånd. 1 volt genom ett motstånd av 1 ohm ger en strömstyrka om 1 ampere.

**Ohmmätare** Ett instrument för uppmätning av elektriskt motstånd.

# P

**Packning** Mjukt material - vanligen kork, papp, asbest eller mjuk metall - som monteras mellan två metallytor för att erhålla god tätning. Exempelvis tätar topplockspackningen fogen mellan motorblocket och topplocket.

*Packning*

**Phillips-skruv** En typ av skruv med ett korsspår, istället för ett rakt, för motsvarande skruvmejsel. Vanligen kallad krysskruv.

**Plastigage** En tunn plasttråd, tillgänglig i olika storlekar, som används till att mäta toleranser. Exempelvis så läggs en remsa Plastigage tvärs över en lagertapp. Delarna sätts ihop och tas isär. Bredden på den klämda remsan anger spelrummet mellan lager och tapp.

*Plastigage*

# R

**Rotor** I en fördelare, den roterande enhet inuti fördelardosan som kopplar samman centrumelektroden med de yttre kontakterna vartefter den roterar, så att högspänningen från tändspolens sekundärlindning leds till rätt tändstift. Även den del av generatorn som roterar inuti statorn. Även de roterande delarna av ett turboaggregat, inkluderande kompressorhjulet, axeln och turbinhjulet.

# S

**Sealed-beam strålkastare** En äldre typ av strålkastare som integrerar reflektor, lins och glödtrådar till en hermetiskt försluten enhet. När glödtråden går av eller linsen spricker byts hela enheten.

**Shims** Tunn distansbricka, vanligen använd till att justera inbördes lägen mellan två delar. Exempelvis sticks shims in i eller under ventiltryckarhylsor för att justera ventilspelet. Spelet justeras genom byte till shims av annan tjocklek.

**Skivbroms** En bromskonstruktion med en roterande skiva som kläms mellan bromsklossar. Den friktion som uppstår omvandlar bilens rörelseenergi till värme.

**Skjutmått** Ett precisionsmätinstrument som mäter inre och yttre dimensioner. Inte riktigt lika exakt som en mikrometer men lättare att använda.

**Smältsäkring** Ett kretsskydd som består av en ledare omgiven av värmetålig isolering. Ledaren är tunnare än den ledning den skyddar och är därmed den svagaste länken i kretsen. Till skillnad från en bränd säkring måste vanligen en smältsäkring skäras bort från ledningen vid byte.

**Spel** Den sträcka en del färdas innan något inträffar. "Luften" i ett länksystem eller ett montage mellan första ansatsen av kraft och verklig rörelse. Exempel, den sträcka bromspedalen färdas innan kolvarna i huvudcylindern rör på sig. Även utrymmet mellan två delar, exempelvis kolv och cylinderlopp.

**Spiralfjäder** En spiral av elastiskt stål som förekommer i olika storlekar på många platser i en bil, bland annat i fjädringen och ventilerna i topplocket.

**Startspärr** På bilar med automatväxellåda förhindrar denna kontakt att motorn startas annat än om växelväljaren är i N eller P.

**Storändslager** Lagret i den ände av vevstaken som är kopplad till vevaxeln.

**Svetsning** Olika processer som används för att sammanfoga metallföremål genom att hetta upp dem till smältning och sammanföra dem.

**Svänghjul** Ett tungt roterande hjul vars energi tas upp och sparas via moment. På bilar finns svänghjulet monterat på vevaxeln för att utjämna kraftpulserna från arbetstakterna.

**Syresensor** En enhet i motorns grenrör som känner av syrehalten i avgaserna och omvandlar denna information till elektricitet som bär information till styrelektroniken. Även kalla Lambdasond.

**Säkring** En elektrisk enhet som skyddar en krets mot överbelastning. En typisk säkring innehåller en mjuk metallbit kalibrerad att smälta vid en förbestämd strömstyrka, angiven i ampere, och därmed bryta kretsen.

# T

**Termostat** En värmestyrd ventil som reglerar kylvätskans flöde mellan blocket och kylaren vilket håller motorn vid optimal arbetstemperatur. En termostat används även i vissa luftrenare där temperaturen är reglerad.

**Toe-in** Den distans som framhjulens framkanter är närmare varandra än bak-kanterna. På bakhjulsdrivna bilar specificeras vanligen ett litet toe-in för att hålla framhjulen parallella på vägen, genom att motverka de krafter som annars tenderar att vilja dra isär framhjulen.

**Toe-ut** Den distans som framhjulens bakkanter är närmare varandra än framkanterna. På bilar med framhjulsdrift specificeras vanligen ett litet toe-ut.

**Toppventilsmotor (OHV)** En motortyp där ventilerna finns i topplocket medan kamaxeln finns i motorblocket.

**Torpedplåten** Den isolerade avbalkningen mellan motorn och passagerarutrymmet.

**Trumbroms** En bromsanordning där en trumformad metallcylinder monteras inuti ett hjul. När bromspedalen trycks ned pressas böjda bromsbackar försedda med bromsbelägg mot trummans insida så att bilen saktar in eller stannar.

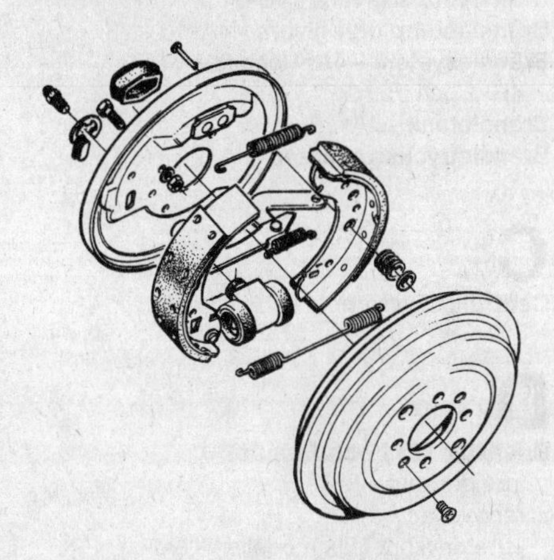

*Trumbroms, montage*

**Turboaggregat** En roterande enhet, driven av avgastrycket, som komprimerar insugsluften. Används vanligen till att öka motoreffekten från en given cylindervolym, men kan även primäranvändas till att minska avgasutsläpp.

**Tändföljd** Turordning i vilken cylindrarnas arbetstakter sker, börjar med nr 1.

**Tändläge** Det ögonblick då tändstiftet ger gnista. Anges vanligen som antalet vevaxelgrader för kolvens övre dödpunkt.

**Tätningsmassa** Vätska eller pasta som används att täta fogar. Används ibland tillsammans med en packning.

# U

**Universalknut** En koppling med dubbla pivåer som överför kraft från en drivande till en driven axel genom en vinkel. En universalknut består av två Y-formade ok och en korsformig del kallad spindeln.

**Urtrampningslager** Det lager i kopplingen som flyttas inåt till frigöringsarmen när kopplingspedalen trycks ned för frikoppling.

# V

**Ventil** En enhet som startar, stoppar eller styr ett flöde av vätska, gas, vakuum eller löst material via en rörlig del som öppnas, stängs eller delvis maskerar en eller flera portar eller kanaler. En ventil är även den rörliga delen av en sådan anordning.

**Ventilspel** Spelet mellan ventilskaftets övre ände och ventiltryckaren. Spelet mäts med stängd ventil.

**Ventiltryckare** En cylindrisk del som överför rörelsen från kammen till ventilskaftet, antingen direkt eller via stötstång och vipparm. Även kallad kamsläpa eller kamföljare.

**Vevaxel** Den roterande axel som går längs med vevhuset och är försedd med utstickande vevtappar på vilka vevstakarna är monterade.

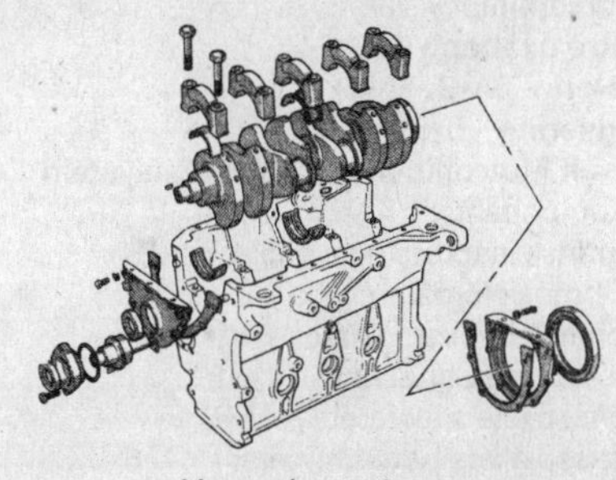

*Vevaxel, montage*

**Vevhus** Den nedre delen av ett motorblock där vevaxeln roterar.

**Vibrationsdämpare** En enhet som är avsedd att minska fjädring eller vridande vibrationer i vevaxeln. Enheten kan vara integrerad i vevaxelns remskiva. Kallas även harmonibalanserare.

**Vipparm** En arm som gungar på en axel eller tapp. I en toppventilsmotor överför vipparmen stötstångens uppåtgående rörelse till en nedåtgående rörelse som öppnar ventilen.

**Viskositet** Tjockleken av en vätska eller dess flödesmotstånd.

**Volt** Enhet för elektrisk spänning i en krets 1 volt genom ett motstånd av 1 ohm ger en strömstyrka om 1 ampere.

**Observera:** *Hänvisningarna i sakregistret är i formen - **"Kapitel nummer" • "Sida nummer"***

# A



# B



# C



# D



# E



# F



# G

# Reparationshandböcker för bilar

## Reparationshandböcker på svenska

| Titel | Bok nr. |
|---|---|
| **AUDI** 100 & 200 (82 - 90) | SV3214 |
| Audi 100 & A6 (maj 91 - maj 97) | SV3531 |
| Audi A4 (95 - Feb 00) | SV3717 |
| **BMW** 3-Series 98 - 03 | SV4783 |
| BMW 3- & 5-serier (81 - 91) | SV3263 |
| BMW 5-Serie (96 - 03) | SV4360 |
| **CHEVROLET** & GMC Van (68 - 95) | SV3298 |
| **FORD** Escort & Orion (90 - 00) | SV3389 |
| Ford Escort (80 - 90) | SV3091 |
| Ford Focus (01 - 04) | SV4607 |
| Ford Mondeo (93 - 99) | SV3353 |
| Ford Scorpio (85 - 94) | SV3039 |
| Ford Sierra (82 - 93) | SV3038 |
| **MERCEDES-BENZ** 124-serien (85 - 93) | SV3299 |
| Mercedes-Benz 190, 190E & 190D (83 - 93) | SV3391 |
| **OPEL** Astra (91 - 98) | SV3715 |
| Opel Kadett (84 - 91) | SV3069 |
| Opel Omega & Senator (86 - 94) | SV3262 |
| Opel Vectra (88 - 95) | SV3264 |
| Opel Vectra (95 - 98) | SV3592 |
| **SAAB** 9-3 (98 - 02) | SV4615 |
| Saab 9-3 (0 - 06) | SV4756 |
| Saab 9-5 (97 - 04) | SV4171 |
| Saab 90, 99 & 900 (79 - 93) | SV3037 |
| Saab 900 (okt 93 - 98) | SV3532 |
| Saab 9000 (85 - 98) | SV3072 |
| **SKODA** Octavia (98 - 04) | SV4387 |
| Skoda Fabia (00 - 06) | SV4789 |
| **TOYOTA** Corolla (97 - 02) | SV4738 |
| **VOLVO** 240, 242, 244 & 245 (74 - 93) | SV3034 |
| Volvo 340, 343, 345 & 360 (76 - 91) | SV3041 |
| Volvo 440, 460 & 480 (87 - 97) | SV3066 |
| Volvo 740, 745 & 760 (82 - 92) | SV3035 |
| Volvo 850 (92 - 96) | SV3213 |
| Volvo 940 (91 - 96) | SV3208 |
| Volvo S40 & V40 (96 - 04) | SV3585 |
| Volvo S40 & V50 (04 - 07) | SV4757 |
| Volvo S60 (01 - 08) | SV4794 |
| Volvo S70, V70 & C70 (96 - 99) | SV3590 |
| Volvo V70 & S80 (98 - 05) | SV4370 |
| **VW** Golf & Jetta II (84 - 92) | SV3036 |
| VW Golf III & Vento (92 - 98) | SV3244 |
| VW Golf IV & Bora (98 - 00) | SV3781 |
| VW Passat (88 - 96) | SV3393 |
| VW Passat (dec 00 - maj 05) | SV4764 |
| VW Passat (dec 96 - nov 00) | SV3943 |
| VW Transporter (82 - 90) | SV3392 |

## TechBooks på svenska

| Titel | Bok nr. |
|---|---|
| Bilens elektriska och elektroniska system | SV3361 |
| Bilens felkodssystem: Handbok för avläsning och diagnostik | SV3534 |
| Bilens kaross - underhåll och reparationer | SV4763 |
| Bilens Luftkonditioneringssystem | SV3791 |
| Bilens motorstyrning och bränsleinsprutningssystem | SV3390 |
| Dieselmotorn - servicehandbok | SV3533 |
| Haynes Reparationshandbok för små motorer | SV4274 |

## Service and Repair Manuals

| Titel | Bok nr. |
|---|---|
| **ALFA ROMEO** Alfasud/Sprint (74 - 88) up to F * | 0292 |
| Alfa Romeo Alfetta (73 - 87) up to E * | 0531 |
| **AUDI** 80, 90 & Coupe Petrol (79 - Nov 88) up to F | 0605 |
| Audi 80, 90 & Coupe Petrol (Oct 86 - 90) D to H | 1491 |
| Audi 100 & 200 Petrol (Oct 82 - 90) up to H | 0907 |
| Audi 100 & A6 Petrol & Diesel (May 91 - May 97) H to P | 3504 |
| Audi A3 Petrol & Diesel (96 - May 03) P to 03 | 4253 |
| Audi A4 Petrol & Diesel (95 - 00) M to X | 3575 |
| Audi A4 Petrol & Diesel (01 - 04) X to 54 | 4609 |
| **AUSTIN** A35 & A40 (56 - 67) up to F * | 0118 |
| Austin/MG/Rover Maestro 1.3 & 1.6 Petrol (83 - 95) up to M | 0922 |
| Austin/MG Metro (80 - May 90) up to G | 0718 |
| Austin/Rover Montego 1.3 & 1.6 Petrol (84 - 94) A to L | 1066 |
| Austin/MG/Rover Montego 2.0 Petrol (84 - 95) A to M | 1067 |
| Mini (59 - 69) up to H * | 0527 |
| Mini (69 - 01) up to X | 0646 |
| Austin/Rover 2.0 litre Diesel Engine (86 - 93) C to L | 1857 |
| Austin Healey 100/6 & 3000 (56 - 68) up to G * | 0049 |
| **BEDFORD** CF Petrol (69 - 87) up to E | 0163 |
| Bedford/Vauxhall Rascal & Suzuki Supercarry (86 - Oct 94) C to M | 3015 |
| **BMW** 316, 320 & 320i (4-cyl) (75 - Feb 83) up to Y * | 0276 |
| BMW 320, 320i, 323i & 325i (6-cyl) (Oct 77 - Sept 87) up to E | 0815 |
| BMW 3- & 5-Series Petrol (81 - 91) up to J | 1948 |
| BMW 3-Series Petrol (Apr 91 - 99) H to V | 3210 |
| BMW 3-Series Petrol (Sept 98 - 03) S to 53 | 4067 |
| BMW 520i & 525e (Oct 81 - June 88) up to E | 1560 |
| BMW 525, 528 & 528i (73 - Sept 81) up to X * | 0632 |
| BMW 5-Series 6-cyl Petrol (April 96 - Aug 03) N to 03 | 4151 |
| BMW 1500, 1502, 1600, 1602, 2000 & 2002 (59 - 77) up to S * | 0240 |
| **CHRYSLER** PT Cruiser Petrol (00 - 03) W to 53 | 4058 |
| **CITROËN** 2CV, Ami & Dyane (67 - 90) up to H | 0196 |
| Citroën AX Petrol & Diesel (87 - 97) D to P | 3014 |
| Citroën Berlingo & Peugeot Partner Petrol & Diesel (96 - 05) P to 55 | 4281 |
| Citroën BX Petrol (83 - 94) A to L | 0908 |
| Citroën C15 Van Petrol & Diesel (89 - Oct 98) F to S | 3509 |
| Citroën C3 Petrol & Diesel (02 - 05) 51 to 05 | 4197 |
| Citroen C5 Petrol & Diesel (01-08) Y to 08 | 4745 |
| Citroën CX Petrol (75 - 88) up to F | 0528 |
| Citroën Saxo Petrol & Diesel (96 - 04) N to 54 | 3506 |
| Citroën Visa Petrol (79 - 88) up to F | 0620 |
| Citroën Xantia Petrol & Diesel (93 - 01) K to Y | 3082 |
| Citroën XM Petrol & Diesel (89 - 00) G to X | 3451 |
| Citroën Xsara Petrol & Diesel (97 - Sept 00) R to W | 3751 |
| Citroën Xsara Picasso Petrol & Diesel (00 - 02) W to 52 | 3944 |
| Citroen Xsara Picasso (03-08) | 4784 |
| Citroën ZX Diesel (91 - 98) J to S | 1922 |
| Citroën ZX Petrol (91 - 98) H to S | 1881 |
| Citroën 1.7 & 1.9 litre Diesel Engine (84 - 96) A to N | 1379 |
| **FIAT** 126 (73 - 87) up to E * | 0305 |
| Fiat 500 (57 - 73) up to M * | 0090 |
| Fiat Bravo & Brava Petrol (95 - 00) N to W | 3572 |
| Fiat Cinquecento (93 - 98) K to R | 3501 |
| Fiat Panda (81 - 95) up to M | 0793 |
| Fiat Punto Petrol & Diesel (94 - Oct 99) L to V | 3251 |
| Fiat Punto Petrol (Oct 99 - July 03) V to 03 | 4066 |
| Fiat Punto Petrol (03-07) 03 to 07 | 4746 |
| Fiat Regata Petrol (84 - 88) A to F | 1167 |
| Fiat Tipo Petrol (88 - 91) E to J | 1625 |
| Fiat Uno Petrol (83 - 95) up to M | 0923 |
| Fiat X1/9 (74 - 89) up to G * | 0273 |
| **FORD** Anglia (59 - 68) up to G * | 0001 |
| Ford Capri II (& III) 1.6 & 2.0 (74 - 87) up to E * | 0283 |
| Ford Capri II (& III) 2.8 & 3.0 V6 (74 - 87) up to E | 1309 |
| Ford Cortina Mk I & Corsair 1500 ('62 - '66) up to D* | 0214 |
| Ford Cortina Mk III 1300 & 1600 (70 - 76) up to P * | 0070 |
| Ford Escort Mk I 1100 & 1300 (68 - 74) up to N * | 0171 |
| Ford Escort Mk I Mexico, RS 1600 & RS 2000 (70 - 74) up to N * | 0139 |
| Ford Escort Mk II Mexico, RS 1800 & RS 2000 (75 - 80) up to W * | 0735 |
| Ford Escort (75 - Aug 80) up to V * | 0280 |
| Ford Escort Petrol (Sept 80 - Sept 90) up to H | 0686 |
| Ford Escort & Orion Petrol (Sept 90 - 00) H to X | 1737 |
| Ford Escort & Orion Diesel (Sept 90 - 00) H to X | 4081 |
| Ford Fiesta (76 - Aug 83) up to Y | 0334 |
| Ford Fiesta Petrol (Aug 83 - Feb 89) A to F | 1030 |
| Ford Fiesta Petrol (Feb 89 - Oct 95) F to N | 1595 |
| Ford Fiesta Petrol & Diesel (Oct 95 - Mar 02) N to 02 | 3397 |
| Ford Fiesta Petrol & Diesel (Apr 02 - 07) 02 to 57 | 4170 |
| Ford Focus Petrol & Diesel (98 - 01) S to Y | 3759 |
| Ford Focus Petrol & Diesel (Oct 01 - 05) 51 to 05 | 4167 |
| Ford Galaxy Petrol & Diesel (95 - Aug 00) M to W | 3984 |
| Ford Granada Petrol (Sept 77 - Feb 85) up to B * | 0481 |
| Ford Granada & Scorpio Petrol (Mar 85 - 94) B to M | 1245 |
| Ford Ka (96 - 02) P to 52 | 3570 |
| Ford Mondeo Petrol (93 - Sept 00) K to X | 1923 |
| Ford Mondeo Petrol & Diesel (Oct 00 - Jul 03) X to 03 | 3990 |
| Ford Mondeo Petrol & Diesel (July 03 - 07) 03 to 56 | 4619 |
| Ford Mondeo Diesel (93 - 96) L to N | 3465 |
| Ford Orion Petrol (83 - Sept 90) up to H | 1009 |
| Ford Sierra 4-cyl Petrol (82 - 93) up to K | 0903 |
| Ford Sierra V6 Petrol (82 - 91) up to J | 0904 |
| Ford Transit Petrol (Mk 2) (78 - Jan 86) up to C | 0719 |
| Ford Transit Petrol (Mk 3) (Feb 86 - 89) C to G | 1468 |
| Ford Transit Diesel (Feb 86 - 99) C to T | 3019 |
| Ford Transit Diesel (00-06) | 4775 |
| Ford 1.6 & 1.8 litre Diesel Engine (84 - 96) A to N | 1172 |
| Ford 2.1, 2.3 & 2.5 litre Diesel Engine (77 - 90) up to H | 1606 |
| **FREIGHT ROVER** Sherpa Petrol (74 - 87) up to E | 0463 |
| **HILLMAN** Avenger (70 - 82) up to Y | 0037 |
| Hillman Imp (63 - 76) up to R * | 0022 |
| **HONDA** Civic (Feb 84 - Oct 87) A to E | 1226 |
| Honda Civic (Nov 91 - 96) J to N | 3199 |
| Honda Civic Petrol (Mar 95 - 00) M to X | 4050 |
| Honda Civic Petrol & Diesel (01 - 05) X to 55 | 4611 |
| Honda CR-V Petrol & Diesel (01-06) | 4747 |
| Honda Jazz (01 - Feb 08) 51 - 57 | 4735 |
| **HYUNDAI** Pony (85 - 94) C to M | 3398 |
| **JAGUAR** E Type (61 - 72) up to L * | 0140 |
| Jaguar MkI & II, 240 & 340 (55 - 69) up to H * | 0098 |
| Jaguar XJ6, XJ & Sovereign; Daimler Sovereign (68 - Oct 86) up to D | 0242 |
| Jaguar XJ6 & Sovereign (Oct 86 - Sept 94) D to M | 3261 |
| Jaguar XJ12, XJS & Sovereign; Daimler Double Six (72 - 88) up to F | 0478 |
| **JEEP** Cherokee Petrol (93 - 96) K to N | 1943 |
| **LADA** 1200, 1300, 1500 & 1600 (74 - 91) up to J | 0413 |
| Lada Samara (87 - 91) D to J | 1610 |
| **LAND ROVER** 90, 110 & Defender Diesel (83 - 07) up to 56 | 3017 |
| Land Rover Discovery Petrol & Diesel (89 - 98) G to S | 3016 |
| Land Rover Discovery Diesel (Nov 98 - Jul 04) S to 04 | 4606 |
| Land Rover Freelander Petrol & Diesel (97 - Sept 03) R to 53 | 3929 |
| Land Rover Freelander Petrol & Diesel (Oct 03 - Oct 06) 53 to 56 | 4623 |
| Land Rover Series IIA & III Diesel (58 - 85) up to C | 0529 |
| Land Rover Series II, IIA & III 4-cyl Petrol (58 - 85) up to C | 0314 |
| **MAZDA** 323 (Mar 81 - Oct 89) up to G | 1608 |
| Mazda 323 (Oct 89 - 98) G to R | 3455 |
| Mazda 626 (May 83 - Sept 87) up to E | 0929 |
| Mazda B1600, B1800 & B2000 Pick-up Petrol (72 - 88) up to F | 0267 |
| Mazda RX-7 (79 - 85) up to C * | 0460 |
| **MERCEDES-BENZ** 190, 190E & 190D Petrol & Diesel (83 - 93) A to L | 3450 |
| Mercedes-Benz 200D, 240D, 240TD, 300D & 300TD 123 Series Diesel (Oct 76 - 85) | 1114 |
| Mercedes-Benz 250 & 280 (68 - 72) up to L * | 0346 |
| Mercedes-Benz 250 & 280 123 Series Petrol (Oct 76 - 84) up to B * | 0677 |
| Mercedes-Benz 124 Series Petrol & Diesel (85 - Aug 93) C to K | 3253 |
| Mercedes-Benz A-Class Petrol & Diesel (98-04) S to 54) | 4748 |
| Mercedes-Benz C-Class Petrol & Diesel (93 - Aug 00) L to W | 3511 |
| Mercedes-Benz C-Class (00-06) | 4780 |
| **MGA** (55 - 62) * | 0475 |
| **MGB** (62 - 80) up to W | 0111 |
| MG Midget & Austin-Healey Sprite (58 - 80) up to W * | 0265 |
| **MINI** Petrol (July 01 - 05) Y to 05 | 4273 |
| **MITSUBISHI** Shogun & L200 Pick-Ups Petrol (83 - 94) up to M | 1944 |
| **MORRIS** Ital 1.3 (80 - 84) up to B | 0705 |
| Morris Minor 1000 (56 - 71) up to K | 0024 |
| **NISSAN** Almera Petrol (95 - Feb 00) N to V | 4053 |
| Nissan Almera & Tino Petrol (Feb 00 - 07) V to 56 | 4612 |
| Nissan Bluebird (May 84 - Mar 86) A to C | 1223 |
| Nissan Bluebird Petrol (Mar 86 - 90) C to H | 1473 |
| Nissan Cherry (Sept 82 - 86) up to D | 1031 |
| Nissan Micra (83 - Jan 93) up to K | 0931 |
| Nissan Micra (93 - 02) K to 52 | 3254 |
| Nissan Micra Petrol (03-07) 52 to 57 | 4734 |
| Nissan Primera Petrol (90 - Aug 99) H to T | 1851 |
| Nissan Stanza (82 - 86) up to D | 0824 |
| Nissan Sunny Petrol (May 82 - Oct 86) up to D | 0895 |
| Nissan Sunny Petrol (Oct 86 - Mar 91) D to H | 1378 |
| Nissan Sunny Petrol (Apr 91 - 95) H to N | 3219 |
| **OPEL** Ascona & Manta (B Series) (Sept 75 - 88) up to F * | 0316 |
| Opel Ascona Petrol (81 - 88) | 3215 |
| Opel Astra Petrol (Oct 91 - Feb 98) | 3156 |
| Opel Corsa Petrol (83 - Mar 93) | 3160 |
| Opel Corsa Petrol (Mar 93 - 97) | 3159 |
| Opel Kadett Petrol (Nov 79 - Oct 84) up to B | 0634 |
| Opel Kadett Petrol (Oct 84 - Oct 91) | 3196 |
| Opel Omega & Senator Petrol (Nov 86 - 94) | 3157 |
| Opel Rekord Petrol (Feb 78 - Oct 86) up to D | 0543 |
| Opel Vectra Petrol (Oct 88 - Oct 95) | 3158 |

** Classic reprint*

| Titel | Bok nr. |
|---|---|
| Chevrolet Sprint & Geo Metro '85-'01 | **24075** |
| Chevrolet Vans '68-'96 | **24080** |
| Chevrolet & GMC Full-size Vans '96-'05 | **24081** |
| **CHRYSLER** Cirrus/Dodge Stratus/Ply. Breeze '94-'00 | **25015** |
| Chrysler Full-Size (FWD) '88-'93 | **25020** |
| Chrysler LH Series '93-'97 | **25025** |
| Chrysler LHS, Concorde, 300M & Dodge Intrepid '98-'03 | **25026** |
| Chrysler 300, Dodge Charger & Magnum '05-'07 | **25027** |
| Chrysler Mid-Size Sedans (FWD) '82-'95 | **25030** |
| Chrysler PT Cruiser '01-'03 | **25035** |
| Chrysler Sebring & Dodge Avenger '95-'05 | **25040** |
| **DATSUN** 200SX '77-'79 | **28004** |
| Datsun 200SX '80-'83 | **28005** |
| Datsun B-210 '73-'78 | **28007** |
| Datsun 210 '79-'82 | **28009** |
| Datsun 240Z, 260Z, & 280Z '70-'78 | **28012** |
| Datsun 280ZX '79-'83 | **28014** |
| Datsun 310 '78-'82 | **28016** |
| Datsun 510 & PL521 Pick-up '68-'73 | **28018** |
| Datsun 510 '78-'81 | **28020** |
| Datsun 620 Pick-up '73-'79 | **28022** |
| Datsun 810/Maxima '77-'84 | **28025** |
| **DODGE** Aries & Plymouth Reliant '81-'89 | **30008** |
| Dodge & Plymouth Mini Vans '84-'95 | **30010** |
| Dodge & Plymouth Mini Vans '96-'02 | **30011** |
| Dodge Challenger & Ply. Sapporo '78-'83 | **30012** |
| Dodge Caravan, Chrysler Voyager/Town & Country '03-'06 | **30013** |
| Dodge Colt & Plymouth Champ '78-'87 | **30016** |
| Dodge Dakota Pick-up '87-'96 | **30020** |
| Dodge Durango '98-'99 & Dakota '97-'99 | **30021** |
| Dodge Durango '00-'03 & Dakota Pick-ups '00-'04 | **30022** |
| Dodge Durango '04-'06 & Dakota Pick-ups '05-'06 | **30023** |
| Dodge Dart/Plymouth Valiant '67-'76 | **30025** |
| Dodge Daytona & Chrysler Laser '84-'89 | **30030** |
| Dodge/Plymouth Neon '95-'99 | **30034** |
| Dodge Omni/Plymouth Horizon '78-'90 | **30035** |
| Dodge Neon '00-'05 | **30036** |
| Dodge Full-Size Pick-up '74-'93 | **30040** |
| Dodge Pick-Ups '94-'01 | **30041** |
| Dodge Pick-Ups '02-'05 | **30042** |
| Dodge D50 Pick-up & Raider '79-'93 | **30045** |
| Dodge/Plymouth/Chrysler Full-Size (RWD) '71-'89 | **30050** |
| Dodge Shadow & Plymouth Sundance '87-'94 | **30055** |
| Dodge Spirit & Plymouth Acclaim '89-'95 | **30060** |
| Dodge & Plymouth Vans '71-'03 | **30065** |
| **FIAT** 124 Sport/Spider '68-'78 | **34010** |
| Fiat X1/ 9 '74-'80 | **34025** |
| **FORD** Aerostar Mini Van '86-'97 | **36004** |
| Ford Contour & Mercury Mystique '95-'00 | **36006** |
| Ford Courier Pick-up '72-'82 | **36008** |
| Ford Crown Victoria '88-'06 | **36012** |
| Ford Escort & Mercury Lynx '81-'90 | **36016** |
| Ford Escort '91-'00 | **36020** |
| Ford Escape & Mazda Tribute '01-'03 | **36022** |
| Ford Explorer '91-'01, Explorer Sport thru '03, Sport Trac thru '05 | **36024** |
| Ford Explorer & Mercury Mountaineer '02-'06 | **36025** |
| Ford Fairmont & Mercury Zephyr '78-'83 | **36028** |
| Ford Festiva & Aspire '88-'97 | **36030** |
| Ford Fiesta '77-'80 | **36032** |
| Ford Focus '00-'05 | **36034** |
| Ford & Mercury Full Size Sedans '75-'87 | **36036** |
| Ford & Mercury Mid-Size Sedans '75-'86 | **36044** |
| Ford Mustang V8 '64 1/2 - '73 | **36048** |
| Ford Mustang II '74-'78 | **36049** |
| Ford Mustang/Mercury Capri '79-'93 | **36050** |
| Ford Mustang '94 - '04 | **36051** |
| Ford Mustang '05-'07 | **36052** |
| Ford Pick-ups & Bronco '73-'79 | **36054** |
| Ford Pick-ups & Bronco '80-'96 | **36058** |
| Ford Pick-ups, Expedition & Lincoln Navigator '97-'03 | **36059** |
| Ford Super Duty Pick-up & Excursion '99-'06 | **36060** |
| Ford Pick-ups, Full-size F-150 '04-'06 | **36061** |
| Ford Pinto & Mercury Bobcat '75-'80 | **36062** |
| Ford Probe '89-'92 | **36066** |
| Ford Ranger & Bronco II '83-'92 | **36070** |
| Ford Ranger & Mazda Pick-ups '93-'05 | **36071** |
| Ford Taurus & Mercury Sable '86-'95 | **36074** |
| Ford Taurus & Mercury Sable '96-'05 | **36075** |
| Ford Tempo & Mercury Topaz '84-'94 | **36078** |
| Ford T-bird & Mercury Cougar '83-'88 | **36082** |
| Ford Thunderbird & Mercury Cougar '89-'97 | **36086** |
| Ford Full-Size Vans '69-'91 | **36090** |
| Ford Full-Size Vans '92-'05 | **36094** |
| Ford Windstar '95-'03 | **36097** |

| Titel | Bok nr. |
|---|---|
| **GM**: Century, Celebrity, Ciera, Cutlass Cruiser, 6000 '82-'96 | **38005** |
| GM: Regal, Lumina, Grand Prix, Cutlass Supreme '88-'05 | **38010** |
| GM: Skyhawk, Cimarron, Cavalier, Firenza, J-2000, Sunbird '82-'94 | **38015** |
| GM: Chevrolet Cavalier & Pontiac Sunfire '95-'04 | **38016** |
| GM: Chevrolet Cobalt & Pontiac G5 '05-'07 | **38017** |
| GM: Skylark, Citation, Omega, Phoenix '80-'85 | **38020** |
| GM: Skylark, Somerset, Achieva, Calais, Grand Am '85-'98 | **38025** |
| GM: Malibu, Alero, Cutlass & Grand Am '97-'03 | **38026** |
| GM: Chevrolet Malibu '04-'07 | **38027** |
| GM: Eldorado, Seville, Deville, Riviera, Toronado '71-'85 | **38030** |
| GM: Eldorado, Seville, Deville, Riviera & Toronado '86-'93 | **38031** |
| GM: Cadillac DeVille '94-'05 & Seville '92-'04 | **38032** |
| GM: Lumina APV, Silhouette, Trans Sport '90-'96 | **38035** |
| GM: Venture, Silhouette, Trans Sport, Montana '97-05 | **38036** |
| **GEO** Storm '90-'93 | **40030** |
| **HONDA** Accord CVCC '76-'83 | **42010** |
| Honda Accord '84-'89 | **42011** |
| Honda Accord '90-'93 | **42012** |
| Honda Accord '94-'97 | **42013** |
| Honda Accord '98 - '02 | **42014** |
| Honda Accord '03-'05 | **42015** |
| Honda Civic 1200 '73-'79 | **42020** |
| Honda Civic 1300 & 1500 cc CVCC '80-'83 | **42021** |
| Honda Civic 1500 CVCC '75-'79 | **42022** |
| Honda Civic '84-'90 | **42023** |
| Honda Civic '92-'95 | **42024** |
| Honda Civic '96-'00, CR-V '97-'01 & Acura Integra '94-'00 | **42025** |
| Honda Civic '01-'04 and CR-V '02-'04 | **42026** |
| Honda Odyssey '99-'04 | **42035** |
| Honda All Pilot models (03-07) | **42037** |
| Honda Prelude CVCC '79-'89 | **42040** |
| **HYUNDAI** Elantra '96-'01 | **43010** |
| Hyundai Excel & Accent '86-'98 | **43015** |
| **ISUZU** Rodeo, Amigo '89-'02 | **47017** |
| Isuzu Trooper '84-'91 & Pick-up '81-'93 | **47020** |
| **JAGUAR** XJ6 '68-'86 | **49010** |
| Jaguar XJ6 '88-'94 | **49011** |
| **JEEP** Cherokee, Wagoneer, Comanche '84-'01 | **50010** |
| Jeep CJ '49-'86 | **50020** |
| Jeep Grand Cherokee '93-'04 | **50025** |
| Jeep Liberty '02-'04 | **50035** |
| Jeep Wagoneer/J-Series '72-'91 | **50029** |
| Jeep Wrangler '87-'03 | **50030** |
| **KIA** Sephia & Spectra '94-'04 | **54070** |
| **LINCOLN** Town Car '70-'05 | **59010** |
| **MAZDA** GLC (RWD) '77-'83 | **61010** |
| Mazda GLC (FWD) '81-'85 | **61011** |
| Mazda 323 & Protegé '90-'00 | **61015** |
| Mazda MX-5 Miata '90-'97 | **61016** |
| Mazda MPV Van '89-'94 | **61020** |
| Mazda Pick-ups '72-'93 | **61030** |
| Mazda RX7 Rotary '79-'85 | **61035** |
| Mazda RX-7 '86-'91 | **61036** |
| Mazda 626 (RWD) '79-'82 | **61040** |
| Mazda 626 & MX-6 (FWD) '83-'92 | **61041** |
| Mazda 626, MX-6 & Ford Probe '93-'01 | **61042** |
| **MERCEDES BENZ** Diesel 123 '76-'85 | **63012** |
| Mercedes Benz 190 Series '84-'88 | **63015** |
| Mercedes Benz 230, 250, & 280 '68-'72 | **63020** |
| Mercedes Benz 280 (123 Series) '77-'81 | **63025** |
| Mercedes Benz 350 & 450 '71-'80 | **63030** |
| **MERCURY** Villager & Nissan Quest '93-'01 | **64200** |
| **MGB** (4cyl.) '62-'80 | **66010** |
| MG Midget & Austin-Healy Sprite '58-'80 | **66015** |
| **MITSUBISHI** Cordia, Tredia, Galant, Precis & Mirage '83-'93 | **68020** |
| Mitsubishi Eclipse, Laser, Talon '90-'94 | **68030** |
| Mitsubishi Eclipse & Eagle Talon '95-'01 | **68031** |
| Mitsubishi Galant '94-'03 | **68035** |
| Mitsubishi Pick-up & Montero '83-'96 | **68040** |
| **NISSAN** 300ZX '84-'89 | **72010** |
| Nissan Altima '93-'04 | **72015** |
| Nissan Maxima '85-'92 | **72020** |
| Nissan Maxima '93-'04 | **72021** |
| Nissan/Datsun Pick-up '80-'97, Pathfinder '87-'95 | **72030** |
| Nissan Frontier Pick-up '98-'04, Pathfinder '96-'04 & Xterra '00-'04 | **72031** |
| Nissan Pulsar '83-'86 | **72040** |
| Nissan Sentra '82-'94 | **72050** |
| Nissan Sentra & 200SX '95-'04 | **72051** |
| Nissan Stanza '82-'90 | **72060** |
| **OLDSMOBILE** Cutlass '74-'88 | **73015** |
| **PONTIAC** Fiero '84-'88 | **79008** |
| Pontiac Firebird V8 '70-'81 | **79018** |

| Titel | Bok nr. |
|---|---|
| Pontiac Firebird '82-'92 | **79019** |
| Pontiac Mid-size Rear-wheel Drive '70-'87 | **79040** |
| **PORSCHE** 911 '65-'89 | **80020** |
| Porsche 914 '69-'76 | **80025** |
| Porsche 924 '76-'82 | **80030** |
| Porsche 924S & 944 '83-'89 | **80035** |
| **SAAB** 900 '79-'88 | **84010** |
| **SATURN** S-series '91-'02 | **87010** |
| Saturn Ion '03-'07 | **87011** |
| Saturn L-Series '00-'04 | **87020** |
| **SUBARU** 1100, 1300, 1400, & 1600 '71-'79 | **89002** |
| Subaru 1600 & 1800 '80-'94 | **89003** |
| Subaru Legacy '90-'99 | **89100** |
| Subaru Legacy & Forester '00-'06 | **89101** |
| **SUZUKI** Samurai, Sidekick '86-'01 | **90010** |
| **TOYOTA** Camry '83-'91 | **92005** |
| Toyota Camry & Avalon '92-'96 | **92006** |
| Toyota Camry, Avalon, Solara, Lexus ES 300 '97-'01 | **92007** |
| Toyota Camry, Avalon, Solara, Lexus ES 300/330 '02-'05 | **92008** |
| Toyota Celica '71-'85 | **92015** |
| Toyota Celica (FWD) '86-'99 | **92020** |
| Toyota Supra '79-'92 | **92025** |
| Toyota Corolla '75-'79 | **92030** |
| Toyota Corolla (RWD) '80-'87 | **92032** |
| Toyota Corolla (FWD) '84-'92 | **92035** |
| Toyota Corolla & Geo/Chevrolet Prizm '93-'02 | **92036** |
| Toyota Corolla '03-'05 | **92037** |
| Toyota Corolla Tercel '80-'82 | **92040** |
| Toyota Corona '74-'82 | **92045** |
| Toyota Cressida '78-'82 | **92050** |
| Toyota Highlander & Lexus RX-300/330 '99-'06 | **92095** |
| Toyota Hi-Lux Pick-up '69-'78 | **92070** |
| Toyota Land Cruiser FJ40, 43, 45, 55 & 60 '68-'82 | **92055** |
| Toyota Land Cruiser FJ60, 62, 80 & FZJ80 '80-'96 | **92056** |
| Toyota MR-2 '85-'87 | **92065** |
| Toyota Previa Van '91-'95 | **92080** |
| Toyota Pick-up '79-'95 | **92075** |
| Toyota RAV4 '96-'02 | **92082** |
| Toyota Sienna '98-'02 | **92090** |
| Toyota Prius (01-07) | **92081** |
| Toyota Tacoma '95-'04, 4Runner '96-'02, T100 '93-'98 | **92076** |
| Toyota Tercel '87-'94 | **92085** |
| Toyota Tundra & Sequoia '00-'05 | **92078** |
| **TRIUMPH** Spitfire '62-'81 | **94007** |
| Triumph TR7 '75-'81 | **94010** |
| **VW** Beetle & Karmann Ghia '54-'79 | **96008** |
| VW New Beetle '98-'00 | **96009** |
| VW Dasher '74 thru '81 | **96012** |
| VW Rabbit, Jetta (Gas) '75-'92 | **96016** |
| VW Golf & Jetta '93-'98 | **96017** |
| VW Golf & Jetta '99-'02 | **96018** |
| VW Rabbit, Jetta, (Diesel) '77-'84 | **96020** |
| VW Passat '98-'01 & Audi A4 '96-'01 | **96023** |
| VW Transporter 1600 '68-'79 | **96030** |
| VW Transporter 1700, 1800, & 2000 '72-'79 | **96035** |
| VW Type 3 1500 & 1600 '63-'73 | **96040** |
| VW Vanagon Air - Cooled '80-'83 | **96045** |
| Volvo 120 & 130 Series & 1800 '61-'73 | **97010** |
| Volvo 140 '66-'74 | **97015** |
| Volvo 240 Series '76-'93 | **97020** |
| Volvo 740 & 760 Series '82-'88 | **97040** |

## USA Techbooks

| Titel | Bok nr. |
|---|---|
| Automotive Computer Codes | **10205** |
| OBD-II (96 on) Engine Management Systems | **10206** |
| Fuel Injection Manual (86-99) | **10220** |
| Holley Carburettor Manual | **10225** |
| Rochester Carburettor Manual | **10230** |
| Weber/Zenith Stromberg/SU Carburettor Manual | **10240** |
| Chevrolet Engine Overhaul Manual | **10305** |
| Chrysler Engine Overhaul Manual | **10310** |
| GM and Ford Diesel Engine Repair Manual | **10330** |
| Suspension, Steering and Driveline Manual | **10345** |
| Ford Automatic Transmission Overhaul Manual | **10355** |
| General Motors Automatic Transmission Overhaul Manual | **10360** |
| Automotive Detailling Manual | **10415** |
| Automotive Heating & Air Conditioning Manual | **10425** |
| Automotive Reference Manual & Illustrated Automotive Dictionary | **10430** |
| Used Car Buying Guide | **10440** |

** Classic reprint*

| Titel | Bok nr. |
|---|---|
| **PEUGEOT** 106 Petrol & Diesel (91 - 04) J to 53 | **1882** |
| Peugeot 205 Petrol (83 - 97) A to P | **0932** |
| Peugeot 206 Petrol & Diesel (98 - 01) S to X | **3757** |
| Peugeot 206 Petrol & Diesel (02 - 06) 51 to 06 | **4613** |
| Peugeot 306 Petrol & Diesel (93 - 02) K to 02 | **3073** |
| Peugeot 307 Petrol & Diesel (01 - 04) Y to 54 | **4147** |
| Peugeot 309 Petrol (86 - 93) C to K | **1266** |
| Peugeot 405 Petrol (88 - 97) E to P | **1559** |
| Peugeot 405 Diesel (88 - 97) E to P | **3198** |
| Peugeot 406 Petrol & Diesel (96 - Mar 99) N to T | **3394** |
| Peugeot 406 Petrol & Diesel (Mar 99 - 02) T to 52 | **3982** |
| Peugeot 505 Petrol (79 - 89) up to G | **0762** |
| Peugeot 1.7/1.8 & 1.9 litre Diesel Engine (82 - 96) up to N | **0950** |
| Peugeot 2.0, 2.1, 2.3 & 2.5 litre Diesel Engines (74 - 90) up to H | **1607** |
| **PORSCHE** 911 (65 - 85) up to C | **0264** |
| Porsche 924 & 924 Turbo (76 - 85) up to C | **0397** |
| **PROTON** (89 - 97) F to P | **3255** |
| **RANGE ROVER** V8 Petrol (70 - Oct 92) up to K | **0606** |
| **RELIANT** Robin & Kitten (73 - 83) up to A * | **0436** |
| **RENAULT** 4 (61 - 86) up to D * | **0072** |
| Renault 5 Petrol (Feb 85 - 96) B to N | **1219** |
| Renault 9 & 11 Petrol (82 - 89) up to F | **0822** |
| Renault 18 Petrol (79 - 86) up to D | **0598** |
| Renault 19 Petrol (89 - 96) F to N | **1646** |
| Renault 19 Diesel (89 - 96) F to N | **1946** |
| Renault 21 Petrol (86 - 94) C to M | **1397** |
| Renault 25 Petrol & Diesel (84 - 92) B to K | **1228** |
| Renault Clio Petrol (91 - May 98) H to R | **1853** |
| Renault Clio Diesel (91 - June 96) H to N | **3031** |
| Renault Clio Petrol & Diesel (May 98 - May 01) R to Y | **3906** |
| Renault Clio Petrol & Diesel (June '01 - '05) Y to 55 | **4168** |
| Renault Espace Petrol & Diesel (85 - 96) C to N | **3197** |
| Renault Laguna Petrol & Diesel (94 - 00) L to W | **3252** |
| Renault Laguna Petrol & Diesel (Feb 01 - Feb 05) X to 54 | **4283** |
| Renault Mégane & Scénic Petrol & Diesel (96 - 99) N to T | **3395** |
| Renault Mégane & Scénic Petrol & Diesel (Apr 99 - 02) T to 52 | **3916** |
| Renault Megane Petrol & Diesel (Oct 02 - 05) 52 to 55 | **4284** |
| Renault Scenic Petrol & Diesel (Sept 03 - 06) 53 to 06 | **4297** |
| **ROVER** 213 & 216 (84 - 89) A to G | **1116** |
| Rover 214 & 414 Petrol (89 - 96) G to N | **1689** |
| Rover 216 & 416 Petrol (89 - 96) G to N | **1830** |
| Rover 211, 214, 216, 218 & 220 Petrol & Diesel (Dec 95 - 99) N to V | **3399** |
| Rover 25 & MG ZR Petrol & Diesel (Oct 99 - 04) V to 54 | **4145** |
| Rover 414, 416 & 420 Petrol & Diesel (May 95 - 98) M to R | **3453** |
| Rover 45 / MG ZS Petrol & Diesel (99 - 05) V to 55 | **4384** |
| Rover 618, 620 & 623 Petrol (93 - 97) K to P | **3257** |
| Rover 75 / MG ZT Petrol & Diesel (99 - 06) S to 06 | **4292** |
| Rover 820, 825 & 827 Petrol (86 - 95) D to N | **1380** |
| Rover 3500 (76 - 87) up to E * | **0365** |
| Rover Metro, 111 & 114 Petrol (May 90 - 98) G to S | **1711** |
| **SAAB** 95 & 96 (66 - 76) up to R * | **0198** |
| Saab 90, 99 & 900 (79 - Oct 93) up to L | **0765** |
| Saab 900 (Oct 93 - 98) L to R | **3512** |
| Saab 9000 (4-cyl) (85 - 98) C to S | **1686** |
| Saab 9-3 Petrol & Diesel (98 - Aug 02) R to 02 | **4614** |
| Saab 9-3 Petrol & Diesel (02-07) 52 to 57 | **4749** |
| Saab 9-5 4-cyl Petrol (97 - 04) R to 54 | **4156** |
| **SEAT** Ibiza & Cordoba Petrol & Diesel (Oct 93 - Oct 99) L to V | **3571** |
| Seat Ibiza & Malaga Petrol (85 - 92) B to K | **1609** |
| **SKODA** Estelle (77 - 89) up to G | **0604** |
| Skoda Fabia Petrol & Diesel (00 - 06) W to 06 | **4376** |
| Skoda Favorit (89 - 96) F to N | **1801** |
| Skoda Felicia Petrol & Diesel (95 - 01) M to X | **3505** |
| Skoda Octavia Petrol & Diesel (98 - Apr 04) R to 04 | **4285** |
| **SUBARU** 1600 & 1800 (Nov 79 - 90) up to H * | **0995** |
| **SUNBEAM** Alpine, Rapier & H120 (67 - 74) up to N * | **0051** |
| **SUZUKI** SJ Series, Samurai & Vitara (4-cyl) Petrol (82 - 97) up to P | **1942** |
| Suzuki Supercarry & Bedford/Vauxhall Rascal (86 - Oct 94) C to M | **3015** |
| **TALBOT** Alpine, Solara, Minx & Rapier (75 - 86) up to D | **0337** |

| Titel | Bok nr. |
|---|---|
| Talbot Horizon Petrol (78 - 86) up to D | **0473** |
| Talbot Samba (82 - 86) up to D | **0823** |
| **TOYOTA** Avensis Petrol (98 - Jan 03) R to 52 | **4264** |
| Toyota Carina E Petrol (May 92 - 97) J to P | **3256** |
| Toyota Corolla (80 - 85) up to C | **0683** |
| Toyota Corolla (Sept 83 - Sept 87) A to E | **1024** |
| Toyota Corolla (Sept 87 - Aug 92) E to K | **1683** |
| Toyota Corolla Petrol (Aug 92 - 97) K to P | **3259** |
| Toyota Corolla Petrol (July 97 - Feb 02) P to 51 | **4286** |
| Toyota Hi-Ace & Hi-Lux Petrol (69 - Oct 83) up to A | **0304** |
| Toyota RAV4 Petrol & Diesel (94-06) L to 55 | **4750** |
| Toyota Yaris Petrol (99 - 05) T to 05 | **4265** |
| **TRIUMPH** GT6 & Vitesse (62 - 74 ) up to N * | **0112** |
| Triumph Herald (59 - 71) up to K * | **0010** |
| Triumph Spitfire (62 - 81) up to X | **0113** |
| Triumph Stag (70 - 78) up to T * | **0441** |
| Triumph TR2, TR3, TR3A, TR4 & TR4A (52 - 67) up to F * | **0028** |
| Triumph TR5 & 6 (67 - 75) up to P * | **0031** |
| Triumph TR7 (75 - 82) up to Y * | **0322** |
| **VAUXHALL** Astra Petrol (80 - Oct 84) up to B | **0635** |
| Vauxhall Astra & Belmont Petrol (Oct 84 - Oct 91) B to J | **1136** |
| Vauxhall Astra Petrol (Oct 91 - Feb 98) J to R | **1832** |
| Vauxhall/Opel Astra & Zafira Petrol (Feb 98 - Apr 04) R to 04 | **3758** |
| Vauxhall/Opel Astra & Zafira Diesel (Feb 98 - Apr 04) R to 04 | **3797** |
| Vauxhall/Opel Astra Petrol (04 - 08) | **4732** |
| Vauxhall/Opel Astra Diesel (04 - 08) | **4733** |
| Vauxhall/Opel Calibra (90 - 98) G to S | **3502** |
| Vauxhall Carlton Petrol (Oct 78 - Oct 86) up to D | **0480** |
| Vauxhall Carlton & Senator Petrol (Nov 86 - 94) D to L | **1469** |
| Vauxhall Cavalier Petrol (81 - Oct 88) up to F | **0812** |
| Vauxhall Cavalier Petrol (Oct 88 - 95) F to N | **1570** |
| Vauxhall Chevette (75 - 84) up to B | **0285** |
| Vauxhall/Opel Corsa Diesel (Mar 93 - Oct 00) K to X | **4087** |
| Vauxhall Corsa Petrol (Mar 93 - 97) K to R | **1985** |
| Vauxhall/Opel Corsa Petrol (Apr 97 - Oct 00) P to X | **3921** |
| Vauxhall/Opel Corsa Petrol & Diesel (Oct 00 - Sept 03) X to 53 | **4079** |
| Vauxhall/Opel Corsa Petrol & Diesel (Oct 03 - Aug 06) 53 to 06 | **4617** |
| Vauxhall/Opel Frontera Petrol & Diesel (91 - Sept 98) J to S | **3454** |
| Vauxhall Nova Petrol (83 - 93) up to K | **0909** |
| Vauxhall/Opel Omega Petrol (94 - 99) L to T | **3510** |
| Vauxhall/Opel Vectra Petrol & Diesel (95 - Feb 99) N to S | **3396** |
| Vauxhall/Opel Vectra Petrol & Diesel (Mar 99 - May 02) T to 02 | **3930** |
| Vauxhall/Opel Vectra Petrol & Diesel (June 02 - Sept 05) 02 to 55 | **4618** |
| Vauxhall/Opel 1.5, 1.6 & 1.7 litre Diesel Engine (82 - 96) up to N | **1222** |
| **VW** 411 & 412 (68 - 75) up to P * | **0091** |
| VW Beetle 1200 (54 - 77) up to S | **0036** |
| VW Beetle 1300 & 1500 (65 - 75) up to P | **0039** |
| VW 1302 & 1302S (70 - 72) up to L * | **0110** |
| VW Beetle 1303, 1303S & GT (72 - 75) up to P | **0159** |
| VW Beetle Petrol & Diesel (Apr 99 - 07) T to 57 | **3798** |
| VW Golf & Jetta Mk 1 Petrol 1.1 & 1.3 (74 - 84) up to A | **0716** |
| VW Golf, Jetta & Scirocco Mk 1 Petrol 1.5, 1.6 & 1.8 (74 - 84) up to A | **0726** |
| VW Golf & Jetta Mk 1 Diesel (78 - 84) up to A | **0451** |
| VW Golf & Jetta Mk 2 Petrol (Mar 84 - Feb 92) A to J | **1081** |
| VW Golf & Vento Petrol & Diesel (Feb 92 - Mar 98) J to R | **3097** |
| VW Golf & Bora Petrol & Diesel (April 98 - 00) R to X | **3727** |
| VW Golf & Bora 4-cyl Petrol & Diesel (01 - 03) X to 53 | **4169** |
| VW Golf & Jetta Petrol & Diesel (04 - 07) 53 to 07 | **4610** |
| VW LT Petrol Vans & Light Trucks (76 - 87) up to E | **0637** |
| VW Passat & Santana Petrol (Sept 81 - May 88) up to E | **0814** |
| VW Passat 4-cyl Petrol & Diesel (May 88 - 96) E to P | **3498** |
| VW Passat 4-cyl Petrol & Diesel (Dec 96 - Nov 00) P to X | **3917** |
| VW Passat Petrol & Diesel (Dec 00 - May 05) X to 05 | **4279** |
| VW Polo & Derby (76 - Jan 82) up to X | **0335** |
| VW Polo (82 - Oct 90) up to H | **0813** |

| Titel | Bok nr. |
|---|---|
| VW Polo Petrol (Nov 90 - Aug 94) H to L | **3245** |
| VW Polo Hatchback Petrol & Diesel (94 - 99) M to S | **3500** |
| VW Polo Hatchback Petrol (00 - Jan 02) V to 51 | **4150** |
| VW Polo Petrol & Diesel (02 - May 05) 51 to 05 | **4608** |
| VW Scirocco (82 - 90) up to H * | **1224** |
| VW Transporter 1600 (68 - 79) up to V | **0082** |
| VW Transporter 1700, 1800 & 2000 (72 - 79) up to V * | **0226** |
| VW Transporter (air-cooled) Petrol (79 - 82) up to Y * | **0638** |
| VW Transporter (water-cooled) Petrol (82 - 90) up to H | **3452** |
| VW Type 3 (63 - 73) up to M * | **0084** |
| **VOLVO** 120 & 130 Series (& P1800) (61 - 73) up to M * | **0203** |
| Volvo 142, 144 & 145 (66 - 74) up to N * | **0129** |
| Volvo 240 Series Petrol (74 - 93) up to K | **0270** |
| Volvo 262, 264 & 260/265 (75 - 85) up to C * | **0400** |
| Volvo 340, 343, 345 & 360 (76 - 91) up to J | **0715** |
| Volvo 440, 460 & 480 Petrol (87 - 97) D to P | **1691** |
| Volvo 740 & 760 Petrol (82 - 91) up to J | **1258** |
| Volvo 850 Petrol (92 - 96) J to P | **3260** |
| Volvo 940 petrol (90 - 98) H to R | **3249** |
| Volvo S40 & V40 Petrol (96 - Mar 04) N to 04 | **3569** |
| Volvo S40 & V50 Petrol & Diesel (Mar 04 - Jun 07) 04 to 07 | **4731** |
| Volvo S60 Petrol & Diesel (01-08) | **4793** |
| Volvo S70, V70 & C70 Petrol (96 - 99) P to V | **3573** |
| Volvo V70 / S80 Petrol & Diesel (98 - 05) S to 55 | **4263** |

## DIY Manual Series

| | |
|---|---|
| The Haynes Air Conditioning Manual | **4192** |
| The Haynes Car Electrical Systems Manual | **4251** |
| The Haynes Manual on Bodywork | **4198** |
| The Haynes Manual on Brakes | **4178** |
| The Haynes Manual on Carburettors | **4177** |
| The Haynes Manual on Diesel Engines | **4174** |
| The Haynes Manual on Engine Management | **4199** |
| The Haynes Manual on Fault Codes | **4175** |
| The Haynes Manual on Practical Electrical Systems | **4267** |
| The Haynes Manual on Small Engines | **4250** |
| The Haynes Manual on Welding | **4176** |

## USA Automotive Repair Manuals

| | |
|---|---|
| **ACURA** Integra '86-'89 & Legend '86-'90 | **12020** |
| Acura Integra '90-'93 & Legend '91-'95 | **12021** |
| **AMC** Gremlin, Sprint & Hornet '70-'83 | **14020** |
| AMC/Renault Alliance & Encore '83-'87 | **14025** |
| **AUDI** 4000 '80-'87 | **15020** |
| Audi 5000 '77-'83 | **15025** |
| Audi 5000 '84-'88 | **15026** |
| **BMW** 3 & 5 Series '82-'92 | **18020** |
| BMW 3-Series, Including Z3 '92-'98 | **18021** |
| BMW 3-series, including Z4 '99-'05 | **18022** |
| BMW 320i '75-'83 | **18025** |
| BMW 1500 & 2002 '59-'77 | **18050** |
| **BUICK** Century '97-'05 | **19010** |
| Buick/Olds/Pontiac Full-Size (FWD) '85-'05 | **19020** |
| Buick/Olds/Pontiac Full-Size (RWD) '70-'90 | **19025** |
| Buick Regal '74-'87 | **19030** |
| **CADILLAC** Rear Wheel Drive '70-'93 | **21030** |
| **CHEVROLET** Astro & GMC Safari Mini Van '85-'03 | **24010** |
| Chevrolet Camaro '70-'81 | **24015** |
| Chevrolet Camaro '82-'92 | **24016** |
| Chevrolet Camaro/Pontiac Firebird '93-'02 | **24017** |
| Chevrolet Chevelle '69-'87 | **24020** |
| Chevrolet Chevette '76-'87 | **24024** |
| Chevrolet Colorado & GMC Canyon '04-'06 | **24027** |
| Chevrolet Corsica & Beretta '87-'96 | **24032** |
| Chevrolet Corvette '68-'82 | **24040** |
| Chevrolet Corvette '84-'96 | **24041** |
| Chevrolet Full Size Sedans '69-'90 | **24045** |
| Chevrolet Impala SS & Buick Roadmaster '91-'96 | **24046** |
| Chevrolet Lumina & Monte Carlo '95-'05 | **24048** |
| Chevrolet Luv Pick-up '72-'82 | **24050** |
| Chevrolet Monte Carlo '70-'88 | **24055** |
| Chevrolet Nova '69-'79 | **24059** |
| Chevrolet Nova & Geo Prizm (FWD) '85-'92 | **24060** |
| Chevrolet & GMC Pick-up '67-'87 | **24064** |
| Chevrolet & GMC Pick-up '88-'98; C/K Classic '99-'00 | **24065** |
| Chevrolet Silverado Pick-up '99-'06 | **24066** |
| Chevrolet S10 & GMC S15 '82-'93 | **24070** |
| Chevrolet S-10 '94-'04 | **24071** |
| Chevrolet TrailBlazer & GMC Envoy '02-'03 | **24072** |

** Classic reprint*

# Motorcycle Service and Repair Manuals

| Titel | Bok nr. |
|---|---|
| **APRILIA** RS50 (99 - 06) & RS125 (93 - 06) | 4298 |
| Aprilia RSV1000 Mille (98 - 03) | ◆ 4255 |
| Aprilia SR50 | 4755 |
| **BMW** 2-valve Twins (70 - 96) | ◆ 0249 |
| BMW F650 | ◆ 4761 |
| BMW K100 & 75 2-valve Models (83 - 96) | ◆ 1373 |
| BMW R850, 1100 & 1150 4-valve Twins (93 - 04) | ◆ 3466 |
| BMW R1200 (04 - 06) | ◆ 4598 |
| **BSA** Bantam (48 - 71) | 0117 |
| BSA Unit Singles (58 - 72) | 0127 |
| BSA Pre-unit Singles (54 - 61) | 0326 |
| BSA A7 & A10 Twins (47 - 62) | 0121 |
| BSA A50 & A65 Twins (62 - 73) | 0155 |
| Chinese Scooters | 4768 |
| **DUCATI** 600, 620, 750 and 900 2-valve V-Twins (91 - 05) | ◆ 3290 |
| Ducati MK III & Desmo Singles (69 - 76) | ◇ 0445 |
| Ducati 748, 916 & 996 4-valve V-Twins (94 - 01) | ◆ 3756 |
| **GILERA** Runner, DNA, Ice & SKP/Stalker (97 - 07) | 4163 |
| **HARLEY-DAVIDSON** Sportsters (70 - 08) | ◆ 2534 |
| Harley-Davidson Shovelhead and Evolution Big Twins (70 - 99) | ◆ 2536 |
| Harley-Davidson Twin Cam 88 (99 - 03) | ◆ 2478 |
| **HONDA** NB, ND, NP & NS50 Melody (81 - 85) | ◇ 0622 |
| Honda NE/NB50 Vision & SA50 Vision Met-in (85 - 95) | ◇ 1278 |
| Honda MB, MBX, MT & MTX50 (80 - 93) | 0731 |
| Honda C50, C70 & C90 (67 - 03) | 0324 |
| Honda XR80/100R & CRF80/100F (85 - 04) | 2218 |
| Honda XL/XR 80, 100, 125, 185 & 200 2-valve Models (78 - 87) | 0566 |
| Honda H100 & H100S Singles (80 - 92) | ◇ 0734 |
| Honda CB/CD125T & CM125C Twins (77 - 88) | ◇ 0571 |
| Honda CG125 (76 - 07) | ◇ 0433 |
| Honda NS125 (86 - 93) | ◇ 3056 |
| Honda CBR125R (04 - 07) | 4620 |
| Honda MBX/MTX125 & MTX200 (83 - 93) | ◇ 1132 |
| Honda CD/CM185 200T & CM250C 2-valve Twins (77 - 85) | 0572 |
| Honda XL/XR 250 & 500 (78 - 84) | 0567 |
| Honda XR250L, XR250R & XR400R (86 - 03) | 2219 |
| Honda CB250 & CB400N Super Dreams (78 - 84) | ◇ 0540 |
| Honda CR Motocross Bikes (86 - 01) | 2222 |
| Honda CRF250 & CRF450 (02 - 06) | 2630 |
| Honda CBR400RR Fours (88 - 99) | ◇◆ 3552 |
| Honda VFR400 (NC30) & RVF400 (NC35) V-Fours (89 - 98) | ◇◆ 3496 |
| Honda CB500 (93 - 02) & CBF500 03 - 08 | ◇ 3753 |
| Honda CB400 & CB550 Fours (73 - 77) | 0262 |
| Honda CX/GL500 & 650 V-Twins (78 - 86) | 0442 |
| Honda CBX550 Four (82 - 86) | ◇ 0940 |
| Honda XL600R & XR600R (83 - 08) | ◆ 2183 |
| Honda XL600/650V Transalp & XRV750 Africa Twin (87 to 07) | ◆ 3919 |
| Honda CBR600F1 & 1000F Fours (87 - 96) | ◆ 1730 |
| Honda CBR600F2 & F3 Fours (91 - 98) | ◆ 2070 |
| Honda CBR600F4 (99 - 06) | ◆ 3911 |
| Honda CB600F Hornet & CBF600 (98 - 06) | ◇◆ 3915 |
| Honda CBR600RR (03 - 06) | ◆ 4590 |
| Honda CB650 sohc Fours (78 - 84) | 0665 |
| Honda NTV600 Revere, NTV650 and NT650V Deauville (88 - 05) | ◇◆ 3243 |
| Honda Shadow VT600 & 750 (USA) (88 - 03) | 2312 |
| Honda CB750 sohc Four (69 - 79) | 0131 |
| Honda V45/65 Sabre & Magna (82 - 88) | 0820 |
| Honda VFR750 & 700 V-Fours (86 - 97) | ◆ 2101 |
| Honda VFR800 V-Fours (97 - 01) | ◆ 3703 |
| Honda VFR800 V-Tec V-Fours (02 - 05) | ◆ 4196 |
| Honda CB750 & CB900 dohc Fours (78 - 84) | 0535 |
| Honda VTR1000 (FireStorm, Super Hawk) & XL1000V (Varadero) (97 - 08) | ◆ 3744 |
| Honda CBR900RR FireBlade (92 - 99) | ◆ 2161 |
| Honda CBR900RR FireBlade (00 - 03) | ◆ 4060 |
| Honda CBR1000RR Fireblade (04 - 07) | ◆ 4604 |
| Honda CBR1100XX Super Blackbird (97 - 07) | ◆ 3901 |
| Honda ST1100 Pan European V-Fours (90 - 02) | ◆ 3384 |

| Titel | Bok nr. |
|---|---|
| Honda Shadow VT1100 (USA) (85 - 98) | 2313 |
| Honda GL1000 Gold Wing (75 - 79) | 0309 |
| Honda GL1100 Gold Wing (79 - 81) | 0669 |
| Honda Gold Wing 1200 (USA) (84 - 87) | 2199 |
| Honda Gold Wing 1500 (USA) (88 - 00) | 2225 |
| **KAWASAKI** AE/AR 50 & 80 (81 - 95) | 1007 |
| Kawasaki KC, KE & KH100 (75 - 99) | 1371 |
| Kawasaki KMX125 & 200 (86 - 02) | ◇ 3046 |
| Kawasaki 250, 350 & 400 Triples (72 - 79) | 0134 |
| Kawasaki 400 & 440 Twins (74 - 81) | 0281 |
| Kawasaki 400, 500 & 550 Fours (79 - 91) | 0910 |
| Kawasaki EN450 & 500 Twins (Ltd/Vulcan) (85 - 07) | 2053 |
| Kawasaki EX500 (GPZ500S) & ER500 (ER-5) (87 - 08) | ◆ 2052 |
| Kawasaki ZX600 (ZZ-R600 & Ninja ZX-6) (90 - 06) | ◆ 2146 |
| Kawasaki ZX-6R Ninja Fours (95 - 02) | ◆ 3541 |
| Kawasaki ZX-6R (03 - 06) | ◆ 4742 |
| Kawasaki ZX600 (GPZ600R, GPX600R, Ninja 600R & RX) & ZX750 (GPX750R, Ninja 750R) | ◆ 1780 |
| Kawasaki 650 Four (76 - 78) | 0373 |
| Kawasaki Vulcan 700/750 & 800 (85 - 04) | ◆ 2457 |
| Kawasaki 750 Air-cooled Fours (80 - 91) | 0574 |
| Kawasaki ZR550 & 750 Zephyr Fours (90 - 97) | ◆ 3382 |
| Kawasaki Z750 & Z1000 (03 - 08) | ◆ 4762 |
| Kawasaki ZX750 (Ninja ZX-7 & ZXR750) Fours (89 - 96) | ◆ 2054 |
| Kawasaki Ninja ZX-7R & ZX-9R (94 - 04) | ◆ 3721 |
| Kawasaki 900 & 1000 Fours (73 - 77) | 0222 |
| Kawasaki ZX900, 1000 & 1100 Liquid-cooled Fours (83 - 97) | ◆ 1681 |
| **KTM** EXC Enduro & SX Motocross (00 - 07) | ◆ 4629 |
| **MOTO GUZZI** 750, 850 & 1000 V-Twins (74 - 78) | 0339 |
| **MZ** ETZ Models (81 - 95) | ◇ 1680 |
| **NORTON** 500, 600, 650 & 750 Twins (57 - 70) | 0187 |
| Norton Commando (68 - 77) | 0125 |
| **PEUGEOT** Speedfight, Trekker & Vivacity Scooters (96 - 08) | ◇ 3920 |
| **PIAGGIO** (Vespa) Scooters (91 - 06) | ◇ 3492 |
| **SUZUKI** GT, ZR & TS50 (77 - 90) | ◇ 0799 |
| Suzuki TS50X (84 - 00) | ◇ 1599 |
| Suzuki 100, 125, 185 & 250 Air-cooled Trail bikes (79 - 89) | 0797 |
| Suzuki GP100 & 125 Singles (78 - 93) | ◇ 0576 |
| Suzuki GS, GN, GZ & DR125 Singles (82 - 05) | ◇ 0888 |
| Suzuki GSX-R600/750 (06 - 09) | ◆ 4790 |
| Suzuki 250 & 350 Twins (68 - 78) | 0120 |
| Suzuki GT250X7, GT200X5 & SB200 Twins (78 - 83) | ◇ 0469 |
| Suzuki GS/GSX250, 400 & 450 Twins (79 - 85) | 0736 |
| Suzuki GS500 Twin (89 - 06) | ◆ 3238 |
| Suzuki GS550 (77 - 82) & GS750 Fours (76 - 79) | 0363 |
| Suzuki GS/GSX550 4-valve Fours (83 - 88) | 1133 |
| Suzuki SV650 & SV650S (99 - 08) | ◆ 3912 |
| Suzuki GSX-R600 & 750 (96 - 00) | ◆ 3553 |
| Suzuki GSX-R600 (01 - 03), GSX-R750 (00 - 03) & GSX-R1000 (01 - 02) | ◆ 3986 |
| Suzuki GSX-R600/750 (04 - 05) & GSX-R1000 (03 - 06) | ◆ 4382 |
| Suzuki GSF600, 650 & 1200 Bandit Fours (95 - 06) | ◆ 3367 |
| Suzuki Intruder, Marauder, Volusia & Boulevard (85 - 06) | ◆ 2618 |
| Suzuki GS850 Fours (78 - 88) | 0536 |
| Suzuki GS1000 Four (77 - 79) | 0484 |
| Suzuki GSX-R750, GSX-R1100 (85 - 92), GSX600F, GSX750F, GSX1100F (Katana) Fours | ◆ 2055 |
| Suzuki GSX600/750F & GSX750 (98 - 02) | ◆ 3987 |
| Suzuki GS/GSX1000, 1100 & 1150 4-valve Fours (79 - 88) | 0737 |
| Suzuki TL1000S/R & DL1000 V-Strom (97 - 04) | ◆ 4083 |
| Suzuki GSF650/1250 (05 - 09) | ◆ 4798 |
| Suzuki GSX1300R Hayabusa (99 - 04) | ◆ 4184 |
| Suzuki GSX1400 (02 - 07) | ◆ 4758 |
| **TRIUMPH** Tiger Cub & Terrier (52 - 68) | 0414 |
| Triumph 350 & 500 Unit Twins (58 - 73) | 0137 |
| Triumph Pre-Unit Twins (47 - 62) | 0251 |
| Triumph 650 & 750 2-valve Unit Twins (63 - 83) | 0122 |
| Triumph Trident & BSA Rocket 3 (69 - 75) | 0136 |
| Triumph Bonneville (01 - 07) | ◆ 4364 |
| Triumph Daytona, Speed Triple, Sprint & Tiger (97 - 05) | ◆ 3755 |
| Triumph Triples and Fours (carburettor engines) (91 - 04) | ◆ 2162 |

| Titel | Bok nr. |
|---|---|
| **VESPA** P/PX125, 150 & 200 Scooters (78 - 06) | 0707 |
| Vespa Scooters (59 - 78) | 0126 |
| **YAMAHA** DT50 & 80 Trail Bikes (78 - 95) | ◇ 0800 |
| Yamaha T50 & 80 Townmate (83 - 95) | ◇ 1247 |
| Yamaha YB100 Singles (73 - 91) | ◇ 0474 |
| Yamaha RS/RXS100 & 125 Singles (74 - 95) | 0331 |
| Yamaha RD & DT125LC (82 - 95) | ◇ 0887 |
| Yamaha TZR125 (87 - 93) & DT125R (88 - 07) | ◇ 1655 |
| Yamaha TY50, 80, 125 & 175 (74 - 84) | ◇ 0464 |
| Yamaha XT & SR125 (82 - 03) | ◇ 1021 |
| Yamaha YBR125 | 4797 |
| Yamaha Trail Bikes (81 - 00) | 2350 |
| Yamaha 2-stroke Motocross Bikes 1986 - 2006 | 2662 |
| Yamaha YZ & WR 4-stroke Motocross Bikes (98 - 08) | 2689 |
| Yamaha 250 & 350 Twins (70 - 79) | 0040 |
| Yamaha XS250, 360 & 400 sohc Twins (75 - 84) | 0378 |
| Yamaha RD250 & 350LC Twins (80 - 82) | 0803 |
| Yamaha RD350 YPVS Twins (83 - 95) | 1158 |
| Yamaha RD400 Twin (75 - 79) | 0333 |
| Yamaha XT, TT & SR500 Singles (75 - 83) | 0342 |
| Yamaha XZ550 Vision V-Twins (82 - 85) | 0821 |
| Yamaha FJ, FZ, XJ & YX600 Radian (84 - 92) | 2100 |
| Yamaha XJ600S (Diversion, Seca II) & XJ600N Fours (92 - 03) | ◆ 2145 |
| Yamaha YZF600R Thundercat & FZS600 Fazer (96 - 03) | ◆ 3702 |
| Yamaha FZ-6 Fazer (04 - 07) | ◆ 4751 |
| Yamaha YZF-R6 (99 - 02) | ◆ 3900 |
| Yamaha YZF-R6 (03 - 05) | ◆ 4601 |
| Yamaha 650 Twins (70 - 83) | 0341 |
| Yamaha XJ650 & 750 Fours (80 - 84) | 0738 |
| Yamaha XS750 & 850 Triples (76 - 85) | 0340 |
| Yamaha TDM850, TRX850 & XTZ750 (89 - 99) | ◇◆ 3540 |
| Yamaha YZF750R & YZF1000R Thunderace (93 - 00) | ◆ 3720 |
| Yamaha FZR600, 750 & 1000 Fours (87 - 96) | ◆ 2056 |
| Yamaha XV (Virago) V-Twins (81 - 03) | ◆ 0802 |
| Yamaha XVS650 & 1100 Drag Star/V-Star (97 - 05) | ◆ 4195 |
| Yamaha XJ900F Fours (83 - 94) | ◆ 3239 |
| Yamaha XJ900S Diversion (94 - 01) | ◆ 3739 |
| Yamaha YZF-R1 (98 - 03) | ◆ 3754 |
| Yamaha YZF-R1 (04 - 06) | ◆ 4605 |
| Yamaha FZS1000 Fazer (01 - 05) | ◆ 4287 |
| Yamaha FJ1100 & 1200 Fours (84 - 96) | ◆ 2057 |
| Yamaha XJR1200 & 1300 (95 - 06) | ◆ 3981 |
| Yamaha V-Max (85 - 03) | ◆ 4072 |
| **ATVs** | |
| Honda ATC70, 90, 110, 185 & 200 (71 - 85) | 0565 |
| Honda Rancher, Recon & TRX250EX ATVs | 2553 |
| Honda TRX300 Shaft Drive ATVs (88 - 00) | 2125 |
| Honda Foreman (95 - 07) | 2465 |
| Honda TRX300EX, TRX400EX & TRX450R/ER ATVs (93 - 06) | 2318 |
| Kawasaki Bayou 220/250/300 & Prairie 300 ATVs (86 - 03) | 2351 |
| Polaris ATVs (85 - 97) | 2302 |
| Polaris ATVs (98 - 06) | 2508 |
| Yamaha YFS200 Blaster ATV (88 - 06) | 2317 |
| Yamaha YFB250 Timberwolf ATVs (92 - 00) | 2217 |
| Yamaha YFM350 & YFM400 (ER and Big Bear) ATVs (87 - 03) | 2126 |
| Yamaha Banshee and Warrior ATVs (87 - 03) | 2314 |
| Yamaha Kodiak and Grizzly ATVs (93 - 05) | 2567 |
| ATV Basics | 10450 |
| **TECHBOOK SERIES** | |
| Twist and Go (automatic transmission) Scooters Service and Repair Manual | 4082 |
| Motorcycle Basics TechBook (2nd Edition) | 3515 |
| Motorcycle Electrical TechBook (3rd Edition) | 3471 |
| Motorcycle Fuel Systems TechBook | 3514 |
| Motorcycle Maintenance TechBook | 4071 |
| Motorcycle Modifying | 4272 |
| Motorcycle Workshop Practice TechBook (2nd Edition) | 3470 |

*◇ = not available in the USA* *◆ = Superbike*

| **HOUSE AND GARDEN** | |
|---|---|
| Home Extension Manual | H4357 |
| The Victorian House Manual | H4213 |
| The 1930s House Manual | H4214 |
| Washing Machine Manual (4th Edition) | H4348 |
| Dishwasher Manual | H4555 |
| Lawnmower Manual (3rd Edition) | L7337 |
| Washerdrier & Tumbledrier Manual | L7328 |
| Loft Conversion Manual | H4446 |
| Home Buying & Selling | H4535 |
| Garden Buildings Manual | H4352 |
| The Eco-House Manual | H4405 |
| Home Grown Vegetable Manual | H4649 |
| Food Manual | H4512 |
| **CYCLING** | |
| The London Cycle Guide | L7320 |
| The Mountain Bike Book (2nd edn) | H4673 |
| Birmingham & the Black Country Cycle Rides | H4007 |
| Bristol & Bath Cycle Rides | H4025 |
| Manchester Cycle Rides | H4026 |
| Racing Bike Book (3rd Edition) | H4341 |
| The Bike Book (5th Edition) | H4421 |
| **OUTDOOR LEISURE** | |
| Build Your Own Motorcaravan | H4221 |
| The Caravan Handbook | L7801 |
| The Caravan Manual (4th Edition) | H4678 |
| The Motorcaravan Manual (2nd Edition) | H4047 |
| Motorcaravanning Handbook | H4428 |
| Camping Manual | H4319 |
| Sailing Boat Manual | H4484 |
| Motor Boat Manual | H4513 |
| Sailing Boat Manual | H4484 |
| **OUTDOOR LEISURE** | |
| Fender Stratocaster | H4321 |
| Gibson Les Paul | H4478 |
| Piano Manual | H4485 |

Alla produkter på dessa sidor finns hos motortillbehörsbutiker, cykelbutiker och bokhandlare. Finns också reparationshandböcker Chilton för amerikanska bilar på engelska. Vi utvecklar och uppdaterar kontinuerligt vårt utbud och nya titlar tillkommer därför hela tiden. För ytterligare information om vårt utbud, ring: (Sverige) +46 18 124016 • (UK) +44 1963 442030 • (USA) +1 805 498 6703 • (Australien) +61 3 9763 8100

SV24.08/09